古董

2020ANTIQUES AUCTION RECORDS

拍卖年鉴 书画

2019-01-01～2019-12-31

欣弘 主编

cns PUBLISHING & MEDIA | 湖南美术出版社
全国百佳图书出版单位

图书在版编目(CIP)数据

2020古董拍卖年鉴. 书画 / 欣弘主编. — 长沙 : 湖南美术出版社, 2019.12
ISBN 978-7-5356-9043-2

Ⅰ. ①2… Ⅱ. ①欣… Ⅲ. ①历史文物－拍卖－价格－中国－2020－年鉴②中国画－拍卖－价格－中国－2020－年鉴③汉字－法书－拍卖－价格－中国－2020－年鉴
Ⅳ. ①F724.787-54

中国版本图书馆CIP数据核字(2019)第287363号

2020古董拍卖年鉴·书画

2020 GUDONG PAIMAI NIANJIAN · SHUHUA

出 版 人：黄　啸
主　　编：欣　弘
策　　划：易兴宏、李志文
责任编辑：李　坚

湖南美术出版社出版发行(长沙市东二环一段622号)
湖南省新华书店经销
雅昌文化(集团)有限公司制版、印刷
(本书采用CTP工艺制版、印刷)
开本：787mm × 1092mm　1/16　印张：35
版次：2020年1月第1版　印次：2020年1月第1次印刷
ISBN 978-7-5356-9043-2
定价：258.00元

邮购联系：0731-84787105　邮编：410016　网址：http://www.arts-press.com/
电子邮箱：market@arts-press.com

目　　录

近现代及当代作者……103

雕　塑……340

凡　例

1.《2020古董拍卖年鉴》分瓷器卷、玉器卷、杂项卷、翡翠珠宝卷、书画卷共五册，收录了纽约、伦敦、巴黎、日内瓦、香港、澳门、台北、北京、上海、广州、昆明、天津、重庆、成都、合肥、南京、西安、沈阳、济南等城市或地区的几十家拍卖公司几百个专场的2019年度拍卖成交记录与拍品图片。

2.本书内文条目原则上保留了原拍卖记录，按拍品号、品名、估价、成交价、尺寸、拍卖公司名称、拍卖日期等排序，部分原内容缺失或不详的不注明，书画卷内文条目还有作者姓名、作品形式、创作年代等内容。

3.因境外拍卖公司宿地不同，本书拍品估价涉及多个币种：RMB（人民币），USD（美元），EUR（欧元），GBP（英镑），HKD（港币），TWD（台币）。但本书所有拍品成交价均按汇率转换成RMB（人民币）。

4.多人合作的作品，条目中仅列出一至两位主要作者的名字。

5.★表示在微信小程序中有多图及拍品描述；●表示在微信小程序中有拍品描述，登录微信小程序可查阅（见封二）。

6.查看书中图片大图及拍品详情，请用手机扫码封二的二维码登录微信小程序“拍卖典藏”，进入《拍卖年鉴》栏目查询。

中国书画

唐代作者

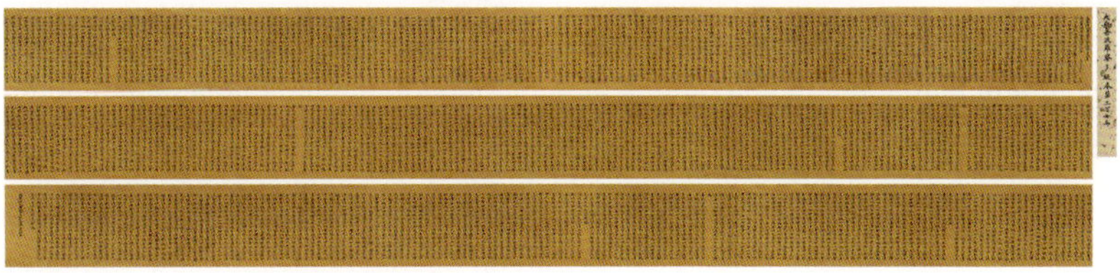

478 佚名 唐人 大般若波罗蜜多经卷二百二廿五 手卷
估　价：RMB 2,800,000~3,800,000
成交价：RMB 6,900,000
25.4cm × 1012cm 中国嘉德 2019-06-02 ●

826 佚名 8-9世纪 须弥山圣境图 镜心
估　价：RMB 300,000~500,000
成交价：RMB 690,000
63.5cm × 48cm 北京荣宝 2019-06-13

457 贯休 罗汉图 立轴
估　价：RMB 800,000~1,200,000
成交价：RMB 1,265,000
111.5cm × 52cm 中鸿信 2019-07-16

宋代作者

73 李成 林峦雪霁图 立轴
估　价：RMB 200,000~300,000
成交价：RMB 345,000
140cm × 50cm 北京保利 2019-04-30

1543 李唐（款）滕王阁图 镜心
估　价：RMB 20,000~40,000
成交价：RMB 368,000
142cm × 70cm 中国嘉德 2019-03-24

★表示在微信小程序中有多图及拍品描述。
●表示在微信小程序中有拍品描述，登录微信小程序可查阅。

1641 李成（传）万山飞雪图 立轴
估　价：RMB 800,000~1,200,000
成交价：RMB 1,725,000
183cm × 65cm 中鸿信 2019-07-17

2561 马麟（款）双株竞秀 团扇面
估　价：HKD 20,000~30,000
成交价：RMB 1,247,125
25.3cm × 26.2cm 香港苏富比 2019-10-06

1888 苏辙 枯木石图 立轴
估　价：RMB 30,000~50,000
成交价：RMB 569,250
30.5cm × 30cm 中鸿信 2019-07-17

830 宋人 芦雁图 手卷
估　价：RMB 8,000,000~10,000,000
成交价：RMB 23,575,000
本幅27.5cm × 235.5cm，题跋28cm × 36cm 北京匡时 2019-07-13

1608 李祐之（传）番马图 立轴
估　价：RMB 650,000~850,000
成交价：RMB 747,500
183cm × 105cm 中国嘉德 2019-06-04

1628 苏汉臣（传）罗汉写经图 立轴
成交价：RMB 897,000
113.5cm × 48.5cm 中鸿信 2019-07-17

1876 许道宁（传）雪溪渔父图 立轴
估　价：RMB 60,000~80,000
成交价：RMB 414,000
96cm × 37.5cm 中鸿信 2019-07-17

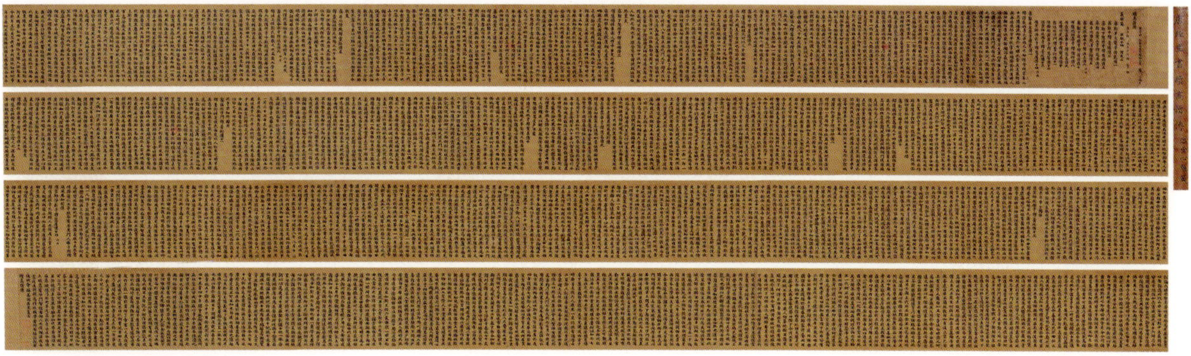

4041 佚名 宋人写经续高僧传 手卷
估 价：RMB 20,000,000~30,000,000
成交价：RMB 23,000,000
24.5cm × 1500cm 北京保利 2019-06-03

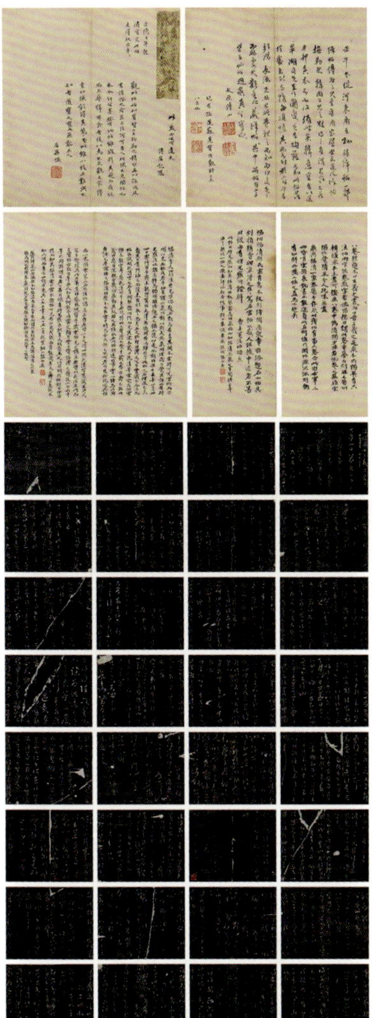

629 佚名 “福清阁帖”第七、第八、第十
估 价：HKD 80,000~100,000
成交价：RMB 2,017,800
25cm × 31.5cm × 67 中国嘉德 2019-03-30

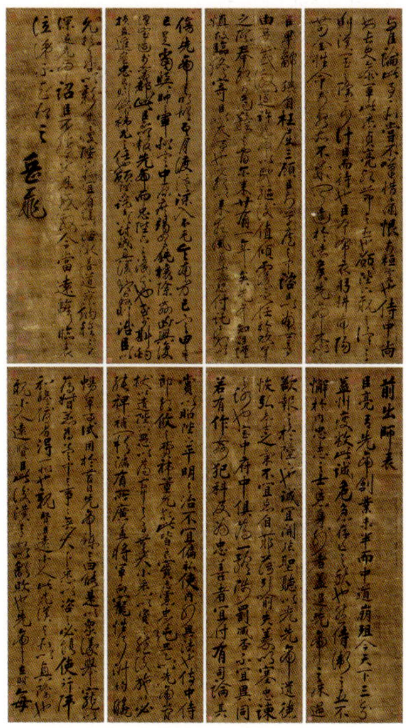

971 岳飞（传）行书“前出师表”八条屏
估 价：RMB 600,000~800,000
成交价：RMB 672,000
171cm × 47cm × 8 上海联合 2019-12-01

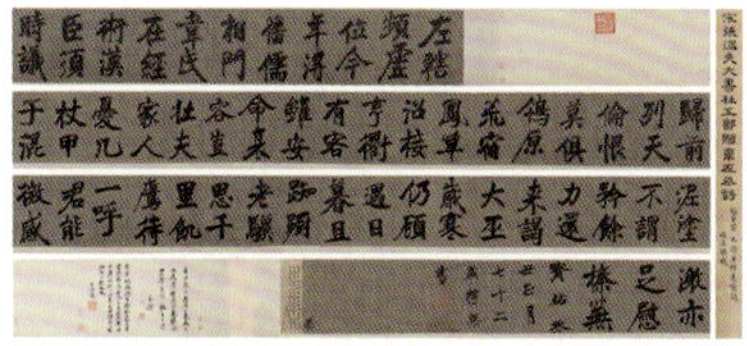

380 张即之（款）1253年 杜工部赠书左函诗一卷 手卷
估 价：RMB 280,000~380,000
成交价：RMB 402,500
画心33cm × 1010cm，跋一33cm × 10cm，跋二31.5cm × 58cm 上海嘉禾 2019-09-07

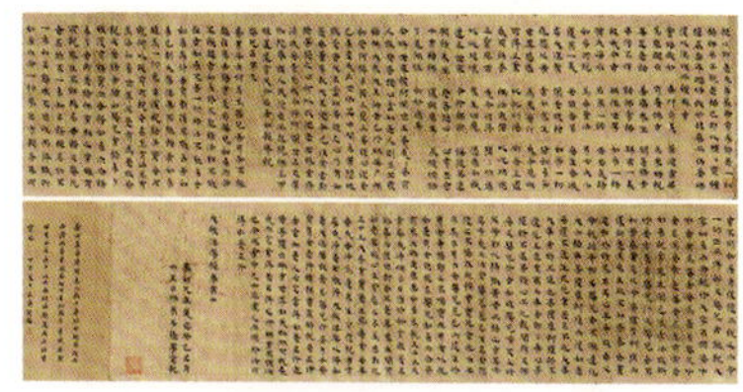

953 张华 宋 大般涅盘经 手卷
估 价：HKD 200,000~400,000
成交价：RMB 2,125,625
30.5cm × 223cm 佳士得 2019-11-25

1891 胡环（款）胡人狩猎图 镜芯
估 价：RMB 30,000~50,000
成交价：RMB 759,000
180cm × 93.5cm 中鸿信 2019-07-17

元代作者

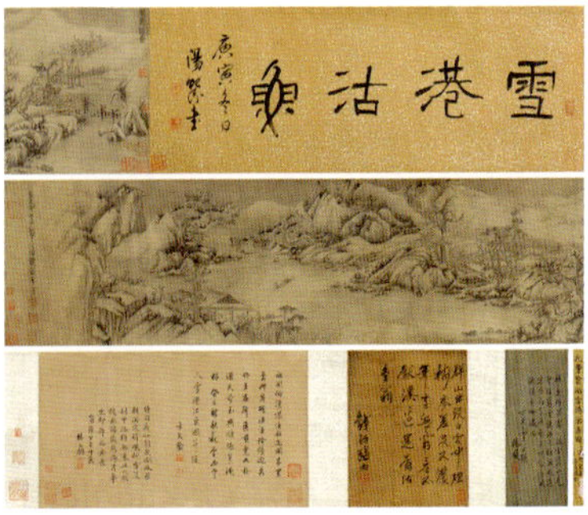

1864 曹知白 雪港沽鱼 手卷
估　价：RMB 300,000~500,000
成交价：RMB 494,500
引首29cm×79cm，题跋30cm×13cm，题跋30cm×23.5cm，题跋30cm×52cm，画芯30cm×134cm 中鸿信 2019-07-17

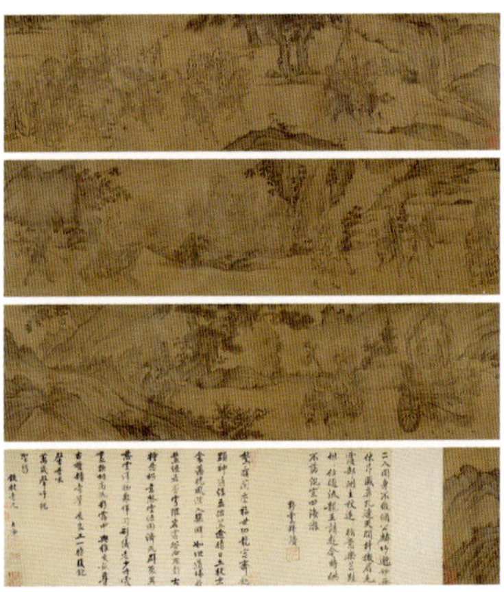

1033 何野云 等 题元末明初释道人物卷 手卷
估　价：RMB 1,000,000~1,500,000
成交价：RMB 1,495,000
绘画29cm×331cm，后跋29cm×83cm 华艺国际 2019-08-10

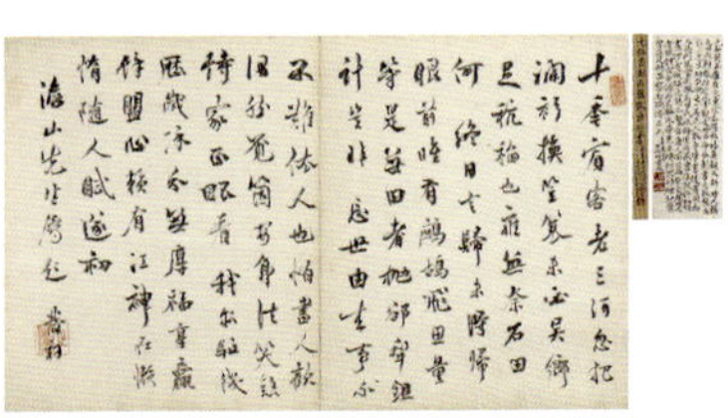

1624 弘刺止庐 行书自作诗 镜芯
成交价：RMB 345,000
37cm×64cm 中鸿信 2019-07-17

3540 黄公望（传）溪山胜景图 册页（六开）
估　价：RMB 4,800,000~5,800,000
成交价：RMB 5,520,000
36cm×84cm×6 北京保利 2019-12-03

1309 孟玉涧（传）芦塘双凫 镜心
估　价：RMB 20,000~50,000
成交价：RMB 517,500
22.5cm×22cm 中国嘉德 2019-11-19

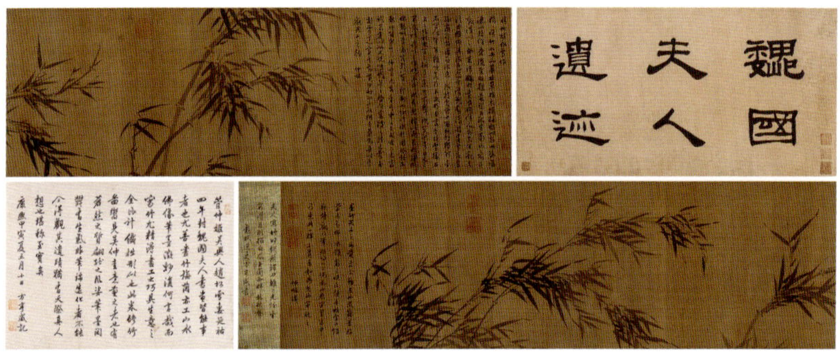

2404 管道升（款）修竹图卷 手卷
估　价：RMB 150,000~220,000
成交价：RMB 1,955,000
34cm×215cm 中国嘉德 2019-10-17

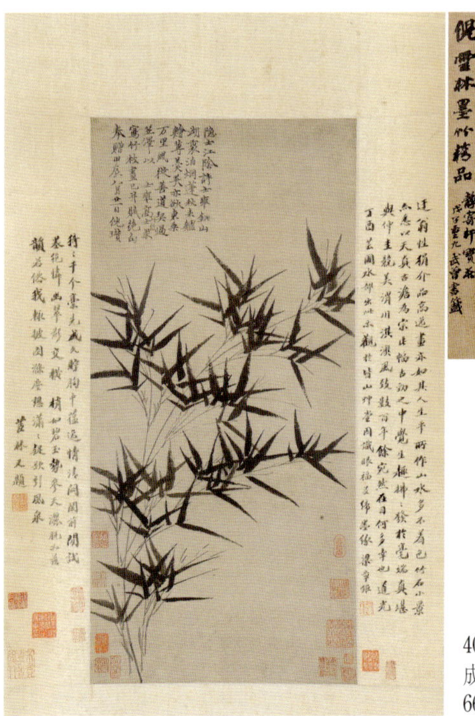

4045 倪瓒 1364年 墨竹图 立轴
成交价：RMB 63,250,000
66.5cm×32cm 北京保利 2019-06-03

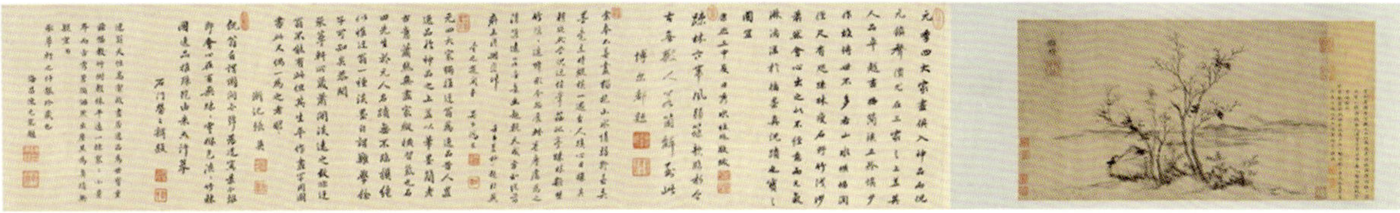

315 倪瓒 疏篁古木图卷 手卷
估　价：RMB 6,000,000~10,000,000
成交价：RMB 10,580,000
画心48cm × 27cm，题跋27cm × 7cm，146.5cm × 31cm 西泠印社 2019-07-06

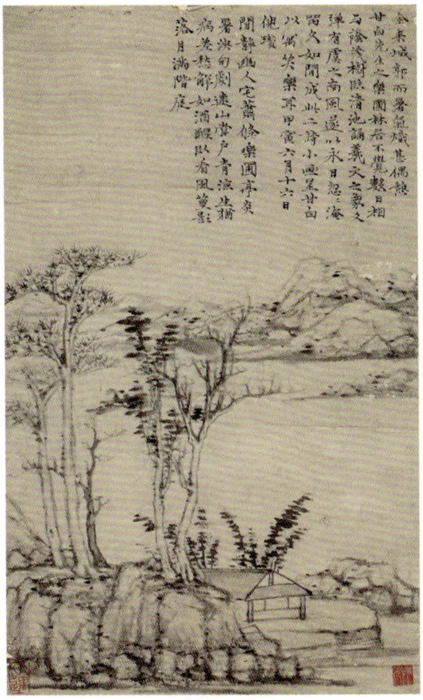

1330 倪瓒 1374年 乐圃林居图 镜心
估　价：RMB 350,000~450,000
成交价：RMB 402,500
51cm × 31cm 中国嘉德 2019-06-25

4038 任仁发（传）饰马图 镜心
估　价：RMB 1,600,000~2,600,000
成交价：RMB 1,840,000
36cm × 32cm 北京保利 2019-06-03

1863 钱选 江帆楼阁图卷 手卷
估　价：RMB 300,000~500,000
成交价：RMB 931,500
49cm × 438cm 中鸿信 2019-07-17

131 钱选 渊明扶醉 立轴
估　价：HKD 15,000,000~25,000,000
成交价：RMB 31,605,120
27.5cm × 49.5cm 华艺国际 2019-05-27

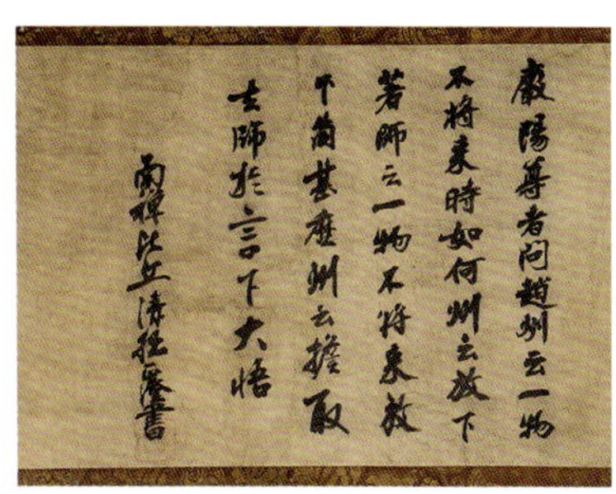

2566 清拙正澄 行书诗偈 立轴
估　价：HKD 900,000~1,200,000
成交价：RMB 1,020,375
27.4cm × 40.7cm 香港苏富比 2019-10-06

2594 商琦 雪景山水 立轴
估　价：HKD 80,000~120,000
成交价：RMB 1,389,375
172.3cm×60cm 香港苏富比 2019-04-01

240 一山一宁 草书“法窟” 立轴
估　价：RMB 280,000~380,000
成交价：RMB 322,000
27.5cm×40.5cm 上海嘉禾 2019-09-07

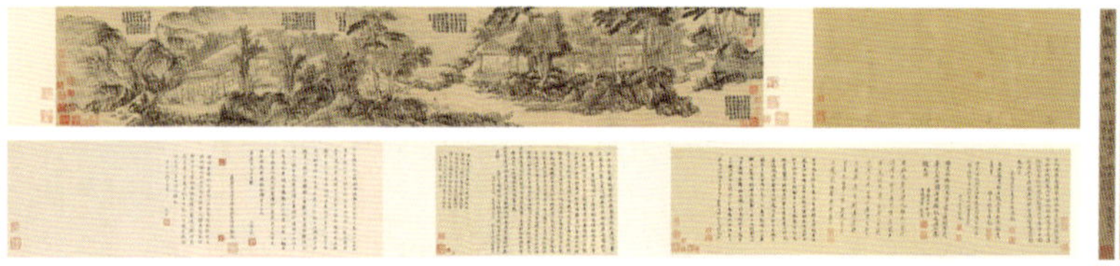

314 王蒙 款 乐志论图卷 手卷
估　价：RMB 800,000~1,200,000
成交价：RMB 2,990,000
画心150cm×24.5cm，题跋95.5cm×24.5cm，43cm×25cm，90cm×27cm 西泠印社 2019-07-06

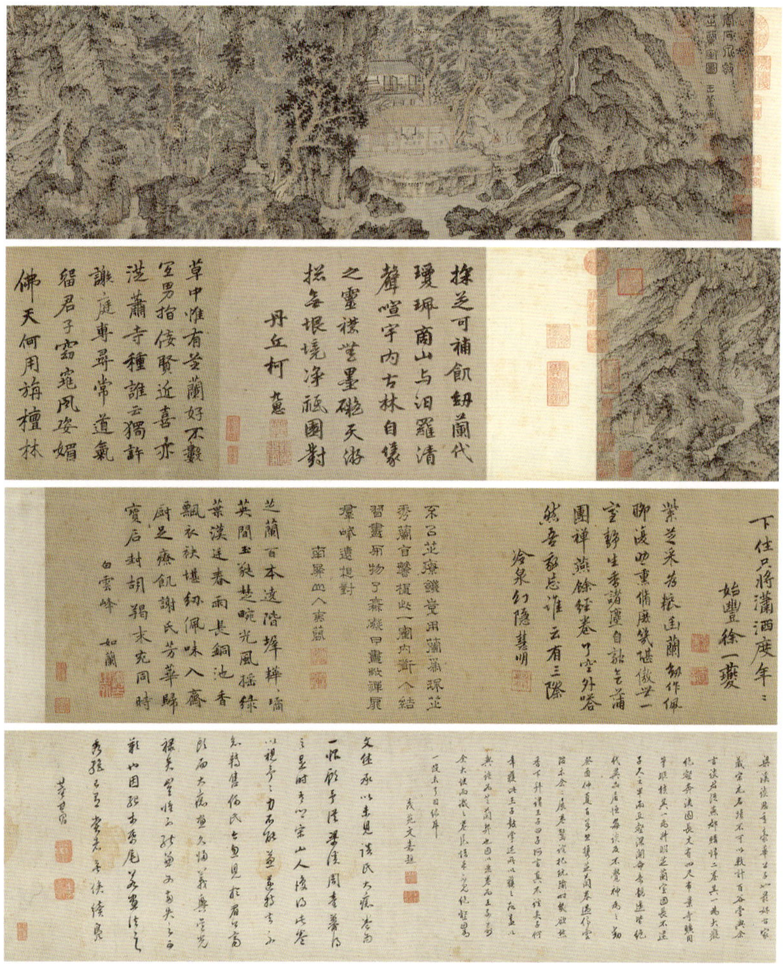

3541 王蒙 芝兰室图 手卷
成交价：RMB 146,050,000
画心25cm×103cm，题跋25cm×228cm 北京保利 2019-12-03

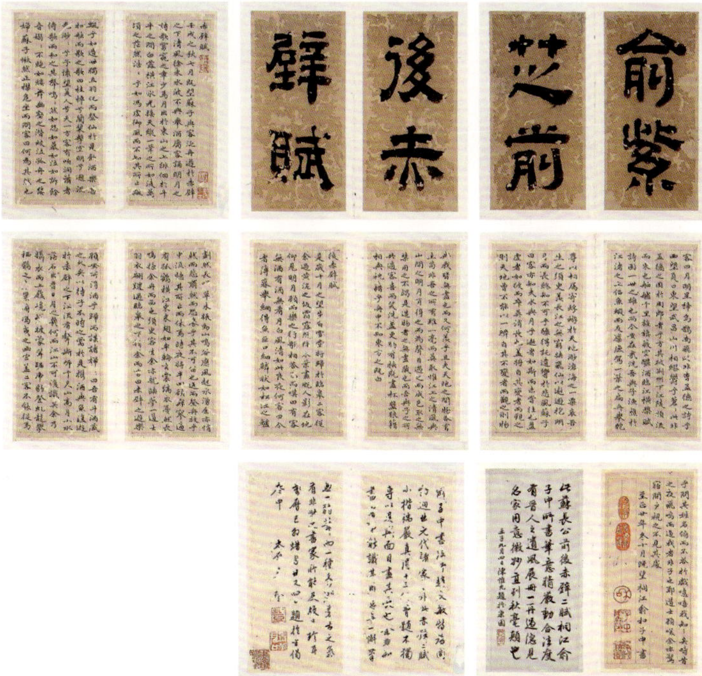

2559 俞和 楷书“前后赤壁赋”册（五开）册页
估　价：RMB 500,000~800,000
成交价：RMB 828,000
16cm × 8cm × 9 中贸圣佳 2019-06-07

622 张绅（款）行书 功被四极 镜片
估　价：RMB 80,000~120,000
成交价：RMB 402,500
112cm × 36.5cm 西泠印社 2019-09-21

3539 张雨 风雨归舟图 镜心
估　价：RMB 1,800,000~3,000,000
成交价：RMB 2,070,000
121cm × 36.5cm 北京保利 2019-12-03

316 赵孟頫 滚尘马图 手卷
估　价：RMB 5,000,000~8,000,000
成交价：RMB 12,650,000
引首54.5cm × 22.5cm，画心38cm × 25.5cm 西泠印社 2019-07-06

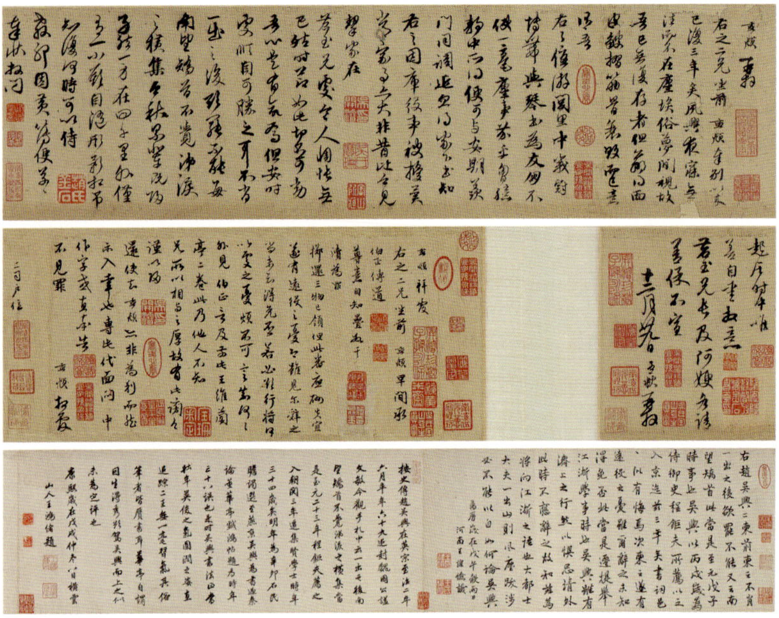

1381 赵孟頫 致郭右之二帖卷 手卷
成交价：RMB 267,375,000
奉别帖16.1cm × 74.8cm，应酬失宜帖16.1cm × 38.8cm，
后跋20.5cm × 98.3cm 中国嘉德 2019-11-19

1798 赵雍 射猎图 手卷
估　价：RMB 250,000~350,000
成交价：RMB 575,000
画心58cm × 596cm，题跋48.5cm × 86cm 中鸿信 2019-07-17

明代作者

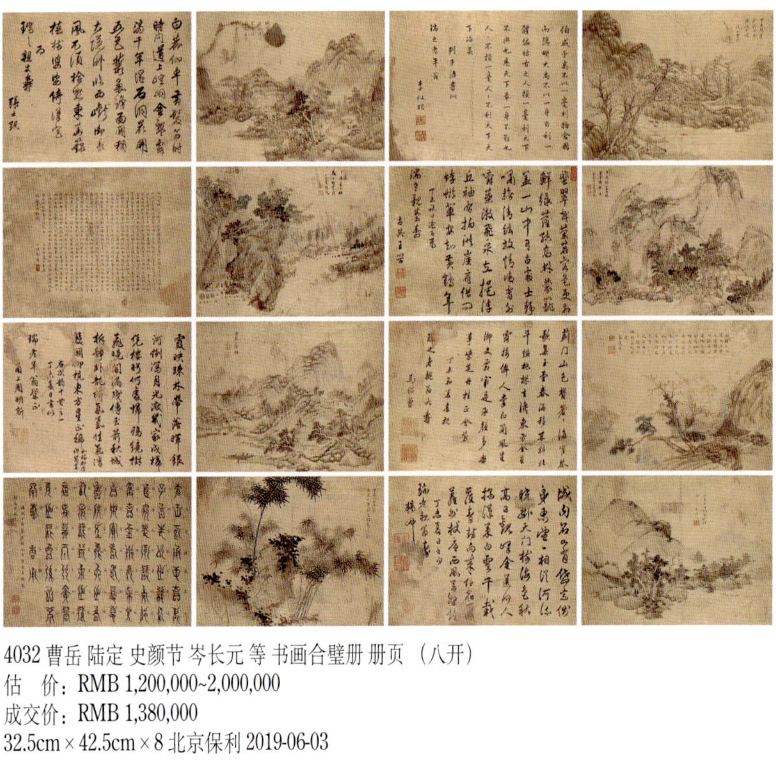

4032 曹岳 陆定 史颜节 岑长元 等 书画合璧册 册页（八开）
估　价：RMB 1,200,000~2,000,000
成交价：RMB 1,380,000
32.5cm × 42.5cm × 8 北京保利 2019-06-03

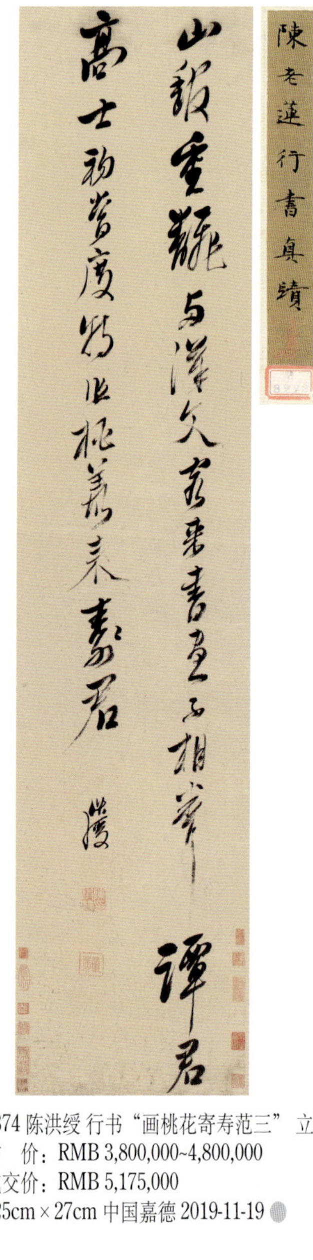

1374 陈洪绶 行书“画桃花寄寿范三” 立轴
估　价：RMB 3,800,000~4,800,000
成交价：RMB 5,175,000
125cm × 27cm 中国嘉德 2019-11-19

1623 陈洪绶 礼佛图 立轴
估　价：RMB 350,000~550,000
成交价：RMB 1,380,000
61cm×26cm 中鸿信 2019-07-17

4022 陈洪绶 炼芝图 立轴
估　价：RMB 1,500,000~2,600,000
成交价：RMB 4,082,500
103cm×43cm 北京保利 2019-06-03

310 陈洪绶 松下读书图 立轴
估　价：RMB 2,800,000~4,000,000
成交价：RMB 4,600,000
112.5cm×47cm 西泠印社 2019-07-06

1388 陈洪绶 山水对屏 立轴二屏
估　价：RMB 1,000,000~1,500,000
成交价：RMB 2,012,500
27cm×24cm×2 华艺国际 2019-08-10

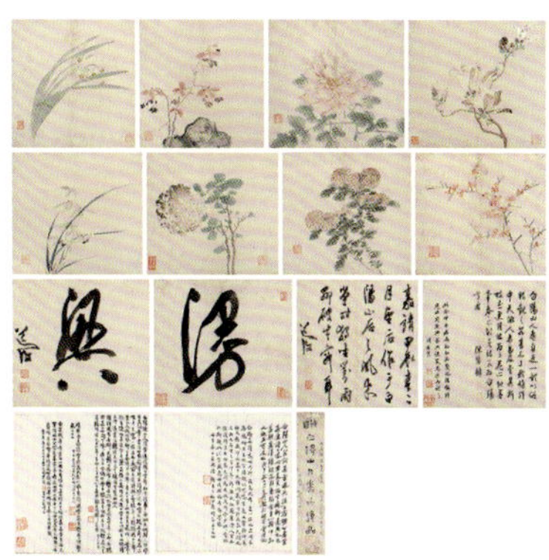

835 陈道复 花卉 册 （八开）
估　价：RMB 50,000~80,000
成交价：RMB 1,380,000
25.5cm×28cm×8 北京翰海 2019-06-14

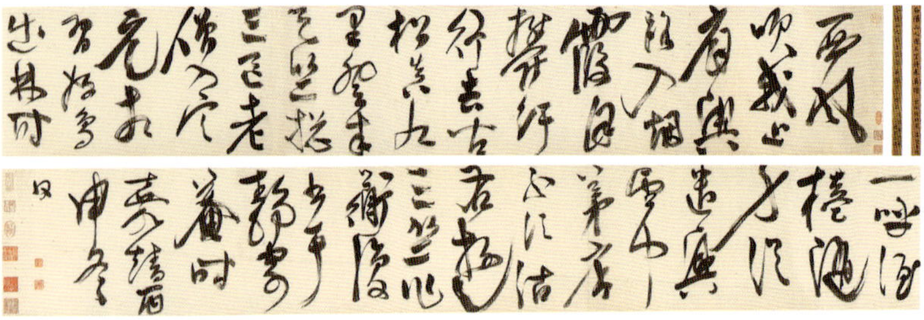

2514 陈淳 草书自书诗 手卷
估　价：HKD 600,000~800,000
成交价：RMB 5,056,525
31.8cm × 390.8cm 香港苏富比 2019-10-06

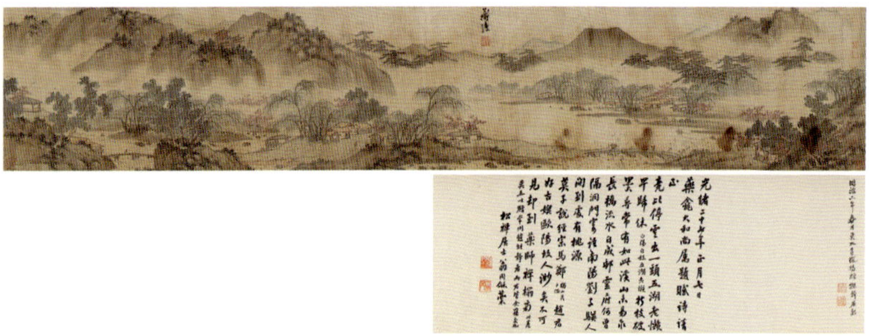

527 陈淳 桃村图卷 手卷
估　价：RMB 1,200,000~1,600,000
成交价：RMB 1,380,000
画心：32cm × 174cm，题跋：36.5cm × 85cm 中贸圣佳 2019-11-30

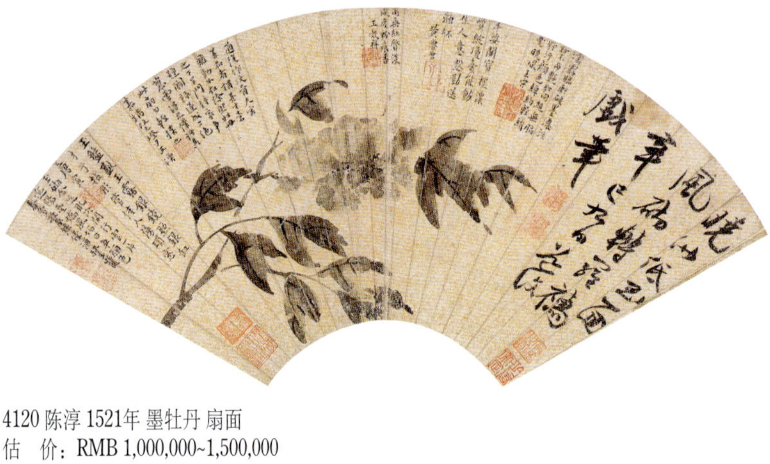

4120 陈淳 1521年 墨牡丹 扇面
估　价：RMB 1,000,000~1,500,000
成交价：RMB 1,150,000
21cm × 53cm 北京保利 2019-06-03

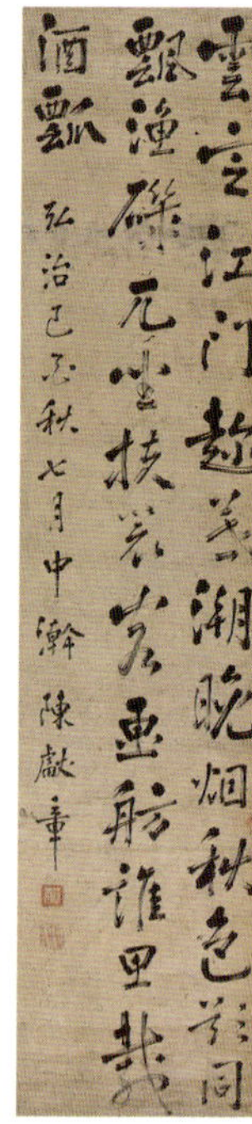

717 陈献章 1489年 行草书 立轴
估　价：RMB 80,000~120,000
成交价：RMB 218,500
231cm × 53.5cm 北京翰海 2019-06-14

4068 陈遵 花鸟 立轴
估　价：RMB 80,000~120,000
成交价：RMB 517,500
182cm × 50cm 泰和嘉成 2019-11-30

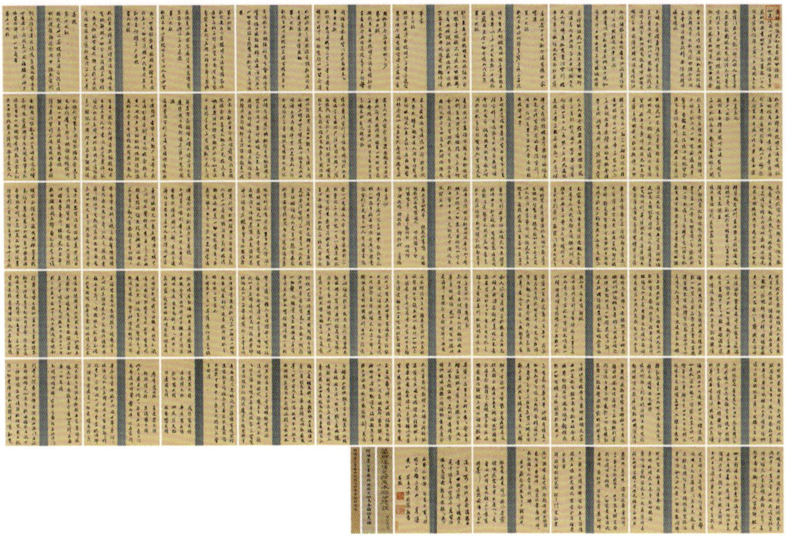

473 陈继儒 1620年 行书“药师功德经” 册页（五十五开）
估　价：RMB 2,700,000~3,700,000
成交价：RMB 3,105,000
27.5cm × 11cm × 110 中国嘉德 2019-06-02

1715 成化皇帝 楷书文昌帝君阴骘文 手卷
估　价：RMB 60,000~80,000
成交价：RMB 345,000
引首25.5cm × 102cm，书法25.5cm × 61.5cm 中鸿信 2019-07-17

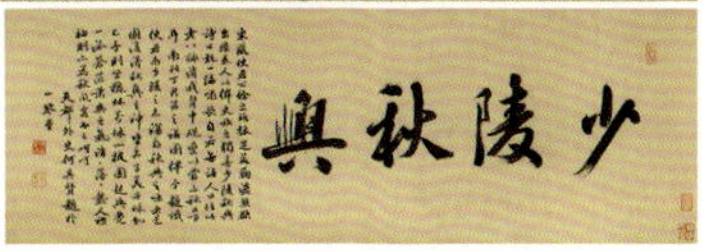

1380 丁云鹏 1586年 少陵秋兴图 手卷
估　价：RMB 25,000,000~35,000,000
成交价：RMB 28,750,000
引首32cm × 97.3cm，画32.3cm × 138.2cm 中国嘉德 2019-11-19

159 丁元公 行书 七言诗 扇页
估　价：RMB 180,000~280,000
成交价：RMB 333,500
54.5cm × 17cm 西泠印社 2019-07-06

722 戴福 花鸟鱼藻图 立轴
估　价：RMB 1,200,000~1,800,000
成交价：RMB 1,380,000
174cm × 102cm 中贸圣佳 2019-11-30

966 丁云鹏 1606年 关羽像 立轴
估　价：HKD 1,200,000~1,600,000
成交价：RMB 2,237,500
133cm × 47.5cm 佳士得 2019-11-25

3509 丁云鹏 松溪茶话 扇面
估　价：RMB 800,000~1,000,000
成交价：RMB 1,150,000
16cm×50cm 北京保利 2019-12-03

2557 董玚 书画合璧册（八开）册页
估　价：RMB 300,000~500,000
成交价：RMB 414,000
26cm×21cm×16 中贸圣佳 2019-06-07

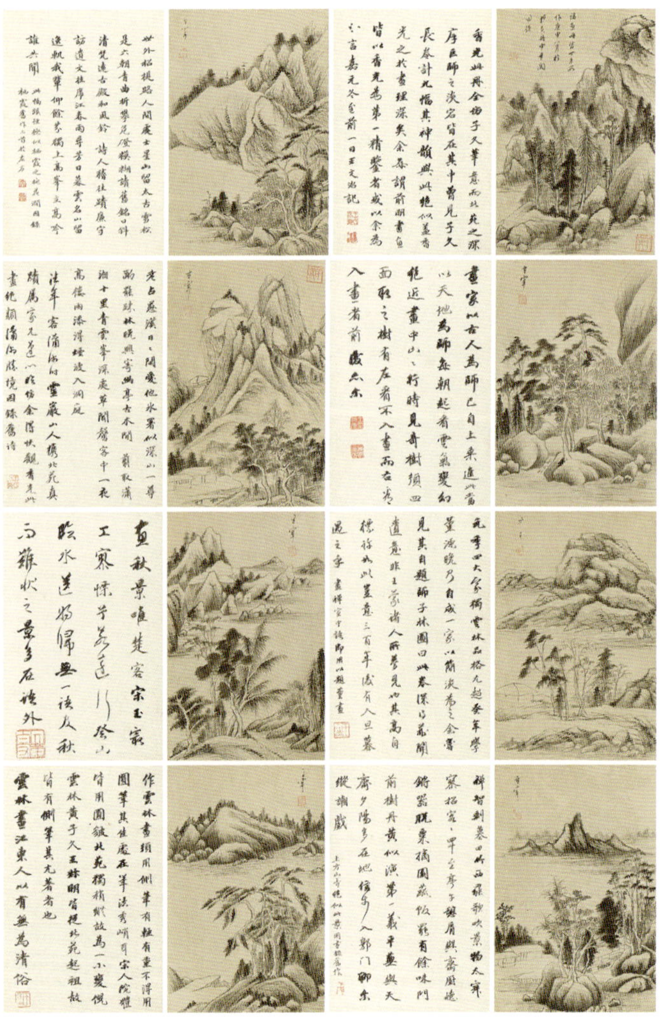

324 董其昌 1607年 山水图册 册页（八开）
估　价：RMB 1,000,000~1,500,000
成交价：RMB 2,875,000
33cm×22cm×8 南京经典 2019-07-19

930 董其昌 明 山水 立轴
估　价：HKD 1,200,000~2,200,000
成交价：RMB 5,481,875
98cm×42.5cm 佳士得 2019-11-25

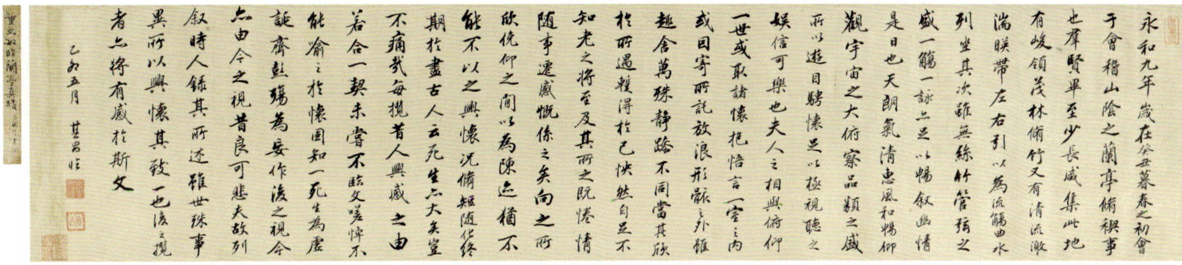

869 董其昌 1615年 行书“兰亭序”手卷
估　价：RMB 1,800,000~2,200,000
成交价：RMB 2,990,000
25cm × 118.5cm 北京匡时 2019-07-13

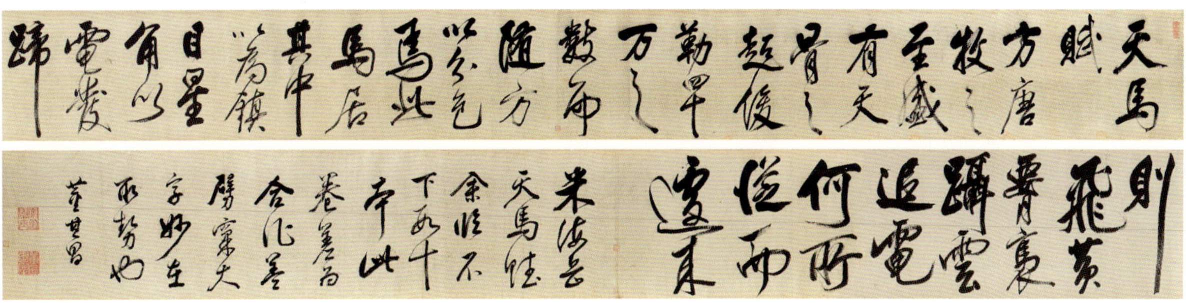

947 董其昌 明 行书“天马赋”手卷
估　价：HKD 600,000~800,000
成交价：RMB 4,047,840
40cm × 2613cm 佳士得 2019-05-27

4044 董其昌 松杉茆堂图 手卷
成交价：RMB 67,850,000
26cm × 146cm 北京保利 2019-06-03

1552 范箴 玉堂富贵图 立轴
估　价：RMB 10,000~20,000
成交价：RMB 230,000
202cm × 92cm 中国嘉德 2019-03-24

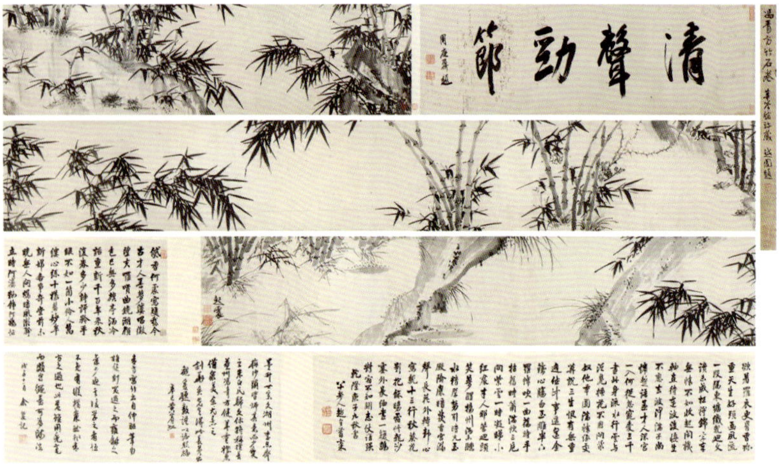

824 冯起震 清声劲节 卷
估　价：RMB 40,000~60,000
成交价：RMB 345,000
31cm×493cm 北京翰海 2019-06-14

3699 葛珦 仿黄鹤山樵山水 手卷
估　价：RMB 800,000~1,200,000
成交价：RMB 920,000
32cm×718cm 北京保利 2019-12-03

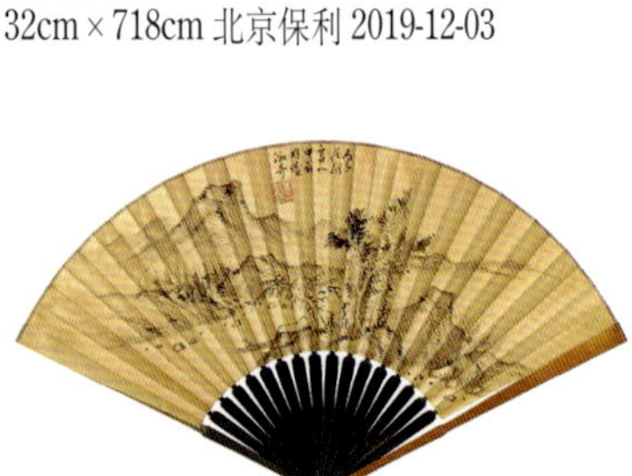

1313 葛征奇 1636年 远山秋树 成扇
估　价：RMB 30,000~60,000
成交价：RMB 207,000
16cm×50cm 中国嘉德 2019-06-04

4169 关思 1625年 绿荫清昼图 立轴
估　价：RMB 280,000~380,000
成交价：RMB 322,000
170cm×92cm 北京保利 2019-06-03

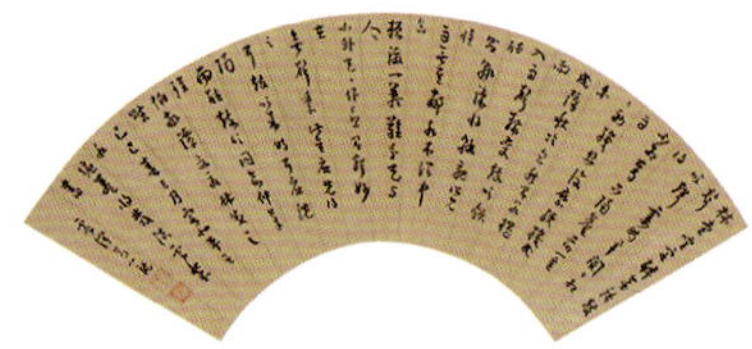

907 葛一龙 1629年 小草七言诗 扇面镜框
估　价：HKD 20,000~40,000
成交价：RMB 648,000
17cm×55cm 佳士得 2019-05-27

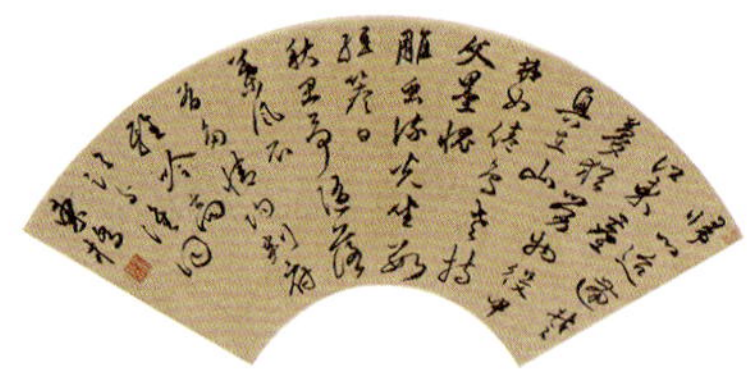

902 顾璘 明 草书七言诗 扇面镜框
估　价：HKD 20,000~40,000
成交价：RMB 324,000
19cm×52cm 佳士得 2019-05-27

2511 过仪 双松图 立轴
估　价：HKD 200,000~300,000
成交价：RMB 362,800
123cm×62.3cm 香港苏富比 2019-10-06

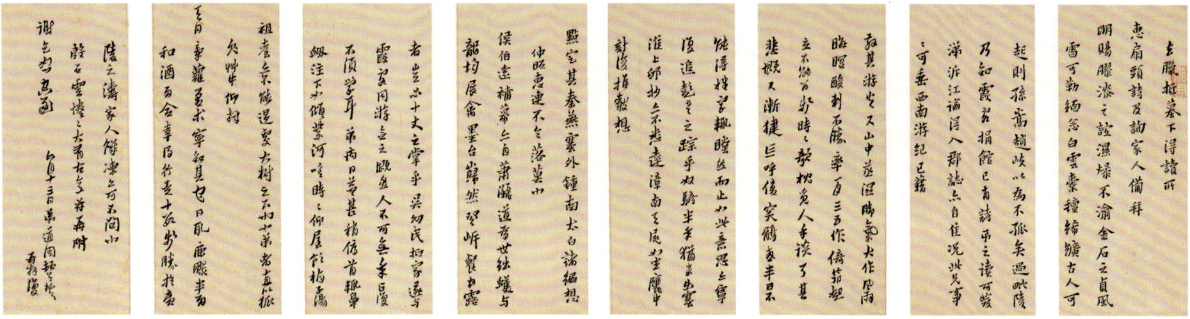

2551 黄道周 史可法 等 明贤尺牍 册（三十一开）（选十六开）
估　价：HKD 800,000~1,000,000
成交价：RMB 3,741,375
尺寸不一 香港苏富比 2019-10-06 ★

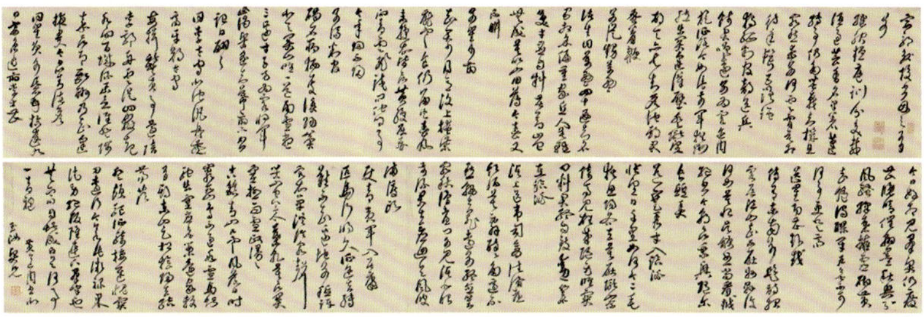

400 黄道周 草书高适诗十一首 手卷
估　价：RMB 4,500,000~6,000,000
成交价：RMB 5,577,500
28cm × 342cm 上海匡时 2019-06-21

389 黄淮子 吾淮子听阮图 立轴
估　价：HKD 600,000~800,000
成交价：RMB 1,059,345
148.5cm × 103.2cm 北京匡时 2019-04-02

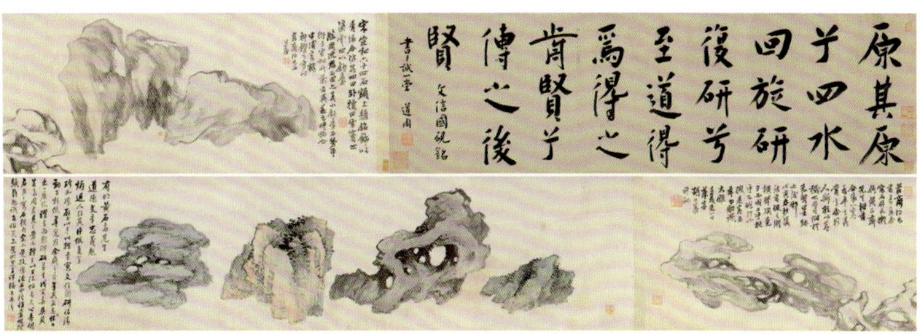

4024 黄道周 楷书文信国砚铭 手卷
估　价：RMB 1,500,000~2,600,000
成交价：RMB 1,725,000
书心31cm × 105cm，画心31cm × 265cm 北京保利 2019-06-03

414 居节 1561年 深山幽居图 扇面
估　价：HKD 200,000~250,000
成交价：RMB 262,314
17.5cm × 54.4cm 保利香港 2019-04-01

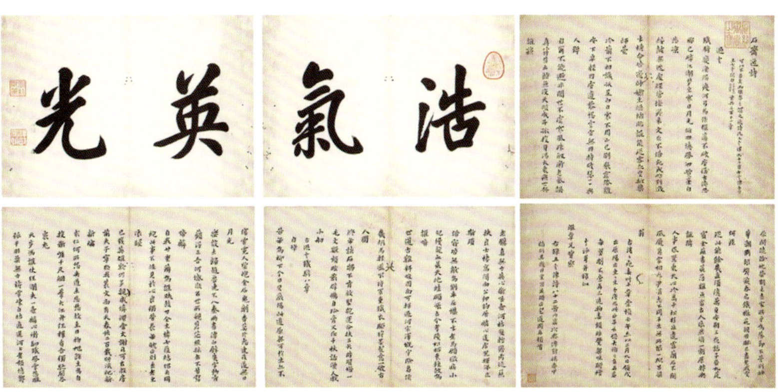

985 黄道周 明 石斋逸诗 册页（十八开）
估　价：HKD 1,200,000~2,000,000
成交价：RMB 38,426,825
27cm × 38.5cm × 18 佳士得 2019-11-25

389 蒋嵩 溪山渔隐 立轴
估　价：HKD 800,000~1,500,000
成交价：RMB 1,594,062
157cm × 91cm 保利香港 2019-04-01

1835 柯士璜 1632年 古木繁花傍芭蕉 立轴
估　价：RMB 120,000~180,000
成交价：RMB 322,000
126cm × 50cm 中鸿信 2019-07-17

4155 昆匡 1569年 赠汪道昆山水卷 手卷
估　价：RMB 180,000~280,000
成交价：RMB 782,000
引首36cm × 122cm，画心36cm × 173cm，题跋36cm × 394cm
北京保利 2019-06-03

2544 邝露 行草自作诗"赠云愁愁"扇面
估　价：HKD 20,000~30,000
成交价：RMB 510,188
16.7cm × 50.8cm 香港苏富比 2019-10-06

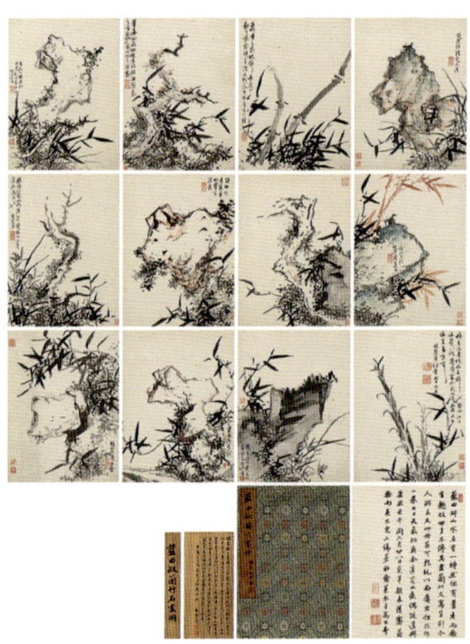

470 蓝瑛 兰竹石册 册页（十二开）
估　价：RMB 1,200,000~1,800,000
成交价：RMB 4,600,000
31.8cm × 24cm × 12 中国嘉德 2019-06-02

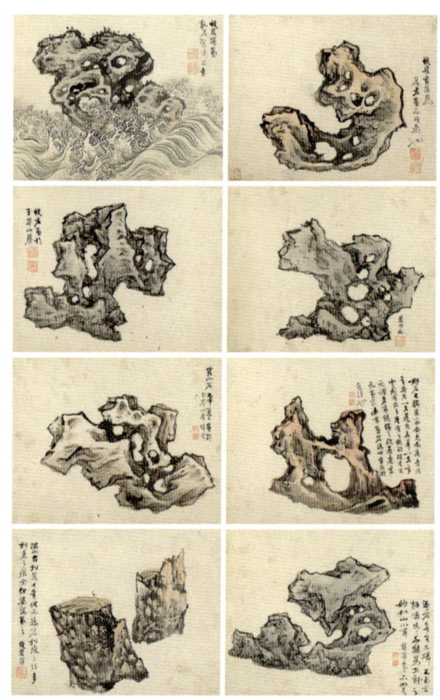

1367 蓝瑛 1656年 奇石图 册页（八开）
估　价：RMB 4,800,000~6,800,000
成交价：RMB 5,980,000
27.5cm × 35.5cm × 8 中国嘉德 2019-11-19

925 蓝瑛 1645年 西溪雨霁图 手卷
估　价：HKD 800,000~1,000,000
成交价：RMB 3,425,760
22.8cm × 350cm 佳士得 2019-05-27

2576 黎民裹 春日山居 立轴
估　价：HKD 100,000~150,000
成交价：RMB 396,813
25.3cm × 51.2cm 香港苏富比 2019-10-06

564 蓝瑛 1642年 山水双册 册页
估　价：HKD 15,000,000~18,000,000
成交价：RMB 25,538,850
29.3cm × 25.4cm × 24 中国嘉德 2019-03-30

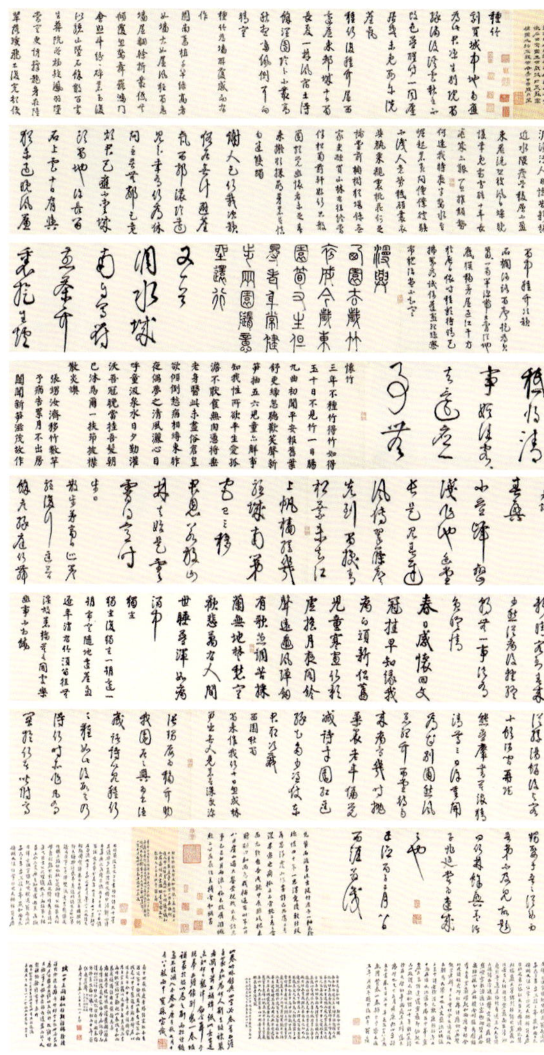

10 李东阳 1516年 种竹诗卷 手卷
估　价：USD 800,000~1,200,000
成交价：RMB 30,711,975
27.5cm × 1300cm 纽约佳士得 2019-03-19

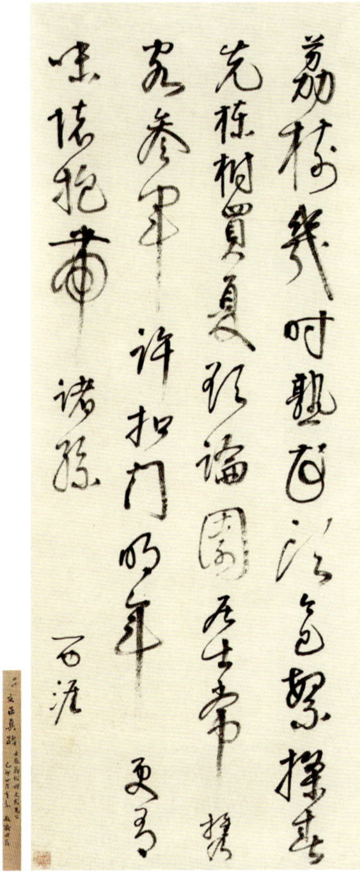

863 李东阳 草书五言诗 立轴
估　价：RMB 600,000~800,000
成交价：RMB 1,840,000
125cm × 50cm 北京匡时 2019-07-13

882 李日华 竹石图 立轴
估　价：RMB 150,000~250,000
成交价：RMB 218,500
175cm × 85cm 朵云轩 2019-06-22

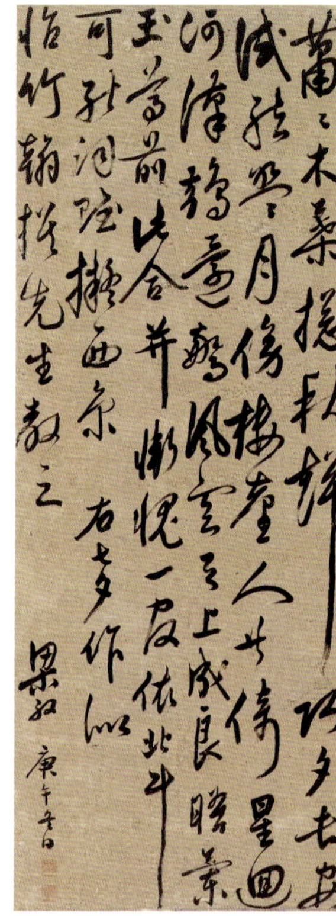

365 梁孜 草书七言诗 立轴
估　价：HKD 180,000~220,000
成交价：RMB 211,869
122cm × 47cm 保利香港 2019-04-01

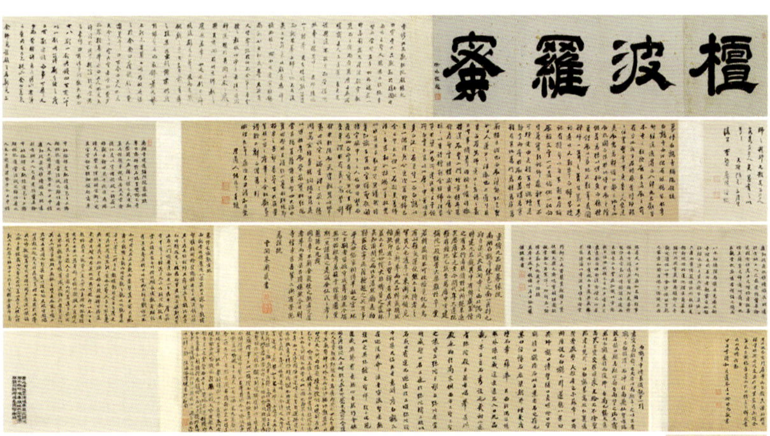

226 李流芳 朱国盛 等 白鹤寺九品观弥陀院等重建募疏合卷 手卷
估　价：RMB 100,000~150,000
成交价：RMB 11,385,000
李流芳29cm × 162.5cm，张鸿盘29cm × 170cm，徐兆曦29cm × 128cm，朱国盛29cm × 92cm，徐时勉29cm × 108cm，倪长玗29cm × 165.5cm 朵云轩 2019-06-22

41 刘枋 老子出关图 立轴
估　价：RMB 1,500,000~1,800,000
成交价：RMB 1,897,500
116cm × 74cm 荣宝斋（桂林） 2019-08-18

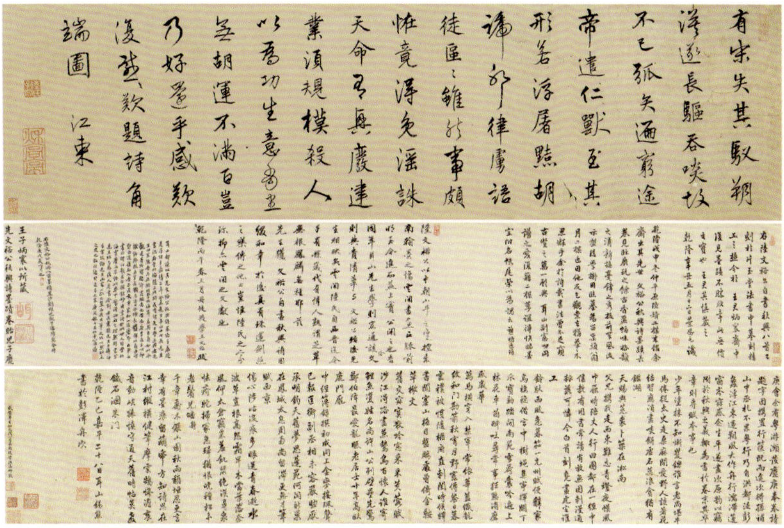

225 陆深 行书江东诗卷并秋兴八首后人题跋合卷 镜心
估　价：RMB 100,000~150,000
成交价：RMB 4,830,000
24.3cm × 90cm，题跋合长24.3cm × 261cm 朵云轩 2019-06-22

1120 陆治 落日空谷 立轴
估　价：USD 180,000~280,000
成交价：RMB 1,510,425
纽约苏富比 2019-03-22

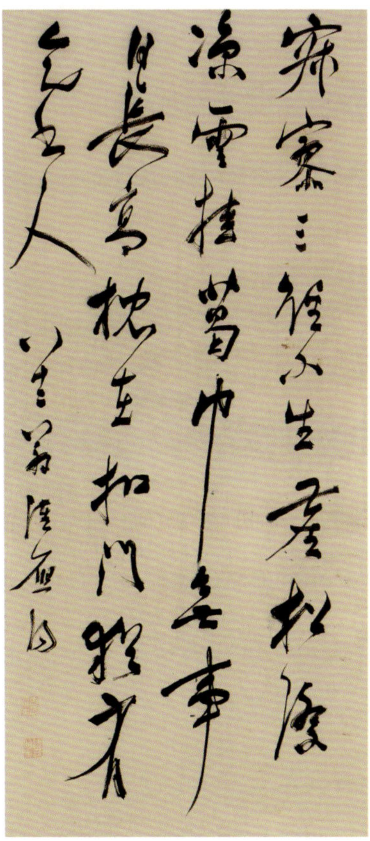

233 陆应阳 行书七言诗 镜框
估　价：RMB 250,000~320,000
成交价：RMB 402,500
141cm × 64cm 上海嘉禾 2019-09-07

1479 陆治 1531年 归樵图 扇面
估　价：RMB 300,000~500,000
成交价：RMB 747,500
18cm × 54cm 中国嘉德 2019-06-04

503 缪辅 水藻游鱼图 立轴
估　价：RMB 20,000~40,000
成交价：RMB 805,000
156.5cm × 92.5cm 西泠印社 2019-07-06

926 吕纪（传）明 梅柳聚禽图 立轴
估　价：HKD 800,000~1,000,000
成交价：RMB 895,000
185cm × 99cm 佳士得 2019-11-25

2615 吕纪 松鹤图 立轴
估　价：RMB 1,200,000~1,800,000
成交价：RMB 1,782,500
177cm × 101.5cm 中贸圣佳 2019-06-07

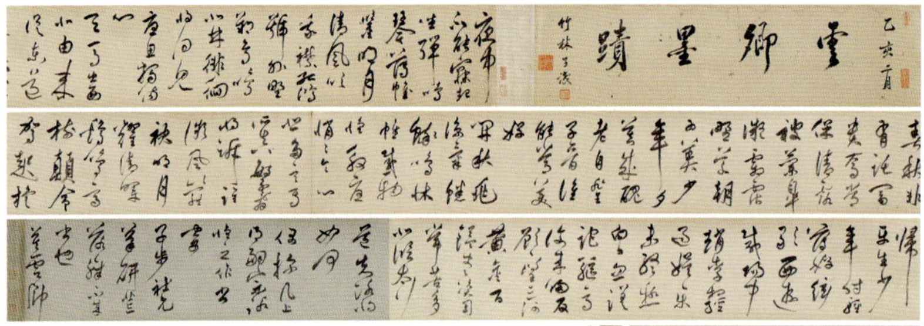

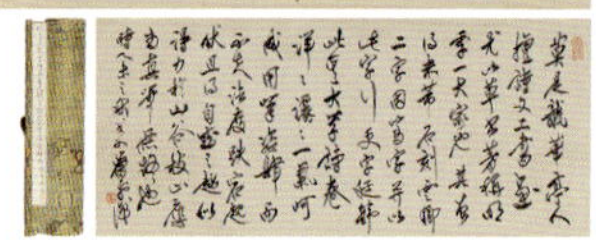

1806 莫是龙 草书录阮籍“咏怀”四首卷 手卷
估　价：RMB 250,000~350,000
成交价：RMB 897,000
引首27.8cm × 107cm，书法27.8cm × 635cm 中鸿信 2019-07-17

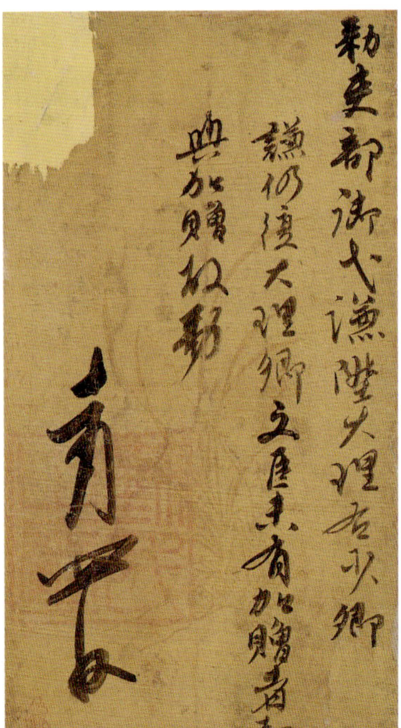

953 明仁宗（款）勅书 手卷
估　价：HKD 60,000~80,000
成交价：RMB 1,944,000
27cm × 15cm 佳士得 2019-05-27

1120 倪元璐 1632年 松石图 立轴
估　价：RMB 800,000~1,000,000
成交价：RMB 920,000
141cm × 57.5cm 中国嘉德 2019-11-19

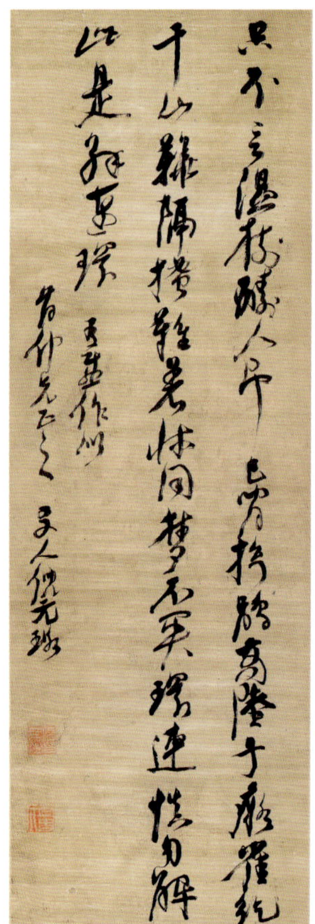

164 倪元璐 赠肯仲有感诗轴 立轴
估　价：RMB 6,000,000~8,000,000
成交价：RMB 7,360,000
158cm × 52cm 保利厦门 2019-08-04

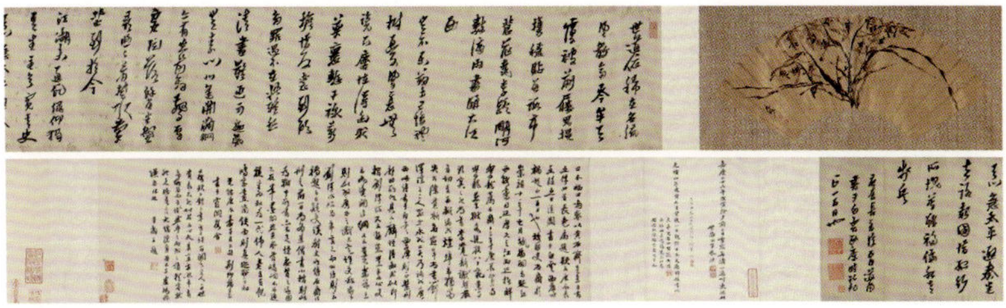

849 倪元璐 黄道周 兰花 草书合卷 手卷
估　价：RMB 1,800,000~2,500,000
成交价：RMB 2,070,000
扇面17cm×51cm，本幅26cm×154cm，题跋26cm×22cm，题跋26cm×92cm
中贸圣佳 2019-06-07

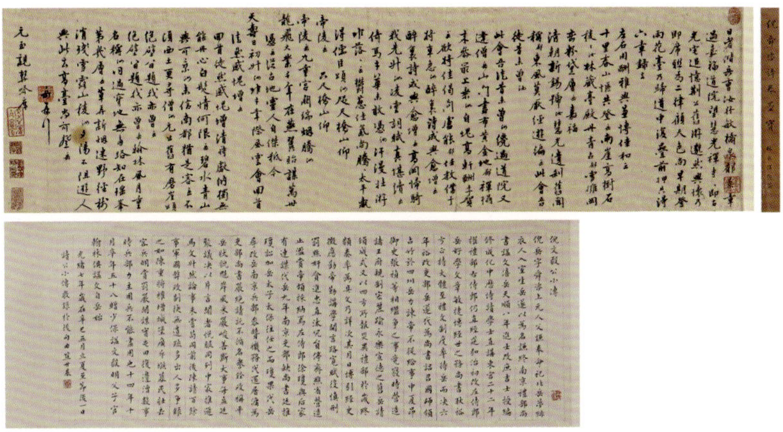

758 倪岳 行书纪游联句卷 手卷
估　价：RMB 1,200,000~1,800,000
成交价：RMB 1,380,000
本幅26.5cm×97cm，题跋26.5cm×70cm 中贸圣佳 2019-11-30

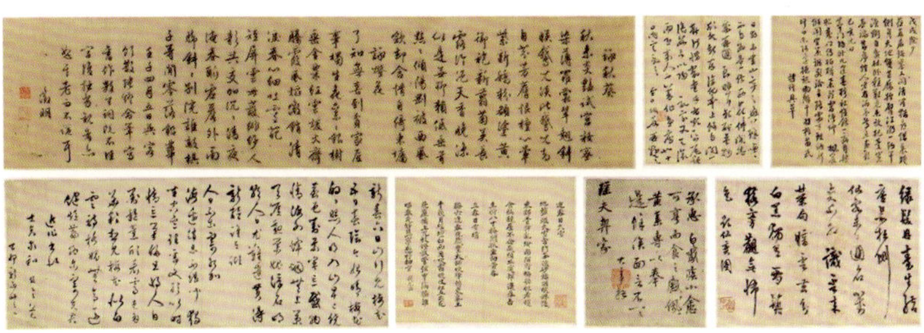

723 聂大年 文徵明 文彭 申时行 邢侗 钱允治 陈继儒 手迹卷 手卷
估　价：RMB 800,000~1,200,000
成交价：RMB 920,000
聂大年17.5cm×14.5cm，文徵明22.6cm×96cm，眉公21.2cm×30cm，申时行27.5cm×27.7cm，邢侗25.5cm×21cm，钱允治23.5cm×30cm，文彭26cm×68.5cm 广东崇正 2019-05-23

4172 祁守端 1467年 梅石图 镜心
估　价：RMB 300,000~500,000
成交价：RMB 345,000
149cm×39cm 北京保利 2019-06-03

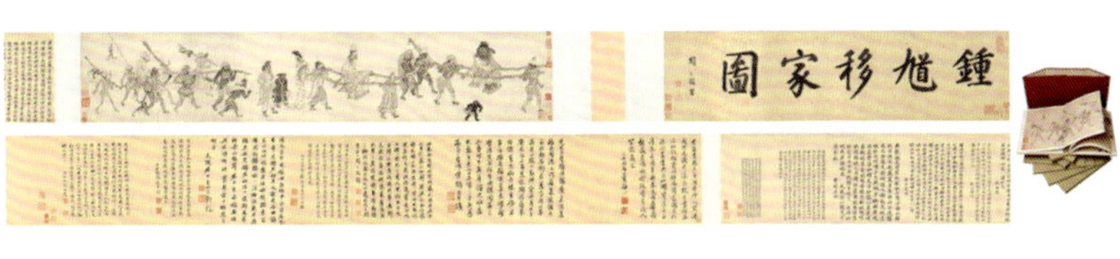

303 钱榖 1557年 钟馗移家图 手卷
估　价：RMB 3,600,000~6,000,000
成交价：RMB 5,060,000
引首116.5cm×29.5cm，画心160.5cm×29.5cm，题跋114.5cm×29.5cm，239cm×29.5cm 西泠印社 2019-07-06

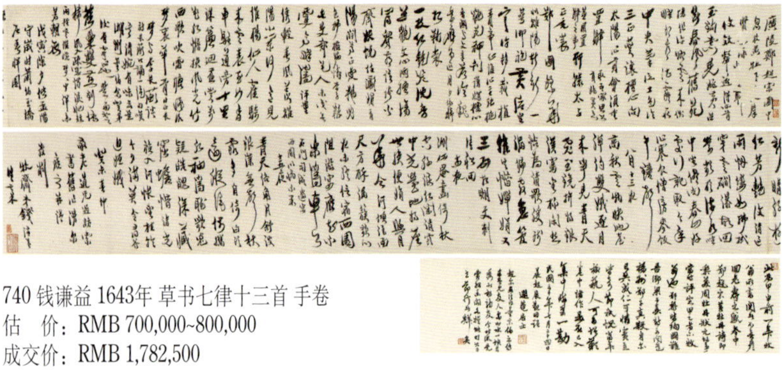

740 钱谦益 1643年 草书七律十三首 手卷
估　价：RMB 700,000~800,000
成交价：RMB 1,782,500
本幅20.5cm × 405.5cm，题跋25cm × 90cm 北京匡时 2019-07-13

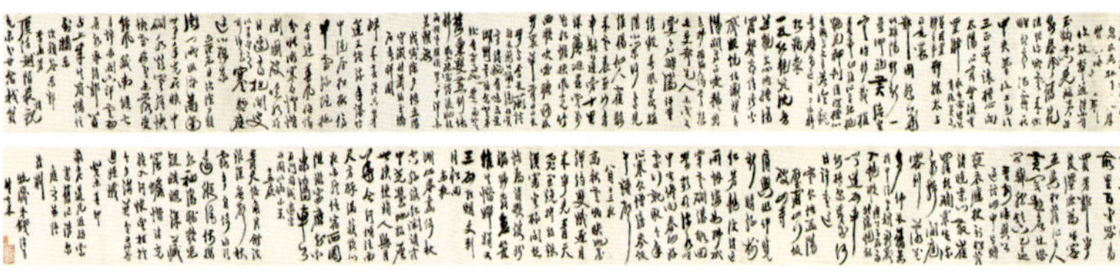

1161 钱谦益 草书自作七律十三首 手卷
估　价：USD 100,000~150,000
成交价：RMB 839,125
纽约苏富比 2019-03-22

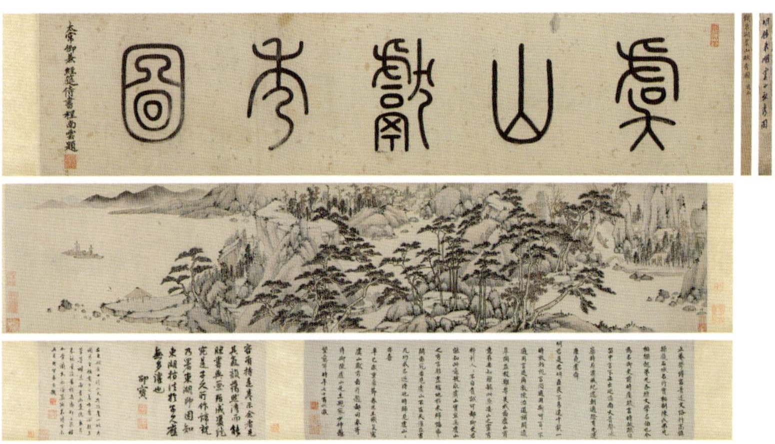

3534 钱仁夫 虞山献秀图 手卷
估　价：RMB 2,000,000~3,000,000
成交价：RMB 2,300,000
引首26cm × 116cm，画心26.5cm × 129cm，题跋26.5cm × 171cm 北京保利 2019-12-03

1621 仇英 松下高士 扇面
估　价：RMB 600,000~800,000
成交价：RMB 1,702,000
14cm × 43cm 中鸿信 2019-07-17

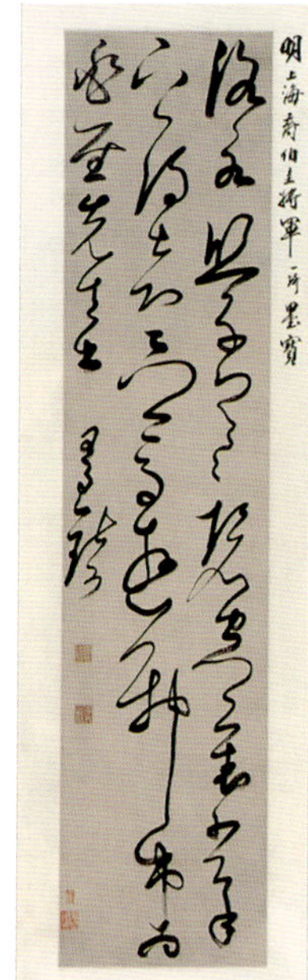

219 乔一琦 草书 立轴
估　价：RMB 10,000~20,000
成交价：RMB 977,500
127cm × 29cm 朵云轩 2019-06-22

1231 仇英 春游晚归图 立轴
估　价：RMB 800,000
成交价：RMB 1,058,000
161cm × 85cm 北京翰海 2019-03-29

184 仇英 文彭 凤城仙阙图 扇页
估　价：RMB 2,800,000~4,000,000
成交价：RMB 3,450,000
56.5cm × 18cm 西泠印社 2019-07-06

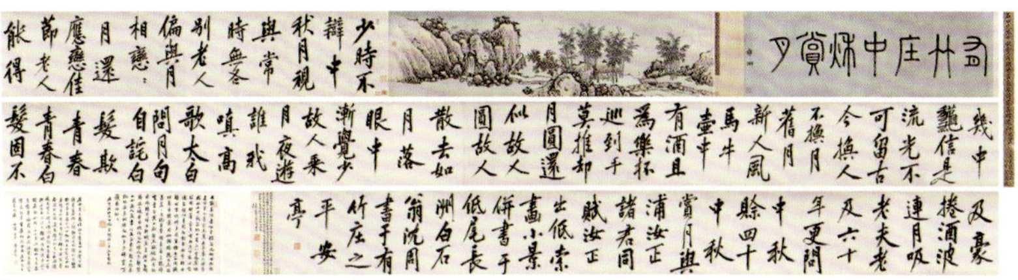

723 沈周 有竹庄中秋赏月图并书长歌诗卷 手卷
估　价：RMB 5,500,000~6,500,000
成交价：RMB 6,325,000
引首34.5cm × 105cm，画心34cm × 126cm，书法34cm × 895cm，题跋1：34cm × 10cm，题跋2：34.5cm × 99cm 中贸圣佳 2019-11-30

970 沈周 明 江程泛舟图 立轴
估　价：HKD 200,000~400,000
成交价：RMB 5,481,875
79cm × 21cm 佳士得 2019-11-25

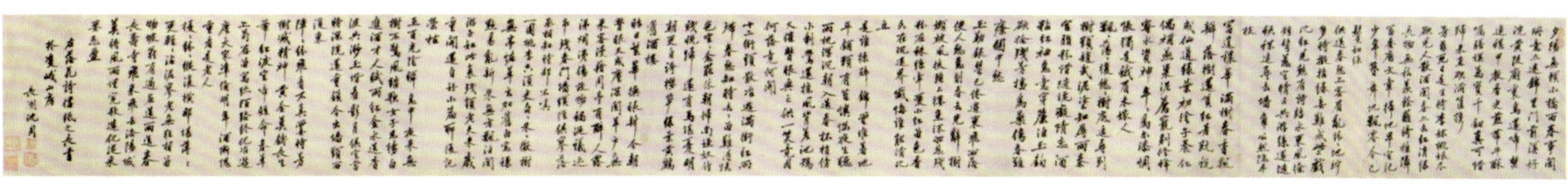

1168 沈周 行书自作“落花诗”十三首 手卷
估　价：USD 1,200,000~1,800,000
成交价：RMB 20,273,260
纽约苏富比 2019-03-22

967 沈周 1486年 为朱性甫画设色山水长卷 手卷
估　价：HKD 6,000,000~8,000,000
成交价：RMB 11,925,875
35cm × 1263cm，35cm × 131cm 佳士得 2019-11-25

457 沈周 1475年 湾东草堂图 立轴
估　价：RMB 7,000,000~9,000,000
成交价：RMB 16,100,000
153cm × 63cm 中国嘉德 2019-06-02

968 盛茂烨 1632年 山水 手卷
估　价：HKD 300,000~500,000
成交价：RMB 469,875
20cm × 178cm 佳士得 2019-11-25

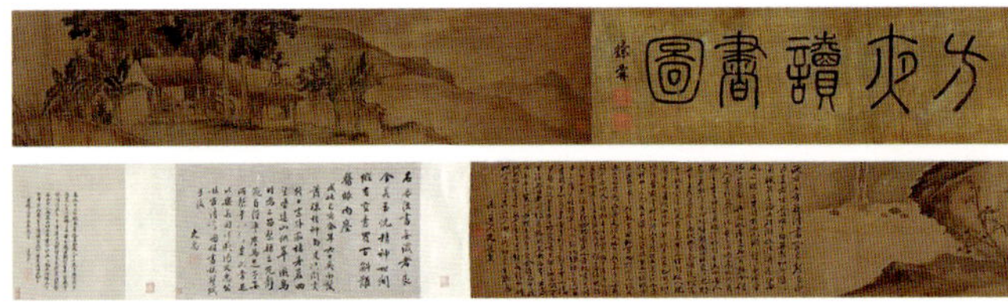

2536 史忠 方夜读书图卷 手卷
估　价：RMB 300,000~500,000
成交价：RMB 356,500
引首22.5cm × 74.5cm，画心28.5cm × 25cm，题跋27cm × 53cm，28cm × 23.5cm 中贸圣佳 2019-06-07

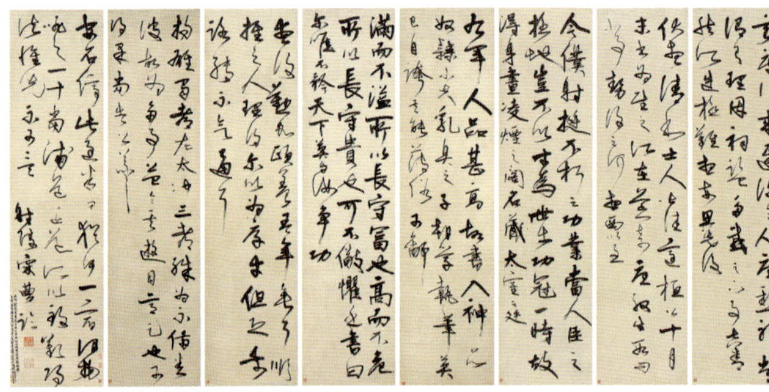

148 宋曹 草书八屏 立轴
估　价：RMB 3,000,000~5,000,000
成交价：RMB 4,370,000
185.5cm × 46.5cm × 8 保利厦门 2019-08-04

157 盛茂烨 雪景山水 立轴
估　价：RMB 500,000~600,000
成交价：RMB 575,000
152.5cm × 67cm 保利厦门 2019-08-04

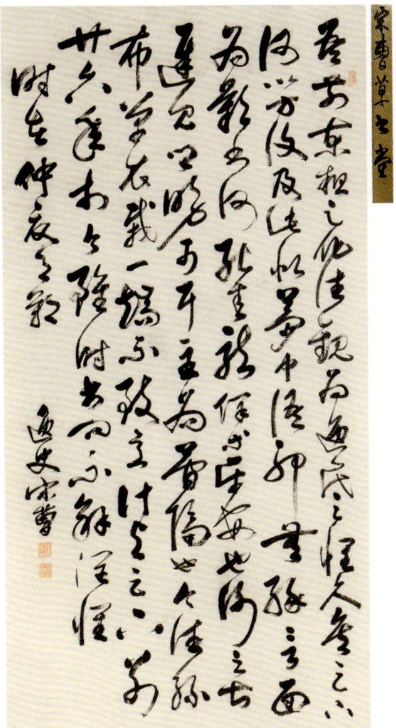

3507 宋曹 草书临帖轴 立轴
估　价：RMB 600,000~1,000,000
成交价：RMB 1,035,000
200cm × 104cm 北京保利 2019-12-03

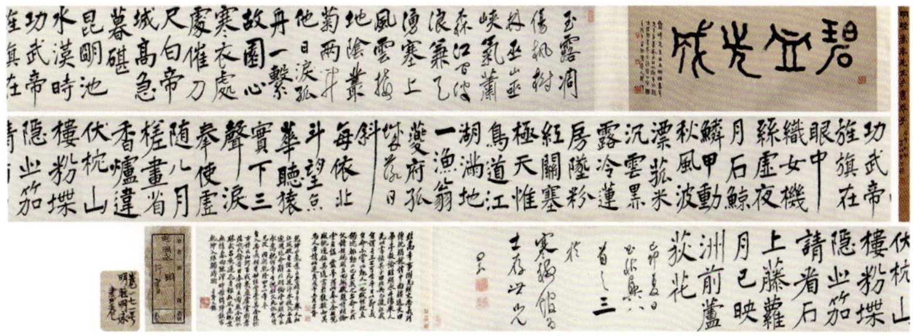

844 眭明永 节录“秋兴八首”书卷 手卷
估　价：RMB 1,200,000~1,800,000
成交价：RMB 2,702,500
引首35cm × 92cm，本幅35cm × 681cm，题跋40cm × 80cm 中贸圣佳 2019-06-07

901 孙杕 陈洪绶 缪沅 明 行书诗歌三首 扇面镜框
估　价：HKD 20,000~40,000
成交价：RMB 820,800
16cm × 52.5cm 佳士得 2019-05-27

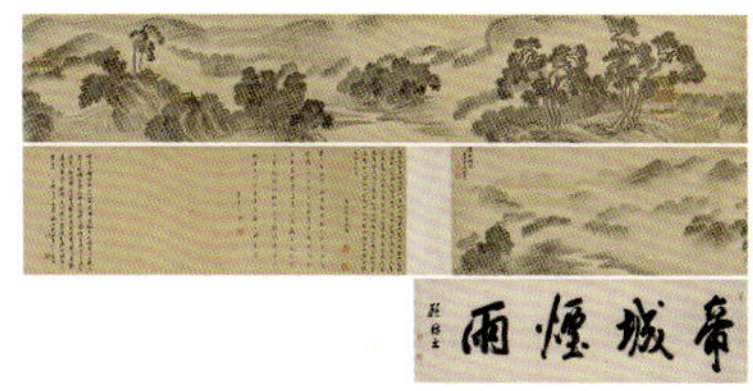

1108 宋懋晋 1612年 帝城烟雨图卷 手卷
估　价：RMB 500,000~800,000
成交价：RMB 575,000
引首32cm × 107.5cm，画33.5cm × 270cm，跋33cm × 100.5cm 中国嘉德 2019-11-19

309 宋旭 天目垂虹图 镜片
估　价：RMB 900,000~1,500,000
成交价：RMB 1,322,500
111cm × 38cm 西泠印社 2019-07-06

305 孙克弘 1583年 百花图卷 （共七帧） 镜片
估　价：RMB 400,000~600,000
成交价：RMB 552,000
130cm × 30.5cm × 6，74.5cm × 30.5cm 西泠印社 2019-07-06

688 孙克弘 松泉叠韵 立轴
估　价：RMB 600,000~900,000
成交价：RMB 1,437,500
75.5cm × 26.5cm 北京翰海 2019-06-14

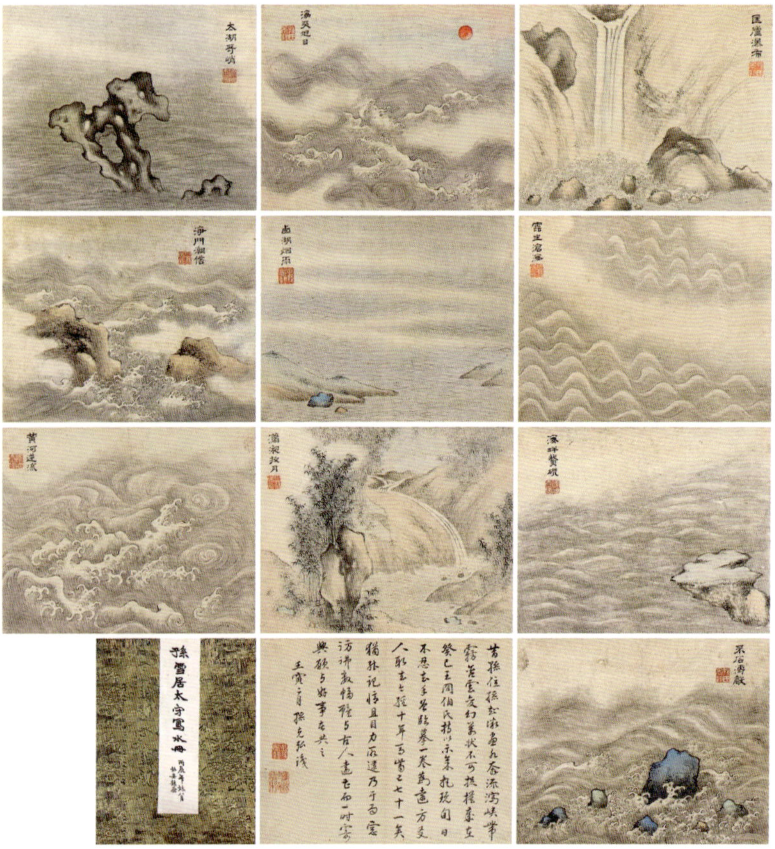

4033 孙克弘 水图 册页（十开）
估 价：RMB 8,000,000~10,000,000
成交价：RMB 9,200,000
25cm×33cm×10 北京保利 2019-06-03

302 唐寅 1508年 阳山积雪图 立轴
估 价：RMB 2,500,000~4,000,000
成交价：RMB 2,875,000
72cm×34cm 西泠印社 2019-07-06

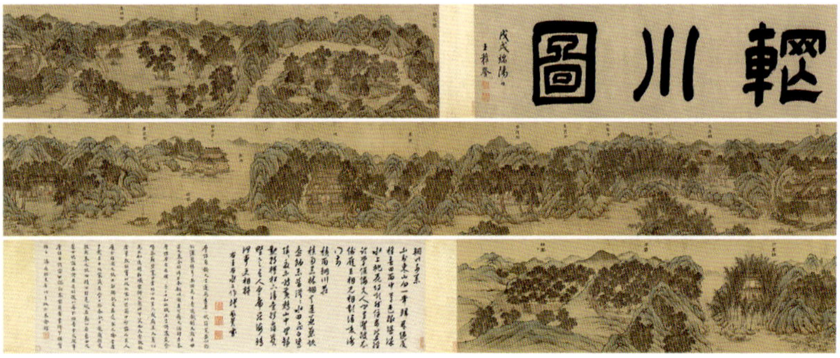

53 孙枝 辋川图 手卷
估 价：RMB 1,800,000~2,500,000
成交价：RMB 2,875,000
引首30cm×108cm 画心30cm×482.5cm
拖尾30cm×111.5cm 上海明轩 2019-04-28

2529 唐寅 芙蓉 镜框
估 价：HKD 500,000~700,000
成交价：RMB 1,175,625
34.3cm×60cm 香港苏富比 2019-04-01

1619 唐寅 锦幕海棠 扇面
估 价：RMB 1,200,000~1,800,000
成交价：RMB 2,300,000
18cm×52cm 中鸿信 2019-07-17

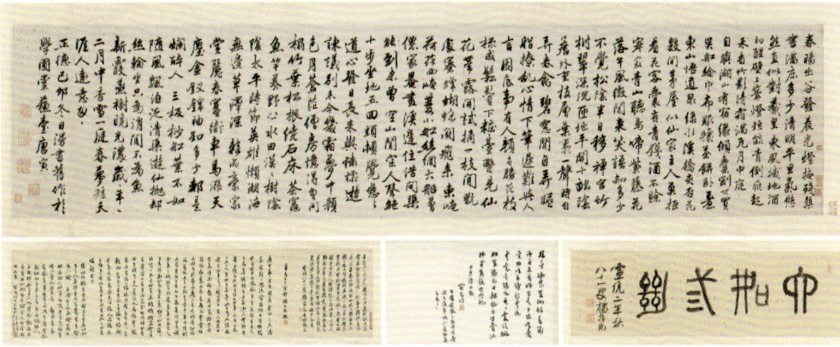

188 唐寅 七言绝句十五首 手卷
估　价：RMB 7,000,000~9,000,000
成交价：RMB 11,155,000
画心27.7cm × 122.6cm 上海明轩 2019-04-28

818 王宠 1527年 章草书“游包山集”卷
估　价：RMB 30,000~50,000
成交价：RMB 368,000
31cm × 546cm 北京翰海 2019-06-14

182 王宠 楷书 自作诗六首 扇页
估　价：RMB 400,000~600,000
成交价：RMB 1,150,000
57cm × 19.5cm 西泠印社 2019-07-06

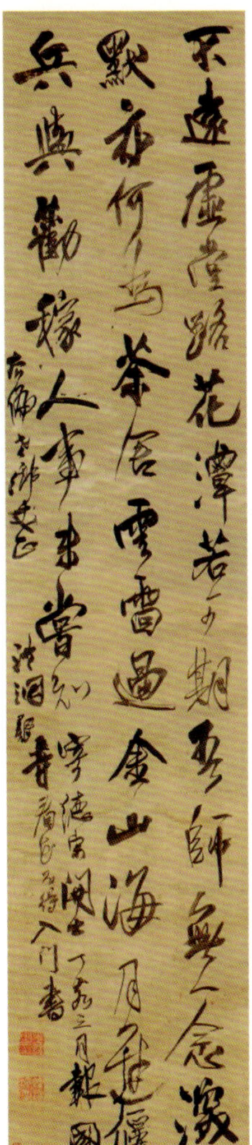

4025 王铎 1647年 行书五言诗 立轴
估　价：RMB 5,000,000~6,000,000
成交价：RMB 5,750,000
236cm × 51cm 北京保利 2019-06-03

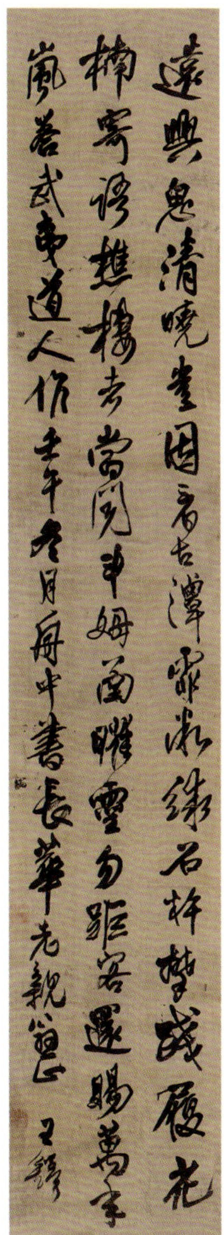

840 王铎 行书五言诗 立轴
估　价：RMB 3,500,000~4,500,000
成交价：RMB 5,060,000
276cm × 50cm 中贸圣佳 2019-06-07

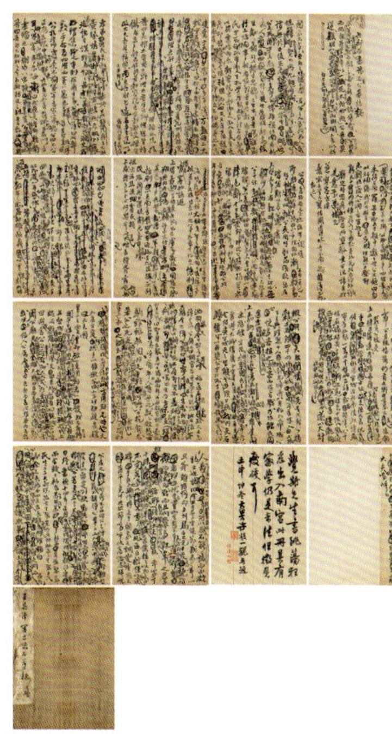

242 王铎 兵部尚书豫石吕公墓志铭 册页（十五开）
估　价：RMB 2,000,000~3,000,000
成交价：RMB 4,025,000
28cm × 19.5cm × 15 北京荣宝 2019-06-13

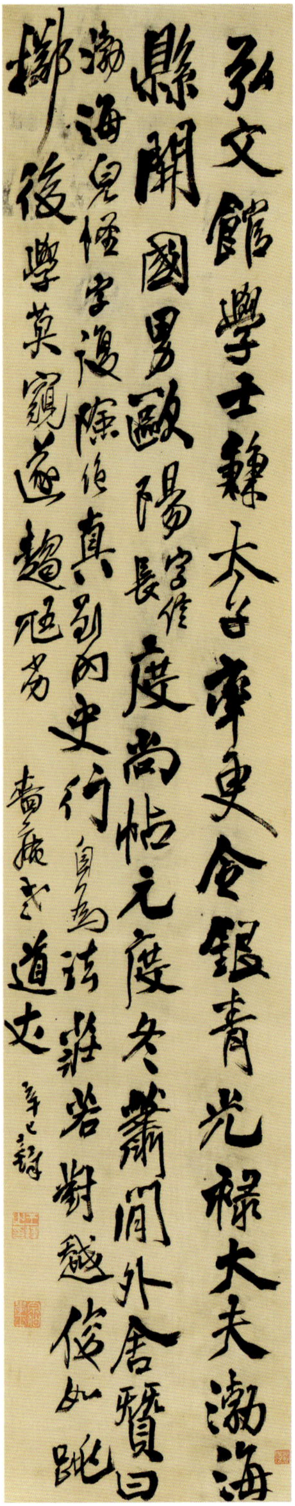

1373 王铎 1641年 行书“米芾跋欧阳询〈度尚帖〉”立轴
估　价：RMB 5,200,000~6,200,000
成交价：RMB 5,980,000
244cm×47.5cm 中国嘉德 2019-11-19

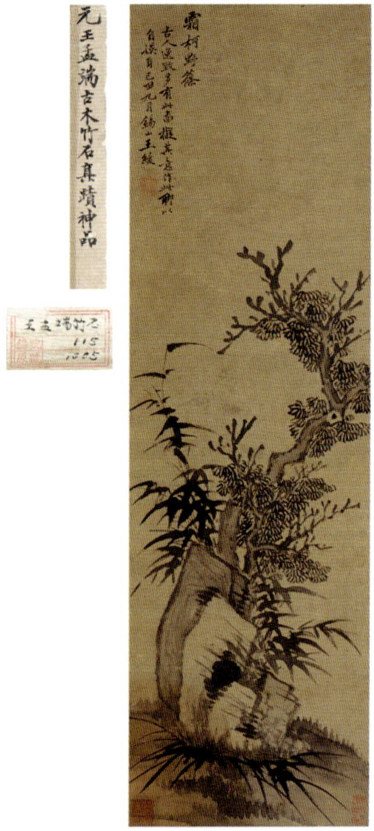

312 王绂 1409年 霜柯野筱图 立轴
估　价：RMB 3,500,000~5,000,000
成交价：RMB 5,520,000
88cm×26.5cm 西泠印社 2019-07-06

393 王建章 1627年 墨竹图 立轴
估　价：HKD 200,000~250,000
成交价：RMB 221,958
124cm×32cm 保利香港 2019-04-01

3537 王绂 1410年 秋树鼓琴图 立轴
估　价：RMB 2,000,000~3,000,000
成交价：RMB 3,450,000
画57cm×30cm，字25.5cm×30cm 北京保利 2019-12-03

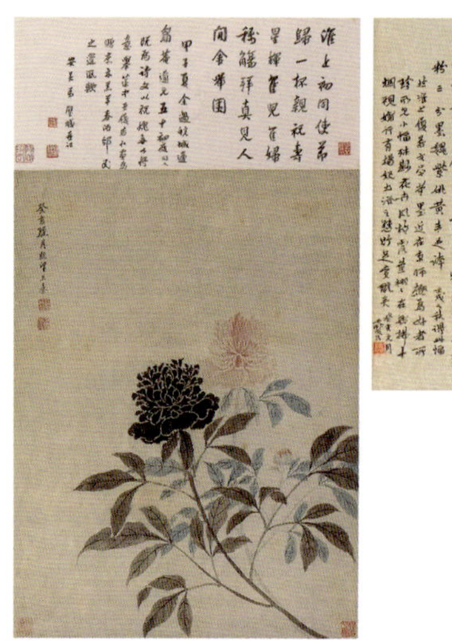

1511 王綦 1623年 双色牡丹 立轴
估　价：RMB 800,000~1,200,000
成交价：RMB 920,000
题21.5cm×49.5cm，画64cm×49.5cm 中国嘉德 2019-06-04

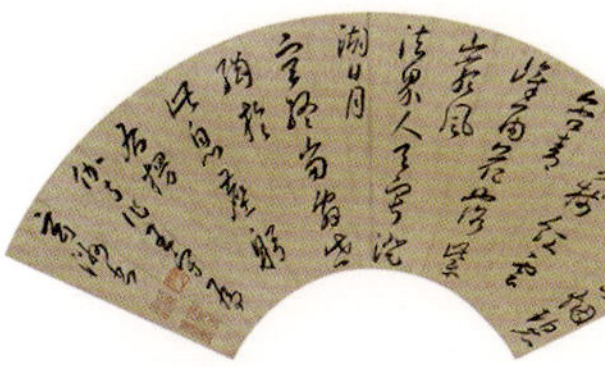

903 王守 明 草书 扇面镜框
估　价：HKD 20,000~40,000
成交价：RMB 345,600
18.5cm × 55.5cm 佳士得 2019-05-27

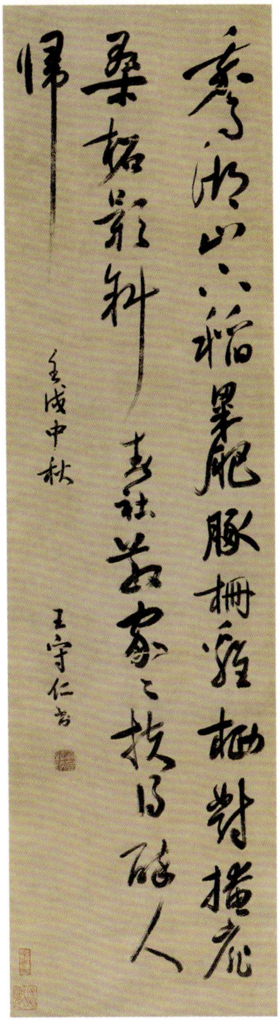

1831 王阳明 1502年 草书七言绝句 立轴
估　价：RMB 150,000~250,000
成交价：RMB 322,000
111cm × 30cm 中鸿信 2019-07-17

845 魏之克 山水手卷 手卷
估　价：RMB 3,800,000~4,800,000
成交价：RMB 4,485,000
32cm × 308cm 中贸圣佳 2019-06-07

684 文伯仁 1566年 江山胜游图卷 手卷
估　价：RMB 3,000,000~4,000,000
成交价：RMB 5,980,000
本幅29cm × 500cm，后跋29cm × 144cm 北京荣宝 2019-06-13

621 文伯仁 竹楼图 立轴
估　价：RMB 680,000~750,000
成交价：RMB 782,000
57cm × 26.5cm 北京匡时 2019-07-13

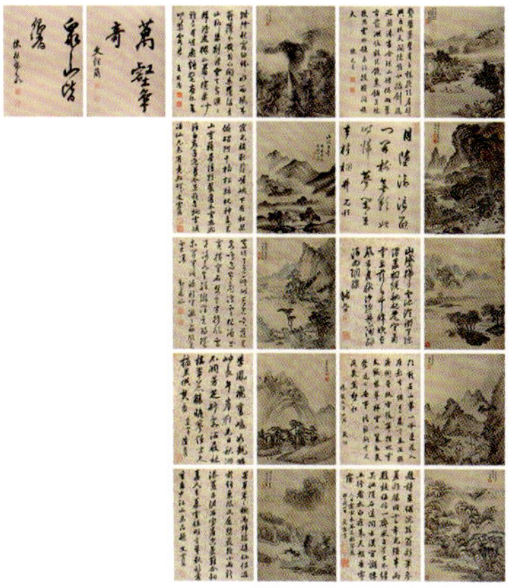

2545 文从简 陈继儒 陈元素 等 明贤书画册（二十二开）册页
估　价：RMB 1,000,000~1,500,000
成交价：RMB 1,667,500
40cm × 29cm × 22 中贸圣佳 2019-06-07

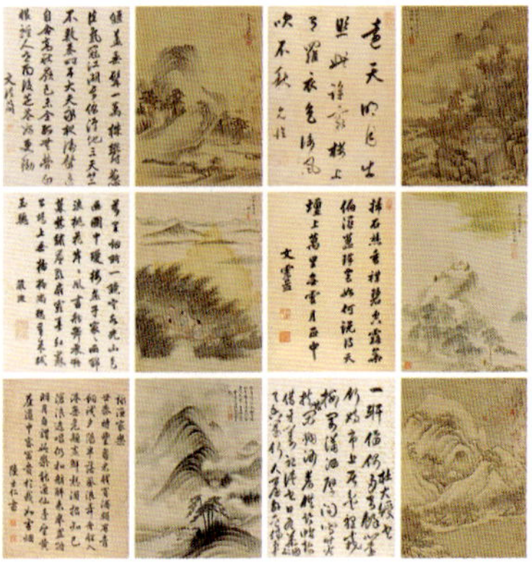

4178 文从简 陈尚古 等 1618年 书画对题册 册页（六开十二页）
估　价：RMB 1,200,000~1,800,000
成交价：RMB 1,380,000
43cm × 30cm × 12 北京保利 2019-06-03

683 文徵明 1540年 松溪清话图 立轴
估　价：RMB 150,000~200,000
成交价：RMB 4,485,000
125.5cm × 31.5cm 北京翰海 2019-06-14

4031 文嘉 1528年 溪船燕乐图 手卷
估　价：RMB 2,000,000~3,000,000
成交价：RMB 2,300,000
20cm × 122cm 北京保利 2019-06-03

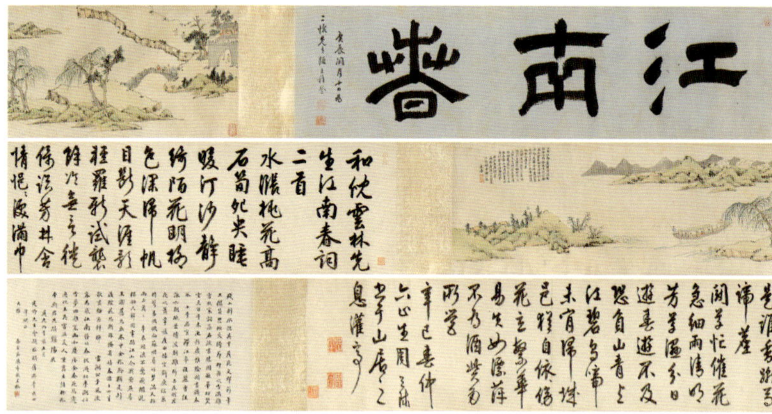

471 文嘉 1580年 江南春图 手卷
估　价：RMB 2,000,000~3,000,000
成交价：RMB 3,335,000
引首27.5cm × 104cm，画28cm × 119cm，跋1）28cm × 186cm，跋2）28cm × 50cm 中国嘉德 2019-06-02

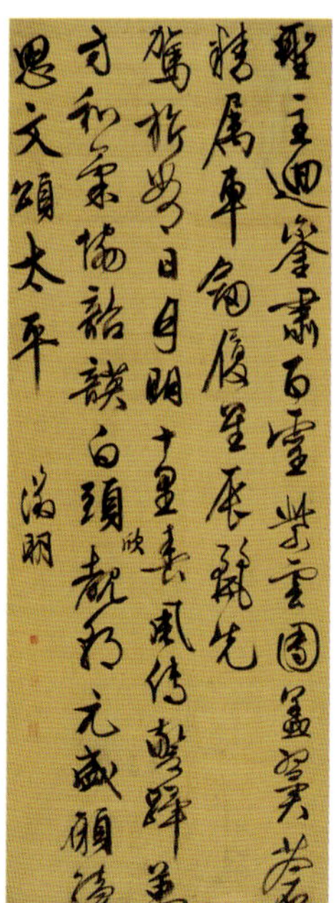

300 文徵明 草书 七言诗 立轴
估　价：RMB 5,000,000~8,000,000
成交价：RMB 8,740,000
176cm × 63.5cm 西泠印社 2019-07-06

625 文徵明 1513年 游吴氏东庄图 立轴
估　价：RMB 1,800,000~2,200,000
成交价：RMB 3,277,500
72cm × 34.5cm 北京荣宝 2019-12-01

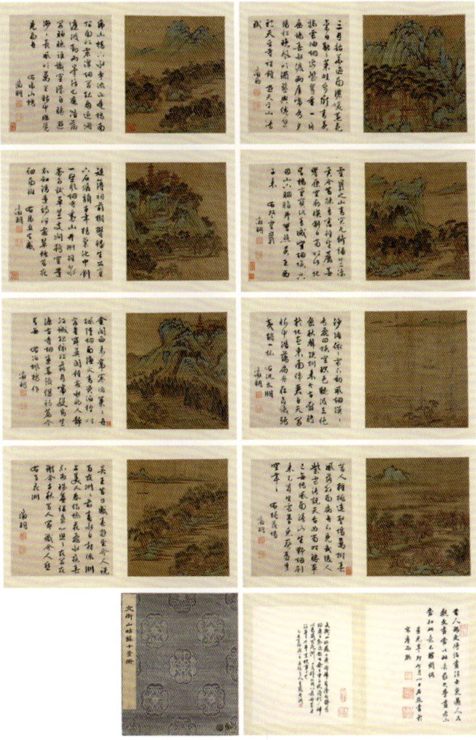

1633 文徵明 姑苏十景图 册页
估　价：RMB 4,500,000~6,500,000
成交价：RMB 6,900,000
30cm × 26.5cm × 16 中鸿信 2019-07-17

472 文徵明 1558年 行书“道德经”册页（三十八开）
估　价：RMB 3,000,000~4,000,000
成交价：RMB 8,625,000
28cm × 33.5cm × 38 中国嘉德 2019-06-02

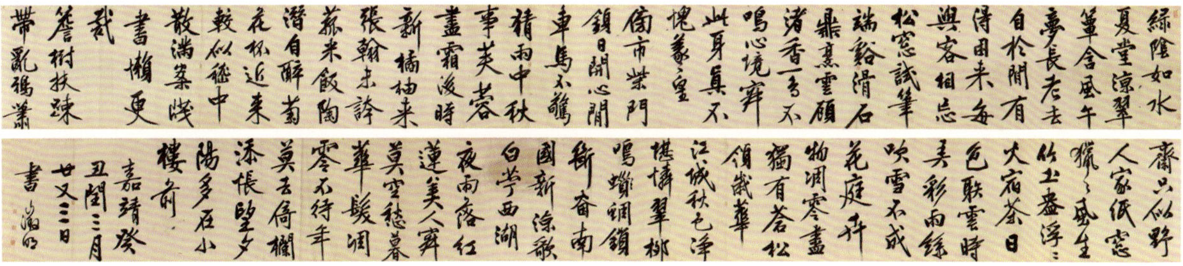

923 文徵明 1553年 行书七言诗卷 手卷
估　价：HKD 5,000,000~7,000,000
成交价：RMB 71,908,560
46cm × 900cm 佳士得 2019-05-27

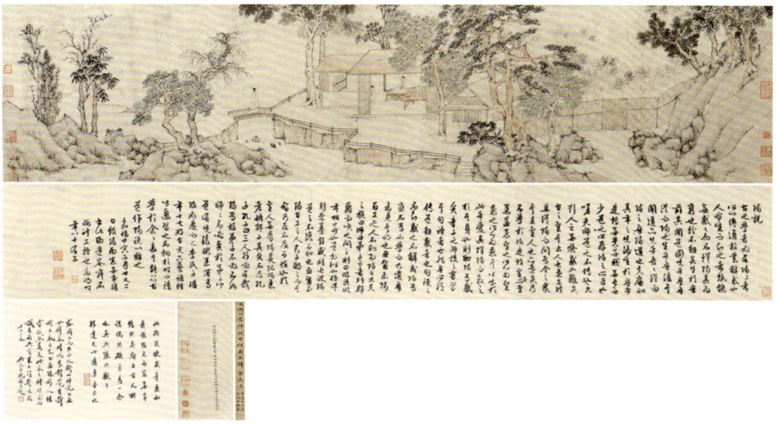

119 文徵明 1554年 师说书画合璧 手卷
成交价：RMB 11,960,000
画心24cm × 107cm，书法22cm × 196cm，
尾跋24cm × 50cm 上海工美 2019-06-09

2534 吴彬 秋溪垂钓 立轴
估　价：HKD 250,000~300,000
成交价：RMB 1,247,125
176.4cm × 55.2cm 香港苏富比 2019-10-06

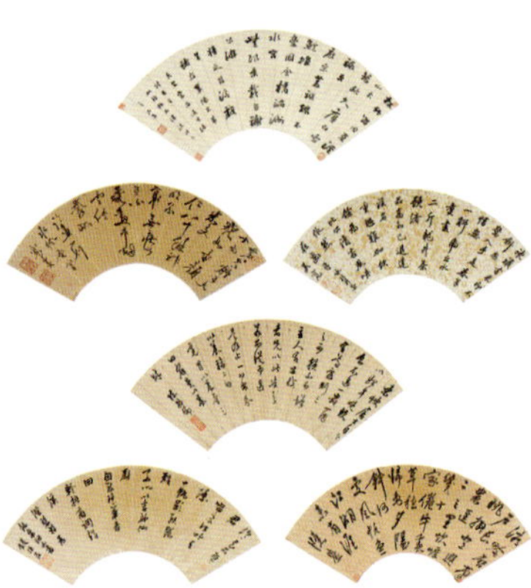

1429 吴宽 陈鎏 陈继儒 钱谦益 冒襄 刘墉（款）行书诗文 六开扇面
估　价：USD 4,000~6,000
成交价：RMB 822,343
纽约苏富比 2019-03-23

180 吴彬 曲水流觞图 扇页
估　价：RMB 2,600,000~3,600,000
成交价：RMB 3,335,000
51.5cm × 16.5cm 西泠印社 2019-07-06

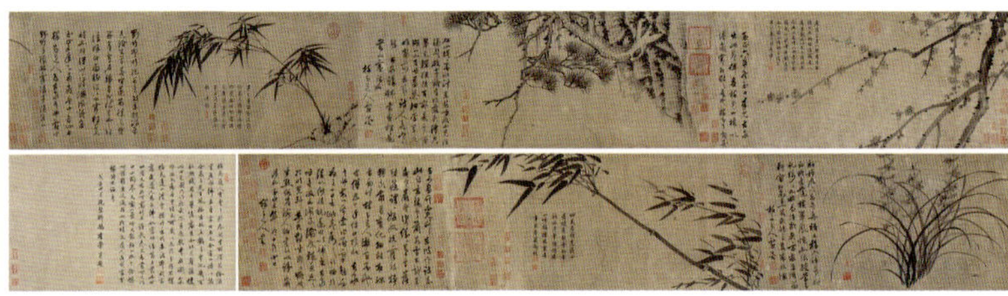

1411 吴镇（款）1345年 四友图卷 手卷
估　价：RMB 200,000~300,000
成交价：RMB 1,610,000
35cm × 477cm 中国嘉德 2019-06-25

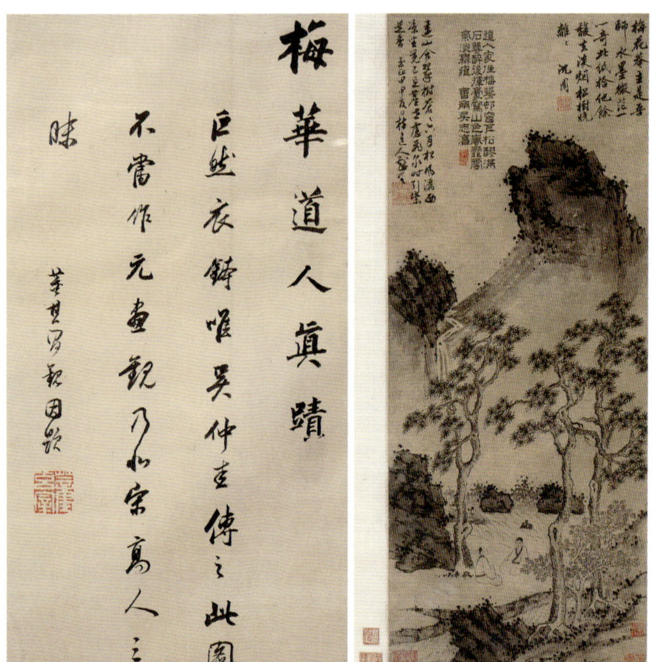

1630 吴镇 1344年 松风飞泉 立轴
估　价：RMB 8,000,000~12,000,000
成交价：RMB 9,775,000
72cm × 30cm 中鸿信 2019-07-17

313 吴镇 1337年 秋江归钓图 立轴
估　价：RMB 5,000,000~7,000,000
成交价：RMB 7,475,000
110cm×27cm 西泠印社 2019-07-06

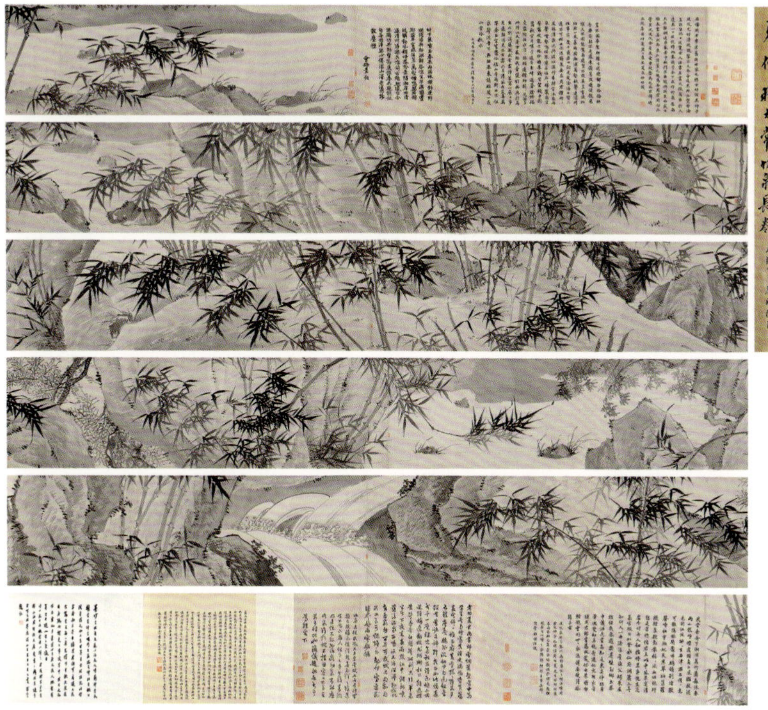

4040 夏昶 1441年 竹泉春雨卷 手卷
估　价：RMB 25,000,000~35,000,000
成交价：RMB 28,750,000
画心40cm×1240cm，自跋40cm×130cm，题跋40cm×253cm 北京保利 2019-06-03

360 吴徵 盛弘昌 等 1635年 仿古山水册 册页
估　价：HKD 250,000~300,000
成交价：RMB 423,738
29.5cm×21cm×10 保利香港 2019-04-01

3545 项元汴 竹菊图 立轴
估　价：RMB 35,000,000~40,000,000
成交价：RMB 44,275,000
96.5cm×23cm 北京保利 2019-12-03

836 萧云从 古木寒峰图 立轴
估　价：RMB 800,000~1,200,000
成交价：RMB 1,150,000
144cm×55cm 中贸圣佳 2019-06-07

2534 萧云从 山水手卷 手卷
估　价：RMB 800,000~1,200,000
成交价：RMB 1,725,000
35cm×228cm 中贸圣佳 2019-06-07

904 邢侗 明 草书—临羲之十七帖 扇面镜框
估　价：HKD 20,000~40,000
成交价：RMB 626,400
16cm×48.5cm 佳士得 2019-05-27

835 谢时臣 江楼邀鹤 立轴
估　价：RMB 1,200,000~1,800,000
成交价：RMB 1,380,000
137cm×63.5cm 中贸圣佳 2019-06-07

3538 徐贲 溪亭客话图 立轴
估　价：RMB 1,200,000~1,800,000
成交价：RMB 2,300,000
诗堂21.3cm×23.2cm，画心49cm×23.2cm
北京保利 2019-12-03

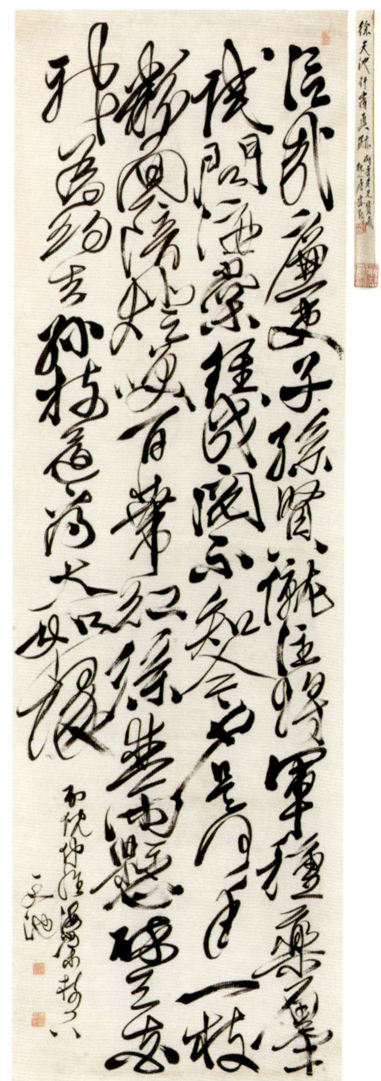

4188 徐渭 行书七言诗 立轴
估　价：RMB 3,000,000~5,000,000
成交价：RMB 4,600,000
203cm×66cm 北京保利 2019-06-03

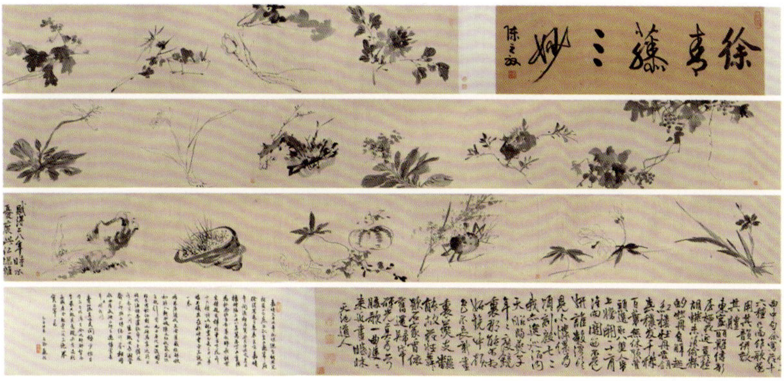

383 徐渭 花卉十六种三绝卷 手卷
估　价：RMB 1,800,000~2,800,000
成交价：RMB 3,335,000
29.5cm × 870cm 上海嘉禾 2019-09-07

837 徐渭 洛阳春色 立轴
估　价：RMB 3,800,000~4,800,000
成交价：RMB 5,060,000
138cm × 36cm 中贸圣佳 2019-06-07

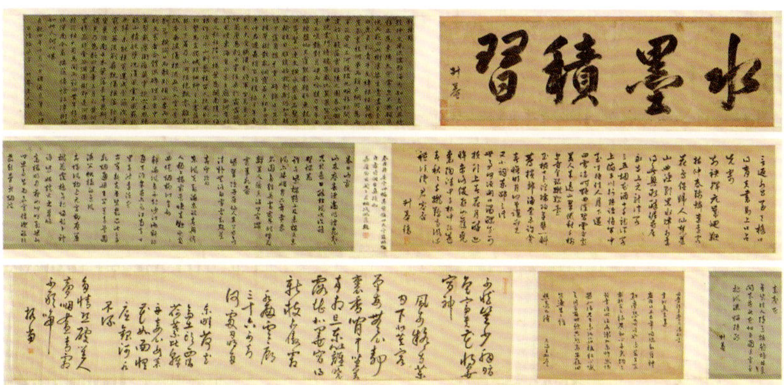

2555 杨慎 释担当 等 行书诗卷 手卷
估　价：HKD 260,000~350,000
成交价：RMB 2,992,500
尺寸不一 香港苏富比 2019-04-01

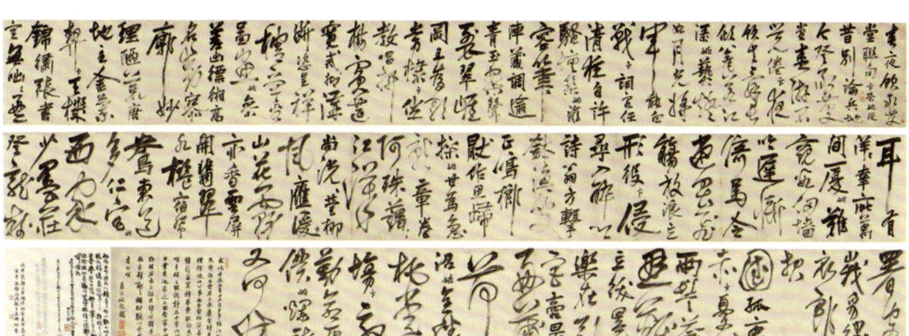

951 姚绶 1472年 行草书卷 手卷
估　价：HKD 1,000,000~2,000,000
成交价：RMB 31,702,320
32.5cm × 822cm 佳士得 2019-05-27

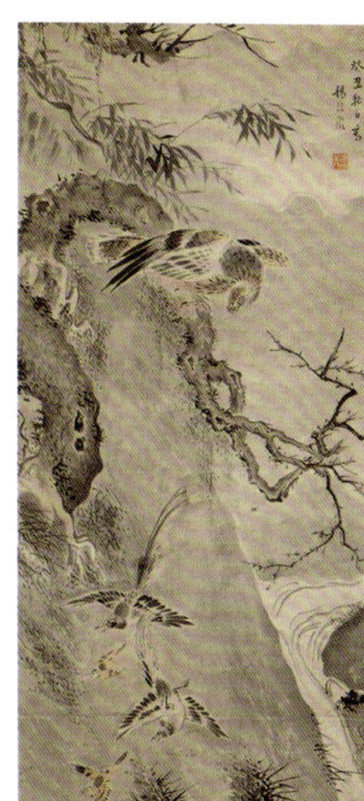

1834 杨大临 英雄得爵 立轴
估　价：RMB 250,000~350,000
成交价：RMB 368,000
183cm × 86cm 中鸿信 2019-07-17

3535 姚绶 牡丹蝶蛱图 立轴
估　价：RMB 1,800,000~2,800,000
成交价：RMB 2,817,500
77cm×26.5cm 北京保利 2019-12-03

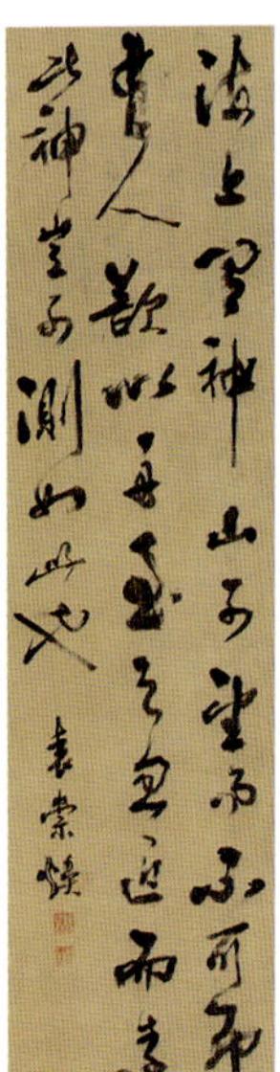

48 袁崇焕 行书 立轴
估　价：RMB 250,000~350,000
成交价：RMB 529,000
151cm×39cm 上海明轩 2019-04-28

121 佚名 八大菩萨 镜片
估　价：RMB 700,000~1,200,000
成交价：RMB 805,000
114cm×74cm×2 保利厦门 2019-01-06

319 一休宗纯 草书 诸恶莫作众善奉行 立轴
估　价：RMB 300,000~500,000
成交价：RMB 460,000
194.5cm×29cm 西泠印社 2019-07-06

247 佚名 明 一品文官常服像 镜框
估　价：HKD 300,000~500,000
成交价：RMB 428,034
156cm×104.5cm 邦瀚斯 2019-04-03

857 佚名 明代中早期（正统-成化年间）
罗汉众像 立轴
估　价：RMB 1,500,000~1,800,000
成交价：RMB 1,725,000
176cm×93cm 中贸圣佳 2019-06-07

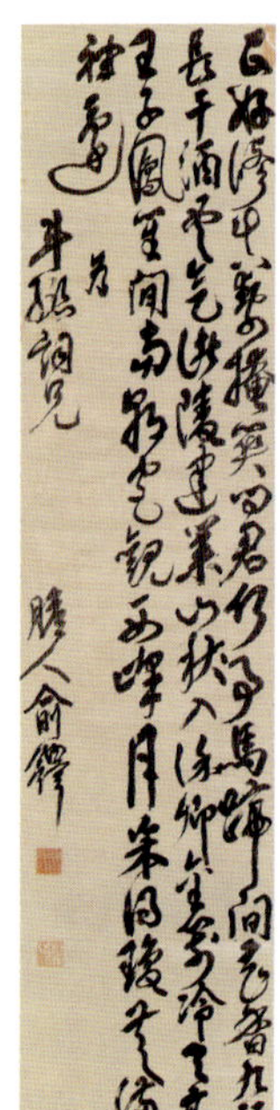

820 俞铎 草书七言诗 立轴
估　价：RMB 300,000~500,000
成交价：RMB 460,000
206.5cm×49cm 中贸圣佳 2019-08-16

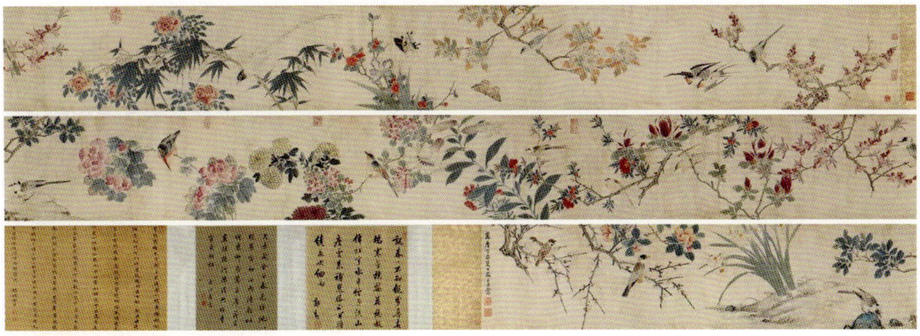

1512 殷自成 1607年 翎羽花卉图 手卷
估　价：RMB 150,000~250,000
成交价：RMB 667,000
画26.5cm × 575cm，跋26cm × 100cm 中国嘉德 2019-06-04

2508 尤求 松下高士 镜心
估　价：RMB 200,000~300,000
成交价：RMB 402,500
17cm × 52cm 中贸圣佳 2019-06-07

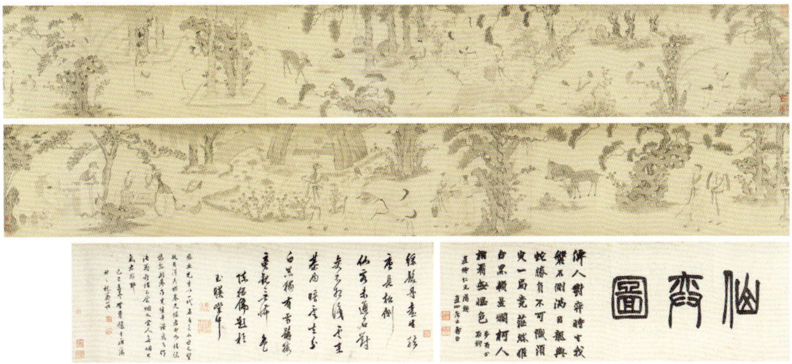

829 尤求 仙奕图 手卷
估　价：RMB 2,000,000~3,000,000
成交价：RMB 4,140,000
引首29.5cm × 88cm，本幅29.5cm × 416cm，题跋29.5cm × 90cm 北京匡时 2019-07-13

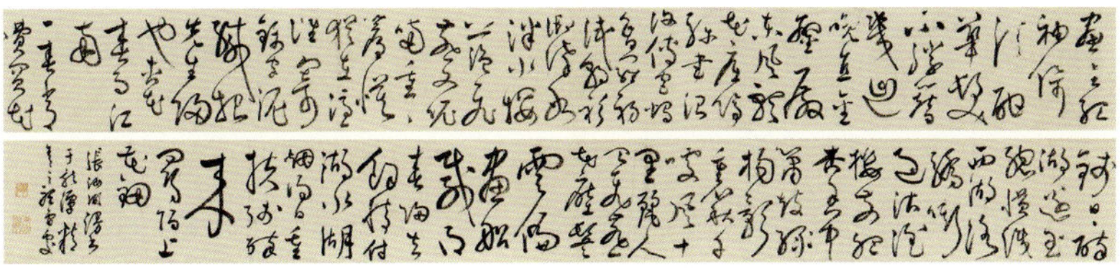

868 张弼 草书“风入松”二首 手卷
估　价：RMB 2,000,000~3,000,000
成交价：RMB 4,140,000
20cm × 366cm 北京匡时 2019-07-13

1121 恽向 1639年 仿倪黄山水 立轴
估　价：RMB 500,000~800,000
成交价：RMB 943,000
135cm × 53.5cm 中国嘉德 2019-11-19

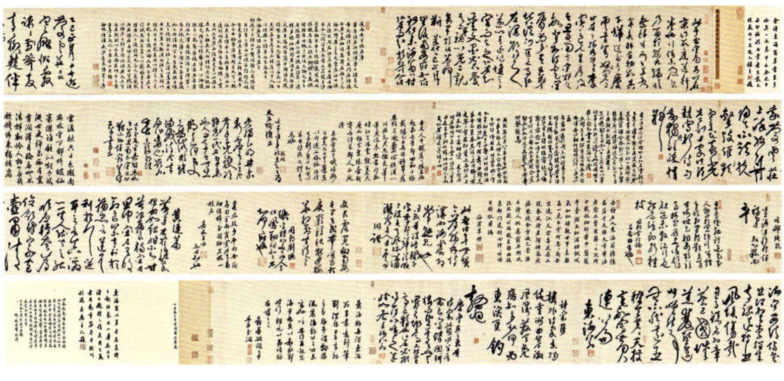

2599 张弼 李东阳 等 守南安送行诗卷 手卷
估　价：HKD 1,200,000~1,800,000
成交价：RMB 23,747,625
18.8cm × 971.8cm 香港苏富比 2019-04-01

556 张凤仪 百雁朝阳 镜心
估　价：RMB 600,000~800,000
成交价：RMB 690,000
217cm×99cm 北京保利 2019-08-24

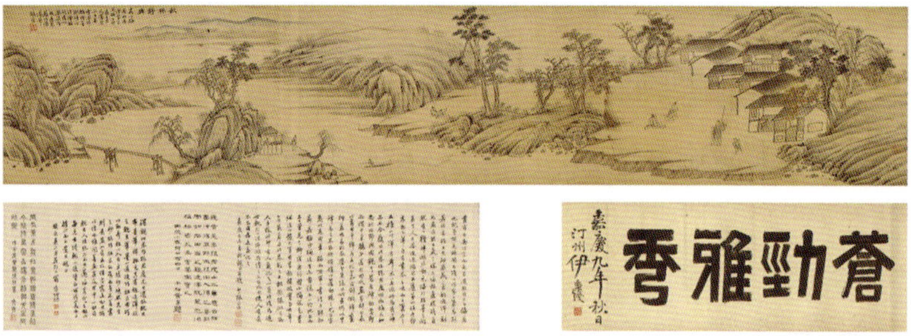

441 张宏 1627年 秋林野兴图 手卷
估　价：RMB 780,000~880,000
成交价：RMB 897,000
引首100cm×36cm，画心186cm×35.5cm，题跋137.5cm×36cm 西泠印社 2019-07-06

2515 张宏 秋风萧瑟 扇面
估　价：HKD 80,000~120,000
成交价：RMB 374,063
17cm×54.6cm 香港苏富比 2019-04-01

2585 张龙章 骏马图 立轴
估　价：HKD 220,000~280,000
成交价：RMB 476,175
58.1cm×29.3cm 香港苏富比 2019-10-06

3533 张路 寿仙长松图 立轴
估　价：RMB 800,000~1,200,000
成交价：RMB 1,322,500
148cm×73cm 北京保利 2019-12-03

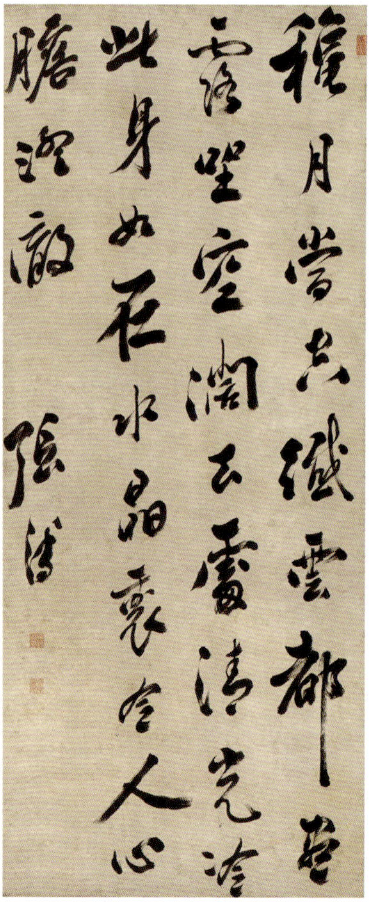

282 张溥 行书 节录小窗幽记 立轴
估　价：RMB 400,000~600,000
成交价：RMB 690,000
124.5cm×51.5cm 西泠印社 2019-07-06

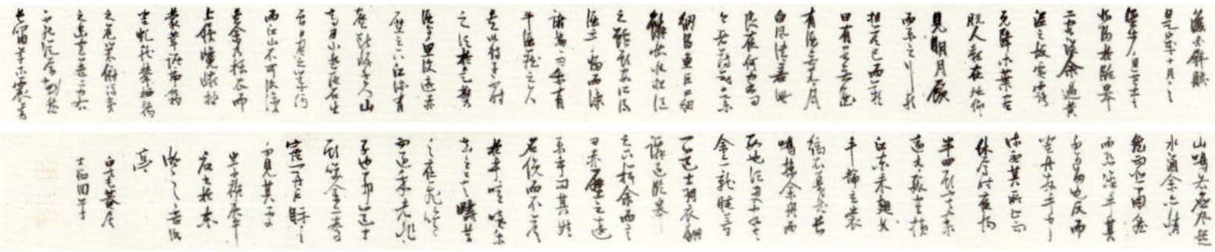

871 张瑞图 1630年 草书“后赤壁赋”手卷
估　价：RMB 1,500,000~1,800,000
成交价：RMB 1,840,000
29cm × 600cm 北京匡时 2019-07-13

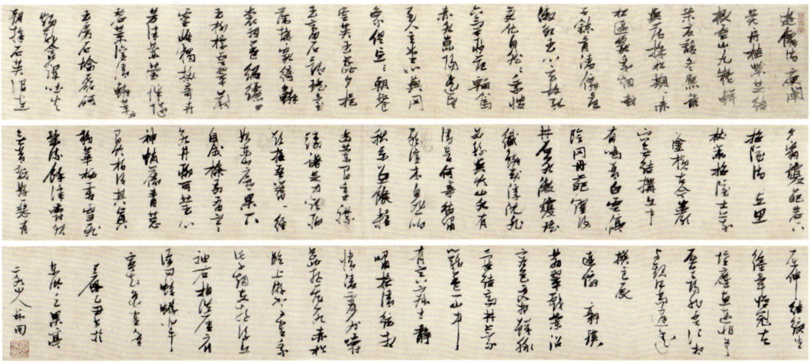

850 张瑞图 行书“游弦诗”卷 手卷
估　价：RMB 2,000,000~3,000,000
成交价：RMB 3,335,000
27.5cm × 595cm 中贸圣佳 2019-06-07

3746 郑重（款） 水月观音 立轴
估　价：RMB 320,000~500,000
成交价：RMB 483,000
215cm × 215cm 北京保利 2019-12-03

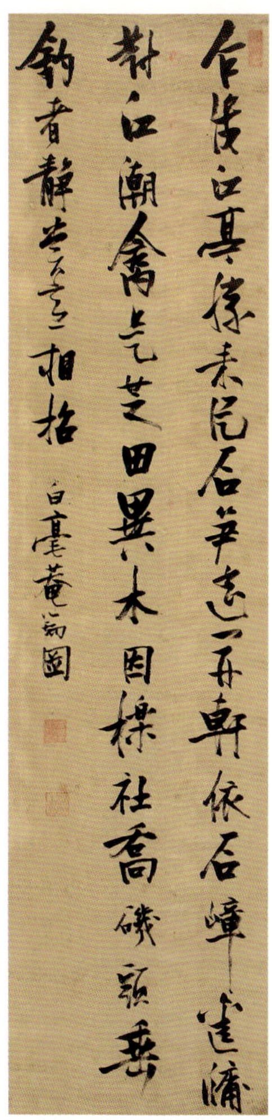

2520 张瑞图 行书五言诗 立轴
估　价：RMB 1,800,000~2,500,000
成交价：RMB 2,875,000
205cm × 49cm 中贸圣佳 2019-06-07

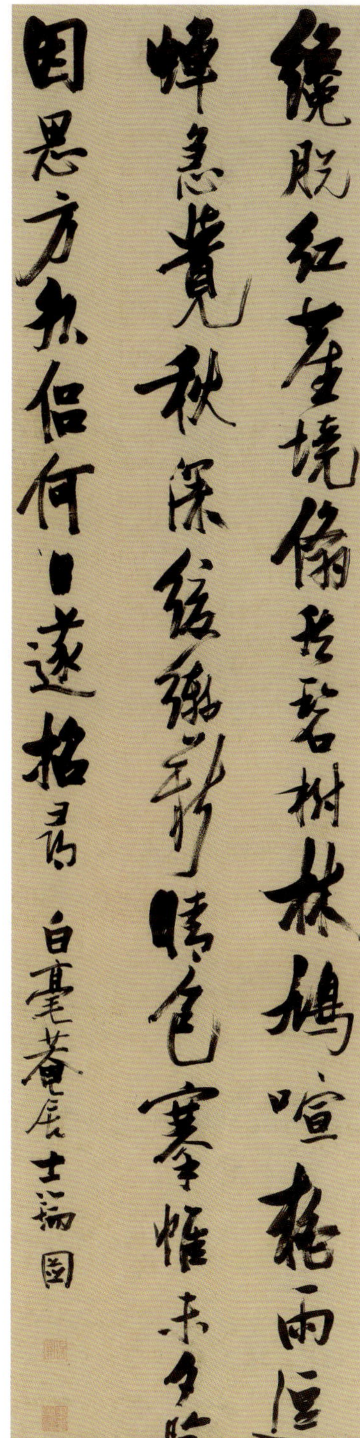

1371 张瑞图 行书五言律诗 立轴
估　价：RMB 8,000,000~10,000,000
成交价：RMB 14,950,000
351cm × 89cm 中国嘉德 2019-11-19

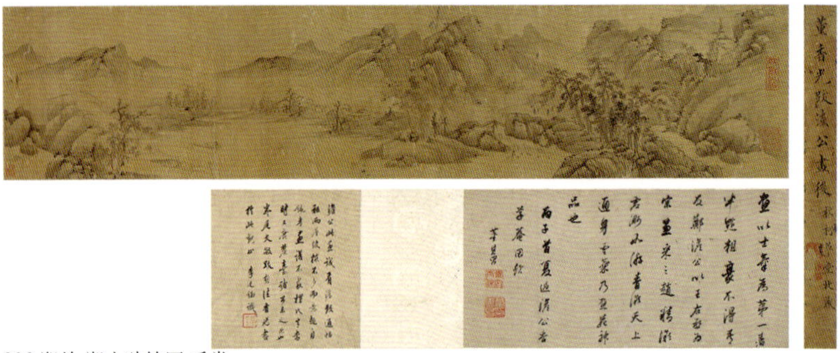

306 郑约 湖山独钓图 手卷
估　价：RMB 300,000~500,000
成交价：RMB 345,000
画心107cm×23cm，题跋48cm×22.5cm，23cm×22.5cm 西泠印社 2019-07-06

4030 周臣 溪桥曳杖图 扇面
估　价：RMB 1,500,000~2,600,000
成交价：RMB 2,587,500
19cm×52cm 北京保利 2019-06-03

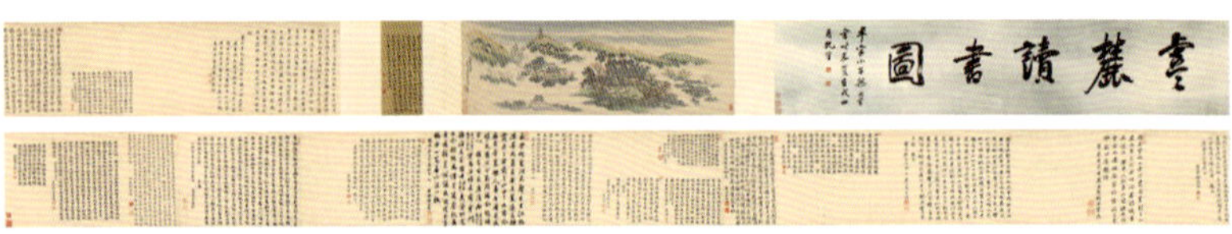

239 周鲲 1733年 虞麓读书图并题咏卷 手卷
估　价：RMB 350,000~500,000
成交价：RMB 667,000
画心85cm×29cm，引首144.5cm×29cm，题跋29cm×12.5cm，496cm×29cm 西泠印社 2019-07-06

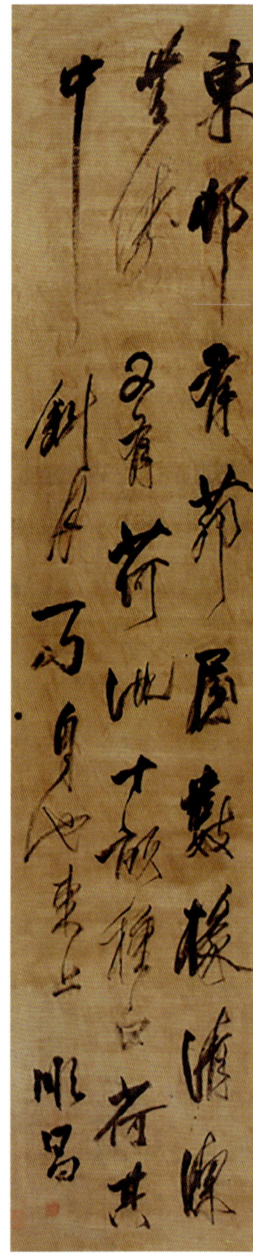

79 周顺昌 草书轴 立轴
估　价：RMB 480,000~880,000
成交价：RMB 552,000
250cm×55cm 保利厦门 2019-01-06

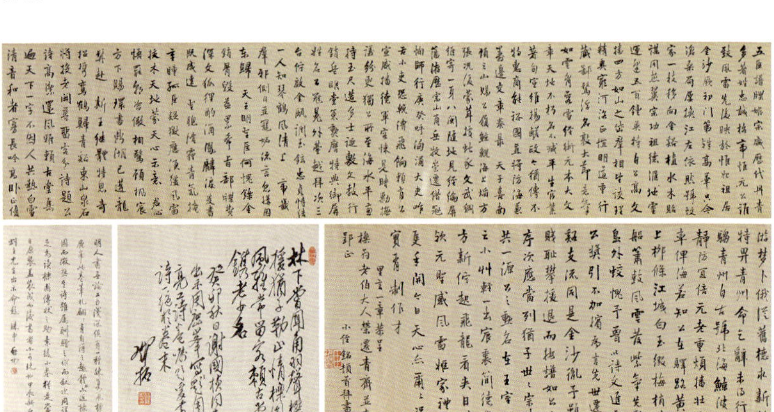

1015 周铭 为周亮工作诗卷 手卷
估　价：RMB 100,000~150,000
成交价：RMB 552,000
字25.7cm×173.5cm，跋25.7cm×44cm 中国嘉德 2019-11-19

4175 周之冕 1600年 鸟语花香卷 手卷
估　价：RMB 2,000,000~3,000,000
成交价：RMB 2,300,000
引首28.5cm×92cm，画心28.5cm×125cm，28.5cm×126cm，28.5cm×119cm，题跋28.5cm×46cm 北京保利 2019-06-03

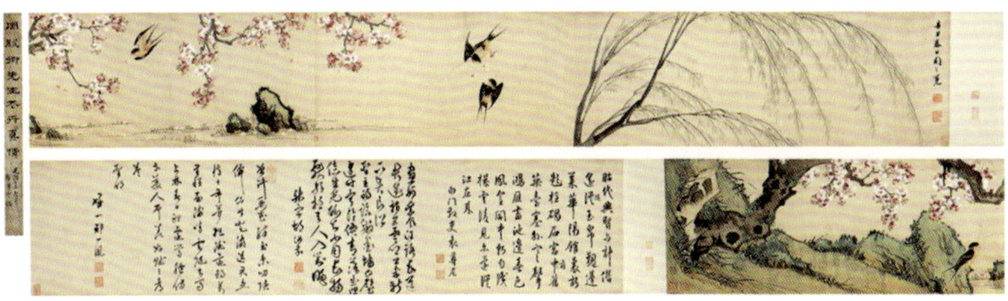

304 周之冕 桃柳飞燕图 手卷
估　价：RMB 600,000~800,000
成交价：RMB 828,000
画心271.5cm×28cm，题跋127cm×28cm 西泠印社 2019-07-06

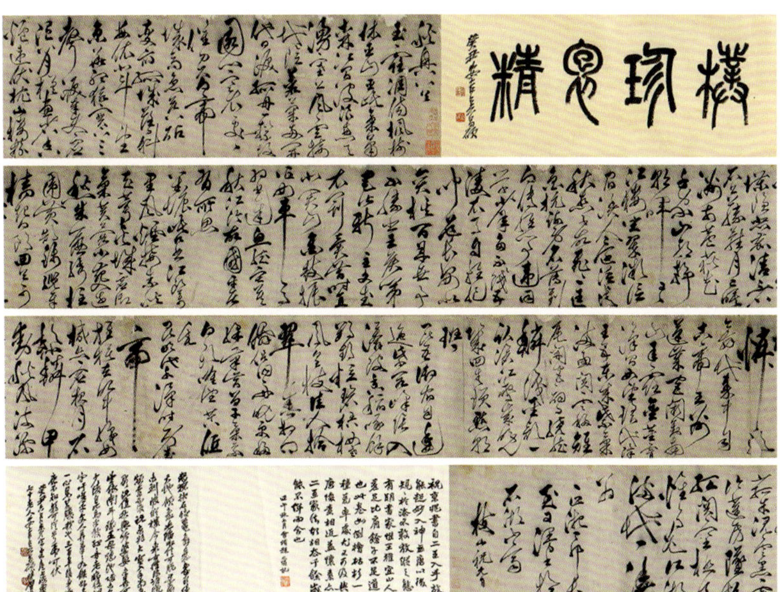

1846 祝允明 草书秋兴诗八首 手卷
成交价：RMB 575,000
引首32cm×78cm，书法32cm×522cm，题跋32cm×100cm 中鸿信 2019-07-17

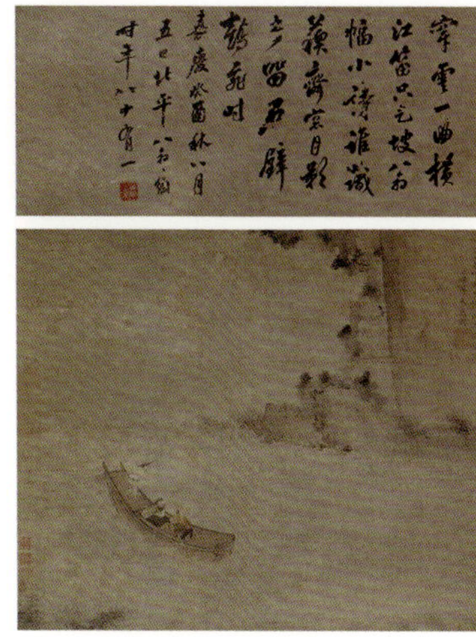

317 朱德润 1361年 夜游赤壁图 镜片
估　价：RMB 700,000~800,000
成交价：RMB 805,000
诗堂50.5cm×21.5cm，画心50.5cm×41.5cm 西泠印社 2019-07-06

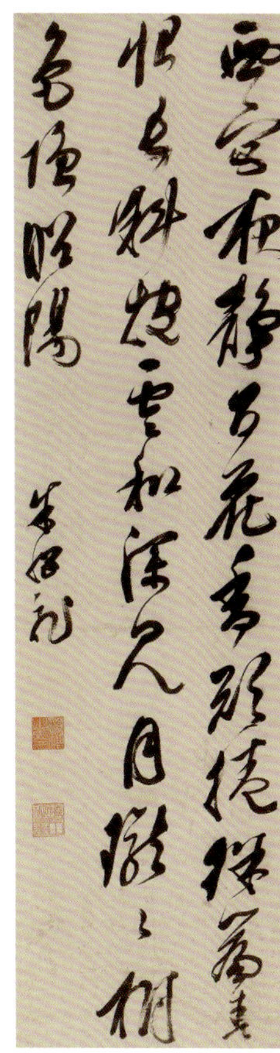

941 朱继祚 行书“西宫春苑”立轴
估　价：RMB 200,000~300,000
成交价：RMB 368,000
167cm×47.5cm 中贸圣佳 2019-08-16

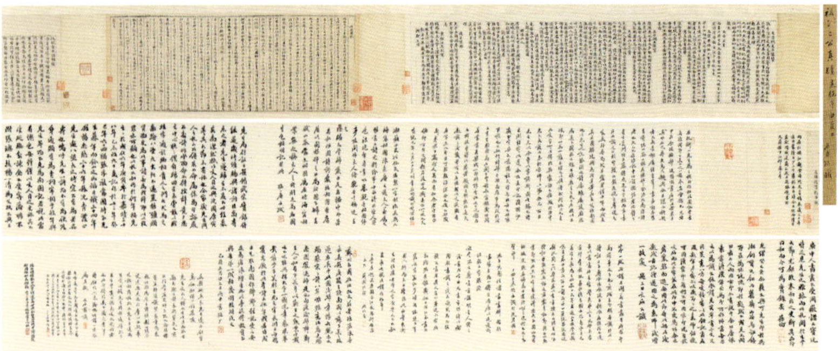

1386 祝允明 文徵明 弘治十年（1497年）、嘉靖十二年（1533年 诗稿·“拙政园”记 手卷
估　价：RMB 2,000,000~3,000,000
成交价：RMB 5,520,000
祝允明20.5cm×79cm，文徵明20.5cm×52cm，跋1 20.5cm×29cm，跋2 23.5cm×317cm
中国嘉德 2019-11-19

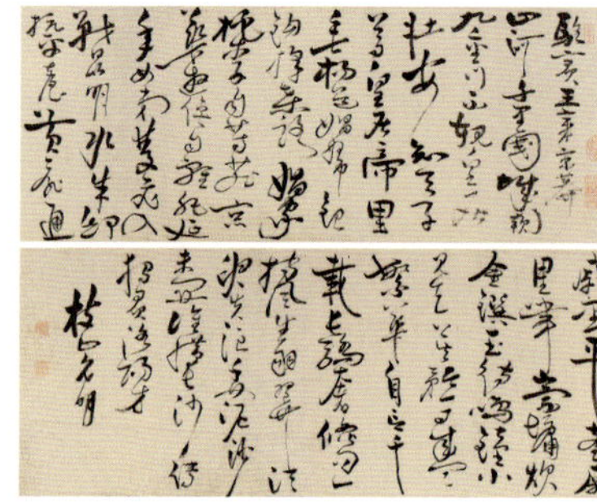

154 祝枝山 行书诗文 手卷
估　价：RMB 400,000~600,000
成交价：RMB 529,000
30cm×150.5cm 保利厦门 2019-08-04

清代作者

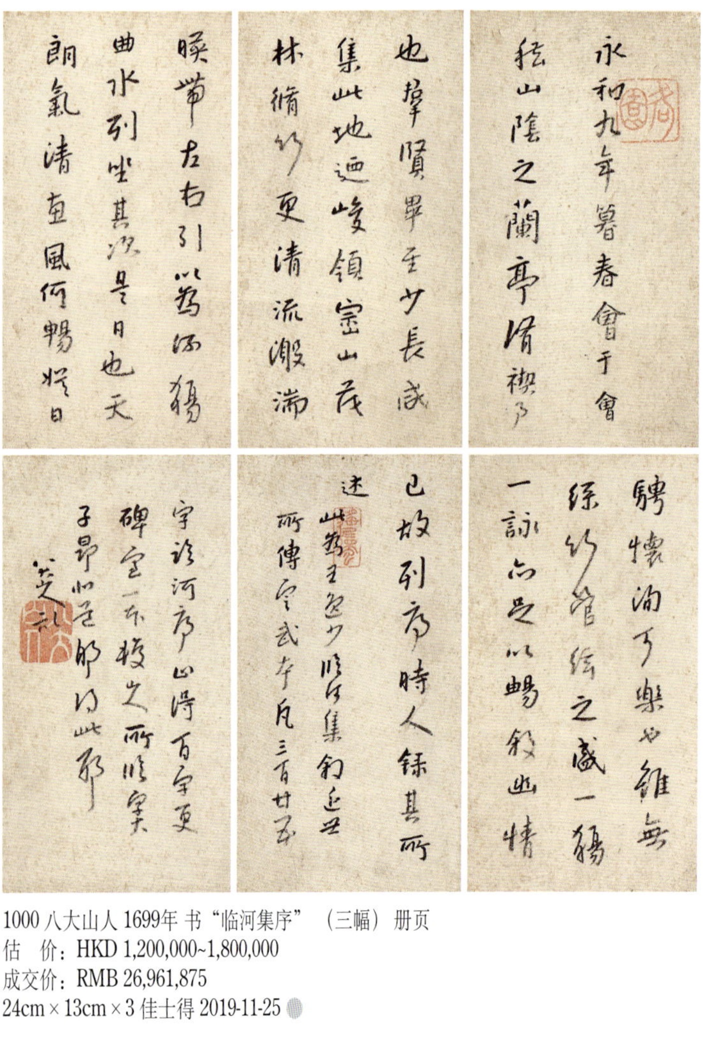

1000 八大山人 1699年 书“临河集序”（三幅）册页
估　价：HKD 1,200,000~1,800,000
成交价：RMB 26,961,875
24cm×13cm×3 佳士得 2019-11-25

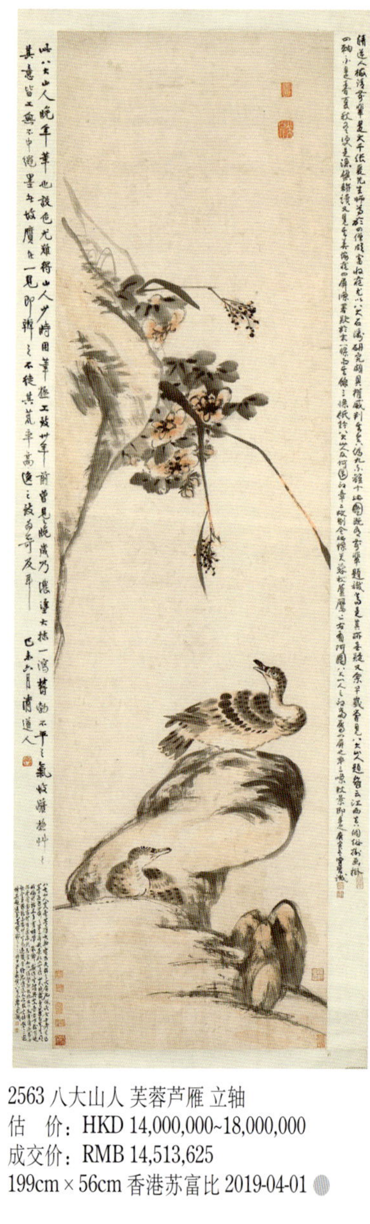

2563 八大山人 芙蓉芦雁 立轴
估　价：HKD 14,000,000~18,000,000
成交价：RMB 14,513,625
199cm×56cm 香港苏富比 2019-04-01

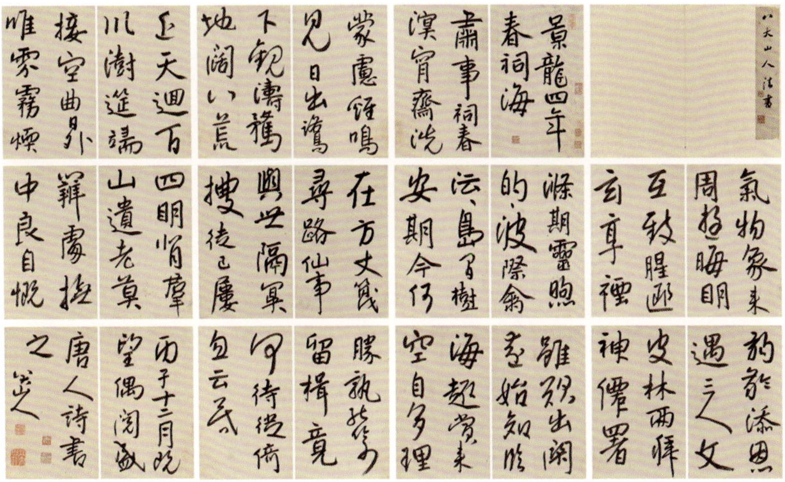

927 八大山人 1696年 宋之问诗 册页（二十二开）
估　价：HKD 3,000,000~4,000,000
成交价：RMB 26,028,000
31.1cm × 19.5cm × 22 佳士得 2019-05-27

928 八大山人 荷鹭图 立轴
估　价：HKD 2,500,000~3,500,000
成交价：RMB 5,292,000
106cm × 34.3cm 佳士得 2019-05-27

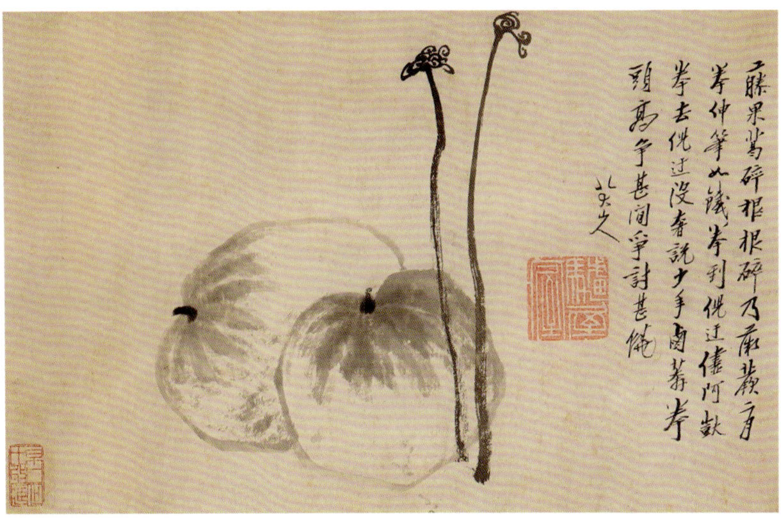

2552 八大山人 蕨瓜图 立轴
估　价：HKD 8,000,000~10,000,000
成交价：RMB 8,865,925
25cm × 39.7cm 香港苏富比 2019-10-06

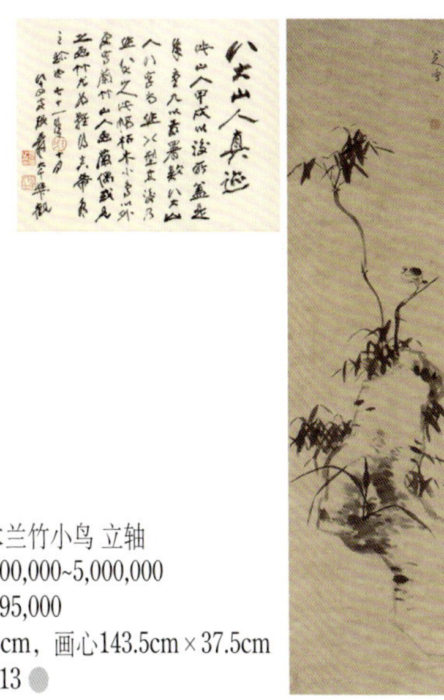

826 八大山人 枯木兰竹小鸟 立轴
估　价：RMB 4,000,000~5,000,000
成交价：RMB 6,095,000
诗堂29.5cm × 37.5cm，画心143.5cm × 37.5cm
北京匡时 2019-07-13

176 八大山人 群鹿图 立轴
成交价：RMB 41,400,000
75cm × 122cm 上海明轩 2019-04-28

926 八大山人 山水图 立轴
估　价：HKD 4,000,000~6,000,000
成交价：RMB 33,173,280
158cm × 45cm 佳士得 2019-05-27

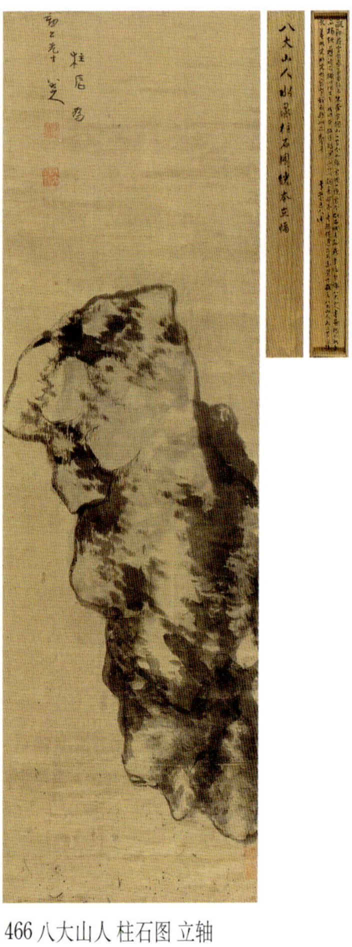

466 八大山人 柱石图 立轴
估　价：RMB 8,000,000~10,000,000
成交价：RMB 9,200,000
162cm × 48cm 中国嘉德 2019-06-02

3520 八大山人 兰竹巨石灵鸟图 立轴
估　价：RMB 5,000,000~6,000,000
成交价：RMB 5,750,000
画心143cm × 37cm，题跋30cm × 37cm 北京保利 2019-12-03

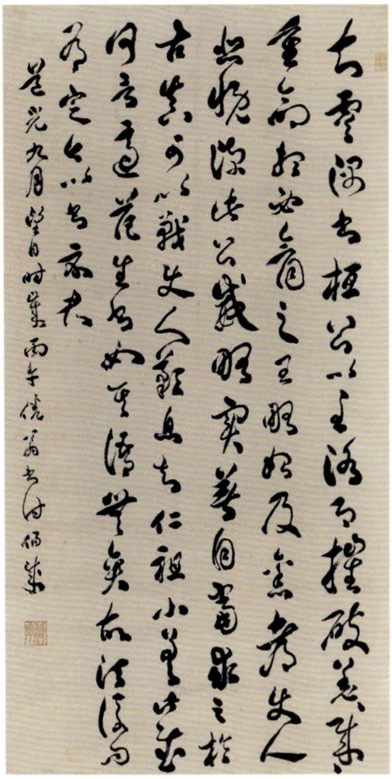

1267 包世臣 1846年 草书临“破羌帖”立轴
估　价：RMB 150,000~250,000
成交价：RMB 230,000
182.5cm × 94.5cm 中国嘉德 2019-06-04

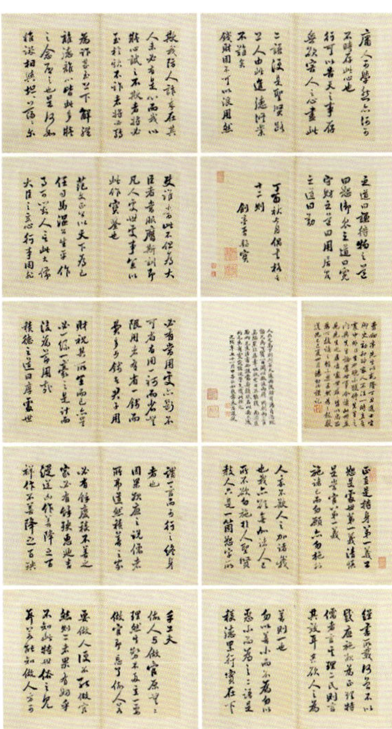

224 曹锡宝 1777年 行书（节选） 册页（十二开）
估　价：RMB 15,000~25,000
成交价：RMB 207,000
17cm × 11.5cm × 12 朵云轩 2019-06-22

630 蔡嘉 1725年 水村图 立轴
估　价：RMB 800,000~900,000
成交价：RMB 1,322,500
135cm × 57cm 北京匡时 2019-07-13

21 陈宝琛 楷书“藏真书屋” 镜心
估　价：RMB 80,000~100,000
成交价：RMB 575,000
29.5cm × 109cm 北京匡时 2019-07-13

680 边寿民 芦雁 立轴
估　价：RMB 150,000~200,000
成交价：RMB 241,500
178.5cm × 46.5cm 北京荣宝 2019-06-13

1371 陈馥 1786年 花果册 册页（八开）
估　价：RMB 120,000~220,000
成交价：RMB 345,000
28.5cm × 34cm × 8 中国嘉德 2019-06-04

1336 陈书 花鸟册 册页（十开）
估 价：RMB 600,000~800,000
成交价：RMB 3,737,500
24cm × 30.5cm × 10 中国嘉德 2019-06-04

907 陈鸿寿 1816年 隶书八言 对联
估 价：RMB 38,000~55,000
成交价：RMB 345,000
232cm × 37.5cm × 2 朵云轩 2019-06-22

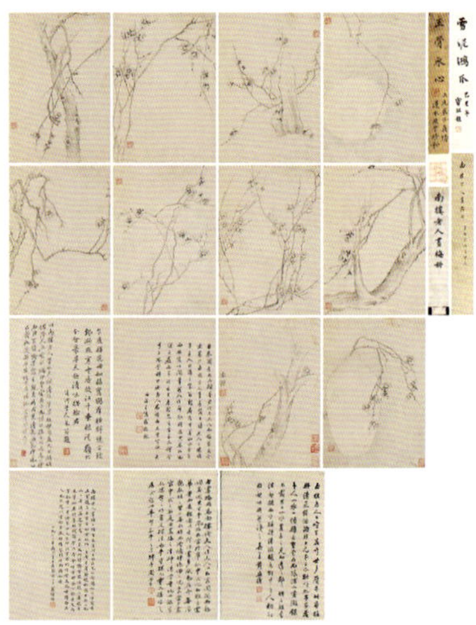

4020 陈书 画梅册 册页（十开）
估 价：RMB 1,000,000~1,500,000
成交价：RMB 1,207,500
31cm × 21cm × 10 北京保利 2019-06-03

1373 陈鸿寿 1812年 杂花册 册页（十二开）
估 价：RMB 600,000~800,000
成交价：RMB 1,667,500
19.5cm × 31.5cm × 12 中国嘉德 2019-06-04

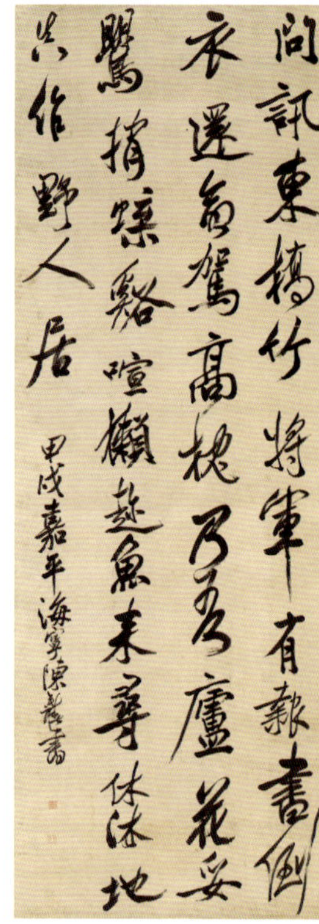

283 陈奕禧 1694年 行书 五言诗 立轴
估 价：RMB 500,000~700,000
成交价：RMB 1,035,000
275cm × 98cm 西泠印社 2019-07-06

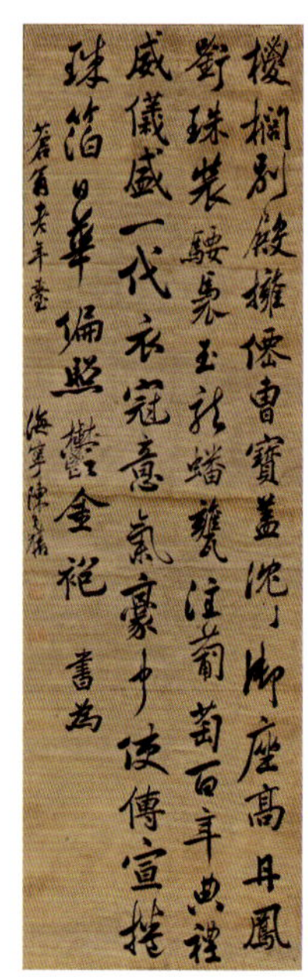

4185 陈奕禧 行草元 · 贡师泰诗 立轴
估 价：RMB 350,000~500,000
成交价：RMB 402,500
162cm × 49cm 北京保利 2019-06-03

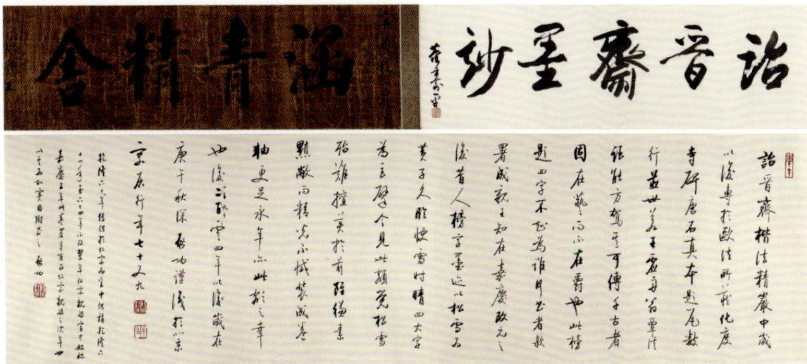

1379 成亲王 1801年 涵青精舍 手卷
估　价：RMB 600,000~800,000
成交价：RMB 667,000
成亲王书法83.5cm×25.7cm，董寿平引首84.5cm×25.5cm，启功题跋92cm×25.7cm 华艺国际 2019-08-10

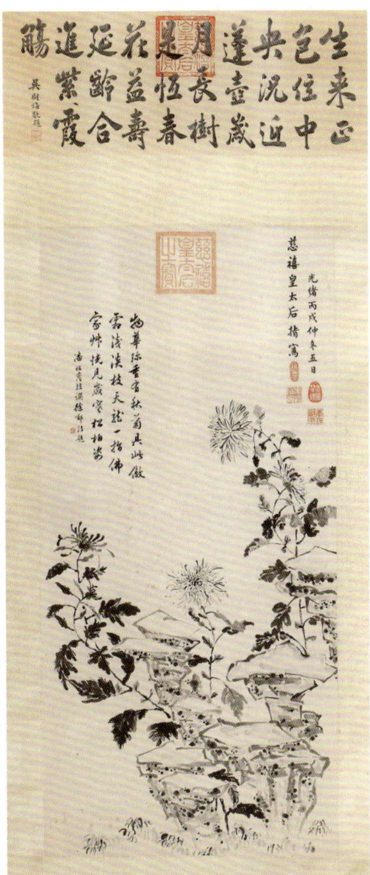

855 慈禧 益寿延龄 立轴
估　价：RMB 500,000~800,000
成交价：RMB 1,023,500
诗堂30cm×78cm，画心130cm×62cm 中贸圣佳 2019-06-07

4016 陈撰 1743年 花卉册 册页 （八开）
估　价：RMB 1,000,000~1,500,000
成交价：RMB 1,380,000
23cm×34cm×8 北京保利 2019-06-03

1601 陈兆凤 岁朝清供 镜心
估　价：RMB 10,000~20,000
成交价：RMB 598,000
222cm×157cm 中国嘉德 2019-03-24

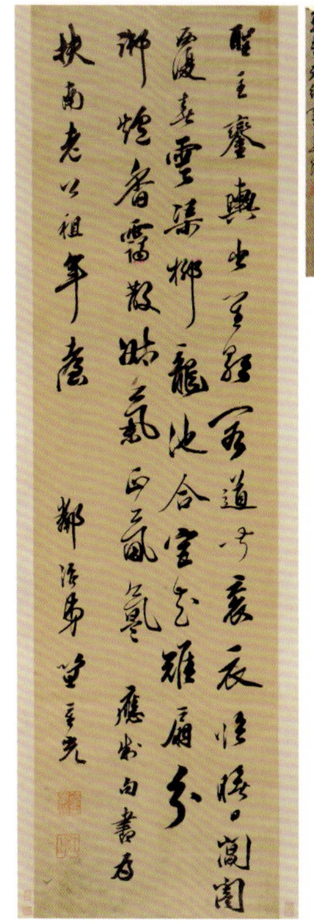

3660 笪重光 行书应制诗 立轴
估　价：RMB 180,000~280,000
成交价：RMB 736,000
173cm×47cm 北京保利 2019-12-03

612 戴熙 1853年 秋窗读易图 立轴
估　价：RMB 400,000~500,000
成交价：RMB 632,500
132cm×44.5cm 北京荣宝 2019-12-01

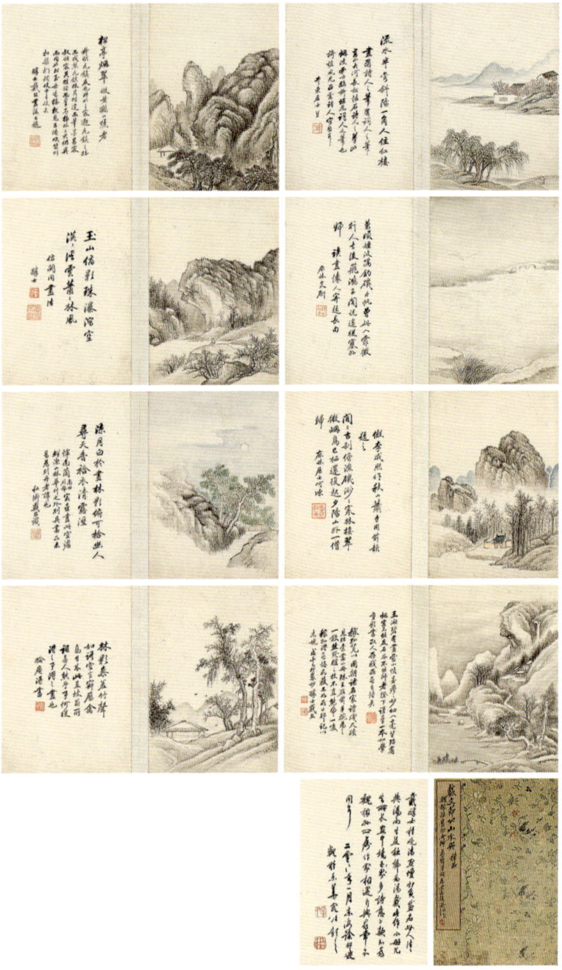

452 戴熙 1855年 书画册 册页 （八开）
估　价：RMB 800,000~1,200,000
成交价：RMB 4,600,000
21.5cm × 15cm × 16 中国嘉德 2019-06-02

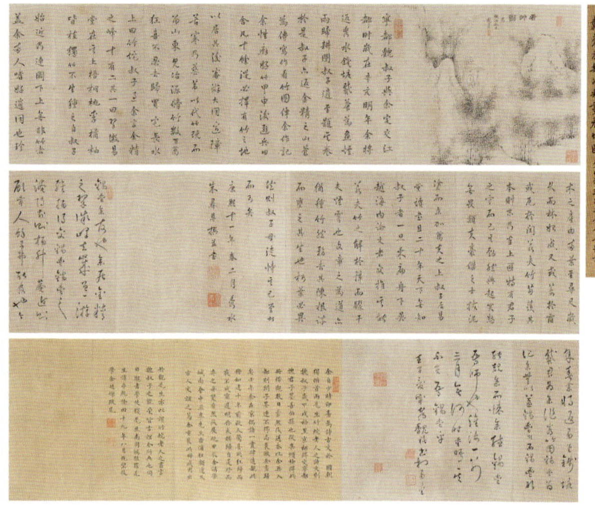

129 戴苍 看竹图 手卷
成交价：RMB 414,000
31cm × 340cm 广东小雅斋 2019-03-27

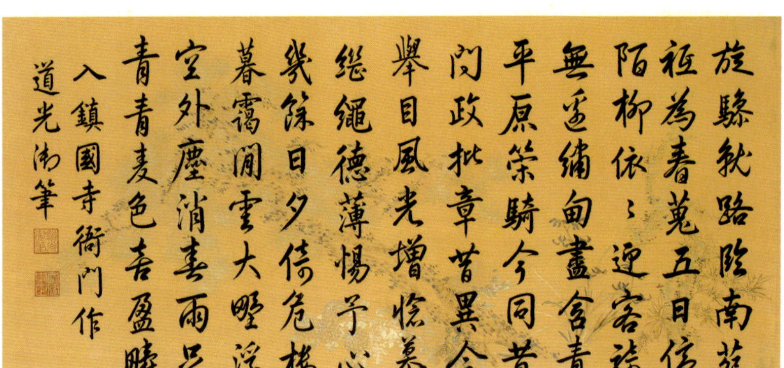

740 道光 御笔“入镇国寺衙门作” 横批
估　价：RMB 600,000~800,000
成交价：RMB 1,207,500
89cm × 186.5cm 中贸圣佳 2019-11-30

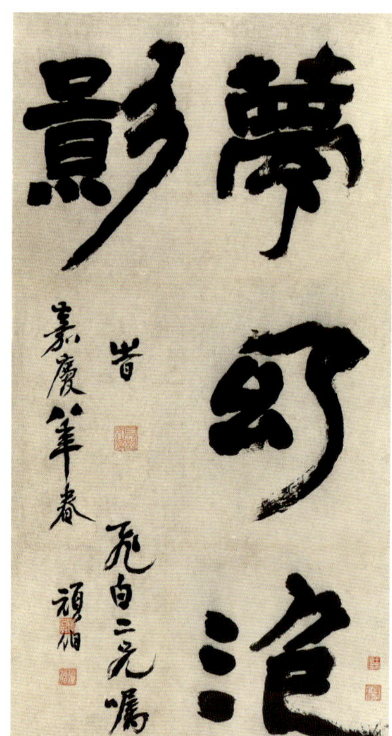

456 邓石如 1803年 隶书“梦幻泡影”镜心
估　价：RMB 1,200,000~2,000,000
成交价：RMB 1,380,000
84.7cm × 44.2cm 中国嘉德 2019-06-02

885 董邦达 1754年 仿王蒙夏山高隐图 立轴
估　价：RMB 1,200,000~1,800,000
成交价：RMB 1,344,000
183cm × 67cm 上海联合 2019-12-01

2603 董邦达 秋山草堂图 立轴
估　价：HKD 3,600,000~4,200,000
成交价：RMB 3,843,225
128cm × 70.5cm 香港苏富比 2019-04-01

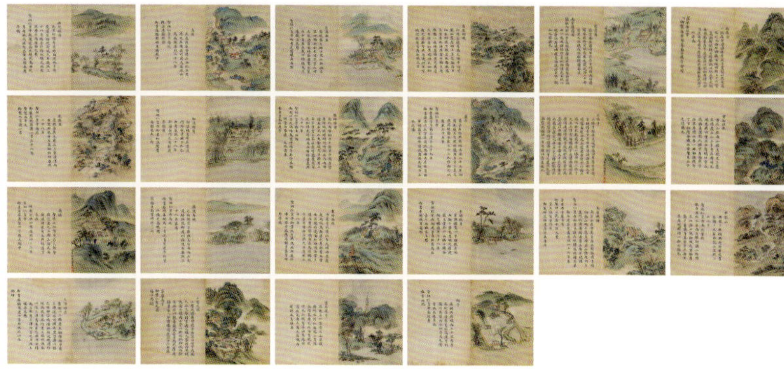

3513 董邦达 康熙南巡图 册页（二十二开四十四页）
估　价：RMB 1,000,000~1,500,000
成交价：RMB 1,150,000
9cm × 7cm × 22 北京保利 2019-12-03

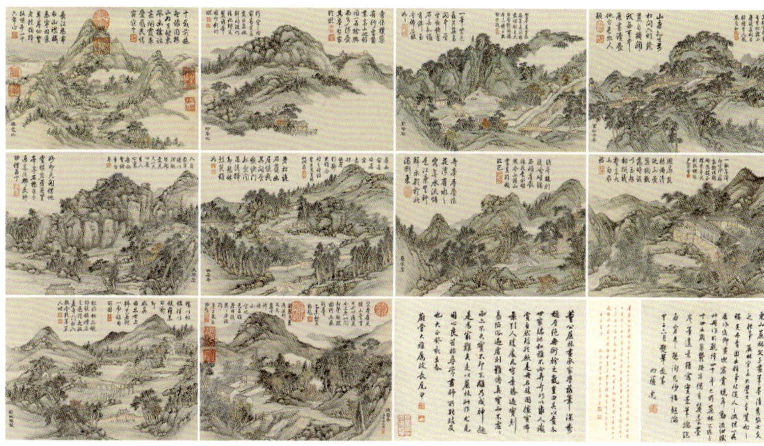

18 董诰 1775年 金陵十景图册 册页（十开）
成交价：RMB 74,983,100
28.7cm × 39.5cm × 10 华艺国际 2019-11-24

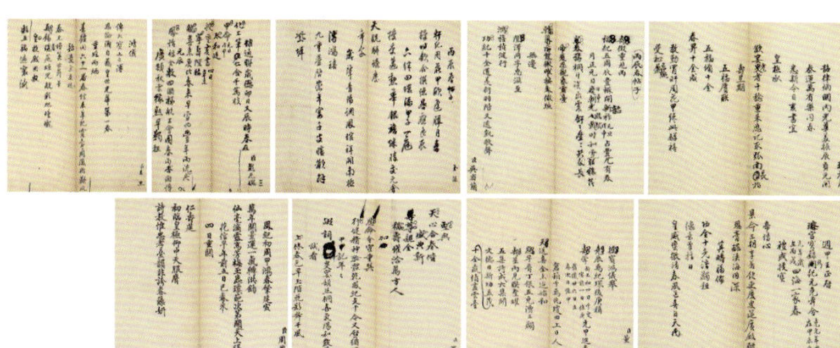

761 董诰 王杰 等 1796年 乾隆六十一年内翰春帖子词草稿 册页（八开）
估　价：RMB 640,000~700,000
成交价：RMB 736,000
尺寸不一 北京匡时 2019-07-13

董誥畫萬有同春

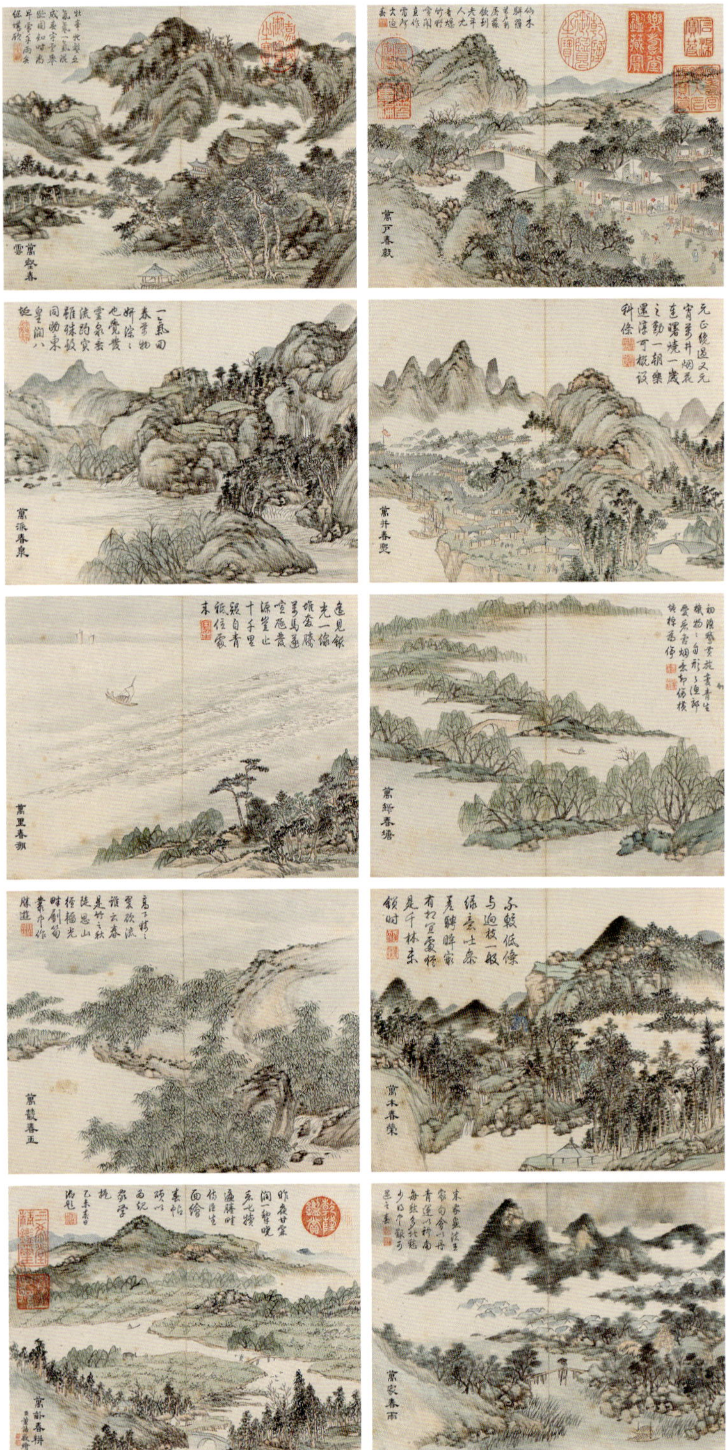

3546 董诰 万有同春 册页（十开）
成交价：RMB 58,075,000
20cm×26cm×10 北京保利 2019-12-03

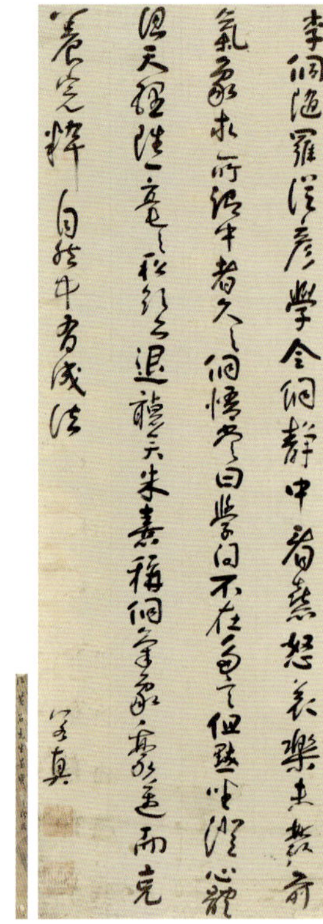

862 法若真 草书“李侗传”立轴
估　价：RMB 1,200,000~1,500,000
成交价：RMB 1,552,500
214cm×72cm 北京匡时 2019-07-13

4159 方琮 仿王蒙山水 立轴
估　价：RMB 1,200,000~1,800,000
成交价：RMB 1,380,000
154cm×57cm 北京保利 2019-06-03

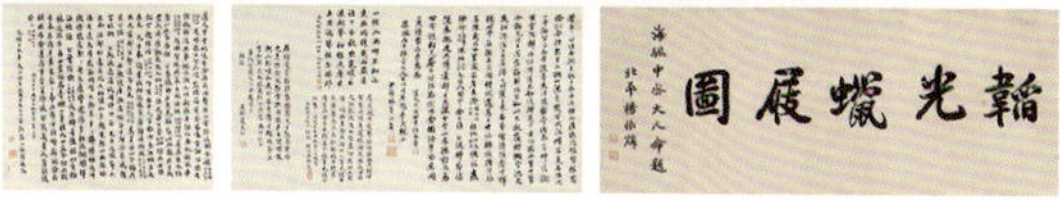

992 费丹旭 1834年 韬光蜡屐图 手卷
估　价：HKD 300,000~500,000
成交价：RMB 9,348,275
331.5cm × 45.5cm 佳士得 2019-11-25

941 方士庶 “进呈折扇样本”山水册 册页（二十四开）
估　价：RMB 100,000~150,000
成交价：RMB 402,500
8cm × 19cm × 24 广东崇正 2019-05-22

81 冯宁 平安騳图 立轴
估　价：RMB 8,000,000~12,000,000
成交价：RMB 8,050,000
161cm × 107cm 保利厦门 2019-01-06

733 改琦 文章四友图 立轴
估　价：RMB 800,000~1,200,000
成交价：RMB 920,000
130cm × 53cm 中贸圣佳 2019-11-30

1148 高岑 王武 卞文瑜 张宏 等 十家山水册 册页（十开）
估　价：RMB 550,000~850,000
成交价：RMB 632,500
22.5cm × 16cm × 10 中国嘉德 2019-11-19

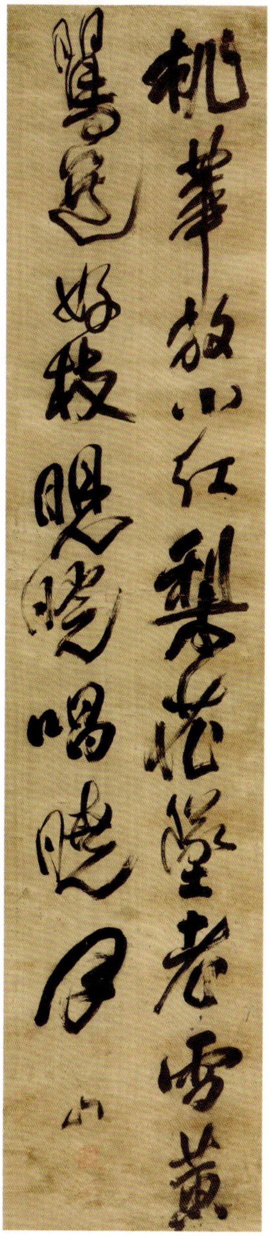

16 傅山 行书五言诗 立轴
估　价：HKD 2,200,000~3,200,000
成交价：RMB 2,745,860
203cm × 45.5cm 华艺国际 2019-11-24

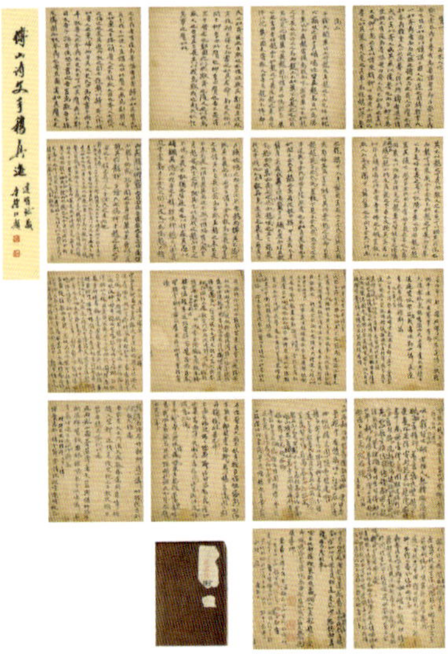

291 傅山 已刊及未刊诗稿册（共十八页）册页
估　价：RMB 3,600,000~6,000,000
成交价：RMB 5,520,000
24.5cm×19.5cm×12，24.5cm×20cm×6
西泠印社 2019-07-06

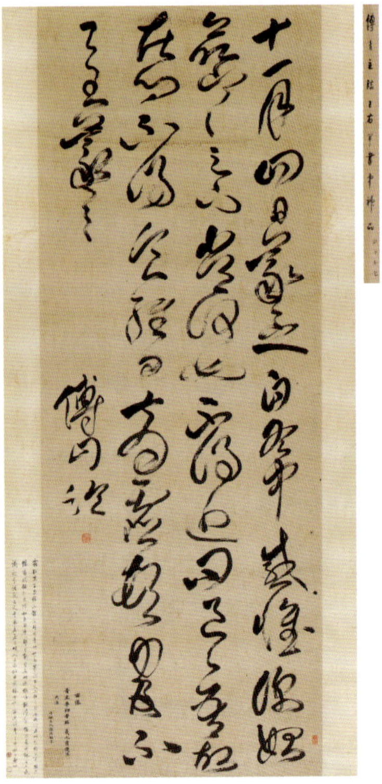

762 傅山 临王羲之“冬中帖” 立轴
估　价：RMB 5,500,000~6,500,000
成交价：RMB 5,750,000
224cm×83.5cm 中贸圣佳 2019-11-30

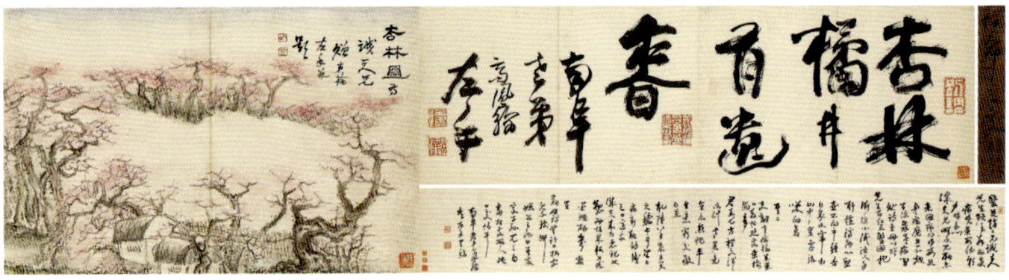

927 高凤翰 1743年 杏林图 手卷
估　价：HKD 500,000~800,000
成交价：RMB 3,333,875
28cm×44.5cm，28cm×195cm 佳士得 2019-11-25

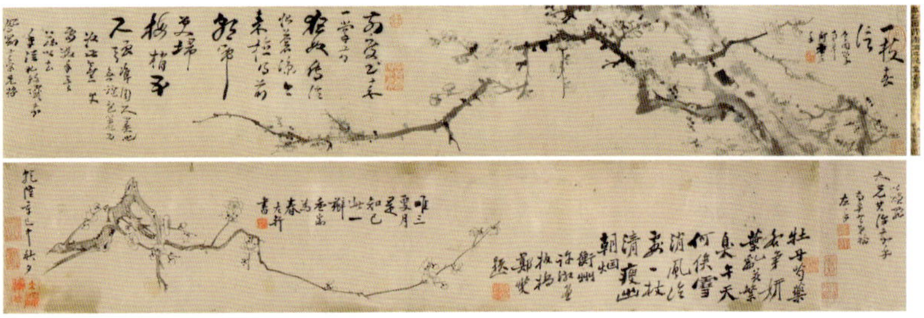

4011 高凤翰 1761年 梅花卷 手卷
估　价：RMB 600,000~1,000,000
成交价：RMB 713,000
17cm×113cm，17cm×104cm 北京保利 2019-06-03

380 高简 1699年 为张景蔚作探梅图卷 手卷
估　价：RMB 500,000~700,000
成交价：RMB 690,000
268cm×31cm 西泠印社 2019-07-06

222 高简 1691年 松严隐居 立轴
估　价：RMB 20,000~30,000
成交价：RMB 287,500
78cm×48cm 朵云轩 2019-06-22

985 高其佩 游鱼图 立轴
估 价：HKD 1,500,000~2,000,000
成交价：RMB 4,462,560
56cm × 46cm 佳士得 2019-05-27

181 高其佩 钟馗图 立轴
估 价：RMB 800,000~1,000,000
成交价：RMB 1,092,500
114.5cm × 58cm 上海明轩 2019-04-28

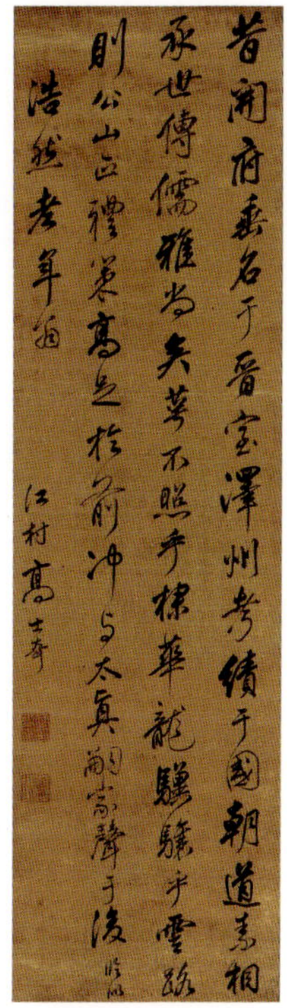

4184 高士奇 节临颜真卿“送刘太冲序帖”立轴
估 价：RMB 500,000~800,000
成交价：RMB 575,000
165cm × 46cm 北京保利 2019-06-03

1378 龚贤 深树草堂图 立轴
估 价：RMB 3,800,000~4,800,000
成交价：RMB 7,935,000
本幅187cm × 50cm，诗堂15cm × 50cm，边跋113cm × 8.5cm
中国嘉德 2019-11-19

1379 龚贤 康熙1689年 培芝图 立轴
估 价：RMB 8,000,000~10,000,000
成交价：RMB 9,200,000
183.5cm × 55cm 中国嘉德 2019-11-19

4023 龚贤 思隐图 立轴
估　价：RMB 800,000~1,200,000
成交价：RMB 2,415,000
150cm×47cm 北京保利 2019-06-03

1390 龚贤 松风琴韵 立轴
估　价：RMB 1,800,000~2,200,000
成交价：RMB 2,300,000
52cm×28.5cm 华艺国际 2019-08-10

1348 顾麟士 1896年 仿麓台山水 立轴
估　价：HKD 100,000~150,000
成交价：RMB 299,250
82.3cm×51.2cm 香港苏富比 2019-04-02

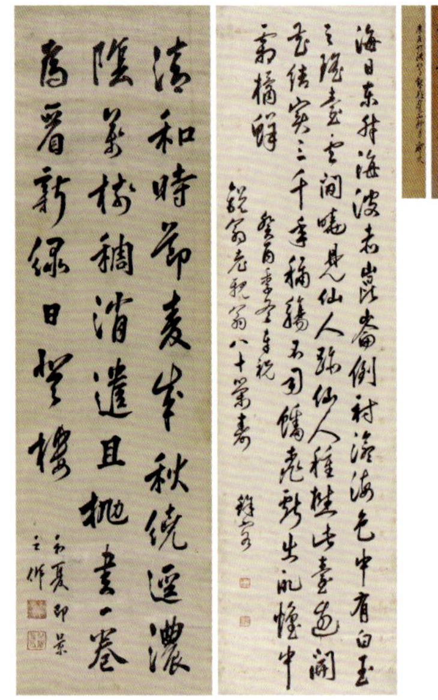

638 果亲王胤礼 徐客 书法二轴 立轴
估　价：HKD 50,000~80,000
成交价：RMB 310,375
145cm×42.5cm，177.5cm×48cm
保利香港 2019-10-06

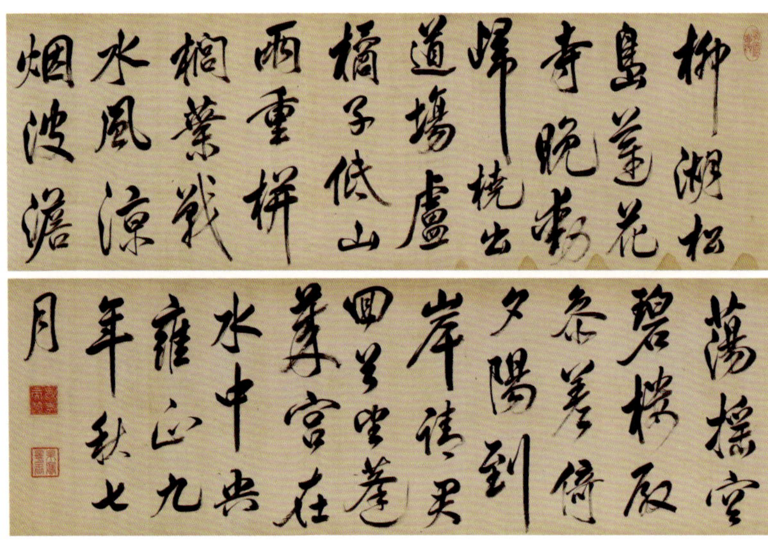

1311 果亲王胤礼 1731年 行书白居易诗 手卷
估　价：RMB 100,000~150,000
成交价：RMB 345,000
42cm×261cm 中国嘉德 2019-06-04

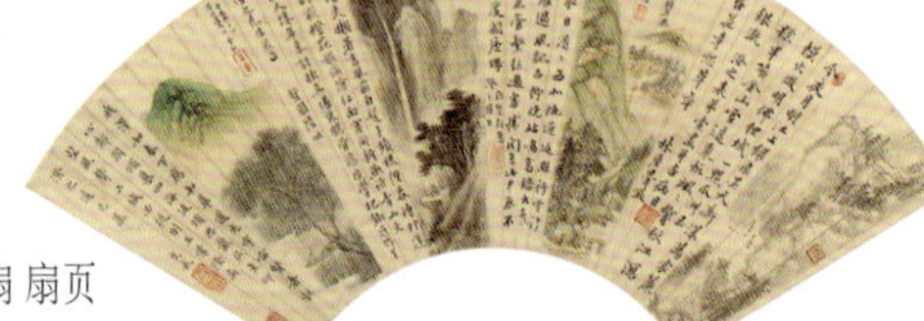

332 顾炎武 劳澄 马昂 等 书画合璧扇 扇页
估　价：RMB 150,000~250,000
成交价：RMB 322,000
53.5cm×18.5cm 西泠印社 2019-07-06

614 顾炎武 萧萧古意图 立轴
估　价：RMB 2,000,000~3,000,000
成交价：RMB 2,875,000
209cm × 40cm 广东崇正 2019-11-28

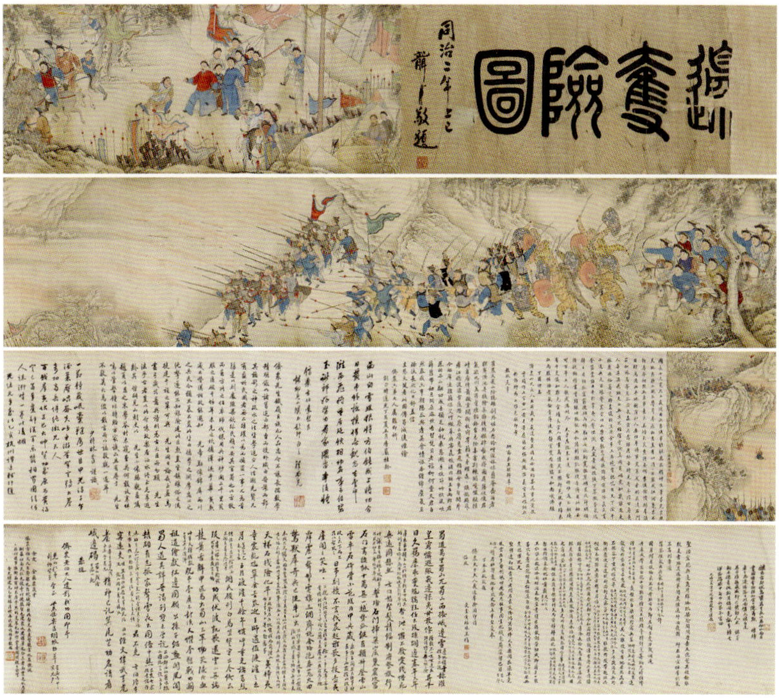

1608 顾洛 峨边夺险图卷 手卷
估　价：RMB 1,500,000~2,500,000
成交价：RMB 3,507,500
引首42cm × 102cm，画42cm × 308cm，题跋45cm × 370cm 中鸿信 2019-07-17

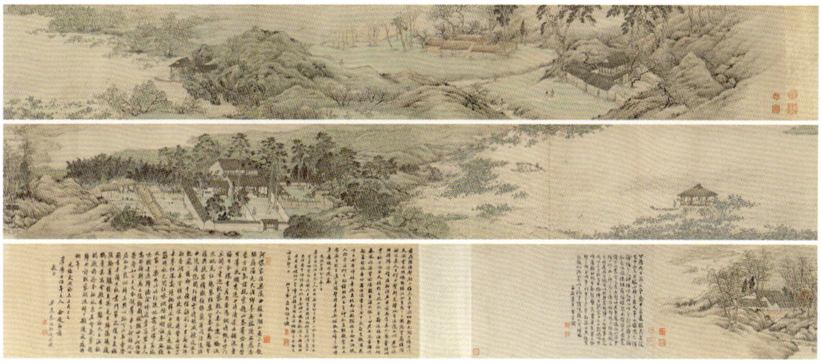

1338 管希宁 吴中山庄图 手卷
估　价：RMB 440,000~640,000
成交价：RMB 1,437,500
画28.5cm × 448cm，题识28.5cm × 47.5cm，后跋28.5cm × 105cm 中国嘉德 2019-06-04

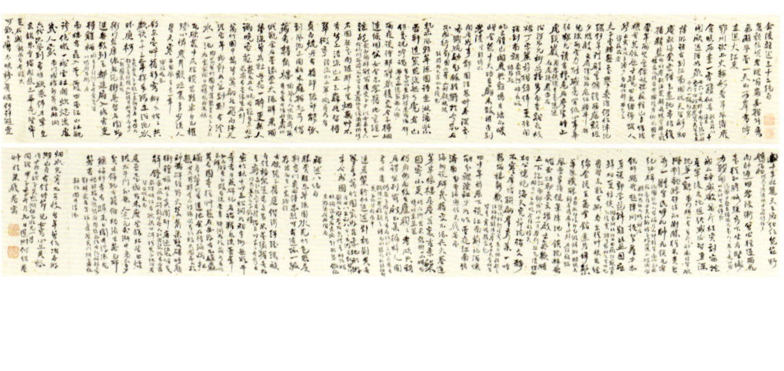

872 何绍基 1864年 行书“金陵杂述”手卷
估　价：RMB 1,800,000~2,200,000
成交价：RMB 2,587,500
本幅28cm × 354.5cm 北京匡时 2019-07-13

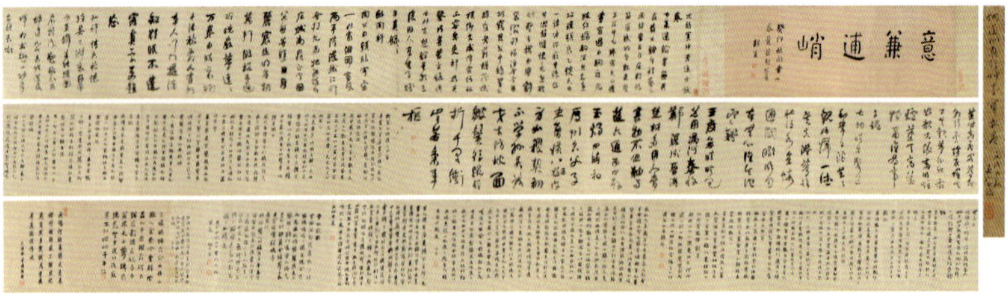

454 何绍基 1843年 行楷书诗文卷 手卷
估　价：RMB 1,200,000~2,000,000
成交价：RMB 4,600,000
引首32.4cm×84cm，书法32.2cm×904cm，后跋32.2cm×20cm 中国嘉德 2019-06-02

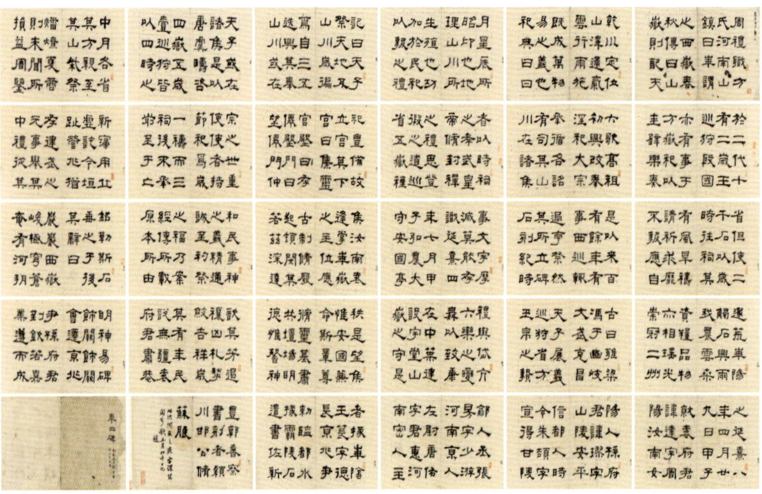

1351 何绍基 隶书临华山碑 册页（二十九开）
估　价：RMB 400,000~600,000
成交价：RMB 1,955,000
28cm×47.5cm×29 中国嘉德 2019-11-19

4097 何绍基 篆书题额 横披
估　价：RMB 200,000~300,000
成交价：RMB 1,782,500
20cm×121cm 北京保利 2019-06-03

238 何士祁 为陶澍作观海运图卷 手卷
估　价：RMB 300,000~500,000
成交价：RMB 563,500
引首123.5cm×30cm，拓片120cm×30cm，画心125.5cm×34cm，题跋462.5cm×39.5cm
西泠印社 2019-07-06

285 何煜 花鸟六屏 立轴
估　价：RMB 300,000~360,000
成交价：RMB 391,000
220cm×49cm×6
荣宝斋（桂林）2019-08-18

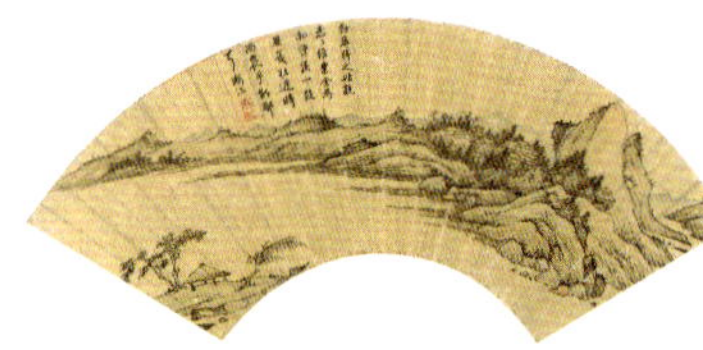

1201 弘仁 练溪一景 扇面
估　价：RMB 350,000~550,000
成交价：RMB 483,000
16.5cm×50.5cm 中国嘉德 2019-11-19

1206 胡慥 忆翁画兰图 扇面
估　价：RMB 160,000~200,000
成交价：RMB 506,000
16cm×52cm 中国嘉德 2019-11-19

634 黄道 九五至尊龙
估　价：RMB 600,000~800,000
成交价：RMB 920,000
68cm×68cm 未来四方 2019-06-05

3041 贺世魁 约1844-1845年 御苑行乐图九条屏
估　价：HKD 3,200,000~5,000,000
成交价：RMB 3,333,875
234.32cm × 394.34cm 佳士得 2019-11-27

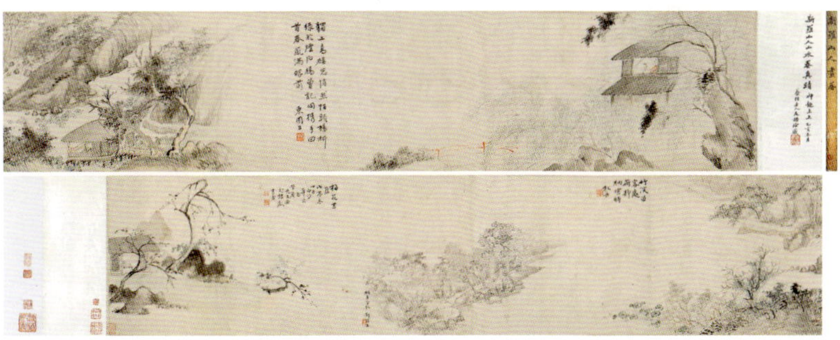

4010 华喦 许湘 山水人物卷 手卷
估　价：RMB 1,000,000~1,500,000
成交价：RMB 2,012,500
31cm × 292cm 北京保利 2019-06-03

1028 华喦 桃柳鸳鸯 立轴
估　价：HKD 400,000~600,000
成交价：RMB 2,013,750
95cm × 110cm 佳士得 2019-11-25

735 华喦 1753年 钟馗赏雪图 立轴
估　价：RMB 1,500,000~2,000,000
成交价：RMB 1,725,000
画131cm × 64cm，方跋9cm × 64cm
广东崇正 2019-05-23

264 华喦 丽日花香 立轴
估　价：RMB 1,200,000~1,800,000
成交价：RMB 2,185,000
114cm × 42cm 上海嘉禾 2019-09-07

983 黄鼎 1728年 篁村图 镜框
估　价：HKD 500,000~700,000
成交价：RMB 756,000
70cm × 96cm 佳士得 2019-05-27

3512 黄鼎 拟古山水册 册页（十开）
估　价：RMB 1,200,000~2,000,000
成交价：RMB 1,840,000
38cm×25cm×10 北京保利 2019-12-03

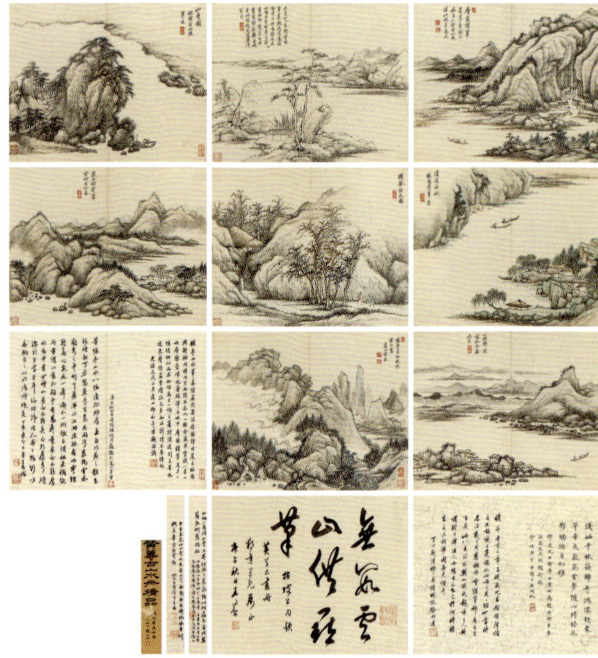

1390 黄鼎 1725年 仿古山水 册页（八开）
估　价：RMB 2,800,000~3,800,000
成交价：RMB 4,485,000
画27cm×34cm×8，跋28.5cm×38cm 中国嘉德 2019-11-19

333 黄鞠 条芳宴集图 立轴
估　价：RMB 480,000~580,000
成交价：RMB 552,000
137.5cm×56.5cm 西泠印社 2019-07-06

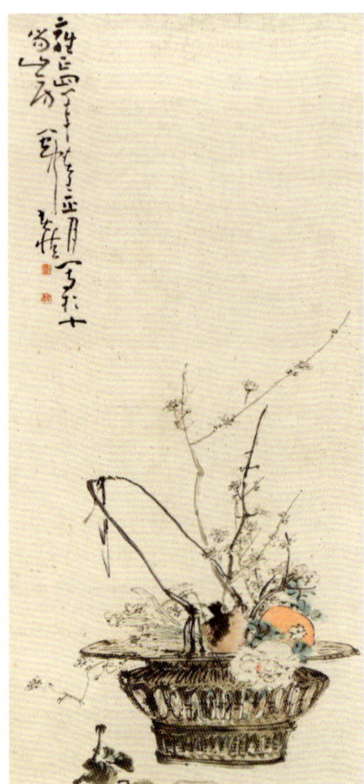

629 黄慎 1726年 岁岁长寿 轴框
估　价：RMB 600,000~800,000
成交价：RMB 1,023,500
109cm×45cm 北京荣宝 2019-12-01

4146 黄慎 枯树苍鹰图 立轴
估　价：RMB 1,200,000~1,800,000
成交价：RMB 1,380,000
197cm×54cm 北京保利 2019-06-03

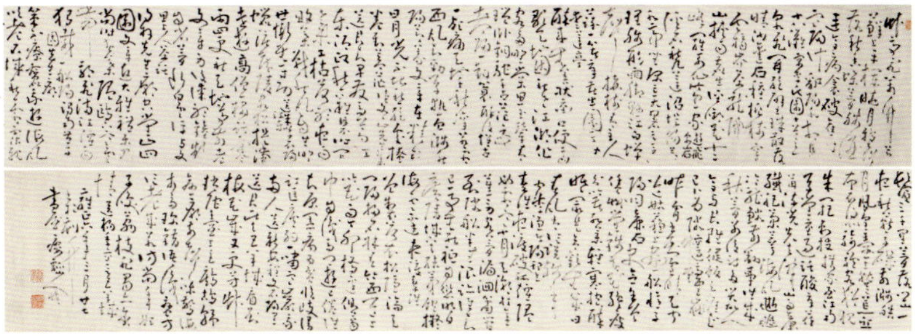

4013 黄慎 1728年 草书自作诗卷 手卷
估　价：RMB 1,500,000~2,000,000
成交价：RMB 1,725,000
29cm × 337cm 北京保利 2019-06-03

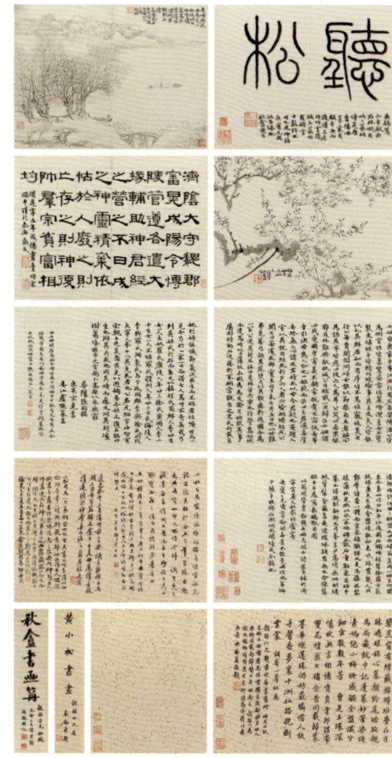

1398 黄易 1793年 书画册 册页 （七开）
估　价：RMB 800,000~1,200,000
成交价：RMB 7,705,000
23.3cm × 32.8cm × 7 中国嘉德 2019-06-04

1636 黄慎 1728年 加官进爵 镜芯
估　价：RMB 650,000~1,000,000
成交价：RMB 1,725,000
149cm × 50.5cm 中鸿信 2019-07-17

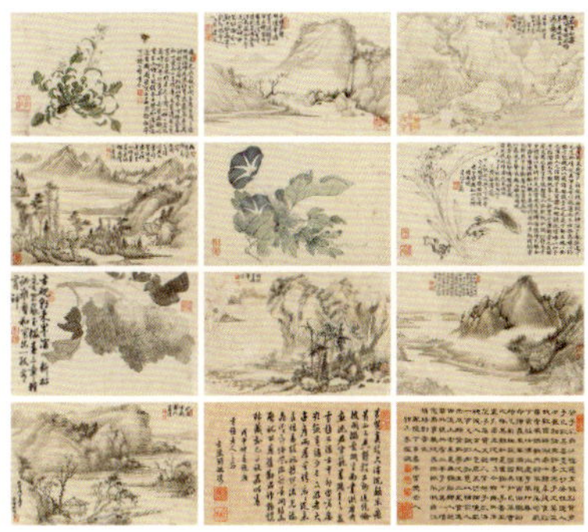

118 黄燡照 山水花鸟书法册页 镜心
估　价：RMB 320,000~380,000
成交价：RMB 391,000
16cm × 25cm × 12
荣宝斋（桂林） 2019-08-18

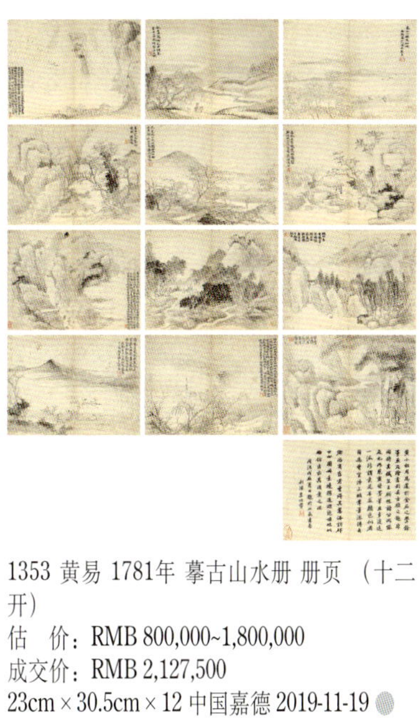

1353 黄易 1781年 摹古山水册 册页 （十二开）
估　价：RMB 800,000~1,800,000
成交价：RMB 2,127,500
23cm × 30.5cm × 12 中国嘉德 2019-11-19

3504 嘉庆帝 行书七言联 对联
估　价：RMB 500,000~800,000
成交价：RMB 575,000
213cm × 54cm × 2 北京保利 2019-12-03

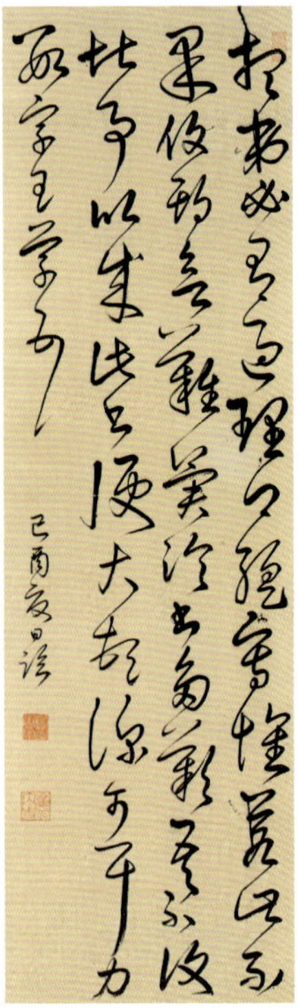

305 姜淑斋 1669年 临王羲之“想弟帖”立轴
估　价：RMB 280,000~350,000
成交价：RMB 471,500
172.5cm × 51cm 南京经典 2019-07-19

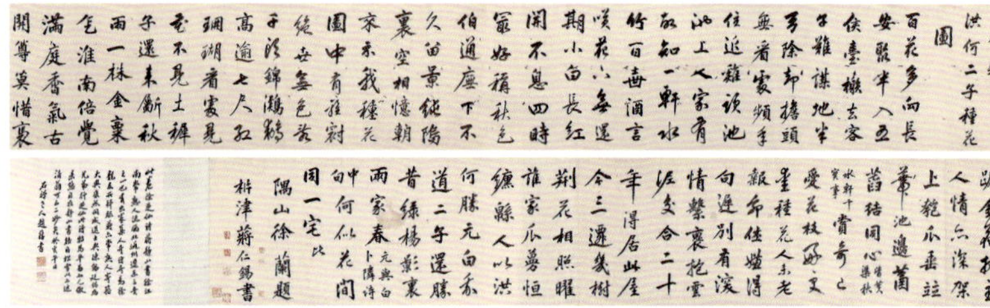

2531 蒋仁锡 行书徐兰题诗手卷 手卷
估　价：RMB 200,000~300,000
成交价：RMB 299,000
本幅38.5cm × 484cm，题跋38.5cm × 40cm 中贸圣佳 2019-06-07

1400 蒋廷锡 凤皇鹦鹉 镜框
估　价：RMB 900,000~1,200,000
成交价：RMB 1,782,500
41cm × 41cm 华艺国际 2019-08-10

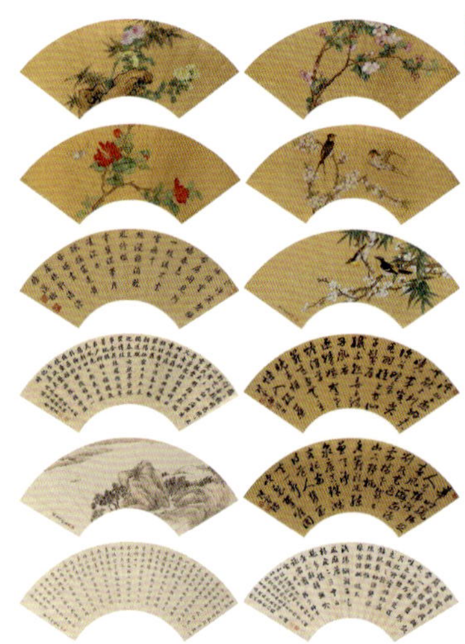

1288 蒋廷锡 刘墉 张之万 等 扇面集锦册（十二帧） 扇面
估　价：RMB 80,000~120,000
成交价：RMB 759,000
17cm × 48cm × 12 中国嘉德 2019-06-04

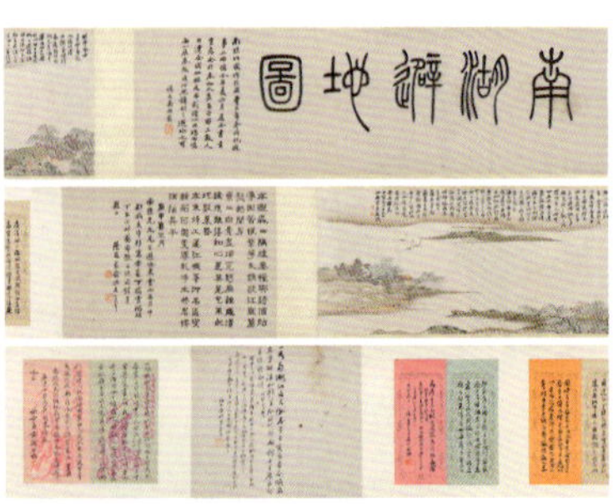

4072 蒋宝龄 南湖避地图 手卷
估　价：RMB 250,000~350,000
成交价：RMB 287,500
引首26cm × 88cm，画心26cm × 71cm，题跋27cm × 158cm 北京保利 2019-06-03

653 蒋莲 1835年 美人图 册页（十二开）
估　价：RMB 300,000~400,000
成交价：RMB 345,000
26.5cm × 34cm × 12 华艺国际 2019-08-11

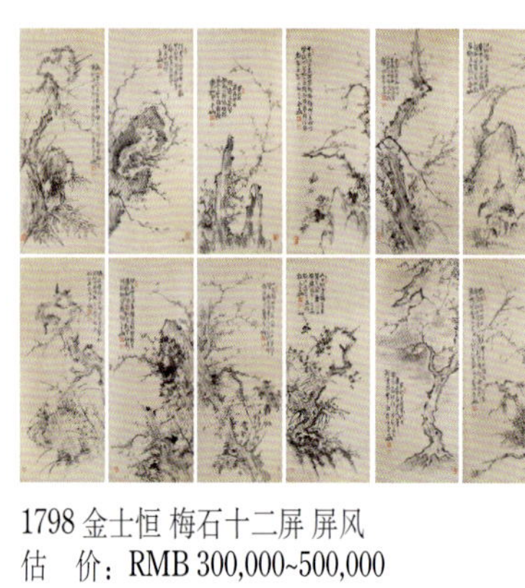

1798 金士恒 梅石十二屏 屏风
估　价：RMB 300,000~500,000
成交价：RMB 632,500
133cm × 52cm × 12 荣宝斋（南京） 2019-07-21

194 金农 1759年 墨梅图 立轴
估　价：RMB 6,800,000~8,800,000
成交价：RMB 13,225,000
130cm × 41cm 上海嘉禾 2019-09-06

4039 金农 1761年 林下清风图 立轴
估　价：RMB 8,000,000~15,000,000
成交价：RMB 9,200,000
122cm × 58cm 北京保利 2019-06-03

1189 金农 1750年 竹 立轴
估　价：USD 60,000~100,000
成交价：RMB 3,564,603
135cm × 37.3cm 纽约佳士得 2019-03-21

947 金廷标 绘紫光阁五十功臣之爱隆阿画像并清乾隆帝御题 镜心
估　价：RMB 2,200,000~3,000,000
成交价：RMB 2,760,000
29.6cm × 32cm 中贸圣佳 2019-06-07

1225 居巢 居廉 今夕庵书画册 册页（十二开）
估　价：HKD 80,000~120,000
成交价：RMB 537,000
28cm×42cm×6，23cm×37cm×2，
28cm×41.5cm，26cm×37cm，
22.5cm×37cm，24.5cm×35.5cm
佳士得 2019-11-26

445 居廉 花石工虫 立轴
估　价：RMB 200,000~400,000
成交价：RMB 299,000
130.5cm×42cm 北京银座 2019-06-05

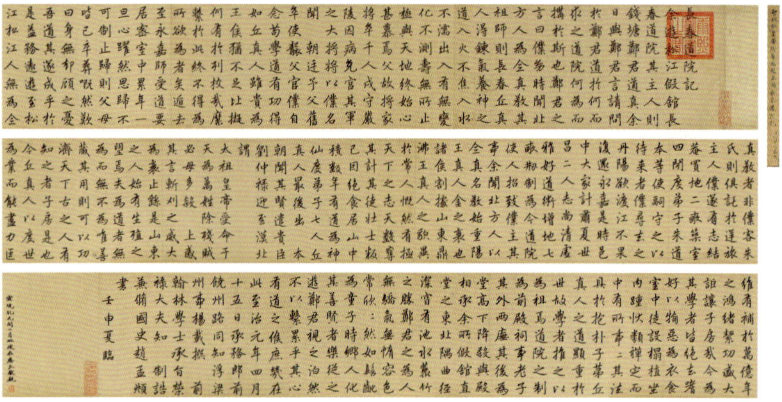

469 康熙帝 1692年 临赵孟頫长春道院记 手卷
估　价：RMB 12,800,000~16,000,000
成交价：RMB 13,800,000
26cm×477cm 中国嘉德 2019-06-02

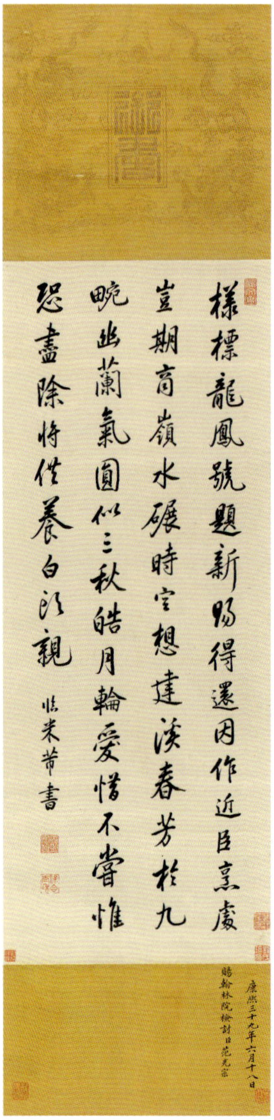

468 康熙帝 临米芾书 立轴
估　价：RMB 2,800,000~3,800,000
成交价：RMB 3,220,000
98cm×38cm，题22cm×38cm 中国嘉德 2019-06-02

458 髡残 秋景图 立轴
估　价：RMB 500,000~1,000,000
成交价：RMB 667,000
130cm×60cm 北京银座 2019-06-05

11 蓝孟 1662年 秋山策杖 立轴
估 价：HKD 500,000~700,000
成交价：RMB 528,050
144cm × 42cm 华艺国际 2019-11-24

2595 蓝孟 拟王维雪山行旅 立轴
估 价：HKD 400,000~600,000
成交价：RMB 2,137,500
198.7cm × 99cm 香港苏富比 2019-04-01

360 李方膺 1746年 墨竹图 立轴
估 价：RMB 1,200,000~1,800,000
成交价：RMB 1,610,000
139cm × 70.5cm 西泠印社 2019-07-06

1167 李瀓渊 1884年 宫藏瓷器谱 册页 （三十开，选刊十二开）
估 价：RMB 30,000~60,000
成交价：RMB 598,000
34.5cm × 70cm × 12 中国嘉德 2019-11-19

1452 郎世宁 （款） 松竹双禽 立轴
估 价：RMB 8,000~15,000
成交价：RMB 805,000
112cm × 58cm 中国嘉德 2019-06-25

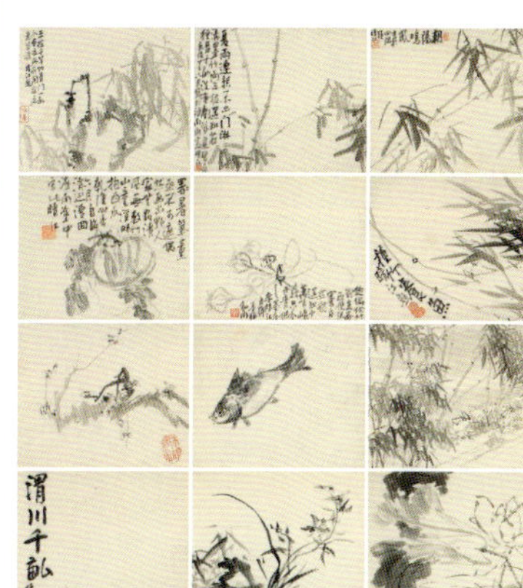

4017 李方膺 1739年 花卉册 册页 （十二开）
估 价：RMB 2,600,000~3,600,000
成交价：RMB 2,990,000
25cm × 32cm × 12 北京保利 2019-06-03

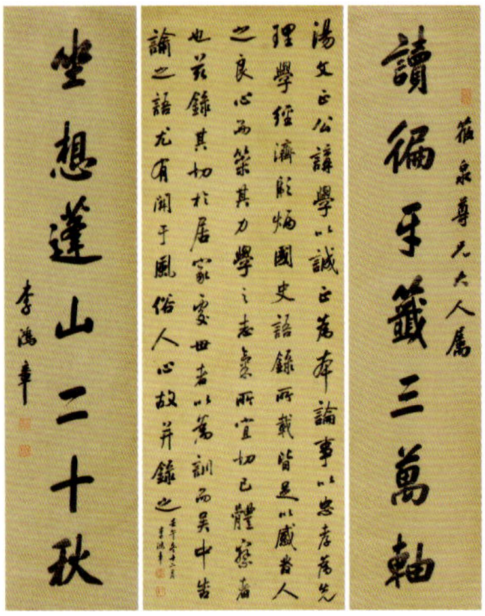

1501 李鸿章 1862年 行书一堂 立轴
估　价：RMB 450,000~650,000
成交价：RMB 1,127,000
中堂160cm × 55cm，对联127cm × 30cm × 2
中鸿信 2019-07-17

266 李鱓 1753年 松石春花图 立轴
估　价：RMB 350,000~450,000
成交价：RMB 1,265,000
165cm × 90cm 上海嘉禾 2019-09-07

1121 李鱓 仝到白头 立轴
估　价：USD 150,000~250,000
成交价：RMB 1,258,688
纽约苏富比 2019-03-22

391 李世倬 春景 立轴
估　价：HKD 200,000~400,000
成交价：RMB 474,183
28cm × 25cm × 2 北京匡时 2019-04-02

2613 李因 鸳鸯芙蓉图 立轴
估　价：RMB 250,000~350,000
成交价：RMB 414,000
125cm × 45cm 中贸圣佳 2019-06-07

728 李寅 碧山秋浦图 立轴
估　价：RMB 4,000,000~6,000,000
成交价：RMB 4,830,000
185.3cm × 99cm 中贸圣佳 2019-11-30

913 李肇亨 李琪枝 1661年、1664年、1692年 山水松景合卷 手卷
估　价：HKD 300,000~500,000
成交价：RMB 6,018,875
26.2cm × 137.1cm，26.2cm × 343cm，26.2cm × 91.5cm 佳士得 2019-11-25

4007 励宗万 临千字文 册页
估　价：RMB 200,000~400,000
成交价：RMB 402,500
27cm × 15cm × 11 泰和嘉成 2019-11-30

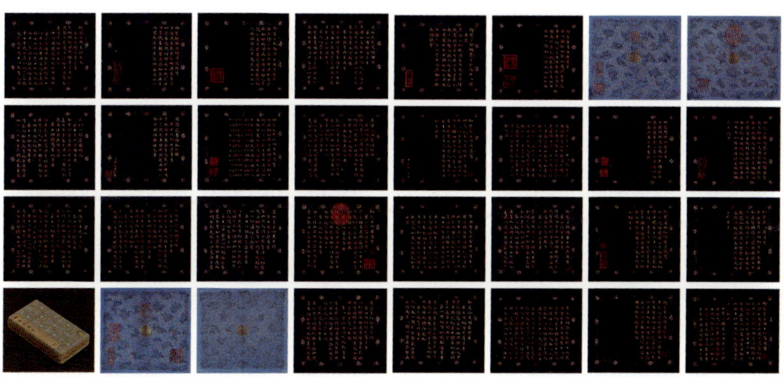

746 梁国治 御制罗汉赞册 册页（二十七开）
估　价：RMB 800,000~1,200,000
成交价：RMB 1,150,000
16.5cm × 18.5cm × 27 中贸圣佳 2019-11-30

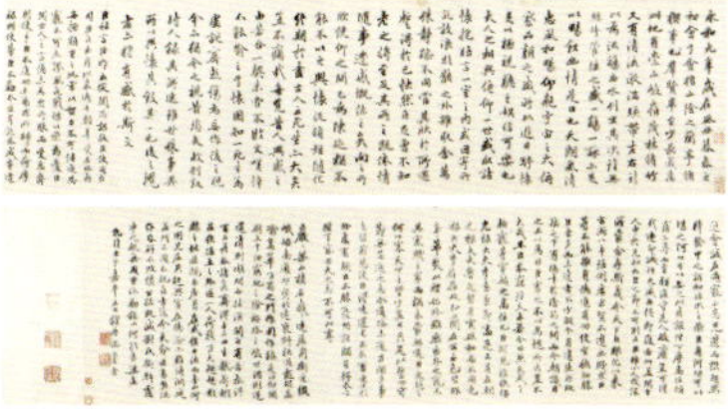

819 梁同书 1792年 临“兰亭序”卷
估　价：RMB 50,000~80,000
成交价：RMB 747,500
25cm × 178.5cm 北京翰海 2019-06-14

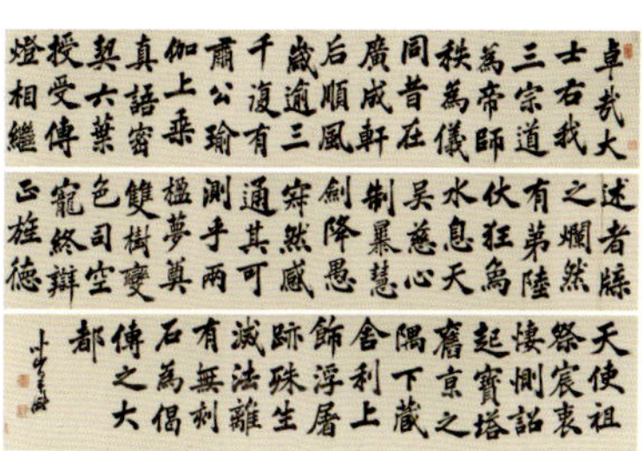

1337 梁巘 楷书唐碑铭 手卷
估　价：RMB 220,000~300,000
成交价：RMB 575,000
36.5cm × 520cm 中国嘉德 2019-06-04

317 林广 1670年 秋山策杖图 立轴
估　价：RMB 350,000~450,000
成交价：RMB 517,500
163cm × 53cm 南京经典 2019-07-19

2594 林则徐 行书八言联 立轴
估　价：RMB 800,000~1,200,000
成交价：RMB 1,150,000
173cm×39cm×2 中贸圣佳 2019-06-07

2635 刘彦冲 仿文徵明青绿山水 立轴
估　价：RMB 200,000~300,000
成交价：RMB 345,000
161cm×74cm 中贸圣佳 2019-06-07

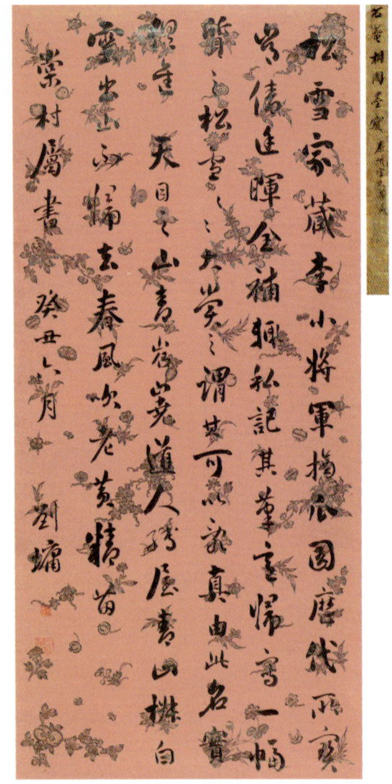

237 刘墉（古）1793年 行书诗文 立轴
估　价：RMB 700,000~900,000
成交价：RMB 1,035,000
132cm×61cm 北京荣宝 2019-06-13

937 刘瑸 仙山阁楼图 立轴
估　价：RMB 200,000~300,000
成交价：RMB 322,000
264cm×128.5cm 中贸圣佳 2019-08-16

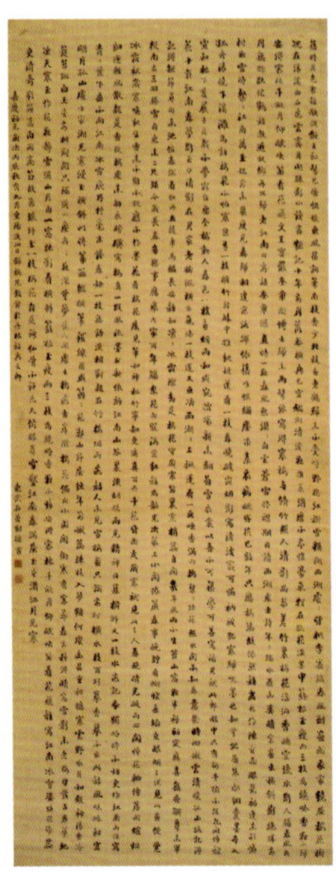

1458 刘墉 1796年 楷书七言诗 立轴
估　价：RMB 1,000,000~1,300,000
成交价：RMB 1,230,500
140.5cm×54.5cm 华艺国际 2019-08-10

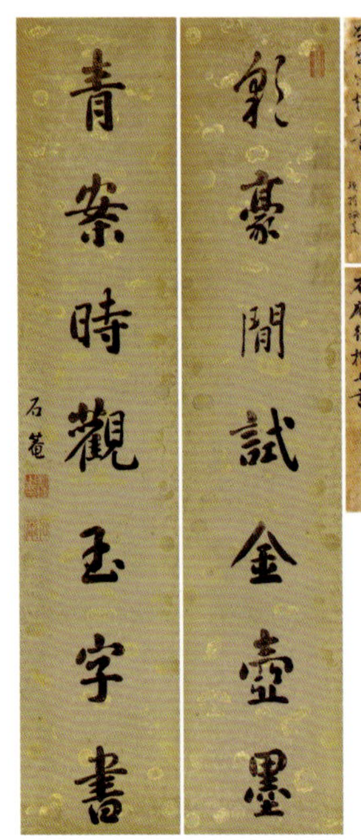

4003 刘墉（古）行书七言联 立轴
估　价：RMB 600,000~1,000,000
成交价：RMB 1,150,000
176cm×36cm×2 北京保利 2019-06-03

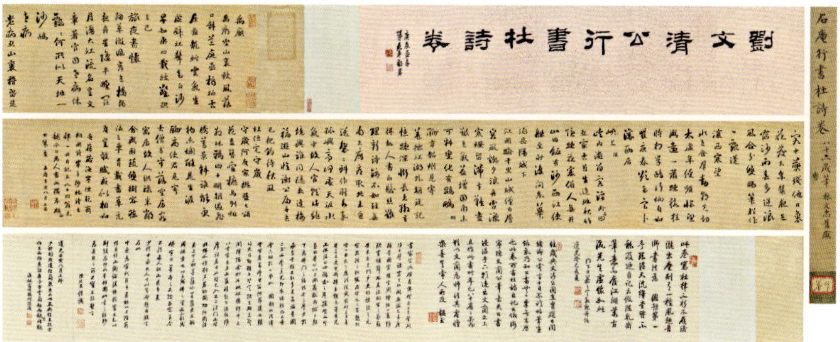

1352 刘墉 1801年 行书杜诗卷 手卷
估　价：RMB 600,000~800,000
成交价：RMB 3,047,500
引首22.5cm×98.5cm，书法22.5cm×232cm，跋22cm×149cm 中国嘉德 2019-11-19

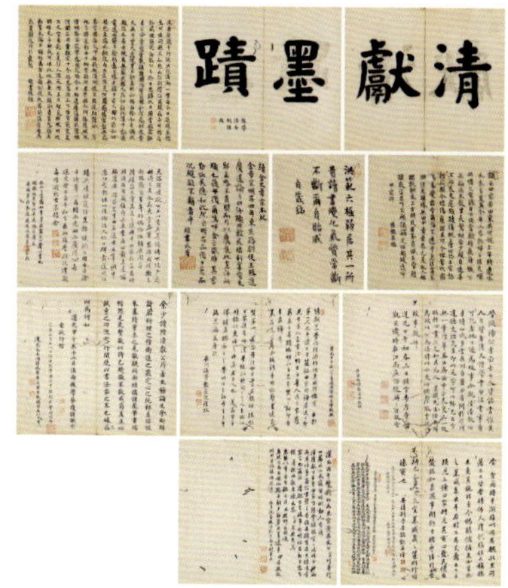

1328 陆陇其 书法并诸家跋 册页（三开）
估　价：RMB 120,000~180,000
成交价：RMB 264,500
26.5cm×31cm×3 中国嘉德 2019-06-04

1140 陆远 1668年 仿李成山水 立轴
估　价：RMB 500,000~800,000
成交价：RMB 782,000
183.5cm×45.5cm 中国嘉德 2019-11-19

1817 罗牧 1695年 秋山图 立轴
估　价：RMB 200,000~300,000
成交价：RMB 1,127,000
206cm×77.5cm 中鸿信 2019-07-17

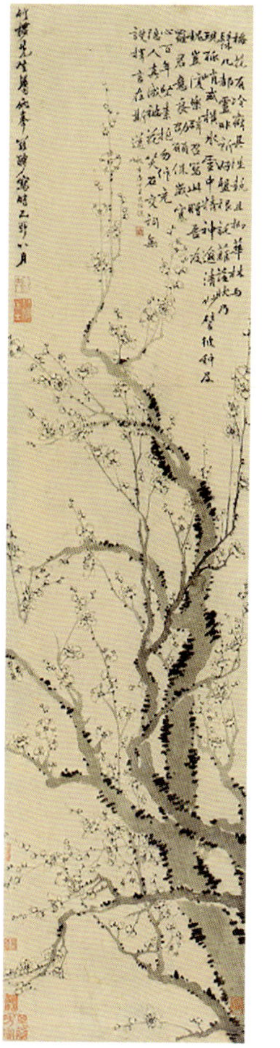

39 罗聘 1759年 羣芳图 立轴
估　价：RMB 300,000~500,000
成交价：RMB 920,000
114.5cm×28cm 上海明轩 2019-04-28

3517 罗聘 方婉仪 1781年 齐眉介寿图 立轴
估　价：RMB 1,800,000~3,000,000
成交价：RMB 2,127,500
113cm × 29cm 北京保利 2019-12-03

827 梅清 奇峰云海 手卷
估　价：RMB 2,000,000~3,000,000
成交价：RMB 4,715,000
引首27cm × 87cm，本幅30.5cm × 392cm，题跋32cm × 110cm 北京匡时 2019-07-13

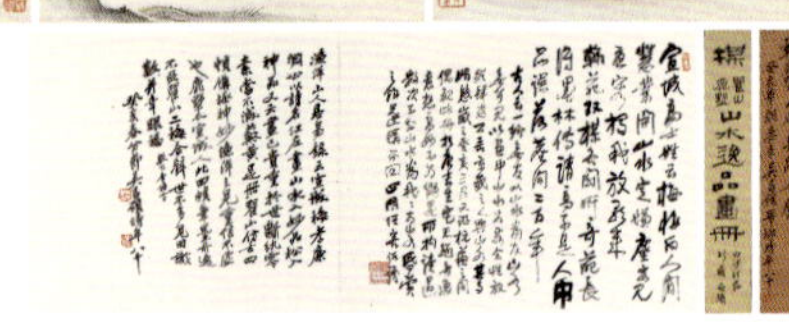

1363 梅清 梅翀 山水合册 册页（八开）
估　价：RMB 7,000,000~8,000,000
成交价：RMB 8,165,000
27cm × 35cm × 8，后跋31cm × 80cm 中国嘉德 2019-11-19

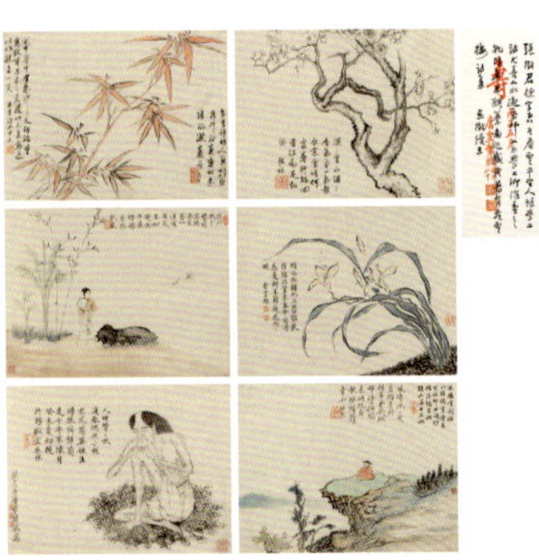

269 罗聘 杂画册 册页（六开）
估　价：RMB 680,000~980,000
成交价：RMB 1,265,000
画20.5cm × 28cm × 6 上海嘉禾 2019-09-07

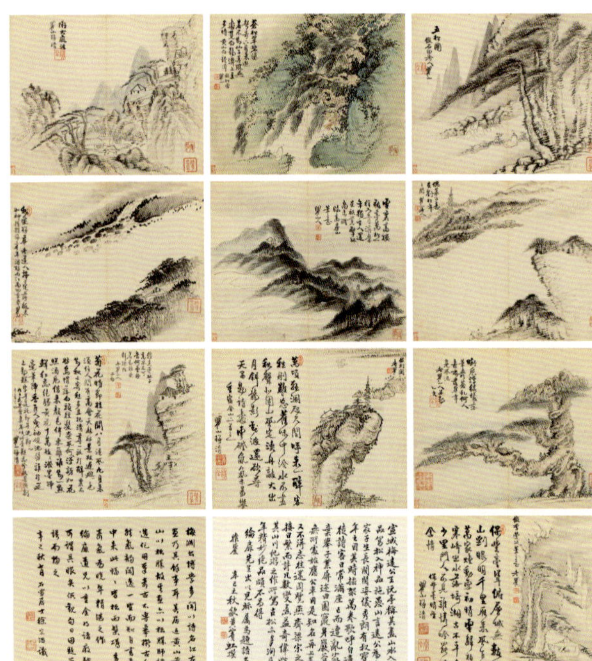

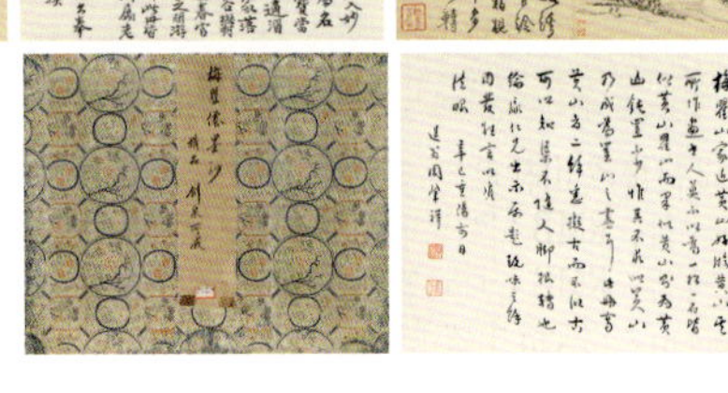

1362 梅清 1695年 仿古山水册 册页（十开）
估　价：RMB 6,500,000~7,500,000
成交价：RMB 8,625,000
28cm × 34cm × 10 中国嘉德 2019-11-19

3510 茅麐 周穆王见西王母故事 立轴八屏
估　价：RMB 1,000,000~1,500,000
成交价：RMB 1,380,000
198cm × 59cm × 8 北京保利 2019-12-03

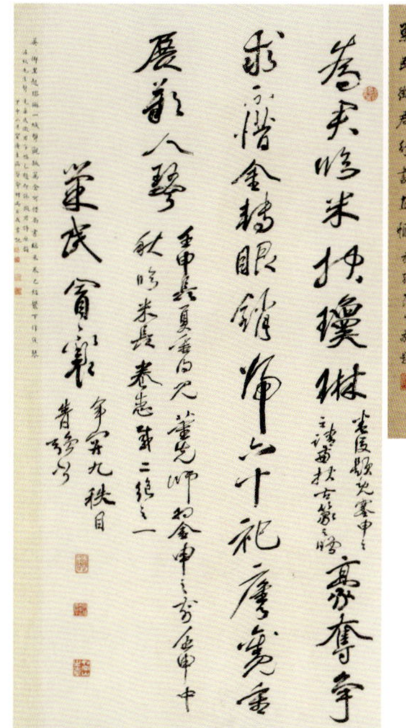

189 冒襄 草书七言诗 立轴
估　价：RMB 1,800,000~2,500,000
成交价：RMB 2,760,000
131cm × 62cm 上海明轩 2019-04-28

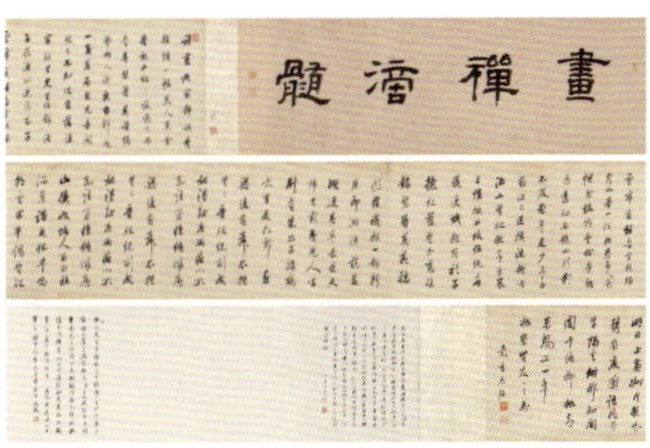

816 毛怀 行书“吴梅村集”卷 手卷
估　价：RMB 500,000~800,000
成交价：RMB 977,500
引首35.5cm × 108cm，
本幅35.5cm × 235cm，题跋35.5cm × 108cm
中贸圣佳 2019-08-16

852 吕焕成 山林雅集图 立轴
估　价：RMB 1,200,000~1,800,000
成交价：RMB 1,955,000
193cm × 138cm 中贸圣佳 2019-06-07

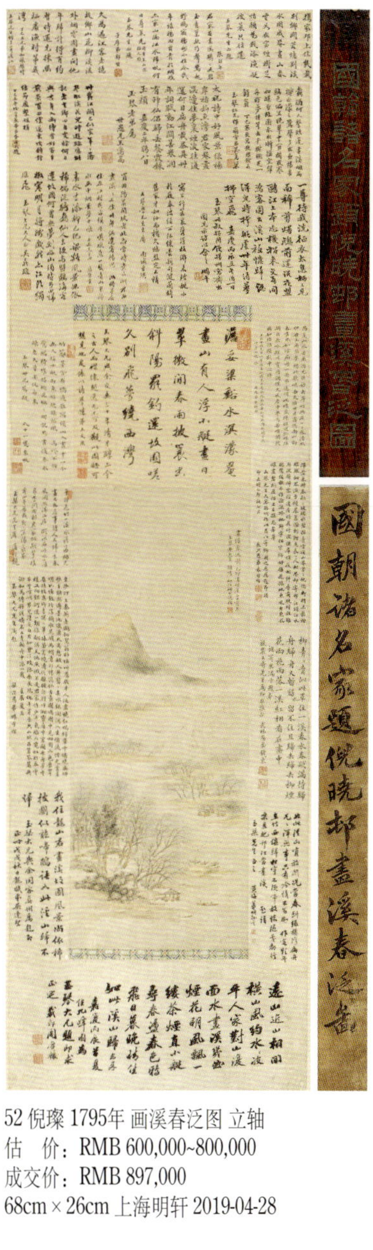

52 倪璨 1795年 画溪春泛图 立轴
估　价：RMB 600,000~800,000
成交价：RMB 897,000
68cm × 26cm 上海明轩 2019-04-28

165 闵贞 鱼乐图 立轴
估　价：RMB 750,000~850,000
成交价：RMB 920,000
131cm × 92cm 上海工美 2019-11-10

668 牛石慧 枯枝幽禽 镜心
估　价：HKD 350,000~400,000
成交价：RMB 567,238
29cm×30.5cm 保利香港 2019-10-06

2541 彭启丰 临王蒙山水卷 手卷
估　价：RMB 180,000~250,000
成交价：RMB 218,500
引首30cm×73cm，画心30cm×236cm，题跋30cm×45cm 中贸圣佳 2019-06-07

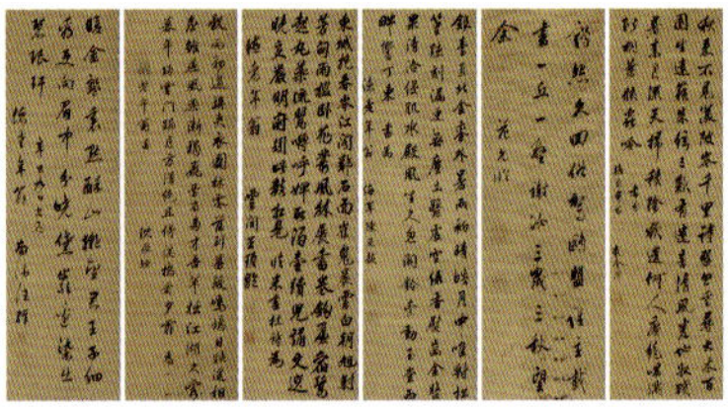

4660 彭会淇 陈元龙 范允临 沈辰垣 王顼龄 汪铎 行书六条屏
估　价：RMB 100,000~200,000
成交价：RMB 1,035,000
尺寸不一 中国嘉德 2019-06-03

198 钱杜 1813年至1816年 潇湘八墅（八帧）扇页
估　价：RMB 1,200,000~2,000,000
成交价：RMB 2,530,000
53cm×17cm，51cm×17cm，52.5cm×18.5cm，52.5cm×18cm，53cm×17.5cm，52cm×18cm，53cm×19cm，53cm×18.5cm 西泠印社 2019-07-06

1349 祁嶲藻 行书八言联 立轴
估　价：RMB 30,000~60,000
成交价：RMB 517,500
217cm×38cm×2 中国嘉德 2019-06-04

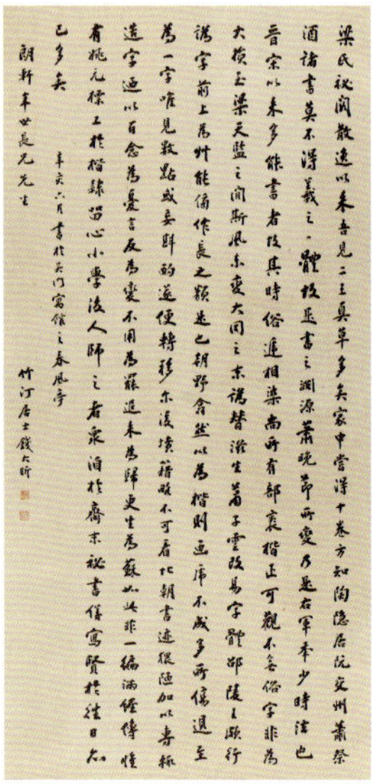

1175 钱大昕 1791年 行书录颜之推“颜氏家训·杂艺”立轴
估　价：RMB 800,000~1,000,000
成交价：RMB 920,000
239.5cm×114.5cm 中国嘉德 2019-11-19

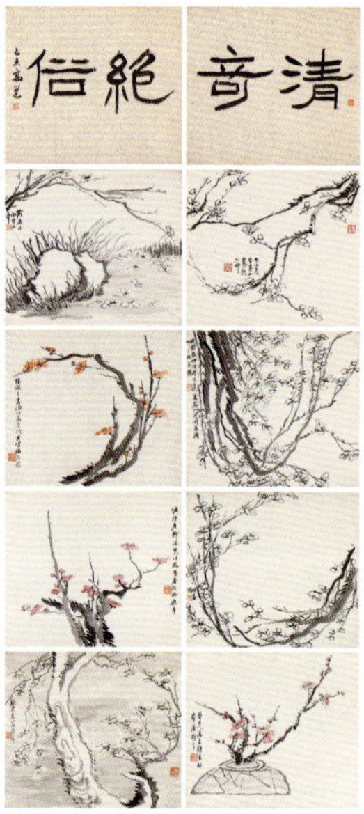

1397 钱松 梅花册 册页（八开）
估　价：RMB 500,000~800,000
成交价：RMB 2,760,000
28.3cm×32.3cm×8 中国嘉德 2019-06-04

4006 钱杜 1815年 闲闲楼图卷 手卷
估　价：RMB 800,000~1,200,000
成交价：RMB 1,380,000
引首29cm × 54cm，画心30cm × 101cm，题跋30cm × 364cm 北京保利 2019-06-03

698 钱维乔 1805年 山水四屏 立轴
估　价：RMB 300,000~400,000
成交价：RMB 345,000
230cm × 54cm × 4 北京荣宝 2019-06-13

2600 钱维城 仿元四家山水卷 手卷
估　价：HKD 12,000,000~16,000,000
成交价：RMB 12,461,625
33cm × 523cm 香港苏富比 2019-04-01

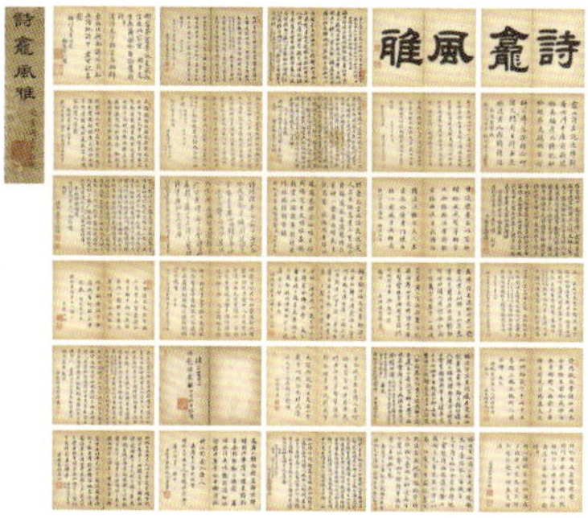

244 钱泳 谷际岐 徐如澍 谢振定 等二十六家 1798年、1799年 为法式善作诗龛诗册（共二十九页）册页
估　价：RMB 30,000~50,000
成交价：RMB 345,000
22.5cm × 17cm × 29 西泠印社 2019-07-06

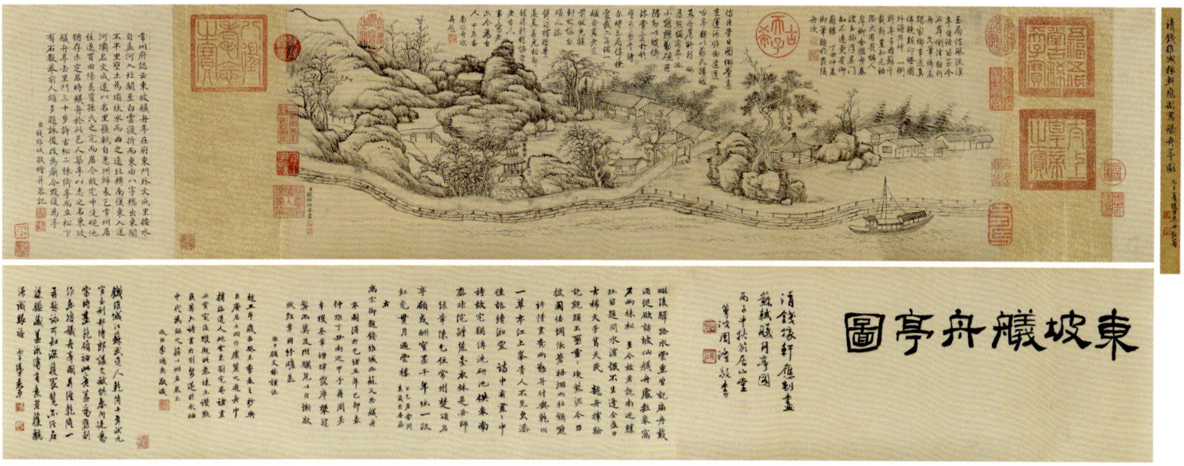

1369 钱维城 苏轼舣舟亭图 手卷
估　价：RMB 50,000,000~60,000,000
成交价：RMB 74,750,000
引首26cm × 78cm，画26cm × 74.7cm，书26cm × 17cm，跋126cm × 81cm，跋226cm × 18cm 中国嘉德 2019-11-19

1370 钱维城 花卉册 册页（八开）
估　价：RMB 32,000,000~38,000,000
成交价：RMB 36,800,000
13cm × 18cm × 8 中国嘉德 2019-11-19

4043 清宫廷画家合绘 寿意图册 册页（十二开）
成交价：RMB 57,500,000
32cm × 29cm × 12 北京保利 2019-06-03

1714 乾隆帝 1752年 墨梅图 立轴
估　价：RMB 600,000~800,000
成交价：RMB 1,265,000
60cm × 33cm 中鸿信 2019-07-17

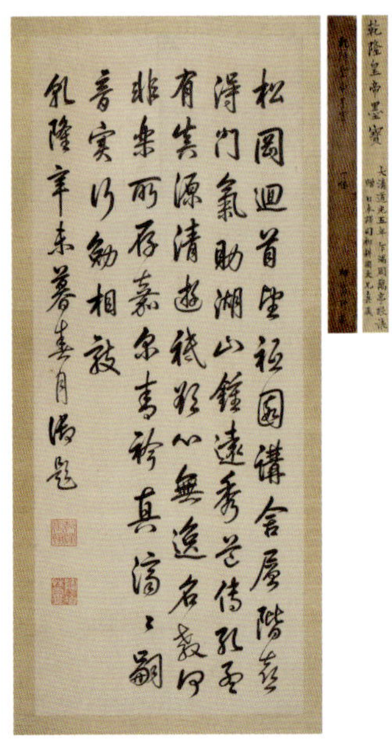

149 乾隆帝 1751年 御笔"题敷文书院诗"立轴
估　价：HKD 2,800,000~3,800,000
成交价：RMB 4,485,888
158cm × 64.3cm 华艺国际 2019-05-27

4019 清宫廷画家合绘 郡王霍集斯像 立轴
估　价：RMB 4,000,000~6,000,000
成交价：RMB 6,900,000
画心148cm × 88.5cm，书法29cm × 88.5cm 北京保利 2019-06-03

15 任伯年 1885年 人物四屏 立轴
估　价：HKD 5,000,000~7,000,000
成交价：RMB 6,864,650
145.5cm × 39.5cm × 4 华艺国际 2019-11-24

29 任伯年 1884年 唐孙司空故事 立轴
估　价：RMB 3,500,000~4,500,000
成交价：RMB 4,025,000
177cm × 96cm 广东崇正 2019-11-28

395 任伯年 1890年 荷花水鸟 镜心
估　价：RMB 1,000,000~1,200,000
成交价：RMB 1,380,000
134cm × 64cm 北京荣宝 2019-06-13

702 任伯年 1890年 百龄禄寿 立轴
估　价：RMB 1,800,000~2,200,000
成交价：RMB 2,070,000
215cm × 93cm 朵云轩 2019-06-22

773 任伯年 1879年 临丁云鹏人物 立轴
估　价：RMB 2,000,000~3,000,000
成交价：RMB 2,300,000
143.5cm × 77.5cm 广东崇正 2019-05-23

1331 任伯年 1889年 花鸟四屏（四幅）立轴
估　价：HKD 1,500,000~2,500,000
成交价：RMB 895,000
160.5cm × 44cm × 4 佳士得 2019-11-26

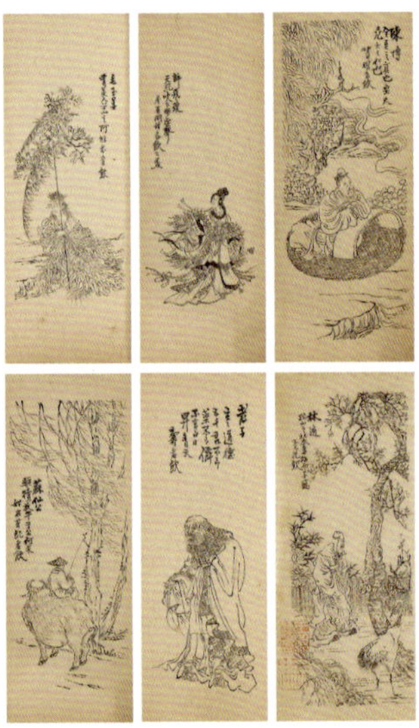

940 任熊 列仙酒牌 册页（四十八开）
估　价：HKD 1,200,000~2,200,000
成交价：RMB 5,159,675
25cm × 12cm × 48 佳士得 2019-11-25

712 任薰 人物四屏 立轴
估　价：RMB 150,000~350,000
成交价：RMB 483,000
160cm × 42cm 中鸿信 2019-07-16

677 任熊 嫦娥 立轴
估　价：RMB 200,000~300,000
成交价：RMB 1,495,000
165cm × 77cm 北京荣宝 2019-06-13

107 阮元 1822年 篆书七言联 立轴
估　价：RMB 350,000~500,000
成交价：RMB 644,000
156cm × 30.5cm × 2 上海明轩 2019-04-28

327 上睿 1667年 麻姑献寿图 立轴
估　价：RMB 350,000~450,000
成交价：RMB 517,500
185cm × 58cm 南京经典 2019-07-19

1162 沈苍 1712年 诗意图 册页（十开）
估　价：RMB 400,000~600,000
成交价：RMB 828,000
27.5cm × 19cm × 10 中国嘉德 2019-11-19

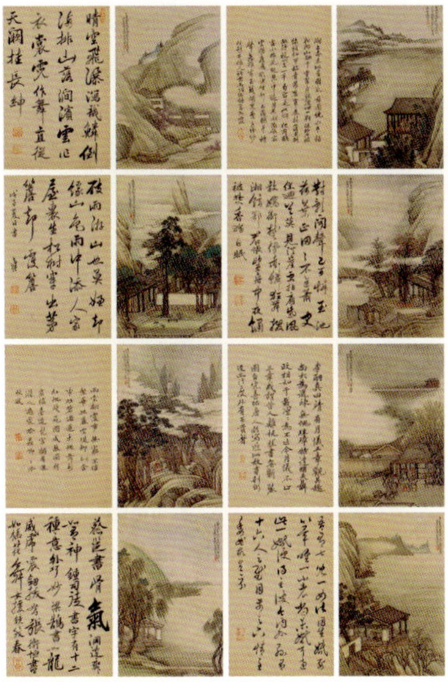

4177 沈苍 山水册 册页（八开十六页）
估　价：RMB 180,000~280,000
成交价：RMB 609,500
26cm × 18cm × 8 北京保利 2019-06-03

1147 沈颢 1652年 仿古山水 册页（十开）
估　价：RMB 350,000~550,000
成交价：RMB 402,500
29.8cm × 24cm × 10 中国嘉德 2019-11-19

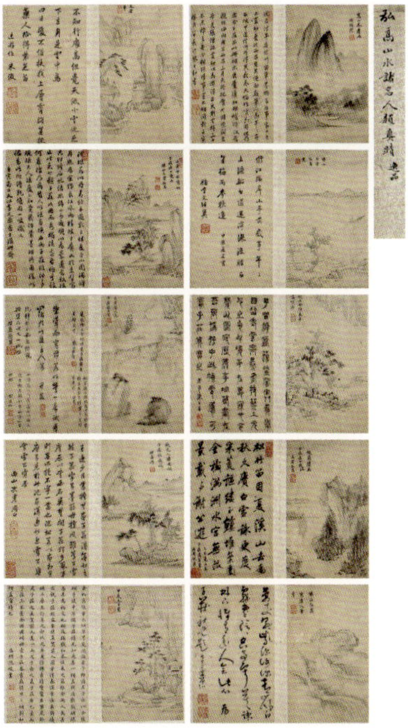

1611 沈峻 1662年 山水诸名家题真迹 册页（十开）
估　价：RMB 300,000~500,000
成交价：RMB 1,322,500
24.9cm × 15cm × 20 中鸿信 2019-07-17

3683 沈铨 1759年 似锦长青 立轴
估　价：RMB 500,000~800,000
成交价：RMB 575,000
191cm × 111cm 北京保利 2019-12-03

692 沈铨 1736年 鹤寿延年 立轴
估　价：HKD 600,000~1,200,000
成交价：RMB 1,091,665
155cm × 80cm 保利香港 2019-10-06

4162 沈铨 群凫戏水图 立轴
估　价：RMB 600,000~800,000
成交价：RMB 690,000
135cm × 86cm 北京保利 2019-06-03

856 沈振麟 玉澜堂十五老臣像 册页（十四开）
估　价：RMB 1,200,000~1,800,000
成交价：RMB 1,380,000
29cm×21cm×14 中贸圣佳 2019-06-07

1375 石涛 杜甫诗意册 册页（八开）
估　价：RMB 48,000,000~58,000,000
成交价：RMB 55,200,000
画39cm×27cm×8，跋47cm×67.5cm 中国嘉德 2019-11-19

825 石涛 佛教故事 立轴
估　价：RMB 2,000,000~3,000,000
成交价：RMB 5,750,000
76cm×20cm 北京匡时 2019-07-13

1365 石涛 荷花图 镜心
估　价：RMB 12,000,000~18,000,000
成交价：RMB 13,800,000
78cm×31cm 中国嘉德 2019-11-19

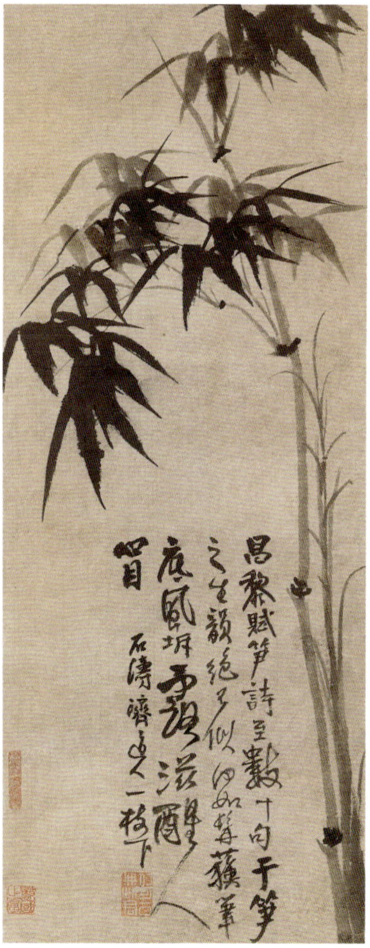

2575 石涛 墨竹 立轴
估　价：HKD 4,000,000~5,000,000
成交价：RMB 5,600,725
74.7cm×29.5cm 香港苏富比 2019-10-06

3523 石涛 山水册 册页（八开十六页）
估　价：RMB 22,000,000~32,000,000
成交价：RMB 25,300,000
17.1cm × 12.1cm × 8 北京保利 2019-12-03

462 石涛 山水花卉册 册页（十开）
估　价：RMB 5,000,000~7,000,000
成交价：RMB 45,425,000
32.5cm × 24.5cm × 10 中国嘉德 2019-06-02

4192 释今释 行书寿说卷 手卷
估　价：RMB 150,000~250,000
成交价：RMB 368,000
25cm × 158.5cm 北京保利 2019-06-03

1454 孙祐 吟诗图 立轴
估　价：RMB 480,000~680,000
成交价：RMB 552,000
95.5cm × 40.3cm 中国嘉德 2019-06-04

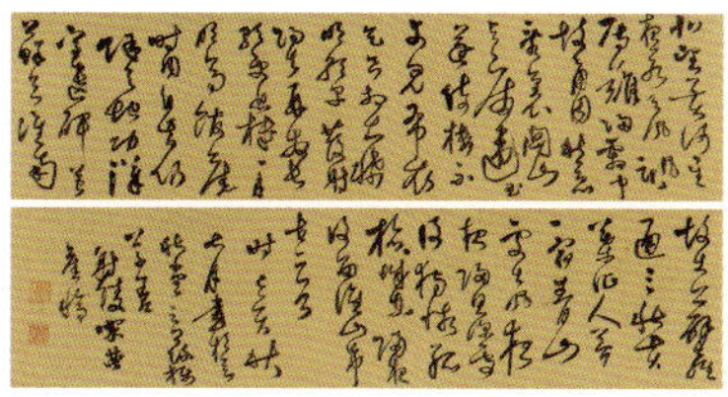

219 宋曹 1695年 草书自作诗卷 手卷
估　价：RMB 400,000~500,000
成交价：RMB 805,000
25cm × 205cm 北京荣宝 2019-06-13

4165 唐岱 1735年 晴峦春霭图 立轴
估　价：RMB 600,000~1,200,000
成交价：RMB 1,782,500
108cm × 62cm 北京保利 2019-06-03

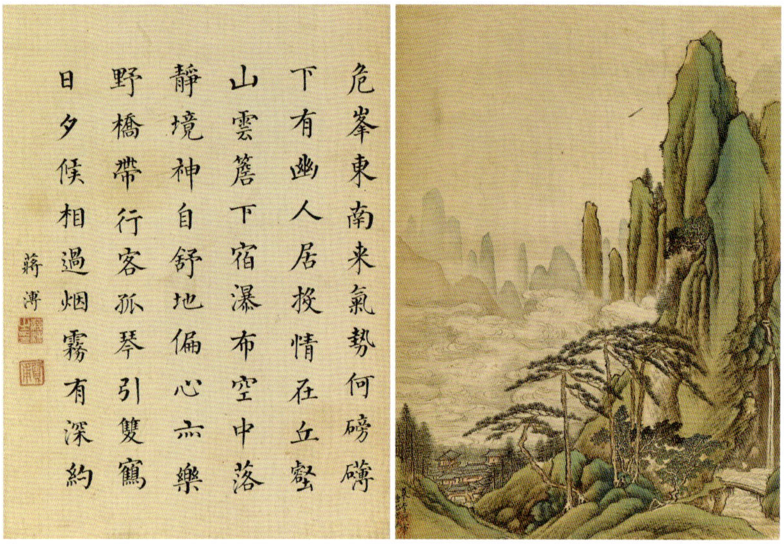

4

963 唐岱 山水册 册页（二十开）
估　价：HKD 500,000~700,000
成交价：RMB 8,920,800
31.5cm × 23.3cm × 20 佳士得 2019-05-27

2596 汪承霈 花鸟虫草扇面册 册（十二开）（选八开）
估　价：HKD 120,000~200,000
成交价：RMB 476,175
尺寸不一 香港苏富比 2019-10-06

1361 汪家珍 山水册 册页（八开）
估　价：RMB 800,000~1,000,000
成交价：RMB 920,000
21.5cm × 21cm × 8 中国嘉德 2019-11-19

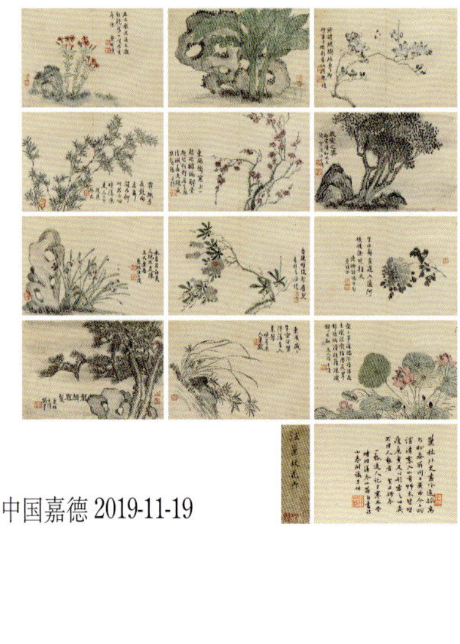

1186 汪士慎 花卉册 册页（十二开）
估　价：RMB 800,000~1,000,000
成交价：RMB 977,500
9cm × 13cm × 12，跋12cm × 16.5cm 中国嘉德 2019-11-19

4014 汪士慎 竹石图 立轴
估　价：RMB 1,500,000~2,600,000
成交价：RMB 2,702,500
152cm × 39cm 北京保利 2019-06-03

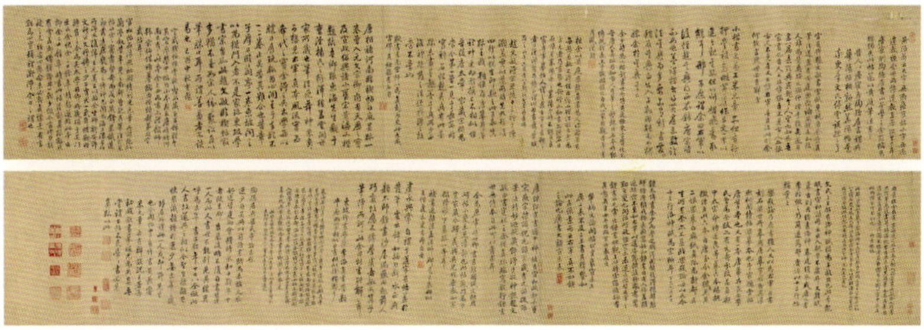

383 汪由敦 行书 论历代名家法书卷 手卷
估　价：RMB 300,000~500,000
成交价：RMB 437,000
343.5cm × 27cm 西泠印社 2019-07-06

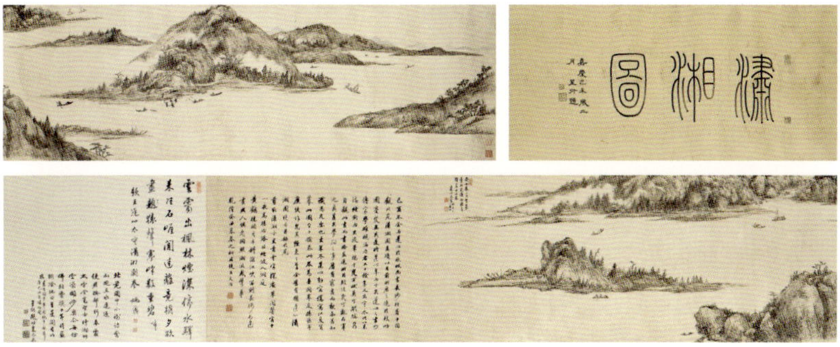

937 王宸 1793年 潇湘图 手卷
估　价：HKD 220,000~350,000
成交价：RMB 3,333,875
51.5cm × 355cm 佳士得 2019-11-25

1612 王崇节 王武 1657年 王鉴六十玉照卷 手卷
估　价：RMB 200,000~300,000
成交价：RMB 460,000
46.5cm × 190cm 中鸿信 2019-07-17

2542 王宸 洞庭秋月 立轴
估　价：HKD 400,000~600,000
成交价：RMB 453,500
80cm × 37.3cm 香港苏富比 2019-10-06

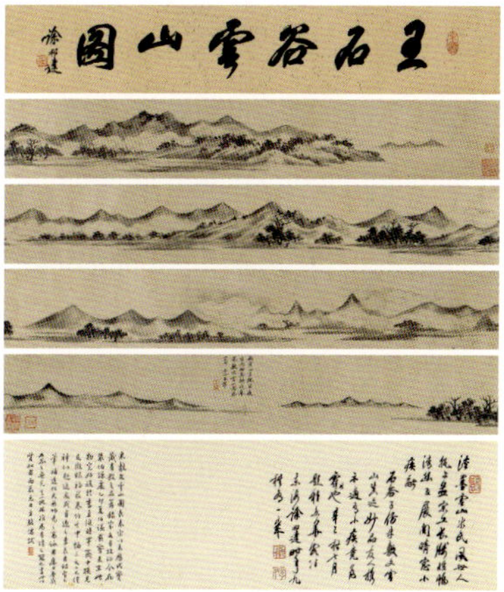

627 王翚 1686年 云山图 手卷
估　价：RMB 2,800,000~3,500,000
成交价：RMB 4,025,000
10cm × 264cm 北京荣宝 2019-12-01

379 王翚 1713年 溪山积雪图 手卷
估　价：RMB 1,200,000~1,800,000
成交价：RMB 1,955,000
引首134cm × 28cm × 2，95cm × 27.5cm，画心519cm × 29cm，题跋106cm × 33cm 西泠印社 2019-07-06

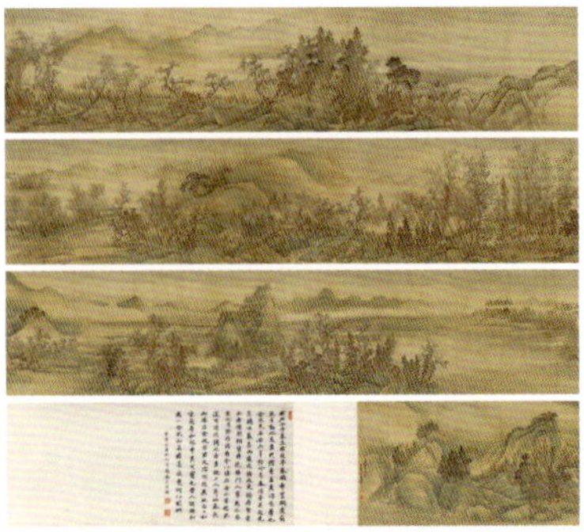

577 王翚 1690年 拟王维山水 手卷
估　价：HKD 200,000~300,000
成交价：RMB 1,614,240
画32cm×460cm，跋32.5cm×34cm 中国嘉德 2019-03-30

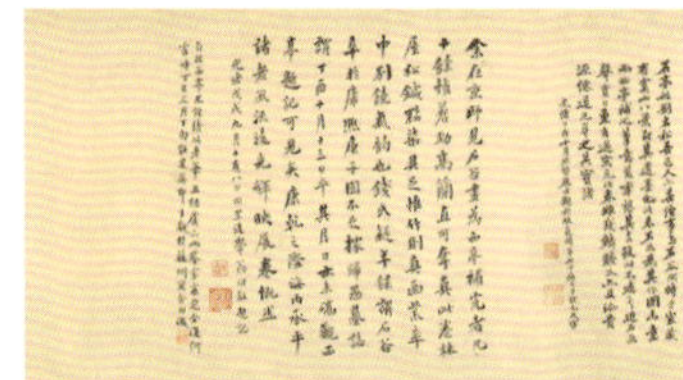

378 王翚 杨晋 为刘松作 石亭图 手卷
估　价：RMB 2,600,000~3,600,000
成交价：RMB 2,990,000
引首72cm×37cm，画心177cm×36.5cm，题跋53cm×37cm 西泠印社 2019-07-06

197 王翚 1715年 寒林云岫 立轴
估　价：RMB 1,200,000~1,800,000
成交价：RMB 3,450,000
62.5cm×33cm 上海嘉禾 2019-09-06

174 王概 九成宫图 扇页
估　价：RMB 60,000~80,000
成交价：RMB 391,000
57.5cm×20cm 西泠印社 2019-07-06

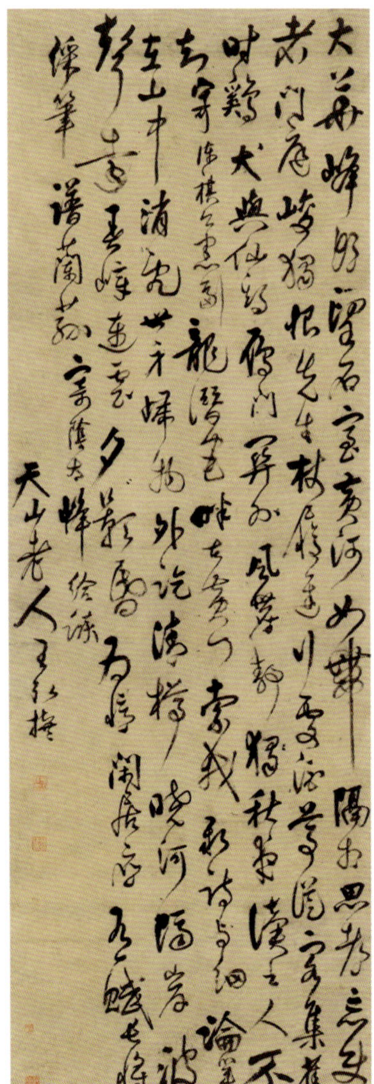

327 王弘撰 草书 七言诗 立轴
估　价：RMB 250,000~350,000
成交价：RMB 345,000
221cm×78cm 西泠印社 2019-07-06

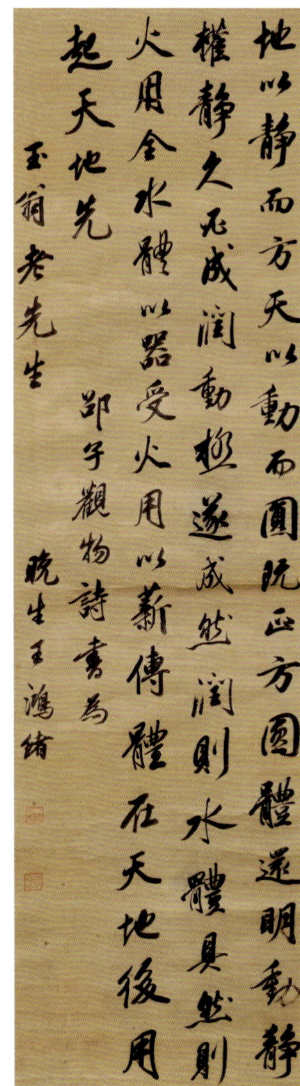

4183 王鸿绪 行书宋邵雍“观物吟唱”立轴
估　价：RMB 500,000~800,000
成交价：RMB 575,000
184cm×52cm 北京保利 2019-06-03

501 王鉴 仿吴镇山水 立轴
估　价：RMB 1,200,000~1,500,000
成交价：RMB 1,380,000
170cm × 50cm 中贸圣佳 2019-11-30

719 王鉴 仿子久秋山图 立轴
估　价：RMB 300,000~400,000
成交价：RMB 345,000
38cm × 25cm 广东崇正 2019-05-23

1613 王鉴 1677年 临各家山水 册页
估　价：RMB 2,200,000~2,800,000
成交价：RMB 2,990,000
29.5cm × 22cm × 12 中鸿信 2019-07-17

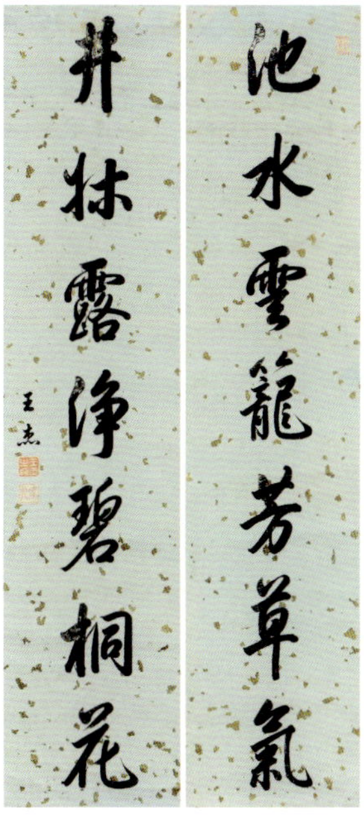

971 王杰 行书七言 对联片
估　价：RMB 40,000~60,000
成交价：RMB 230,000
132cm × 30cm × 2 朵云轩 2019-06-22

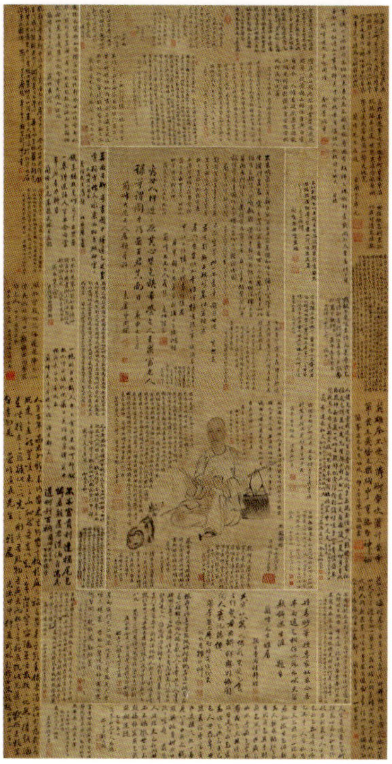

625 王诘 自画像 镜片
估　价：RMB 800,000~1,200,000
成交价：RMB 1,322,500
186cm × 97cm 广东崇正 2019-11-28

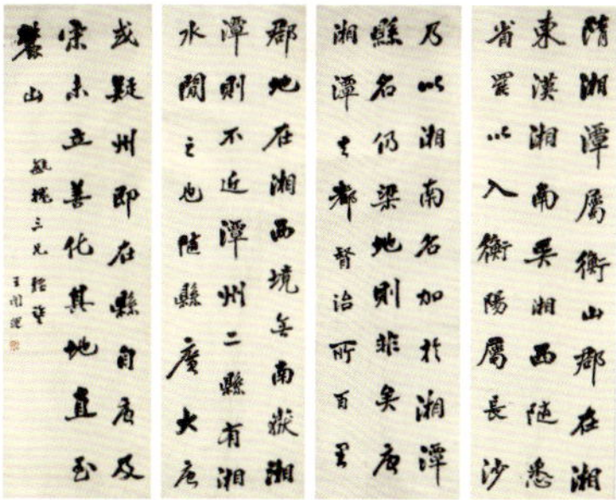

2532 王闿运 行书湘潭记 四屏
估　价：RMB 180,000~280,000
成交价：RMB 345,000
122cm × 38cm × 4 西泠印社 2019-07-07

2418 王敬铭 云峤长春图卷 手卷
估　价：RMB 100,000~150,000
成交价：RMB 402,500
23cm×301cm 中国嘉德 2019-10-17

170 王时敏 1653年 峰峦林渚图 扇页
估　价：RMB 500,000~700,000
成交价：RMB 1,207,500
50.5cm×16cm 西泠印社 2019-07-06

3543 王时敏 1663年 富春大岭图 立轴
估　价：RMB 3,000,000~4,000,000
成交价：RMB 3,450,000
131cm×53.5cm 北京保利 2019-12-03

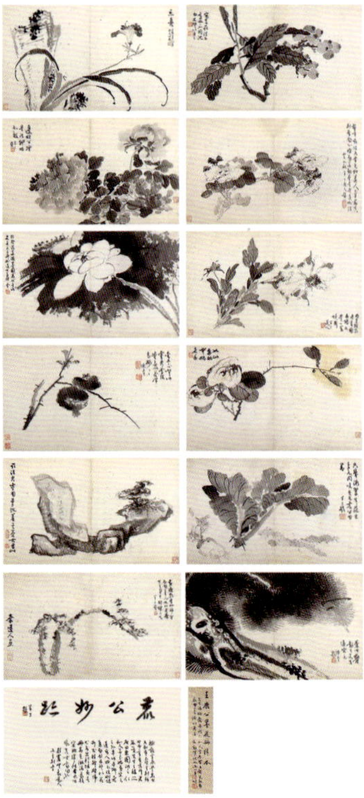

2555 王树谷 墨花册（十二开）册页
估　价：RMB 300,000~500,000
成交价：RMB 517,500
31cm×53cm×12 中贸圣佳 2019-06-07

943 王素 婴戏图 册页（二十开）
估　价：HKD 100,000~200,000
成交价：RMB 3,333,875
21cm×15.5cm×20 佳士得 2019-11-25

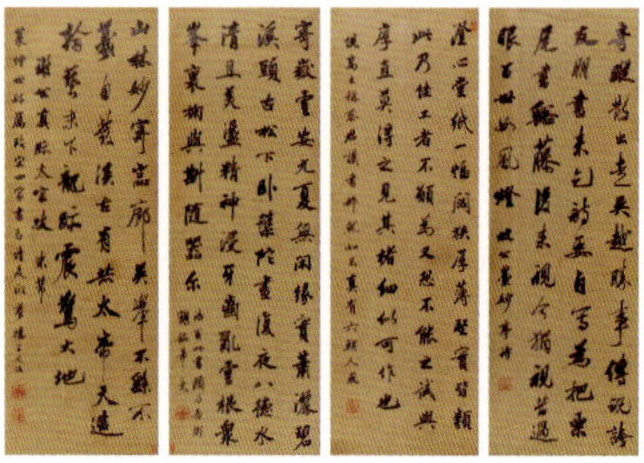

4108 王文治 临宋四家书 四屏
估　价：RMB 300,000~500,000
成交价：RMB 586,500
135cm×46cm×4 北京保利 2019-06-03

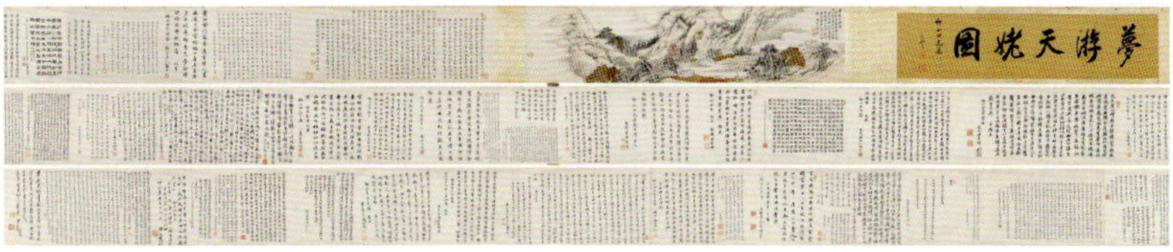

4007 王学浩 1818年 梦游天姥唱和卷 手卷
估　价：RMB 2,800,000~4,500,000
成交价：RMB 3,220,000
引首27cm × 110cm，画心32cm × 113cm，题跋32cm × 1175cm 北京保利 2019-06-03

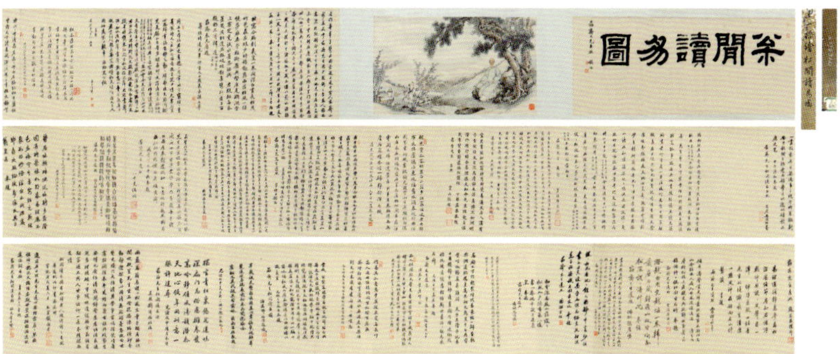

3680 王一梧 1829年 松间读易图 手卷
估　价：RMB 300,000~500,000
成交价：RMB 506,000
引首37cm × 88cm，画心37cm × 63cm，题跋41.5cm × 736cm 北京保利 2019-12-03

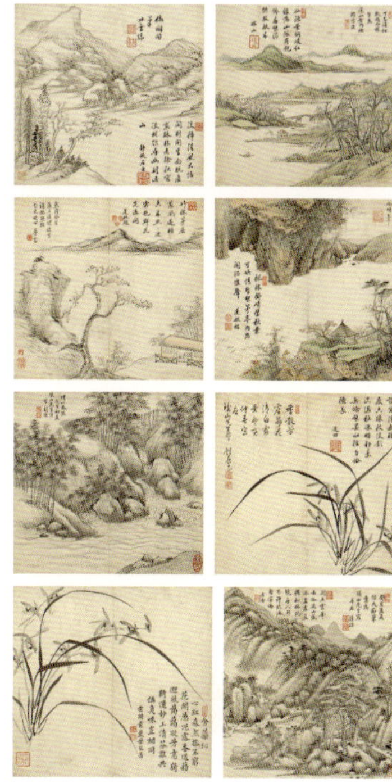

376 王昱 王愫 杨儒臣 陆浩 等 为方士庶作山水花卉册（八页）册页
估　价：RMB 600,000~800,000
成交价：RMB 977,500
25.5cm × 23.5cm × 8 西泠印社 2019-07-06

82 王原祁 1703年 层峦耸秀图 立轴
估　价：RMB 1,200,000~3,000,000
成交价：RMB 1,380,000
101cm × 51cm 保利厦门 2019-01-06

720 王原祁 1685年 潇湘图 立轴
估　价：RMB 1,500,000~2,000,000
成交价：RMB 1,725,000
109cm × 42.5cm 广东崇正 2019-05-23

628 王原祁 万壑松风 立轴
估　价：RMB 3,000,000~4,000,000
成交价：RMB 5,750,000
54cm × 33.5cm 北京荣宝 2019-12-01

463 王原祁 1700年 晴峰叠翠 立轴
估　价：RMB 6,000,000~8,000,000
成交价：RMB 10,120,000
102cm × 46.5cm 中国嘉德 2019-06-02

1808 王云 1694年 仙山楼阁图 立轴
估　价：RMB 6,000~12,000
成交价：RMB 575,000
179cm × 84cm 中国嘉德 2019-10-17

1295 魏湘 丹山卿云 立轴
估　价：RMB 80,000~120,000
成交价：RMB 644,000
188cm × 96.5cm 中国嘉德 2019-11-19

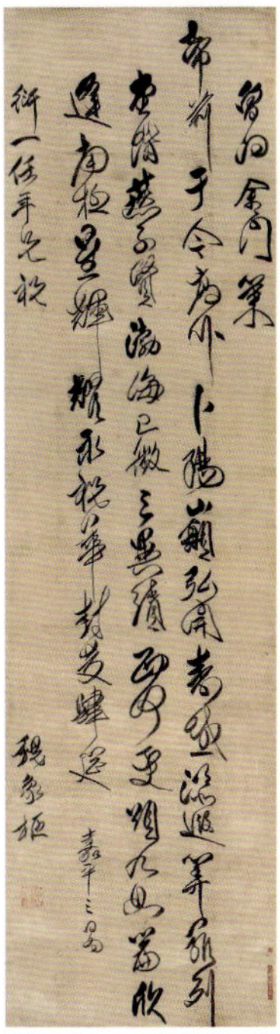

2518 魏象枢 行草七言诗 立轴
估　价：RMB 300,000~500,000
成交价：RMB 747,500
175cm × 47cm 中贸圣佳 2019-06-07

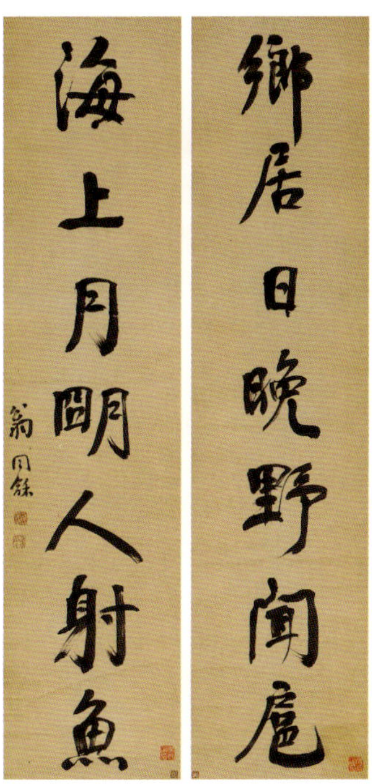

2516 翁同龢 行书集字联（一对）对联
估　价：HKD 30,000~50,000
成交价：RMB 256,500
171cm × 41cm 香港苏富比 2019-04-01

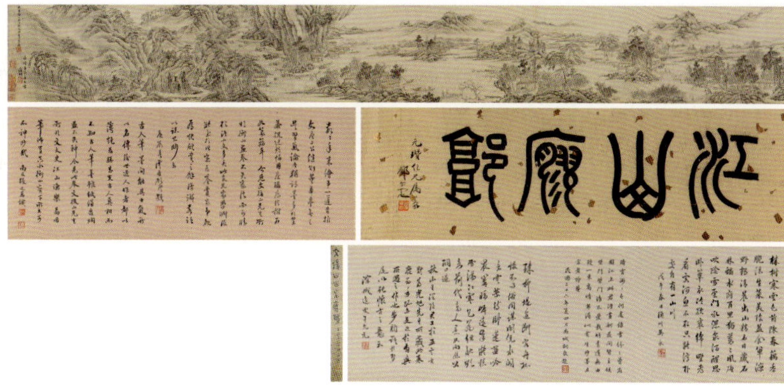

1067 文鼎 1835年 江山渔乐图 手卷
估　价：RMB 500,000~800,000
成交价：RMB 989,000
引首23.5cm × 79.3cm，画23.5cm × 198cm，跋①23.5cm × 62cm，跋②23.5cm × 80cm 中国嘉德 2019-11-19

193 翁方纲 1796年 慎思 镜心
估　价：RMB 800,000~1,200,000
成交价：RMB 1,552,500
40cm × 115cm 上海明轩 2019-04-28

390 吴达 仿古山水册页 册页
估　价：HKD 300,000~400,000
成交价：RMB 807,120
28.5cm × 22cm × 8 北京匡时 2019-04-02

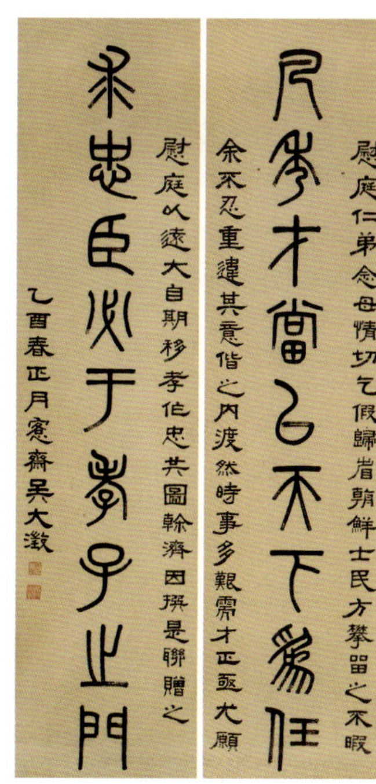

103 吴大澂 1885年 篆书九言联 立轴
估　价：RMB 2,500,000~3,500,000
成交价：RMB 3,162,500
175cm × 44cm × 2 华艺国际 2019-08-10

4008 吴大澂 临恽王山水册 册页（十二开）
估　价：RMB 2,000,000~3,000,000
成交价：RMB 2,300,000
22.5cm × 34.5cm × 12 北京保利 2019-06-03

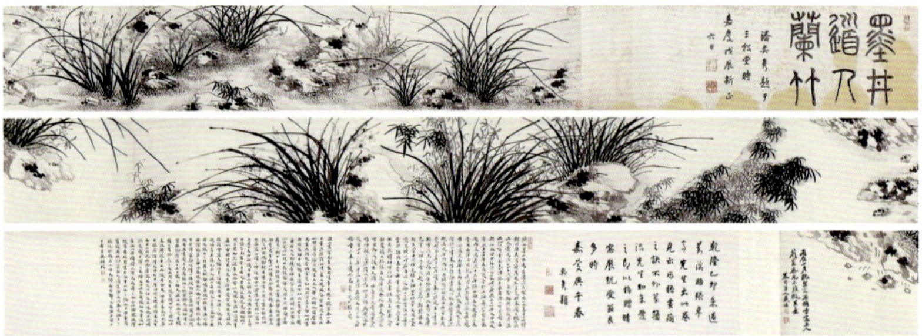

2539 吴历 兰竹图卷 手卷
估　价：RMB 300,000~500,000
成交价：RMB 460,000
引首29.5cm × 96cm，画心29cm × 467cm，题跋29cm × 190cm 中贸圣佳 2019-06-07

1346 吴大澄 1891年 匡庐纪游卷 手卷
估　价：HKD 500,000~700,000
成交价：RMB 3,206,250
引首 frontispiece: 35.5cm × 127cm
画心 paintings: 各 35.5cm × 80cm (5)
后跋 annotation: 35.5cm × 669.9cm
香港苏富比 2019-04-02

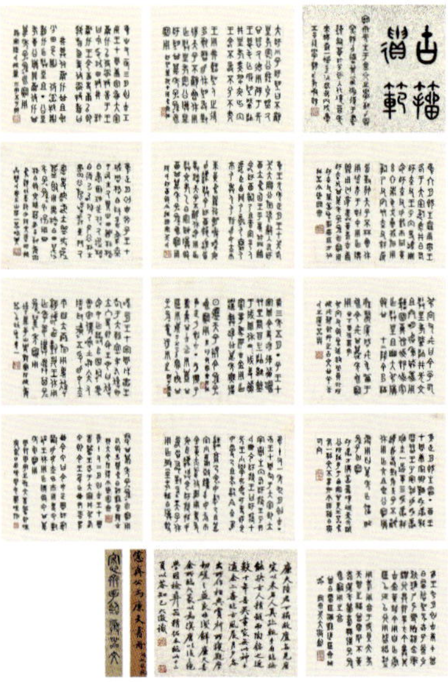

2293 吴大澄 临金文册（十四开）册页
估　价：RMB 500,000~800,000
成交价：RMB 897,000
23cm × 26cm × 14 中贸圣佳 2019-06-07

1908 吴历 竹石图 立轴
估　价：RMB 200,000~300,000
成交价：RMB 494,500
53.5cm × 25cm 中鸿信 2019-07-17

2932 吴大澂 1862年 范湖草堂图 立轴
估　价：HKD 200,000~300,000
成交价：RMB 2,494,250
38cm × 59.7cm 香港苏富比 2019-10-07

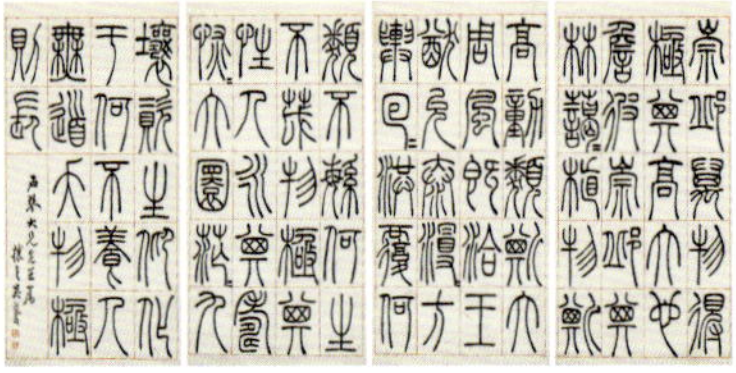

646 吴让之 篆书四屏 镜片
估　价：RMB 800,000~1,000,000
成交价：RMB 920,000
117.5cm × 58.5cm × 4 广东崇正 2019-11-28

2522 吴荣光 楷书“明礼堂”横批
估　价：HKD 50,000~70,000
成交价：RMB 235,125
81cm × 216.5cm 香港苏富比 2019-04-01

2520 吴璋 四时花卉 册（十开）（选八开）
估　价：HKD 50,000~80,000
成交价：RMB 430,825
13.3cm × 31.8cm × 10 香港苏富比 2019-10-06

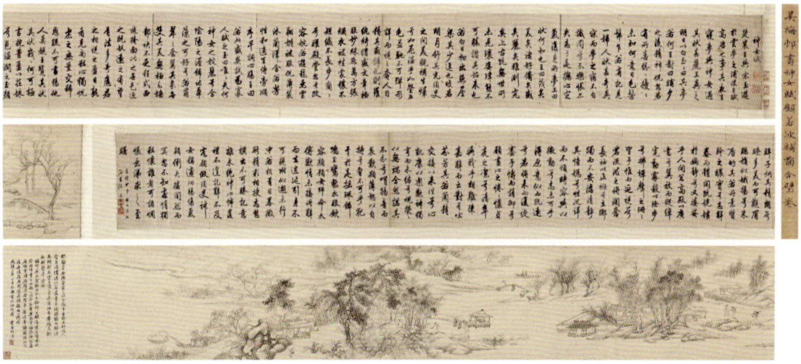

865 吴伟业 顾沄 行书临李邕“神女赋”并梅邨图卷 手卷
估　价：RMB 2,600,000~3,200,000
成交价：RMB 3,450,000
书法25cm × 379cm，绘画30cm × 229cm 中贸圣佳 2019-08-16

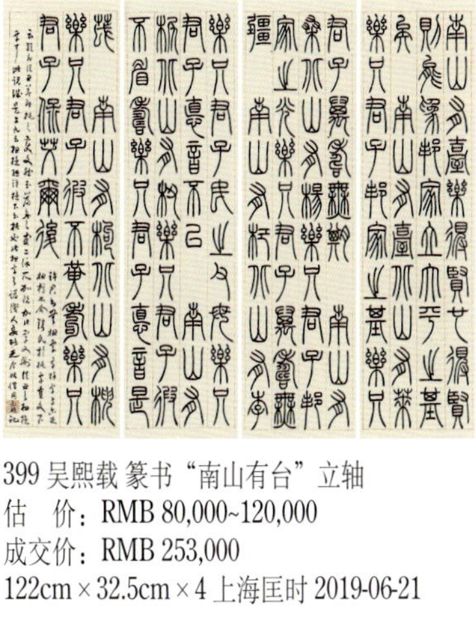

399 吴熙载 篆书“南山有台”立轴
估　价：RMB 80,000~120,000
成交价：RMB 253,000
122cm × 32.5cm × 4 上海匡时 2019-06-21

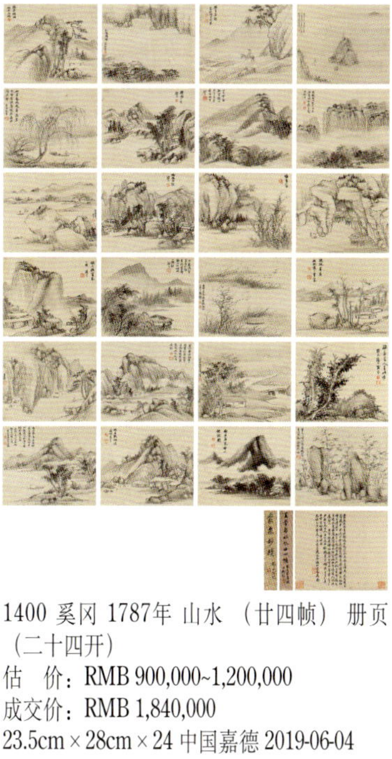

1400 奚冈 1787年 山水（廿四帧）册页（二十四开）
估　价：RMB 900,000~1,200,000
成交价：RMB 1,840,000
23.5cm × 28cm × 24 中国嘉德 2019-06-04

1402 奚冈 1773年 雪林钟仙图 立轴
估　价：RMB 300,000~500,000
成交价：RMB 2,760,000
101cm × 28cm 中国嘉德 2019-06-04

1401 奚冈 花卉册 册页（十二开）
估　价：RMB 600,000~800,000
成交价：RMB 5,520,000
22cm×28cm×12 中国嘉德 2019-06-04

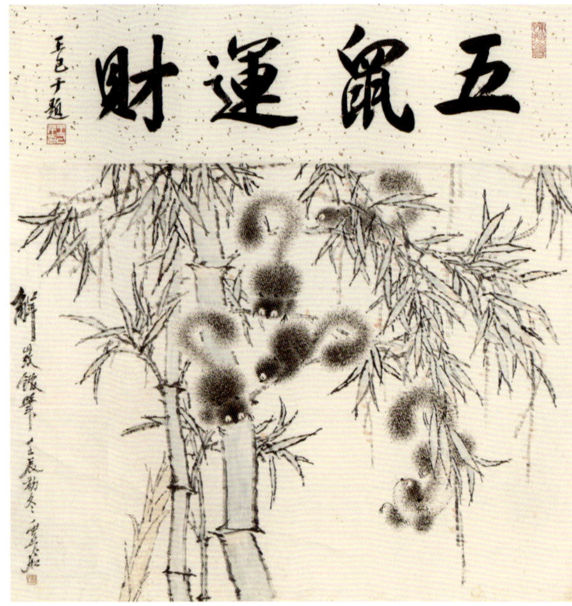

347 虚谷 1892年 五鼠运财 立轴
估　价：RMB 800,000~1,200,000
成交价：RMB 5,175,000
画心68.5cm×92cm，诗堂25cm×92cm 上海嘉禾 2019-09-07

150 项圣谟 林亭钓艇图 镜框
估　价：HKD 1,500,000~2,500,000
成交价：RMB 1,937,088
69cm×47cm 华艺国际 2019-05-27

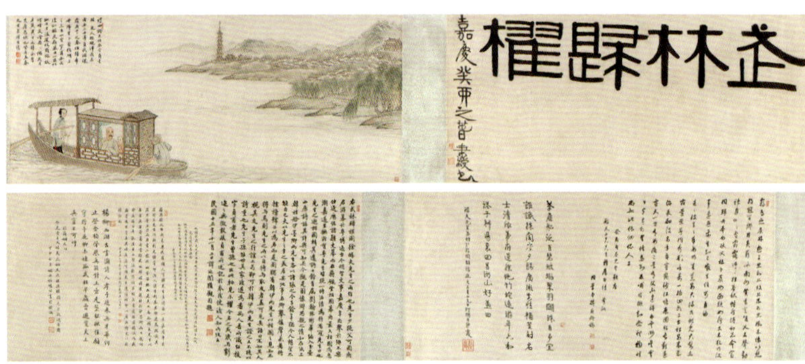

1382 徐秉墫 伊秉绶 1813年 武林归棹图 手卷
估　价：RMB 800,000~1,200,000
成交价：RMB 1,058,000
引首52cm×117cm，画51.5cm×125cm，跋（1）52cm×115.5cm，跋（2）52cm×100cm
中国嘉德 2019-06-04

741 咸丰 行书“安身寡欲”横额 镜心
估　价：RMB 400,000~600,000
成交价：RMB 897,000
46.5cm×111cm 中贸圣佳 2019-11-30

2851 虚谷 松鼠葡萄 团扇面 镜框
估　价：HKD 400,000~600,000
成交价：RMB 1,077,063
25cm×26cm 香港苏富比 2019-10-07

1026 虚谷 杂画册 册页（十开）
估　价：RMB 1,300,000~1,800,000
成交价：RMB 1,495,000
32.5cm × 42.3cm × 10 中国嘉德 2019-06-03

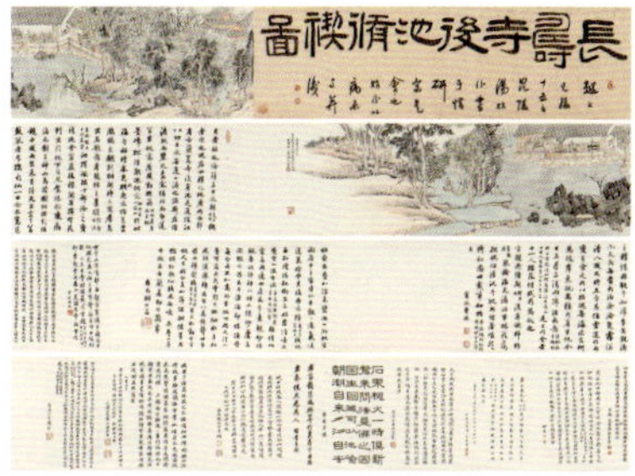

2335 徐承熙 1815年 兰亭图卷 手卷
估　价：RMB 25,000~45,000
成交价：RMB 310,500
32cm × 171cm 中国嘉德 2019-03-25

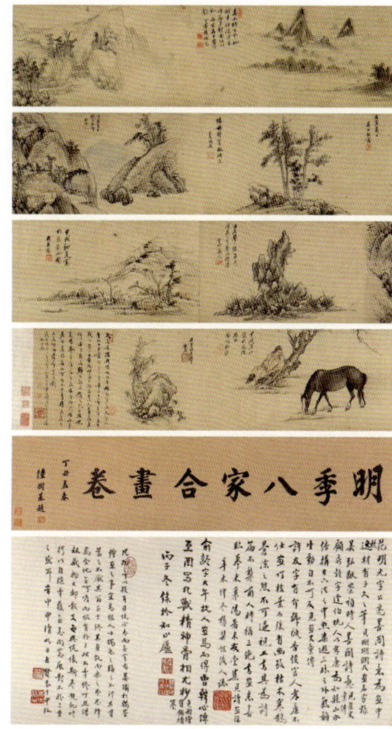

1520 许友 俞龄 等 明季八家合画卷 手卷
估　价：RMB 850,000~1,200,000
成交价：RMB 977,500
引首21.5cm × 93cm，画21.5cm × 340.5cm，跋21.5cm × 43cm 中国嘉德 2019-06-04

861 徐三庚 隶书五言联 立轴
估　价：RMB 300,000~400,000
成交价：RMB 345,000
132cm × 31cm × 2 北京匡时 2019-07-13

245 徐琪 黄枚岑 1885年 琐闱玩月题咏册（共二十七页）册页
估　价：RMB 80,000~120,000
成交价：RMB 460,000
22.5cm × 16cm × 27 西泠印社 2019-07-06

4018 徐扬 摹虎神枪图 立轴
估　价：RMB 1,500,000~2,600,000
成交价：RMB 1,725,000
105cm × 54.5cm 北京保利 2019-06-03

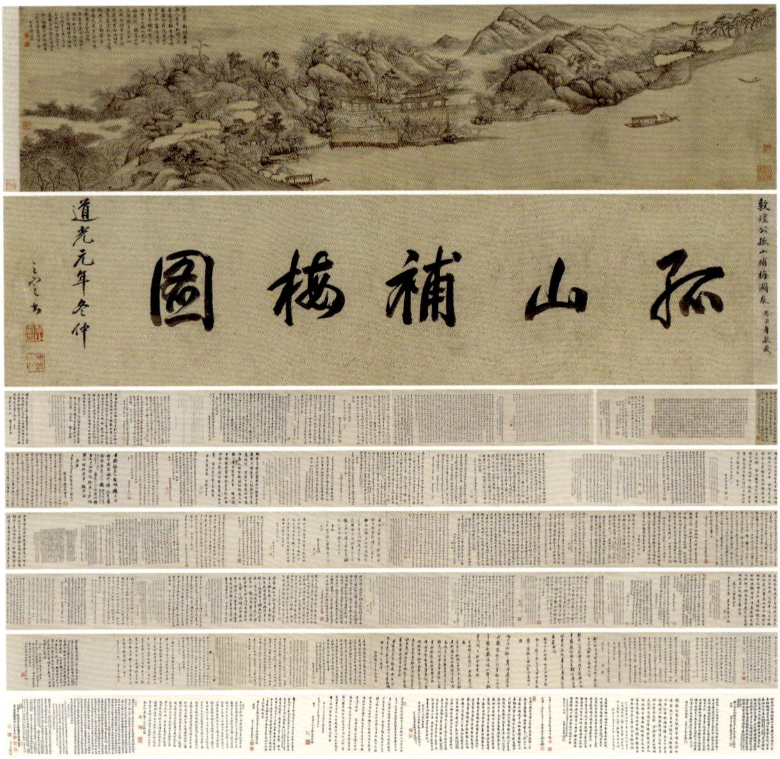

562 许乃穀 1821年 孤山补梅图及诸家题咏 手卷
估　价：HKD 2,800,000~3,800,000
成交价：RMB 4,489,605
引首29.2cm×119.3cm，画31.8cm×132.9cm，跋尺寸不一，
总长约为30cm×2720cm 中国嘉德 2019-03-30

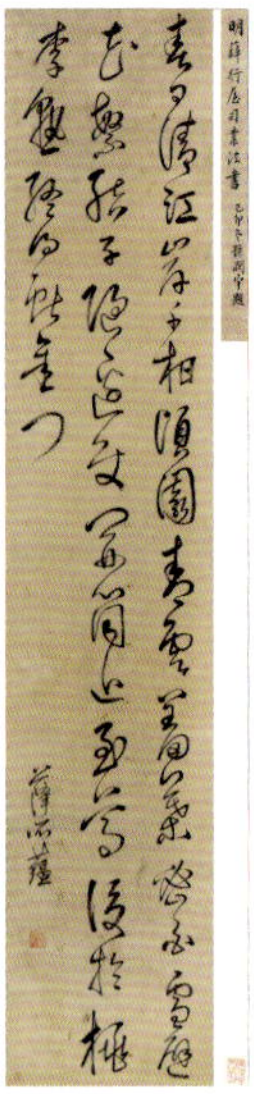

635 薛所蕴 草书五言诗 立轴
估　价：HKD 250,000~350,000
成交价：RMB 492,320
222cm×43cm 保利香港 2019-10-06

862 薛宣林 江南 镜框
估　价：HKD 240,000~320,000
成交价：RMB 345,600
68.5cm×138cm 佳士得 2019-05-27

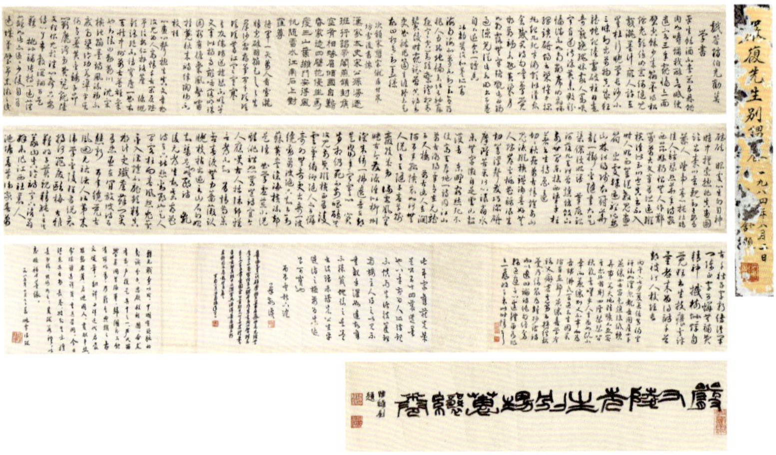

314 严复 1906年 行书“戏答”卷 手卷
估　价：RMB 30,000~50,000
成交价：RMB 1,897,500
引首18cm×77cm，字18cm×316.5cm，跋1、18cm×44.5cm，跋2、21cm×28cm
中国嘉德 2019-11-17

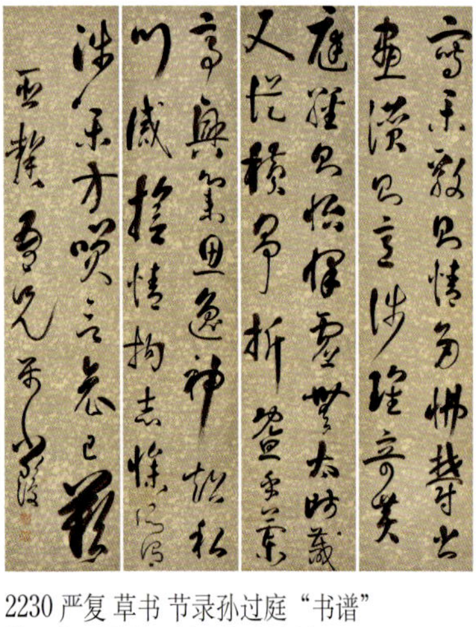

2230 严复 草书 节录孙过庭“书谱”
估　价：RMB 400,000~800,000
成交价：RMB 1,150,000
162.5cm×34cm 中国嘉德 2019-06-03

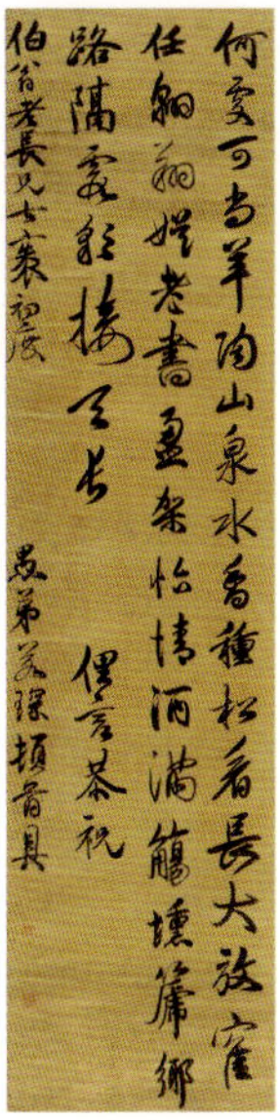

284 阎若璩 行书 五言诗 立轴
估　价：RMB 200,000~300,000
成交价：RMB 322,000
202cm×51cm 西泠印社 2019-07-06

334 杨晋 1722年 岁寒三友图 立轴
估　价：RMB 500,000~800,000
成交价：RMB 862,500
177cm×88cm 西泠印社 2019-07-06

2574 颜峄 仙山楼阁图 十屏
估　价：HKD 800,000~1,200,000
成交价：RMB 1,814,000
连木框：124cm×56cm×10 香港苏富比 2019-10-06

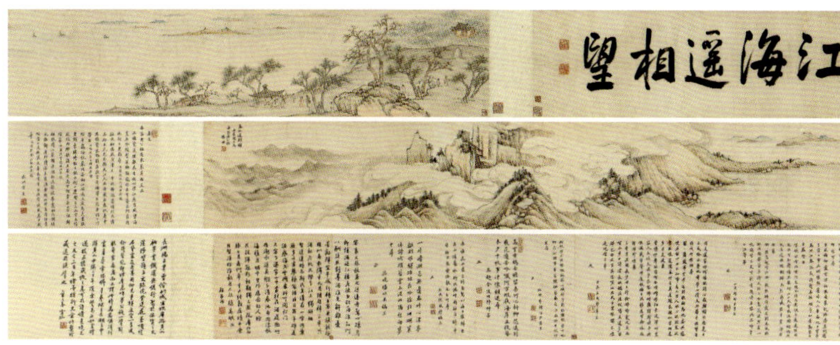

1107 杨补 1652年 春江送别图 手卷
估　价：RMB 1,000,000~1,500,000
成交价：RMB 4,197,500
引首26cm×80cm，画26cm×279cm，跋①26cm×197cm，跋②26cm×28cm 中国嘉德 2019-11-19

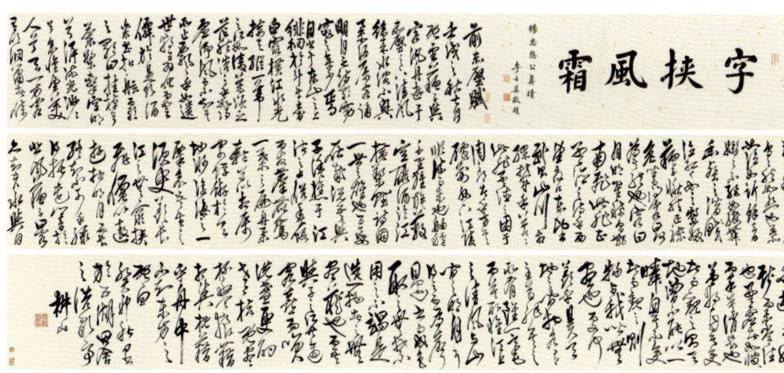

133 杨继盛 1543年 行草“前赤壁赋”手卷
估　价：HKD 1,800,000~2,800,000
成交价：RMB 1,835,136
引首36.5cm×98.5cm，书法36cm×697cm 华艺国际 2019-05-27

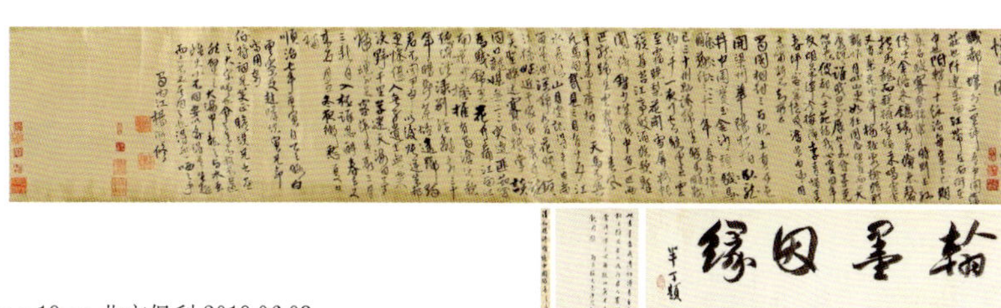

4191 杨所修 1650年 行书“忆中园”诗卷 手卷
估　价：RMB 80,000~150,000
成交价：RMB 471,500
引首26cm×81cm，书心26cm×157cm，题跋26cm×19cm 北京保利 2019-06-03

743 姚粒民 西行图 手卷
估　价：RMB 600,000~800,000
成交价：RMB 1,092,500
绘画53cm×350cm，书法53cm×381cm 中贸圣佳 2019-11-30

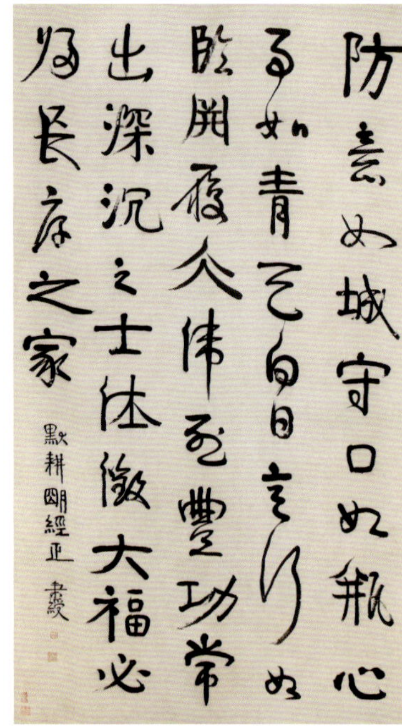

767 伊秉绶 行书集句 镜心
估　价：RMB 800,000~1,200,000
成交价：RMB 2,990,000
182.5cm×103.5cm 中贸圣佳 2019-11-30

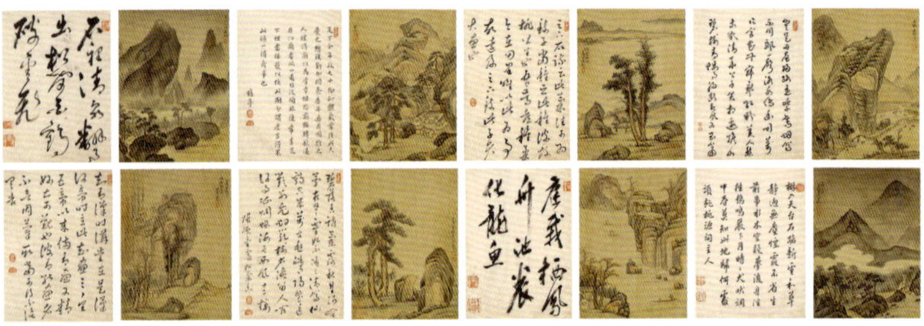

2589 叶欣 仿古山水册 册（八开）
估　价：HKD 600,000~800,000
成交价：RMB 1,389,375
24.6cm×18.2cm 香港苏富比 2019-04-01

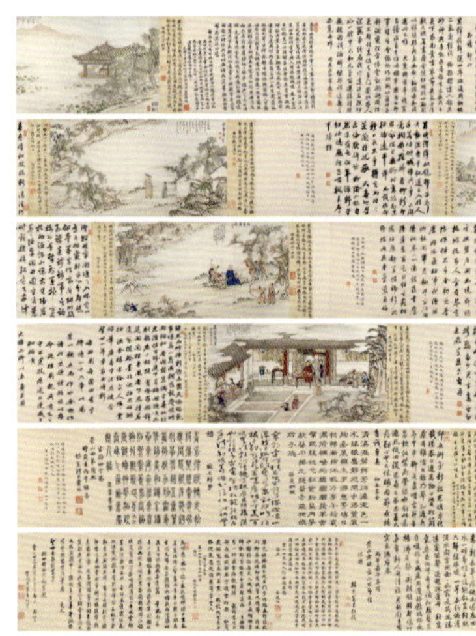

1377 佚名 崇山四时佳兴图 手卷
估　价：RMB 1,200,000~1,800,000
成交价：RMB 2,300,000
31cm×925cm 华艺国际 2019-08-10

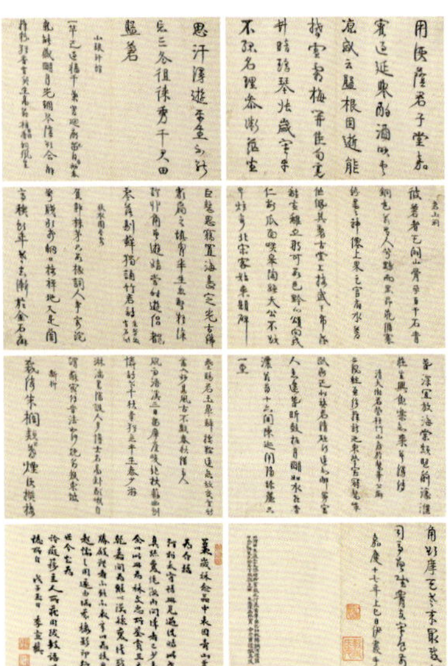

453 伊秉绶 1812年 行书诗册 册页（七开）
估　价：RMB 1,500,000~2,500,000
成交价：RMB 3,795,000
24.5cm×34.5cm×7 中国嘉德 2019-06-02

270 伊秉绶 1815年 隶书 临蔡邕十字碑 立轴
估　价：RMB 600,000~800,000
成交价：RMB 3,565,000
128.5cm×31.5cm 西泠印社 2019-07-06

719 佚名 清光绪 御制“平定捻乱战图”镜框
估　价：USD 300,000~500,000
成交价：RMB 3,356,500
纽约苏富比 2019-03-20

4677 佚名 清中期 弥勒说法图轴
估　价：RMB 50,000~70,000
成交价：RMB 1,552,500
直径92cm 中国嘉德 2019-06-03

1381 瑛宝 雪窗课读图 手卷
估　价：RMB 30,000~60,000
成交价：RMB 575,000
引首40cm×110cm，画36.5cm×93.5cm，跋40cm×280cm 中国嘉德 2019-06-04

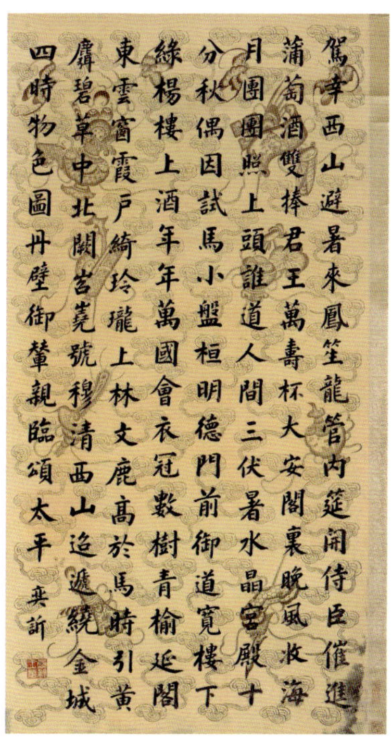

1447 奕訢 楷书七言诗 立轴
估　价：RMB 80,000~120,000
成交价：RMB 460,000
130.5cm×67cm 中国嘉德 2019-06-04

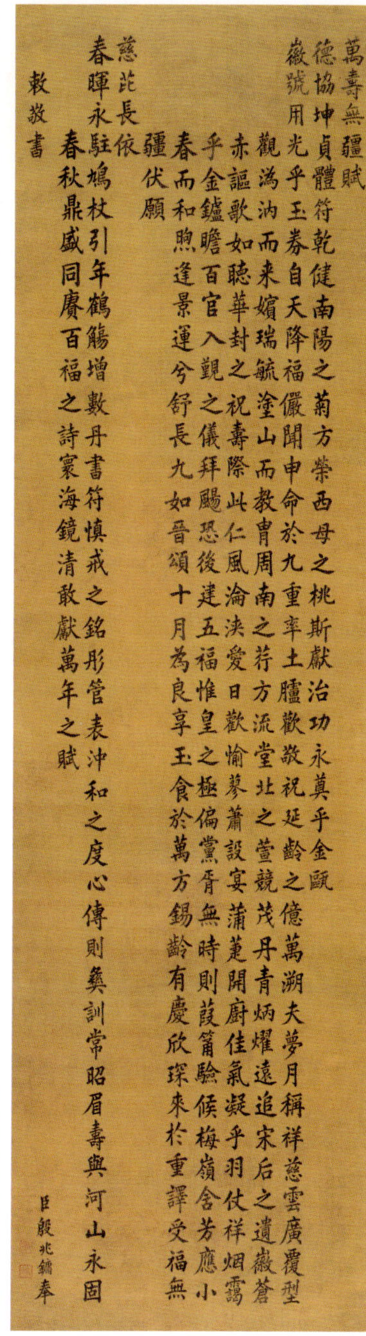

1279 殷兆镛 楷书“万寿无疆赋” 立轴
估　价：RMB 80,000~120,000
成交价：RMB 414,000
305cm×86cm 中国嘉德 2019-11-19

858 雍正帝 行书“省身念祖” 横披
估　价：RMB 1,000,000~1,500,000
成交价：RMB 2,415,000
63.5cm × 221.5cm 北京匡时 2019-07-13

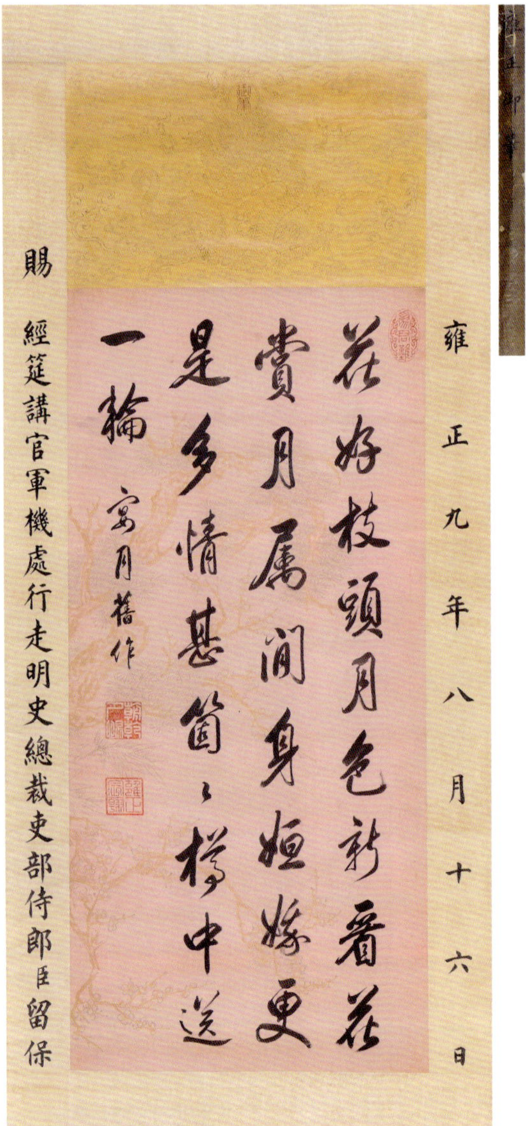

3544 雍正帝 行书宴月旧作 立轴
估　价：RMB 10,000,000~15,000,000
成交价：RMB 17,825,000
122.5cm × 58cm 北京保利 2019-12-03

850 永瑢 吉庆有馀图 立轴
估　价：RMB 120,000~180,000
成交价：RMB 402,500
137cm × 60cm 北京翰海 2019-06-14

1452 于寿伯 三公图 立轴
估　价：RMB 200,000~300,000
成交价：RMB 276,000
136.5cm × 64.5cm 中国嘉德 2019-06-04

2558 余省 鱼藻图 手卷
估　价：HKD 10,000,000~15,000,000
成交价：RMB 17,591,625
28.5cm × 157.8cm 香港苏富比 2019-04-01

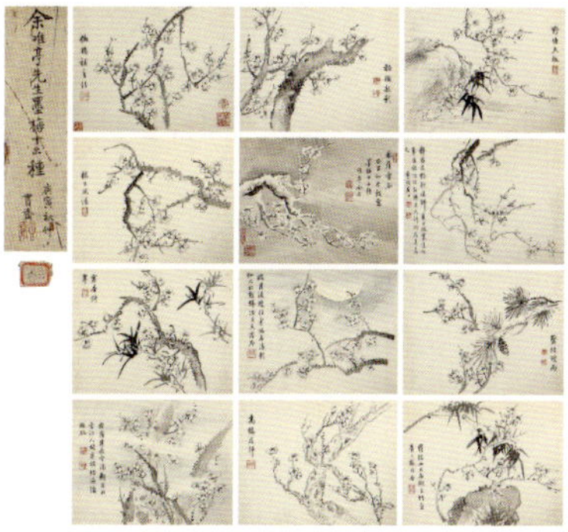

853 余省 墨梅（十二种）册页（十二开）
估　价：RMB 800,000~1,200,000
成交价：RMB 920,000
22cm × 29.5cm × 12 中贸圣佳 2019-06-07

1107 禹之鼎 仿吴镇笔意山水 立轴
估　价：USD 30,000~50,000
成交价：RMB 1,090,863
纽约苏富比 2019-03-22

822 禹之鼎 拟王右丞山水 立轴
估　价：RMB 300,000~400,000
成交价：RMB 1,104,000
89cm × 48.5cm 中贸圣佳 2019-08-16

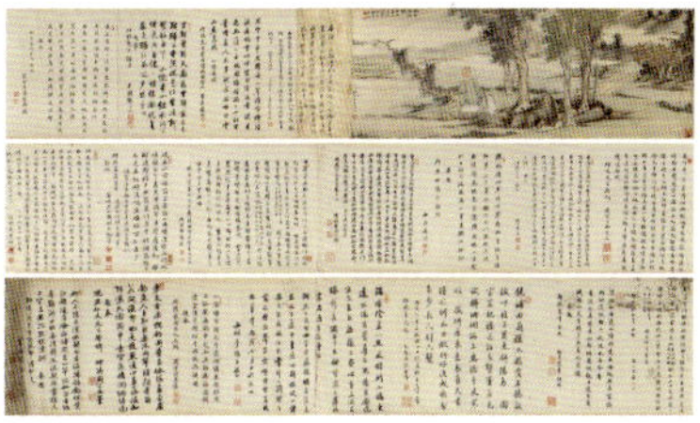

1019 余集 黄均 张培敦像并诸家跋 手卷
估　价：RMB 50,000~80,000
成交价：RMB 529,000
画31.8cm × 85.5cm，跋33cm × 431cm 中国嘉德 2019-11-19

858 袁江 践约图 立轴
估　价：RMB 1,200,000~1,800,000
成交价：RMB 1,380,000
193cm × 99cm 北京翰海 2019-06-14

832 袁江 1721年 牧牛图 册页（十二开）
估　价：RMB 1,500,000~1,800,000
成交价：RMB 1,725,000
20cm×14.5cm×12 北京匡时 2019-07-13

4182 查昇 行书宋方岳诗 立轴
估　价：RMB 800,000~1,200,000
成交价：RMB 920,000
140cm×45cm 北京保利 2019-06-03

563 袁耀 1707年 山雨欲来句意图 立轴
估　价：HKD 1,200,000~1,800,000
成交价：RMB 1,513,350
187cm×142cm 中国嘉德 2019-03-30

2562 袁耀 忆江南春 立轴
估　价：HKD 600,000~800,000
成交价：RMB 908,438
130.5cm×76.3cm 香港苏富比 2019-04-01

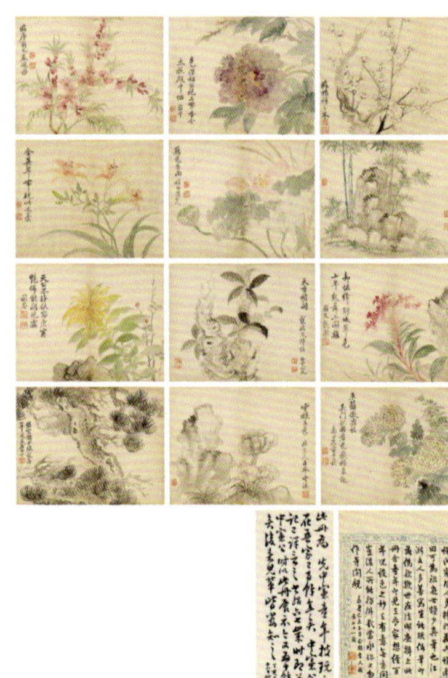

1384 恽寿平 花卉册 册页（十二开）
估　价：RMB 3,200,000~4,200,000
成交价：RMB 3,680,000
25cm×32cm×12 中国嘉德 2019-11-19

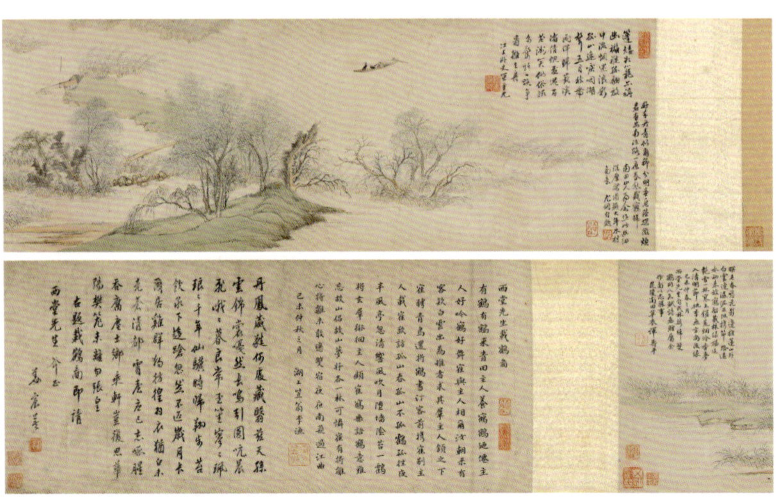

3698 恽寿平 1679年 为尤侗作载鹤图 手卷
估　价：RMB 3,000,000~4,000,000
成交价：RMB 3,450,000
28cm×100cm 北京保利 2019-12-03

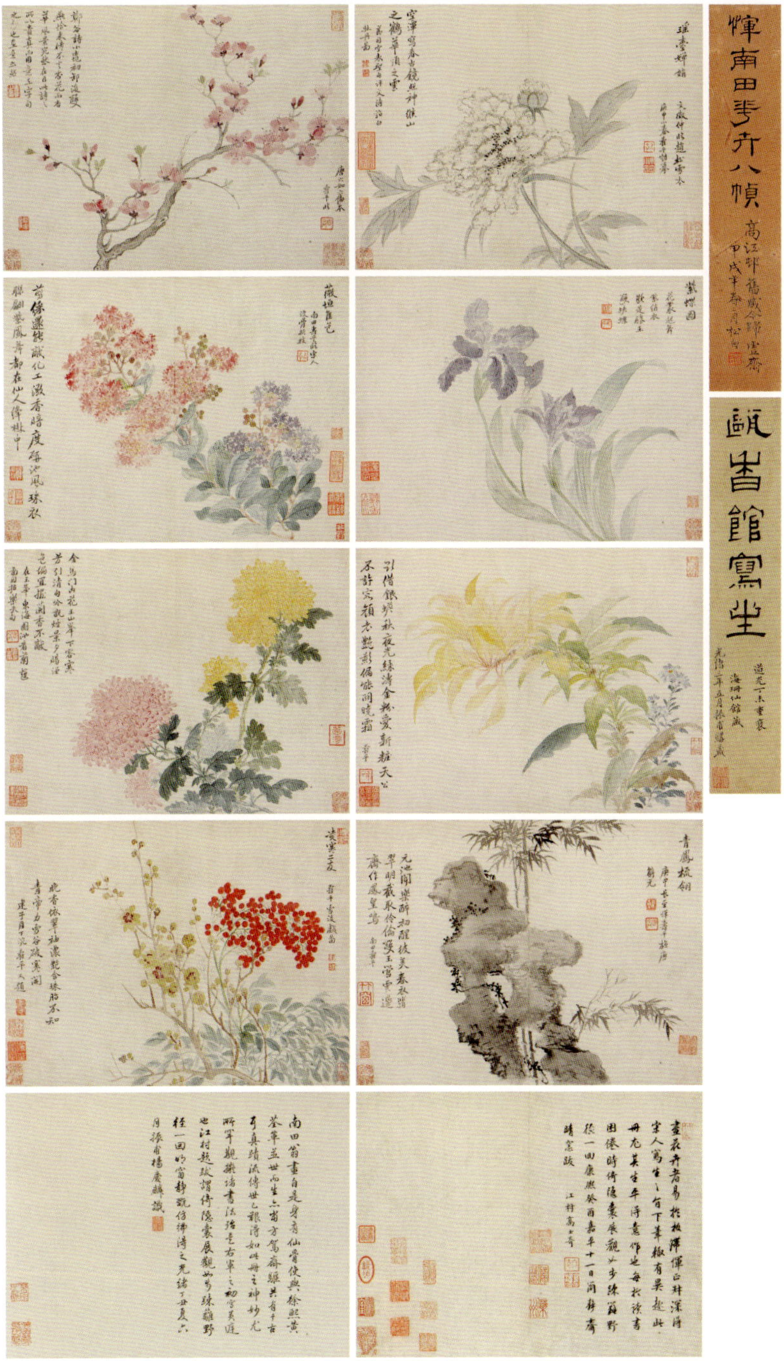

4042 恽寿平 花卉册 册页 （八开）
成交价：RMB 74,750,000
26cm × 34cm × 8 北京保利 2019-06-03

717 查士标 访友图 立轴
估　价：RMB 700,000~900,000
成交价：RMB 805,000
122.6cm × 55cm 广东崇正 2019-05-23

823 查士标 秋林野兴图 立轴
估　价：RMB 2,000,000~2,500,000
成交价：RMB 2,530,000
159cm × 59cm 北京匡时 2019-07-13

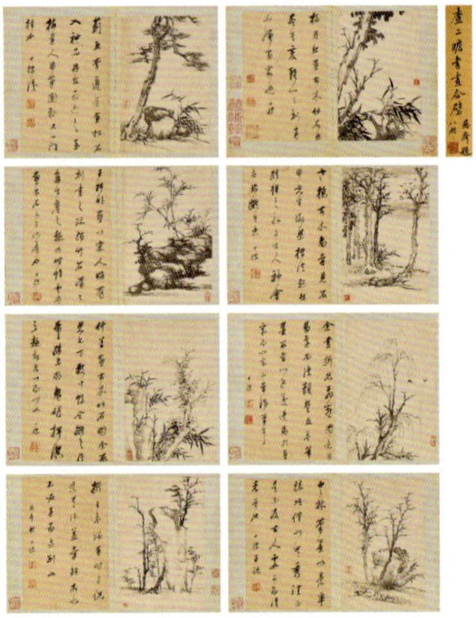

2521 查士标 竹木石图书画册 册（十六开）
估　价：HKD 500,000~700,000
成交价：RMB 1,814,000
17.9cm × 11.7cm × 16 香港苏富比 2019-10-06

319 张风 明 佛像图册 册页
估　价：RMB 800,000~1,200,000
成交价：RMB 1,322,500
画25.5cm × 37cm，尾跋25.5cm × 37cm × 9
南京经典 2019-07-19

1344 张熊 1843年 四时锦绣 十二开册
估　价：HKD 40,000~60,000
成交价：RMB 320,625
各26cm × 42.2cm (12)
香港苏富比 2019-04-02

831 张淮 施静 十二月行乐图 手卷
估　价：RMB 300,000~400,000
成交价：RMB 1,552,500
尺寸不一 北京匡时 2019-07-13

642 张庚 1750年 仿江贯道秋林叠嶂图 立轴
估　价：HKD 250,000~350,000
成交价：RMB 470,914
180cm × 52.5cm 保利香港 2019-10-06

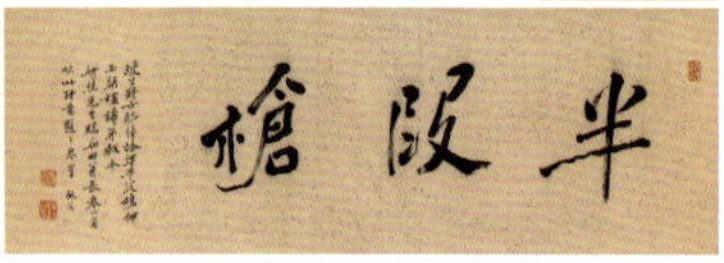

1046 张培敦 1837作 半段枪图卷 手卷
估　价：RMB 80,000~120,000
成交价：RMB 448,500
引首30cm × 90cm，画30.5cm × 111.5cm，跋①30.5cm × 119cm，跋②30.5cm × 179cm
中国嘉德 2019-11-19

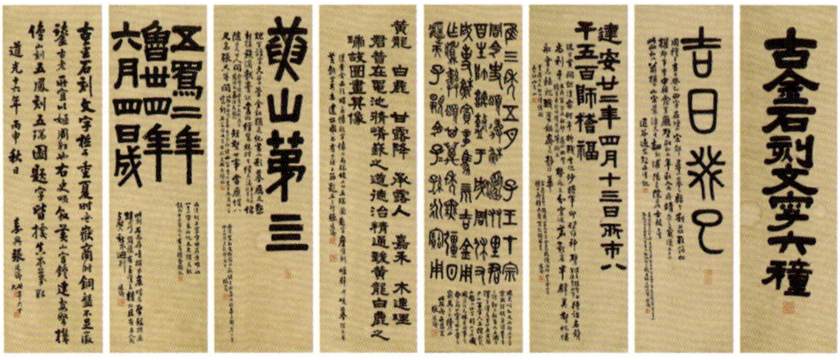

457 张廷济 1836年 临金石文字 八屏
估　价：RMB 400,000~500,000
成交价：RMB 460,000
128cm × 37cm × 8 西泠印社 2019-07-06

1223 张为邦 盆兰图 镜心
估　价：RMB 6,000~12,000
成交价：RMB 241,500
123cm × 56cm 中国嘉德 2019-06-25

316 张修 春山待客图 立轴
估　价：RMB 350,000~450,000
成交价：RMB 552,000
163cm × 53cm 南京经典 2019-07-19

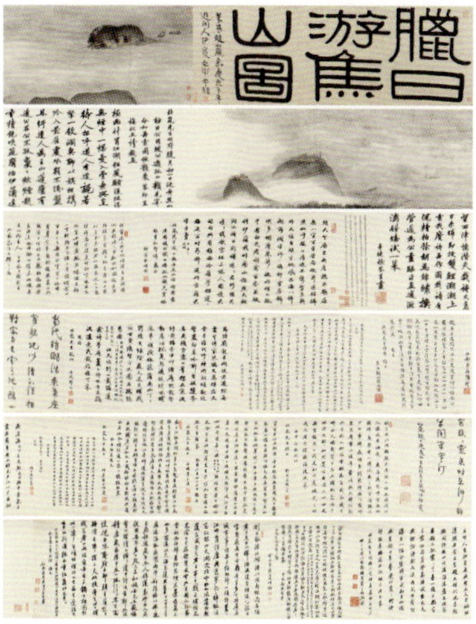

699 张崟 1810年 焦山图 卷
估　价：RMB 1,200,000~1,800,000
成交价：RMB 1,380,000
28cm × 226.5cm 北京翰海 2019-06-14

156 张宗苍 1753年 山居图 镜框
估　价：RMB 700,000~900,000
成交价：RMB 977,500
108.5cm × 51.5cm 上海明轩 2019-04-28

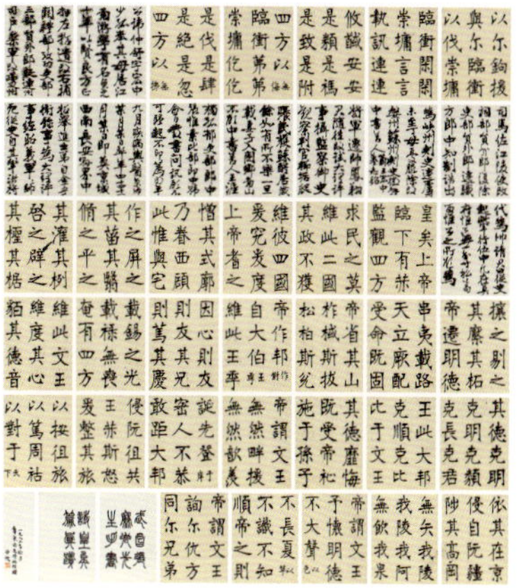

1179 张裕钊 诗经“皇矣篇”册页（四十开）
估　价：RMB 180,000~220,000
成交价：RMB 460,000
19cm × 14.5cm × 40 中国嘉德 2019-11-19

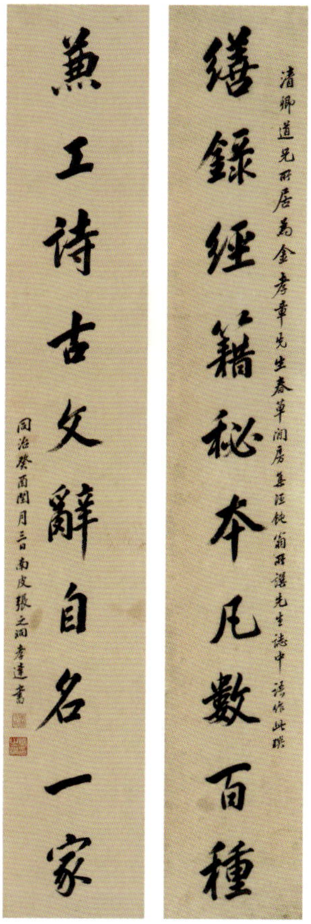

2937 张之洞 1873年 行书十言联 立轴
估　价：HKD 120,000~200,000
成交价：RMB 1,020,375
各：137cm × 21.6cm × 2 香港苏富比 2019-10-07

630 赵之谦 1870年 富贵寿石 立轴
估　价：RMB 8,000,000~12,000,000
成交价：RMB 11,385,000
画心168.5cm × 90cm，跋19cm × 90cm
北京荣宝 2019-12-01

275 赵之谦 1870年 四时花卉屏 四屏
估　价：RMB 6,000,000~8,000,000
成交价：RMB 8,395,000
128.5cm × 32cm × 4 西泠印社 2019-07-06

110 赵之谦 1882年 楷书五言联 立轴
估　价：RMB 2,800,000~3,800,000
成交价：RMB 4,485,000
168cm × 46cm × 2 上海明轩 2019-04-28

1183 赵之谦 同治1872年 序爵图 立轴
估　价：RMB 600,000~800,000
成交价：RMB 2,012,500
95.5cm × 44cm 中国嘉德 2019-11-19

233 曾国藩 楷书七言联 立轴
估　价：RMB 600,000~800,000
成交价：RMB 1,035,000
161cm × 35cm × 2 北京荣宝 2019-06-13

40 曾国藩 榜书“闳远静笃” 镜心
估　价：RMB 400,000~600,000
成交价：RMB 736,000
31cm × 123cm 上海明轩 2019-04-28

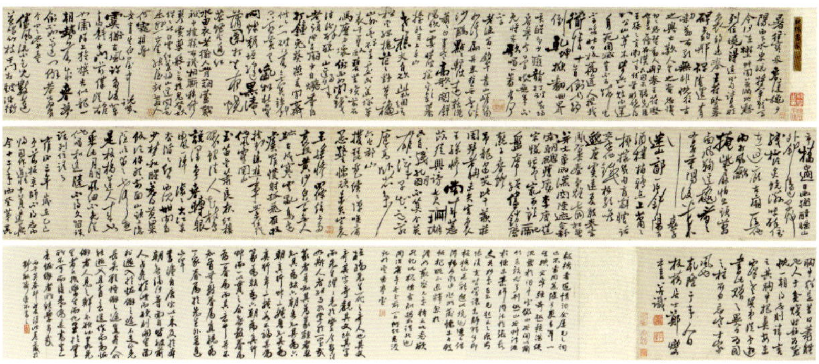

1357 郑板桥 1737作 分书“道情十首”手卷
估　价：RMB 12,000,000~15,000,000
成交价：RMB 13,800,000
书法20cm × 342cm，后跋21cm × 107cm 中国嘉德 2019-11-19

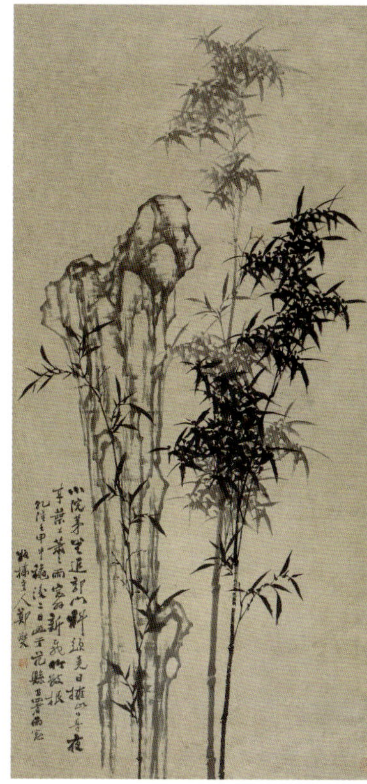

3519 郑板桥 1752年 竹石图 立轴
估　价：RMB 1,700,000~2,800,000
成交价：RMB 7,360,000
237cm × 116cm 北京保利 2019-12-03

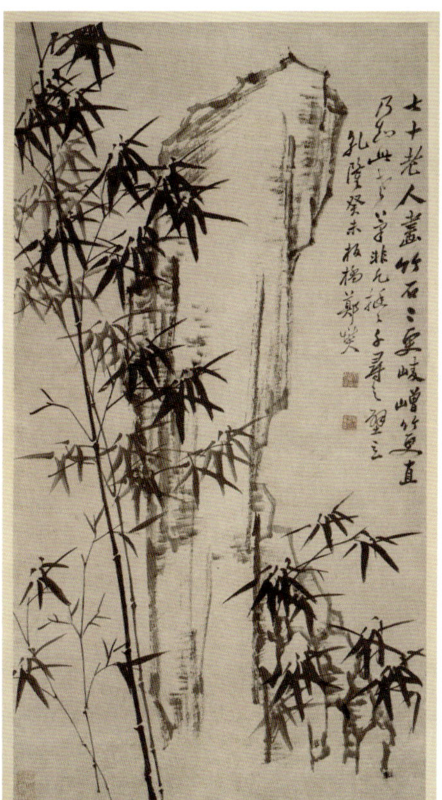

1389 郑板桥 1763年 竹石图 立轴
估　价：RMB 6,800,000~8,800,000
成交价：RMB 18,515,000
154cm × 83cm 华艺国际 2019-08-10

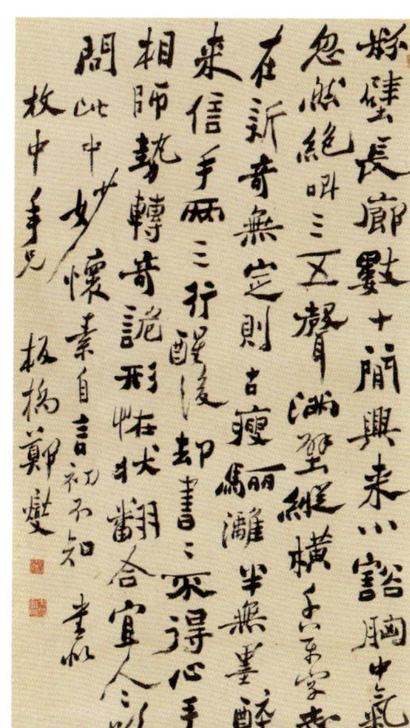

459 郑板桥 行书“怀素自叙帖”语 立轴
估　价：RMB 1,200,000~2,000,000
成交价：RMB 8,280,000
157cm × 90.5cm 中国嘉德 2019-06-02

132 郑板桥 空谷幽香图 立轴
估　价：HKD 5,000,000~7,000,000
成交价：RMB 8,360,064
136cm × 52.5cm 华艺国际 2019-05-27

1309 朱偁 1868年 厚德载福 立轴
估　价：HKD 50,000~80,000
成交价：RMB 321,078
234cm × 116.5cm 中国嘉德 2019-10-08

455 郑板桥 隶书“歌吹古扬州”镜心
估　价：RMB 2,800,000~3,800,000
成交价：RMB 5,865,000
33cm × 161.5cm 中国嘉德 2019-06-02

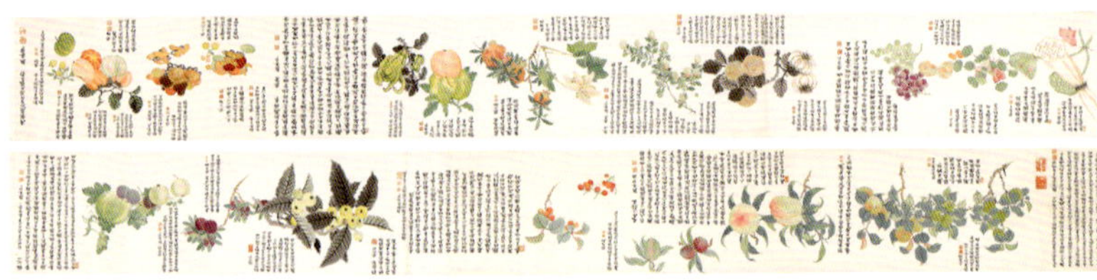

2539 周安节 花果图 手卷
估　价：HKD 200,000~400,000
成交价：RMB 907,000
30.5cm × 546.5cm 香港苏富比 2019-10-06

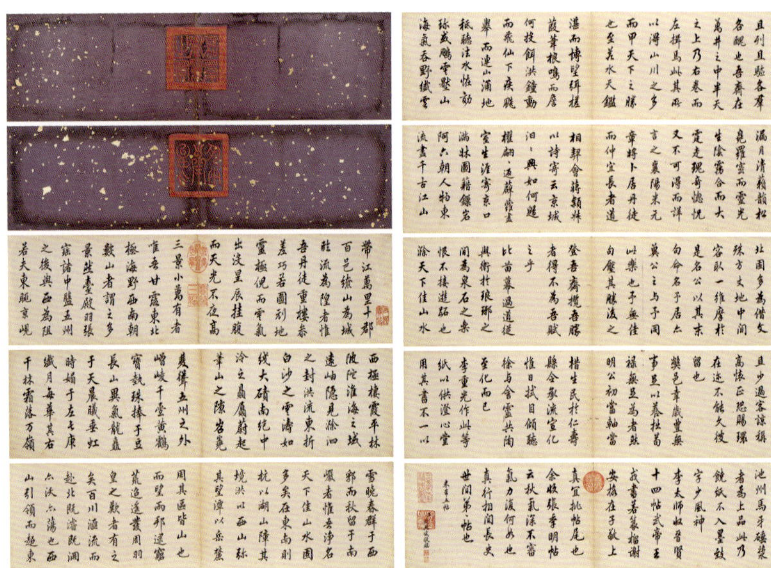

1378 周兴岱 临米芾五帖 册页（八开）
估　价：RMB 6,800,000~8,800,000
成交价：RMB 10,350,000
16cm × 58cm × 8 华艺国际 2019-08-10

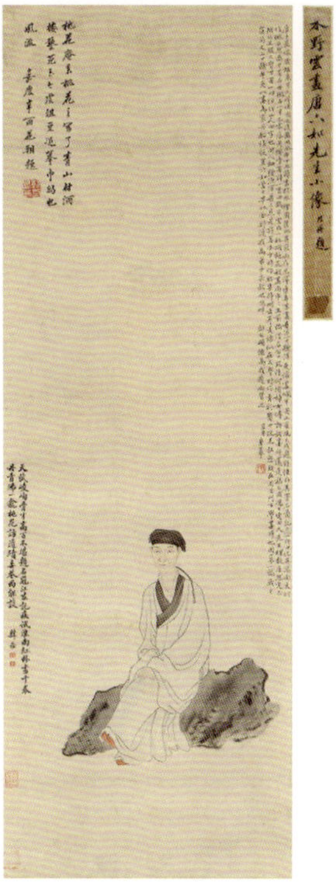

496 朱鹤年 唐寅像 立轴
估　价：RMB 150,000~180,000
成交价：RMB 310,500
89.5cm × 30cm 西泠印社 2019-07-06

679 诸昇 1681年 墨竹图 立轴
估　价：HKD 250,000~300,000
成交价：RMB 385,294
156.5cm × 79.5cm 保利香港 2019-10-06

1339 邹一桂（款）江行雨霁图卷 手卷
估　价：RMB 60,000~90,000
成交价：RMB 897,000
32cm × 358cm 中国嘉德 2019-06-25

1471 邹喆 江帆远景 扇面
估　价：RMB 100,000~150,000
成交价：RMB 747,500
18cm × 53cm 中国嘉德 2019-06-04

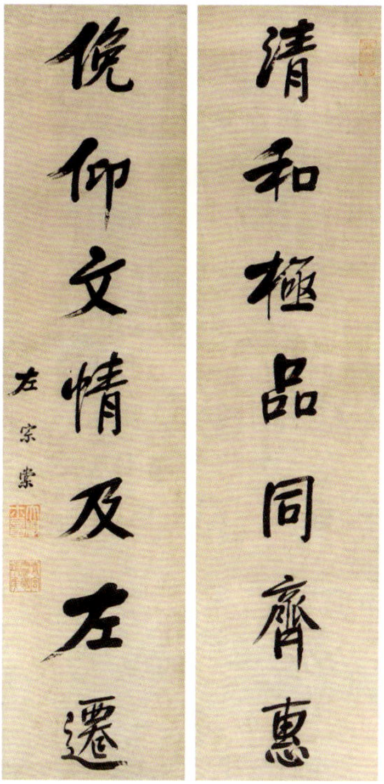

256 左宗棠 行书七言联 立轴
估　价：RMB 150,000~200,000
成交价：RMB 575,000
173cm × 42cm × 2 北京荣宝 2019-06-13

近现代及当代作者

494 爱新觉罗・金山 旺宅 镜片
估　价：RMB 200,000~280,000
成交价：RMB 368,000
68cm × 68cm 荣宝斋（南京） 2019-05-21

1820 安奇帮 2018年 神游 镜心
估　价：RMB 800,000~1,000,000
成交价：RMB 1,380,000
77cm × 107cm 北京保利 2019-06-03

602 安东尼·塔皮埃斯 1995-2006年 无题
估　价：HKD 1,340,000~1,600,000
成交价：RMB 1,366,157
52cm×183cm 华艺国际 2019-05-27

76 安和 临摹“顾闳中韩熙载夜宴图”手卷
估　价：USD 40,000~80,000
成交价：RMB 545,431
70.2cm×645.2cm 纽约佳士得 2019-03-19

1211 白伯骅 金陵十二钗 镜心
估　价：RMB 350,000~450,000
成交价：RMB 862,500
85cm×45.5cm×12 北京荣宝 2019-12-01

87 安华平 2015年 幽谷双栖春月暖 镜心
估　价：RMB 300,000
成交价：RMB 621,000
186cm×102cm 北京翰海 2019-03-29

1171 白蕉 行书九言联（一对）立轴
估　价：USD 4,000~6,000
成交价：RMB 352,433
纽约苏富比 2019-03-22

2289 白雪石 1989年 奇峰耸翠图 镜心
估　价：RMB 1,500,000~2,000,000
成交价：RMB 2,185,000
119.5cm×243.5cm 北京保利 2019-12-02

911 白雪石 1994年 漓江山水图 镜芯
估　价：RMB 600,000~800,000
成交价：RMB 1,610,000
88cm × 227cm 中鸿信 2019-07-16

2887 白雪石 1998年 千峰竞秀万木争春 镜心
估　价：RMB 2,000,000~2,400,000
成交价：RMB 3,220,000
142cm × 364cm 北京保利 2019-12-02

1673 贝聿玿 深树林烟 立轴
估　价：HKD 10,000~15,000
成交价：RMB 425,125
108cm × 47.8cm 佳士得 2019-11-18

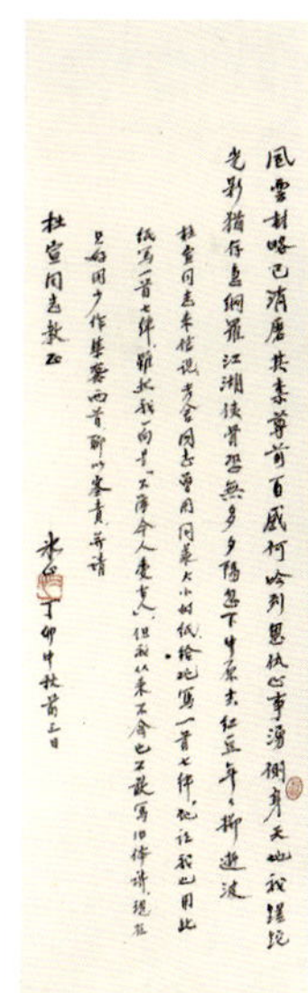

2426 冰心 1987年 为杜宣书七言诗 立轴
估　价：RMB 180,000~280,000
成交价：RMB 506,000
61.5cm × 18.5cm 西泠印社 2019-07-07

2031 白南准 1991年 宇宙船远征虚拟金星
估　价：RMB 10,000,000~15,000,000
成交价：RMB 9,200,000
482cm × 256cm × 81cm 中国嘉德 2019-11-16

1775 伯揆 2016年 满树金 镜片
估　价：RMB 380,000~450,000
成交价：RMB 552,000
138cm×69cm 北京荣宝 2019-06-13

792 蔡茂友 2018年 大吉图 镜心
估　价：RMB 80,000~150,000
成交价：RMB 575,000
96cm×35cm 中国嘉德 2019-03-23

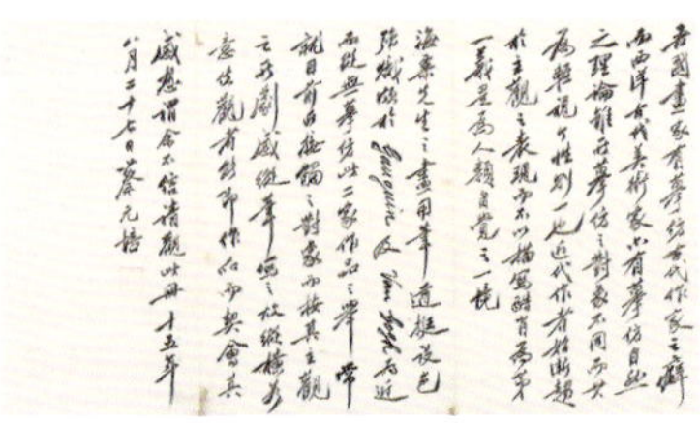

81 蔡元培 行书“题刘海粟画册” 镜片
估　价：RMB 50,000~60,000
成交价：RMB 862,500
21.5cm×40.8cm 上海工美 2019-11-10

553 曹俊 2018年 千年一遇 镜心
估　价：HKD 8,000,000~11,000,000
成交价：RMB 9,311,262
300cm×94cm×3 保利香港 2019-10-06

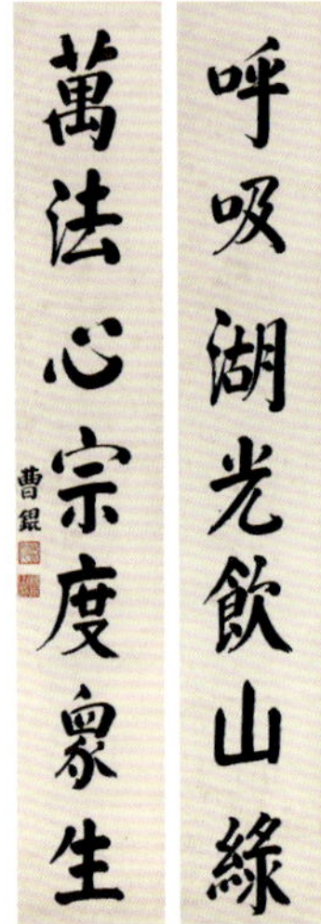

294 曹锟 行书七言联 立轴
估　价：RMB 100,000~150,000
成交价：RMB 402,500
70.5cm×28cm×2 中贸圣佳 2019-11-30

706 常玉 1920／30年代作 站姿裸女背影
估　价：HKD 600,000~1,000,000
成交价：RMB 1,077,063
45cm×27.5cm 香港苏富比 2019-10-06

1583 曹志明 2019年 准提菩萨
估　价：RMB 250,000~350,000
成交价：RMB 322,000
100cm × 100cm 北京翰海 2019-06-15

32 陈白一 1997年 小羊羔 镜片
估　价：RMB 500,000~800,000
成交价：RMB 977,500
69cm × 86cm 湖南逸典 2019-05-18

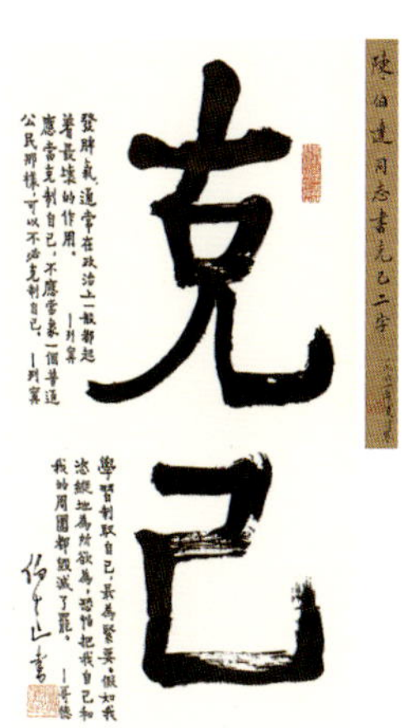

1166 陈伯达 楷书“克己” 立轴
估　价：RMB 300,000~400,000
成交价：RMB 1,610,000
63.5cm × 30.5cm 中国嘉德 2019-06-04

139 陈大羽 1978年 漓江风貌 立轴
估　价：RMB 80,000~120,000
成交价：RMB 816,500
70cm × 46.5cm 上海嘉禾 2019-09-06

0818B 陈半丁 荷花 立轴
估　价：RMB 2,000,000~3,000,000
成交价：RMB 5,290,000
246cm × 122cm 中贸圣佳 2019-06-07

0818A 陈半丁 四季山水 四屏镜心
估　价：RMB 800,000~1,200,000
成交价：RMB 2,242,500
113cm × 33cm × 4 中贸圣佳 2019-06-07

366 陈半丁 锦绣满园 镜心
估　价：RMB 600,000~800,000
成交价：RMB 1,207,500
140cm × 35cm × 4 北京荣宝 2019-12-01

50 陈炳佳 2018年 太姥访仙 镜片
估　价：RMB 180,000~280,000
成交价：RMB 322,000
180cm × 145cm 湖南逸典 2019-05-18

2825 陈大羽 1981年 霜艳 镜心
估　价：RMB 500,000~800,000
成交价：RMB 1,150,000
94cm × 178cm 北京保利 2019-12-02

1561 陈大章 2004年 傲雪凌霜
估　价：RMB 900,000~1,200,000
成交价：RMB 1,035,000
74cm × 70cm 北京翰海 2019-06-15

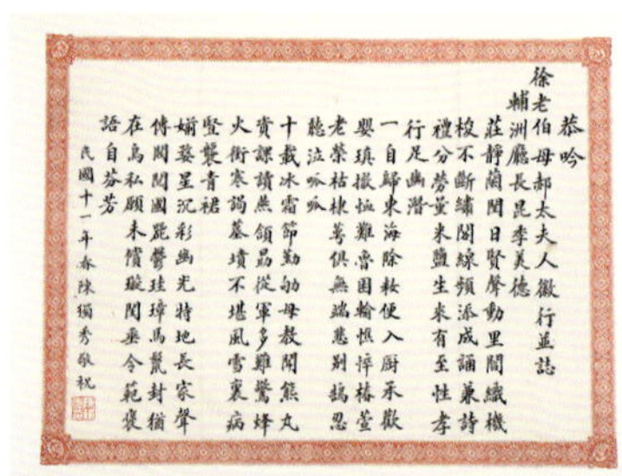

1159 陈独秀 楷书祝郝太夫人寿词 镜芯
估　价：RMB 50,000~80,000
成交价：RMB 575,000
28.5cm × 39.5cm 中鸿信 2019-07-17

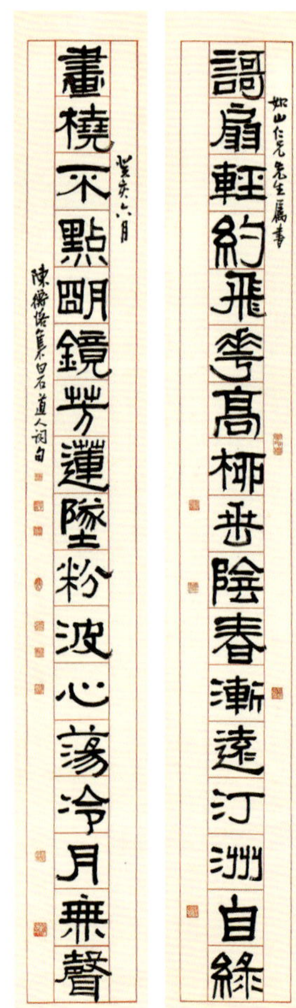

2917 陈衡恪 1923年 隶书集姜白石句十七言联立轴
估　价：HKD 160,000~200,000
成交价：RMB 1,077,063
各：235.5cm × 13cm × 2 香港苏富比 2019-10-07

1295 陈东湖 1931年 菊花 立轴
估　价：HKD 15,000~25,000
成交价：RMB 302,400
110.5cm × 52.5cm 佳士得 2019-05-28

1562 陈大章 2003年 奇峰纵翠
估　价：RMB 1,300,000~1,500,000
成交价：RMB 1,495,000
121cm × 68cm 北京翰海 2019-06-15

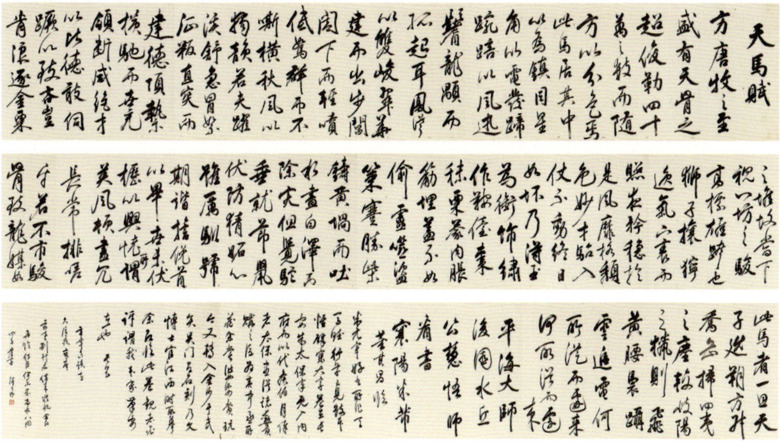

312 陈公博 行书“天马赋”手卷
估　价：RMB 30,000~50,000
成交价：RMB 483,000
58.5cm × 1010cm 中国嘉德 2019-11-17

172 陈立德 2012年 晨露·闽南红砖厝 镜框
估　价：RMB 500,000~600,000
成交价：RMB 724,500
90cm × 120cm 北京荣宝 2019-04-28

79 陈佩秋 2004年 云气江声图 行书五言对 横披
估　价：RMB 2,000,000~2,200,000
成交价：RMB 2,300,000
画心69cm × 137cm，对联67.5cm × 16.5cm × 2 上海工美 2019-06-09

2223 陈佩秋 1976年 花鸟芳华 册页
估　价：RMB 1,000,000~2,000,000
成交价：RMB 1,495,000
26cm × 26cm × 8 北京保利 2019-06-04

1147 陈平 2010年 山水四屏 镜心
估　价：RMB 300,000~400,000
成交价：RMB 920,000
102cm × 34cm × 4 北京荣宝 2019-06-13

416 陈少梅 1943年 春山论道 立轴
估　价：RMB 1,500,000~1,800,000
成交价：RMB 1,725,000
113cm × 53.2cm 中国嘉德 2019-06-02

302 陈少梅 静思图 立轴
估　价：RMB 1,200,000~1,600,000
成交价：RMB 2,127,500
99cm×33cm 北京荣宝 2019-12-01

253 陈师曾 1903年 山林隐寺 立轴
估　价：RMB 300,000~500,000
成交价：RMB 437,000
134.5cm×47.5cm 朵云轩 2019-06-22

576 陈树人 1931年 浔江秋色 立轴
估　价：RMB 500,000~700,000
成交价：RMB 759,000
130cm×62cm 广东崇正 2019-05-23

618 陈少梅 玉山珠瀑 镜心
估　价：RMB 600,000~800,000
成交价：RMB 1,207,500
101cm×33cm 中贸圣佳 2019-11-30

243 陈绶祥 花卉 立轴
估　价：RMB 350,000
成交价：RMB 460,000
137cm×23cm 北京翰海 2019-03-29

356 陈文希 猿图
估　价：HKD 300,000~500,000
成交价：RMB 534,375
140cm×72cm 香港苏富比 2019-04-01

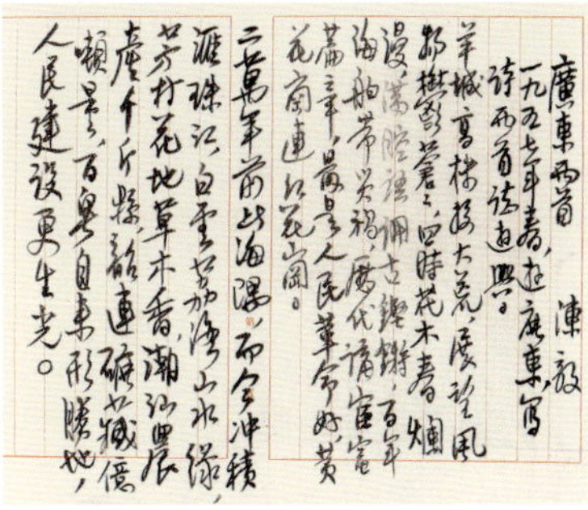

128 陈毅 1957年 行书自作诗 镜片
估　价：RMB 1,000,000~1,500,000
成交价：RMB 1,667,500
24cm × 28.5cm 广东崇正 2019-11-28

1103 陈幼华 2015年 春山不老图 镜心
估　价：RMB 280,000
成交价：RMB 322,000
68cm × 137cm 北京翰海 2019-10-12

643 陈玉圃 溪山远眺 镜心
估　价：RMB 260,000~380,000
成交价：RMB 437,000
96cm × 179cm 中国嘉德 2019-03-23

489 陈忠洲 富贵平安 镜片
估　价：RMB 300,000~500,000
成交价：RMB 644,000
58cm × 90cm 荣宝斋（南京） 2019-05-21

82 陈之佛 平安无事 镜心
估　价：RMB 600,000~800,000
成交价：RMB 920,000
102cm × 39cm 保利厦门 2019-08-04

639 陈子庄 1964年 迎春花开 立轴
估　价：RMB 350,000~450,000
成交价：RMB 460,000
60cm × 43cm 中国嘉德 2019-03-23

650 陈滞冬 1995年 峨眉千佛顶 立轴
估　价：RMB 200,000~300,000
成交价：RMB 368,000
178cm × 95cm 中国嘉德 2019-03-23

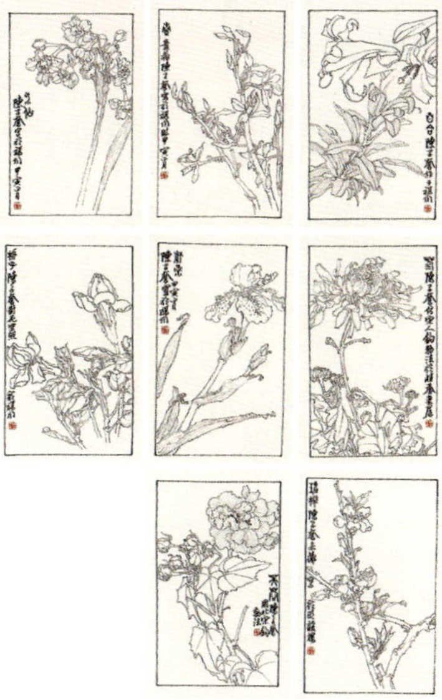

57 陈子奋 1974年 白描花卉册 册页 （八开）
成交价：RMB 828,000
38cm × 24.5cm × 8 中国嘉德 2019-06-02

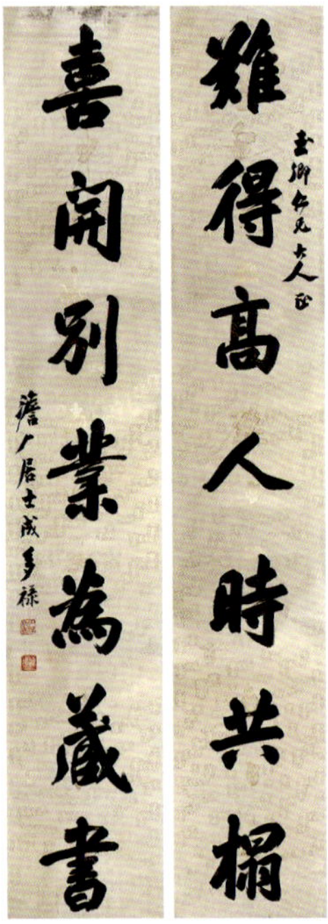

2278 成多禄 楷书七言联 立轴
估　价：RMB 300,000~500,000
成交价：RMB 460,000
350cm × 62cm × 2 中贸圣佳 2019-06-07

84 程十发 1960年 傣村之晨 镜片
估　价：RMB 1,200,000~1,800,000
成交价：RMB 2,242,500
151cm × 83cm 上海嘉禾 2019-09-06

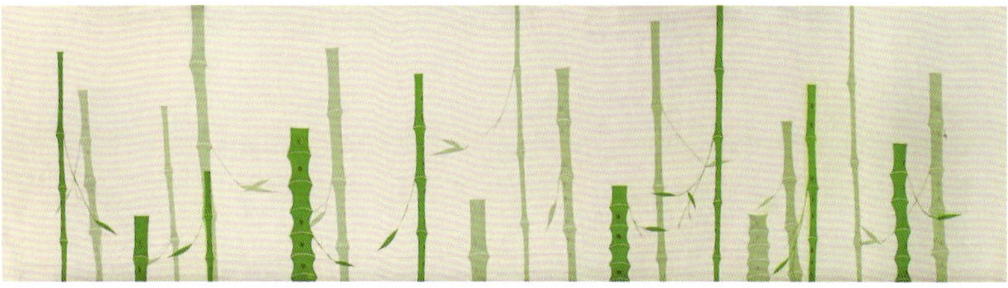

3023 程广峰 2018年 有孔竹子
估　价：RMB 100,000~150,000
成交价：RMB 115,000
51cm × 183cm 中贸圣佳 2019-06-07

39 程十发 1986年 六鹿图 镜片
估　价：RMB 1,100,000~1,500,000
成交价：RMB 1,265,000
84cm × 160cm 朵云轩 2019-06-22

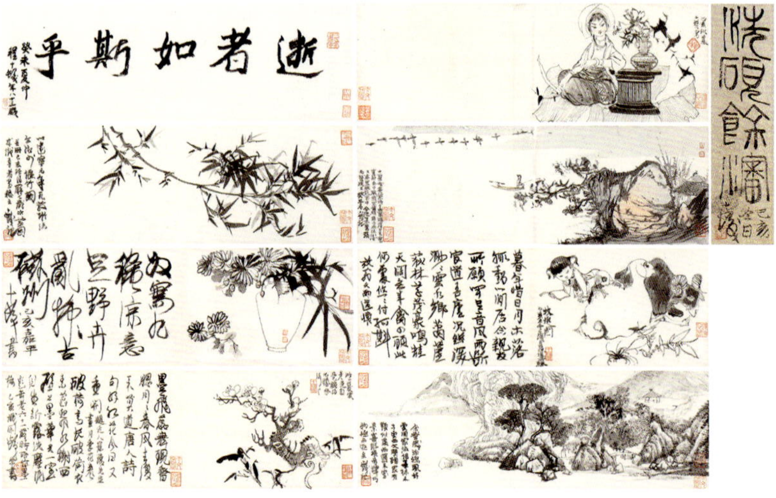

85 程十发 1959年 自赏册 册页 （七开）
估　价：RMB 1,200,000~1,800,000
成交价：RMB 2,530,000
画心17.5cm × 54.5cm × 7，册首22cm × 69.5cm 上海嘉禾 2019-09-06

368 程十发 1978年 神女图 立轴
估　价：RMB 1,200,000~2,200,000
成交价：RMB 4,140,000
128cm × 75.5cm 中国嘉德 2019-06-02

2878 崔如琢 2013年 飞雪伴春 镜心
成交价：RMB 43,700,000
145cm × 370cm 北京保利 2019-06-04

804 崔如琢 2012年 秋景有时飞独鸟 夕阳无事起寒烟 镜心
估　价：HKD 12,000,000~16,000,000
成交价：RMB 12,843,120
103cm × 66cm 保利香港 2019-10-06

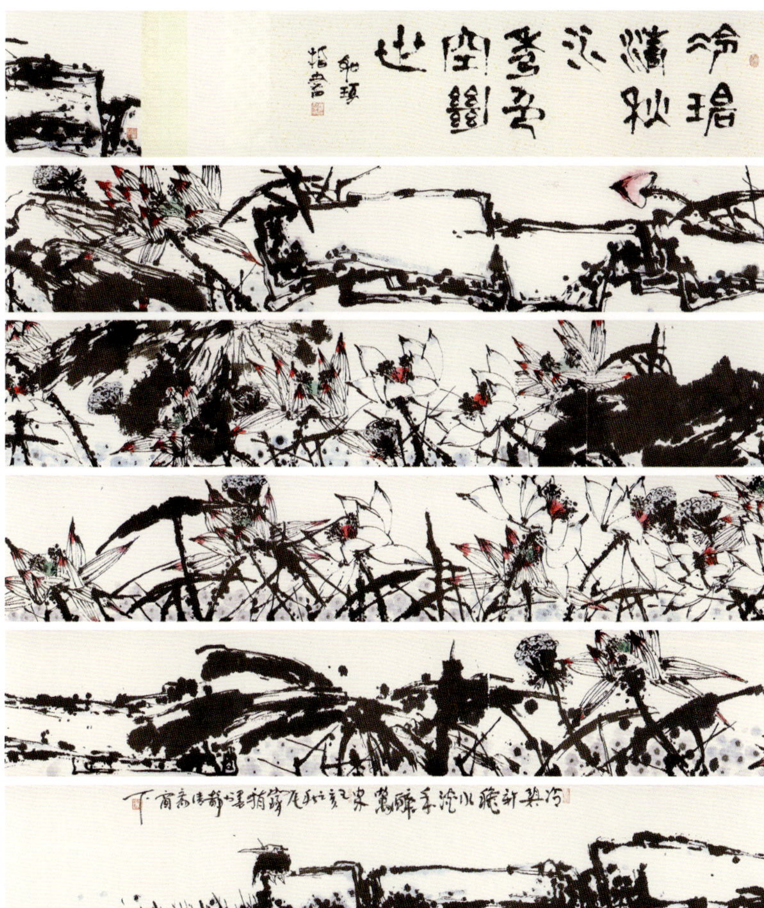

1300 崔如琢 2019年 冷碧清秋水 秀色空绝世 手卷
成交价：RMB 138,000,000
引首34.5cm × 127.5cm，画心37cm × 1033.5cm 北京保利 2019-12-02

855 崔如琢 2013年 淮岸浮屠半倚天 镜心
估　价：HKD 20,000,000~25,000,000
成交价：RMB 26,231,400
144cm×74.5cm 保利香港 2019-04-01

854 崔如琢 2013年 岁岁层冰合 镜心
估　价：HKD 20,000,000~25,000,000
成交价：RMB 28,249,200
144cm×75cm 保利香港 2019-04-01

1571 崔如琢 2016年 冷碧新秋水
估　价：RMB 8,000,000~12,000,000
成交价：RMB 9,200,000
69cm×138cm 北京翰海 2019-06-15

857 崔如琢 2012年 残云收夏雨 镜心
估　价：HKD 13,000,000~16,000,000
成交价：RMB 18,160,200
102cm × 65.5cm 保利香港 2019-04-01

851 崔如琢 2013年 桃花雨过水连天 镜心
估　价：HKD 10,000,000~15,000,000
成交价：RMB 15,133,500
95cm × 59.5cm 保利香港 2019-04-01

852 崔如琢 2012年 独钓秋雨中 镜心
估　价：HKD 11,000,000~15,000,000
成交价：RMB 12,106,800
74cm × 71cm 保利香港 2019-04-01

858 崔如琢 2012年 春山叶润秋山瘦 镜心
估　价：HKD 12,000,000~15,000,000
成交价：RMB 26,231,400
103cm×66cm 保利香港 2019-04-01

2452 大土三阳 江山如此多娇 镜心
估　价：RMB 1,800,000~2,500,000
成交价：RMB 3,105,000
95cm×350cm 中贸圣佳 2019-06-07

227 邓芬 1957年 麻姑献寿 镜框
估　价：HKD 120,000~150,000
成交价：RMB 577,659
136cm×68cm 邦瀚斯 2019-04-03

26 丁辅之 1937年 梅花盛开 镜框
估　价：USD 40,000~80,000
成交价：RMB 622,388
168cm×37cm 纽约佳士得 2019-09-10

1142 丁衍庸 八仙 立轴
估　价：USD 30,000~40,000
成交价：RMB 1,510,425
纽约苏富比 2019-03-22

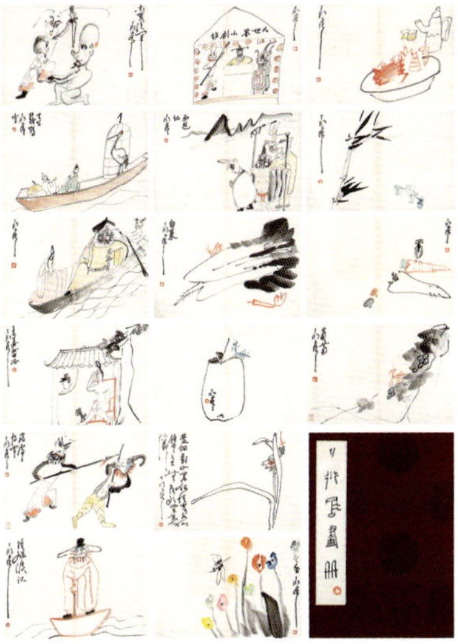

120 丁衍庸 人物花果草虫 册页（十六开）
估　价：HKD 280,000~380,000
成交价：RMB 1,121,472
37.8cm × 54.5cm × 16 华艺国际 2019-05-27

273 董寿平 1987年 万壑松风 镜心
估　价：RMB 820,000~920,000
成交价：RMB 1,058,000
97cm × 180cm 北京匡时 2019-07-13

2482 董寿平 黄山奇松 镜心
估　价：RMB 600,000~1,000,000
成交价：RMB 1,610,000
155cm × 79cm 北京保利 2019-06-04

310 董寿平 黄山图 镜心
估　价：RMB 800,000~1,200,000
成交价：RMB 1,725,000
177cm × 89cm 北京荣宝 2019-12-01

307 董琬贞 1844年 秋月丹桂图 立轴
估　价：RMB 300,000~400,000
成交价：RMB 575,000
91cm × 36cm 南京经典 2019-07-19

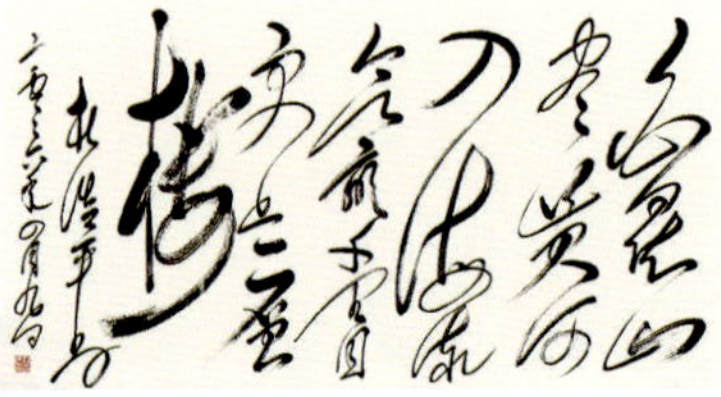

1549 杜浩平 2018年 书法 镜心
估　价：RMB 150,000
成交价：RMB 460,000
95cm × 175cm 北京翰海 2019-03-29

3263 樊枫 2019年 树接前山暗 溪承瀑水凉 镜心
估　价：RMB 200,000~400,000
成交价：RMB 402,500
144cm × 152cm 北京保利 2019-11-20

1556 董欣宾 三清图
估　价：RMB 240,000~280,000
成交价：RMB 632,500
97cm × 178cm 北京翰海 2019-06-15

89 范扬 2004年 坐观流泉 镜心
估　价：RMB 400,000~600,000
成交价：RMB 575,000
83cm × 153cm 北京荣宝 2019-04-28

2817 范曾 1975年 遵义人民迎红军 镜心
估　价：RMB 5,600,000~6,600,000
成交价：RMB 6,900,000
112cm × 262cm 北京保利 2019-12-02

39 范曾 1985年 牧歌 镜心
估　价：RMB 800,000~1,200,000
成交价：RMB 1,322,500
137cm × 67.5cm 北京荣宝 2019-04-28

55 范曾 1987年 红衣钟馗 立轴
估　价：RMB 1,200,000~1,800,000
成交价：RMB 2,185,000
135cm × 67.5cm 北京荣宝 2019-10-12

2775 范曾 1982年 八仙图 四联屏
估　价：HKD 2,200,000~2,800,000
成交价：RMB 6,689,125
各：143.2cm × 88.3cm × 2，各：143.2cm × 95.1cm × 2 香港苏富比 2019-10-07 ★

221 范曾 1999年 吾马既
估　价：RMB 4,000,000~6,000,000
成交价：RMB 8,970,000
174cm × 368cm 北京荣宝 2019-12-01 ●

224 范曾 2010年 老子出关 镜心
估　价：RMB 1,200,000~1,500,000
成交价：RMB 2,357,500
52cm × 156cm 北京荣宝 2019-04-28 ●

1195 方骏 山水四屏 镜心
估　价：RMB 80,000~120,000
成交价：RMB 414,000
101cm × 34cm × 4 北京荣宝 2019-06-13

1213 方向 2006年 庭院四屏 镜心
估　价：RMB 180,000~280,000
成交价：RMB 322,000
138cm × 34cm × 4 北京荣宝 2019-06-13

42 方增先 1987年 孤舟江松四屏 镜心
成交价：RMB 483,000
137.5cm × 34cm × 4 中国嘉德 2019-06-02

658 方楚雄 1994年 松猴图 镜片
估　价：RMB 1,200,000~1,800,000
成交价：RMB 1,725,000
141cm × 353cm 广东崇正 2019-05-23

1306 方楚雄 2015年 梅林集珍 镜心
估　价：RMB 600,000~800,000
成交价：RMB 1,150,000
97cm × 180cm 北京荣宝 2019-12-01

1199 方楚雄 2017年 瑞雪金猴 镜心
估　价：RMB 650,000~850,000
成交价：RMB 1,207,500
100cm × 200cm 北京荣宝 2019-12-01

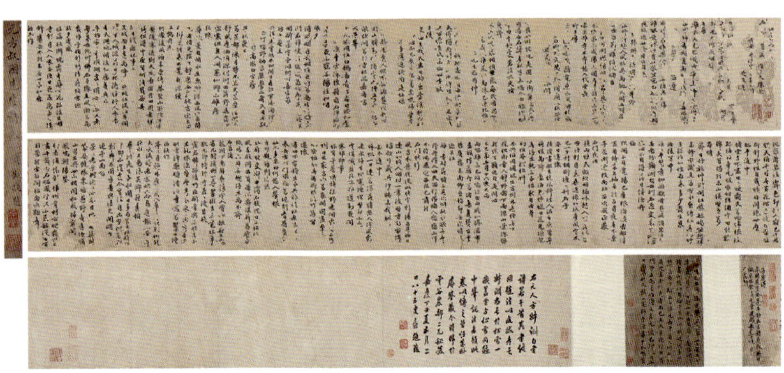

847 方澜 行书自作诗卷 手卷
估　价：RMB 3,800,000~5,800,000
成交价：RMB 6,382,500
本幅23.5cm × 331cm，题跋22.5cm × 16cm，题跋23cm × 113cm 中贸圣佳 2019-06-07

745 方人定 1932年 归猎图 设色纸本
估　价：RMB 2,000,000~3,000,000
成交价：RMB 2,300,000
174.5cm × 94.5cm 中国嘉德 2019-06-03

130 丰子恺 1961年 客从远方来 立轴
估　价：RMB 800,000~1,100,000
成交价：RMB 1,380,000
89cm × 41cm 上海明轩 2019-04-28

131 丰子恺 弘一 长堤树老阅人多 行书五言联 镜心
估　价：RMB 1,400,000~1,700,000
成交价：RMB 1,955,000
43.5cm × 31cm，65cm × 13.5cm × 2 上海明轩 2019-04-28

277 冯冰 藏獒 镜心
估　价：RMB 580,000~800,000
成交价：RMB 1,403,000
96cm × 89cm 北京保利 2019-04-30

140 冯超然 1904年、1943年 山水（四帧）四屏立轴
估　价：RMB 180,000~250,000
成交价：RMB 414,000
127.5cm × 31.5cm × 4 北京诚轩 2019-06-01

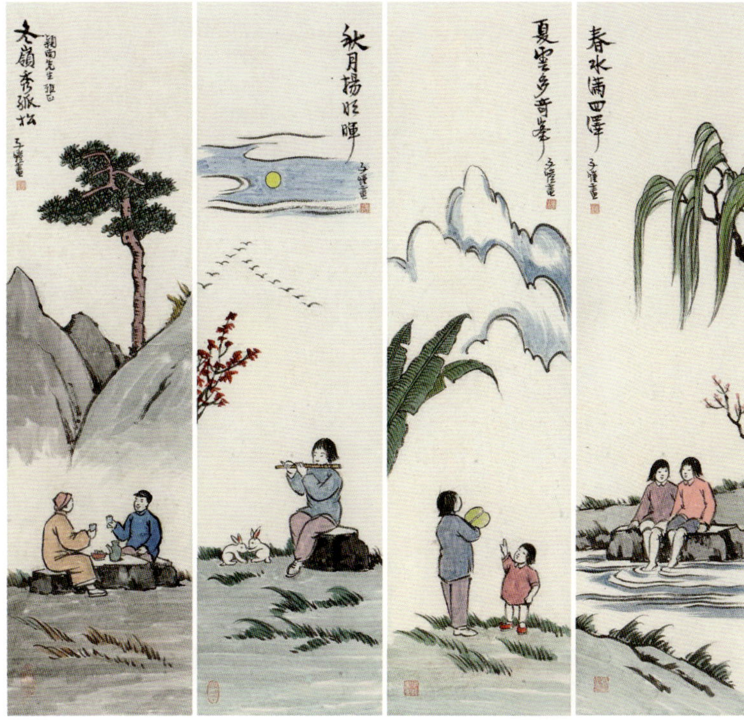

2806 丰子恺 四时佳景四屏 立轴
估　价：RMB 2,000,000~3,000,000
成交价：RMB 4,485,000
76cm × 20cm × 4 北京保利 2019-06-04

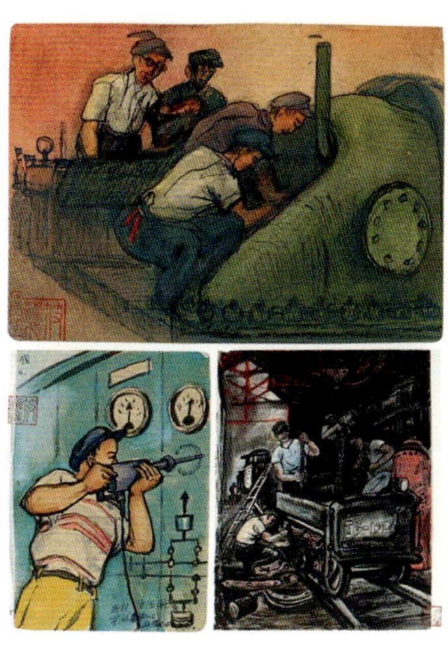

2010 符罗飞 1952年、1950年代初作 蒸鸣的车间（一组三件）
估　价：RMB 120,000~180,000
成交价：RMB 460,000
13cm × 18cm，18cm × 13cm，23cm × 29cm 中国嘉德 2019-06-03

64 冯远 2004年 四美图 镜心
估　价：RMB 800,000~1,200,000
成交价：RMB 943,000
138cm × 35cm × 4 北京荣宝 2019-04-28

1141 冯远 2008年 人物四屏 镜心
估　价：RMB 550,000~750,000
成交价：RMB 1,092,500
103cm × 35cm × 4 北京荣宝 2019-06-13

2822 傅抱石 1945年 秋声赋 镜心
估　价：RMB 4,000,000~6,000,000
成交价：RMB 11,500,000
133.4cm×33.3cm 北京保利 2019-06-04

34 傅抱石 1943年 高人读书图 立轴
估　价：HKD 18,000,000~28,000,000
成交价：RMB 29,570,800
90cm×38.7cm 华艺国际 2019-11-24

2887 傅抱石 1943年 林泉高逸 镜心
估　价：RMB 15,000,000~25,000,000
成交价：RMB 17,250,000
105.5cm×43.5cm 北京保利 2019-06-04

817 傅抱石 1962年 瘦如黄雀闲如鸥 镜框
估　价：USD 800,000~1,200,000
成交价：RMB 12,184,095
45.2cm×67.8cm 纽约佳士得 2019-03-20

338 傅抱石 1943年 巴山夜雨 立轴
估　价：RMB 10,000,000~15,000,000
成交价：RMB 28,175,000
105.5cm × 60cm 北京荣宝 2019-12-01

2759 傅抱石 1946年 柳溪仕女 立轴
估　价：HKD 10,000,000~15,000,000
成交价：RMB 23,015,125
82cm × 54cm 香港苏富比 2019-10-07

2908 傅抱石 1964年 芙蓉国里尽朝晖 立轴
成交价：RMB 40,250,000
68cm × 92cm 北京保利 2019-06-04

2844 傅抱石 1963年 听泉图 立轴
成交价：RMB 51,865,000
110cm × 53cm 北京保利 2019-12-02

70 傅抱石 1943年 群老观瀑 立轴
估　价：RMB 9,000,000~12,000,000
成交价：RMB 20,585,000
104cm × 59.5cm 北京诚轩 2019-06-01

348 傅抱石 1964年 韶山诗意 立轴
估　价：RMB 38,000,000~58,000,000
成交价：RMB 58,075,000
69cm × 93cm 华艺国际 2019-08-10 ★

907 傅抱石 蜀山纪游 立轴
估　价：RMB 6,000,000~8,000,000
成交价：RMB 21,275,000
138cm × 47cm 中国嘉德 2019-11-18

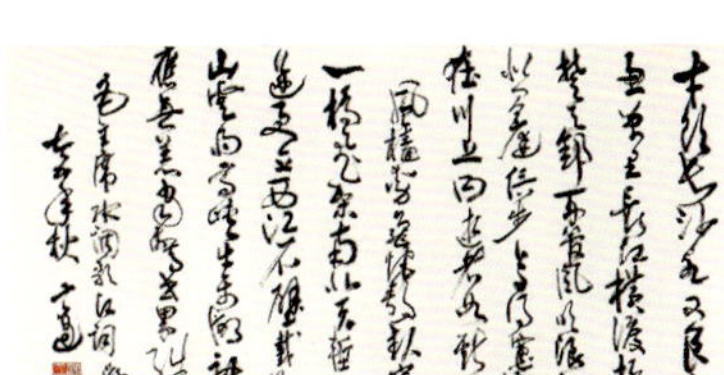

372 高二适 1975年 行草毛主席“水调歌头·游泳”镜心
估　价：RMB 600,000~800,000
成交价：RMB 920,000
98cm × 180cm 北京荣宝 2019-06-13

396 傅抱石 1942年 石涛诗意图 立轴
估　价：RMB 12,000,000~18,000,000
成交价：RMB 14,950,000
106cm × 58cm 中国嘉德 2019-06-02

544 高剑父 1930年 英雄独立 立轴
估　价：RMB 2,000,000~3,000,000
成交价：RMB 2,300,000
175cm × 59cm 华艺国际 2019-08-11

545 高剑父 1945年 达摩像 立轴
估　价：RMB 1,500,000~2,000,000
成交价：RMB 2,070,000
120.5cm × 45cm 华艺国际 2019-08-11

158 高剑父 夜月虎啸 镜框
估　价：HKD 1,800,000~2,800,000
成交价：RMB 2,344,896
132.3cm × 55.5cm 华艺国际 2019-05-27

1102 高金书 白云青山图 镜心
估　价：RMB 250,000
成交价：RMB 322,000
95cm×236cm 北京翰海 2019-10-12

1211 高奇峰 威震高岗 立轴
估　价：HKD 1,000,000~1,500,000
成交价：RMB 2,565,000
157.2cm×52.4cm 香港苏富比 2019-04-02

157 高奇峰 江山啸傲 立轴
估　价：HKD 1,800,000~2,800,000
成交价：RMB 2,140,992
50cm×87.5cm 华艺国际 2019-05-27

25 高奇峰 丹山白凤 立轴
估　价：RMB 4,000,000~6,000,000
成交价：RMB 6,210,000
144cm×70cm 广东崇正 2019-11-28

161 高永祥 1989年 长城烟雨 立轴
估　价：RMB 199,900
成交价：RMB 345,000
103cm×50cm 北京翰海 2019-03-29

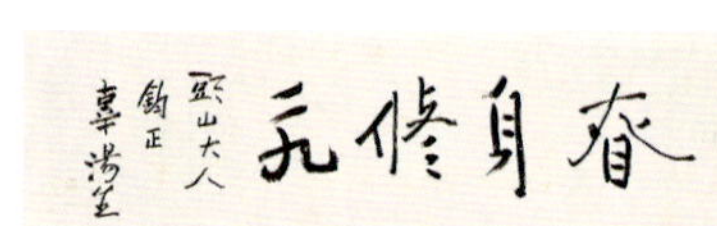

2228 辜鸿铭 行书"慎身修永"
估　价：RMB 120,000~150,000
成交价：RMB 368,000
127cm×38cm 中国嘉德 2019-06-03

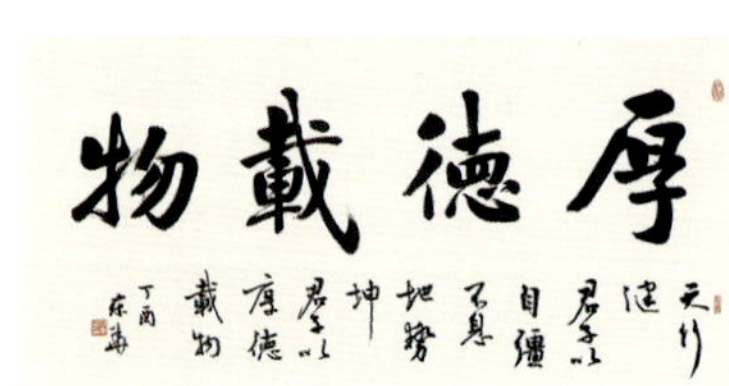

1132 关东华 2017年 厚德载物 镜心
估　价：RMB 500,000
成交价：RMB 2,530,000
68cm×138cm 北京翰海 2019-10-12

1003 关良 1980年 孙悟空大闹天宫
估　价：HKD 2,000,000~4,000,000
成交价：RMB 11,435,625
94cm × 179cm 香港苏富比 2019-03-31

2736 关良 1970年 戏曲人物册 册页 （十四开）
估　价：RMB 2,000,000~3,000,000
成交价：RMB 3,220,000
32cm × 47cm × 14 北京保利 2019-12-02

582 关山月 1980年 浮云卷碧山 镜框
估　价：RMB 8,000,000~12,000,000
成交价：RMB 17,365,000
93cm × 233.5cm 华艺国际 2019-08-11

52 关山月 1999年 乡土情 镜框
估　价：HKD 5,000,000~7,000,000
成交价：RMB 8,448,800
95cm × 181cm 华艺国际 2019-11-24

382 关良 红嫂图 立轴
估　价：RMB 3,000,000~5,000,000
成交价：RMB 5,865,000
265cm × 133cm 中国嘉德 2019-06-02

381 关良 1979年 花果图 立轴
估　价：RMB 1,800,000~3,800,000
成交价：RMB 4,600,000
114cm×68cm 中国嘉德 2019-06-02

2919 关山月 塞外雄风 立轴
估　价：HKD 700,000~900,000
成交价：RMB 3,854,750
131cm×67.8cm 香港苏富比 2019-10-07

394 关山月 1984年 人间春色图 手卷
估　价：RMB 3,800,000~5,800,000
成交价：RMB 6,900,000
画31cm×266.5cm，跋31cm×30cm 中国嘉德 2019-06-02

395 关山月 1987年 南国涛声 镜心
估　价：RMB 8,000,000~12,000,000
成交价：RMB 9,200,000
108.5cm×160cm 中国嘉德 2019-06-02

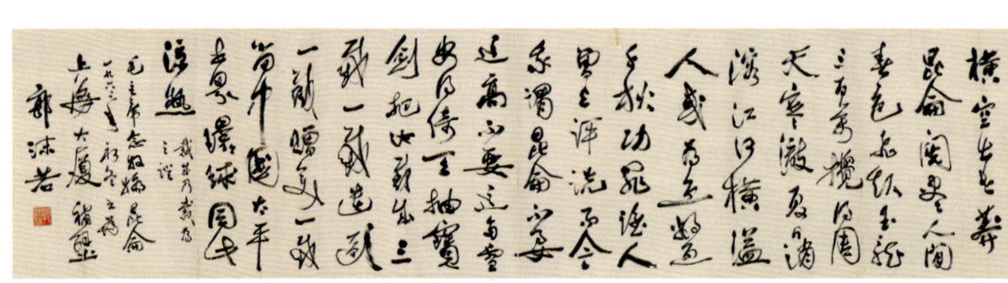

2824 郭沫若 1962年 行书毛主席词“念奴娇·昆仑”镜心
估　价：RMB 5,000,000~6,000,000
成交价：RMB 11,270,000
60.5cm×256.5cm 北京保利 2019-12-02

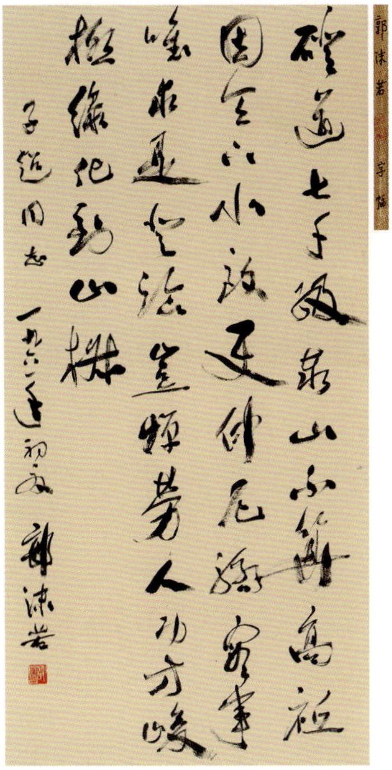

34 郭沫若 1961年 行书“在岱庙望泰山” 立轴
估　价：RMB 500,000~800,000
成交价：RMB 1,380,000
134.5cm × 67cm 广东崇正 2019-05-23

1221 郭石夫 2011年 富贵长春图 镜心
估　价：RMB 1,000,000~1,200,000
成交价：RMB 2,645,000
123cm × 251cm 北京荣宝 2019-12-01

794 郭怡孮 爱莲图 镜心
估　价：RMB 580,000~880,000
成交价：RMB 1,207,500
144cm × 192cm 中国嘉德 2019-10-16

1222 郭石夫 2011年 香雪 镜心
估　价：RMB 3,000,000~4,000,000
成交价：RMB 7,820,000
148cm × 360cm 北京荣宝 2019-12-01

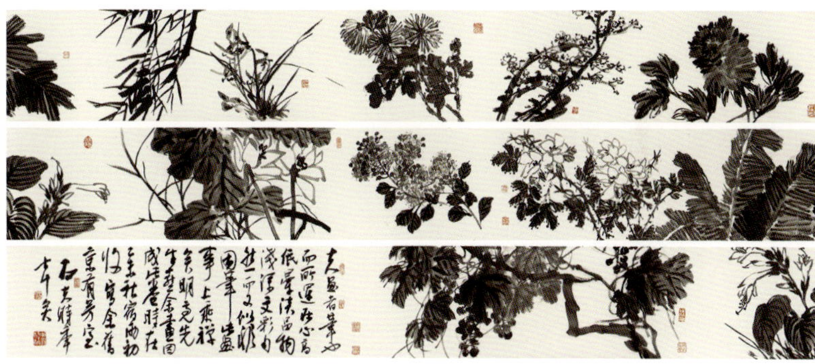

1219 郭石夫 2015年 花卉手卷 立轴
估　价：RMB 800,000~1,200,000
成交价：RMB 2,300,000
34cm × 800cm 北京荣宝 2019-12-01

73 韩美林 飞驹 镜框
估　价：RMB 300,000~600,000
成交价：RMB 345,000
79.5cm × 89.5cm 保利厦门 2019-01-06

1358 韩书阁 2019年 山高水长 镜心
估　价：RMB 280,000
成交价：RMB 402,500
240cm × 103cm 北京翰海 2019-10-12

1537 韩伟华 2018年 花鸟 镜心
估　价：RMB 480,000
成交价：RMB 563,500
124cm × 248cm 北京翰海 2019-03-29

1281 行斌 2011年 大潮起兮 镜心
估　价：RMB 450,000
成交价：RMB 1,380,000
72cm × 366cm 北京翰海 2019-10-12

1354 郝量 2010年 时间与空间之一
估　价：RMB 500,000~700,000
成交价：RMB 667,000
59cm × 42cm 北京翰海 2019-06-15

811 何百里 2018年 元朗南生围日出 镜框
估　价：HKD 400,000~600,000
成交价：RMB 410,400
46.5cm × 133cm 佳士得 2019-05-27

1530 何公洲 2019年 秋声赋 镜心
估　价：RMB 480,000
成交价：RMB 552,000
96cm × 177cm 北京翰海 2019-03-29

333 何海霞 1983年 落雁峰 镜心
估　价：RMB 600,000~800,000
成交价：RMB 1,092,500
136cm × 67cm 北京荣宝 2019-12-01

676 何海霞 映日荷花 立轴
估　价：RMB 6,800,000~8,800,000
成交价：RMB 7,992,500
131cm × 66cm × 6 中贸圣佳 2019-11-30

2820 何海霞 无限风光在险峰 镜心
估　价：RMB 4,000,000~6,000,000
成交价：RMB 4,600,000
257cm × 147cm 北京保利 2019-12-02

620 何海霞 西岳雄姿图 镜芯
估　价：RMB 800,000~1,200,000
成交价：RMB 2,990,000
100.8cm × 197.3cm 中鸿信 2019-07-16

1176 何家英 2006年 日暮消烦暑 镜框
估　价：RMB 800,000~1,200,000
成交价：RMB 1,955,000
130cm × 65cm 北京荣宝 2019-12-01

1183 何家英 2010年 人物四屏 镜心
估　价：RMB 2,800,000~3,800,000
成交价：RMB 4,485,000
140cm × 35cm × 4 北京荣宝 2019-06-13

1566 何家英 静思 镜心
估　价：RMB 580,000~800,000
成交价：RMB 2,242,500
96cm × 71cm 北京荣宝 2019-06-13

406 何家英 1999年 小憩 镜心
估　价：RMB 1,500,000~1,800,000
成交价：RMB 2,127,500
81.5cm × 66.6cm 上海匡时 2019-06-21

1567 何家英 冷露 镜心
估　价：RMB 580,000~800,000
成交价：RMB 1,932,000
94cm × 58cm 北京荣宝 2019-06-13

1565 何家英 落红 镜心
估　价：RMB 500,000~1,000,000
成交价：RMB 1,610,000
68cm × 34cm 北京荣宝 2019-06-13

28 何香凝 梅花牡丹图 镜片
估　价：RMB 150,000~200,000
成交价：RMB 690,000
128cm × 63cm 广东崇正 2019-11-28

2256 贺天健 1940年 临流独坐图 立轴
估　价：RMB 300,000~500,000
成交价：RMB 483,000
106.5cm × 47.5cm 西泠印社 2019-07-07

917 贺天健 1939年 江山揽胜图 立轴
估　价：RMB 1,200,000~2,200,000
成交价：RMB 4,370,000
126.0cm × 62.5cm 中国嘉德 2019-11-18

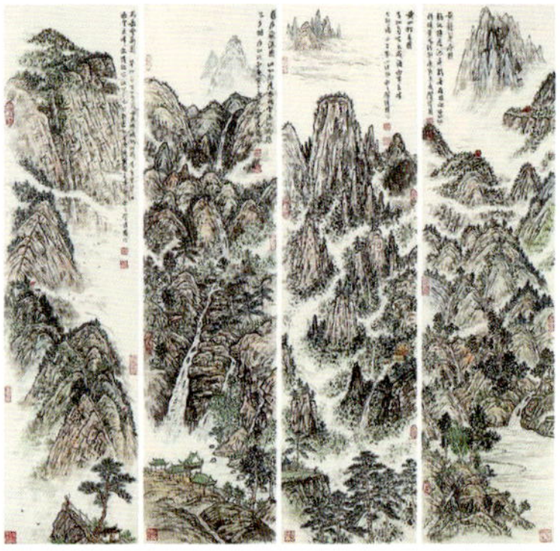

1532 贺伟国 2010年 山水 四屏 镜心
估　价：RMB 300,000
成交价：RMB 345,000
136cm × 34cm × 4 北京翰海 2019-03-29

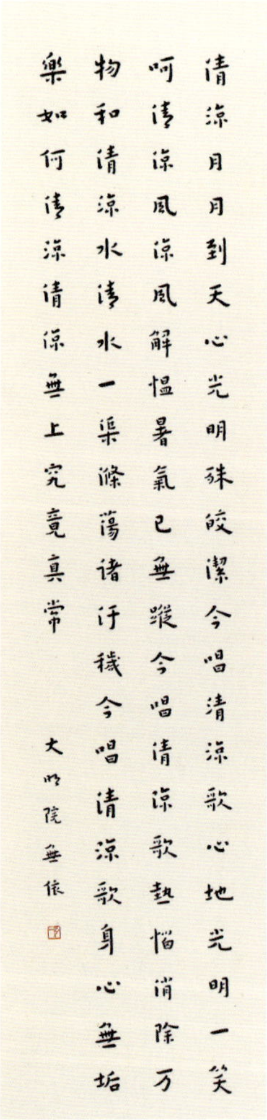

377 弘一 行书“清凉歌”立轴
估　价：RMB 2,000,000~3,000,000
成交价：RMB 7,820,000
133cm × 33cm 北京荣宝 2019-12-01

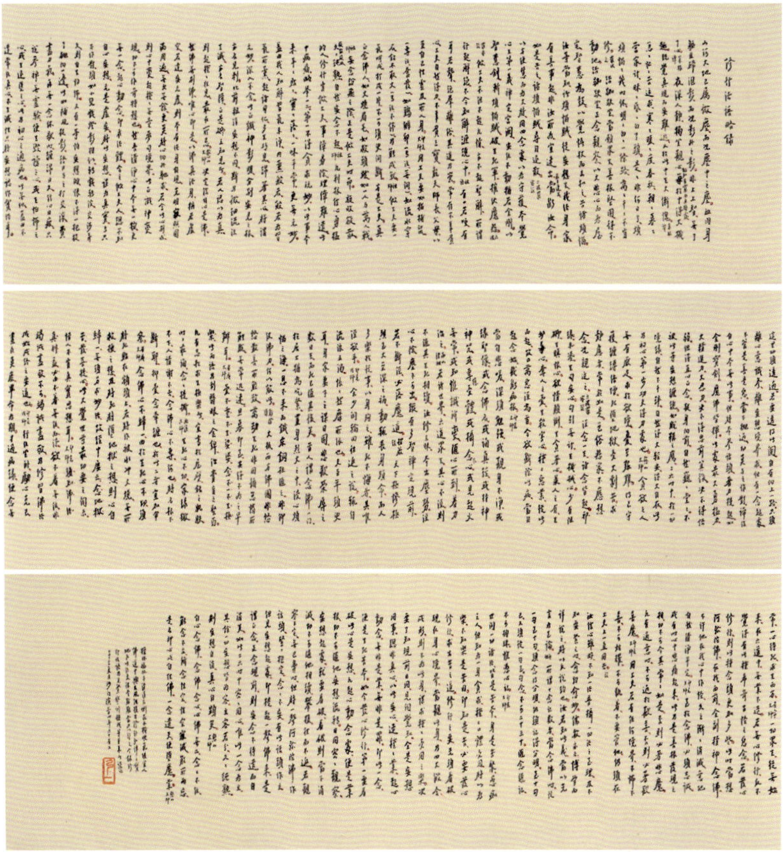

46 弘一 1941年 修行法语略录 手卷
估　价：HKD 4,800,000~6,800,000
成交价：RMB 7,160,358
25.8cm×207cm 华艺国际 2019-11-24

823 弘一 随机羯魔随讲别录册 册页（八十一开）
估　价：RMB 2,800,000~3,800,000
成交价：RMB 4,715,000
10cm×18.5cm×81 中贸圣佳 2019-06-07

608 侯纪德 70年代绘本 战山河 镜芯
估　价：RMB 250,000~450,000
成交价：RMB 402,500
90cm×70cm 中鸿信 2019-07-16

1174 洪潮 2019年 空山月影 镜心
估　价：RMB 200,000
成交价：RMB 667,000
69cm×69cm 北京翰海 2019-10-12

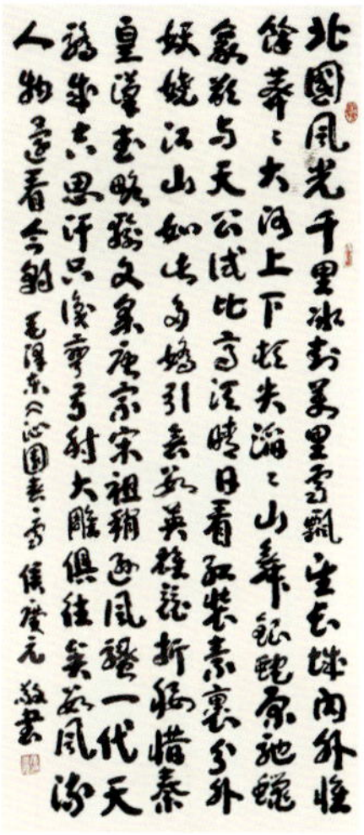

1374 侯庆元 行书“毛泽东沁园春·雪”镜心
估　价：RMB 320,000
成交价：RMB 368,000
136cm×68cm 北京翰海 2019-03-29

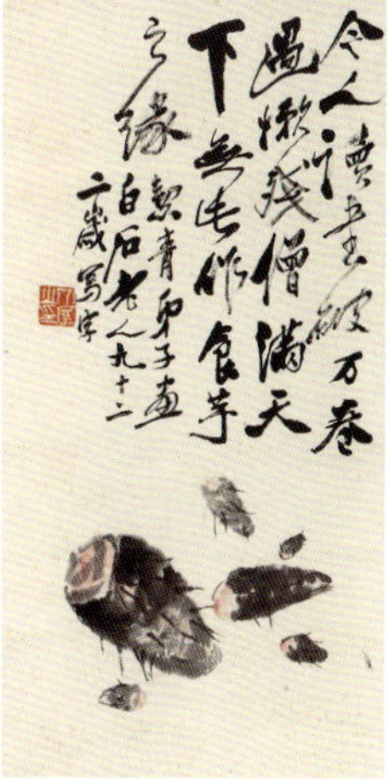

1074 胡絜青 齐白石题“识遇之缘”立轴
估　价：RMB 50,000~80,000
成交价：RMB 471,500
68.5cm×34.5cm 广东崇正 2019-11-27

2233 胡佩衡 夏山云瀑 立轴
估　价：RMB 280,000~480,000
成交价：RMB 460,000
134cm × 67cm 北京保利 2019-06-04

612 胡若思 1944年 云溪诗思图 立轴
估　价：HKD 70,000~100,000
成交价：RMB 191,691
104.5cm × 47.5cm 保利香港 2019-04-01

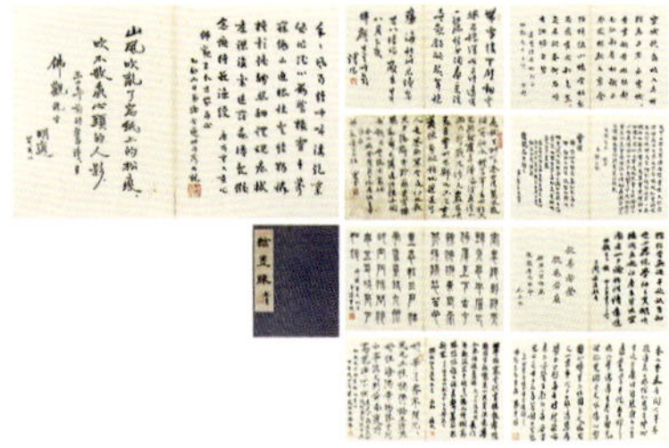

2125 胡适 钱穆 溥儒 牟宗三 饶宗颐 等 题赠徐复观“翰墨缘”书册
成交价：RMB 1,058,000
29.3cm × 23cm 中国嘉德 2019-06-03

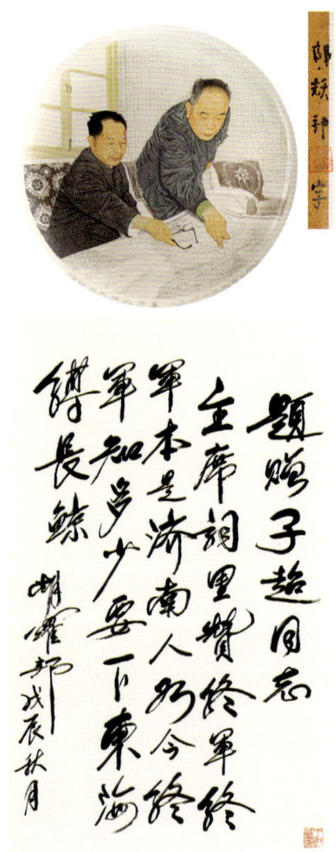

36 胡耀邦 1988年 行书自作诗 临沂瓷厂刻制胡耀邦像瓷盘一个 立轴
估　价：RMB 400,000~600,000
成交价：RMB 1,150,000
79cm × 50cm 广东崇正 2019-05-23

2098 胡也佛 春燕 扇面
成交价：RMB 828,000
18cm × 51cm 北京保利 2019-12-01

2787 胡也佛 千帆过径 立轴
估　价：HKD 150,000~250,000
成交价：RMB 544,200
116cm × 54cm 香港苏富比 2019-10-07

169 黄幻吾 松雪孤猴 立轴
估　价：HKD 400,000~500,000
成交价：RMB 428,198
130cm × 62cm 华艺国际 2019-05-27

2868 黄宾虹 1938年 拟元人山水卷 手卷
估　价：HKD 3,000,000~4,000,000
成交价：RMB 6,471,445
18.6cm×148.7cm 香港苏富比 2019-10-07

1407 黄宾虹 1942年 仿宋山水卷 手卷
估　价：HKD 3,000,000~5,000,000
成交价：RMB 17,591,625
（题跋各家钤印二至三方）
引首 : 22cm×72.2cm 画心 : 16.8cm×173cm
题跋 : 21.8cm×116.5cm
香港苏富比 2019-04-02

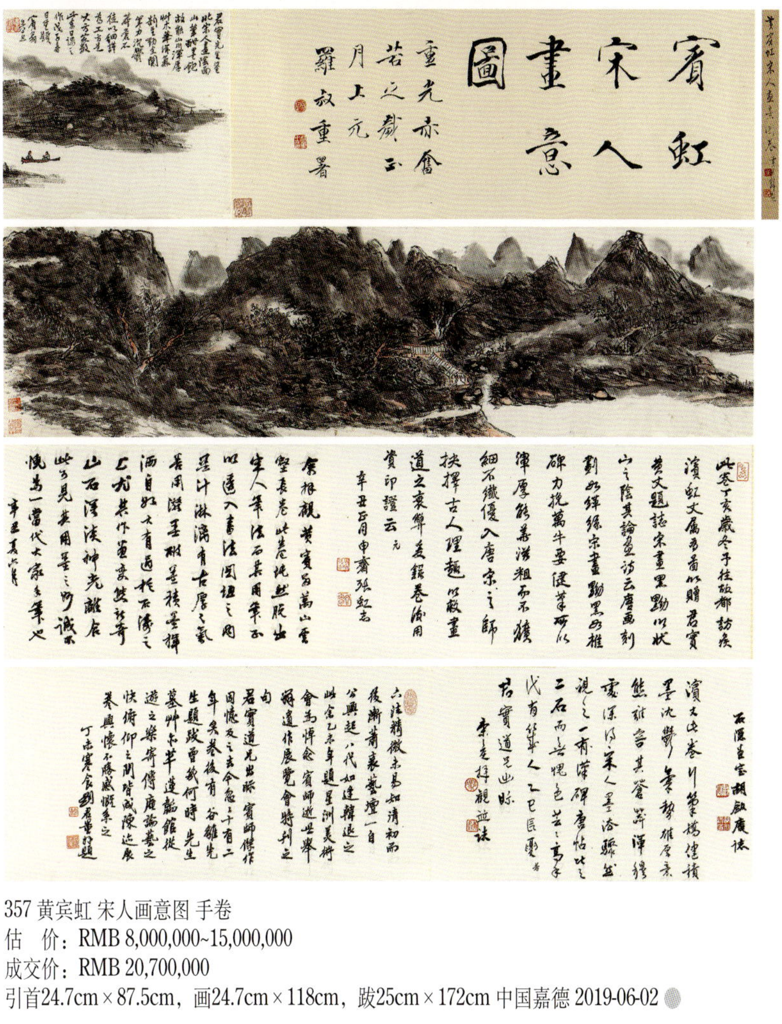

357 黄宾虹 宋人画意图 手卷
估　价：RMB 8,000,000~15,000,000
成交价：RMB 20,700,000
引首24.7cm×87.5cm，画24.7cm×118cm，跋25cm×172cm 中国嘉德 2019-06-02

2817 黄宾虹 1946年 五湖泛舟 镜心
估　价：RMB 3,200,000~4,200,000
成交价：RMB 6,670,000
113cm×47cm 北京保利 2019-06-04

905 黄宾虹 1953年 黄山松谷纪游 立轴
估　价：RMB 8,000,000~12,000,000
成交价：RMB 11,500,000
90.0cm×48.0cm 中国嘉德 2019-11-18

2847 黄宾虹 1949年 黄山归耕图 立轴
估　价：RMB 4,800,000~5,800,000
成交价：RMB 9,775,000
130.3cm×64.5cm 北京保利 2019-12-02

2757 黄宾虹 1947年 溪山静观 镜心
估　价：RMB 5,000,000~6,000,000
成交价：RMB 9,775,000
111cm × 44cm 北京保利 2019-12-02

279 黄宾虹 湖山归帆 镜心
估　价：HKD 2,500,000~3,500,000
成交价：RMB 7,011,000
82cm × 36.5cm 中国嘉德 2019-03-30

759 黄宾虹 1939年 山居治学图 立轴
估　价：RMB 7,000,000~9,000,000
成交价：RMB 9,660,000
130cm × 65cm 西泠印社 2019-07-06

1782 黄河 2018年 敦煌飞天 镜心
估　价：RMB 250,000~300,000
成交价：RMB 368,000
69cm × 86cm 北京荣宝 2019-06-13

496 黄建南 河海清晏 镜片
估　价：RMB 1,800,000~2,500,000
成交价：RMB 2,737,000
68cm × 137cm 荣宝斋（南京） 2019-05-21

501 黄建南 花好月圆
估　价：RMB 1,800,000~2,300,000
成交价：RMB 2,978,500
50cm×60cm 荣宝斋（南京） 2019-05-21

1360 黄君璧 1969年 巴西观瀑 镜框
估　价：HKD 350,000~550,000
成交价：RMB 1,734,063
185.2cm×90.8cm 佳士得 2019-11-26

280 黄君璧 1973年 松韵涛声 镜心
估　价：RMB 800,000~1,200,000
成交价：RMB 1,518,000
93cm×186cm 上海匡时 2019-06-21

422 黄秋园 1973年 春山访书图 手卷
估　价：RMB 800,000~1,200,000
成交价：RMB 920,000
引首33.5cm×124.5cm，
本幅32.5cm×253cm，后纸39cm×20cm
中国嘉德 2019-06-02

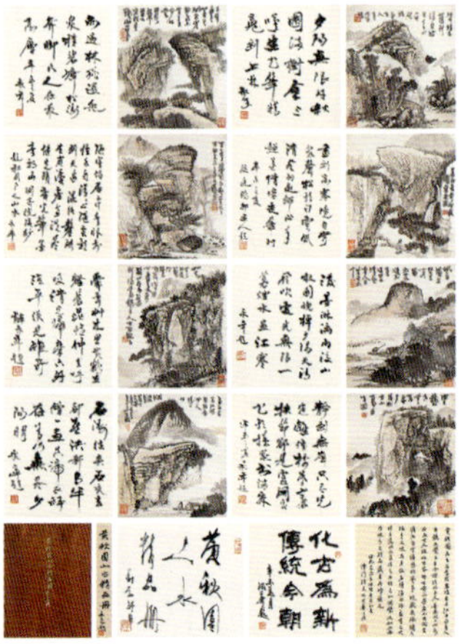

367 黄秋园 林泉高致 册页
估　价：RMB 600,000~800,000
成交价：RMB 1,092,500
34cm×30cm×8 北京荣宝 2019-06-13

1350 黄美尧 2016年 秦岭古道 镜心
估　价：RMB 400,000
成交价：RMB 575,000
81cm×68cm 北京翰海 2019-10-12

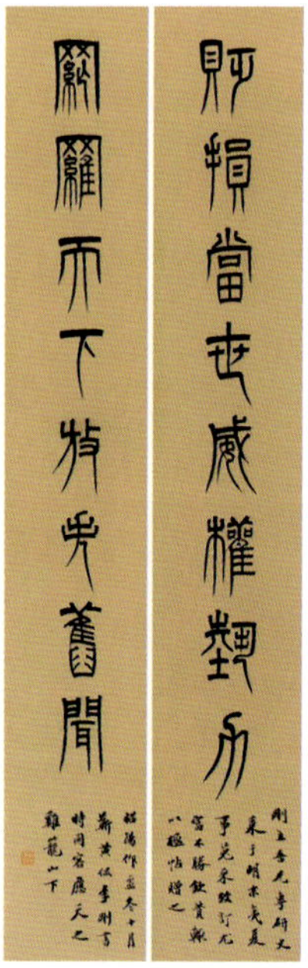

1057 黄侃 篆书八言联 对联
估　价：RMB 280,000~350,000
成交价：RMB 816,500
133cm×21cm×2 朵云轩 2019-06-23

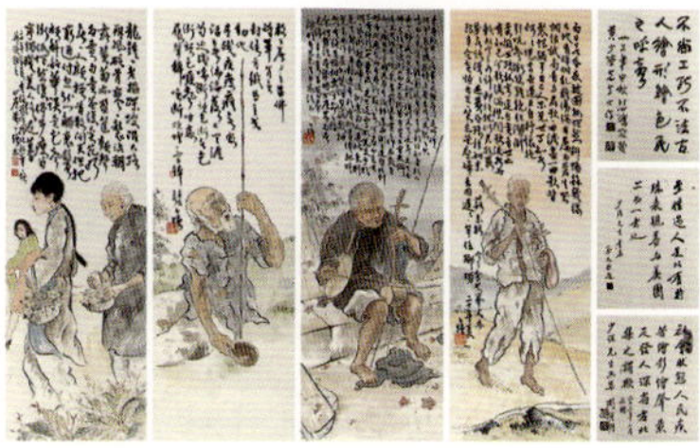

746 黄少强 1931年年作 流民图 设色纸本
估　价：RMB 600,000~800,000
成交价：RMB 690,000
100.5cm×34cm×4 中国嘉德 2019-06-03

1199 黄廷海 2019年 家山云起最美时 镜心
估　价：RMB 160,000
成交价：RMB 345,000
69cm×136cm 北京翰海 2019-10-12

1459 黄吴怀 2018年 书法“龙”镜心
估　价：RMB 300,000
成交价：RMB 345,000
136cm×68cm 北京翰海 2019-03-29

2483 黄兴 行书诚之所至金石为开 镜片
估　价：RMB 180,000~280,000
成交价：RMB 402,500
168cm×86.5cm 西泠印社 2019-07-07

1169 黄永玉 1977年 春意闹 镜心
估　价：RMB 200,000~300,000
成交价：RMB 2,300,000
68.5cm×139cm 北京荣宝 2019-12-01

1570 黄永玉 2003年 一枕万响围
估　价：RMB 2,000,000~3,000,000
成交价：RMB 4,600,000
95.5cm×179cm 北京翰海 2019-06-15

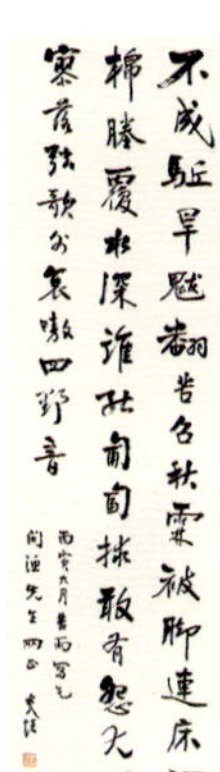

192 黄炎培 1926年 行书五言律诗 立轴
估　价：RMB 180,000~250,000
成交价：RMB 402,500
147cm×41cm 北京荣宝 2019-06-13

22 黄永玉 1977年 红荷 立轴
估　价：RMB 400,000~600,000
成交价：RMB 977,500
135cm×68.5cm 广东崇正 2019-05-23

294 黄永玉 2012年 藤萝灯笼五线谱 镜心
估 价：HKD 1,200,000~1,500,000
成交价：RMB 1,210,680
69cm×137cm 中国嘉德 2019-03-30

2816 黄永玉 碧湖秋深 镜框
估 价：HKD 1,000,000~1,500,000
成交价：RMB 2,154,125
104cm×106cm 香港苏富比 2019-10-07

40 黄胄 1966年 喂鸡少女图 立轴
估 价：RMB 2,600,000~3,800,000
成交价：RMB 3,680,000
137cm×68.5cm 西泠印社 2019-07-06

305 黄胄 1973年 牧场 立轴
估 价：RMB 2,400,000~3,000,000
成交价：RMB 4,945,000
136cm×68cm 北京荣宝 2019-12-01

2884 黄胄 1975年 驯马 镜心
估 价：RMB 5,000,000~6,000,000
成交价：RMB 7,590,000
97cm×142cm 北京保利 2019-12-02

675 黄胄 踏歌行 立轴
估 价：RMB 6,800,000~8,000,000
成交价：RMB 8,567,500
179cm×97cm 中贸圣佳 2019-11-30

353 黄胄 1975年 运粮图 横披
估　价：RMB 4,800,000~5,800,000
成交价：RMB 6,555,000
70cm × 139cm 北京荣宝 2019-06-13

369 黄胄 1986年 踏歌行 立轴
估　价：RMB 2,800,000~3,800,000
成交价：RMB 6,325,000
68cm × 70cm 中国嘉德 2019-06-02

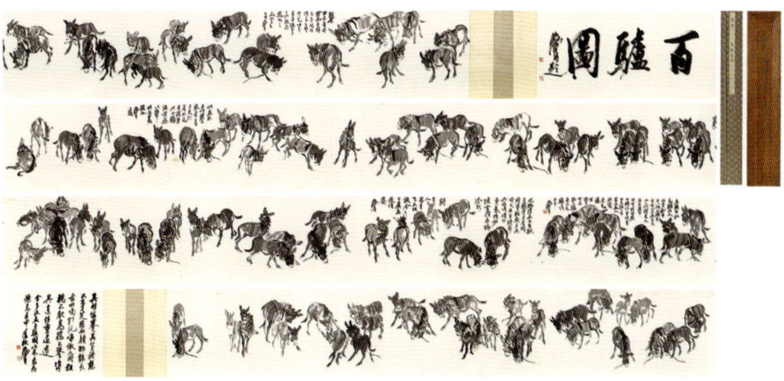

370 黄胄 百驴图 手卷
估　价：RMB 6,000,000~8,000,000
成交价：RMB 6,900,000
引首69cm × 137cm，本幅69cm × 1920cm，后纸68.5cm × 83.5cm 中国嘉德 2019-06-02

352 黄胄 五指山中鱼水情 立轴
估　价：RMB 5,000,000~6,000,000
成交价：RMB 9,200,000
97cm × 59cm 北京荣宝 2019-06-13

264 霍春阳 花卉 八屏 镜心
估　价：RMB 300,000
成交价：RMB 759,000
135cm × 35cm × 8 北京翰海 2019-03-29

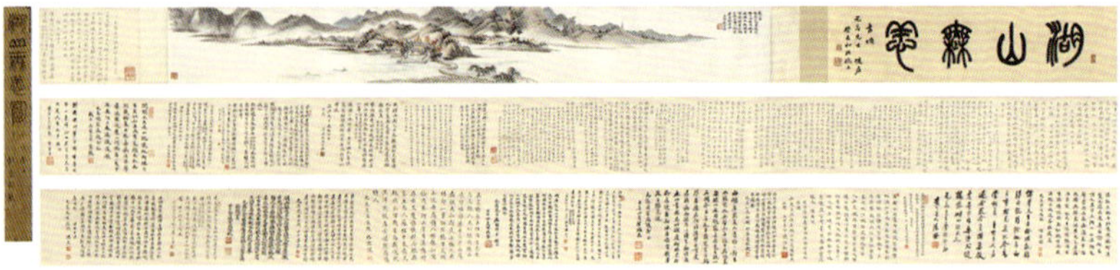

60 季今啬 1922年 为杨无恙作湖山无恙图卷 手卷
估　价：RMB 80,000~120,000
成交价：RMB 402,500
引首69.5cm × 16.5cm，画心134cm × 16cm，题跋489.5cm × 16cm 西泠印社 2019-07-06

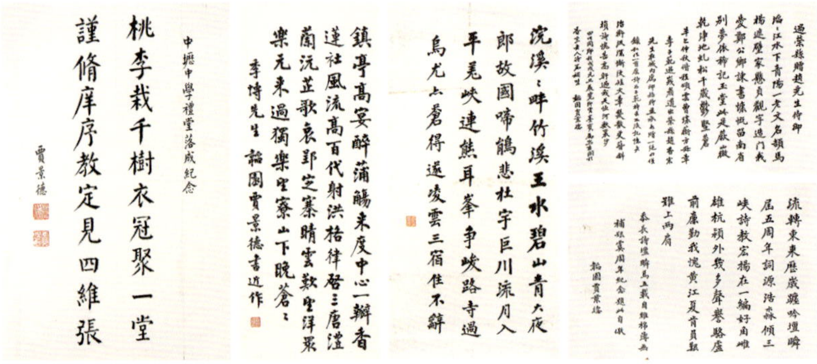

73 贾景德 书法（五件）镜心
成交价：RMB 1,322,500
尺寸不一 北京银座 2019-06-05

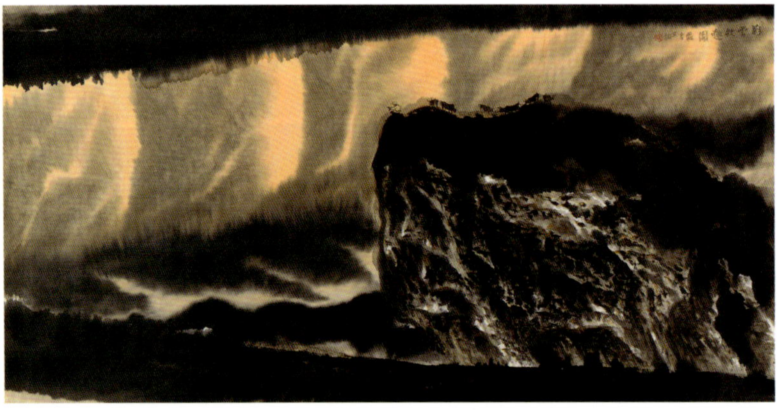

126 贾又福 彩云牧趣图 镜心
估　价：RMB 1,800,000~2,000,000
成交价：RMB 2,530,000
69cm × 139cm 北京荣宝 2019-04-28

1863 贾又福 朝晖图 镜心
估　价：RMB 180,000~280,000
成交价：RMB 920,000
59cm × 67cm 北京保利 2019-06-03

2220 江寒汀 花鸟八开册 册页
估　价：RMB 400,000~600,000
成交价：RMB 540,500
25cm × 32cm × 8 北京保利 2019-06-04

625 江兆申 1992年 墨山图
估　价：NTD 950,000~1,500,000
成交价：RMB 607,200
174cm × 93cm 羅芙奧 2019-11-30

1192 江宏伟 2008年 花鸟四屏 镜心
估　价：RMB 300,000~500,000
成交价：RMB 690,000
93.5cm × 29.8cm × 4 北京荣宝 2019-06-13

1655 姜宝林 1988年 畲乡一瞥 镜心
估　价：RMB 250,000~350,000
成交价：RMB 402,500
84cm × 68cm 中国嘉德 2019-06-04

1673 姜永安 2019年 王重阳与全贞七子图 镜心
估　价：RMB 800,000~1,000,000
成交价：RMB 1,150,000
124cm × 250cm 北京荣宝 2019-06-13

346 蒋兆和 给爷爷读报 镜心
估　价：RMB 4,000,000~6,000,000
成交价：RMB 6,325,000
96cm × 83.5cm 北京荣宝 2019-12-01

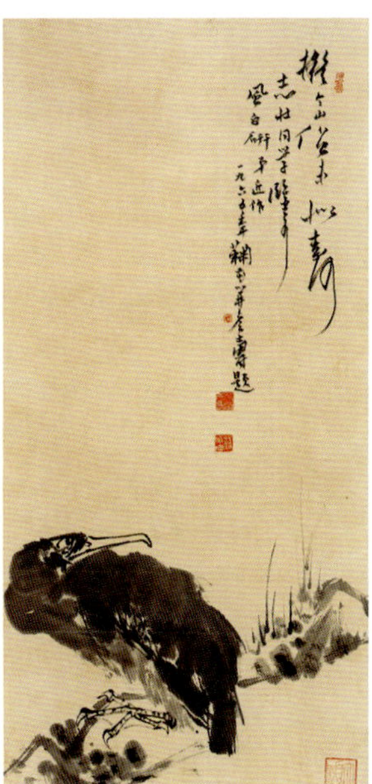

93 蒋风白 1965年 禽憩图 镜片
估　价：RMB 20,000~30,000
成交价：RMB 437,000
93cm × 44cm 西泠印社 2019-09-21

648 蒋兆和 1948年 未来之空中保垒 镜片
估　价：RMB 1,500,000~2,200,000
成交价：RMB 2,875,000
99cm × 53cm 西泠印社 2019-07-06

2823 蒋兆和 1961年 学习毛主席著作 镜心
估　价：RMB 1,200,000~1,500,000
成交价：RMB 3,335,000
110cm × 79cm 北京保利 2019-12-02

2910 蒋兆和 1937年 车夫 镜心
估　价：RMB 3,600,000~4,600,000
成交价：RMB 4,370,000
99cm × 60cm 北京保利 2019-06-04

338 蒋兆和 1938年 关颂韬像 立轴
估　价：RMB 1,500,000~2,000,000
成交价：RMB 3,220,000
86cm × 49cm 北京荣宝 2019-06-13

377 蒋中正 楷书七言联 立轴
估　价：RMB 400,000~600,000
成交价：RMB 552,000
162.5cm × 35cm × 2 广东崇正 2019-05-23

1425 金城 1912年 临王石谷仿卢鸿草堂图 立轴
估　价：HKD 220,000~300,000
成交价：RMB 2,030,625
123cm × 58.3cm 香港苏富比 2019-04-02

2877 金城 1909年 临石谷师生山水合卷 手卷
估　价：HKD 1,000,000~2,000,000
成交价：RMB 1,587,250
引首：46cm × 128cm，画心：46cm × 718cm，后跋：46cm × 173cm 香港苏富比 2019-10-07

2702 京华名家 1939年 书画格景扇 成扇
估　价：HKD 150,000~200,000
成交价：RMB 566,875
22.2cm × 61cm 香港苏富比 2019-10-07

316 金城 1922年 壬戌岁朝图 立轴
估　价：HKD 450,000~550,000
成交价：RMB 1,412,460
114cm × 52cm 北京匡时 2019-04-02

1126 金晓海 2019年 九畹遗韵 镜心
估　价：RMB 880,000
成交价：RMB 1,150,000
72cm × 138cm 北京翰海 2019-10-12

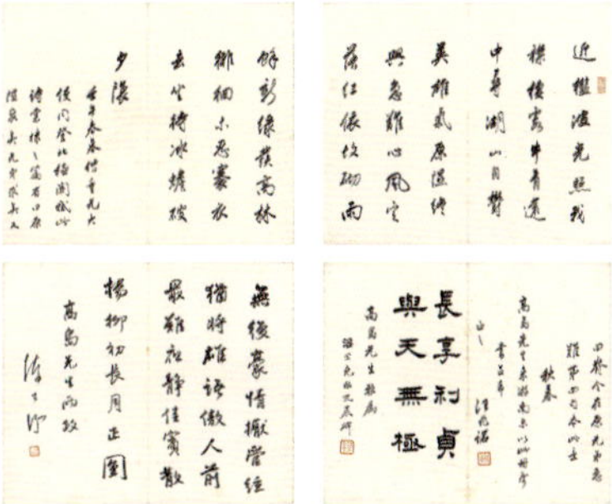

1403 金陵政要 1942至43年作 致高岛菊次郎书法册 廿二开册
估　价：HKD 220,000~300,000
成交价：RMB 2,244,375
29.8cm × 36.3cm (22) 香港苏富比 2019-04-02

315 金西厓 林纾 沈卫 金西厓刻竹制扇骨、林纾绘扇面 成扇
估　价：HKD 600,000~800,000
成交价：RMB 1,109,790
20cm × 49cm 北京匡时 2019-04-02

1313 京华三家 1951年 富贵长春 成扇
估　价：HKD 120,000~180,000
成交价：RMB 320,625
23.3cm × 66.2cm 香港苏富比 2019-04-02

544 井上有一 1966年 梦 立轴
估　价：HKD 250,000~350,000
成交价：RMB 587,813
267cm × 154.5cm（整体），202cm × 145cm（作品）香港苏富比 2019-04-01

1390 京津十二家 1947年 祝寿合册 十二开册
估　价：HKD 2,000,000~2,800,000
成交价：RMB 5,279,625
各 32.5cm × 32.5cm (12) 香港苏富比 2019-04-02

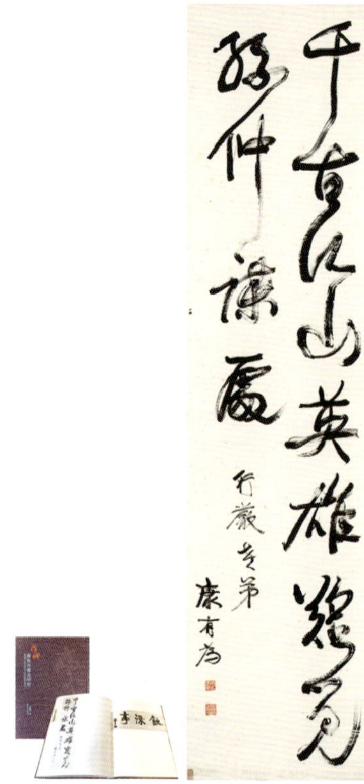

753 康有为 行书 辛弃疾词句 立轴
估　价：RMB 800,000~1,000,000
成交价：RMB 1,092,500
237cm × 58.5cm 西泠印社 2019-07-06

1164 酒井抱一 葵花麻雀图
估　价：USD 10,000~15,000
成交价：RMB 318,868
142cm × 48cm 纽约佳士得 2019-03-21

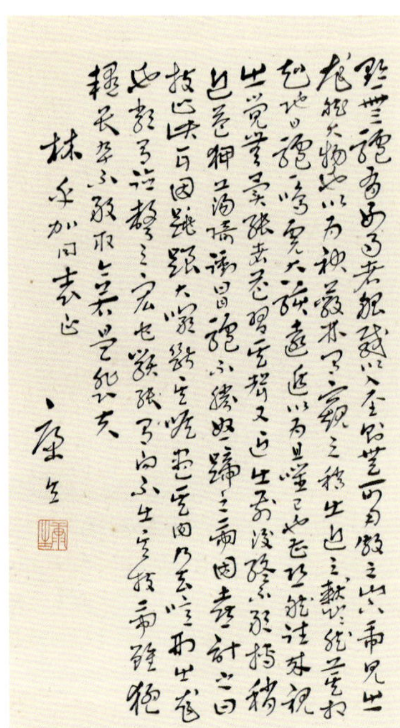

1169 康生 草书“黔之驴”立轴
估　价：RMB 200,000~300,000
成交价：RMB 1,610,000
64cm × 37cm 中国嘉德 2019-06-04

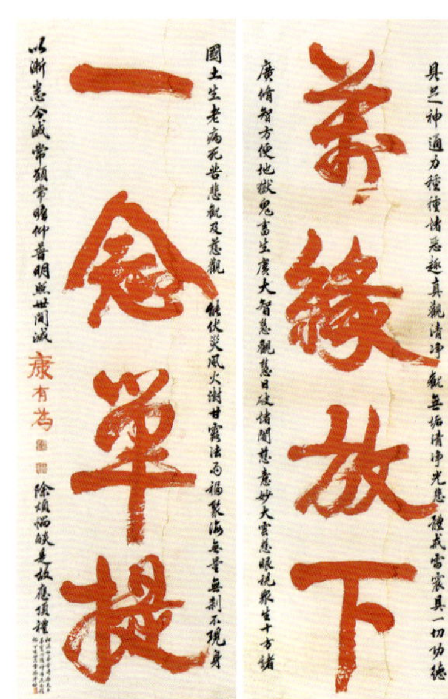

161 康有为 隶书四言联 镜心
估　价：RMB 800,000~1,500,000
成交价：RMB 920,000
228cm × 72cm × 2 北京保利 2019-08-24

295 康师尧 1978年 身饱霜雪春来天地 镜片
成交价：RMB 1,955,000
120cm × 243.5cm 广东崇正 2019-05-23

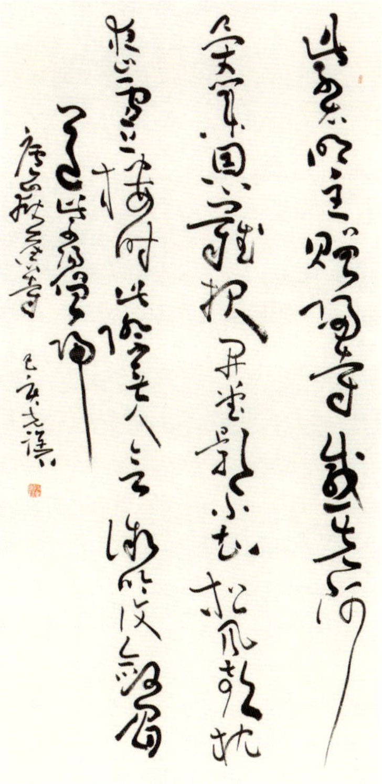

3884 寇克让 2019年 草书“送紫阳僧归庐岳旧寺”镜心
估　价：RMB 180,000~250,000
成交价：RMB 460,000
138cm × 69cm 北京保利 2019-11-20

437 孔小瑜 1948年 花果清供图 立轴
估　价：HKD 120,000~220,000
成交价：RMB 417,401
149cm × 81cm 保利香港 2019-10-06

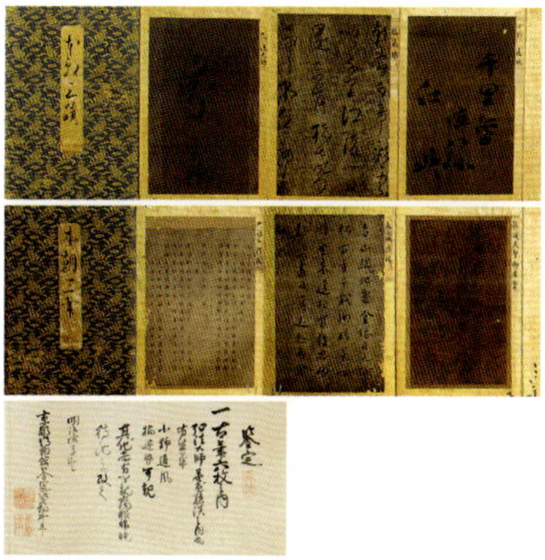

456 空海法师 等 书法 册页
估　价：RMB 300,000~500,000
成交价：RMB 598,000
20.5cm × 13.5cm × 6 中鸿信 2019-07-16

48 赖少其 1985年 铁打江山血铸成 立轴
估　价：RMB 300,000~400,000
成交价：RMB 782,000
86cm × 50cm 广东崇正 2019-05-23

22 郎森 硃机如实年年笑 镜心
估　价：RMB 320,000
成交价：RMB 414,000
137cm × 68cm 北京翰海 2019-03-29

1509 郎承文 崖风过谷 镜心
估　价：RMB 250,000~350,000
成交价：RMB 437,000
203.5cm×139cm 中国嘉德 2019-11-19

1605 乐樵隐 猛虎图 镜芯
估　价：RMB 2,000,000~3,500,000
成交价：RMB 5,175,000
画心169cm×89.5cm，诗堂26cm×89.5cm 中鸿信 2019-07-17

2844 雷德祖 1979年-1982年 斯巴达克思 连环画原稿（全） 画心
估　价：RMB 1,500,000~2,000,000
成交价：RMB 1,840,000
15cm×23cm×738 西泠印社 2019-07-07

1518 雷正民 2007年 漓江云 镜心
估　价：RMB 500,000
成交价：RMB 598,000
68cm×138cm 北京翰海 2019-03-29

125 黎大墨 2018年 行体榜书 镜心
估　价：RMB 178,000
成交价：RMB 379,500
68cm×136cm 北京翰海 2019-03-29

548 黎雄才 1964年 毛主席词意图 镜片
估　价：RMB 2,800,000~3,800,000
成交价：RMB 4,140,000
164.5cm×95cm 广东崇正 2019-05-23

390 黎雄才 1982年 松瀑图 镜片
估　价：RMB 1,600,000~2,600,000
成交价：RMB 2,645,000
82cm×152.5cm 广东崇正 2019-11-28

662 黎雄才 1982年 松山瀑布图 镜片
估　价：RMB 1,500,000~2,500,000
成交价：RMB 1,955,000
178cm × 95.5cm 西泠印社 2019-07-06

557 黎雄才 1988年 风正一帆悬 镜片
估　价：RMB 1,200,000~1,800,000
成交价：RMB 1,955,000
137cm × 68cm 广东崇正 2019-05-23

256 李兵 2018年 追光逐影天地间 镜心
估　价：RMB 1,100,000
成交价：RMB 1,472,000
69cm × 138cm 北京翰海 2019-03-29

253 李百战 2018年 梨园春早 镜心
估　价：RMB 280,000
成交价：RMB 345,000
69cm × 136cm 北京翰海 2019-03-29

1336 李兵 2018年 登高能观海 镜心
估　价：RMB 500,000
成交价：RMB 920,000
68cm × 68cm 北京翰海 2019-10-12

714 李德庄 2014年 生命之泉 纸本
估　价：NTD 1,200,000~2,000,000
成交价：RMB 341,640
180cm × 96cm 罗芙奥 2019-06-01

709 李铎 2006年 行书毛主席词“沁园春·雪”镜心
估　价：RMB 360,000~380,000
成交价：RMB 414,000
123cm × 401cm 北京荣宝 2019-04-28

513 李凤公 1926年 探春图 立轴
估　价：RMB 250,000~350,000
成交价：RMB 345,000
129cm × 52.5cm 华艺国际 2019-08-11

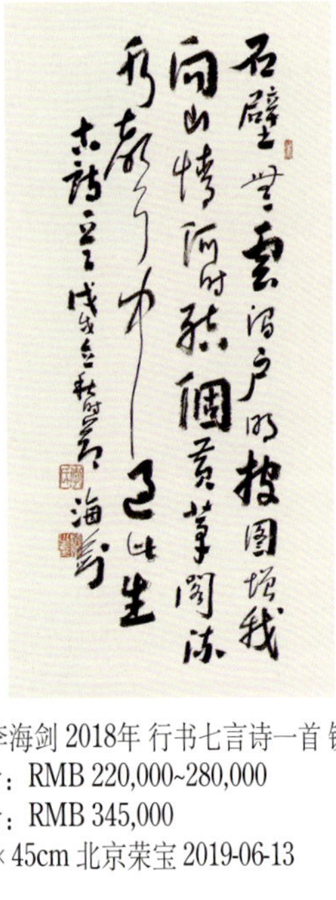

1802 李海剑 2018年 行书七言诗一首 镜心
估　价：RMB 220,000~280,000
成交价：RMB 345,000
90cm × 45cm 北京荣宝 2019-06-13

1841 李斛 1940年代 穿棉袍的女孩
估　价：RMB 250,000~350,000
成交价：RMB 632,500
83cm × 58.5cm 中国嘉德 2019-11-16

827 李华弌 1999年 野演 镜框
估　价：HKD 1,600,000~2,200,000
成交价：RMB 1,728,000
65.7cm × 128cm 佳士得 2019-05-27

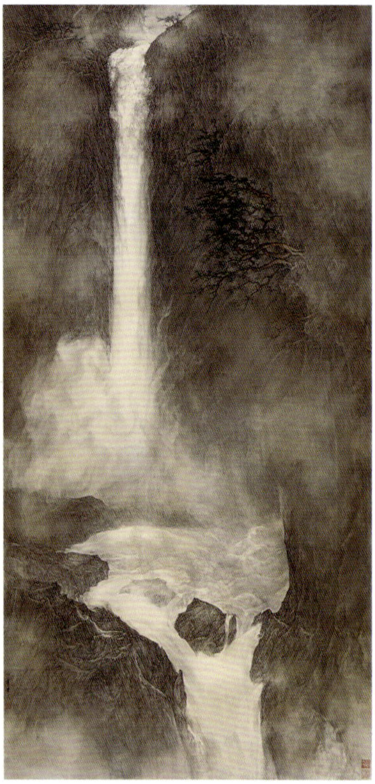

554 李华弌 飞瀑洄泓 立轴
估　价：HKD 800,000~1,000,000
成交价：RMB 1,819,442
180cm × 88cm 保利香港 2019-10-06

2598 李昆 2019年 关中金秋 镜心
估　价：RMB 2,000,000~2,400,000
成交价：RMB 2,300,000
150cm × 370cm 北京保利 2019-12-02

309 李可染 1972年 漓江天下景 立轴
成交价：RMB 86,250,000
145cm × 160.6cm 北京荣宝 2019-12-01

17 李可染 1972年 雨中漓江 立轴
估　价：RMB 7,000,000~9,000,000
成交价：RMB 9,660,000
94.2cm × 57cm 广东崇正 2019-11-28

1375 李可染 1964年 百万雄师过大江 立轴 镜框
估　价：HKD 20,000,000~30,000,000
成交价：RMB 17,215,200
96.2cm × 60.3cm 佳士得 2019-05-28

133 李可染 1982年 榕荫归牧 立轴
估　价：RMB 2,800,000~3,800,000
成交价：RMB 5,232,500
116cm × 67.5cm 上海明轩 2019-04-28

930 李可染 1976年 井冈山 镜心
成交价：RMB 138,000,000
177.0cm × 127.5cm 中国嘉德 2019-11-18

411 李可染 钟馗 立轴
估　价：RMB 1,000,000~1,200,000
成交价：RMB 3,680,000
110cm × 106cm 北京诚轩 2019-11-16

2890 李可染 1989年 元气淋漓障犹湿 镜心
估　价：RMB 3,500,000~5,000,000
成交价：RMB 6,957,500
92cm × 54.9cm 北京保利 2019-06-04

2755 李可染 青山密林 镜心
估　价：RMB 5,000,000~6,000,000
成交价：RMB 7,935,000
68.5cm × 46cm 北京保利 2019-12-02

7 李可染 革命摇篮井冈山 立轴
成交价：RMB 40,659,850
121.5cm × 70.5cm 华艺国际 2019-11-24

325 李可染 1987年 高岩飞瀑图 镜片
成交价：RMB 55,430,000
128.5cm × 67.5cm 广东崇正 2019-05-23

2819 李可染 1964年 万水千山图 镜心
成交价：RMB 207,000,000
97cm × 143cm 北京保利 2019-12-02

2770 李可染 1986年 苍岩耸翠图 镜心
估　价：RMB 10,000,000~12,000,000
成交价：RMB 16,675,000
82.6cm × 51.6cm 北京保利 2019-12-02

52 李可染 1988年 江山胜境图 镜心
估　价：RMB 9,000,000~12,000,000
成交价：RMB 17,825,000
91cm × 52cm 北京华辰 2019-07-14

1225 李研山 曲江池馆图 手卷
估　价：HKD 500,000~700,000
成交价：RMB 3,945,825
香港苏富比 2019-04-02

2866 李苦禅 1936年 荷塘清趣 立轴
估　价：RMB 650,000~800,000
成交价：RMB 1,840,000
178cm × 96cm 北京保利 2019-06-04

2886 李苦禅 1982年 松鹰图 镜心
估　价：RMB 1,000,000~1,200,000
成交价：RMB 1,495,000
142cm × 81cm 北京保利 2019-12-02

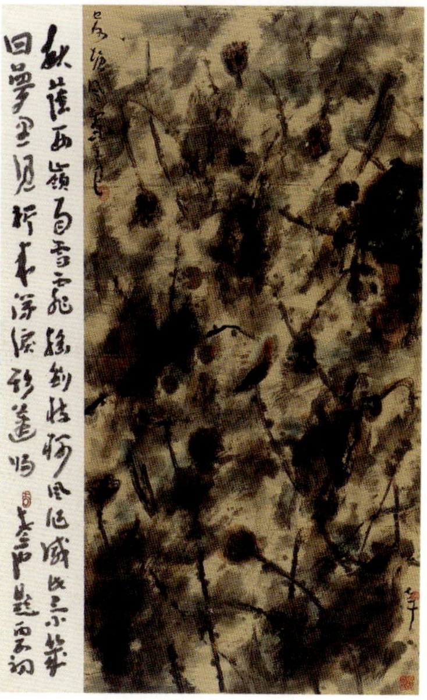

203 李老十 1989年 荷塘风雪 镜框
估　价：RMB 800,000~1,000,000
成交价：RMB 977,500
136cm × 87.5cm 北京荣宝 2019-04-28

2877 李苦禅 1977年 双鹰图 立轴
估　价：RMB 1,200,000~1,500,000
成交价：RMB 1,380,000
159cm × 87cm 北京保利 2019-06-04

91 李苦禅 霜林寒鸦图 立轴
估　价：RMB 800,000~1,200,000
成交价：RMB 1,265,000
177.5cm × 92cm 保利厦门 2019-08-04

1573 李老十 1991年 寒塘秋尽图 镜心
估　价：RMB 80,000~120,000
成交价：RMB 345,000
110cm × 49cm 北京荣宝 2019-06-13

700 李劲堃 大漠之暮 镜片
估　价：RMB 400,000~600,000
成交价：RMB 713,000
144cm × 182cm 广东崇正 2019-05-23

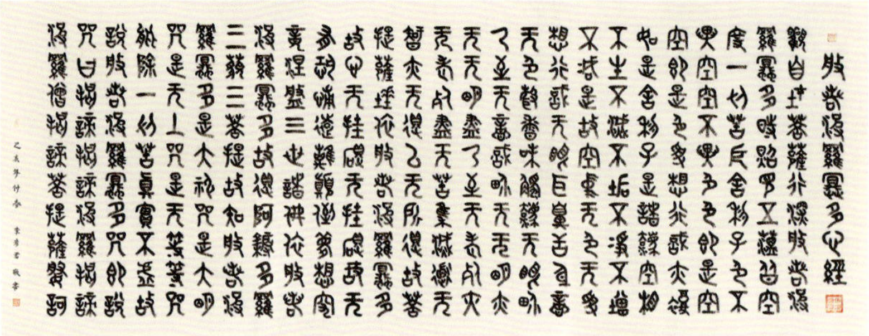

1547 李彦君 1995年 书法“般若波罗蜜心经”镜心
估　价：RMB 800,000~1,000,000
成交价：RMB 1,150,000
188cm × 500cm 北京荣宝 2019-12-01

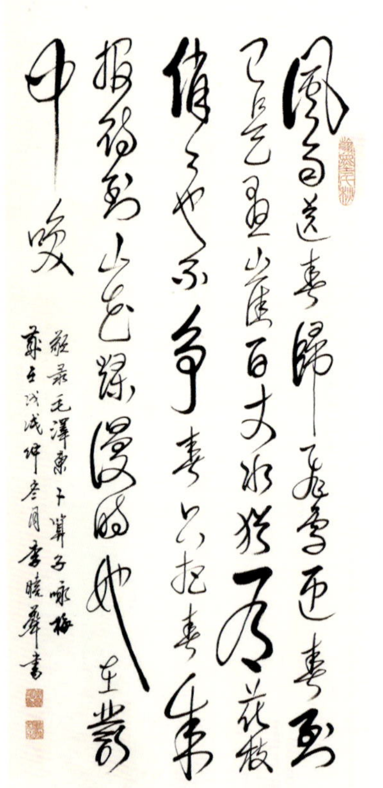

1943 李晓华 2018年 草书“卜算子 · 咏梅”立轴
估　价：RMB 500,000~700,000
成交价：RMB 1,495,000
133cm × 63cm 北京保利 2019-06-03

1355 李翔 1996年 天地有正气 镜心
估　价：RMB 300,000
成交价：RMB 920,000
137cm × 68cm 北京翰海 2019-10-12

23 李赞集 2018年 繁荣昌盛 立轴
估　价：RMB 200,000
成交价：RMB 368,000
138cm × 70cm 北京翰海 2019-03-29

2813 李震坚 裸女 镜片
估　价：RMB 200,000~300,000
成交价：RMB 345,000
69cm × 104.8cm 西泠印社 2019-07-07

612 李义弘 1987年 曲水流觞
估　价：NTD 800,000~1,600,000
成交价：RMB 367,920
142cm × 373cm 羅芙奧 2019-06-01

1479 李蒸蒸 九州会师 镜心
估　价：RMB 800,000~1,200,000
成交价：RMB 2,875,000
124cm×248cm 中国嘉德 2019-11-19

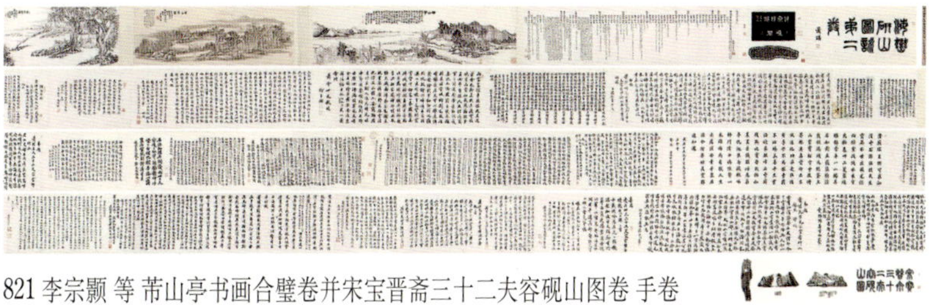

821 李宗颢 等 芾山亭书画合璧卷并宋宝晋斋三十二夫容砚山图卷 手卷
估　价：RMB 500,000~800,000
成交价：RMB 805,000
①33cm×132cm，②引首26cm×238cm，李宗颢34cm×115cm，张上和34cm×97cm，梁正傅34cm×73cm，题跋36cm×1654cm 中贸圣佳 2019-06-07

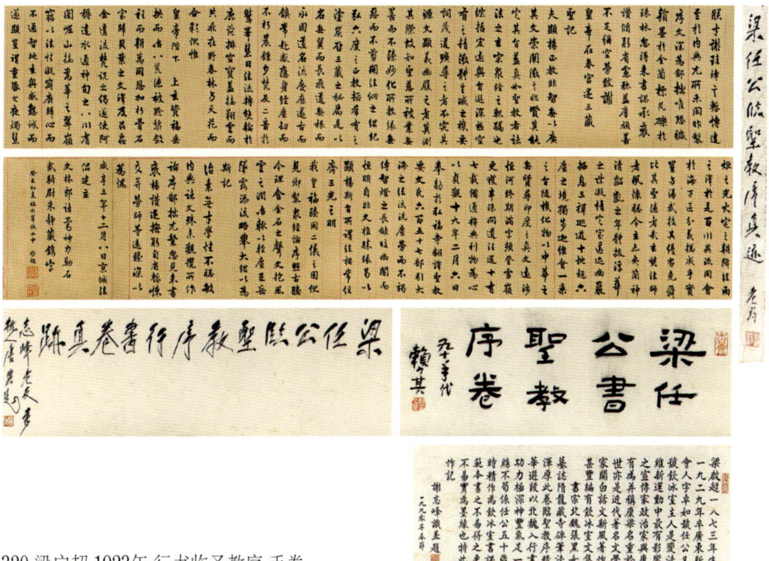

320 梁启超 1923年 行书临圣教序 手卷
估　价：RMB 30,000~50,000
成交价：RMB 2,070,000
引首1、28cm×73cm，引首2、28cm×87.5cm，字27.5cm×283cm，跋27.5cm×74.5cm
中国嘉德 2019-11-17

994 梁和生 风水书法：福
估　价：RMB 100,000~150,000
成交价：RMB 920,000
59.5cm×44.5cm 北京保利 2019-11-22

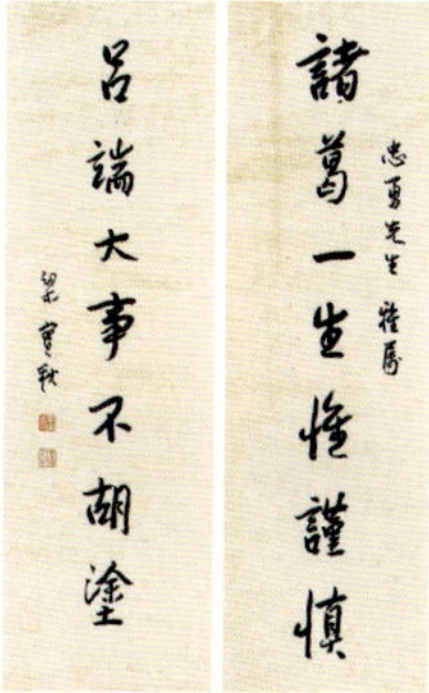

2240 梁实秋 行书 七言联
估　价：RMB 30,000~50,000
成交价：RMB 414,000
68.5cm×21.5cm 中国嘉德 2019-06-03

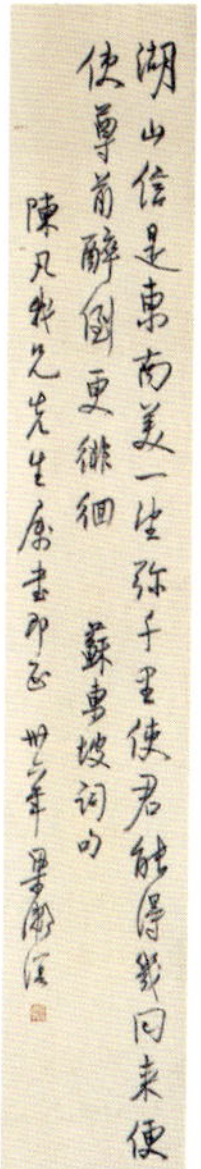

2822 梁漱溟 1947年 行书东坡词 立轴
估　价：HKD 40,000~60,000
成交价：RMB 340,125
128.3cm×21cm 香港苏富比 2019-10-07

1534 梁伟彬 2018年 九如图 镜心
估　价：RMB 270,000
成交价：RMB 310,500
97cm × 178cm 北京翰海 2019-03-29

1924 梁文尧 2018年 田园风 镜心
估　价：RMB 480,000~680,000
成交价：RMB 552,000
138cm × 68cm 北京保利 2019-06-03

1575 廖文潭 书法对联 幽谷观瀑
估　价：RMB 280,000~380,000
成交价：RMB 322,000
书法61cm × 17cm × 2，画60cm × 101cm
北京翰海 2019-06-15

1016 林风眠 1947年 宇宙锋
估　价：HKD 3,000,000~5,000,000
成交价：RMB 10,409,625
68.5cm × 65.2cm 香港苏富比 2019-03-31

2804 林风眠 繁花群鸟 镜心
估　价：RMB 6,000,000~8,000,000
成交价：RMB 8,970,000
69cm × 138.5cm 北京保利 2019-12-02

2806 林风眠 宝莲灯 镜心
估　价：RMB 4,500,000~5,500,000
成交价：RMB 7,935,000
69cm × 64cm 北京保利 2019-12-02

1293 林风眠 海 镜框
估　价：HKD 3,000,000~4,000,000
成交价：RMB 6,818,625
66.5cm × 67.7cm 香港苏富比 2019-04-02

2809 林风眠 瓶花 镜心
估　价：RMB 4,000,000~6,000,000
成交价：RMB 8,280,000
66cm × 66cm 北京保利 2019-12-02

1288 林风眠 紫藤 镜框
估　价：HKD 2,800,000~3,500,000
成交价：RMB 8,870,625
67.2cm × 66cm 香港苏富比 2019-04-02

703 林风眠 1982年 静物
估　价：HKD 1,200,000~2,000,000
成交价：RMB 5,600,725
69.9cm×69.7cm 香港苏富比 2019-10-06

1651 林海钟 2019年 湖山清夏图 镜心
估　价：RMB 800,000~1,200,000
成交价：RMB 1,552,500
71.5cm×289cm 中国嘉德 2019-06-04

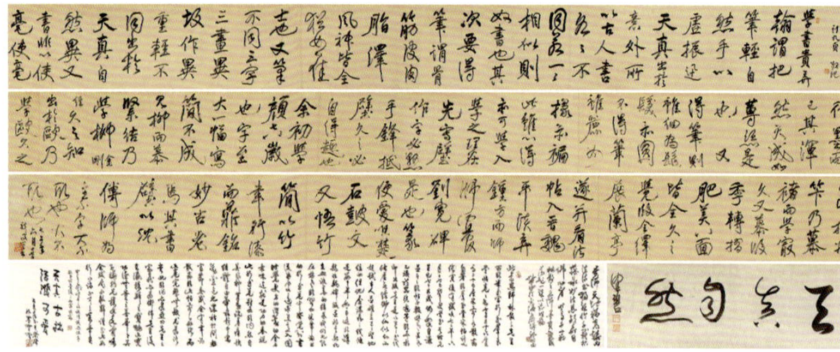

272 林散之 临米芾群玉堂帖 手卷
估　价：RMB 1,500,000~2,000,000
成交价：RMB 2,185,000
24cm×750cm 南京经典 2019-07-19

296 林风眠 1989年 瓶中花 镜心
估　价：RMB 3,800,000~5,000,000
成交价：RMB 5,635,000
68cm×68cm 上海匡时 2019-06-21

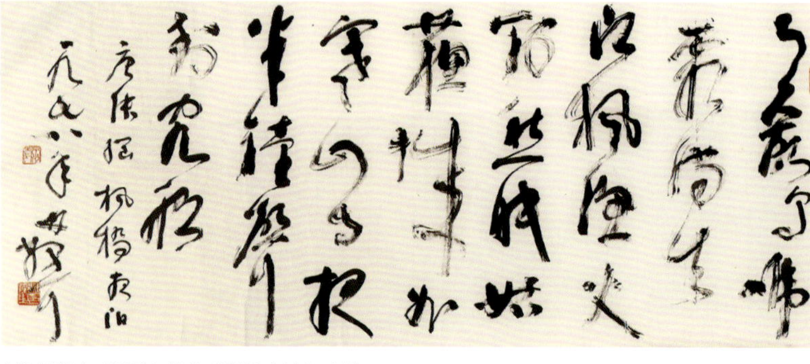

110 林散之 1978年 草书“枫桥夜泊”立轴
估　价：RMB 700,000~800,000
成交价：RMB 1,322,500
94cm×228cm 北京荣宝 2019-06-13

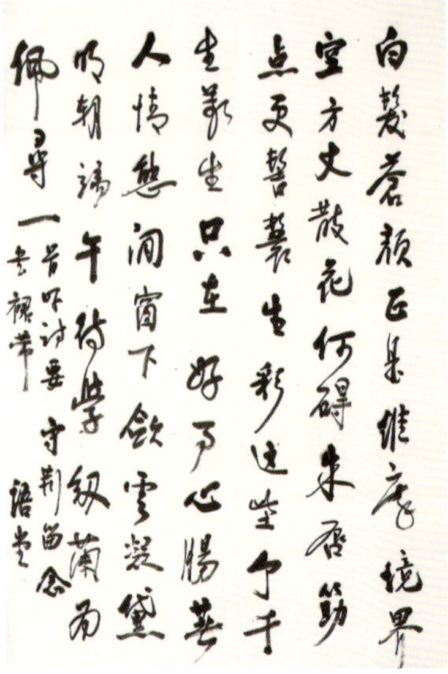

1258 林语堂 行书东坡词 镜框
估　价：HKD 120,000~180,000
成交价：RMB 427,500
95.7cm×65.8cm 香港苏富比 2019-04-02

680 林丰俗 2003年 溪山秋霁 镜片
估　价：RMB 400,000~600,000
成交价：RMB 632,500
69.5cm×138cm 广东崇正 2019-05-23

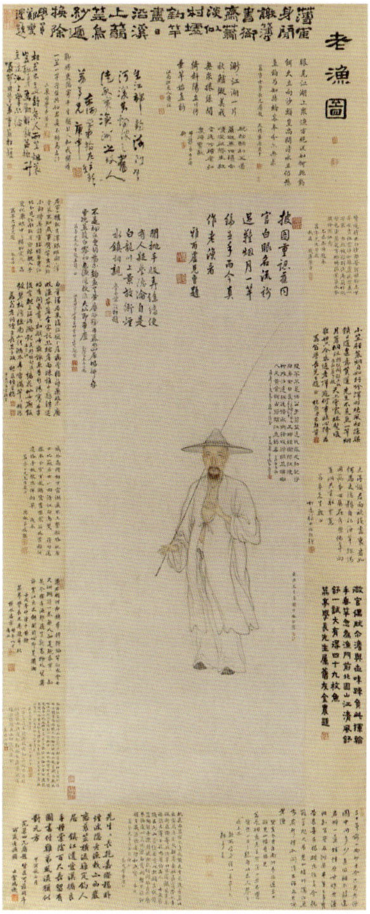

4665 林源 老渔翁图轴
估　价：RMB 80,000~100,000
成交价：RMB 5,980,000
197cm × 80.5cm，画心132.5cm × 53.5cm 中国嘉德 2019-06-03

1684 林墉 1993年 过节啦 立轴
估　价：RMB 350,000~600,000
成交价：RMB 862,500
132cm × 63cm 北京荣宝 2019-06-13

1643 刘二刚 笑林广记百开图 镜心
估　价：RMB 400,000~600,000
成交价：RMB 460,000
31.5cm × 23.5cm × 100 中国嘉德 2019-06-04

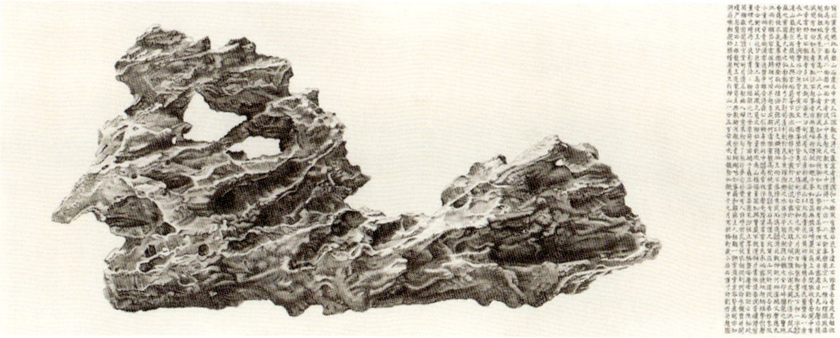

828 刘丹 2014年 小英石 镜框
估　价：HKD 3,500,000~4,500,000
成交价：RMB 4,566,240
142.7cm × 367.1cm 佳士得 2019-05-27

1142 刘大为 2007年 人物四屏 镜心
估　价：RMB 200,000~300,000
成交价：RMB 1,012,000
136cm × 34cm × 4 北京荣宝 2019-06-13

2831 刘旦宅 1979年 竹林七贤 镜心
估　价：RMB 1,200,000~1,800,000
成交价：RMB 2,415,000
159cm × 153cm 北京保利 2019-06-04

946 刘旦宅 1987年 麻姑献寿 立轴
估　价：RMB 1,800,000~2,800,000
成交价：RMB 2,070,000
137.5cm × 69.0cm 中国嘉德 2019-11-18

1118 刘广 2018年 秋叶红艳美人魂 镜心
估　价：RMB 550,000~650,000
成交价：RMB 828,000
165cm × 74cm 北京保利 2019-12-02

1108 刘广 2014年 长白天池 镜心
估　价：RMB 2,000,000~2,600,000
成交价：RMB 2,990,000
131cm × 257cm 北京保利 2019-12-02

1116 刘广 2015年 山居秋意 镜心
估　价：RMB 5,200,000~6,000,000
成交价：RMB 7,475,000
140cm × 352cm 北京保利 2019-12-02

1423 刘广 2019年 华山云海图 镜心
估　价：RMB 5,900,000~6,500,000
成交价：RMB 9,844,000
160cm × 410cm 北京保利 2019-06-03

1393 刘钢 2018年 山水 四屏 镜心
估　价：RMB 260,000
成交价：RMB 437,000
136cm × 34cm × 4 北京翰海 2019-03-29

606 刘国松 2014年 山中一明镜（西藏组曲221）
估　价：HKD 1,600,000~2,000,000
成交价：RMB 2,429,030
186cm × 94cm 华艺国际 2019-11-24

857 刘国松 2013年 世界屋脊系列之五 镜框
估　价：HKD 1,600,000~2,200,000
成交价：RMB 1,566,250
94.2cm × 158.2cm 佳士得 2019-11-25

1326 刘海粟 1979年 古松 镜片
估　价：HKD 800,000~1,200,000
成交价：RMB 2,013,750
122cm × 277.5cm 佳士得 2019-11-26

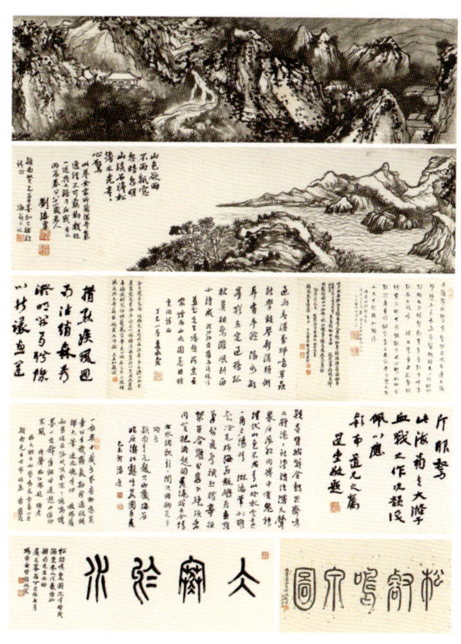

891 刘海粟 1976年 临石涛山水卷 手卷
估　价：RMB 800,000~1,800,000
成交价：RMB 5,175,000
引首①26cm × 65.5cm，
引首②34cm × 100.5cm，
画34.2cm × 250cm，
跋34.2cm × 248cm
中国嘉德 2019-11-18

889 刘海粟 1971年 五老峰泼彩图 立轴
估　价：RMB 480,000~680,000
成交价：RMB 7,015,000
画136.3cm×67.5cm，诗堂30.5cm×67.3cm
中国嘉德 2019-11-18

95 刘海粟 黄山云海观乎奇绝 镜心
估　价：RMB 1,000,000~1,800,000
成交价：RMB 2,242,500
116.5cm×261.5cm 保利厦门 2019-08-04

887 刘继卣 1973年 郑成功收复台湾 镜心
估　价：RMB 600,000~1,600,000
成交价：RMB 2,185,000
59.5cm×117.5cm 中国嘉德 2019-11-18

2487 刘继卣 虎 镜心
估　价：RMB 200,000~300,000
成交价：RMB 690,000
136cm×67cm 北京保利 2019-06-04

476 刘继卣 少女与兔 立轴
估　价：RMB 400,000~600,000
成交价：RMB 460,000
136cm×68.5cm 北京银座 2019-06-05

263 刘继卣 1982年 持扇少女 立轴
估　价：RMB 80,000~120,000
成交价：RMB 897,000
134.5cm×68.5cm 中国嘉德 2019-11-17

1576 刘静云 2019年 游春图
估　价：RMB 400,000~600,000
成交价：RMB 460,000
68cm × 526cm 北京翰海 2019-06-15

820 刘巨德 乡愁草 镜心
估　价：RMB 80,000~120,000
成交价：RMB 552,000
70cm × 139cm 中国嘉德 2019-10-16

2859 刘奎龄 1930年 五福双美 立轴
估　价：RMB 1,800,000~2,400,000
成交价：RMB 2,990,000
165cm × 64cm 北京保利 2019-06-04

418 刘奎龄 1937年 动物十二屏 立轴
估　价：RMB 1,200,000~2,200,000
成交价：RMB 8,970,000
172cm × 46cm × 12 中国嘉德 2019-06-02

120 刘奎龄 花鸟四条屏 立轴
估　价：RMB 1,200,000~1,500,000
成交价：RMB 1,702,000
147cm × 36cm × 4 荣宝斋（桂林）
2019-08-18

324 刘奎龄 蕉荫双犬 立轴
估　价：RMB 500,000~600,000
成交价：RMB 862,500
103cm × 35cm　中国嘉德 2019-03-23

211 刘泉义 2018年 花季 镜心
估　价：RMB 200,000
成交价：RMB 322,000
92cm × 84cm 北京翰海 2019-03-29

1442 刘振夏 梅儿 镜框
估　价：HKD 400,000~500,000
成交价：RMB 694,688
96cm × 59cm 香港苏富比 2019-04-02

64 刘云 山水清音系列之九 镜片
估　价：RMB 80,000~150,000
成交价：RMB 109,250
124cm × 123cm 湖南逸典 2019-05-18

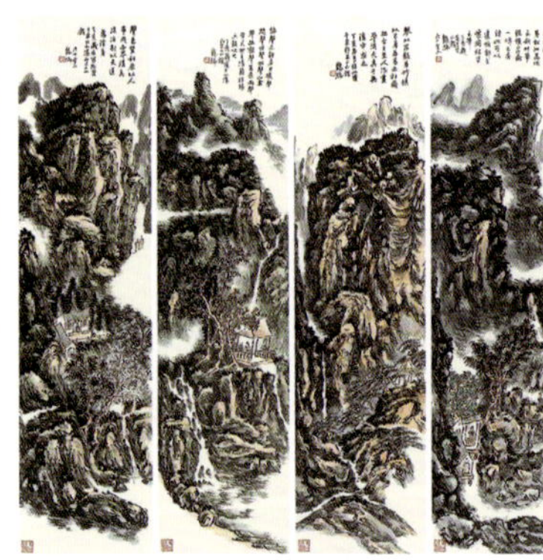

1146 龙瑞 2007年 山水四屏 镜心
估　价：RMB 120,000~160,000
成交价：RMB 368,000
136cm × 34cm × 4 北京荣宝 2019-06-13

2781 刘文西 1987年 老汉抽烟图 立轴
估　价：RMB 800,000~1,000,000
成交价：RMB 920,000
132cm × 68cm 北京保利 2019-12-02

1779 刘中 2019年 望长城 镜心
估　价：RMB 180,000~220,000
成交价：RMB 598,000
69cm × 138cm 北京荣宝 2019-06-13

419 卢甫圣 天台山记图 镜心
估　价：RMB 450,000~550,000
成交价：RMB 667,000
99cm × 112cm 上海匡时 2019-06-21

1229 卢禹舜 2008年 山水四屏 镜心
估　价：RMB 250,000~350,000
成交价：RMB 517,500
137cm × 34cm × 4 北京荣宝 2019-06-13

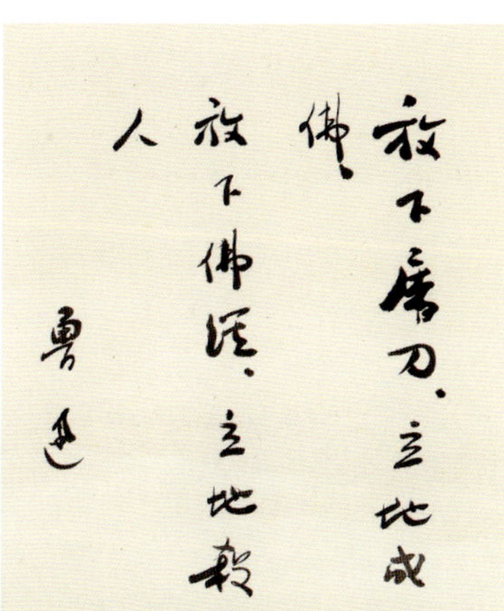

646 鲁迅 行书佛偈 立轴
估　价：RMB 500,000~800,000
成交价：RMB 1,380,000
24cm × 20.2cm 中国嘉德 2019-06-03

1250 卢思 2019年 “星月荷塘”
估　价：RMB 400,000
成交价：RMB 552,000
141cm × 206cm 北京翰海 2019-10-12

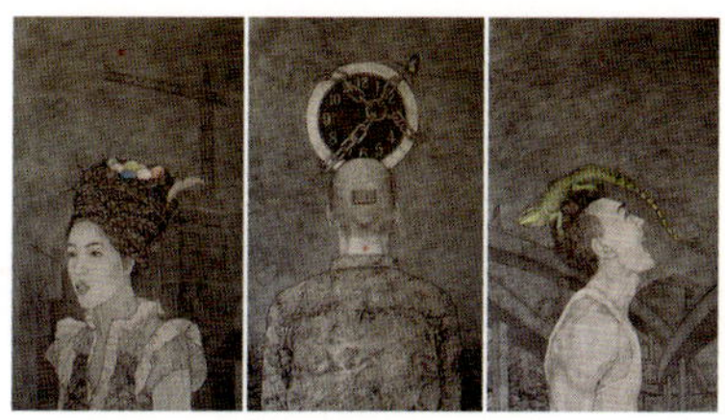

1360 鲁双喜 2010年 现在启示录 镜心
估　价：RMB 400,000
成交价：RMB 632,500
105cm × 65cm × 3cm 北京翰海 2019-10-12

1397 陆恢 1912年 韡庐寄意山水册 十开册
估　价：HKD 300,000~400,000
成交价：RMB 587,813
画心: 各 17.1cm × 27.8cm (10)扉页、
题跋: 各 17.1cm × 27.8cm (2)
香港苏富比 2019-04-02

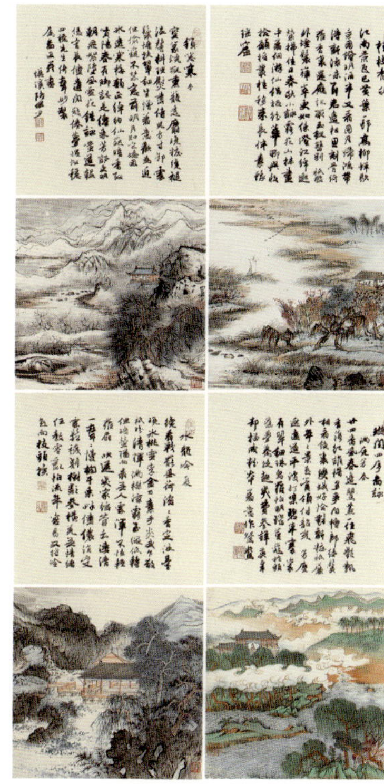

333 陆俨少 春夏秋冬 四屏 镜心
估　价：RMB 4,000,000~4,800,000
成交价：RMB 5,175,000
字32.7cm × 33cm × 4，画32.5cm × 33.2cm × 4
上海匡时 2019-06-21

308 陆俨少 唐宋诗意图册 册页（十开）
估　价：RMB 3,000,000~4,500,000
成交价：RMB 5,347,500
23cm × 33cm × 10 上海匡时 2019-06-21

420 陆俨少 1963年 山水册 镜心（十四开）
估　价：RMB 15,000,000~18,000,000
成交价：RMB 17,250,000
28.5cm × 35cm × 14 中国嘉德 2019-06-02

814 陆俨少 庐山姊妹峰 镜心
估　价：RMB 5,000,000~8,000,000
成交价：RMB 9,200,000
179cm × 96cm 中贸圣佳 2019-06-07

352 陆俨少 1984年 峡江行旅图 镜框
估　价：RMB 6,000,000~8,000,000
成交价：RMB 7,820,000
96cm × 180cm 北京荣宝 2019-12-01

2867 陆俨少 1981年 黄山排云亭 镜心
估　价：RMB 3,600,000~4,000,000
成交价：RMB 4,140,000
68cm × 139cm 北京保利 2019-12-02

423 陆抑非 1943年 孔雀牡丹 立轴
估　价：RMB 800,000~1,200,000
成交价：RMB 1,725,000
193.5cm × 60cm 北京荣宝 2019-12-01

414 陆抑非 1989年 海棠狸猫图 横披
估　价：RMB 500,000~800,000
成交价：RMB 575,000
68cm × 136cm 广东崇正 2019-05-23

624 陆仲润 释迦三尊图 立轴
估　价：RMB 3,500,000~4,500,000
成交价：RMB 5,750,000
103.5cm × 48cm 北京荣宝 2019-12-01

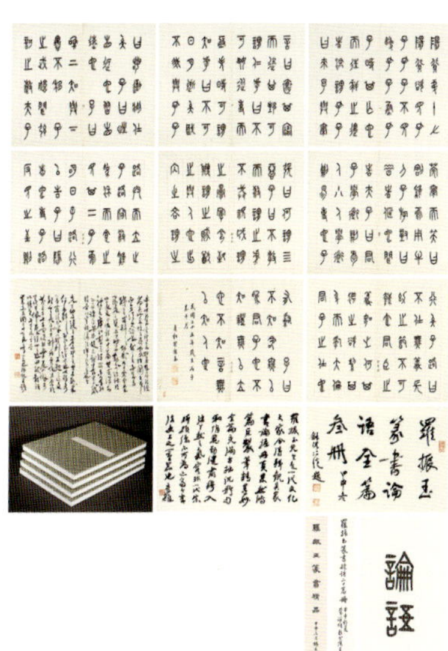

169 罗振玉 1936年 篆书论语全篇 （四册七十四开）
估　价：RMB 1,200,000~1,800,000
成交价：RMB 3,220,000
37.5cm × 53cm × 74 上海嘉禾 2019-09-06

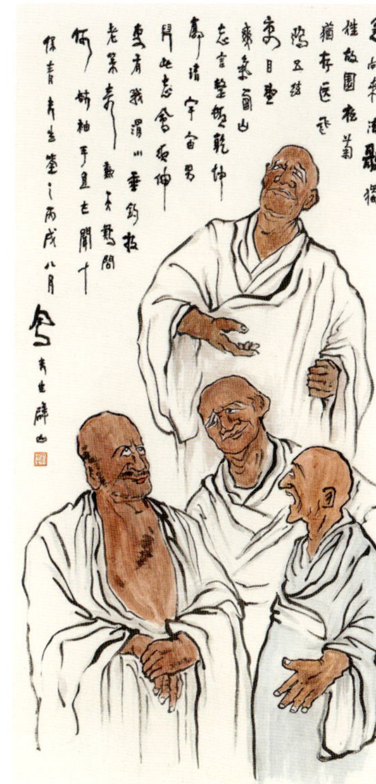

1503 吕凤子 1946年 说法图 立轴
估　价：HKD 50,000~80,000
成交价：RMB 481,617
108cm × 54cm 中国嘉德 2019-10-08

2170 吕凤子 松树灵芝 立轴
估　价：RMB 300,000~400,000
成交价：RMB 345,000
145cm × 80cm 中贸圣佳 2019-06-07

809 吕寿琨 1970年 不染 镜框
估　价：HKD 800,000~1,500,000
成交价：RMB 895,000
180cm×97cm 佳士得 2019-11-25

640 马小涓 1996年、1998年 琵琶行 册页（十六开）
估　价：RMB 50,000~80,000
成交价：RMB 368,000
44.5cm×33cm×16 朵云轩 2019-06-22

227 马晋 仙猿献寿 立轴
估　价：RMB 100,000~150,000
成交价：RMB 506,000
98.5cm×39cm 北京翰海 2019-06-14

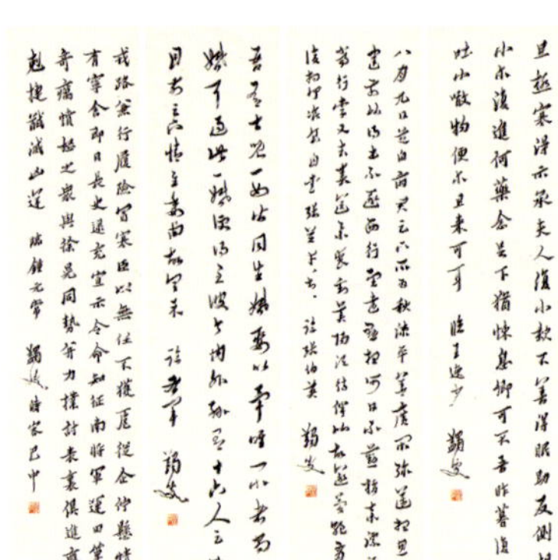

856 马一浮 行书 四屏镜心
估　价：RMB 400,000~600,000
成交价：RMB 575,000
130cm×31cm×4 北京匡时 2019-07-13

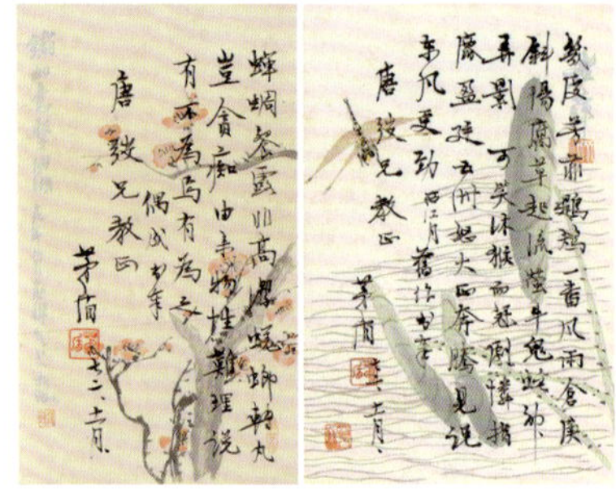

2055 茅盾 1972年 行书七言诗 行书西江月 镜心
估　价：RMB 300,000~500,000
成交价：RMB 828,000
26cm×15cm，29cm×19cm
北京保利 2019-12-01

458 梅兰芳 杨小楼 啄松图、篆书心经 成扇
估　价：RMB 300,000~350,000
成交价：RMB 552,000
20cm×54cm 北京匡时 2019-07-13

1162 孟刚 2019年 观音中堂
估　价：RMB 400,000
成交价：RMB 563,500
136cm×68cm，136cm×34cm×2
北京翰海 2019-10-12

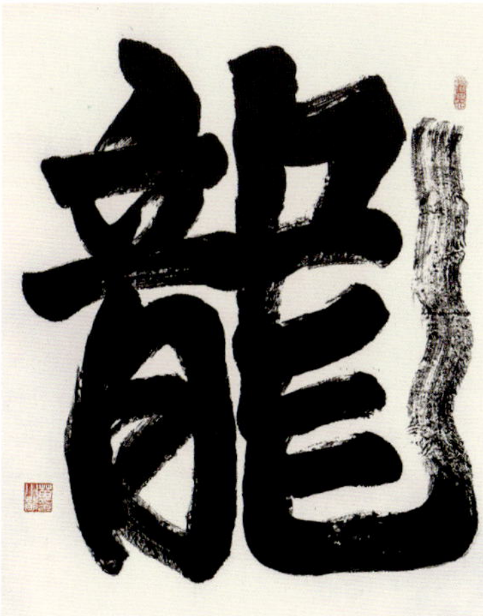

1280 苗小龙 2019年 龙 镜心
估　价：RMB 410,000
成交价：RMB 747,500
178cm × 143cm 北京翰海 2019-10-12

2566 缪嘉慧 花鸟册（八开）册页
估　价：RMB 180,000~250,000
成交价：RMB 437,000
22cm × 25.5cm × 8 中贸圣佳 2019-06-07

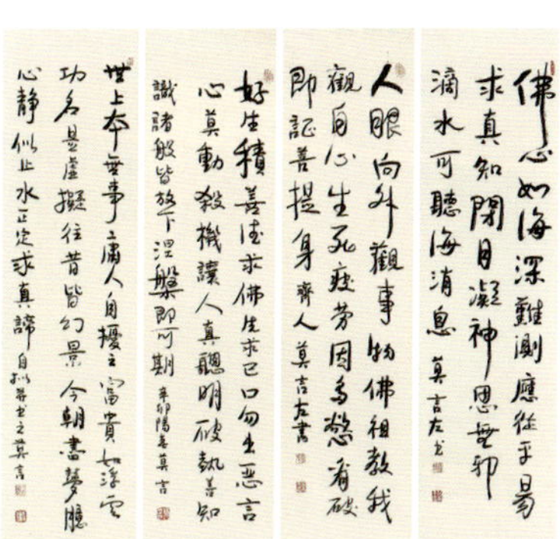

1130 莫言 2011年 行书四屏 镜心
估　价：RMB 50,000~60,000
成交价：RMB 345,000
137cm × 35cm × 4 北京荣宝 2019-06-13

107 南海岩 2018年 美丽家园 镜心
估　价：RMB 1,000,000
成交价：RMB 1,897,500
138cm × 69cm 北京翰海 2019-03-29

1665 南海岩 2018年 雪域呈祥 镜心
估　价：RMB 1,000,000~1,500,000
成交价：RMB 1,725,000
106cm × 83cm，106cm × 34cm × 2 北京荣宝 2019-06-13

1146 南海岩 2019年 爱恋故乡 镜心
估　价：RMB 1,000,000
成交价：RMB 1,955,000
114cm × 83cm 北京翰海 2019-10-12

751 欧豪年 1978年 四景山水 镜框
估　价：RMB 350,000~450,000
成交价：RMB 402,500
94cm × 29cm × 4 华艺国际 2019-08-11

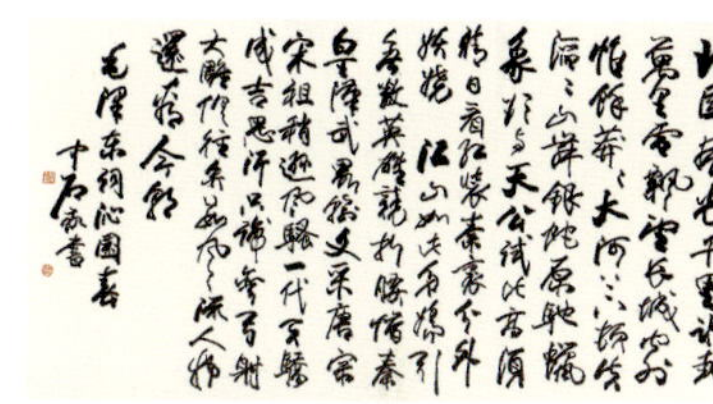

638 欧阳中石 书法 镜芯
估　价：RMB 800,000~1,200,000
成交价：RMB 989,000
144cm × 287cm 中鸿信 2019-07-16

1541 潘建业 2018年 秀丽河山
估　价：RMB 110,000~130,000
成交价：RMB 345,000
121cm × 244cm 北京翰海 2019-06-15

121 潘静淑 1935年 蔬果图 册页（十开）
估　价：RMB 500,000~700,000
成交价：RMB 575,000
21.5cm × 30.8cm × 10 华艺国际 2019-08-10

2191 潘素 漓江风景 镜心
估　价：RMB 400,000~600,000
成交价：RMB 460,000
113cm × 64cm 北京保利 2019-06-04

2892 潘天寿 1944年 松荫观瀑 立轴
估　价：RMB 15,000,000~20,000,000
成交价：RMB 26,220,000
99cm × 62cm 北京保利 2019-06-04

366 潘天寿 1962年 夏兰初放一枝花 立轴
估　价：RMB 1,500,000~2,500,000
成交价：RMB 8,510,000
75cm × 41cm 中国嘉德 2019-06-02

901 潘天寿 1965年 江山如此多娇 立轴
估　价：RMB 1,200,000~2,200,000
成交价：RMB 6,900,000
61.0cm × 41.0cm 中国嘉德 2019-11-18

365 潘天寿 湖石栖禽 立轴
估　价：RMB 1,200,000~2,200,000
成交价：RMB 8,625,000
61cm × 34cm 中国嘉德 2019-06-02

902 潘天寿 1958年 初晴 镜心
成交价：RMB 205,850,000
140.5cm × 364.0cm 中国嘉德 2019-11-18

354 潘天寿 午睡 立轴
估　价：RMB 1,800,000~2,800,000
成交价：RMB 29,325,000
92cm × 77.5cm 中国嘉德 2019-06-02

350 潘天寿 指墨红荷 立轴
估　价：RMB 12,000,000~22,000,000
成交价：RMB 19,550,000
132cm × 50cm 华艺国际 2019-08-10

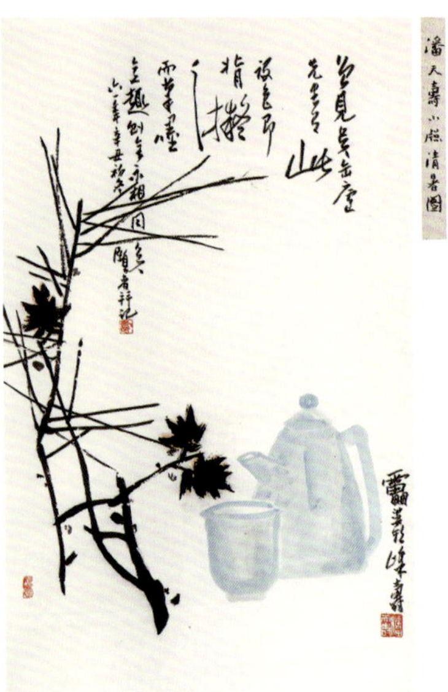

716 潘天寿 小窗清暑图 立轴
估　价：RMB 8,000,000~12,000,000
成交价：RMB 11,500,000
79.5cm × 49cm 中贸圣佳 2019-11-30

896 潘天寿 1954年 蓬勃盎然 立轴
估　价：RMB 2,600,000~4,600,000
成交价：RMB 15,525,000
132.0cm × 55.0cm 中国嘉德 2019-11-18

173 潘振镛 1902年 十二月花神图 立轴十二屏
估　价：RMB 600,000~800,000
成交价：RMB 805,000
130cm × 64cm × 12 上海嘉禾 2019-09-06

39 潘玉良 1956年 裸女及面具
估　价：HKD 6,000,000~7,000,000
成交价：RMB 10,268,640
49cm × 64.5cm 佳士得 2019-05-25

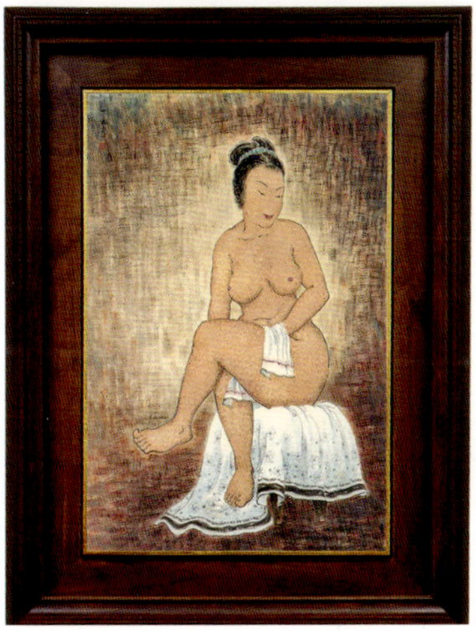

693 潘玉良 约1940至1945年 坐姿裸女
估　价：HKD 12,000,000~25,000,000
成交价：RMB 9,960,750
100cm × 70cm 中国嘉德 2019-03-30

144 彭薇 2005年 福寿如意
估　价：HKD 1,000,000~1,500,000
成交价：RMB 908,010
160cm × 250cm 保利香港 2019-03-31

400 蒲华 1880年 四时花卉 四屏 立轴
估　价：RMB 380,000~580,000
成交价：RMB 805,000
174cm × 45cm × 4 上海嘉禾 2019-09-07

2240 蒲华 竹石四屏 立轴
估　价：RMB 300,000~400,000
成交价：RMB 460,000
130cm × 32cm × 4 中贸圣佳 2019-06-07

2467A 溥佺 八骏图 立轴
估　价：RMB 500,000~800,000
成交价：RMB 575,000
98cm × 52cm 北京保利 2019-06-04

2721 溥儒 1938年 佛祖圣像图 立轴
估　价：RMB 1,200,000~1,600,000
成交价：RMB 2,875,000
125cm × 49.5cm 北京保利 2019-12-02

884 溥儒 1933年 龟寿千年册 镜心（十二开）
估　价：RMB 2,200,000~4,200,000
成交价：RMB 5,060,000
20.0cm × 14.0cm × 12 中国嘉德 2019-11-18

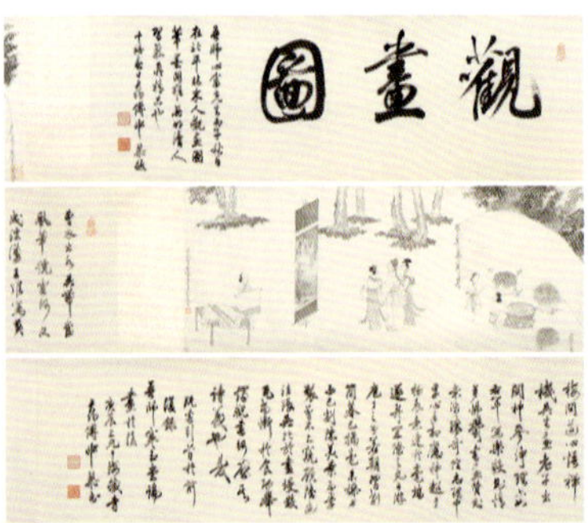

2112A 溥儒 1936年 观画图 手卷
估　价：RMB 3,800,000~4,800,000
成交价：RMB 6,095,000
画32cm × 82cm，引首32cm × 99cm，题跋32cm × 132cm 北京保利 2019-12-01

28 溥儒 1954年 四季山水坤扇（一组四柄）成扇
估　价：RMB 1,200,000~1,600,000
成交价：RMB 3,910,000
13.7cm × 40cm × 4 北京诚轩 2019-11-16

813 溥儒 百花图卷 手卷
估　价：RMB 2,000,000~3,000,000
成交价：RMB 5,175,000
25cm × 790cm 北京匡时 2019-07-13

883 溥儒 1945年 四时山水 镜心
估　价：RMB 2,800,000~3,800,000
成交价：RMB 5,520,000
99.0cm × 49.0cm × 4 中国嘉德 2019-11-18

41 溥僩 百骏图卷 手卷
估　价：RMB 300,000~400,000
成交价：RMB 828,000
45.3cm × 230.5cm 北京诚轩 2019-11-16

1377 溥儒 烟云供养册 十开册 镜框
估　价：HKD 2,800,000~4,000,000
成交价：RMB 8,357,625
各 31.5cm × 40cm (10)
香港苏富比 2019-04-02

352 溥儒 草堂艺菊图 立轴
估　价：RMB 400,000~600,000
成交价：RMB 3,795,000
83.5cm × 40.5cm 中国嘉德 2019-06-02

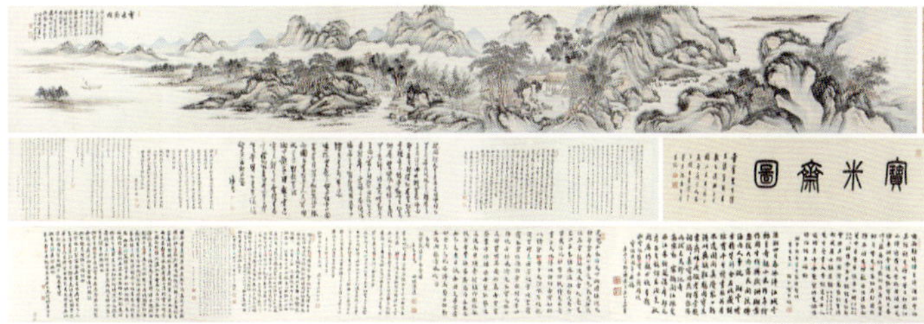

820 溥佺 宝米斋图卷 手卷
估　价：RMB 1,800,000~2,800,000
成交价：RMB 3,105,000
引首31cm × 115cm，本幅33cm × 261cm，题跋33cm × 604cm
中贸圣佳 2019-06-07

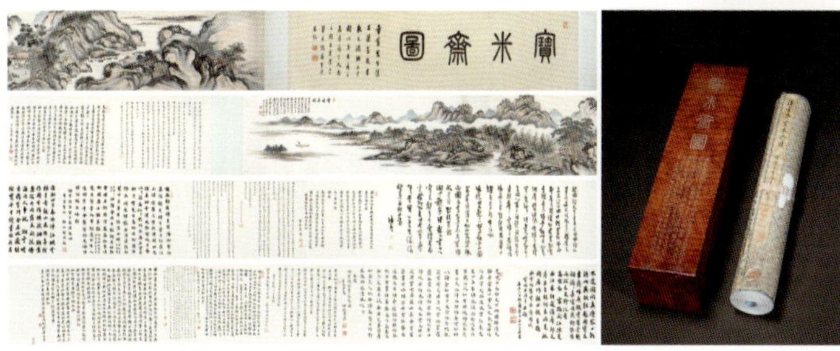

164 溥佺 1930年 宝米斋图卷 手卷
估　价：RMB 500,000~800,000
成交价：RMB 2,990,000
引首31cm × 115cm，画心33cm × 260.5cm，题跋34.5cm × 606cm 上海嘉禾 2019-09-06

2140 齐白石 1950年 十全十美 册页（十开）
估　价：RMB 15,000,000~16,000,000
成交价：RMB 15,295,000
28cm × 37.5cm × 10 北京保利 2019-12-01

316 齐白石 园中雅集 册页
估　价：RMB 20,000,000~30,000,000
成交价：RMB 25,300,000
33cm × 33cm，31.5cm × 35.5cm，21cm × 25.5cm，28.5cm × 41.5cm，32.5cm × 33cm，33cm × 33cm，33cm × 33cm，33cm × 33cm，21cm × 25.5cm，33cm × 41.5cm，31.5cm × 35.5cm，31.5cm × 35.5cm，31cm × 35.5cm，29cm × 41.5cm，29cm × 41cm，28.5cm × 41.5cm 北京荣宝 2019-12-01

325 齐白石 1944年 玉堂富贵 立轴
估　价：RMB 10,000,000~15,000,000
成交价：RMB 16,675,000
137cm×68cm 华艺国际 2019-08-10 ★

2719 齐白石 1936年 工笔花虫册 册页（八开）
估　价：RMB 14,000,000~18,000,000
成交价：RMB 32,200,000
34cm×34cm×8 北京保利 2019-12-02 ●

285 齐白石 1936年 白衣大士 立轴
估　价：RMB 9,000,000~12,000,000
成交价：RMB 18,400,000
89.5cm×33.5cm 北京荣宝 2019-06-13 ●

330 齐白石 枫藤幽居 立轴
估　价：RMB 15,000,000~25,000,000
成交价：RMB 21,850,000
138cm×37.5cm 华艺国际 2019-08-10 ★

2838 齐白石 松梅喜鹊 立轴
估　价：RMB 18,000,000~22,000,000
成交价：RMB 28,520,000
305cm × 71cm 北京保利 2019-12-02

53 齐白石 1941年 英雄梅石图 立轴
估　价：RMB 8,000,000~10,000,000
成交价：RMB 17,940,000
181cm × 47.5cm 北京华辰 2019-07-14

406 齐白石 岱庙图 立轴
估　价：RMB 8,000,000~12,000,000
成交价：RMB 35,650,000
113.5cm × 48cm 中国嘉德 2019-06-02

409 齐白石 人长岁天长年 立轴
估　价：RMB 15,000,000~20,000,000
成交价：RMB 17,250,000
98cm × 34cm × 2 中国嘉德 2019-06-02

871 齐白石 九秋图 横披
估　价：RMB 22,000,000~32,000,000
成交价：RMB 26,450,000
65.0cm × 175.0cm 中国嘉德 2019-11-18

1318 祁昆 1935年 潇湘八景 成扇
估　价：HKD 120,000~180,000
成交价：RMB 320,625
17.5cm × 48.3cm 香港苏富比 2019-04-02

84 齐白石 四季山水四屏 立轴
成交价：RMB 36,800,000
122cm × 36cm × 4 中鸿信 2019-07-16

363 启功 1946年 拟大痴道人笔 立轴
估　价：RMB 2,400,000~3,000,000
成交价：RMB 3,220,000
134cm × 68cm 北京荣宝 2019-06-13

3161 祁恩进 2014年 有声林泉
估　价：RMB 500,000~800,000
成交价：RMB 1,150,000
150cm × 33cm × 13 中贸圣佳 2019-06-07

875 启功 秋兴策杖图 镜心
估　价：RMB 600,000~800,000
成交价：RMB 2,530,000
122cm × 62cm 中国嘉德 2019-06-03

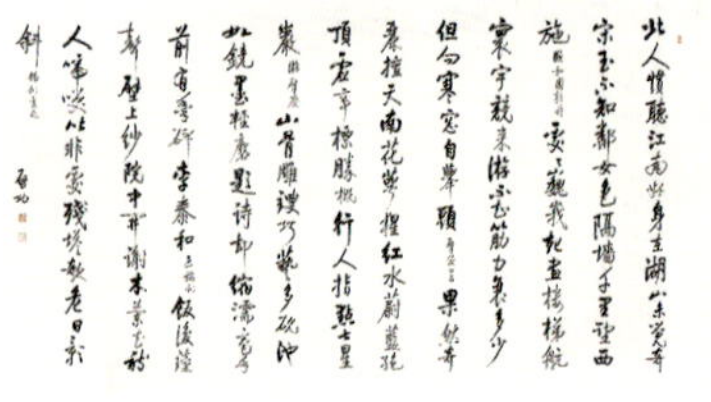

2040 启功 行书自作诗五首 镜心
估　价：RMB 2,400,000~2,800,000
成交价：RMB 4,772,500
193cm × 385cm 北京保利 2019-12-01

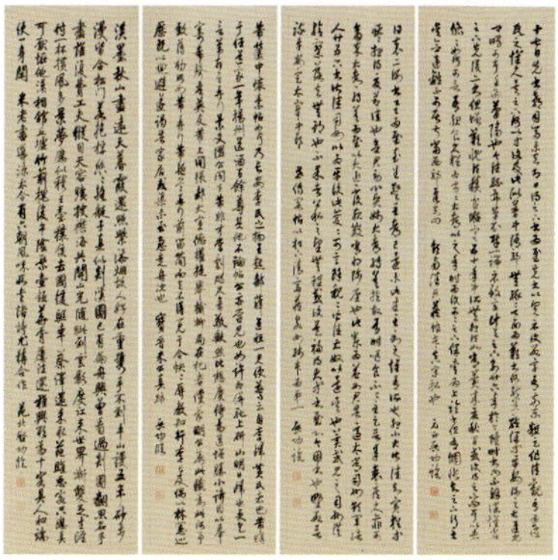

2039 启功 行草书临帖四屏 立轴
估　价：RMB 4,000,000~5,000,000
成交价：RMB 4,945,000
127cm×32cm×4 北京保利 2019-12-01

166 启功 1938年 米家云山图 镜心
估　价：RMB 2,800,000~3,800,000
成交价：RMB 5,750,000
128cm×58.6cm 北京荣宝 2019-12-01

307 钱南园 人马图 立轴
估　价：RMB 450,000~500,000
成交价：RMB 460,000
136cm×68cm 荣宝斋（桂林） 2019-08-18

191 钱松喦 崇岩藏云图 立轴
估　价：RMB 1,000,000~2,000,000
成交价：RMB 1,150,000
147cm×80cm 北京保利 2019-08-24

933 钱松喦 农村新天地 镜心
估　价：RMB 180,000~280,000
成交价：RMB 4,600,000
90.0cm×54.0cm 中国嘉德 2019-11-18

2788 钱松喦 1971年 黄洋界 立轴
估　价：HKD 450,000~600,000
成交价：RMB 3,174,500
83cm×51cm 香港苏富比 2019-10-07

471 钱松喦 1960年 渔舟唱晚 立轴
估　价：RMB 400,000~600,000
成交价：RMB 1,552,500
63cm × 47cm 北京荣宝 2019-12-01

1817 仇德树 裂变 镜心
估　价：RMB 350,000~450,000
成交价：RMB 402,500
160cm × 80cm 北京保利 2019-06-03

71 任重 东篱嗅菊图 立轴
估　价：RMB 1,200,000~1,500,000
成交价：RMB 1,380,000
102cm × 48cm 保利厦门 2019-01-06

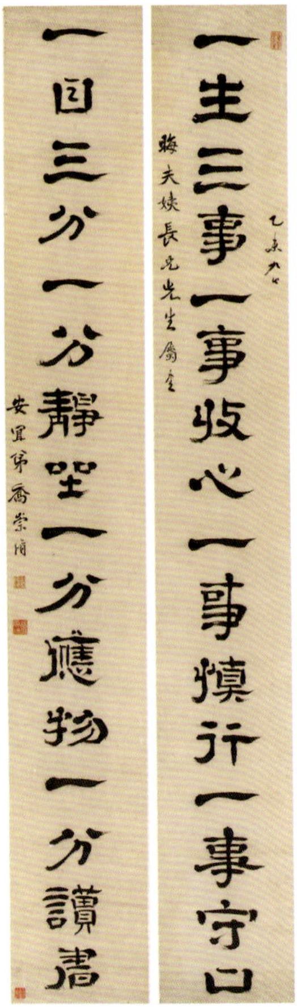

591 乔崇修 隶书十六言联 立轴
成交价：RMB 403,560
200cm × 29cm × 2 中国嘉德 2019-03-30

1319 任重 2010年 西园雅集图 镜心
估　价：RMB 3,600,000~5,000,000
成交价：RMB 9,545,000
96cm × 418cm 北京保利 2019-12-02

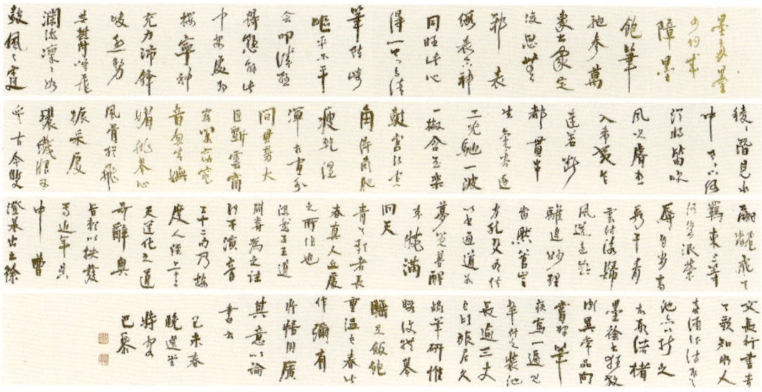

47 饶宗颐 1979年 青天歌论书长卷 手卷
估　价：HKD 1,000,000~1,500,000
成交价：RMB 1,320,125
27cm × 905cm 华艺国际 2019-11-24

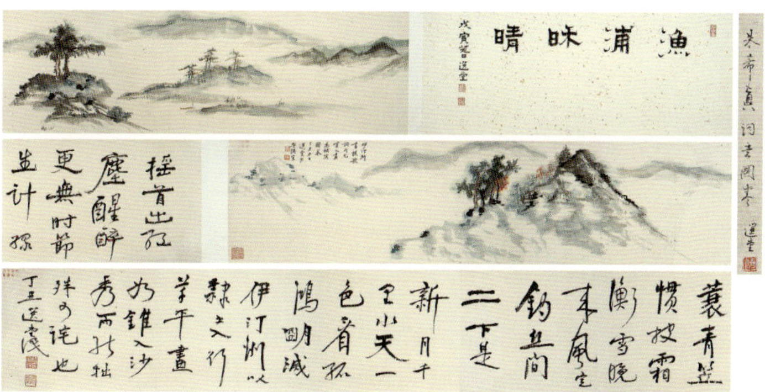

733 饶宗颐 1997年 渔浦昧晴 手卷
估　价：RMB 2,000,000~3,000,000
成交价：RMB 2,817,500
引首33.5cm × 91cm，绘画33.5cm × 250cm，
后跋33.5cm × 257cm 华艺国际 2019-08-11

706 任重 仿李公麟维摩演教图 镜心
估　价：RMB 600,000~800,000
成交价：RMB 1,587,000
302cm × 46cm 中贸圣佳 2019-11-30

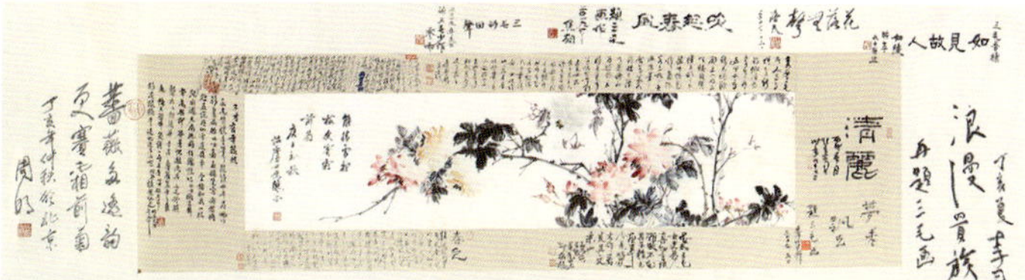

2171 三毛 蔷薇 镜心
估　价：RMB 300,000~400,000
成交价：RMB 1,840,000
25cm × 105cm 中贸圣佳 2019-06-07

2741 沙孟海 1990年 草书五言联 镜心
估　价：RMB 180,000~300,000
成交价：RMB 1,058,000
246cm × 63cm × 2 北京保利 2019-06-04

2617 沈宾 墨竹 立轴
估　价：RMB 300,000~500,000
成交价：RMB 345,000
218cm × 98cm 中贸圣佳 2019-06-07

95 邵宇 郭沫若 画 题 含笑报春晖 立轴
估　价：RMB 600,000~800,000
成交价：RMB 759,000
141cm × 71cm 中贸圣佳 2019-11-30

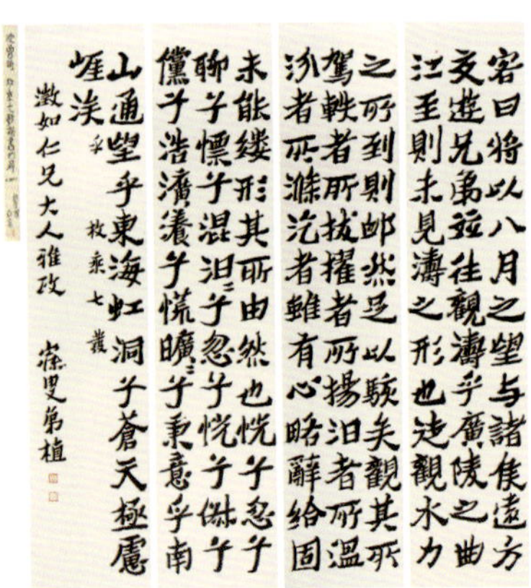

610 沈曾植 节录枚乘“七发”立轴
估　价：RMB 600,000~1,500,000
成交价：RMB 1,322,500
170cm × 37.5cm × 4 北京银座 2019-06-05

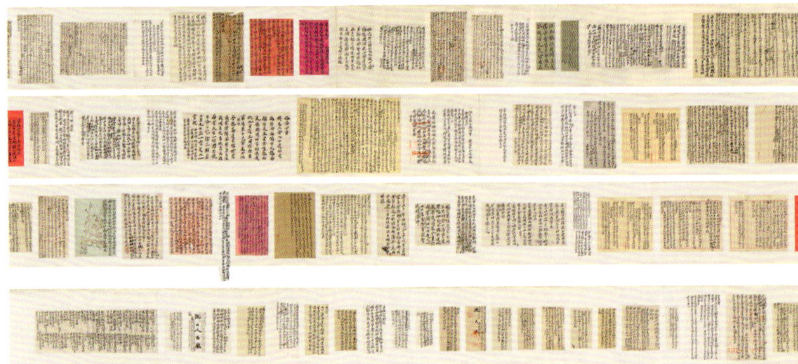

857 沈曾植 诗文杂稿 手卷
估　价：RMB 300,000~400,000
成交价：RMB 2,070,000
尺寸不一 北京匡时 2019-07-13

1313 沈香吟 九州仰月 镜心
估　价：RMB 2,200,000~2,800,000
成交价：RMB 3,105,000
68cm × 272cm 北京保利 2019-12-02

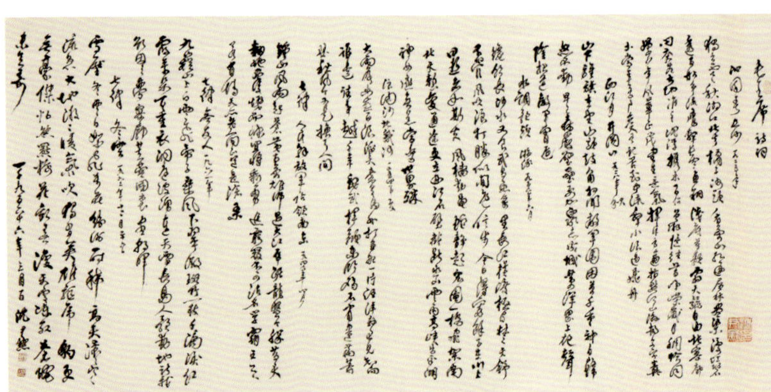

723 沈尹默 1966年 行草毛泽东词七首 镜心
估　价：RMB 1,000~2,000
成交价：RMB 15,755,000
125cm × 250cm 北京保利 2019-12-03

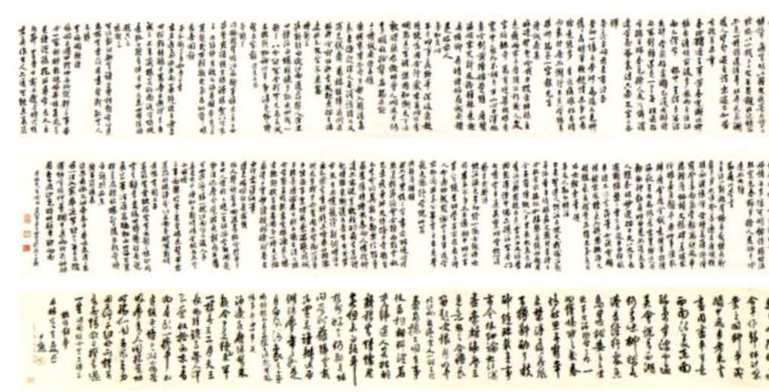

2886 沈尹默 行书自作诗词合卷 手卷
估　价：HKD 2,400,000~2,800,000
成交价：RMB 3,174,500
诗堂：29.7cm × 65.7cm，纸一：30.6cm × 361cm，纸二：28.6cm × 231cm，跋：30.8cm × 88.1cm 香港苏富比 2019-10-07

731 沈尹默 临帖 册页
估　价：RMB 1,000~2,000
成交价：RMB 3,450,000
34cm × 18cm × 22 北京保利 2019-12-03

1524 沈福馨 2018年 秋林润雨 镜心
估　价：RMB 480,000
成交价：RMB 552,000
97cm × 178cm 北京翰海 2019-03-29

269 沈从文 章草 手卷
估　价：RMB 800,000~1,200,000
成交价：RMB 920,000
37cm × 431.5cm 广东崇正 2019-05-23

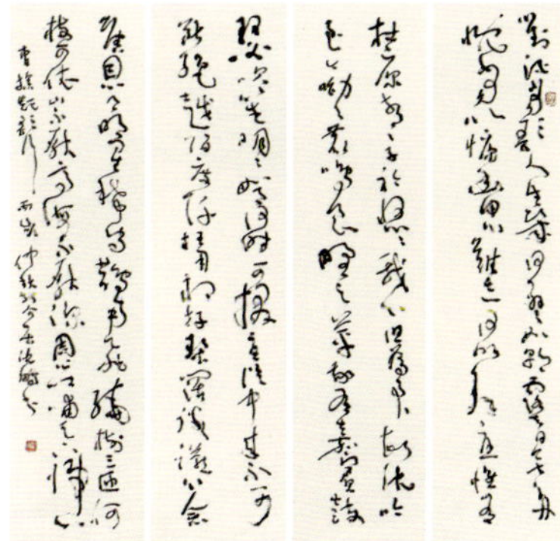

1158 沈鹏 2006年 草书四屏 镜心
估　价：RMB 150,000~250,000
成交价：RMB 977,500
137cm × 34cm × 4 北京荣宝 2019-06-13

1189 师恩钊 2019年 云蒙幽处 镜心
估　价：RMB 200,000
成交价：RMB 368,000
136cm × 69cm 北京翰海 2019-10-12

17 石鲁 1976年 朱兰 镜心
估　价：HKD 800,000~1,200,000
成交价：RMB 3,833,820
70cm × 138cm 中国嘉德 2019-03-30

2918 石鲁 1962年 牧牛图 立轴
估　价：RMB 8,000,000~10,000,000
成交价：RMB 9,200,000
198cm × 52cm 北京保利 2019-06-04

2821 石鲁 1954年 移山 立轴
成交价：RMB 42,550,000
117cm × 87cm 北京保利 2019-12-02

323 石鲁 1959年 春忙图 镜心
估　价：RMB 4,000,000~5,000,000
成交价：RMB 7,820,000
75cm × 93cm 北京荣宝 2019-12-01

926 石鲁 自古华山一条路 镜心
估　价：RMB 6,800,000~8,800,000
成交价：RMB 8,740,000
142cm × 69cm 中国嘉德 2019-11-18

804 石鲁 秋林放牧 镜心
估　价：RMB 4,000,000~5,000,000
成交价：RMB 5,520,000
100cm × 69.5cm 北京匡时 2019-07-13

2186 石鲁 山城披霞 镜心
估　价：RMB 400,000~600,000
成交价：RMB 2,472,500
78cm × 69cm 北京保利 2019-06-04

2919 石鲁 华岳雄风 镜心
估　价：RMB 10,000,000~15,000,000
成交价：RMB 12,650,000
诗堂28cm × 76cm，画心148.5cm × 76cm 北京保利 2019-06-04

727 石鲁 1963年 三喜图 镜芯
估　价：RMB 1,200,000~1,800,000
成交价：RMB 3,335,000
68cm × 47cm 中鸿信 2019-07-16

1578 石齐 熠熠生辉 镜心
估　价：RMB 1,500,000~2,200,000
成交价：RMB 3,220,000
123cm × 123cm 北京荣宝 2019-06-13

65 史国良 2005年 人物四条屏 镜框
估　价：RMB 1,000,000~1,500,000
成交价：RMB 1,150,000
137cm × 37cm × 4 北京荣宝 2019-04-28

1435 石齐 天使 镜心
估　价：RMB 1,800,000
成交价：RMB 3,162,500
124cm × 124cm 北京翰海 2019-03-29

1467 石齐 荷丝绕腕 镜心
估　价：RMB 800,000~1,000,000
成交价：RMB 1,725,000
96.5cm × 90cm 中国嘉德 2019-11-19

1140 史国良 人物四屏 镜心
估　价：RMB 800,000~1,200,000
成交价：RMB 2,070,000
103cm × 35cm × 4 北京荣宝 2019-06-13

67 史国良 1999年 天山之舞 镜框
估　价：RMB 800,000~1,200,000
成交价：RMB 1,127,000
137cm × 69cm 北京荣宝 2019-04-28

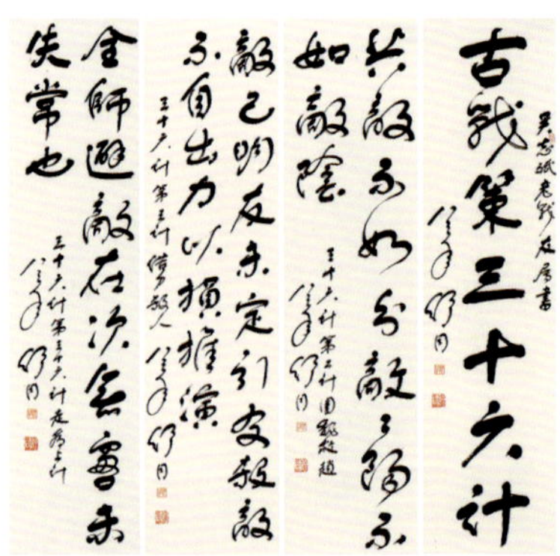

444 舒同 1983年 行书古战策三十六计（三十七幅选四）镜片
估　价：RMB 500,000~800,000
成交价：RMB 632,500
136cm × 34cm × 37 上海嘉禾 2019-09-07

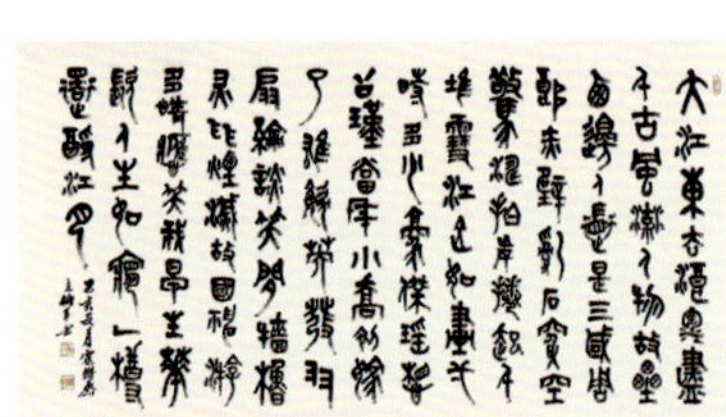

1348 宋伯军 2019年 宋·苏东坡词“赤壁怀古”镜心
估　价：RMB 160,000
成交价：RMB 345,000
180cm × 96cm 北京翰海 2019-10-12

24 宋涤 黄山胜境 镜心
估　价：RMB 300,000~500,000
成交价：RMB 460,000
96cm × 179cm 北京荣宝 2019-10-12

786 宋美龄 山亭秋爽 镜心
估　价：RMB 200,000~250,000
成交价：RMB 1,322,500
56cm × 39cm 中国嘉德 2019-11-18

1706 宋彦军 秋水伊人 镜心
估　价：RMB 800,000~1,200,000
成交价：RMB 943,000
69.5cm × 68cm 中国嘉德 2019-06-04

102 宋文治 1978年 黄山晴晓 镜片
估　价：RMB 1,500,000~2,200,000
成交价：RMB 3,795,000
92cm × 214cm 上海嘉禾 2019-09-06

111 宋文治 1986年 “蜀江云”卷 手卷
估　价：RMB 1,500,000~2,200,000
成交价：RMB 4,025,000
引首27.5cm × 69.5cm，画心28cm × 530cm，题跋一28cm × 22cm，题跋二27.5cm × 33cm
上海嘉禾 2019-09-06

110 宋文治 1983年 轻舟已过万重山 镜片
估　价：RMB 2,200,000~3,200,000
成交价：RMB 4,025,000
135cm × 370cm 上海嘉禾 2019-09-06

1440 苏继海 2018年 彩荷 镜心
估　价：RMB 100,000
成交价：RMB 552,000
138cm × 68cm 北京翰海 2019-03-29

1897 苏笑柏 2011年 裹绿-2
估　价：RMB 1,000,000~1,500,000
成交价：RMB 1,150,000
220cm × 180cm 中国嘉德 2019-06-03

1457 宋雨桂 2005年 清江侠影 手卷
估　价：RMB 300,000~500,000
成交价：RMB 747,500
45cm × 236cm 北京荣宝 2019-12-01

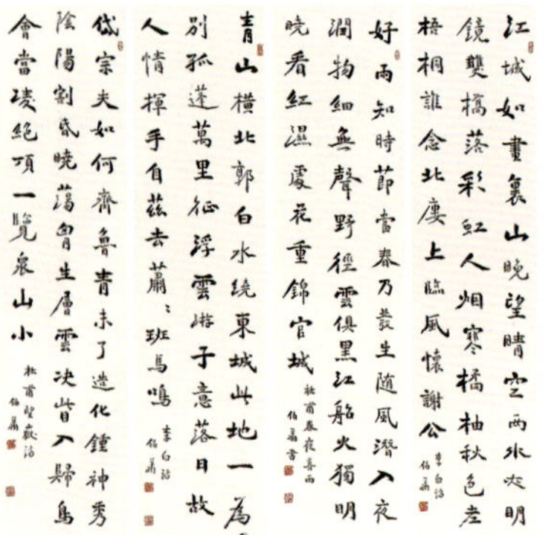

1186 孙伯翔 行书四屏 镜心
估　价：RMB 50,000~80,000
成交价：RMB 276,000
136cm×34cm×4 北京荣宝 2019-06-13

118 孙文 榜书“依水” 镜心
估　价：RMB 180,000~280,000
成交价：RMB 517,500
36.5cm×116.5cm 上海明轩 2019-04-28

2046 孙文 行书“博爱” 镜心
估　价：RMB 800,000~1,000,000
成交价：RMB 943,000
30cm×62cm 北京保利 2019-12-01

831 孙浩 2017年 晨曦 镜框
估　价：HKD 80,000~100,000
成交价：RMB 302,400
97cm×90cm 佳士得 2019-05-27

1185 孙其峰 2007年 花鸟四屏 镜心
估　价：RMB 300,000~400,000
成交价：RMB 1,035,000
136cm×34cm×4 北京荣宝 2019-06-13

744 孙宗慰 1948年 灯红酒绿-街头打粥 设色纸本
估　价：RMB 2,200,000~3,000,000
成交价：RMB 3,910,000
150cm×162cm×2 中国嘉德 2019-06-03

384 孙云生 1989年 泼彩荷花 镜心
估　价：HKD 300,000~500,000
成交价：RMB 302,670
89cm × 180cm 中国嘉德 2019-03-30

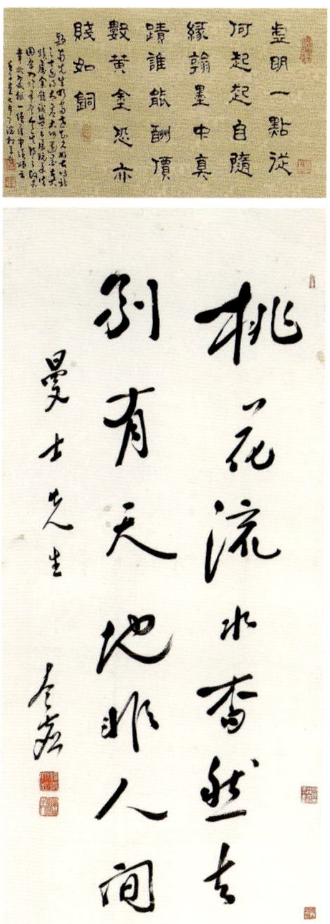

60 太虚 行书七言句 立轴
成交价：RMB 345,000
89.5cm × 41cm 中国嘉德 2019-06-02

829 泰祥洲 2012年 西山 手卷
估　价：HKD 450,000~650,000
成交价：RMB 503,438
41.2cm × 302.7cm 佳士得 2019-11-25

830 谈月色 仿顾莼、汤贻汾 墨梅 四屏立轴
估　价：RMB 300,000~400,000
成交价：RMB 483,000
144cm × 38cm × 4 中贸圣佳 2019-08-16

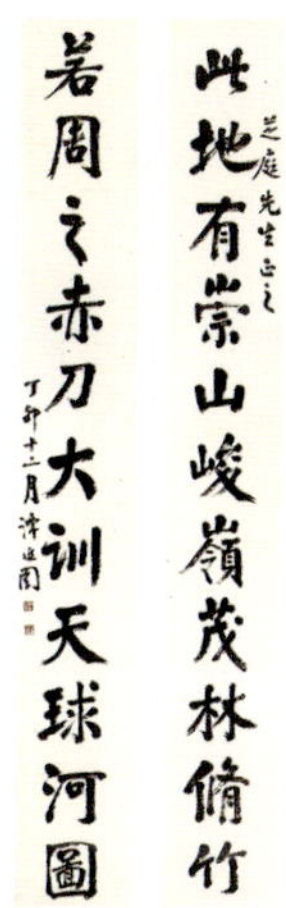

1401 谭延闿 1927年 楷书十一言联 立轴
估　价：HKD 70,000~90,000
成交价：RMB 1,389,375
各 367cm × 49.2cm (2) 香港苏富比 2019-04-02

1446 汤哲明 2018年 四时风光 镜框
估　价：HKD 120,000~180,000
成交价：RMB 406,125
各 33.5cm × 33.5cm (4) 香港苏富比 2019-04-02

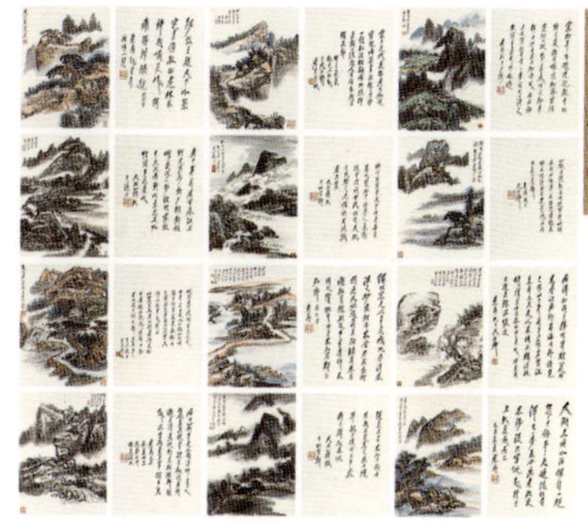

421 唐云 山川纪游册 册页（十二开）
估　价：RMB 800,000~1,200,000
成交价：RMB 2,300,000
46cm × 34.5cm × 24 中国嘉德 2019-06-02

1203 唐勇力 赏春图 镜心
估　价：RMB 350,000~450,000
成交价：RMB 667,000
82cm × 54cm 北京荣宝 2019-12-01

1034 陶博吾 古柏图 立轴
估　价：RMB 280,000~350,000
成交价：RMB 402,500
137cm × 60cm 中鸿信 2019-07-16

33 陶冷月 梅香幽坐 镜心
估　价：RMB 600,000~900,000
成交价：RMB 1,265,000
33cm × 86cm 上海明轩 2019-04-28

423 陶冷月 1948年 桃源夜月 立轴
估　价：RMB 2,800,000~3,800,000
成交价：RMB 4,485,000
132.5cm × 67.5cm 中国嘉德 2019-06-02

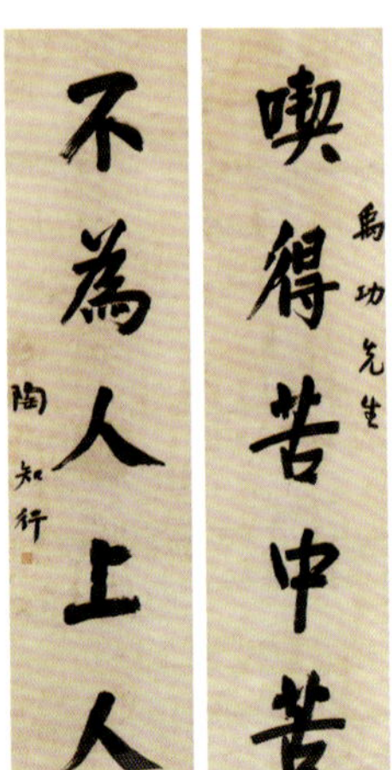

327 陶行知 楷书五言联 立轴
估　价：RMB 30,000~50,000
成交价：RMB 483,000
129cm × 31cm × 2 中国嘉德 2019-11-17

1009 陶一清 春江花夜月 镜心
估　价：RMB 200,000~300,000
成交价：RMB 368,000
69cm × 137cm 中国嘉德 2019-06-03

1179 田黎明 乡村的记意 镜心
估　价：RMB 600,000~800,000
成交价：RMB 1,380,000
69cm × 164cm 北京荣宝 2019-12-01

1178 田黎明 都市阳光 镜框
估　价：RMB 600,000~800,000
成交价：RMB 1,610,000
103cm × 68cm 北京荣宝 2019-12-01

239 田伯平 2018年 楷书“毛泽东词”镜心
估　价：RMB 150,000
成交价：RMB 345,000
68cm × 268cm 北京翰海 2019-03-29

404 田黎明 近泉者清 镜心
估　价：RMB 400,000~600,000
成交价：RMB 805,000
68cm × 140cm 上海匡时 2019-06-21

333 田世光 花鸟四屏 立轴
估　价：RMB 1,000,000~1,300,000
成交价：RMB 1,150,000
137cm × 34cm × 4 华艺国际 2019-08-10

621 田世光 摹宋徽宗古梅山禽 立轴
估　价：RMB 1,800,000~2,200,000
成交价：RMB 2,300,000
173.5cm × 83cm 中贸圣佳 2019-11-30

678 童素文 荷花鸳鸯图 立轴
估　价：RMB 600,000~800,000
成交价：RMB 977,500
156cm × 93cm 北京荣宝 2019-06-13

850 田世光 摹宋人花鸟 四屏镜心
估　价：RMB 800,000~1,200,000
成交价：RMB 1,127,000
86.5cm × 28cm × 4 中贸圣佳 2019-08-16

417 童中焘 南湖图 镜心
估　价：RMB 300,000~350,000
成交价：RMB 1,092,500
70cm × 42.5cm 上海匡时 2019-06-21

633 万籁鸣 1984年 圣猴放马图 镜片
估　价：RMB 280,000~380,000
成交价：RMB 483,000
95cm × 359cm 上海嘉禾 2019-09-07

1293 汪精卫 1937年 双照楼词 册页（六开）
估　价：HKD 100,000~200,000
成交价：RMB 918,000
30cm × 41.5cm × 6 佳士得 2019-05-28

1247 汪国真 2012年 只作清香不作声 镜心
估　价：RMB 130,000
成交价：RMB 575,000
35cm × 139cm 北京翰海 2019-10-12

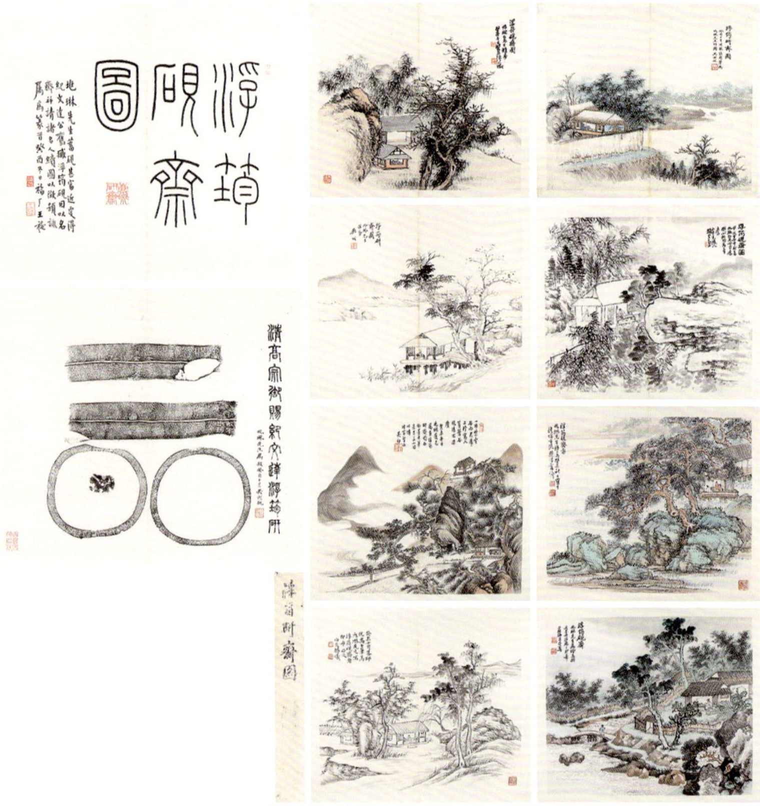

817 王福厂 吴湖帆 吴徵 赵云壑 吴桐 樊浩霖 等 清高宗御赐纪昀浮筠砚拓片并诸家绘浮筠砚斋图册 册页
估　价：RMB 800,000~1,200,000
成交价：RMB 2,070,000
33.5cm × 41cm × 10 中贸圣佳 2019-06-07

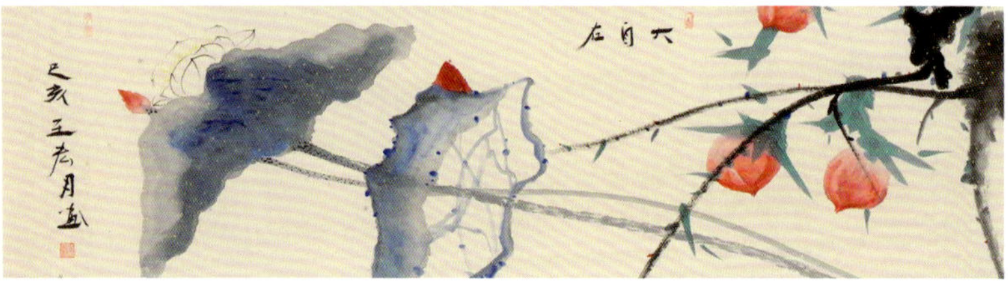

1904 王宏月 2019年 大自在 镜心
估　价：RMB 400,000~500,000
成交价：RMB 552,000
49cm × 185cm 北京保利 2019-06-03

255 王大为 2018年 长城雄姿 镜心
估　价：RMB 420,000
成交价：RMB 563,500
98cm × 180cm 北京翰海 2019-03-29

1333 王国维 1923年 行书节录“道德经” 镜框
估　价：HKD 300,000~400,000
成交价：RMB 2,992,500
32.5cm × 133cm 香港苏富比 2019-04-02

1183 王连笙 2019年 疏林幽居图 镜心
估　价：RMB 32,000
成交价：RMB 402,500
136cm × 68cm 北京翰海 2019-10-12

1538 王明明 1991年 溪山雅集图 镜心
估　价：RMB 2,000,000~3,000,000
成交价：RMB 5,175,000
142cm × 372cm 北京荣宝 2019-06-13

1569 王明明 1992年 金秋时节
估　价：RMB 1,200,000~1,500,000
成交价：RMB 2,760,000
121cm × 242cm 北京翰海 2019-06-15

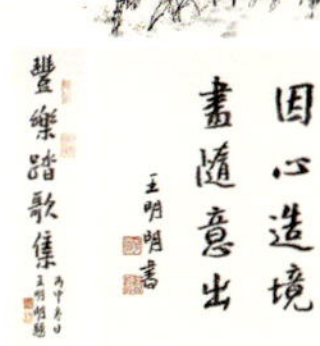

446 王明明 2016年 丰乐踏歌集 册页
估　价：HKD 4,000,000~4,500,000
成交价：RMB 5,044,500
27cm × 84cm × 16 中国嘉德 2019-03-30

1189 王明明 2004年 西园雅集图 镜心
估　价：RMB 500,000~600,000
成交价：RMB 1,265,000
96.5cm × 180cm 北京荣宝 2019-12-01

1180 王明泽 2017年 汉江清凉处 镜心
估　价：RMB 320,000
成交价：RMB 402,500
98cm × 89cm 北京翰海 2019-10-12

1535 王能艺 1979年 黄山天都峰 立轴
估　价：RMB 420,000
成交价：RMB 483,000
178cm × 97cm 北京翰海 2019-03-29

3159 王清州 2016年 总领群芳
估　价：RMB 180,000~280,000
成交价：RMB 552,000
180cm × 180cm 中贸圣佳 2019-06-07

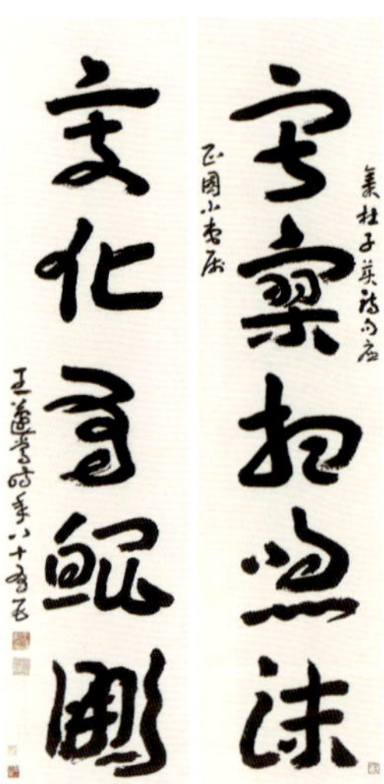

259 王蘧常 行书五言联 立轴
估　价：RMB 60,000~80,000
成交价：RMB 402,500
134cm × 32cm × 2 北京荣宝 2019-06-13

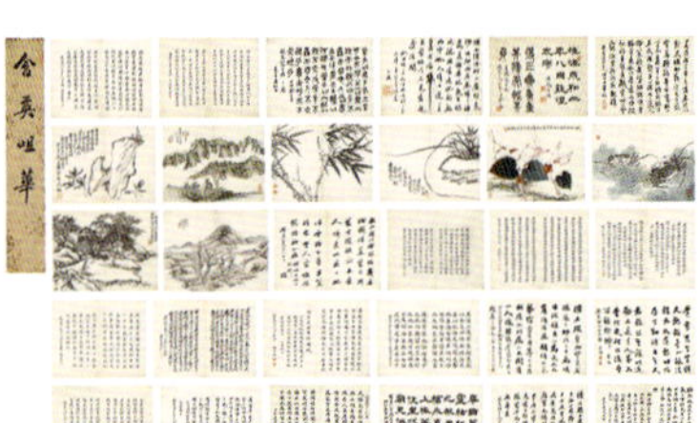

433 王仁沛 严修 赵元礼 等 含英咀华书画册（三十页）册页
估　价：RMB 40,000~60,000
成交价：RMB 483,000
尺寸不一（册页尺寸39.5cm × 31cm） 西泠印社 2019-07-06

1480 王仁华 2016年 古灯今照 镜心
估　价：RMB 300,000~500,000
成交价：RMB 448,500
136cm × 72cm 中国嘉德 2019-11-19

467 王叔晖 1938年 庭院仕女图 镜框
估　价：RMB 550,000~600,000
成交价：RMB 632,500
99cm × 40cm 北京荣宝 2019-06-13

112 王涛 2010年 春雨 镜心
估　价：RMB 300,000
成交价：RMB 368,000
91cm × 69cm 北京翰海 2019-03-29

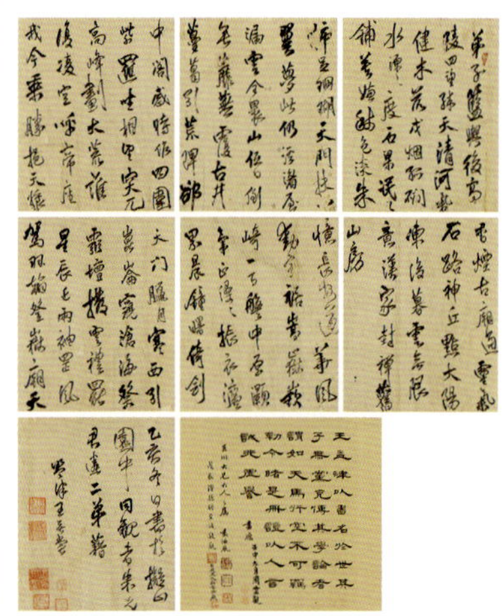

243 王无党 书王铎诗册
估　价：RMB 700,000~900,000
成交价：RMB 1,265,000
28.5cm × 22cm × 7cm 北京荣宝 2019-06-13

2782 王西京 2009年 八仙乐游图 镜心
估　价：RMB 300,000~400,000
成交价：RMB 862,500
95.5cm × 240cm 北京保利 2019-12-02

70 王小古 1980年 娇容三变 立轴
估 价：RMB 120,000~180,000
成交价：RMB 356,500
136cm × 60cm 广东崇正 2019-05-23

1539 王晓卉 2018年 花卉 镜心
估 价：RMB 480,000
成交价：RMB 552,000
178cm × 96cm 北京翰海 2019-03-29

1523 王信聪 2018年 东昇图 镜心
估 价：RMB 450,000
成交价：RMB 552,000
95cm × 176cm 北京翰海 2019-03-29

365 王雪涛 1934年 九安图 立轴
估 价：RMB 1,800,000~2,400,000
成交价：RMB 2,070,000
168cm × 55cm 北京荣宝 2019-06-13

56 王雪涛 1978年 牡丹蝴蝶 立轴
估 价：RMB 800,000~1,200,000
成交价：RMB 2,242,500
179.5cm × 90cm 北京荣宝 2019-12-01

71 王雪涛 迟园秋夕册 镜心
估 价：RMB 800,000~1,000,000
成交价：RMB 2,990,000
33cm × 33cm × 12 北京荣宝 2019-12-01

70 王雪涛 富贵吉祥 八屏立轴
估　价：RMB 8,000,000~12,000,000
成交价：RMB 21,850,000
142cm×45.5cm×8 北京荣宝 2019-12-01

202 王雪涛 1939年 池塘清趣 立轴
成交价：RMB 1,058,000
123cm×52cm 中国嘉德 2019-06-02

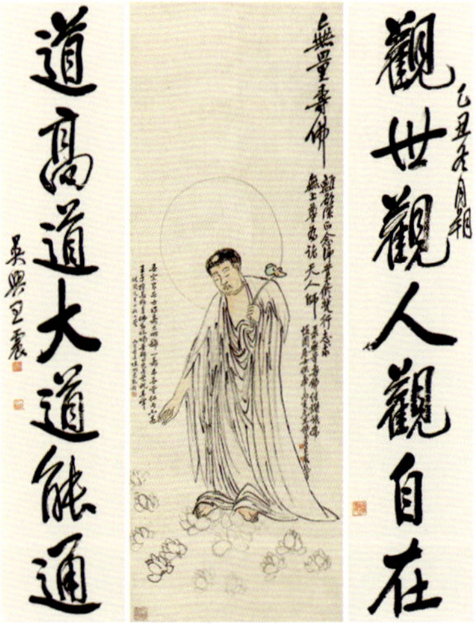

2444 王一亭 1926年 无量寿佛 书法 立轴
估　价：RMB 300,000~400,000
成交价：RMB 460,000
137cm×48cm，150cm×33cm×2
北京保利 2019-12-02

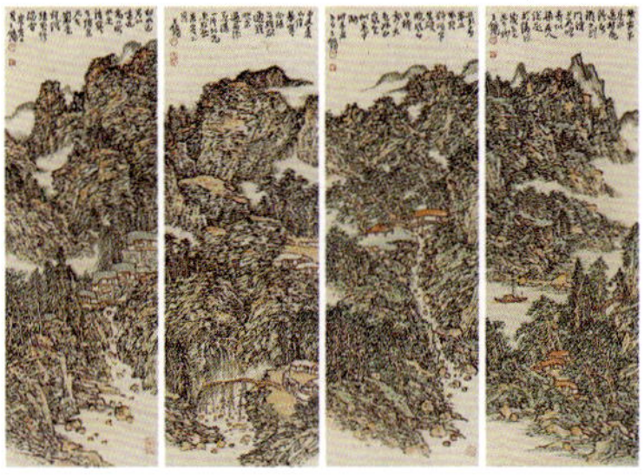

1149 王镛 2009年 山水四屏 镜心
估　价：RMB 300,000~400,000
成交价：RMB 920,000
101cm×34cm×4 北京荣宝 2019-06-13

333 王震 1914年 摹顾曾寿杂画册 册页（十二开）
估　价：RMB 80,000~100,000
成交价：RMB 782,000
29cm×31.2cm×12 北京诚轩 2019-06-01

348 王震 1923年 桃花源 立轴
估　价：RMB 50,000~70,000
成交价：RMB 552,000
137cm×68.5cm 北京诚轩 2019-06-01

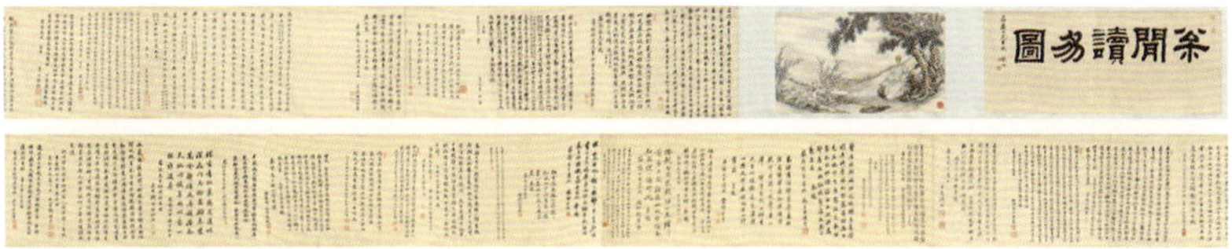

236 王埙 为华公弼作松间读易图卷 手卷
估 价：RMB 100,000~200,000
成交价：RMB 575,000
引首87.5cm×37cm，画心63.5cm×37cm，题跋731cm×42cm 西泠印社 2019-07-06

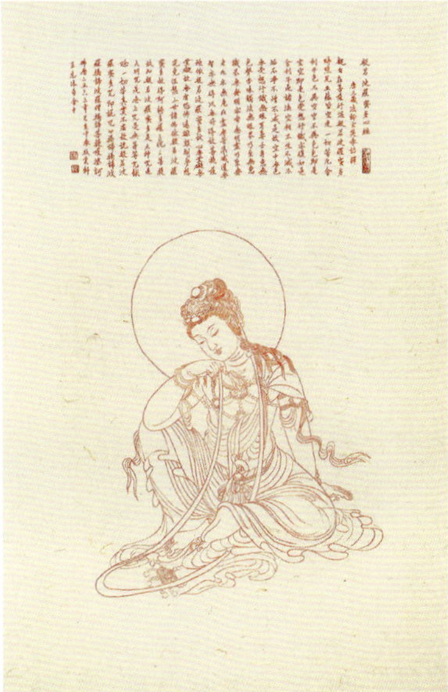

1157 王志 2019年 观音心经 镜心
估 价：RMB 380,000
成交价：RMB 632,500
90cm×61cm 北京翰海 2019-10-12

803 王子武 1981年 虎 镜心
估 价：RMB 500,000~700,000
成交价：RMB 1,150,000
148cm×81cm 北京匡时 2019-07-13

77 王子武 1986年 钟馗 立轴
估 价：USD 7,500~10,000
成交价：RMB 2,517,375
136.2cm×68.3cm 纽约佳士得 2019-03-19

238 王子武 春色永年 镜片
估 价：RMB 1,500,000~2,000,000
成交价：RMB 1,725,000
69cm×137.5cm 广东崇正 2019-11-28

1163 尾形光琳 三鹿图
估 价：USD 30,000~40,000
成交价：RMB 587,388
79cm×47cm 纽约佳士得 2019-03-21

474 魏贺君 霞光照山林 镜框
估　价：RMB 30,000~60,000
成交价：RMB 345,000
84cm×63cm 荣宝斋（南京） 2019-05-21

375 魏紫熙 1979年 凤城山色 镜心
估　价：RMB 400,000~600,000
成交价：RMB 713,000
68cm×138cm 北京荣宝 2019-12-01

1672 文蔚 文林女史 （二帧） 立轴
估　价：RMB 350,000~450,000
成交价：RMB 517,500
90cm×34.5cm×2 北京荣宝 2019-06-13

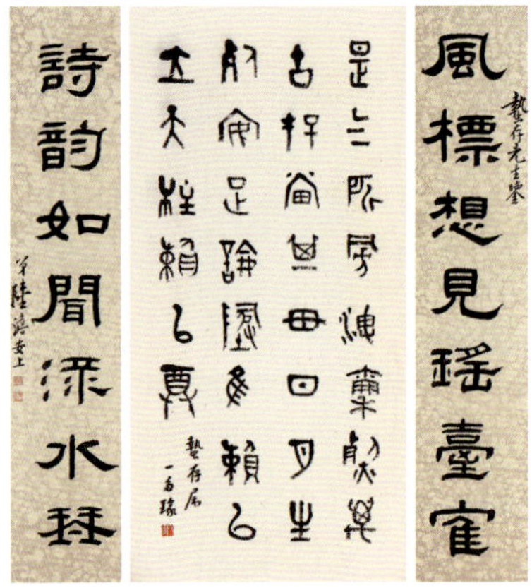

2211 闻一多 陆澹盦 金文中堂、隶书七言联 立轴
估　价：RMB 300,000~500,000
成交价：RMB 402,500
对联130cm×26c，中堂68cm×33cm 中贸圣佳 2019-06-07

401 翁绶祺 翁瑞午 清奇古怪四屏 立轴
估　价：HKD 220,000~320,000
成交价：RMB 605,340
105cm×50cm×4 保利香港 2019-04-01

2901 吴昌硕 1917年 富贵花开 立轴
估　价：RMB 3,000,000~5,000,000
成交价：RMB 7,475,000
152cm×82cm 北京保利 2019-06-04

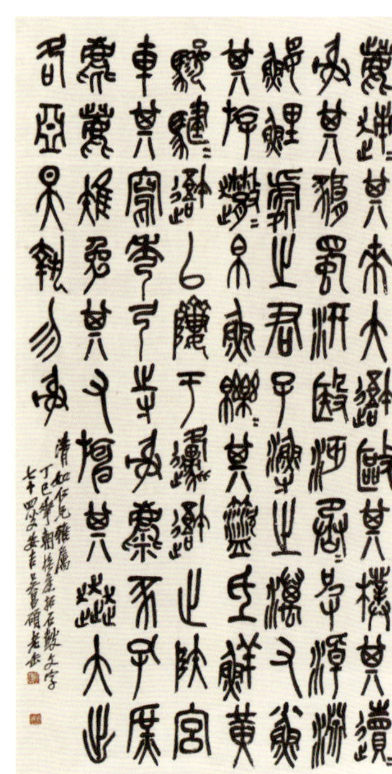

379 吴昌硕 1917年 石鼓文中堂 立轴
估　价：RMB 800,000~1,200,000
成交价：RMB 1,092,500
145cm×76cm 北京荣宝 2019-12-01

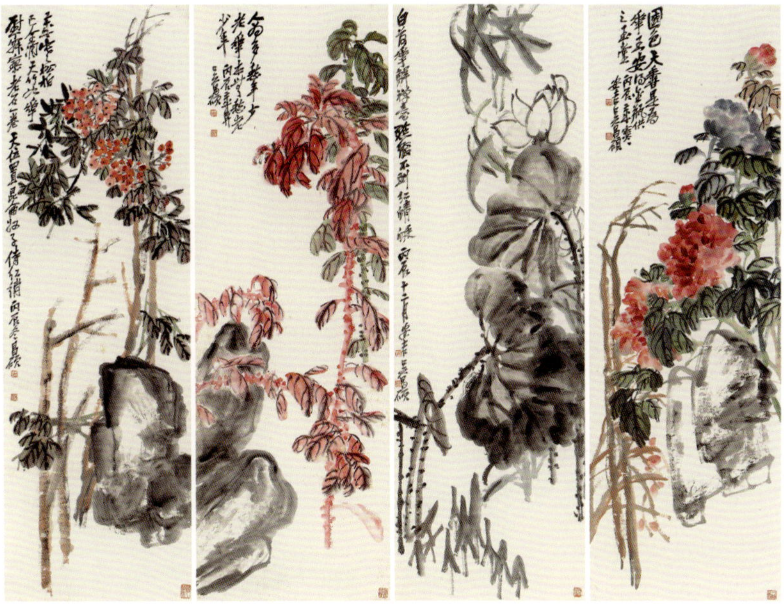

351 吴昌硕 1916年 花卉四屏 立轴
估　价：RMB 3,500,000~4,500,000
成交价：RMB 9,890,000
126cm × 40.6cm × 4 北京荣宝 2019-06-13

399 吴昌硕 1915年 葫芦 立轴
估　价：RMB 2,800,000~3,800,000
成交价：RMB 4,945,000
138.5cm × 67.5cm 中国嘉德 2019-06-02

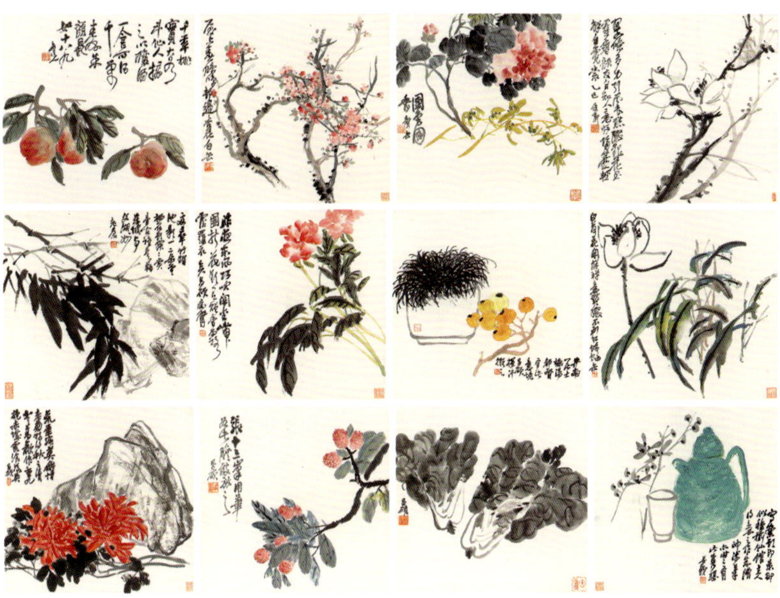

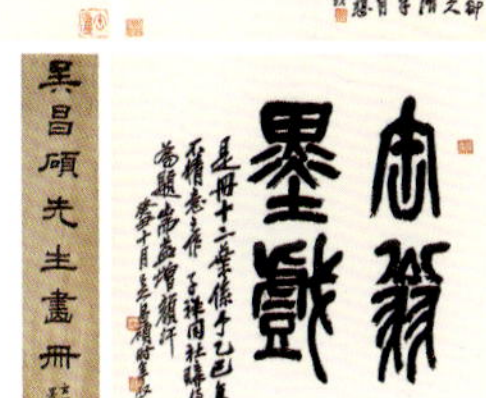

893 吴昌硕 1905年 花卉清供册 册页（十二开）
估　价：RMB 12,000,000~18,000,000
成交价：RMB 25,300,000
画42cm × 42cm × 12，题41.5cm × 41.5cm 中国嘉德 2019-11-18

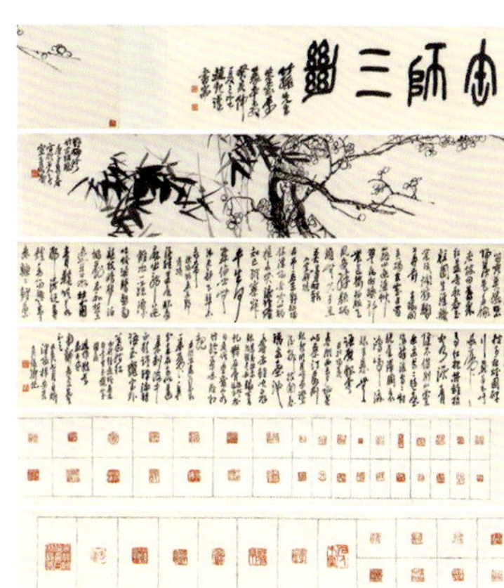

400 吴昌硕 缶师三绝卷 手卷
估　价：RMB 6,000,000~8,000,000
成交价：RMB 6,900,000
引首23cm × 85cm，画23cm × 139.5cm，字18cm × 263.5cm，印19cm × 213cm
中国嘉德 2019-06-02

365 吴昌硕 1917年 嫣红映锦 镜心
估　价：RMB 2,800,000~3,500,000
成交价：RMB 5,980,000
135.5cm × 33cm × 4 北京荣宝 2019-12-01

709 吴昌硕 1919年 春江独钓图 镜芯
估　价：RMB 1,500,000~3,500,000
成交价：RMB 3,795,000
86cm × 180.5cm 中鸿信 2019-07-16

1278 吴东魁 2019年 龙行天下 镜心
估　价：RMB 180,000
成交价：RMB 345,000
直径42cm × 4 北京翰海 2019-10-12

2772 吴冠中 1983年 日照群峰 镜框
估　价：HKD 12,000,000~18,000,000
成交价：RMB 44,229,855
96cm × 179cm 香港苏富比 2019-10-07

2772 吴冠中 80年代作 月下玉龙山 镜心
估　价：RMB 12,000,000~15,000,000
成交价：RMB 14,950,000
95.5cm × 177.5cm 北京保利 2019-12-02

383 吴冠中 狮子林 镜心
成交价：RMB 143,750,000
144cm × 297cm 中国嘉德 2019-06-02

801 吴冠中 1982年 欢腾之夜 镜框
估　价：HKD 25,000,000~35,000,000
成交价：RMB 28,750,464
102cm × 105cm 华艺国际 2019-05-27

1283 吴冠中 1981年 新疆白桦林 镜框
估　价：HKD 6,000,000~8,000,000
成交价：RMB 16,976,025
105.2cm × 102cm 香港苏富比 2019-04-02

2800 吴冠中 双燕 镜框
估　价：HKD 6,000,000~9,000,000
成交价：RMB 35,965,271
68.8cm × 137.5cm 香港苏富比 2019-10-07

67 吴冠中 弥勒佛 镜心
估　价：RMB 6,000,000~8,000,000
成交价：RMB 17,710,000
81cm × 149cm 北京荣宝 2019-06-13

2849 吴冠中 1978年 桑园 镜心
估　价：RMB 15,000,000~18,000,000
成交价：RMB 17,250,000
69cm × 83cm 北京保利 2019-06-04

802 吴冠中 1983年 雪山与杜鹃 镜框
估　价：HKD 6,800,000~8,800,000
成交价：RMB 9,991,296
136.5cm × 67cm 华艺国际 2019-05-27

1262 吴冠中 1989年 美利坚大峡谷 镜框
估　价：HKD 15,000,000~20,000,000
成交价：RMB 40,458,475
123.3cm × 170cm 佳士得 2019-11-26

765 吴冠中 1987年 奔流 镜心
估　价：HKD 4,600,000~8,600,000
成交价：RMB 10,290,780
161cm × 95.5cm 保利香港 2019-04-01

110 吴湖帆 1958年 溪山秋晓图 镜框
估　价：RMB 15,000,000~25,000,000
成交价：RMB 18,400,000
23.5cm × 98cm 华艺国际 2019-08-10

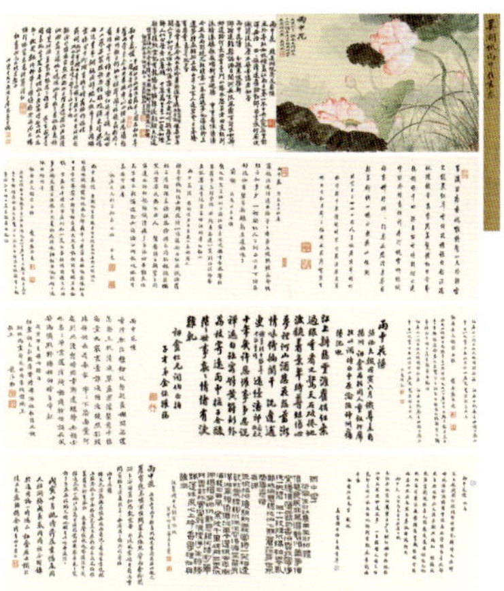

915 吴湖帆 1938年 雨中花 手卷
估　价：RMB 2,800,000~3,800,000
成交价：RMB 4,485,000
画30.5cm × 46cm，跋30.5cm × 368cm 中国嘉德 2019-11-18

720 吴湖帆 1929年 月波楼图卷 手卷
估　价：RMB 2,200,000~3,200,000
成交价：RMB 4,427,500
题跋27cm × 183cm，引首27cm × 89.5cm，画芯27cm × 92cm 中鸿信 2019-07-16

113 吴湖帆 1959年 六和塔俯瞰钱塘江大桥 镜框
估　价：RMB 3,800,000~4,800,000
成交价：RMB 5,060,000
50cm × 84.5cm 华艺国际 2019-08-10

343 吴湖帆 1927年 仿北苑夏山图 立轴
估　价：HKD 2,500,000~3,500,000
成交价：RMB 4,035,600
147cm × 80cm 北京匡时 2019-04-02

132 吴湖帆 潘静淑 1936年 天中小景 立轴
估　价：RMB 1,800,000~2,800,000
成交价：RMB 4,255,000
76cm × 37cm 上海明轩 2019-04-28

386 吴湖帆 1948年 秋岭横云 立轴
估　价：RMB 12,000,000~18,000,000
成交价：RMB 25,875,000
129.5cm × 60cm 中国嘉德 2019-06-02

712 吴琴木 云壑松阴 立轴
估　价：RMB 380,000~600,000
成交价：RMB 517,500
142cm × 78cm 朵云轩 2019-06-22

161 吴湖帆 1949年 宝带垂虹 立轴
估　价：RMB 4,500,000~5,500,000
成交价：RMB 6,325,000
111.5cm × 52.5cm 上海明轩 2019-04-28

142 吴山明 弥勒佛 镜框
估　价：RMB 250,000~350,000
成交价：RMB 345,000
68cm × 44cm 北京保利 2019-08-24

449 吴青霞 仿古山水（十二帧）册页
估　价：RMB 600,000~800,000
成交价：RMB 1,265,000
38cm × 25cm × 12 北京荣宝 2019-04-28

696 吴灏 1959年 临张穆七十龙媒图 手卷
估　价：RMB 300,000~500,000
成交价：RMB 552,000
前跋25.5cm × 79cm，画25cm × 1063cm，后跋25.5cm × 200cm 广东崇正 2019-05-23

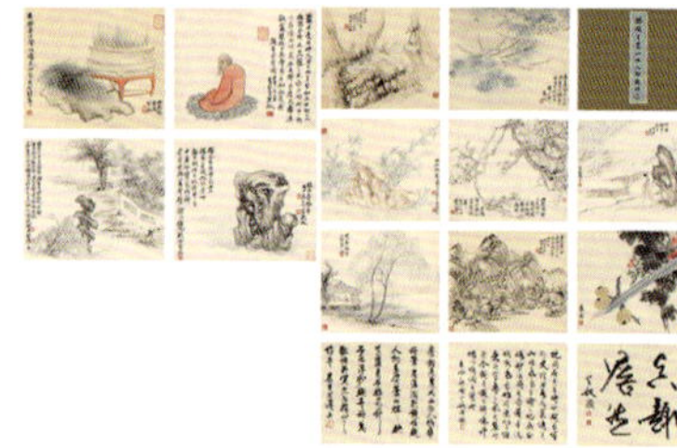

2248 吴徵 1918年 山水人物杂册（共十五页）册页
估　价：RMB 180,000~280,000
成交价：RMB 310,500
画心30.5cm × 25.5cm × 12，
题端30.5cm × 25.5cm，
题跋30.5cm × 25.5cm × 2
西泠印社 2019-07-07

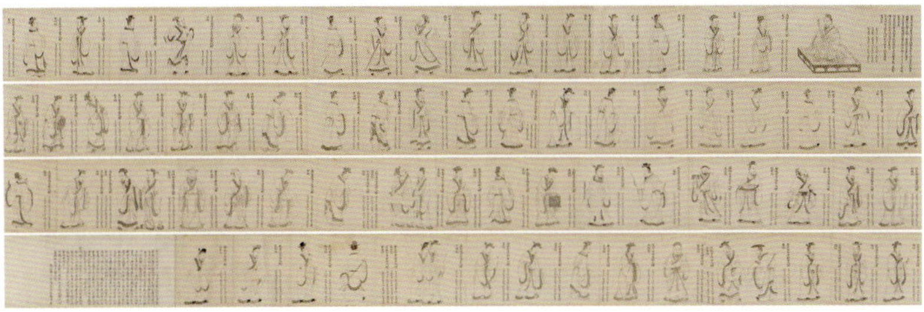

4035 吴讷 题七十二孔弟子像 手卷
估　价：RMB 1,000,000~1,500,000
成交价：RMB 1,150,000
画心32cm × 1580cm，题跋32cm × 77cm
北京保利 2019-06-03

446 吴作人 1960年 任重致远 镜心
估　价：RMB 380,000~480,000
成交价：RMB 632,500
104.5cm × 63cm 北京荣宝 2019-12-01

1663 吴悦石 2019年 待击长空九万里 镜心
估　价：RMB 580,000~800,000
成交价：RMB 1,035,000
138.5cm × 69cm 北京荣宝 2019-06-13

1331 吴作人 1986年 戈壁行 立轴
估　价：HKD 120,000~150,000
成交价：RMB 984,639
102cm × 53cm 中国嘉德 2019-10-08

32 吴作人 熊猫 立轴
估　价：RMB 200,000~300,000
成交价：RMB 667,000
60cm × 48cm 广东崇正 2019-05-23

2449 武中奇 行书毛主席词 镜心
估　价：RMB 300,000~500,000
成交价：RMB 345,000
370cm × 129cm 中贸圣佳 2019-06-07

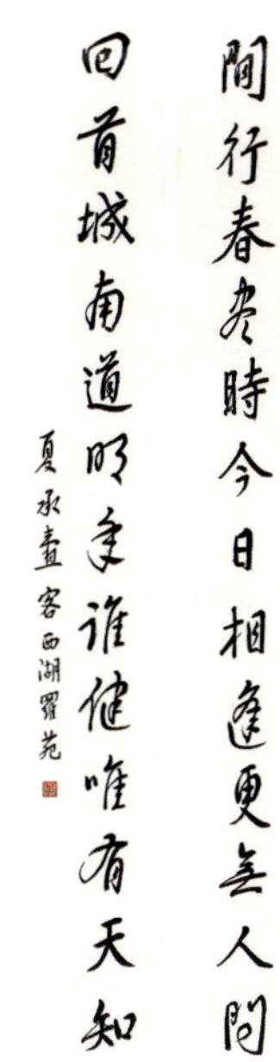

1210 夏承焘 行书十三言联 立轴
估　价：RMB 20,000~40,000
成交价：RMB 414,000
129cm × 21cm × 2 中国嘉德 2019-06-04

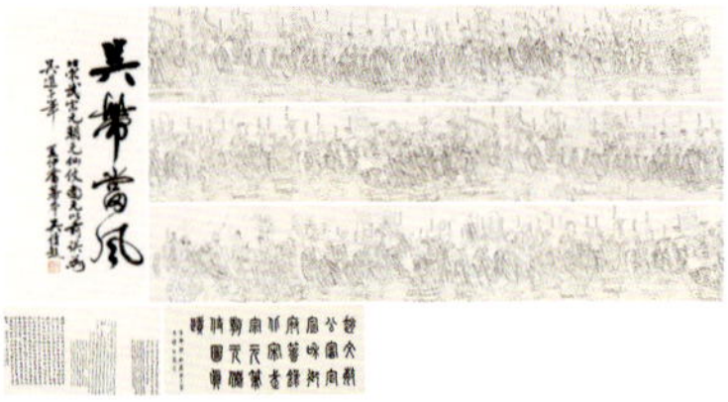

72 夏伊乔 朝元仙仗图 手卷
估　价：RMB 15,000~20,000
成交价：RMB 529,000
引首44cm×107.5cm，画心44cm×660cm，尾跋44cm×28cm 上海工美 2019-11-10

1820 肖旭 2009年 烟云
估　价：RMB 30,000~50,000
成交价：RMB 368,000
123cm×244cm 中国嘉德 2019-06-03

366 萧愻 1943年 深山读书图 镜心
估　价：RMB 150,000~250,000
成交价：RMB 517,500
146cm×88cm 中国嘉德 2019-10-15

629 萧淑芳 玩具厂女工 镜心
估　价：RMB 100,000~150,000
成交价：RMB 402,500
62cm×53.5cm 中国嘉德 2019-11-18

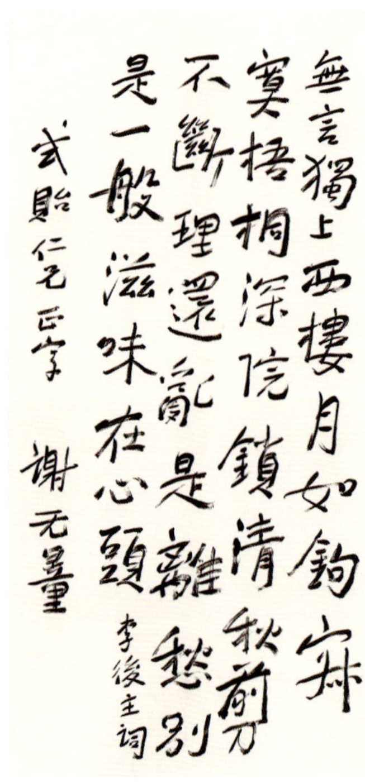

2037 谢无量 行书李煜词 镜心
估　价：RMB 380,000~480,000
成交价：RMB 437,000
132cm×64.5cm 北京保利 2019-12-01

162 谢稚柳 1962年 李长吉诗意图 镜心
估　价：RMB 3,000,000~3,800,000
成交价：RMB 4,600,000
148.5cm×83cm 上海明轩 2019-04-28

1367 谢稚柳 1949年 仿李迪绿羽绶带 镜框
估　价：HKD 1,000,000~1,800,000
成交价：RMB 3,322,080
104cm×47cm 佳士得 2019-05-28

778 谢稚柳 1978年 虬松图 镜片
估　价：RMB 12,000,000~18,000,000
成交价：RMB 18,400,000
375cm × 169cm 西泠印社 2019-07-06

947 谢稚柳 陈佩秋 1985年 竹禽图 立轴
估　价：RMB 8,000,000~12,000,000
成交价：RMB 22,425,000
164.0cm × 81.5cm × 4 中国嘉德 2019-11-18

335 谢稚柳 1973年 墨彩纷华 册页
估　价：RMB 1,800,000~2,200,000
成交价：RMB 4,025,000
21cm × 33cm × 12　北京荣宝 2019-12-01

2849 谢稚柳 1944年 野塘消暑 立轴
估　价：RMB 3,600,000~4,600,000
成交价：RMB 4,370,000
159cm × 81cm 北京保利 2019-12-02

715 谢稚柳 高唐神女图 镜芯
估　价：RMB 1,500,000~3,500,000
成交价：RMB 2,817,500
126cm × 58.5cm 中鸿信 2019-07-16

392 谢稚柳 1945年 修竹仕女 立轴
估　价：RMB 1,500,000~2,500,000
成交价：RMB 2,990,000
118cm×50cm 中国嘉德 2019-06-02

829 熊十力 行书五言联 立轴
估　价：RMB 300,000~500,000
成交价：RMB 402,500
113cm×37cm×2 中贸圣佳 2019-06-07

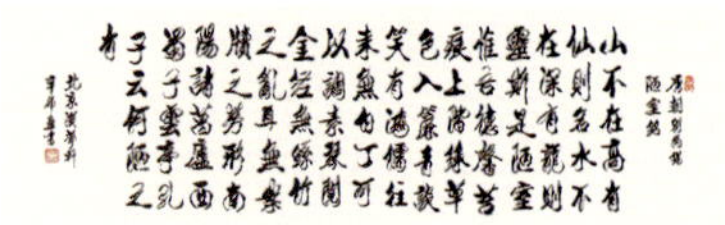

1141 辛希孟 2018年 陋室铭 镜心
估　价：RMB 300,000
成交价：RMB 667,000
68cm×213cm 北京翰海 2019-10-12

1725 熊红钢 2019年 春溪渔乐图 镜心
估　价：RMB 1,400,000~1,800,000
成交价：RMB 1,840,000
123cm×123cm 中国嘉德 2019-06-04

142 徐邦达 1936年 唐贤诗意 立轴
估　价：HKD 180,000~200,000
成交价：RMB 509,760
绘画49cm×29cm，题跋15cm×29cm
华艺国际 2019-05-27

122 徐邦达 1934年 临唐寅东方朔偷桃 镜框
估　价：RMB 500,000~700,000
成交价：RMB 575,000
147cm×54cm 华艺国际 2019-08-10

2846 徐悲鸿 1932年 庐山泉石 镜心
估　价：RMB 6,000,000~8,000,000
成交价：RMB 9,775,000
111cm×108cm 北京保利 2019-12-02

2740 徐悲鸿 1934年 郊原三骏 镜框
估　价：HKD 7,500,000~10,000,000
成交价：RMB 8,321,725
110cm×107.5cm 香港苏富比 2019-10-07

2898 徐悲鸿 1943年 雄狮 立轴
估　价：RMB 12,000,000~15,000,000
成交价：RMB 20,125,000
105cm × 60cm 北京保利 2019-06-04

2774 徐悲鸿 1938年 雄狮侧目 立轴
估　价：RMB 22,000,000~28,000,000
成交价：RMB 33,350,000
113.7cm × 110cm 北京保利 2019-12-02

2738 徐悲鸿 1937年 放牧 镜框
估　价：HKD 5,000,000~7,000,000
成交价：RMB 14,307,925
130.6cm × 77cm 香港苏富比 2019-10-07

821 徐悲鸿 1947年 双骏图 立轴
估　价：RMB 5,000,000~6,000,000
成交价：RMB 8,050,000
111.5cm × 72cm 北京匡时 2019-07-13

820 徐悲鸿 1941年 柏树仕女 立轴
估　价：RMB 4,000,000~5,000,000
成交价：RMB 7,590,000
152cm × 77.5cm 北京匡时 2019-07-13

623 徐悲鸿 落花人独立 立轴
估　价：RMB 10,000,000~15,000,000
成交价：RMB 13,685,000
100cm × 38cm 中贸圣佳 2019-11-30

842 徐冰 2008年 文字写生：木石水图 镜框
估　价：HKD 1,600,000~2,600,000
成交价：RMB 1,836,000
58cm × 343cm 佳士得 2019-05-27

444 徐操 1922年 高欢归晋阳图 手卷
估　价：RMB 1,800,000~2,300,000
成交价：RMB 2,300,000
46cm × 202.5cm 北京荣宝 2019-12-01

2899 徐悲鸿 1930年 扶馀国主 立轴
估　价：RMB 20,000,000~25,000,000
成交价：RMB 22,425,000
81.6cm × 50cm 北京保利 2019-06-04

622 徐操 袁盎却坐图 立轴
估　价：RMB 3,000,000~4,000,000
成交价：RMB 4,025,000
145.5cm × 76cm 中贸圣佳 2019-11-30

288 徐悲鸿 1938年 四季有喜 镜心
估　价：RMB 3,800,000~5,000,000
成交价：RMB 7,590,000
139cm × 54cm 上海匡时 2019-06-21

886 徐操 龙王朝阙图 立轴
估　价：RMB 1,200,000~1,800,000
成交价：RMB 1,610,000
166.0cm × 83.0cm 中国嘉德 2019-11-18

2088 徐操 1940年 风尘侠侣 立轴
估　价：RMB 200,000~300,000
成交价：RMB 920,000
120cm × 45cm 北京保利 2019-06-04

2217 徐复观 溥儒 旧藏 绘 仙山楼阁图
估　价：RMB 50,000~80,000
成交价：RMB 437,000
74.5cm × 31.5cm 中国嘉德 2019-11-18

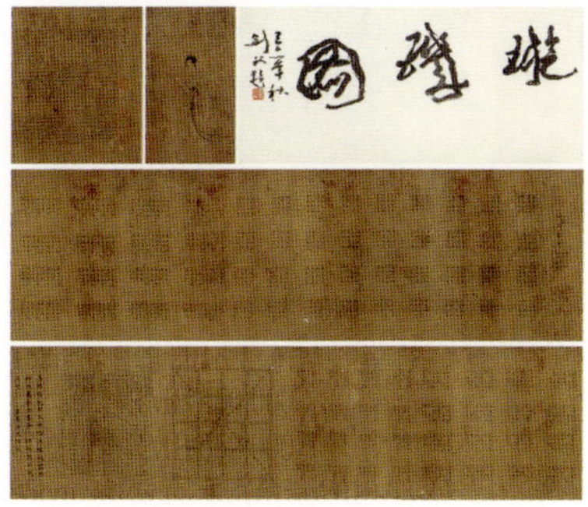

1804 徐范 璇玑图卷 手卷
估　价：RMB 3,000~6,000
成交价：RMB 414,000
29cm × 17cm，29cm × 226cm
中国嘉德 2019-03-25

1682 徐华翎 香 镜心
估　价：RMB 150,000~250,000
成交价：RMB 322,000
103cm × 83cm 中国嘉德 2019-06-04

834 徐累 1997年 沉没的青花 镜框
估　价：HKD 500,000~700,000
成交价：RMB 950,938
78cm × 56cm 佳士得 2019-11-25

356 徐乐乐 松溪观流 镜心
估　价：RMB 700,000~900,000
成交价：RMB 1,058,000
35cm × 137.5cm 南京经典 2019-07-19

359 徐乐乐 演乐图 镜心
估　价：RMB 700,000~900,000
成交价：RMB 1,035,000
35cm × 137.5cm 南京经典 2019-07-19

2426 徐乐乐 游园图手卷 手卷
估　价：RMB 800,000~1,200,000
成交价：RMB 1,092,500
本幅27cm × 182cm，27cm × 109cm
中贸圣佳 2019-06-07

1326 徐里 2018年 红云春雨 镜框
估　价：RMB 550,000~650,000
成交价：RMB 747,500
138cm × 70cm 北京荣宝 2019-12-01

1513 徐里 此岸彼岸 镜心
估　价：RMB 350,000~500,000
成交价：RMB 575,000
110cm×68.5cm 北京荣宝 2019-06-13

33 徐玫 红荔天牛 镜片
估　价：RMB 1,500~2,500
成交价：RMB 425,500
24.5cm×34.5cm 上海工美 2019-06-09

162 徐世昌 行书七言联 立轴
估　价：RMB 30,000~50,000
成交价：RMB 402,500
238cm×48cm×2 中国嘉德 2019-11-17

1672 许士骐 贝聿玿 苍松鹤寿 立轴
估　价：HKD 8,000~12,000
成交价：RMB 425,125
82cm×48cm 佳士得 2019-11-18

191 徐忠迪 东山再起
估　价：RMB 180,000
成交价：RMB 517,500
143cm×59cm 北京翰海 2019-03-29

1317 许钦松 2006年 溪岩春晴 镜心
估　价：RMB 600,000~800,000
成交价：RMB 690,000
97cm×181cm 北京荣宝 2019-12-01

368 薛亮 静夜图 镜心
估　价：RMB 200,000~300,000
成交价：RMB 345,000
68cm×68cm 南京经典 2019-07-19

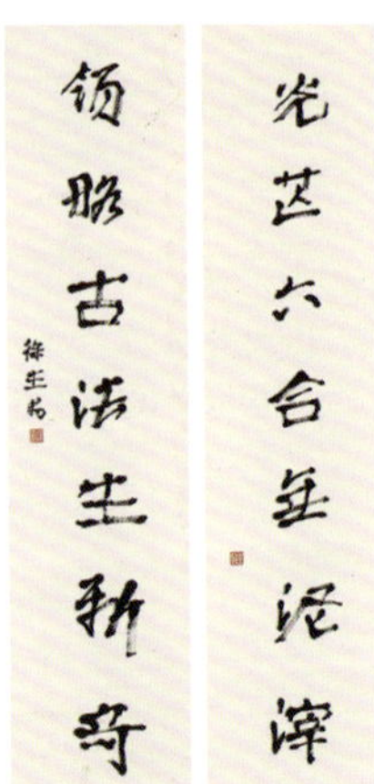

2323 徐生翁 行书 七言联 对联
估　价：RMB 10,000~20,000
成交价：RMB 310,500
148cm×37.5cm×2 西泠印社 2019-07-07

487 亚明 长江万里颂 手卷
估　价：RMB 800,000~1,200,000
成交价：RMB 1,092,500
引首22cm×90cm，画心22cm×810cm 广东崇正 2019-05-23

1587 严汝璘 溪山楼阁图 立轴
估　价：RMB 60,000~100,000
成交价：RMB 414,000
98.5cm × 52.5cm 中国嘉德 2019-06-04

146 严水龙 金刚般若波罗蜜经 镜心
估　价：RMB 1,000,000~1,800,000
成交价：RMB 1,150,000
20.5cm × 74.5cm 保利厦门 2019-01-06

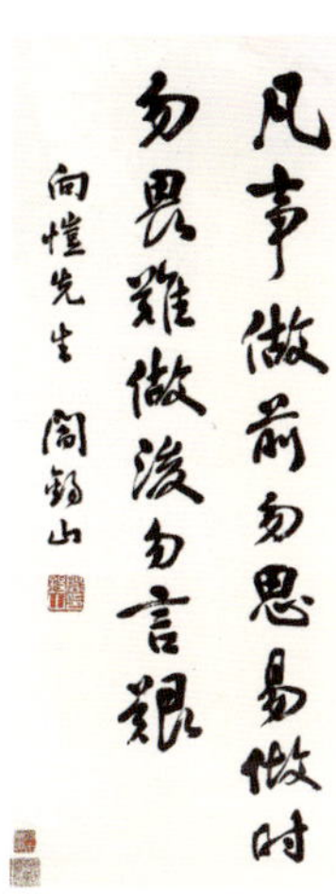

76 阎锡山 行书格言 镜心
成交价：RMB 356,500
80cm × 32cm 北京银座 2019-06-05

370 颜伯龙 1946年 群鸟躁春来 立轴
估　价：RMB 600,000~800,000
成交价：RMB 1,380,000
98.5cm × 33cm 北京荣宝 2019-12-01

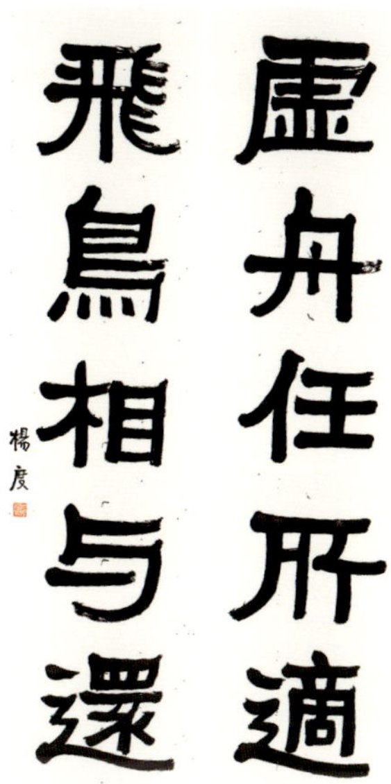

315 杨度 隶书五言联 立轴
估　价：RMB 30,000~50,000
成交价：RMB 713,000
164cm × 40.5cm × 2 中国嘉德 2019-11-17

1565 杨佴旻 2018年 有花的街上
估　价：RMB 500,000~600,000
成交价：RMB 2,300,000
69cm × 114.5cm 北京翰海 2019-06-15

1564 杨佴旻 2019年 远方
估　价：RMB 300,000~400,000
成交价：RMB 1,092,500
46cm × 68cm 北京翰海 2019-06-15

1422 杨翰儒 2018年 书法“自强不息》 镜心
估　价：RMB 360,000
成交价：RMB 563,500
68cm × 68cm 北京翰海 2019-03-29

382 杨立奇 心中莲花一路芬芳 镜心
估　价：RMB 200,000~250,000
成交价：RMB 310,500
69cm × 149cm 南京经典 2019-07-19

492 杨金瑞 山水四屏 镜片
估　价：RMB 200,000~300,000
成交价：RMB 345,000
179cm×48cm×4 荣宝斋（南京）2019-05-21

2412 杨明义 水乡盛会 立轴
估　价：RMB 500,000~800,000
成交价：RMB 805,000
138cm×79cm 中贸圣佳 2019-06-07

165 杨善深 1972年 松鹤延年 镜框
估　价：HKD 1,500,000~2,500,000
成交价：RMB 1,580,256
116cm×160cm 华艺国际 2019-05-27

555 杨善深 1989年 十二生肖 立轴
估　价：RMB 2,200,000~3,200,000
成交价：RMB 3,220,000
38cm×53.5cm×12 华艺国际 2019-08-11

166 杨善深 翠山烟岚 立轴
估　价：HKD 500,000~600,000
成交价：RMB 509,760
90cm×70cm 华艺国际 2019-05-27

136 杨石朗 黄山雄姿 镜框
估　价：RMB 280,000~380,000
成交价：RMB 448,500
177cm×273cm 上海嘉禾 2019-09-06

158 杨新亮（言奇）2018年 涌泉通三江 镜心
估　价：RMB 160,000
成交价：RMB 437,000
138cm×69cm 北京翰海 2019-03-29

668 杨之光 佛门弟子像 镜片
估　价：RMB 1,200,000~1,600,000
成交价：RMB 1,840,000
136.5cm×68cm 西泠印社 2019-07-06

710 杨之光 孔雀舞 镜框
估　价：RMB 1,000,000~1,500,000
成交价：RMB 1,265,000
68cm × 135cm 华艺国际 2019-08-11

473 杨之光 鸥洋 永远进击 立轴
估　价：RMB 1,200,000~1,800,000
成交价：RMB 1,955,000
157cm × 94cm 广东崇正 2019-11-28

747 叶浅予 1940年左右 “战时重庆”漫画（十四帧）设色纸本
成交价：RMB 1,782,500
20.5cm × 28.5cm × 14 中国嘉德 2019-06-03

697 杨忠 通景山水十屏 立轴
估　价：RMB 600,000~800,000
成交价：RMB 920,000
174cm × 48cm × 10 北京荣宝 2019-06-13

313 叶阿林 2012年 闲钓观歌图 镜片
估　价：RMB 200,000~600,000
成交价：RMB 345,000
97cm × 50cm 西泠印社 2019-09-21

2776 叶浅予 1989年 巴安弦子之舞 镜心
估　价：RMB 800,000~1,200,000
成交价：RMB 2,242,500
95cm × 180cm 北京保利 2019-12-02

303 叶浅予 唐宫乐舞 镜心
估　价：RMB 500,000~800,000
成交价：RMB 1,150,000
151cm × 83cm 北京荣宝 2019-12-01

1911 叶毓中 苏武牧羊 镜心
估　价：RMB 400,000~500,000
成交价：RMB 517,500
69.5cm × 69cm 北京保利 2019-06-03

303 尹瘦石 伫马太行 镜心
估　价：RMB 200,000~300,000
成交价：RMB 828,000
118cm × 107cm 北京荣宝 2019-10-12

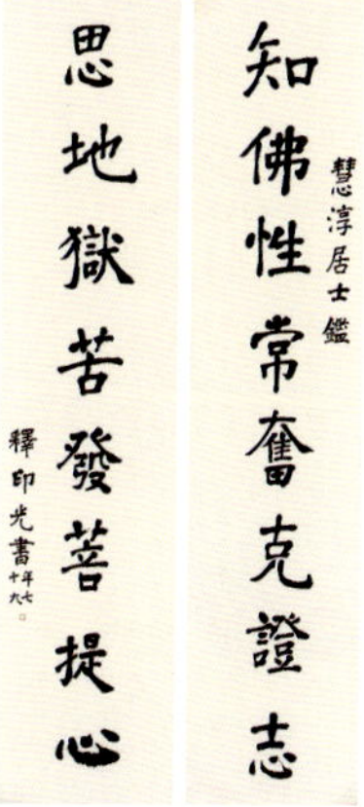

2325 印光 楷书八言联 立轴
估　价：RMB 600,000~900,000
成交价：RMB 690,000
170.5cm × 38cm × 2 中贸圣佳 2019-06-07

82 应野平 山水册 册页（十二页）
估 价：RMB 100,000~150,000
成交价：RMB 460,000
46cm×34.6cm×12 中国嘉德 2019-11-17

104 尤山 2018年 雪韵 镜心
估 价：RMB 80,000
成交价：RMB 402,500
138cm×68cm 北京翰海 2019-03-29

1389 于非闇 1945年 时乐鸟图 镜框
估 价：HKD 5,000,000~7,000,000
成交价：RMB 5,279,625
129cm×61.8cm 香港苏富比 2019-04-02

878 于非闇 胡家红牡丹 镜心
估 价：RMB 2,600,000~3,200,000
成交价：RMB 4,772,500
84cm×49cm 中贸圣佳 2019-08-16

2881 于非闇 1936年 四喜图 立轴
估 价：RMB 2,600,000~3,500,000
成交价：RMB 3,450,000
131cm×34cm 北京保利 2019-06-04

103 于非闇 1946年 海棠草虫 立轴
估 价：RMB 1,500,000~2,000,000
成交价：RMB 3,507,500
100cm×34cm 北京诚轩 2019-06-01

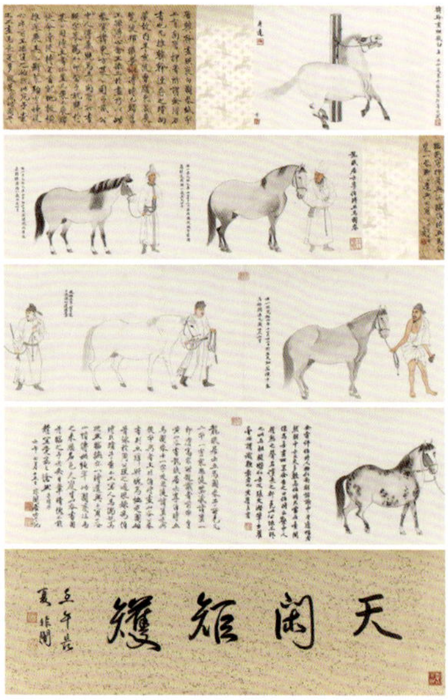

417 于非闇 1942年 临“照夜白”“五马图”合卷 手卷
估 价：RMB 5,000,000~8,000,000
成交价：RMB 5,750,000
引首28cm×85cm，画1、28cm×43.5cm，2、28cm×214cm，跋1、28cm×48.5cm，2、28cm×49cm 中国嘉德 2019-06-02

880 于非闇 1951年 玉兰鹦哥图 立轴
估　价：RMB 2,800,000~3,800,000
成交价：RMB 3,220,000
90.0cm × 51.5cm 中国嘉德 2019-11-18

80 于希宁 1977年 梅花卷 手卷
估　价：RMB 600,000~800,000
成交价：RMB 1,840,000
引首49.5cm × 131.5cm，画心49.5cm × 303cm
广东崇正 2019-05-23

79 于希宁 涧谷幽篁图 镜片
估　价：RMB 400,000~700,000
成交价：RMB 943,000
95cm × 119cm 广东崇正 2019-05-23

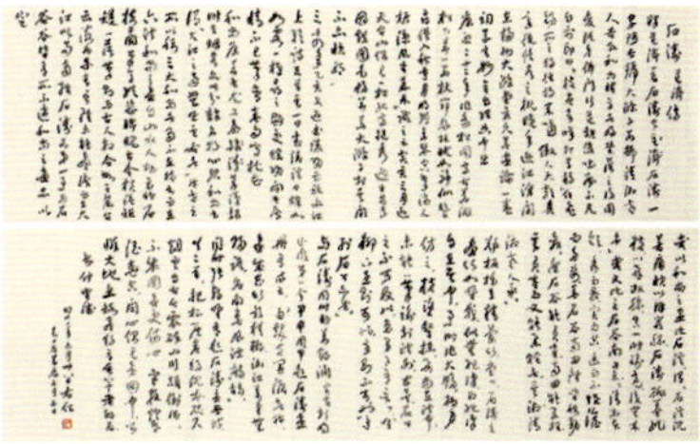

830 于右任 "石涛道济传" 镜心
估　价：RMB 1,800,000~2,800,000
成交价：RMB 2,070,000
40cm × 132cm × 2 中贸圣佳 2019-06-07

368 于右任 1949年 草书"民治学校园记事诗二十首"册页（二十七开）
估　价：RMB 3,500,000~4,500,000
成交价：RMB 5,347,500
30cm × 32.5cm × 27 上海匡时 2019-06-21

507 余绍宋 于右任 松隐图、楷书七言诗 成扇
估　价：RMB 70,000~80,000
成交价：RMB 517,500
22cm × 63cm 北京匡时 2019-07-13

321 俞鸿钧 于右任 楷书"著手成春"横额 行书"俊华楼"横额 镜心
估　价：RMB 80,000~120,000
成交价：RMB 414,000
35cm × 140cm，44cm × 101cm
中贸圣佳 2019-11-30

949 俞致贞 1981年 和气致祥 镜片
估　价：RMB 200,000~300,000
成交价：RMB 402,500
174cm × 92.5cm 上海嘉禾 2019-09-07

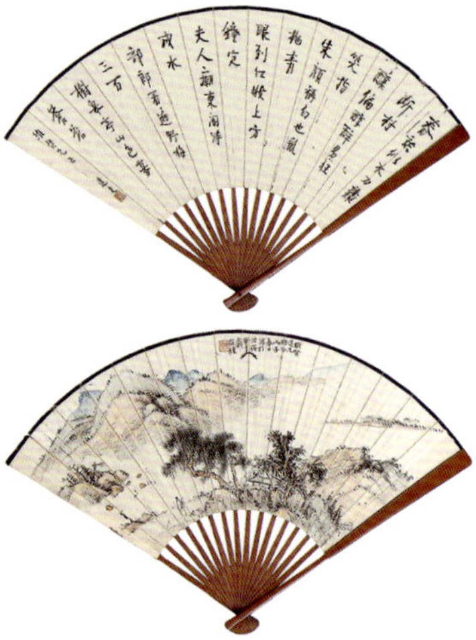

2180 郁达夫 行书七言句 春山行旅 成扇
估　价：RMB 150,000~180,000
成交价：RMB 322,000
19cm × 51cm 中贸圣佳 2019-06-07

226 喻继高 1994年 荷花鸳鸯 镜心
估　价：RMB 150,000~200,000
成交价：RMB 333,500
130cm × 68.5cm 上海匡时 2019-06-21

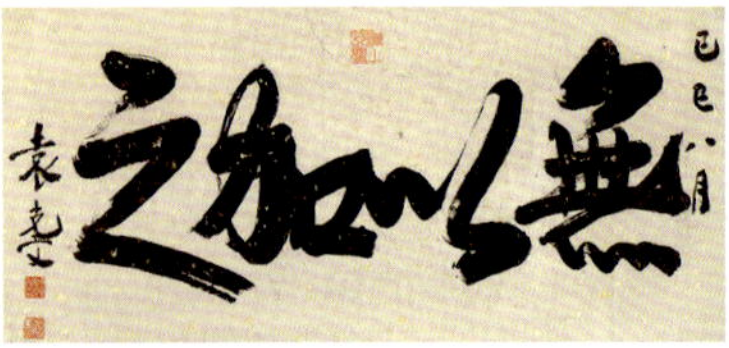

177 袁克文 1929年 榜书 镜心
估　价：RMB 700,000~900,000
成交价：RMB 1,035,000
129.5cm × 59cm 上海明轩 2019-04-28

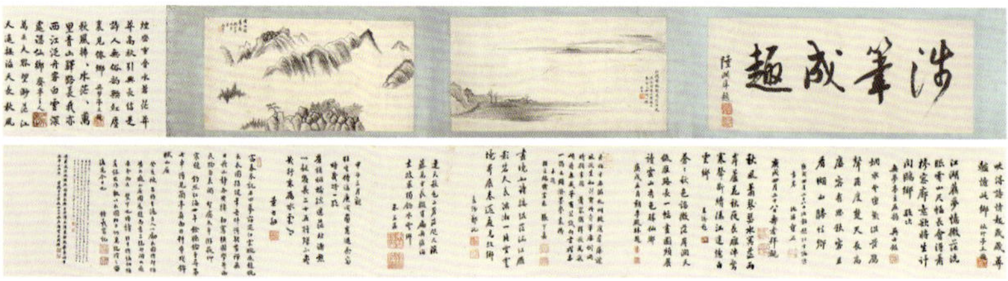

932 袁励准 云山竞秀图卷 手卷
估　价：RMB 150,000~250,000
成交价：RMB 782,000
引首24cm × 59cm，画心24cm × 46.5cm × 2，题跋28.5cm × 242cm 上海嘉禾 2019-09-07

1568 袁熙坤 2017年 八骏图
估　价：RMB 1,200,000~1,500,000
成交价：RMB 1,552,500
45cm × 69cm 北京翰海 2019-06-15

1138 袁武 2008年 人物四屏 镜心
估　价：RMB 200,000~300,000
成交价：RMB 425,500
137cm × 34cm × 4 北京荣宝 2019-06-13

611 袁松年 东北春天的早晨 立轴
估　价：RMB 180,000~250,000
成交价：RMB 690,000
136cm × 68.3cm 中鸿信 2019-07-16

1158 月照 2009年 观音 镜心
估　价：RMB 180,000
成交价：RMB 310,500
107cm × 40cm 北京翰海 2019-10-12

24 张大千 1940年 太平景象 立轴
估　价：HKD 15,000,000~25,000,000
成交价：RMB 23,234,200
125cm × 54.5cm 华艺国际 2019-11-24

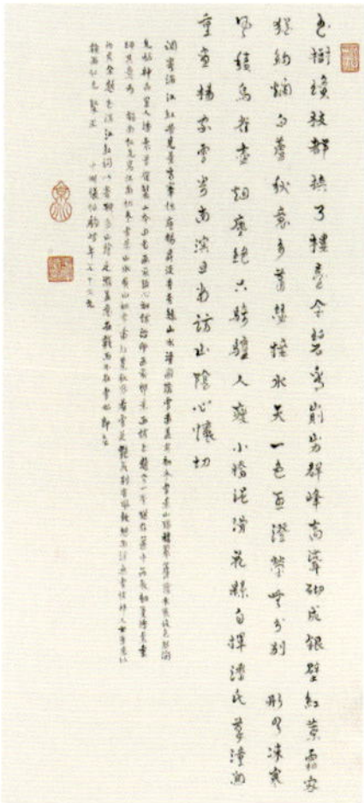

58 张伯驹 行书满江红 立轴
估　价：RMB 30,000~50,000
成交价：RMB 632,500
62.5cm × 28cm 中国嘉德 2019-11-17

3 张大千 1942年 白描观音 立轴
估　价：HKD 15,000,000~25,000,000
成交价：RMB 19,370,880
167cm × 69cm 华艺国际 2019-05-27

975 张伯英 1937年 楷书匾额 横幅 镜心
估　价：RMB 40,000~60,000
成交价：RMB 345,000
40cm × 119cm 北京翰海 2019-06-14

1 张安治 赶猪图 镜心
估　价：RMB 580,000~650,000
成交价：RMB 701,500
79cm × 94cm 荣宝斋（桂林） 2019-08-18

5 张大千 1950年 碧荷 立轴
估　价：HKD 15,000,000~25,000,000
成交价：RMB 15,802,560
140cm × 69cm 华艺国际 2019-05-27

2834 张大千 1935年 杜甫诗意图卷 手卷
估　价：RMB 7,000,000~9,000,000
成交价：RMB 10,350,000
画心45cm×603cm，引首45cm×116cm 北京保利 2019-06-04

1415 张大千 1969年 伊吾间瑞雪图 镜框
估　价：HKD 50,000,000~70,000,000
成交价：RMB 139,078,575
101cm×196cm 香港苏富比 2019-04-02

2904 张大千 1962年 黄山奇松通景 立轴
成交价：RMB 57,500,000
207cm×148.5cm×2 北京保利 2019-06-04

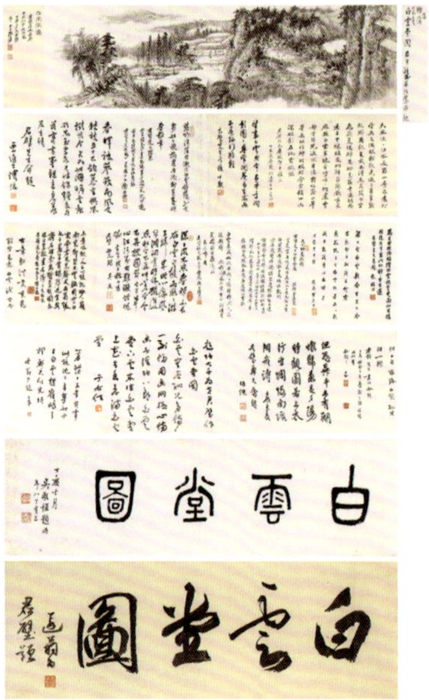

1518 张大千 1947年 白云堂图 手卷
估　价：HKD 8,000,000~12,000,000
成交价：RMB 33,695,050
引首（一）28.5cm×96cm，
（二）28.5cm×81cm，画心28cm×167cm，
后跋28cm×263cm 中国嘉德 2019-10-08

2906 张大千 1947年 仿顾恺之醉舞图 镜心
估　价：RMB 28,000,000~32,000,000
成交价：RMB 42,550,000
125cm×60cm 北京保利 2019-06-04

2839 张大千 1970年 春山暮雪 镜心
估　价：RMB 16,000,000~18,000,000
成交价：RMB 23,000,000
70cm × 163cm 北京保利 2019-12-02

2840 张大千 1972年 坐忘册 册页
估　价：RMB 16,000,000~18,000,000
成交价：RMB 23,575,000
44cm × 52cm × 10 北京保利 2019-12-02

2841 张大千 山居图
估　价：RMB 12,000,000~15,000,000
成交价：RMB 30,475,000
193cm × 101cm 北京保利 2019-06-04

2905 张大千 长生殿 立轴
估　价：RMB 25,000,000~35,000,000
成交价：RMB 31,625,000
113cm × 62cm 北京保利 2019-06-04

8 张大千 1953年 惊才绝艳 镜框
成交价：RMB 83,600,640
135.2cm × 57.5cm 华艺国际 2019-05-27

424 张仃 1986年 杏坛 镜心
估　价：RMB 1,350,000~1,500,000
成交价：RMB 1,518,000
139cm × 69.5cm 北京荣宝 2019-06-13

425 张仃 1994年 羊圈山村 镜心
估　价：RMB 1,200,000~1,300,000
成交价：RMB 1,380,000
68cm×138cm 北京荣宝 2019-06-13

1563 张尔宾 2004年 青山绿水云当户
估　价：RMB 300,000~400,000
成交价：RMB 402,500
70cm×139cm 北京翰海 2019-06-15

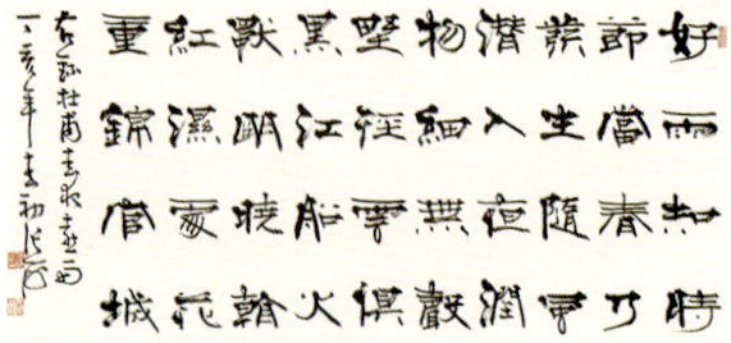

1083 张海 2007年 隶书“杜甫·春夜喜雨诗”镜心
估　价：RMB 400,000
成交价：RMB 598,000
68cm×137cm 北京翰海 2019-10-12

1640 张汉杰 雪竹图 立轴
估　价：RMB 250,000~450,000
成交价：RMB 632,500
115cm×52.5cm 中鸿信 2019-07-17

1536 张金友 山水 镜心
估　价：RMB 400,000
成交价：RMB 552,000
145cm×365cm 北京翰海 2019-03-29

1661 张进 玉米地 镜心
估　价：RMB 600,000~800,000
成交价：RMB 1,035,000
143cm×363cm 中国嘉德 2019-06-04

610 张晋 1974年 洞庭丰收 立轴
估　价：RMB 150,000~250,000
成交价：RMB 402,500
179cm×96cm 中鸿信 2019-07-16

865 张录成 天马图 镜框
估　价：HKD 1,200,000~1,800,000
成交价：RMB 1,901,875
97cm×180cm 佳士得 2019-11-25

91 张朋 1980年 猕猴献寿 立轴
估　价：RMB 40,000~60,000
成交价：RMB 425,500
67cm×44cm 广东崇正 2019-05-23

430 张善孖 1929年 虎啸图 立轴
估　价：RMB 500,000~600,000
成交价：RMB 575,000
123cm×57cm 北京荣宝 2019-06-13

1363 张善孖 1939年 合家全庆 镜框
估　价：HKD 600,000~800,000
成交价：RMB 1,496,250
100cm×90cm 香港苏富比 2019-04-02

1359 张仕森 2019年 青山幽居 镜心
估　价：RMB 350,000
成交价：RMB 575,000
180cm × 69cm 北京翰海 2019-10-12

100 张书旂 1949年 春桃群鸽 立轴
估　价：HKD 100,000~150,000
成交价：RMB 403,560
129cm × 67cm 中国嘉德 2019-03-30

749 张宗祥 1964年 草书 毛主席诗词卷 手卷
估　价：RMB 150,000~250,000
成交价：RMB 460,000
408cm × 33.5cm 西泠印社 2019-07-06

1332 张肇达 当代水墨 镜心
估　价：RMB 300,000
成交价：RMB 540,500
52cm × 232cm 北京翰海 2019-10-12

1907 张跃华 2016年 江山走吉祥
估　价：RMB 300,000~400,000
成交价：RMB 345,000
9.2cm × 32cm 北京保利 2019-06-03

258 赵春秋 2014年 前村访梅园 镜心
估　价：RMB 220,000
成交价：RMB 322,000
69cm × 138cm 北京翰海 2019-03-29

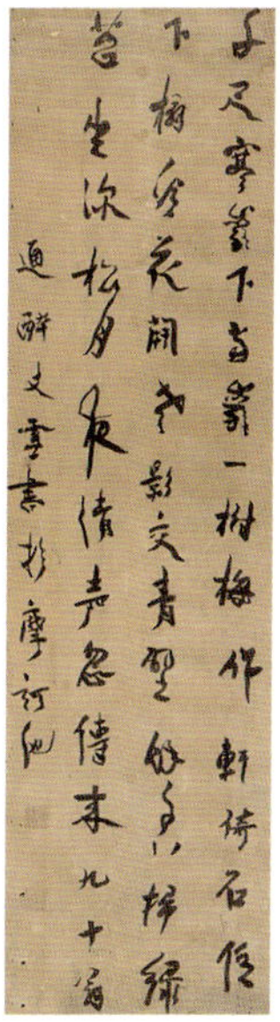

714 丈雪 草书 立轴
估　价：RMB 40,000~60,000
成交价：RMB 989,000
175.5cm × 47.5cm 北京翰海 2019-06-14

670 赵春翔 1991年 内外湛明
估　价：HKD 500,000~600,000
成交价：RMB 504,450
180cm × 97cm 中国嘉德 2019-03-30

1139 赵建成 2008年 人物四屏 镜心
估　价：RMB 500,000~600,000
成交价：RMB 862,500
138cm × 41cm × 4 北京荣宝 2019-06-13

230 赵朴初 1974年 诗中画 册页 （二十四开）
估　价：RMB 1,200,000~1,600,000
成交价：RMB 1,840,000
21.5cm × 30cm × 24 北京荣宝 2019-06-13

53 赵少昂 1955年 双牛 镜框
估　价：HKD 2,200,000~3,200,000
成交价：RMB 4,224,400
93cm × 173.5cm 华艺国际 2019-11-24

949 赵少昂 1939年 松花月影图 横披
估　价：RMB 3,800,000~4,800,000
成交价：RMB 5,290,000
105.5cm × 437.5cm 中国嘉德 2019-11-18

1449 赵少昂 白孔雀红柿图 立轴
估　价：HKD 3,000,000~5,000,000
成交价：RMB 6,950,880
175cm × 81cm 佳士得 2019-05-28

105 赵望云 1945年 游山观瀑 立轴
估　价：HKD 300,000~400,000
成交价：RMB 1,210,680
118.5cm × 43cm 中国嘉德 2019-03-30

1603 赵士遵（传）鹤山亲舍图 立轴
估　价：RMB 850,000~1,200,000
成交价：RMB 1,955,000
画116.5cm × 165.5cm，裱边一10.5cm × 165.5cm，裱边二10.5cm × 165.5cm 中国嘉德 2019-06-04

107 赵望云 洛神 镜心
估　价：RMB 800,000~1,200,000
成交价：RMB 1,955,000
64cm × 31cm 中贸圣佳 2019-11-30

727 赵无极 1984年 无题
估　价：HKD 800,000~1,200,000
成交价：RMB 961,875
103cm × 103cm 香港苏富比 2019-04-01

1649 赵阳 2018年 苍穹峰峦
估　价：RMB 650,000~750,000
成交价：RMB 805,000
97cm × 180cm 北京翰海 2019-06-15

1713 曾宓 1995年 三石楼主山水佳构 册页
估　价：RMB 200,000~300,000
成交价：RMB 1,495,000
27.5cm × 20.5cm × 10 中国嘉德 2019-06-04

1654 曾宓 高岩山居图 镜心
估　价：RMB 600,000~800,000
成交价：RMB 3,450,000
233cm × 106cm 中国嘉德 2019-06-04

2842 曾熙 1920年 朝彻书屋 镜框
估　价：HKD 120,000~180,000
成交价：RMB 340,125
65cm × 258cm 香港苏富比 2019-10-07

155 曾三凯 2018年 碧嶂图 镜心
估　价：RMB 280,000
成交价：RMB 368,000
180cm × 48cm 北京翰海 2019-03-29

410 郑力 烟江叠嶂 镜心
估　价：RMB 300,000~400,000
成交价：RMB 345,000
34cm × 138.5cm 上海匡时 2019-06-21

2031 郑慕康 仕女四景 成扇
估　价：RMB 200,000~300,000
成交价：RMB 402,500
18cm × 50cm 中贸圣佳 2019-06-07

69 郑乃珖 弘一 达摩图并赞 立轴
估　价：RMB 150,000~200,000
成交价：RMB 1,127,000
88cm × 29.5cm 中国嘉德 2019-06-02

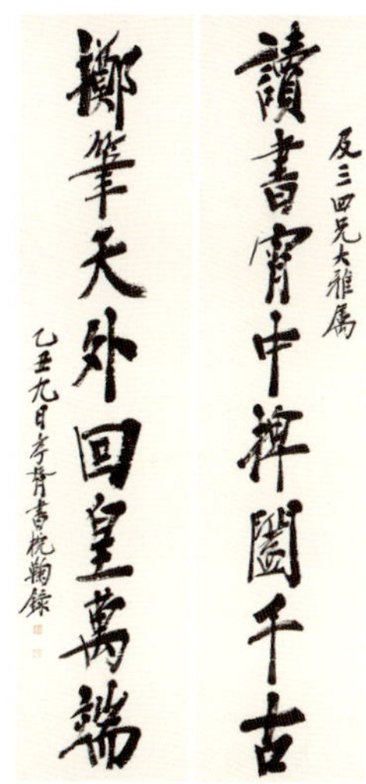

2014 郑孝胥 1925年 行书八言联 立轴
估　价：RMB 400,000~500,000
成交价：RMB 816,500
240cm × 56.5cm × 2 北京保利 2019-12-01

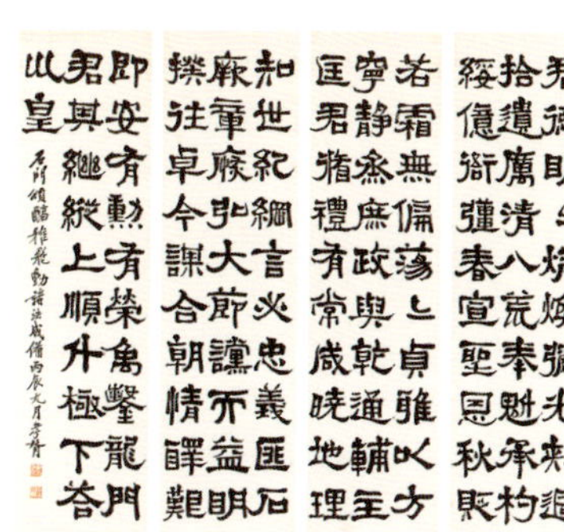

969 郑孝胥 临“石门颂”四屏立轴
估　价：RMB 200,000~300,000
成交价：RMB 460,000
173cm × 47cm × 4 中贸圣佳 2019-08-16

2885 郑午昌 1939年 梦窗词意山水册 册 镜框（十二开）
估　价：HKD 3,500,000~4,500,000
成交价：RMB 14,852,125
各：36cm × 29cm × 12 香港苏富比 2019-10-07 ★

165 周春芽 1997年 瓶花
估　价：RMB 2,500,000~3,500,000
成交价：RMB 4,370,000
148cm × 118.5cm 上海明轩 2019-04-28

810 周绿云 无题 立轴
估　价：HKD 240,000~360,000
成交价：RMB 302,400
179cm × 96.2cm 佳士得 2019-05-27

3264 周韶华 凤鸟载情 镜心
估　价：RMB 800,000~1,600,000
成交价：RMB 2,185,000
96.5cm × 90.5cm 北京保利 2019-11-20

3134 周韶华 空山闻鸟鸣 镜心
估　价：RMB 200,000~300,000
成交价：RMB 1,380,000
68.3cm × 137cm 北京保利 2019-06-22

453 周思聪 1983年 水乡回忆 镜心
估　价：RMB 1,200,000~2,200,000
成交价：RMB 1,265,000
69.5cm × 123.5cm 北京银座 2019-06-05

2288 周思聪 1985年 洗净铅华 镜框
估　价：RMB 1,500,000~1,600,000
成交价：RMB 1,725,000
68.5cm × 137cm 北京保利 2019-12-02

1 周怀民 1958年 祁连山色 镜心
估　价：RMB 550,000~600,000
成交价：RMB 345,000
99cm × 346cm 北京荣宝 2019-06-13

834 周艺文 山水 镜心
估　价：RMB 100,000~200,000
成交价：RMB 345,000
92cm × 85cm 北京保利 2019-08-24

643 周之江 2018年 草书（四幅）屏风
估　价：RMB 300,000~400,000
成交价：RMB 517,500
195.5cm × 52cm × 4 朵云轩 2019-06-22

743 周彦生 2016年 岭南春晴 镜片
估　价：RMB 25,000,000~35,000,000
成交价：RMB 57,500,000
195cm × 505cm 华艺国际 2019-08-11

2245 朱芾甘 张大千 张善孖 等 1932年 山村逸趣图 手卷
估　价：RMB 90,000~150,000
成交价：RMB 460,000
引首117.5cm × 34.5cm，画心264cm × 34cm，题跋96cm × 34.5cm 西泠印社 2019-07-07

808 朱振南 1996年 普植长松 立轴
估　价：HKD 320,000~400,000
成交价：RMB 363,204
136cm × 69cm 保利香港 2019-04-01

854 朱德群 1996年 灵光再现
估　价：RMB 480,000~680,000
成交价：RMB 690,000
69cm × 68cm 华艺国际 2019-08-10

927 朱屺瞻 1964-1971年 山水写生册 镜心（八开）
估　价：RMB 2,000,000~3,000,000
成交价：RMB 2,990,000
画38cm × 44cm × 8，题34cm × 45cm
中国嘉德 2019-11-18

1631 朱新建 花鸟四条屏 镜心
估　价：RMB 360,000~500,000
成交价：RMB 414,000
137cm × 35cm × 4 中国嘉德 2019-06-04

612 朱曜奎 静 镜心
估　价：RMB 300,000~600,000
成交价：RMB 1,380,000
50cm × 100cm 未来四方 2019-06-05

277 邹传安 1985年 工笔“花鸟” 镜框
估　价：RMB 270,000
成交价：RMB 345,000
67cm × 44cm　湖南国拍 2019-09-28

1667 祝林恩 2004年 雨后的京城街景图 镜心
估　价：RMB 1,600,000~2,000,000
成交价：RMB 2,300,000
96cm×181cm 北京荣宝 2019-06-13

年代不详

2572 佚名（前传屈鼎）落霞孤鹜图 团扇 镜心
估　价：HKD 2,500,000~3,500,000
成交价：RMB 4,253,625
25.2cm×26.5cm 香港苏富比 2019-04-01

2569 佚名 水月观音 立轴
估　价：HKD 700,000~900,000
成交价：RMB 2,267,500
124cm×48.8cm 香港苏富比 2019-10-06

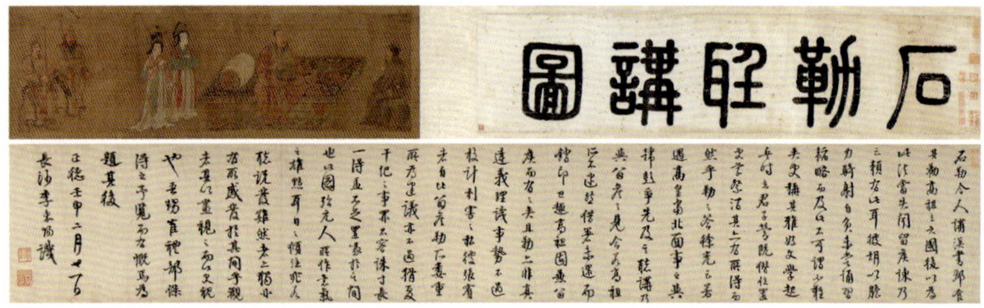

1392 佚名 石勒听讲图 手卷
估　价：RMB 12,000,000~15,000,000
成交价：RMB 13,800,000
引首25cm×107cm，画27.5cm×87.5cm，跋24.5cm×153.5cm 中国嘉德 2019-11-19

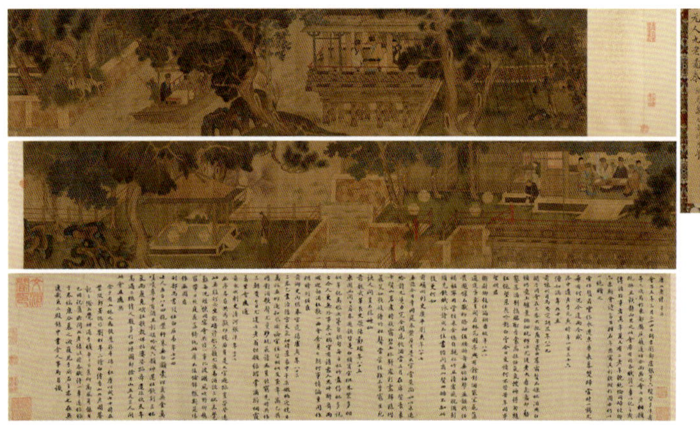

130 佚名 九老图 手卷
估　价：HKD 6,000,000~8,000,000
成交价：RMB 6,219,072
绘画24cm×245cm，后跋24cm×112cm 华艺国际 2019-05-27

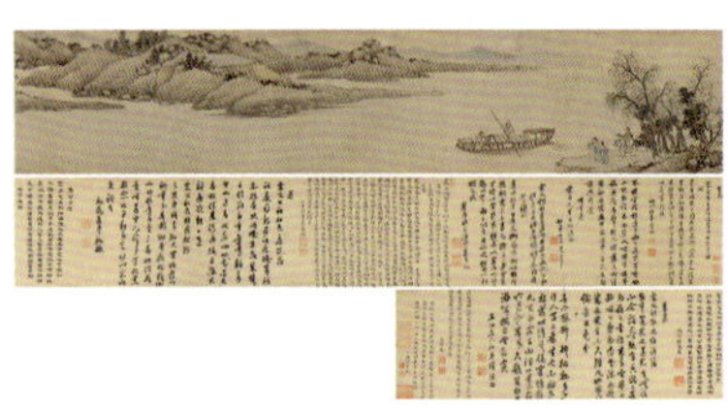

1111 佚名 送震甫之任滇藩 手卷
估　价：RMB 80,000~120,000
成交价：RMB 2,300,000
画27cm×136.5cm，跋27cm×262cm 中国嘉德 2019-11-19

411 佚名 万历皇帝出巡图 手卷
估　价：HKD 1,800,000~2,800,000
成交价：RMB 2,522,250
44.2cm×373cm 保利香港 2019-04-01

1312 佚名 元人罗汉图 立轴
估　价：RMB 1,600,000~2,000,000
成交价：RMB 1,840,000
76cm×38.5cm 中国嘉德 2019-11-19

素 描

2 巴布罗·毕加索 1937年10月23日作于巴黎
女人头像（玛丽·特雷斯）
估　价：USD 800,000~1,200,000
成交价：RMB 5,077,962
42.9cm × 29cm 纽约佳士得 2019-11-11

1432 曹晓阳 2019年 二十四节气之春分
估　价：RMB 500,000~600,000
成交价：RMB 805,000
直径120cm 广东崇正 2019-05-23

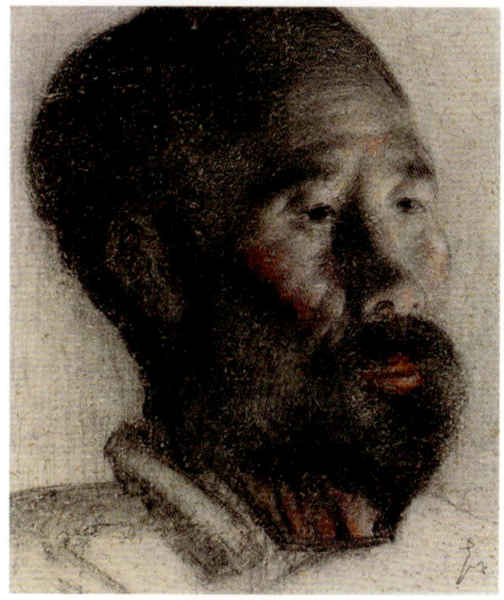

1975 常书鸿 敦煌写生之一
估　价：RMB 180,000~280,000
成交价：RMB 517,500
34cm × 29cm 中国嘉德 2019-06-03

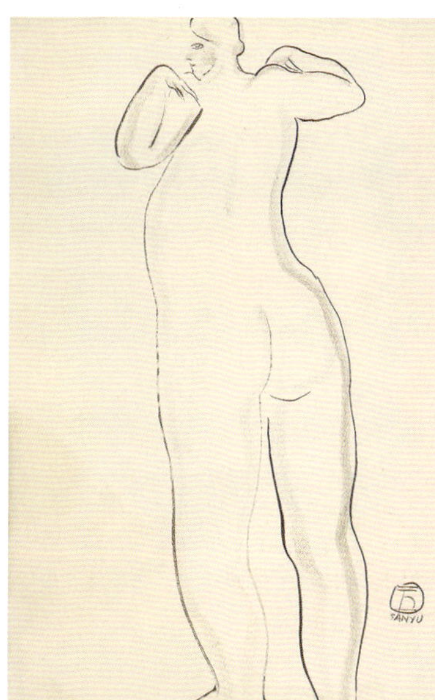

368 常玉 站姿裸女
估　价：HKD 250,000~450,000
成交价：RMB 503,438
44.5cm × 28cm 佳士得 2019-11-24

2012 符罗飞 1954年 田间
估　价：RMB 80,000~120,000
成交价：RMB 598,000
56cm × 39cm 中国嘉德 2019-06-03

276 梅忠恕 蓝色发带女子坐像
估　价：HKD 60,000~90,000
成交价：RMB 448,875
63.5cm × 48cm 香港苏富比 2019-04-01

470 奈良美智 2011-2012年 雕塑习作
估　价：HKD 640,000~960,000
成交价：RMB 559,375
51.7cm×35.7cm 佳士得 2019-11-24

1816 秦文美创作组 1970年代 “幸福渠”创作底稿（一组五件）
估　价：RMB 700,000~900,000
成交价：RMB 805,000
172cm×123cm，35cm×26cmcm×2，122cm×78cm，240cm×172cm 中国嘉德 2019-11-16

525 乔治·康多 2007年 裸女
估　价：HKD 450,000~650,000
成交价：RMB 566,875
59.5cm×45.5cm 香港苏富比 2019-10-07

1313 孙宗慰 敦煌·普贤菩萨白描
估　价：RMB 150,000~250,000
成交价：RMB 437,000
188.5cm×114cm 北京翰海 2019-06-15

726 藤田嗣治 1940年 猫
估　价：HKD 300,000~600,000
成交价：RMB 623,563
24.2cm×27.2cm 香港苏富比 2019-10-06

1815 王式廓 1950年代 “血衣”素描绘稿（一组九件）
估　价：RMB 800,000~1,000,000
成交价：RMB 5,520,000
尺寸不一 中国嘉德 2019-11-16

766 吴冠中 1979年 大巴山中桃李正开
估　价：HKD 1,800,000~2,800,000
成交价：RMB 4,640,940
46.5cm × 103.5cm 保利香港 2019-04-01

1281 吴冠中 1990年 得云茶楼 镜框
估　价：HKD 1,200,000~2,000,000
成交价：RMB 4,253,625
53.5cm × 47cm 香港苏富比 2019-04-02

1282 吴冠中 1989年 巴黎蒙马特 镜框
估　价：HKD 500,000~800,000
成交价：RMB 2,351,250
40.7cm × 31cm 香港苏富比 2019-04-02

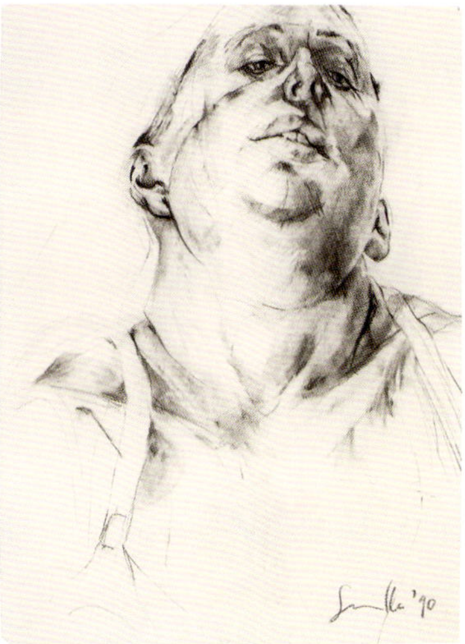

1 珍妮 · 萨维尔 “无题”
估　价：GBP 100,000~150,000
成交价：RMB 2,182,250
75.9cm × 56.5cm 伦敦苏富比 2019-03-05

版 画

3 KAWS 2013年 Ups and Downs （一组十件） 丝网 彩色版画 Saunders Waterford高白纸
估 价：HKD 300,000~500,000
成交价：RMB 855,000
89cm×58.3cmcm×10 佳士得 2019-03-29

66 安迪·沃荷 “金宝汤罐头I”
估 价：GBP 300,000~400,000
成交价：RMB 6,834,807
每幅：88.9cm×58.4cm 伦敦苏富比 2019-03-05

19 草间弥生 2004年 跳舞南瓜（YBL） 丝网版画
估 价：HKD 120,000~200,000
成交价：RMB 406,125
39.5cm×56.3cm，50cm×60.5cm 佳士得 2019-03-29

58 埃里希·赫克尔 1909年 两个休憩的女子
估 价：USD 500,000~700,000
成交价：RMB 3,878,106
画32.5cm×37.5cm，纸本46cm×61.1cm
纽约佳士得 2019-11-11

55 巴布罗·毕加索 (100)1930至1937年 沃那版画集
估　价：USD 3,000,000~5,000,000
成交价：RMB 34,388,730
50.2cm × 38.1cm 纽约佳士得 2019-11-11

1886 方力钧 1999年 1999.5.1
估　价：RMB 800,000~1,200,000
成交价：RMB 920,000
488cm × 122cmcm × 6 中国嘉德 2019-06-03

323 李桦 木刻水印原稿 镜心（四十九开）
估　价：RMB 3,000,000~4,000,000
成交价：RMB 5,520,000
38cm × 26.5cmcm × 49 北京荣宝 2019-10-12

4596 力群刻“毛主席肖像”木刻版画原印木板（一件）
估　价：RMB 380,000
成交价：RMB 575,000
37.5cm × 26cm 中鸿信 2019-07-15

1155 史图特文 2004年 沃荷甘草玛丽莲·梦露
估　价：HKD 2,000,000~3,000,000
成交价：RMB 2,137,500
40.7cm × 32cm 香港苏富比 2019-04-01

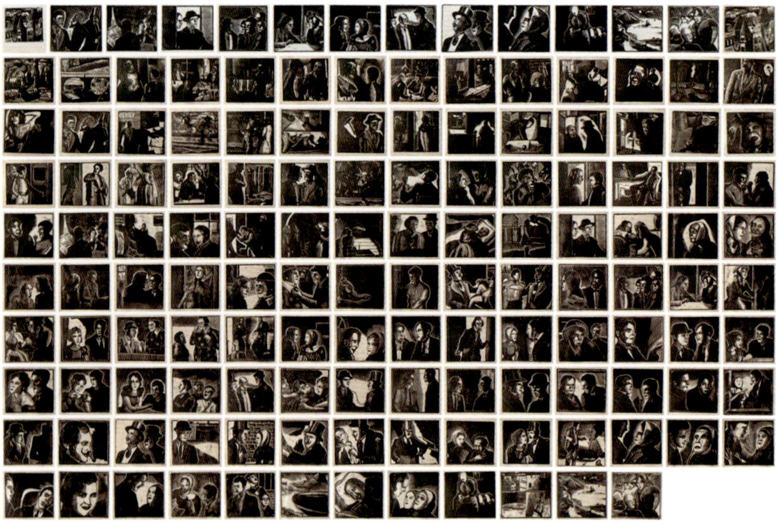

1343 刘岘 1935年 罪与罚图
估　价：RMB 800,000~1,200,000
成交价：RMB 920,000
9cm×10cmcm×125 广东崇正 2019-05-23

1853 赵无极 胡安·米罗 维克多·瓦塞雷利 汉斯·贝尔曼 柯奈·纪尧姆·贝韦洛卡雷尔·阿佩尔 等 1976年 向诺贝尔致敬（三十七幅）
估　价：RMB 150,000~200,000
成交价：RMB 862,500
57cm×76cmcm×37 中国嘉德 2019-11-16

478 奈良美智 1999年 In the Floating World
估　价：HKD 500,000~700,000
成交价：RMB 1,512,000
29.5cm×41.5cmcm×16 佳士得 2019-05-26

水粉水彩

1 埃贡·席勒 1910年 “俯卧的女孩”
估 价：GBP 500,000~700,000
成交价：RMB 13,748,175
31.2cm × 45.3cm 伦敦苏富比 2019-02-26

4 巴布罗·毕加索 “休憩的法翁”
估 价：GBP 1,600,000~2,500,000
成交价：RMB 18,418,190
47.6cm × 56.2cm 伦敦苏富比 2019-02-26

725 保罗·高更 1880年 巴黎郊景
估 价：HKD 1,000,000~2,000,000
成交价：RMB 1,175,625
22.6cm × 34.7cm 香港苏富比 2019-04-01

16 彼得·多伊格 2000年 回声湖
估 价：GBP 380,000~450,000
成交价：RMB 4,811,861
55.8cm × 76cm 伦敦佳士得 2019-03-06

30 巴布罗·毕加索 1904年 圣母与花环
估 价：USD 1,000,000~2,000,000
成交价：RMB 20,676,090
63cm × 48.1cm 纽约佳士得 2019-11-11

46 保罗 · 高更 约1894年 忧闷的女孩
估　价：USD 400,000~600,000
成交价：RMB 3,021,066
19cm × 17.7cm 纽约佳士得 2019-11-11

529 草间弥生 1952年 心
估　价：HKD 400,000~600,000
成交价：RMB 694,688
32cm × 31cm 香港苏富比 2019-04-01

167 常玉 1920-1930年代作 鱼纹罐花
估　价：HKD 600,000~800,000
成交价：RMB 1,210,680
27.5cm × 22.5cm 保利香港 2019-03-31

1814 常书鸿 1946年 敦煌风景
估　价：RMB 250,000~350,000
成交价：RMB 460,000
23.5cm × 47cm 中国嘉德 2019-11-16

9 戴维 · 霍克尼 1968年 圣塔莫尼卡
估　价：GBP 180,000~250,000
成交价：RMB 4,497,617
31cm × 40.9cm 伦敦佳士得 2019-03-06

717 常玉 1920年 1930年 披红围巾的女士
估　价：HKD 600,000~1,000,000
成交价：RMB 1,496,250
46cm × 20cm 香港苏富比 2019-04-01

52 费尔南·雷杰 1913年 形式的对比
估 价：USD 2,000,000~3,000,000
成交价：RMB 12,534,210
51cm × 64cm 纽约佳士得 2019-11-11

370 金焕基 约1950年代作 无题
估 价：HKD 200,000~300,000
成交价：RMB 648,000
46.2cm × 30.5cm 佳士得 2019-05-26

2011 符罗飞 1964年 广州氮肥厂扩建增产
估 价：RMB 220,000~320,000
成交价：RMB 782,000
46cm × 69cm 中国嘉德 2019-06-03

34 亨利·摩尔 1941年 三个睡着的避难者
估 价：USD 500,000~700,000
成交价：RMB 7,391,970
34.2cm × 48.2cm 纽约佳士得 2019-11-11

27 卡密尔·毕沙罗 1882年 蓬图瓦兹的集市
估 价：USD 1,500,000~2,500,000
成交价：RMB 12,962,730
80.7cm × 65cm 纽约佳士得 2019-11-11

37 雷尼·马格利特 约1958年 水滴
估　价：USD 1,000,000~1,500,000
成交价：RMB 8,320,430
35cm × 26.8cm 纽约佳士得 2019-11-11

110 黎谱 约1940年 金鱼
估　价：HKD 300,000~400,000
成交价：RMB 1,901,875
52cm × 69.5cm 佳士得 2019-11-24

127 黎氏秋 约1938年 推心置腹
估　价：HKD 400,000~600,000
成交价：RMB 2,237,500
41.5cm × 33cm 佳士得 2019-11-24

1316 李斛 1972年 三峡夜航
估　价：RMB 1,500,000~1,800,000
成交价：RMB 1,748,000
87cm × 68cm 北京翰海 2019-06-15

2091 刘野 2014年 无题-蓝
估　价：RMB 4,200,000~5,200,000
成交价：RMB 4,830,000
158cm × 245cm 中国嘉德 2019-06-03

408 刘野 2014年 米菲和蒙德里安
估　价：HKD 400,000~500,000
成交价：RMB 783,125
76cm × 111.5cm 佳士得 2019-11-24

369 鲁道夫 · 邦尼 两峇里男子
估　价：HKD 400,000~600,000
成交价：RMB 453,500
73cm × 73cm 香港苏富比 2019-10-06

21 卢齐欧 · 封塔纳 1963年 空间概念，等待
估　价：GBP 1,800,000~2,500,000
成交价：RMB 21,237,510
65cm × 54cm 伦敦苏富比 2019-07-03 ★

1013 马克 · 夏加尔 约1975年 棕色西装的画家
估　价：HKD 2,800,000~3,500,000
成交价：RMB 3,174,500
65cm × 45.5cm 香港苏富比 2019-10-05 ★

106 梅忠恕 1970年 裸女
估　价：HKD 500,000~700,000
成交价：RMB 3,548,675
47cm × 70cm 佳士得 2019-11-24

67 尼古拉斯・帕蒂 2016年 彩岩
估　价：HKD 4,100,000~5,000,000
成交价：RMB 7,844,675
220cm × 100cm 佳士得 2019-11-23

253 梅忠恕 1971年 孩童洗浴
估　价：HKD 500,000~700,000
成交价：RMB 2,040,750
54.5cm × 46cm 香港苏富比 2019-10-06

33 让・艾添・利奥塔 身穿土耳其服饰 在浴场里指挥仆人的女子
估　价：GBP 2,000,000~3,000,000
成交价：RMB 26,513,910
703cm × 563毫米 伦敦苏富比 2019-07-03

107 阮潘正 1936年 稻田中的女子
估　价：HKD 1,200,000~1,800,000
成交价：RMB 1,901,875
56cm × 37cm 佳士得 2019-11-24

1102 阮潘正 稻衣
估　价：HKD 500,000~700,000
成交价：RMB 908,438
52cm × 72cm 香港苏富比 2019-03-31

63 手冢治虫 1976年 众星云集
估　价：HKD 600,000~800,000
成交价：RMB 615,313
15cm × 19.2cm 佳士得 2019-11-23

300 阮康 约1934-1935年 舞者
估　价：HKD 240,000~290,000
成交价：RMB 662,625
63cm × 46cm 香港苏富比 2019-04-01

5 萨尔瓦多·达利 约1937年 偏执家私的诞生
估　价：USD 700,000~1,000,000
成交价：RMB 7,820,490
63.7cm × 48.4cm 纽约佳士得 2019-11-11

1667 藤田嗣治 1918年 1918年冬
估　价：RMB 2,600,000~3,600,000
成交价：RMB 2,990,000
40.3cm × 32.6cm 北京保利 2019-12-03

37 藤田嗣治 1928年 黄鞋裸女 水墨 水彩 水粉 纸本
估　价：HKD 550,000~850,000
成交价：RMB 1,603,125
45cm × 63.5cm 佳士得 2019-03-29

17 瓦西里·康丁斯基 1941年 “无题”
估　价：GBP 450,000~550,000
成交价：RMB 6,206,319
22cm × 50.6cm 伦敦苏富比 2019-02-26

7 托茵·奥依·奥杜托拉 复叶
估　价：GBP 100,000~150,000
成交价：RMB 4,141,974
纸张：127.6cm × 191.8cm 伦敦苏富比 2019-07-03 ★

1419 王肇民 1980年 上海黄浦公园
估　价：RMB 550,000~600,000
成交价：RMB 632,500
53cm × 38cm 广东崇正 2019-11-28

13 韦恩·第伯 1970年 果冻蛋糕卷
估　价：HKD 2,400,000~4,000,000
成交价：RMB 2,013,750
19.4cm × 25.4cm 佳士得 2019-11-23

2959 吴冠中 1957年 江南小镇
估　价：RMB 800,000~1,200,000
成交价：RMB 1,265,000
28cm × 37cm 西泠印社 2019-07-07

1675 吴冠中 1961年 人民民主进藏区
估　价：RMB 1,000,000~1,500,000
成交价：RMB 1,380,000
30.1cm × 40.6cm 北京保利 2019-12-03

5 吴冠中 1980年 江岸
估　价：HKD 2,500,000~3,500,000
成交价：RMB 3,333,875
39cm × 54cm 佳士得 2019-11-23

35 吴冠中 1976年 景山白皮松
估　价：HKD 5,500,000~6,500,000
成交价：RMB 5,499,360
50.4cm × 39cm 佳士得 2019-05-25

1132 五木田智央 2015年 虚荣仨
估　价：HKD 2,000,000~4,000,000
成交价：RMB 3,740,625
194cm × 259cm 香港苏富比 2019-04-01

94 席德进 1981年 秀水陈益源大厝
估　价：HKD 450,000~650,000
成交价：RMB 1,016,747
64cm × 100cm 中国嘉德 2019-10-07

2052 颜文樑 湖光山色之一
估　价：RMB 400,000~600,000
成交价：RMB 598,000
28cm × 41cm 中国嘉德 2019-06-03

126 萧如松 1985年 窗边意象（窗边）
估　价：HKD 900,000~1,200,000
成交价：RMB 1,177,286
99.5cm × 72cm 保利香港 2019-10-06 ★

337 萧如松 约1970年代作 丘
估　价：HKD 1,000,000~1,200,000
成交价：RMB 1,118,750
100cm × 72cm 佳士得 2019-11-24

307 赵无极 1961年 无题
估　价：HKD 1,600,000~2,400,000
成交价：RMB 2,907,360
76cm × 57cm 佳士得 2019-05-26

42 朱德群 1965年 构图-1965 水粉 纸本
估　价：HKD 500,000~800,000
成交价：RMB 1,496,250
48.8cm × 64cm 佳士得 2019-03-29

油 画

8 KAWS 2005年 THE KAWS ALBUM
估　价：HKD 6,000,000~8,000,000
成交价：RMB 99,150,930
101.6cm × 101.6cm 香港苏富比 2019-04-01

74 KAWS 2014年 全副武装
估　价：HKD 12,000,000~16,000,000
成交价：RMB 20,844,000
223.2cm × 503cm 佳士得 2019-05-25

51 KAWS 2016年 VANQUISHED
估　价：HKD 4,800,000~6,000,000
成交价：RMB 6,018,875
243.8cm × 243.8cm 佳士得 2019-11-23

15 阿尔伯特 · 尔莱恩 两手空空的自画像
估　价：GBP 4,000,000~6,000,000
成交价：RMB 52,323,860
200cm × 144cm 伦敦苏富比 2019-07-03

36 阿尔伯特·尔莱恩 “泳者”
估　价：GBP 1,000,000~1,500,000
成交价：RMB 20,033,055
275.6cm×475.8cm 伦敦苏富比 2019-03-05

24 阿尔伯托·贾柯梅蒂 1953至1954年 迪亚哥肖像
估　价：USD 800,000~1,200,000
成交价：RMB 11,677,170
46cm×33cm 纽约佳士得 2019-11-11

19 阿道夫·戈特列布 摇摆
估　价：USD 1,000,000~1,500,000
成交价：RMB 12,343,240
182.9cm×228.6cm 纽约苏富比 2019-05-16

3 阿尔伯托·贾柯梅蒂 1959年 “女子肖像（安妮特）”
估　价：GBP 1,800,000~2,500,000
成交价：RMB 28,412,895
73cm×60cm 伦敦苏富比 2019-02-26

45 阿尔泰米西娅·真蒂莱斯基 “依肋内照顾圣塞巴斯蒂安”
估　价：USD 400,000~600,000
成交价：RMB 4,213,980
101cm×127.5cm 纽约苏富比 2019-01-30

1058 阿凡迪 ARI (AFFANDI, RAKA AND IWAN)
估　价：HKD 3,000,000~4,000,000
成交价：RMB 4,076,965
130cm×150cm 香港苏富比 2019-10-05

1110 阿凡迪 巴隆
估　价：HKD 1,800,000~2,800,000
成交价：RMB 2,565,000
100.5cm×160cm 香港苏富比 2019-03-31

316 阿历克斯·卡茨 1986年 珍妮弗和马蒂厄
估　价：RMB 3,500,000~5,000,000
成交价：RMB 5,040,000
244cm×122cm 佳士得（上海） 2019-09-21

1 阿纳尼第三画师，1230年代中期 圣母圣婴与两名天使
估　价：GBP 200,000~300,000
成交价：RMB 6,463,590
58cm×46.5cm 伦敦苏富比 2019-07-03

7 埃德·鲁沙 我尝试忘记
估　价：USD 5,000,000~7,000,000
成交价：RMB 55,863,334
182.9cm×243.8cm 纽约苏富比 2019-05-16

39 阿列克榭·冯·雅佛林斯基 1913年于慕尼黑 希腊女子
估　价：USD 1,200,000~1,800,000
成交价：RMB 8,249,010
53.3cm×49.5cm 纽约佳士得 2019-11-11

9 埃贡·席勒 1912年 “的里雅斯特渔船”
估　价：GBP 6,000,000~8,000,000
成交价：RMB 93,197,787
70cm×70cm 伦敦苏富比 2019-02-26

5 艾德里安·格尼 2009年 收藏家4
估　价：GBP 2,200,000~2,800,000
成交价：RMB 23,142,761
200.3cm × 240cm 伦敦佳士得 2019-03-06

18 艾格妮斯·马丁 无题#12
估　价：USD 4,000,000~6,000,000
成交价：RMB 38,868,998
182.9cm × 182.9cm 纽约苏富比 2019-05-16

1892 艾敬 2017年 I Love Color #40
估　价：RMB 800,000~1,200,000
成交价：RMB 943,000
90cm × 90cm 中国嘉德 2019-06-03

1038 艾轩 1986年 她走了，没说什么
估　价：HKD 500,000~1,000,000
成交价：RMB 1,133,750
53cm × 65.5cm 香港苏富比 2019-10-05

1426 艾轩 2003年 藏女
估　价：RMB 1,300,000~1,600,000
成交价：RMB 1,610,000
63cm × 63cm 广东崇正 2019-05-23

1856 艾中信 1952年 画室
估　价：RMB 500,000~700,000
成交价：RMB 805,000
46cm×58.5cm 中国嘉德 2019-11-16

26 安德烈·德兰 约1904至1905年 河岸
估　价：USD 4,000,000~6,000,000
成交价：RMB 33,674,530
38.4cm×46cm 纽约佳士得 2019-11-11

1067 艾珠·克里丝汀 工人
估　价：HKD 1,500,000~2,500,000
成交价：RMB 2,947,750
170cm×200cm 香港苏富比 2019-10-05

20 安迪·沃荷 美国印第安人（罗素·米恩斯）
估　价：USD 4,000,000~6,000,000
成交价：RMB 42,731,347
214cm×177.8cm 纽约苏富比 2019-05-16

38 安东尼奥·约利 罗马，望向圣天使城堡，
远眺圣伯多禄大殿
估　价：GBP 400,000~600,000
成交价：RMB 49,819,769
88.1cm×124.4cm 伦敦苏富比 2019-07-03

52 安格莉卡·考夫曼，R.A. “三人肖像，应为乔治娜·史宾赛女爵（后称德文郡公爵夫人）、亨丽埃塔·史宾赛女爵与奥尔索普子爵乔治”
估　价：USD 600,000~800,000
成交价：RMB 6,269,580
113.6cm×144.8cm 纽约苏富比 2019-01-30

2 安萨诺·迪·彼得罗·迪·蒙乔-或称萨诺·迪·彼得罗 圣多纳图斯驯龙
估　价：GBP 500,000~700,000
成交价：RMB 14,905,830
21.8cm×36cm 伦敦苏富比 2019-07-03

35 安东尼奥·约利 威尼斯，从圣马可湾东望海关大楼与圣乔治马焦雷教堂
估　价：GBP 250,000~350,000
成交价：RMB 8,134,450
96.5cm×144cm 伦敦苏富比 2019-07-03

11 奥斯卡·施莱默 1923年 “餐桌聚会”
估　价：GBP 1,000,000~1,500,000
成交价：RMB 22,651,755
64cm×102cm 伦敦苏富比 2019-02-26

2077 安塞姆·基弗 2009年 新月沃土
估　价：RMB 17,000,000~25,000,000
成交价：RMB 27,600,000
475cm×950cm 中国嘉德 2019-06-03

43 巴布罗·毕加索 1969年4月6日作 坐着的裸女
估　价：USD 5,000,000~8,000,000
成交价：RMB 40,063,049
130.3cm×89cm 纽约佳士得 2019-11-11

15 巴布罗·毕加索 1944年7月14-23日作 “玻璃杯与水罐”
估　价：GBP 1,800,000~2,500,000
成交价：RMB 17,938,095
33cm×41cm 伦敦苏富比 2019-02-26

8 巴布罗·毕加索 1968年10月12日作 男子半身像
估　价：USD 9,000,000~12,000,000
成交价：RMB 66,813,410
130cm×80.9cm 纽约佳士得 2019-11-11

23 巴布罗·毕加索 1948年12月29日至1949年1月1日作 扶手椅上的女子（弗朗索瓦丝）
估　价：USD 12,000,000~18,000,000
成交价：RMB 95,185,005
100.3cm×81.3cm 纽约佳士得 2019-11-11

23 巴布罗·毕加索 “三浴女”
估　价：GBP 800,000~1,200,000
成交价：RMB 9,558,255
33cm×41cm 伦敦苏富比 2019-02-26

40 巴克利·L·亨德里克斯 1975年 YOCKS
估　价：USD 900,000~1,200,000
成交价：RMB 25,364,680
183.2cm × 106.7cm 纽约苏富比 2019-05-16

39 巴托罗米奥·帕塞罗蒂 “三十八岁的朱利奥·弗兰基尼肖像”
估　价：USD 600,000~800,000
成交价：RMB 5,858,460
102.1cm × 79.4cm 纽约苏富比 2019-01-30

24 白发一雄 1974年 不动护摩供
估　价：HKD 8,000,000~12,000,000
成交价：RMB 7,844,675
97.2cm × 130.4cm 佳士得 2019-11-23

60 白发一雄 1991年 炼丹
估　价：NTD 60,000,000~90,000,000
成交价：RMB 14,051,040
131cm × 194cm 罗芙奥 2019-06-01

48 保罗·高更 1885年 迪耶普附近的马场II
估　价：USD 800,000~1,500,000
成交价：RMB 5,677,890
73.7cm × 59.4cm 纽约佳士得 2019-11-11

49 贝尔纳. 毕费 1956年 巴黎万神殿
估　价：NTD 14,000,000~22,000,000
成交价：RMB 3,864,000
97cm × 130cm 罗芙奥 2019-12-01

1013 贝尔纳·布菲 1968年 小丑
估　价：HKD 3,500,000~5,500,000
成交价：RMB 6,305,625
115.5cm × 81.5cm 香港苏富比 2019-03-31

1011 贝尔纳·布菲 1958年 斗牛士
估　价：HKD 3,000,000~6,000,000
成交价：RMB 5,491,885
130.1cm × 97.3cm 香港苏富比 2019-10-05 ★

39 贝尔纳多·贝洛拓 皮尔纳，市集广场景观
估　价：GBP 400,000~600,000
成交价：RMB 4,458,558
46.7cm × 78.4cm 伦敦苏富比 2019-07-03 ●

9 比亚焦·迪·戈罗·盖齐 “圣母与圣婴”
估　价：USD 400,000~600,000
成交价：RMB 3,391,740
94cm × 53.3cm 纽约苏富比 2019-01-30 ●

49 彼埃·奥古斯特·雷诺阿 约1888年 年轻女子头像
估　价：USD 600,000~800,000
成交价：RMB 10,391,610
33cm × 24.3cm 纽约佳士得 2019-11-11 ●

381 贝家骧 花卉系列之二 镜框
估　价：RMB 300,000~500,000
成交价：RMB 552,000
75cm × 75cm 上海拍卖 2019-07-07

13 彼得·巴尔滕施 - 或称库斯托迪斯 撒旦种稗
估　价：GBP 1,000,000~1,500,000
成交价：RMB 71,855,774
116.9cm × 163.5cm 伦敦苏富比 2019-07-03

6 布丽奇·莱利 亮色
估　价：GBP 600,000~800,000
成交价：RMB 9,418,374
156.2cm × 133.5cm 伦敦苏富比 2019-07-03 ★

17 彼得·保罗·鲁本斯爵士 身穿盔甲的年轻男子头像
估　价：GBP 2,500,000~3,500,000
成交价：RMB 3,930,918
50.8cm × 41.5cm 伦敦苏富比 2019-07-03

7 布里奇特·莱利 2003年 浅黄色
估　价：GBP 950,000~1,200,000
成交价：RMB 9,839,765
117.4cm × 274.4cm 伦敦佳士得 2019-03-06

4536 曹小冬 1986年 无人地带一号
估　价：RMB 1,500,000~2,000,000
成交价：RMB 1,725,000
83cm × 126cm 北京保利 2019-06-04

1144 草间弥生 1959年 无尽的网#4
估　价：HKD 50,000,000~70,000,000
成交价：RMB 53,380,215
143.5cm × 108.6cm 香港苏富比 2019-04-01

124 草间弥生 1995年 夕映傍照的海 压克力 画布
估　价：NTD 46,000,000~55,000,000
成交价：RMB 11,923,200
130.3cm × 89.4cm 罗芙奥 2019-12-01

1138 草间弥生 2010年 南瓜（TWPOT）
估　价：HKD 12,000,000~22,000,000
成交价：RMB 46,563,300
130cm × 162.5cm 香港苏富比 2019-04-01

45 草间弥生 2008年 无限之网（OQRWHN）
估　价：HKD 9,000,000~12,000,000
成交价：RMB 9,777,875
194cm × 194cm 佳士得 2019-11-23

694 常书鸿 1985年 天堂人间
估　价：HKD 400,000~600,000
成交价：RMB 403,560
91.5cm × 72.8cm 中国嘉德 2019-03-30

1030 常玉 1930年代作 中国花布上的粉红裸女
估　价：HKD 35,000,000~45,000,000
成交价：RMB 45,262,928
45.2cm × 81.2cm 香港苏富比 2019-10-05

2009 常玉 1931年 白瓶粉红菊
估　价：RMB 48,000,000~68,000,000
成交价：RMB 55,200,000
100cm × 70.5cm 中国嘉德 2019-11-16

7 常玉 1950年代作 五裸女
估　价：HKD 250,000,000~550,000,000
成交价：RMB 272,066,575
120cm × 172cm 佳士得 2019-11-23

146 常玉 1950年代作 红桌上的瓶菊 油彩 纤维板
成交价：RMB 67,564,800
62cm × 92cm 罗芙奥 2019-12-01

1029 常玉 1965年 曲腿裸女
成交价：RMB 179,562,418
122.5cm × 135cm 香港苏富比 2019-10-05 ★

1668 常玉 约1950年代作 聚瑞盈香
成交价：RMB 77,050,000
64cm × 53cm 北京保利 2019-12-03

237 陈澄波 1934年 太湖
估　价：NTD 9,500,000~13,000,000
成交价：RMB 2,233,800
38cm × 45.5cm 罗芙奥 2019-06-02

1910 陈丹青 1985年 西藏女孩
估　价：RMB 400,000~600,000
成交价：RMB 1,012,000
30.5cm × 41cm 中国嘉德 2019-11-16

623 陈丹青 1986年 一对年轻的牧羊人
估　价：HKD 5,000,000~8,000,000
成交价：RMB 9,293,680
100cm × 74.5cm 华艺国际 2019-11-24

825 陈丹青 1977年 吾师·师母
估　价：RMB 2,800,000~3,800,000
成交价：RMB 4,600,000
55cm × 60cm 华艺国际 2019-08-10

1854 陈飞 2008年 今夜突然下起小雪——致可爱的老汉史崔特（三联作）
估　价：RMB 1,500,000~2,500,000
成交价：RMB 2,185,000
180cm×140cmcm×3 中国嘉德 2019-06-03

1949 陈俊穆 2015年 一画一如来
估　价：RMB 200,000~300,000
成交价：RMB 1,265,000
150cm×130cm 中国嘉德 2019-11-16

5 陈建伟 2015年 救世主
估　价：HKD 200,000~300,000
成交价：RMB 432,000
120cm×160cm，120cm×320cm 佳士得 2019-05-25

1171 陈飞 2012年 你自己去看
估　价：HKD 500,000~800,000
成交价：RMB 1,389,375
直径：240cm 香港苏富比 2019-04-01

4524 陈钧德 1984年 桂林山水
估　价：RMB 1,800,000~2,600,000
成交价：RMB 2,070,000
116cm×166cm 北京保利 2019-06-04

442 陈可 2014年 颐和园
估　价：HKD 100,000~150,000
成交价：RMB 805,500
99.8cm×129.1cm 佳士得 2019-11-24

325 陈平禄 庙宇的花园之景
估　价：HKD 120,000~180,000
成交价：RMB 587,813
65cm×100cm 香港苏富比 2019-04-01

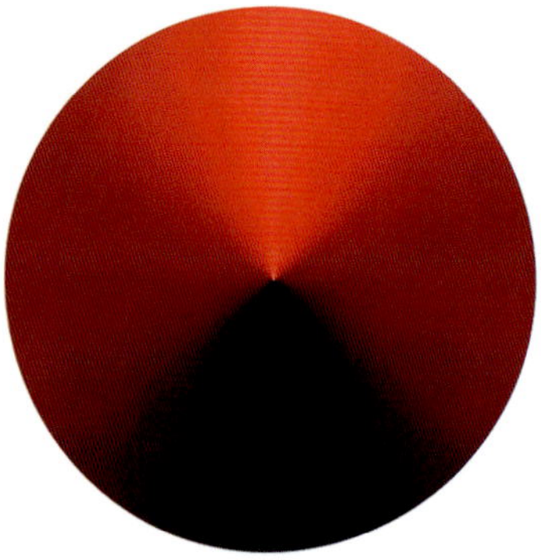

4560 陈文骥 2006年 一切
估　价：RMB 1,500,000~2,000,000
成交价：RMB 1,725,000
直径180cm 北京保利 2019-06-04

3012 陈逸飞 1983年 苏州运河
估　价：RMB 2,200,000~3,200,000
成交价：RMB 3,450,000
76cm×106cm 西泠印社 2019-07-07

1329 陈滔 2017年 古长城
估　价：RMB 350,000
成交价：RMB 575,000
90cm×128cm 北京翰海 2019-10-12

1062 陈文希 年画
估　价：HKD 800,000~1,500,000
成交价：RMB 1,473,875
80cm×100cm 香港苏富比 2019-10-05

350 陈逸飞 1986年 日落苏州
估　价：HKD 1,000,000~1,800,000
成交价：RMB 2,160,000
86.4cm×107cm 佳士得 2019-05-26

116 陈文谨 1937年 越南女孩
估　价：HKD 180,000~280,000
成交价：RMB 972,000
65cm×52.5cm 佳士得 2019-05-26

2069 陈逸飞 1996年 绿绿的草原
估　价：RMB 12,000,000~18,000,000
成交价：RMB 14,950,000
200cm×250cm 中国嘉德 2019-06-03

1930 程竹 2018年 公共偶像——80后·铭记未来
估　价：RMB 350,000~450,000
成交价：RMB 575,000
129.5cm × 95.5cm 中国嘉德 2019-11-16

3104 崔小冬 2012年 茶园春色
估　价：RMB 800,000~1,500,000
成交价：RMB 1,322,500
160cm × 110cm 中贸圣佳 2019-06-07

49 戴娜·舒茨 2004年 土木规划
估　价：USD 300,000~400,000
成交价：RMB 16,412,440
289.6cm × 426.7cm 纽约苏富比 2019-05-16

8 戴维·霍克尼 1969年　亨利·格尔德札勒与克里斯托弗·斯科特
成交价：RMB 328,745,051
214cm × 305cm 伦敦佳士得 2019-03-06

31 戴维·霍克尼 洞穴怎么样
估　价：GBP 1,200,000~1,800,000
成交价：RMB 11,739,990
92.1cm × 122.3cm 伦敦苏富比 2019-07-03 ★

625 丁品 邢展 1976年 又是迎春 镜芯
估　价：RMB 300,000~450,000
成交价：RMB 402,500
95cm×168cm 中鸿信 2019-07-16

26 丁雄泉 1967年 美好的一天
估　价：HKD 850,000~1,500,000
成交价：RMB 1,230,625
140cm×193cm 佳士得 2019-11-23

1669 丁天缺 1980年 窗前遇见一
估　价：RMB 1,200,000~1,500,000
成交价：RMB 1,380,000
85cm×64cm 北京保利 2019-12-03

321 丁雄泉 1967-1970年 秋天的花
估　价：HKD 800,000~1,200,000
成交价：RMB 2,268,000
129cm×155.5cm 佳士得 2019-05-26

706 丁衍庸 1964年 甲骨文字/兰（双面画）
估　价：HKD 850,000~1,250,000
成交价：RMB 1,311,570
42cm×29cm 中国嘉德 2019-03-30

2012 丁衍庸 1969年 橘色仕女
估　价：RMB 3,800,000~4,800,000
成交价：RMB 6,095,000
91cm×60.5cm 中国嘉德 2019-11-16

2058 丁衍庸 1970年代 恋人
估　价：RMB 2,200,000~3,200,000
成交价：RMB 3,220,000
60cm × 45.5cm 中国嘉德 2019-06-03

2989 丁乙 2004年 十示
估　价：RMB 1,200,000~1,500,000
成交价：RMB 1,782,500
135cm × 200cm 西泠印社 2019-07-07

40 恩斯特・路德维格・基尔希纳 1915年 骑兵
估　价：USD 3,000,000~4,000,000
成交价：RMB 30,103,530
115.8cm × 115.8cm 纽约佳士得 2019-11-11

1134 段建宇 2008年3月作 姐姐14号（双联作）
估　价：HKD 1,380,000~1,880,000
成交价：RMB 3,420,000
整体：182.2cm × 434cm 香港苏富比 2019-04-01

7 段建宇 2010年 万水千山都是情 第1号
估　价：HKD 1,200,000~2,000,000
成交价：RMB 2,376,000
179.5cm × 249cm 佳士得 2019-05-25

10 恩斯特 · 路德维希 · 基尔希纳 1906年 “沙发上的少女”
估　价：GBP 2,800,000~3,800,000
成交价：RMB 33,543,801
49cm × 68.8cm 伦敦苏富比 2019-02-26

171 方君璧 1963年 红牡丹
估　价：RMB 2,000,000~2,400,000
成交价：RMB 2,300,000
63.5cm × 68.5cm 上海明轩 2019-04-28

319 儿岛善三郎 1930年 镜
估　价：HKD 500,000~700,000
成交价：RMB 626,400
97cm × 130.5cm 佳士得 2019-05-26

1614 房奇 2016年 NO.KLYP1608
估　价：RMB 200,000~300,000
成交价：RMB 402,500
200cm × 300cm 北京保利 2019-12-03

279 范光厚 约1950-1960年 金玉满堂
估　价：HKD 500,000~700,000
成交价：RMB 1,247,125
各：100cm × 65cm 整体：100cm × 195cm
香港苏富比 2019-10-06

4553 方力钧 2002年 2002.1.10
估　价：RMB 8,000,000~16,000,000
成交价：RMB 10,350,000
399.5cm × 175.5cmcm × 4 北京保利 2019-06-04

24 菲利普 · 加斯顿 红色天空
估　价：USD 6,000,000~8,000,000
成交价：RMB 49,683,576
208.3cm × 268cm 纽约苏富比 2019-05-16

1348 方力钧 2011-2012年 2011-2012
估　价：RMB 3,500,000~4,500,000
成交价：RMB 4,945,000
270cm × 120cm 北京翰海 2019-06-15

23 菲利普 · 加斯顿 腿、地毯、地板
估　价：USD 6,000,000~8,000,000
成交价：RMB 47,366,166
203.2cm × 254cm 纽约苏富比 2019-05-16

1337 傅磊 2019年 一只恶犬
估　价：RMB 350,000
成交价：RMB 552,000
120cm × 100cm 北京翰海 2019-10-12

589 冯骁鸣 2015年 构图20-01-15
估　价：HKD 600,000~800,000
成交价：RMB 1,360,500
195cm×130cm 香港苏富比 2019-10-07

75 弗朗西斯科·何塞·德·戈雅·卢西恩特斯 “女演员丽塔·卢纳肖像”
估　价：USD 1,000,000~1,500,000
成交价：RMB 8,325,180
42.6cm×34.1cm 纽约苏富比 2019-01-30

10 弗朗契斯克·瓜尔迪 威尼斯，大运河与小圣西门教堂景观
估　价：GBP 1,000,000~1,500,000
成交价：RMB 6,991,230
65.3cm×79.5cm 伦敦苏富比 2019-07-03

586 费南度·波特罗 2008年 女士与花瓶
估　价：HKD 3,000,000~4,000,000
成交价：RMB 4,947,685
162cm×152cm 香港苏富比 2019-10-07

4538 冯国栋 2002年 最后的晚餐 1
估　价：RMB 500,000~800,000
成交价：RMB 575,000
90cm×122cm 北京保利 2019-06-04

42 费德·加利齐亚 “玻璃高脚果盘、蜜桃、茉莉花、榅桲与蚱蜢”
估　价：USD 2,000,000~3,000,000
成交价：RMB 16,547,580
30.5cm×43.2cm 纽约苏富比 2019-01-30

27 弗兰克·奥尔巴赫 1985年 朱莉娅头像
估　价：USD 600,000~800,000
成交价：RMB 12,343,240
66.4cm×66.4cm 纽约苏富比 2019-05-16

9 弗朗西斯·培根 1952年 头像习作
估　价：USD 20,000,000~30,000,000
成交价：RMB 341,677,160
66cm × 56cm 纽约苏富比 2019-05-16

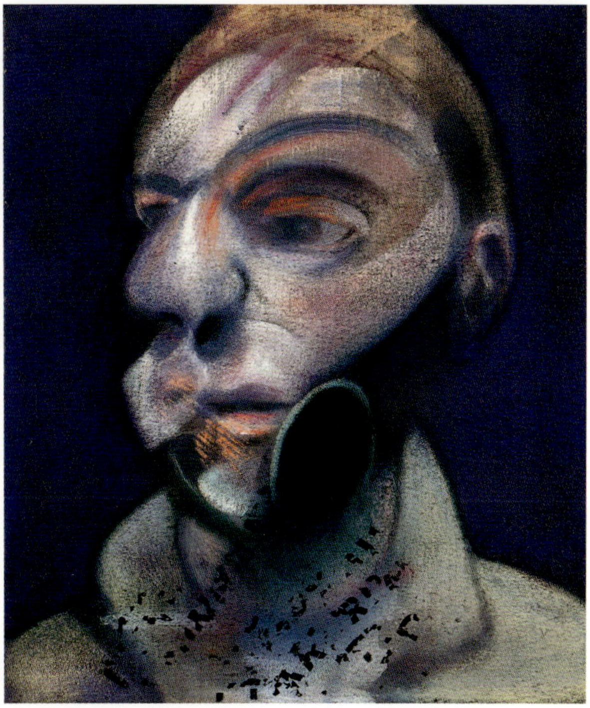

9 弗朗西斯·培根 自画像
估　价：GBP 15,000,000~20,000,000
成交价：RMB 145,476,064
35.5cm × 30.5cm 伦敦苏富比 2019-07-03 ★

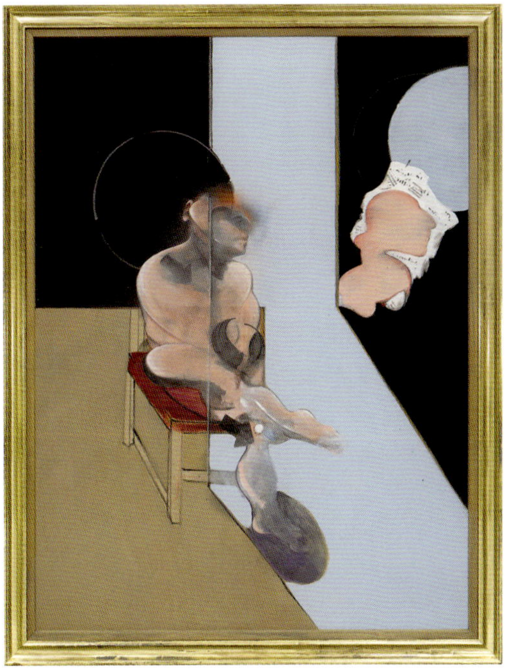

26 弗朗西斯·培根 肖像习作
估　价：USD 12,000,000~18,000,000
成交价：RMB 98,349,173
198.1cm × 148cm 纽约苏富比 2019-05-16

423 高野绫 2013年 千年螺旋的秘密：田代太田
估　价：HKD 500,000~700,000
成交价：RMB 540,000
160cm × 132cm 佳士得 2019-05-26

1864 高瑀 2009年 银河小英雄（三联画）
估　价：RMB 800,000~1,000,000
成交价：RMB 920,000
300cm×200cmcm×3 中国嘉德 2019-06-03

549 高松次郎 1968年 阴影
估　价：HKD 800,000~1,200,000
成交价：RMB 1,710,000
70.8cm×60cm×7.6cm 香港苏富比 2019-04-01

21 格哈德·里希特 “抽象画”
估　价：GBP 6,000,000~8,000,000
成交价：RMB 60,388,095
180cm×180cm 伦敦苏富比 2019-03-05

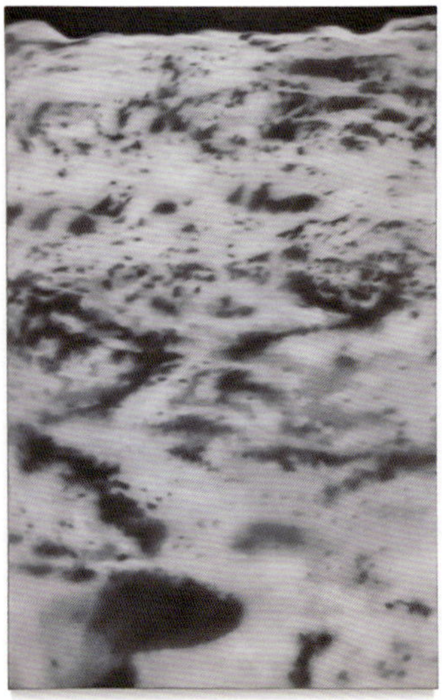

44 格哈德·里希特 月球表面I
估　价：USD 4,500,000~6,000,000
成交价：RMB 32,689,240
200.5cm×130.4cm 纽约苏富比 2019-05-16

25 格哈德·里希特 树丛
估　价：GBP 1,200,000~1,800,000
成交价：RMB 10,157,070
72.2cm×102.1cm 伦敦苏富比 2019-07-03

18 格伦 · 布朗 “衰老的青春”
估　价：GBP 700,000~900,000
成交价：RMB 10,605,735
122cm × 156cm 伦敦苏富比 2019-03-05 ★

220 古那弯 1976年 找跳蚤
估　价：HKD 1,500,000~2,500,000
成交价：RMB 1,678,125
100cm × 154.5cm 佳士得 2019-11-24 ●

217 古那弯 1972年 抚育水牛
估　价：HKD 1,800,000~2,800,000
成交价：RMB 1,728,000
72cm × 104cm 佳士得 2019-05-26

2092 顾黎明 2011年 母子夺魁——紫色版
估　价：RMB 1,200,000~1,800,000
成交价：RMB 1,380,000
162cm × 114cm 中国嘉德 2019-06-03 ●

3007 宫立龙 2008年 飞跃
估　价：RMB 500,000~800,000
成交价：RMB 920,000
190cm × 240cm 中贸圣佳 2019-06-07

29 古斯塔夫 · 卡耶博特 约1888年 小热讷维耶的塞纳-马恩省河畔
估　价：USD 2,500,000~3,500,000
成交价：RMB 25,818,330
60.3cm × 73.3cm 纽约佳士得 2019-11-11 ●

1002 关良 1948年 构图
估　价：HKD 2,000,000~4,000,000
成交价：RMB 8,357,625
54.6cm×64.3cm 香港苏富比 2019-03-31

2011 关良 1950年代 广州造船厂
估　价：RMB 2,000,000~3,000,000
成交价：RMB 2,645,000
40cm×52cm 中国嘉德 2019-11-16

1006 关良 1950年 褒城石门洞
估　价：HKD 3,000,000~5,000,000
成交价：RMB 8,562,825
79.5cm×58cm 香港苏富比 2019-03-31

2938 关良 史塔尔桑教堂
估　价：RMB 3,500,000~4,500,000
成交价：RMB 4,830,000
54cm×67cm 西泠印社 2019-07-07

1644 郭北平 粉衣女孩
估　价：RMB 450,000~550,000
成交价：RMB 690,000
100cm×80cm 北京荣宝 2019-12-01

4519 郭绍纲 恽圻苍 1972年 毛主席带领我们在大风大浪中前进
估　价：RMB 6,800,000~8,800,000
成交价：RMB 11,500,000
163cm×329cm 北京保利 2019-06-04

1921 郭润文 1995年 花季
估　价：RMB 680,000~880,000
成交价：RMB 782,000
91cm×72cm 中国嘉德 2019-06-03

13 海伦·弗兰肯塔勒 纽芬兰岛
估　价：USD 1,500,000~2,000,000
成交价：RMB 18,447,040
133.4cm×279.4cm 纽约苏富比 2019-05-16

2019 贺慕群 2002-2004年 水果系列31
估　价：RMB 1,600,000~2,600,000
成交价：RMB 3,105,000
110cm×185cm 中国嘉德 2019-11-16

4543 何多苓 1996年 无题
估　价：RMB 3,000,000~5,000,000
成交价：RMB 5,175,000
100cm×81cm 北京保利 2019-06-04

3015 何红舟 1993年 乡场
估　价：RMB 500,000~600,000
成交价：RMB 667,000
181cm×161cm 西泠印社 2019-07-07

1112 亨德拉·古拿温 海滩边的女子与小孩
成交价：RMB 9,383,625
139cm×194.5cm 香港苏富比 2019-03-31

150 何多苓 2017年 俄罗斯森林（黄金时代）普希金·自由
估　价：HKD 5,800,000~7,800,000
成交价：RMB 5,851,620
200cm×150cm 保利香港 2019-03-31

13 亨利·马蒂斯 1919年于尼斯 银莲花与黑色镜子
估　价：USD 2,000,000~3,000,000
成交价：RMB 37,631,198
67.9cm×53.8cm 纽约佳士得 2019-11-11

7 胡安·米罗 1916至1917年冬及1929年于巴塞罗那〈宣传报〉与瓶花
估　价：USD 2,000,000~3,000,000
成交价：RMB 10,391,610
73cm×60cm 纽约佳士得 2019-11-11

3 胡安·米罗 1927年 绘画（太阳）
估　价：USD 1,000,000~1,500,000
成交价：RMB 9,963,090
38.3cm×46.2cm 纽约佳士得 2019-11-11

57 胡塞佩·德·里贝拉 - 或称洛·斯帕尼奥莱托 “莎乐美与施洗者圣约翰的人头”
估　价：USD 500,000~700,000
成交价：RMB 4,213,980
104.8cm×139.7cm 纽约苏富比 2019-01-30

151 胡善馀 1959年 工地早晨 油画
估　价：RMB 300,000~600,000
成交价：RMB 805,000
54cm×80.5cm 北京银座 2019-06-05

141 洪凌 2010年 寒眼 油彩 画布
估　价：NTD 6,000,000~8,000,000
成交价：RMB 1,932,000
185cm×215cm 罗芙奥 2019-12-01

182 洪凌 2004年 穹雪之三
估　价：HKD 750,000~1,200,000
成交价：RMB 756,675
250cm×150cm 保利香港 2019-03-31

21 华西里·康定斯基 1930年2月作 箭头与圆圈
估　价：USD 4,000,000~6,000,000
成交价：RMB 24,104,250
80.4cm×110.5cm 纽约佳士得 2019-11-11

112 黄建南 2016年 超时空
估　价：HKD 12,000,000~16,000,000
成交价：RMB 12,106,800
73cm × 89cm 北京匡时 2019-04-02

113 黄建南 2016年 神韵
估　价：HKD 25,000,000~30,000,000
成交价：RMB 25,222,500
160cm × 160cm 北京匡时 2019-04-02

2017 黄显之 1961年 南京三叉河
估　价：RMB 1,800,000~2,800,000
成交价：RMB 2,070,000
54cm × 64.5cm 中国嘉德 2019-11-16

12 黄宇兴 2015-2016年 沉浮
估　价：HKD 1,500,000~2,500,000
成交价：RMB 1,944,000
208cm × 258cm，208cm × 516cm 佳士得
2019-05-25

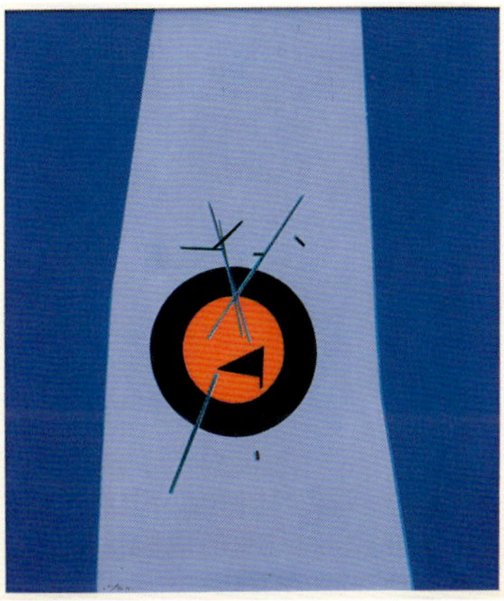

737 霍刚 1974年 无题 74
估　价：HKD 200,000~400,000
成交价：RMB 427,500
80cm × 70cm 香港苏富比 2019-04-01

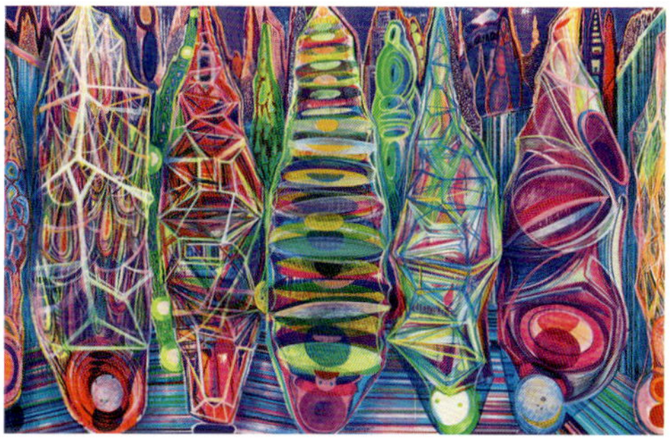

1650 黄宇兴 2017年 幼树
估　价：RMB 700,000~1,200,000
成交价：RMB 2,070,000
200cm × 320cm 北京保利 2019-12-03

1874 季大纯 2009年 万宝鹿
估　价：RMB 800,000~1,000,000
成交价：RMB 920,000
200cm×150cm 中国嘉德 2019-06-03

16 加斯帕·德·克雷耶 骑马的西班牙枢机主教费迪南德亲王（1610–1641年）
估　价：GBP 80,000~120,000
成交价：RMB 5,408,310
271cm×211cm 伦敦苏富比 2019-07-03

8 贾蔼力 2007年 疯景
估　价：HKD 8,000,000~10,000,000
成交价：RMB 15,660,000
267cm×200cm 佳士得 2019-05-25

6110 贾蔼力 2006年 无名日（三联作）
估　价：RMB 6,000,000~10,000,000
成交价：RMB 9,775,000
300cm×500cm 中贸圣佳 2019-11-30

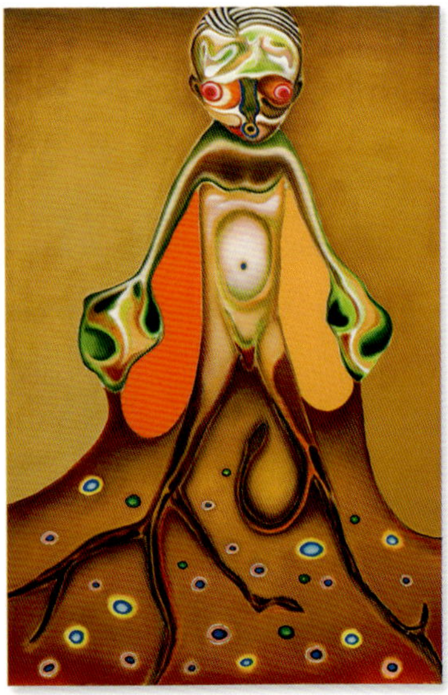

583 加藤泉 2009年 无题
估　价：HKD 300,000~400,000
成交价：RMB 908,438
194cm×130cm 香港苏富比 2019-04-01

604 贾许·史密斯 2013年 无题
估　价：HKD 600,000~1,000,000
成交价：RMB 907,000
122cm×91.5cm 香港苏富比 2019-10-07

1648 姜国芳 极光梵境 镜框
估　价：RMB 500,000~600,000
成交价：RMB 1,092,500
86cm × 106cm 北京荣宝 2019-12-01

1647 姜国芳 晚霞 镜框
估　价：RMB 800,000~1,000,000
成交价：RMB 1,552,500
95cm × 152cm 北京荣宝 2019-12-01

3103 姜建忠 西班牙男孩
估　价：RMB 300,000~500,000
成交价：RMB 402,500
110cm × 140cm 中贸圣佳 2019-06-07

1169 蒋兆和 蔡廷锴像 镜芯
估　价：RMB 350,000~550,000
成交价：RMB 920,000
54cm × 77cm 中鸿信 2019-07-17

31 杰哈德 · 李希特 1986年 抽象画作
估　价：HKD 16,000,000~23,000,000
成交价：RMB 16,696,800
82.2cm × 66.7cm 佳士得 2019-05-25

26 杰哈德 · 李希特 1987年 AB，塔
估　价：GBP 3,000,000~5,000,000
成交价：RMB 27,332,681
140cm × 100cm 伦敦佳士得 2019-03-06

578 金焕基 1956年 我住的地方
估　价：HKD 3,000,000~5,000,000
成交价：RMB 5,279,625
59cm × 92cm 香港苏富比 2019-04-01

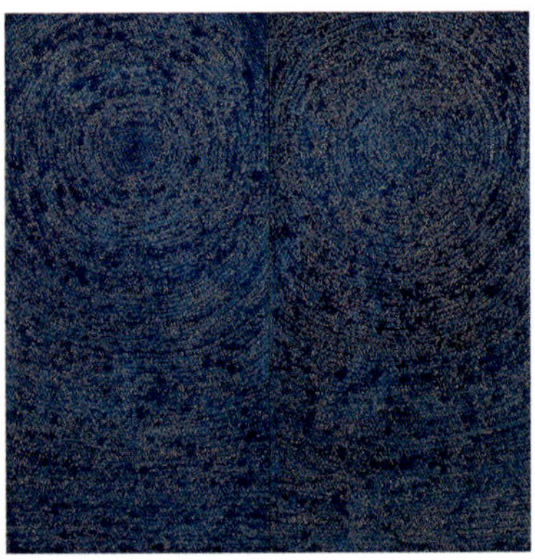

17 金焕基 1971年 05-IV-71 #200（宇宙）
估　价：HKD 48,000,000~62,000,000
成交价：RMB 91,249,725
每联：254cm × 127cm，
整体：254cm × 254cm 佳士得 2019-11-23

9 卡密尔·毕沙罗 1892年 莱当奥克塔夫·米尔博的花园及鸡舍
估　价：USD 4,000,000~6,000,000
成交价：RMB 73,298,346
73.3cm × 92cm 纽约佳士得 2019-11-11

22 卡密尔·毕沙罗 约1872年 “坐在园中的让娜·毕沙罗（米奈特），蓬图瓦”
估　价：GBP 1,000,000~1,500,000
成交价：RMB 14,795,655
73cm × 60cm 伦敦苏富比 2019-02-26

11 卡密尔·毕沙罗 1901年于巴黎 雨天下午的新桥，系列一
估　价：USD 5,000,000~7,000,000
成交价：RMB 46,547,985
81.2cm × 65.4cm 纽约佳士得 2019-11-11

2032 靳尚谊 1983年 双人体
估　价：RMB 55,000,000~65,000,000
成交价：RMB 63,250,000
102cm × 110cm 中国嘉德 2019-11-16

59 克尔顿 1982年 影子木偶
估　价：HKD 1,600,000~2,600,000
成交价：RMB 4,255,200
100.5cm × 150.5cm 佳士得 2019-05-25

50 克劳德·莫奈 1924年至1925年于吉维尼
鸢尾花
估　价：USD 3,000,000~5,000,000
成交价：RMB 21,426,000
99.5cm × 87.5cm 纽约佳士得 2019-11-11

6 克劳德·莫奈 1908年 “总督宫”
估　价：GBP 20,000,000~30,000,000
成交价：RMB 240,344,286
81cm × 93cm 伦敦苏富比 2019-02-26

12 克劳德·莫奈 1884年 杰弗斯的火车
估　价：USD 3,000,000~5,000,000
成交价：RMB 24,961,290
60.1cm × 81.2cm 纽约佳士得 2019-11-11

28 克劳德·莫奈 1912年 艺术家在吉维尼的家
估　价：USD 5,000,000~7,000,000
成交价：RMB 40,709,400
73.5cm × 73.5cm 纽约佳士得 2019-11-11

32 克里·詹姆斯·马歇尔 小浪漫
估　价：USD 1,800,000~2,500,000
成交价：RMB 16,412,440
133.3cm×161cm 纽约苏富比 2019-05-16

17 肯尼斯·诺兰 1960年 蓝
估　价：USD 2,000,000~3,000,000
成交价：RMB 23,737,000
153.7cm×150.5cm 纽约苏富比 2019-05-16

26 老安博休斯·博斯哈特 “静物：大理石台上玻璃扁酒瓶内的花卉、优红蛱蝶与蜥蜴”
估　价：USD 2,500,000~3,500,000
成交价：RMB 20,658,780
23.8cm×18.4cm 纽约苏富比 2019-01-30

28 老杨·布吕赫尔， 亨德里克·凡·巴兰 “佩琉斯与忒提斯的婚礼”
估　价：USD 400,000~600,000
成交价：RMB 5,118,444
47cm×66cm 纽约苏富比 2019-01-30

1606 赖圣予 杨晓钢 午后的阳光
估　价：RMB 300,000~400,000
成交价：RMB 460,000
120cm×150cm 北京荣宝 2019-12-01

56 勒迈耶 编织女子
估　价：HKD 6,000,000~8,000,000
成交价：RMB 8,402,400
100cm×120cm 佳士得 2019-05-25

1105 勒迈耶 节日
估　价：HKD 5,000,000~7,000,000
成交价：RMB 8,357,625
90.5cm × 120.5cm 香港苏富比 2019-03-31

1106 勒迈耶 中国画
估　价：HKD 3,000,000~5,000,000
成交价：RMB 8,870,625
76cm × 91cm 香港苏富比 2019-03-31

1052 勒迈耶 凉棚下的女子
估　价：HKD 5,500,000~7,500,000
成交价：RMB 9,954,325
90cm × 110.5cm 香港苏富比 2019-10-05

16 雷尼・马格利特 1957年 九月十六日
估　价：USD 7,000,000~10,000,000
成交价：RMB 139,768,940
162cm × 130.2cm 纽约佳士得 2019-11-11

6 雷尼・马格利特 1959年2月作 安息日
估　价：USD 8,000,000~12,000,000
成交价：RMB 70,866,495
50cm × 60.7cm 纽约佳士得 2019-11-11

2068 冷军 1995年 世纪风景之三
估　价：RMB 25,000,000~35,000,000
成交价：RMB 43,700,000
105cm×199.5cm 中国嘉德 2019-06-03

308 黎谱 1956年 老桃树
估　价：HKD 600,000~900,000
成交价：RMB 2,885,625
140cm×70cm 香港苏富比 2019-04-01

1919 冷军 2018年 艺术生费德丽卡
估　价：RMB 1,500,000~2,500,000
成交价：RMB 1,725,000
70cm×50cm 中国嘉德 2019-06-03

2020 冷军 2011年 肖像之相——小姜
估　价：RMB 40,000,000~60,000,000
成交价：RMB 70,150,000
120cm×60cm 中国嘉德 2019-11-16

107 黎谱 1931年 裸女
估　价：HKD 4,000,000~6,000,000
成交价：RMB 9,439,200
90.5cm×180.5cm 佳士得 2019-05-26

128 黎氏秋 1964年 冬季花园
估　价：HKD 120,000~180,000
成交价：RMB 447,500
65cm × 92cm 佳士得 2019-11-24

4585 李春焕 2016年 山之气息
估　价：RMB 1,000,000~2,000,000
成交价：RMB 1,265,000
162cm × 112cm 北京保利 2019-06-04

3107 李贵君 2012年 虔诚之心
估　价：RMB 1,000,000~1,500,000
成交价：RMB 1,610,000
120cm × 80cm 中贸圣佳 2019-06-07

29 李・克拉斯纳 眼睛是最初始的圆
估　价：USD 10,000,000~15,000,000
成交价：RMB 79,037,428
235.5cm × 487.3cm 纽约苏富比 2019-05-16

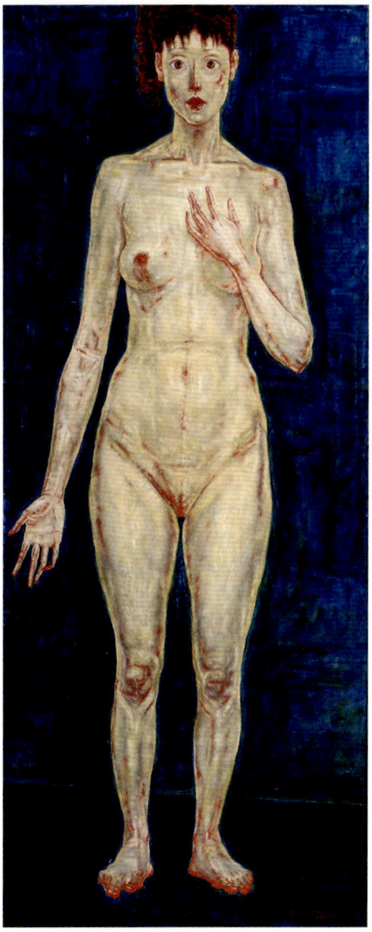

1301 李贵男 2001年 人物
估　价：RMB 500,000
成交价：RMB 862,500
170cm × 70cm 北京翰海 2019-10-12

1036 李华弌 2014年 北斗之虚
估　价：HKD 3,500,000~5,500,000
成交价：RMB 5,383,045
168cm × 184.5cm 香港苏富比 2019-10-05 ★

1056 李曼峰 罗惹小贩
估　价：HKD 2,000,000~3,000,000
成交价：RMB 2,494,250
90cm × 122cm 香港苏富比 2019-10-05

1108 李曼峰 鸽子
估　价：HKD 3,000,000~5,000,000
成交价：RMB 10,922,625
122cm×244cm 香港苏富比 2019-03-31

1672 李瑞年 1977年 莲
估　价：RMB 500,000~800,000
成交价：RMB 1,092,500
75cm×80cm 北京保利 2019-12-03

1109 李曼峰 峇里民采
成交价：RMB 24,773,625
81.5cm×182cm 香港苏富比 2019-03-31

1854 李瑞年 1978年 什刹海冬天
估　价：RMB 500,000~700,000
成交价：RMB 3,852,500
81cm×65cm 中国嘉德 2019-11-16

1411 李青萍 1997年 探索
估　价：RMB 1,800,000~2,200,000
成交价：RMB 2,645,000
49cm×73cm 广东崇正 2019-05-23

1415 李青萍 1990年 红枫·秋鹿
估　价：RMB 1,800,000~2,800,000
成交价：RMB 2,070,000
79cm×38cm 广东崇正 2019-11-28

22 李圣子 1960年 无题
估　价：HKD 1,000,000~2,000,000
成交价：RMB 1,620,000
100cm×81cm 佳士得 2019-05-25

4521 李树基 1979年 队长应考
估　价：RMB 800,000~1,600,000
成交价：RMB 920,000
182cm × 241cm 北京保利 2019-06-04

1844 李爽 1985年 回归入境
估　价：RMB 500,000~800,000
成交价：RMB 552,000
146cm × 114cm 北京匡时 2019-07-13

2062 李铁夫 1940年代 静物
估　价：RMB 3,000,000~5,000,000
成交价：RMB 3,680,000
63.5cm × 97cm 中国嘉德 2019-06-03

3106 李文涛 2012年 我的空间
估　价：RMB 400,000~600,000
成交价：RMB 460,000
185cm × 115cm 中贸圣佳 2019-06-07

3113 李晓刚 2014年 白沙滩
估　价：RMB 400,000~600,000
成交价：RMB 552,000
116.7cm × 116.7cm 中贸圣佳 2019-06-07

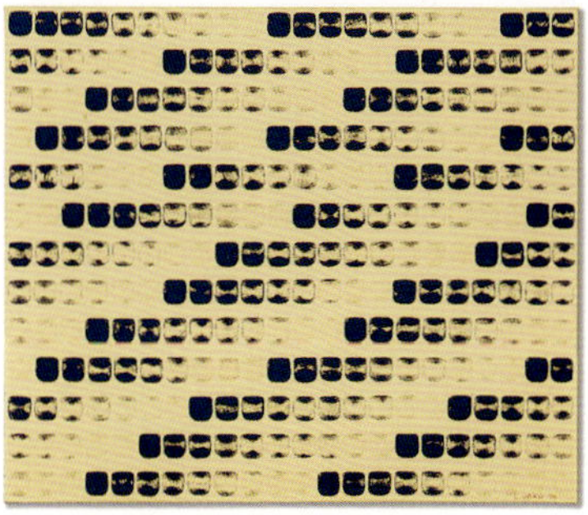

547 李禹焕 1978年 从点NO.780125
估　价：HKD 800,000~1,500,000
成交价：RMB 1,389,375
60.6cm × 72.7cm 香港苏富比 2019-04-01

712 李希特 1978年 抽象画432-4
估　价：HKD 4,000,000~5,000,000
成交价：RMB 4,035,600
60.5cm × 64.3cm 中国嘉德 2019-03-30

1516 李学 2018年 圣山
估　价：RMB 200,000
成交价：RMB 460,000
60cm × 120cm 北京翰海 2019-03-29

736 李元佳 1960年 无题
估　价：HKD 120,000~240,000
成交价：RMB 448,875
19cm × 84cm 香港苏富比 2019-04-01

11 丽奈特·伊亚登·博亚基耶 无言感激
估　价：USD 250,000~350,000
成交价：RMB 4,611,760
200cm × 130.2cm 纽约苏富比 2019-05-16

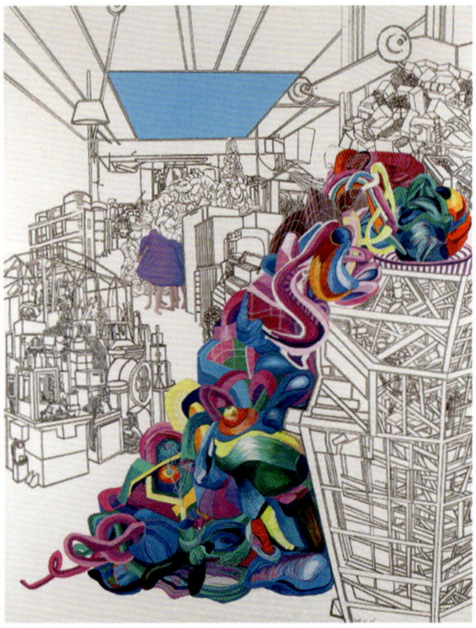

640 梁伟 2006年 无题
估　价：HKD 250,000~350,000
成交价：RMB 401,318
230cm × 180cm 华艺国际 2019-11-24

15 梁远苇 2013年 无题 2013.17
估　价：HKD 3,000,000~4,000,000
成交价：RMB 4,462,560
250cm × 200cm 佳士得 2019-05-25

246 廖继春 1968年 野柳风景
估　价：NTD 2,200,000~3,200,000
成交价：RMB 630,720
32cm × 41cm 罗芙奥 2019-06-02

1812 梁锡鸿 1935年 富士山
估　价：RMB 300,000~400,000
成交价：RMB 437,000
33cm × 45cm 北京匡时 2019-07-13

44 林风眠 1960年代作 戏剧系列：关羽义释曹操
估　价：HKD 4,000,000~9,000,000
成交价：RMB 5,810,400
56.8cm × 41.7cm 佳士得 2019-05-25

45 林风眠 1960年代作 戏剧系列：宇宙锋
估　价：HKD 4,000,000~9,000,000
成交价：RMB 9,231,840
56.8cm × 41.7cm 佳士得 2019-05-25

655 林风眠 1977年 西湖 彩墨
估　价：RMB 3,700,000~4,700,000
成交价：RMB 4,255,000
66cm × 66cm 北京诚轩 2019-11-17 ●

1028 林风眠 1980年代作 人体
估　价：HKD 2,000,000~4,000,000
成交价：RMB 5,056,525
69.6cm × 70.2cm 香港苏富比 2019-10-05 ★

4590 林茂 2018年 谷中
估　价：RMB 300,000~350,000
成交价：RMB 460,000
40cm × 60cm 北京保利 2019-06-04

190 林寿宇 1958年 15-7-58
估　价：HKD 5,000,000~8,000,000
成交价：RMB 6,053,400
122cm × 215cm 保利香港 2019-03-31 ●

192 林寿宇 1968-1969年 三三
估　价：HKD 4,000,000~6,000,000
成交价：RMB 4,035,600
101cm × 112cm 保利香港 2019-03-31 ●

1486 刘狄洪 耕作归来 湘西
估　价：RMB 350,000
成交价：RMB 563,500
60cm × 50cm 北京翰海 2019-03-29

1035 林风眠 荷塘
估　价：HKD 7,000,000~10,000,000
成交价：RMB 10,389,685
67.8cm × 136.3cm 香港苏富比 2019-10-05 ●

780 刘国夫 2013年 弥漫 I
估　价：HKD 350,000~700,000
成交价：RMB 694,688
130cm × 180cm 香港苏富比 2019-04-01

138 刘国松 2013年 星宿海日出 彩墨 纸本
估　价：NTD 2,600,000~3,600,000
成交价：RMB 662,400
97.5cm × 72.4cm 罗芙奥 2019-12-01

2022 刘炜 1991年 革命家庭
估　价：RMB 8,000,000~12,000,000
成交价：RMB 17,020,000
100cm × 100cm 中国嘉德 2019-11-16

3008 刘仁杰 2014年 游移NO.8
估　价：RMB 500,000~800,000
成交价：RMB 897,000
190cm × 150cm 中贸圣佳 2019-06-07

522 刘炜 1996年 游泳之二
估　价：HKD 1,500,000~2,500,000
成交价：RMB 2,834,375
100.6cm × 100.6cm 香港苏富比 2019-10-07

2953 刘海粟 1936年 巨峰飞霞
估　价：RMB 1,800,000~2,200,000
成交价：RMB 2,070,000
54.5cm × 73cm 西泠印社 2019-07-07

2085 刘炜 1999-2001年 无题
估　价：RMB 4,800,000~6,800,000
成交价：RMB 7,245,000
200cm × 150cm 中国嘉德 2019-06-03

2071 刘小东 1988年 休息
估　价：RMB 6,800,000~8,800,000
成交价：RMB 11,270,000
138cm × 120cm 中国嘉德 2019-06-03

4548 刘小东 1996年 电脑领袖
成交价：RMB 46,000,000
230cm × 180cm 北京保利 2019-06-04

4549 刘小东 2002年 没办法之三十三
估　价：RMB 1,800,000~2,800,000
成交价：RMB 2,990,000
173cm × 142cm 北京保利 2019-06-04

4550 刘小东 2011年 蓝寿桃
估　价：RMB 2,800,000~3,800,000
成交价：RMB 3,450,000
200cm × 200cm 北京保利 2019-06-04

4576 刘韡 2010年 紫气S
估　价：RMB 2,800,000~3,800,000
成交价：RMB 3,450,000
220cm × 400cm 北京保利 2019-06-04

67 刘野 1998～2009年 战舰的肖像
估　价：HKD 8,000,000~12,000,000
成交价：RMB 17,215,200
60cm×360cm 佳士得 2019-05-25

2027 刘野 2004年 美人鱼
估　价：RMB 18,000,000~28,000,000
成交价：RMB 26,220,000
220cm×180cm 中国嘉德 2019-11-16

1108 刘野 2001至2002年 烟
估　价：HKD 25,000,000~35,000,000
成交价：RMB 47,329,074
178cm×356.5cm 香港苏富比 2019-10-06

168 刘野 2006年 国际蓝
估　价：HKD 22,000,000~32,000,000
成交价：RMB 23,545,720
210.5cm×210cmcm×2 保利香港 2019-10-06

19 刘野 1995年 失去平衡
估　价：HKD 5,500,000~7,500,000
成交价：RMB 19,954,000
65cm×65cm 中国嘉德 2019-10-07

40 刘野 2003年 红2号
估　价：HKD 12,000,000~18,000,000
成交价：RMB 21,054,875
195cm×195cm 佳士得 2019-11-23

1148 刘野 2006年 BOOGIE WOOGIE，小女孩在纽约
估　价：HKD 12,000,000~18,000,000
成交价：RMB 19,643,625
210cm × 210cm 香港苏富比 2019-04-01

424 六角彩子 2008年 穿红裙的女孩
估　价：HKD 280,000~350,000
成交价：RMB 1,026,000
130.3cm × 162cm 佳士得 2019-05-26

1947 陆云华 2017-2018年 后园系列NO：2018.5（双联作）
估　价：RMB 600,000~800,000
成交价：RMB 690,000
91cm × 91cmcm × 2 中国嘉德 2019-11-16

118 六角彩子 2017年 无题 压克力 画布
估　价：NTD 3,200,000~4,200,000
成交价：RMB 1,324,800
120.5cm × 190.5cm 罗芙奥 2019-12-01

29 卢齐欧・封塔纳 1960年 空间概念
估　价：GBP 800,000~1,200,000
成交价：RMB 8,216,171
100cm × 80.9cm 伦敦佳士得 2019-03-06

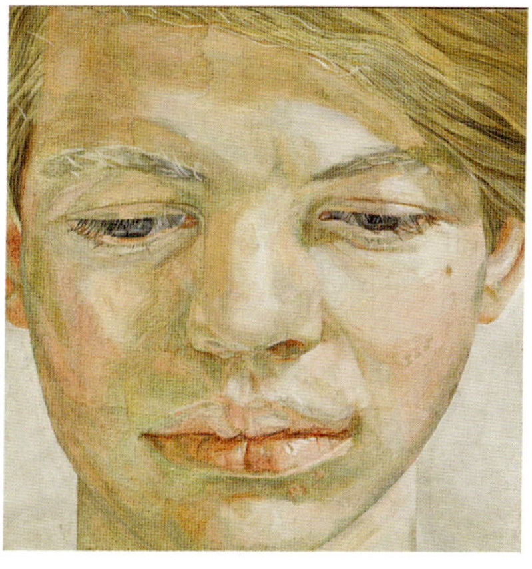

14 卢西安・弗洛伊德 1956年 “男孩头像”
估　价：GBP 4,500,000~6,500,000
成交价：RMB 50,445,764
18cm × 18cm 伦敦苏富比 2019-03-05

32 鲁道夫・斯丁格尔 无题
估 价：GBP 1,200,000~1,800,000
成交价：RMB 11,212,350
210.8cm×170.2cm 伦敦苏富比 2019-07-03 ★

1 罗伯特・科司考特 花园一隅
估 价：USD 200,000~300,000
成交价：RMB 4,774,528
222.3cm×191.8cm 纽约苏富比 2019-05-16 ●

5 罗伯特・赖曼 无题#32
估 价：GBP 400,000~600,000
成交价：RMB 9,101,790
19.1cm×19.4cm 伦敦苏富比 2019-07-03 ★

14 罗伯特・马瑟韦尔 1976-79年作 挽歌，习作NO. XIII
估 价：USD 1,500,000~2,000,000
成交价：RMB 19,667,800
61cm×121.9cm 纽约苏富比 2019-05-16 ●

35 罗伯特・马瑟韦尔 西班牙共和国挽歌NO. 134
估 价：USD 9,000,000~12,000,000
成交价：RMB 69,767,790
244.5cm×305.4cm 纽约苏富比 2019-05-16 ●

162 罗尔纯 1984年 望
估 价：HKD 2,500,000~3,500,000
成交价：RMB 4,540,050
191cm×180cm 保利香港 2019-03-31 ●

114 罗尔纯 2006年 乡村小教堂
估 价：HKD 800,000~1,600,000
成交价：RMB 963,234
125cm×135cm 保利香港 2019-10-06

1069 罗讷德·温杜拿 超级超人
估　价：HKD 2,000,000~3,000,000
成交价：RMB 4,730,005
152.5cm×183cm 香港苏富比 2019-10-05

61 罗讷德·温杜拿 2012年 人文动画 (1)
估　价：HKD 1,500,000~2,500,000
成交价：RMB 1,678,125
213cm×153cm 佳士得 2019-11-23

6222 罗中立 1991年 晚归
估　价：RMB 1,200,000~1,500,000
成交价：RMB 2,070,000
95cm×120cm 中贸圣佳 2019-11-30

148 罗中立 1996年 爬楼梯的人 油彩 画布
估　价：NTD 12,000,000~18,000,000
成交价：RMB 3,036,000
101.5cm×77.5cm 罗芙奥 2019-12-01

4 罗中立 2004年 夜渡
估　价：RMB 1,900,000~2,300,000
成交价：RMB 2,070,000
100cm×80cm 北京华辰 2019-07-14

28 吕克·图伊曼斯 凡尔赛宫
估　价：GBP 600,000~800,000
成交价：RMB 6,463,590
126.4cm×198.1cm 伦敦苏富比 2019-07-03 ★

1938 吕山川 2014年 晒大佛
估　价：RMB 850,000~950,000
成交价：RMB 977,500
200cm×250cm 中国嘉德 2019-11-16

4586 马东民 2018年 温度
估　价：RMB 2,000,000~3,000,000
成交价：RMB 2,300,000
直径150cm 北京保利 2019-06-04

1883 马东民 2019年 蓝马
估　价：RMB 600,000~800,000
成交价：RMB 2,530,000
150cm×120cm 北京匡时 2019-07-13

1570 马丁·基彭伯格 1991年 UNTITLED （FROM THE SERIES KRIEG BÖSE/WAR WICKED）
估　价：RMB 10,000,000~20,000,000
成交价：RMB 11,500,000
250.2cm×300cm 北京保利 2019-12-03

1593 马刚 2018年 创立共产主义通讯委员会
估　价：RMB 1,500,000~2,000,000
成交价：RMB 1,725,000
150cm×200cm 北京保利 2019-12-03

4535 马可鲁 1983年 理性之光二
估　价：RMB 380,000~580,000
成交价：RMB 437,000
71cm×123.2cm 北京保利 2019-06-04

51 马克·格罗亚恩 2004年 色面NO. 1
估　价：USD 3,000,000~5,000,000
成交价：RMB 22,923,160
147.6cm×122.6cm 纽约苏富比 2019-05-16

15 马克·罗斯科 1969年 无题（蓝色上的红与酒红）
估　价：USD 9,000,000~12,000,000
成交价：RMB 71,312,730
121.9cm×102.9cm 纽约苏富比 2019-05-16

12 马克・罗斯科 无题
估　价：USD 35,000,000~50,000,000
成交价：RMB 339,745,986
175.3cm × 127.3cm 纽约苏富比 2019-05-16

14 马克・夏加尔 1939至1940年 自画像
估　价：USD 1,800,000~2,500,000
成交价：RMB 13,819,770
80.8cm × 65cm 纽约佳士得 2019-11-11

1139 马克・格罗亚恩 2005年 无题（黄白色蝴蝶）
估　价：HKD 24,000,000~30,000,000
成交价：RMB 22,721,625
170.2cm × 127cm 香港苏富比 2019-04-01

7 马克・夏加尔 1929年 "玫瑰花瓶"
估　价：GBP 1,500,000~2,000,000
成交价：RMB 15,843,135
52.5cm × 67.6cm 伦敦苏富比 2019-02-26

61 马克・夏加尔 1955至1956年 骑兵或骑士
估　价：USD 900,000~1,200,000
成交价：RMB 7,649,082
68.3cm × 79.2cm 纽约佳士得 2019-11-11

38 玛丽亚・艾莲娜・维埃拉・席尔瓦 1957年 维埃拉海滩
估　价：GBP 550,000~750,000
成交价：RMB 5,126,105
67cm × 107cm 伦敦佳士得 2019-03-06

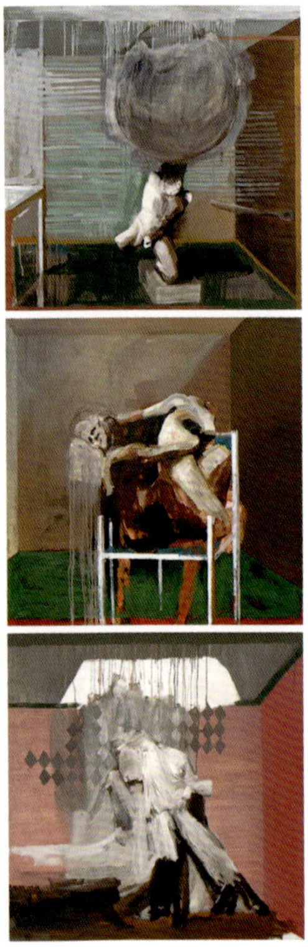

4539 马树青 1997-1999作 形象研习
估　价：RMB 1,500,000~2,000,000
成交价：RMB 1,725,000
180cm×180cmcm×3 北京保利 2019-06-04

27 玛琳·杜马斯 “玛德莲娜（暗彩）”
估　价：GBP 2,000,000~3,000,000
成交价：RMB 20,033,055
200cm×100cm 伦敦苏富比 2019-03-05 ★

2010 玛丽·罗兰珊 1930年 自画像
估　价：RMB 1,300,000~1,600,000
成交价：RMB 1,495,000
74cm×54.5cm 中国嘉德 2019-11-16

713 马修 1967年 Argyropec
估　价：HKD 500,000~800,000
成交价：RMB 504,450
100cm×65cm 中国嘉德 2019-03-30

21 毛栗子 2018年 大蓝
估　价：RMB 1,500,000~2,000,000
成交价：RMB 2,070,000
195cm×455cm 北京华辰 2019-07-14

2081 毛旭辉 1987年 私人空间·自囚
估　价：RMB 1,500,000~2,500,000
成交价：RMB 1,725,000
95cm×102cm 中国嘉德 2019-06-03

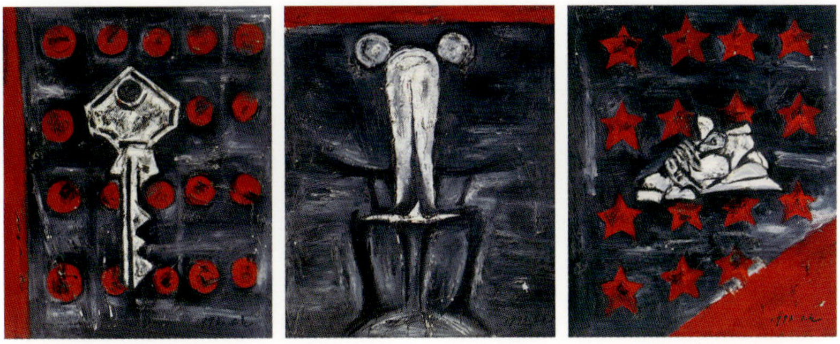

4544 毛旭辉 1993年 93家长三联 A
估　价：RMB 4,500,000~6,500,000
成交价：RMB 12,650,000
137cm × 113cmcm × 3 北京保利 2019-06-04

1653 毛焰 1997年 小山的侧面像
估　价：RMB 1,000,000~2,000,000
成交价：RMB 1,265,000
61cm × 50cm 北京保利 2019-12-03

1377 米巧铭 2018年 梦佛
估　价：RMB 2,000,000~3,000,000
成交价：RMB 12,282,000
150cm × 150cm 北京翰海 2019-06-15

151 毛焰 1995年 女子肖像
估　价：HKD 4,500,000~6,500,000
成交价：RMB 4,540,050
99cm × 99cm 保利香港 2019-03-31

1928 莫大风 2018年 光影里的周庄
估　价：RMB 480,000~580,000
成交价：RMB 690,000
80cm × 160cm 中国嘉德 2019-06-03

1385 墨客 2012年 above
估　价：RMB 700,000~900,000
成交价：RMB 1,127,000
44cm×30.5cm 北京翰海 2019-06-15

1153 奈良美智 2014年 告别秋天的女孩
估　价：HKD 15,000,000~20,000,000
成交价：RMB 22,721,625
227.5cm×182cm 香港苏富比 2019-04-01

18 奈良美智 2010年 午夜吸血鬼
估　价：HKD 18,000,000~25,000,000
成交价：RMB 33,695,050
73cm×60.5cm 中国嘉德 2019-10-07

630 南宽 1981年 自省
估　价：HKD 3,200,000~3,800,000
成交价：RMB 3,379,520
211cm×452cm 华艺国际 2019-11-24

0054A 奈良美智 2012年 等不及夜幕降临
成交价：RMB 83,123,125
193.2cm×183.2cm 佳士得 2019-11-23

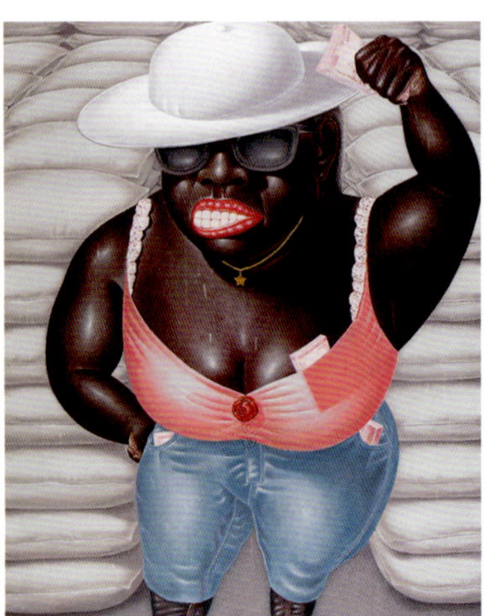

1571 尼曼·米斯尼亚迪 2007年 新钞票
估　价：RMB 2,500,000~3,000,000
成交价：RMB 2,875,000
200cm×150cm 北京保利 2019-12-03

1960 倪贻德 1950年代作 杭州动物园
估　价：RMB 400,000~600,000
成交价：RMB 862,500
64cm×55cm 中国嘉德 2019-06-03

1864 倪贻德 1962年 沈阳火车站
估　价：RMB 600,000~800,000
成交价：RMB 1,265,000
50cm×65cm 中国嘉德 2019-11-16

35 尼古拉·德·斯塔埃尔 1952年 足球员（王子公园）
估　价：GBP 2,000,000~3,000,000
成交价：RMB 25,237,721
57cm × 77.2cm 伦敦佳士得 2019-03-06

33 尼古拉·德·斯塔埃尔 1952年 瓶子
估　价：GBP 1,800,000~2,500,000
成交价：RMB 39,448,533
92cm × 72.4cm 伦敦佳士得 2019-03-06

1893 欧阳春 2014年 心碎No.1（三联作）
估　价：RMB 250,000~350,000
成交价：RMB 632,500
160cm × 206cm 中国嘉德 2019-11-16

14欧拉齐奥·简提列斯基 “叛逆天使的堕落”
估　价：USD 2,500,000~3,500,000
成交价：RMB 22,303,260
49.8cm × 40.3cm 纽约苏富比 2019-01-30

1501 鸥洋 2004年 天体遐想-春忆
估　价：RMB 400,000
成交价：RMB 517,500
88cm × 110cm 北京翰海 2019-03-29

331 欧世鸿 无题 (新加坡河景)
估　价：HKD 140,000~250,000
成交价：RMB 1,020,375
151cm × 269.5cm 香港苏富比 2019-10-06

82 潘玉良 海边浴女
估　价：HKD 8,000,000~15,000,000
成交价：RMB 15,781,800
61cm × 50cm 中国嘉德 2019-10-07 ★

1021 潘玉良 1944年 青瓶红菊
估 价：HKD 1,800,000~3,800,000
成交价：RMB 3,420,000
46cm×55cm 香港苏富比 2019-03-31

1428 庞茂琨 2011年 女孩之一
估 价：RMB 1,200,000~1,600,000
成交价：RMB 1,495,000
160cm×120cm 广东崇正 2019-05-23

821 庞茂琨 2013年 花季未了之十三
估 价：RMB 1,100,000~1,500,000
成交价：RMB 1,265,000
130cm×100cm 华艺国际 2019-08-10

1037 庞均 1994年 梦黄宾虹NO. 3
估 价：HKD 2,000,000~4,000,000
成交价：RMB 5,818,405
130cm×582cm 香港苏富比 2019-10-05

1033 庞均 2018年 一江春水千帆过
估 价：HKD 3,500,000~6,000,000
成交价：RMB 5,279,625
200cm×750cm 香港苏富比 2019-03-31

344 庞均 2018年 池景
估 价：HKD 1,000,000~2,000,000
成交价：RMB 1,296,000
175cm×175cm 佳士得 2019-05-26

4588 彭常安 2015年 春又来
估 价：RMB 1,800,000~2,400,000
成交价：RMB 2,185,000
80cm×60cm 北京保利 2019-06-04

1582 彭常安 2016年 早春泸州
估　价：RMB 1,800,000~2,400,000
成交价：RMB 2,415,000
150cm × 100cm 北京保利 2019-12-03

1609 彭斯 无边的凝视
估　价：RMB 200,000~300,000
成交价：RMB 460,000
188cm × 118cm 北京荣宝 2019-12-01

10 皮埃・波纳尔 1890年 检阅或训练
估　价：USD 800,000~1,200,000
成交价：RMB 6,963,450
23.6cm × 32.8cm 纽约佳士得 2019-11-11

60 皮埃・波纳尔 1927年 门厅
估　价：USD 800,000~1,200,000
成交价：RMB 6,534,930
100.3cm × 59.4cm 纽约佳士得 2019-11-11

32 皮耶・苏拉吉 1966年 画作
估　价：GBP 1,500,000~2,000,000
成交价：RMB 15,810,401
162cm × 130cm 伦敦佳士得 2019-03-06

1010 皮耶・奥古斯特・雷诺阿 约1896年 梳妆少女
估　价：HKD 12,000,000~20,000,000
成交价：RMB 17,591,625
57.2cm × 47cm 香港苏富比 2019-03-31

62 平贺敬 1965年 窗
估　价：HKD 500,000~700,000
成交价：RMB 671,250
130cm × 96.5cm 佳士得 2019-11-23

18 朴栖甫 1973年 描法 No.25-73
估　价：HKD 3,500,000~4,500,000
成交价：RMB 4,193,075
135cm × 134cm 佳士得 2019-11-23

478 七户优 2009年 邀请
估　价：HKD 200,000~300,000
成交价：RMB 514,625
112cm × 145.5cm 佳士得 2019-11-24

48 乔纳斯·伍德 拼字迷
估　价：USD 500,000~700,000
成交价：RMB 11,529,400
198.1cm × 248.9cm 纽约苏富比 2019-05-16

31 乔瓦尼·巴蒂斯塔·毕亚契达 圣德兰的狂喜
估　价：GBP 120,000~180,000
成交价：RMB 4,775,142
46cm × 38cm 伦敦苏富比 2019-07-03

56 乔治·莫兰迪 1950年 静物
估　价：USD 700,000~1,000,000
成交价：RMB 6,534,930
35.7cm × 45.2cm 纽约佳士得 2019-11-11

22 乔治·康多 2016年 无题
估　价：GBP 1,200,000~1,800,000
成交价：RMB 11,620,481
150cm × 168cm 伦敦佳士得 2019-03-06

53 乔治・布拉克 1909年 卡里耶尔圣丹尼斯教堂
估　价：USD 2,000,000~3,000,000
成交价：RMB 27,960,930
54.6cm × 46.3cm 纽约佳士得 2019-11-11

1150 乔治・康多 2012年 年轻的水手
估　价：HKD 4,000,000~5,500,000
成交价：RMB 10,409,625
102cm × 81.5cm 香港苏富比 2019-04-01

1040 乔治・马修 约1950年 构图
估　价：HKD 1,500,000~3,000,000
成交价：RMB 2,154,125
68cm × 193cm 香港苏富比 2019-10-05

4580 秦琦 2006-2007作 漂亮的车头2
估　价：RMB 800,000~1,600,000
成交价：RMB 3,220,000
190cm × 250cm 北京保利 2019-06-04

637 秦琦 2004年 篮球
估　价：HKD 500,000~800,000
成交价：RMB 844,880
180.3cm × 218cm 华艺国际 2019-11-24

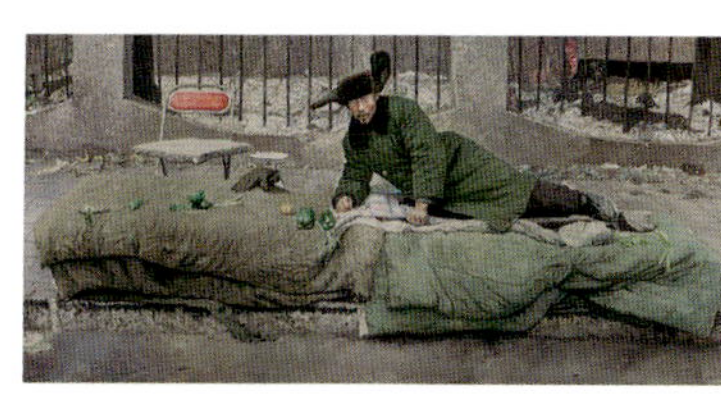

2040 秦琦 2006年 青椒
估　价：RMB 900,000~1,100,000
成交价：RMB 1,495,000
190cm × 410cm 中国嘉德 2019-11-16

1594 秦文清 2012年 油画
估　价：RMB 1,800,000~2,800,000
成交价：RMB 2,070,000
200cm×280cm 北京保利 2019-12-03

37 琼·米切尔 1991年 菲莉丝之树
估　价：USD 3,000,000~5,000,000
成交价：RMB 41,958,878
280cm×200cm 纽约苏富比 2019-05-16

1169 仇晓飞 2015年 零重力1号
估　价：HKD 600,000~900,000
成交价：RMB 1,923,750
200cm×300cm 香港苏富比 2019-04-01

25 琼·米切尔 1961年 蓝色的密歇根
估　价：GBP 2,800,000~3,500,000
成交价：RMB 25,237,721
129.2cm×161.6cm 伦敦佳士得 2019-03-06

32 让·奥诺雷·弗拉格纳尔 爱之泉
估　价：GBP 600,000~800,000
成交价：RMB 4,353,030
47cm×37.5cm 伦敦苏富比 2019-07-03

791 任重 2016年 戢羽·栖遯
估　价：HKD 500,000~1,000,000
成交价：RMB 850,313
78cm×32cm 香港苏富比 2019-10-06

3036 任戬 1985年 天地冥之一状物之神
估　价：RMB 400,000~600,000
成交价：RMB 667,000
100cm×120cm 中贸圣佳 2019-06-07

17 萨尔瓦多·达利 1932年 塔上的骑士
估　价：USD 600,000~900,000
成交价：RMB 18,962,010
18.2cm × 13.9cm 纽约佳士得 2019-11-11

9 塞巴斯蒂亚诺·里奇 阿卡斯与卡利斯托
估　价：GBP 200,000~300,000
成交价：RMB 27,569,190
65.2cm × 54cm 伦敦苏富比 2019-07-03

11 塞西丽·布朗 1999年 夜路
估　价：GBP 1,900,000~2,500,000
成交价：RMB 27,332,681
254cm × 279cm 伦敦佳士得 2019-03-06

6 塞巴斯蒂亚诺·卢恰尼 - 或称塞巴斯蒂亚诺·德·皮翁博
身穿盔甲的男子肖像，据称为伊波利托·德·美第奇
估　价：GBP 1,000,000~1,500,000
成交价：RMB 41,806,676
47.5cm × 36cm 伦敦苏富比 2019-07-03

27 塞·汤伯利 1971年 无题（分枝）
估　价：GBP 600,000~800,000
成交价：RMB 5,335,601
84.5cm × 69.2cm 伦敦佳士得 2019-03-06

1831 沙耆 1987年 美女与老虎
估　价：RMB 650,000~850,000
成交价：RMB 1,817,000
50cm × 75cm 北京匡时 2019-07-13

505 莎拉·休斯 2011年 休息
估　价：HKD 200,000~300,000
成交价：RMB 1,303,813
122.5cm × 142.5cm 香港苏富比 2019-10-07

4 塞西丽·布朗 抹窗工人的自白
估　价：USD 3,000,000~4,000,000
成交价：RMB 24,550,840
190.5cm × 228.6cm 纽约苏富比 2019-05-16

579 山姆·弗朗西斯 1989年 无题
估　价：HKD 1,500,000~2,500,000
成交价：RMB 3,401,250
199cm × 381.6cm 香港苏富比 2019-10-07

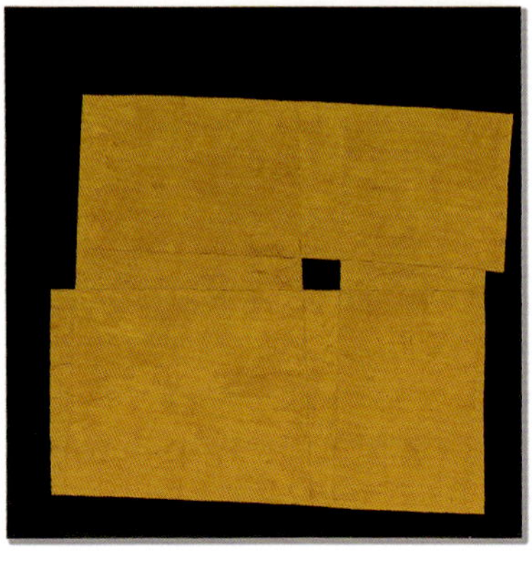

1142 山口长男 1959年5月作 一目（黄）
估　价：HKD 1,800,000~2,800,000
成交价：RMB 2,565,000
91cm × 91cm 香港苏富比 2019-04-01

12 尚·杜布菲 "圣苏日镇风景"
估 价：GBP 1,600,000~2,000,000
成交价：RMB 17,938,095
88.8cm × 115.9cm 伦敦苏富比 2019-03-05

4541 尚扬 1986年 不断掰开的玉米
估 价：RMB 1,000,000~1,500,000
成交价：RMB 1,150,000
90cm × 88cm 北京保利 2019-06-04

896 尚扬 1999年 E地风景
估 价：RMB 600,000~800,000
成交价：RMB 1,265,000
49cm × 83cm 中贸圣佳 2019-08-16

8 尚·米榭·巴斯基亚 1982年 无题（头像）
估 价：USD 3,000,000~4,000,000
成交价：RMB 27,806,200
76.2cm × 55.9cm 纽约苏富比 2019-05-16

23 尚·杜布菲 1956年6月作 周围的清晰
估 价：GBP 1,500,000~2,000,000
成交价：RMB 14,762,921
94.6cm × 63.8cm 伦敦佳士得 2019-03-06

843 单凡 2015年 缓慢之作彩色竹子
估 价：RMB 380,000~480,000
成交价：RMB 437,000
200cm × 200cm 华艺国际 2019-08-10

1378 石齐 2010年 阿里山情
估 价：RMB 700,000~1,000,000
成交价：RMB 2,070,000
95.5cm × 86cm 北京翰海 2019-06-15

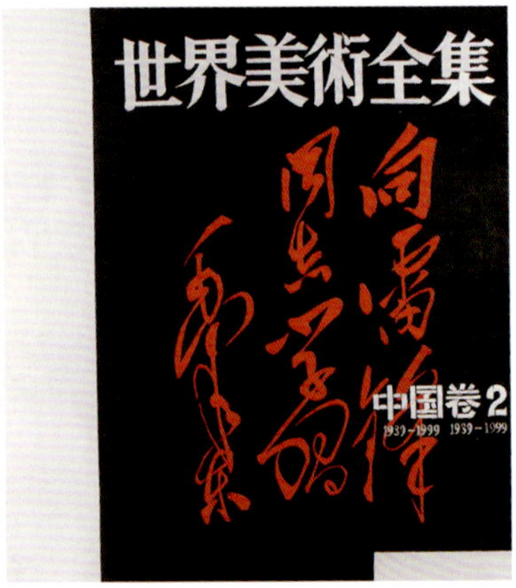

6129 舒群 1991年 世界美术全集—中国卷2
估　价：RMB 300,000~500,000
成交价：RMB 437,000
110cm × 100cm 中贸圣佳 2019-11-30

398 苏加那·克尔顿 丰收
估　价：HKD 550,000~750,000
成交价：RMB 1,710,000
69cm × 133.5cm 香港苏富比 2019-04-01

1996 司徒乔 1939年 缅甸写生
估　价：RMB 800,000~1,200,000
成交价：RMB 920,000
86cm × 70.5cm 中国嘉德 2019-06-03

1860 宋琨 2002年 尊严——自画像
估　价：RMB 80,000~120,000
成交价：RMB 598,000
65cm × 45.5cm 中国嘉德 2019-06-03

660 苏天赐 1996年 白百合 油画
估　价：RMB 1,200,000~1,600,000
成交价：RMB 1,610,000
73cm × 50.5cm 北京诚轩 2019-11-17

1855 宋步云 1950年代 须弥春
估　价：RMB 1,000,000~1,500,000
成交价：RMB 1,150,000
56cm × 46cm 中国嘉德 2019-11-16

2936 苏天赐 1996年 始见轮舟与沧海
估　价：RMB 1,200,000~1,800,000
成交价：RMB 1,955,000
97cm × 130cm 西泠印社 2019-07-07

2018 苏天赐 2005年 霜晨
估　价：RMB 1,200,000~1,800,000
成交价：RMB 1,380,000
75cm × 100cm 中国嘉德 2019-11-16

2008 谭华牧 约1940年代末作 堤岸
估　价：RMB 250,000~350,000
成交价：RMB 575,000
32cm × 42cm 中国嘉德 2019-06-03

4561 谭平 2014年 无题
估　价：RMB 1,500,000~2,000,000
成交价：RMB 1,725,000
200cm × 300cm 北京保利 2019-06-04

4 塔代奥 · 加迪 “圣安东尼”
估　价：USD 800,000~1,200,000
成交价：RMB 14,080,860
62.2cm × 34.3cm 纽约苏富比 2019-01-30

35 塔玛拉 · 德 · 蓝碧嘉 约1930年 年轻女子
估　价：USD 2,000,000~3,000,000
成交价：RMB 37,631,198
35cm × 27cm 纽约佳士得 2019-11-11

21 汤马斯·罗伯茨 鲍尔斯考特庄园林景，见一对雄性黇鹿与一只雌鹿
估　价：GBP 200,000~300,000
成交价：RMB 22,292,790
112cm × 153cm 伦敦苏富比 2019-07-03

1152 汤姆·卫索曼 1965年 伟大的美国裸体#79
估　价：HKD 16,000,000~24,000,000
成交价：RMB 13,795,425
167cm × 180cm 香港苏富比 2019-04-01

1011 藤田嗣治 1926年 少女与猫，吉塔肖像
估　价：HKD 3,500,000~5,500,000
成交价：RMB 18,104,625
72.8cm × 60cm 香港苏富比 2019-03-31 ★

1026 藤田嗣治 1929年 少女与幼犬
估　价：HKD 10,000,000~20,000,000
成交价：RMB 15,396,325
73.3cm × 100.5cm 香港苏富比 2019-10-05 ★

4591 唐一文 2016年 归牧黄昏
估　价：RMB 300,000~400,000
成交价：RMB 552,000
65.7cm × 92cm 北京保利 2019-06-04

1898 屠宏涛 2011年 东坡的一封信
估　价：RMB 950,000~1,200,000
成交价：RMB 1,667,500
180cm × 280cm 中国嘉德 2019-11-16

4529 妥木斯 2006年 拎奶跨马
估　价：RMB 400,000~600,000
成交价：RMB 724,500
80cm × 116cm 北京保利 2019-06-04

1839 妥木斯 2014年 夜幕
估　价：RMB 500,000~800,000
成交价：RMB 1,035,000
100cm × 140cm 北京匡时 2019-07-13

13 瓦西里・康丁斯基 1928年2月作 "深沉脉动"
估　价：GBP 5,500,000~7,500,000
成交价：RMB 53,192,780
100cm × 76cm 伦敦苏富比 2019-02-26

4577 汪建伟 2015年 TBC
估　价：RMB 1,000,000~1,500,000
成交价：RMB 3,220,000
200cm × 147cmcm × 3 北京保利 2019-06-04

1992 汪亚尘 金玉满堂
估　价：RMB 500,000~700,000
成交价：RMB 575,000
31cm×41.5cm 中国嘉德 2019-06-03

120 王光乐 2009年 90906
估　价：HKD 2,500,000~3,500,000
成交价：RMB 2,623,140
280cm×180.3cm 保利香港 2019-03-31

2035 王广义 1987年 红色理性—偶像的修正A
估　价：RMB 6,600,000~8,600,000
成交价：RMB 23,000,000
150cm×200cm 中国嘉德 2019-11-16

519 王广义 1989年 被工业快干漆覆盖的名画NO.11
估　价：HKD 2,000,000~3,000,000
成交价：RMB 2,040,750
150cm×120cm 香港苏富比 2019-10-07 ★

1503 王宏峥 2014年 尘-痕迹
估　价：RMB 1,000,000
成交价：RMB 1,725,000
130cm×180cm 北京翰海 2019-03-29

16 王光乐 2012年 水磨石 201207
估　价：HKD 2,800,000~3,500,000
成交价：RMB 3,218,400
180cm×150cm 佳士得 2019-05-25

86 王怀庆 1994年 空间
估　价：HKD 4,800,000~5,800,000
成交价：RMB 5,137,248
101cm×80cm 中国嘉德 2019-10-07

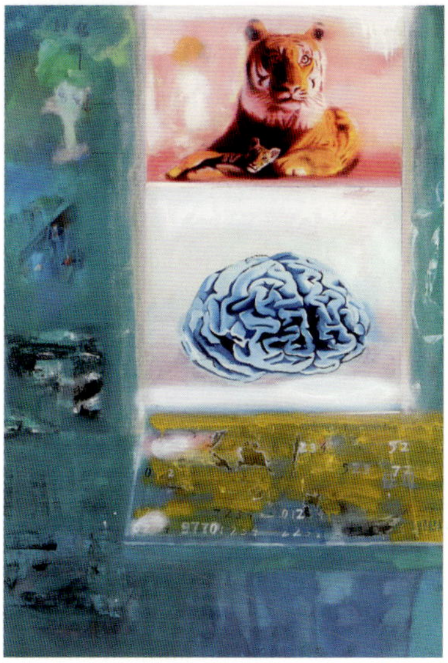

4540 王迈 1996-1997年 国际平台 No.1
估　价：RMB 800,000~1,600,000
成交价：RMB 2,300,000
160cm × 110cm 北京保利 2019-06-04

1578 王荣 春回江南
估　价：RMB 2,100,000
成交价：RMB 2,645,000
42cm × 120cm 北京翰海 2019-03-29

1317 王文彬 1980年 激流之歌（奔流不息）
估　价：RMB 300,000~500,000
成交价：RMB 575,000
106cm × 200cm 北京翰海 2019-06-15

175 王攀元 落日 油彩 画布
估　价：NTD 600,000~700,000
成交价：RMB 1,186,800
53cm × 45.5cm 罗芙奥 2019-12-01

623 王庆裕 1977年3月创作 硬骨头六连战红旗 镜芯
估　价：RMB 700,000~1,500,000
成交价：RMB 1,495,000
210cm × 185cm 中鸿信 2019-07-16

1602 王晓勃 寻找光亮NO.62
估　价：RMB 600,000~700,000
成交价：RMB 977,500
150cm × 200cm 北京荣宝 2019-12-01

1133 王兴伟 1995年 兔子的证词
估　价：HKD 3,000,000~5,000,000
成交价：RMB 4,664,025
125.5cm × 200cm 香港苏富比 2019-04-01

2073 王兴伟 1996年 可怜的老汉密尔顿
估　价：RMB 9,000,000~12,000,000
成交价：RMB 21,850,000
222cm × 177.5cm 中国嘉德 2019-06-03

6122 王岩 2005年 海殇（三联作）
估　价：RMB 500,000~800,000
成交价：RMB 920,000
240cm × 570cm 中贸圣佳 2019-11-30

320 王沂东 2003年 天上人间
估　价：RMB 2,000,000~3,000,000
成交价：RMB 4,320,000
90cm × 250cm 佳士得（上海） 2019-09-21

4530 王沂东 2018年 鸣雀图
估　价：RMB 800,000~1,600,000
成交价：RMB 3,680,000
55cm × 38cm 北京保利 2019-06-04

1170 王音 2010年 生日2
估　价：HKD 1,800,000~2,800,000
成交价：RMB 1,923,750
230cm × 180cm 香港苏富比 2019-04-01

731 王玉平 2010年 70后
估　价：HKD 650,000~950,000
成交价：RMB 655,785
200cm × 220cm 中国嘉德 2019-03-30

1652 王子骄 2017-2019年 博弈
估　价：RMB 800,000~1,200,000
成交价：RMB 920,000
143cm × 105cm 北京保利 2019-12-03

25 威廉·德库宁 1975年 无题X
估　价：USD 8,000,000~12,000,000
成交价：RMB 85,217,186
195.6cm × 232.5cm 纽约苏富比 2019-05-16

6125 韦尔申 2003年 守望
估　价：RMB 400,000~600,000
成交价：RMB 862,500
130cm × 100cm 中贸圣佳 2019-11-30

1862 韦嘉 2008年 孩儿面IV
估　价：RMB 420,000~520,000
成交价：RMB 483,000
179.5cm × 250cm 中国嘉德 2019-06-03

2031 韦启美 2005年 野菊
估　价：RMB 380,000~480,000
成交价：RMB 517,500
70cm × 60cm 中国嘉德 2019-06-03

2 伟恩·第伯 四部弹球机（习作）
估　价：USD 2,000,000~3,000,000
成交价：RMB 24,550,840
28.3cm×30.8cm 纽约苏富比 2019-05-16

1022 吴大羽 1970年 缤纷
估　价：HKD 6,800,000~10,000,000
成交价：RMB 8,870,625
46.2cm×34cm 香港苏富比 2019-03-31

4505 卫天霖 1932年、1973年 北京戒台寺
估　价：RMB 1,000,000~2,000,000
成交价：RMB 1,150,000
43cm×48cm 北京保利 2019-06-04

305 翁惠标 2012年 睿智果敢的总设计师 镜框
估　价：RMB 200,000~300,000
成交价：RMB 437,000
102cm×76cm 北京荣宝 2019-10-12

2001 吴大羽 约1960年 草长莺飞二月天
估　价：RMB 3,800,000~5,800,000
成交价：RMB 6,325,000
53.5cm×38.5cm 中国嘉德 2019-11-16

1671 吴大羽 约1950年代作 采韵系列之罗浮梦晌
估　价：RMB 10,000,000~15,000,000
成交价：RMB 12,650,000
52.8cm × 37cm 北京保利 2019-12-03

2952 吴大羽 约1960年 春风拂清香
估　价：RMB 5,000,000~6,000,000
成交价：RMB 6,670,000
51.3cm × 38.4cm 西泠印社 2019-07-07

1604 吴笛笛 不至于空无NO.1
估　价：RMB 450,000~500,000
成交价：RMB 690,000
200cm × 140cm 北京荣宝 2019-12-01

1032 吴冠中 1959年 人寿年丰
估　价：HKD 7,000,000~10,000,000
成交价：RMB 25,191,925
100cm × 60.5cm 香港苏富比 2019-10-05 ★

2015 吴冠中 1959年 鸡冠花
估　价：RMB 12,000,000~18,000,000
成交价：RMB 14,950,000
73cm × 51cm 中国嘉德 2019-11-16

1674 吴冠中 1962年 朱碧琴肖像
估　价：RMB 10,000,000~15,000,000
成交价：RMB 12,650,000
72cm × 54cm 北京保利 2019-12-03

841 吴冠中 1973年 黄山竹林
估　价：RMB 18,000,000~28,000,000
成交价：RMB 27,600,000
61cm × 46cm 华艺国际 2019-08-10 ★

4511 吴冠中 1976年 渔港
估　价：RMB 15,000,000~25,000,000
成交价：RMB 22,425,000
46cm × 61cm 北京保利 2019-06-04

181 吴冠中 1977-1996年 桂林
估　价：HKD 20,000,000~30,000,000
成交价：RMB 20,178,000
42.5cm × 44cm，42.5cm × 88cm 保利香港 2019-03-31

1008 吴冠中 1974年 荷花（一）
估　价：HKD 15,000,000~25,000,000
成交价：RMB 111,810,915
120.5cm × 90.5cm 香港苏富比 2019-03-31

622 吴冠中 1989年 凡尔赛一角
估　价：HKD 12,000,000~19,000,000
成交价：RMB 22,178,100
65cm × 59cm 华艺国际 2019-11-24

1009 吴冠中 1996年 北国春
估　价：HKD 15,000,000~25,000,000
成交价：RMB 21,695,625
93cm × 60.4cm 香港苏富比 2019-03-31 ★

152 吴冠中 1996年 鲁迅故里
估　价：HKD 13,000,000~20,000,000
成交价：RMB 19,799,810
60.5cm × 73.3cm 保利香港 2019-10-06 ★

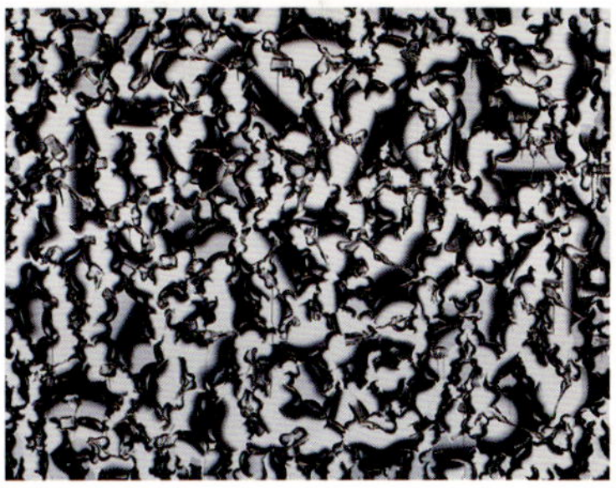

14 五木田智央 2008年 不吉夸张人
估　价：HKD 1,000,000~2,000,000
成交价：RMB 1,620,000
194cm × 259cm 佳士得 2019-05-25

2066 吴作人 1932年 提篮子的少女
估　价：RMB 6,500,000~8,500,000
成交价：RMB 8,280,000
74cm × 54cm 中国嘉德 2019-06-03

114 武高谈 1983年 神
估　价：HKD 240,000~320,000
成交价：RMB 540,000
129cm × 95.5cm 佳士得 2019-05-26

427 五木田智央 2009年 善良地想我
估　价：HKD 500,000~800,000
成交价：RMB 1,118,750
53cm × 45.5cm 佳士得 2019-11-24

27 西蒙 · 伍埃 妆成圣母的年轻女子像习作
估　价：GBP 80,000~120,000
成交价：RMB 21,237,510
60.7cm × 49.5cm 伦敦苏富比 2019-07-03

37 西蒙 · 伍埃 “蓄须男子头像习作”
估　价：USD 400,000~600,000
成交价：RMB 3,391,740
61.1cm × 46cm 纽约苏富比 2019-01-30

1890 夏小万 1997年 水 · 肢体
估　价：RMB 850,000~1,200,000
成交价：RMB 977,500
140cm × 300cm 中国嘉德 2019-11-16

1339 夏星 一箭穿心
估　价：RMB 1,000,000~1,500,000
成交价：RMB 1,725,000
60cm × 200cm 北京翰海 2019-06-15

156 夏阳 1989年 都市之鸟，之八
估　价：HKD 550,000~850,000
成交价：RMB 554,895
102cm × 142.5cm 保利香港 2019-03-31

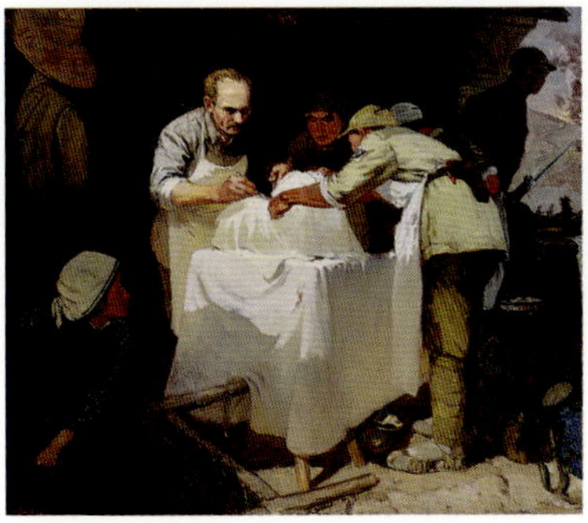

4520 肖峰 宋韧 1973-1974作 白求恩
估　价：RMB 4,000,000~6,000,000
成交价：RMB 4,600,000
135cm × 157cm 北京保利 2019-06-04

153 萧勤 2008年 鸿之无限 压克力 画布
估　价：NTD 3,800,000~5,000,000
成交价：RMB 1,104,000
110cm × 250cm 罗芙奥 2019-12-01

1036 萧勤 1966年 内在之光
估　价：HKD 800,000~1,600,000
成交价：RMB 1,816,875
102cm × 133cm 香港苏富比 2019-03-31

15 小彼得·布吕赫尔 冬日的捕鸟陷阱
估　价：GBP 1,500,000~2,000,000
成交价：RMB 51,823,042
38.6cm × 56cm 伦敦苏富比 2019-07-03

819 谢楚余 2002年 海魅
估　价：RMB 400,000~600,000
成交价：RMB 460,000
100cm × 80cm 华艺国际 2019-08-10

30 谢尔盖·波利雅科夫 1952年 抽象构成
估　价：HKD 2,200,000~2,700,000
成交价：RMB 3,633,120
116cm × 89cm 佳士得 2019-05-25

1024 谢景兰 1968至1970年 无题
估 价：HKD 1,200,000~2,600,000
成交价：RMB 2,380,875
114cm×146cm 香港苏富比 2019-10-05

1038 谢景兰 1974年 遮掩的月
估 价：HKD 1,500,000~3,000,000
成交价：RMB 5,792,625
130cm×195cm 香港苏富比 2019-03-31

17 谢南星 2000年 无题（墙）
估 价：HKD 2,800,000~3,500,000
成交价：RMB 3,218,400
220cm×380cm 佳士得 2019-05-25

42 熊谷守一 1972年 椿
估 价：HKD 1,000,000~1,500,000
成交价：RMB 1,188,000
15.8cm×22.7cm 佳士得 2019-05-25

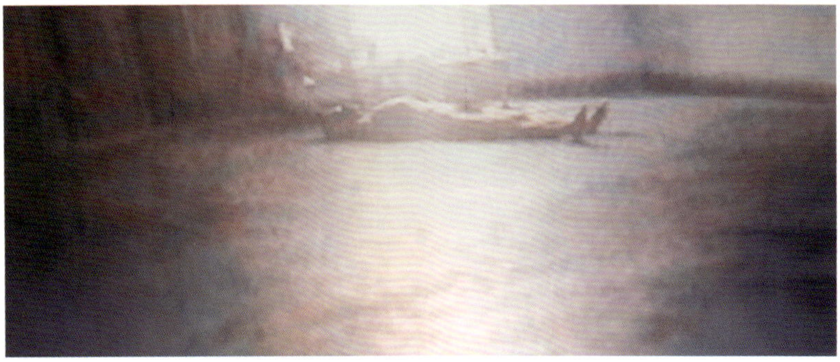

46 谢南星 2002年 无题 No. 1
估 价：HKD 3,000,000~4,000,000
成交价：RMB 4,944,875
150cm×358.5cm 佳士得 2019-11-23

1302 徐悲鸿 陆运涛夫人像（小稿） 亚麻布镜框
估 价：HKD 1,500,000~3,000,000
成交价：RMB 1,678,125
38.5cm×26.5cm 佳士得 2019-11-26

1640 徐里 春早
估　价：RMB 2,000,000~2,400,000
成交价：RMB 2,990,000
88cm × 118cm 北京荣宝 2019-12-01

1852 徐坦 1987年 三个渔民
估　价：RMB 1,500,000~2,500,000
成交价：RMB 2,127,500
170cm × 165cm 北京匡时 2019-07-13

1512 徐里 醉崖 油画
估　价：RMB 1,500,000~2,000,000
成交价：RMB 2,760,000
119.5cm × 60cm 北京荣宝 2019-06-13

30 雅各布布斯·弗雷 “街景与两名行人”
估　价：USD 1,500,000~2,000,000
成交价：RMB 8,325,180
35.7cm × 27.8cm 纽约苏富比 2019-01-30

1135 亚德里安·格尼 2009年 蓝雨
估　价：HKD 5,500,000~7,000,000
成交价：RMB 8,562,825
240cm × 190cm 香港苏富比 2019-04-01

25 亚德里安·格尼 “杜尚的葬礼I”
估　价：GBP 2,500,000~3,500,000
成交价：RMB 37,520,734
200cm × 300cm 伦敦苏富比 2019-03-05

68 亚历克斯·伊斯雷尔 2013年 天空背景
估　价：HKD 4,000,000~6,000,000
成交价：RMB 4,193,075
274.5cm × 487.5cm 佳士得 2019-11-23

163 闫平 1994年 我们再舞之一
估　价：HKD 280,000~380,000
成交价：RMB 524,628
140cm × 120.5cm 保利香港 2019-03-31

33 亚美迪欧·莫迪利安尼 1915年 阿特丽斯·哈斯丁坐像
估　价：USD 6,000,000~8,000,000
成交价：RMB 34,388,730
74cm × 49.8cm 纽约佳士得 2019-11-11

6 闫平 2018年 开到荼蘼的春天
估　价：RMB 1,800,000~2,000,000
成交价：RMB 1,955,000
200cm × 180cm 北京华辰 2019-07-14

1885 严培明 1999年 Père YZT 肖像
估　价：RMB 600,000~800,000
成交价：RMB 736,000
200cm × 200cm 中国嘉德 2019-06-03

2954 颜文梁 月夜雪景
估　价：RMB 800,000~1,200,000
成交价：RMB 1,115,500
24cm × 33cm 西泠印社 2019-07-07

4531 杨飞云 2000年 湖水
估　价：RMB 3,000,000~5,000,000
成交价：RMB 5,750,000
115.5cm × 81cm 北京保利 2019-06-04

1880 杨飞云 2010年 唐韵
估　价：RMB 2,800,000~3,500,000
成交价：RMB 2,990,000
180cm × 150cm 北京匡时 2019-07-13

61 杨・凡・德・卡佩勒 平静海面上的船舶，望数艘船只与人群，左见码头
估　价：USD 4,000,000~6,000,000
成交价：RMB 32,992,380
62.2cm × 83.2cm 纽约苏富比 2019-01-30 ★

775 杨识宏 2012年 火种
估　价：HKD 500,000~1,000,000
成交价：RMB 1,015,313
194cm × 130.5cm 香港苏富比 2019-04-01

4 伊夫 · 唐吉 1927年 无题
估　价：USD 2,000,000~3,000,000
成交价：RMB 12,534,210
116.3cm × 81cm 纽约佳士得 2019-11-11

48 伊莉萨白 · 路易丝 · 维热 · 勒 · 布伦 穆罕默德 · 德维什汗执剑全身像
估　价：USD 4,000,000~6,000,000
成交价：RMB 49,237,787
225.5cm × 136cm 纽约苏富比 2019-01-30

1828 尹朝阳 2008年 白
估　价：RMB 80,000~120,000
成交价：RMB 667,000
200cm × 250cm 中国嘉德 2019-06-03

546 尹亨根 1971年 无题
估　价：HKD 300,000~500,000
成交价：RMB 513,000
33cm × 53cm 香港苏富比 2019-04-01

157 叶子奇 2018-2019年 福山部落·北台湾
估　价：HKD 450,000~650,000
成交价：RMB 454,005
71.3cm×107cm 保利香港 2019-03-31

80 于贝尔·罗贝尔 洗劫古金字塔
估　价：USD 150,000~200,000
成交价：RMB 1,113,450
52.7cm×63.8cm 纽约苏富比 2019-01-30

1612 余含兮 希望之光
估　价：RMB 800,000~900,000
成交价：RMB 1,207,500
200cm×300cm 北京荣宝 2019-12-01

1905 由金 2016年 无助的休眠
估　价：RMB 250,000~350,000
成交价：RMB 632,500
150cm×180cm 中国嘉德 2019-11-16

3015 于振立 2010年 醒梦之八
估　价：RMB 300,000~600,000
成交价：RMB 782,000
120cm×120cm 中贸圣佳 2019-06-07

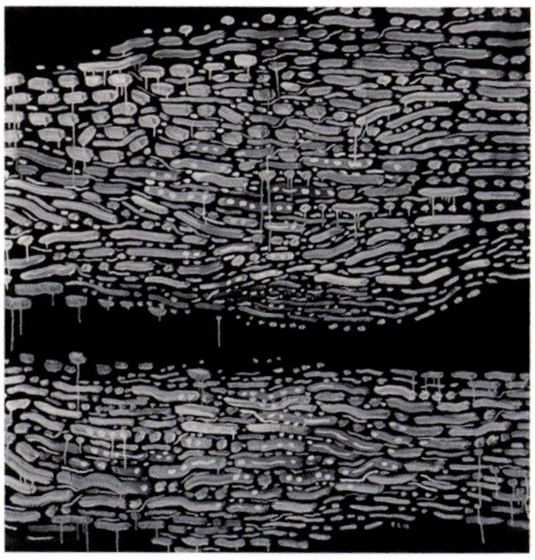

2079 余友涵 1990年 流动1990-1
估　价：RMB 3,500,000~5,500,000
成交价：RMB 7,130,000
131cm×131cm 中国嘉德 2019-06-03

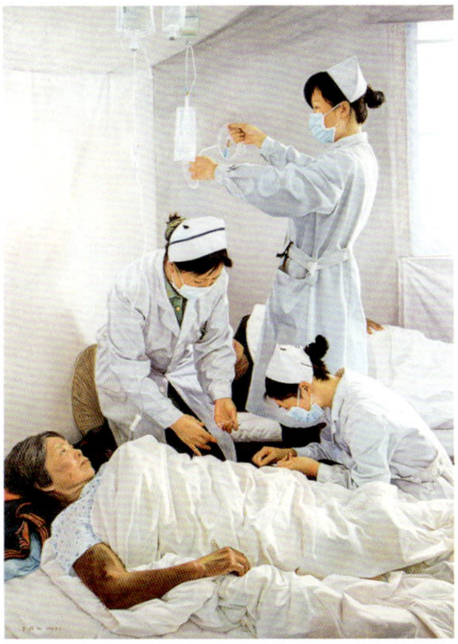

1504 于桂元 2009年 亲人 天使
估　价：RMB 400,000
成交价：RMB 575,000
200cm×150cm 北京翰海 2019-03-29

2016 余本 1976年 修船码头
估　价：RMB 1,500,000~2,000,000
成交价：RMB 1,725,000
71cm×91cm 中国嘉德 2019-11-16

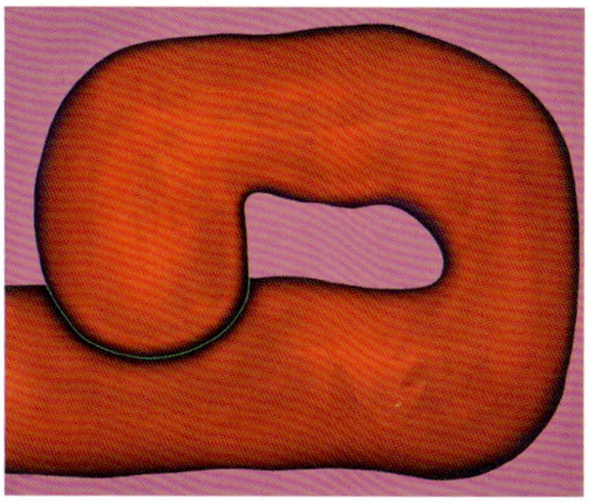

555 元永定正 1971年 青绿
估　价：HKD 1,000,000~2,000,000
成交价：RMB 1,360,500
130.5cm×160.5cm 香港苏富比 2019-10-07

1870 袁小楼 2018年 广陵散
估　价：RMB 200,000~300,000
成交价：RMB 632,500
100cm × 80cm 中国嘉德 2019-06-03

18 袁远 2010年 公共浴池
估　价：HKD 900,000~1,200,000
成交价：RMB 972,000
213cm × 180cm 佳士得 2019-05-25

1137 袁远 2010年 蓝调
估　价：HKD 1,000,000~1,500,000
成交价：RMB 1,068,750
250cm × 185cm 香港苏富比 2019-04-01

1948 袁佐 2019年 狂野和温柔的光（双联画）
估　价：RMB 500,000~700,000
成交价：RMB 575,000
260cm × 230cmcm × 2 中国嘉德 2019-11-16

42 约瑟夫·埃布尔斯 1964年 向方形致敬：去年
估　价：GBP 400,000~600,000
成交价：RMB 5,335,601
101.6cm × 101.6cm 伦敦佳士得 2019-03-06

53约阿希姆·安东尼斯·尔特瓦鲁“诸神之宴”
估　价：USD 5,000,000~7,000,000
成交价：RMB 40,728,288
15.8cm × 20.4cm 纽约苏富比 2019-01-30

11 约瑟夫·马洛德·威廉·泰纳，R.A. 沃尔顿桥景观
估　价：GBP 4,000,000~6,000,000
成交价：RMB 6,674,646
87.5cm × 118cm 伦敦苏富比 2019-07-03

50 约翰·柯林 托尔布鲁克
估　价：USD 3,000,000~5,000,000
成交价：RMB 24,516,930
203.5cm × 106.7cm 纽约苏富比 2019-05-16

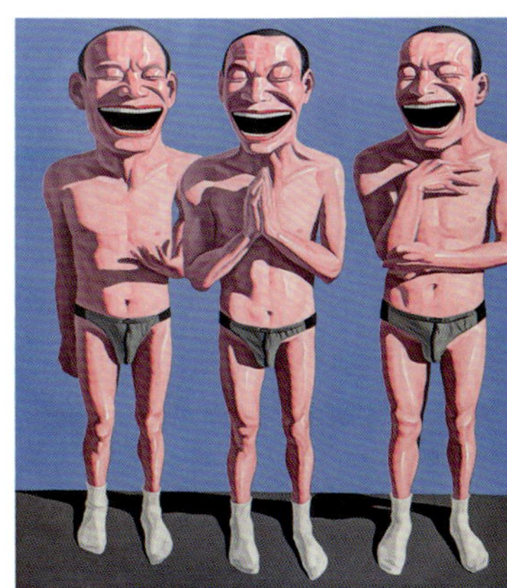

1151 岳敏君 2003年 无题
估　价：HKD 3,000,000~5,000,000
成交价：RMB 3,206,250
220cm × 196cm 香港苏富比 2019-04-01

1121 岳敏君 1993年 风筝
估　价：HKD 5,000,000~7,000,000
成交价：RMB 6,689,125
181cm × 248cm 香港苏富比 2019-10-06 ★

3 詹尼古拉·迪·保罗 埋葬基督，圣母 抹大拉马里亚 尼苛德摩 传福音者圣约翰与其他圣人在旁
估　价：GBP 200,000~300,000
成交价：RMB 71,855,774
100cm × 100cm 伦敦苏富比 2019-07-03

416 张恩利 2013年 秋天的树
估　价：HKD 1,200,000~1,800,000
成交价：RMB 1,342,500
250cm × 200cm 佳士得 2019-11-24

1382 张鸿俊 2017年 山水与熊猫
估　价：RMB 800,000~1,000,000
成交价：RMB 1,150,000
120cm × 150cm 北京翰海 2019-06-15

4573 张恩利 2013年 火
估　价：RMB 1,000,000~1,500,000
成交价：RMB 1,265,000
200cm × 180cm 北京保利 2019-06-04

1884 张恩利 2009年 彩灯树
估　价：RMB 900,000~1,200,000
成交价：RMB 1,035,000
229.5cm × 199.5cm 中国嘉德 2019-06-03

638 张慧 2011年 救生圈-2
估　价：HKD 500,000~800,000
成交价：RMB 1,267,320
182cm × 227cm 华艺国际 2019-11-24

1855 张凯 2008年 远方谜语
估　价：RMB 350,000~550,000
成交价：RMB 402,500
100cm × 100cm 中国嘉德 2019-06-03

1898 张郎郎 2014年 难忘
估　价：RMB 300,000~500,000
成交价：RMB 506,000
111cm × 150cm 中国嘉德 2019-06-03

12 张利 2012年 祈
估　价：RMB 750,000~850,000
成交价：RMB 805,000
100cm × 80cm 北京华辰 2019-07-14

1152 张隆 2015年 荒原 百花盛开
估　价：RMB 250,000~500,000
成交价：RMB 575,000
208cm × 102cm 保利厦门 2019-01-06

1039 张淑芬 2018年 美人倚
估　价：HKD 1,000,000~2,000,000
成交价：RMB 2,778,750
90cm × 250cm 香港苏富比 2019-03-31

3112 张利 1999年 坐着的女人体
估　价：RMB 300,000~500,000
成交价：RMB 437,000
80cm × 100cm 中贸圣佳 2019-06-07

a. b.

1042 张淑芬 2018至2019年 祝福 无题
估　价：HKD 500,000~1,000,000
成交价：RMB 3,401,250
a. 90.2cm × 116.8cm b. 72.7cm × 60.4cm 香港苏富比 2019-10-05

746 张淑芬 2019年 柿子树
估　价：HKD 150,000~250,000
成交价：RMB 1,700,625
140cm × 80cm 香港苏富比 2019-10-06

152 张晓刚 1989年 生生息息·明天将要来临
估　价：HKD 9,000,000~12,000,000
成交价：RMB 9,080,100
99cm × 79cm 保利香港 2019-03-31

633 张晓刚 2003年 失忆与记忆：男人
估　价：HKD 6,800,000~8,800,000
成交价：RMB 8,976,850
200cm × 260cm 华艺国际 2019-11-24

69 张晓刚 2000年 血缘系列：大家庭 第10号
估　价：HKD 9,000,000~13,000,000
成交价：RMB 10,994,400
200cm × 300cm 佳士得 2019-05-25

1124 张晓刚 1998年 大家庭16号（血缘系列）
估　价：HKD 20,000,000~30,000,000
成交价：RMB 29,545,525
200cm × 250cm 香港苏富比 2019-10-06 ★

4584 张永胜 2013年 光色42
估　价：RMB 350,000~450,000
成交价：RMB 402,500
100cm × 100cm 北京保利 2019-06-04

4592 章毅 2015年 无题
估　价：RMB 250,000~350,000
成交价：RMB 437,000
100cm × 130cm 北京保利 2019-06-04

1875 赵半狄 2009年 无题
估　价：RMB 2,800,000~3,800,000
成交价：RMB 3,220,000
200cm × 100cm 中国嘉德 2019-06-03

6228 张肇达 2012年 注视者-03
估　价：RMB 800,000~1,000,000
成交价：RMB 2,070,000
180cm × 180cm 中贸圣佳 2019-11-30

3108 张肇达 2018年 塔吉克母亲
估　价：RMB 300,000~500,000
成交价：RMB 575,000
80cm × 100cm 中贸圣佳 2019-06-07

2072 赵半狄 1990年 鹦鹉与扇子
估　价：RMB 12,000,000~18,000,000
成交价：RMB 13,800,000
200cm × 175.5cm 中国嘉德 2019-06-03

1509 赵平 2017年 盼
估　价：RMB 200,000
成交价：RMB 402,500
165cm×113cm 北京翰海 2019-03-29

1029 赵无极 1965年 15.02.65
估　价：HKD 70,000,000~100,000,000
成交价：RMB 87,464,790
97cm×195cm 香港苏富比 2019-03-31

38 赵无极 1987～1988年 三联作 1987-1988
估　价：HKD 120,000,000~150,000,000
成交价：RMB 153,792,000
每幅200cm×162cm，总尺寸200cm×486cm 佳士得 2019-05-25

1021 赵无极 1959年 21.04.59
估　价：HKD 75,000,000~100,000,000
成交价：RMB 94,850,432
130cm×162cm 香港苏富比
2019-10-05

1810 赵兽 1991年 战争与和平（三件一组）
估　价：RMB 1,200,000~1,600,000
成交价：RMB 1,437,500
47cm×56cmcm×3 北京匡时 2019-07-13

1026 赵无极 1958年 无题
估　价：HKD 60,000,000~80,000,000
成交价：RMB 99,150,930
114.3cm×162.6cm 香港苏富比 2019-03-31 ★

1107 曾梵志 1997年 面具系列16号
估　价：HKD 6,000,000~8,000,000
成交价：RMB 9,410,125
150cm×130cm 香港苏富比 2019-10-06 ★

1859 赵兽 1948年 土地上的争吵
估　价：RMB 1,000,000~1,500,000
成交价：RMB 1,150,000
51cm×66cm 中国嘉德 2019-11-16 ●

153 曾传兴 2009年 黄昏天际：纸新娘系列之一
估　价：HKD 80,000~100,000
成交价：RMB 406,699
70cm×110cm 中国嘉德 2019-10-07

4546 曾梵志 1989年 黄昏之一
估　价：RMB 12,000,000~22,000,000
成交价：RMB 13,800,000
80cm×100cm 北京保利 2019-06-04 ●

68 曾梵志 1996年 面具
估　价：HKD 22,000,000~30,000,000
成交价：RMB 20,325,600
198.7cm × 149.4cm 佳士得 2019-05-25

1656 曾梵志 1998年 面具系列
估　价：RMB 15,000,000~18,000,000
成交价：RMB 18,400,000
169cm × 144.3cm 北京保利 2019-12-03

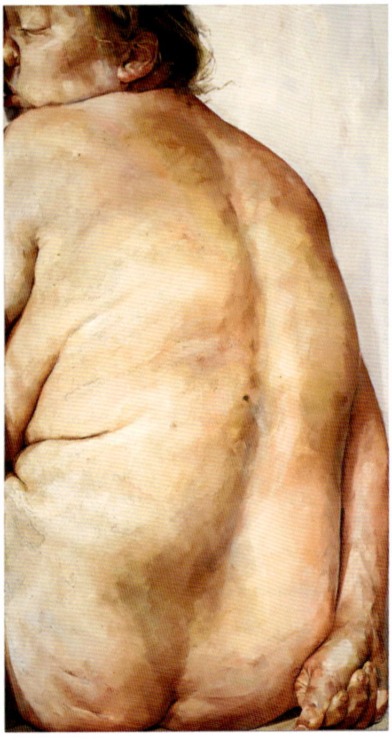

351 郑木奎 1999年 金色和谐
估　价：HKD 180,000~250,000
成交价：RMB 534,375
139cm × 191cm 香港苏富比 2019-04-01

5 珍妮 · 萨维尔 “临界”
估　价：GBP 5,000,000~7,000,000
成交价：RMB 47,504,964
305.1cm × 168.3cm 伦敦苏富比 2019-03-05

8 珍妮 · 萨维尔 阴影头像
估　价：GBP 3,000,000~5,000,000
成交价：RMB 36,798,493
269.2cm × 219.7cm 伦敦苏富比 2019-07-03

394 郑相和 1981年 无题 81-4-1
估 价：HKD 650,000~850,000
成交价：RMB 671,250
92cm × 73cm 佳士得 2019-11-24

24 钟泗宾 1963年 中式朱红色调
估 价：HKD 500,000~700,000
成交价：RMB 2,052,000
91.5cm × 127cm 佳士得 2019-05-25

33 钟泗宾 1975年 画室，1975年
估 价：HKD 900,000~1,500,000
成交价：RMB 1,006,875
90cm × 120cm 佳士得 2019-11-23

406 冢本智也 2018年 旅程
估 价：HKD 350,000~550,000
成交价：RMB 864,000
162cm × 130cm 佳士得 2019-05-26

2087 周春芽 1992年 裸女和石头
估 价：RMB 5,000,000~7,000,000
成交价：RMB 9,775,000
150cm × 120cm 中国嘉德 2019-06-03

72 周春芽 1993年 石头系列—与石头联接的树
估 价：HKD 18,000,000~24,000,000
成交价：RMB 28,101,600
195cm × 130cm 佳士得 2019-05-25

169 周春芽 1999年 红色山石
估 价：HKD 12,000,000~18,000,000
成交价：RMB 12,843,120
150cm × 120cm 保利香港 2019-10-06 ★

165 周春芽 2015年 晚樱与桃花
估 价：RMB 9,000,000~12,000,000
成交价：RMB 11,270,000
200cm × 400cm 保利厦门 2019-08-04 ★

50 朱德群 1966年 第二二九号
估　价：HKD 28,500,000~35,000,000
成交价：RMB 33,173,280
130cm×195cm 佳士得 2019-05-25

19 朱德群 1982年 晴
估　价：HKD 25,000,000~35,000,000
成交价：RMB 26,961,875
每联：162cm×130cm，整体：162cm×260cm 佳士得 2019-11-23

49 朱德群 1993年 稳
估　价：HKD 7,000,000~9,000,000
成交价：RMB 11,512,800
200cm×200cm 佳士得 2019-05-25

20 朱德群 1997年 喜悦
估　价：HKD 10,000,000~15,000,000
成交价：RMB 10,851,875
130cm×195cm 佳士得 2019-11-23

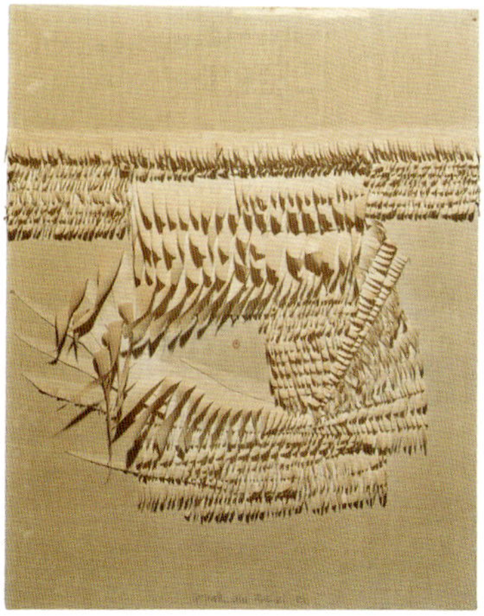

23 朱为白 1981年 秋
估　价：HKD 300,000~550,000
成交价：RMB 447,500
79cm×65cm 佳士得 2019-11-23

1161 朱莉·梅赫雷图 2006年 墨景（深邃的光）
估　价：HKD 14,000,000~20,000,000
成交价：RMB 37,798,695
182.9cm × 243.8cm 香港苏富比 2019-04-01

4518 朱乃正 1974年 老书记和新队长
估　价：RMB 5,000,000~7,000,000
成交价：RMB 8,625,000
150cm × 180cm 北京保利 2019-06-04

1837 朱曜奎 1972年 山水秋韵
估　价：RMB 600,000~800,000
成交价：RMB 3,220,000
120cm × 60cm 北京匡时 2019-07-13

620 朱曜奎 长城雄风 镜框
估　价：RMB 3,000,000~3,500,000
成交价：RMB 10,350,000
100cm × 200cm 未来四方 2019-06-05

1023 朱沅芷 1932年 田中奏折，日本帝国主义者之梦
估　价：HKD 5,000,000~8,000,000
成交价：RMB 8,357,625
121cm × 102cm 香港苏富比 2019-03-31

1024 朱沅芷 1947年 自由之路
估　价：HKD 8,000,000~12,000,000
成交价：RMB 14,513,625
94cm × 101.5cm 香港苏富比 2019-03-31

1025 朱沅芷 亚当与夏娃
估　价：HKD 2,000,000~3,000,000
成交价：RMB 5,792,625
80.6cm × 64.8cm 香港苏富比 2019-03-31

2019 宗其香 1955年 北京市人民游泳场
估　价：RMB 300,000~500,000
成交价：RMB 632,500
55.5cm × 76cm 中国嘉德 2019-06-03

774 庄喆 1983年 无题
估　价：HKD 500,000~1,200,000
成交价：RMB 1,175,625
152.5cm × 304.2cm 香港苏富比 2019-04-01

雕　塑

502 KAWS 2007年 四尺同伴（棕色）
估　价：HKD 250,000~350,000
成交价：RMB 1,133,750
128.2（高）cm × 57cm × 35cm 香港苏富比 2019-10-07

517 KAWS 2010年 同伴（PASSING THROUGH）
估　价：HKD 2,000,000~3,000,000
成交价：RMB 4,561,425
120cm×71cm×65cm 香港苏富比 2019-04-01 ●

22 阿尔伯托·贾克梅蒂 1962年构思，1965年铸造 安妮特半身像VIII
估　价：USD 1,500,000~2,500,000
成交价：RMB 22,390,170
高58.5cm 纽约佳士得 2019-11-11 ★

19 埃德加·德加 “奔腾骏马”
估　价：GBP 1,500,000~2,500,000
成交价：RMB 26,317,935
长46cm 伦敦苏富比 2019-02-26 ★

8 埃德加·德加 “舞者，阿拉伯姿，右腿抬起与左臂呈一直线”
估　价：GBP 600,000~800,000
成交价：RMB 6,415,815
高31.5cm 伦敦苏富比 2019-02-26 ●

62 奥古斯特·罗丹 1886年构思，1910年铸造 吻，第一缩小版
估　价：USD 1,200,000~1,800,000
成交价：RMB 16,390,890
高71.2cm 纽约佳士得 2019-11-11 ●

64 安东尼·葛姆雷 2010年 2 x Splice
估　价：HKD 5,000,000~7,000,000
成交价：RMB 7,365,600
179.5cm×45cm×31cm，
180cm×45.5cm×36cm 佳士得 2019-05-25 ●

2 奥古斯特·罗丹 “蹲坐女子，小模型”
估　价：GBP 700,000~1,000,000
成交价：RMB 11,653,215
高31.9cm 伦敦苏富比 2019-02-26 ★

51 巴布罗・毕加索 1932年构思，1955年铸造 公鸡
估　价：USD 5,000,000~7,000,000
成交价：RMB 41,684,283
高65.5cm 纽约佳士得 2019-11-11 ★

13 贝瑞・弗拉纳根 1989年 尼金斯基野兔
估　价：GBP 700,000~1,000,000
成交价：RMB 12,667,961
整体241cm×115.5cm×83cm 伦敦佳士得 2019-03-06

1065 博特・莫克塔 家庭
估　价：HKD 650,000~950,000
成交价：RMB 1,473,875
92.5cm×46.5cm×37.5cm 香港苏富比 2019-10-05 ★

3028 陈连富 2015年 雅觉
估　价：RMB 1,500,000~2,000,000
成交价：RMB 3,105,000
98cm×44.6cm 中贸圣佳 2019-06-07

78 草间弥生 2007年 南瓜
估　价：HKD 8,000,000~12,000,000
成交价：RMB 12,549,600
110（高）cm×120cm×120cm 佳士得 2019-05-25

58 村上隆 菲瑞・威廉斯 2008～2009年 The Simple Things
估　价：HKD 20,000,000~30,000,000
成交价：RMB 19,443,875
雕塑：78cm×110cm×101cm，底座：110cm×80cm×75cm，整体：188cm×110cm×101cm 佳士得 2019-11-23

63 费尔南多·波特罗 2006年 欧罗巴的掠夺
估　价：HKD 5,000,000~6,500,000
成交价：RMB 5,292,000
100cm × 102cm × 52cm 佳士得 2019-05-25

59 亨利·马蒂斯 1929年于尼斯构思，1954年铸造 侧躺的裸女II
估　价：USD 700,000~1,000,000
成交价：RMB 5,677,890
长46.5cm 纽约佳士得 2019-11-11

42 胡安·米罗 1974年 人物
估　价：USD 2,000,000~3,000,000
成交价：RMB 22,390,170
高190cm，宽152cm 纽约佳士得 2019-11-11

1884 李象群 2013年 元四家之倪瓒
估　价：RMB 300,000~500,000
成交价：RMB 598,000
68cm × 22cm × 27cm 中国嘉德 2019-11-16

135 李真 2001年 大士骑龙
估　价：HKD 4,000,000~8,000,000
成交价：RMB 10,149,330
248cm × 163cm × 196cm 中国嘉德 2019-10-07

54 凯斯·哈林 1987年 杂技演员
估　价：HKD 2,000,000~2,800,000
成交价：RMB 2,237,500
61cm × 24cm × 15cm 佳士得 2019-11-23

146 李真 2001年 天界山水
估　价：HKD 1,800,000~3,000,000
成交价：RMB 4,035,600
107cm × 91cm × 164cm 保利香港 2019-03-31

65 李真 2002年 飞行乐土
估　价：HKD 1,300,000~2,600,000
成交价：RMB 4,255,200
100.5（高）cm × 137cm × 72.5cm 佳士得 2019-05-25

1665 刘开渠 1951年 雕像
估　价：RMB 1,500,000~2,000,000
成交价：RMB 1,725,000
46cm × 35cm × 53cm 北京保利 2019-12-03

4522 刘开渠 1987年创作 蔡元培坐像
估　价：RMB 6,000,000~8,000,000
成交价：RMB 7,475,000
280cm × 138cm × 195cm 北京保利 2019-06-04

57 卢齐欧 · 封塔纳 1949年 “战士”
估　价：GBP 600,000~800,000
成交价：RMB 10,343,865
雕塑：107cm × 47cm × 40cm 伦敦苏富比 2019-03-05

6 露易丝 · 布尔乔亚 “躯干，自塑像”
估　价：GBP 1,000,000~1,500,000
成交价：RMB 15,843,135
大理石雕塑：74.9cm × 49.5cm × 34.9cm，整体：154.9cm × 50.1cm × 39.3cm 伦敦苏富比 2019-03-05 ★

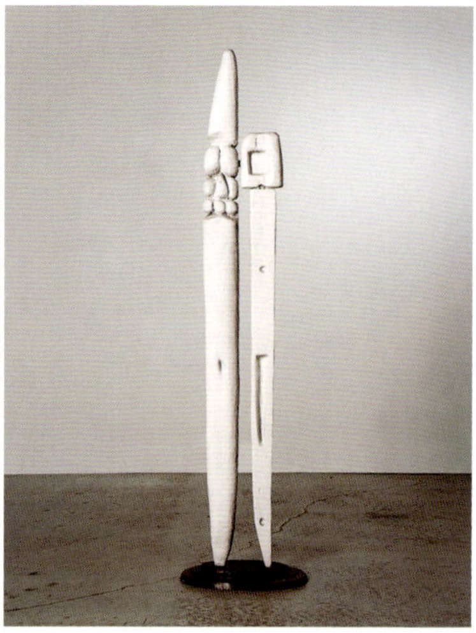

10 露易丝 · 布尔乔亚 1947年构思，1982年铸造，1版6件，此作为第3件，另有1个AP版。倾听的人
估　价：GBP 1,500,000~2,000,000
成交价：RMB 17,016,390
203cm × 50.8cm × 30.5cm 伦敦苏富比 2019-07-03

60 名和晃平 2012年 PixCell：鹿第29号
估　价：HKD 1,900,000~3,200,000
成交价：RMB 3,119,075
132cm × 77cm × 60cm 佳士得 2019-11-23

731 任哲 2016年 神将
估　价：HKD 300,000~600,000
成交价：RMB 534,375
60cm × 25cm × 101cm，53cm × 34cm × 99cm
香港苏富比 2019-04-01

308 萨尔瓦多・达利 1977年构思，共8个铸版及4个艺术家试版 时间的轮廓
估　价：RMB 7,000,000~10,000,000
成交价：RMB 7,680,000
380cm × 259cm × 200cm 佳士得（上海）2019-09-21

3037 舒群 2012年 红色经典系列11号
估　价：RMB 1,500,000~3,000,000
成交价：RMB 3,105,000
255cm × 200cmcm × 3 中贸圣佳 2019-06-07

4567 隋建国 1997年 衣钵
估　价：RMB 1,200,000~2,200,000
成交价：RMB 1,380,000
240cm × 160cm × 130cm 北京保利 2019-06-04

607 托尼・克拉格 2008年 无题
估　价：HKD 6,800,000~8,800,000
成交价：RMB 6,422,976
342cm × 100cm × 90cm 华艺国际 2019-05-27

4570 王度 2006-2007作 中国日报
估　价：RMB 300,000~400,000
成交价：RMB 667,000
250cm × 130cm × 156cm 北京保利 2019-06-04

18 翁贝特·薄丘尼 1913年构思，1972年铸造 空间中连续性的唯一形体
估　价：USD 3,800,000~4,500,000
成交价：RMB 115,450,430
高117cm，长89cm 纽约佳士得 2019-11-11 ★

117 武高谈 约1940～1945年 跪着的女孩
估　价：HKD 260,000~360,000
成交价：RMB 1,944,000
29.5（高）cm × 28.5cm × 31.5cm 佳士得 2019-05-26 ●

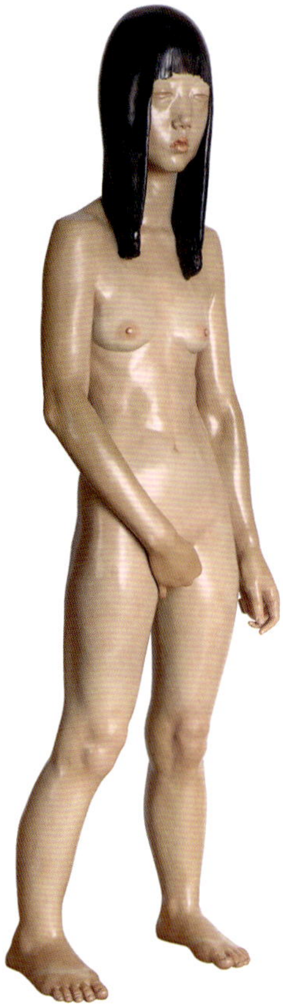

1840 向京 2007年 寂静中心
估　价：RMB 200,000~300,000
成交价：RMB 805,000
170cm × 43cm × 30cm 中国嘉德 2019-06-03

751 熊秉明 1961至1997年 凹肚牛
估　价：HKD 450,000~650,000
成交价：RMB 454,005
24cm × 50cm × 21cm 中国嘉德 2019-03-30

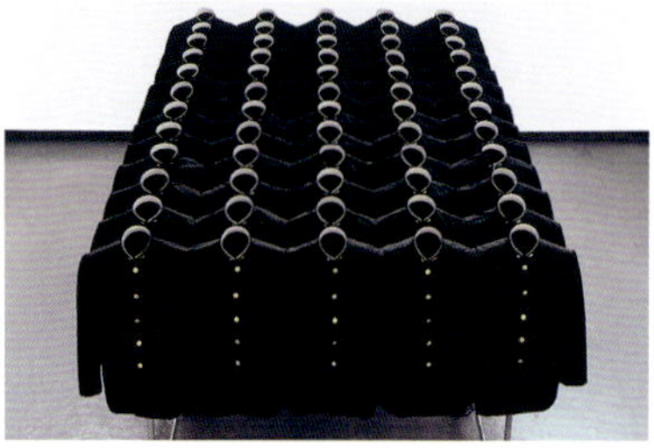

557 徐道获 1966年 高中制服
估　价：HKD 600,000~800,000
成交价：RMB 1,816,875
149.9cm × 215.9cm × 365.8cm 香港苏富比 2019-04-01 ●

3076 佚名 唐 泥塑六牙白象首
估　价：HKD 700,000~900,000
成交价：RMB 748,125
80.8cm 香港苏富比 2019-04-02

632 展望 2001年 假山石系列之二十九
估　价：HKD 1,800,000~2,200,000
成交价：RMB 2,745,860
131cm × 70cm × 211cm 华艺国际 2019-11-24 ●

1113 张洹 2001年 和平1号
估 价：HKD 500,000~800,000
成交价：RMB 850,313
钟：195cm×140cm×140cm，人像：20cm×173cm×50cm 香港苏富比 2019-10-06

306 郑路 2017年 暗香
估 价：RMB 350,000~650,000
成交价：RMB 900,000
雕塑156cm×130cm×85cm，
底座5cm×45cm×45cm 佳士得（上海）2019-09-21

2987 周春芽 2006年 桃园三结义
估 价：RMB 600,000~800,000
成交价：RMB 690,000
72cm×48cm×71cm 西泠印社 2019-07-07

1809 郑国谷 1999-2008年 公元两千年 再锈两千年No.11
估 价：RMB 50,000~80,000
成交价：RMB 460,000
尺寸不一 中国嘉德 2019-06-03

10 朱铭 1988年、1988年 太极系列－对打
估 价：HKD 3,800,000~5,800,000
成交价：RMB 4,944,875
70.2cm×50.5cm×39.2cm，57.4cm×68.3cm×38.6cm 佳士得 2019-11-23

1043 朱铭 1990年 关公
估 价：HKD 6,000,000~8,000,000
成交价：RMB 8,321,725
73cm×83cm×216.4cm 香港苏富比 2019-10-05

装 置

1145 白南准 1987年 机械人家族系列：高科技宝宝
估 价：HKD 1,500,000~2,000,000
成交价：RMB 1,710,000
220(高)cm×103cm×55cm 香港苏富比 2019-04-01

摄 影

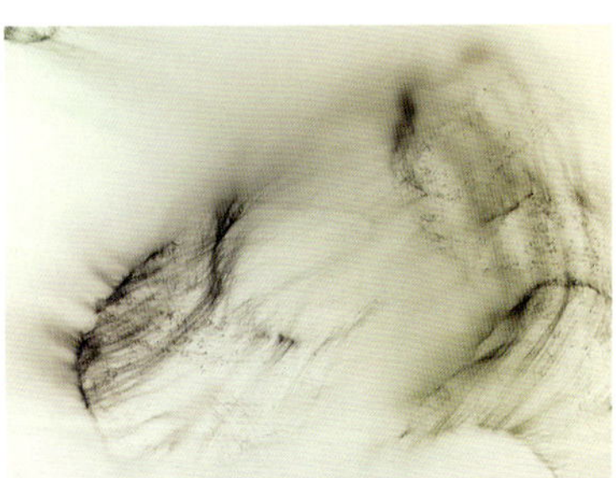

431 沃尔夫冈. 提尔曼斯 2004年 畅游者140
估 价：HKD 950,000~1,400,000
成交价：RMB 1,566,250
image：135cm×180cm，frame：145.5cm×190.7cm 佳士得 2019-11-24

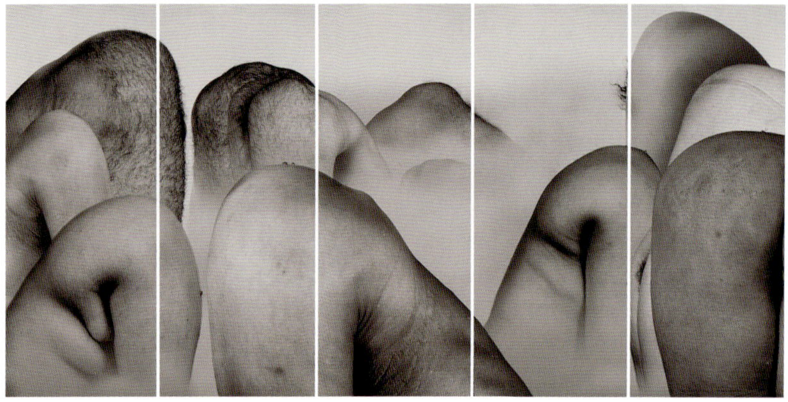

619 刘韡 2004年 风景（五张一组）
估 价：HKD 400,000~600,000
成交价：RMB 1,282,500
310cm×125.5cm（每张），310cm×627.5cm（整张） 香港苏富比 2019-04-01

40 辛迪·雪曼 “无题，电影剧照#21”
估 价：GBP 300,000~500,000
成交价：RMB 5,368,335
图像：36.8cm×46.9cm，纸张：40.5cm×50.8cm 伦敦苏富比 2019-03-05

7 艾格妮斯·马丁 “无题#9”
估 价：GBP 1,800,000~2,200,000
成交价：RMB 24,222,975
152.7cm×152.7cm 伦敦苏富比 2019-03-05

综合媒材

9 Banksy 2011年 This is a Pipe 颜料 古董框 再生金属
估 价：HKD 2,800,000~3,800,000
成交价：RMB 3,184,875
69cm×80cm×29cm，87.6cm×99cm 佳士得 2019-03-29

30 巴里・弗拉纳根 1997年，1版8件，此作为第8件，另有2件AC版 左撇子鼓手
估　价：GBP 600,000~800,000
成交价：RMB 7,307,814
250.2cm×175.3cm×94cm 伦敦苏富比 2019-07-03

4566 陈箴 1998年 无间断的声音
估　价：RMB 800,000~1,600,000
成交价：RMB 1,725,000
140cm×145cm×70.5cm 北京保利 2019-06-04

89 白南准 1995年 莱特兄弟
估　价：HKD 3,800,000~5,500,000
成交价：RMB 3,218,400
173（高）cm×403cm×56cm 佳士得 2019-05-25

30 草间弥生 太平洋
估　价：USD 2,000,000~3,000,000
成交价：RMB 23,737,000
46.4cm×35.6cm 纽约苏富比 2019-05-16

616 丁乙 1991年 十示91-11
估　价：HKD 780,000~960,000
成交价：RMB 795,226
85cm×115cm 华艺国际 2019-05-27

1131 亨利・泰勒 2004年 G RELATED
估　价：HKD 1,800,000~2,800,000
成交价：RMB 5,074,425
161.9cm×153cm 香港苏富比 2019-04-01

1589 黄华兆 2017年 草原・家园
估　价：RMB 600,000~800,000
成交价：RMB 690,000
113cm×150cm 北京保利 2019-12-03

136 黎谱 1963年 花卉与水果
估　价：HKD 500,000~600,000
成交价：RMB 1,188,000
141cm×70cm 佳士得 2019-05-26

1035 林寿宇 1967年 绘画一九六七年二月
估　价：HKD 2,600,000~5,000,000
成交价：RMB 3,206,250
102cm×102cm 香港苏富比 2019-03-31

1115 李绫瑄 2013年 似曾相识
估　价：HKD 620,000~850,000
成交价：RMB 908,438
105cm×105cm×8cm，整体：105cm×600cm×8cm 香港苏富比 2019-03-31

1921 刘刚 2017年 80624071022（双联作）
估　价：RMB 380,000~580,000
成交价：RMB 437,000
200cm×110cmcm×2 中国嘉德 2019-11-16

762 刘国松 1991年 喘息的火山
估　价：HKD 900,000~1,800,000
成交价：RMB 1,710,000
131cm×69cm 香港苏富比 2019-04-01

1603 刘炜 2009年 无题
估　价：RMB 600,000~800,000
成交价：RMB 747,500
75cm×94cm 北京保利 2019-12-03

55 马克·布拉福德 粉红划痕
估　价：USD 2,000,000~3,000,000
成交价：RMB 20,481,640
152.4cm×121.9cm 纽约苏富比 2019-05-16

165 奈良美智 2009年 然而并非一切（绿屋）
估　价：HKD 20,000,000~30,000,000
成交价：RMB 36,388,840
320cm × 320cm × 670cm 保利香港 2019-10-06 ★

22 乔治·康多 “打击节奏”
估　价：GBP 1,200,000~1,800,000
成交价：RMB 12,700,695
203.2cm × 193cm 伦敦苏富比 2019-03-05 ★

36 帕斯卡·马田·泰欧 2007年 帕斯卡人偶，救生员
估　价：GBP 250,000~350,000
成交价：RMB 2,748,125
从左至右：i. 125cm × 50cm × 55cm 伦敦苏富比 2019-07-03 ★

29 乔治·康多 “女子肖像”
估　价：GBP 1,000,000~1,500,000
成交价：RMB 10,605,735
177.8cm × 165.1cm 伦敦苏富比 2019-03-05 ★

629 朴栖甫 2006年 描法060214号
估　价：HKD 1,500,000~1,800,000
成交价：RMB 1,584,150
160cm × 260cm 华艺国际 2019-11-24 ●

375 全光荣 2006年 聚合06-JU010
估　价：HKD 380,000~550,000
成交价：RMB 410,400
209.5cm × 145cm 佳士得 2019-05-26

28 尚·米榭·巴斯基亚 “山之巅”
成交价：RMB 71,821,776
172.5cm×218.6cm 伦敦苏富比 2019-03-05

27 钟泗宾 1957年 嘉鲁达舞
估　价：HKD 1,200,000~2,000,000
成交价：RMB 1,230,625
74.5cm×60cm 佳士得 2019-11-23

2076 尚扬 2008年 董其昌计划-15
估　价：RMB 4,000,000~6,000,000
成交价：RMB 4,600,000
300cm×277cm 中国嘉德 2019-06-03

1351 尚扬 2009年 董其昌计划-23
估　价：RMB 3,000,000~5,000,000
成交价：RMB 5,520,000
300cm×272cm 北京翰海 2019-06-15

当代艺术

21 庄喆 1988年 88-35
估　价：HKD 800,000~1,200,000
成交价：RMB 950,938
左：133.8cm×179.2cm，右：133.5cm×179cm，整体：133.8cm×358.2cm 佳士得 2019-11-23

1136 KAWS 2004年 无题（KIMPSONS #1）
估　价：HKD 48,000,000~68,000,000
成交价：RMB 52,494,439
274.5cm×244cm 香港苏富比 2019-10-06

58 KAWS KURF（热狗）
估 价：USD 1,500,000~2,000,000
成交价：RMB 18,040,120
172.7cm × 172.7cm 纽约苏富比 2019-05-16 ●

515 MR. 2008年 街头角色扮演
估 价：HKD 1,000,000~2,000,000
成交价：RMB 3,174,500
112cm × 194cm 香港苏富比 2019-10-07 ★

1143 阿尼什·卡普尔 2004年 无题
估 价：HKD 5,500,000~7,000,000
成交价：RMB 5,792,625
直径：212.7cm，深：40cm
香港苏富比 2019-04-01 ●

1140 埃德·鲁沙 1988年 POINT BLANK
估 价：HKD 25,000,000~45,000,000
成交价：RMB 28,457,125
183.8cm × 183.3cm 香港苏富比 2019-10-06 ★

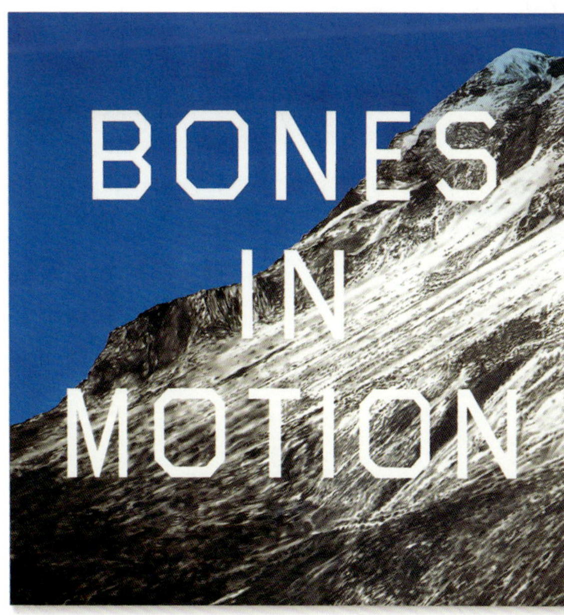

42 埃德·鲁沙 BONES IN MOTION
估 价：USD 2,000,000~3,000,000
成交价：RMB 16,412,440
152.4cm × 152.4cm 纽约苏富比 2019-05-16 ●

50 艾迪·马丁内斯 2014年 高空飞行的鸟
估　价：HKD 1,200,000~1,800,000
成交价：RMB 14,073,875
274.6cm × 365.8cm 佳士得 2019-11-23

1135 艾迪·玛汀尼兹 2012年 隆隆声
估　价：HKD 600,000~800,000
成交价：RMB 4,730,005
152.9cm × 213.6cm 香港苏富比 2019-10-06

53 安迪·沃荷 1962年 “小型金宝汤罐头（意大利蔬菜浓汤）”
估　价：GBP 1,500,000~2,000,000
成交价：RMB 18,723,705
23cm × 15cm 伦敦苏富比 2019-03-05 ★

1155 白发一雄 1991年 月氏
估　价：HKD 6,000,000~8,000,000
成交价：RMB 12,131,125
160cm × 130cm 香港苏富比 2019-10-06 ★

39 安迪·沃荷 花
估　价：USD 1,500,000~2,000,000
成交价：RMB 38,482,764
61cm × 61cm 纽约苏富比 2019-05-16

511 班克斯 2004年 RIOT COP
估　价：HKD 1,800,000~2,800,000
成交价：RMB 3,628,000
101cm × 69.4cm 香港苏富比 2019-10-07 ★

16 布丽奇·莱利 “正午”
估　价：GBP 1,200,000~1,800,000
成交价：RMB 15,843,135
209cm × 182.9cm 伦敦苏富比 2019-03-05

117 草间弥生 1990年 南瓜
估　价：NTD 46,000,000~55,000,000
成交价：RMB 43,484,640
162cm × 130.3cm 罗芙奥 2019-06-02

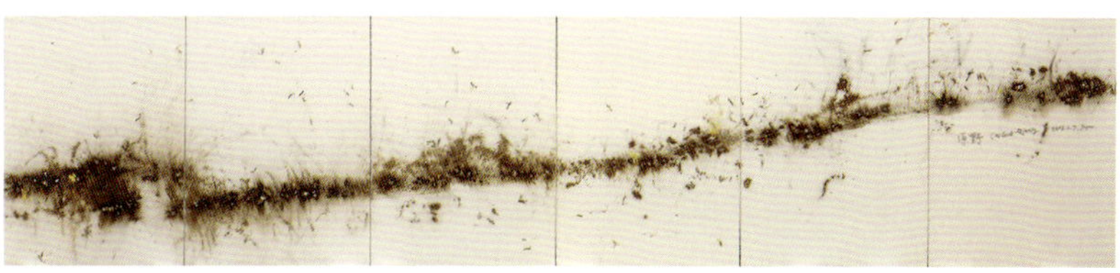

464 蔡国强 2003年 原野
估　价：HKD 500,000~800,000
成交价：RMB 2,052,000
100cm × 75cmcm × 6 佳士得 2019-05-26

54 查尔斯·盖恩斯 2019年 数字与树：中央公园系列IV：树#6，卡迈克尔
估　价：USD 150,000~200,000
成交价：RMB 3,221,450
199.1cm × 151.4cm × 14.6cm 纽约苏富比 2019-05-16

359 陈文希 猿图
估　价：HKD 300,000~500,000
成交价：RMB 430,825
137.5cm × 68.5cm 香港苏富比 2019-10-06

43 村上隆 2003年 熊猫
估　价：GBP 400,000~600,000
成交价：RMB 10,684,710
雕像连行李箱：231cm×163cm×113cm
整体连底座：256cm×163cm×120cm 伦敦苏富比 2019-07-03

50 戴维·霍克尼 1965年 “不同水体注入泳池，圣塔莫妮卡”
估　价：GBP 2,500,000~3,500,000
成交价：RMB 23,699,235
183.3cm×152.3cm 伦敦苏富比 2019-03-05 ★

59 村上隆 2010~2011年 Wow，Kaikai Kiki
估　价：HKD 15,000,000~20,000,000
成交价：RMB 17,295,875
整体：300cm×608cm 佳士得 2019-11-23

26 戴维·霍克尼 阶梯与影子
估　价：GBP 700,000~900,000
成交价：RMB 6,991,230
128.2cm×87.5cm 伦敦苏富比 2019-07-03

43 丁雄泉 1973年 爱我 爱我
估　价：HKD 850,000~1,500,000
成交价：RMB 1,188,000
140cm×202cm 佳士得 2019-05-25

550 丁乙 2008年 十示2008-23
估　价：HKD 550,000~850,000
成交价：RMB 623,563
120cm×140cm 香港苏富比 2019-10-07

83 刁德谦 2000年 双龙
估　价：HKD 1,000,000~1,500,000
成交价：RMB 1,080,000
183cm×122cm，183cm×152cm，183cm×123cm，总尺寸183cm×397cm 佳士得 2019-05-25

242 范光厚 漆木双门木柜
估　价：HKD 300,000~500,000
成交价：RMB 1,700,625
180cm × 125cm × 51cm 香港苏富比 2019-10-06 ★

53 范厚 约1938年 奇尼山水中的牧童
估　价：HKD 1,000,000~1,600,000
成交价：RMB 3,218,400
80cm × 151cm 佳士得 2019-05-25 ●

34 弗兰克・史蒂拉 1967年 双重斜接迷宫
估　价：USD 3,500,000~5,000,000
成交价：RMB 29,433,880
158.8cm × 316.9cm 纽约苏富比 2019-05-16 ●

6 弗兰克・史蒂拉 金斯伯里区
估　价：USD 1,000,000~1,500,000
成交价：RMB 27,806,200
44.5cm × 42.5cm 纽约苏富比 2019-05-16 ●

550 高松次郎 1969年 波浪 300R 393号
估　价：HKD 100,000~200,000
成交价：RMB 1,015,313
115cm × 8cm × 8cm 香港苏富比 2019/4/1 ●

1160 格奥尔格·巴塞利兹 1996年 埃尔克，1965
估　价：HKD 4,000,000~6,000,000
成交价：RMB 9,954,325
400cm×300cm 香港苏富比 2019-10-06 ★

200 顾坚 大闹天宫
估　价：RMB 250,000~400,000
成交价：RMB 402,500
120cm×60cm 保利厦门 2019-08-04

1154 关根伸夫 1970年 空相-布与石
估　价：HKD 2,000,000~3,000,000
成交价：RMB 2,494,250
整体：242cm×110cm×15cm，
画布：150cm×110cm，
石头：14cm×26cm×10cm 香港苏富比 2019-10-06 ★

586 郝量 2008年 隔河一界（八幅一组）
估　价：HKD 3,000,000~5,000,000
成交价：RMB 3,206,250
整张：149cm×124.2cm，（i）149cm×18cm，（ii）149cm×5.4cm，（iii）149cm×9.9cm，（iv）149cm×10.2cm，（v）149cm×12.5cm，（vi）149cm×12.2cm，（vii）149cm×16cm，（viii）149cm×40cm
香港苏富比 2019-04-01

49 霍华德·霍奇金“日复一日”
估　价：GBP 300,000~500,000
成交价：RMB 6,520,563
55cm×63.5cm 伦敦苏富比 2019-03-05

1156 郝量 2011年 林间记
估　价：HKD 4,000,000~6,000,000
成交价：RMB 12,974,625
234cm×140cm 香港苏富比 2019-04-01 ★

1159 黄宇兴 2011年 斗兽场
估　价：HKD 800,000~1,500,000
成交价：RMB 1,360,500
208cm×336cm 香港苏富比 2019-10-06

13 吉尔伯特与乔治 BUGGER
估　价：GBP 700,000~1,000,000
成交价：RMB 6,991,230
整体：300cm × 250cm 伦敦苏富比 2019-07-03

60 杰克·惠滕 KAPPA GROUP II
估　价：USD 800,000~1,200,000
成交价：RMB 14,784,760
193cm × 162.6cm 纽约苏富比 2019-05-16

42 凯斯·哈林 无题
估　价：GBP 400,000~600,000
成交价：RMB 6,991,230
134.5cm × 122cm 伦敦苏富比 2019-07-03

53 杰夫·昆斯 1995至1997年 大象（蓝紫色）
估　价：USD 2,000,000~3,000,000
成交价：RMB 22,923,160
381cm × 304.8cm × 18.1cm 纽约苏富比 2019-05-16

47 卡尔·安德烈 1969年 铅铅平原
估　价：USD 1,500,000~2,000,000
成交价：RMB 18,040,120
183.5cm × 183.5cm × 1cm 纽约苏富比 2019-05-16

34 杰夫·昆斯 花与鸟挂墙浮雕
估　价：GBP 1,500,000~2,000,000
成交价：RMB 16,224,930
182.9cm × 127cm × 68.6cm 伦敦苏富比 2019-07-03

19 克里斯·奥菲利 “非洲式爱与妒”
估　价：GBP 500,000~700,000
成交价：RMB 7,987,035
285.8cm × 212.8cm 伦敦苏富比 2019-03-05

21 克里斯托弗·坞尔 无题
估　价：USD 12,000,000~18,000,000
成交价：RMB 94,948,000
274.3cm × 182.9cm 纽约苏富比 2019-05-16

106 黎谱 约1938年 海水浴
估　价：HKD 2,000,000~3,000,000
成交价：RMB 3,425,760
88cm × 56.5cm 佳士得 2019-05-26

57 拉希德·约翰逊 2019年 无题－逃离拼贴
估　价：USD 200,000~300,000
成交价：RMB 7,867,120
185.4cm × 246.4cm 纽约苏富比 2019-05-16

104 黎氏秋 约1960年 母与子
估　价：HKD 300,000~400,000
成交价：RMB 1,404,000
63cm × 49cm 佳士得 2019-05-26

436 李绫瑄 2016年 熔化 2
估　价：HKD 380,000~480,000
成交价：RMB 540,000
180cm × 151cm 佳士得 2019-05-26

564 李升泽 1963年 无题
估　价：HKD 800,000~1,200,000
成交价：RMB 907,000
100.4cm × 100cm 香港苏富比 2019-10-07 ★

1156 李禹焕 1982年 从风
估　价：HKD 3,800,000~5,800,000
成交价：RMB 5,056,525
161.9cm × 130cm 香港苏富比 2019-10-06

1149 理查德德·普林斯 2007年 无题（德库宁）
估　价：HKD 3,200,000~4,800,000
成交价：RMB 4,294,645
132.5cm × 188.4cm 香港苏富比 2019-10-06

336 刘国松 1969年 无题
估　价：HKD 350,000~500,000
成交价：RMB 453,600
74cm × 74cm 佳士得 2019-05-26

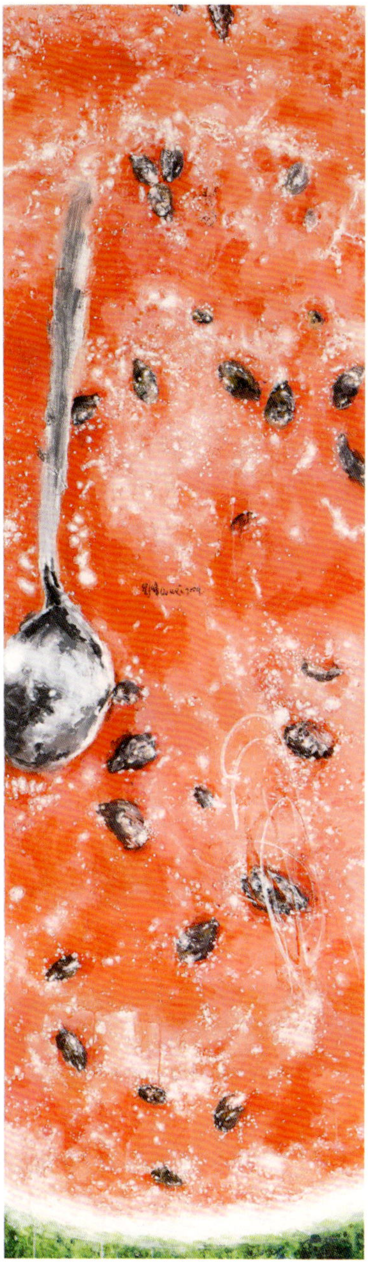

1139 刘炜 2004年 西瓜
估　价：HKD 3,000,000~5,000,000
成交价：RMB 6,580,285
200cm × 60cm 香港苏富比 2019-10-06

110 梁春尔 1940年 渔夫和家人
估　价：HKD 1,000,000~1,600,000
成交价：RMB 4,047,840
67cm × 110cm 佳士得 2019-05-26

325 林寿宇 1968-1969年 方形 7 1968-1969
估　价：HKD 1,200,000~2,000,000
成交价：RMB 2,376,000
63.5cm × 63.5cm 佳士得 2019-05-26

541 刘野 1996年 蒙德里安与天使
估　价：HKD 2,500,000~3,500,000
成交价：RMB 4,730,005
24cm × 24cm 香港苏富比 2019-10-07

1132 刘野 1999年 我是一个士兵（艺术家自画像）
估　价：HKD 4,000,000~6,000,000
成交价：RMB 10,172,005
60cm×40cm 香港苏富比 2019-10-06

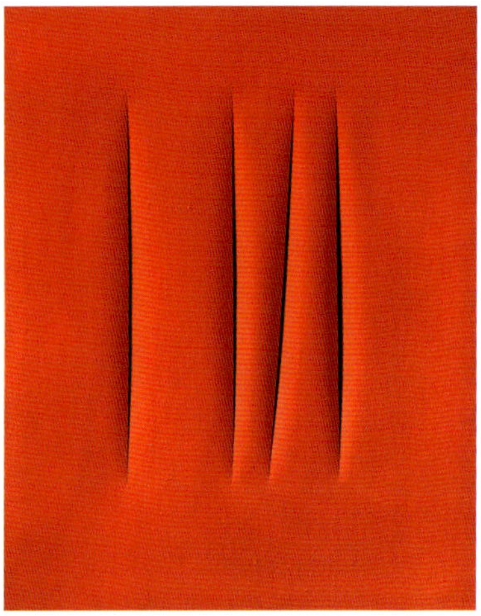

55 卢齐欧·封塔纳 1966年 “空间概念，等待”
估　价：GBP 2,800,000~3,200,000
成交价：RMB 25,270,455
81cm×65cm 伦敦苏富比 2019-03-05

10 露易丝·布尔乔亚 1993年构思 1994年铸造 歇斯底里之弧
估　价：USD 3,000,000~4,000,000
成交价：RMB 38,096,529
83.8cm×101.6cm×81.3cm 纽约苏富比 2019-05-16

31 卢齐欧·封塔纳 1962年 “空间概念，纽约8”
估　价：GBP 1,400,000~1,800,000
成交价：RMB 23,175,495
62.5cm×62.5cm 伦敦苏富比 2019-03-05

1145 鲁道夫·斯丁格尔 2012年 无题
估　价：HKD 11,000,000~18,000,000
成交价：RMB 12,131,125
120cm×109.5cm 香港苏富比 2019-10-06

1143 吕克·图伊曼斯 2012年 你好！III
估　价：HKD 5,600,000~7,600,000
成交价：RMB 6,471,445
126.9cm×175.1cm 香港苏富比 2019-10-06

33 马丁·基本伯格 “无题，灯（第九届卡塞尔文献展特别版）”
估　价：GBP 1,800,000~2,500,000
成交价：RMB 18,985,575
217cm×173cm×42cm 伦敦苏富比 2019/3/5

112 梅忠恕 1938年 沈睡
估　价：HKD 600,000~800,000
成交价：RMB 2,160,000
65cm×54.5cm 佳士得 2019-05-26

4 莫里士·刘易斯 1962年 第21号
估　价：GBP 300,000~400,000
成交价：RMB 6,674,646
203.3cm×43.8cm 伦敦苏富比 2019-07-03

56 马克·格罗亚恩 无题（罂粟红及黄橙色蝴蝶50.94）
估　价：USD 600,000~800,000
成交价：RMB 9,087,880
192.4cm×106cm 纽约苏富比 2019-05-16

1142 奈良美智 2000年 背后藏刀
成交价：RMB 177,496,272
234cm×208cm 香港苏富比 2019-10-06

1134 奈良美智 2007年 看着你
估　价：HKD 14,000,000~22,000,000
成交价：RMB 33,899,125
91cm×73cm 香港苏富比 2019-10-06 ★

1137 乔纳斯·伍德 2017年 黄色插枝2
估　价：HKD 3,000,000~5,000,000
成交价：RMB 3,401,250
165.3cm×101.7cm 香港苏富比 2019-10-06 ●

1153 朴栖甫 1985年 描法 NO. 90-85
估　价：HKD 3,500,000~5,500,000
成交价：RMB 3,628,000
162cm×130cm 香港苏富比 2019-10-06 ★

1158 让·普鲁维 1944年 6 X 6 组合屋
估　价：HKD 4,000,000~8,000,000
成交价：RMB 3,968,125
314.5cm×600cm×600cm 香港苏富比 2019-10-06 ★

1131 尼古拉·帕尔蒂 2015年 肖像
估　价：HKD 2,000,000~3,000,000
成交价：RMB 5,165,365
170cm×150cm 香港苏富比 2019-10-06 ★

585 热尼维·菲吉斯 2018年 朋友
估　价：HKD 120,000~160,000
成交价：RMB 1,247,125
99.9cm×119.8cm 香港苏富比 2019-10-07 ●

113 阮嘉治 1968年 妇女
估　价：HKD 700,000~900,000
成交价：RMB 810,000
80cm×60cm 佳士得 2019-05-26

108 阮潘正 1931年 下围棋
估　价：HKD 2,000,000~3,000,000
成交价：RMB 3,011,040
64cm×88cm 佳士得 2019-05-26

51 尚・米榭・巴斯基亚 “无题”
估　价：GBP 300,000~400,000
成交价：RMB 9,820,125
74.8cm×106.2cm 伦敦苏富比 2019-03-05

1157 尚・斯卡里 2014年 火红地平线
估　价：HKD 7,000,000~9,000,000
成交价：RMB 12,131,125
215.9cm×190.5cm 香港苏富比 2019-10-06 ★

563 松谷武判 1970年 繁殖70
估　价：HKD 650,000~950,000
成交价：RMB 1,077,063
116cm×89cm 香港苏富比 2019-10-07 ★

109 苏玉云 1932年 幻灭
估　价：HKD 2,000,000~3,000,000
成交价：RMB 7,884,000
92.5cm×57cm 佳士得 2019-05-26

33 汤姆·卫索曼 伟大的美国裸体素描#21
估　价：GBP 600,000~800,000
成交价：RMB 6,199,770
152.7cm×121.6cm 伦敦苏富比 2019-07-03

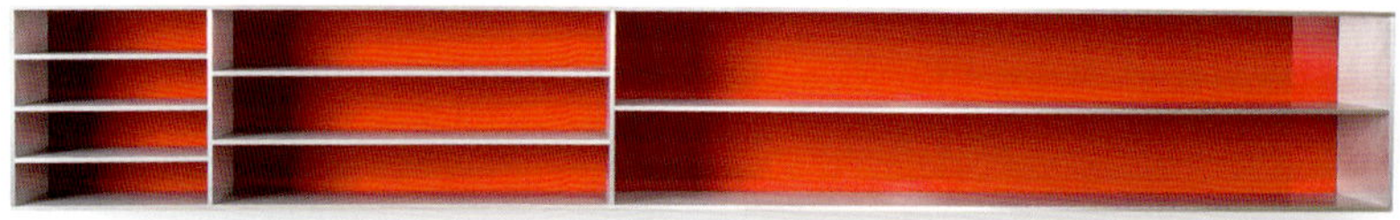

20 唐纳德·贾德 1984年 无题
估　价：GBP 700,000~1,000,000
成交价：RMB 9,101,790
25.3cm×177.7cm×25.3cm 伦敦苏富比 2019-07-03

554 田中敦子 1999年 99K
估　价：HKD 2,000,000~3,000,000
成交价：RMB 2,494,250
145.6cm×112cm 香港苏富比 2019-10-07

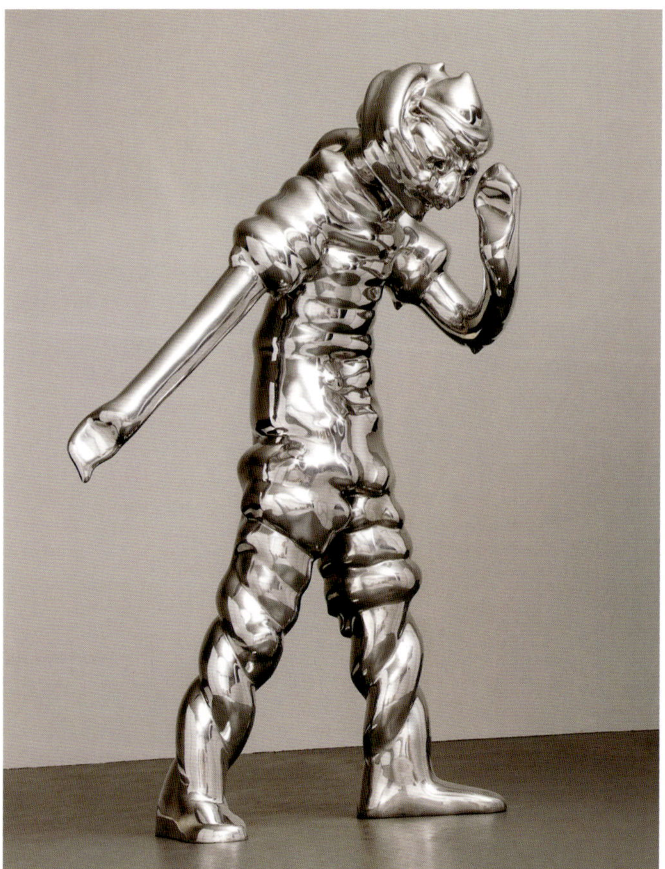

22 托马斯·舒特 伟大灵魂13号
估　价：USD 4,000,000~6,000,000
成交价：RMB 35,779,119
250.8cm×158.1cm×88.9cm 纽约苏富比 2019-05-16

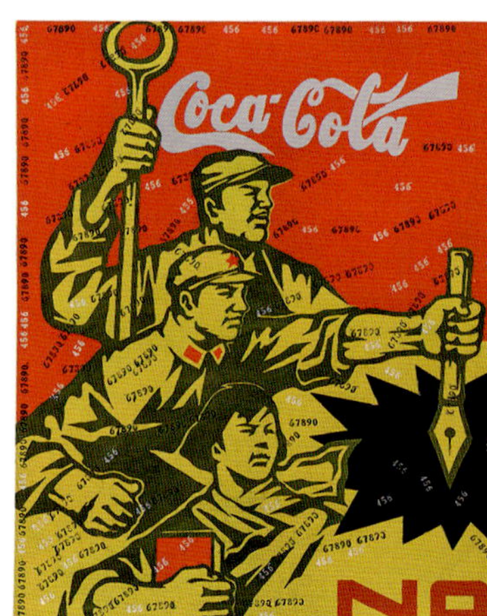

520 王广义 2004年 大批判系列：可口可乐
估　价：HKD 450,000~650,000
成交价：RMB 748,125
150cm×120cm 香港苏富比 2019-04-01

316 王济远 1960年 菊花及荷花
估　价：HKD 400,000~600,000
成交价：RMB 594,000
226cm × 55.5cmcm × 3 佳士得 2019-05-26

41 韦德・盖顿 无题
估　价：GBP 300,000~400,000
成交价：RMB 3,209,810
213.4cm × 175.3cm 伦敦苏富比 2019-07-03 ★

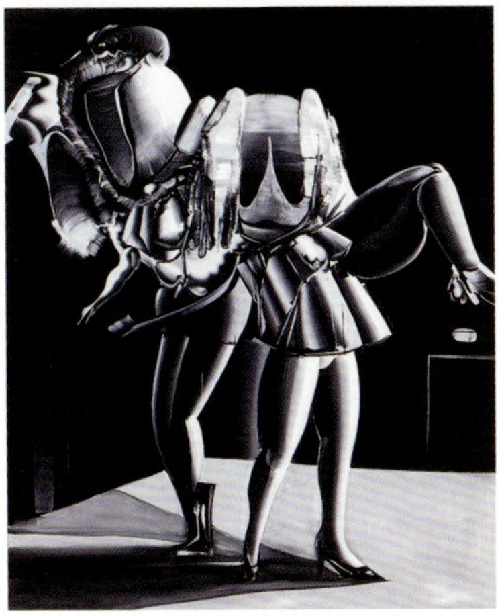

1133 五木田智央 2009年 固态幸存者
估　价：HKD 2,500,000~3,500,000
成交价：RMB 5,274,205
194cm × 162cm 香港苏富比 2019-10-06 ★

111 武高谈 1942年 文官
估　价：HKD 1,500,000~2,000,000
成交价：RMB 1,620,000
145.5cm × 71cm 佳士得 2019-05-26

38 亚历山大・考尔德 约1951年 红色弦月
估　价：USD 2,000,000~3,000,000
成交价：RMB 16,412,440
167.6cm × 49.5cm × 43.2cm 纽约苏富比 2019-05-16

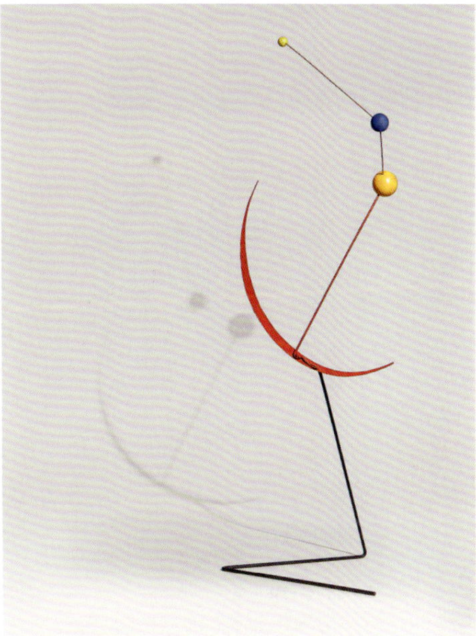

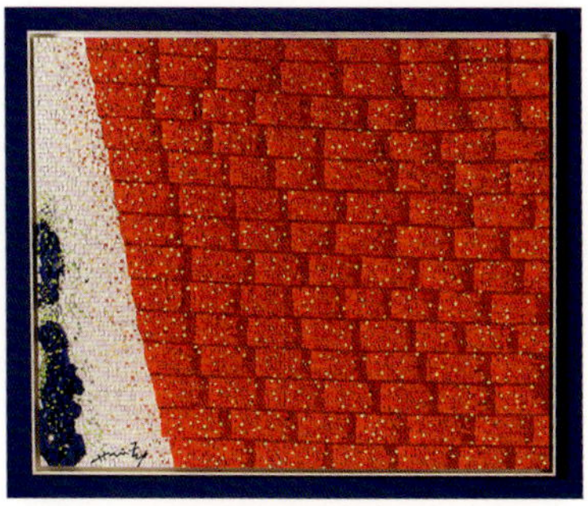

813 萧勤 1995至2019年 心灵的体现—88
估　价：HKD 400,000~800,000
成交价：RMB 850,313
99cm × 111cm 香港苏富比 2019-10-06

24 西格马・波尔克 1989年 无题
估　价：GBP 500,000~700,000
成交价：RMB 4,986,198
149.9cm × 130.3cm 伦敦苏富比 2019-07-03

1148 伊莉萨白·佩顿 1999年 1999年5月（柯丝蒂和罗伊在西大街15号拥吻）
估　价：HKD 3,200,000~4,800,000
成交价：RMB 6,471,445
42cm×35.8cm 香港苏富比 2019-10-06

22 约瑟夫·博伊斯 1983-85年作 火炉
估　价：GBP 400,000~600,000
成交价：RMB 3,719,862
雕像：51.5cm×40cm×39cm
基座：95cm×62cm×42cm 伦敦苏富比 2019-07-03

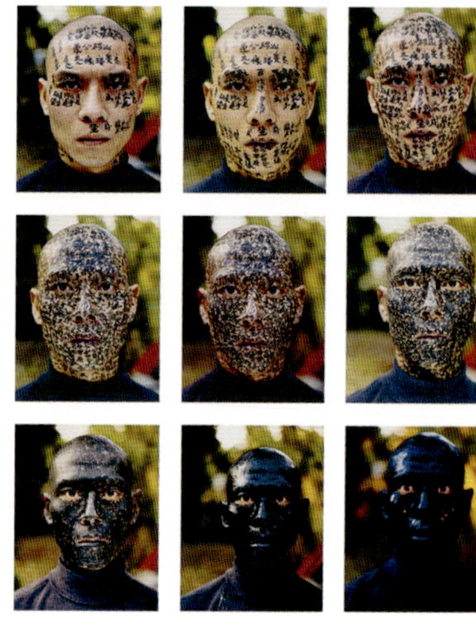

1123 张洹 2000年 家谱（一组九幅）
估　价：HKD 500,000~700,000
成交价：RMB 1,587,250
每幅：219cm×173cm 香港苏富比 2019-10-06

521 余友涵 2007年 毛
估　价：HKD 800,000~1,000,000
成交价：RMB 855,000
130cm×100cm 香港苏富比 2019-04-01

1150 约翰·柯林 2004年 忏悔者
估　价：HKD 8,000,000~12,000,000
成交价：RMB 15,940,525
107cm×86.6cm 香港苏富比 2019-10-06

587 张晓刚 2009年 绿墙：餐室
估 价：HKD 800,000~1,500,000
成交价：RMB 855,000
150cm × 200cm 香港苏富比 2019-04-01

3 朱莉·梅赫雷图 2005年 拱廊
估 价：USD 2,500,000~3,500,000
成交价：RMB 20,481,640
214cm × 305.4cm 纽约苏富比 2019-05-16

其他艺术形式

56 艾伯特·布里 "木"
估 价：GBP 1,300,000~1,700,000
成交价：RMB 13,224,435
50.5cm × 102.6cm 伦敦苏富比 2019-03-05 ★

25 巴布罗·毕加索 1970年12月20日作 小丑头像
估 价：USD 700,000~1,000,000
成交价：RMB 7,820,490
65.5cm × 50.4cm 纽约佳士得 2019-11-11

38 保罗·克利 1937年 东方花园
估 价：USD 600,000~900,000
成交价：RMB 4,820,850
画35.5cm × 28cm，底板38.8cm × 30.5cm 纽约佳士得 2019-11-11

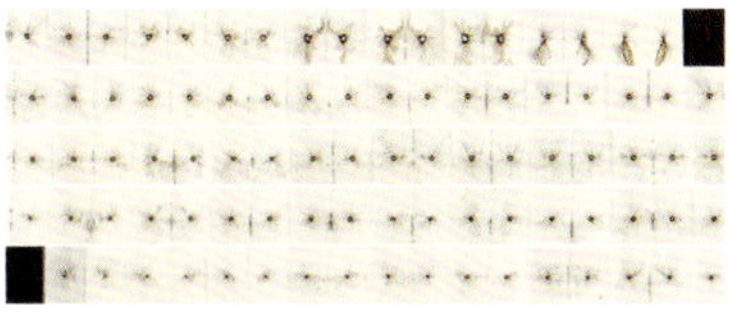

4564 蔡国强 1998年 兵书（册页）
估 价：RMB 800,000~1,800,000
成交价：RMB 2,070,000
34.8cm × 2070.6cm 北京保利 2019-06-04

4563 蔡国强 2002年 APEC景观焰火表演草图：欢乐颂
估　价：RMB 5,500,000~8,500,000
成交价：RMB 6,670,000
300cm × 400cm 北京保利 2019-06-04

1103 范光厚 1939-1940年 九鲤鱼在水中
估　价：HKD 2,000,000~3,000,000
成交价：RMB 5,895,225
各：180cm × 49.5cmcm × 4，
整体：180cm × 198cm 香港苏富比 2019-03-31

2051 李超士 1950年代 仙人球花开
估　价：RMB 900,000~1,200,000
成交价：RMB 2,702,500
67.5cm × 44cm 中国嘉德 2019-06-03

559 何翔宇 2009-2010年 可乐计划（三幅作品）
估　价：HKD 150,000~250,000
成交价：RMB 534,375
27cm × 35cm × 23.5cm 香港苏富比 2019-04-01

558 梁慧圭 2011年 多管闲事的小丑 —— 碳酸锰
估　价：HKD 300,000~500,000
成交价：RMB 480,938
195cm × 110cm × 115cm 香港苏富比 2019-04-01

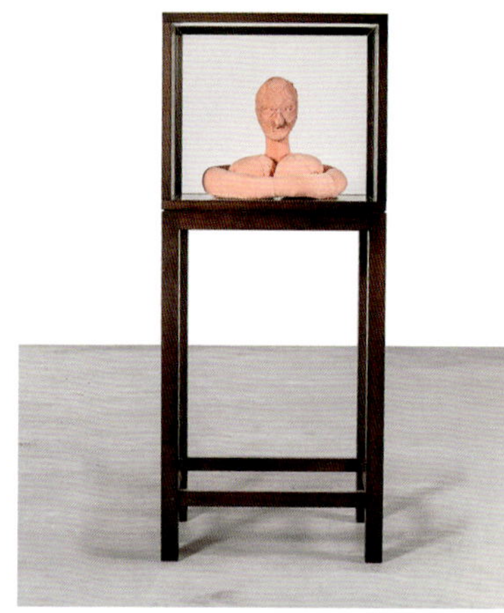

4 露易丝·布尔乔亚 1999年 “铭记”
估　价：GBP 700,000~1,000,000
成交价：RMB 6,415,815
布艺雕塑：43.2cm × 49.5cm × 30.5cm，
玻璃展示箱：178.7cm × 73.7cm × 50.8cm
伦敦苏富比 2019-03-05

628 罗伯特·劳森伯格 2005年 肯尼俱乐部
估　价：HKD 9,800,000~11,800,000
成交价：RMB 15,841,500
213cm × 303cm 华艺国际 2019-11-24

41 罗伊·李奇登斯坦 “薇琪！我－我以为我听到你的声音”
估　价：GBP 5,000,000~7,000,000
成交价：RMB 50,729,020
106.7cm × 106.7cm 伦敦苏富比 2019-03-05 ★

35 马丁·基本伯格 “首先是双脚”
估　价：GBP 700,000~1,000,000
成交价：RMB 6,939,555
129.5cm × 106.6cm × 22.8cm 伦敦苏富比 2019-03-05 ●

6186 尚扬 1991-1999作 “E地风景-16”
估　价：RMB 2,000,000~3,000,000
成交价：RMB 2,300,000
61.5cm × 122cm 中贸圣佳 2019-11-30 ●

6165 王劼音 2012年 花卉
估　价：RMB 400,000~600,000
成交价：RMB 529,000
217cm × 76cm 中贸圣佳 2019-11-30

91 吴冠中 1983年 黄山晴日
估　价：HKD 800,000~1,500,000
成交价：RMB 877,613
39.5cm × 28.2cm 中国嘉德 2019-10-07

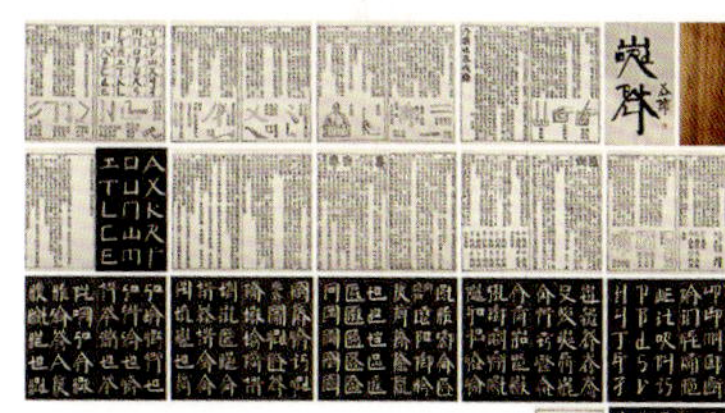

6195 徐冰 方块字入门
估　价：RMB 400,000~600,000
成交价：RMB 460,000
39cm × 736cm 中贸圣佳 2019-11-30

140 叶子奇 2005-2007年 山在花莲·雾在山间
卵彩 油彩 亚麻布
估　价：NTD 2,800,000~3,800,000
成交价：RMB 993,600
71cm × 234cm 罗芙奥 2019-12-01

67 伊利亚·卡巴科夫 “假日#1”
估　价：GBP 700,000~900,000
成交价：RMB 6,415,815
101.5cm × 158cm 伦敦苏富比 2019-03-05 ●

6202 赵一丁 黄土地之希望
估　价：RMB 800,000~1,000,000
成交价：RMB 1,150,000
244cm × 122cm 中贸圣佳 2019-11-30

6171 周春芽 2002年 花
估　价：RMB 800,000~1,200,000
成交价：RMB 920,000
100cm × 80cm 中贸圣佳 2019-11-30

6175 周长江 2000年 互补.2002.II
估　价：RMB 300,000~400,000
成交价：RMB 402,500
170cm × 200cm 中贸圣佳 2019-11-30

6164 朱德群 2006年 闪烁
估　价：RMB 2,000,000~2,800,000
成交价：RMB 3,220,000
81cm × 98cm 中贸圣佳 2019-11-30

6148 朱松发 此地有丛山峻岭
估　价：RMB 200,000~300,000
成交价：RMB 690,000
148cm × 90cm 中贸圣佳 2019-11-30

632 朱曜奎 东方神 镜框
估　价：RMB 1,200,000~1,500,000
成交价：RMB 4,025,000
90cm × 90cm 未来四方 2019-06-05

2019书画拍卖成交汇总
(成交价RMB：10万元以上)

拍品名称	物品尺寸	成交价RMB	拍卖公司	拍卖日期
中国书画				
唐代作者				
贯休 罗汉图 立轴	111.5cm×52cm	1,265,000	中鸿信	2019-07-16
李昭道（款）上林图卷 手卷	43cm×550cm	184,000	中国嘉德	2019-03-24
佚名 8-9世纪 须弥山圣境图 镜心	63.5cm×48cm	690,000	北京荣宝	2019-06-13
佚名 唐人 大般若波罗蜜多经卷二百二廿五 手卷	25.4cm×1012cm	6,900,000	中国嘉德	2019-06-02
佚名 唐人《大般涅槃经哀叹品第三》手卷	25cm×161cm	287,500	北京匡时	2019-07-13
佚名 唐人《金刚经》镜心	24cm×46cm	126,500	北京匡时	2019-07-13
佚名 唐人《金光明经赞叹品》第四手卷	23cm×198cm	621,000	北京匡时	2019-07-13
佚名唐人《妙法莲华经》卷三手卷	26.3cm×844.1cm	1,150,000	北京匡时	2019-07-13
赵干（款）春深闲话图 镜芯	24cm×27cm	103,500	中鸿信	2019-07-17
五代作者				
黄居宝（款）锦上添花图 镜心	218cm×133cm	115,000	中国嘉德	2019-10-17
黄荃（传）花鸟 手卷	35cm×269cm	258,750	中鸿信	2019-07-17
黄荃（款）玉兔望月图 立轴	152cm×64cm	108,000	佳士得	2019-05-27
宋代作者				
蔡襄（款）行书 七言诗一首（一帧二页）镜片	22cm×18cm	264,500	西泠印社	2019-09-21
范宽（款）万山飞雪图 立轴	168cm×88.5cm	230,000	中国嘉德	2019-11-19
勾龙爽 尧民击壤图 手卷	画心30cm×255.5cm	218,500	中鸿信	2019-07-17
管道升（款）修竹图卷 手卷	34cm×215cm	1,955,000	中国嘉德	2019-10-17
郭熙（款）溪山行旅图卷 手卷	46cm×545cm	126,500	中国嘉德	2019-03-24
惠崇 春江水暖 立轴	179cm×89.5cm	218,500	中鸿信	2019-07-17
柯九思 秀石疏林图 立轴	87.8cm×30cm	253,000	中鸿信	2019-07-17
李成 林峦雪霁图 立轴	140cm×50cm	345,000	北京保利	2019-04-30
李成（传）万山飞雪图 立轴	183cm×65cm	1,725,000	中鸿信	2019-07-17
李公麟（传）法力驯狮 立轴	108cm×50.5cm	115,000	中鸿信	2019-07-17
李唐（款）滕王阁图 镜心	142cm×70cm	368,000	中国嘉德	2019-03-24
李唐（款）溪山琳馆 立轴	159cm×67cm	299,000	中鸿信	2019-07-17
李祐之（传）番马图 立轴	183cm×105cm	747,500	中国嘉德	2019-06-04
鲁宗贵（款）梅竹寒禽 扇面	直径21cm	230,000	华艺国际	2019-08-10
鲁宗贵（款）梅竹寒禽 圆光	直径21cm	230,000	中国嘉德	2019-03-24
陆游（款）古柏图 立轴	240cm×115cm	172,500	中国嘉德	2019-10-17
吕好问（款）楷书朱光庭传镜心	32cm×43cm	172,500	北京保利	2019-12-03
马麟（款）双株竞秀 团扇面	25.3cm×26.2cm	1,247,125	香港苏富比	2019-10-06
马远（款）观瀑图 立轴	159cm×85cm	138,000	中国嘉德	2019-10-17
米友仁 溪山孤亭图 立轴	98.5cm×36.5cm	149,500	中鸿信	2019-07-17
沈仲华 墨葡萄图 立轴	100cm×32cm	1,851,500	北京保利	2019-12-03
宋徽宗（款）1114年作 行书《桑赋》手卷	画芯 54.5cm×357cm	235,750	中鸿信	2019-07-17
宋徽宗（款）牡丹 镜芯	29.5cm×87cm	120,750	中鸿信	2019-07-17
宋徽宗（款）桃花珍禽 镜心	25cm×31cm	166,750	中国嘉德	2019-10-17
宋人 芦雁图 手卷	27.5cm×235.5cm	23,575,000	北京匡时	2019-07-13
苏汉臣（款）婴戏图 圆光	直径23cm	241,500	中国嘉德	2019-03-24
苏汉臣 百子图 手卷	31cm×382cm	212,750	北京保利	2019-04-30
苏汉臣（传）罗汉写经图 立轴	113.5cm×48.5cm	897,000	中鸿信	2019-07-17
苏辙 枯木石图 立轴	30.5cm×30cm	569,250	中鸿信	2019-07-17
无款 南宋；元 荷塘白鹭 立轴	22.7cm×16.5cm	156,625	佳士得	2019-11-25
兀庵普宁 南宋 墨兰 立轴	83.5cm×25cm	183,600	佳士得	2019-05-27
夏圭（传）1103年作渔父图立轴	135cm×70cm	302,670	北京匡时	2019-04-02
许道宁（传）雪溪渔父图 立轴	96cm×37.5cm	414,000	中鸿信	2019-07-17
燕文贵（款）江千雪霁图卷 手卷	25cm×159cm	287,500	中国嘉德	2019-03-24
燕文贵 万壑松涛图 立轴	99cm×39cm	258,750	中鸿信	2019-07-17
佚名《福清阁帖》第七、第八、第十	25cm×31.5cm×67	2,017,800	中国嘉德	2019-03-30
佚名 宋人写经续高僧传 手卷	24.5cm×1500cm	23,000,000	北京保利	2019-06-03
岳飞（传）行书《前出师表》八条屏	171cm×47cm×8	672,000	上海联合	2019-12-01
岳飞（传）行书卷 手卷	31cm×458.5cm	166,750	中鸿信	2019-07-17
张华 宋 大般涅槃经 手卷	30.5cm×223cm	2,125,625	佳士得	2019-11-25
张即之（款）1253年作 杜工部赠书左函诗一卷 手卷	画心 33cm×1010cm	402,500	上海嘉禾	2019-09-07
张玘 抱犬仕女图 立轴	181cm×85cm	218,500	中国嘉德	2019-10-17
张择端（款）清明上河图 镜片	28cm×31cm	230,000	华艺国际	2019-08-10
赵昌燮 楷书七言联 立轴	135cm×32cm×2	115,000	华艺国际	2019-08-10
赵孟坚（传）罗浮遗影 立轴	147cm×42cm	172,500	广东崇正	2019-11-28
朱锐 江天楼阁图 手卷	画芯 32.5cm×171.5cm	258,750	中鸿信	2019-07-17
胡环（款）胡人狩猎图 镜芯	180cm×93.5cm	759,000	中鸿信	2019-07-17
元代作者				
佚名元/明 灰泥彩绘天女图壁画残部		125,869	纽约苏富比	2019-03-20
（释）明本 行书 立轴	28cm×25cm	115,000	中国嘉德	2019-10-17
曹知白 雪港沽鱼 手卷	画芯30cm×134cm	494,500	中鸿信	2019-07-17
丁野夫 盘龙咒水图 立轴	111cm×48cm	184,000	中鸿信	2019-07-17
高克恭（款）夏霁云岭图 镜心	32cm×21cm	138,000	中国嘉德	2019-03-24
顾定之 墨竹 手卷	38.5cm×103cm	358,000	佳士得	2019-11-18
何野云等题元末明初释道人物卷手卷	绘画29cm×331cm	1,495,000	华艺国际	2019-08-10
弘刺止庐 行书自作诗 镜芯	37cm×64cm	345,000	中鸿信	2019-07-17
黄公望（传）溪山胜景图 册页（六开）	36cm×84cm×6	5,520,000	北京保利	2019-12-03
黄公望（传）至正9年（1349年作九峰雪霁图 立轴	117cm×56.5cm	477,250	中鸿信	2019-07-17
黄公望 山静日长图轴 立轴	113cm×42cm	218,500	中鸿信	2019-07-17
黄公望 山水 镜芯	54.5cm×31.5cm	110,400	中鸿信	2019-07-17
马琬（款）北上春闱图 手卷	25cm×107cm	195,500	中国嘉德	2019-10-17
孟玉涧（传）芦塘双凫 镜心	22.5cm×22cm	517,500	中国嘉德	2019-11-19
倪瓒 1364年作 墨竹图 立轴	66.5cm×32cm	63,250,000	北京保利	2019-06-03
倪瓒 1374年作 乐圃林居图 镜心	51cm×31cm	402,500	中国嘉德	2019-06-25
倪瓒 疏篁古木图卷 手卷	画心48cm×27cm	10,580,000	西泠印社	2019-07-06
钱选 江帆楼阁图卷 手卷	49cm×438cm	931,500	中鸿信	2019-07-17
钱选 渊明扶醉 立轴	27.5cm×49.5cm	31,605,120	华艺国际	2019-05-27
清拙正澄 行书诗偈 立轴	27.4cm×40.7cm	1,020,375	香港苏富比	2019-10-06
任仁发（传）饰马图 镜心	36cm×32cm	1,840,000	北京保利	2019-06-03
商琦 雪景山水 立轴	172.3cm×60cm	1,389,375	香港苏富比	2019-04-01
王蒙（款）蓬莱仙馆图	27.5cm×375cm	172,500	中国嘉德	2019-10-17
王蒙 款 乐志论图卷 手卷	尺寸不一	2,990,000	西泠印社	2019-07-06
王蒙 旭斋图卷 手卷	画心28cm×84cm	345,000	中贸圣佳	2019-06-07
王蒙 芝兰室图 手卷	画心25cm×103cm	146,050,000	北京保利	2019-12-03
王冕 墨梅 手卷	30cm×689cm	149,500	保利厦门	2019-08-04
王渊（款）远眺图 立轴	143cm×88cm	172,500	泰和嘉成	2019-11-30
无款 元 书法 立轴	25.5cm×33cm	145,438	佳士得	2019-11-25
无款元/明 果熟来禽 立轴	25cm×26.5cm	453,600	佳士得	2019-05-27
无款元/明 乐人图 册页镜框	22cm×21cm	216,000	佳士得	2019-05-27
无款元/明 水月观音 立轴	102cm×44.5cm	756,000	佳士得	2019-05-27
一山一宁 草书"法窟" 立轴	27.5cm×40.5cm	322,000	上海嘉禾	2019-09-07
俞和 楷书《前后赤壁赋》册（五开）册页	16cm×8cm×9	828,000	中贸圣佳	2019-06-07
月礀（传）元；1310年作 书法立轴	28.5cm×39.5cm	268,500	佳士得	2019-11-25
张绅（款）行书 功被四极 镜片	112cm×36.5cm	402,500	西泠印社	2019-09-21

＊查看图片请参照凡例4方法

拍品名称	物品尺寸	成交价RMB	拍卖公司	拍卖日期
张雨（传）元 行书	24.6cm×26.6cm	1,062,813	佳士得	2019-11-25
张雨 风雨归舟图 镜心	121cm×36.5cm	2,070,000	北京保利	2019-12-03
张远 山水 立轴	183cm×50cm	115,000	北京荣宝	2019-04-28
赵孟頫（款）1313年作 渊明诗意图 手卷	34cm×357cm	103,500	北京荣宝	2019-06-13
赵孟頫（款）汉宫图卷 手卷	29.5cm×148.5cm	126,500	中鸿信	2019-07-17
赵孟頫（款）人物 镜片	52cm×32cm	103,500	朵云轩	2019-10-20
赵孟頫（款）文人雅会图册 册页	27cm×32cm×8	184,000	中国嘉德	2019-06-25
赵孟頫 滚尘马图 手卷	画心38cm×25.5cm	12,650,000	西泠印社	2019-07-06
赵孟頫 人物山水（二帧）立轴	尺寸不一	218,500	中鸿信	2019-07-17
赵孟頫 致郭右之二帖卷 手卷	尺寸不一	267,375,000	中国嘉德	2019-11-19
赵雍（款）仙人贺寿图 手卷	48cm×606cm	103,500	中国嘉德	2019-03-24
赵雍 射猎图 手卷	58cm×596cm	575,000	中鸿信	2019-07-17
赵雍 五马图卷 手卷	28cm×264.5cm	212,750	中鸿信	2019-07-17
赵子昂 释迦开悟图 立轴	83cm×33cm	184,000	保利厦门	2019-01-06
明代作者				
边楚善 荷塘鸳鸯 镜心	154cm×96cm	276,000	中国嘉德	2019-10-17
曹学佺 草书书法 立轴	133cm×37.5cm	149,500	中贸圣佳	2019-06-07
曹岳 仿巨然山水 立轴	148cm×51cm	207,000	中国嘉德	2019-06-04
曹岳 陆定 史颜节 岑长元 等 书画合璧册 册页（八开）	32.5cm×42.5cm×8	1,380,000	北京保利	2019-06-03
曹振 富贵长春图 立轴	185cm×94cm	264,500	西泠印社	2019-07-06
曹振 深山听瀑图 立轴	119cm×49.5cm	149,500	中国嘉德	2019-06-04
陈淳 1521年作 墨牡丹 扇面	21cm×53cm	1,150,000	北京保利	2019-06-03
陈淳 1526年作 行书词三阙 横披	画心22cm×139.5cm	345,000	广东崇正	2019-05-23
陈淳 草书自书诗 手卷	31.8cm×390.8cm	5,056,525	香港苏富比	2019-10-06
陈淳 桃村图卷 手卷	画心32cm×174cm	1,380,000	中贸圣佳	2019-11-30
陈道复 花卉 册（八开）	25.5cm×28cm×8	1,380,000	北京翰海	2019-06-14
陈祼 1626年作 白云山径 立轴	202cm×46cm	115,000	北京保利	2019-12-03
陈洪绶（款）双姝图 立轴	173cm×89cm	241,500	中国嘉德	2019-10-17
陈洪绶 白衣送酒图 立轴	92cm×47.5cm	1,437,500	北京保利	2019-12-03
陈洪绶 陈鸿寿 行书（二幅）镜片	尺寸不一	201,250	朵云轩	2019-06-22
陈洪绶 行书 五言诗 扇页	51cm×16.5cm	862,500	西泠印社	2019-07-06
陈洪绶 行书《画桃花寄寿范三》立轴	125cm×27cm	5,175,000	中国嘉德	2019-11-19
陈洪绶 行书七言诗 镜心	81cm×30cm	2,760,000	中贸圣佳	2019-06-07
陈洪绶 礼佛图 立轴	61cm×26cm	1,380,000	中鸿信	2019-07-17
陈洪绶 炼芝图 立轴	103cm×43cm	4,082,500	北京保利	2019-06-03
陈洪绶 论道图 立轴	104cm×52cm	1,584,150	华艺国际	2019-11-24
陈洪绶 人物花鸟 册页（八开）	20cm×17cm×8	1,552,500	北京荣宝	2019-06-13
陈洪绶 山水对屏 立轴二屏	27cm×24cm×2	2,012,500	华艺国际	2019-08-10
陈洪绶 松下读书图 立轴	112.5cm×47cm	4,600,000	西泠印社	2019-07-06
陈洪绶 玉兰蝶舞图 扇页	55cm×18cm	575,000	西泠印社	2019-07-06
陈焕 山行图 扇页	52cm×17cm	253,000	西泠印社	2019-07-06
陈继儒 1620年作 行书《药师功德经》册页（五十五开）	27.5cm×11cm×110	3,105,000	中国嘉德	2019-06-02
陈继儒 1634年作 行书自作诗 立轴	78cm×53cm	287,500	北京保利	2019-06-03
陈继儒 行书东坡语 扇面	18.5cm×51cm	160,539	保利香港	2019-10-06
陈继儒 行书扇面 立轴	15cm×47cm	115,000	北京荣宝	2019-04-28
陈继儒 行书题画诗 立轴	163cm×47.7cm	106,875	香港苏富比	2019-04-01
陈继儒 行书五言诗 立轴	107.5cm×27cm	207,000	中国嘉德	2019-06-04
陈继儒 梅花春色图 立轴	123cm×61cm	172,500	北京保利	2019-12-03
陈继儒 明 行草清平乐 扇面镜框	16cm×46.5cm	302,400	佳士得	2019-05-27
陈嘉言 1587年作 花间鸟语 扇面	18.4cm×53cm	111,875	佳士得	2019-11-25
陈嘉言 孙岳颁 王武 尤侗 等 清代诸家书画合卷 手卷	尺寸不一；手卷23.5cm×635cm	115,000	中国嘉德	2019-06-04
陈献章 1489年作 行草书 立轴	231cm×53.5cm	218,500	北京翰海	2019-06-14
陈献章 草书秋兴八首 手卷	29cm×488cm	172,500	广东崇正	2019-11-28
陈元辅 草书七言诗 立轴	89cm×37.5cm	121,068	保利香港	2019-04-01
陈元素 东篱秋色 镜心	15.5cm×48.5cm	138,000	北京匡时	2019-07-13
陈元素 临兰亭叙 扇面	17cm×54.5cm	195,500	中国嘉德	2019-11-19
陈元素 明 1620年作 幽兰 立轴	106.6cm×27.9cm	102,600	佳士得	2019-05-27
陈元素 明 小楷兰亭记 扇面镜框	17cm×54.5cm	118,800	佳士得	2019-05-27
陈遵 花鸟 立轴	182cm×50cm	517,500	泰和嘉成	2019-11-30
成化皇帝楷书文昌帝君阴骘文手卷	尺寸不一	345,000	中鸿信	2019-07-17
戴福 花鸟鱼藻图 立轴	174cm×102cm	1,380,000	中贸圣佳	2019-11-30
戴晋 溪山问道图 扇页	57cm×18.5cm	115,000	西泠印社	2019-07-06
戴明说 行书 五言诗 立轴	175.5cm×47.5cm	287,500	西泠印社	2019-09-21
戴明说 行书无题诗一首 镜心	142cm×50cm	241,500	北京保利	2019-12-03
戴明说 行书五言诗 立轴	148.5cm×48cm	264,500	中国嘉德	2019-11-19
戴明说 郑板桥（等九家）各体法书册（二十二开）	尺寸不一	322,000	北京翰海	2019-06-14
戴明说 竹石图 立轴	149.5cm×50.5cm	138,000	中国嘉德	2019-06-04
戴明说 竹石图 立轴	130cm×40.5cm	207,000	西泠印社	2019-07-06
担当 寒山行旅图 镜芯	14cm×45cm	195,500	中鸿信	2019-07-17
丁元公 行书 七言诗 扇页	54.5cm×17cm	333,500	西泠印社	2019-07-06
丁云鹏（款）1613年作 白云红树图 立轴	107cm×43cm	184,000	中国嘉德	2019-10-17
丁云鹏 1586年作 少陵秋兴图 手卷	画32.3cm×138.2cm	28,750,000	中国嘉德	2019-11-19
丁云鹏 1600年作 秋江论道 镜心	15cm×49cm	402,500	北京匡时	2019-07-13
丁云鹏 1606年作 关羽像 立轴	133cm×47.5cm	2,237,500	佳士得	2019-11-25
丁云鹏 1616年作 三生图 立轴	175cm×66cm	335,625	佳士得	2019-11-25
丁云鹏 松溪茶话 扇面	16cm×50cm	1,150,000	北京保利	2019-12-03
董其昌（款）草书七言诗 立轴	124cm×56cm	517,500	中国嘉德	2019-10-17
董其昌（款）行书五言诗 镜心	44cm×243cm	120,750	中国嘉德	2019-03-24
董其昌《宝鼎斋摹古》行书册 册页（十八开）	22cm×11.5cm×18	322,000	广东崇正	2019-05-22
董其昌 1607年作 山水图册 册页（八开）	33cm×22cm×8	2,875,000	南京经典	2019-07-19
董其昌 1612年作 虬松高士 立轴	147cm×76cm	1,840,000	广东崇正	2019-11-28
董其昌 1613年作 仿李成寒林图暨行书诗卷 手卷	尺寸不一	4,025,000	中国嘉德	2019-11-19
董其昌 1614年作 书画合璧卷 手卷	24cm×235cm	1,840,000	北京保利	2019-06-03
董其昌 1615年作 行书《兰亭序》手卷	25cm×118.5cm	2,990,000	北京匡时	2019-07-13
董其昌 1618年作 行书《张伯雨松下乐词》立轴	109.2cm×25cm	212,563	佳士得	2019-11-25
董其昌 1618年作 行书唐人绝句 册页（二十七开）	尺寸不一	322,000	广东崇正	2019-05-23
董其昌 1621年作 山水书法合璧卷 手卷	画芯27cm×110cm	1,725,000	中鸿信	2019-07-17
董其昌 1624年作 草书 荆门行 手卷	309.5cm×26.5cm	1,092,500	西泠印社	2019-07-06
董其昌 1624年作 行书册（三十八页）册页（十九开）	23cm×28cm×39	218,500	北京保利	2019-12-03
董其昌 1628年作 仿倪云林鹤林图 立轴	92.5cm×39.5cm	517,500	北京匡时	2019-07-13
董其昌 1631年作 行书七言诗 手卷	尺寸不一	1,207,500	北京匡时	2019-07-13
董其昌 草书 杜甫诗 立轴	207.5cm×50cm	552,000	西泠印社	2019-07-06
董其昌 草书 卷	25cm×248cm	345,000	北京翰海	2019-06-14

拍品名称	物品尺寸	成交价RMB	拍卖公司	拍卖日期
董其昌 草书“圣母帖”手卷	画心28.5cm×393cm	230,000	中鸿信	2019-07-17
董其昌 草书慧能《示智常偈》立轴	156cm×48cm	437,000	北京银座	2019-06-05
董其昌 草书扇面	16.7cm×51.5cm	105,800	中国嘉德	2019-06-03
董其昌 草书诗卷 手卷	27cm×250cm	517,500	北京保利	2019-06-03
董其昌 泛泖湖作诗 手卷	24cm×189cm	575,000	中国嘉德	2019-06-04
董其昌 仿米家山水 立轴	52.5cm×34.2cm	138,000	中鸿信	2019-07-17
董其昌 仿米山水 草书节临《自叙帖》手卷	24cm×182cm	214,284	邦瀚斯	2019-04-03
董其昌 仿云林山水 扇面	17.5cm×54cm	483,000	中国嘉德	2019-11-19
董其昌 行草七言诗 立轴	162cm×43cm	368,000	中贸圣佳	2019-06-07
董其昌 行草书临阁帖（四十八帧）册页	尺寸不一	989,000	北京匡时	2019-07-13
董其昌 行书 镜片	22cm×60.5cm	109,250	上海嘉禾	2019-09-07
董其昌 行书 立轴	150cm×54cm	552,000	上海嘉禾	2019-09-07
董其昌 行书 洛阳名园卷 手卷	257.5cm×24.5cm	805,000	西泠印社	2019-07-06
董其昌 行书 五言诗 立轴	147cm×53.5cm	172,500	西泠印社	2019-07-06
董其昌 行书 五言诗 立轴	151cm×34.5cm	207,000	西泠印社	2019-09-21
董其昌 行书《曲江春草》立轴	124cm×55.5cm	586,500	中鸿信	2019-07-16
董其昌 行书《问政山歌》册页（二十四开）	尺寸不一	805,000	广东崇正	2019-05-23
董其昌 行书《雪赋》手卷	尺寸不一	241,500	广东崇正	2019-05-23
董其昌 行书杜诗四首 手卷	尺寸不一	1,127,000	北京保利	2019-06-03
董其昌 行书高适邯郸少年行 手卷	27cm×281.6cm	1,150,000	中鸿信	2019-07-17
董其昌 行书七言诗 镜心	16.5cm×51cm	287,500	中贸圣佳	2019-06-07
董其昌 行书七言诗 立轴	141cm×33cm	230,000	中国嘉德	2019-11-19
董其昌 行书七言诗 立轴	152cm×49cm	425,500	北京保利	2019-12-03
董其昌 行书沈佺期诗 立轴	98cm×25cm	575,000	中贸圣佳	2019-11-30
董其昌 行书宋谦文词及自作诗（二十三页）册页	25.5cm×14cm×23	920,000	中国嘉德	2019-11-19
董其昌 行书唐诗卷 手卷	26cm×173cm	172,500	北京保利	2019-06-03
董其昌 行书五律诗轴 立轴	173cm×40cm	126,500	北京保利	2019-12-03
董其昌 行书五言诗 立轴	150cm×54cm	575,000	中贸圣佳	2019-06-07
董其昌 行书五言诗 立轴	149cm×49cm	345,000	中贸圣佳	2019-08-16
董其昌 行书杂录古诗 册（八开）（选六开）	30.8cm×21.7cm×8	136,050	香港苏富比	2019-10-06
董其昌 行书自作诗 立轴	140cm×38cm	253,000	中鸿信	2019-07-17
董其昌 行书自作诗数首 册页	22cm×11cm×8	138,000	中鸿信	2019-07-17
董其昌 楷书钟太傅“还示帖”立轴	156cm×48.5cm	1,092,500	中贸圣佳	2019-06-07
董其昌 论碑帖 册页	21cm×11.5cm×20	690,000	保利厦门	2019-08-04
董其昌 绿天庵诗意图 立轴	98cm×40cm	402,500	中贸圣佳	2019-08-16
董其昌 泖桥胜概 立轴	123cm×49.5cm	287,500	广东崇正	2019-11-28
董其昌 明 1590年作 行书《丹青引》、《琵琶行》册页（十九开）	21cm×8.3cm×19	172,800	佳士得	2019-05-27
董其昌 明 行书《后赤壁赋》手卷	24.8cm×545cm	1,296,000	佳士得	2019-05-27
董其昌 明 行书《临潭帖》手卷	22.5cm×388cm	1,342,500	佳士得	2019-11-25
董其昌 明 行书《天马赋》手卷	40cm×2613cm	4,047,840	佳士得	2019-05-27
董其昌 明 临晋唐名家帖 册页（十二开）	26cm×16cm×12	671,250	佳士得	2019-11-25
董其昌 明 山水 立轴	98cm×42.5cm	5,481,875	佳士得	2019-11-25
董其昌 拟黄公望《春山图》立轴	39.6cm×47.7cm	406,125	香港苏富比	2019-04-01
董其昌 年作 米氏云山图 立轴	114cm×45.5cm	230,000	中鸿信	2019-07-17
董其昌 山水 行书 镜片	15cm×45.5cm×2	230,000	广东崇正	2019-05-23
董其昌 书画合璧 册（十四开）	25cm×16.5cm×14	483,000	北京翰海	2019-06-14
董其昌 松杉茆堂图 手卷	26cm×146cm	67,850,000	北京保利	2019-06-03

拍品名称	物品尺寸	成交价RMB	拍卖公司	拍卖日期
董其昌 烟寺晚钟 立轴	147.5cm×50.5cm	310,500	北京匡时	2019-07-13
董玚 书画合璧（八开）册页	26cm×21cm×16	414,000	中贸圣佳	2019-06-07
范箴 富贵长寿图 立轴	162cm×98cm	161,000	中贸圣佳	2019-06-07
范箴 玉堂富贵图 立轴	202cm×92cm	230,000	中国嘉德	2019-03-24
方拱乾 行书七言诗 镜心	175cm×59cm	138,000	中国嘉德	2019-03-24
丰坊 草书 七言诗 扇页	52.5cm×18cm	253,000	西泠印社	2019-07-06
冯起震 清声劲节 卷	31cm×493cm	345,000	北京翰海	2019-06-14
葛珣 仿黄鹤山樵山水 手卷	32cm×718cm	920,000	北京保利	2019-12-03
葛一龙 小草七言诗 扇面镜框	17cm×55cm	648,000	佳士得	2019-05-27
葛征奇 1636年作 远山秋树 成扇	16cm×50cm	207,000	中国嘉德	2019-06-04
顾见龙（款）胡人放牧图卷 手卷	31cm×552cm	161,000	中国嘉德	2019-03-24
顾璘 明 草书七言诗 扇面镜框	19cm×52cm	324,000	佳士得	2019-05-27
关思 1625年作 绿荫清昼图 立轴	170cm×92cm	322,000	北京保利	2019-06-03
过仪 双松图 立轴	123cm×62.3cm	362,800	香港苏富比	2019-10-06
韩范 秋山吟咏图 镜心	165cm×46cm	115,000	中国嘉德	2019-03-24
韩敬 行书 七言诗 扇页	46cm×15.5cm	138,000	西泠印社	2019-07-06
何吾驺 行书录《白云洞》二首 立轴	17.5cm×52.5cm	100,890	中国嘉德	2019-03-30
何吾驺 清 行草书 立轴	163.5cm×46.3cm	145,438	佳士得	2019-11-25
洪宽 1609年作 楷书陆机《文赋》册页（六开十二页）	24cm×10cm×12	138,000	中国嘉德	2019-11-19
侯懋功 湖山独泛图 扇页	47cm×15.5cm	97,750	西泠印社	2019-07-06
候懋功 夏日山居图卷 手卷	29cm×141cm	172,500	中鸿信	2019-07-17
黄道周 1638年作 双松怪石图 立轴	79cm×40cm	437,000	中鸿信	2019-07-17
黄道周 草书高适诗十一首 手卷	28cm×342cm	5,577,500	上海匡时	2019-06-21
黄道周 草书自作诗 立轴	134cm×41cm	667,000	中鸿信	2019-07-17
黄道周砀山遇寇诗册页（十四开）	26cm×15.7cm×14	1,118,750	佳士得	2019-11-26
黄道周 楷书文信国砚铭 手卷	尺寸不一	1,725,000	北京保利	2019-06-03
黄道周 明 行草书 手卷	24.2cm×208cm	702,000	佳士得	2019-05-27
黄道周明石斋逸诗册页（十八开）	27cm×38.5cm×18	38,426,825	佳士得	2019-11-25
黄道周 史可法 等 明贤尺牍 册（三十一开）（选十六开）	尺寸不一	3,741,375	香港苏富比	2019-10-06
黄淮子 吾淮子听阮图 立轴	148.5cm×103.2cm	1,059,345	北京匡时	2019-04-02
蒋嵩 溪山渔隐 立轴	157cm×91cm	1,594,062	保利香港	2019-04-01
蒋嵩 萧山行旅图 立轴	157.5cm×95.5cm	138,000	中国嘉德	2019-11-19
解缙 草书七言诗 立轴	152.5cm×49cm	96,188	香港苏富比	2019-04-01
金陵诸家 书画集锦 册页（八开）	17cm×19cm×8	253,000	中国嘉德	2019-06-04
居节 1561年作 深山幽居图 扇面	17.5cm×54.4cm	262,314	保利香港	2019-04-01
柯士璜 1632年作 古木繁花傍芭蕉 立轴	126cm×50cm	322,000	中鸿信	2019-07-17
邝露 行草自作诗《赠云愁愁》扇面	16.7cm×50.8cm	510,188	香港苏富比	2019-10-06
昆厓 1569年作 赠汪道昆山水卷 手卷	画心36cm×173cm	782,000	北京保利	2019-06-03
来复（款）行书五言诗 立轴	131cm×32.5cm	100,890	中国嘉德	2019-03-30
蓝瑛（款）1642年作秋山红叶图 立轴	143cm×38cm	230,000	中国嘉德	2019-10-17
蓝瑛（款）1655年作 珍石册 册页（共八页）	35cm×27.5cm×8	4,163,000	西泠印社	2019-04-14
蓝瑛（款）雁荡龙湫 镜心	171cm×46cm	172,500	中国嘉德	2019-03-25
蓝瑛 1585年作 仿王右丞笔意 立轴	179.5cm×61cm	690,000	中鸿信	2019-07-17
蓝瑛 1642年作 仿黄子久山水 扇面	16.5cm×50.5cm	575,000	中国嘉德	2019-11-19
蓝瑛 1642年作 山水双册 册页	29.3cm×25.4cm×24	25,538,850	中国嘉德	2019-03-30
蓝瑛 1645年作 西溪雨霁图 手卷	22.8cm×350cm	3,425,760	佳士得	2019-05-27
蓝瑛 1653年作 雪山觅诗图 立轴	198cm×49.5cm	2,461,250	佳士得	2019-11-25
蓝瑛 1654年作 梅岩诗思 镜心	157cm×45cm	241,500	北京翰海	2019-06-14
蓝瑛 1656年作 奇石图册页（八开）	27.5cm×35.5cm×8	5,980,000	中国嘉德	2019-11-19
蓝瑛 1658年作 林峦丘壑图 立轴	175cm×66.5cm	667,000	西泠印社	2019-07-06

(成交价RMB：10万元以上)

拍品名称	物品尺寸	成交价RMB	拍卖公司	拍卖日期
蓝瑛 1658年作 杂画册 册页（六开）	23cm×15.4cm×6	552,000	北京保利	2019-06-03
蓝瑛 春涨图 立轴	193.5cm×65cm	1,282,500	香港苏富比	2019-04-01
蓝瑛 东郊烟暖图 扇面	17.5cm×54cm	575,000	中国嘉德	2019-11-19
蓝瑛 法大痴山水 立轴	156cm×40cm	517,500	荣宝斋（南京）	2019-07-21
蓝瑛 法范华源笔意 立轴	149cm×61cm	253,000	北京荣宝	2019-06-13
蓝瑛 高山知音图 立轴	141cm×37.5cm	126,500	中鸿信	2019-07-17
蓝瑛 韩敬 1633年作 山水 书法（两幅）册页立轴	32.5cm×26.5cm; 31cm×25.5cm	190,188	佳士得	2019-11-25
蓝瑛 湖西吟趣图 立轴	138cm×53.5cm	1,552,500	西泠印社	2019-09-21
蓝瑛 兰竹石册 册页（十二开）	31.8cm×24cm×12	4,600,000	中国嘉德	2019-06-02
蓝瑛 太湖石 立轴	141cm×50cm	402,500	南京经典	2019-07-19
蓝瑛 苍山幔夕晖 立轴	135.6cm×51cm	302,400	佳士得	2019-05-27
蓝瑛 溪山对话 立轴	124.5cm×45cm	216,000	佳士得	2019-05-27
蓝瑛 桃源图 立轴	174cm×50cm	2,185,000	中国嘉德	2019-06-04
蓝瑛 溪山渔隐 立轴	192cm×93cm	690,000	北京保利	2019-12-03
黎民裹 春日山居 立轴	25.3cm×51.2cm	396,813	香港苏富比	2019-10-06
李东阳 1516年作 种竹诗卷 手卷	27.5cm×1300cm	30,711,975	纽约佳士得	2019-03-19
李东阳 草书五言诗 立轴	125cm×50cm	1,840,000	北京匡时	2019-07-13
李东阳 等 行书诗 湖山小景图（二挖）镜片	25.5cm×25cm; 18.5cm×18cm	184,000	西泠印社	2019-07-06
李流芳1621年作仿江贯道山水手卷	尺寸不一	621,000	北京匡时	2019-07-13
李流芳 1628年作 仿黄公望山水 扇面	17cm×51.5cm	172,500	中国嘉德	2019-11-19
李流芳 寒林高士 镜心	17.5cm×53.5cm	287,500	中贸圣佳	2019-08-16
李流芳 寒林高士 镜心	17.5cm×53.5cm	230,000	中贸圣佳	2019-11-30
李流芳 朱国盛 等 白鹤寺九品观弥陀院等重建募疏合卷 手卷	尺寸不一	11,385,000	朵云轩	2019-06-22
李日华 1626年作 曳竹 立轴	尺寸不一	195,500	上海嘉禾	2019-09-07
李日华 竹石图 立轴	175cm×85cm	218,500	朵云轩	2019-06-22
梁孜 草书七言诗 立轴	122cm×47cm	211,869	保利香港	2019-04-01
林良 锦上添花 立轴	198cm×95.5cm	230,000	中鸿信	2019-07-17
刘伯温 地图 镜片	18cm×54cm	172,500	北京保利	2019-08-24
刘枋 老子出关图 立轴	116cm×74cm	1,897,500	荣宝斋（桂林）	2019-08-18
刘俊 文徵明 山水人物 手卷	26cm×20cm×16	126,500	北京保利	2019-04-30
刘理顺 行书 五言诗 扇页	47.5cm×17cm	161,000	西泠印社	2019-07-06
刘原起 1616年作 访友图 扇页	51cm×17.5cm	287,500	西泠印社	2019-07-06
卢赞 行书严羽诗 扇面	尺寸不一	230,000	中国嘉德	2019-11-19
陆深 行书江东诗卷并秋兴八首后人题跋合卷 镜心	尺寸不一	4,830,000	朵云轩	2019-06-22
陆应阳 行书七言诗 镜框	141cm×64cm	402,500	上海嘉禾	2019-09-07
陆治（款）墨花杂卷 手卷	画25cm×601cm	460,000	中国嘉德	2019-06-04
陆治 1531年作 归樵图 扇面	18cm×54cm	747,500	中国嘉德	2019-06-04
陆治 嘉靖1561年作 百花图卷 手卷	画心27.5cm×243.5cm	115,000	中鸿信	2019-07-16
陆治 落日空谷 立轴		1,510,425	纽约苏富比	2019-03-22
陆治 翠壁亭阁 成扇	16cm×46cm	335,625	佳士得	2019-11-25
陆治 山水 册页（八开）	27.5cm×26.2cm×8	184,608	纽约佳士得	2019-03-19
吕纪（传）明 梅柳聚禽图 立轴	185cm×99cm	895,000	佳士得	2019-11-25
吕纪（款）1527年作 芦塘飞禽图 立轴	160cm×87cm	172,500	中鸿信	2019-07-17
吕纪（款）荷塘白鹭 镜心	145cm×99cm	149,500	中国嘉德	2019-06-25
吕纪（款）五伦图 立轴	191cm×100cm	172,500	中国嘉德	2019-10-17
吕纪（款）竹林珍禽图 立轴	167cm×97cm	172,500	中国嘉德	2019-10-17
吕纪 花鸟 立轴	67cm×143cm	345,000	北京荣宝	2019-06-13
吕纪 松鹤图 立轴	177cm×101.5cm	1,782,500	中贸圣佳	2019-06-07

拍品名称	物品尺寸	成交价RMB	拍卖公司	拍卖日期
马守真 兰竹石 立轴	92.8cm×21.7cm	160,313	香港苏富比	2019-04-01
马守真 竹石图 立轴	92.5cm×37.5cm	109,250	中鸿信	2019-07-17
马湘兰 幽兰竹石图 扇页	48.5cm×15.5cm	109,250	西泠印社	2019-07-06
米万钟 草书〈题邢子愿画木石图〉立轴	147cm×46.5cm	278,268	保利香港	2019-10-06
米万钟 三友图 扇面	16cm×46cm	128,431	保利香港	2019-10-06
明宣德御笔 桃梨竞艳 立轴	95cm×29.5cm	97,750	上海嘉禾	2019-09-07
缪辅 水藻游鱼图 立轴	156.5cm×92.5cm	805,000	西泠印社	2019-07-06
莫如忠 行书寿徐方壶诗（十五页）册页（八开）	33.5cm×48cm×8	149,500	北京保利	2019-12-03
莫是龙 草书录阮籍《咏怀》四首卷 手卷	尺寸不一	897,000	中鸿信	2019-07-17
莫是龙 草书自作诗 立轴	132cm×25.5cm	138,000	中国嘉德	2019-06-04
莫是龙 明 草书 扇面立轴	18cm×53cm	156,625	佳士得	2019-11-25
倪元璐 1632年作 松石图 立轴	141cm×57.5cm	920,000	中国嘉德	2019-11-19
倪元璐 草书节录《文心雕龙》立轴	112.5cm×35cm	2,932,500	北京匡时	2019-07-13
倪元璐 草书祝寿诗 册页（三开）	尺寸不一	920,000	华艺国际	2019-08-10
倪元璐 黄道周 兰花 草书合卷 手卷	尺寸不一	2,070,000	中贸圣佳	2019-06-07
倪元璐 明 溪山静幽 扇面镜片	15.5cm×50.5cm	223,750	佳士得	2019-11-25
倪元璐 书法（三帧）镜心	27.5cm×21cm×3	345,000	中国嘉德	2019-11-19
倪元璐 赠肯仲有感诗轴 立轴	158cm×52cm	7,360,000	保利厦门	2019-08-04
倪岳 行书纪游联句卷 手卷	尺寸不一	1,380,000	中贸圣佳	2019-11-30
聂大年 文徵明 文彭 申时行 邢侗 钱允治 陈继儒 手迹卷 手卷	尺寸不一	920,000	广东崇正	2019-05-23
祁守端 1467年作 梅石图 镜心	149cm×39cm	345,000	北京保利	2019-06-03
钱榖 1557年作 钟馗移家图 手卷	尺寸不一	5,060,000	西泠印社	2019-07-06
钱榖 文徵明 等（款）扇面山水 扇面（四开）	尺寸不一	107,706	香港苏富比	2019-10-06
钱谦益 1643年作 草书七律十三首 手卷	尺寸不一	1,782,500	北京匡时	2019-07-13
钱谦益 草书自作七律十三首 手卷		839,125	纽约苏富比	2019-03-22
钱谦益 行书崔颢"少年行"扇面	18cm×54.5cm	100,890	保利香港	2019-04-01
钱仁夫 虞山献秀图 手卷	尺寸不一	2,300,000	北京保利	2019-12-03
乔一琦 草书 立轴	127cm×29cm	977,500	朵云轩	2019-06-22
仇英（传）汉宫春晓图卷 手卷	29.5cm×361cm	253,000	中鸿信	2019-07-17
仇英（款）春日游园图 立轴	97cm×47cm	168,000	上海联合	2019-12-01
仇英（款）高士图 立轴	119.5cm×66.5cm	230,000	中贸圣佳	2019-11-30
仇英（款）归舟图 扇面	17cm×55.5cm	160,539	中国嘉德	2019-10-08
仇英（款）明文姬归汉图卷手卷	41.5cm×306cm	111,875	佳士得	2019-11-25
仇英（款）青绿山水卷 手卷	尺寸不一	322,000	西泠印社	2019-09-21
仇英（款）清明上河图 手卷	33.4cm×832.3cm	320,625	香港苏富比	2019-04-01
仇英（款）清明上河图 手卷	画心28.5cm×598cm	287,500	中鸿信	2019-07-17
仇英（款）桃源仙境图卷 手卷	32cm×490cm	126,500	中国嘉德	2019-10-17
仇英（款）溪山无尽图 手卷	38.8cm×263.5cm	615,313	佳士得	2019-11-25
仇英（款）雅集图 卷	30.5cm×471cm	218,500	北京翰海	2019-06-14
仇英 春游晚归图 立轴	161cm×85cm	1,058,000	北京翰海	2019-03-29
仇英 仕女 立轴	148.5cm×68cm	460,000	北京保利	2019-04-30
仇英 仕女 手卷	画29cm×292cm	138,000	北京保利	2019-04-30
仇英 仕女赏梅图 镜心	17cm×51cm	120,750	中贸圣佳	2019-08-16
仇英 松下高士 扇面	14cm×43cm	1,702,000	中鸿信	2019-07-17
仇英 桃源图 手卷	31cm×457cm	161,000	泰和嘉成	2019-11-30
仇英 文彭 凤城仙阙图 扇页	56.5cm×18cm	3,450,000	西泠印社	2019-07-06
仇英 璇玑图 手卷	画心29cm×372.5cm	230,000	中鸿信	2019-07-17
仇英 游春图 卷	30cm×136cm	126,500	北京翰海	2019-06-14
仇珠 进爵献禄图 手卷	画心30cm×215cm	230,000	中鸿信	2019-07-17

拍品名称	物品尺寸	成交价RMB	拍卖公司	拍卖日期
瞿然恭 等 草书诗·溪山嘉树图 立轴（一轴双挖）	67cm×44cm×2	109,250	西泠印社	2019-04-14
商喜（款）紫府仙山图 立轴	101.5cm×52cm	103,500	上海嘉禾	2019-09-07
邵宝 书法 立轴	120cm×59cm	97,750	北京翰海	2019-03-29
邵弥（款）楚山纪游图 卷	34cm×573cm	115,000	北京翰海	2019-06-14
邵弥 1638年作 泛舟图 扇面	17.5cm×49cm	115,000	中鸿信	2019-07-17
沈贞 1856年作 盆兰图 镜片	109.5cm×61cm	230,000	西泠印社	2019-07-06
沈贞 溪岸骏马 立轴	129cm×62.5cm	131,157	保利香港	2019-04-01
沈周（款）疏林静坐图 镜心	188cm×98cm	402,500	中国嘉德	2019-10-17
沈周 1472年作 松柏图 立轴	188cm×88cm	97,750	北京翰海	2019-03-29
沈周 1475年作 湾东草堂图 立轴	153cm×63cm	16,100,000	中国嘉德	2019-06-02
沈周 1486年作 为朱性甫画设色山水长卷 手卷	35cm×1263cm; 35cm×131cm	11,925,875	佳士得	2019-11-25
沈周 1489年作 芦塘鸭禽 扇面	17cm×57cm	1,150,000	中鸿信	2019-07-17
沈周 1492年作 高士泛舟图 扇页	55.5cm×19cm	920,000	西泠印社	2019-07-06
沈周 1496年作 游大石云泉庵行书诗册 册页	尺寸不一	1,288,000	北京银座	2019-06-05
沈周 仿黄公望山水卷 手卷	30cm×221cm	230,000	中鸿信	2019-07-16
沈周 行书自作《落花诗》十三首 手卷		20,273,260	纽约苏富比	2019-03-22
沈周 临泉高逸图 立轴	85cm×27cm	276,000	中鸿信	2019-07-17
沈周 明 江程泛舟图 立轴	79cm×21cm	5,481,875	佳士得	2019-11-25
沈周 明 柳湖图 立轴	114cm×39.5cm	1,944,000	佳士得	2019-05-27
沈周 明 书法 扇面镜框	17.8cm×50.2cm	129,600	佳士得	2019-05-27
沈周 秋林晚眺图 立轴	36cm×35cm	437,000	西泠印社	2019-07-06
沈周 诗意图 镜心	189cm×98cm	575,000	北京翰海	2019-03-29
沈周 有竹庄中秋赏月图并书长歌诗卷 手卷	画心 34cm×126cm34cm	6,325,000	中贸圣佳	2019-11-30
沈周 朱草秋深 镜芯	151cm×72cm	4,025,000	中鸿信	2019-07-17
沈周 竹溪烹茶图卷 手卷	画芯29.5cm×133cm	112,700	中鸿信	2019-07-17
盛茂烨 1632年作 山水 手卷	20cm×178cm	469,875	佳士得	2019-11-25
盛茂烨 雪景山水 立轴	152.5cm×67cm	575,000	保利厦门	2019-08-04
史忠 方夜读书图卷 手卷	画心28.5cm×25cm	356,500	中贸圣佳	2019-06-07
宋曹 草书八屏 立轴	185.5cm×46.5cm×8	4,370,000	保利厦门	2019-08-04
宋曹 草书临帖轴 立轴	200cm×104cm	1,035,000	北京保利	2019-12-03
宋克（款）小楷 镜心	26cm×15cm	126,500	中国嘉德	2019-06-25
宋懋晋 1612年作 帝城烟雨图卷 手卷	画33.5cm×270cm	575,000	中国嘉德	2019-11-19
宋旭 红衣达摩 立轴	121cm×32cm	322,000	北京保利	2019-08-24
宋旭 湖山行旅 扇面	15cm×46cm	345,000	中国嘉德	2019-11-19
宋旭 天目垂虹图 镜片	111cm×38cm	1,322,500	西泠印社	2019-07-06
眭明永 节录"秋兴八首"书卷 手卷	尺寸不一	2,702,500	中贸圣佳	2019-06-07
孙杕 1636年作 湖石芍药图 立轴	131.5cm×44cm	379,500	中国嘉德	2019-11-19
孙杕 陈洪绶 缪沅 明 行书诗歌三首 扇面镜框	16cm×52.5cm	820,800	佳士得	2019-05-27
孙克弘 1583年作 百花图卷（共七帧）镜片	尺寸不一	552,000	西泠印社	2019-07-06
孙克弘 活色生香 手卷	尺寸不一	115,000	泰和嘉成	2019-11-30
孙克弘 水图 册页（十开）	25cm×33cm×10	9,200,000	北京保利	2019-06-03
孙克弘 松泉叠韵 立轴	75.5cm×26.5cm	1,437,500	北京翰海	2019-06-14
孙枝 辋川图 手卷	尺寸不一	2,875,000	上海明轩	2019-04-28
唐寅（款）草堂读书图 立轴	85cm×28cm	253,000	中国嘉德	2019-10-17
唐寅（款）草堂喜雨图 立轴	125cm×53cm	218,500	中国嘉德	2019-03-24
唐寅（款）衰柳栖鸦图 镜心	62cm×31cm	368,000	中国嘉德	2019-06-25
唐寅 1508年作 阳山积雪图 立轴	72cm×34cm	2,875,000	西泠印社	2019-07-06
唐寅 泛舟图 扇面	18cm×55cm	345,000	中鸿信	2019-07-17

拍品名称	物品尺寸	成交价RMB	拍卖公司	拍卖日期
唐寅 芙蓉 镜框	34.3cm×60cm	1,175,625	香港苏富比	2019-04-01
唐寅 锦幕海棠 扇面	18cm×52cm	2,300,000	中鸿信	2019-07-17
唐寅 明 洞庭秋帆 立轴	25.2cm×43.5cm	559,375	佳士得	2019-11-25
唐寅 七言绝句十五首 手卷	画心27.7cm×122.6cm	11,155,000	上海明轩	2019-04-28
唐寅 山林幽居图 镜芯	36.5cm×31cm	345,000	中鸿信	2019-07-17
同科进士 崇祯4年 行书祝寿册 镜芯	33cm×34.5cm×8	402,500	中鸿信	2019-07-17
王宠 1526年作 行草书 扇面	19cm×50.2cm	111,875	佳士得	2019-11-25
王宠 1527年作 章草书《游包山集》卷	31cm×546cm	368,000	北京翰海	2019-06-14
王宠 草书 五言诗 镜片	68.5cm×31cm	287,500	西泠印社	2019-07-06
王宠 楷书 自作诗六首 扇页	57cm×19.5cm	1,150,000	西泠印社	2019-07-06
王铎（传）1651年作 云间消夏 镜框	64.5cm×31cm	402,780	纽约佳士得	2019-03-21
王铎 1610年作 草书临《阁帖》立轴	160.5cm×49cm	1,035,000	广东崇正	2019-05-23
王铎 1632年作 草书诗卷 手卷	28.5cm×288cm	2,386,680	保利香港	2019-10-06
王铎 1633年作 草书《十五日帖》立轴	155cm×47.5cm	1,035,000	广东崇正	2019-05-23
王铎 1641年作 行书《米芾跋欧阳询〈度尚帖〉》立轴	244cm×47.5cm	5,980,000	中国嘉德	2019-11-19
王铎 1643年作 行书临王献之二帖 立轴	253cm×50.5cm	2,507,000	北京匡时	2019-07-13
王铎 1646年作 行书《如何一首》立轴	190.5cm×50.5cm	345,000	广东崇正	2019-05-23
王铎 1647年作 行书 五言诗 立轴	188.5cm×52cm	5,520,000	西泠印社	2019-07-06
王铎 1647年作 行书节临虞世南法帖 立轴	160cm×50cm	3,220,000	中国嘉德	2019-06-02
王铎 1647年作 行书五言诗 立轴	236cm×51cm	5,750,000	北京保利	2019-06-03
王铎 1649年作 行书自作诗 立轴	267.5cm×53.5cm	184,000	中鸿信	2019-07-17
王铎 1650年作 行书 与友人言志一则 立轴	176cm×53cm	1,897,500	西泠印社	2019-07-06
王铎 1650年作 行书临法书帖 手卷	尺寸不一	690,000	中国嘉德	2019-11-19
王铎 1650年作 墨笔山水 扇面	15cm×48.6cm	172,500	中国嘉德	2019-11-19
王铎 1651年作 行书五律诗 立轴	156cm×53cm	1,380,000	广东崇正	2019-11-28
王铎 兵部尚书豫石吕公墓志铭 册页（十五开）	28cm×19.5cm×15	4,025,000	北京荣宝	2019-06-13
王铎 草书 立轴	176.5cm×47cm	172,500	中鸿信	2019-07-17
王铎 草书临古帖 镜芯	19.5cm×60cm	97,750	中鸿信	2019-07-17
王铎 行书 立轴	251cm×66.5cm	1,725,000	荣宝斋（桂林）	2019-08-18
王铎 行书 柳条诗 立轴	174cm×48cm	4,600,000	西泠印社	2019-07-06
王铎 行书 五言诗 立轴	286cm×47.5cm	517,500	西泠印社	2019-07-06
王铎 行书〈求书帖〉立轴	104cm×26cm	815,616	华艺国际	2019-05-27
王铎 行书节录沈佺期诗 立轴	236cm×51cm	374,063	香港苏富比	2019-04-01
王铎 行书临《兰惹帖》立轴	167.5cm×52cm	920,000	北京匡时	2019-07-13
王铎 行书临虞世南帖 立轴	255cm×49cm	920,000	北京匡时	2019-07-13
王铎 行书五言律诗 立轴	198.5cm×51.5cm	3,220,000	广东崇正	2019-05-23
王铎 行书五言诗 立轴	228.5cm×81cm	299,250	香港苏富比	2019-04-01
王铎 行书五言诗 立轴	276cm×50cm	5,060,000	中贸圣佳	2019-06-07
王铎 行书五言诗 立轴	171.5cm×50.7cm	739,270	华艺国际	2019-11-24
王铎 1643年作 临张芝冠军帖 立轴	238cm×52.4cm	4,047,840	佳士得	2019-05-27
王铎 1647年作 草书 立轴	135.5cm×31cm	864,000	佳士得	2019-05-27
王铎 七言歌行一首 镜心	33cm×24cm	166,750	北京荣宝	2019-06-13
王铎 草书 立轴	124cm×29cm	559,375	佳士得	2019-11-25
王绂 1409年作 霜柯野筱图 立轴	88cm×26.5cm	5,520,000	西泠印社	2019-07-06
王绂 1410年作 秋树鼓琴图 立轴	画57cm×30cm	3,450,000	北京保利	2019-12-03

(成交价RMB：10万元以上)

拍品名称	物品尺寸	成交价RMB	拍卖公司	拍卖日期
王绂 至正15年（1355年作 慧山隐居图 立轴	83.5cm×34.5cm	172,500	中鸿信	2019-07-17
王穀祥 1555年作 梅雀图 立轴	85cm×31cm	126,500	中国嘉德	2019-06-25
王穀祥 杂花图卷 手卷	画心 27.5cm×106cm	368,000	中贸圣佳	2019-06-07
王衡 行书 五言诗 扇页	47cm×14.5cm	149,500	西泠印社	2019-07-06
王建章 1627年作 墨竹图 立轴	124cm×32cm	221,958	保利香港	2019-04-01
王醴 松鹤延年 立轴	195cm×59cm	253,000	荣宝斋（南京）	2019-07-21
王綦 1623年作 双色牡丹 立轴	画64cm×49.5cm	920,000	中国嘉德	2019-06-04
王守 明 草书 扇面镜框	18.5cm×55.5cm	345,600	佳士得	2019-05-27
王思任 行草岑参七言诗 立轴	152cm×44cm	230,000	中贸圣佳	2019-11-30
王问（款）农桑四条屏 镜心	165cm×51cm×4	161,000	中国嘉德	2019-10-17
王阳明 1502年作草书七言绝句立轴	111cm×30cm	322,000	中鸿信	2019-07-17
王穉登 明 行书 扇面	17.5cm×51.5cm	145,438	佳士得	2019-11-25
王穉登 文震孟 明 七言诗五首 扇面镜片	15cm×44cm	134,250	佳士得	2019-11-25
王祖枝 行书满庭芳词 横批	24cm×85cm	115,000	北京保利	2019-12-03
魏之克 1646年作 故园春梦 镜心	33cm×38cm×2	276,000	南京经典	2019-07-19
魏之克 崇祯1630年作 溪山卧游册 册页	23.5cm×15.5cm×12	230,000	中鸿信	2019-07-17
魏之克 山水手卷 手卷	32cm×308cm	4,485,000	中贸圣佳	2019-06-07
文伯仁 1566年作 江山胜游图卷 手卷	尺寸不一	5,980,000	北京荣宝	2019-06-13
文伯仁 1567年作 溪山奇观图 立轴	137cm×26.5cm	138,000	西泠印社	2019-09-21
文伯仁 江山无尽图 手卷	画芯21cm×125cm	322,000	中鸿信	2019-07-17
文伯仁 山水 立轴	134cm×40cm	115,000	荣宝斋（桂林）	2019-08-18
文伯仁 万壑松风图 立轴	163cm×92cm	172,500	保利厦门	2019-01-06
文伯仁 溪桥访友图 扇页	50cm×17cm	460,000	西泠印社	2019-07-06
文伯仁长江万里图手卷	画芯 46.5cm×1312.5cm	310,500	中鸿信	2019-07-17
文伯仁 竹楼图 立轴	57cm×26.5cm	782,000	北京匡时	2019-07-13
文假 花鸟写生卷 手卷	画心 32cm×156cm	172,500	中贸圣佳	2019-06-07
文从简 陈继儒 陈元素 等 明贤书画册（二十二开）册页	40cm×29cm×22	1,667,500	中贸圣佳	2019-06-07
文从简 陈尚古 等 1618年作 书画对题册 册页（六开十二页）	43cm×30cm×12	1,380,000	北京保利	2019-06-03
文嘉 1528年作 溪船燕乐图 手卷	20cm×122cm	2,300,000	北京保利	2019-06-03
文嘉 1580年作 江南春图 手卷	画28cm×119cm	3,335,000	中国嘉德	2019-06-02
文嘉 春江垂钓 扇面	19cm×55cm	690,000	中国嘉德	2019-11-19
文嘉仿赵孟頫兰竹石册册页（十开）	27.5cm×31cm×10	805,000	中贸圣佳	2019-11-30
文嘉 行书七言诗 扇片	19cm×51cm	155,250	中国嘉德	2019-06-04
文嘉 秋江孤棹 扇面	16.3cm×49.5cm	598,000	中国嘉德	2019-06-04
文嘉 天际归帆图 立轴	108cm×30cm	517,500	北京保利	2019-06-03
文嘉 竹院闲话 镜心	17.2cm×55.5cm	207,000	北京匡时	2019-07-13
文彭 草书 扇片	15cm×45cm	149,500	朵云轩	2019-06-22
文彭 枫溪揽秋 立轴	60cm×26.5cm	294,775	香港苏富比	2019-10-06
文徵明（款）1552年作 行书陋室铭 镜心	27cm×44cm	112,700	中国嘉德	2019-03-25
文徵明（款）行书杏花诗 立轴	170.5cm×48cm	492,320	中国嘉德	2019-10-08
文徵明（款）秋芳三径 卷	22cm×228cm	299,000	北京翰海	2019-06-14
文徵明 1513年作 游吴氏东庄图 立轴	72cm×34.5cm	3,277,500	北京荣宝	2019-12-01
文徵明 1524年作 燕山客舍图 立轴	47.5cm×32cm	690,000	上海嘉禾	2019-09-07
文徵明 1540年作 松溪清话图 立轴	125.5cm×31.5cm	4,485,000	北京翰海	2019-06-14
文徵明 1544年作 空山寒涧图 立轴	62.9cm×36.3cm	2,160,000	佳士得	2019-05-27
文徵明 1553年作 行书七言诗卷 手卷	46cm×900cm	71,908,560	佳士得	2019-05-27
文徵明 1554年作 师说书画合璧 手卷	画心24cm×107cm	11,960,000	上海工美	2019-06-09
文徵明 1557年作 松寿图 立轴	107cm×44cm	1,012,000	中国嘉德	2019-06-25
文徵明 1558年作 行书《道德经》册页（三十八开）	28cm×33.5cm×38	8,625,000	中国嘉德	2019-06-02
文徵明 1559年作 行书《己未元旦》立轴	154cm×36cm	671,250	佳士得	2019-11-25
文徵明 柏石图 扇面	17.5cm×50cm	138,000	中国嘉德	2019-11-19
文徵明 草书 七言诗 立轴	176cm×63.5cm	8,740,000	西泠印社	2019-07-06
文徵明 草书 七言诗 立轴	121.5cm×33cm	862,500	西泠印社	2019-07-06
文徵明 草书"千字文"册 册页	31cm×16cm×14	706,230	保利香港	2019-04-01
文徵明 草书七言诗 镜心	143cm×66cm	1,092,500	保利厦门	2019-08-04
文徵明 东瓶别墅图 手卷	画心31.5cm×129.5cm	1,725,000	北京保利	2019-12-03
文徵明 姑苏十景图 册页	30cm×26.5cm×16	6,900,000	中鸿信	2019-07-17
文徵明 行书 立轴	130cm×61cm	2,875,000	朵云轩	2019-06-22
文徵明 行书《奉天殿早朝其二》立轴	344.2cm×94.4cm	587,813	香港苏富比	2019-04-01
文徵明 行书《千字文》手卷	尺寸不一	218,500	中鸿信	2019-07-17
文徵明 行书赤壁赋卷 手卷	23.5cm×280cm	1,725,000	中贸圣佳	2019-06-07
文徵明 行书江南春 镜心	18cm×55cm	690,000	北京荣宝	2019-06-13
文徵明 行书七言诗 镜心	16.5cm×51.5cm	121,068	中国嘉德	2019-03-30
文徵明 行书七言诗 立轴	178cm×88.5cm	517,500	中鸿信	2019-07-16
文徵明 行书七言诗 立轴	157cm×75cm	460,000	中国嘉德	2019-11-19
文徵明 行书秋兴诗卷 手卷	尺寸不一	4,542,500	北京保利	2019-12-03
文徵明 行书自作诗《新年》扇面	18cm×56cm	322,000	北京保利	2019-12-03
文徵明衡山墨妙册页（五开十页）	34.5cm×20cm×10	2,012,500	北京保利	2019-12-03
文徵明 江亭归舟 扇面	19cm×52cm	920,000	中鸿信	2019-07-17
文徵明 楷书自作诗三首 扇面 镜框	18cm×49.7cm	641,250	香港苏富比	2019-04-01
文徵明 兰竹图 手卷	30cm×207cm	172,500	北京翰海	2019-03-29
文徵明 梅竹双清图 镜心	19.5cm×55cm	345,000	北京保利	2019-06-03
文徵明 明 行草《九日与彦明登雨花台》立轴	30.5cm×30.5cm	469,875	佳士得	2019-11-25
文徵明 明 行书《醉翁亭记》册页（十八开）	24cm×11.3cm×18	756,000	佳士得	2019-05-27
文徵明 谢时臣 归去来兮辞并柴桑清隐图卷 手卷	尺寸不一	641,250	香港苏富比	2019-04-01
文徵明 雪溪行旅 镜芯	45.2cm×31.2cm	138,000	中鸿信	2019-07-17
文徵明 岩瀑山居图 立轴	137cm×54cm	3,680,000	西泠印社	2019-07-06
文徵明 云峦萧寺 镜芯	45.2cm×31.2cm	138,000	中鸿信	2019-07-17
文徵明 正德1505年作 楷书《落花诗》手卷	22cm×162cm	920,000	中国嘉德	2019-06-04
文徵明行书册 册页（十四开）	29cm×13cm×14	448,500	广东崇正	2019-05-22
无款明1424年作 勅书一致金问手卷	33.3cm×52.5cm	237,600	佳士得	2019-05-27
无款 明 泛舟 立轴	124.5cm×53cm	345,600	佳士得	2019-05-27
无款 明 梅花图 立轴	116.5cm×59cm	134,250	佳士得	2019-11-25
无款 明 羲之换鹅 手卷镜框	26cm×77cm	318,868	纽约佳士得	2019-03-21
无款 明 竹间鸟语	22.2cm×21.8cm	111,875	佳士得	2019-11-25
无款 明中晚期 罗汉图 立轴	97cm×90.5cm	218,150	伦敦佳士得	2019-11-05
吴彬 墨龙 手卷	26cm×202cm	207,000	北京保利	2019-08-24
吴彬 秋溪垂钓 立轴	176.4cm×55.2cm	1,247,125	香港苏富比	2019-10-06
吴彬 曲水流觞图 扇页	51.5cm×16.5cm	3,335,000	西泠印社	2019-07-06
吴彬 五百罗汉图 手卷	30cm×638cm	230,000	北京保利	2019-04-30
吴宽 陈鎏 陈继儒 钱谦益 冒襄 刘墉（款）（款）行书诗文六开扇面		822,343	纽约苏富比	2019-03-23

拍品名称	物品尺寸	成交价RMB	拍卖公司	拍卖日期
吴谦 江溥 等明早期十一家 古肥张氏族谱序跋（五十二页）册页	33cm×26cm×52	207,000	西泠印社	2019-07-06
吴伟（传）松荫垂钓 立轴	71cm×44cm	100,890	保利香港	2019-04-01
吴镇（款）1345年作 四友图卷 手卷	35cm×477cm	1,610,000	中国嘉德	2019-06-25
吴镇（款）墨竹谱 手卷	31cm×622cm	105,800	中国嘉德	2019-03-24
吴镇（款）墨竹图 立轴连盒	36cm×59cm	224,000	上海联合	2019-12-01
吴镇（款）竹石图卷 手卷	画心33cm×543cm	230,000	北京保利	2019-06-03
吴镇 1337年作 秋江归钓图 立轴	110cm×27cm	7,475,000	西泠印社	2019-07-06
吴镇 1343年作 墨竹图 立轴	36cm×53cm	690,000	北京保利	2019-06-03
吴镇 1344年作 松风飞泉 立轴	72cm×30cm	9,775,000	中鸿信	2019-07-17
吴镇 古松泉石 立轴	87cm×86cm	950,938	佳士得	2019-11-18
吴徵 盛弘昌 等 1635年作 仿古山水册 册页	29.5cm×21cm×10	423,738	保利香港	2019-04-01
夏昶 1441年作 竹泉春雨卷 手卷	画心40cm×1240cm	28,750,000	北京保利	2019-06-03
项元汴 1579年作 花鸟人物小品 册页（十开）	13.2cm×22.4cm×10	287,500	中国嘉德	2019-06-04
项元汴 竹菊图 立轴	96.5cm×23cm	44,275,000	北京保利	2019-12-03
萧云从（款）黄山奇境图卷 手卷	26cm×218cm	184,000	中国嘉德	2019-06-25
萧云从 1646年作 深山幽居图 扇页	52cm×16cm	483,000	西泠印社	2019-07-06
萧云从 1650年作 山水册页（十开）	18cm×22cm×10	322,000	华艺国际	2019-08-10
萧云从 古木寒峰图 立轴	144cm×55cm	1,150,000	中贸圣佳	2019-06-07
萧云从 山水手卷 手卷	35cm×228cm	1,725,000	中贸圣佳	2019-06-07
谢成 1653年作 山庄春晓 立轴	185cm×49cm	184,000	中国嘉德	2019-10-17
谢时臣 草堂云树图 立轴	143cm×90cm	218,500	北京翰海	2019-10-12
谢时臣 江楼邀鹤 立轴	137cm×63.5cm	1,380,000	中贸圣佳	2019-06-07
谢时臣 秋景山水图 扇轴	49.5cm×17cm	402,500	西泠印社	2019-07-06
邢侗 行书岑参诗 扇面	17.5cm×50cm	115,000	中国嘉德	2019-11-19
邢侗 明 草书—临羲之十七帖 扇面镜框	16cm×48.5cm	626,400	佳士得	2019-05-27
徐贲 溪亭客话图 立轴	画心49cm×23.2cm	2,300,000	北京保利	2019-12-03
徐贲 闲居茅斋图 立轴	117cm×39cm	230,000	广东崇正	2019-11-28
徐弘基 1633年作 书法 立轴	171cm×54cm	264,500	南京经典	2019-07-19
徐霖 行书七言诗 立轴	297cm×65cm	184,000	中国嘉德	2019-06-04
徐渭 行书《寿沈参议南湖》立轴	182cm×45cm	230,000	北京保利	2019-12-03
徐渭 行书七言诗 立轴	182cm×45cm	552,000	北京保利	2019-06-03
徐渭 行书七言诗 立轴	203cm×66cm	4,600,000	北京保利	2019-06-03
徐渭 花卉十六种三绝卷 手卷	29.5cm×870cm	3,335,000	上海嘉禾	2019-09-07
徐渭 菊石图 镜芯	81cm×46cm	2,300,000	中鸿信	2019-07-17
徐渭 洛阳春色 立轴	138cm×36cm	5,060,000	中贸圣佳	2019-06-07
徐渭 明 兰竹水仙 立轴	79.6cm×32.6cm	469,875	佳士得	2019-11-25
徐渭 墨梅 立轴	107cm×36cm	172,500	北京翰海	2019-10-12
徐渭 墨牡丹 立轴	57cm×30.7cm	517,500	中鸿信	2019-07-17
徐渭 玉簪花 镜心	19.5cm×36cm	575,000	中国嘉德	2019-11-19
许初 1560年作 行书《如梦令》词 立轴	168.5cm×82cm	246,125	佳士得	2019-11-25
许光祚 草书《述怀》诗 立轴	203cm×56.5cm	138,000	中国嘉德	2019-06-04
宣德帝 宣德7年（1432年作 御笔花鸟 立轴	113cm×43cm	161,000	中鸿信	2019-07-17
杨大临 英雄得爵 立轴	183cm×86cm	368,000	中鸿信	2019-07-17
杨鼎瑞 草书七言诗 立轴	181cm×36cm	149,836	保利香港	2019-10-06
杨慎 释担当 等 行书诗卷 手卷	尺寸不一	2,992,500	香港苏富比	2019-04-01
姚广孝 1398年作 行书 东郭草堂诗（二帧）镜片	31cm×26.5cm×2	149,500	西泠印社	2019-07-06
姚绶（款）百子图 手卷	29cm×310cm	97,750	中贸圣佳	2019-08-16
姚绶 1472年作 行草书卷 手卷	32.5cm×822cm	31,702,320	佳士得	2019-05-27

拍品名称	物品尺寸	成交价RMB	拍卖公司	拍卖日期
姚绶 牡丹蝶蛱图 立轴	77cm×26.5cm	2,817,500	北京保利	2019-12-03
一休宗纯 草书 诸恶莫作众善奉行 立轴	194.5cm×29cm	460,000	西泠印社	2019-07-06
佚名 1499年作 弘治十二年三月二十七日诰命 卷	30cm×149cm	276,000	北京翰海	2019-06-14
佚名 1640年作 五菩萨像 镜心	137cm×74cm	101,200	中国嘉德	2019-03-24
佚名 八大菩萨 镜片	114cm×74cm×2	805,000	保利厦门	2019-01-06
佚名 明 彩绘菩萨群像壁画	50.8cm×32.4cm	293,694	纽约佳士得	2019-03-22
佚名 明 彩绘人物壁画	144.8cm×99cm	419,563	纽约佳士得	2019-03-22
佚名 明 一品文官常服像 镜框	156cm×104.5cm	428,034	邦瀚斯	2019-04-03
佚名 明代中早期（正统-成化年间）罗汉众像 立轴	176cm×93cm	1,725,000	中贸圣佳	2019-06-07
佚名 明早期 山水（四幅）镜片	尺寸不一	179,200	上海联合	2019-12-01
佚名明代 宫廷 磁青描金绘画 韦陀护法童子册页 镜心	18.7cm×10cm×3	138,000	北京荣宝	2019-06-13
殷自成 1607年作 翎羽花卉图 手卷	画26.5cm×575cm	667,000	中国嘉德	2019-06-04
隐元 悦山 等 黄檗僧人书法集萃 手卷	33cm×1457.5cm	100,890	中国嘉德	2019-03-30
隐元隆琦 1671年作 行书 立轴	29.5cm×59.5cm	167,813	佳士得	2019-11-25
尤求 松下高士 镜心	17cm×52cm	402,500	中贸圣佳	2019-06-07
尤求 仙奕图 手卷	尺寸不一	4,140,000	北京匡时	2019-07-13
俞铎 草书七言诗 立轴	206.5cm×49cm	460,000	中贸圣佳	2019-08-16
袁弘勋 1657年作 草书 七律二首 立轴	153.5cm×49.5cm	207,000	西泠印社	2019-07-06
恽向 1639年作 仿倪黄山水 立轴	135cm×53.5cm	943,000	中国嘉德	2019-11-19
詹仲和 行楷陶潜《归去来兮》词 立轴	28.5cm×48cm	277,875	香港苏富比	2019-04-01
张弼 草书《风入松》二首 手卷	20cm×366cm	4,140,000	北京匡时	2019-07-13
张弼 李东阳 等 守南安送行诗卷 手卷	18.8cm×971.8cm	23,747,625	香港苏富比	2019-04-01
张翀 西园雅集图 立轴	199cm×103cm	149,500	荣宝斋（桂林）	2019-08-18
张凤仪 百雁朝阳 镜心	217cm×99cm	690,000	北京保利	2019-08-24
张凤仪 秋雁图 镜心	217cm×98cm	345,000	北京荣宝	2019-04-28
张凤翼 李士达 陆士仁 葛应典 虎溪三笑图 书法 成扇	53cm×17.5cm	184,000	西泠印社	2019-07-06
张宏 1627年作 秋林野兴图 手卷	画心186cm×35.5cm	897,000	西泠印社	2019-07-06
张宏 1639年作 松鹤长春 立轴	129.5cm×55cm	256,862	保利香港	2019-10-06
张宏 1640年作 落日归航 扇面	16.5cm×53cm	111,875	佳士得	2019-11-25
张宏 牧归图 镜心	16cm×52cm	103,500	中贸圣佳	2019-11-30
张宏 秋风萧瑟 扇面	17cm×54.6cm	374,063	香港苏富比	2019-04-01
张宏 秋山隐居图 立轴	176cm×43cm	230,000	北京保利	2019-06-03
张翚 山水 立轴	232.5cm×67cm	184,000	荣宝斋（桂林）	2019-08-18
张龙章 骏马图 立轴	58.1cm×29.3cm	476,175	香港苏富比	2019-10-06
张路 行书节录杜甫句 立轴	125.5cm×62.5cm	213,750	香港苏富比	2019-04-01
张路 寿仙长松图 立轴	148cm×73cm	1,322,500	北京保利	2019-12-03
张鹏翮 行书宋人诗 立轴	181cm×50cm	115,000	中国嘉德	2019-11-19
张溥 行书 节录小窗幽记 立轴	124.5cm×51.5cm	690,000	西泠印社	2019-07-06
张瑞图 1624年作 行书 鹤林玉露一则 立轴	116cm×50cm	552,000	西泠印社	2019-07-06
张瑞图 1630年作 草书《后赤壁赋》手卷	29cm×600cm	1,840,000	北京匡时	2019-07-13
张瑞图 草书 山居秋暝诗 立轴	184cm×48cm	805,000	西泠印社	2019-07-06
张瑞图 草书陈子昂“春日登金华观”立轴	186cm×44cm	2,012,500	中贸圣佳	2019-11-30

拍品名称	物品尺寸	成交价RMB	拍卖公司	拍卖日期
张瑞图草书杜甫“骢马行”卷手卷	25.5cm×282.5cm	2,127,500	中贸圣佳	2019-11-30
张瑞图 草书杜甫《重过何氏五首》之一 立轴	168cm×56.5cm	575,000	保利厦门	2019-08-04
张瑞图 草书孟浩然诗 立轴	202.5cm×44cm	264,500	中国嘉德	2019-11-19
张瑞图 行书“游弦诗”卷 手卷	27.5cm×595cm	3,335,000	中贸圣佳	2019-06-07
张瑞图 行书偈语 立轴	125cm×29.5cm	151,335	中国嘉德	2019-03-30
张瑞图 行书六言联 立轴	152cm×30cm×2	920,000	中贸圣佳	2019-06-07
张瑞图 行书七言诗 扇面	17cm×54cm	598,000	北京保利	2019-06-03
张瑞图 行书五言律诗 立轴	351cm×89cm	14,950,000	中国嘉德	2019-11-19
张瑞图 行书五言诗 立轴	205cm×49cm	2,875,000	中贸圣佳	2019-06-07
张瑞图 秋山寒木图 立轴	136.5cm×39cm	1,265,000	西泠印社	2019-07-06
张适 1369年作 楷书《菖蒲歌》镜框	25.5cm×19cm	126,500	上海嘉禾	2019-09-07
赵伯驹（传）千里江山图卷 手卷	39cm×327cm	195,500	中鸿信	2019-07-17
赵伯驹（款）龙池竞标图 手卷	31cm×435cm	103,500	中国嘉德	2019-03-24
赵伯驹 桃源读书图 立轴	134cm×50.5cm	97,750	中鸿信	2019-07-17
赵文俶 花蝶图 卷	23.5cm×260cm	184,000	北京翰海	2019-06-14
赵左 1620年作 梅花书屋 立轴	120cm×36cm	138,000	上海工美	2019-11-10
赵左 杜甫诗意图 立轴	画心31cm×25.5cm	109,250	北京匡时	2019-07-13
赵左 秋山图 扇面	18.5cm×54.5cm	322,000	中国嘉德	2019-11-19
郑约 湖山独钓图 手卷	画心107cm×23cm	345,000	西泠印社	2019-07-06
郑重（款）水月观音 立轴	215cm×215cm	483,000	北京保利	2019-12-03
周臣 密树茅屋会友图 扇面	18cm×51cm	920,000	华艺国际	2019-08-10
周臣 溪桥曳杖图 扇面	19cm×52cm	2,587,500	北京保利	2019-06-03
周鲲 1733年作 虞麓读书图并题咏卷 手卷	尺寸不一	667,000	西泠印社	2019-07-06
周铭 为周亮工作诗卷 手卷	尺寸不一	552,000	中国嘉德	2019-11-19
周顺昌 草书轴 立轴	250cm×55cm	552,000	保利厦门	2019-01-06
周天球 草书《题王师升太史园》·镜心	18cm×56cm	230,000	北京匡时	2019-07-13
周天球 墨兰 立轴	111.5cm×32.3cm	272,100	香港苏富比	2019-10-06
周天球 应铨 等 扇面书法 扇面（六开）	尺寸不一	124,713	香港苏富比	2019-10-06
周之冕 1600年作 鸟语花香卷 手卷	画心28.5cm×125cm	2,300,000	北京保利	2019-06-03
周之冕 花卉草虫 立轴	16cm×48cm	161,000	北京匡时	2019-07-13
周之冕 蕉荫哺雏图 立轴	123.5cm×60cm	368,000	华艺国际	2019-08-10
周之冕 梅雀图 镜心	17cm×51cm	126,500	中贸圣佳	2019-08-16
周之冕 四季花卉卷 手卷	尺寸不一	253,000	北京保利	2019-06-03
周之冕 桃柳飞燕图 手卷	画心 271.5cm×28cm	828,000	西泠印社	2019-07-06
朱德润 1361年作 夜游赤壁图 镜片	画心 50.5cm×41.5cm	805,000	西泠印社	2019-07-06
朱芾甘 张大千 张善孖 等 1932年作 山村逸趣图 手卷	画心 264cm×34cm	460,000	西泠印社	2019-07-07
朱继祚 行书《西宫春苑》立轴	167cm×47.5cm	368,000	中贸圣佳	2019-08-16
祝允明（传）明 行草书法 手卷	27cm×335.5cm	134,250	佳士得	2019-11-25
祝允明（款）草书《孝顺歌》手卷	31.7cm×512.2cm	102,038	香港苏富比	2019-10-06
祝允明 草书七言诗 镜心	16cm×52cm	517,500	中贸圣佳	2019-06-07
祝允明 草书秋兴诗八首 手卷	尺寸不一	575,000	中鸿信	2019-07-17
祝允明 明 草书《谒张文献公祠》立轴	142cm×65cm	447,500	佳士得	2019-11-25
祝允明 书法 扇面	18cm×50cm	115,000	北京翰海	2019-03-29
祝允明 文徵明 弘治十年（1497年作）、嘉靖十二年（1533年作）诗稿·《拙政园》记 手卷	尺寸不一	5,520,000	中国嘉德	2019-11-19
祝枝山 行书诗文 手卷	30cm×150.5cm	529,000	保利厦门	2019-08-04
祝枝山 书法 手卷	尺寸不一	207,000	北京保利	2019-08-24

拍品名称	物品尺寸	成交价RMB	拍卖公司	拍卖日期
清代作者				
爱新觉罗 载龄 临各家书法 手卷	23.5cm×1445cm	287,500	泰和嘉成	2019-11-30
爱新觉罗·恒锦 2019年作 荷花小鸟 镜心	68cm×68cm	138,000	北京保利	2019-12-02
爱新觉罗·毓峘 丹竹图 镜心	62cm×30cm	138,000	北京保利	2019-12-02
八大山人（款）行书“文墨阁”镜芯	34.5cm×94cm	143,750	中鸿信	2019-07-17
八大山人（款）鸟石图 立轴	121cm×48cm	230,000	北京荣宝	2019-04-28
八大山人（款）松树 立轴	170cm×77cm	414,000	中贸圣佳	2019-11-30
八大山人 1696年作 宋之问诗 册页（二十二开）	31.1cm×19.5cm×22	26,028,000	佳士得	2019-05-27
八大山人 1699年作 书《临河集序》（三幅）册页	24cm×13cm×3	26,961,875	佳士得	2019-11-25
八大山人 芙蓉芦雁 立轴	199cm×56cm	14,513,625	香港苏富比	2019-04-01
八大山人 行书录徐文长题赞 镜心	52cm×150cm	713,000	中国嘉德	2019-11-19
八大山人 行书题画诗 立轴	21cm×73cm	2,530,000	中贸圣佳	2019-11-30
八大山人 荷鹭图 立轴	106cm×34.3cm	5,292,000	佳士得	2019-05-27
八大山人 蕨瓜图 立轴	25cm×39.7cm	8,865,925	香港苏富比	2019-10-06
八大山人 枯木兰竹小鸟 立轴	画心 143.5cm×37.5cm	6,095,000	北京匡时	2019-07-13
八大山人 兰竹巨石灵鸟图 立轴	画心143cm×37cm	5,750,000	北京保利	2019-12-03
八大山人 猫石鱼乐图 立轴	122cm×42cm	322,000	上海嘉禾	2019-09-07
八大山人 墨荷图 立轴	117cm×61.5cm	1,092,500	中鸿信	2019-07-17
八大山人 鸟石图 镜框	22cm×28.75cm	1,244,775	纽约佳士得	2019-09-10
八大山人 溥儒 独鸟图 立轴	尺寸不一	2,070,000	北京保利	2019-12-03
八大山人 群鹿图 立轴	75cm×122cm	41,400,000	上海明轩	2019-04-28
八大山人 山水图 立轴	158cm×45cm	33,173,280	佳士得	2019-05-27
八大山人 石榴双鸟 立轴	97.5cm×37.5cm	559,375	佳士得	2019-11-25
八大山人 鱼乐图 扇面	19cm×54cm	874,000	中鸿信	2019-07-17
八大山人 柱石图 立轴	162cm×48cm	9,200,000	中国嘉德	2019-06-02
包栋 忽然见喜图 立轴	159cm×84cm	115,000	上海嘉禾	2019-09-07
包世臣 1846年作 草书临《破羌帖》立轴	182.5cm×94.5cm	230,000	中国嘉德	2019-06-04
包世臣 草书七言联 立轴	170cm×40cm×2	103,500	北京匡时	2019-07-13
包世臣 临颜真卿《争座位帖》镜心	206cm×112cm	241,500	中贸圣佳	2019-11-30
鲍俊 行书十三言联 对联	362cm×43.8cm×2	215,413	香港苏富比	2019-10-06
毕涵 仿名家山水 册页（八开）	23cm×27.5cm×8	132,250	北京荣宝	2019-12-01
毕沅 清 行书 册页（五开）	32cm×63cm×5	335,625	佳士得	2019-11-25
边寿民 1729年作 年年顺遂 立轴	43.4cm×29cm	151,200	佳士得	2019-05-27
边寿民 1735年作 秋香 立轴	60cm×58cm	322,000	上海工美	2019-11-10
边寿民 富贵平安图 立轴	110cm×40cm	178,250	北京保利	2019-12-03
边寿民 行书 立轴	28cm×38cm	103,500	上海工美	2019-06-09
边寿民 芦苇白雁图 立轴	126cm×70cm	149,836	保利香港	2019-10-06
边寿民 芦苇双雁图 立轴	67cm×182cm	138,000	中贸圣佳	2019-06-07
边寿民 芦雁 立轴	178.5cm×46.5cm	241,500	北京荣宝	2019-06-13
边寿民 芦雁图 立轴	89cm×40cm	230,000	西泠印社	2019-04-14
边寿民 杂画册 册（十二开）（选六开）	11.8cm×16.7cm×12	226,750	香港苏富比	2019-10-06
布颜图 1734年作 山口捕鱼图 立轴	143.5cm×88.5cm	103,500	西泠印社	2019-07-06
蔡赓飏 潘世恩 范母李孺人七秩荣寿十屏 立轴	239cm×44.5cm×10	345,000	广东崇正	2019-11-28
蔡嘉 1718年作 岩居幽邃图 扇面	19.2cm×53.5cm	138,000	中国嘉德	2019-06-04
蔡嘉 1725年作 水村图 立轴	135cm×57cm	1,322,500	北京匡时	2019-07-13
蔡嘉 钟馗 立轴	122cm×38.5cm	126,500	中国嘉德	2019-11-19
曹夔音 行旅图 立轴	165.5cm×60.5cm	184,000	中国嘉德	2019-11-19

拍品名称	物品尺寸	成交价RMB	拍卖公司	拍卖日期
曹锡宝 1777年作 行书（节选）册页（十二开）	17cm×11.5cm×12	207,000	朵云轩	2019-06-22
曹湛 写意花卉册 册页	画 23.5cm×28.5cm×12	105,935	保利香港	2019-04-01
柴田是真 蜀道难	51cm×38cm	1,846,075	纽约佳士得	2019-03-20
柴田是真 钟馗捉鬼图	109cm×37cm	151,043	纽约佳士得	2019-03-21
陈宝琛 1924年作 静远斋 镜框	57.5cm×128cm	342,000	香港苏富比	2019-04-02
陈宝琛 1928年作 独立守岁寒 立轴	69cm×31cm	195,500	北京诚轩	2019-06-01
陈宝琛 1928年作 楷书八言联 立轴	167.5cm×37cm×2	103,500	北京匡时	2019-07-13
陈宝琛 1932年作 行书自作词 镜片	144cm×26cm	97,750	西泠印社	2019-07-07
陈宝琛 行书七律 立轴	132cm×32.5cm	160,313	香港苏富比	2019-04-02
陈宝琛 楷书"藏真书屋"镜心	29.5cm×109cm	575,000	北京匡时	2019-07-13
陈宝琛 楷书《大唐王居士砖塔铭》册页	33cm×32cm×12	155,250	北京保利	2019-11-20
陈宝琛 楷书七言联 对联	130cm×20cm×2	161,000	中国嘉德	2019-10-15
陈宝琛 楷书七言联 立轴	130cm×20cm×2	138,000	广东崇正	2019-05-23
陈宝琛 松石图 镜心	100cm×35cm	103,500	中贸圣佳	2019-11-30
陈馥 1786年作 花果册册页（八开）	28.5cm×34cm×8	345,000	中国嘉德	2019-06-04
陈鸿寿 1812年作 杂花册 册页（十二开）	19.5cm×31.5cm×12	1,667,500	中国嘉德	2019-06-04
陈鸿寿 1816年作 隶书八言 对联	232cm×37.5cm×2	345,000	朵云轩	2019-06-22
陈鸿寿 仿白阳山人笔 镜心	22.5cm×26.5cm	110,979	保利香港	2019-04-01
陈鸿寿 行书 五言诗 扇页	50cm×17cm	109,250	西泠印社	2019-07-06
陈鸿寿 行书七言联 立轴	119cm×27cm×2	103,500	北京匡时	2019-07-13
陈鸿寿 行书五言联 立轴	114.5cm×23.5cm×2	138,000	中贸圣佳	2019-06-07
陈鸿寿 隶书八言联 立轴	306cm×64cm×2	149,500	荣宝斋（南京）	2019-07-21
陈鸿寿 隶书六言联（一对）镜框	104.5cm×18.8cm×2	170,063	香港苏富比	2019-10-06
陈鸿寿 书法对联（两幅）立轴	176.2cm×32.1cm×2	117,478	纽约佳士得	2019-03-19
陈鸿寿 吴锡麒 屠倬 赵怀玉 等 为觉梅先生题诗画册 册页（十六开）	35cm×47cm×16	356,500	中国嘉德	2019-06-04
陈鸿寿 新唐书 立轴	145cm×42cm	161,000	中国嘉德	2019-06-03
陈继昌 行书 立轴	158cm×46cm×2	241,500	荣宝斋（桂林）	2019-08-18
陈名夏 1652年作 草书《爱莲说》横披	25.2cm×91cm	115,000	中国嘉德	2019-06-04
陈世超 行书七言诗 立轴	115cm×46cm	214,052	保利香港	2019-10-06
陈栻 仿古山水册 册页（十二开二十四页）	33.5cm×8cm×12	126,500	北京保利	2019-06-03
陈书 花鸟册 册页（十开）	24cm×30.5cm×10	3,737,500	中国嘉德	2019-06-04
陈书 画梅册 册页（十开）	31cm×21cm×10	1,207,500	北京保利	2019-06-03
陈奕禧 1694年作 行书 五言诗 立轴	275cm×98cm	1,035,000	西泠印社	2019-07-06
陈奕禧 1707年作 行书七言诗 立轴	126cm×47.5cm	353,186	保利香港	2019-10-06
陈奕禧 行草元·贡师泰诗 立轴	162cm×49cm	402,500	北京保利	2019-06-03
陈奕禧 行书诗册 册页	41cm×30cm×24	292,581	保利香港	2019-04-01
陈奕禧 节临前贤帖并跋 手卷	29cm×388cm	212,750	北京匡时	2019-07-13
陈奕禧 书画合璧册（十开）册页	24.5cm×35cm×10	276,000	中贸圣佳	2019-06-07
陈兆凤 岁朝清供 镜心	222cm×157cm	598,000	中国嘉德	2019-03-24
陈撰 1743年作 花卉册册页（八开）	23cm×34cm×8	1,380,000	北京保利	2019-06-03
陈撰 盆梅图 立轴	126cm×51.5cm	460,000	北京保利	2019-06-03
陈卓 游湖赏梅图 立轴	188cm×101cm	97,750	中国嘉德	2019-03-24
陈梓 吴嗣广 张朝晋 郑世元 等 康雍学者 为许焞书传记故事册（四十二页）册页	31cm×21.5cm×42	161,000	西泠印社	2019-07-06
成亲王 1788年作 楷书《归去来辞》立轴	169.5cm×30.5cm×4	345,000	广东崇正	2019-11-28
成亲王 1801年作 涵青精舍 手卷	尺寸不一	667,000	华艺国际	2019-08-10
成亲王 楷书 归去来辞 四屏	135.5cm×32.5cm×4	460,000	西泠印社	2019-07-06
成亲王 楷书褚人获《赋新月》立轴	98cm×47cm	115,000	北京荣宝	2019-12-01
成亲王 楷书慎靖郡王诗卷 手卷	31cm×1289cm	632,500	中鸿信	2019-07-17
成亲王 临晋宋名贤卷 手卷	本幅27cm×321cm	575,000	中贸圣佳	2019-11-30
成亲王 名胜卧游 镜心	36cm×136cm	109,250	北京荣宝	2019-04-28
成亲王永瑆 1796年作 行书《秋雨三首》册 册页（六开）	27.5cm×14cm×6	138,000	广东崇正	2019-05-22
成亲王永瑆 楷书节录渔隐丛话 册页（七页）	31.5cm×27.5cm×7	115,000	西泠印社	2019-04-14
程荃 篆书十一言联 镜心	169cm×40cm×2	126,500	北京翰海	2019-06-14
程嗣立 乾隆1740年作 辋川诗意图 立轴	90cm×35.5cm	97,750	中国嘉德	2019-11-19
程庭鹭 1853年作 山水册 册页（十四开）	15.3cm×24.2cm×14	313,250	佳士得	2019-11-25
程正揆 1671年作 幽溪泛舟图 立轴	103cm×75cm	333,500	北京保利	2019-12-03
程正揆 溪山草阁图 立轴	120cm×50cm	115,000	北京保利	2019-06-03
池维则 1845年作 十六应真图 立轴	153cm×84cm	172,500	广东崇正	2019-05-23
慈禧 富贵长春 立轴	123cm×62cm	126,500	中鸿信	2019-07-17
慈禧 行书"云霞竞远"镜心	53cm×142cm	207,000	中国嘉德	2019-11-19
慈禧陆润庠 花卉楷书七言诗 成扇	18.2cm×51cm	158,415	华艺国际	2019-11-24
慈禧 寿桃 立轴	131cm×63.5cm	920,000	华艺国际	2019-08-10
慈禧 益寿延龄 立轴	画心130cm×62cm	1,023,500	中贸圣佳	2019-06-07
慈禧皇太后 1900年作 福寿图 立轴	127cm×58.5cm	230,000	西泠印社	2019-07-06
慈禧太后 1888年作 红梅 立轴	125cm×57.5cm	770,500	上海明轩	2019-04-28
达受 严保庸 三清图 立轴	94cm×35cm	141,246	中国嘉德	2019-03-30
笪重光（款）1686年作 草书 任华草书歌卷 手卷	画心 364cm×29.5cm	368,000	西泠印社	2019-09-21
笪重光 行书录李白《早发白帝城》立轴	165cm×40.5cm	103,500	中鸿信	2019-07-17
笪重光 行书应制诗 立轴	173cm×47cm	736,000	北京保利	2019-12-03
戴本孝 1680年作 溪山高隐图 立轴	180cm×45cm	230,000	北京保利	2019-12-03
戴本孝 草亭疏林 立轴	94cm×28cm	172,500	广东崇正	2019-11-28
戴苍 看竹图 手卷	31cm×340cm	414,000	广东小雅斋	2019-03-27
戴大有 1672年作 山水 立轴	234.5cm×47.5cm	290,875	佳士得	2019-11-25
戴礼 1756年作 岁寒三友 立轴	185cm×100cm	207,000	北京保利	2019-06-03
戴衢亨 隶书 镜片	107cm×58cm	97,750	朵云轩	2019-06-22
戴熙 1837年作 仿王蒙山水 立轴	62cm×38cm	230,000	南京经典	2019-07-19
戴熙 1840年作 听松庐图 立轴	138.5cm×45.5cm	184,000	西泠印社	2019-07-06
戴熙 1848年作 秋壑鸣泉图 立轴	91cm×31.5cm	218,500	中国嘉德	2019-11-19
戴熙 1853年作 秋窗读易图 立轴	132cm×44.5cm	632,500	北京荣宝	2019-12-01
戴熙 1855年作 老柳鸣禽图 立轴	51cm×30cm	138,000	西泠印社	2019-07-06
戴熙 1855年作 书画册册页（八开）	21.5cm×15cm×16	4,600,000	中国嘉德	2019-06-02
戴熙 1858年作 云山悬瀑 立轴	91cm×31cm	138,000	北京翰海	2019-06-14
戴熙 行书八言联 立轴	167.5cm×25.5cm×2	109,250	华艺国际	2019-08-10
戴熙 山水 册页（八开）	25cm×28cm×8	103,500	华艺国际	2019-08-10
戴熙 山水册 册页	24cm×26cm×8	322,000	北京荣宝	2019-12-01
戴熙 松泉幽居图 立轴	109cm×41cm	103,500	北京保利	2019-06-03
戴熙 西湖采莼图 手卷	画心15cm×66cm	494,500	中贸圣佳	2019-06-07
戴熙 西望翠微山 立轴	66cm×39cm	149,500	中鸿信	2019-07-16
戴熙 溪山书屋 立轴	68.2cm×35cm	170,063	香港苏富比	2019-10-06
戴熙 溪山图 立轴	66cm×21cm	112,700	中国嘉德	2019-06-04
道光 御笔"福寿"立轴	178cm×96cm	184,000	北京匡时	2019-07-13
道光御笔"人镇国寺衙门作"横批	89cm×186.5cm	1,207,500	中贸圣佳	2019-11-30
邓石如 1793年作 行书牡丹诗 立轴	88cm×38.5cm	920,000	中国嘉德	2019-06-04

2019书画拍卖成交汇总

(成交价RMB：10万元以上)

拍品名称	物品尺寸	成交价RMB	拍卖公司	拍卖日期
邓石如 1802年作 隶书 手卷	33cm×420cm	138,000	北京翰海	2019-10-12
邓石如 1803年作 隶书“梦幻泡影”镜心	84.7cm×44.2cm	1,380,000	中国嘉德	2019-06-02
邓石如 庚戌（1790年作 行书八条屏 立轴	122.5cm×46cm×8	1,012,000	中鸿信	2019-07-17
丁观鹏 1742年作 饮中八仙图卷 手卷	画心36.5cm×307.5cm	126,500	中鸿信	2019-07-16
董邦达（款）万壑松风卷 手卷	28cm×247cm	195,500	中国嘉德	2019-06-25
董邦达 1736年作 云溪林舍图 立轴	画心28cm×26.5cm	172,500	西泠印社	2019-07-06
董邦达 1754年作 仿王蒙夏山高隐图 立轴	183cm×67cm	1,344,000	上海联合	2019-12-01
董邦达 康熙南巡图 册页（二十二开四十四页）	9cm×7cm×22	1,150,000	北京保利	2019-12-03
董邦达 林泉幽居图 立轴	106cm×86cm	276,000	西泠印社	2019-07-06
董邦达 秋山草堂图 立轴	128cm×70.5cm	3,843,225	香港苏富比	2019-04-01
董邦达 山水人物 立轴	214cm×53cm	97,750	北京保利	2019-04-30
董诰 1775年作 金陵十景图册 册页（十开）	28.7cm×39.5cm×10	74,983,100	华艺国际	2019-11-24
董诰 行书论画一则 立轴	125cm×57cm	160,539	保利香港	2019-10-06
董诰 钱塘十二景 册页（十二开）	23cm×15.3cm×12	138,000	中国嘉德	2019-11-19
董诰 万有同春 册页（十开）	20cm×26cm×10	58,075,000	北京保利	2019-12-03
董诰 王杰 等 1796年作 乾隆六十一年内翰春帖子词草稿册页（八开）	尺寸不一	736,000	北京匡时	2019-07-13
董诰 雪溪行旅图 立轴	132cm×58.5cm	132,250	中鸿信	2019-07-17
法若真 草书《李侗传》立轴	214cm×72cm	1,552,500	北京匡时	2019-07-13
法若真 草书诗句 立轴	182cm×40cm	312,759	保利香港	2019-04-01
法若真 行书 五律二首 立轴	160cm×47cm	920,000	西泠印社	2019-07-06
樊圻 观山图 立轴	65.5cm×32cm	161,000	中贸圣佳	2019-08-16
樊圻 山亭瀑布 镜心	16cm×46cm	115,000	中贸圣佳	2019-06-07
樊云门 行书轴	131cm×30cm	115,000	中国嘉德	2019-06-03
范廷镇 青芥新笋（两件）镜框	21cm×29cm×2	184,000	朵云轩	2019-06-22
方琮 仿王蒙山水 立轴	154cm×57cm	1,380,000	北京保利	2019-06-03
方辅 1783年作 行书 立轴	163cm×90cm	138,000	上海嘉禾	2019-09-07
方观承 1749年作 行书 谒孝女祠诗 立轴	154cm×77cm	184,000	西泠印社	2019-07-06
方士庶《进呈折扇样本》山水册 册页（二十四开）	8cm×19cm×24	402,500	广东崇正	2019-05-22
方士庶 1746年作 雪山款鹤图 立轴	90cm×38cm	218,500	北京保利	2019-06-03
方士庶 层峦积雪 立轴	68cm×38cm	161,000	上海工美	2019-11-10
方士庶 仿王原祁山水 立轴	68cm×44cm	105,800	北京保利	2019-06-03
方士庶 归帆图 立轴	68.5cm×44.5cm	184,000	中国嘉德	2019-11-19
方士庶 山堂读书图 扇页	49cm×17cm	115,000	西泠印社	2019-07-06
方薰 山静居墨妙册（共十五页）册页	尺寸不一（册页尺寸19.5cm×12cm）	115,000	西泠印社	2019-07-06
方贞观 行书七言诗 立轴	154cm×69cm	267,565	保利香港	2019-10-06
费丹旭 1834年作 梅窗观弈图 手卷	画43.5cm×169cm	287,500	中国嘉德	2019-06-04
费丹旭 1834年作 韬光蜡屐图 手卷	331.5cm×45.5cm	9,348,275	佳士得	2019-11-25
费丹旭 1846年作 文昌帝君图 立轴	60cm×38cm	97,750	中国嘉德	2019-03-24
费丹旭 清 白描画稿百美图 手卷	31cm×769.3cm	246,125	佳士得	2019-11-25
费丹旭 文鼎 等 杂画册 册页（十四开）	尺寸不一	272,100	香港苏富比	2019-10-07
费隐通容 草书 立轴	108.5cm×23cm	138,000	上海嘉禾	2019-09-07
冯宁 平安骊图 立轴	161cm×107cm	8,050,000	保利厦门	2019-01-06
冯宁 烟云宝塔图 立轴	130cm×62cm	172,500	中贸圣佳	2019-06-07
傅山（款）草书 立轴	149cm×46cm	839,500	中国嘉德	2019-03-25
傅山 草书 立轴	193.5cm×48.5cm	552,000	朵云轩	2019-06-22
傅山 草书“小游仙诗”立轴	194cm×44cm	1,955,000	中贸圣佳	2019-11-30
傅山 草书杜甫《南邻》立轴	29cm×67cm	345,000	北京匡时	2019-07-13
傅山 行书五言诗 镜心	31.5cm×46cm	575,000	中国嘉德	2019-11-19
傅山 行书五言诗 立轴	203cm×45.5cm	2,745,860	华艺国际	2019-11-24
傅山 临王羲之“冬中帖”立轴	224cm×83.5cm	5,750,000	中贸圣佳	2019-11-30
傅山 十一言联 立轴	210cm×27cm×2	460,000	北京保利	2019-08-24
傅山 书法 立轴	184cm×48cm	195,500	荣宝斋（桂林）	2019-08-18
傅山 已刊及未刊诗稿册（共十八页）册页	24.5cm×19.5cm×12；24.5cm×20cm×6	5,520,000	西泠印社	2019-07-06
傅山 篆书 五言联 对联	125cm×30cm×2	149,500	西泠印社	2019-07-06
改琦 墨兰图册 册页（十六开）	46cm×33cm×16	322,000	北京保利	2019-12-03
改琦 仕女四屏 立轴	128cm×32cm×4	115,000	北京保利	2019-08-24
改琦 四季花卉册（八开）册页	27cm×33cm×8	460,000	中贸圣佳	2019-06-07
改琦 文章四友图 立轴	130cm×53cm	920,000	中贸圣佳	2019-11-30
改琦 瑶池献寿 立轴	164cm×41cm	95,846	保利香港	2019-04-01
高岑 王武 卞文瑜 张宏 等 十家山水册 册页（十开）	22.5cm×16cm×10	632,500	中国嘉德	2019-11-19
高凤翰 1721年作 早年行书 自作诗卷 手卷	89cm×25.5cm	184,000	西泠印社	2019-07-06
高凤翰 1741年作 梅香傲骨 立轴	94.2cm×45cm	216,000	佳士得	2019-05-27
高凤翰 1743年作 杏林图 手卷	28cm×44.5cm；28cm×195cm	3,333,875	佳士得	2019-11-25
高凤翰 1761年作 梅花卷 手卷	17cm×113cm；17cm×104cm	713,000	北京保利	2019-06-03
高凤翰 荷花 立轴	61cm×28.5cm	460,000	中国嘉德	2019-06-04
高凤翰 康熙1722年作 红莲图 立轴	画163cm×95cm	828,000	中国嘉德	2019-11-19
高凤翰 匡继武 山水合册 签条 册页（十开）	23cm×27cm×10	586,500	中贸圣佳	2019-08-16
高凤翰 奇石图 扇轴	50.5cm×16.5cm	178,250	西泠印社	2019-07-06
高凤翰 乾隆1747年作 梅竹双清 镜芯	147cm×44.5cm	126,500	中鸿信	2019-07-16
高凤翰 寿石牡丹图 镜心	102cm×45cm	299,000	中贸圣佳	2019-06-07
高简 1691年作 松严隐居 立轴	78cm×48cm	287,500	朵云轩	2019-06-22
高简 1699年作 为张景蔚作探梅图卷 手卷	268cm×31cm	690,000	西泠印社	2019-07-06
高简 游春图 镜心	91cm×75cm	109,250	北京保利	2019-04-30
高塏 1826年作 楷书 滕王阁序（二十六页）册页	30.5cm×16.5cm×26	115,000	西泠印社	2019-07-06
高其佩 1702年作 山峦迭翠 立轴	346cm×133cm	216,000	佳士得	2019-05-27
高其佩 1704年作 指画<鹰斗图>立轴	130cm×81cm	123,080	保利香港	2019-10-06
高其佩 古松石涧图 立轴	149.5cm×62cm	97,750	西泠印社	2019-07-06
高其佩 山涧猛虎 立轴	166.5cm×38cm	138,000	北京匡时	2019-07-13
高其佩 桐阴读书图 立轴	画172.6cm×50.5cm	345,000	中国嘉德	2019-11-19
高其佩 游鱼图 立轴	56cm×46cm	4,462,560	佳士得	2019-05-27
高其佩 钟馗图 立轴	114.5cm×58cm	1,092,500	上海明轩	2019-04-28
高士奇 节临颜真卿《送刘太冲序帖》立轴	165cm×46cm	575,000	北京保利	2019-06-03
龚贤 行书评画 镜心	26.5cm×102cm	1,035,000	上海明轩	2019-04-28
龚贤 行书七言诗 镜心	24cm×13cm×2	345,000	中贸圣佳	2019-06-07
龚贤 行书五言诗 扇面	16.5cm×52.5cm	437,000	中国嘉德	2019-06-04
龚贤 康熙1689年作 培芝图 立轴	183.5cm×55cm	9,200,000	中国嘉德	2019-11-19
龚贤 深树草堂图 立轴	尺寸不一	7,935,000	中国嘉德	2019-11-19
龚贤 思隐图 立轴	150cm×47cm	2,415,000	北京保利	2019-06-03
龚贤 松风琴韵 立轴	52cm×28.5cm	2,300,000	华艺国际	2019-08-10
顾鹤庆 1809年作 仿沈周山水卷 手卷	38cm×289cm	138,000	中国嘉德	2019-06-04

拍品名称	物品尺寸	成交价RMB	拍卖公司	拍卖日期
顾麟士 1896年作 仿麓台山水 立轴	82.3cm×51.2cm	299,250	香港苏富比	2019-04-02
顾洛 冬猎图 手卷	画心30cm×164cm	172,500	北京荣宝	2019-06-13
顾洛 峨边夺险图卷 手卷	画42cm×308cm	3,507,500	中鸿信	2019-07-17
顾谭 楷书七言诗 立轴	220cm×48cm	287,500	北京保利	2019-12-03
顾文渊 竹谱册 册页（八开）	27cm×34.5cm×8	368,000	中国嘉德	2019-11-19
顾炎武 劳澄 马昂 等 书画合璧扇扇页	53.5cm×18.5cm	322,000	西泠印社	2019-07-06
顾炎武 萧萧古意图 立轴	209cm×40cm	2,875,000	广东崇正	2019-11-28
顾澐 山水（八帧八页）册页	29.5cm×21.5cm×8	138,000	西泠印社	2019-07-06
管希宁 吴中山庄图 手卷	画42cm×308cm	1,437,500	中国嘉德	2019-06-04
光绪（款）楷书“泽志钦承”镜心	51cm×127cm	126,500	中国嘉德	2019-10-17
光绪帝 慈禧 1890年作 长松仙客图 立轴	129.5cm×64cm	126,500	中鸿信	2019-07-17
桂馥 1759年作 隶书节录《两都赋序》立轴	135cm×63.8cm	103,500	中国嘉德	2019-11-19
桂馥 隶书十二言联 立轴	79cm×24cm×2	138,000	北京保利	2019-06-03
桂馥 隶书四言联 立轴	88cm×29.3cm×2	115,000	中国嘉德	2019-06-04
郭麐 行书 频伽诗翰卷 手卷	画心74cm×29.5cm	115,000	西泠印社	2019-07-06
郭尚先 1817年作 临九成宫醴泉铭 册页（二十四开）	25.5cm×32.8cm×24	126,500	中国嘉德	2019-11-19
郭尚先 1825年作 楷书册 册页（八开选四）	26.5cm×17cm×8	109,250	朵云轩	2019-06-22
郭尚先 草书 四条屏	168cm×41cm×4	97,750	中国嘉德	2019-03-25
郭尚先 行书《米南宫舍人墓志》文 立轴	180cm×46cm×4	184,000	上海匡时	2019-06-21
郭尚先 行书七言联 立轴	156cm×30.5cm×2	115,000	北京银座	2019-06-05
郭尚先 行书书论 立轴	133cm×60.5cm	103,500	北京银座	2019-06-05
果亲王 徐客 书法二轴 立轴	145cm×42.5cm；177.5cm×48cm	310,375	保利香港	2019-10-06
果亲王胤礼 1731年作 行书白居易诗 手卷	42cm×261cm	345,000	中国嘉德	2019-06-04
何焯 1696年作 行书陆游诗 立轴	166cm×47.5cm	218,500	中国嘉德	2019-06-04
何焯 行书远祖何逊诗	113cm×42cm	138,000	西泠印社	2019-07-08
何亢宗 山水 镜心（三开）	17.5cm×24cm×3	184,000	北京匡时	2019-07-13
何凌汉 行书八言联 立轴	158cm×31cm×2	109,250	北京荣宝	2019-06-13
何绍基（款）行书八言联 对联	161cm×28cm×2	149,500	中国嘉德	2019-06-25
何绍基 “瑞芝堂”横额 立轴	42cm×126cm	230,000	中贸圣佳	2019-06-07
何绍基1843年作 行楷书诗文卷手卷	尺寸不一	4,600,000	中国嘉德	2019-06-02
何绍基 1861年作 临《张迁碑》四屏 镜心	183cm×49cm×4	920,000	中国嘉德	2019-06-04
何绍基 1862年作 行书七言诗 立轴	150cm×81cm	423,738	北京匡时	2019-04-02
何绍基 1862年作 篆书 杜甫诗 四屏	147cm×39cm×4	483,000	西泠印社	2019-07-06
何绍基 1864年作 行书《金陵杂述》手卷	本幅 28cm×354.5cm	2,587,500	北京匡时	2019-07-13
何绍基 1870年作 行书 四屏 立轴	188.5cm×50cm×4	667,000	上海嘉禾	2019-09-06
何绍基 行书 节录销夏记 四屏	125.5cm×29cm×4	322,000	西泠印社	2019-07-06
何绍基 行书 七言联 对联	132.5cm×32cm×2	143,750	西泠印社	2019-07-06
何绍基 行书 立轴	130cm×30cm	126,500	北京翰海	2019-06-14
何绍基 行书 立轴	168cm×30.5cm	218,500	北京翰海	2019-06-14
何绍基 行书 四屏立轴	168cm×43.5cm×4	517,500	北京匡时	2019-07-13
何绍基 行书“但道吾庐心便足”横披	37cm×155cm	483,000	北京匡时	2019-07-13
何绍基行书“涩芰圆荷之舫”横批	40.5cm×128.5cm	126,500	中国嘉德	2019-06-04
何绍基行书《贾思伯传》章句立轴	142.5cm×37.5cm	172,500	中国嘉德	2019-06-04
何绍基 行书《语林》句 横批	31.5cm×168.5cm	368,000	中国嘉德	2019-06-04

拍品名称	物品尺寸	成交价RMB	拍卖公司	拍卖日期
何绍基 行书八言联 对联	162cm×31.5cm×2	102,038	香港苏富比	2019-10-06
何绍基 行书八言联 立轴	170cm×35cm×2	299,000	中贸圣佳	2019-06-07
何绍基 行书八言联 立轴	151.5cm×33cm×2	138,000	广东崇正	2019-05-23
何绍基 行书八言联 立轴	244cm×38.2cm×2	138,000	中国嘉德	2019-06-04
何绍基 行书八言联 立轴	165cm×38cm×2	149,836	中国嘉德	2019-10-08
何绍基 行书八言联 立轴	211cm×40cm×2	632,500	北京保利	2019-12-01
何绍基 行书东坡《跋王氏华严经解》横披	43cm×128cm	414,000	北京匡时	2019-07-13
何绍基 行书黄庭坚跋文 镜心	90cm×164cm	736,000	北京匡时	2019-07-13
何绍基 行书黄庭坚诗 立轴	83.5cm×34.5cm	115,000	北京荣宝	2019-06-13
何绍基 行书节录《东坡尺牍》四屏 立轴	134cm×38cm×4	897,000	北京保利	2019-12-01
何绍基 行书节录《华严洞石壁诗》立轴	127cm×63cm	106,875	香港苏富比	2019-04-01
何绍基 行书节录《庄子》镜心	39.5cm×157cm	230,000	中国嘉德	2019-06-04
何绍基 行书七言联 对联	118cm×29cm×2	155,250	上海嘉禾	2019-09-07
何绍基 行书七言联 对联	129cm×29cm×2	184,000	北京保利	2019-12-03
何绍基 行书七言联 立轴	124cm×27cm×2	101,200	北京匡时	2019-07-13
何绍基 行书七言联 立轴	135cm×32cm×2	138,000	北京匡时	2019-07-13
何绍基 行书七言联 立轴	各：161.5cm×38cm×2	170,063	香港苏富比	2019-10-07
何绍基 行书七言联 立轴	131.5cm×31cm×2	149,500	中国嘉德	2019-06-04
何绍基 行书七言联 立轴	167.5cm×37cm×2	126,500	中国嘉德	2019-11-17
何绍基 行书七言联 立轴	140.5cm×30.5cm×2	368,000	中国嘉德	2019-11-17
何绍基 行书七言联 立轴	160cm×29.5cm×2	138,000	广东崇正	2019-11-28
何绍基 行书苏轼《僧清顺新作垂云亭》诗（四幅）立轴	170.5cm×46.5cm×4	727,188	佳士得	2019-11-25
何绍基行书苏轼《杂书琴事》四屏	143cm×52cm×4	1,322,500	北京保利	2019-06-03
何绍基 行书苏轼诗 立轴	161cm×93cm	632,500	中国嘉德	2019-06-04
何绍基 行书题句 立轴	64cm×132cm	356,500	北京保利	2019-06-22
何绍基 行书自作诗二首 手卷	本幅 25cm×109cm；题跋29cm×54cm	517,500	北京匡时	2019-07-13
何绍基 节临朱君碑 横披	74cm×143cm	322,000	北京保利	2019-06-03
何绍基 隶书 南陔堂 横披	94.5cm×31cm	414,000	西泠印社	2019-07-06
何绍基 隶书八言联 立轴	235cm×39cm	943,000	中贸圣佳	2019-06-07
何绍基 隶书杜甫诗 立轴	95.5cm×46.5cm	115,000	中国嘉德	2019-06-04
何绍基 隶书节临《张迁碑》横披	47cm×164cm	126,500	中国嘉德	2019-06-04
何绍基 隶书节录《全后汉文》章句 立轴	127cm×44.5cm	391,000	中国嘉德	2019-06-04
何绍基隶书节录《施注苏诗》横批	48cm×112.5cm	333,500	中国嘉德	2019-06-04
何绍基 隶书临《衡方碑》册页（二十九开，选刊十三）	25.3cm×18.7cm×58	460,000	中国嘉德	2019-06-04
何绍基 隶书临华山碑 册页（二十九开）	28cm×47.5cm×29	1,955,000	中国嘉德	2019-11-19
何绍基 隶书七言联 立轴	125cm×29cm×2	230,000	中贸圣佳	2019-06-07
何绍基 临乙瑛碑册 册页（二十四开四十八页）	27cm×40cm×24	1,035,000	北京保利	2019-12-03
何绍基 临争座位帖 手卷	30cm×188cm	322,000	北京保利	2019-12-03
何绍基 三清图 立轴	83.5cm×30cm	230,000	上海工美	2019-06-09
何绍基 三子摭言册 册页（二十三开）	26cm×32.2cm×23	287,500	北京诚轩	2019-06-01
何绍基 同治1863年作 行书“香雪吟馆”镜心	36.5cm×160cm	1,092,500	中国嘉德	2019-06-04
何绍基 吴让之 “小卷阿”书迹卷 手卷	何25cm×97cm；吴25cm×60cm；题跋25cm×43cm	517,500	北京保利	2019-12-03

2019书画拍卖成交汇总

(成交价RMB：10万元以上)

拍品名称	物品尺寸	成交价RMB	拍卖公司	拍卖日期
何绍基 咸丰1856年作 楷书程子四箴 手卷	29cm×766cm	460,000	中国嘉德	2019-06-04
何绍基 蝯叟真行书册（共十三页）册页	尺寸不一	2,070,000	西泠印社	2019-07-06
何绍基 篆书四屏 立轴	172.5cm×34cm×4	662,688	华艺国际	2019-05-27
何绍基 篆书题额 横披	20cm×121cm	1,782,500	北京保利	2019-06-03
何士祁 1851年作 为麟桂作胥江饯别图 手卷	画心 46.5cm×29cm	195,500	西泠印社	2019-07-06
何士祁 为陶澍作观海运图卷 手卷	画心 125.5cm×34cm	563,500	西泠印社	2019-07-06
何士祁 扬帆出海 手卷	39cm×650cm	142,651	纽约佳士得	2019-03-19
何遂绘栖霞蹑屐图（一轴）长卷	画33.5cm×154cm	115,000	北京保利	2019-06-04
何煜 花鸟六屏 立轴	220cm×49cm×6	391,000	荣宝斋（桂林）	2019-08-18
贺世魁 约1844-1845年 御苑行乐图九条屏	234.32cm×394.34cm	3,333,875	佳士得	2019-11-27
弘仁 练溪一景 扇面	16.5cm×50.5cm	483,000	中国嘉德	2019-11-19
弘旿 行书 立轴	168cm×72cm	207,000	北京翰海	2019-06-14
弘旿 乾隆五十三年（1788年作 行书姜夔《续书谱》手卷	30.5cm×508cm	166,750	中国嘉德	2019-11-19
洪钧 陆润庠 汪洵 汪鸣銮 等 为尤先甲作书法团扇册（十五页）册页	尺寸不一（册页尺寸 36.5cm×34cm）	218,500	西泠印社	2019-07-06
洪亮吉 庚戌（1790年作 篆书七言联 立轴	130.5cm×26cm×2	172,500	中国嘉德	2019-11-19
胡林翼 行书八言联 立轴	164cm×40cm×2	103,500	中国嘉德	2019-06-04
胡铁梅 花鸟十二条屏 镜框	138cm×55cm×12	184,000	北京荣宝	2019-10-12
胡慥 忆翁画兰图 扇面	16cm×52cm	506,000	中国嘉德	2019-11-19
华世奎 楷书 镜心	240cm×57cm	97,750	中国嘉德	2019-06-24
华世奎 楷书七言联 对联	119cm×30cm×2	103,500	西泠印社	2019-07-07
华喦（传）花鸟 镜框	29.2cm×38.1cm	213,390	纽约佳士得	2019-09-10
华喦 1738年作 风竹鹦鹉 镜芯	98cm×34cm	98,900	中鸿信	2019-07-17
华喦 1746年作 翠柳春鸣图 立轴	146cm×40cm	184,000	中鸿信	2019-07-17
华喦 1750年作 墨竹鹦鹉 镜片	99cm×34cm	172,500	广东崇正	2019-11-28
华喦 1753年作 钟馗赏雪图 立轴	画 131cm×64cm；方跋9cm×64cm	1,725,000	广东崇正	2019-05-23
华喦 1756年作 草庐琴趣图 立轴	134.5cm×62.5cm	1,150,000	西泠印社	2019-07-06
华喦 1756年作 修羽临风图 立轴	94cm×53cm	1,322,500	北京荣宝	2019-06-13
华喦 丽日花香 立轴	114cm×42cm	2,185,000	上海嘉禾	2019-09-07
华喦 桃柳鸳鸯 立轴	95cm×110cm	2,013,750	佳士得	2019-11-25
华喦 听秋图 扇面	18.5cm×54cm	414,000	中国嘉德	2019-11-19
华喦 梧桐双凤 立轴	167.5cm×96.5cm	241,500	北京翰海	2019-06-14
华喦 溪涧春声 立轴	121cm×52.5cm	138,000	中鸿信	2019-07-16
华喦 许湘 山水人物卷 手卷	31cm×292cm	2,012,500	北京保利	2019-06-03
华喦 钟馗接福图 立轴	149cm×59cm	690,000	北京保利	2019-06-03
华喦 煮茶赏月 立轴	155.5cm×41.5cm	171,000	香港苏富比	2019-04-01
黄道 九五至尊龙	68cm×68cm	920,000	未来四方	2019-06-05
黄道 增福延寿福	68cm×68cm	241,500	未来四方	2019-06-05
黄鼎 1725年作 仿古山水 册页（八开）	画 27cm×34cm×8	4,485,000	中国嘉德	2019-11-19
黄鼎 1728年作 篁村图 镜框	70cm×96cm	756,000	佳士得	2019-05-27
黄鼎 李模 庄同生 等 明末名家诗柬集锦（一册八开）	30cm×37.5cm×8	115,000	北京保利	2019-12-03
黄鼎 临倪瓒山阴丘壑图 立轴	96cm×45cm	908,500	北京保利	2019-12-03
黄鼎 拟古山水册 册页（十开）	38cm×25cm×10	1,840,000	北京保利	2019-12-03

拍品名称	物品尺寸	成交价RMB	拍卖公司	拍卖日期
黄衮 萱堂献寿 立轴	119.5cm×58cm	138,000	中鸿信	2019-07-17
黄鞠 条芳宴集图 立轴	137.5cm×56.5cm	552,000	西泠印社	2019-07-06
黄均 1844年作 仿古山水 册页（十开）	20.5cm×31cm×10	257,034	邦瀚斯	2019-04-03
黄山寿 1906年作 花卉 四屏 镜片	110cm×63cm×4	138,000	上海嘉禾	2019-09-07
黄山寿 1915年作 青山嘉树 立轴	141.5cm×78.5cm	95,846	中国嘉德	2019-03-30
黄山寿 1919年作 彩云开处锦屏张 立轴	148.5cm×81cm	97,750	中鸿信	2019-07-16
黄慎 1726年作 岁岁长寿 轴框	109cm×45cm	1,023,500	北京荣宝	2019-12-01
黄慎 1728年作 草书自作诗卷 手卷	29cm×337cm	1,725,000	北京保利	2019-06-03
黄慎 1728年作 加官进爵 镜芯	149cm×50.5cm	1,725,000	中鸿信	2019-07-17
黄慎 1772年作 张果老骑驴图 立轴	92cm×49cm	471,500	北京保利	2019-12-03
黄慎 草书 兰亭序 镜片	147.5cm×88cm	460,000	西泠印社	2019-07-06
黄慎 丰绥先兆图 立轴	205cm×121.5cm	448,500	北京翰海	2019-06-14
黄慎 枯树苍鹰图 立轴	197cm×54cm	1,380,000	北京保利	2019-06-03
黄慎 麻姑献寿 立轴	177.5cm×91cm	184,000	广东崇正	2019-11-28
黄慎 品梅图 立轴	画心 58.5cm×56cm	224,250	西泠印社	2019-09-21
黄慎 乾隆16（1751年作 二仙图 立轴	171cm×91cm	97,750	中鸿信	2019-07-17
黄慎 乾隆十年（1745年作 陵阳子明得道图 立轴	201cm×104.5cm	690,000	中国嘉德	2019-11-19
黄慎 秋菊图 立轴	97cm×61cm	322,000	西泠印社	2019-04-14
黄慎 桃花园图 手卷	画心 205.5cm×32cm	460,000	西泠印社	2019-07-06
黄慎 陶渊明诗意图 立轴	181cm×95.5cm	321,078	中国嘉德	2019-10-08
黄慎 天官赐福 立轴	159cm×90.5cm	920,000	保利厦门	2019-08-04
黄慎 先生试砚 立轴	106.4cm×51.1cm	299,250	香港苏富比	2019-04-01
黄慎 杂画册 册页	26cm×64cm×12	460,000	北京保利	2019-08-24
黄士陵 1890年作 博古花卉 立轴	119cm×59cm	126,500	中国嘉德	2019-06-02
黄士陵 1894年作 篆书"与物为春"镜心	29.5cm×99.5cm	172,500	北京匡时	2019-07-13
黄士陵 1898年作 钟鼎花卉 对屏	74cm×32cm×2	230,000	西泠印社	2019-07-06
黄士陵 茉莉花 镜片	43.5cm×32.5cm	97,750	西泠印社	2019-07-06
黄士陵 手绘周宝父鼎 立轴	117.5cm×40cm	105,800	北京翰海	2019-06-14
黄士陵 图绘青铜器一种 立轴	145cm×40cm	195,500	西泠印社	2019-07-06
黄士陵 篆书 思补过斋 横披	107.5cm×29.5cm	161,000	西泠印社	2019-07-06
黄孝纾 松下观瀑图 立轴	107cm×36cm	101,200	中国嘉德	2019-10-15
黄易 1781年作 摹古山水册 册页（十二开）	23cm×30.5cm×12	2,127,500	中国嘉德	2019-11-19
黄易 1787年作 山水册 册页（十开）	21cm×37.3cm×10	920,000	中国嘉德	2019-06-04
黄易 1793年作 书画册 册页（七开）	23.3cm×32.8cm×7	7,705,000	中国嘉德	2019-06-04
黄易 隶书八言联 立轴	166cm×28cm×2	138,000	北京荣宝	2019-06-13
黄易 山水 手卷	33cm×342cm	575,000	北京保利	2019-08-24
黄燡照 山水花鸟书法册页 镜心	16cm×25cm×12	391,000	荣宝斋（桂林）	2019-08-18
嵇璜 行书七言联 立轴	140cm×32cm×2	172,500	中鸿信	2019-07-17
嵇璜 行书五言诗 镜心	26.7cm×15.7cm	103,500	中国嘉德	2019-06-04
纪晓岚 梁同书 汪由敦 王鸣盛 等五十余家 来太君节孝诗册（四册共九十二页）册页	册页尺寸 42cm×28cm×4	448,500	西泠印社	2019-07-06
嘉庆 1808年作 御笔《书室自述》镜心	57cm×67cm	310,500	北京匡时	2019-07-13
嘉庆帝 行书七言联 对联	213cm×54cm×2	575,000	北京保利	2019-12-03

拍品名称	物品尺寸	成交价RMB	拍卖公司	拍卖日期
嘉庆帝 嘉庆1809年作 行书七言诗 镜心	52cm×144.5cm	321,078	中国嘉德	2019-10-08
贾景德 楷书八言联 镜心	179.5cm×32cm×2	782,000	北京银座	2019-06-05
贾景德 楷书四言联 立轴	349.5cm×93.5cm×2	253,000	北京银座	2019-06-05
贾全 狩猎图 手卷	画心 56.5cm×228.5cm	126,500	中鸿信	2019-07-17
姜淑斋 1669年作 临王羲之“想弟帖”立轴	172.5cm×51cm	471,500	南京经典	2019-07-19
姜埙 桂花仕女 立轴	131.5cm×31.5cm	109,250	中国嘉德	2019-11-19
蒋宝龄 南湖避地图 手卷	画心26cm×71cm	287,500	北京保利	2019-06-03
蒋莲1835年作美人图册页（十二开）	26.5cm×34cm×12	345,000	华艺国际	2019-08-11
蒋莲 松下高士 立轴	122.3cm×30cm	105,800	中国嘉德	2019-06-04
蒋溥 清 菊石图 立轴	68.2cm×36cm	134,250	佳士得	2019-11-25
蒋仁锡 行书徐兰题诗手卷 手卷	本幅 38.5cm×484cm	299,000	中贸圣佳	2019-06-07
蒋士铨 行书诗册（二十四页）册页（十二开）	18cm×23cm×24	115,000	北京保利	2019-12-03
蒋廷锡（款）双鹅图 镜心	170cm×79cm	126,500	中国嘉德	2019-10-17
蒋廷锡 1729年作 杏花竹石 立轴	95cm×49cm	120,750	北京翰海	2019-06-14
蒋廷锡 1731年作 玉堂富贵 镜心	113cm×52cm	172,500	北京翰海	2019-06-14
蒋廷锡 雏菊锦鸡 镜心	29cm×38.5cm	920,000	中贸圣佳	2019-11-30
蒋廷锡 凤皇鹦鹉 镜框	41cm×41cm	1,782,500	华艺国际	2019-08-10
蒋廷锡 花卉册 册页（十二开）	27cm×40.5cm×12	517,500	广东崇正	2019-05-22
蒋廷锡 花鸟册 两册（十六开）	18.5cm×30cm×16	230,000	北京翰海	2019-06-14
蒋廷锡 刘墉 张之万 等 扇面集锦册（十二帧）扇面	17cm×48cm×12	759,000	中国嘉德	2019-06-04
蒋廷锡 史贻直 励廷仪 唐执玉 书法 四屏 立轴	181cm×43.5cm×4	212,750	上海嘉禾	2019-09-07
蒋廷锡 洋鸭 镜框	39cm×39.5cm	823,758	华艺国际	2019-11-24
焦秉贞 织图 册页（二十四开）	30.4cm×26.6cm	99,236	伦敦佳士得	2019-05-14
金俊明 1666年作 楷书 李白诗 扇页	52.5cm×16.5cm	287,500	西泠印社	2019-07-06
金农 1750年作 竹 立轴	135cm×37.3cm	3,564,603	纽约佳士得	2019-03-21
金农 1759年作 墨梅图 立轴	130cm×41cm	13,225,000	上海嘉禾	2019-09-06
金农 1761年作 林下清风图 立轴	122cm×58cm	9,200,000	北京保利	2019-06-03
金农 1762年作 漆书七言联 对联	120cm×26cm×2	1,058,000	北京保利	2019-12-03
金农 菖蒲图 立轴	31.5cm×46cm	1,725,000	中贸圣佳	2019-11-30
金农 梅花 立轴	136.3cm×52cm	641,250	香港苏富比	2019-04-01
金农 漆书《竹赋》立轴	117.5cm×49cm	920,000	中贸圣佳	2019-06-07
金农 漆书七言诗 立轴	102cm×39cm	345,000	中国嘉德	2019-06-04
金农 乾隆1761年作 墨梅 立轴	63.9cm×35.7cm	460,000	中鸿信	2019-07-17
金农 书法 册页（八开）	32cm×23cm×8	920,000	华艺国际	2019-08-10
金士恒 1877年作 竹石图 立轴	132cm×42cm	101,675	保利香港	2019-10-06
金士恒 梅石十二屏 屏风	133cm×52cm×12	632,500	荣宝斋（南京）	2019-07-21
金廷标 1766年作 白描罗汉 立轴	74.5cm×42cm	184,000	广东崇正	2019-11-27
金廷标 花果图册 册页	30.5cm×24.5cm×8	483,000	中鸿信	2019-07-17
金廷标 绘紫光阁五十功臣之爱隆阿画像并清乾隆帝御题 镜心	29.6cm×32cm	2,760,000	中贸圣佳	2019-06-07
金玥 仙台楼阁图 立轴	133cm×148cm	207,000	保利厦门	2019-08-04
居巢 居廉 今夕庵书画册 册页（十二开）	尺寸不一	537,000	佳士得	2019-11-26
居廉 1887年作 福自天来 镜框	65.7cm×24.1cm	101,531	香港苏富比	2019-04-02
居廉 1892年作 花卉草虫（四帧）镜心	直径25.8cm×4	139,134	中国嘉德	2019-10-08
居廉 1892年作 岁朝清供 镜片	120cm×63cm	172,500	广东崇正	2019-11-28
居廉 1893年作 花卉草虫（四帧）镜片	25cm×34cm×4	138,000	广东崇正	2019-11-28
居廉 1899年作 福自天降 立轴	66.5cm×34cm	95,846	中国嘉德	2019-03-30
居廉 1904年作 蜂蝶争春（二帧）立轴	102cm×25cm×2	103,500	华艺国际	2019-08-11
居廉 富贵寿考 立轴	126cm×57.5cm	253,000	中贸圣佳	2019-06-07
居廉 花卉草虫 立轴	101cm×29.5cm	117,729	中国嘉德	2019-10-08
居廉 花卉集锦（四幅）镜心	约28cm×42cm×4	109,250	中国嘉德	2019-06-04
居廉 花卉昆虫四屏 镜心	36cm×35.5cm×4	181,602	保利香港	2019-04-01
居廉 花鸟册页 镜片（十二开）	22.5cm×31cm×12	230,000	华艺国际	2019-08-11
居廉 花石工虫 立轴	130.5cm×42cm	299,000	北京银座	2019-06-05
居廉 花石工虫 立轴	130.5cm×41.5cm	161,424	中国嘉德	2019-03-30
居廉 仕女 立轴	115cm×38.5cm	115,000	华艺国际	2019-08-11
居廉 书法 扇面（四开）	17.5cm×52.5cm×4	207,000	华艺国际	2019-08-11
居廉 桃花草虫 镜心	33cm×40cm	103,500	北京翰海	2019-06-14
居廉 张铣 符翕 徐宝符 余恩鑅 陈元章 曹秉浚 唐廷琮 等 书画集锦册（二十四页）册页	尺寸不一（册页尺寸45.5cm×32cm）	207,000	西泠印社	2019-07-06
居廉 郑古珍 花鸟工虫册 册页（十二开）	尺寸不一	160,539	中国嘉德	2019-10-08
阚祯兆 行书中堂 立轴	215cm×76cm	115,000	北京保利	2019-11-20
康熙 行书“将宿归垣”镜心	36cm×165.5cm	552,000	保利厦门	2019-01-06
康熙 行书唐李群玉诗句 立轴	120cm×40cm	1,725,000	北京保利	2019-12-03
康熙 江真 汉宫图六景 手卷	42cm×44cm	368,000	北京保利	2019-08-24
康熙 御笔行书“瀛台”诗 立轴	204cm×67cm	3,392,500	中贸圣佳	2019-11-30
康熙帝 1692年作 临赵孟頫长春道院记 手卷	26cm×477cm	13,800,000	中国嘉德	2019-06-02
康熙帝 行书 立轴	110cm×30cm	1,265,000	北京翰海	2019-06-14
康熙帝 行书六言联 立轴	120cm×23.5cm×2	920,000	上海匡时	2019-06-21
康熙帝 临董《三藏圣教序》立轴	176.5cm×47cm	782,000	中国嘉德	2019-11-19
康熙帝 临米芾行书 立轴	118.5cm×36cm	963,234	中国嘉德	2019-10-08
康熙帝 临米芾书 立轴	98cm×38cm	3,220,000	中国嘉德	2019-06-02
康熙皇帝 临董其昌书《崔子玉座右铭》立轴	166.5cm×52cm	943,000	中国嘉德	2019-11-19
髡残 秋景图 立轴	130cm×60cm	667,000	北京银座	2019-06-05
蓝孟 1662年作 秋山策杖 立轴	144cm×42cm	528,050	华艺国际	2019-11-24
蓝孟 拟王维雪山行旅 立轴	198.7cm×99cm	2,137,500	香港苏富比	2019-04-01
蓝孟 山水 立轴	160cm×63cm	253,000	华艺国际	2019-08-10
郎世宁（款）松竹双禽 立轴	112cm×58cm	805,000	中国嘉德	2019-06-25
雷发达 等 惠陵中一路立样	31cm×500cm	101,200	泰和嘉成	2019-11-30
冷枚 庭院双姝 镜片	131cm×65cm	184,000	朵云轩	2019-06-22
冷枚 万事如意图 立轴	89.5cm×49cm	345,000	中国嘉德	2019-11-19
黎简 1794年作 草书诗 立轴	134.5cm×39cm	123,063	佳士得	2019-11-25
黎简 1797年作 行书 诗文册（十八页）册页	22.5cm×11.5cm×18	103,500	西泠印社	2019-07-06
李澂渊 1884年作 宫藏瓷器谱 册页（三十开，选刊十二开）	34.5cm×70cm×12	598,000	中国嘉德	2019-11-19
李慈铭 1883年作 楷书八言联 镜片	161cm×32cm×2	207,000	西泠印社	2019-04-14
李方膺 1739年作 花卉册 册页（十二开）	25cm×32cm×12	2,990,000	北京保利	2019-06-03
李方膺 1746年作 墨竹图 立轴	139cm×70.5cm	1,610,000	西泠印社	2019-07-06
李方膺 1752年作 墨梅 立轴	142cm×55cm	1,380,000	上海嘉禾	2019-09-07
李方膺 荷香清露 镜框	46cm×95cm	545,431	纽约佳士得	2019-03-21
李方膺 墨梅 镜片	107cm×39cm	138,000	北京保利	2019-08-24

2019书画拍卖成交汇总

(成交价RMB：10万元以上)

拍品名称	物品尺寸	成交价RMB	拍卖公司	拍卖日期
李诂 清 小品杂册 册页（十二开）	23.2cm×29.2cm×12	190,188	佳士得	2019-11-25
李鸿章 1862年作 行书一堂 立轴	尺寸不一	1,127,000	中鸿信	2019-07-17
李鸿章 光绪十九年（1893年作 行书十二言联 立轴	315cm×56.5cm×2	517,500	中国嘉德	2019-11-19
李鸿章 行书 "嗡霞"	45.5cm×85cm	230,000	中国嘉德	2019-06-03
李鸿章 行书 "饮露"	45.5cm×85.5cm	299,000	中国嘉德	2019-06-03
李鸿章 行书《论宁都三魏》立轴	160cm×55.2cm	294,775	香港苏富比	2019-10-06
李鸿章 行书八言联 立轴	176.5cm×42cm×2	172,500	北京银座	2019-06-05
李鸿章 行书八言联 立轴	176cm×46cm×2	103,500	北京匡时	2019-07-13
李鸿章 行书八言联 立轴	174cm×40cm×2	310,500	北京保利	2019-11-20
李鸿章 行书七言联 对联	159.5cm×32.5cm×2	164,680	富得拍卖	2019-11-24
李鸿章 行书七言联 镜心	126cm×29cm×2	253,000	中贸圣佳	2019-08-16
李鸿章 行书七言联 立轴	127cm×30cm×2	437,000	北京匡时	2019-07-13
李鸿章 行书七言联 立轴	168.5cm×38cm×2	342,483	保利香港	2019-10-06
李鸿章 行书中堂 立轴	130cm×61cm	230,000	中鸿信	2019-07-17
李鸿章清行书对联（两幅）立轴	129cm×29.5cm×2	95,094	佳士得	2019-11-25
李鸿章 手绘描银行书八言联 立轴	167cm×34cm×2	609,500	中鸿信	2019-07-17
李庆 云山图 立轴	136.5cm×38cm	207,000	中国嘉德	2019-06-04
李山 1734年作 高士图 立轴	184cm×105.5cm	142,260	纽约佳士得	2019-09-10
李鱓 1726年作 梅花水仙图 立轴	43cm×59cm	345,000	北京保利	2019-06-03
李鱓 1734年作 田间虫语 立轴	105cm×57.5cm	118,800	佳士得	2019-05-27
李鱓 1753年作 松石春花图 立轴	165cm×90cm	1,265,000	上海嘉禾	2019-09-07
李鱓 花鸟册（八开）册页	27cm×30cm×8	747,500	中贸圣佳	2019-06-07
李鱓 款 1754年作 仙鹤蟠桃图 立轴	164.5cm×46cm	230,000	西泠印社	2019-07-06
李鱓 乾隆1755年作 长年富贵图 立轴	178.5cm×101cm	267,565	中国嘉德	2019-10-08
李鱓 仝到白头 立轴		1,258,688	纽约苏富比	2019-03-22
李鱓 幽香图 立轴	80.5cm×38cm	345,000	中贸圣佳	2019-06-07
李鱓 1745年作 群芳图对题 册页（十六开）	27.5cm×29.5cm×16	897,000	北京荣宝	2019-12-01
李鱓 花卉 镜框	17.5cm×49cm	137,293	华艺国际	2019-11-24
李鱓 双喜图 立轴	172cm×92cm	287,500	北京保利	2019-12-03
李世倬 1728年作 溪山秋旅途 立轴	97.5cm×46cm	195,500	北京荣宝	2019-06-13
李世倬 春景 立轴	28cm×25cm×2	474,183	北京匡时	2019-04-02
李绶 朱煐 江恂 等 杨玉峰衍福乐图 手卷	画心 109cm×43.5cm	230,000	西泠印社	2019-07-06
李绶 朱煐 江恂 等题 杨玉峰衍福乐图 手卷	画心 109cm×43.5cm	264,500	西泠印社	2019-09-21
李修易 仙山楼阁图 立轴	236.5cm×59.5cm	256,862	保利香港	2019-10-06
李因 1663年作 松鹰图 立轴	139cm×48cm	149,500	上海工美	2019-06-09
李因 鸳鸯芙蓉图 立轴	125cm×45cm	414,000	中贸圣佳	2019-06-07
李寅 碧山秋浦图 立轴	185.3cm×99cm	4,830,000	中贸圣佳	2019-11-30
李肇亨 李琪枝 1661年作；1664年作；1692年作 山水松景合卷 手卷	26.2cm×137.1cm； 26.2cm×343cm； 26.2cm×91.5cm	6,018,875	佳士得	2019-11-25
李宗瀚 书法 立轴	180.5cm×66.5cm	109,250	荣宝斋（桂林）	2019-08-18
励宗万 1733年作 草书 千字文册（二十三页）册页	23cm×13.5cm×23	115,000	西泠印社	2019-07-06
励宗万 行书节录《三藏圣教序》（六页）册页	16.5cm×13cm×6	184,000	中国嘉德	2019-11-19
励宗万 临千字文 册页	27cm×15cm×11	402,500	泰和嘉成	2019-11-30
莲溪 1868年作 虹桥话别图 手卷	30.5cm×52.4cm	195,608	纽约佳士得	2019-09-10
莲溪 夏容伯弟小像及杭州乡贤题咏卷 手卷	画心 134cm×34.5cm	287,500	西泠印社	2019-07-06

拍品名称	物品尺寸	成交价RMB	拍卖公司	拍卖日期
梁国治 御制罗汉赞册 册页（二十七开）	16.5cm×18.5cm×27	1,150,000	中贸圣佳	2019-11-30
梁诗正 行书五言诗 立轴	27.5cm×16cm	126,500	中国嘉德	2019-06-04
梁同书 1790年作 行书 手卷	29cm×263cm	241,500	朵云轩	2019-06-22
梁同书1791年作行书困学纪闻手卷	266cm×35cm	172,500	西泠印社	2019-07-06
梁同书 1792年作 临《兰亭序》卷	25cm×178.5cm	747,500	北京翰海	2019-06-14
梁同书 1794年作 黄山谷诗卷 手卷	28cm×267cm	414,000	中国嘉德	2019-06-25
梁同书 1796年作 行书《困学纪闻》一则 立轴	138.5cm×66cm	207,000	中国嘉德	2019-06-04
梁同书 1804年作 行书九言联 立轴	147cm×23cm×2	141,246	中国嘉德	2019-03-30
梁同书 1805年作 楷书《鲍氏义田记》手卷	书心 28.5cm×178cm	460,000	北京保利	2019-06-03
梁同书 1813年作 行书《困学纪闻》文 立轴	127cm×59cm	218,500	北京荣宝	2019-06-13
梁同书 1814年作 行书 "喜" 立轴	60.5cm×28.5cm	141,246	中国嘉德	2019-03-30
梁同书 行草书 立轴	124cm×60cm	184,000	北京翰海	2019-06-14
梁同书 行书 立轴	106cm×66cm	138,000	南京经典	2019-07-19
梁同书 行书《困学纪闻》立轴	136cm×61.5cm	138,000	中贸圣佳	2019-11-30
梁同书 行书《退谷消夏记》手卷	画心 20cm×323cm	287,500	上海嘉禾	2019-09-07
梁同书 行书《退谷销夏记》手卷	书心 21cm×339.5cm	747,500	北京保利	2019-12-03
梁同书 行书八言联 立轴	165cm×30cm×2	115,000	中贸圣佳	2019-06-07
梁同书 行书七言联 立轴	127cm×32cm×2	126,500	华艺国际	2019-08-10
梁同书 张廷济 等 扇面集锦 扇面（四开）	尺寸不一	215,413	香港苏富比	2019-10-06
梁巘 楷书唐碑铭 手卷	36.5cm×520cm	575,000	中国嘉德	2019-06-04
梁于渭 1899年作 隶书对联（两幅）立轴	249cm×44.5cm×2	268,500	佳士得	2019-11-25
林广 1670年作 秋山策杖图 立轴	163cm×53cm	517,500	南京经典	2019-07-19
林筠 1675年作 书法卷 手卷	画心 420cm×29.5cm	97,750	西泠印社	2019-07-06
林则徐 行书 七言联 对联	124cm×30cm×2	460,000	西泠印社	2019-07-06
林则徐 行书《东坡跋语》立轴	173cm×40cm	414,000	北京匡时	2019-07-13
林则徐行书《圣主得贤臣颂》立轴	89cm×39.5cm	256,500	香港苏富比	2019-04-01
林则徐 行书八言联 立轴	173cm×39cm×2	1,150,000	中贸圣佳	2019-06-07
林则徐 行书七言联 对联	133cm×32.5cm×2	138,000	上海嘉禾	2019-09-07
林则徐 行书七言联 镜片	168.5cm×35cm×2	126,500	西泠印社	2019-04-14
林则徐 行书七言联 立轴	122cm×28cm×2	552,000	北京匡时	2019-07-13
林则徐 行书七言联 立轴	121cm×27.5cm×2	368,000	北京匡时	2019-07-13
林则徐 行书诗论 立轴	132cm×61cm	172,500	保利厦门	2019-08-04
林则徐 行书十言联 立轴	347.5cm×60.5cm×2	385,294	中国嘉德	2019-10-08
林则徐 行书五言诗 立轴	88.5cm×33.5cm	184,000	上海匡时	2019-06-21
林则徐 楷书四言联 立轴	84cm×21.5cm×2	117,729	中国嘉德	2019-10-08
林则徐 书法对联 立轴	174cm×33cm×2	207,000	北京保利	2019-08-24
刘琯 仙山阁楼图 立轴	264cm×128.5cm	322,000	中贸圣佳	2019-08-16
刘春霖 行书八言联 立轴	169cm×36cm×2	126,500	北京荣宝	2019-06-13
刘春霖 行书七言联（一对）立轴		142,651	纽约苏富比	2019-03-22
刘春霖 行书七言联 对联	128.5cm×32.5cm×2	172,500	上海嘉禾	2019-09-07
刘春霖 行书七言诗 立轴	151cm×40cm	138,000	华艺国际	2019-08-10
刘春霖 楷书 立轴	107cm×52cm	120,750	北京翰海	2019-06-14
刘统勋 草书五言诗 册页（六开）	20cm×10.5cm×12	115,000	中国嘉德	2019-06-04
刘彦冲 1835年作 春山会友图 立轴	74cm×33cm	155,250	西泠印社	2019-04-14
刘彦冲 1843年作 仿辉南田山水 立轴	112.5cm×31cm	253,000	西泠印社	2019-07-06

拍品名称	物品尺寸	成交价RMB	拍卖公司	拍卖日期
刘彦冲 仿文徵明青绿山水 立轴	161cm×74cm	345,000	中贸圣佳	2019-06-07
刘墉 1779年作 行书临李北海碑帖 立轴	188.5cm×87.5cm	862,500	上海明轩	2019-04-28
刘墉 1796年作 楷书七言诗 立轴	140.5cm×54.5cm	1,230,500	华艺国际	2019-08-10
刘墉 1801年作 行书杜诗卷 手卷	尺寸不一	3,047,500	中国嘉德	2019-11-19
刘墉 行书八言联 立轴	190.5cm×32cm×2	1,127,000	中国嘉德	2019-06-04
刘墉 1785年作 行书临各家书 扇片	17.5cm×51cm	96,600	中鸿信	2019-07-17
刘墉 1791年作 行书 手卷	30.5cm×124cm	115,000	广东崇正	2019-05-23
刘墉 1793年作 行书诗文 立轴	132cm×61cm	1,035,000	北京荣宝	2019-06-13
刘墉 1794年作《争座位帖》文及书论 册页（四十八选十二开）	17cm×9cm×48	195,500	上海嘉禾	2019-09-07
刘墉 1795年作 行书临古帖 册页	22cm×12.5cm×8	201,780	保利香港	2019-04-01
刘墉 1797年作 行书 扇片	17.5cm×50cm	126,500	朵云轩	2019-06-22
刘墉 1798年作 行书 镜片	24cm×167cm	184,000	上海嘉禾	2019-09-07
刘墉 1799年作 行书 镜芯	39cm×131.5cm	172,500	中鸿信	2019-07-17
刘墉 1799年作 行书长卷 手卷	27.5cm×388cm	207,000	上海驰翰	2019-06-21
刘墉 1801年作 行书 录古文 扇页	56.5cm×19cm	437,000	西泠印社	2019-07-06
刘墉 1803年作 行书 节录古文 立轴	192cm×51cm	172,500	西泠印社	2019-07-06
刘墉 1804年作 行书—坡公词 手卷	30cm×245cm	410,400	佳士得	2019-05-27
刘墉 行书 镜心	33cm×134cm	115,000	北京荣宝	2019-04-28
刘墉 行书卷 手卷	47.5cm×392cm	322,000	中鸿信	2019-07-17
刘墉 行书临各家书卷 手卷	37.5cm×177cm	345,000	中鸿信	2019-07-17
刘墉 行书七言联 镜芯	101.5cm×24cm×2	184,000	中鸿信	2019-07-17
刘墉 行书七言联 立轴	176cm×36cm×2	1,150,000	北京保利	2019-06-03
刘墉 行书杂书卷 手卷	20cm×393cm	575,000	北京保利	2019-12-03
刘墉 行书自作诗 镜芯	30cm×92.5cm	126,500	中鸿信	2019-07-17
刘墉 嘉庆1798年作 行书“沉香山子赋”扇面	17cm×53cm	115,000	中鸿信	2019-07-17
刘墉 楷书 七言联 对联	182cm×34.5cm×2	287,500	西泠印社	2019-07-06
刘墉 楷书 咏古名画诗册（三十页）册页	22cm×12cm×30	575,000	西泠印社	2019-07-06
刘墉 临古卷 镜心	37cm×193cm	230,000	北京保利	2019-12-03
刘墉 书法 立轴	154cm×75cm	437,000	北京保利	2019-08-24
刘墉 天香深处书法卷 手卷	83cm×20cm; 187.5cm×19.5cm; 308cm×20cm	230,000	西泠印社	2019-07-06
刘长佑 书法四屏 托片	130cm×36cm×4	149,500	湖南国拍	2019-09-28
六桥 花卉 册页（十开）	28cm×43.5cm×10	103,500	荣宝斋（桂林）	2019-08-18
陆道淮 清溪独钓图 立轴	75cm×37.3cm	109,250	中国嘉德	2019-06-04
陆陇其 书法并诸家跋 册页（三开）	26.5cm×31cm×3	264,500	中国嘉德	2019-06-04
陆润庠 1898年作 行书 四屏 立轴	164cm×40cm×4	172,500	上海嘉禾	2019-04-16
陆润庠 行书八言联 对联	170cm×33.5cm×2	120,750	上海嘉禾	2019-09-07
陆润庠 行书四屏 立轴	130.5cm×40.5cm×4	126,113	中国嘉德	2019-03-30
陆润庠 楷书“从芸书馆”镜心	74cm×180cm	126,500	中国嘉德	2019-10-17
陆润庠 楷书十六言联 对联	169cm×40cm×2	97,750	西泠印社	2019-04-14
陆润庠 临《书谱》册（二十七开）册页	27.5cm×24.5cm×27	172,500	中贸圣佳	2019-06-07

拍品名称	物品尺寸	成交价RMB	拍卖公司	拍卖日期
陆润庠 书法对联 镜心	163cm×35cm×2	138,000	荣宝斋（桂林）	2019-08-18
陆润庠 王仁堪 陈宝琛 鲁琪光 冯文蔚 等 翰苑集萃册 册页（八页）	22.5cm×13cm×8	161,000	西泠印社	2019-04-14
陆远 1668年作 仿李成山水 立轴	183.5cm×45.5cm	782,000	中国嘉德	2019-11-19
陆远 1682年作 仿巨然溪山雨过图 立轴	174cm×47.5cm	295,708	华艺国际	2019-11-24
罗牧 1695年作 秋山图 立轴	206cm×77.5cm	1,127,000	中鸿信	2019-07-17
罗牧 1696年作 溪山枯木图 立轴	133cm×48cm	448,500	中国嘉德	2019-11-19
罗牧 1702年作 仿古山水册 册页	30.5cm×30cm×8	267,565	保利香港	2019-10-06
罗牧 花鸟册（十二帧）册页	20.5cm×29cm×12	201,250	中鸿信	2019-07-17
罗牧 康熙1706年作 寒林幽居 立轴	96cm×35cm	241,500	中鸿信	2019-07-17
罗牧 山居秋暝 立轴	139cm×37cm	109,250	中鸿信	2019-07-17
罗聘（款）钟馗迎福图 立轴	66cm×31cm	101,200	中国嘉德	2019-06-25
罗聘 1759年作 羣芳图 立轴	114.5cm×28cm	920,000	上海明轩	2019-04-28
罗聘 1781年作 柳阴飞燕图 立轴	104cm×42cm	1,840,000	上海工美	2019-11-10
罗聘 方婉仪 1781年作 齐眉介寿图 立轴	113cm×29cm	2,127,500	北京保利	2019-12-03
罗聘 仿王冕梅花 立轴	83cm×25cm	345,000	中贸圣佳	2019-06-07
罗聘 鬼趣图（共三页）册页	画心 17.5cm×15.5cm×2	172,500	西泠印社	2019-07-06
罗聘 葫芦图 立轴	29cm×38cm	671,250	佳士得	2019-11-25
罗聘 兰石图 镜心	19cm×56.5cm	276,000	中贸圣佳	2019-06-07
罗聘 祁隽藻 钱伯坰 汪贻书 书法扇面（四帧）扇面	尺寸不一	345,000	北京保利	2019-06-03
罗聘 杂画册 册页（六开）	画 20.5cm×28cm×6	1,265,000	上海嘉禾	2019-09-07
骆秉章 1858年作 行书册 册页（十六开）	25.5cm×14.5cm×16	115,000	广东崇正	2019-11-28
骆绮兰 三朵花词意 立轴	78cm×31cm	109,250	中国嘉德	2019-11-19
吕焕成 山林雅集图 立轴	193cm×138cm	1,955,000	中贸圣佳	2019-06-07
吕学 人物 立轴	135cm×69.5cm	115,000	中贸圣佳	2019-06-07
马昂 层峦叠翠 立轴	193cm×96.5cm	195,500	中国嘉德	2019-06-04
马荃（款）玉堂富贵图 立轴	144cm×66cm	161,000	中国嘉德	2019-10-17
马荃 龙麟虬枝图 立轴	61cm×34cm	103,500	北京保利	2019-06-03
马荃 秋艳图 立轴	画心 133cm×65.5cm	207,000	上海嘉禾	2019-09-07
马昀 西湖十景（十页）册页	28.5cm×23.5cm×10	126,500	西泠印社	2019-07-06
马元驭 1699年作 果蔬图卷 手卷	画心 24cm×381cm	253,000	北京荣宝	2019-12-01
马元驭 花卉册 册页（八开）	26cm×17cm×8	149,500	北京保利	2019-06-03
马元驭 墨竹图 立轴	画85cm×40.5cm	138,000	中国嘉德	2019-06-04
毛怀 行书《吴梅村集》卷 手卷	本幅 35.5cm×235cm	977,500	中贸圣佳	2019-08-16
茅麐 周穆王见西王母故事 立轴八屏	198cm×59cm×8	1,380,000	北京保利	2019-12-03
冒襄 草书论画一则 扇面	16cm×53.5cm	331,781	保利香港	2019-10-06
冒襄 草书七言诗 立轴	131cm×62cm	2,760,000	上海明轩	2019-04-28
冒襄 仿倪云林笔意 立轴	67cm×35.5cm	126,500	中鸿信	2019-07-17
梅清 1695年作 仿古山水册 册页（十开）	28cm×34cm×10	8,625,000	中国嘉德	2019-11-19
梅清 行书书法 立轴	129.5cm×30.5cm	184,000	中贸圣佳	2019-11-30
梅清 黄山二景诗画 镜心（二开）	画 28cm×17cm×2	862,500	中国嘉德	2019-11-19

拍品名称	物品尺寸	成交价RMB	拍卖公司	拍卖日期
梅清 梅翀 山水合册 册页（八开）	27cm×35cm×8	8,165,000	中国嘉德	2019-11-19
梅清 奇峰云海 手卷	本幅 30.5cm×392cm	4,715,000	北京匡时	2019-07-13
梅清 松下二耆 立轴	70cm×39cm	172,500	中国嘉德	2019-11-19
梅调鼎 行书 节录古文 镜片	145cm×75.5cm	103,500	西泠印社	2019-07-06
梅调鼎 行书 苏轼诗 四屏	150.5cm×37.5cm×4	161,000	西泠印社	2019-07-06
梅调鼎 行书七言联 立轴	144cm×25cm×2	103,500	中国嘉德	2019-06-04
米汉雯 行书王勃诗 立轴	113cm×50cm	103,500	中国嘉德	2019-06-04
闵贞 人物 立轴	107cm×53cm	115,000	北京保利	2019-08-24
闵贞 仙鹤仕女 立轴	134cm×67cm	115,000	中贸圣佳	2019-11-30
闵贞 鱼乐图 立轴	131cm×92cm	920,000	上海工美	2019-11-10
明仁宗（款）勅书 手卷	27cm×15cm	1,944,000	佳士得	2019-05-27
莫友芝 隶书录《礼乐志·天门开》立轴	168cm×37cm×4	139,134	中国嘉德	2019-10-08
莫友芝 篆书四言联 立轴	107cm×29.5cm×2	97,750	中国嘉德	2019-06-04
倪璨 1795年作 画溪春泛图 立轴	68cm×26cm	897,000	上海明轩	2019-04-28
倪田 人物 立轴	145cm×75cm	103,500	荣宝斋（桂林）	2019-08-18
倪田 山君 立轴	147cm×46.5cm	105,800	中国嘉德	2019-06-02
倪田 渊明爱菊 立轴	143cm×78cm	97,750	荣宝斋（南京）	2019-07-21
牛石慧 枯枝幽禽 镜心	29cm×30.5cm	567,238	保利香港	2019-10-06
潘思牧 1782年作 春夏秋冬四屏 立轴	135cm×43cm×4	287,500	北京荣宝	2019-12-01
彭会淇 陈元龙 范允临 沈辰垣 王项龄 汪铎 行书六条屏	尺寸不一	1,035,000	中国嘉德	2019-06-03
彭启丰 临王蒙山水卷 手卷	画心 30cm×236cm	218,500	中贸圣佳	2019-06-07
彭旸 山水六屏 立轴	160cm×39.5cm×6	115,000	北京保利	2019-12-03
彭旸 设色山水 四条屏	161cm×40cm×4	184,000	中国嘉德	2019-06-25
彭玉麐 行书题画诗 四屏 立轴	180cm×48cm	171,000	香港苏富比	2019-04-01
彭玉麟 1875年作 墨梅图 镜心	120cm×40cm	126,500	北京保利	2019-12-03
蒲松龄 行书自作诗 扇片	17cm×50cm	97,750	中鸿信	2019-07-17
普泽 湖山茅屋 立轴	73cm×30.5cm	97,750	中国嘉德	2019-11-19
祁隽藻 书法 立轴	168cm×65cm	345,000	朵云轩	2019-10-19
祁寯藻 1856年作 行书《蝗赋》手卷	31cm×144cm	345,000	北京匡时	2019-07-13
祁寯藻 行书 立轴	79.5cm×27.5cm	103,500	上海嘉禾	2019-09-07
祁寯藻 行书八言联 立轴	217cm×38cm×2	517,500	中国嘉德	2019-06-04
祁寯藻 行书七言联 立轴	119cm×27.5cm×2	115,000	中贸圣佳	2019-06-07
祁寯藻 行书七言联 立轴	146cm×33cm×2	402,500	中国嘉德	2019-06-04
祁寯藻 行书七言联 立轴	123cm×29cm×2	241,500	华艺国际	2019-08-10
祁寯藻 楷书八言联 立轴	194cm×64cm	218,500	中贸圣佳	2019-06-07
祁寯藻 楷书五言联 立轴	81cm×20cm×2	101,200	北京匡时	2019-07-13
祁豸佳 仿大痴山水 扇页	47cm×16cm	97,750	西泠印社	2019-07-06
祁豸佳 行草高岱《高适登阁》诗 扇面	18.7cm×52cm	136,050	香港苏富比	2019-10-06
祁豸佳 山水 立轴		109,086	纽约苏富比	2019-03-22
钱伯埛 乾隆1794年作 行书述妖异事一则 手卷	9cm×494.5cm	109,250	中国嘉德	2019-11-19
钱大昕 1762年作 篆书 古文 四屏	157.5cm×38.5cm×4	138,000	西泠印社	2019-07-06
钱大昕 1791年作 行书录颜之推《颜氏家训·杂艺》立轴	239.5cm×114.5cm	920,000	中国嘉德	2019-11-19
钱大昕 隶书 七言联 对联	123.5cm×29cm×2	149,500	西泠印社	2019-07-06
钱坫 嘉庆1804年作 篆书十言联 立轴	129cm×19cm×2	128,431	中国嘉德	2019-10-08
钱坫 篆书七言联 立轴	129cm×27cm×2	109,250	北京保利	2019-06-03

拍品名称	物品尺寸	成交价RMB	拍卖公司	拍卖日期
钱杜 1813年至1816年作 潇湘八墅（八帧）扇页	尺寸不一	2,530,000	西泠印社	2019-07-06
钱杜 1815年作 闲闲楼图卷 手卷	画心 30cm×101cm	1,380,000	北京保利	2019-06-03
钱杜 1818年作 桐绵图 手卷	画心 35cm×31cm；286cm×63cm	253,000	西泠印社	2019-07-06
钱杜 1838年作 龙门秋雨图 立轴	101cm×28.5cm	149,500	广东崇正	2019-05-23
钱杜 1843年作 香林禅诵 镜心	86cm×28cm	310,500	北京荣宝	2019-12-01
钱杜 古梅图 立轴	92cm×26.5cm	126,500	北京翰海	2019-06-14
钱杜 越湖春眺图卷 手卷	画心 37cm×90.5cm	575,000	中贸圣佳	2019-06-07
钱杜 张廷济 朱昂之 张培敦 等 书画格景扇 成扇	18cm×54cm	120,750	中国嘉德	2019-06-04
钱沣 行书《庄子》句 立轴	140.5cm×70cm	109,250	中国嘉德	2019-06-04
钱沣 行书七言联 立轴	124.5cm×28cm×2	126,500	中国嘉德	2019-06-04
钱沣 行书七言诗 手卷	31.5cm×119.5cm	103,500	中国嘉德	2019-11-19
钱沣 行书五言诗 立轴	99cm×48.5cm	138,000	中国嘉德	2019-06-04
钱沣 青骢马 立轴	62.5cm×30cm	117,729	中国嘉德	2019-10-08
钱慧安 1902年作 经营百万 立轴	149cm×80.5cm	171,513	中国嘉德	2019-03-30
钱慧安 1905年作 张神者像 立轴	132cm×57cm	117,729	中国嘉德	2019-10-08
钱慧安 人物 册页	18cm×52cm×10	287,500	北京保利	2019-08-24
钱松 1858年作 泛舟图 立轴	135cm×66cm	160,539	保利香港	2019-10-06
钱松 梅花册 册页（八开）	28.3cm×32.3cm×8	2,760,000	中国嘉德	2019-06-04
钱维城（款）花鸟（八帧）镜心	34cm×36cm×8	149,500	中国嘉德	2019-10-17
钱维城（款）山水扇册 册页（八开）	20cm×54cm×8	100,890	中国嘉德	2019-03-30
钱维城 仿元四家山水卷 手卷	33cm×523cm	12,461,625	香港苏富比	2019-04-01
钱维城 花卉册 册页（八开）	13cm×18cm×8	36,800,000	中国嘉德	2019-11-19
钱维城 金山胜览 手卷	26cm×133cm	287,500	北京保利	2019-04-30
钱维城 山林幽居图 扇页	51cm×15.5cm	149,500	西泠印社	2019-07-06
钱维城 山水册页 册页（八开）	20cm×31cm×8	920,000	中贸圣佳	2019-11-30
钱维城 苏轼舣舟亭图 手卷	画26cm×74.7cm	74,750,000	中国嘉德	2019-11-19
钱维城 于敏中 画 题 仿宋人杂画册 册页（三十开）	13cm×23cm×30	1,380,000	中贸圣佳	2019-11-30
钱维乔 1805年作 山水四屏 立轴	230cm×54cm×4	345,000	北京荣宝	2019-06-13
钱泳 谷际岐 徐如澍 谢振定 等二十六家 1798年、1799年作 为法式善作诗龛诗册（共二十九页）册页	22.5cm×17cm×29	345,000	西泠印社	2019-07-06
钱载 双清图 镜心	25cm×107.5cm	126,500	中国嘉德	2019-06-04
乾隆（款）1765年作 行书七言诗 镜心	46cm×133cm	138,000	中国嘉德	2019-10-17
乾隆（款）行书 镜片	114cm×58cm	103,500	朵云轩	2019-10-19
乾隆（款）行书五言诗 册页	38cm×12cm×18	598,000	中国嘉德	2019-10-17
乾隆（款）楷书“天宝勝境”镜心	67cm×134cm	138,000	中国嘉德	2019-06-25
乾隆 行书《夜宿少林寺》镜心	68.5cm×151cm	1,012,000	中贸圣佳	2019-11-30
乾隆 行书御制《道斋》诗 镜心	171.5cm×69.5cm	1,725,000	中贸圣佳	2019-11-30
乾隆 书法御题对联 镜心	145cm×30cm×2	552,000	北京保利	2019-08-24
乾隆帝 1744年作 行书五言诗 立轴	109cm×64cm	4,485,000	华艺国际	2019-08-10
乾隆帝 1749年作 御笔风竹 镜框	诗堂 5.5cm×12cm；绘画16cm×12cm	862,500	华艺国际	2019-08-10
乾隆帝 1751年作 行书《山庄杂咏》四首 立轴	152cm×97cm	1,150,000	北京保利	2019-06-03
乾隆帝 1751年作 御笔<题敷文书院诗>立轴	158cm×64.3cm	4,485,888	华艺国际	2019-05-27
乾隆帝 1752年作 墨梅图 立轴	60cm×33cm	1,265,000	中鸿信	2019-07-17

拍品名称	物品尺寸	成交价RMB	拍卖公司	拍卖日期
乾隆帝 1752年作 野趣生毫端 立轴	143cm×47cm	483,000	中鸿信	2019-07-17
乾隆帝 1784年作 御笔行书八言诗 扇面	24.5cm×68.5cm	184,000	中鸿信	2019-07-17
乾隆帝 行书 立轴	166.5cm×62.5cm	218,500	北京翰海	2019-06-14
乾隆帝 行书"真如 立轴	51cm×94.5cm	230,000	中国嘉德	2019-06-04
乾隆帝 行书七言联 对联	137cm×28cm×2	517,500	北京保利	2019-12-03
乾隆帝 御笔行书七言联 镜芯	129.5cm×24.5cm	161,000	中鸿信	2019-07-17
乾隆皇帝 弘历 御笔五言对联（两幅）立轴	149cm×29.4cm×2	355,650	纽约佳士得	2019-09-10
秦炳文 仿古山水四屏 立轴	97cm×34cm×4	138,000	北京保利	2019-08-24
清 王士祯奏疏 书法	59cm×33cm	115,000	华艺国际	2019-08-11
清宫廷画家合绘 郡王霍集斯像 立轴	画心 148cm×88.5cm	6,900,000	北京保利	2019-06-03
清宫廷画家合绘 寿意图册 册页（十二开）	32cm×29cm×12	57,500,000	北京保利	2019-06-03
清乾隆 传蜗寄老人画像	198.4cm×128.8cm	287,500	中贸圣佳	2019-11-30
清晚期 叶诗梦书"竹雨凝寒"匾	画芯 96.5cm×32 cm	112,700	中国嘉德	2019-11-17
屈大均 行书《过访余兄先生池亭赋赠》扇面	16.8cm×50cm	249,425	香港苏富比	2019-10-06
屈兆麟 五福图 立轴	111cm×76.5cm	172,500	中国嘉德	2019-11-19
任伯年 1872年作 鲜鱼佳果图 扇页	53.5cm×19cm	161,000	西泠印社	2019-07-07
任伯年 1873年作 双骏图 立轴	161.5cm×81.5cm	1,207,500	西泠印社	2019-07-07
任伯年 1873年作 双骏图 立轴	161.5cm×81.5cm	1,012,000	西泠印社	2019-09-21
任伯年 1876年作 花卉群鸡 立轴	126cm×44cm	181,602	中国嘉德	2019-03-30
任伯年 1877年作 四季平安 立轴	140cm×67.5cm	195,500	北京翰海	2019-06-14
任伯年 1878年作 幽谷鸣禽 镜心	18cm×52cm	138,000	北京匡时	2019-07-13
任伯年 1879年作 临丁云鹏人物立轴	143.5cm×77.5cm	2,300,000	广东崇正	2019-05-23
任伯年 1881年作 芦花双鸡图 镜片	102cm×39cm	368,000	西泠印社	2019-09-21
任伯年 1881年作 支遁爱马图 立轴	172cm×47cm	920,000	北京保利	2019-06-22
任伯年 1882年作 墨竹（两幅）立轴	105cm×22cm×2	118,800	佳士得	2019-05-27
任伯年 1882年作 苏武牧羊 镜片	147cm×82cm	862,500	上海嘉禾	2019-09-07
任伯年 1882年作 苏武牧羊图 立轴	143cm×78cm	1,265,000	上海匡时	2019-06-21
任伯年 1884年作 唐孙司空故事 立轴	177cm×96cm	4,025,000	广东崇正	2019-11-28
任伯年 1885年作 读书牧牛图 立轴	本幅 28.5cm×21.5cm	207,000	北京荣宝	2019-06-13
任伯年 1885年作 焚香诰天图 立轴	本幅 28.5cm×21.5cm	483,000	北京荣宝	2019-06-13
任伯年 1885年作 人物四屏 立轴	145.5cm×39.5cm×4	6,864,650	华艺国际	2019-11-24
任伯年 1885年作 桐荫锦鸡 立轴	99cm×27cm	126,500	中鸿信	2019-07-16
任伯年 1886年作 松下听琴图 立轴	137.5cm×67cm	552,000	西泠印社	2019-07-07
任伯年 1886年作 桃花禽憩图 立轴	108cm×53.5cm	839,500	西泠印社	2019-04-13
任伯年 1887年作 高士清赏图 立轴	76cm×35cm	1,104,000	北京保利	2019-12-03
任伯年 1888年作 飞燕精神 立轴	119.5cm×40cm	172,500	北京匡时	2019-07-13
任伯年 1888年作 花鸟 镜片	半径26cm	195,500	广东崇正	2019-11-28
任伯年 1888年作 换马图 立轴	94cm×41cm	207,000	北京保利	2019-06-03
任伯年 1888年作 三阳开泰 立轴	177cm×47cm	552,000	上海嘉禾	2019-09-07
任伯年 1889年作 花鸟四屏（四幅）立轴	160.5cm×44cm×4	895,000	佳士得	2019-11-26
任伯年 1890年作 百龄禄寿 立轴	215cm×93cm	2,070,000	朵云轩	2019-06-22
任伯年 1890年作 荷花水鸟 镜心	134cm×64cm	1,380,000	北京荣宝	2019-06-13
任伯年 1890年作 枇杷翠鸟 立轴	128cm×62cm	151,335	保利香港	2019-04-01
任伯年 1891年作 登高望远图 立轴	178cm×46.5cm	345,000	西泠印社	2019-07-07
任伯年 1895年作 玉兰双吉图 立轴	89cm×46cm	184,000	北京银座	2019-06-05
任伯年 1936年作 花鸟图 镜心	17.3cm×52cm	141,246	中国嘉德	2019-03-30
任伯年 光绪1881年作 竹林高士镜心	28.5cm×25.5cm	195,500	中国嘉德	2019-11-18
任伯年 光绪1884年作 渔舟仕女 立轴	120cm×38.5cm	172,500	中国嘉德	2019-06-04
任伯年 花开大吉图 立轴	125.5cm×31cm	161,000	西泠印社	2019-07-07
任伯年 花鸟（二帧）镜心	30.5cm×40cm×2	184,000	北京荣宝	2019-06-13
任伯年 花鸟 镜心	直径26cm	253,000	中贸圣佳	2019-11-30
任伯年 花鸟四屏 立轴	130cm×31cm×4	345,000	北京保利	2019-08-24
任伯年 蕉荫白鹤 立轴	166cm×37cm	585,162	中国嘉德	2019-03-30
任伯年 接喜图 立轴	138.5cm×68.5cm	782,000	中贸圣佳	2019-11-30
任伯年 孔雀 立轴	175cm×37cm	552,000	朵云轩	2019-10-20
任伯年 盼归 立轴	117cm×36cm	552,000	北京银座	2019-06-05
任伯年 鹊鸣柏树 立轴		117,478	纽约苏富比	2019-03-22
任伯年 任薰 任预 山水花鸟扇页六帧（六帧）扇页	尺寸不一	172,500	西泠印社	2019-07-07
任伯年 树下仕女 立轴	140cm×39cm	102,038	香港苏富比	2019-10-06
任伯年 松鹤延年图 立轴	163cm×94.5cm	253,000	西泠印社	2019-07-07
任伯年 桃花春莺 立轴	31.3cm×33.7cm	356,832	华艺国际	2019-05-27
任伯年 同治1870年作 吹箫引凤图 立轴	77cm×40.5cm	690,000	中国嘉德	2019-06-04
任伯年 同治1870年作 松石丹凤图 立轴	129cm×60.5cm	287,500	中鸿信	2019-07-16
任伯年 五谷丰登图 立轴	160.5cm×78.5cm	897,000	西泠印社	2019-07-06
任伯年 溪桥疏林 立轴	150cm×40cm	552,000	广东崇正	2019-05-23
任伯年 休憩图 镜框	31cm×33cm	138,000	上海嘉禾	2019-09-07
任伯年 戊子（1888年作 勒马观雪 立轴	116.5cm×38.5cm	402,500	朵云轩	2019-06-22
任伯年 张熊 朱偁 胡公寿 等九家 1869年作 九秋图 扇页	57cm×20cm	195,500	西泠印社	2019-04-13
任伯年 紫藤图 立轴	65cm×24.5cm	149,500	西泠印社	2019-07-07
任熊 1855年作 山水 人物 花卉册 册页（十二开）	23cm×30.5cm×12	414,000	广东崇正	2019-05-22
任熊 1857年作 执拂高士 立轴	115cm×61.6cm	453,500	香港苏富比	2019-10-07
任熊 嫦娥 立轴	165cm×77cm	1,495,000	北京荣宝	2019-06-13
任熊 列仙酒牌 册页（四十八开）	25cm×12cm×48	5,159,675	佳士得	2019-11-25
任熊 仕女 册页	27cm×32cm×10	207,000	北京保利	2019-08-24
任熏 任伯年 任预 山水人物花鸟 扇面（六开）		100,695	纽约苏富比	2019-03-22
任薰 1877年作 观音大士 立轴	97cm×38cm	128,431	中国嘉德	2019-10-08
任薰 方梦兰 朱偁 沙馥 张熊 任伯年 杂锦（两幅）扇面立轴	18.5cm×53.5cm×2	237,600	佳士得	2019-05-27
任薰 人物四屏 立轴	160cm×42cm	483,000	中鸿信	2019-07-16
任预 山水对屏 立轴	149cm×41cm×2	97,750	中国嘉德	2019-06-04
任预 山水人物 册页	20cm×29cm×14	103,500	北京保利	2019-08-24
任预 山水四屏 立轴	133cm×32.5cm×4	126,500	荣宝斋（桂林）	2019-08-18
荣纯亲王 楷书 册页（八开）	37cm×16.8cm×8	126,500	北京荣宝	2019-06-13
阮元 1804年作 隶书"励志诗·大仪斡运"立轴	130cm×30.5cm	191,691	保利香港	2019-04-01
阮元 1822年作 篆书七言联 立轴	156cm×30.5cm×2	644,000	上海明轩	2019-04-28
阮元 行书 四屏镜片	93.5cm×18.5cm×4	356,500	广东崇正	2019-11-28
阮元 行书五言联 立轴	62.5cm×19cm×2	383,382	中国嘉德	2019-03-30
森狙仙 三猴图	114cm×53cm	100,695	纽约佳士得	2019-03-21
上睿 1667年作 麻姑献寿图 立轴	185cm×58cm	517,500	南京经典	2019-07-19
上睿 1721年作 山居图卷 手卷	33cm×400cm	207,000	北京保利	2019-06-03
沈葆桢 行书八言联 对联	168cm×31cm×2	184,000	上海驰翰	2019-06-21
沈葆桢 行书七言联 立轴	130cm×27cm×2	103,500	北京翰海	2019-06-14

2019书画拍卖成交汇总

(成交价RMB：10万元以上)

拍品名称	物品尺寸	成交价RMB	拍卖公司	拍卖日期
沈苍 1712年作 诗意图 册页（十开）	27.5cm×19cm×10	828,000	中国嘉德	2019-11-19
沈苍 山水册 册页（八开十六页）	26cm×18cm×8	609,500	北京保利	2019-06-03
沈苍 沈白 秦鉽 等 为伴翁祝寿册 册页（十一开）	26cm×22cm×11	322,000	中国嘉德	2019-11-19
沈颢 1652年作 仿古山水 册页（十开）	29.8cm×24cm×10	402,500	中国嘉德	2019-11-19
沈峻・弘高 1662年作 山水诸名家题真迹 册页（十开）	24.9cm×15cm×20	1,322,500	中鸿信	2019-07-17
沈庆兰 农耕图 册页（二十二开）	23.5cm×24cm×22	230,000	中国嘉德	2019-11-19
沈荃 1662年作 青山采芝图 立轴	181cm×45cm	138,000	中国嘉德	2019-10-17
沈荃 游盘山诗 立轴	198cm×37.5cm	126,500	中国嘉德	2019-11-19
沈铨 1736年作 鹤寿延年 立轴	155cm×80cm	1,091,665	保利香港	2019-10-06
沈铨 1742年作 花间细语 镜心	66cm×64.5cm	287,500	北京保利	2019-12-03
沈铨 1750年作 封侯食禄图 立轴	227cm×114cm	138,000	中国嘉德	2019-10-17
沈铨 1752年作 白鹿鸣春图 镜心	197cm×98cm	103,500	中国嘉德	2019-10-17
沈铨 1758年作 海鹤遐龄 立轴	153cm×81cm	207,000	北京翰海	2019-06-14
沈铨 1759年作 花间猫趣图 立轴	92.5cm×48cm	195,500	西泠印社	2019-07-06
沈铨 1759年作 似锦长青 立轴	191cm×111cm	575,000	北京保利	2019-12-03
沈铨 鹤寿 立轴	190cm×94cm	920,000	北京保利	2019-08-24
沈铨 花木绶带图 立轴	101.5cm×47cm	253,000	西泠印社	2019-07-06
沈铨 群凫戏水图 立轴	135cm×86cm	690,000	北京保利	2019-06-03
沈铨 松猴双鹿图 立轴	196cm×97cm	460,000	西泠印社	2019-07-06
沈铨 太师少师图 立轴	174cm×93cm	437,000	荣宝斋（桂林）	2019-08-18
沈振麟 人物四屏 立轴	89cm×20cm×4	103,500	北京保利	2019-08-24
沈振麟 玉澜堂十五老臣像 册页（十四开）	29cm×21cm×14	1,380,000	中贸圣佳	2019-06-07
沈宗骞 1760年作 赤壁图 手卷	17cm×99cm	103,500	北京翰海	2019-10-12
沈宗敬 行书 纪恩诗一首 扇页	53cm×16cm	97,750	西泠印社	2019-07-06
沈宗敬 康熙1709年作 秋日虞山图 立轴	156.5cm×48.5cm	322,000	中国嘉德	2019-11-19
沈宗敬 疎林平远 立轴	54cm×31cm	138,000	北京翰海	2019-06-14
石涛（款）策杖访友 镜框	18cm×14cm	2,160,000	佳士得	2019-05-27
石涛（款）行书《牛赋》镜心	18.5cm×28cm	262,314	中国嘉德	2019-03-30
石涛（款）秋林夕阳 立轴	127cm×35cm	402,500	中贸圣佳	2019-11-30
石涛（款）万壑松风图 立轴	133cm×38cm	138,000	中国嘉德	2019-06-25
石涛 1687年作 岁寒双清图 立轴	200cm×111.2cm	5,577,500	中鸿信	2019-07-17
石涛 1698年作 松岭读书图 立轴	画78cm×37cm	4,140,000	广东崇正	2019-05-23
石涛 杜甫诗意册 册页（八开）	画 39cm×27cm×8	55,200,000	中国嘉德	2019-11-19
石涛 佛教故事 立轴	76cm×20cm	5,750,000	北京匡时	2019-07-13
石涛 佛教故事 立轴	76cm×20cm	4,600,000	北京保利	2019-12-03
石涛 荷花图 镜心	78cm×31cm	13,800,000	中国嘉德	2019-11-19
石涛 劲节清风 立轴	24cm×30cm	517,500	荣宝斋（桂林）	2019-08-18
石涛 墨竹 立轴	74.7cm×29.5cm	5,600,725	香港苏富比	2019-10-06
石涛 山水（二帧）镜心	22cm×14cm×2	1,380,000	北京保利	2019-12-03
石涛 山水 立轴	90cm×56cm	168,000	上海联合	2019-12-01
石涛 山水八景册（八页）册页	26.5cm×17cm×8	2,127,500	西泠印社	2019-07-06
石涛 山水册 册页（八开十六页）	17.1cm×12.1cm×8	25,300,000	北京保利	2019-12-03
石涛 山水花卉册 册页（十开）	32.5cm×24.5cm×10	45,425,000	中国嘉德	2019-06-02
石涛 桐柏山居图 立轴	40cm×26cm	586,500	北京保利	2019-12-03
石涛 望山图 镜芯	95cm×47.5cm	126,500	中鸿信	2019-07-17
石莊 1726年作 山居清话图 立轴	95.5cm×71.5cm	172,500	北京翰海	2019-06-14
释今释 行书寿说卷 手卷	25cm×158.5cm	368,000	北京保利	2019-06-03
释莲溪 1877年作 清风高节 立轴	177cm×95cm	126,500	上海嘉禾	2019-09-07
释真然 墨兰竹石 四屏	141.8cm×31.6cm×4	96,369	香港苏富比	2019-10-06
宋曹 1682年作 草书临二王帖 镜片	218cm×23cm	161,000	西泠印社	2019-04-14
宋曹 1695年作 草书自作诗卷 手卷	25cm×205cm	805,000	北京荣宝	2019-06-13
宋曹 草书《千字文》（十九开）册页	37cm×28cm×38	460,000	中贸圣佳	2019-06-07
宋曹 草书节临《游目帖》立轴	143cm×65.5cm	160,313	香港苏富比	2019-04-01
宋曹 节临王羲之《游目帖》立轴	143.5cm×66cm	368,000	北京银座	2019-06-05
苏六朋 对弈图 立轴	144cm×36cm	105,800	华艺国际	2019-08-11
苏六朋 遣魔图 镜片	41cm×86.5cm	109,250	广东崇正	2019-11-28
苏仁山 1847年作 山石韫玉 立轴	110cm×48.5cm	149,836	中国嘉德	2019-10-08
苏仁山 清 白描人物 立轴	97.2cm×57.2cm	145,438	佳士得	2019-11-25
孙家鼐 楷书 八言联 对联	210.5cm×41cm×2	97,750	西泠印社	2019-07-06
孙桀 松年先生博古图 立轴	画心46cm×44cm	184,000	北京保利	2019-12-03
孙星衍 张廷济 朱为弼 江沅 等 名人墨迹册（二十四页）册页	尺寸不一（册页尺寸31cm×19cm）	115,000	西泠印社	2019-07-06
孙岳颁 行书《舞鹤赋》、《十七帖》册页（十二开）	22.5cm×15cm×24	161,000	中国嘉德	2019-06-04
孙岳颁 行书—岑参五言律诗 立轴	159cm×51cm	129,600	佳士得	2019-05-27
汤密 1740年作 墨竹图 立轴	215cm×101cm	195,500	中国嘉德	2019-06-04
汤世澍 1890年作 花卉 四屏	133cm×33.5cm×4	101,200	西泠印社	2019-04-14
汤贻汾 1848年作 秋林琴韵卷 手卷	20.5cm×223cm	241,500	朵云轩	2019-06-22
汤贻汾 山水册 册页（十二开）	20.5cm×24cm×12	253,000	中国嘉德	2019-06-04
唐岱 1717年作 仿子久山水 立轴	96cm×52cm	575,000	北京保利	2019-12-03
唐岱 1729年作 仿黄公望山水 立轴	107cm×54cm	460,000	北京保利	2019-06-03
唐岱 1735年作 晴峦春霭图 立轴	108cm×62cm	1,782,500	北京保利	2019-06-03
唐岱 乾隆元年（1736年作 仿倪云林山水 立轴	91cm×45cm	276,000	中国嘉德	2019-06-04
唐岱 山水册 册页（二十开）	31.5cm×23.3cm×20	8,920,800	佳士得	2019-05-27
天然和尚 1667年作 行草书诗 立轴	195cm×38.5cm	358,000	佳士得	2019-11-25
铁保 1804年作 济南濋泉记（共十三页）册页	30cm×16.5cm×13	299,000	西泠印社	2019-07-06
铁保行书《画禅室随笔》四则 镜心	119cm×26cm×4	115,000	北京荣宝	2019-06-13
铁保 行书册 册页（二十开）	25cm×13.5cm×20	118,800	佳士得	2019-05-27
铁保 行书论诗 立轴	163.5cm×22cm	96,323	中国嘉德	2019-10-08
铁保 嘉庆1809年作 行书临米芾《易义》册页（十开）	26.5cm×14.5cm×20	138,000	中国嘉德	2019-06-04
同治帝 1869年作 楷书《咏夏至》镜片	66cm×47cm	368,000	广东崇正	2019-11-28
童原 花卉册 册页	24.5cm×16.5cm×10	101,200	中贸圣佳	2019-08-16
汪承霈 花鸟虫草扇面册 册（十二开）（选八开）	尺寸不一	476,175	香港苏富比	2019-10-06
汪家珍 山水册 册页（八开）	21.5cm×21cm×8	920,000	中国嘉德	2019-11-19
汪士鋐 1720年作 行书节录鲍昭《飞白书势铭》、钟繇《隶书势》立轴	110.5cm×44.5cm	126,500	中国嘉德	2019-06-04
汪士鋐 行书五言诗 立轴	146cm×50.5cm	115,000	中贸圣佳	2019-06-07
汪士鋐 行书杂录古文 手卷	29.5cm×224.2cm	113,375	香港苏富比	2019-10-06
汪士慎 1734年作 墨梅图卷 手卷	41cm×197cm	517,500	中国嘉德	2019-06-25
汪士慎 花卉册 册页（共十三页）	13cm×9cm×12；16.5cm×11.5cm	517,500	西泠印社	2019-04-14
汪士慎 花卉册 册页（十二开）	9cm×13cm×12；跋12cm×16.5cm	977,500	中国嘉德	2019-11-19
汪士慎 秋兰图 立轴	60.5cm×24cm	230,000	中贸圣佳	2019-06-07
汪士慎 竹石图 立轴	152cm×39cm	2,702,500	北京保利	2019-06-03

拍品名称	物品尺寸	成交价RMB	拍卖公司	拍卖日期
汪廷儒 山水 立轴	157cm×45cm	138,000	中鸿信	2019-07-16
汪由敦 1755年作 临鲁公三帖 手卷	26cm×154cm×2	115,000	上海嘉禾	2019-09-07
汪由敦行书论历代名家法书卷 手卷	343.5cm×27cm	437,000	西泠印社	2019-07-06
汪由敦 行书《韩诗外传》句 立轴	166cm×53cm	115,000	北京荣宝	2019-06-13
汪由敦 行书五言诗 镜心	27cm×16cm	103,500	中国嘉德	2019-06-04
王采苹 王采蘩 花卉（二屏）立轴	111cm×27.5cm×2	138,000	南京经典	2019-07-19
王宸 1789年作 秋山图 立轴	123cm×59cm	299,000	中国嘉德	2019-11-19
王宸 1792年作 语溪读碑图 手卷	36cm×169cm	268,500	佳士得	2019-11-18
王宸 1793年作 潇湘图 手卷	51.5cm×355cm	3,333,875	佳士得	2019-11-25
王宸 洞庭秋月 立轴	80cm×37.3cm	453,500	香港苏富比	2019-10-06
王宸 书画合璧册（十二开）册页	25cm×30cm×12	230,000	中贸圣佳	2019-06-07
王崇节 王武 1657年作 王鉴六十玉照卷 手卷	46.5cm×190cm	460,000	中鸿信	2019-07-17
王概 九成宫图 扇页	57.5cm×20cm	391,000	西泠印社	2019-07-06
王弘撰 草书 七言诗 立轴	221cm×78cm	345,000	西泠印社	2019-07-06
王鸿绪 1696年作《熙朝雅颂》楷书册 册页（三十四开）	尺寸不一	287,500	广东崇正	2019-05-22
王鸿绪 行书宋邵雍《观物吟唱》立轴	184cm×52cm	575,000	北京保利	2019-06-03
王翚（传）仿赵大年笔意 立轴	183cm×93cm	252,225	保利香港	2019-04-01
王翚（传）富春岚霭图 手卷	39.2cm×494.8cm	864,000	佳士得	2019-05-27
王翚（传）江天雪意图 手卷	画29cm×487.5cm	115,000	中国嘉德	2019-06-04
王翚 1663年作 拟巨然山水 立轴	119.5cm×47cm	2,932,500	上海嘉禾	2019-09-06
王翚 1670年作 临黄子久溪山苍翠扇面	16.5cm×50cm	437,000	华艺国际	2019-08-10
王翚 1680年作 溪亭山色 立轴	画心49cm×32cm	428,104	保利香港	2019-10-06
王翚 1686年作 云山图 手卷	10cm×264cm	4,025,000	北京荣宝	2019-12-01
王翚 1689年作 仿北苑茂林烟霭 扇页	49cm×17cm	1,207,500	西泠印社	2019-07-06
王翚 1690年作 拟王维山水 手卷	画32cm×460cm	1,614,240	中国嘉德	2019-03-30
王翚 1693年作 青山岭云图 立轴	83cm×50cm	1,035,000	中国嘉德	2019-11-19
王翚 1695年作 平林散牧图 立轴	160cm×70cm	897,000	中国嘉德	2019-10-17
王翚 1702年作 为明翁道长作春山图 镜芯	16cm×51cm	126,500	中鸿信	2019-07-17
王翚 1711年作 山居图 立轴	79cm×51cm	609,500	北京保利	2019-12-03
王翚 1713年作 溪山积雪图 手卷	画心 519cm×29cm	1,955,000	西泠印社	2019-07-06
王翚 1715年作 寒林云岫 立轴	62.5cm×33cm	3,450,000	上海嘉禾	2019-09-06
王翚 滨江书屋 立轴	45.7cm×33.2cm	160,313	香港苏富比	2019-04-01
王翚 仿古山水册（两册）册页（十开）（十二开）	尺寸不一	2,645,000	上海明轩	2019-04-28
王翚 山水 立轴	181cm×53cm	138,000	北京保利	2019-08-24
王翚 山水 手卷	29cm×370cm	109,250	北京保利	2019-04-30
王翚 深山访友图 立轴	160cm×44cm	322,000	中鸿信	2019-07-17
王翚 王撰 王揆 王掞 王瑞国 杨晋 孙朝让 金造士 赵士春 陈淮 为"曹鼎望"贺寿十开册 册页（十开）	33cm×33cm×10	1,840,000	北京荣宝	2019-06-13
王翚 夏日园居图 立轴	145.5cm×47cm	299,000	西泠印社	2019-07-06
王翚 杨晋 为刘松作 石亭图 手卷	画心 177cm×36.5cm；题跋53cm×37cm	2,990,000	西泠印社	2019-07-06
王翚 杨晋（画）恽寿平（题）百寿图 镜心	18cm×55cm	356,500	中贸圣佳	2019-06-07
王翚（款）秋山行旅图 卷	27.5cm×89.5cm	120,750	北京翰海	2019-06-14
王翚 1702年作 溪桥行旅 立轴	158.5cm×79cm	345,000	北京翰海	2019-06-14
王际华 祁寯藻 程思泽 清 御题诗 册页（八开十六页）	52.5cm×33.6cm	132,250	北京保利	2019-12-03
王鉴 1652年作 水村泛舟图 扇页	50.5cm×16.5cm	782,000	西泠印社	2019-07-06
王鉴 1664年作 林溪山舍图 扇页	51cm×18cm	575,000	西泠印社	2019-07-06
王鉴 1673年作 仿大痴山水 扇面	16cm×47.5cm	642,156	中国嘉德	2019-10-08
王鉴 1677年作 临各家山水 册页	29.5cm×22cm×12	2,990,000	中鸿信	2019-07-17
王鉴 仿吴镇山水 立轴	170cm×50cm	1,380,000	中贸圣佳	2019-11-30
王鉴 仿子久秋山图 立轴	38cm×25cm	345,000	广东崇正	2019-05-23
王鉴 山居图 立轴	59cm×33cm	667,000	中鸿信	2019-07-17
王杰 行书七言 对联片	132cm×30cm×2	230,000	朵云轩	2019-06-22
王诘 自画像 镜片	186cm×97cm	1,322,500	广东崇正	2019-11-28
王敬铭 云峤长春图卷 手卷	23cm×301cm	402,500	中国嘉德	2019-10-17
王闿运 行书湘潭记 四屏	122cm×38cm×4	345,000	西泠印社	2019-07-07
王闿运 为"周宽世"书七言联 立轴	130cm×32cm×2	97,750	北京荣宝	2019-06-13
王闿运 赠牧放浪自书诗 立轴	130cm×40cm	178,250	广东崇正	2019-05-23
王时敏 1653年作 峰峦林渚图 扇页	50.5cm×16cm	1,207,500	西泠印社	2019-07-06
王时敏 1663年作 富春大岭图 立轴	131cm×53.5cm	3,450,000	北京保利	2019-12-03
王时敏 林石山居图 扇页	51.5cm×16.5cm	805,000	西泠印社	2019-07-06
王世贞 行书李白诗 扇面	18cm×53cm	138,000	中国嘉德	2019-11-19
王树谷 墨花册（十二开）册页	31cm×53cm×12	517,500	中贸圣佳	2019-06-07
王澍 1738年作 草书《九歌》手卷	30cm×398cm	241,500	上海嘉禾	2019-09-07
王澍 行书米芾《中秋登楼望月》立轴	90.5cm×39cm	115,000	中国嘉德	2019-11-19
王澍 积书岩记 手卷	字 32cm×341cm；跋32cm×90cm	345,000	广东崇正	2019-11-28
王澍 楷书《桐赋》立轴	104.5cm×41.5cm	161,000	中国嘉德	2019-06-04
王素 婴戏图 册页（二十开）	21cm×15.5cm×20	3,333,875	佳士得	2019-11-25
王图炳 行书朱泽民诗 立轴	83.5cm×47cm	161,000	中国嘉德	2019-06-04
王维珍 "但求无愧我心"书房匾	长168.8cm；宽37.5cm	264,500	上海明轩	2019-04-28
王文治 1776年作 行书 自作诗 手卷	330cm×31cm	207,000	西泠印社	2019-07-06
王文治 1785年作 行书诗稿卷 手卷	25cm×426cm	103,500	北京荣宝	2019-06-13
王文治 1788年作 行书自作诗 立轴	151cm×60cm	241,500	北京保利	2019-12-03
王文治 1794年作 行书 四条屏	126cm×49cm×4	115,000	中国嘉德	2019-10-17
王文治 行书 四屏立轴	107cm×33.5cm×4	287,500	北京匡时	2019-07-13
王文治 行书"桃潭村塾"镜心	29cm×99cm	166,750	北京保利	2019-11-20
王文治 行书步虚词 立轴	151.5cm×60cm	230,000	中国嘉德	2019-06-04
王文治 行书册 册页（十九开）	27.5cm×31.5cm×19	322,000	广东崇正	2019-11-27
王文治 行书临右军帖 立轴	149cm×49.3cm	96,369	香港苏富比	2019-10-07
王文治 行书六屏 立轴	123.5cm×33.5cm×6	575,000	中贸圣佳	2019-06-07
王文治 行书七言联 立轴	124.5cm×27cm×2	109,250	中贸圣佳	2019-11-30
王文治 行书十二言联 立轴	247cm×33.5cm×2	287,500	北京银座	2019-06-05
王文治 行书四屏 立轴	125.5cm×48.5cm×4	287,500	中贸圣佳	2019-06-07
王文治 行书五言诗 立轴	133.5cm×37cm	172,500	西泠印社	2019-04-14
王文治 行书五言诗 立轴	133cm×48cm	172,500	华艺国际	2019-08-10
王文治 临宋四家书 四屏	135cm×46cm×4	586,500	北京保利	2019-06-03
王文治 书匾 眉楼 横坡	60.5cm×29.5cm	184,000	西泠印社	2019-07-06
王文治 书法八言联 立轴	175cm×31cm×2	126,500	荣宝斋（桂林）	2019-08-18
王文治 书法十二言联 立轴	247cm×33cm×2	218,500	北京保利	2019-08-24
王学浩 1818年作 梦游天姥唱和卷 手卷	画心 32cm×113cm	3,220,000	北京保利	2019-06-03
王学浩 1829年作 仿富春大岭图 立轴	130.5cm×42cm	115,000	中国嘉德	2019-11-19
王学浩 1832年作 仿古山水（十二帧）扇面	13.8cm×52cm×12	105,800	中国嘉德	2019-06-04
王一梧 1829年作 松间读易图 手卷	画心37cm×63cm	506,000	北京保利	2019-12-03

(成交价RMB：10万元以上)

拍品名称	物品尺寸	成交价RMB	拍卖公司	拍卖日期
王昱 王愫 杨儒臣 陆浩 等 为方士庶作山水花卉册（八页）册页	25.5cm×23.5cm×8	977,500	西泠印社	2019-07-06
王原祁（款）仿云林山水 立轴	92.5cm×31cm	181,944	中国嘉德	2019-10-08
王原祁 1685年作 潇湘图 立轴	109cm×42.5cm	1,725,000	广东崇正	2019-05-23
王原祁 1700年作 仿荆关笔意 立轴	87.5cm×46cm	1,725,000	广东崇正	2019-11-28
王原祁 1700年作 晴峰叠翠 立轴	102cm×46.5cm	10,120,000	中国嘉德	2019-06-02
王原祁 1703年作 层峦耸秀图 立轴	101cm×51cm	1,380,000	保利厦门	2019-01-06
王原祁 1705年作 夏山图 扇页	49cm×17cm	805,000	西泠印社	2019-07-06
王原祁 1709年作 浮峦暖翠图 立轴	诗31cm×24.5cm；画44cm×31.5cm	356,500	上海工美	2019-06-09
王原祁 仿古山水 镜框	34.3cm×30.2cm	268,520	纽约佳士得	2019-03-19
王原祁 仿倪高士山水 立轴	98.5cm×41cm	690,000	中贸圣佳	2019-06-07
王原祁 行书 七言诗 扇页	51.5cm×16cm	552,000	西泠印社	2019-07-06
王原祁 万壑松风 立轴	54cm×33.5cm	5,750,000	北京荣宝	2019-12-01
王云 1694年作 深山楼阁 立轴	179cm×84cm	126,500	中国嘉德	2019-06-04
王云 1694年作 仙山楼阁图 立轴	179cm×84cm	575,000	中国嘉德	2019-10-17
王云 1710年作 醉雪图 扇面	17.5cm×58.5cm	126,500	中国嘉德	2019-11-19
王云 1928年作 秋园幽禽 立轴	136cm×33.5cm	109,250	广东崇正	2019-11-27
王云 红衣罗汉 立轴	89.5cm×40.5cm	195,500	广东崇正	2019-11-27
王云 罗振玉 秋花黄鹂 小楷七言诗 成扇		112,700	中国嘉德	2019-06-24
王云 驻跸图 镜框	50cm×64cm	138,000	北京保利	2019-06-03
王肇基 斜月杏花屋填词图 立轴	137cm×42.5cm	241,500	上海嘉禾	2019-09-06
王者佐 康熙1707年作 溪山高隐图 立轴	160cm×53cm	115,000	中国嘉德	2019-06-04
王撰 1697年作 秋山图 镜片	95cm×44cm	138,000	上海嘉禾	2019-04-16
王作人 行书 唐宋宫词 立轴	236cm×41cm	241,500	西泠印社	2019-07-06
魏湘 丹山卿云 立轴	188cm×96.5cm	644,000	中国嘉德	2019-11-19
魏象枢 行草七言诗 立轴	175cm×47cm	747,500	中贸圣佳	2019-06-07
文点 春晴霁暖图卷 手卷	画心31cm×223cm	103,500	中贸圣佳	2019-06-07
文鼎 1835年作 江山渔乐图 手卷	画23.5cm×198cm	989,000	中国嘉德	2019-11-19
翁方纲 1756年作 小楷古诗文 册页（二十四开，选刊十）	19cm×12cm×48	115,000	中国嘉德	2019-06-04
翁方纲 1796年作 慎思 镜心	40cm×115cm	1,552,500	上海明轩	2019-04-28
翁方纲 1809年作 题张廷济款识册 册页（二十六开）	24cm×14.5cm×26	126,500	广东崇正	2019-05-23
翁方纲 1814年作 篆书七言诗 立轴	116cm×41cm	115,000	华艺国际	2019-08-10
翁方纲 庚戌（1790年作 行书《济宁州学观碑歌》手卷	画心20.5cm×233cm	218,500	上海嘉禾	2019-09-07
翁方纲 行书临《群玉堂帖卷八》册（十二开）	29.3cm×33.6cm×12	907,000	香港苏富比	2019-10-06
翁方纲 嘉庆1800年作 题观碑图 立轴	31cm×126.5cm	110,979	中国嘉德	2019-03-30
翁方纲 王文治 阮元 梁同书 萨迎阿 等《北园》图杂咏册（三十三页）册页（十七开）	25cm×33cm×33	383,382	中国嘉德	2019-03-30
翁同龢 1886年作 行书节录《三月三日曲水诗序》立轴	131cm×62cm×6	128,431	中国嘉德	2019-10-08
翁同龢 1892年作 坐看千帆 镜片	21.5cm×89cm	115,000	朵云轩	2019-06-22
翁同龢 1893年作 行书 立轴	128cm×63cm	230,000	华艺国际	2019-08-10
翁同龢 1900年作 枯木寒鸦图 立轴	72cm×33.5cm	218,500	西泠印社	2019-07-06
翁同龢 1901年作 古银杏图 卷	30cm×96.5cm	218,500	北京翰海	2019-06-14
翁同龢 泊舟读书 立轴	132cm×81.5cm	103,500	北京匡时	2019-07-13
翁同龢 仿倪高士笔意 立轴	23.5cm×30.5cm	208,701	保利香港	2019-10-06
翁同龢 顾沄 行书・水阁访友图（二帧）扇面	18cm×54cm×2	103,500	中鸿信	2019-07-17
翁同龢 行楷七言联 立轴	133cm×31cm×2	115,000	中贸圣佳	2019-06-07
翁同龢 行书集字联（一对）对联	171cm×41cm	256,500	香港苏富比	2019-04-01
翁同龢 行书节录《枯树赋》四屏	157cm×36.5cm×4	230,000	北京保利	2019-12-03
翁同龢 行书节录《武昌九曲亭记》立轴	169cm×80cm	178,250	北京保利	2019-06-22
翁同龢 行书临米芾尺牍 镜心	16.5cm×52cm	101,200	中贸圣佳	2019-08-16
翁同龢 行书陆游诗 立轴	161.5cm×32cm	128,431	保利香港	2019-10-06
翁同龢 行书七言联 立轴	282cm×63.3cm×2	276,000	中国嘉德	2019-11-19
翁同龢 行书七言联 立轴	164cm×40.2cm×2	126,500	中国嘉德	2019-11-19
翁同龢 行书五言 对联	171cm×44.5cm×2	207,000	上海工美	2019-06-09
翁同龢 行书五言联 立轴	127.5cm×35.5cm×2	172,500	中国嘉德	2019-11-19
翁同龢 楷书 横幅	82.5cm×180.5cm	103,500	北京翰海	2019-06-14
翁同龢 楷书八言联 立轴	200cm×48.5cm×2	115,000	中国嘉德	2019-06-04
翁同龢 五言对联（两幅）立轴	130cm×31.5cm×2	183,600	佳士得	2019-05-28
翁同龢等清诸家 观枫图诗画卷 手卷	画25cm×114cm	253,000	中国嘉德	2019-06-04
吴达 仿古山水册页 册页	28.5cm×22cm×8	807,120	北京匡时	2019-04-02
吴大澂 1862年作 范湖草堂图 立轴	38cm×59.7cm	2,494,250	香港苏富比	2019-10-07
吴大澂 1866年作 篆书修身语 横披	28cm×131.5cm	310,500	北京匡时	2019-07-13
吴大澂 1875年作 溪山图 立轴	96.5cm×36.5cm	310,500	朵云轩	2019-06-22
吴大澂 1885年作 篆书九言联 立轴	175cm×44cm×2	3,162,500	华艺国际	2019-08-10
吴大澂 1892年作 金文书法 四屏 立轴	176cm×46cm×4	1,035,000	上海明轩	2019-04-28
吴大澂 金文七言联 立轴	132cm×31cm×2	138,000	北京荣宝	2019-06-13
吴大澂 临恽王山水册 册页（十二开）	22.5cm×34.5cm×12	2,300,000	北京保利	2019-06-03
吴大澂 陆恢 临古合璧册 册页（八开）	27.8cm×32.5cm×8	1,725,000	中国嘉德	2019-06-02
吴大澂 任薰 倪田 翁同龢 等 扇面集锦 扇面	尺寸不一	302,670	中国嘉德	2019-03-30
吴大澂 晓江图、行书自作诗 成扇	18cm×50cm	138,000	北京匡时	2019-07-13
吴大澂 篆书“德惠旁流” 横披	33cm×132.5cm	230,000	北京匡时	2019-07-13
吴大澂 篆书八言联 镜心	200cm×42cm×2	230,000	北京荣宝	2019-06-13
吴大澂 篆书八言联 立轴	各：243cm×42cm×2	396,813	香港苏富比	2019-10-07
吴大澂 篆书节录《道德经》立轴	130cm×33cm×4	214,052	中国嘉德	2019-10-08
吴大澂 篆书六屏 立轴	90.5cm×27cm×6	149,500	保利厦门	2019-08-04
吴大澂 篆书七言联 立轴	133cm×32cm×2	138,000	上海明轩	2019-04-28
吴大澂 篆书七言联 立轴	167cm×42cm×2	115,000	北京荣宝	2019-06-13
吴大澂 篆书陶公庙碑 四屏立轴	各：185cm×47cm×4	1,587,250	香港苏富比	2019-10-07
吴大澂 1891年作 匡庐纪游卷 手卷	画心 paintings：各35.5cm×80cm (5)	3,206,250	香港苏富比	2019-04-02
吴大澂 临金文册（十四开）册页	23cm×26cm×14	897,000	中贸圣佳	2019-06-07
吴大澂 篆书七言联 立轴	131cm×31cm×2	103,500	中贸圣佳	2019-06-07
吴榖祥 1887年作 幽涧鸣泉图 立轴	131cm×59cm	103,500	上海驰翰	2019-06-21
吴榖祥 1890年作 拟新罗山人山水册 册页（十二开）	27cm×38cm×12	155,250	北京保利	2019-06-03
吴榖祥 1891年作 弹琴仕女图 立轴	113.5cm×39.5cm	149,500	西泠印社	2019-07-07
吴榖祥 1895年作 山郭雪霁图 立轴	146.5cm×70cm	109,250	西泠印社	2019-07-07
吴榖祥 1895年作 山水 四条屏	139cm×39cm×4	207,000	中国嘉德	2019-06-25
吴历 1676年作 为蒙谷先生作松云茅屋图 立轴	147cm×47cm	460,000	中鸿信	2019-07-17

拍品名称	物品尺寸	成交价RMB	拍卖公司	拍卖日期
吴历 兰竹图卷 手卷	画心 29cm×467cm	460,000	中贸圣佳	2019-06-07
吴历 晴峦秋色图 立轴	137cm×46cm	149,500	中鸿信	2019-07-17
吴历 竹石图 立轴	53.5cm×25cm	494,500	中鸿信	2019-07-17
吴让之 1852年作 篆书《庐山赋》四屏 立轴	118cm×34.5cm×4	287,500	广东崇正	2019-05-23
吴让之 篆书“夕阳飘景之轩”镜框	33.5cm×136cm	213,750	香港苏富比	2019-04-02
吴让之 篆书四屏 镜片	117.5cm×58.5cm×4	920,000	广东崇正	2019-11-28
吴荣光 楷书《明礼堂》横批	81cm×216.5cm	235,125	香港苏富比	2019-04-01
吴伟业 顾沄 行书临李邕《神女赋》并梅邨图卷 手卷	绘画 30cm×229cm	3,450,000	中贸圣佳	2019-08-16
吴雯 1699年作 行书 屏轴	167.5cm×48cm	149,500	朵云轩	2019-06-22
吴熙载 1851年作 隶书 手卷	画心 35cm×280cm	172,500	上海嘉禾	2019-09-07
吴熙载 1852年作 雨荷图 立轴	157cm×39cm	97,750	西泠印社	2019-07-06
吴熙载 1862年作 楷书四言联 立轴	124cm×33cm×2	126,500	华艺国际	2019-08-10
吴熙载 花卉（二帧）镜心	27.5cm×32cm×2	115,000	中国嘉德	2019-06-04
吴熙载 隶书 二十八言联	143cm×37cm	230,000	中国嘉德	2019-11-18
吴熙载 篆书《南山有台》立轴	122cm×32.5cm×4	253,000	上海匡时	2019-06-21
吴熙载 篆书四屏 立轴	161cm×39.5cm×4	221,958	中国嘉德	2019-03-30
吴云 临颜真卿书及汉碑数种（二十一开）册页	31cm×41cm	103,500	中贸圣佳	2019-06-07
吴璋 四时花卉册（十开）（选八开）	13.3cm×31.8cm×10	430,825	香港苏富比	2019-10-06
吴璋 松鹤遐龄 立轴	183.5cm×64cm	214,052	保利香港	2019-10-06
吴璋 雍正1727年作 春晓集喜图 镜心	156cm×290cm	230,000	中国嘉德	2019-06-04
吴之振 行书节录《邵氏闻见录》册页（五开）	25.7cm×15.5cm×5	149,500	中国嘉德	2019-11-19
武丹 1682年作 山水四屏 立轴	187.5cm×50cm×4	172,500	中国嘉德	2019-06-04
奚冈 1773年作 雪林钟仙图 立轴	101cm×28cm	2,760,000	中国嘉德	2019-06-04
奚冈 1787年作 山水（廿四帧）册页（二十四开）	23.5cm×28cm×24	1,840,000	中国嘉德	2019-06-04
奚冈 1794年作 春溪晴翠图 立轴	131cm×44cm	115,000	西泠印社	2019-07-06
奚冈 1795年作 富春大岭图 立轴	81cm×101cm	828,000	中国嘉德	2019-06-04
奚冈 1795年作 三清图 立轴	113cm×33cm	575,000	北京保利	2019-06-03
奚冈 仿古山水册 册页（十二开）	画心 14cm×18cm×12	414,000	北京匡时	2019-07-13
奚冈 高树程 为汪初作虹月舟填词图 手卷	画心 112cm×27.5cm	253,000	西泠印社	2019-07-06
奚冈 花卉 立轴	120cm×35.5cm	172,500	北京翰海	2019-06-14
奚冈 花卉册 册页（十二开）	22cm×28cm×12	5,520,000	中国嘉德	2019-06-04
奚冈 竹林书屋图 立轴	156cm×45cm	230,000	西泠印社	2019-09-21
席慧文 富贵十全图 册页	尺寸不一	253,000	荣宝斋（桂林）	2019-08-18
咸丰 行书“安身寡欲”横额 镜心	46.5cm×111cm	897,000	中贸圣佳	2019-11-30
项圣谟 林亭钓艇图 镜框	69cm×47cm	1,937,088	华艺国际	2019-05-27
项圣谟 松树图 立轴	87.8cm×40.8cm	864,000	佳士得	2019-05-27
谢兰生 叶梦麟像 镜片	画 48.5cm×182cm；跋48.5cm×52cm	172,500	广东崇正	2019-11-28
虚谷 1886年作 菊花 立轴	113cm×22cm	201,375	佳士得	2019-11-26
虚谷 1892年作 五鼠运财 立轴	画心 68.5cm×92cm；诗堂25cm×92cm	5,175,000	上海嘉禾	2019-09-07
虚谷 1894年作 柳树池塘 立轴	181cm×50cm	1,092,500	华艺国际	2019-08-10
虚谷 1894年作 紫绶金章 立轴	128cm×52.5cm	151,335	中国嘉德	2019-03-30
虚谷 黄花图 立轴	135cm×33cm	575,000	中贸圣佳	2019-11-30
虚谷 金章图 立轴	31cm×31cm	460,000	北京保利	2019-06-03
虚谷 陆润庠 菊花・行书节录董其昌《画禅室随笔》成扇	17.5cm×52cm	253,000	中国嘉德	2019-06-04
虚谷 秋柳蝉联图 立轴	125cm×52cm	190,411	富得拍卖	2019-11-24
虚谷 鼠趣 镜框	43cm×59cm	241,500	上海嘉禾	2019-09-07
虚谷 松鼠 立轴	141cm×78cm	345,000	北京保利	2019-06-03
虚谷 松鼠葡萄 团扇面 镜框	25cm×26cm	1,077,063	香港苏富比	2019-10-07
虚谷 松树葡萄 镜心	92cm×45.5cm	97,750	北京翰海	2019-06-14
虚谷 吴江秋冷 立轴	110cm×32cm	402,500	中贸圣佳	2019-11-30
虚谷 闲卧云溪学种花 立轴	109cm×32.5cm	368,000	北京诚轩	2019-11-16
虚谷 闲卧云溪学种花 立轴	89cm×34cm	483,000	北京保利	2019-06-03
虚谷 消暑 镜心	21.7cm×24cm	322,848	中国嘉德	2019-03-30
虚谷 杂画册 册页（十开）	32.5cm×42.3cm×10	1,495,000	中国嘉德	2019-06-03
徐葆光 行书杂文 立轴	46cm×68cm	151,335	保利香港	2019-04-01
徐秉墇 伊秉绶 1813年作 武林归棹图 手卷	画51.5cm×125cm	1,058,000	中国嘉德	2019-06-04
徐承熙 1815年作 兰亭图卷 手卷	32cm×171cm	310,500	中国嘉德	2019-03-25
徐法绩 嘉庆皇帝六旬万寿恭纪册 册页（十八开）	20cm×23cm×36	115,000	上海嘉禾	2019-09-07
徐枋 1671年作 夏山幽居图 扇页	52cm×17cm	218,500	西泠印社	2019-07-06
徐枋 1691年作 兰石图 立轴	71cm×45cm	138,000	中鸿信	2019-07-16
徐枋 高简 顾殷 萧云从 四季山水合璧 扇页	53cm×18.5cm	230,000	西泠印社	2019-07-06
徐郙 孙家鼐 陆润庠 夏同和 行书四条屏	92cm×42cm×4	112,700	中国嘉德	2019-03-24
徐琪 黄枚岑 1885年作 琐闱玩月题咏册（共二十七页）册页	22.5cm×16cm×27	460,000	西泠印社	2019-07-06
徐溶 1725年作 山庄雪霁图 立轴	103cm×57.5cm	207,000	西泠印社	2019-07-06
徐三庚 隶书 六言联 对联	97.5cm×21.5cm×2	109,250	西泠印社	2019-07-06
徐三庚 隶书 七言联 对联	135cm×33cm×2	218,500	西泠印社	2019-07-06
徐三庚 隶书七言联 立轴	130.5cm×32.5cm×2	160,539	中国嘉德	2019-10-08
徐三庚 隶书七言联 立轴	146cm×34.5cm×2	117,729	中国嘉德	2019-10-08
徐三庚 隶书五言联 立轴	132cm×31cm×2	345,000	北京匡时	2019-07-13
徐三庚 篆书八言联 镜心	172cm×38cm×2	103,500	北京匡时	2019-07-13
徐燕孙 伎乐图 立轴	119cm×43cm	172,500	中国嘉德	2019-10-15
徐扬 摹虎神枪图 立轴	105cm×54.5cm	1,725,000	北京保利	2019-06-03
徐元文 行书五律 立轴	150cm×47cm	213,750	香港苏富比	2019-04-01
徐仲彦 争艳 手卷	34cm×310cm	101,200	荣宝斋（桂林）	2019-08-18
许乃榖 1821年作 孤山补梅图及诸家题咏 手卷	画 31.8cm×132.9cm	4,489,605	中国嘉德	2019-03-30
许友 俞龄 等 明季八家合画卷 手卷	画 21.5cm×340.5cm	977,500	中国嘉德	2019-06-04
宣统皇帝 1935年作 行书五言律 扇面	20cm×55cm	223,750	佳士得	2019-11-25
玄烨 行书五言诗 扇面	16.7cm×48cm	96,369	香港苏富比	2019-10-06
薛所蕴 草书五言诗 立轴	222cm×43cm	492,320	保利香港	2019-10-06
薛宣林 江南 镜框	68.5cm×138cm	345,600	佳士得	2019-05-27
严复 1906年作 行书“戏答”卷 手卷	字18cm×316.5cm	1,897,500	中国嘉德	2019-11-17
严复 1908年作 书朱祖谋词二阙 手卷	画心 28.5cm×16.7cm	368,000	西泠印社	2019-07-07
严复 1918年作 行书东坡词 立轴	97cm×48cm	195,500	中国嘉德	2019-10-15

拍品名称	物品尺寸	成交价RMB	拍卖公司	拍卖日期
严复 1918年作 节临《书谱》立轴	102.5cm×32.5cm×4	172,500	北京匡时	2019-07-13
严复 草书 节录孙过庭《书谱》	162.5cm×34cm	1,150,000	中国嘉德	2019-06-03
严复 草书苏轼诗 横披	85cm×23cm	460,000	西泠印社	2019-07-07
严复 行书 横披	27cm×135cm	690,000	广东崇正	2019-11-28
严复 行书七言联 立轴	132cm×30.5cm×2	632,500	上海匡时	2019-06-21
严复 黄庭坚诗二首 立轴	83.5cm×40cm	207,000	北京诚轩	2019-11-16
严绳孙 康熙1666年作 仿倪瓒老树寒鸦图 立轴	178cm×49.5cm	230,000	中国嘉德	2019-11-19
阎若琛 行书 五言诗 立轴	202cm×51cm	322,000	西泠印社	2019-07-06
颜峄 仙山楼阁图 十屏	连木框：124cm×56cm×10	1,814,000	香港苏富比	2019-10-06
杨宾 行书刘禹锡诗 手卷	30.8cm×342cm	272,100	香港苏富比	2019-10-06
杨补 1652年作 春江送别图 手卷	画26cm×279cm	4,197,500	中国嘉德	2019-11-19
杨法 篆书五言联 立轴	119cm×32cm×2	230,000	中贸圣佳	2019-08-16
杨继盛 1543年作 行草<前赤壁赋>手卷	书法 36cm×697cm	1,835,136	华艺国际	2019-05-27
杨继盛 书法四屏 镜心	163cm×39cm×4	172,500	北京保利	2019-08-24
杨晋 1697年作 散牧图 立轴	56cm×23.5cm	575,000	上海嘉禾	2019-09-07
杨晋 1722年作 岁寒三友图 立轴	177cm×88cm	862,500	西泠印社	2019-07-06
杨晋 山亭春晓 立轴	100cm×42cm	138,000	荣宝斋（桂林）	2019-08-18
杨守敬 1888年作 行书 四屏立轴	177cm×47cm×4	103,500	广东崇正	2019-11-27
杨守敬 行书皇明诗选 镜框	39cm×156cm	103,500	上海驰翰	2019-06-21
杨所修 1650年作 行书《忆中园》诗卷 手卷	书心 26cm×157cm	471,500	北京保利	2019-06-03
杨岘 1893年作 隶书四屏 四屏	116cm×40cm×4	172,500	北京保利	2019-12-03
杨岘 隶书“宾鸿馆” 横披	35.5cm×109cm	138,000	北京匡时	2019-07-13
杨沂孙 光绪1878年作 篆书十二言联 立轴	171.5cm×28cm×2	109,250	中国嘉德	2019-11-19
杨沂孙 篆书《尚书》四屏立轴	113cm×26cm×4	138,000	北京匡时	2019-07-13
杨中讷 行书《桃花源记》手卷	41cm×1308cm	155,250	上海嘉禾	2019-09-07
姚粒民 西行图 手卷	绘画 53cm×350cm	1,092,500	中贸圣佳	2019-11-30
姚鼐 嘉庆1797年作 行书《葆光寺》诗 立轴	80.5cm×40cm	117,729	中国嘉德	2019-10-08
姚元之 隶书 节录古文 四屏	144cm×36.5cm×4	103,500	西泠印社	2019-07-06
姚元之 隶书七言联 立轴	133.5cm×30cm×2	126,500	中国嘉德	2019-11-19
叶欣 1663年作 溪山策仗图 扇页	50.5cm×17.5cm	391,000	西泠印社	2019-07-06
叶欣 仿古山水册 册（八开）	24.6cm×18.2cm	1,389,375	香港苏富比	2019-04-01
叶欣 郊居图 立轴	27cm×38cm	112,700	中国嘉德	2019-11-19
叶雨 1680年作 秋山行旅图 镜心	15cm×48cm	97,750	北京保利	2019-04-30
伊秉绶（款）1804年作 隶书“经义史斋”镜心	40cm×150cm	149,500	中国嘉德	2019-06-25
伊秉绶 1799年作 行书《同阴青原宿罗浮华首台》立轴	133cm×36cm	1,897,500	北京保利	2019-12-03
伊秉绶 1806年作 隶书“着衣吃饭”镜心	35.5cm×136.5cm	2,300,000	上海明轩	2019-04-28
伊秉绶 1807年作 隶书 镜片	134cm×34cm	109,250	上海嘉禾	2019-09-07
伊秉绶 1811年作 隶书“文章千古”镜片	41cm×145.5cm	471,500	上海嘉禾	2019-09-07
伊秉绶 1812年作 行书诗册 册页（七开）	24.5cm×34.5cm×7	3,795,000	中国嘉德	2019-06-02
伊秉绶 1815年作 隶书 临蔡邕十字碑 立轴	128.5cm×31.5cm	3,565,000	西泠印社	2019-07-06
伊秉绶 行书 五言联 对联	129cm×30cm×2	437,000	西泠印社	2019-07-06
伊秉绶 行书集句 镜心	182.5cm×103.5cm	2,990,000	中贸圣佳	2019-11-30
伊秉绶 行书七言联 立轴	126cm×27cm×2	2,875,000	中贸圣佳	2019-11-30
伊秉绶 行书七言联 立轴	170cm×32cm×2	920,000	保利厦门	2019-08-04
伊秉绶 行书七言诗 立轴	163cm×47cm	345,000	中国嘉德	2019-11-19
伊秉绶 行书七言诗句 立轴	95cm×40.5cm	345,000	中国嘉德	2019-06-04
伊秉绶 行书诗句 立轴	84.5cm×44cm	230,000	中贸圣佳	2019-06-07
伊秉绶 隶书五言诗 立轴	168cm×62cm	460,000	北京保利	2019-06-03
伊秉绶 书法 立轴	142cm×30cm×2	101,200	北京保利	2019-04-30
伊秉绶 翁方纲 吴锡麒 法式善 钱棨 石韫玉 马履泰 吴云 洪亮吉 赵怀玉 韩崶 鲍桂星等 贞女图题咏卷 手卷	画心 203cm×25.5cm	920,000	西泠印社	2019-07-06
伊立勋 金城 临《北海相景君碑》柳林垂钓 成扇	18cm×51cm	115,000	中贸圣佳	2019-11-30
怡亲王 楷书“云中朴俗” 镜心	49cm×153cm	201,250	中国嘉德	2019-10-17
佚名 18世纪后期 外销镜画（一对）	68.5cm×84cm×2	1,678,250	纽约佳士得	2019-03-20
佚名 崇山四时佳兴图 手卷	31cm×925cm	2,300,000	华艺国际	2019-08-10
佚名 临戴熙《小栖云亭图》手卷	本幅：26.5cm×112cm	1,610,000	中贸圣佳	2019-11-30
佚名 秦鼎云旧藏《历代帝王名臣像》	39cm×30cm	805,000	泰和嘉成	2019-11-30
佚名 清 陶冶图册二十开（二十开选三）	39cm×58cm×20	184,000	中贸圣佳	2019-11-30
佚名 清18/19世纪 菩提叶彩绘罗汉图册页（十二幅）	17.9cm×22.3cm×12	216,000	佳士得	2019-05-29
佚名 清18世纪 菩提叶彩绘罗汉图册页	19.5cm×27.5cm	540,000	佳士得	2019-05-29
佚名 清光绪 御制《平定捻乱战图》镜框		3,356,500	纽约苏富比	2019-03-20
佚名 清末民国 罗汉 镜片	31.1cm×40.1cm	110,263	伦敦佳士得	2019-05-14
佚名 清中期 弥勒说法图轴	直径92cm	1,552,500	中国嘉德	2019-06-03
佚名 清中期 人物册页（十二开）	49cm×46.5cm×12	460,000	北京保利	2019-12-05
佚名 日本 18世纪 河畔樱花图	169cm×350cm	1,174,775	纽约佳士得	2019-03-21
佚名 日本 18世纪 犬追物图	124cm×286cm	167,825	纽约佳士得	2019-03-21
佚名 日本 18世纪 松林鸟居图	170.8cm×186cm	461,519	纽约佳士得	2019-03-21
奕訢 楷书七言诗 立轴	130.5cm×67cm	460,000	中国嘉德	2019-06-04
殷兆镛 楷书《万寿无疆赋》立轴	305cm×86cm	414,000	中国嘉德	2019-11-19
英和 行书赵孟頫词二首 立轴	249cm×53cm	115,000	中国嘉德	2019-11-19
瑛宝 雪窗课读图 手卷	36.5cm×93.5cm	575,000	中国嘉德	2019-06-04
雍正（款）行书“勤为天下”镜心	32cm×95cm	149,500	中国嘉德	2019-06-25
雍正（款）楷书“润泽四海”镜心	84cm×265cm	460,000	中国嘉德	2019-10-17
雍正 行楷前贤格言 镜心	17cm×51cm	230,000	中贸圣佳	2019-06-07
雍正帝 行书“福绥海宇”镜心	65cm×254cm	1,380,000	北京保利	2019-12-03
雍正帝 行书“省身念祖” 横披	63.5cm×221.5cm	2,415,000	北京匡时	2019-07-13
雍正帝 行书宴月旧作 立轴	122.5cm×58cm	17,825,000	北京保利	2019-12-03
永瑢 峰峦秀阁图 立轴	94cm×66cm	184,000	西泠印社	2019-07-06
永瑢 行书 临董其昌书法 立轴	119cm×45.5cm	299,000	西泠印社	2019-07-06
永瑢 吉庆有馀图 立轴	137cm×60cm	402,500	北京翰海	2019-06-14
永瑢 临悦生堂刻本 册（二十七开）	29.5cm×35cm×27	287,500	北京翰海	2019-06-14
永瑢 山居图 手卷	15cm×129cm	172,500	北京保利	2019-12-03
永瑢 溪山泛舟图 立轴	156cm×61cm	103,500	荣宝斋（南京）	2019-07-21
永瑢 溪山云雾图 手卷	18.5cm×140cm	103,500	荣宝斋（南京）	2019-07-21

拍品名称	物品尺寸	成交价RMB	拍卖公司	拍卖日期
永瑆 1812年作 行书《射稚赋》册页（六开十二页）	26cm×31.2cm×6	144,485	中国嘉德	2019-10-08
永瑆 行书对联（两幅）立轴	200cm×42cm×2	226,800	佳士得	2019-05-27
永瑆 楷书颜延之诗两首 手卷	24cm×159.8cm	277,875	香港苏富比	2019-04-01
尤荫 竹石图 立轴	97cm×36cm	139,134	保利香港	2019-10-06
于寿伯 三公图 立轴	136.5cm×64.5cm	276,000	中国嘉德	2019-06-04
余集 黄均 张培敦像并诸家跋 手卷	画 31.8cm×85.5cm	529,000	中国嘉德	2019-11-19
余省 花果戏墨册（十二开）册页	23cm×27.5cm×12	552,000	中贸圣佳	2019-06-07
余省 墨梅（十二种）册页（十二开）	22cm×29.5cm×12	920,000	中贸圣佳	2019-06-07
余省 鱼藻图 手卷	28.5cm×157.8cm	17,591,625	香港苏富比	2019-04-01
俞樾 1896年作 隶书 陆游诗 四屏	132.5cm×31.5cm×4	109,250	西泠印社	2019-07-06
俞樾 隶书 节录古文 四屏	166cm×45cm×4	109,250	西泠印社	2019-07-06
俞樾 隶书 节录文心雕龙 四屏	142.5cm×36.5cm×4	195,500	西泠印社	2019-07-06
俞樾 隶书十言联 立轴	243.5cm×55.5cm×2	192,647	保利香港	2019-10-06
俞樾 篆书 节临石鼓文 镜片	91cm×45cm	97,750	西泠印社	2019-07-06
禹之鼎 仿吴镇笔意山水 立轴		1,090,863	纽约苏富比	2019-03-22
禹之鼎 拟王右丞山水 立轴	89cm×48.5cm	1,104,000	中贸圣佳	2019-08-16
禹之鼎 人物 立轴	121cm×64cm	103,500	荣宝斋（桂林）	2019-08-18
郁希范 乾隆1741年作 层峦耸翠图 立轴	192cm×99cm	276,000	中鸿信	2019-07-17
郁希范 山水 立轴	193cm×100cm	230,000	北京保利	2019-08-24
袁江 1712年作 宫殿 立轴	154cm×48.8cm	123,063	佳士得	2019-11-25
袁江 1721年作 牧牛图 册页（十二开）	20cm×14.5cm×12	1,725,000	北京匡时	2019-07-13
袁江 1726年作 界画山水 立轴	184cm×101cm	223,750	佳士得	2019-11-25
袁江 践约图 立轴	193cm×99cm	1,380,000	北京翰海	2019-06-14
袁江 绿野堂 立轴	178.5cm×50.8cm	534,375	香港苏富比	2019-04-01
袁江 竹亭纳凉图 立轴	53.5cm×32.5cm	437,000	中贸圣佳	2019-08-16
袁枚 1787年作 行楷书四屏（四幅）立轴	132cm×31.5cm×4	216,000	佳士得	2019-05-27
袁耀1707年作山雨欲来句意图 立轴	187cm×142cm	1,513,350	中国嘉德	2019-03-30
袁耀 1743年作 瑶台霁雪图 成扇	18cm×53.5cm	391,000	中国嘉德	2019-11-19
袁耀 梅下高士 镜心	75cm×106cm	97,750	中贸圣佳	2019-08-16
袁耀 水村图 镜心	75.5cm×93cm	713,000	中国嘉德	2019-11-19
袁耀 忆江南春 立轴	130.5cm×76.3cm	908,438	香港苏富比	2019-04-01
袁耀 中秋赏月图 立轴	169cm×47cm	575,000	北京保利	2019-06-03
袁耀 竹溪消夏图 立轴	114cm×59cm	368,000	北京匡时	2019-07-13
袁瑛 秋山图 镜心	104.5cm×211.3cm	172,500	中国嘉德	2019-11-19
恽寿平（款）1685年作 红霞金波 屏轴	117cm×57cm	115,000	朵云轩	2019-06-22
恽寿平（款）拟古花卉册 册页（二十二开）	29.2cm×23cm×22	172,800	佳士得	2019-05-20
恽寿平（款）玉堂富贵图 镜心	124cm×56cm	103,500	中国嘉德	2019-10-17
恽寿平 1661年作 行楷书《发愿文》册页（十一开）	24.6cm×17.8cm×11	3,119,075	佳士得	2019-11-25
恽寿平 1679年作 为尤侗作载鹤图 手卷	28cm×100cm	3,450,000	北京保利	2019-12-03
恽寿平1686年作 花卉（四帧）镜芯	22cm×29.5cm×4	287,500	中鸿信	2019-07-17
恽寿平 仿李唐山水 镜心	16.5cm×50cm	230,000	中贸圣佳	2019-06-07
恽寿平 仿倪瓒山水 镜心	17cm×53cm	103,500	中贸圣佳	2019-06-07
恽寿平 仿宋元山水册 册页（十二开）	28.8cm×45.3cm×12	3,450,000	北京保利	2019-12-03

拍品名称	物品尺寸	成交价RMB	拍卖公司	拍卖日期
恽寿平 仿唐寅春风图 镜心	24cm×31cm	264,500	北京保利	2019-06-03
恽寿平 富春大岭图 立轴	160.5cm×62.5cm	460,000	中鸿信	2019-07-17
恽寿平 庚戌（1670年作 湿云散雨 扇面	18.5cm×55cm	138,000	中国嘉德	2019-11-19
恽寿平 行书 节录古文 镜片	55cm×23cm	109,250	西泠印社	2019-09-21
恽寿平 花卉册 册页（八开）	26cm×34cm×8	74,750,000	北京保利	2019-06-03
恽寿平 花卉册 册页（十二开）	25cm×32cm×12	3,680,000	中国嘉德	2019-11-19
恽寿平 摹古山水册 册页（八开）	22.8cm×34.3cm×8	241,500	广东崇正	2019-11-28
恽寿平 拟宋元山水册 册页（十开）	34cm×24.5cm×10	1,710,534	邦瀚斯	2019-04-03
恽寿平 山水 镜框	17cm×50cm	287,500	北京保利	2019-08-24
恽寿平 山水册 册页（八开）	27cm×36.5cm×8	3,450,000	北京保利	2019-12-03
恽寿平 山水花卉册（八开）册页	27cm×40cm×8	1,840,000	中贸圣佳	2019-06-07
恽寿平 手札册页 册页（十三开）	尺寸不一	805,000	中贸圣佳	2019-06-07
恽寿平 天中丽景图 立轴	本幅 51cm×34.5cm	897,000	北京荣宝	2019-06-13
恽寿平 香梅图 扇页	50.5cm×17cm	207,000	西泠印社	2019-07-06
恽寿平 崖壁晓云图 立轴	76cm×37.5cm	1,012,000	中鸿信	2019-07-17
载龄 楷书古文 手卷	本幅 23.5cm×1445cm	264,500	北京匡时	2019-07-13
翟大坤 栈道图 立轴	199cm×93cm	170,063	香港苏富比	2019-10-06
查培继 行书五言诗 立轴	185.5cm×43cm	218,500	北京荣宝	2019-06-13
查昇 1693年作 楷书 黄庭经（共十八页）册页	21cm×15cm×18	253,000	西泠印社	2019-07-06
查昇 行书七言诗 立轴	116cm×42cm	132,250	南京经典	2019-07-19
查昇 行书宋方岳诗 立轴	140cm×45cm	920,000	北京保利	2019-06-03
查昇 行书阴符经 手卷	24cm×216cm	828,000	北京荣宝	2019-06-13
查士标1650年作 临王叔明山水 手卷	25.8cm×132cm	469,875	佳士得	2019-11-25
查士标 1687年作 环碧归船 镜心	18cm×54cm	103,500	北京匡时	2019-07-13
查士标 策杖行旅 立轴	184cm×51.5cm	123,080	中国嘉德	2019-10-08
查士标 访友图 立轴	122.6cm×55cm	805,000	广东崇正	2019-05-23
查士标 行书 立轴	127cm×60cm	184,000	朵云轩	2019-06-22
查士标 行书 五言诗 立轴	74.5cm×50cm	391,000	西泠印社	2019-07-06
查士标 行书七言诗 立轴	132cm×44cm	230,000	中贸圣佳	2019-11-30
查士标 行书七言诗 立轴	92cm×48cm	207,000	华艺国际	2019-08-10
查士标 行书七言诗 立轴	137.5cm×70.5cm	321,078	保利香港	2019-10-06
查士标 行书五言诗 镜心	18cm×57cm	115,000	中贸圣佳	2019-06-07
查士标 兰竹双清图 立轴	111cm×37.5cm	235,457	保利香港	2019-10-06
查士标 秋林野兴图 立轴	159cm×59cm	2,530,000	北京匡时	2019-07-13
查士标 水邨泊舟 立轴	165cm×58cm	713,000	中贸圣佳	2019-06-07
查士标 竹木石图书画册 册（十六开）	17.9cm×11.7cm×16	1,814,000	香港苏富比	2019-10-06
查士标 行书五言诗 立轴	156cm×45cm	184,000	中国嘉德	2019-06-04
查士标 江山垂钓图 立轴	175cm×47.5cm	1,092,500	南京经典	2019-07-19
查士标 康熙1685年作 山水册 册页（十开）	21cm×14cm×10	483,000	中国嘉德	2019-11-19
张百熙 楷书七言诗 镜心	95cm×353.5cm	322,000	中国嘉德	2019-11-19
张风 明 佛像图册 册页	画25.5cm×37cm	1,322,500	南京经典	2019-07-19
张庚 1731年作 东村八景图卷 手卷	画心 611cm×34cm	299,000	西泠印社	2019-07-06
张庚 1750年作 仿江贯道秋林叠嶂图 立轴	180cm×52.5cm	470,914	保利香港	2019-10-06
张淮 施静 十二月行乐图 手卷	尺寸不一	1,552,500	北京匡时	2019-07-13
张謇 行书 四言联 对联	166cm×42cm×2	97,750	西泠印社	2019-07-06
张謇 行书"世与新说"立轴	132.5cm×63cm	141,246	保利香港	2019-04-01

2019书画拍卖成交汇总

(成交价RMB：10万元以上)

拍品名称	物品尺寸	成交价RMB	拍卖公司	拍卖日期
张謇 书法 立轴	148cm×36cm×2	112,700	北京荣宝	2019-12-01
张建勋 行书八言联 立轴	171cm×39.5cm×2	97,750	中贸圣佳	2019-11-30
张翎 清乾隆 赏古图	画芯 107.5cm×119.5	253,000	中国嘉德	2019-11-17
张穆 1680年作 鹰图	110.5cm×42cm	167,813	佳士得	2019-11-25
张穆 寒林鹳群 立轴	172cm×73cm	218,500	华艺国际	2019-08-11
张培敦 1837作 半段枪图卷 手卷	画 30.5cm×111.5cm	448,500	中国嘉德	2019-11-19
张睿 行书节临圣教序 立轴	171cm×51cm	345,000	北京保利	2019-12-03
张若霭 行书五言诗 镜心	27.5cm×16cm	103,500	中国嘉德	2019-06-04
张深 松岳云岚图 镜片	111.5cm×32cm	207,000	西泠印社	2019-07-06
张廷济 1836年作 临金石文字 八屏	128cm×37cm×8	460,000	西泠印社	2019-07-06
张廷济 1838年作 隶书“竹二分居”横披	23cm×92cm	161,000	北京匡时	2019-07-13
张廷济 隶书五言联 立轴	81.5cm×21.5cm×2	161,000	中国嘉德	2019-06-02
张廷济 叶镛 怪石灵芝 镜心	80cm×28cm	138,000	中贸圣佳	2019-08-16
张廷玉 1728年作 行书《洞冥记》句 镜心	168cm×44cm	230,000	北京荣宝	2019-06-13
张廷玉 行书七言联 立轴	136cm×27cm×2	207,000	保利厦门	2019-08-04
张廷玉 行书诗 镜片	169cm×44cm	253,000	泰和嘉成	2019-11-30
张廷玉 刘统勋 任兰枝 戴瀚 顾桓 花鸟书法册（十页）册页	26.5cm×24cm×10	103,500	西泠印社	2019-07-06
张为邦 盆兰图 镜心	123cm×56cm	241,500	中国嘉德	2019-06-25
张问陶 1784年作 楷书《御制拟白居易新乐府》册页	19cm×12cm×26	207,000	北京匡时	2019-07-13
张问陶 1812年作 行书 自作诗 横披	126cm×30.5cm	126,500	西泠印社	2019-07-06
张问陶 古松图卷 手卷	画心 18cm×245cm	126,500	北京保利	2019-06-03
张问陶 郭麐 信札册（十六开）册页	尺寸不一	207,000	中贸圣佳	2019-06-07
张问陶 行书 节录春赋 立轴	101.5cm×42.5cm	126,500	西泠印社	2019-07-06
张问陶 行书五言联 立轴	100cm×24cm×2	126,500	北京匡时	2019-07-13
张问陶 面壁图 手卷	引首 29cm×94cm；画 29cm×121cm	201,780	保利香港	2019-04-01
张熊 1843年作 四时锦绣 十二开册	各26cm×42.2cm (12)	320,625	香港苏富比	2019-04-02
张熊 1868年作 花鸟四屏 立轴	184.5cm×47cm×4	166,750	北京荣宝	2019-06-13
张熊 卢燕册 册页	25cm×27cm×12	100,890	保利香港	2019-04-01
张熊 咸丰元年（1851年作 果蔬图卷 手卷	23.5cm×368.5cm	126,500	朵云轩	2019-06-22
张修 春山待客图 立轴	163cm×53cm	552,000	南京经典	2019-07-19
张煦 清 四季花草 手卷	51.5cm×680.5cm	145,438	佳士得	2019-11-25
张燕昌 飞白书大方家数 镜片	画心61cm×22cm	161,000	西泠印社	2019-04-14
张崟 1810年作 焦山图 卷	28cm×226.5cm	1,380,000	北京翰海	2019-06-14
张崟 1821年作 山水 册页（十开）	21.8cm×35.5cm×10	264,500	北京荣宝	2019-06-13
张崟 1825年作 山静日长图 立轴	120.5cm×46.5cm	178,250	中国嘉德	2019-11-19
张崟 仿陈秋水山水 立轴	111cm×39cm	101,675	保利香港	2019-10-06
张崟 山水 立轴	131cm×57cm	115,000	泰和嘉成	2019-11-30
张雨森 群芳图 镜心	47cm×252cm	105,800	中国嘉德	2019-10-17
张敔 寒夜授经图 手卷	画心 43.5cm×300.5cm	109,250	中鸿信	2019-07-17
张裕钊 1865年作楷书治家格言 立轴	165cm×45cm×4	253,000	北京荣宝	2019-06-13
张裕钊 楷书朱子治家格言 七条屏	136cm×33cm×7	184,000	中国嘉德	2019-10-17
张裕钊 诗经《皇矣篇》册页（四十开）	19cm×14.5cm×40	460,000	中国嘉德	2019-11-19

拍品名称	物品尺寸	成交价RMB	拍卖公司	拍卖日期
张照 1726年作 为妻沈恭人临赵孟頫诗卷 手卷	186.5cm×25.5cm	287,500	西泠印社	2019-07-06
张照 1744年作 临苏轼书法卷 手卷	书心 38cm×114cm	230,000	北京保利	2019-12-03
张照行草书临诸家帖（六页）册页	16.5cm×13cm×6	184,000	中国嘉德	2019-11-19
张照 行书 诚斋 镜片	98cm×35cm	253,000	西泠印社	2019-07-06
张照 行书临争坐帖 手卷	25cm×128cm	184,000	华艺国际	2019-08-10
张照 行书十一言联 立轴	256cm×43.5cm×2	132,250	中鸿信	2019-07-17
张照 行书苏轼文 立轴	186cm×91.5cm	161,000	北京匡时	2019-07-13
张照 行书王维诗 立轴	117cm×49.5cm	207,000	中国嘉德	2019-11-19
张照 临董其昌书 册页	24cm×12cm×16	172,500	泰和嘉成	2019-11-30
张照 临米芾书法 横批	34cm×255cm	115,000	北京荣宝	2019-06-13
张之洞 1873年作 行书十言联 立轴	各：137cm×21.6cm×2	1,020,375	香港苏富比	2019-10-07
张之洞 1906年作 行书东坡诗 镜片	24.5cm×25cm	230,000	广东崇正	2019-11-28
张之洞 行书七言联 镜框	各 171.5cm×36.8cm(2)	416,813	香港苏富比	2019-04-02
张之万 行书八屏 镜心	132cm×31cm×8	161,000	北京保利	2019-11-20
张宗苍 1737年作 拟古山水 册页（八开）	27cm×32.5cm×8	920,000	北京荣宝	2019-06-13
张宗苍 1753年作 山居图 镜框	108.5cm×51.5cm	977,500	上海明轩	2019-04-28
章采 1687年作 松下高士 立轴	59cm×35.5cm	109,250	中国嘉德	2019-11-19
章声 1690年作 山水册 册页（八开）	23cm×18cm×8	230,000	中国嘉德	2019-11-19
赵尔巽 为李祖夔作潇湘八景图诗 立轴	80cm×26.5cm	109,250	西泠印社	2019-07-07
赵光行 倭仁 刘崐 祁寯藻 行书四条屏	尺寸不一	138,000	中国嘉德	2019-06-03
赵之琛 1837年作 临项子京画意 立轴	101cm×22cm	207,000	北京保利	2019-12-03
赵之琛 1849年作 隶书 琴书诗画巢 镜片	105.5cm×24cm	230,000	西泠印社	2019-07-06
赵之琛 己酉（1849年作 水墨花卉奇石卷 手卷	25cm×402cm	126,500	中国嘉德	2019-03-25
赵之谦 1865年作 隶书八言联 镜心	130cm×28.5cm×2	690,000	北京银座	2019-06-05
赵之谦 1869年作 花果清供图 立轴	95.5cm×35.5cm	241,500	西泠印社	2019-04-14
赵之谦 1870年作 富贵寿石 立轴	画心 168.5cm×90cm	11,385,000	北京荣宝	2019-12-01
赵之谦 1870年作 四时花卉屏 四屏	128.5cm×32cm×4	8,395,000	西泠印社	2019-07-06
赵之谦 1880年作 篆书 四屏立轴	70cm×26.5cm×4	207,000	北京匡时	2019-07-13
赵之谦 1882年作 楷书五言联 立轴	168cm×46cm×2	4,485,000	上海明轩	2019-04-28
赵之谦 行书八言联 立轴	166cm×33cm×2	1,035,000	中国嘉德	2019-11-19
赵之谦 行书七言联 立轴	130cm×30.5cm×2	897,000	北京保利	2019-12-01
赵之谦 行书七言联 立轴	130.5cm×30.5cm×2	667,000	北京保利	2019-12-01
赵之谦 胡澍 秋卉·篆书 成扇	17.5cm×51cm	1,380,000	中国嘉德	2019-06-02
赵之谦 隶书“读未见书斋”镜片	28.5cm×125.5cm	977,500	广东崇正	2019-05-23
赵之谦 隶书八言联 立轴	163cm×40cm×2	632,500	中贸圣佳	2019-06-07
赵之谦 隶书七言联 立轴	132cm×33cm×2	1,092,500	中国嘉德	2019-06-04
赵之谦 陆恢 书画三挖 立轴	尺寸不一	402,500	上海匡时	2019-06-21
赵之谦 书法 册页	31cm×32cm×9	345,000	北京保利	2019-08-24
赵之谦 书法 册页（三十二开）	32.5cm×12cm×32	368,000	朵云轩	2019-04-14
赵之谦 桃寿图 镜片	79.5cm×32.5cm	483,000	上海嘉禾	2019-09-07
赵之谦 同治1872年作 序爵图 立轴	95.5cm×44cm	2,012,500	中国嘉德	2019-11-19
赵之谦 吴让之 俏枝、节录《评书》成扇	18cm×48cm	368,000	北京匡时	2019-07-13

拍品名称	物品尺寸	成交价RMB	拍卖公司	拍卖日期
赵之谦 宜富当贵 镜框	18.5cm×52.5cm	207,000	上海嘉禾	2019-09-07
赵之谦 长寿图 立轴	173cm×92cm	287,500	荣宝斋（桂林）	2019-08-18
赵之谦 致潘祖荫行书 屏轴双挖	23cm×35cm×2	575,000	朵云轩	2019-06-22
赵之谦 篆书 扇面	22cm×65cm	537,000	佳士得	2019-11-25
赵之谦 篆书“行止坐卧处”横披	33.5cm×78cm	1,610,000	上海嘉禾	2019-09-06
赵执信 行书诗册 册页（十四开）	18cm×10cm×14	109,250	广东崇正	2019-11-28
曾国藩 1852年作 篆书 五言联 对联	136cm×32cm×2	805,000	西泠印社	2019-07-06
曾国藩 1852年作 篆书五言联 对联	136cm×32cm×2	690,000	北京保利	2019-12-03
曾国藩 榜书“闳远静笃”镜心	31cm×123cm	736,000	上海明轩	2019-04-28
曾国藩 行书 八言联	166cm×38cm	287,500	中国嘉德	2019-06-03
曾国藩 行书 七言联 对联	133.5cm×32.5cm×2	632,500	西泠印社	2019-07-06
曾国藩 行书八言联 立轴	171cm×32.5cm×2	109,250	广东崇正	2019-05-23
曾国藩 行书七言联 对联	162cm×40cm×2	207,000	北京保利	2019-06-03
曾国藩 行书七言联 对联	177cm×35.5cm×2	437,000	上海嘉禾	2019-09-06
曾国藩 行书七言联 立轴	171cm×38cm×2	230,000	北京银座	2019-06-05
曾国藩 行书七言联 立轴	188cm×40cm×2	172,500	中国嘉德	2019-06-04
曾国藩 行书七言诗（两幅）立轴	164.2cm×36.2cm×2	432,000	佳士得	2019-05-27
曾国藩 楷书八言联 立轴	163.5cm×32cm×2	287,500	中贸圣佳	2019-11-30
曾国藩 楷书八言联 立轴	159cm×31cm×2	345,000	北京翰海	2019-06-14
曾国藩 楷书七言联 立轴	161cm×35cm×2	1,035,000	北京荣宝	2019-06-13
曾国藩 楷书七言联 立轴	181cm×37cm×2	460,000	北京保利	2019-12-03
曾国藩 书法对联 立轴	172cm×41cm×2	345,000	北京保利	2019-08-24
曾国藩 题倚松放鹤草堂（一幅）	42cm×189cm	575,000	中鸿信	2019-07-15
曾国藩 左宗棠 彭玉麐 同一上款对联（三幅三对）对联	尺寸不一	414,000	西泠印社	2019-07-06
曾国荃 楷书 临颜家庙碑 立轴	135cm×66cm	161,000	西泠印社	2019-07-06
郑板桥（款）行书 立轴	112cm×58cm	166,750	朵云轩	2019-06-22
郑板桥（款）乾隆1761年作 行书《年少行》立轴	137cm×57.5cm	139,134	中国嘉德	2019-10-08
郑板桥 1723年作 早年行书 击筑余音曲 手卷	画心 341.5cm×23cm	3,565,000	西泠印社	2019-07-06
郑板桥 1735年作《仪真县江村茶社寄舍弟》卷 手卷	书心 25cm×105cm	184,000	北京保利	2019-06-03
郑板桥 1737作 分书《道情十首》手卷	书法 20cm×342cm	13,800,000	中国嘉德	2019-11-19
郑板桥 1752年作 墨竹 立轴	120cm×45cm	559,375	佳士得	2019-11-25
郑板桥 1752年作 竹石图 立轴	237cm×116cm	7,360,000	北京保利	2019-12-03
郑板桥 1757年作 行书自作诗四屏立轴	109.5cm×32cm×4	920,000	广东崇正	2019-05-23
郑板桥 1762年作 行书九言联 镜心	186cm×31cm×2	7,590,000	中国嘉德	2019-11-19
郑板桥 1763年作 书法七言联 镜心	135cm×25cm×2	1,725,000	北京荣宝	2019-06-13
郑板桥 1763年作 竹石图 立轴	154cm×83cm	18,515,000	华艺国际	2019-08-10
郑板桥 1765年作 兰竹图卷 手卷	30.5cm×251cm	747,500	北京保利	2019-12-03
郑板桥 仿云林笔意 立轴	150cm×49.5cm	138,000	泰和嘉成	2019-11-30
郑板桥 分书七言诗 立轴	173.5cm×47.5cm	437,000	中国嘉德	2019-06-04
郑板桥 行书 立轴	196cm×110cm	1,955,000	上海嘉禾	2019-09-06
郑板桥 行书 立轴	143cm×26cm	101,200	中国嘉德	2019-10-17
郑板桥 行书 七言诗 镜片	72cm×58cm	172,500	西泠印社	2019-07-06
郑板桥 行书《怀素自叙帖》语 立轴	157cm×90.5cm	8,280,000	中国嘉德	2019-06-02
郑板桥 行书《江晴》立轴	106cm×43.5cm	805,000	中贸圣佳	2019-11-30
郑板桥 行书《题金陵渡》立轴	137cm×68.5cm	320,625	香港苏富比	2019-04-01
郑板桥 行书东坡韵语 镜心	44cm×51cm	109,250	保利厦门	2019-08-04
郑板桥 行书李商隐及杜甫诗文两首 立轴	139.5cm×75.8cm	340,125	香港苏富比	2019-10-06
郑板桥 行书七言联 立轴	125cm×24cm×2	920,000	北京保利	2019-06-03
郑板桥 行书七言联 立轴	108cm×22cm×2	264,500	北京保利	2019-11-20
郑板桥 行书张籍诗二首 立轴	88cm×45cm	138,938	香港苏富比	2019-04-01
郑板桥 空谷幽香图 立轴	136cm×52.5cm	8,360,064	华艺国际	2019-05-27
郑板桥 兰花 立轴	61.5cm×35.5cm	368,000	中国嘉德	2019-06-04
郑板桥 兰石图 镜心	77.5cm×33.8cm	342,000	香港苏富比	2019-04-01
郑板桥 兰竹（二帧）镜心	34cm×24cm×2	402,500	南京经典	2019-07-19
郑板桥 兰竹石图 立轴	88cm×55cm	552,000	中贸圣佳	2019-11-30
郑板桥 兰竹石图 立轴	121cm×66cm	690,000	上海嘉禾	2019-09-07
郑板桥 隶书《歌吹古扬州》镜心	33cm×161.5cm	5,865,000	中国嘉德	2019-06-02
郑板桥 隶书杜甫诗 镜芯	38cm×27.5cm	172,500	中鸿信	2019-07-17
郑板桥 墨竹 镜框	19cm×56cm	327,391	华艺国际	2019-11-24
郑板桥 墨竹 立轴	154cm×51cm	230,000	北京保利	2019-04-30
郑板桥 墨竹图 立轴	132cm×71cm	690,000	北京保利	2019-12-03
郑板桥 乾隆1762年作 竹石图 立轴	187cm×106.5cm	5,290,000	中国嘉德	2019-11-19
郑板桥 清 行草书法 立轴	135cm×41cm	335,625	佳士得	2019-11-25
郑板桥 书法 四屏 立轴	133cm×43cm×4	230,000	北京翰海	2019-03-29
郑板桥 竹石图 立轴	92cm×128cm	4,035,600	保利香港	2019-04-01
郑板桥 竹石图对屏 立轴	165cm×43cm×2	1,265,000	中贸圣佳	2019-06-07
郑岱 山水册 册页（共七页）	画心 31cm×24.5cm×6	101,200	西泠印社	2019-04-14
周安节 花果图 手卷	30.5cm×546.5cm	907,000	香港苏富比	2019-10-06
周复 秋山图 立轴	156cm×98cm	103,500	西泠印社	2019-07-06
周颢 竹 手卷	34cm×299.5cm	126,500	朵云轩	2019-04-15
周笠 仿恽寿平花卉册 册页（十六开）	27cm×38.5cm×16	276,000	北京保利	2019-06-03
周亮工 书法 镜框	17cm×21cm	155,250	北京保利	2019-08-24
周兴岱 临米芾五帖 册页（八开）	16cm×58cm×8	10,350,000	华艺国际	2019-08-10
周璕 飞锡图 立轴	134cm×63.5cm	253,000	中国嘉德	2019-06-04
周璕 祝寿图 立轴	186cm×101cm	264,500	中国嘉德	2019-11-19
朱偁 1868年作 厚德载福 立轴	234cm×116.5cm	321,078	中国嘉德	2019-10-08
朱鹤年 1816年作 霞庄旧庐图 手卷	画心 31cm×180cm	172,500	北京保利	2019-06-03
朱鹤年 唐寅像 立轴	89.5cm×30cm	310,500	西泠印社	2019-07-06
朱伦瀚 乾隆1741年作 洛神图 立轴	43cm×29.5cm	97,750	中国嘉德	2019-11-19
朱伦瀚 松 立轴	201.5cm×92.5cm	195,500	荣宝斋（桂林）	2019-08-18
朱彝尊 行书祝寿诗 立轴	84cm×40.5cm	115,000	中国嘉德	2019-11-19
朱彝尊 隶书五言联 立轴	100.5cm×28cm×2	126,500	中国嘉德	2019-11-19
朱之瑜 草书诗卷 手卷	32cm×719cm	230,000	中国嘉德	2019-10-17
朱之瑜 明 行书 立轴	34.5cm×56.7cm	223,750	佳士得	2019-11-25
诸昇 1667年作 竹子对屏 立轴	149cm×75.5cm×2	207,000	北京荣宝	2019-06-13
诸昇 1681年作 墨竹图 立轴	156.5cm×79.5cm	385,294	保利香港	2019-10-06
诸昇 1685年作 仿梅花道人笔意 立轴	166cm×69cm	161,000	广东崇正	2019-11-28
邹显吉 康熙1668年作 花卉册 册页（十开）	画 27.5cm×22.5cm×10	184,000	中国嘉德	2019-11-19
邹一桂（款）江行雨霁图卷 手卷	32cm×358cm	897,000	中国嘉德	2019-06-25
邹一桂 乾隆1756年作 玉堂富贵 立轴	95.5cm×52.5cm	207,000	中国嘉德	2019-06-04
邹一桂 裘曰修 钱陈群 等 寄退斋赴职册 册页（六开）	画 22.8cm×32cm×4	149,500	中国嘉德	2019-11-19
邹喆 江帆远景 扇面	18cm×53cm	747,500	中国嘉德	2019-06-04
左孝威 篆书四条屏 立轴	61cm×22cm×4	212,800	湖南国拍	2019-05-12
左宗棠 光绪十年（1884年作 篆书八言联 立轴	183cm×38.5cm×2	322,000	中国嘉德	2019-11-17
左宗棠 行书 七言联	137cm×31cm	402,500	中国嘉德	2019-06-03

2019书画拍卖成交汇总

(成交价RMB：10万元以上)

拍品名称	物品尺寸	成交价RMB	拍卖公司	拍卖日期
左宗棠 行书 七言联 对联	160cm×33.5cm×2	345,000	西泠印社	2019-07-06
左宗棠 行书"妙文"横批	31.5cm×75cm	138,000	中国嘉德	2019-06-04
左宗棠 行书八言联 对联	155.5cm×35.1cm×2	396,813	香港苏富比	2019-10-06
左宗棠 行书八言联 立轴	155cm×28cm×2	97,750	荣宝斋（南京）	2019-07-21
左宗棠 行书六言联 对联	160cm×33cm×2	230,000	北京保利	2019-12-03
左宗棠 行书六言联 立轴	139cm×37cm×2	230,000	华艺国际	2019-08-10
左宗棠 行书七言 对联片	167cm×32cm×2	138,000	朵云轩	2019-06-22
左宗棠 行书七言联 对联	212cm×52cm×2	575,000	北京保利	2019-12-03
左宗棠 行书七言联 镜芯	163cm×35cm×2	138,000	中鸿信	2019-07-17
左宗棠 行书七言联 立轴	137cm×28cm×2	345,000	中贸圣佳	2019-06-07
左宗棠 行书七言联 立轴	148.5cm×37.5cm×2	195,500	北京荣宝	2019-04-28
左宗棠 行书七言联 立轴	147cm×36cm×2	368,000	上海明轩	2019-04-28
左宗棠 行书七言联 立轴	173cm×42cm×2	575,000	北京荣宝	2019-06-13
左宗棠 行书七言联 立轴	166cm×40cm×2	575,000	上海匡时	2019-06-21
左宗棠 行书七言联 立轴	164cm×33cm×2	218,500	中国嘉德	2019-11-19
左宗棠 行书七言联 立轴	178cm×40cm×2	345,000	广东崇正	2019-11-28
左宗棠 七言行书对联 立轴	175cm×36cm×2	552,000	湖南国拍	2019-09-28
左宗棠 篆书八言联 立轴	175cm×38cm×2	138,000	中贸圣佳	2019-08-16
左宗棠 篆书七言联 立轴	178cm×30.5cm×2	241,500	中国嘉德	2019-11-19
左宗棠 篆书七言联 立轴	157cm×37cm×2	138,000	中国嘉德	2019-11-19
左宗棠 篆书五言联 立轴	168cm×35cm×2	138,000	华艺国际	2019-08-10
近现代及当代画家				
（释）太虚 行书七言诗 立轴	112cm×45cm	109,250	中国嘉德	2019-10-15
1968年作 上海新画院 向门合同志学习 镜片	107cm×127.5cm	253,000	西泠印社	2019-07-07
艾合买提·莫明 塔克里玛肯沙漠 博斯坦胡 镜心	46cm×33cm	103,500	北京翰海	2019-03-29
艾轩 2011年作 少女	68cm×85cm	368,000	广东崇正	2019-05-23
艾轩 2015年作 西藏少女 镜心	95cm×90.5cm	402,500	北京荣宝	2019-12-01
艾轩 藏族少女 镜心	68cm×68.5cm	103,500	荣宝斋（南京）	2019-07-21
爱新觉罗·恒锦 2019年作 画笔游园 镜心	直径60cm	138,000	北京保利	2019-06-03
爱新觉罗·金山 2018年作 中华獒神 镜心	68cm×68cm	322,000	北京翰海	2019-03-29
爱新觉罗·金山 獒神 镜心	68cm×68cm	287,500	北京保利	2019-06-03
爱新觉罗·金山 旺宅 镜片	68cm×68cm	368,000	荣宝斋（南京）	2019-05-21
安东尼·塔皮埃斯 1995–2006年作 无题	52cm×183cm	1,366,157	华艺国际	2019-05-27
安和 临摹《顾闳中韩熙载夜宴图》手卷	70.2cm×645.2cm	545,431	纽约佳士得	2019-03-19
安和 临摹《武宗元朝元仙仗图》手卷	27.9cm×274.3cm	266,738	纽约佳士得	2019-09-10
安华平 2015年作 幽谷双栖春月暖 镜心	186cm×102cm	621,000	北京翰海	2019-03-29
安奇帮 2018年作 神游 镜心	77cm×107cm	1,380,000	北京保利	2019-06-03
白伯骅 1997年作 可人如玉 镜心	133cm×64cm	97,750	北京荣宝	2019-04-28
白伯骅 1999年作 观世音菩萨造像 镜心	137cm×68.5cm	115,000	北京荣宝	2019-06-13
白伯骅 2007年作 四美图 镜心	68cm×68cm×4	161,000	北京荣宝	2019-06-13
白伯骅 金陵十二钗 镜心	85cm×45.5cm×12	862,500	北京荣宝	2019-12-01
白伯骅 童子观音造像 立轴	136cm×68cm	172,500	北京荣宝	2019-10-12
白伯骅 执扇仕女图 镜心	132cm×65cm	115,000	北京荣宝	2019-04-28

拍品名称	物品尺寸	成交价RMB	拍卖公司	拍卖日期
白蕉 1941年作 行书 七言联 对联	113cm×23cm×2	207,000	西泠印社	2019-07-06
白蕉 1941年作 行书七言联 对联	135cm×23cm×2	132,250	北京保利	2019-12-03
白蕉 1941年作 兰花 立轴	63cm×21cm	103,500	中鸿信	2019-07-17
白蕉 1957年作 在室传香远 立轴	99cm×44cm	172,500	中国嘉德	2019-06-24
白蕉 草书七言联 镜片	147.5cm×27cm×2	149,500	西泠印社	2019-04-13
白蕉 草书六言联 立轴	127cm×20cm×2	184,000	北京荣宝	2019-12-01
白蕉 邓散木 1947年作 兰花图·篆书七言诗 成扇	50cm×18cm	109,250	西泠印社	2019-07-07
白蕉 行书九言联（一对）立轴		352,433	纽约苏富比	2019-03-22
白蕉 行书六言联 立轴	127cm×20cm×2	138,000	北京匡时	2019-07-13
白蕉 行书七言联 对联	148cm×27.5cm×2	149,500	上海嘉禾	2019-09-07
白蕉 行书十一言联 对联	102cm×11cm×2	126,500	中国嘉德	2019-06-24
白蕉 兰吐幽香 立轴	68cm×30cm	105,800	中国嘉德	2019-06-24
白蕉 盆兰图 立轴	67cm×35cm	138,000	中国嘉德	2019-06-24
白蕉 石交 立轴	65cm×29cm	103,500	中国嘉德	2019-06-24
白蕉 书法对联 立轴	66cm×9cm×2	115,000	北京荣宝	2019-04-28
白蕉 幽兰 行书 成扇	19cm×52cm	97,750	朵云轩	2019-06-22
白敬周 生趣	52cm×48cm	184,000	北京翰海	2019-06-15
白南准 1991年 宇宙船远征虚拟金星	482cm×256cm×81cm	9,200,000	中国嘉德	2019-11-16
白鹏 白波流雪	68cm×68cm	172,500	北京翰海	2019-06-15
白鹏 四时山色秋最好	68cm×68cm	149,500	北京翰海	2019-06-15
白树安 2019年作 舍得诗 镜心	69cm×136cm	115,000	北京翰海	2019-10-12
白雪石 1957年作 芦苇丛之战 镜片	39.5cm×70cm	115,000	上海嘉禾	2019-09-07
白雪石 1975年作 漓江春晓 立轴	67cm×179.5cm	1,150,000	北京荣宝	2019-12-01
白雪石 1977年作 漓江小景 镜心	50.5cm×54.5cm	97,750	中国嘉德	2019-11-17
白雪石 1977年作 清漓之晨 横披	105.5cm×192.5cm	782,000	中国嘉德	2019-06-02
白雪石 1977年作 幽谷泉声 镜心	52.5cm×44cm	115,000	中国嘉德	2019-11-17
白雪石 1978年作 漓江山水 镜心	34.5cm×100.5cm	97,750	中国嘉德	2019-11-17
白雪石 1979年作 春之晨 镜心	70cm×46.5cm	212,750	北京荣宝	2019-10-12
白雪石 1979年作 漓江山水 立轴	69cm×30cm	230,000	广东崇正	2019-11-28
白雪石 1980年作 漓江泛舟 立轴	100cm×47.5cm	287,500	北京荣宝	2019-12-01
白雪石 1980年作 盛夏江边 立轴	87cm×55cm	115,000	中国嘉德	2019-11-17
白雪石 1981年作 漓江春色 立轴	89.3cm×48cm	126,500	中国嘉德	2019-06-03
白雪石 1982年作 奇峰耸翠 立轴	77cm×70cm	254,880	华艺国际	2019-05-27
白雪石 1982年作 烟雨漓江 镜框	68cm×136cm	756,000	佳士得	2019-05-28
白雪石 1983年作 象山春雨 镜心	67.8cm×68.3cm	115,000	北京诚轩	2019-06-01
白雪石 1984年作 千峰竞秀 立轴	68cm×68cm	322,000	中国嘉德	2019-06-24
白雪石 1985年作 家家都在画屏中 镜框	69cm×48.5cm	203,904	华艺国际	2019-05-27
白雪石 1986年作 春江 镜心	68cm×46cm	115,000	北京保利	2019-06-04
白雪石 1986年作 奇峰耸翠 镜心	68cm×45.5cm	138,000	北京保利	2019-06-04
白雪石 1986年作 轻舟长绕碧莲花 镜心	81.5cm×37.8cm	138,000	北京保利	2019-06-04
白雪石 1987年作 奇峰独秀 立轴	134.5cm×66.5cm	299,000	北京荣宝	2019-12-01
白雪石 1987年作 雨后漓江 立轴	120cm×49cm	230,000	北京荣宝	2019-12-01
白雪石 1988年作 碧玉青峰 镜心	68cm×68cm	264,500	北京荣宝	2019-04-28
白雪石 1988年作 漓江山色 镜心	136cm×67.5cm	368,000	上海匡时	2019-06-21
白雪石 1988年作 青峰云锁 立轴	135cm×65cm	356,500	北京荣宝	2019-12-01
白雪石 1989年作 漓江春 立轴	68cm×44cm	115,000	北京荣宝	2019-12-01
白雪石 1989年作 奇峰耸翠图 镜心	119.5cm×243.5cm	2,185,000	北京保利	2019-12-02
白雪石 1989年作 群峰叠翠 镜心	135cm×69cm	299,000	北京荣宝	2019-12-01
白雪石 1992年作 千峰竞秀 镜心	59cm×161cm	494,500	北京银座	2019-06-05
白雪石 1993年作 春意朦胧 镜心	68cm×69cm	189,750	北京荣宝	2019-10-12
白雪石 1993年作 阳朔风光在穿岩 镜心	69cm×137cm	632,500	北京保利	2019-06-04

拍品名称	物品尺寸	成交价RMB	拍卖公司	拍卖日期
白雪石 1994年作 漓江山水图 镜芯	88cm×227cm	1,610,000	中鸿信	2019-07-16
白雪石 1994年作 十渡高秋图 镜框	48.1cm×179.8cm	908,438	香港苏富比	2019-04-02
白雪石 1996年作 群峰叠翠 立轴	137cm×68cm	402,500	北京荣宝	2019-10-12
白雪石 1998年作 千峰竞秀万木争春 镜心	142cm×364cm	3,220,000	北京保利	2019-12-02
白雪石 1998年作 青峰深处白云起 镜心	67cm×132cm	437,000	中国嘉德	2019-11-18
白雪石 漓江春 镜心	43cm×64.5cm	149,500	中贸圣佳	2019-11-30
白雪石 漓江秋色 立轴	66cm×43cm	126,500	中贸圣佳	2019-11-30
白雪石 漓江新绿 镜心	95cm×178cm	1,150,000	中贸圣佳	2019-11-30
白雪石 漓江新绿 镜心	43cm×45.5cm	138,000	荣宝斋（南京）	2019-07-21
白雪石 象山春晓 镜心	66cm×67cm	287,500	中贸圣佳	2019-11-30
白雪石 俞致贞 1959年作 春水云帆·行书五言诗 成扇	18cm×49cm×2	103,500	北京银座	2019-06-05
白云乡 2008年作 山水四屏 镜心	137cm×34cm×4	172,500	北京荣宝	2019-06-13
白云乡 昆仑胜境 镜心	144cm×366cm	1,725,000	北京荣宝	2019-06-13
包俊宜 2019年作 书法 镜心	180cm×97cm	172,500	北京翰海	2019-10-12
包俊宜 2019年作 书法 四屏镜心	180cm×48cm×4	287,500	北京翰海	2019-10-12
薄春雨 2010年作 湖石鹤寿 镜心	186.5cm×105cm	287,500	中国嘉德	2019-11-19
贝聿玿 深树林烟 立轴	108cm×47.8cm	425,125	佳士得	2019-11-18
毕璐 2018年作 窗前之荣	70cm×70cm	115,000	北京翰海	2019-06-15
毕璐 西域音色 镜心	67cm×67cm	184,000	北京保利	2019-06-03
边平山 2016年作 花鸟 六屏 镜心	65cm×39cm×6	115,000	上海匡时	2019-06-21
边平山 2017年作 马 镜心	77cm×106cm	172,500	北京保利	2019-06-03
边平山 马	80cm×108cm	207,000	北京翰海	2019-06-15
边平山 人物 镜心	77.5cm×107.5cm	138,000	中国嘉德	2019-06-04
冰心 1987年作 为杜宣书七言诗 立轴	61.5cm×18.5cm	506,000	西泠印社	2019-07-07
伯揆 2016年作 满树金 镜片	138cm×69cm	552,000	北京荣宝	2019-06-13
伯揆 2016年作 桃花流水鳜鱼肥 镜心	尺寸不一	230,000	北京荣宝	2019-12-01
蔡鹤汀 溪涧猛虎图 立轴	136cm×40cm	149,500	西泠印社	2019-07-07
蔡鹤洲 蔡鹤汀 1941年作 孔雀 立轴	111cm×49.5cm	96,323	中国嘉德	2019-10-08
蔡俊章 2018年作 台湾阿里山风情	136cm×69cm	230,000	北京翰海	2019-06-15
蔡可升 行书七言诗 立轴	140cm×52cm	131,157	保利香港	2019-04-01
蔡茂友 2018年作 大吉图 镜心	96cm×35cm	575,000	中国嘉德	2019-03-23
蔡茂友 2018年作 兰石图（二帧）镜心	48cm×48cm×2	517,500	中国嘉德	2019-03-23
蔡茂友 2018年作 墨竹图 镜心	96cm×36cm	402,500	中国嘉德	2019-03-23
蔡茂友 2018年作 幽香图（二帧）镜心	48cm×48cm×2	460,000	中国嘉德	2019-03-23
蔡茂友 2019年作 听香 镜心	45cm×45cm	126,500	中国嘉德	2019-06-24
蔡谈月色 1937年作 岁朝清供 立轴	67cm×35cm	126,500	北京保利	2019-06-05
蔡廷锴 行书五言联 立轴	175.5cm×46.5cm×2	368,000	中国嘉德	2019-11-17
蔡元培 1929年作 行书五言联 立轴	107.5cm×20.5cm×2	517,500	北京保利	2019-12-01
蔡元培 1936年作 杂钞 立轴	29cm×32.5cm	172,500	北京诚轩	2019-06-01
蔡元培 行书“题刘海粟画册”镜片	21.5cm×40.8cm	862,500	上海工美	2019-11-10
蔡元培 行书题词 镜芯	25cm×29cm	276,000	中鸿信	2019-07-17
蔡哲夫 写生博物志册 册页（八开）	20cm×29cm×8	517,500	中贸圣佳	2019-08-16
苍崖 1910年作 金陵二十四景 册页	30cm×34cm×24	132,250	南京经典	2019-07-19
曹俊 2018年作 千年一遇 镜心	300cm×94cm×3	9,311,262	保利香港	2019-10-06
曹锟 行书七言联 画心	174cm×44cm×2	126,500	西泠印社	2019-07-07
曹锟 行书七言联 立轴	70.5cm×28cm×2	402,500	中贸圣佳	2019-11-30
曹锟 楷书五言联 立轴	204cm×49cm×2	149,500	中贸圣佳	2019-06-07
曹锟 梅花 立轴	128.5cm×38cm	218,500	中贸圣佳	2019-11-30

拍品名称	物品尺寸	成交价RMB	拍卖公司	拍卖日期
曹锟 墨梅图 立轴	129.5cm×55.5cm	138,000	上海嘉禾	2019-09-07
曹来宾 灵秀山水吟 镜片	96cm×180cm	162,800	保信利诚	2019-02-07
曹瑞华 2019年作 春华秋实 镜心	136cm×68cm	115,000	北京翰海	2019-10-12
曹禺 行书五言联 立轴	67cm×16cm	138,000	中贸圣佳	2019-06-07
曹志明 2019年作 准提菩萨	100cm×100cm	322,000	北京翰海	2019-06-15
草间弥生 1952年作 海	47cm×36.5cm	839,063	佳士得	2019-11-24
曾健勇 2011年作 头号人物——信徒 镜心	112cm×247cm	105,800	中国嘉德	2019-06-04
曾健勇 树上的童年 镜心	149cm×83cm	109,250	中国嘉德	2019-11-19
曾宓 1986年作 日暮苍山 镜心	83cm×78cm	212,750	上海匡时	2019-06-21
曾宓 1991年作 雁山积胜 镜心	142.3cm×188cm	920,000	中国嘉德	2019-11-19
曾宓 1993年作 水墨山水图卷 手卷	本幅33.5cm×137	345,000	中国嘉德	2019-06-02
曾宓 1995年作 三石楼主山水佳构 册页	27.5cm×20.5cm×10	1,495,000	中国嘉德	2019-06-04
曾宓 1996年作 村归晚景 立轴	画97cm×78.5cm	287,500	上海匡时	2019-06-21
曾宓 1999年作 寒尽不知年 镜心	68cm×68cm	218,500	上海匡时	2019-06-21
曾宓 1999年作 山色秋中好 立轴	70cm×46cm	172,500	北京荣宝	2019-06-13
曾宓 2001年作 密林深处 镜心	96cm×89cm	105,800	中国嘉德	2019-03-23
曾宓 2001年作 竹霜多劲节 立轴	79cm×38cm	138,000	上海匡时	2019-06-21
曾宓 2003年作 兰花 立轴	69.5cm×31cm	109,250	北京荣宝	2019-06-13
曾宓 2004年作 山水清音 立轴	69cm×46cm	172,500	上海匡时	2019-06-21
曾宓 边陲风情图 镜心	69cm×45cm	517,500	中国嘉德	2019-11-19
曾宓 高岩山居图 镜心	233cm×106cm	3,450,000	中国嘉德	2019-06-04
曾三凯 2018年作 碧嶂图 镜心	180cm×48cm	368,000	北京翰海	2019-03-29
曾熙 1920年作 朝彻书屋 镜框	65cm×258cm	340,125	香港苏富比	2019-10-07
曾熙 1923年作 仿二石山水 立轴	105cm×37cm	141,246	中国嘉德	2019-03-30
曾熙 1924年作 楷书八言联 立轴	201cm×42.5cm×2	109,250	广东崇正	2019-11-28
曾熙 1930年作 行书十言联 立轴	各 171cm×29.8cm (2)	235,125	香港苏富比	2019-04-02
曾熙 花卉对屏 立轴	130cm×34cm×2	195,500	中国嘉德	2019-11-18
曾熙 隶书八言联 立轴	175.5cm×43cm×2	115,000	华艺国际	2019-08-10
曾熙 嵩山图 隶书 成扇	19cm×51.5cm	97,750	朵云轩	2019-06-22
曾熙 魏碑 六言联	204cm×42cm	172,500	中国嘉德	2019-06-03
曾晓浒 1984年作 山水 立轴	136cm×68cm	126,500	湖南逸典	2019-05-18
曾晓浒 2013年作 山水 镜片	70cm×139cm	195,500	湖南逸典	2019-05-18
常曾灏 八骏图 镜心	60.5cm×31.5cm×8	161,000	北京银座	2019-06-05
常进 山水四屏 镜心	133cm×33cm×4	109,250	北京荣宝	2019-06-13
常玉 1920/30年代作 站姿裸女背影	45cm×27.5cm	1,077,063	香港苏富比	2019-10-06
常玉 1920年代末至1930年代初 梦中情人 水墨	28cm×44.5cm	212,750	北京诚轩	2019-11-17
常玉 1920年代末至1930年代初 他们 水墨	44.5cm×28cm	184,000	北京诚轩	2019-11-17
常玉 裸女	42.5cm×25.5cm	161,424	保利香港	2019-03-31
常玉 素描中的女士	45.5cm×28cm	279,688	佳士得	2019-11-24
常玉 斜卧裸女	28cm×45cm	581,750	佳士得	2019-11-24
常玉 坐在椅子上的琪琪	36.3cm×26cm	221,958	保利香港	2019-03-31
常玉 坐姿女子	27cm×20.5cm	151,335	保利香港	2019-03-31
常玉 坐姿仕女 水墨纸本	43cm×27cm	256,500	佳士得	2019-03-29
晁谷 2015年作 秋塘鸭戏图 镜心	45cm×91cm	103,500	北京翰海	2019-03-29
车鹏飞 2017年作 秋山红树 镜片	69cm×138cm	195,500	上海嘉禾	2019-09-06
沉浮 扇面二帧 镜心	20cm×61cm×2	184,000	北京保利	2019-06-03
陈白一 1997年作 小羊羔 镜片	69cm×86cm	977,500	湖南逸典	2019-05-18
陈半丁 1908年作 临石溪山水 立轴	224cm×31cm	805,000	华艺国际	2019-08-10

2019书画拍卖成交汇总

(成交价RMB：10万元以上)

拍品名称	物品尺寸	成交价RMB	拍卖公司	拍卖日期
陈半丁 1920年作 钟馗 镜心	94cm×30cm	322,000	北京翰海	2019-06-14
陈半丁 1920年作 钟馗 立轴	108cm×50cm	241,500	中鸿信	2019-07-16
陈半丁 1920年作 钟馗图 立轴	108cm×50cm	345,000	北京荣宝	2019-12-01
陈半丁 1922年作 斜日薰风迎晚香 立轴	139cm×40cm	109,250	中鸿信	2019-07-16
陈半丁 1923年作 槐堂思亲图 立轴	127cm×40cm	299,000	中鸿信	2019-07-16
陈半丁 1925年作 采芝图 立轴	98.5cm×33cm	109,250	中国嘉德	2019-11-17
陈半丁 1932年作 藤花 立轴	133cm×32.5cm	230,000	中国嘉德	2019-11-17
陈半丁 1932年作 仙居图 镜心	73cm×42.5cm	115,000	中国嘉德	2019-11-17
陈半丁 1932年作 仙居图 镜芯	73cm×42cm	184,000	中鸿信	2019-07-16
陈半丁 1939年作 溪山访友 立轴	88.5cm×31.5cm	100,890	保利香港	2019-04-01
陈半丁 1940年作 枇杷草虫 立轴	96cm×30cm	100,890	中国嘉德	2019-03-30
陈半丁 1941年作 深山阔游图 立轴	92cm×39cm	126,500	中鸿信	2019-07-16
陈半丁 1943年作 富贵万年 立轴	101.5cm×34.5cm	120,750	北京翰海	2019-06-14
陈半丁 1943年作 隔浦群山 镜片	136cm×68cm	299,000	上海嘉禾	2019-09-07
陈半丁 1943年作 归渔图 横批	32cm×101cm	120,750	中鸿信	2019-07-16
陈半丁 1943年作 会友图 镜芯	65cm×32cm	287,500	中鸿信	2019-07-16
陈半丁 1944年作 紫藤 立轴	103cm×33cm	195,500	北京翰海	2019-06-14
陈半丁 1948年作 观瀑图 立轴	83.8cm×51cm	345,000	中国嘉德	2019-06-03
陈半丁 1948年作 蓬山白云遮 立轴	92.5cm×27cm	115,000	上海驰翰	2019-06-21
陈半丁 1948年作 紫藤芭蕉图 立轴	100.5cm×33cm	138,000	西泠印社	2019-07-06
陈半丁 1959年作 墨荷 立轴	133cm×65.5cm	356,500	中鸿信	2019-07-16
陈半丁 1961年作 荷花图 画心	116cm×46cm	149,500	西泠印社	2019-07-06
陈半丁 1961年作 绣球花 镜芯	86cm×54cm	120,750	中鸿信	2019-07-16
陈半丁 1964年作 清供 镜心	97.0cm×44.5cm	218,500	中国嘉德	2019-11-18
陈半丁 曹克家 猫戏图 镜芯	27cm×32.5cm×4	184,000	中鸿信	2019-07-16
陈半丁 独留苍翠与人看 立轴	138.5cm×47cm	299,000	中鸿信	2019-07-16
陈半丁 芙蓉月季 立轴	172cm×59cm	483,000	北京荣宝	2019-04-28
陈半丁 国色天香图 立轴	128cm×48cm	115,000	中国嘉德	2019-06-24
陈半丁 荷花 立轴	246cm×122cm	5,290,000	中贸圣佳	2019-06-07
陈半丁 花果（四帧）立轴	22cm×30.5cm×4	97,750	中贸圣佳	2019-11-30
陈半丁 花卉 四屏 立轴	128cm×31cm×4	184,000	南京经典	2019-07-19
陈半丁 纪德明表图 镜芯	106cm×38.5cm	138,000	中鸿信	2019-07-16
陈半丁 锦绣满园 镜心	140cm×35cm×4	1,207,500	北京荣宝	2019-12-01
陈半丁 绝艳清芳图 立轴	66.5cm×33.5cm	103,500	中鸿信	2019-07-16
陈半丁 莲花墨兔 立轴	131cm×31.5cm	138,000	北京翰海	2019-06-14
陈半丁 梅花 镜心	75cm×37cm	126,500	北京保利	2019-06-22
陈半丁 拟古花卉（四帧）镜心	27.5cm×31cm×4	97,750	北京匡时	2019-07-13
陈半丁 溥忻 1945年作 草堂读书图、行书五言诗 成扇		109,250	中国嘉德	2019-10-16
陈半丁 七贤图 立轴	100cm×34cm	184,000	中国嘉德	2019-11-17
陈半丁 秋色佳 立轴	100cm×33cm	126,500	北京荣宝	2019-04-28
陈半丁 石榴花开 立轴	132cm×34cm	126,500	北京荣宝	2019-10-12
陈半丁 四季花卉 四屏镜心	101cm×34cm×4	713,000	中贸圣佳	2019-11-30
陈半丁 四季山水 四屏镜心	113cm×33cm×4	2,242,500	中贸圣佳	2019-06-07
陈半丁 天香国艳 立轴	103cm×42cm	184,000	中贸圣佳	2019-11-30
陈半丁 王雪涛 1941年作 南瓜白菜 立轴	102.5cm×33cm	126,500	北京荣宝	2019-12-01
陈半丁 王雪涛 春景 成扇	22.5cm×68cm	161,000	北京匡时	2019-07-13
陈半丁 五松图 立轴	177.5cm×51.5cm	161,000	广东崇正	2019-11-28
陈半丁 溪山清话图 立轴	99.5cm×33cm	172,500	北京翰海	2019-06-14
陈半丁 张伯英 仿米家山水 草书《书谱》成扇	19.5cm×55cm	195,500	中国嘉德	2019-06-02
陈半丁 长江图 镜心	37cm×163cm	287,500	北京保利	2019-06-22
陈半丁 紫藤 立轴	97cm×32cm	138,000	中贸圣佳	2019-11-30

拍品名称	物品尺寸	成交价RMB	拍卖公司	拍卖日期
陈半丁 紫藤花 立轴	132cm×32.5cm	151,335	北京匡时	2019-04-02
陈兵 2016年作 茶经图	136cm×68cm	115,000	北京翰海	2019-03-29
陈炳佳 2016年作 山歌好似春江水 镜片	180cm×145cm	310,500	湖南逸典	2019-05-18
陈炳佳 2018年作 太姥访仙 镜片	180cm×145cm	322,000	湖南逸典	2019-05-18
陈伯达 楷书"克己"立轴	63.5cm×30.5cm	1,610,000	中国嘉德	2019-06-04
陈布雷 行书节录欧阳修《醉翁亭记》镜芯	25.5cm×25.3cm	172,500	中鸿信	2019-07-17
陈达 拟古山水四屏 镜心	117cm×33cm×4	207,000	中国嘉德	2019-06-02
陈大羽 1934年作 花鸟 册页	28cm×40cm×13	115,000	北京荣宝	2019-04-28
陈大羽 1947年作 等闲学得鹦哥话 立轴	135cm×33cm	149,500	北京荣宝	2019-12-01
陈大羽 1963年作 世世幸福 立轴	47.5cm×55cm	115,000	上海嘉禾	2019-09-07
陈大羽 1975年作 雄鸡报晓 镜片	91cm×45.5cm	115,000	上海嘉禾	2019-09-07
陈大羽 1977年作 大吉图 镜片	81.5cm×50cm	287,500	广东崇正	2019-05-23
陈大羽 1977年作 大吉图 镜片	68.5cm×46cm	115,000	上海嘉禾	2019-09-07
陈大羽 1977年作 辟邪 立轴	83.5cm×47.5cm	299,000	北京荣宝	2019-04-28
陈大羽 1977年作 秋菊大吉图 立轴	69cm×43cm	138,000	北京荣宝	2019-12-01
陈大羽 1977年作 柔藤垂天半 立轴	122cm×70cm	207,000	北京荣宝	2019-12-01
陈大羽 1977年作 双吉图 立轴	96cm×43cm	138,000	北京荣宝	2019-12-01
陈大羽 1977年作 迎客松 镜心	96cm×145cm	632,500	北京荣宝	2019-12-01
陈大羽 1978年作 大吉图 镜心	81.5cm×50cm	172,500	中国嘉德	2019-11-17
陈大羽 1978年作 加官 立轴	67cm×44cm	115,000	北京荣宝	2019-12-01
陈大羽 1978年作 漓江风貌 立轴	70cm×46.5cm	816,500	上海嘉禾	2019-09-06
陈大羽 1979年作 瓶花 镜心	84cm×77cm	97,750	上海匡时	2019-06-21
陈大羽 1979年作 雄鸡图 立轴	84cm×50cm	172,500	北京荣宝	2019-12-01
陈大羽 1979年作 迎春 镜片	82.5cm×49.5cm	207,000	广东崇正	2019-05-23
陈大羽 1979年作 迎春花雄鸡图 镜框	97.5cm×48cm	237,600	佳士得	2019-05-28
陈大羽 1980年作 春暖 镜片	68cm×44cm	103,500	上海嘉禾	2019-09-07
陈大羽 1980年作 大吉图 镜片	67.5cm×45.5cm	166,750	上海嘉禾	2019-09-07
陈大羽 1980年作 三秋图 镜片	96cm×89.5cm	460,000	广东崇正	2019-05-23
陈大羽 1980年作 篆书七言联 对联	135.5cm×33cm×2	149,500	上海嘉禾	2019-09-07
陈大羽 1981年作 大福寿 镜片	70cm×68.5cm	115,000	广东崇正	2019-05-23
陈大羽 1981年作 石昔嘴 立轴	62cm×47cm	184,000	北京荣宝	2019-12-01
陈大羽 1981年作 霜艳 镜心	94cm×178cm	1,150,000	北京保利	2019-12-02
陈大羽 1984年作 红梅大吉图 立轴	68cm×45cm	207,000	华艺国际	2019-08-11
陈大羽 1986年作 眉寿 镜片	69.5cm×52.5cm	126,500	上海嘉禾	2019-09-07
陈大羽 1987年作 草书杜甫《秋兴八首》手卷	34cm×537cm	230,000	北京荣宝	2019-12-01
陈大羽 1987年作 花卉蔬果册 册页（八开）	40.3cm×55.5cm×8	345,000	广东崇正	2019-05-23
陈大羽 1993年作 红梅大吉 立轴	57cm×45cm	97,750	北京荣宝	2019-12-01
陈大羽 1994年作 雄鸡图 镜片	68cm×46cm	97,750	西泠印社	2019-07-07
陈大羽 1994年作 篆书"水石斋"镜片	34.5cm×137cm	97,750	上海嘉禾	2019-09-07
陈大羽 报春图 篆书 镜心	画70cm×41cm；书法 68.5cm×46cm	126,500	荣宝斋（南京）	2019-07-21
陈大羽 扁豆鸡 立轴	121cm×46cm	115,000	北京荣宝	2019-12-01
陈大羽 大吉图 镜片	68cm×45cm	126,500	广东崇正	2019-05-23
陈大羽 大吉图 镜片	89.5cm×47.5cm	189,750	上海嘉禾	2019-09-07
陈大羽 大吉图 镜片	69cm×46.5cm	172,500	广东崇正	2019-11-28
陈大羽 大吉图 镜心	69cm×46cm	201,250	南京经典	2019-07-19
陈大羽 大吉图 立轴	70cm×45cm	184,000	北京翰海	2019-03-29
陈大羽 大吉图 立轴	89cm×47cm	322,000	南京经典	2019-07-19
陈大羽 大吉图 立轴	95cm×43.5cm	310,500	上海嘉禾	2019-09-06

拍品名称	物品尺寸	成交价RMB	拍卖公司	拍卖日期
陈大羽 大寿 立轴	68cm×50cm	161,000	南京经典	2019-07-19
陈大羽 荷花 立轴	69cm×69cm	103,500	中贸圣佳	2019-08-16
陈大羽 红荷 镜片	93cm×49cm	115,000	上海嘉禾	2019-09-07
陈大羽 红梅公鸡 镜心	69cm×69cm	161,000	南京经典	2019-07-19
陈大羽 花鸟 镜框	69cm×97cm	230,000	华艺国际	2019-08-11
陈大羽 绿梅雄鸡 镜片	68cm×57.5cm	138,000	广东崇正	2019-11-28
陈大羽 秋趣 立轴	90cm×48cm	207,000	南京经典	2019-07-19
陈大羽 石昔嘴白梅 立轴	89cm×47cm	126,500	北京荣宝	2019-12-01
陈大羽 寿桃图 镜心	68cm×45cm	207,000	北京保利	2019-08-24
陈大羽 双吉图 镜片	68cm×48.5cm	212,750	广东崇正	2019-11-27
陈大羽 松院图 镜片	52cm×83cm	379,500	上海嘉禾	2019-09-07
陈大羽 献寿 镜心	71.5cm×46cm	218,500	北京荣宝	2019-12-01
陈大羽 幸福万年 镜心	68.5cm×70cm	103,500	荣宝斋（南京）	2019-07-21
陈大羽 雄鸡图 镜心	86.5cm×50cm	253,000	南京经典	2019-07-19
陈大羽 迎春 镜心	84cm×51cm	276,000	南京经典	2019-07-19
陈大羽 迎春大吉 立轴	94.5cm×44cm	402,500	广东崇正	2019-05-23
陈大羽 迎春大吉 立轴	68cm×46cm	115,000	广东崇正	2019-05-23
陈大羽 迎春大吉 立轴	67.5cm×45cm	178,250	荣宝斋（南京）	2019-07-21
陈大羽 迎春大吉 立轴	80cm×70cm	207,000	北京荣宝	2019-12-01
陈大羽 迎春大吉图 镜心	68cm×46cm	138,000	北京荣宝	2019-12-01
陈大羽 迎春雄鸡 镜心	79cm×45cm	138,000	南京经典	2019-07-19
陈大羽 紫藤 立轴	83cm×48cm	138,000	北京荣宝	2019-12-01
陈大章 1993年作 泰山秋朝 镜心	48.5cm×66cm	437,000	北京荣宝	2019-06-13
陈大章 2003年作 奇峰纵翠	121cm×68cm	1,495,000	北京翰海	2019-06-15
陈大章 2004年作 傲雪凌霜	74cm×70cm	1,035,000	北京翰海	2019-06-15
陈大章 梅香花月夜 镜心	126.3cm×245.6cm	138,000	北京保利	2019-11-20
陈东湖 1931年作 菊花 立轴	110.5cm×52.5cm	302,400	佳士得	2019-05-28
陈独秀 草书七言联 镜心	82cm×17cm	368,000	中国嘉德	2019-06-03
陈独秀 楷书祝郝太夫人寿词 镜芯	28.5cm×39.5cm	575,000	中鸿信	2019-07-17
陈福善 1968-1985年作 人物与柏灵顿熊 镜框	49.5cm×74.5cm	134,250	佳士得	2019-11-25
陈公博 行书《天马赋》手卷	58.5cm×1010cm	483,000	中国嘉德	2019-11-17
陈海安 2019年作 赤壁行 镜心	68cm×68cm	172,500	北京荣宝	2019-12-01
陈海安 2019年作 林海晨曦 镜心	68cm×68cm	207,000	北京荣宝	2019-12-01
陈海安 2019年作 石涛诗意图 镜心	68cm×68cm	230,000	北京荣宝	2019-12-01
陈海安 一方山寨 镜心	68cm×68cm	103,500	北京保利	2019-11-20
陈衡恪 1918年作 秋山雨后 立轴	133cm×44cm	694,688	香港苏富比	2019-04-02
陈衡恪 1923年作 隶书集姜白石句十七言联 立轴	各：235.5cm×13cm×2	1,077,063	香港苏富比	2019-10-07
陈衡恪 兰石 立轴	115.2cm×30cm	96,369	香港苏富比	2019-10-07
陈衡恪 秋艳 行书宋诗 成扇	24cm×61cm	96,369	香港苏富比	2019-10-07
陈洪宝 2019年作 铁骨横撑耐晓霜 镜心	96cm×186cm	97,750	北京翰海	2019-10-12
陈家泠 1989年作 山色有无中 立轴	176.5cm×95cm	149,500	朵云轩	2019-06-22
陈甲 书法 镜心	138cm×22cm	138,000	北京保利	2019-12-02
陈建国 2019年作 己亥山水 镜心	直径42cm	138,000	北京匡时	2019-07-13
陈静业 仿黄子久山水 立轴	98cm×48cm	126,500	中鸿信	2019-07-16
陈可之 故国京梦 镜心	69cm×64cm	230,000	北京保利	2019-11-20
陈立德 2007年作 欧行札记之街头漫步 镜框	60cm×80cm	575,000	北京荣宝	2019-04-28
陈立德 2012年作 晨露·闽南红砖厝 镜框	90cm×120cm	724,500	北京荣宝	2019-04-28
陈满春 初秋	63cm×48cm	115,000	北京翰海	2019-03-29

拍品名称	物品尺寸	成交价RMB	拍卖公司	拍卖日期
陈孟昕 2013年作 人物四屏 镜心	138cm×34cm×4	97,750	北京荣宝	2019-06-13
陈培坚 2015年作 寄语蜀中父老 镜心	136cm×68cm	103,500	北京翰海	2019-10-12
陈佩秋 1954年作 雪竹栖禽 镜心	18.5cm×50cm	230,000	北京保利	2019-12-01
陈佩秋 1962年作 江妃出浴 镜心	33cm×46.3cm	172,500	北京诚轩	2019-11-16
陈佩秋 1976年作 花鸟芳华 册页	26cm×26cm×8	1,495,000	北京保利	2019-06-04
陈佩秋 1978年作 竹雀图 立轴	65cm×43cm	172,500	华艺国际	2019-08-10
陈佩秋 1980年作 幽兰图 立轴	86.5cm×47.5cm	287,500	西泠印社	2019-07-06
陈佩秋 1981年作 丛树幽涧图卷 手卷	引首32cm×107cm；本幅32cm×96cm	506,000	中国嘉德	2019-06-02
陈佩秋 1984年作 秦松汉柏图 镜片	104.5cm×70cm	172,500	西泠印社	2019-07-06
陈佩秋 2000年作 绿竹山鸟 手卷	31.5cm×179cm	540,500	北京保利	2019-12-01
陈佩秋 2004年作 云气江声图 行书五言对 横披	画心69cm×137cm	2,300,000	上海工美	2019-06-09
陈佩秋 2006年作 草书唐诗四首 手卷	书法46.3cm×415cm	138,000	中国嘉德	2019-06-03
陈佩秋 2015年作 翠色蝶舞图 画心	69cm×68cm	425,500	西泠印社	2019-04-13
陈佩秋 芭蕉小鸟 立轴	65.5cm×43.5cm	178,250	中国嘉德	2019-06-04
陈佩秋 草书李白诗 青绿山水 镜心	18cm×49cm×2	207,000	中贸圣佳	2019-11-30
陈佩秋 雏鸡 镜心	画心24cm×25cm	276,000	北京银座	2019-06-05
陈佩秋 春波鱼戏图 镜片	89cm×41.5cm	103,500	西泠印社	2019-07-07
陈佩秋 茨坪写真 镜框	34cm×44.5cm	172,500	上海嘉禾	2019-09-06
陈佩秋 翠鸟戏虾 镜心	25cm×27cm×2	172,500	荣宝斋（南京）	2019-07-21
陈佩秋 翠叶山禽 立轴	66cm×66cm	287,500	中贸圣佳	2019-06-07
陈佩秋 高山流水卷 手卷	尺寸不一	207,000	北京诚轩	2019-11-16
陈佩秋 工笔花鸟对屏 镜框	尺寸不一	345,000	华艺国际	2019-08-10
陈佩秋 黄幻吾 夏鸣 葡萄小鸟 镜心	68cm×35cm；69cm×36cm	128,431	中国嘉德	2019-10-08
陈佩秋 兰蝶图 镜片	画心40.5cm×39cm	161,000	西泠印社	2019-07-07
陈佩秋 刘旦宅 陈大羽 徐子鹤 等十一家 山水花鸟集粹册（十二页）册页	45cm×32.5cm×12	322,000	西泠印社	2019-07-06
陈佩秋 柳荫栖禽 镜框	132cm×64.8cm	427,500	香港苏富比	2019-04-02
陈佩秋 柳荫栖雀 立轴	117cm×58cm	402,500	上海嘉禾	2019-09-06
陈佩秋 泼墨荷花 立轴	70cm×39cm	195,500	朵云轩	2019-06-22
陈佩秋 山鸟竹石图 立轴	95cm×52.5cm	207,000	西泠印社	2019-07-07
陈佩秋 书联 镜心	120cm×16.5cm×2	105,800	南京经典	2019-07-19
陈佩秋 双鸭 镜心	画心26.5cm×27cm	293,250	北京银座	2019-06-05
陈佩秋 桃花鸳鸯 镜片	28cm×92cm	655,500	上海嘉禾	2019-09-06
陈佩秋 桃花竹鸟图 镜心	49cm×34cm	552,000	北京保利	2019-12-01
陈佩秋 乌江写意 镜框	35.5cm×27.5cm	97,750	上海嘉禾	2019-09-06
陈佩秋 杨柳鹭鸶 立轴	134.5cm×65cm	1,380,000	上海工美	2019-06-09
陈佩秋 杂画册 册页（八开）	画25.5cm×32cm×4	437,000	上海嘉禾	2019-09-06
陈佩秋 竹蝶图 立轴	66.5cm×58cm	172,500	北京荣宝	2019-12-01
陈佩秋 竹林小鸟 立轴	67.5cm×45cm	105,800	北京荣宝	2019-06-13
陈佩秋 竹雀 镜心	24cm×27.5cm×2	172,500	荣宝斋（南京）	2019-07-21
陈佩秋 竹雀图 立轴	86.5cm×46.5cm	121,068	中国嘉德	2019-03-30
陈佩秋 竹荫小鸟 立轴	89cm×47.5cm	287,500	中国嘉德	2019-06-04
陈平 1994年作 梦底家山 手卷	画29cm×391cm	414,000	中国嘉德	2019-11-19
陈平 2003年作 梦底家山之五 镜心	134.5cm×67.5cm	460,000	中国嘉德	2019-06-04
陈平 2003年作 山间 镜心	68.5cm×136cm	207,000	北京荣宝	2019-12-01

(成交价RMB：10万元以上)

拍品名称	物品尺寸	成交价RMB	拍卖公司	拍卖日期
陈平 2005年作 费洼山庄四屏 镜框	68cm×45cm×4	782,000	北京荣宝	2019-12-01
陈平 2005年作 秋风乍起 镜心	68.5cm×68.5cm	97,750	中国嘉德	2019-06-04
陈平 2005年作 山居图四屏 镜心	69cm×34cm×4	517,500	北京荣宝	2019-12-01
陈平 2006年作 花卉册页 册页	44.5cm×63.5cm×8	598,000	北京荣宝	2019-12-01
陈平 2009年作 山水十开 镜心	33cm×33cm×10	632,500	北京荣宝	2019-12-01
陈平 2010年作 山水四屏 镜心	102cm×34cm×4	920,000	北京荣宝	2019-06-13
陈平 2012年作 桃花山水 镜心	69cm×45cm	138,000	北京荣宝	2019-12-01
陈平 朝晖图 镜心	68cm×68cm	161,000	中国嘉德	2019-11-19
陈平 山景四屏 镜心	38.7cm×69cm×4	299,000	中国嘉德	2019-11-19
陈平 幽居 镜心	58.5cm×63.5cm	112,700	北京荣宝	2019-12-01
陈其宽 1960年作 热海 镜框	22.7cm×119.2cm	183,600	佳士得	2019-05-27
陈其宽 荷塘 镜心	121.0cm×25.0cm	161,000	中国嘉德	2019-11-18
陈其宽 猴子 镜框	93cm×182.5cm	183,600	佳士得	2019-05-27
陈其宽 看要猴 镜心	62.5cm×25.0cm	109,250	中国嘉德	2019-11-18
陈其宽 全家福 镜框	63.5cm×93cm	190,188	佳士得	2019-11-25
陈其宽 新月 镜心	23.0cm×117.0cm	253,000	中国嘉德	2019-11-18
陈其美 1914年作 行书节录孟子 镜片	137cm×41cm	149,500	西泠印社	2019-07-07
陈秋草 鹅 立轴	315cm×69cm	103,500	荣宝斋（桂林）	2019-08-18
陈去病 1931年作 行书八言联 立轴	150cm×40.5cm×2	109,250	中国嘉德	2019-11-17
陈少梅 1930年作 桐荫抚琴图 立轴	113cm×28cm	126,500	中国嘉德	2019-03-23
陈少梅 1933年作 赤壁夜游 扇面 镜框	20.5cm×55.3cm	623,563	香港苏富比	2019-10-07
陈少梅 1935年作 柳荫仕女 成扇		264,500	中国嘉德	2019-10-16
陈少梅 1936年作 赏梅图 立轴	62.3cm×27.7cm	448,875	香港苏富比	2019-04-02
陈少梅 1937年作 什溪高士 立轴	133cm×32cm	756,675	北京匡时	2019-04-02
陈少梅 1939年作 赤壁夜游 立轴	42.8cm×23cm	920,000	北京诚轩	2019-06-01
陈少梅 1940年作 梅花高仕图 立轴	94cm×37.5cm	287,500	中鸿信	2019-07-16
陈少梅 1942年作 松泉放艇 立轴	68cm×32cm	747,500	北京保利	2019-06-04
陈少梅 1942年作 簪花图 立轴	71.5cm×33.5cm	106,875	香港苏富比	2019-04-02
陈少梅 1943年作 春山论道 立轴	113cm×53.2cm	1,725,000	中国嘉德	2019-06-02
陈少梅 1943年作 仕女 立轴	85cm×35.5cm	701,500	北京匡时	2019-07-13
陈少梅 1944年作 载酒泛舟 立轴	67.5cm×19.5cm	402,500	北京诚轩	2019-06-01
陈少梅 1945年作 松溪独往图 镜框	28cm×38.9cm	513,000	香港苏富比	2019-04-02
陈少梅 1950年作 访友图 立轴	105cm×35cm	138,000	北京翰海	2019-03-29
陈少梅 1950年作 松溪高士图 立轴	80cm×29cm	126,500	北京翰海	2019-03-29
陈少梅 1952年作 明月苍崖畔清光 镜片	20cm×347cm	218,500	上海嘉禾	2019-09-07
陈少梅 赤壁夜游 立轴		318,868	纽约苏富比	2019-03-22
陈少梅 大迦叶罗汉 立轴		680,250	香港苏富比	2019-10-07
陈少梅 东方朔 立轴	129.2cm×66.9cm	748,125	香港苏富比	2019-04-02
陈少梅 仿陈老莲人物故实 立轴	64.0cm×39.0cm	195,500	中国嘉德	2019-11-18
陈少梅 冯忠莲 松下高仕 立轴	107cm×33cm	1,012,000	北京荣宝	2019-04-28
陈少梅 高士图 镜心	111cm×45cm	920,000	北京保利	2019-08-24
陈少梅 蕉下仕女 镜心	103cm×30cm	345,000	北京保利	2019-12-02
陈少梅 静思图 立轴	99cm×33cm	2,127,500	北京荣宝	2019-12-01
陈少梅 课徒稿册 册页（十二开）	尺寸不一；48cm×33cm；20cm×25cm	207,000	北京诚轩	2019-06-01
陈少梅 墨梅 立轴	80cm×28cm	402,500	荣宝斋（桂林）	2019-08-18
陈少梅 南极仙翁 立轴	67.5cm×28.5cm	230,000	中贸圣佳	2019-06-07
陈少梅 溥修 梅花书屋·书法唐人五律 成扇	18cm×49.5cm	322,848	保利香港	2019-04-01
陈少梅 人物（四帧） 镜心	27cm×19cm×4	460,000	中国嘉德	2019-06-03
陈少梅 山水楼阁 手卷	6cm×80cm	115,000	北京翰海	2019-03-29
陈少梅 松壑溪瀑 立轴	各 26cm×16.5cm (4)	277,875	香港苏富比	2019-04-02
陈少梅 桃花源手卷 手卷	10.5cm×361cm；10.5cm×47cm	517,500	泰和嘉成	2019-11-30
陈少梅 桃源读书图 立轴	70.5cm×33cm	644,000	中贸圣佳	2019-06-07
陈少梅 梧竹忆旧 镜框		419,563	纽约苏富比	2019-03-22
陈少梅 俞陛云 桂树仕女图·书法 成扇	49.5cm×17cm	575,000	西泠印社	2019-07-07
陈少梅 俞祖鑫 浣衣图·篆书苏轼诗 成扇	49cm×18cm	184,000	西泠印社	2019-07-07
陈少梅 玉山珠瀑 镜心	101cm×33cm	1,207,500	中贸圣佳	2019-11-30
陈少梅 赵松声 1940年作 松下高士 立轴	83cm×26cm	253,000	北京翰海	2019-06-14
陈师曾 1903年作 山林隐寺 立轴	134.5cm×47.5cm	437,000	朵云轩	2019-06-22
陈师曾 1914年作 秋山听泉 镜框	115cm×39.5cm	203,597	邦瀚斯	2019-04-03
陈师曾 1921年作 春信花香 立轴	115cm×44.5cm	126,500	中国嘉德	2019-06-02
陈师曾 1921年作 秋菊图 立轴	138cm×67.5cm	302,670	中国嘉德	2019-03-30
陈师曾 1921年作 篆书十六言联 立轴	244cm×26cm×2	345,000	中国嘉德	2019-11-17
陈师曾 1922年作 花卉四屏 镜片	135cm×33cm×4	287,500	广东崇正	2019-11-28
陈师曾 彩荷 立轴	72cm×33.5cm	126,500	北京匡时	2019-07-13
陈师曾 彩荷 立轴	66cm×33cm	110,979	保利香港	2019-04-01
陈师曾 大富贵 立轴	130cm×32cm	126,500	广东崇正	2019-11-27
陈师曾 访友图 立轴	153cm×56cm	115,000	北京荣宝	2019-04-28
陈师曾 荷花 立轴	133cm×32cm	230,000	北京保利	2019-06-04
陈师曾 牡丹花 立轴	82.5cm×42cm	121,068	保利香港	2019-04-01
陈绶祥 花卉 立轴	137cm×23cm	460,000	北京翰海	2019-03-29
陈树人 1927年作 青芦奕奕 镜心	80cm×36cm	161,424	中国嘉德	2019-03-30
陈树人 1928年作 花鸟双挖 立轴	31.5cm×35cm；80cm×35cm	136,202	保利香港	2019-04-01
陈树人 1931年作 浔江秋色 立轴	130cm×62cm	759,000	广东崇正	2019-05-23
陈树人 1944年作 桃花带雨浓 立轴	113.5cm×39cm	475,245	华艺国际	2019-11-24
陈树人 1946年作 苍芦小翠图 镜框	136.5cm×34cm	99,864	罗芙奥	2019-06-01
陈树人 1948年作 红叶八哥 立轴	70cm×40.5cm	100,890	中国嘉德	2019-03-30
陈树人 翠鸟衔鱼图 手卷	16.2cm×129.6cm	694,688	香港苏富比	2019-04-02
陈树人 木棉花 镜心	76cm×39cm	120,750	北京银座	2019-06-05
陈树人 渔寮秋月图 立轴	93.5cm×42cm	170,063	香港苏富比	2019-10-07
陈文希 1965年作 心心相印	92.5cm×37.5cm	179,000	佳士得	2019-11-24
陈文希 鲤鱼与花	111.5cm×54.5cm	149,625	香港苏富比	2019-04-01
陈文希 芦苇中的苍鹭	57cm×67cm	237,600	佳士得	2019-05-26
陈文希 鹭	113cm×57cm	213,750	香港苏富比	2019-04-01
陈文希 十二猿嬉戏	180.5cm×89cm	1,566,250	佳士得	2019-11-24
陈文希 四猿图 立轴	110cm×60cm	115,000	广东崇正	2019-05-23
陈文希 猿图	140cm×72cm	534,375	香港苏富比	2019-04-01
陈文希 长臂猿	65cm×68cm	324,000	佳士得	2019-05-26
陈文泽 2016年作 仙露沫香 镜心	57cm×39cm	287,500	北京翰海	2019-10-12
陈湘波 2010年作 虎啸崖谷寒 镜心	49cm×77cm	230,000	中国嘉德	2019-11-19
陈湘波 2015年作 南无送子观音菩萨宝像 镜心	141cm×69.5cm	115,000	北京保利	2019-12-02
陈湘波 2015年作 一步一回眸 镜心	55cm×93cm	230,000	北京保利	2019-06-03
陈湘波 2018年作 爱莲说 镜片	68cm×68cm	172,500	湖南逸典	2019-05-18
陈湘波 荷·映月 镜心	62cm×43cm	253,000	北京匡时	2019-07-13
陈尧言 折枝花卉卷 手卷	画 31cm×283cm	241,500	中国嘉德	2019-11-19

拍品名称	物品尺寸	成交价RMB	拍卖公司	拍卖日期
陈毅 1957年作 行书自作诗 镜片	24cm×28.5cm	1,667,500	广东崇正	2019-11-28
陈永锵 2002年作 锦鳞成画展清池 镜框	139cm×70cm	268,500	佳士得	2019-11-25
陈永锵 2006年作 花鸟四屏 镜心	137cm×34cm×4	172,500	北京荣宝	2019-06-13
陈永锵 2009年作 雄风 镜片	123.5cm×247cm	230,000	广东崇正	2019-11-28
陈永锵 2013年作 跃向云天 镜心	182cm×97cm	172,500	北京荣宝	2019-12-01
陈幼华 2015年作 春山不老图 镜心	68cm×137cm	322,000	北京翰海	2019-10-12
陈幼华 2015年作 荷塘渔歌	69cm×136cm	287,500	北京翰海	2019-06-15
陈幼华 2015年作 山水 镜心	68cm×136cm	287,500	北京翰海	2019-03-29
陈玉圃 1987年作 山水风景（十二帧）镜片	24cm×27cm×12	253,000	中国嘉德	2019-06-04
陈玉圃 2002年作 晴日动游图 镜心	95cm×177.5cm	218,500	北京荣宝	2019-06-13
陈玉圃 2002年作 山水四条屏 立轴	180cm×48cm×4	333,500	北京荣宝	2019-04-28
陈玉圃 2005年作 游山图 镜心	68cm×136cm	103,500	北京荣宝	2019-06-13
陈玉圃 2006年作 幽居图（四帧）镜心	20.5cm×61cm×4	172,500	北京荣宝	2019-06-13
陈玉圃 溪山远眺 镜心	96cm×179cm	437,000	中国嘉德	2019-03-23
陈玉庭 2004年作 行在碧蓝幽谷间 镜心	144cm×75cm	192,647	保利香港	2019-10-06
陈玉庭 深邃 立轴	144cm×75cm	192,647	保利香港	2019-10-06
陈缘督 1940年作 牧牛图 镜心	67.5cm×133cm	110,979	北京匡时	2019-04-02
陈缘督 1962年作 罗汉图（八帧）镜心	26cm×28cm×8	149,500	中国嘉德	2019-03-24
陈缘督 百子图 扇面	28cm×82cm	149,500	中国嘉德	2019-10-15
陈缘督 静卧亦含情 立轴	102.5cm×74cm	184,000	北京诚轩	2019-11-16
陈缘督 水牛图 镜心	168cm×96cm	151,335	北京匡时	2019-04-02
陈振濂 2008年作 行书四屏 镜心	137cm×34cm×4	109,250	北京荣宝	2019-06-13
陈之佛 1948年作 白梅双栖 立轴	68cm×33cm	368,000	北京保利	2019-06-04
陈之佛 暗香疏影 镜心	33cm×42cm	172,500	北京保利	2019-12-01
陈之佛 翠竹禽趣图 立轴	102cm×30cm	517,500	南京经典	2019-07-19
陈之佛 花鸟 立轴	92cm×31.5cm	897,000	北京翰海	2019-06-14
陈之佛 梅茶双禽图 立轴	108.5cm×29.5cm	897,000	西泠印社	2019-07-06
陈之佛 平安无事 镜心	102cm×39cm	920,000	保利厦门	2019-08-04
陈之佛 双栖图 镜心	55cm×27cm	391,000	荣宝斋（南京）	2019-07-21
陈滞冬 1995年作 峨眉千佛顶 立轴	178cm×95cm	368,000	中国嘉德	2019-03-23
陈滞冬 2006年作 青城牡丹 立轴	233cm×53cm	207,000	中国嘉德	2019-10-16
陈滞冬 2009年作 竹石红梅 立轴	232cm×52cm	195,500	中国嘉德	2019-10-16
陈中坚 2016年作 好山佳境 镜心	34cm×23cm×6	115,000	北京保利	2019-06-03
陈中坚 2017年作 白云清泉 镜心	24cm×178cm	138,000	北京保利	2019-12-02
陈忠洲 2019年作 春之韵 镜心	直径42.5cm	138,000	北京荣宝	2019-12-01
陈忠洲 2019年作 花鸟	29cm×61cm×3	287,500	北京翰海	2019-06-15
陈忠洲 2019年作 醉秋图 镜心	直径42cm	126,500	北京保利	2019-12-02
陈忠洲 富贵平安 镜片	58cm×90cm	644,000	荣宝斋（南京）	2019-05-21
陈忠洲 花鸟团扇 团扇	直径30cm×2	253,000	北京保利	2019-06-03
陈子奋 1974年作 白描花卉册 册页（八开）	38cm×24.5cm×8	828,000	中国嘉德	2019-06-02
陈子奋 桃花春燕 镜心	98cm×34.5cm	184,000	中国嘉德	2019-06-02
陈子庄 1963年作 山水课徒画稿 镜片	27cm×33cm	138,000	西泠印社	2019-07-07
陈子庄 1964年作 迎春花开 立轴	60cm×43cm	460,000	中国嘉德	2019-03-23
陈子庄 1972年作 竹鸟花卉 立轴	68cm×45.5cm	121,068	中国嘉德	2019-03-30
陈子庄 1974年作 红梅 立轴	139cm×37cm	149,500	中鸿信	2019-07-16
陈子庄 春山泛舟 立轴	89cm×33cm	103,500	中鸿信	2019-07-16

拍品名称	物品尺寸	成交价RMB	拍卖公司	拍卖日期
陈子庄 江津小景 立轴	89cm×34cm	115,000	中鸿信	2019-07-16
陈子庄 临水山村图 镜片	32cm×24.5cm	184,000	西泠印社	2019-07-06
陈子庄 秋山图 立轴	本幅18cm×27cm；诗堂18cm×27cm	149,500	中国嘉德	2019-06-02
陈子庄 山居图 镜片	16.7cm×24.5cm	115,000	西泠印社	2019-07-07
陈子庄 山林幽居图 镜片	23cm×30.5cm	207,000	西泠印社	2019-07-07
陈子庄 事事如意 立轴	24cm×34cm	126,500	中国嘉德	2019-06-24
陈子庄 武阳江图 立轴	本幅20.5cm×25cm	161,000	中国嘉德	2019-06-02
陈子庄 溪山荡舟图 镜片	17cm×23cm	207,000	西泠印社	2019-07-07
成多禄 1927年作 行书 立轴	131cm×42cm	138,000	北京翰海	2019-06-14
成多禄 楷书七言联 立轴	350cm×62cm×2	460,000	中贸圣佳	2019-06-07
程广峰 2018年作 有孔竹子	51cm×183cm	115,000	中贸圣佳	2019-06-07
程广峰 四君子	138cm×69cm	138,000	中贸圣佳	2019-11-30
程十发 1959年作 藏女牧羊图 立轴	101cm×63cm	402,500	上海匡时	2019-06-21
程十发 1959年作 蝴蝶兰 立轴	129cm×59cm	506,000	上海嘉禾	2019-09-06
程十发 1959年作 少女牧羊图 镜心	80cm×48cm	138,000	中国嘉德	2019-03-23
程十发 1959年作 自赏册 册页（七开）	画心17.5cm×54.5cm×7	2,530,000	上海嘉禾	2019-09-06
程十发 1960年作 傣村之晨 镜片	151cm×83cm	2,242,500	上海嘉禾	2019-09-06
程十发 1960年作 傣族少女 立轴	110cm×68cm	517,500	上海匡时	2019-06-21
程十发 1961年作 牧趣图 立轴	67cm×34.5cm	272,100	香港苏富比	2019-10-07
程十发 1963年作 春雨江南图 立轴	67cm×45.5cm	115,000	北京保利	2019-12-02
程十发 1964年作 西门豹佩韦 镜框	63.5cm×30cm	272,100	香港苏富比	2019-10-07
程十发 1972年作 放牛少女 立轴	56cm×40cm	120,750	西泠印社	2019-09-22
程十发 1972年作 橘颂图 立轴	114cm×61.5cm	448,500	北京荣宝	2019-06-13
程十发 1972年作 快乐图 立轴	140.5cm×75cm	132,250	朵云轩	2019-06-22
程十发 1972年作 少女与鹿图 立轴	122cm×58cm	172,500	上海匡时	2019-06-21
程十发 1972年作 拾果少女 立轴	66cm×46cm	97,750	西泠印社	2019-09-21
程十发 1973年作 女孩与鹿 立轴	67cm×49.3cm	170,063	香港苏富比	2019-10-07
程十发 1973年作 山花图 立轴	93cm×46.5cm	161,000	上海嘉禾	2019-09-06
程十发 1976年作 易安漱玉图 镜心	85cm×49cm	138,000	北京保利	2019-12-02
程十发 1977年作 大吉祥图 立轴	136.5cm×67cm	552,000	西泠印社	2019-07-06
程十发 1977年作 橘颂 立轴	140cm×68cm	598,000	中国嘉德	2019-06-03
程十发 1977年作 橘颂 立轴	67cm×46cm	126,500	上海嘉禾	2019-09-06
程十发 1977年作 漱玉 镜心	139cm×68.5cm	195,500	中国嘉德	2019-06-02
程十发 1977年作 饲鹿图 立轴	137.5cm×69cm	1,150,000	广东崇正	2019-05-23
程十发 1977年作 松鹤延年 立轴	137cm×58cm	126,500	中国嘉德	2019-10-15
程十发 1978年作 公鸡 立轴	61.7cm×37.5cm	318,868	纽约佳士得	2019-03-19
程十发 1978年作 瓶花图 镜片	54cm×34cm	97,750	西泠印社	2019-07-07
程十发 1978年作 瓶玫瑰 镜心	67cm×47cm	172,500	北京保利	2019-11-20
程十发 1978年作 芹溪著书图 立轴	68cm×68cm	713,000	广东崇正	2019-11-28
程十发 1978年作 少女与鹿 镜片	55cm×35.5cm	172,500	西泠印社	2019-07-06
程十发 1978年作 少女与鹿 镜心	95cm×68.5cm	460,000	中国嘉德	2019-06-04
程十发 1978年作 少女与鹿 镜心	95cm×68.5cm	322,000	中国嘉德	2019-11-18
程十发 1978年作 神女图 立轴	128cm×75.5cm	4,140,000	中国嘉德	2019-06-02
程十发 1978年作 书画合璧扇 成扇	17.3cm×55.5cm	264,500	北京诚轩	2019-11-16
程十发 1978年作 钟馗嫁妹 立轴	68cm×47.5cm	368,000	中国嘉德	2019-11-17
程十发 1978年作 钟馗燕乐图 立轴	94.5cm×47.5cm	345,000	中国嘉德	2019-06-04
程十发 1979年作 少女与羊 镜框	68.2cm×46.1cm	396,813	香港苏富比	2019-10-07
程十发 1980年作 少女与鸡 立轴	67.5cm×42.5cm	121,068	中国嘉德	2019-03-30
程十发 1981年作 春之光 立轴	89.5cm×48.5cm	189,750	中鸿信	2019-07-16
程十发 1981年作 阆苑长春 镜心	78cm×53cm	207,000	北京保利	2019-12-02
程十发 1981年作 少女吉祥图 立轴	68cm×44cm	218,500	中国嘉德	2019-06-02

拍品名称	物品尺寸	成交价RMB	拍卖公司	拍卖日期
程十发 1982年作 牧羊图 立轴	68cm×48cm	126,500	西泠印社	2019-07-07
程十发 1982年作 鱼乐 镜片	65cm×46cm	109,250	上海嘉禾	2019-09-06
程十发 1983年作 吉祥图 立轴	131cm×65.7cm	268,500	佳士得	2019-11-26
程十发 1983年作 秋菊盛开 立轴	133.5cm×40.5cm	287,500	上海嘉禾	2019-09-06
程十发 1984年作 草原牧歌 立轴	70cm×54cm	345,000	上海嘉禾	2019-09-06
程十发 1984年作 花卉 镜框	94cm×52.5cm	140,400	佳士得	2019-05-28
程十发 1984年作 李清照像 立轴	133cm×66cm	115,000	北京保利	2019-06-04
程十发 1984年作 长乐迎春 镜片	42cm×57cm	115,000	西泠印社	2019-07-07
程十发 1985年作 大吉祥图 立轴	诗堂 18.5cm×45cm；画心67cm×45cm	253,000	上海嘉禾	2019-09-06
程十发 1985年作 端午 镜框	95cm×34.5cm	178,250	朵云轩	2019-06-22
程十发 1985年作 虎溪三笑图 立轴	95cm×44.5cm	460,000	中国嘉德	2019-06-02
程十发 1986年作 春讯 立轴	66.5cm×135cm	524,628	中国嘉德	2019-03-30
程十发 1986年作 大吉羊图 镜心	38cm×55cm	121,068	保利香港	2019-04-01
程十发 1986年作 老圃秋容 立轴	81cm×66cm	299,000	中国嘉德	2019-06-24
程十发 1986年作 六鹿图 镜片	84cm×160cm	1,265,000	朵云轩	2019-06-22
程十发 1986年作 山中白云图 立轴	103cm×54.6cm	253,000	中国嘉德	2019-11-17
程十发 1986年作 祖孙情 镜芯	42cm×96cm	115,000	中鸿信	2019-07-16
程十发 1987年作 阿Q近影 镜心	68cm×45cm	178,250	中国嘉德	2019-10-15
程十发 1987年作 阆苑仙踪 立轴	135cm×68cm	690,000	中国嘉德	2019-10-15
程十发 1987年作 少女与羊 镜片	63.5cm×37cm	207,000	上海嘉禾	2019-09-06
程十发 1987年作 石涛画意山水 立轴	95cm×58.5cm	756,000	佳士得	2019-05-28
程十发 1987年作 兔年涉趣 立轴	66cm×41cm	115,000	上海嘉禾	2019-09-06
程十发 1987年作 育雏图 镜心	67cm×47cm	195,500	中国嘉德	2019-06-02
程十发 1988年作 飞跃龙门 镜芯	121.5cm×65.5cm	109,250	中鸿信	2019-07-16
程十发 1989年作 半树梅花一潭水 镜框	93cm×178cm	1,150,000	华艺国际	2019-08-10
程十发 1989年作 秋山图 镜片	74.5cm×46.5cm	224,250	上海嘉禾	2019-09-06
程十发 1990年作 牧羊少女 立轴	51.5cm×50cm	126,500	中国嘉德	2019-11-17
程十发 1991年作 富贵平安 镜片	80cm×54.5cm	109,250	朵云轩	2019-06-22
程十发 1993年作 多福有余 镜心	68.8cm×44.4cm	120,750	北京诚轩	2019-11-16
程十发 1994年作 仁者寿 镜片	96cm×39cm	322,000	广东崇正	2019-05-23
程十发 1996年作 瓶中梅 立轴	66cm×66.5cm	943,000	朵云轩	2019-06-22
程十发 1999年作 楷书 春夏秋冬（四帧）镜片	68cm×67cm×4	103,500	西泠印社	2019-07-07
程十发 2001年作 岁寒三友 立轴	135cm×67cm	345,000	华艺国际	2019-08-10
程十发 芭蕉双雉 镜心	68cm×48cm	253,000	北京翰海	2019-06-14
程十发 采莲女 立轴	93.5cm×47.5cm	195,500	中国嘉德	2019-11-17
程十发 草原新歌 镜片	48cm×71.5cm	333,500	上海嘉禾	2019-09-06
程十发 茶花鸣禽 立轴	69cm×69cm	207,000	中国嘉德	2019-11-17
程十发 陈轼 1963年作 戏曲人物 行书 成扇		97,750	中国嘉德	2019-06-24
程十发 春牧图卷 手卷	画心 150cm×18cm	345,000	西泠印社	2019-07-07
程十发 翠竹禽趣图 立轴	101cm×69cm	109,250	西泠印社	2019-09-21
程十发 傣村节日图 立轴	43.5cm×71cm；诗堂 41.5cm×71cm	1,380,000	广东崇正	2019-11-28
程十发 丰收图 镜心	78cm×55.5cm	345,000	北京翰海	2019-06-14
程十发 己未（1979年作 草原之景 立轴	69cm×45.5cm	161,424	中国嘉德	2019-03-30
程十发 蕉荫仕女 立轴	90.3cm×48.3cm	313,250	佳士得	2019-11-26
程十发 妙玉 镜心	69cm×45cm	195,500	北京保利	2019-06-04
程十发 牡丹双鱼 镜框	68cm×32cm	103,500	朵云轩	2019-06-22
程十发 牧归 镜心	104cm×53.5cm	506,000	中国嘉德	2019-06-03

拍品名称	物品尺寸	成交价RMB	拍卖公司	拍卖日期
程十发 牧羊采药 立轴	58.5cm×40cm	115,000	中国嘉德	2019-11-17
程十发 女孩与鹿 立轴	95cm×57cm	115,000	中国嘉德	2019-06-24
程十发 品橘图 立轴	66.5cm×40cm	161,000	西泠印社	2019-04-13
程十发 钱瘦铁 朱屺瞻 等 杂画册 册页（十二开）	39cm×28cm×12	224,755	中国嘉德	2019-10-08
程十发 清音 立轴	113cm×68cm	172,500	北京翰海	2019-03-29
程十发 壬戌（1982年作 烟雨山色 立轴	108cm×100cm	920,000	朵云轩	2019-06-22
程十发 三羊图 立轴	85.5cm×36cm	178,250	西泠印社	2019-07-06
程十发 少女牧羊 立轴	80.5cm×37.5cm	107,026	中国嘉德	2019-10-08
程十发 少女牧羊 立轴	68.5cm×45.5cm	195,500	中国嘉德	2019-11-17
程十发 少女牧羊图 立轴	68cm×46cm	172,500	西泠印社	2019-04-13
程十发 少女与羔羊 立轴		218,173	纽约苏富比	2019-03-22
程十发 少女与鹿 镜片	89cm×47.5cm	264,500	上海嘉禾	2019-09-06
程十发 少女与鹿 镜心	80cm×50cm	103,500	北京匡时	2019-07-13
程十发 少女与鹿 立轴	135cm×67.5cm	207,000	北京翰海	2019-06-14
程十发 少女与鹿 立轴	68cm×45.2cm	95,094	佳士得	2019-11-18
程十发 水光春色满江天 立轴	70cm×68cm	287,500	中贸圣佳	2019-06-07
程十发 松谷幽居图 镜心	37cm×95cm	218,500	上海匡时	2019-06-21
程十发 唐云 1977年作 长春 荷花 成扇	18cm×49cm	218,500	广东崇正	2019-11-28
程十发 为叶选基作太白诗仙图 立轴	139.5cm×68.5cm	977,500	西泠印社	2019-07-06
程十发 献花图 立轴	60cm×96cm	598,000	北京保利	2019-12-02
程十发 湘沅琴音 镜心	86cm×56cm	115,000	北京保利	2019-06-04
程十发 一品红 镜片	90cm×68.5cm	195,500	广东崇正	2019-05-23
程十发 张大壮 等 1962年作 鸟语花香（四幅）镜片	24cm×33cm×4	97,750	朵云轩	2019-06-22
程十发 长乐迎春图 横披	219.5cm×52.5cm	437,000	西泠印社	2019-07-06
程十发 终南出游图 镜心	131cm×65cm	862,500	中贸圣佳	2019-11-30
程十发 朱屺瞻 陆俨少 关良 唐云 王个簃 等 艺林精粹册（二十页）册页	25.5cm×22cm×20	747,500	西泠印社	2019-07-06
程十髮 1989年作 花鸟人物卷 手卷	画心：23.2cm×240.4cm	374,063	香港苏富比	2019-04-02
程遂 谿诗意图 立轴	107cm×45cm	115,000	北京翰海	2019-03-29
程璋 1922年作 丹凤朝阳 立轴	145cm×78cm	112,700	华艺国际	2019-08-10
程璋 1924年作 富贵耄耋 镜心	132cm×65.5cm	172,500	北京翰海	2019-06-14
程璋 1925年作 三骏图 立轴	135cm×67.5cm	110,979	中国嘉德	2019-03-30
程璋 1925年作 山涧群鹿 立轴	124cm×53.1cm	126,500	北京诚轩	2019-11-16
楚戈 1999年作 延绵无尽	69cm×135cm	136,050	香港苏富比	2019-10-06
崔景哲 都市少女 镜心	180cm×242cm	460,000	北京荣宝	2019-12-01
崔景哲 少女 镜心	134cm×74cm	115,000	北京荣宝	2019-04-28
崔景哲 中国红系列·庭院淑女 镜框	72.5cm×135cm	287,500	北京荣宝	2019-06-13
崔明永 1986年作 平面条件 86-04	74.5cm×140cm	402,750	佳士得	2019-11-24
崔如琢 2010年作 冉冉花明岸，涓涓水绕山 镜心	44cm×44cm	345,000	北京保利	2019-06-03
崔如琢 2012年作 残云收夏雨 镜心	102cm×65.5cm	18,160,200	保利香港	2019-04-01
崔如琢 2012年作 春山叶润秋山瘦 镜心	103cm×66cm	26,231,400	保利香港	2019-04-01
崔如琢 2012年作 独钓秋雨中 镜心	74cm×71cm	12,106,800	保利香港	2019-04-01
崔如琢 2012年作 秋景有时飞独鸟 夕阳无事起寒烟 镜心	103cm×66cm	12,843,120	保利香港	2019-10-06
崔如琢 2013年作 飞雪伴春 镜心	145cm×370cm	43,700,000	北京保利	2019-06-04
崔如琢 2013年作 淮岸浮屠半倚天 镜心	144cm×74.5cm	26,231,400	保利香港	2019-04-01

拍品名称	物品尺寸	成交价RMB	拍卖公司	拍卖日期
崔如琢 2013年作 岁岁层冰合 镜心	144cm×75cm	28,249,200	保利香港	2019-04-01
崔如琢 2013年作 桃花雨过水连天 镜心	95cm×59.5cm	15,133,500	保利香港	2019-04-01
崔如琢 2016年作 冷碧新秋水	69cm×138cm	9,200,000	北京翰海	2019-06-15
崔如琢 2019年作 冷碧清秋水 秀色空绝世 手卷	画心 37cm×1033.5cm	138,000,000	北京保利	2019-12-02
崔如琢 鞠躬尽瘁 功成身退 镜心	48cm×181cm	6,421,560	保利香港	2019-10-06
崔世广 书法 镜心	22.8cm×45.7cm; 34.5cm×145cm	138,000	北京保利	2019-06-03
崔先寿 2018年作 来自仙源 镜心	68cm×68cm	230,000	北京翰海	2019-03-29
崔子范 1984年作 仙鹤 立轴	68cm×45.5cm	109,250	广东崇正	2019-05-23
崔子范 1999年作 祖国万岁 镜心	243cm×122cm	264,500	北京荣宝	2019-04-28
崔子范 花卉 条屏	134cm×66cm	134,400	天津国拍	2019-04-21
崔子范 花鸟 立轴	78cm×45cm	112,000	天津国拍	2019-04-21
崔自默 量子纠缠	7.5cm×17cm	126,500	北京翰海	2019-06-15
大壶 往复 镜心	34cm×128cm	299,000	北京保利	2019-06-03
大土三阳 江山如此多娇 镜心	95cm×350cm	3,105,000	中贸圣佳	2019-06-07
大土三阳 雪景山水 镜心	96cm×44cm	172,500	中贸圣佳	2019-06-07
戴传贤 行书七言诗 立轴	71cm×38cm	149,500	中贸圣佳	2019-08-16
戴敦邦 1972年作 野猪林 连环画原稿（二十帧）	12.5cm×7.2cm×20	138,000	西泠印社	2019-07-07
戴季陶 三十三年（1944年作 行书七言联 立轴	127.5cm×19.5cm×2	201,250	北京诚轩	2019-06-01
戴泽 2005年作 眺望（一幅）	68cm×137cm	138,000	中鸿信	2019-07-15
戴之恒 吴淦 1860年作 吴戴书画合璧册 册页（二十五开）	17cm×23cm×18	110,979	中国嘉德	2019-03-30
单志华 钟馗 镜心	136cm×68cm	287,500	北京荣宝	2019-06-13
邓邦述 1930年作 为吴湖帆作篆九言联 对联	130cm×27cm×2	149,500	西泠印社	2019-07-07
邓尔疋 1933年作 书法 镜框	20cm×138cm	138,000	华艺国际	2019-08-11
邓尔雅 篆书爱莲说 立轴	132.5cm×32.5cm	115,000	西泠印社	2019-07-07
邓芬 1914年作 福在眼前 镜片	28.5cm×127cm	172,500	广东崇正	2019-11-28
邓芬 1924年作 采茶图 立轴	100cm×45cm	126,500	中国嘉德	2019-10-15
邓芬 1940年作 桃花双喜 镜框	102cm×32cm	115,000	华艺国际	2019-08-11
邓芬 1942年作 柳溪双姝 立轴	107cm×36cm	149,500	北京诚轩	2019-06-01
邓芬 1947年作 维摩诘说法图 镜框	34cm×110cm	280,800	佳士得	2019-05-28
邓芬 1949年作 柳庭扑蝶 立轴	99cm×33.6cm	171,000	香港苏富比	2019-04-02
邓芬 1949年作 纨扇静思 立轴	84cm×35cm	126,500	中国嘉德	2019-06-03
邓芬 1949年作 维摩说法图 镜框	38.5cm×90.5cm	192,375	香港苏富比	2019-04-02
邓芬 1954年作 采莲图 镜框	34.2cm×103cm	340,125	香港苏富比	2019-10-07
邓芬 1954年作 仕女四屏 立轴	67.5cm×37cm×4	195,500	中鸿信	2019-07-16
邓芬 1957年作 柳荫泊舟图 立轴	84cm×35cm	109,250	中国嘉德	2019-10-15
邓芬 1957年作 麻姑献寿 镜框	136cm×68cm	577,659	邦瀚斯	2019-04-03
邓芬 1959年作 达摩 镜心	90cm×37cm	107,026	中国嘉德	2019-10-08
邓芬 1960年作 桐荫仕女 镜框	79cm×139cm	575,000	华艺国际	2019-08-11
邓芬 1961年作 执扇少女 立轴	97.8cm×35.5cm	193,709	华艺国际	2019-05-27
邓芬 蕉荫仕女图 镜心	67cm×143.5cm	207,000	上海匡时	2019-06-21
邓芬 一九六〇年作 采梅图 立轴	93.5cm×33.5cm	107,409	邦瀚斯	2019-04-03
邓芬 种梅图 立轴	绘画 64cm×37cm; 诗堂21cm×37cm	121,452	华艺国际	2019-11-24
邓散木 1938年作 篆书（四件）屏轴	64.5cm×32.5cm×4	115,000	朵云轩	2019-06-22
邓拓 行书五言诗 镜片	91cm×35cm	195,500	西泠印社	2019-09-22
丁辅之 1927年作 双梅婆娑图 立轴	96cm×32.5cm	126,500	西泠印社	2019-07-07

拍品名称	物品尺寸	成交价RMB	拍卖公司	拍卖日期
丁辅之 1929年作 古柏长春 镜框	131.2cm×34.2cm	480,938	香港苏富比	2019-04-02
丁辅之 1937年作 梅花盛开 镜框	168cm×37cm	622,388	纽约佳士得	2019-09-10
丁辅之 1939年作 梅花 书法 成扇	19cm×47cm	97,750	华艺国际	2019-08-10
丁辅之 1940年作 红梅 甲骨文 成扇	18cm×50cm	103,500	中国嘉德	2019-06-02
丁辅之 2001年作 梅花	92cm×42.5cm	172,500	北京翰海	2019-06-15
丁辅之 高时丰 为方节盦作五月石榴图·草书古文 成扇	50cm×18cm	207,000	西泠印社	2019-07-06
丁辅之 黄太玄 1945年作 大利图 临书谱 成扇		138,000	中国嘉德	2019-06-24
丁辅之 江寒汀 张大壮 1948年作 西泠八家印拓双清集锦扇 成扇	17.5cm×47.5cm	120,750	北京诚轩	2019-06-01
丁辅之 墨梅 立轴	121cm×38cm	241,500	北京保利	2019-12-02
丁辅之 沈景乾 葡萄龙眼图·草书诗 成扇	50cm×18.5cm	126,500	西泠印社	2019-07-07
丁谦 2019年作 书法 四条屏 镜心	111cm×23cm×4	207,000	北京翰海	2019-10-12
丁谦 行书《寿》镜心	137cm×69cm	184,000	北京翰海	2019-03-29
丁雄泉 1990年代作 共欢图	97.5cm×128cm	149,500	中国嘉德	2019-06-03
丁雄泉 鸳鸯	101cm×173cm	115,000	中国嘉德	2019-06-03
丁学洲 2018年作 草书《毛泽东沁园春·雪》镜心	175cm×47cm×4	172,500	北京翰海	2019-03-29
丁衍庸 1963年作 鱼藻图 镜框	34cm×136.6cm	181,400	香港苏富比	2019-10-07
丁衍庸 1964年作 荷塘水族 镜框	35cm×139.5cm	223,750	佳士得	2019-11-26
丁衍庸 1965年作 花鸟手卷	29.8cm×416.5cm	749,182	中国嘉德	2019-10-07
丁衍庸 1965年作 水边人家 镜框	141.2cm×67cm	156,625	佳士得	2019-11-26
丁衍庸 1970年作　水族对屏 立轴	68.5cm×34.5cm×2	96,323	保利香港	2019-10-06
丁衍庸 1972年作 无量寿佛 镜框	68cm×34cm	190,098	华艺国际	2019-11-24
丁衍庸 1972年作 钟馗 镜心	139cm×70cm	128,431	中国嘉德	2019-10-08
丁衍庸 1973年作 八仙过海 立轴	45.5cm×70cm	141,246	保利香港	2019-04-01
丁衍庸 1973年作 合家欢 立轴	47.8cm×97.1cm	138,938	香港苏富比	2019-04-02
丁衍庸 1974年作 惊艳 镜心	68.5cm×44cm	252,225	中国嘉德	2019-03-30
丁衍庸 1975年作 鸳鸯荷花图 立轴	180cm×97cm	342,534	邦瀚斯	2019-04-03
丁衍庸 1976年作 八仙聚会 镜框	103cm×43cm	496,367	华艺国际	2019-11-24
丁衍庸 1976年作 荷花青蛙 立轴	135.3cm×68.5cm	213,750	香港苏富比	2019-04-02
丁衍庸 1976年作 荷塘清趣 镜心	43cm×96.5cm	184,000	北京诚轩	2019-11-16
丁衍庸 1976年作 清风明月 镜片	68cm×49cm	103,500	上海嘉禾	2019-09-07
丁衍庸 1977年作 霸王别姬 立轴	135.2cm×33.2cm	102,038	香港苏富比	2019-10-07
丁衍庸 1977年作 拨扇	69.5cm×45cm	322,848	中国嘉德	2019-03-30
丁衍庸 1977年作 飞龙在天	139cm×69.5cm	302,670	中国嘉德	2019-03-30
丁衍庸 1977年作 贵妃出浴 镜框	138cm×69.4cm	259,200	佳士得	2019-05-28
丁衍庸 1977年作 人物花鸟图卷 手卷	46cm×322cm	575,000	中国嘉德	2019-06-02
丁衍庸 1978年作 八仙图 镜框	69cm×139cm	648,000	佳士得	2019-05-28
丁衍庸 1978年作 荷塘蛙趣图 镜框	70cm×136cm	226,750	香港苏富比	2019-10-07
丁衍庸 1978年作 花鸟虫鱼图卷 手卷	46cm×541cm	287,500	中国嘉德	2019-06-02
丁衍庸 1978年作 一笔猫 立轴	137cm×69cm	524,628	中国嘉德	2019-03-30
丁衍庸 八仙 立轴		1,510,425	纽约苏富比	2019-03-22
丁衍庸 霸王别姬 镜心	97cm×45.5cm	97,750	北京诚轩	2019-11-16
丁衍庸 登高望乡 立轴		125,869	纽约苏富比	2019-03-22
丁衍庸 庚戌（1970年作 荷花鸳鸯 立轴	139cm×69.5cm	322,848	中国嘉德	2019-03-30
丁衍庸 荷塘逸趣 镜框	141cm×35.2cm	223,750	佳士得	2019-11-26
丁衍庸 红衣罗汉 镜框		109,086	纽约苏富比	2019-03-22
丁衍庸 花鸟水族（六幅）镜框	尺寸不一	246,125	佳士得	2019-11-26
丁衍庸 花鸟水族人物册 镜心	尺寸不一×14	460,212	中国嘉德	2019-10-08

拍品名称	物品尺寸	成交价RMB	拍卖公司	拍卖日期
丁衍庸 己酉（1969年作 兰亭图 镜心	69cm×103cm	107,026	中国嘉德	2019-10-08
丁衍庸 人物花果草虫 册页（十六开）	37.8cm×54.5cm×16	1,121,472	华艺国际	2019-05-27
丁衍庸 四君子 立轴	133cm×33cm×4	107,026	保利香港	2019-10-06
丁衍庸 夏日清趣四屏 立轴	尺寸不一	107,026	保利香港	2019-10-06
丁衍庸 乙卯腊月（1976年作 喜上梅梢 立轴	69.5cm×41.5cm	97,750	北京诚轩	2019-11-16
丁衍庸 鱼乐	34cm×45.5cm	124,713	香港苏富比	2019-10-06
丁元智 2018年作 大吉情趣图 镜心	138cm×69cm	230,000	北京翰海	2019-10-12
东洲斋写乐 Osagawa Tsuneyo II as Osan，Ippei's Elder Sister	37.5cm×24.8cm	419,563	纽约佳士得	2019-03-19
董立宝 2018年作 黄山胜境 镜心	69cm×138cm	138,000	中国嘉德	2019-06-24
董立宝 2019年作 南江大峡谷 镜心	139cm×69cm	184,000	北京保利	2019-12-02
董立宝 2019年作 樱花临水 镜心	138cm×69cm	172,500	北京保利	2019-06-03
董寿平 1951年作 红梅 立轴	84cm×27.5cm	322,000	中鸿信	2019-07-16
董寿平 1963年作 黄山小景 镜心	71cm×33cm	460,000	北京保利	2019-12-02
董寿平 1981年作 墨竹 镜心	72cm×41.5cm	97,750	北京荣宝	2019-10-12
董寿平 1981年作 万壑奔流图 镜心	67cm×63cm	368,000	北京荣宝	2019-10-12
董寿平 1983年作 黄山云峰 立轴	95cm×54cm	172,500	北京保利	2019-06-04
董寿平 1983年作　竹石图 立轴	134cm×68cm	224,755	保利香港	2019-10-06
董寿平 1984年作 墨竹图 镜框	122.5cm×245.5cm	290,875	佳士得	2019-11-26
董寿平 1985年写作 黄山松云 镜心	114cm×53cm	529,000	中国嘉德	2019-06-02
董寿平 1985年作 墨竹图 立轴	118cm×86.5cm	172,500	中国嘉德	2019-11-17
董寿平 1986年作 红梅香韵 镜心	95cm×60cm	287,500	北京保利	2019-06-05
董寿平 1987年作 黄山烟云 圆光	直径92cm	253,000	中国嘉德	2019-03-23
董寿平 1987年作 墨竹 立轴	129cm×64.5cm	299,000	中国嘉德	2019-11-18
董寿平 1987年作 万壑松风 镜心	97cm×180cm	1,058,000	北京匡时	2019-07-13
董寿平 1988年作 黄山小景 镜心	136cm×69cm	322,000	中国嘉德	2019-06-24
董寿平 1988年作 墨竹 立轴	89cm×48cm	97,750	北京保利	2019-11-20
董寿平 1988年作 青松不老 横披	95.5cm×178cm	368,000	中国嘉德	2019-11-17
董寿平 1989年作 墨兰 立轴	98cm×52cm	333,500	北京保利	2019-11-20
董寿平 苍松图 镜心	170cm×96cm	333,500	北京保利	2019-11-20
董寿平 草书毛主席诗词对屏 立轴	120.5cm×29cm×2	138,000	中国嘉德	2019-06-02
董寿平 风竹 立轴	131cm×66cm	230,000	北京保利	2019-11-20
董寿平 红梅 镜心	50cm×82cm	345,000	中国嘉德	2019-06-02
董寿平 黄山 镜心	69.5cm×41cm	552,000	中国嘉德	2019-06-02
董寿平 黄山 镜心	84.5cm×67.5cm	207,000	中国嘉德	2019-11-17
董寿平 黄山 镜心	86cm×44cm	287,500	中国嘉德	2019-11-18
董寿平 黄山奇松 镜心	155cm×79cm	1,610,000	北京保利	2019-06-04
董寿平 黄山散花坞 镜心	47.5cm×95cm	191,691	中国嘉德	2019-03-30
董寿平 黄山图 镜心	177cm×89cm	1,725,000	北京荣宝	2019-12-01
董寿平 黄山云峰 镜心	104cm×53cm	322,000	北京保利	2019-06-04
董寿平 黄山云海 立轴	33.5cm×35.0cm	149,500	中国嘉德	2019-11-18
董寿平 劲松图 立轴	138cm×68.5cm	207,000	中国嘉德	2019-11-17
董寿平 兰竹双清 镜心	69cm×136cm	287,500	北京保利	2019-08-24
董寿平 梅兰竹山水 手卷	尺寸不一	414,000	北京荣宝	2019-04-28
董寿平 墨松图 立轴	135cm×67cm	460,000	中贸圣佳	2019-08-16
董寿平 墨竹 镜心	44cm×65cm	161,000	中贸圣佳	2019-06-07
董寿平 墨竹 立轴	95cm×64cm	97,750	中贸圣佳	2019-06-07
董寿平 墨竹 立轴	138cm×68cm	310,500	上海匡时	2019-06-21
董寿平 墨竹图 成扇	57cm×175cm	621,000	北京保利	2019-08-24
董寿平 幽兰香远 立轴	86cm×48cm	103,500	北京保利	2019-06-05
董寿平 俞致贞 田世光 白雪石 梅兰竹菊四条屏 立轴	114cm×44cm×4	172,500	北京保利	2019-08-24

拍品名称	物品尺寸	成交价RMB	拍卖公司	拍卖日期
董寿平 周思聪 尹瘦石 刘炳森 周怀民 白雪石 郭传璋 黄胄 溥松窗 花鸟册 册页（十一开）	21.7cm×32cm×11	109,250	中鸿信	2019-07-16
董寿平 竹子 立轴	66cm×43cm	201,600	天津国拍	2019-04-21
董琬贞 1844年作 秋月丹桂图 立轴	91cm×36cm	575,000	南京经典	2019-07-19
董文运 2019年作 春山问景图 镜心	136cm×68cm	230,000	北京翰海	2019-10-12
董小婉 花卉 镜心	19cm×55cm	101,200	荣宝斋（南京）	2019-07-21
董欣宾 1982年作 美人松 隶书十言联 立轴、对联	137cm×67cm；136cm×33cm×2	126,500	中国嘉德	2019-10-16
董欣宾 冬趣	67cm×40cm	103,500	北京翰海	2019-06-15
董欣宾 菡萏 书法对联	画 137cm×70cm	322,000	北京翰海	2019-06-15
董欣宾 巨渊大松图 镜心	132cm×66cm	138,000	中国嘉德	2019-10-16
董欣宾 空谷流泉 镜心	137cm×68cm	276,000	中国嘉德	2019-03-23
董欣宾 三清图	97cm×178cm	632,500	北京翰海	2019-06-15
董学程 2018年作 草书《书以载道》镜心	40cm×138cm	115,000	北京翰海	2019-03-29
董阳孜 1994年作 取之不尽用之不竭 镜框	91cm×241cm	303,600	罗芙奥	2019-11-30
董作宾 1954年作 甲骨文十四言联 立轴	112.5cm×19cm×2	287,500	中国嘉德	2019-11-18
董作宾 1961年作 甲骨文集鹤庐句 立轴	97.6cm×33.9cm	124,713	香港苏富比	2019-10-07
杜大伟 一路荣华 镜片	133cm×32cm×2	115,000	荣宝斋（南京）	2019-05-21
杜东辉 2019年作 少年中国说（部分）镜心	97cm×180cm	149,500	北京翰海	2019-10-12
杜浩平 2018年作 书法 镜心	95cm×175cm	460,000	北京翰海	2019-03-29
杜三鑫 2008年作 山水五连屏	180cm×50cm（每件）	115,920	罗芙奥	2019-11-30
杜艳 晴川历历 镜片	180cm×97cm	220,000	保信利诚	2019-02-07
杜中良 2018年作 一帆风顺 镜心	69cm×137cm	109,250	北京翰海	2019-03-29
杜中良 2019年作 岭下流水急 数点暮山青 镜心	69cm×136cm	138,000	北京翰海	2019-10-12
杜滋龄 1989年作 陆游赏梅图 镜心	96cm×90cm	115,000	北京荣宝	2019-06-13
杜滋龄 2008年作 人物四屏 镜心	137cm×34cm×4	253,000	北京荣宝	2019-06-13
段俊平 2019年作 行书 镜心	33cm×128cm	172,500	北京保利	2019-12-02
段俊平 书法四屏 镜心	138cm×34cm×4	230,000	北京保利	2019-06-03
鄂尔泰（题）异禽图 镜框	57cm×42cm×2	368,000	上海明轩	2019-04-28
樊枫 2014年作 八大出游图 镜心	60cm×180cm	287,500	北京保利	2019-06-22
樊枫 2018年作 白居易诗意图 镜心	60cm×180cm	287,500	北京保利	2019-06-22
樊枫 2019年作 树接前山暗 溪承瀑水凉 镜心	144cm×152cm	402,500	北京保利	2019-11-20
樊虚 冼裕庄 1937年作 讲学图、小楷 成扇		109,250	中国嘉德	2019-10-16
樊增祥《琴楼梦小说》手卷 手卷	24cm×1020cm	115,000	中贸圣佳	2019-06-07
樊增祥 1926年作 楷书“剑暮室”横披	36cm×103cm	161,000	北京匡时	2019-07-13
范曾 1974年作 跖斥孔丘 立轴	173cm×96cm	977,500	北京保利	2019-11-20
范曾 1975年作 遵义人民迎红军 镜心	112cm×262cm	6,900,000	北京保利	2019-12-02
范曾 1978年作 草圣张颠 立轴	96cm×59.5cm	299,000	中国嘉德	2019-11-17
范曾 1978年作 江南可采莲 立轴	138cm×68cm	632,500	北京保利	2019-06-04
范曾 1978年作 太白诗 立轴	136cm×65cm	115,000	北京匡时	2019-07-13
范曾 1979年作 达摩得悟图 立轴	87cm×66.5cm	460,000	北京荣宝	2019-06-13

拍品名称	物品尺寸	成交价RMB	拍卖公司	拍卖日期
范曾 1979年作 苏东坡像 镜片	88.5cm×64cm	172,500	广东崇正	2019-05-23
范曾 1980年作 高士图 镜心	69cm×44.5cm	322,000	中国嘉德	2019-06-02
范曾 1980年作 李时珍采药图 镜心	108cm×68cm	345,000	北京保利	2019-06-04
范曾 1981年作 红衣罗汉 立轴	135cm×40cm	655,500	北京荣宝	2019-06-13
范曾 1982年作 八仙图 四联屏	尺寸不一	6,689,125	香港苏富比	2019-10-07
范曾 1982年作 达摩像 镜心	138cm×34cm	379,500	中国嘉德	2019-06-04
范曾 1982年作 端阳禀获图 镜框	137.3cm×34cm	345,600	佳士得	2019-05-28
范曾 1982年作 欢喜 立轴	136cm×33cm	221,958	中国嘉德	2019-03-30
范曾 1982年作 羲之语鹅图 立轴	67.5cm×69cm	1,012,000	广东崇正	2019-05-23
范曾 1982年作　双吉图 立轴	68cm×69cm	171,242	保利香港	2019-10-06
范曾 1983年作 行书《孙子兵法》句 立轴	65cm×39cm	138,000	北京保利	2019-06-04
范曾 1984年作 老子出关 镜心	59.5cm×82.5cm	425,500	中国嘉德	2019-06-04
范曾 1984年作 仙翁侣鹤图 立轴	67.9cm×46.7cm	251,738	纽约佳士得	2019-03-19
范曾 1984年作 钟馗 立轴	147.5cm×76cm	920,000	中国嘉德	2019-06-02
范曾 1985年作 达摩得悟图 立轴	137cm×68cm	690,000	北京保利	2019-12-02
范曾 1985年作 牧歌 镜心	137cm×67.5cm	1,322,500	北京荣宝	2019-04-28
范曾 1986年作 陶渊明 立轴	53cm×19cm	132,250	北京保利	2019-12-02
范曾 1987年作 红衣钟馗 立轴	135cm×67.5cm	2,185,000	北京荣宝	2019-10-12
范曾 1987年作 紫气东来 立轴	67.4cm×66cm	680,250	香港苏富比	2019-10-07
范曾 1987年作　雄鸡 立轴	67cm×66cm	235,457	保利香港	2019-10-06
范曾 1989年作 东坡卧游图 镜心	44cm×68cm	276,000	北京荣宝	2019-04-28
范曾 1989年作 老子演教 镜心	68.5cm×68.5cm	504,450	北京匡时	2019-04-02
范曾 1989年作 尊者 立轴	73cm×51.5cm	322,000	广东崇正	2019-11-28
范曾 1991年作 燕乐图 镜心	80cm×119cm	701,500	北京荣宝	2019-06-13
范曾 1993年作 神童宠犬 立轴	50.5cm×50.5cm	226,750	香港苏富比	2019-10-07
范曾 1996年作 行书“诗笺宝瑟”镜心	34cm×134cm	253,000	北京荣宝	2019-10-12
范曾 1996年作 钟馗 镜片	92.5cm×177cm	897,000	朵云轩	2019-06-22
范曾 1998年作 至人 镜心	178.5cm×95.2cm	977,500	北京诚轩	2019-11-16
范曾 1999年作 和平颂 镜心	69cm×69cm	195,500	北京翰海	2019-10-12
范曾 1999年作 吾马既	174cm×368cm	8,970,000	北京荣宝	2019-12-01
范曾 2000年作 天趣图 镜心	44cm×95cm	667,000	北京保利	2019-06-04
范曾 2001年作　行书八言诗	直径105cm	517,500	北京荣宝	2019-12-01
范曾 2001年作　行书八言诗	直径105cm	517,500	北京荣宝	2019-12-01
范曾 2001年作　行书古人诗句	直径105cm	517,500	北京荣宝	2019-12-01
范曾 2001年作　行书节句	直径105cm	517,500	北京荣宝	2019-12-01
范曾 2001年作　行书七言诗	直径105cm	517,500	北京荣宝	2019-12-01
范曾 2001年作　行书七言诗	直径105cm	506,000	北京荣宝	2019-12-01
范曾 2001年作　行书五言诗	直径105cm	517,500	北京荣宝	2019-12-01
范曾 2001年作　集西岳华山碑联	直径105cm	517,500	北京荣宝	2019-12-01
范曾 2001年作　集殷墟文字联	直径105cm	517,500	北京荣宝	2019-12-01
范曾 2001年作 春在柳梢头	直径105cm	1,035,000	北京荣宝	2019-12-01
范曾 2001年作 达摩神悟图	直径105cm	1,207,500	北京荣宝	2019-12-01
范曾 2001年作 杜甫诗意图	直径105cm	1,035,000	北京荣宝	2019-12-01
范曾 2001年作 荷花竞放余心亦乐	直径105cm	1,207,500	北京荣宝	2019-12-01
范曾 2001年作 君子临渊羡而不渔	直径105cm	1,127,000	北京荣宝	2019-12-01
范曾 2001年作 老子出关	直径105cm	1,242,000	北京荣宝	2019-12-01
范曾 2001年作 老子演易图	直径105cm	1,242,000	北京荣宝	2019-12-01
范曾 2001年作 有子无忧	直径105cm	1,092,500	北京荣宝	2019-12-01
范曾 2001年作 钟馗神威图	直径105cm	1,437,500	北京荣宝	2019-12-01
范曾 2001年作 庄生梦蝶图	直径105cm	1,035,000	北京荣宝	2019-12-01
范曾 2002年作 后赤壁赋 镜框	直径20cm	172,500	北京荣宝	2019-04-28

拍品名称	物品尺寸	成交价RMB	拍卖公司	拍卖日期
范曾 2003年作 行书“竹深荷静”镜框	44cm×51cm	138,000	北京荣宝	2019-04-28
范曾 2003年作 临池志逸 镜心	178cm×94cm	977,500	北京翰海	2019-10-12
范曾 2004年作 钟馗神威 镜心	179.5cm×96.5cm	1,667,500	北京诚轩	2019-11-16
范曾 2005年作 行书“醇醪波翻”镜心	35cm×139cm	230,000	北京荣宝	2019-04-28
范曾 2005年作 江东小才子 镜心	96cm×45cm	552,000	北京荣宝	2019-04-28
范曾 2006年作 吾家有义犬 立轴	67.5cm×68.5cm	690,000	广东崇正	2019-11-28
范曾 2007年作 行书“信阳春讯”镜心	35cm×138cm	207,000	北京荣宝	2019-04-28
范曾 2007年作 牧牛书法扇面 镜心	15cm×45cm×2	138,000	北京保利	2019-06-03
范曾 2007年作 书法 镜片	35cm×102cm	97,750	湖南逸典	2019-05-18
范曾 2008年作　行书“采菊东篱”	34cm×138cm	230,000	北京荣宝	2019-12-01
范曾 2008年作　行书“超然有悟”	34cm×138cm	425,500	北京荣宝	2019-12-01
范曾 2008年作　行书“池塘春草”	34cm×138cm	230,000	北京荣宝	2019-12-01
范曾 2008年作　行书“春风无形”	34cm×138cm	230,000	北京荣宝	2019-12-01
范曾 2008年作　行书“春风相惜”	34cm×138cm	230,000	北京荣宝	2019-12-01
范曾 2008年作　行书“古干驻春”	34cm×138cm	230,000	北京荣宝	2019-12-01
范曾 2008年作　行书“蕙茝临风”	34cm×138cm	230,000	北京荣宝	2019-12-01
范曾 2008年作　行书“静处观道”	34cm×138cm	287,500	北京荣宝	2019-12-01
范曾 2008年作　行书“酒酣扬意”	34cm×138cm	230,000	北京荣宝	2019-12-01
范曾 2008年作　行书“浚贤怀古”	34cm×138cm	230,000	北京荣宝	2019-12-01
范曾 2008年作　行书“可以栖迟”	34cm×138cm	230,000	北京荣宝	2019-12-01
范曾 2008年作　行书“朗月在抱”	34cm×138cm	241,500	北京荣宝	2019-12-01
范曾 2008年作　行书“簾卷清风”	34cm×138cm	230,000	北京荣宝	2019-12-01
范曾 2008年作　行书“岭卧白云”	34cm×138cm	230,000	北京荣宝	2019-12-01
范曾 2008年作　行书“鸾铃天外”	34cm×138cm	230,000	北京荣宝	2019-12-01
范曾 2008年作　行书“深山鸟幽”	34cm×138cm	230,000	北京荣宝	2019-12-01
范曾 2008年作　行书“诗笺宝瑟”	34cm×138cm	230,000	北京荣宝	2019-12-01
范曾 2008年作　行书“梧枝棲凤”	34cm×138cm	264,500	北京荣宝	2019-12-01
范曾 2008年作 行书 镜心	23cm×54cm	109,250	北京荣宝	2019-04-28
范曾 2008年作 学而时习 镜心	34cm×137cm	299,000	北京荣宝	2019-06-13
范曾 2009年作　行书“家酿浅碧”	34cm×138cm	230,000	北京荣宝	2019-12-01
范曾 2009年作　行书“鸾凤清音”	34cm×138cm	230,000	北京荣宝	2019-12-01
范曾 2010年作 老子出关 镜心	52cm×156cm	2,357,500	北京荣宝	2019-04-28
范曾 2013年作 行书“澡雪”镜心	34cm×67cm	109,250	北京荣宝	2019-10-12
范曾 2013年作 桑麻絮语 镜心	136cm×70cm	747,500	北京保利	2019-06-03
范曾 2014年作 行书“雁字归时”镜心	34cm×136cm	253,000	北京荣宝	2019-06-13
范曾 2014年作 行书题梅刘秦诗传 立轴	177cm×92cm	805,000	北京保利	2019-06-03
范曾 2014年作 秋声赋 镜心	136.5cm×69cm	977,500	北京荣宝	2019-06-13
范曾 2014年作 神童骋驹 镜心	96cm×60cm	368,000	北京保利	2019-12-02
范曾 达摩得悟图 立轴	68cm×46cm	483,000	荣宝斋（桂林）	2019-08-18
范曾 达摩悟道 镜片	18cm×54cm	103,500	北京保利	2019-08-24
范曾 发财多吉图 镜心	68cm×45cm	195,500	中国嘉德	2019-11-19
范曾 行书“辽鹤归来”镜心	34cm×136cm	115,000	中贸圣佳	2019-11-30
范曾 行书“雪霁说佛”诗 立轴	161cm×91.5cm	379,500	荣宝斋（南京）	2019-07-21
范曾 行书杜甫句	直径105cm	529,000	北京荣宝	2019-12-01
范曾 行书七言联 立轴	130cm×32cm×2	149,500	荣宝斋（南京）	2019-07-21
范曾 行书七言诗 行书七言联 镜心	136cm×67cm；130cm×31cm×2	460,000	北京荣宝	2019-04-28

拍品名称	物品尺寸	成交价RMB	拍卖公司	拍卖日期
范曾 行书七言诗句 镜心	97cm×58cm	126,500	荣宝斋（南京）	2019-07-21
范曾 慧镜无垢 画心	132.5cm×65cm	184,000	西泠印社	2019-07-07
范曾 老子出关 镜心	68cm×68.5cm	460,000	中贸圣佳	2019-11-30
范曾 老子出关 镜心	44.5cm×37cm	172,500	中国嘉德	2019-11-19
范曾 林和靖寻梅图 镜心	44cm×64cm	276,000	北京荣宝	2019-06-13
范曾 岭上犹多高士云 镜片	67cm×45cm	437,000	北京荣宝	2019-04-28
范曾 罗汉仙童卷 手卷	本幅 23cm×123.5cm	172,500	中国嘉德	2019-06-02
范曾 桑麻絮语 镜心	67cm×45cm	287,500	中贸圣佳	2019-11-30
范曾 书法 镜片	35cm×138cm	97,750	北京保利	2019-08-24
范曾 陶渊明像 镜心	96cm×44cm	195,500	中贸圣佳	2019-11-30
范曾 意寄庄骚 镜心	33cm×137cm	115,000	北京保利	2019-08-24
范曾 赵忠祥 赶驴图 镜心	138cm×69cm	276,000	北京保利	2019-08-24
范曾 钟馗凝视图 镜心	69cm×46cm	345,000	荣宝斋（南京）	2019-07-21
范曾 钟馗雅趣 立轴	94.5cm×58.5cm	356,500	中国嘉德	2019-11-19
范士桢 富贵长春 立轴	139cm×94cm	195,500	中国嘉德	2019-10-17
范晓茳 2018年作 皖南山村行 立轴	137cm×67cm	115,000	北京翰海	2019-03-29
范扬 2001年作 溪山隐逸图 镜心	52.5cm×233cm	138,000	北京荣宝	2019-06-13
范扬 2002年作 松荫罗汉	137cm×51cm	103,500	北京翰海	2019-06-15
范扬 2004年作 坐观流泉 镜心	83cm×153cm	575,000	北京荣宝	2019-04-28
范扬 2005年作 红衣罗汉 镜心	69.5cm×137.5cm	310,500	中国嘉德	2019-11-19
范扬 2005年作 月明看岭树 镜心	136cm×68cm	172,500	北京荣宝	2019-12-01
范扬 2008年作 山水人物四屏 镜心	136cm×34cm×4	322,000	北京荣宝	2019-06-13
范扬 2009年作 禅悟图 镜片	143.5cm×40cm	161,000	西泠印社	2019-04-13
范扬 2009年作 林泉高致 镜心	144.5cm×70cm	402,500	北京荣宝	2019-04-28
范扬 2014年作 高山流水有知音 镜心	101cm×102cm	230,000	北京荣宝	2019-12-01
范扬 2016年作 笔精墨妙十二册页 册页	30cm×41cm×12	1,380,000	北京荣宝	2019-12-01
范扬 2019年作 众鸟高飞画孤云 镜心	72cm×138cm	138,000	北京荣宝	2019-12-01
范扬 阿罗汉图 镜心	45cm×118cm	172,500	南京经典	2019-07-19
范扬 山水清音并书法对联 镜心	绘画 173cm×50cm	483,000	中贸圣佳	2019-06-07
范扬 书画（二帧）镜心	36cm×30cm×2	161,000	南京经典	2019-07-19
范扬 松荫罗汉 镜心	102cm×53cm	138,000	荣宝斋（南京）	2019-07-21
范扬 执杖秋山 立轴	140cm×41cm	120,750	荣宝斋（南京）	2019-07-21
方楚乔 2013年作 山水 镜片	123cm×245cm	230,000	华艺国际	2019-08-11
方楚雄 1994年作 初春含寒气 镜片	68cm×68cm	126,500	广东崇正	2019-11-28
方楚雄 1987年作 出水芙蓉 镜框	80cm×45cm	276,000	华艺国际	2019-08-11
方楚雄 1989年作 雄风 镜片	67.5cm×128cm	218,500	广东崇正	2019-05-23
方楚雄 1992年作 三虎图 镜心	69cm×137cm	310,500	北京荣宝	2019-12-01
方楚雄 1993年作 耄耋图 镜心	87cm×59cm	253,000	中国嘉德	2019-10-16
方楚雄 1993年作 秋林鼠戏 立轴	136cm×68cm	247,250	北京荣宝	2019-06-13
方楚雄 1994年作 群鸭图 镜框	67cm×67cm	149,500	华艺国际	2019-08-11
方楚雄 1994年作 松猴图 镜片	141cm×353cm	1,725,000	广东崇正	2019-05-23
方楚雄 1994年作 小雨初晴 镜片	68cm×69cm	126,500	广东崇正	2019-11-28
方楚雄 1995年作 豹 镜框	68cm×136cm	287,500	华艺国际	2019-08-11
方楚雄 1995年作 春江水暖 镜片	68cm×45cm	103,500	广东崇正	2019-11-28
方楚雄 1995年作 雄风 镜心	69cm×69cm	115,000	北京荣宝	2019-12-01
方楚雄 1997年作 高枕无忧 镜心	162cm×97cm	920,000	北京荣宝	2019-12-01
方楚雄 1997年作 花荫猫戏 镜心	68cm×68cm	161,000	北京荣宝	2019-06-13
方楚雄 1998年作 英格兰牧场 镜片	69.5cm×68.5cm	161,000	广东崇正	2019-11-28
方楚雄 1999年作 春风送吉祥 镜框	69cm×69cm	189,750	北京荣宝	2019-06-13
方楚雄 1999年作 双虎 镜片	68cm×135.5cm	391,000	广东崇正	2019-11-28
方楚雄 1999年作 双狮图 镜片	56cm×86cm	322,000	湖南逸典	2019-05-18
方楚雄 1999年作 雄鹰图 镜片	90.5cm×70cm	172,500	西泠印社	2019-07-06
方楚雄 2001年作 神骏飘飘 镜心	69cm×69cm	103,500	北京荣宝	2019-10-12
方楚雄 2003年作 春风送吉祥 镜心	69cm×137cm	368,000	北京荣宝	2019-10-12
方楚雄 2003年作 松鼠 镜心	70cm×137cm	126,500	北京荣宝	2019-12-01
方楚雄 2003年作 雄鹰 镜心	178cm×97cm	920,000	北京荣宝	2019-12-01
方楚雄 2003年作 一家亲 对联 一堂 镜框	画49cm×45cm	138,000	华艺国际	2019-08-11
方楚雄 2004年作 日夕长相亲 镜心	69cm×88cm	224,250	北京荣宝	2019-04-28
方楚雄 2004年作 雄风图 镜心	137cm×69cm	230,000	中国嘉德	2019-06-04
方楚雄 2005年作 第三才子 镜心	46cm×70cm	138,000	中国嘉德	2019-10-16
方楚雄 2005年作 幽谷鸣禽 镜心	69cm×137cm	218,500	中国嘉德	2019-03-23
方楚雄 2007年作 动物四屏 镜心	75cm×45cm×4	483,000	北京荣宝	2019-06-13
方楚雄 2010年作 松鼠图 镜片	84cm×100cm	172,500	广东崇正	2019-05-23
方楚雄 2011年作 玉兔呈祥 镜片	136cm×68.5cm	333,500	广东崇正	2019-11-28
方楚雄 2013年作 吉祥平安 镜片	48cm×90cm	333,500	广东崇正	2019-11-28
方楚雄 2013年作 群鸭图 镜片	32cm×180cm	253,000	广东崇正	2019-05-23
方楚雄 2013年作 深山闻猿 镜心	34cm×276cm	460,000	北京荣宝	2019-12-01
方楚雄 2014年作 富贵耄耋 镜心	32cm×65cm	103,500	北京荣宝	2019-04-28
方楚雄 2014年作 富贵旺春 镜心	96cm×52cm	138,000	北京荣宝	2019-10-12
方楚雄 2014年作 两小无猜 镜心	35cm×70cm	115,000	北京荣宝	2019-04-28
方楚雄 2014年作 母子情深 镜心	69cm×137cm	402,500	北京荣宝	2019-12-01
方楚雄 2014年作 母子图 镜心	34cm×69cm	126,500	北京荣宝	2019-04-28
方楚雄 2014年作 一家亲 镜心	32cm×65cm	103,500	北京荣宝	2019-04-28
方楚雄 2015年作 梅林集珍 镜心	97cm×180cm	1,150,000	北京荣宝	2019-12-01
方楚雄 2016年作 富贵祥和 镜心	69cm×137cm	402,500	北京荣宝	2019-12-01
方楚雄 2017年作 多子多福 镜心	69cm×137cm	345,000	北京荣宝	2019-12-01
方楚雄 2017年作 瑞雪金猴 镜心	100cm×200cm	1,207,500	北京荣宝	2019-12-01
方楚雄 2018年作 湖里荷花 镜心	98cm×67.5cm	149,500	北京荣宝	2019-06-13
方楚雄 2018年作 教子花荫下 镜心	180cm×97cm	1,035,000	北京荣宝	2019-12-01
方楚雄 报春图 镜心	69cm×69cm	184,000	北京荣宝	2019-12-01
方楚雄 花荫教子 镜片	140cm×69cm	345,000	广东崇正	2019-05-23
方楚雄 山君图 镜片	34cm×69cm	103,500	广东崇正	2019-11-28
方楚雄 生趣集锦册 册页	44.5cm×62.5cm×22	214,052	保利香港	2019-10-06
方地山 行书七言联 立轴	130cm×31cm×2	115,000	北京保利	2019-11-20
方济众 1978年作 大河上下 镜心	99cm×62cm	149,500	中国嘉德	2019-06-24
方君璧 1935年作 吊钟花 立轴	129.5cm×64cm	246,125	佳士得	2019-11-24
方君璧 1970年 繁花缤纷	62cm×98cm	218,500	北京诚轩	2019-06-02
方君璧 1981年作 瓶中春意	60cm×41cm	109,250	北京匡时	2019-07-13
方君璧 繁花似景	60cm×84cm	230,000	北京匡时	2019-07-13
方峻 2000年作 东川十景图 镜心	46cm×36cm×11	195,500	北京荣宝	2019-06-13
方骏 春夏秋冬 宫扇	直径30cm×4	207,000	北京荣宝	2019-12-01
方骏 古人诗意图 镜心	82.5cm×41cm×4	322,000	北京荣宝	2019-12-01
方骏 情随流水远 镜心	100cm×44cm	109,250	北京荣宝	2019-06-13
方骏 山水四屏 镜心	101cm×34cm×4	414,000	北京荣宝	2019-06-13
方骏 石城春色 镜心	68cm×138cm	126,500	中国嘉德	2019-10-16
方澜 行书自作诗卷 手卷	本幅 23.5cm×331cm	6,382,500	中贸圣佳	2019-06-07
方人定 1932年作 归猎图 设色纸本	174.5cm×94.5cm	2,300,000	中国嘉德	2019-06-03
方人定 1941年作 凝视 立轴	135.5cm×66.5cm	368,000	华艺国际	2019-08-11
方人定 1946年作 童年 立轴	126cm×66.5cm	115,000	朵云轩	2019-06-22
方人定 1947年作 汉书下酒图 镜芯	124cm×65cm	322,000	中鸿信	2019-07-16
方人定 读信图 镜片	39.5cm×49.5cm	103,500	上海嘉禾	2019-09-07

拍品名称	物品尺寸	成交价RMB	拍卖公司	拍卖日期
方人定 南国风光 立轴	142.5cm×79cm	299,000	华艺国际	2019-08-11
方人定 双鹭图 镜框	97.5cm×44.5cm	115,000	华艺国际	2019-08-11
方人定 水到 镜框	124.5cm×147cm	540,500	华艺国际	2019-08-11
方人定 舞 立轴	119.5cm×73.7cm	216,000	佳士得	2019-05-28
方人定 鸳鸯戏水 立轴	136cm×68cm	126,500	上海匡时	2019-06-21
方向 2002年作 闲居 镜心	68cm×136cm	126,500	北京荣宝	2019-06-13
方向 2006年作 红楼秋叶图 镜心	69cm×137cm	115,000	北京荣宝	2019-12-01
方向 2006年作 庭院四屏 镜心	138cm×34cm×4	322,000	北京荣宝	2019-06-13
方向 丽江晨读图 镜心	145.5cm×96cm	230,000	北京保利	2019-06-03
方仪 云山隐墅图 立轴	163.5cm×96cm	126,500	西泠印社	2019-07-06
方仪 云山隐墅图 立轴	163.5cm×96cm	103,500	西泠印社	2019-09-21
方增先 1981年作 松涛图 立轴	68cm×39.5cm	115,000	中国嘉德	2019-11-17
方增先 1987年作 达摩面壁图 立轴	69cm×68cm	109,250	中国嘉德	2019-11-17
方增先 1987年作 孤舟江松四屏 镜心	137.5cm×34cm×4	483,000	中国嘉德	2019-06-02
方增先 1992年作 泊舟赏景图 立轴	95cm×44.5cm	201,250	西泠印社	2019-07-06
方增先 1994年作 松下高士图 立轴	93cm×42.5cm	172,500	西泠印社	2019-07-06
方增先 牧牛小景 镜心	68cm×45.5cm	109,250	中国嘉德	2019-06-02
方召麐 1979年作 英国湖区景色 立轴	104cm×106.5cm	160,847	邦瀚斯	2019-04-03
方召麐 山居图 镜心	98.5cm×56cm	115,000	北京保利	2019-06-03
方召麟 1972年作 杭游印象 镜框	46cm×68cm	183,600	佳士得	2019-05-27
方召麟 桂林印象 镜框	69.5cm×139cm	216,000	佳士得	2019-05-27
方召麟 天下太平 镜片	96cm×63cm	126,500	上海嘉禾	2019-09-07
费润 1929年作 喜上眉梢 立轴	96cm×39.5cm	115,000	南京经典	2019-07-19
费新我 书法 立轴	151cm×63.5cm	97,750	北京匡时	2019-07-13
丰子恺 1941年作 松间明月长如此 立轴	69cm×32cm	302,670	保利香港	2019-04-01
丰子恺 1942年作 借问过墙双蛱蝶 立轴	64.6cm×21cm	172,500	西泠印社	2019-07-07
丰子恺 1942年作 柳下双燕 镜框	52.5cm×22.2cm	203,063	香港苏富比	2019-04-02
丰子恺 1943年作 爱我中华 立轴	58.5cm×34cm	1,150,000	上海嘉禾	2019-09-06
丰子恺 1944年作 落红不是无情物、行书七言诗 镜心	68cm×21cm×2	529,000	北京匡时	2019-07-13
丰子恺 1944年作 贫贱江头自浣纱 立轴	80cm×39cm	805,000	北京荣宝	2019-12-01
丰子恺 1947年作 南无本师释迦牟尼佛 立轴	17.5cm×32cm；38cm×32cm	667,000	北京诚轩	2019-11-16
丰子恺 1948年作 李叔同词二首 立轴	39.8cm×29cm	138,000	北京诚轩	2019-06-01
丰子恺 1953年作 行书七言联 立轴	135.5cm×22cm×2	195,500	中国嘉德	2019-11-17
丰子恺 1956年作《城中谣》诗意图 镜心	21cm×13.5cm	241,500	北京匡时	2019-07-13
丰子恺 1958年作 青尊红烛 立轴	33.7cm×22.2cm	149,625	香港苏富比	2019-04-02
丰子恺 1961年作 好风又落桃花片 致郑晓沧信札 镜片	26cm×17.5cm；28cm×9cm	103,500	上海嘉禾	2019-09-07
丰子恺 1961年作 客从远方来 立轴	89cm×41cm	1,380,000	上海明轩	2019-04-28
丰子恺 1961年作 种瓜得瓜 镜框	52cm×44.5cm	207,000	上海嘉禾	2019-09-07
丰子恺 1961年作 醉归图・行书白居易诗 成扇	18cm×48cm×2	138,000	北京银座	2019-06-05
丰子恺 1962年作 种瓜得瓜 镜心	28.5cm×71cm	161,000	上海匡时	2019-06-21
丰子恺 1962年作 种瓜图 镜心	21cm×54.5cm	483,000	中国嘉德	2019-06-03
丰子恺 1965年作 墙阴种瓜 书法 成扇	12.8cm×38cm	320,625	香港苏富比	2019-04-02
丰子恺 1973年作 行书宋祁词 镜心	17.5cm×69cm	172,500	北京保利	2019-06-04
丰子恺 1973年作 行书自作词《一剪梅》镜心	17.5cm×69cm	218,500	北京保利	2019-06-04
丰子恺 阿里山观云海 镜框	33cm×26.5cm	437,000	中国嘉德	2019-06-03

拍品名称	物品尺寸	成交价RMB	拍卖公司	拍卖日期
丰子恺 船近仙源 镜心	34.5cm×28cm	207,000	中国嘉德	2019-11-17
丰子恺 春光 立轴	68cm×30cm	575,000	北京保利	2019-06-04
丰子恺 春雨楼头尺八箫 镜心	34.5cm×27.6cm	287,500	中国嘉德	2019-11-17
丰子恺 慈父 镜心	32.5cm×26cm	155,250	上海匡时	2019-06-21
丰子恺 此造物者无尽藏也 立轴	70cm×39cm	632,500	上海匡时	2019-06-21
丰子恺 次第春风到草庐 立轴	68cm×36.5cm	237,600	佳士得	2019-05-28
丰子恺 翠拂行人首 立轴	67cm×33.5cm	128,784	邦瀚斯	2019-04-03
丰子恺 村居小景 镜心	34.8cm×27.5cm	632,500	中国嘉德	2019-06-02
丰子恺 村女汲水图 镜框	33.9cm×22.2cm	149,625	香港苏富比	2019-04-02
丰子恺 都会之春 立轴	27cm×18.5cm	136,050	香港苏富比	2019-10-07
丰子恺 斗酒聚比邻 镜心	34.9cm×27.4cm	241,500	中国嘉德	2019-11-17
丰子恺 丰一吟 1947年作 幸有我来松未孤 行书七言联 镜片	画心 70cm×37cm	897,000	上海嘉禾	2019-09-06
丰子恺 过新年 镜心	55.5cm×35cm	207,000	北京匡时	2019-07-13
丰子恺 寒食图 立轴	67.5cm×35.5cm	310,500	北京保利	2019-12-02
丰子恺 行书毛主席诗 镜片	77cm×33.5cm	207,000	西泠印社	2019-07-06
丰子恺 行书欧阳修词 立轴	67cm×33.5cm	97,750	西泠印社	2019-07-06
丰子恺 行书杨万里诗 立轴	52cm×19.5cm	207,000	西泠印社	2019-07-06
丰子恺 行书《竹枝词》立轴	69cm×20.5cm	126,500	中鸿信	2019-07-16
丰子恺 行书七言联 对联	97cm×18.5cm×2	109,250	上海嘉禾	2019-09-07
丰子恺 行书七言联 镜心	132.5cm×25.5cm×2	460,000	上海明轩	2019-04-28
丰子恺 弘一 长堤树老阅人多 行书五言联 镜心	43.5cm×31cm；65cm×13.5cm×2	1,955,000	上海明轩	2019-04-28
丰子恺 弘一大师造像 镜心	59cm×35cm	690,000	北京保利	2019-06-04
丰子恺 会当凌绝顶 立轴	79.5cm×39cm	690,000	北京荣宝	2019-12-01
丰子恺 狡童 镜心	23.5cm×16.5cm	151,335	保利香港	2019-04-01
丰子恺 教子图 镜框	21cm×22cm	172,500	华艺国际	2019-08-10
丰子恺 教子图 立轴	33cm×42cm	437,000	中贸圣佳	2019-06-07
丰子恺 酒醉插花归 立轴	65.5cm×54.5cm	207,000	中国嘉德	2019-11-18
丰子恺 开门近桥梁 镜心	34.5cm×27.3cm	368,000	中国嘉德	2019-06-02
丰子恺 临水观桃 镜心	34.5cm×27.6cm	264,500	中国嘉德	2019-11-17
丰子恺 落红不是无情物 立轴	67.5cm×42cm	299,000	中鸿信	2019-07-16
丰子恺 满山红叶女郎樵 镜心	33cm×27cm	139,134	中国嘉德	2019-10-08
丰子恺 满山红叶女郎樵 立轴	32cm×24cm	138,000	北京保利	2019-06-04
丰子恺 满堂红 立轴	57cm×38cm	575,000	保利厦门	2019-08-04
丰子恺 漫画（二帧）立轴	25cm×17.5cm×2	161,424	中国嘉德	2019-03-30
丰子恺 贫女如花 行书双挖 立轴	32.5cm×21.5cm×2	460,000	中国嘉德	2019-06-02
丰子恺 品茗图 立轴	68cm×34cm	253,000	华艺国际	2019-08-10
丰子恺 前人种树后人凉 立轴	画心 52.5cm×38cm	449,409	邦瀚斯	2019-04-03
丰子恺 散市归来 镜心	30cm×21cm	115,000	北京匡时	2019-07-13
丰子恺 胜境在望 镜心	34cm×22.5cm	121,068	中国嘉德	2019-03-30
丰子恺 食蔗常思种蔗人 立轴	64cm×37cm	322,000	上海嘉禾	2019-09-07
丰子恺 双蝶过墙来 立轴	68cm×28.5cm	552,000	上海明轩	2019-04-28
丰子恺 四时佳景四屏 立轴	76cm×20cm×4	4,485,000	北京保利	2019-06-04
丰子恺 饲蚕图 镜心	35cm×27cm	437,000	北京保利	2019-06-04
丰子恺 松间明月长如此 镜心	34cm×27.5cm	598,000	中国嘉德	2019-06-02
丰子恺 陶冷月 行书苏曼殊诗 寒溪访梅 成扇	18cm×49cm	103,500	中贸圣佳	2019-11-30
丰子恺 推窗看月 立轴	66.8cm×33cm	403,560	中国嘉德	2019-03-30
丰子恺 我作五湖看 镜心	34.8cm×27.5cm	575,000	中国嘉德	2019-06-02
丰子恺 夏日戏作 镜心	23.5cm×16.5cm	151,335	保利香港	2019-04-01
丰子恺 闲饮东窗 镜心	34.5cm×27.3cm	575,000	中国嘉德	2019-06-02
丰子恺 闲院桃花 镜心	46cm×26.5cm	368,000	北京匡时	2019-07-13
丰子恺 相忆江楼 行书双挖 立轴	32.5cm×21.5cm×2	667,000	中国嘉德	2019-06-02

拍品名称	物品尺寸	成交价RMB	拍卖公司	拍卖日期
丰子恺 小桌呼朋 镜心	13cm×40cm	241,500	北京匡时	2019-07-13
丰子恺 鹞鹰拖小鸡 镜心	25cm×17.5cm	131,157	中国嘉德	2019-03-30
丰子恺 一片孤城万仞山 立轴	80.5cm×31.5cm	632,500	北京银座	2019-06-05
丰子恺 饮水思源 立轴	44cm×33cm	345,000	中国嘉德	2019-11-18
丰子恺 饮水思源 立轴	45.5cm×34cm	632,500	上海明轩	2019-04-28
丰子恺 只是青云浮水上 镜心	34.5cm×27.3cm	437,000	中国嘉德	2019-06-02
丰子恺 足迹 镜心	23.5cm×16.5cm	151,335	保利香港	2019-04-01
丰子恺 昨日豆花棚下过 镜心	34.8cm×27.2cm	368,000	中国嘉德	2019-06-02
冯冰 2018年作 喜悦 镜心	68cm×68cm	253,000	北京翰海	2019-03-29
冯冰 2018年作 一剑封喉 镜心	68cm×68cm	207,000	北京翰海	2019-03-29
冯冰 藏獒 镜心	96cm×89cm	1,403,000	北京保利	2019-04-30
冯超然 1902年作 山水四屏 四屏	133.5cm×31cm×4	184,000	西泠印社	2019-07-07
冯超然 1904年作、1943年作 山水（四帧）四屏立轴	127.5cm×31.5cm×4	414,000	北京诚轩	2019-06-01
冯超然 1910年作 钟馗瞌睡图 镜心	100cm×38cm	287,500	北京银座	2019-06-05
冯超然 1922年作 松壑临流 立轴	107cm×51cm	230,000	上海嘉禾	2019-09-07
冯超然 1925年作 千岩万壑 立轴	132cm×41.5cm	149,836	中国嘉德	2019-10-08
冯超然 1926年作 秋江渔篷 立轴	85cm×37cm	115,000	北京荣宝	2019-12-01
冯超然 1927年作 丰姿濯濯 立轴	103cm×51cm	97,750	北京翰海	2019-10-12
冯超然 1928年作 渔邨图 立轴	134cm×67cm	230,000	北京翰海	2019-06-14
冯超然 1929年作 仿李晞古山水 立轴	147cm×81.5cm	282,492	中国嘉德	2019-03-30
冯超然 1931年作 竹林高士 立轴	105.5cm×52cm	126,500	上海嘉禾	2019-09-07
冯超然 1933年作 荷花寿石 立轴	135.5cm×39.6cm	253,000	北京诚轩	2019-11-16
冯超然 1938年作 梅花书屋图 立轴	109cm×48cm	320,625	香港苏富比	2019-04-02
冯超然 1940年作 仿赵大年柳溪渔乐图 立轴	81cm×46cm	161,000	中国嘉德	2019-03-23
冯超然 1944年作 柳下仕女图 立轴	65cm×30cm	149,500	西泠印社	2019-07-07
冯超然 1946年作 寒江钓雪 立轴	104cm×49.5cm	192,738	香港苏富比	2019-10-07
冯超然 邓散木 1947年作 松溪渔隐 行书五言诗 成扇	18cm×50cm	103,500	北京保利	2019-12-02
冯超然 仿李成山水 立轴	106cm×53cm	161,000	中贸圣佳	2019-08-16
冯超然 拟董源山水 立轴	134cm×62cm	322,000	中贸圣佳	2019-11-30
冯大中 1987年作 觅月图 镜框	71.2cm×81.4cm	253,000	北京荣宝	2019-12-01
冯大中 1991年作 一蓑烟雨任平生 镜心	69cm×113cm	160,539	中国嘉德	2019-10-08
冯大中 2004年作 芦花深处 镜心	62cm×179.5cm	402,500	北京荣宝	2019-12-01
冯大中 2004年作 四虎图 镜片	34cm×178.5cm	132,250	广东崇正	2019-11-28
冯大中 冯二中 1992年作 朔风 立轴	126cm×69cm	287,500	北京荣宝	2019-04-28
冯建吴 1936年作 骆驼 立轴	130.5cm×52cm	181,602	中国嘉德	2019-03-30
冯建吴 1944年作 盆石芝兰图 镜心	121cm×53cm	138,000	中国嘉德	2019-10-16
冯建吴 1979年作 峨眉洗象池 镜心	68cm×136cm	115,000	中国嘉德	2019-10-16
冯金伯 书画对屏 立轴	95.5cm×35.5cm；91cm×38cm	138,000	中贸圣佳	2019-06-07
冯康侯 1949年作 荷塘白鹭 镜框	98cm×37cm	117,563	香港苏富比	2019-04-02
冯霖章 2014年作 月月见喜 镜心	95.5cm×179cm	218,500	北京荣宝	2019-06-13
冯其庸 2012年作 行书四屏 镜心	137cm×35cm×4	126,500	北京荣宝	2019-06-13
冯玉祥 1941年作 隶书七言联 立轴	177cm×44.5cm×2	103,500	北京银座	2019-06-05
冯玉祥 1944年作 隶书节录《孟子》立轴	116.0cm×50cm	97,750	中国嘉德	2019-11-18
冯远 2003年作 踏雪赏梅图 立轴	137.5cm×70cm	333,500	北京荣宝	2019-12-01
冯远 2004年作 四美图 镜心	138cm×35cm×4	943,000	北京荣宝	2019-04-28
冯远 2005年作 竹林七贤图 镜心	36cm×181cm	460,000	北京荣宝	2019-04-28
冯远 2008年作 人物四屏 镜心	103cm×35cm×4	1,092,500	北京荣宝	2019-06-13
冯忠莲 观音图 立轴	73cm×33.5cm	161,000	西泠印社	2019-07-06
冯钟云 2013年作 一篁素雅 镜心	91cm×69cm	172,500	北京匡时	2019-07-13

拍品名称	物品尺寸	成交价RMB	拍卖公司	拍卖日期
冯钟云 2014年作 春笋朝露 镜心	69cm×90cm	184,000	北京荣宝	2019-06-13
冯钟云 2015年作 竹生荒野外 镜心	69cm×137cm	253,000	北京保利	2019-06-03
冯钟云 2019年作 坚石素心 镜心	70cm×180cm	368,000	北京荣宝	2019-12-01
冯钟云 2019年作 连击 镜心	70cm×138cm	253,000	北京保利	2019-12-02
符罗飞 1940年代作 夜工 水墨纸本	100.5cm×33.5cm	253,000	中国嘉德	2019-06-03
符罗飞 1948年 1940年代 关金券满天飞；同是天涯沦落人（一组二件）	80.5cm×42cm；101cm×33.5cm	345,000	中国嘉德	2019-11-16
符罗飞 1948年作 古瓶新花	100cm×33.5cm	149,500	中国嘉德	2019-06-03
符罗飞 1948年作 墨猫	93cm×43cm	138,000	中国嘉德	2019-06-03
符罗飞 1952年、1950年代初作 蒸鸣的车间（一组三件）	13cm×18cm；18cm×13cm；23cm×29cm	460,000	中国嘉德	2019-06-03
符罗飞 翻山越岭 设色纸本	67.5cm×44cm	184,000	中国嘉德	2019-06-03
符罗飞 岗哨 水墨纸本	102cm×40cm	149,500	中国嘉德	2019-06-03
付元东 2009年作 黄金满屋 镜心	90cm×58cm	115,000	北京保利	2019-06-03
付元东 2009年作 双寿 镜心	90cm×58cm	115,000	北京保利	2019-12-02
傅抱石（款）仕女 立轴	100cm×43cm	234,955	纽约佳士得	2019-03-21
傅抱石 1936年作 携琴访友图 立轴	110cm×46cm	4,600,000	北京保利	2019-06-04
傅抱石 1942年作 石涛诗意图 立轴	106cm×58cm	14,950,000	中国嘉德	2019-06-02
傅抱石 1942年作 幽谷话旧 立轴	89.5cm×57cm	7,130,000	北京保利	2019-06-04
傅抱石 1943年作 巴山夜雨 立轴	105.5cm×60cm	28,175,000	北京荣宝	2019-12-01
傅抱石 1943年作 二人山际论古今 镜心	87cm×29cm	6,325,000	北京保利	2019-12-02
傅抱石 1943年作 高人读书图 立轴	90cm×38.7cm	29,570,800	华艺国际	2019-11-24
傅抱石 1943年作 林泉高逸 镜心	105.5cm×43.5cm	17,250,000	北京保利	2019-06-04
傅抱石 1943年作 群老观瀑 立轴	104cm×59.5cm	20,585,000	北京诚轩	2019-06-01
傅抱石 1944年作 还庄图 镜心	63cm×73cm	8,280,000	北京保利	2019-12-02
傅抱石 1944年作 湘夫人 镜框	25cm×31cm	1,122,722	邦瀚斯	2019-04-03
傅抱石 1944年作 云山高士图 镜心	91cm×60.5cm	5,750,000	中国嘉德	2019-06-02
傅抱石 1945年作 泛舟图 立轴	49cm×41cm	1,207,500	北京荣宝	2019-04-28
傅抱石 1945年作 看山图 立轴	28cm×29.5cm	971,612	华艺国际	2019-11-24
傅抱石 1945年作 凭栏仕女 立轴	88cm×55cm	5,175,000	北京保利	2019-12-02
傅抱石 1945年作 秋声赋 镜心	133.4cm×33.3cm	11,500,000	北京保利	2019-06-04
傅抱石 1945年作 唐人行乐图 立轴	107cm×39.5cm	14,257,350	华艺国际	2019-11-24
傅抱石 1945年作 渊明沽酒图 镜心	78cm×47.5cm	5,750,000	北京保利	2019-12-02
傅抱石 1946年作 观瀑图 镜心	27cm×32cm	3,450,000	中国嘉德	2019-06-24
傅抱石 1946年作 柳溪仕女 立轴	82cm×54cm	23,015,125	香港苏富比	2019-10-07
傅抱石 1946年作 深山小景 镜心	28cm×40cm	920,000	北京荣宝	2019-06-13
傅抱石 1946年作 陶渊明 立轴	74cm×38.5cm	1,008,900	中国嘉德	2019-03-30
傅抱石 1947年作 观瀑图 镜框	83cm×31cm	2,242,500	华艺国际	2019-08-10
傅抱石 1947年作 青山高几重 镜框	26.6cm×32.6cm	3,401,250	香港苏富比	2019-10-07
傅抱石 1947年作 云山清泊图 镜框	18.5cm×51.5cm	1,150,000	北京荣宝	2019-06-13
傅抱石 1948年作 赤壁游 镜心	34.5cm×27cm	460,000	中国嘉德	2019-06-03
傅抱石 1948年作 观瀑图 立轴	67.7cm×34.5cm	1,150,000	中国嘉德	2019-11-17
傅抱石 1948年作 溪山风雪 立轴	103.5cm×30cm	4,600,000	华艺国际	2019-08-10
傅抱石 1953年作 湘夫人 镜心	25cm×26.5cm	1,207,500	北京保利	2019-12-01
傅抱石 1955年作 秋林论道 立轴	132.5cm×45cm	8,970,000	中国嘉德	2019-11-18
傅抱石 1957年作 行书“录元人诗词”立轴	128cm×22.5cm	1,035,000	中鸿信	2019-07-16
傅抱石 1960年作 观瀑图 镜片	45cm×33cm	1,012,000	上海嘉禾	2019-09-07
傅抱石 1960年作 太华秋游 立轴	87cm×44.5cm	3,026,700	北京匡时	2019-04-02
傅抱石 1960年作 一望大江开 镜心	49cm×55cm	920,000	北京保利	2019-06-04
傅抱石 1961年作 青岛鲁迅公园 立轴	27.5cm×45.5cm	6,325,000	华艺国际	2019-08-10
傅抱石 1961年作 太阳岛 镜心	24cm×33cm	1,265,000	北京匡时	2019-07-13
傅抱石 1961年作 湘夫人 镜框	48.7cm×57cm	5,578,503	纽约佳士得	2019-03-21
傅抱石 1961年作 湘夫人 镜心	65cm×32cm	4,830,000	北京保利	2019-12-02

拍品名称	物品尺寸	成交价RMB	拍卖公司	拍卖日期
傅抱石 1962年作 杜甫诗意 立轴	137.5cm×68cm	7,820,000	中国嘉德	2019-06-02
傅抱石 1962年作 曲江对酒 镜心	29.5cm×27cm	460,000	上海匡时	2019-06-21
傅抱石 1962年作 瘦如黄雀闲如鸥 镜框	45.2cm×67.8cm	12,184,095	纽约佳士得	2019-03-20
傅抱石 1962年作 湘夫人 立轴	106.5cm×38cm	9,775,000	中国嘉德	2019-06-02
傅抱石 1962年作 湘夫人 立轴	80.9cm×57cm	10,580,000	上海匡时	2019-06-21
傅抱石 1962年作 云山策杖 立轴	84cm×50cm	2,990,000	广东崇正	2019-11-28
傅抱石 1963年作 抚琴观瀑 立轴	78.5cm×54.2cm	4,193,075	佳士得	2019-11-26
傅抱石 1963年作 高士观瀑 镜心	68cm×31.5cm	448,500	北京保利	2019-06-05
傅抱石 1963年作 镜泊飞泉 镜框	97.2cm×180.6cm	5,481,875	佳士得	2019-11-26
傅抱石 1963年作 听泉图 立轴	110cm×53cm	51,865,000	北京保利	2019-12-02
傅抱石 1963年作 西风吹下红雨来 成扇	18.5cm×50.5cm	4,197,500	中国嘉德	2019-06-02
傅抱石 1964年作 芙蓉国里尽朝晖 立轴	68cm×92cm	40,250,000	北京保利	2019-06-04
傅抱石 1964年作 观瀑图 立轴	95cm×34cm	6,325,000	广东崇正	2019-05-23
傅抱石 1964年作 韶山诗意 立轴	69cm×93cm	58,075,000	华艺国际	2019-08-10
傅抱石 1964年作 太华漫记 立轴	54.8cm×60.5cm	1,840,000	北京诚轩	2019-06-01
傅抱石 1965年作《浪淘沙·北戴河》词意 镜心	33cm×47cm	4,830,000	北京保利	2019-06-04
傅抱石 1965年作 镜泊飞泉 立轴	68cm×40cm	2,760,000	北京保利	2019-06-04
傅抱石 策杖观瀑 扇面		503,475	纽约苏富比	2019-03-22
傅抱石 赤壁赋 镜心	88.5cm×57cm	2,070,000	朵云轩	2019-06-22
傅抱石 东坡赤壁图 立轴	104cm×30cm	4,140,000	中贸圣佳	2019-11-30
傅抱石 读书图 立轴	96cm×40.5cm	1,232,000	上海联合	2019-06-16
傅抱石 对饮图 镜框	41cm×28.7cm	198,473	伦敦佳士得	2019-05-14
傅抱石 访旧图 立轴	111cm×38cm	3,450,000	北京保利	2019-06-22
傅抱石 访友图 镜心	116.5cm×34cm	11,500,000	北京保利	2019-12-02
傅抱石 古长城下 镜心	33.5cm×45.5cm	6,152,500	北京银座	2019-06-05
傅抱石 观瀑图 立轴	68cm×43cm	2,530,000	中贸圣佳	2019-11-30
傅抱石 郭沫若 刘海粟 王个簃 等七家 山水花卉册（七页）册页	40.5cm×32.5cm×7	621,000	西泠印社	2019-07-06
傅抱石 红旗飘飘 立轴	35cm×50cm	1,380,000	荣宝斋（桂林）	2019-08-18
傅抱石 胡小石 书画（二帧）立轴	27.5cm×34cm×2	1,058,000	南京经典	2019-07-19
傅抱石 江南春雨 镜框	63.7cm×36.3cm	2,013,750	佳士得	2019-11-26
傅抱石 九歌人物 镜心	35cm×47cm	4,715,000	中贸圣佳	2019-11-30
傅抱石 山水 镜心	28cm×37.5cm	1,897,500	北京荣宝	2019-04-28
傅抱石 蜀山纪游 立轴	138cm×47cm	21,275,000	中国嘉德	2019-11-18
傅抱石 松风听瀑 立轴	134.5cm×33.5cm	2,415,000	中贸圣佳	2019-11-30
傅抱石 太阳岛 镜心	23.5cm×32cm	1,150,000	保利厦门	2019-01-06
傅抱石 五柳先生 镜框	68.8cm×100cm	5,279,625	香港苏富比	2019-04-02
傅抱石 湘夫人 镜心	68cm×68cm	13,570,000	北京保利	2019-12-02
傅抱石 月下观潮 镜框	26.5cm×38.8cm	2,778,750	香港苏富比	2019-04-02
傅抱石 张宗祥 1948年作 静思行书七言诗 成扇	17.5cm×50cm	1,782,500	中国嘉德	2019-06-02
傅春林 2018年作《墨梅》金文书法 镜心	69cm×138cm	115,000	北京翰海	2019-10-12
傅春林 2018年作 钟馗福武 立轴	138cm×68cm	115,000	北京翰海	2019-03-29
傅小石 舞蹈人物 镜心	66.5cm×130cm	126,500	荣宝斋（南京）	2019-07-21
傅增湘 楷书论酿法 立轴	130cm×31cm	97,750	西泠印社	2019-07-07
高二适 1975年 行草毛主席《水调歌头·游泳》镜心	98cm×180cm	920,000	北京荣宝	2019-06-13
高二适 行草毛主席《长征》镜心	115cm×55cm	414,000	北京荣宝	2019-06-13
高二适 行书 镜心	16cm×74cm	333,500	荣宝斋（南京）	2019-07-21
高二适 行书七言诗 立轴	130cm×63cm	138,000	北京荣宝	2019-12-01
高二适 李白 焦山望松寥山 立轴	97cm×45cm	356,500	南京经典	2019-07-19
高二适 手稿 镜心	21.5cm×33cm	109,250	南京经典	2019-07-19
高二适 致马千里方智铠诗 镜心	34cm×134cm	310,500	南京经典	2019-07-19
高二适 自作诗 立轴	181cm×48.5cm	632,500	南京经典	2019-07-19
高二适 自作诗二首 扇面	19cm×54cm	172,500	南京经典	2019-07-19
高行健 1991年作 白夜	68cm×91cm	171,000	香港苏富比	2019-04-01
高行健 1993年作 乡思	123.5cm×110.5cm	160,313	香港苏富比	2019-04-01
高华溥儒 印度舞女 镜心	51.5cm×34.5cm	107,026	保利香港	2019-10-06
高剑父 1916年作 寒月啼猿 立轴	111cm×36cm	218,500	北京保利	2019-06-04
高剑父 1927年作 行书五言联 立轴	133cm×33.5cm×2	107,026	中国嘉德	2019-10-08
高剑父 1930年作 英雄独立 立轴	175cm×59cm	2,300,000	华艺国际	2019-08-11
高剑父 1931年作 墨松 立轴	129.5cm×58cm	287,500	广东崇正	2019-05-23
高剑父 1931年作 松山飞瀑图 镜片	94cm×41cm	713,000	广东崇正	2019-11-28
高剑父 1932年作 春夏秋冬（四幅）镜框	122cm×30.2cm×4	540,000	佳士得	2019-05-28
高剑父 1933年作 对联 立轴	134cm×33cm×2	113,850	华艺国际	2019-08-11
高剑父 1933年作 龙岩塔影 立轴	127cm×61.5cm	856,208	中国嘉德	2019-10-08
高剑父 1938年作 草书“天风海涛”镜框	35cm×179cm	249,425	香港苏富比	2019-10-07
高剑父 1939年作 月影寒梅 立轴	95cm×44cm	147,388	香港苏富比	2019-10-07
高剑父 1940年作 玉米小鸟 立轴	104cm×47cm	115,000	中国嘉德	2019-10-15
高剑父 1945年作 达摩像 立轴	120.5cm×45cm	2,070,000	华艺国际	2019-08-11
高剑父 草书五言联 立轴	128cm×28cm×2	109,250	北京诚轩	2019-06-01
高剑父 草书五言联 立轴	134cm×29cm×2	115,000	广东崇正	2019-11-28
高剑父 春江帆影图 立轴	128cm×66cm	172,500	中国嘉德	2019-10-15
高剑父 红梅 立轴	69cm×31.5cm	230,000	广东崇正	2019-11-28
高剑父 狂浪攀虹欲上天 立轴	122cm×41.5cm	312,759	北京匡时	2019-04-02
高剑父 桥本雪溪 樱花嬉犬 立轴	126.5cm×42.2cm	345,000	广东崇正	2019-05-23
高剑父 秋林野渡 镜框	91.3cm×20.8cm	528,050	华艺国际	2019-11-24
高剑父 三十三年（1944年作 芦滩月色 立轴	20.9cm×44.2cm; 83cm×44.2cm	195,500	北京诚轩	2019-06-01
高剑父 夜月虎啸 镜框	132.3cm×55.5cm	2,344,896	华艺国际	2019-05-27
高金书 2016年作 春风 立轴	136cm×64cm	184,000	北京翰海	2019-03-29
高金书 2016年作 清影摇风 立轴	136cm×67cm	149,500	北京翰海	2019-03-29
高金书 2016年作 书法 立轴	136cm×64cm	161,000	北京翰海	2019-03-29
高金书 白云青山图 镜心	95cm×236cm	322,000	北京翰海	2019-10-12
高莽 1981年作 雨中漫步 立轴	67cm×65.5cm	246,125	佳士得	2019-11-18
高奇峰 1910年作 荒枝鹰睨 立轴	142.5cm×54.8cm	566,875	香港苏富比	2019-10-07
高奇峰 1911年作 葡萄小鸟 镜心	21cm×21cm	97,750	中国嘉德	2019-11-17
高奇峰 1924年作 秋岩野趣 立轴	124.7cm×39.9cm	374,063	香港苏富比	2019-04-02
高奇峰 1932年作 松鹰图 立轴	131cm×65cm	132,250	中国嘉德	2019-10-15
高奇峰 陈树人 1926年作 梅雀 立轴	97cm×34cm	218,500	广东崇正	2019-11-28
高奇峰 丹山白凤 立轴	144cm×70cm	6,210,000	广东崇正	2019-11-28
高奇峰 寒林归客图 立轴	121.5cm×52cm	897,000	广东崇正	2019-11-28
高奇峰 江山啸傲 立轴	50cm×87.5cm	2,140,992	华艺国际	2019-05-27
高奇峰 山涧野雉 立轴	132cm×64cm	1,223,424	华艺国际	2019-05-27
高奇峰 忘机 立轴	93cm×42.2cm	641,250	香港苏富比	2019-04-02
高奇峰 威震高岗 立轴	157.2cm×52.4cm	2,565,000	香港苏富比	2019-04-02
高奇峰 张坤仪 君子是喻 立轴	131.8cm×45.9cm	396,813	香港苏富比	2019-10-07
高廷秀 行书七言诗 立轴	176cm×90cm	121,068	保利香港	2019-04-01
高庭山 2019年作 山高水长 镜心	138cm×69cm	115,000	北京翰海	2019-10-12
高寅 2016年作 山水 四条屏 镜心	26cm×68cm×4	115,000	北京翰海	2019-10-12

2019书画拍卖成交汇总

(成交价RMB：10万元以上)

拍品名称	物品尺寸	成交价RMB	拍卖公司	拍卖日期
高永祥 1989年作 长城烟雨 立轴	103cm×50cm	345,000	北京翰海	2019-03-29
高振霄 1942年作 隶书八屏 立轴	172cm×45cm×8	149,500	广东崇正	2019-11-28
戈湘兰 沈尹默 等 1932/48/49年作 书画合璧 扇面双挖镜框	尺寸不一	167,825	纽约佳士得	2019-03-19
葛寒冰 1984年作 荷香千里 镜心	138cm×69cm	138,000	北京翰海	2019-03-29
葛寒冰 胸中丘壑任为之 镜心	138cm×69cm	184,000	北京翰海	2019-03-29
龚文桢 1998年作 国色天香图 立轴	68cm×136cm	172,500	北京荣宝	2019-06-13
龚文桢 2005年作 梅竹图 镜心	68cm×136cm	115,000	北京荣宝	2019-04-28
龚文桢 2017年作 牡丹 镜心	65cm×44cm	126,500	北京荣宝	2019-10-12
辜鸿铭 行书 "慎身修永"	127cm×38cm	368,000	中国嘉德	2019-06-03
辜鸿铭 行书 "道法自然"	34cm×123cm	115,000	中国嘉德	2019-11-18
谷牧 吴作人 1978年作 报春 立轴	123.5cm×46cm	120,750	广东崇正	2019-05-23
谷文达 2003年作 伪文字系列—风暴 立轴	190cm×178cm	162,000	佳士得	2019-05-27
顾伯达 曾广槐 吴东迈 等 成扇（二十九柄）成扇	尺寸不一	262,314	中国嘉德	2019-03-30
顾坤伯 1943年作 石壁飞泉 立轴	133.5cm×50.5cm	207,000	中国嘉德	2019-11-18
顾坤伯 1946年作 苍翠楼阁 立轴	145.5cm×80cm	161,000	朵云轩	2019-06-22
顾廷龙 1987/1981年作 书法（两幅）立轴	1.92cm×46.8cm; 2.68cm×33.5cm	290,875	佳士得	2019-11-18
顾锡畴 钱龙锡 徐汧 钱士升 等 行书诗手卷	尺寸不一	171,000	香港苏富比	2019-04-01
关东华 2017年作 厚德载物 镜心	68cm×138cm	2,530,000	北京翰海	2019-10-12
关锋 隶书《李白诗》立轴	177cm×45cm	112,700	北京翰海	2019-03-29
关良（五福）钟馗	134cm×66cm	855,000	香港苏富比	2019-04-01
关良 1933年作 静物 镜心	30cm×24cm	230,000	北京翰海	2019-03-29
关良 1945年作 凤阳花鼓	44cm×34.5cm	207,000	西泠印社	2019-07-07
关良 1945年作 戏凤图 成扇	15.5cm×48cm	299,000	中国嘉德	2019-06-02
关良 1960年作 红灯记图	50.3cm×32cm	320,625	香港苏富比	2019-04-01
关良 1960年作 炉前报喜	54cm×35.3cm	213,750	香港苏富比	2019-04-01
关良 1963年作 贵妃醉酒	47cm×32cm	535,130	中国嘉德	2019-10-07
关良 1963年作 人勤春早年年好	44cm×34.3cm	322,848	中国嘉德	2019-03-30
关良 1963年作 养鸡图	113cm×69.5cm	427,500	香港苏富比	2019-04-01
关良 1964年作 沙家浜人物图	32.8cm×69.7cm	363,375	香港苏富比	2019-04-01
关良 1964年作 孙悟空三打白骨精图 镜框	108cm×68cm	950,490	华艺国际	2019-11-24
关良 1965年作 红灯记 镜框	68.7cm×65.5cm	662,688	华艺国际	2019-05-27
关良 1965年作 杨子荣智擒座山鹏	67.5cm×47.5cm	342,000	香港苏富比	2019-04-01
关良 1967年作 鲁智深醉打山门 扇页	54.5cm×20cm	138,000	西泠印社	2019-07-07
关良 1970年作 戏曲人物册 册页（十四开）	32cm×47cm×14	3,220,000	北京保利	2019-12-02
关良 1972年作 红灯记	44cm×36.5cm	427,500	香港苏富比	2019-04-01
关良 1972年作 红灯记图 镜心	43cm×31cm	342,483	中国嘉德	2019-10-08
关良 1973年作 罗汉斗悟空 镜心	53cm×78cm	115,000	北京保利	2019-06-22
关良 1973年作 三打白骨精 镜心	59cm×79cm	184,000	北京保利	2019-06-04
关良 1973年作 武松打虎 立轴	67cm×33.5cm	161,000	广东崇正	2019-05-23
关良 1973年作 虞姬舞剑图	64.5cm×49cm	368,000	西泠印社	2019-07-07
关良 1974年作 广阔天地 大有作为 镜心	50.5cm×40cm	1,230,799	中国嘉德	2019-10-08
关良 1974年作 武松醉打蒋门神 镜心	56.5cm×36.5cm	109,250	中国嘉德	2019-06-02
关良 1976年作 金猴除妖图 立轴	136cm×69cm	1,840,000	北京保利	2019-12-02
关良 1976年作 戏曲人物 镜心	44.5cm×34.5cm	227,700	北京荣宝	2019-10-12
关良 1977年作 逼上梁山 镜心	67cm×48cm	299,673	中国嘉德	2019-10-08
关良 1977年作 东郭先生受教图 镜心	84cm×76cm	556,535	中国嘉德	2019-10-08
关良 1977年作 东郭先生受教图 立轴	68cm×35.5cm	322,000	北京荣宝	2019-10-12

拍品名称	物品尺寸	成交价RMB	拍卖公司	拍卖日期
关良 1977年作 鲁智深大闹野猪林 镜心	132cm×67cm	403,560	中国嘉德	2019-03-30
关良 1977年作 瓶花 镜框	67.5cm×41cm	149,500	华艺国际	2019-08-11
关良 1977年作 人物 镜片	24cm×71cm	115,000	湖南逸典	2019-05-18
关良 1977年作 武戏图 立轴	137cm×68cm	690,000	北京保利	2019-06-04
关良 1977年作 戏剧人物 镜心	40.5cm×39cm	161,000	中国嘉德	2019-11-17
关良 1977年作 小放牛	98cm×90cm	748,125	香港苏富比	2019-03-31
关良 1978年作 贵妃醉酒图 立轴	137cm×68cm	966,000	北京荣宝	2019-12-01
关良 1978年作 鲁智深倒拔垂杨柳 镜片	45cm×34cm	138,000	广东崇正	2019-05-23
关良 1978年作 鲁智深倒拔垂杨柳 镜心	45cm×34cm	103,500	中国嘉德	2019-10-15
关良 1978年作 晴雯补裘 立轴	68cm×45cm	230,000	北京荣宝	2019-12-01
关良 1978年作 桑园寄子 立轴	67cm×43cm	203,349	中国嘉德	2019-10-08
关良 1978年作 孙大圣图 立轴	67cm×67cm	701,500	广东崇正	2019-11-28
关良 1978年作 武剧图 立轴	67cm×44cm	322,000	华艺国际	2019-08-11
关良 1978年作 武剧图 立轴	69cm×46cm	184,000	中国嘉德	2019-11-17
关良 1978年作 虞姬舞剑 立轴	67cm×45cm	149,500	华艺国际	2019-08-11
关良 1979年作 花果图 立轴	114cm×68cm	4,600,000	中国嘉德	2019-06-02
关良 1979年作 今日欢呼孙大圣 镜心	68.5cm×46cm	345,000	北京保利	2019-12-01
关良 1979年作 静物 镜片	81.5cm×76cm	1,897,500	广东崇正	2019-11-28
关良 1979年作 拾玉触图	81.5cm×65.5cm	907,000	香港苏富比	2019-10-06
关良 1979年作 孙悟空三打白骨精 立轴	66.5cm×44.5cm	241,500	上海匡时	2019-06-21
关良 1979年作 西游记 立轴	67cm×46cm	345,000	华艺国际	2019-08-11
关良 1979年作 戏剧人物卷 镜心	33cm×138.5cm	1,081,000	北京保利	2019-12-02
关良 1979年作 钟馗出游 立轴	66.5cm×45cm	460,000	中国嘉德	2019-11-17
关良 1980年作 百花赠剑 立轴	68cm×48cm	276,000	上海匡时	2019-06-21
关良 1980年作 贵妃醉酒图 镜心	82cm×63cm	287,500	北京保利	2019-06-04
关良 1980年作 花鼓图	62.5cm×67.5cm	1,133,750	香港苏富比	2019-10-06
关良 1980年作 鲁智深大闹野猪林 镜心	68.5cm×137cm	1,610,000	北京保利	2019-12-02
关良 1980年作 苏三起解图 立轴	68cm×51.6cm	134,250	佳士得	2019-11-26
关良 1980年作 孙悟空大闹天宫	94cm×179cm	11,435,625	香港苏富比	2019-03-31
关良 1980年作 悟空献桃 立轴	67cm×45cm	333,500	上海匡时	2019-06-21
关良 1980年作 钟馗图	130.5cm×66.6cm	907,000	香港苏富比	2019-10-06
关良 1980年作 钟馗图 镜心	67cm×44cm	230,000	北京保利	2019-06-04
关良 1980年作 钟馗捉鬼	138.2cm×68.7cm	1,923,750	香港苏富比	2019-04-01
关良 1981年作 太白醉酒 立轴	91cm×73.5cm	1,897,500	北京匡时	2019-07-13
关良 1981年作 太白醉写 立轴	91cm×73cm	2,070,000	北京保利	2019-12-02
关良 1981年作 戏剧人物册 册页（九开）	38.5cm×34.5cm; 34cm×34cm; 尺寸不一	552,000	上海嘉禾	2019-09-07
关良 1982年作 牧牛图 镜心	68cm×46cm	195,500	上海匡时	2019-06-21
关良 1982年作 钟馗 立轴	64cm×46cm	253,000	华艺国际	2019-08-10
关良 1983年作 五瑞图 镜心	150.5cm×61.0cm	1,265,000	中国嘉德	2019-11-18
关良 1983年作 武剧人物图	68.5cm×68.5cm	342,000	香港苏富比	2019-04-01
关良 1983年作 钟馗啖鬼图	150cm×81.5cm	1,020,375	香港苏富比	2019-10-06
关良 1984年作 偷桃	69.5cm×46.5cm	480,938	香港苏富比	2019-04-01
关良 1985年作 拾玉镯图	68.5cm×46cm	160,313	香港苏富比	2019-04-01
关良 霸王别姬 立轴	95cm×59cm	322,000	北京荣宝	2019-12-01
关良 扁舟	47cm×32cm	287,500	西泠印社	2019-07-07
关良 大闹天宫图 立轴	44cm×38cm	552,000	中国嘉德	2019-06-02
关良 东郭先生受教图 立轴	68cm×46cm	115,000	北京荣宝	2019-04-28
关良 断桥	67cm×68.5cm	1,020,375	香港苏富比	2019-10-06
关良 贵妃醉墨 镜心	68cm×102cm	391,000	北京荣宝	2019-04-28

拍品名称	物品尺寸	成交价RMB	拍卖公司	拍卖日期
关良 郭沫若题<春秋配>镜框	69cm×34.5cm	1,376,352	华艺国际	2019-05-27
关良 红灯记之李奶奶	69cm×46.2cm	427,500	香港苏富比	2019-04-01
关良 红嫂图 立轴	265cm×133cm	5,865,000	中国嘉德	2019-06-02
关良 花果图	137cm×68cm	4,048,425	香港苏富比	2019-03-31
关良 今日欢呼孙大圣 镜心	69cm×41cm	322,000	中贸圣佳	2019-06-07
关良 京剧人物（一对）镜框		134,260	纽约苏富比	2019-03-22
关良 京剧人物 立轴	68.5cm×41cm	320,625	香港苏富比	2019-04-02
关良 静物	68cm×68.5cm	1,282,500	香港苏富比	2019-03-31
关良 梨园集萃册册页（八开）	28cm×33cm×8	805,000	上海匡时	2019-06-21
关良 李慧娘	68.2cm×66.7cm	427,500	香港苏富比	2019-04-01
关良 美人蝴蝶图 镜片	45cm×38cm	161,000	西泠印社	2019-07-07
关良 女起解 立轴	55.5cm×45cm	322,000	北京荣宝	2019-10-12
关良 瓶花 镜片	64cm×46cm	276,000	上海嘉禾	2019-09-07
关良 清供 镜片	79cm×56.5cm	287,500	上海嘉禾	2019-09-07
关良 沙家浜 立轴	64cm×38cm	554,895	中国嘉德	2019-03-30
关良 沙家浜之阿庆嫂	70.5cm×50cm	226,750	香港苏富比	2019-10-06
关良 狮子楼 镜心	19.6cm×28cm	155,250	北京诚轩	2019-11-16
关良 拾玉镯 镜心	64.5cm×82.5cm	149,500	中国嘉德	2019-11-18
关良 水浒人物四屏 立轴	尺寸不一	1,472,000	广东崇正	2019-05-23
关良 宋江与阎婆惜	68cm×35cm	1,710,000	香港苏富比	2019-04-01
关良 孙大圣 镜心	68cm×42cm	126,500	中国嘉德	2019-10-15
关良 孙悟空斗法二郎神 镜心	50cm×66.5cm	345,000	北京保利	2019-12-02
关良 孙悟空三打白骨精	58.5cm×51.2cm	181,602	中国嘉德	2019-03-30
关良 孙悟空三打白骨精 镜心	69cm×43.5cm	172,500	上海匡时	2019-06-21
关良 乌龙院 立轴	33cm×33cm	138,938	香港苏富比	2019-04-02
关良 武打图	66.5cm×57cm	483,000	西泠印社	2019-07-07
关良 武剧人物集锦 立轴	20.5cm×19cm	402,500	中国嘉德	2019-06-02
关良 武剧图 立轴	66.5cm×45cm	126,500	中国嘉德	2019-06-02
关良 武松醉打蒋门神 镜框	35cm×34cm	103,500	华艺国际	2019-08-11
关良 武戏图	58cm×71cm	494,500	西泠印社	2019-07-07
关良 悟空戏虎图	36.5cm×35cm	160,313	香港苏富比	2019-04-01
关良 西游记 镜框	136cm×80cm	805,421	华艺国际	2019-05-27
关良 戏剧人物 镜框	34.2cm×34.2cm	340,125	香港苏富比	2019-10-07
关良 戏剧人物 镜心	44cm×139cm	690,000	中贸圣佳	2019-11-30
关良 戏剧人物 镜心	94cm×58cm	504,450	中国嘉德	2019-03-30
关良 戏剧人物 镜心	36cm×31.5cm	117,729	中国嘉德	2019-10-08
关良 戏剧人物 镜心	34.5cm×30cm	256,862	中国嘉德	2019-10-08
关良 戏曲人物	99cm×69cm	770,500	西泠印社	2019-07-07
关良 戏曲人物 镜片	33.8cm×34cm	115,000	西泠印社	2019-07-07
关良 峡江村落 镜框	68cm×47cm	106,875	香港苏富比	2019-04-02
关良 夏承焘 武松打虎图·草书五言诗（二帧）镜片	32cm×23.5cm×2	109,250	西泠印社	2019-07-06
关良 虞姬舞剑图 立轴	61.5cm×34cm	195,500	西泠印社	2019-07-07
关良 约1960年作 红灯记图	55cm×32cm	641,250	香港苏富比	2019-04-01
关良 约1960年作 四种戏剧人物图	23.5cm×69.5cm	256,500	香港苏富比	2019-04-01
关良 重庆写生 镜心	26.5cm×38.5cm	156,380	中国嘉德	2019-03-30
关良 捉放宿店 立轴	70.5cm×47cm	138,000	上海嘉禾	2019-09-07
关山 2014年作 书法《善》镜心	91cm×79cm	115,000	北京翰海	2019-03-29
关山月 1943年作 秋江远棹图 立轴	106cm×50cm	1,058,000	西泠印社	2019-07-06
关山月 1944年作 玫瑰 镜心	97.5cm×32.5cm	256,862	中国嘉德	2019-10-08
关山月 1946年作 天山祁连印象 立轴	119cm×34cm	696,141	北京匡时	2019-04-02
关山月 1946年作 竹雀图 立轴	67cm×34.5cm	115,000	广东崇正	2019-05-23
关山月 1947年作 牧牛图 镜片	88cm×31cm	126,500	广东崇正	2019-05-23
关山月 1947年作 朱竹灵石 镜片	139cm×34cm	207,000	广东崇正	2019-11-28
关山月 1948年作 达摩 立轴	68cm×34cm	345,000	广东崇正	2019-05-23

拍品名称	物品尺寸	成交价RMB	拍卖公司	拍卖日期
关山月 1957年作 棕榈游鱼 立轴	101.5cm×54cm	160,539	保利香港	2019-10-06
关山月 1959年作 运粮图 立轴	96cm×60cm	287,500	华艺国际	2019-08-11
关山月 1960年作 苍松 立轴	179.5cm×80cm	1,495,000	中国嘉德	2019-11-18
关山月 1972年作 东风第一枝 镜心	68.5cm×45.5cm	201,780	北京匡时	2019-04-02
关山月 1976年作 红梅 镜心	93cm×34cm	713,000	中国嘉德	2019-11-17
关山月 1977年作 东风第一枝 镜框	95.5cm×34cm	345,000	华艺国际	2019-08-11
关山月 1977年作 红梅 立轴	68cm×44cm	345,000	华艺国际	2019-08-11
关山月 1977年作 双清图 立轴	68cm×44cm	322,000	广东崇正	2019-05-23
关山月 1978年作 横空傲雪 镜片	106.5cm×43.5cm	1,092,500	广东崇正	2019-11-28
关山月 1978年作 双清 立轴	69cm×45.5cm	552,000	广东崇正	2019-05-23
关山月 1979年作 红梅 镜片	38cm×54cm	264,500	广东崇正	2019-05-23
关山月 1979年作 红梅 镜片	46cm×34cm	172,500	广东崇正	2019-11-28
关山月 1979年作 山高水长 立轴	87cm×55cm	1,380,000	广东崇正	2019-11-28
关山月 1980年作 春消息 立轴	90cm×47cm	383,382	保利香港	2019-04-01
关山月 1980年作 浮云卷碧山 镜框	93cm×233.5cm	17,365,000	华艺国际	2019-08-11
关山月 1980年作 人间春色 镜片	39cm×122cm	920,000	广东崇正	2019-11-27
关山月 1980年作 双清图 镜片	90cm×47cm	402,500	广东崇正	2019-11-28
关山月 1981年作 梅花双雀 镜片	68cm×33.5cm	230,000	广东崇正	2019-05-23
关山月 1981年作 墨梅双雀 镜心	68cm×34cm	172,500	北京荣宝	2019-12-01
关山月 1982年作 黄山图 镜心	34.5cm×138.5cm	2,247,546	保利香港	2019-10-06
关山月 1983年作 凌厉冰霜节愈坚 立轴	79cm×60cm	483,000	广东崇正	2019-11-28
关山月 1983年作 铁骨幽香雪里梅 镜心	148cm×80cm	655,500	北京翰海	2019-10-12
关山月 1984年作 人间春色图 手卷	画31cm×266.5cm；跋31cm×30cm	6,900,000	中国嘉德	2019-06-02
关山月 1984年作 迎春图 镜心	136cm×69cm	1,210,680	保利香港	2019-04-01
关山月 1985年作 铁骨幽香 镜片	54.5cm×64.5cm	126,500	广东崇正	2019-11-27
关山月 1987年作 梅花香自苦寒来 立轴	67.5cm×46cm	149,500	广东崇正	2019-11-28
关山月 1987年作 南国涛声 镜心	108.5cm×160cm	9,200,000	中国嘉德	2019-06-02
关山月 1987年作 双清图 立轴	114cm×48cm	517,500	华艺国际	2019-08-11
关山月 1988年作 但愿墨痕永留香 镜片	75.5cm×41cm	230,000	广东崇正	2019-11-28
关山月 1988年作 墨梅留香 镜心	76cm×41cm	172,500	中国嘉德	2019-06-02
关山月 1989年作 风正一帆悬 立轴	68cm×45cm	195,500	广东崇正	2019-05-23
关山月 1990年作 梅花 镜心	92cm×52cm	322,000	中国嘉德	2019-11-17
关山月 1990年作 一帆风顺 行书七言联 镜片	画136cm×67cm	977,500	广东崇正	2019-11-28
关山月 1993年作 暗香疏影 镜片	48cm×73cm	195,500	广东崇正	2019-11-27
关山月 1994年作 行书七言诗 镜心	141cm×180cm	184,000	北京匡时	2019-07-13
关山月 1994年作 双清图 镜片	52cm×115cm	782,000	广东崇正	2019-11-27
关山月 1996年作 行书七言联 镜片	177cm×43.5cm×2	230,000	广东崇正	2019-05-23
关山月 1996年作 竹荫佳趣 镜片	50.5cm×81cm	138,000	广东崇正	2019-11-27
关山月 1999年作 乡土情 镜框	95cm×181cm	8,448,800	华艺国际	2019-11-24
关山月 晨练 镜片	41cm×75cm	1,058,000	广东崇正	2019-05-23
关山月 春江水暖 镜心	80cm×38.0cm	253,000	中国嘉德	2019-11-18
关山月 高原激流图 镜片	46.5cm×34cm	310,500	西泠印社	2019-07-06
关山月 瓜藤 立轴	155cm×188cm	1,728,000	佳士得	2019-05-28
关山月 行书五言联 立轴	137.5cm×34.0cm×2	97,750	中国嘉德	2019-11-18
关山月 红梅（二帧）镜心	34cm×45.5cm；39.5cm×52.5cm	267,565	中国嘉德	2019-10-08
关山月 红梅 镜心	70cm×43cm	192,647	保利香港	2019-10-06
关山月 红梅 立轴	33.5cm×43.5cm	156,625	佳士得	2019-11-18
关山月 江畔渔家 镜片	109.5cm×41cm	1,058,000	广东崇正	2019-05-23

2019书画拍卖成交汇总

(成交价RMB：10万元以上)

拍品名称	物品尺寸	成交价RMB	拍卖公司	拍卖日期
关山月 江山如画 镜片	128cm×66cm	2,990,000	广东崇正	2019-11-28
关山月 黎雄才 等 名家翰墨册 册页（十五开）	画 32.5cm×46cm×14	218,500	广东崇正	2019-05-23
关山月 柳雀 立轴	131cm×32.5cm	540,500	荣宝斋（桂林）	2019-08-18
关山月 梅花 立轴	69cm×46cm	207,000	华艺国际	2019-08-11
关山月 梅花烂漫 立轴	本幅 45.7cm×68.2cm	253,000	中国嘉德	2019-11-17
关山月 墨痕留香 镜片	41cm×57cm	105,800	广东崇正	2019-11-27
关山月 木棉花 镜片	101cm×40.5cm	575,000	广东崇正	2019-05-23
关山月 枇杷水仙 镜心	66cm×38cm	218,500	中国嘉德	2019-06-03
关山月 齐放	85cm×60cm	1,357,000	荣宝斋（桂林）	2019-08-18
关山月 雀跃图 镜片	22cm×129cm	287,500	广东崇正	2019-11-28
关山月 卅六年（1947年作 朱竹伴石生 镜心	140cm×34.5cm	166,750	北京诚轩	2019-06-01
关山月 塞外雄风 立轴	131cm×67.8cm	3,854,750	香港苏富比	2019-10-07
关山月 盛放 镜心	68cm×46cm	310,375	中国嘉德	2019-10-08
关山月 书法 镜心	180cm×97cm	161,000	荣宝斋（桂林）	2019-08-18
关山月 双清图 立轴	95.5cm×69.5cm	517,500	广东崇正	2019-03-03
关山月 松峰飞鸟 立轴	68cm×48cm	287,500	广东崇正	2019-11-28
关山月 雄鹰红棉 立轴	144cm×63cm	1,437,500	中国嘉德	2019-06-02
关山月 雪里红 镜片	50.5cm×80.5cm	356,500	广东崇正	2019-11-27
关山月 一帆风顺 镜片	42.8cm×65cm	172,500	广东崇正	2019-11-27
关山月 一笑暖千家 镜心	65cm×131.5cm	460,000	中贸圣佳	2019-06-07
关山月 一枝春 镜片	52cm×64cm	299,000	广东崇正	2019-11-27
关山月 一枝春 镜心	37.5cm×54cm	171,513	保利香港	2019-04-01
关山月 迎春图 镜片	137.5cm×69cm	1,265,000	广东崇正	2019-11-28
关山月 渔邨朝霭 立轴	98.5cm×41cm	483,000	广东崇正	2019-11-28
关山月 渔邨朝霭 立轴	99cm×41cm	353,115	保利香港	2019-04-01
关山月 运粮图 立轴	113.5cm×39.3cm	844,880	华艺国际	2019-11-24
关山月 早春 立轴	67.5cm×34cm	176,558	北京匡时	2019-04-02
关松房 房山春雨 立轴	131cm×69cm	109,250	中贸圣佳	2019-08-16
管平 人物故事 册页（四开）	31cm×20.5cm×4	195,500	中国嘉德	2019-11-18
郭传璋 1964年作 密云水库 镜心	59.5cm×95cm	138,000	中国嘉德	2019-11-18
郭德昌 2018年作 山水	28cm×109cm	230,000	北京翰海	2019-06-15
郭关 无题 镜心	27cm×23.5cm	115,000	北京保利	2019-12-02
郭建勋 2017年作 草书 镜心	68cm×137cm	207,000	北京翰海	2019-10-12
郭建勋 2019年作 草书 立轴	138cm×67cm	207,000	北京翰海	2019-10-12
郭沫若 1959年作 行书 镜心	66cm×130cm	713,000	北京荣宝	2019-12-01
郭沫若 1960年作 行书七言诗 立轴	129.5cm×63.5cm	713,000	中国嘉德	2019-06-02
郭沫若 1961年作 行书《在岱庙望泰山》立轴	134.5cm×67cm	1,380,000	广东崇正	2019-05-23
郭沫若 1961年作 行书五言诗 立轴	132.5cm×64.5cm	402,500	中国嘉德	2019-11-18
郭沫若 1962年作 行书鲁迅诗 立轴	129cm×66.5cm	747,500	中鸿信	2019-07-16
郭沫若 1962年作 行书毛主席词《念奴娇·昆仑》镜心	60.5cm×256.5cm	11,270,000	北京保利	2019-12-02
郭沫若 1962年作 行书七言诗 立轴	26.5cm×23.5cm	184,000	北京荣宝	2019-04-28
郭沫若 1964年作 行书毛主席诗 镜芯	41cm×74.5cm	218,500	中鸿信	2019-07-16
郭沫若 1964年作 书法 镜心	41cm×75cm	310,500	北京荣宝	2019-04-28
郭沫若 1965年作 行书毛主席诗词 立轴	67cm×34cm	252,225	中国嘉德	2019-03-30
郭沫若 1969年作 行书《沁园春·长沙》句立轴	65cm×65cm	235,457	中国嘉德	2019-10-08

拍品名称	物品尺寸	成交价RMB	拍卖公司	拍卖日期
郭沫若 1973年作 行书自作词《满江红》镜芯	21cm×57.5cm	161,000	中鸿信	2019-07-17
郭沫若 草书毛主席诗 立轴	130.5cm×63.5cm	402,500	中国嘉德	2019-11-18
郭沫若 草书诗论 立轴	66.0cm×28.0cm	172,500	中国嘉德	2019-11-18
郭沫若 行草五言诗 横批	35cm×80cm	460,000	荣宝斋（南京）	2019-07-21
郭沫若 行书 镜心	78cm×42.5cm	517,500	中国嘉德	2019-06-03
郭沫若 行书“屈原诗” 立轴	82.5cm×20.5cm	356,500	荣宝斋（南京）	2019-07-21
郭沫若 行书《如梦令》立轴	133cm×43cm	207,000	中贸圣佳	2019-06-07
郭沫若 行书《题月牙楼》立轴	98cm×32cm	402,500	中贸圣佳	2019-06-07
郭沫若 行书节录《偶成》诗 立轴	142.5cm×76.5cm	632,500	中贸圣佳	2019-11-30
郭沫若 行书节录毛泽东诗歌 立轴	74.5cm×38cm	126,500	中鸿信	2019-07-17
郭沫若 行书毛主席词 镜心	87cm×46cm	218,500	北京华辰	2019-07-14
郭沫若 行书毛主席词《浪淘沙》镜心	99cm×33cm	448,500	中国嘉德	2019-03-23
郭沫若 行书毛主席诗 立轴	72cm×41cm	368,000	中贸圣佳	2019-08-16
郭沫若 行书诗文 立轴	110.5cm×63.5cm	230,000	保利厦门	2019-01-06
郭沫若 行书自作诗 镜芯	137cm×70.5cm	103,500	中鸿信	2019-07-16
郭沫若 行书自作诗 立轴	89cm×48cm	172,500	中鸿信	2019-07-17
郭沫若 书法 立轴	136cm×33cm	166,750	华艺国际	2019-08-10
郭沫若 咏南平 镜片	67cm×43.5cm	540,500	保利厦门	2019-08-04
郭沫若 朱光 李淦 书法（三帧）镜心	132cm×33cm; 92.5cm×28cm; 80cm×26cm	214,052	中国嘉德	2019-10-08
郭石夫 1990年作 俏梅八哥 镜心	68cm×68cm	132,250	北京荣宝	2019-06-13
郭石夫 1991年作 大鹏图 镜心	177cm×94cm	126,500	中国嘉德	2019-03-23
郭石夫 2007年作 花鸟四屏 镜心	136cm×34cm×4	235,750	北京荣宝	2019-06-13
郭石夫 2011年作 富贵长春图 镜心	123cm×251cm	2,645,000	北京荣宝	2019-12-01
郭石夫 2011年作 香雪 镜心	148cm×360cm	7,820,000	北京荣宝	2019-12-01
郭石夫 2012年作 朝霞牡丹 镜心	136cm×68cm	1,035,000	北京荣宝	2019-12-01
郭石夫 2013年作 富贵长春 镜心	178cm×96cm	1,035,000	北京荣宝	2019-12-01
郭石夫 2014年作 漫天异香 立轴	180cm×48cm×4	2,185,000	北京荣宝	2019-12-01
郭石夫 2015年作 花卉手卷 立轴	34cm×800cm	2,300,000	北京荣宝	2019-12-01
郭石夫 花卉草虫册 册页	34cm×34cm×10	1,150,000	北京荣宝	2019-12-01
郭石夫 争香 镜心	138cm×34cm×4	1,725,000	北京荣宝	2019-12-01
郭太平 2017年作 孔丹制宣 镜心	134cm×70cm	115,000	北京翰海	2019-10-12
郭味渠 午瑞图 立轴	81.5cm×42cm	138,000	北京翰海	2019-06-14
郭味蕖 蔬香 立轴	117.8cm×77.7cm	181,400	香港苏富比	2019-10-07
郭怡孮 1997年作 紫荆花发 镜心	93cm×137cm	189,750	北京荣宝	2019-06-13
郭怡孮 2007年作 花卉四屏 镜心	137cm×35cm×4	494,500	北京荣宝	2019-06-13
郭怡孮 2015年作 蜀山红茶灿如霞 镜心	136cm×68cm	178,250	北京荣宝	2019-12-01
郭怡孮 2017年作 春风拂拂 镜心	137cm×70cm	230,000	中国嘉德	2019-03-23
郭怡孮 2017年作 蜀葵开花 镜心	137cm×70cm	241,500	中国嘉德	2019-03-23
郭怡孮 2018年作 半是浓妆半淡妆 镜心	137cm×70cm	322,000	中国嘉德	2019-03-23
郭怡孮 2018年作 芳华自在 镜心	136cm×69cm	322,000	中国嘉德	2019-03-23
郭怡孮 爱莲图 镜心	144cm×192cm	1,207,500	中国嘉德	2019-10-16
郭怡孮 灿如云锦 镜心	122cm×41cm	253,000	中国嘉德	2019-06-24
郭怡孮 朝晖 镜心	97cm×182cm	563,500	北京荣宝	2019-10-12
郭怡孮 晨光 镜心	132cm×96.5cm	517,500	中国嘉德	2019-06-04
郭怡孮 春风图 镜心	138cm×70cm	253,000	北京荣宝	2019-10-12
郭怡孮 春光灿灿 镜心	139cm×69cm	322,000	北京荣宝	2019-10-12
郭怡孮 芳讯 镜心	138cm×69cm	368,000	北京荣宝	2019-04-28
郭怡孮 红霞 镜心	137cm×70cm	230,000	北京荣宝	2019-10-12

拍品名称	物品尺寸	成交价RMB	拍卖公司	拍卖日期
郭怡孮 南岛薰风 镜心	122cm×41cm×4	483,000	北京荣宝	2019-10-12
郭怡孮 南国花色 镜心	122cm×41cm×4	632,500	北京荣宝	2019-10-12
郭怡孮 浓春 镜心	128cm×70cm	253,000	北京荣宝	2019-10-12
郭怡孮 诗经《陈风》写意 镜心	142cm×97cm	402,500	北京荣宝	2019-10-12
郭怡孮 新霞 镜心	138cm×69cm	460,000	北京荣宝	2019-04-28
韩必恒 2017年作 大慈大悲观音菩萨 镜心	136cm×68cm	207,000	北京翰海	2019-10-12
韩非 浮生记・失乐园 镜心	66cm×132cm	126,500	中国嘉德	2019-10-16
韩美林 1979年作 叭狗 镜心	35cm×38cm	109,250	中国嘉德	2019-10-16
韩美林 1979年作 鹿 镜心	33.2cm×36.5cm	97,750	中国嘉德	2019-06-02
韩美林 1979年作 树枝小鸟 镜心	33.3cm×36.5cm	149,500	中国嘉德	2019-06-02
韩美林 1979年作 双猴 镜心	34cm×37cm	218,500	中国嘉德	2019-06-02
韩美林 1979年作 小熊猫 镜心	35cm×38.5cm	172,500	北京荣宝	2019-10-12
韩美林 1979年作 熊猫 镜心	35cm×38cm	97,750	北京荣宝	2019-12-01
韩美林 1979年作 鸳鸯 镜心	33cm×37cm	138,000	中国嘉德	2019-06-02
韩美林 1980年作 年年有余 镜心	35.5cm×38cm	138,000	北京诚轩	2019-11-16
韩美林 1983年作 小毛驴 镜片	35cm×38cm	103,500	广东崇正	2019-05-23
韩美林 1987年作 马 镜心	34cm×38cm	120,750	北京荣宝	2019-10-12
韩美林 1988年作 大吉图 镜心	68cm×83cm	138,000	中国嘉德	2019-10-16
韩美林 1992年作 大圣 镜心	67cm×45cm	101,200	中国嘉德	2019-10-15
韩美林 1993年作 大吉图 镜心	51cm×69cm	161,000	中国嘉德	2019-06-24
韩美林 1997年作 大鹏图 镜心	96cm×178cm	287,500	北京荣宝	2019-06-13
韩美林 拔山盖世 镜框	47cm×254.5cm	161,000	保利厦门	2019-01-06
韩美林 大圣走运图 镜片	54cm×78cm	115,000	广东崇正	2019-05-23
韩美林 动物（二帧）镜心	35.5cm×38.5cm×2	161,000	中国嘉德	2019-06-02
韩美林 飞驹 镜框	79.5cm×89.5cm	345,000	保利厦门	2019-01-06
韩美林 狐狸（二帧）镜心	35.5cm×38.5cm×2	184,000	中国嘉德	2019-11-19
韩美林 患难小友 猫咪 镜心	35.5cm×38.5cm×2	161,000	中国嘉德	2019-11-19
韩美林 蒲公小友 熊猫 镜心	35.5cm×38.5cm×2	207,000	中国嘉德	2019-11-19
韩美林 狮子狗 镜片	36cm×38.5cm	97,750	西泠印社	2019-07-07
韩美林 小鹿 驴 镜心	35.5cm×38.5cm×2	184,000	中国嘉德	2019-11-19
韩美林 小熊猫 镜框	33cm×34cm	126,500	北京荣宝	2019-12-01
韩美林 熊猫图 镜心	35cm×37cm	115,000	中国嘉德	2019-06-24
韩美林 鹰 熊猫 镜心	35.5cm×38.5cm×2	253,000	中国嘉德	2019-11-19
韩敏 2005年作 扑蝶图 行书 成扇	20cm×60cm	115,000	广东崇正	2019-11-28
韩山林 书法《悟道》镜心	138cm×69cm	115,000	北京翰海	2019-03-29
韩书阁 2019年作 山高水长 镜心	240cm×103cm	402,500	北京翰海	2019-10-12
韩硕 2006-2008年作 上海文学插图集（八页）册页	尺寸不一	109,250	西泠印社	2019-07-07
韩天衡 1990年作 寥廓江天万里霜 镜心	69cm×393cm	287,500	北京保利	2019-06-03
韩天衡 篆书四屏 镜心	136cm×34cm×4	230,000	北京荣宝	2019-06-13
韩伟华 2018年作 花鸟 镜心	124cm×248cm	563,500	北京翰海	2019-03-29
韩羽 高跷会 镜心	33.5cm×34.5cm	132,250	中国嘉德	2019-06-02
行斌 1993年作 孔子《大同说》镜心	46cm×97cm	920,000	北京翰海	2019-10-12
行斌 2011年作 大潮起兮 镜心	72cm×366cm	1,380,000	北京翰海	2019-10-12
杭春晖 往事—午后 水墨 设色 纸本	86cm×57.5cm	96,188	佳士得	2019-03-29
郝大成 2015年作 龙驹 镜心	79cm×61cm	287,500	北京翰海	2019-10-12
郝量 2010年作 时间与空间之一	59cm×42cm	667,000	北京翰海	2019-06-15
何百里 1991年作 暮谷清泉 镜框	63cm×47.5cm	179,000	佳士得	2019-11-26
何百里 2017年作 翠岭春深 镜框	66.5cm×139cm	324,000	佳士得	2019-05-28
何百里 2018年作 元朗南生围日出 镜框	46.5cm×133cm	410,400	佳士得	2019-05-27
何百里 黄山印象 镜框	99cm×55cm	268,500	佳士得	2019-11-26
何宝森 1980年作 阿炳	68.5cm×41.5cm	115,000	北京匡时	2019-07-13

拍品名称	物品尺寸	成交价RMB	拍卖公司	拍卖日期
何宝森 1980年作 聂耳	68cm×45cm	115,000	北京匡时	2019-07-13
何楚侯 龚鼎孳 旧藏 书 行书 七言诗	98.5cm×49.5cm	97,750	中国嘉德	2019-11-18
何公洲 2019年作 秋声赋 镜心	96cm×177cm	552,000	北京翰海	2019-03-29
何海霞 1930年作 江岸泊舟 镜心	69cm×60cm	598,000	北京荣宝	2019-04-28
何海霞 1971年作 江山如此多娇 镜心	54cm×90cm	1,472,000	北京匡时	2019-07-13
何海霞 1972年作 古黄鹤楼图 镜心	47cm×100cm	920,000	北京保利	2019-12-02
何海霞 1973年作、1977年作 山水（三帧）镜心	70cm×44.5cm; 67.5cm×46.5cm; 67.5cm×50cm	253,000	中国嘉德	2019-11-18
何海霞 1975年作 终南山下展红旗 镜心	91cm×49cm	977,500	北京荣宝	2019-06-13
何海霞 1977年作 苍松飞瀑 立轴	66.3cm×44cm	97,750	北京诚轩	2019-11-16
何海霞 1979年作 山色空蒙 镜心	54cm×95cm	552,000	北京保利	2019-06-04
何海霞 1980年作 华山雄姿 镜心	77cm×49cm	115,000	北京保利	2019-11-20
何海霞 1980年作 楼观台 镜心	67cm×67cm	632,500	中国嘉德	2019-06-02
何海霞 1980年作 拟唐人诗意 立轴	67.5cm×46.5cm	109,250	北京荣宝	2019-12-01
何海霞 1981年作 山水（二帧）镜片	27cm×24cm×2	115,000	上海嘉禾	2019-09-07
何海霞 1982年作 清江一曲抱村流 立轴	79cm×52cm	287,500	华艺国际	2019-08-10
何海霞 1983年作 落雁峰 镜心	136cm×67cm	1,092,500	北京荣宝	2019-12-01
何海霞 1984年作 爱我中华 立轴	96cm×55cm	345,000	北京荣宝	2019-06-13
何海霞 1984年作 天开图画 镜心	40.5cm×68cm	322,000	北京荣宝	2019-12-01
何海霞 1985年作 牧归图 立轴	68cm×59cm	322,000	中国嘉德	2019-06-24
何海霞 1986年作 兴庆公园 镜框	127.5cm×40.8cm	410,400	佳士得	2019-05-28
何海霞 白云松风 镜心	68cm×45cm	138,000	中贸圣佳	2019-06-07
何海霞 苍松千古秀 镜心	68cm×136cm	149,500	北京保利	2019-06-04
何海霞 赤壁放舟 立轴	69cm×44.5cm	253,000	广东崇正	2019-05-23
何海霞 赤松读书图、行书七言联 立轴、镜心	画 79.5cm×46cm	253,000	中国嘉德	2019-11-18
何海霞 川陕风光 镜心	66cm×44cm	138,000	中贸圣佳	2019-06-07
何海霞 峨嵋小景 立轴	68.5cm×43.6cm	249,425	香港苏富比	2019-10-07
何海霞 放木出峡 镜片	89cm×46.5cm	287,500	广东崇正	2019-11-28
何海霞 革命延安圣地 镜芯	100cm×65.5cm	1,150,000	中鸿信	2019-07-16
何海霞 行书龙门对 立轴	190cm×51cm×2	126,500	中贸圣佳	2019-06-07
何海霞 华山 镜片	52cm×58cm	195,500	广东崇正	2019-11-28
何海霞 开山筑路 镜心	68cm×136cm	977,500	北京保利	2019-06-04
何海霞 空山流水 立轴	81.5cm×49.5cm	276,000	中国嘉德	2019-06-03
何海霞 名园处处春 镜框	66cm×138cm	690,000	华艺国际	2019-08-10
何海霞 墨润石含雨 镜心	69cm×45cm	230,000	北京保利	2019-06-04
何海霞 秦岭新貌 镜心	177.5cm×94.5cm	2,760,000	中国嘉德	2019-11-18
何海霞 晴雪 立轴	137cm×67cm	575,000	北京保利	2019-06-04
何海霞 日落林深 立轴	67cm×67cm	759,000	北京银座	2019-06-05
何海霞 陕北春耕忙 镜心	96cm×55cm	345,000	北京保利	2019-12-02
何海霞 松崖论道 镜心	91cm×48.5cm	172,500	中贸圣佳	2019-06-07
何海霞 松荫论道 立轴	91cm×39.5cm	368,000	广东崇正	2019-11-28
何海霞 太华之巅 镜片	67cm×44cm	345,000	上海嘉禾	2019-09-07
何海霞 唐寅诗意图 立轴	63.5cm×28cm	184,000	北京银座	2019-06-05
何海霞 桃花源内好耕田 镜心	69.5cm×46cm	287,500	北京荣宝	2019-06-13
何海霞 万山红遍 设色	48cm×87cm	460,000	上海匡时	2019-06-21
何海霞 无限风光在险峰 镜心	257cm×147cm	4,600,000	北京保利	2019-12-02
何海霞 西岳雄姿图 镜芯	100.8cm×197.3cm	2,990,000	中鸿信	2019-07-16
何海霞 喜看云起 立轴	67.5cm×45.5cm	368,000	北京保利	2019-06-04
何海霞 仙山楼阁 立轴	66cm×26.5cm	322,000	北京银座	2019-06-05
何海霞 相逢在松塬 立轴	68cm×67.5cm	368,000	荣宝斋（南京）	2019-07-21

拍品名称	物品尺寸	成交价RMB	拍卖公司	拍卖日期
何海霞 香雪海 镜片	95cm×175.5cm	2,357,500	广东崇正	2019-11-28
何海霞 延安 镜片	124.5cm×64cm	1,150,000	广东崇正	2019-05-23
何海霞 杨柳青青 镜心	46cm×67cm	115,000	北京保利	2019-06-04
何海霞 映日荷花 立轴	131cm×66cm×6	7,992,500	中贸圣佳	2019-11-30
何海霞 越南丛林 镜心	102cm×68cm	402,500	北京荣宝	2019-06-13
何海霞 长城颂 镜心	68cm×137cm	1,391,500	北京银座	2019-06-05
何纪岚 太行石崖 镜框	132cm×30cm	118,800	佳士得	2019-05-27
何家英 1996年作 凝眸 镜心	64cm×83cm	920,000	中国嘉德	2019-11-19
何家英 1999年作 小憩 镜心	81.5cm×66.6cm	2,127,500	上海匡时	2019-06-21
何家英 2004年作 月下冥思 镜心	130cm×65cm	1,610,000	中国嘉德	2019-11-19
何家英 2006年作 日暮消烦暑 镜框	130cm×65cm	1,955,000	北京荣宝	2019-12-01
何家英 2007年作 少女 镜片	43cm×34cm	287,500	广东崇正	2019-11-28
何家英 2010年作 人物四屏 镜心	140cm×35cm×4	4,485,000	北京荣宝	2019-06-13
何家英 2012年作 万缕情思 镜框	21cm×59cm	632,500	北京荣宝	2019-12-01
何家英 范扬 田黎明 唐勇力 周京新 佘文江 申少君 刘建安 梁文博 王彦萍 1992年作 奇巧玲珑册 册页	40cm×61cm×10	155,250	北京保利	2019-06-22
何家英 静思 镜心	96cm×71cm	2,242,500	北京荣宝	2019-06-13
何家英 冷露 镜心	94cm×58cm	1,932,000	北京荣宝	2019-06-13
何家英 裸女 镜心	直径25.5cm	322,000	北京荣宝	2019-10-12
何家英 落红 镜心	68cm×34cm	1,610,000	北京荣宝	2019-06-13
何家英 桐荫读书图 立轴	95.5cm×54cm	452,870	富得拍卖	2019-11-24
何家英 竹子 立轴	135cm×34cm	145,600	天津国拍	2019-04-21
何锦明 1989年作 书法 立轴	129.2cm×68.5cm	134,250	佳士得	2019-11-18
何水法 1996年作 牡丹图 横披	137.5cm×69.5cm	195,500	西泠印社	2019-07-07
何先球 梅山深处 镜心	85cm×51cm×2	166,750	北京保利	2019-12-02
何香凝 1931年作 梅花 立轴	117cm×53.5cm	151,335	中国嘉德	2019-03-30
何香凝 1936年作 梅花 立轴	131.5cm×32.5cm	97,750	中国嘉德	2019-06-03
何香凝 1945年作 松菊图 立轴	128cm×33.5cm	126,500	西泠印社	2019-07-06
何香凝 1948年作 墨梅图 立轴	101cm×32cm	235,125	香港苏富比	2019-04-02
何香凝 梅花 立轴	130cm×33.5cm	356,500	中鸿信	2019-07-16
何香凝 梅花牡丹图 镜片	128cm×63cm	690,000	广东崇正	2019-11-28
何香凝 民国34年（1945年作 一树梅花伴水仙 镜芯	109cm×39.5cm	138,000	中鸿信	2019-07-17
何香凝 墨竹 立轴	78cm×39cm	207,000	广东崇正	2019-05-23
何香凝 为吴亚男作梅花图 镜片	42.5cm×34cm	138,000	西泠印社	2019-07-07
贺德昌 2015年作 锦上添花 镜心	197cm×96cm	115,000	北京翰海	2019-10-12
贺泉 2018年作 仪凤秀姿 镜心	45cm×97cm	149,500	北京翰海	2019-03-29
贺天健 1939年作 江山揽胜图 立轴	126.0cm×62.5cm	4,370,000	中国嘉德	2019-11-18
贺天健 1940年作 临流独坐图 立轴	106.5cm×47.5cm	483,000	西泠印社	2019-07-07
贺天健 1940年作 溪阁论道图 立轴	106.5cm×35.5cm	287,500	西泠印社	2019-07-06
贺天健 1945年作 泛舟图 立轴	81cm×41.5cm	138,000	广东崇正	2019-05-23
贺天健 1947年作 深山养真图 镜片	28cm×69cm	143,750	朵云轩	2019-06-22
贺天健 1956年作 屯溪写生 镜心	28.5cm×42.5cm	149,500	中国嘉德	2019-11-17
贺天健 1957年作 白龙潭上观瀑廔 立轴	108.5cm×54.5cm	483,000	西泠印社	2019-07-06
贺天健 1960年作 湃河秋色图 立轴	68.5cm×33cm	138,000	西泠印社	2019-07-07
贺天健 1963年作 划过去图 立轴	87cm×70cm	287,500	朵云轩	2019-06-22
贺天健 采芝上寿图 立轴	诗堂 40cm×121cm；画心 242cm×121cm	632,500	中贸圣佳	2019-11-30
贺天健 徽江村落图 立轴	127cm×36.5cm	112,000	上海联合	2019-06-16
贺天健 任堇 1933年作 渊明对菊图、楷书八言联 立轴	对联 129.5cm×23cm×2；中堂121cm×32cm	149,500	中鸿信	2019-07-16
贺天健 携琴娱亲图 立轴	140cm×34cm	138,000	北京保利	2019-08-24
贺天健 许宝蘅 1939 / 1941年作 山水书法 成扇	18.6cm×44.5cm	134,250	佳士得	2019-11-26
贺伟国 2009年作 黄山松云 镜心	68cm×138cm	299,000	北京翰海	2019-03-29
贺伟国 2010年作 山水 四屏 镜心	136cm×34cm×4	345,000	北京翰海	2019-03-29
贺友直 1994年作 中国典故故事之一 点灵犀 连环画原稿	14cm×22.5cm×12	115,000	西泠印社	2019-07-07
黑伯龙 1979年作 山空百泉响 立轴	103.5cm×34cm	161,000	广东崇正	2019-05-23
黑伯龙 王企华 王凤年 柳子谷 黑伯龙 傲霜 李清照像 墨竹 观瀑图 立轴	（一）67cm×47cm；（二）131.5cm×44cm；（三）95.5cm×54.5cm；（四）68cm×38cm	138,000	中国嘉德	2019-06-03
弘一《华严经》偈句 镜心	72cm×18cm×2	690,000	中贸圣佳	2019-06-07
弘一 1912年作 归舟图 镜心	20.5cm×29cm	713,000	中国嘉德	2019-11-17
弘一 1913年作 行书七言联 立轴	118cm×16cm×2	828,000	北京荣宝	2019-06-13
弘一 1915年作 楷书五言联 立轴	各 166cm×34.5cm	427,500	香港苏富比	2019-04-02
弘一 1917年作 楷书四言联 立轴	139cm×37cm×2	5,750,000	北京保利	2019-12-01
弘一 1917年作 篆书五言联 立轴	142cm×38cm×2	1,610,000	中国嘉德	2019-06-02
弘一 1918年作 楷书九言联 对联	125.5cm×16cm×2	2,875,000	上海明轩	2019-04-28
弘一 1925年作 隶书“南无阿弥陀佛”立轴	66cm×18cm	897,000	中国嘉德	2019-06-02
弘一 1929年作 行书“老实念佛”镜心	26.6cm×20.5cm	713,000	中国嘉德	2019-11-18
弘一 1932年作 行书七言联 立轴	116cm×20cm×2	782,000	中鸿信	2019-07-17
弘一 1932年作 楷书十言联 立轴	141cm×20.5cm×2	3,910,000	上海明轩	2019-04-28
弘一 1936年作 行书 立轴	77.4cm×27.5cm	322,000	中国嘉德	2019-11-17
弘一 1936年作 集华严经句行书五言联 立轴	66cm×14cm×2	759,000	北京保利	2019-06-04
弘一 1937年作 楷书七言联 对联	81cm×18cm×2	97,750	中国嘉德	2019-10-16
弘一 1939年作 行书华严经句 镜芯	68.5cm×33.5cm	402,500	中鸿信	2019-07-17
弘一 1941年作 书法 镜心	57cm×25.5cm	368,000	北京荣宝	2019-04-28
弘一 1941年作 修行法语略录 手卷	25.8cm×207cm	7,160,358	华艺国际	2019-11-24
弘一 1942年作 行书 镜片	57.5cm×26cm	201,250	上海嘉禾	2019-09-07
弘一 1942年作 行书五言联 立轴	63cm×16cm×2	920,000	北京荣宝	2019-04-28
弘一 1942年作 为胜闻居士书示遗训 镜框	26.5cm×30.8cm	1,247,125	香港苏富比	2019-10-07
弘一 大品智论如响喻赞 立轴	65.5cm×19.3cm	1,080,000	佳士得	2019-05-28
弘一 行书 镜片	69cm×32.5cm	598,000	上海嘉禾	2019-09-06
弘一 行书 镜片	40cm×40.5cm	470,400	上海联合	2019-12-01
弘一 行书“佛” 行书七言联（三幅）	中堂 58cm×30cm；对联 58cm×15cm×2	184,000	中鸿信	2019-07-15
弘一 行书“如梦如幻”镜心	14cm×39.5cm	149,500	北京银座	2019-06-05
弘一 行书《华严经》集句 立轴	64cm×31cm	713,000	北京保利	2019-06-04
弘一 行书《清凉歌》立轴	133cm×33cm	7,820,000	北京荣宝	2019-12-01
弘一 行书华严经警言 镜框	35cm×28cm	690,000	保利厦门	2019-01-06
弘一 行书扇面 镜心	18cm×50cm	460,000	中贸圣佳	2019-06-07
弘一 行书五言联 镜心	81cm×18cm×2	109,250	北京翰海	2019-03-29
弘一 行书五言联 立轴	65cm×13.5cm×2	977,500	中贸圣佳	2019-06-07
弘一 行书五言联 立轴	83.5cm×20cm×2	575,000	中国嘉德	2019-11-17
弘一 集华严经句行书七言联 立轴	86cm×13cm×2	1,495,000	北京保利	2019-06-04

拍品名称	物品尺寸	成交价RMB	拍卖公司	拍卖日期
弘一 集华严经句行书五言联 立轴	66cm×13cm×2	713,000	北京保利	2019-06-04
弘一 楷书“南无阿弥陀佛”镜心	21cm×130cm	805,000	北京保利	2019-08-24
弘一 楷书“无上菩提”立轴	31cm×32.5cm	460,000	保利厦门	2019-01-06
弘一 楷书《大方广佛华严经》镜心	35cm×28cm	690,000	北京匡时	2019-07-13
弘一 楷书七言联 立轴	130cm×21cm×2	379,500	中贸圣佳	2019-06-07
弘一 楷书太贤法师《菩萨戒本宗要》题偈 镜心	49cm×22.5cm	529,000	中贸圣佳	2019-08-16
弘一 楷书五言联 立轴	130cm×32cm×2	943,000	中国嘉德	2019-06-02
弘一 南无阿弥陀佛 镜片	21cm×102.5cm	1,725,000	广东崇正	2019-05-23
弘一 溥儒 节录《华严经》江峯送别（两帧）扇面 立轴	弘一：18cm×51cm；溥儒：18cm×52.5cm	374,597	邦瀚斯	2019-04-03
弘一 壬午年华严经书法 立轴	79cm×34cm	632,500	北京荣宝	2019-06-13
弘一 书法 镜框	22cm×20cm	575,000	华艺国际	2019-08-10
弘一 书法 立轴	62cm×24cm	533,475	纽约佳士得	2019-09-10
弘一 书法—南无阿弥陀佛 镜框	27.5cm×13.5cm	378,000	佳士得	2019-05-28
弘一 随机羯魔随讲别录册 册页（八十一开）	10cm×18.5cm×81	4,715,000	中贸圣佳	2019-06-07
弘一 王震 隶书“戒是无上菩提”镜芯	34cm×110.5cm	690,000	中鸿信	2019-07-16
弘一法师 书法中堂《南无西方极乐世界，大慈大悲阿弥陀佛》	35cm×88cm	166,050	加拿大尚德	2019-10-05
洪波 2018年作 翠岭秋岚 镜心	138cm×68cm	172,500	北京荣宝	2019-06-13
洪潮 2019年作 空山月影 镜心	69cm×69cm	667,000	北京翰海	2019-10-12
侯碧漪 1959年作 飞天、菩萨（二帧）镜心、立轴	飞天 25.5cm×133cm；菩萨 122cm×38.3cm	218,500	中国嘉德	2019-11-17
侯纪德 70年代绘本 战山河 镜芯	90cm×70cm	402,500	中鸿信	2019-07-16
侯庆元 行书《毛泽东沁园春·雪》镜心	136cm×68cm	368,000	北京翰海	2019-03-29
侯一民《甲午战争博物馆大型组雕》设计稿（一幅）	59cm×314cm	138,000	中鸿信	2019-07-15
胡国鼎 2016年作 报春图 立轴	136cm×69cm	115,000	北京翰海	2019-03-29
胡絜青 齐白石题《识遇之缘》立轴	68.5cm×34.5cm	471,500	广东崇正	2019-11-27
胡进庆 马克宣 常光希 等 1984年作 西游记 连环画原稿（全）	尺寸不一	287,500	西泠印社	2019-07-07
胡佩衡 1924年作 白云高士图 立轴	132cm×43cm	161,000	中国嘉德	2019-11-18
胡佩衡 1932年作 山水四屏 立轴	136cm×28cm×4	126,500	北京保利	2019-06-22
胡佩衡 秋山红叶 镜心	133cm×66.5cm	253,000	中贸圣佳	2019-11-30
胡佩衡 夏山云瀑 立轴	134cm×67cm	460,000	北京保利	2019-06-04
胡鹏图 2018年作 刘海戏金蟾 镜心	20cm×60cm	109,250	北京翰海	2019-03-29
胡荣 瑶台献寿通景六屏 镜心	244cm×62cm×6	138,000	北京保利	2019-11-20
胡若思 1941年作 千章云木秀而野 立轴	138.5cm×67.5cm	97,750	北京诚轩	2019-11-16
胡若思 1943年作 江头观景 镜片	62.5cm×127cm	161,000	朵云轩	2019-06-22
胡若思 1944年作 云溪诗思图 立轴	104.5cm×47.5cm	191,691	保利香港	2019-04-01
胡适 “议会”题字 镜心	22cm×9cm	322,000	中贸圣佳	2019-11-30
胡适 补眠居 镜心	37.5cm×61.5cm	667,000	上海明轩	2019-04-28
胡适 董作宾 陈雪屏 李超哉 书法（四帧）镜片	64.5cm×26cm×4	460,000	西泠印社	2019-07-07
胡适 行书 镜片	75cm×31.5cm	287,500	上海嘉禾	2019-09-07
胡适 行书节录自作诗 镜心	59.5cm×28.5cm	437,000	北京银座	2019-06-05
胡适 行书自作诗 镜芯	33.5cm×34cm	103,500	中鸿信	2019-07-17
胡适 楷书五言诗 镜心	74.5cm×31.5cm	287,500	北京匡时	2019-07-13

拍品名称	物品尺寸	成交价RMB	拍卖公司	拍卖日期
胡适 楷书语录 墨竹图 镜心	67cm×27cm；69cm×34cm	345,000	中贸圣佳	2019-06-07
胡适 罗家伦 钱穆 等 丹青集锦 册页（七开）	33cm×48cm×7	690,000	华艺国际	2019-08-10
胡适 钱穆 溥儒 牟宗三 饶宗颐 等 题赠徐复观“翰墨缘”书册	29.3cm×23cm	1,058,000	中国嘉德	2019-06-03
胡适 书法 镜心	70cm×22cm	425,500	南京经典	2019-07-19
胡适 张群 黄君璧 致刘真信札 镜心	胡适 27cm×21cm；张群 28.5cm×20.5cm	166,750	中贸圣佳	2019-06-07
胡爽盦 1977年作 涉水图 镜心	98cm×180cm	115,000	北京保利	2019-06-04
胡爽盦 虎啸图 镜片	113cm×56cm	143,750	广东崇正	2019-11-28
胡爽盦 李方白 双虎图 镜心	117.5cm×204cm	253,000	中贸圣佳	2019-06-07
胡小石 1934年作 楷书 立轴	138cm×37cm	172,500	上海嘉禾	2019-09-07
胡小石 行书 立轴	141cm×39.5cm	253,000	荣宝斋（南京）	2019-07-21
胡小石 行书六言联 镜片	132cm×24cm×2	138,000	中国嘉德	2019-06-03
胡小石 书法（五帧）镜心	29cm×22cm×5	184,000	南京经典	2019-07-19
胡小石 书法 镜心	96cm×31cm	96,600	南京经典	2019-07-19
胡小石 书法 四屏 立轴	94cm×36cm×4	218,500	北京匡时	2019-07-13
胡耀邦 1988年作 行书自作诗 临沂瓷厂刻制胡耀邦像瓷盘一个 立轴	79cm×50cm	1,150,000	广东崇正	2019-05-23
胡也佛 1970年作 渔港晨曦 镜芯	46cm×27cm	333,500	中鸿信	2019-07-16
胡也佛 1990年作 观瀑图 立轴	132cm×31cm	172,500	北京荣宝	2019-04-28
胡也佛 春燕 扇面	18cm×51cm	828,000	北京保利	2019-12-01
胡也佛 江天暮雪 立轴	142cm×39.6cm	299,250	香港苏富比	2019-04-02
胡也佛 美人 立轴	38cm×25.5cm	100,890	中国嘉德	2019-03-30
胡也佛 千帆过径 立轴	116cm×54cm	544,200	香港苏富比	2019-10-07
胡也佛 朱梅邨 1943年作 松庭仕女图 成扇		437,000	上海工美	2019-06-09
胡永凯 门神 镜心	101.5cm×102cm	160,539	中国嘉德	2019-10-08
胡正伟 2018年作 昭君出塞 镜心	137cm×68cm	172,500	北京翰海	2019-03-29
胡正伟 2019年作 英姿飒爽 镜心	138cm×68cm	184,000	北京翰海	2019-10-12
沪上五家 1980年作 竹石双鹏 镜框	140cm×357cm	340,125	香港苏富比	2019-10-07
扈本询 2019年作 红白莲花开共塘 镜心	137cm×70cm	184,000	北京翰海	2019-10-12
花元 1941年作 南山之寿 立轴	128.6cm×64.7cm	115,000	北京诚轩	2019-06-01
华国锋 1995年作 行书“翰墨传情”立轴	136cm×68cm	195,500	广东崇正	2019-05-23
华君武 1979-1980年作 猫虎同宗等漫画原稿（四帧）画心	尺寸不一	115,000	西泠印社	2019-07-07
华三川 1982年作 巫山神女图 立轴	98cm×50cm	138,000	西泠印社	2019-07-07
华三川 1989年作 跨虎神女图 镜片	97cm×52cm	155,250	西泠印社	2019-07-07
华世奎 楷书 立轴	117.5cm×63.5cm	172,500	北京翰海	2019-06-14
滑田友 1937年作 攸游	28cm×41cm	109,250	北京匡时	2019-07-13
化金莲 欢送代表到北京 镜芯	123cm×87cm	138,000	中鸿信	2019-07-16
化金莲 欢送代表去北京 镜心	121cm×86cm	138,000	北京荣宝	2019-10-12
黄般若 观世音菩萨 立轴	画心：66cm×33cm后跋 annotation: 20cm×33cm	138,938	香港苏富比	2019-04-02
黄宾虹 1917年作 篆书赵春诗 立轴	178cm×46cm	368,000	北京保利	2019-12-01
黄宾虹 1920年作 柴门掩映 立轴	133.5cm×43cm	322,000	中国嘉德	2019-06-03
黄宾虹 1921年作 青山春晓 镜心	31.5cm×21.5cm	230,000	北京诚轩	2019-11-16
黄宾虹 1921年作 浙东山水 立轴	39cm×27cm	4,370,000	北京保利	2019-06-04

拍品名称	物品尺寸	成交价RMB	拍卖公司	拍卖日期
黄宾虹 1922年作 归耕图 立轴	39cm×27cm	690,000	北京保利	2019-06-04
黄宾虹 1925年作 茅亭读书图 立轴	138.5cm×47.5cm	1,296,000	佳士得	2019-05-28
黄宾虹 1926年作 寻幽图 立轴	66cm×29cm	977,500	中国嘉德	2019-06-02
黄宾虹 1927年作 篆书七言联 立轴	135.5cm×21.5cm×2	302,670	中国嘉德	2019-03-30
黄宾虹 1930年作 溪山幽居 立轴	124.5cm×41.0cm	943,000	中国嘉德	2019-11-18
黄宾虹 1931年作 乐清纪游 立轴	101cm×32.2cm	427,500	香港苏富比	2019-04-02
黄宾虹 1931年作 秋山观溪图 镜框	80cm×42cm	805,000	华艺国际	2019-08-10
黄宾虹 1931年作 山村消夏 立轴	142cm×52cm	1,068,750	香港苏富比	2019-04-02
黄宾虹 1934年作 归飘图 扇页	52cm×18.5cm	97,750	西泠印社	2019-07-07
黄宾虹 1934年作 山光翠色 立轴	137.5cm×68.3cm	4,766,625	香港苏富比	2019-04-02
黄宾虹 1934年作 蜀江纪游图 镜片	67cm×29cm	552,000	西泠印社	2019-07-06
黄宾虹 1934年作 松江图 镜心	31.5cm×42.5cm	166,469	中国嘉德	2019-03-30
黄宾虹 1936年作 篆书“闻妙香斋”镜心	25cm×90cm	2,070,000	北京保利	2019-12-02
黄宾虹 1938年作 拟元人山水卷 手卷	18.6cm×148.7cm	6,471,445	香港苏富比	2019-10-07
黄宾虹 1939年作 山居治学图 立轴	130cm×65cm	9,660,000	西泠印社	2019-07-06
黄宾虹 1939年作 篆书七言联 立轴	137.5cm×29cm×2	402,500	中鸿信	2019-07-16
黄宾虹 1941年作 林麓幽居 扇面 镜框	20cm×55cm	320,625	香港苏富比	2019-04-02
黄宾虹 1942年作 仿宋山水卷 手卷	引首：22cm×72.2cm 画心：16.8cm×173cm 题跋：21.8cm×116.5cm	17,591,625	香港苏富比	2019-04-02
黄宾虹 1942年作 江阁闲坐 立轴	33.8cm×25.5cm	402,500	北京诚轩	2019-06-01
黄宾虹 1942年作 烟雨山寺图 立轴	131cm×33cm	1,150,000	西泠印社	2019-07-06
黄宾虹 1943年 雁荡山纪游 立轴	125.5cm×40cm	2,875,000	上海匡时	2019-06-21
黄宾虹 1943年作 天池纪游 立轴	115.5cm×39cm	3,680,000	北京保利	2019-12-02
黄宾虹 1943年作 雁山图 立轴	125cm×40cm	3,335,000	北京荣宝	2019-12-01
黄宾虹 1945年作 访友图 立轴	120.5cm×40.5cm	3,335,000	华艺国际	2019-08-10
黄宾虹 1946年作 秋山闲居 立轴	108cm×41cm	3,959,962	中国嘉德	2019-10-08
黄宾虹 1946年作 五湖泛舟 镜心	113cm×47cm	6,670,000	北京保利	2019-06-04
黄宾虹 1947年作 楚山春晓 镜框	32.5cm×37.5cm	1,092,500	上海嘉禾	2019-09-06
黄宾虹 1947年作 湖山纪游诗 扇片	18cm×52cm	299,000	朵云轩	2019-06-22
黄宾虹 1947年作 仁山智水 立轴	67.5cm×34cm	4,025,000	北京荣宝	2019-06-13
黄宾虹 1947年作 溪山静观 镜心	111cm×44cm	9,775,000	北京保利	2019-12-02
黄宾虹 1947年作 歙浦纪游 立轴	82.5cm×37.0cm	1,495,000	中国嘉德	2019-11-18
黄宾虹 1947年作 篆书 七言联句 立轴	74.5cm×35cm	207,000	西泠印社	2019-07-07
黄宾虹 1948年作 青城蜀秀 立轴	121.5cm×35.5cm	641,250	香港苏富比	2019-04-02
黄宾虹 1948年作 蜀葵花 立轴	115cm×39cm	632,500	北京匡时	2019-07-13
黄宾虹 1948年作 溪山深处 立轴	108cm×34.5cm	4,370,000	广东崇正	2019-05-23
黄宾虹 1948年作 新安江上 镜心	75cm×39.5cm	2,530,000	北京荣宝	2019-06-13
黄宾虹 1948年作 篆书七言联 对联片	133cm×29.5cm×2	138,000	上海嘉禾	2019-09-07
黄宾虹 1949年作 湖舍清读图 镜心	70cm×33cm	3,105,000	北京保利	2019-06-04
黄宾虹 1949年作 黄山归耕图 立轴	130.3cm×64.5cm	9,775,000	北京保利	2019-12-02
黄宾虹 1951年作 行书纪游旧作 镜心	32.5cm×130cm	4,600,000	北京保利	2019-06-04
黄宾虹 1951年作 行书罗两峰诗 立轴	65cm×31cm	287,500	华艺国际	2019-08-10
黄宾虹 1951年作 湖山晴霁 立轴	86.5cm×31.5cm	4,830,000	中国嘉德	2019-06-02
黄宾虹 1951年作 娇艳 立轴	70cm×31cm	690,000	北京荣宝	2019-06-13
黄宾虹 1951年作 敬亭山色 立轴	89cm×35cm	2,300,000	北京保利	2019-06-04
黄宾虹 1951年作 篆书 七言联 对联	139cm×31.5cm×2	782,000	西泠印社	2019-07-06
黄宾虹 1952年作 渴笔山水 立轴	67cm×33.3cm	126,500	上海嘉禾	2019-09-07
黄宾虹 1952年作 灵峰秋霁 镜框	75cm×27cm	2,573,125	佳士得	2019-11-26

拍品名称	物品尺寸	成交价RMB	拍卖公司	拍卖日期
黄宾虹 1952年作 壬辰山水 行书画论 成扇	18.5cm×50cm	1,897,500	中国嘉德	2019-06-02
黄宾虹 1952年作 幽山书屋图 立轴	88cm×31.5cm	1,605,390	中国嘉德	2019-10-08
黄宾虹 1953年作 行书 立轴	21.5cm×22.5cm	230,000	朵云轩	2019-06-22
黄宾虹 1953年作 黄山松谷纪游 立轴	90.0cm×48.0cm	11,500,000	中国嘉德	2019-11-18
黄宾虹 1953年作 山川卧游 立轴	25cm×39cm	1,150,000	北京保利	2019-12-01
黄宾虹 1954年作 夏山图 立轴	92.5cm×34.5cm	5,980,000	中国嘉德	2019-06-02
黄宾虹 病榻慰亲图 立轴	85cm×46cm	1,702,000	北京荣宝	2019-06-13
黄宾虹 草书杨万里诗 镜片	80cm×39.5cm	143,750	西泠印社	2019-07-06
黄宾虹 草书祝枝山诗 立轴	87cm×27cm	126,500	北京银座	2019-06-05
黄宾虹 策杖访友 立轴	101cm×43cm	2,300,000	中国嘉德	2019-11-17
黄宾虹 陈维本 仿北苑山水 楷书七言诗 成扇	19cm×48cm	567,238	中国嘉德	2019-10-08
黄宾虹 成扇 成扇	19cm×50cm	161,000	荣宝斋（桂林）	2019-08-18
黄宾虹 楚江秋色 镜心	32cm×40cm	690,000	上海匡时	2019-06-21
黄宾虹 春山积翠 镜心	18cm×51cm	207,000	上海匡时	2019-06-21
黄宾虹 春山幽居 立轴	134cm×67cm	827,298	中国嘉德	2019-03-30
黄宾虹 斗茶图 立轴	79cm×36.5cm	2,070,000	西泠印社	2019-07-06
黄宾虹 斗方山水（两帧）立轴	焦：16.8cm×21cm；松：19cm×21cm	317,450	香港苏富比	2019-10-07
黄宾虹 峨眉山纪游 立轴	59cm×29cm	2,530,000	中贸圣佳	2019-11-30
黄宾虹 仿古画稿（十帧）册页	绘画 28cm×44cm×10；书法 28cm×43cm×10；题跋 30cm×46cm×2	1,150,000	北京匡时	2019-07-13
黄宾虹 放棹图 立轴	81cm×36.5cm	706,230	中国嘉德	2019-03-30
黄宾虹 粉锦云卿 行书《夏日同次明履仁治平寺纳凉》之一 成扇	18cm×50cm	287,500	中国嘉德	2019-06-02
黄宾虹 芙蓉鹦鹉 立轴	79cm×42cm	112,700	中国嘉德	2019-03-24
黄宾虹 复岭重峦 溪山渔隐 立轴	74cm×31cm×2	2,990,000	北京荣宝	2019-12-01
黄宾虹 富春江上记游 立轴	64.5cm×38cm	1,667,500	上海匡时	2019-06-21
黄宾虹 高毓涉 书画扇面双挖 立轴	画 18cm×49cm；字 17.5cm×49.5cm	103,500	中国嘉德	2019-11-17
黄宾虹 勾古山水 立轴	28cm×24cm	126,500	中国嘉德	2019-06-02
黄宾虹 寒树疏泉 立轴	127cm×47cm	598,000	中贸圣佳	2019-11-30
黄宾虹 行书七言诗 镜心	111.5cm×40cm	230,000	中国嘉德	2019-06-04
黄宾虹 行书自作诗卷 手卷	23cm×240.5cm	4,025,000	中国嘉德	2019-06-02
黄宾虹 湖山归帆 镜心	82cm×36.5cm	7,011,000	中国嘉德	2019-03-30
黄宾虹 花卉 立轴	122cm×29cm	276,000	北京翰海	2019-10-12
黄宾虹 黄山慈光寺胜景 镜片	119cm×30cm	667,000	上海嘉禾	2019-09-06
黄宾虹 黄山奇峰 立轴	108cm×40cm	2,889,702	中国嘉德	2019-10-08
黄宾虹 纪写遂宁道中 成扇	19.5cm×53cm	632,500	中国嘉德	2019-06-02
黄宾虹 江湄万绿 镜框	35.5cm×19.5cm	305,856	华艺国际	2019-05-27
黄宾虹 江南山水 立轴	76.5cm×30cm	524,628	中国嘉德	2019-03-30
黄宾虹 金文七言联 立轴	144.5cm×25.5cm×2	920,000	中国嘉德	2019-06-03
黄宾虹 金文七言联 立轴	138cm×22cm×2	356,500	北京保利	2019-12-01
黄宾虹 金文七言联句 立轴	80cm×32cm	552,000	中国嘉德	2019-11-18
黄宾虹 金贤寀 深山幽思 行书《答谢中书书》成扇	18cm×50cm	517,500	中国嘉德	2019-06-02
黄宾虹 菊石图·行书五言诗（二帧）扇页	46.5cm×17.5cm；48.5cm×17cm	161,000	西泠印社	2019-07-07

拍品名称	物品尺寸	成交价RMB	拍卖公司	拍卖日期
黄宾虹 连峰接岫 立轴	27cm×39cm	345,000	上海匡时	2019-06-21
黄宾虹 论书画等手稿 镜片	99.5cm×26cm	517,500	西泠印社	2019-07-06
黄宾虹 墨梅 立轴	12cm×34cm; 25cm×34cm	138,000	北京保利	2019-06-04
黄宾虹 拟王孟津山水 立轴	75.8cm×35.7cm	641,250	香港苏富比	2019-04-02
黄宾虹 拟燕文贵山水 立轴	18cm×51.5cm	246,160	中国嘉德	2019-10-08
黄宾虹 潘天寿（画）（题）1954年作 山亭琴趣 立轴	117.5cm×39.8cm	5,750,000	北京诚轩	2019-11-16
黄宾虹 盘庐焚香图 手卷	引首 17cm×66cm; 本幅 21.5cm×132cm	724,500	中贸圣佳	2019-11-30
黄宾虹 庞元济 1939年作 古木空亭·行书七言诗 成扇	19.5cm×52cm	385,294	中国嘉德	2019-10-08
黄宾虹 齐山湖舍图 镜心	29cm×136cm	667,000	北京保利	2019-06-04
黄宾虹 渠河小景 镜心	51cm×101cm	345,000	北京保利	2019-06-22
黄宾虹 渠江江景 镜心	107cm×40cm	575,000	中贸圣佳	2019-11-30
黄宾虹 瞿蜕园 高燮 1948年作 幽居图·行书五言诗 镜心	18cm×48cm	278,268	中国嘉德	2019-10-08
黄宾虹 泉石之胜 立轴	74cm×33cm	1,380,000	中国嘉德	2019-06-03
黄宾虹 山川卧游卷（李文采题签）手卷	21cm×220cm	288,190	香港普艺	2019-11-30
黄宾虹 山居图 立轴	81.5cm×32.5cm	667,000	中贸圣佳	2019-08-16
黄宾虹 山水 镜片	91cm×33cm	230,000	北京保利	2019-08-24
黄宾虹 山水 立轴	88cm×48cm	667,000	北京翰海	2019-03-29
黄宾虹 山水并信札一通一页（两帧）立轴	信 28.5cm×19cm; 画 26.5cm×26cm×2	138,000	上海嘉禾	2019-09-07
黄宾虹 山水册 册（八开）	1: 34cm×26cm; 2: 26cm×18cm; 3: 22cm×23cm; 4: 23.1cm×27cm; 5: 27.5cm×24.5cm; 6: 28cm×21.5cm; 7: 27.3cm×24.5cm; 8: 33.3cm×25.7cm	4,512,325	香港苏富比	2019-10-07
黄宾虹 山下读书图 镜心	126.5cm×64cm	920,000	中国嘉德	2019-06-03
黄宾虹 山中乐居图 立轴	111.5cm×43cm	1,840,000	广东崇正	2019-11-28
黄宾虹 尚小云 1934年作 拟白阳花卉 孤舟夜隐 成扇	20cm×55cm	448,500	北京保利	2019-12-02
黄宾虹 蜀江小景 小楷七言诗 成扇		575,000	中国嘉德	2019-06-24
黄宾虹 蜀游图 立轴	72cm×34cm	943,000	中国嘉德	2019-11-17
黄宾虹 双挖立轴 立轴	21cm×29cm	264,500	北京保利	2019-08-24
黄宾虹 松岑高瀑 立轴	54.5cm×34.5cm	460,000	北京诚轩	2019-11-16
黄宾虹 松菊长寿 立轴	160cm×40.5cm	437,000	上海嘉禾	2019-09-07
黄宾虹 松溪高逸 镜心	98cm×48cm	3,105,000	上海匡时	2019-06-21
黄宾虹 松溪清远 立轴	150.5cm×40cm	287,500	中贸圣佳	2019-11-30
黄宾虹 宋人画意图 手卷	引首 24.7cm×87.5cm; 画 24.7cm×118cm; 跋25cm×172cm	20,700,000	中国嘉德	2019-06-02

拍品名称	物品尺寸	成交价RMB	拍卖公司	拍卖日期
黄宾虹 天池岩洞河 立轴	51.5cm×28.5cm	241,500	中国嘉德	2019-11-17
黄宾虹 桐君山色图 立轴	99.5cm×48cm	3,220,000	西泠印社	2019-07-06
黄宾虹 童大年 1943年作 江干卜筑 篆书 成扇	18cm×50cm	253,000	上海嘉禾	2019-09-07
黄宾虹 吴徵 秋江放棹 行书七言诗 成扇	18cm×51cm	483,000	北京保利	2019-12-01
黄宾虹 西泠雨后图 立轴	75.5cm×40cm	1,840,000	西泠印社	2019-07-06
黄宾虹 西溪归渡 立轴	78.3cm×35.2cm	3,628,000	香港苏富比	2019-10-07
黄宾虹 溪桥渔隐 镜芯	103cm×36.5cm	1,380,000	中鸿信	2019-07-16
黄宾虹 溪山轻舟 立轴	68cm×33.5cm	2,300,000	北京保利	2019-12-02
黄宾虹 溪山清远 镜心	25.5cm×33cm	690,000	中国嘉德	2019-11-17
黄宾虹 溪山游憩图 立轴	68cm×27cm	1,610,000	西泠印社	2019-07-06
黄宾虹 溪山雨景 镜心	100cm×33cm	3,392,500	中贸圣佳	2019-06-07
黄宾虹 溪亭清暑 立轴	106cm×31.5cm	667,000	上海嘉禾	2019-09-07
黄宾虹 黟山归隐 扇面	19cm×53cm	241,500	北京翰海	2019-03-29
黄宾虹 新安江山水册 册页（八开）	26.2cm×31.2cm×8	920,000	中贸圣佳	2019-06-07
黄宾虹 崖石渔舟 镜心	69cm×35cm	172,500	北京翰海	2019-06-14
黄宾虹 岩巅窥云图 立轴	101cm×52cm	1,437,500	中国嘉德	2019-10-15
黄宾虹 阳朔纪游 立轴	80.5cm×34cm	3,220,000	上海匡时	2019-06-21
黄宾虹 幽阁调琴 镜心	36.5cm×28cm	448,500	中国嘉德	2019-06-02
黄宾虹 俞剑华 张聿光 花卉 立轴	121cm×33cm	98,900	北京翰海	2019-03-29
黄宾虹 远山回溪 立轴	130cm×31.8cm	566,875	香港苏富比	2019-10-07
黄宾虹 月季 立轴	102cm×41cm	575,000	广东崇正	2019-05-23
黄宾虹 粤西小景 镜心	67.5cm×33.5cm	2,875,000	北京保利	2019-12-02
黄宾虹 云山清话 镜心	23cm×69cm	908,500	北京保利	2019-12-01
黄宾虹 章梫 湖山秋兴 草书高僧传 成扇	19cm×55cm	299,000	中国嘉德	2019-06-02
黄宾虹 篆书七言联 立轴	131cm×19.5cm×2	517,500	北京银座	2019-06-05
黄宾虹 篆书七言联 立轴	137cm×29cm×2	207,000	中贸圣佳	2019-11-30
黄宾虹 篆书七言联 立轴	64cm×18cm×2	368,000	北京保利	2019-12-02
黄宾虹 灼灼其华 立轴	65cm×32cm	253,000	北京匡时	2019-07-13
黄宾虹 紫厂 山水·隶书临礼器碑 镜心	20cm×54cm	107,026	中国嘉德	2019-10-08
黄彬 行书《沁园春·雪》镜心	47cm×179cm	115,000	北京保利	2019-12-02
黄达聪 1961年作 秋收图 镜芯	82cm×259cm	241,500	中鸿信	2019-07-16
黄丹 看向远方最闪亮的那颗星 镜心	144cm×76.5cm	138,000	中国嘉德	2019-06-04
黄丹 跃马 镜心	181cm×97.5cm	126,500	中国嘉德	2019-11-19
黄德源 2018年作 春日恋 镜心	60cm×60cm	161,000	北京翰海	2019-10-12
黄独峰 1975年作 花鸟（八帧）镜框	32cm×35cm×8	149,500	湖南国拍	2019-09-28
黄独峰 热带风情 镜框	61.5cm×46cm	115,000	华艺国际	2019-08-11
黄格胜 题跋 五岳呈祥 镜片	149.5cm×364cm	755,700	保信利诚	2019-02-07
黄格胜 题跋 醉美西湖 镜片	60cm×1070cm	784,300	保信利诚	2019-02-07
黄河 2018年作 敦煌飞天	86cm×69cm	345,000	北京翰海	2019-06-15
黄河 2018年作 敦煌飞天	46.5cm×63cm	138,000	北京翰海	2019-06-15
黄河 2018年作 敦煌飞天 镜心	69cm×86cm	368,000	北京荣宝	2019-06-13
黄河 2018年作 敦煌莫高窟	68.5cm×86cm	368,000	北京翰海	2019-06-15
黄河 2018年作 南无观世音菩萨 镜心	106cm×47cm	207,000	北京荣宝	2019-06-13
黄河 秋居图 立轴	188cm×86.5cm	203,904	华艺国际	2019-05-27
黄红涛 2018年作 看山	63cm×244.5cm	230,000	中贸圣佳	2019-06-07
黄幻吾 1942年作 溪塘暮韵 立轴	121cm×57.5cm	345,000	广东崇正	2019-11-28
黄幻吾 花桥晓色 立轴	131cm×66.5cm	460,000	广东崇正	2019-11-28
黄幻吾 木棉花放漫天红 立轴	137.5cm×68.5cm	149,500	中国嘉德	2019-11-17
黄幻吾 平安图 立轴	139cm×69cm	149,500	中鸿信	2019-07-16
黄幻吾 青绿山水 镜框	133cm×69cm	207,000	华艺国际	2019-08-11

拍品名称	物品尺寸	成交价RMB	拍卖公司	拍卖日期
黄幻吾 青山壁嶂 立轴	96cm×45cm	109,250	北京荣宝	2019-04-28
黄幻吾 秋树双禽 镜片	94.5cm×50.5cm	120,750	朵云轩	2019-06-22
黄幻吾 山水、苦瓜 三件立轴		109,086	纽约苏富比	2019-03-23
黄幻吾 松雪孤猴 立轴	130cm×62cm	428,198	华艺国际	2019-05-27
黄幻吾 太行山 镜心	131.5cm×68.5cm	276,000	中国嘉德	2019-11-17
黄际明 林逋梅妻鹤子四屏 立轴	158cm×63cm×4	138,000	北京保利	2019-11-20
黄嘉明 2019年作 晨出·太湖春色扇面二帧 镜心	20cm×57cm×2	207,000	北京保利	2019-06-03
黄建南《星际》002	48cm×48cm	3,680,000	开禧国际	2019/4/14
黄建南《星际》07	30cm×40cm	2,875,000	开禧国际	2019/4/14
黄建南 2009年作 生命的呼唤 镜心	34cm×34cm	977,500	北京翰海	2019-03-29
黄建南 2017年作 大地密码 镜心	44cm×44cm	1,495,000	北京翰海	2019-03-29
黄建南 2018年作 风水宝地 镜心	69cm×69cm	1,725,000	北京翰海	2019-03-29
黄建南 2018年作 空山无行迹 镜心	58cm×58cm	1,725,000	北京翰海	2019-03-29
黄建南 2018年作 孕育 镜心	48cm×48cm	1,380,000	北京翰海	2019-03-29
黄建南 彩霞 镜片	76cm×69cm	1,932,000	荣宝斋（南京）	2019-05-21
黄建南 禅意国画精品 镜片	45cm×35cm	550,000	保信利诚	2019-02-07
黄建南 朝晖 镜片	35cm×33cm	660,000	保信利诚	2019-02-07
黄建南 国画山水 镜片	33cm×34cm	495,000	保信利诚	2019-02-07
黄建南 河海清晏 镜片	68cm×137cm	2,737,000	荣宝斋（南京）	2019-05-21
黄建南 荷韵 镜片	67cm×68cm	1,357,000	荣宝斋（南京）	2019-05-21
黄建南 湖边之家 镜片	35cm×33cm	638,000	保信利诚	2019-02-07
黄建南 花好月圆	50cm×60cm	2,978,500	荣宝斋（南京）	2019-05-21
黄建南 花好月圆	48cm×48cm	2,737,000	荣宝斋（南京）	2019-05-21
黄建南 花好月圆04	40cm×30cm	1,650,000	保信利诚	2019-02-07
黄建南 回忆 镜片	58cm×58cm	1,012,000	荣宝斋（南京）	2019-05-21
黄建南 锦绣前程03	40cm×30cm	1,760,000	保信利诚	2019-02-07
黄建南 书法：大道圆融	74cm×88cm	920,000	开禧国际	2019/4/14
黄建南 外婆家	136cm×70cm	3,220,000	开禧国际	2019/4/14
黄建南 星际04	40cm×30cm	1,320,000	保信利诚	2019-02-07
黄建南 幸福湖 镜片	67cm×68cm	1,817,000	荣宝斋（南京）	2019-05-21
黄建南 旋律 镜片	33cm×33cm	418,000	保信利诚	2019-02-07
黄建南 银装 镜片	58cm×58cm	2,035,000	保信利诚	2019-02-07
黄建南 游鱼 镜片	76cm×69cm	1,472,000	荣宝斋（南京）	2019-05-21
黄建南 众山之巅 镜片	138cm×68cm	2,024,000	荣宝斋（南京）	2019-05-21
黄节 1931年作 书法 手卷	27.2cm×345cm	142,651	纽约佳士得	2019-03-19
黄均 1957年作 为了节约 镜心	92cm×59cm	189,750	北京荣宝	2019-10-12
黄均 1995年作 作画仕女 立轴	114.5cm×54.5cm	115,000	北京银座	2019-06-05
黄均 刘德六 等 扇面集锦 镜心	尺寸不一cm×23	98,464	中国嘉德	2019-10-08
黄均 牡丹仙女 立轴	137cm×69cm	161,000	中贸圣佳	2019-11-30
黄均 问耕亭画卷 手卷	首29cm×88cm；29cm×130cm；题29cm×134cm	230,000	北京保利	2019-06-05
黄君璧 出峡图 镜心	32cm×60cm	115,000	中贸圣佳	2019-06-07
黄君璧 1922年作 临陈老莲人物 镜心	113cm×50.5cm	151,335	中国嘉德	2019-03-30

拍品名称	物品尺寸	成交价RMB	拍卖公司	拍卖日期
黄君璧 1924年作 高仕行吟 立轴	81cm×43.5cm	345,000	北京保利	2019-06-04
黄君璧 1927年作 好鸟和鸣 立轴	121.5cm×52cm	115,000	中国嘉德	2019-06-02
黄君璧 1928年作 溪滨老屋 镜心	89.5cm×39.5cm	100,890	中国嘉德	2019-03-30
黄君璧 1933年作 松下纳凉 镜框	84cm×43cm	207,000	华艺国际	2019-08-11
黄君璧 1936年作 独秀峰 立轴	120cm×52cm	181,602	中国嘉德	2019-03-30
黄君璧 1940年作 江畔纤舟图 镜框	16.8cm×82.4cm	256,500	香港苏富比	2019-04-02
黄君璧 1940年作 桃花源 立轴	96.5cm×31.5cm	189,750	北京银座	2019-06-05
黄君璧 1940年作 云山精舍图 画心	108cm×41cm	115,000	西泠印社	2019-07-06
黄君璧 1941年作 青山草庐图 画心	98cm×29cm	109,250	西泠印社	2019-07-06
黄君璧 1941年作 松崖峭壁图 画心	88cm×43.5cm	109,250	西泠印社	2019-07-06
黄君璧 1942年作 风月微茫 镜心	113cm×60cm	149,836	中国嘉德	2019-10-08
黄君璧 1943年作 凭栏观瀑 立轴	88cm×46.5cm	160,539	中国嘉德	2019-10-08
黄君璧 1943年作　飞瀑图 立轴	83cm×27cm	224,755	保利香港	2019-10-06
黄君璧 1945年作 嘉陵江畔 镜框	94.8cm×59.8cm	342,000	香港苏富比	2019-04-02
黄君璧 1945年作 献寿图 镜心	122cm×57cm	342,483	中国嘉德	2019-10-08
黄君璧 1952年作 高楼风雨图 镜框	90.3cm×28.3cm	226,750	香港苏富比	2019-10-07
黄君璧 1955年作 蔬果图 立轴	51cm×31cm	184,000	华艺国际	2019-08-11
黄君璧 1957年作 青山绿水 立轴	88.5cm×44cm	368,000	华艺国际	2019-08-11
黄君璧 1957年作 山林清话 镜心	89.0cm×56.5cm	218,500	中国嘉德	2019-11-18
黄君璧 1959年作 红叶秋禽 团扇面 镜框	各37cm×37cm (2)	427,500	香港苏富比	2019-04-02
黄君璧 1960年作 秋山红树图 横披	56cm×115cm	172,500	北京华辰	2019-07-14
黄君璧 1963年作 云归大壑	75.5cm×142.5cm	358,800	罗芙奥	2019-11-30
黄君璧 1964年作 苍松 立轴	102cm×46cm	120,888	罗芙奥	2019-06-01
黄君璧 1965年作 层峦迭嶂 镜框	63cm×100cm	210,240	罗芙奥	2019-06-01
黄君璧 1966年作 一曲清溪 立轴	56.5cm×93cm	425,125	佳士得	2019-11-26
黄君璧 1967年作 飞霞洞 立轴	175cm×95cm	447,500	佳士得	2019-11-26
黄君璧 1968年作 嘉陵江畔 立轴	54cm×90cm	138,000	广东崇正	2019-11-28
黄君璧 1969年作 巴西观瀑 镜框	185.2cm×90.8cm	1,734,063	佳士得	2019-11-26
黄君璧 1971年作 高崖飞流图 镜心	56.0cm×90cm	207,000	中国嘉德	2019-11-18
黄君璧 1971年作 秋溪闲赏 镜片	55cm×89cm	126,500	上海驰翰	2019-06-21
黄君璧 1972年作 古寺晨钟 立轴	55cm×90cm	172,500	广东崇正	2019-05-23
黄君璧 1972年作 金鸡岭 镜框	53.5cm×90.5cm	150,000	上海驰翰	2019-02-23
黄君璧 1973年作 松韵涛声 镜心	93cm×186cm	1,518,000	上海国时	2019-06-21
黄君璧 1973年作 舞姿仕女 镜心	121cm×60.5cm	230,000	中国嘉德	2019-06-02
黄君璧 1974年作 岩屏飞瀑 镜框	90.5cm×183.3cm	950,938	佳士得	2019-11-26
黄君璧 1975年作 八哥石竹 立轴	120cm×60cm	138,000	华艺国际	2019-08-11
黄君璧 1975年作 湘江帆影 镜心	68cm×33cm	107,026	中国嘉德	2019-10-08
黄君璧 1976年作 友多闻斋 立轴	38.5cm×60cm	126,500	北京诚轩	2019-06-01
黄君璧 1976年作　观瀑图 镜心	画心60cm×120cm；题跋9.5cm×120cm	235,457	保利香港	2019-10-06
黄君璧 1978年作 郊游图 镜片	54cm×86cm	161,000	广东崇正	2019-11-28
黄君璧 1979年作 夕阳红树满秋山 镜心	本幅90cm×55cm；诗堂34cm×55cm	253,000	中国嘉德	2019-11-17
黄君璧 1979年作 香远益清 镜框	59cm×30cm	201,390	纽约佳士得	2019-03-19
黄君璧 1980年作 东坡诗意 镜框	73cm×140cm	920,000	华艺国际	2019-08-11
黄君璧 1980年作 秋溪溅瀑 镜心	52.5cm×91cm	160,539	保利香港	2019-10-06
黄君璧 1980年作 听泉图 镜心	60cm×120cm	406,699	中国嘉德	2019-10-08
黄君璧 1981年作 荷香漫步 镜心	58cm×35cm	149,500	北京荣宝	2019-04-28
黄君璧 1981年作 幽谷忘机 镜框	60.2cm×120.6cm	181,688	香港苏富比	2019-04-02
黄君璧 1985年作 负手闲吟 镜框	91cm×56cm	138,000	罗芙奥	2019-11-30
黄君璧 1986年作 瀑飞千仞图 立轴	114cm×54.5cm	212,563	佳士得	2019-11-26

拍品名称	物品尺寸	成交价RMB	拍卖公司	拍卖日期
黄君璧 1987年作 丁卯大利 镜心	60cm×40.5cm	161,000	中国嘉德	2019-06-02
黄君璧 白梅禽憩图 镜片	59cm×29.5cm	126,500	西泠印社	2019-07-06
黄君璧 沧江帆影图 镜框	62cm×25cm	102,925	富得拍卖	2019-11-24
黄君璧 大壑云生 镜框	81.3cm×51.4cm	172,800	佳士得	2019-05-20
黄君璧 泛湖山色图 立轴	90cm×41cm	172,500	中贸圣佳	2019-11-30
黄君璧 仿古山水四屏 立轴	165cm×38cm×4	504,450	保利香港	2019-04-01
黄君璧 观瀑图 镜心	98cm×29cm	161,000	北京荣宝	2019-04-28
黄君璧 行书七言联 镜心	120cm×29.5cm×2	117,729	保利香港	2019-10-06
黄君璧 花鸟 镜心	97cm×28cm	195,500	荣宝斋（桂林）	2019-08-18
黄君璧 栖居 立轴	55cm×87cm	126,500	北京保利	2019-06-04
黄君璧 三清图 镜心	103cm×23cm×2；93cm×37cm	172,500	北京荣宝	2019-04-28
黄君璧 书画合璧五帧 镜心	尺寸不一	115,000	北京银座	2019-06-05
黄君璧 吴灏 疏林秋雨 镜片	绘画 39cm×53cm；对联 39cm×9.5cm×2	138,000	华艺国际	2019-08-10
黄君璧 溪水闲云图 镜心	89cm×28cm	218,500	荣宝斋（桂林）	2019-08-18
黄君璧 野渡无人舟自横 立轴	59.5cm×90.5cm	207,000	北京诚轩	2019-11-16
黄君璧 云峰远望图 画心	88.5cm×41cm	115,000	西泠印社	2019-07-06
黄君璧 云壑雷鸣 镜片		335,650	纽约苏富比	2019-03-22
黄君璧 长松老树 立轴	105.5cm×57cm	155,250	广东崇正	2019-11-28
黄君璧 坐观云起图 镜心	120cm×28.5cm	172,500	北京荣宝	2019-04-28
黄侃 1916年作 行书陆游诗 画心	106cm×32.5cm	184,000	西泠印社	2019-07-07
黄侃 1916年作 行书七言诗 画心	86.5cm×42.5cm	138,000	西泠印社	2019-07-07
黄侃 行书与焯书论"宠辱若惊"章句 立轴	131cm×36cm	345,000	朵云轩	2019-06-23
黄侃 篆书八言联 对联	133cm×21cm×2	816,500	朵云轩	2019-06-23
黄美尧 2016年作 秦岭古道 镜心	81cm×68cm	575,000	北京翰海	2019-10-12
黄秋园 1973年作 春山访书图 手卷	引首 33.5cm×124.5cm；本幅 32.5cm×253cm；后纸39cm×20cm	920,000	中国嘉德	2019-06-02
黄秋园 1976年作　山瀑图 立轴	136.5cm×67.5cm	171,242	保利香港	2019-10-06
黄秋园 高仕隐居图 立轴	134cm×136cm	160,539	保利香港	2019-10-06
黄秋园 林泉高致 册页	34cm×30cm×8	1,092,500	北京荣宝	2019-06-13
黄秋园 秋山红叶 立轴	132.5cm×103.5cm	214,052	保利香港	2019-10-06
黄秋园 山水 立轴	51.5cm×36cm	207,000	中鸿信	2019-07-16
黄秋园 松山流泉图 立轴	130.5cm×66cm	214,052	保利香港	2019-10-06
黄秋园 桃花源图 手卷	引首 12.5cm×29cm；画芯 12.5cm×78cm；题跋 12.5cm×45cm	184,000	中鸿信	2019-07-16
黄秋园 天高秋远 立轴	133.5cm×126cm	160,539	保利香港	2019-10-06
黄少强 1931年年作 流民图 设色纸本	100.5cm×34cm×4	690,000	中国嘉德	2019-06-03
黄廷海 2019年作 家山云起最美时 镜心	69cm×136cm	345,000	北京翰海	2019-10-12
黄廷海 2019年作 云涌青山群峰秀 镜心	69cm×136cm	345,000	北京翰海	2019-10-12
黄廷海 家住江南画屏中 镜片	68cm×68cm	9,188,300	保信利诚	2019-02-07
黄廷海 夏日荷香飘万里 镜片	68cm×68cm	7,433,800	保信利诚	2019-02-07
黄吴怀 2018年作 书法《龙》镜心	136cm×68cm	345,000	北京翰海	2019-03-29
黄兴 行书诚之所至金石为开 镜片	168cm×86.5cm	402,500	西泠印社	2019-07-07
黄兴 行书苏轼《书临皋亭》立轴	196cm×40cm	230,000	北京匡时	2019-07-13
黄兴 行书心远居无陋 画心	149cm×43cm	172,500	西泠印社	2019-07-07
黄兴 书法 镜框	43cm×96.5cm	108,000	佳士得	2019-05-28
黄炎培 1926年作 行书五言律诗 立轴	147cm×41cm	402,500	北京荣宝	2019-06-13
黄炎培 1947年作 行书七言联 对联	139cm×36.5cm×2	109,250	西泠印社	2019-07-07
黄炎培 行书"题刘海粟画册"镜片	30cm×42.5cm	230,000	上海工美	2019-11-10
黄养辉 泰华雨后图 镜片	诗堂：89cm×14cm；画心：95.5cm×89cm	126,500	西泠印社	2019-04-13
黄映元 书法 镜心	34cm×138cm	230,000	北京保利	2019-08-24
黄永厚 弥尔敦失乐园 镜心	66cm×130cm	126,500	中国嘉德	2019-03-23
黄永玉 1975年作 荷塘图 镜片	104.5cm×101cm	494,500	西泠印社	2019-07-06
黄永玉 1976年作 高仕图 立轴	69.5cm×69cm	253,000	北京荣宝	2019-04-28
黄永玉 1976年作 红梅 镜心	69.5cm×138.5cm	1,150,000	北京保利	2019-12-02
黄永玉 1977年作 春意闹 镜心	68.5cm×139cm	2,300,000	北京荣宝	2019-12-01
黄永玉 1977年作 洞庭飞雁 镜片	67cm×134.5cm	287,500	广东崇正	2019-05-23
黄永玉 1977年作 飞起沙鸥一片 立轴	44cm×48cm	136,202	北京匡时	2019-04-02
黄永玉 1977年作 红荷 立轴	135cm×68.5cm	977,500	广东崇正	2019-05-23
黄永玉 1977年作 猫头鹰 立轴	37cm×41cm	172,500	中国嘉德	2019-06-02
黄永玉 1977年作 猫头鹰 立轴	70cm×46cm	437,000	中国嘉德	2019-11-18
黄永玉 1977年作 水仙 镜框	51cm×53.2cm	172,800	佳士得	2019-05-28
黄永玉 1978年作 白荷 镜片	69cm×69cm	701,500	广东崇正	2019-05-23
黄永玉 1978年作 红荷图 镜心	136cm×70cm	423,738	中国嘉德	2019-03-30
黄永玉 1978年作 猫头鹰 镜心	34cm×34cm	138,000	北京荣宝	2019-10-12
黄永玉 1979年作 在河之洲 镜片	68cm×136cm	115,000	湖南逸典	2019-05-18
黄永玉 1980年作 鹤来 镜心	135cm×69cm	214,052	中国嘉德	2019-10-08
黄永玉 1980年作 屈原 立轴	110.5cm×68.5cm	195,500	中国嘉德	2019-11-17
黄永玉 1981年作 故乡山水 画心	96cm×90.5cm	207,000	西泠印社	2019-07-06
黄永玉 1981年作 听雨 镜框	49.2cm×50.5cm	211,220	华艺国际	2019-11-24
黄永玉 1983年作 癸亥大有年 立轴	95.5cm×44cm	184,000	中国嘉德	2019-06-02
黄永玉 1983年作 荷塘清晓 镜片	183cm×98cm	483,000	广东崇正	2019-05-23
黄永玉 1984年作 彩荷 镜框	101.8cm×99cm	680,250	香港苏富比	2019-10-07
黄永玉 1984年作 彩荷 立轴	105cm×69cm	207,000	广东崇正	2019-05-23
黄永玉 1984年作 惩恶是最大的善行 立轴	137.5cm×68cm	862,500	北京荣宝	2019-06-13
黄永玉 1984年作 窗景 镜心	96cm×89.5cm	287,500	北京匡时	2019-07-13
黄永玉 1984年作 孟子故事 立轴	67cm×68.5cm	322,000	广东崇正	2019-05-23
黄永玉 1984年作 起舞弄清影 镜心	137.5cm×68.0cm	172,500	中国嘉德	2019-11-18
黄永玉 1984年作 月是故乡明 镜心	67cm×136.5cm	517,500	北京保利	2019-12-02
黄永玉 1984年作 钟馗像 镜心	128cm×67cm	230,000	北京保利	2019-06-04
黄永玉 1985年作 老松无态见风流 立轴	176.5cm×96cm	195,500	中国嘉德	2019-06-02
黄永玉 1986年作 边秋一雁声 镜片	38cm×56cm	115,000	湖南逸典	2019-05-18
黄永玉 1987年作 阿迹策杖图 镜心	27cm×95.5cm	299,673	中国嘉德	2019-10-08
黄永玉 1988年作 月是故乡明 镜心	96.0cm×179.5cm	287,500	中国嘉德	2019-11-18
黄永玉 1989年作 故乡荷塘 镜框	48cm×90cm	134,250	佳士得	2019-11-18
黄永玉 1990年作 对联 立轴	149cm×41cm×2	163,123	华艺国际	2019-05-27
黄永玉 1990年作 梅花 镜片	116cm×53cm	161,000	广东崇正	2019-11-28
黄永玉 1991年作 大吉羊 立轴	95.5cm×26.5cm	171,513	中国嘉德	2019-03-30
黄永玉 1992年作 湘荷 镜框	59.5cm×68cm	179,000	佳士得	2019-11-18
黄永玉 1995年作 肥年 镜心	29.3cm×31.5cm	252,225	中国嘉德	2019-03-30
黄永玉 1996年作 行书箴言 立轴	110cm×38.5cm	109,250	西泠印社	2019-07-07
黄永玉 1997年作 鹭鸶荷花 镜心	70cm×138cm	402,500	北京荣宝	2019-06-13

拍品名称	物品尺寸	成交价RMB	拍卖公司	拍卖日期
黄永玉 2002年作 行书五言联 立轴	135.5cm×33cm×2	97,750	中国嘉德	2019-11-17
黄永玉 2002年作 夏荷 镜心	68cm×135.5cm	287,500	北京匡时	2019-07-13
黄永玉 2003年作 一枕万响围	95.5cm×179cm	4,600,000	北京翰海	2019-06-15
黄永玉 2004年作 春江图 镜心	41cm×115cm	218,500	北京荣宝	2019-06-13
黄永玉 2005年作 益鸟心 立轴	136.5cm×69.5cm	862,500	北京荣宝	2019-12-01
黄永玉 2006年作 卧猫 镜心	69.5cm×69.5cm	727,777	中国嘉德	2019-10-08
黄永玉 2010年作 搜怪图 镜片	67cm×137cm	538,611	华艺国际	2019-11-24
黄永玉 2012年作 藤萝灯笼五线谱 镜心	69cm×137cm	1,210,680	中国嘉德	2019-03-30
黄永玉 白描荷花 镜心	91cm×98cm	287,500	中贸圣佳	2019-11-30
黄永玉 碧湖秋深 镜框	104cm×106cm	2,154,125	香港苏富比	2019-10-07
黄永玉 丙戌（2006年 六猫图 镜框	10cm×91cm	299,000	湖南国拍	2019-09-28
黄永玉 江南春 镜框	69.2cm×68.5cm	280,800	佳士得	2019-05-20
黄永玉 借书沽酒图 镜心	97cm×90cm	201,780	北京匡时	2019-04-02
黄永玉 女演员 镜心	39cm×31cm	230,000	荣宝斋（南京）	2019-07-21
黄永玉 三雀 镜心	33cm×28cm	115,000	荣宝斋（南京）	2019-07-21
黄永玉 宋人诗意图 镜心	67cm×65cm	1,023,500	北京荣宝	2019-12-01
黄永玉 题木刻《红太阳升起的地方》镜心	61.5cm×81cm	218,500	中国嘉德	2019-11-18
黄永玉 瞻仰 立轴	66cm×64cm	115,000	上海驰翰	2019-06-21
黄泽 花好人寿卷 手卷	画心 30.5cm×196cm；引首 30.5cm×89.5cm	165,890	中国嘉德	2019-10-08
黄胄 1973作 哈萨克斯坦猎手 镜框	110cm×68cm	321,159	邦瀚斯	2019-04-03
黄胄 1975年作 饲鸡图 镜框	123cm×69.5cm	1,710,000	香港苏富比	2019-04-02
黄胄 1975年作；1976年作；1977年作 双驴四屏（四幅）立轴	38.5cm×26.2cm×4	280,800	佳士得	2019-05-28
黄胄 1980年作 少女与驴 镜框	91cm×46.5cm	503,438	佳士得	2019-11-26
黄胄 1981年作 骆驼 立轴	67.7cm×44.3cm	476,175	香港苏富比	2019-10-07
黄胄 1983年作 牧牛 立轴	136cm×68cm	963,688	香港苏富比	2019-10-07
黄胄 1983年作 三驴图 立轴	67.6cm×49.3cm	317,450	香港苏富比	2019-10-07
黄胄 1986年作 塔吉克民间舞蹈 镜框	96cm×54.5cm	129,600	佳士得	2019-05-28
黄胄 1992年作 赶驴图 镜框	68cm×45cm	237,600	佳士得	2019-05-28
黄胄 大吉图 镜框	34.3cm×66.2cm	407,808	华艺国际	2019-05-27
黄胄 牧驴图 镜框	65.5cm×44.1cm	425,125	佳士得	2019-11-26
黄胄 牧牛图 镜框	46.5cm×69.5cm	278,409	邦瀚斯	2019-04-03
黄胄 任重道远 立轴	96.5cm×56cm	299,673	中国嘉德	2019-10-08
黄胄 双驴图 镜心	37.5cm×54cm	100,890	中国嘉德	2019-03-30
黄胄 1959年作 赶驴图 立轴	66cm×44cm	321,078	中国嘉德	2019-10-08
黄胄 1959年作 赶驴图 立轴	181.5cm×96cm	2,817,500	北京荣宝	2019-12-01
黄胄 1959年作 饲驴图 镜芯	65cm×45cm	230,000	中鸿信	2019-07-16
黄胄 1960年作 赶驴图 立轴	68.5cm×45cm	506,000	北京荣宝	2019-12-01
黄胄 1961年作 赶驴图 立轴	87cm×46cm	609,500	北京荣宝	2019-04-28
黄胄 1962年作 春兰图 镜心	89cm×47cm	3,335,000	北京保利	2019-12-02
黄胄 1962年作 赶驴图 立轴	68cm×47cm	920,000	广东崇正	2019-05-23
黄胄 1963年作 喀什喀尔少女 立轴	55cm×37cm	920,000	北京保利	2019-12-01
黄胄 1963年作 牧驼图 立轴	67.5cm×43cm	782,000	北京荣宝	2019-12-01
黄胄 1964年作 哈萨克猎人 镜心	89cm×48cm	1,610,000	北京荣宝	2019-12-01
黄胄 1965年作 丰收图 立轴	78cm×54cm	1,725,000	广东崇正	2019-05-23
黄胄 1965年作 风雪夜归 镜心	108cm×205cm	1,380,000	北京翰海	2019-03-29
黄胄 1966年作 喂鸡少女图 立轴	137cm×68.5cm	3,680,000	西泠印社	2019-07-06
黄胄 1969年作 风雪夜诊图 镜心	140cm×70cm	3,220,000	北京保利	2019-06-04
黄胄 1972年作 饲鸡图 立轴	68cm×44cm	460,000	广东崇正	2019-11-28

拍品名称	物品尺寸	成交价RMB	拍卖公司	拍卖日期
黄胄 1972年作 饲驴图 立轴	66cm×42cm	529,000	中国嘉德	2019-03-23
黄胄 1972年作 新馆图 镜心	71cm×76cm	920,000	北京荣宝	2019-04-28
黄胄 1973年作 采摘图 镜片	136cm×68cm	2,300,000	广东崇正	2019-05-23
黄胄 1973年作 放牧图 镜心	43cm×67cm	575,073	保利香港	2019-04-01
黄胄 1973年作 归牧图 立轴	70cm×38cm	460,000	北京保利	2019-12-02
黄胄 1973年作 墨驴图 立轴	67cm×46cm	345,000	北京翰海	2019-03-29
黄胄 1973年作 牧场 立轴	136cm×68cm	4,945,000	北京荣宝	2019-12-01
黄胄 1973年作 群驴图 镜心	26.5cm×150cm	184,000	北京荣宝	2019-04-28
黄胄 1973年作 少女饲鸡图 镜片	139.5cm×68cm	1,897,500	西泠印社	2019-07-06
黄胄 1973年作 四驴图 立轴	67cm×46cm	345,000	上海嘉禾	2019-09-07
黄胄 1973年作 饲鸡图 镜心	50cm×41cm	460,000	北京保利	2019-06-04
黄胄 1973年作 饲鸡图 立轴	69cm×49cm	552,000	中国嘉德	2019-10-15
黄胄 1973年作 新疆舞 立轴	69cm×34cm	575,000	广东崇正	2019-05-23
黄胄 1973年作 幸福一代 立轴	139cm×68.5cm	1,840,000	上海匡时	2019-06-21
黄胄 1973年作 幸福一代 立轴	139cm×69cm	2,932,500	北京荣宝	2019-12-01
黄胄 1973年作 玉门春度 镜心	69cm×46cm	402,500	北京荣宝	2019-12-01
黄胄 1973年作 运粮图 立轴	97.5cm×49cm	333,500	上海嘉禾	2019-09-07
黄胄 1974年作 吐鲁番风情 立轴	66cm×44.5cm	968,544	华艺国际	2019-05-27
黄胄 1975年作 风雪运粮图 镜心	68cm×44.5cm	402,500	北京匡时	2019-07-13
黄胄 1975年作 赶驴图 横披	43.5cm×68cm	402,500	中国嘉德	2019-11-17
黄胄 1975年作 赶驴图 镜心	40cm×73cm	322,000	北京荣宝	2019-06-13
黄胄 1975年作 三驴图 立轴	70cm×45cm	253,000	广东崇正	2019-11-28
黄胄 1975年作 双驴 镜心	52cm×40.5cm	218,500	中国嘉德	2019-06-02
黄胄 1975年作 五驴图 镜芯	68cm×40cm	172,500	中鸿信	2019-07-16
黄胄 1975年作 鲜族长鼓舞 镜心	47cm×69cm	1,092,500	北京荣宝	2019-10-12
黄胄 1975年作 驯马 镜心	97cm×142cm	7,590,000	北京保利	2019-12-02
黄胄 1975年作 驯马图 立轴	84cm×86cm	7,475,000	中鸿信	2019-07-16
黄胄 1975年作 养鸡姑娘 镜心	39cm×61cm	920,000	北京保利	2019-06-04
黄胄 1975年作 运粮图 横披	70cm×139cm	6,555,000	北京荣宝	2019-06-13
黄胄 1975年作 运粮图 立轴	69cm×44.5cm	943,000	北京银座	2019-06-05
黄胄 1976年作 大吉图 立轴	69.5cm×43cm	1,035,000	广东崇正	2019-11-28
黄胄 1976年作 赶集归来 镜心	95.5cm×47cm	747,500	北京保利	2019-06-04
黄胄 1976年作 牧归图 立轴	68.5cm×44.5cm	218,500	西泠印社	2019-07-06
黄胄 1976年作 饲鸡图 立轴	102cm×68cm	1,380,000	北京保利	2019-06-04
黄胄 1976年作 饲鸡图 立轴	69cm×45cm	678,500	北京荣宝	2019-12-01
黄胄 1976年作 饲鸡图 立轴	136cm×69cm	1,380,000	北京保利	2019-12-02
黄胄 1976年作 五驴图 镜心	71.5cm×47cm	282,492	保利香港	2019-04-01
黄胄 1976年作 五驴图 镜心	66cm×44cm	195,500	中国嘉德	2019-11-18
黄胄 1976年作 运粮图 立轴	100cm×49cm	4,370,000	北京保利	2019-06-04
黄胄 1976年作 展翅 镜心	89.5cm×49cm	166,750	北京荣宝	2019-04-28
黄胄 1977年作 八骏 镜心	137.5cm×68.5cm	1,058,000	中国嘉德	2019-06-04
黄胄 1977年作 牧牛图 镜心	68cm×39cm	368,000	中国嘉德	2019-06-24
黄胄 1977年作 群鸡图 立轴	45.5cm×34cm	109,250	中鸿信	2019-07-16
黄胄 1977年作 四驴图 立轴	87cm×34.5cm	287,500	中国嘉德	2019-11-17
黄胄 1977年作 运粮图 镜片	53cm×24.5cm	138,000	上海嘉禾	2019-09-07
黄胄 1977年作 运粮图 立轴	136cm×68cm	805,000	上海嘉禾	2019-09-07
黄胄 1978年作 白猫图 镜心	44.5cm×34.3cm	126,500	中国嘉德	2019-06-03
黄胄 1978年作 采药图 镜框	105cm×53cm	977,500	华艺国际	2019-08-10
黄胄 1978年作 出诊图 立轴	82cm×51cm	805,000	北京荣宝	2019-12-01
黄胄 1978年作 大吉图 镜心	70cm×50cm	287,500	北京保利	2019-06-04
黄胄 1978年作 丰收归来图 立轴	68cm×59cm	97,750	中国嘉德	2019-06-24
黄胄 1978年作 赶驴图 立轴	82.5cm×46cm	494,500	中鸿信	2019-07-16
黄胄 1978年作 群驴图 镜芯	44cm×67.5cm	391,000	中鸿信	2019-07-16
黄胄 1978年作 三驴图 镜心	68cm×45cm	207,000	北京保利	2019-06-04
黄胄 1978年作 四驴图 镜心	69cm×46cm	195,500	北京保利	2019-06-04

拍品名称	物品尺寸	成交价RMB	拍卖公司	拍卖日期
黄胄 1978年作 饲鸡图 镜心	57.5cm×46cm	235,750	北京银座	2019-06-05
黄胄 1978年作 五驴图 镜片	46cm×69cm	517,500	广东崇正	2019-05-23
黄胄 1978年作 五驴图 镜片	46cm×69.5cm	276,000	广东崇正	2019-05-23
黄胄 1978年作 五驴图 镜心	66cm×44cm	195,500	中国嘉德	2019-10-16
黄胄 1978年作 五驴图 立轴	81.5cm×51cm	322,000	中国嘉德	2019-11-17
黄胄 1978年作 新疆舞 镜心	68cm×45.5cm	1,150,000	北京荣宝	2019-12-01
黄胄 1978年作 子母鸡图 镜心	91cm×34cm	253,000	中国嘉德	2019-06-24
黄胄 1979年作 赶驴图 镜心	97cm×45cm	437,000	北京保利	2019-12-02
黄胄 1979年作 花间猫戏 立轴	45cm×67cm	138,000	上海嘉禾	2019-09-07
黄胄 1979年作 猫 立轴	34cm×46cm	115,000	北京保利	2019-06-04
黄胄 1979年作 少女牧驴图 镜心	69.5cm×34cm	230,000	中国嘉德	2019-11-18
黄胄 1979年作 双猫图 镜心	52cm×44cm	184,000	北京荣宝	2019-12-01
黄胄 1979年作 新疆歌舞 立轴	103cm×52cm	1,012,000	北京保利	2019-12-02
黄胄 1979年作 新疆舞 立轴	68cm×44cm	483,000	中国嘉德	2019-06-24
黄胄 1980年作 赶驴图 镜心	130cm×65cm	2,415,000	北京保利	2019-12-02
黄胄 1980年作 牧驴图 镜心	69.5cm×44cm	437,000	中国嘉德	2019-11-17
黄胄 1980年作 七驴图 镜心	58.5cm×115cm	322,000	中国嘉德	2019-11-18
黄胄 1980年作 七驴图 立轴	96cm×44cm	483,000	中国嘉德	2019-06-02
黄胄 1980年作 双驴图 镜心	23cm×30cm	97,750	中国嘉德	2019-10-15
黄胄 1980年作 四季平安 镜心	77cm×79cm	667,000	北京保利	2019-06-04
黄胄 1980年作 饲驴图 镜心	69cm×55cm	575,000	中国嘉德	2019-03-23
黄胄 1980年作 湘夫人 立轴	132cm×67cm	1,380,000	北京荣宝	2019-06-13
黄胄 1981年作 赶驴图 立轴	69.6cm×45.5cm	368,000	中国嘉德	2019-11-17
黄胄 1981年作 山水图 立轴	91cm×34.5cm	172,500	中国嘉德	2019-11-17
黄胄 1982年作 把酒问青天 立轴	67cm×46cm	230,000	中国嘉德	2019-11-17
黄胄 1982年作 骏马图 立轴	96cm×68.5cm	368,000	中国嘉德	2019-11-17
黄胄 1982年作 牧驴图 镜心	68cm×68.5cm	483,000	北京银座	2019-06-05
黄胄 1982年作 七驴图 镜心	95.5cm×87cm	920,000	北京保利	2019-06-04
黄胄 1982年作 七驴图 立轴	67cm×47cm	172,500	上海匡时	2019-06-21
黄胄 1983年作 八驴图 立轴	70cm×58cm	287,500	中国嘉德	2019-06-02
黄胄 1983年作 送粮图 镜心	81cm×31cm	1,380,000	中国嘉德	2019-06-24
黄胄 1983年作 五驴图 立轴	83cm×51cm	345,000	北京保利	2019-12-02
黄胄 1984年作 梅花 镜心	69cm×45cm	149,500	北京保利	2019-06-04
黄胄 1984年作 牧驴图 立轴	69cm×46cm	460,000	西泠印社	2019-07-06
黄胄 1984年作 群驴图 立轴	82cm×41.5cm	322,000	广东崇正	2019-05-23
黄胄 1984年作 脱却乌纱最风流 立轴	87cm×68cm	920,000	广东崇正	2019-05-23
黄胄 1984年作 喂鸡图 立轴	88cm×47cm	920,000	中国嘉德	2019-06-24
黄胄 1984年作 五驴图 镜心	65cm×39cm	322,000	北京保利	2019-06-04
黄胄 1984年作 五驴图 立轴	69cm×30cm	184,000	中国嘉德	2019-06-02
黄胄 1984年作 携琴仕女 镜片	89.3cm×48cm	690,000	广东崇正	2019-05-23
黄胄 1984年作 新疆歌舞 立轴	96.5cm×45.5cm	667,000	中国嘉德	2019-06-02
黄胄 1984年作 新疆歌舞 立轴	96.5cm×45.5cm	437,000	中国嘉德	2019-11-18
黄胄 1984年作 新疆舞 镜心	36cm×47cm	172,500	中国嘉德	2019-10-15
黄胄 1984年作 钟馗 立轴	133cm×67cm	460,000	北京荣宝	2019-06-13
黄胄 1984年作 竹雀图 立轴	45cm×67cm	322,000	北京保利	2019-06-04
黄胄 1985年作 柳雀图 镜片	69cm×55cm	253,000	广东崇正	2019-05-23
黄胄 1985年作 骆驼 镜心	68cm×70cm	172,500	北京荣宝	2019-06-13
黄胄 1985年作 凝视 镜框	34cm×91cm	230,000	华艺国际	2019-08-10
黄胄 1985年作 群雀图 镜框	68.5cm×45cm	161,000	华艺国际	2019-08-10
黄胄 1985年作 三驴图 立轴	135cm×68cm	1,725,000	北京保利	2019-12-02
黄胄 1985年作 拾海螺的姑娘 镜心	45cm×68.5cm	1,495,000	北京银座	2019-06-05
黄胄 1985年作 双驴图 立轴	40cm×49cm	112,700	中国嘉德	2019-10-16
黄胄 1985年作 送粮图 镜心	134.5cm×68.5cm	1,322,500	中国嘉德	2019-11-17
黄胄 1985年作 五驴图 立轴	68cm×45cm	266,738	纽约佳士得	2019-09-10
黄胄 1985年作 浴牛图 立轴	69cm×46cm	138,000	中国嘉德	2019-06-24

拍品名称	物品尺寸	成交价RMB	拍卖公司	拍卖日期
黄胄 1985年作 运粮图	123cm×59cm	782,000	上海嘉禾	2019-09-07
黄胄 1986年作 兰花小鸟 立轴	62cm×48cm	195,500	中鸿信	2019-07-16
黄胄 1986年作 群驴图 立轴	68.5cm×46cm	115,000	朵云轩	2019-06-22
黄胄 1986年作 沙漠之舟 立轴	95cm×75cm	460,000	北京保利	2019-12-02
黄胄 1986年作 四驴图 立轴	68.5cm×46cm	207,000	广东崇正	2019-11-28
黄胄 1986年作 踏歌行 立轴	68cm×70cm	6,325,000	中国嘉德	2019-06-02
黄胄 1986年作 鱼乐图 镜心	86cm×48cm	184,000	中国嘉德	2019-10-15
黄胄 1987年作 丰收图 立轴	108cm×59cm	253,000	中鸿信	2019-07-16
黄胄 1987年作 群驴图 立轴	67cm×44.5cm	368,000	西泠印社	2019-07-06
黄胄 1987年作 群驴图 立轴	v67cm×44.5cm	299,000	西泠印社	2019-09-22
黄胄 1987年作 探梅图 立轴	97cm×46cm	747,500	北京保利	2019-12-02
黄胄 1988年作 牧牛图 镜心	44cm×96cm	897,000	北京荣宝	2019-12-01
黄胄 1988年作 年年有余 立轴	89.5cm×67cm	230,000	中国嘉德	2019-06-02
黄胄 1988年作 三驴图 立轴	60cm×83.5cm	172,500	北京荣宝	2019-06-13
黄胄 1988年作 喂猪图 立轴	96cm×44.5cm	1,207,500	北京保利	2019-12-02
黄胄 1989年作 双驴 立轴	69cm×45.5cm	172,500	中国嘉德	2019-06-02
黄胄 1990年作 六驴图 立轴	66cm×44cm	172,500	北京荣宝	2019-04-28
黄胄 1990年作 麻雀 立轴	33cm×44cm	115,000	北京保利	2019-06-04
黄胄 1990年作 三驼图 镜心	53cm×45cm	264,500	北京保利	2019-06-04
黄胄 1990年作 塔吉克少女 立轴	95cm×60cm	1,035,000	北京保利	2019-12-02
黄胄 1992年作 丰收之舞 镜心	136cm×68cm	3,162,500	北京保利	2019-12-02
黄胄 1993年作 三驴图 镜心	69cm×47cm	322,000	中国嘉德	2019-10-15
黄胄 1994年作 牧放图 立轴	64cm×45cm	333,500	上海嘉禾	2019-09-07
黄胄 八驴图 镜心	45cm×61.5cm	368,000	北京荣宝	2019-04-28
黄胄 八驴图 镜心	45.5cm×61.5cm	253,000	荣宝斋（南京）	2019-07-21
黄胄 八驴图 立轴	68cm×46cm	402,500	北京保利	2019-06-04
黄胄 拔河 镜心	36cm×78cm	598,000	荣宝斋（南京）	2019-07-21
黄胄 百驴图 手卷	引首 69cm×137cm；本幅 69cm×1920cm；后纸 68.5cm×83.5cm	6,900,000	中国嘉德	2019-06-02
黄胄 不鸣则已 立轴	137cm×67cm	1,848,000	天津国拍	2019-04-21
黄胄 布网 镜心	47cm×58cm	460,000	中贸圣佳	2019-06-07
黄胄 藏族少年 镜心	35cm×56cm	299,000	荣宝斋（南京）	2019-07-21
黄胄 草书录明人诗 立轴	96cm×44cm	97,750	北京保利	2019-06-04
黄胄 雏鸡 立轴	69cm×45cm	483,000	北京保利	2019-06-04
黄胄 春日牧归 立轴	69cm×47cm	795,226	华艺国际	2019-05-27
黄胄 大吉图 立轴	68cm×67cm	425,500	中国嘉德	2019-06-24
黄胄 丰收图 立轴	65cm×32cm	109,250	北京翰海	2019-06-14
黄胄 赶驴图 镜心	121cm×61cm	1,265,000	中贸圣佳	2019-06-07
黄胄 赶驴图 镜心	39cm×43cm	218,500	北京荣宝	2019-04-28
黄胄 赶驴图 立轴	69cm×45cm	517,500	荣宝斋（南京）	2019-07-21
黄胄 赶驴图 立轴	98.5cm×34.5cm	460,000	荣宝斋（南京）	2019-07-21
黄胄 瀚海之舟 镜心	69cm×46cm	483,000	荣宝斋（桂林）	2019-08-18
黄胄 角力图 镜心	68cm×68.3cm	747,500	中国嘉德	2019-06-02
黄胄 姐妹 镜心	68cm×46cm	368,000	北京保利	2019-06-22
黄胄 梁斌 花鸟 立轴	128cm×66cm	224,000	天津国拍	2019-04-21

拍品名称	物品尺寸	成交价RMB	拍卖公司	拍卖日期
黄胄 六驴图 镜心	37cm×77cm	356,500	荣宝斋（南京）	2019-07-21
黄胄 牧牛图 镜心	47cm×70cm	322,000	北京翰海	2019-06-14
黄胄 牧牛图 镜心	71cm×45cm	322,000	荣宝斋（南京）	2019-07-21
黄胄 年年有余 镜心	69cm×45cm	299,000	荣宝斋（南京）	2019-07-21
黄胄 群驴 手卷	32cm×166cm	115,000	北京保利	2019-06-04
黄胄 群驴图 镜心	45.5cm×69cm	138,000	荣宝斋（南京）	2019-07-21
黄胄 群猪图 镜心	70.5cm×70.5cm	322,000	中贸圣佳	2019-06-07
黄胄 人物 立轴	134cm×60cm	2,240,000	天津国拍	2019-04-21
黄胄 人物 立轴	67cm×45cm	172,500	朵云轩	2019-04-14
黄胄 任重道远 镜心	97cm×68cm	322,000	北京保利	2019-06-04
黄胄 三驴图 镜心	39.5cm×40.5cm	195,500	中国嘉德	2019-11-17
黄胄 三驴图 立轴	135cm×68cm	1,495,000	中贸圣佳	2019-08-16
黄胄 沙漠之舟 立轴	89cm×51cm	345,000	北京荣宝	2019-04-28
黄胄 少女牧驴 镜心	97cm×67.5cm	943,000	中国嘉德	2019-11-18
黄胄 邵宇 1961年作 秋林赶驴图 镜芯	70cm×37cm	414,000	中鸿信	2019-07-16
黄胄 十全十美 立轴	35cm×53cm	345,000	北京荣宝	2019-06-13
黄胄 书法 镜心	135cm×50cm	253,000	荣宝斋（桂林）	2019-08-18
黄胄 书法对联 条屏	136cm×30cm×2	168,000	天津国拍	2019-04-21
黄胄 双驴 立轴	33.5cm×43cm	103,500	中国嘉德	2019-11-17
黄胄 双舞 立轴	69cm×69cm	690,000	北京荣宝	2019-06-13
黄胄 双鹰 镜心	36.5cm×69cm	126,500	中国嘉德	2019-06-02
黄胄 水牛图 镜心	33cm×44cm	184,000	荣宝斋（桂林）	2019-08-18
黄胄 四季人物卷 手卷	19cm×95cm×4	2,990,000	广东崇正	2019-05-23
黄胄 饲鸡图 镜心	25.5cm×24cm	293,250	荣宝斋（桂林）	2019-08-18
黄胄 饲鸡图 镜心	69cm×44.5cm	184,000	中国嘉德	2019-11-17
黄胄 塔吉克舞蹈 镜芯	114cm×44.5cm	356,500	中鸿信	2019-07-16
黄胄 踏歌行 立轴	179cm×97cm	8,567,500	中贸圣佳	2019-11-30
黄胄 纨扇仕女 镜心	68.5cm×43cm	368,000	中国嘉德	2019-11-17
黄胄 王雪涛 朱屺瞻 于希宁 花鸟（四帧）镜心	32cm×45cm×4	172,500	北京保利	2019-12-02
黄胄 喂鸡图 镜心	56cm×38cm	805,000	荣宝斋（南京）	2019-07-21
黄胄 五驴图 立轴	68.5cm×45.5cm	253,000	中国嘉德	2019-06-03
黄胄 五驴图 立轴	68cm×45.5cm；30cm×36cm	138,000	荣宝斋（南京）	2019-07-21
黄胄 五指山中鱼水情 立轴	97cm×59cm	9,200,000	北京荣宝	2019-06-13
黄胄 喜上眉梢 立轴	48.3cm×60cm	149,500	中国嘉德	2019-06-02
黄胄 新疆维族舞 立轴	109cm×67cm	112,000	上海联合	2019-12-01
黄胄 新疆舞 立轴	85.5cm×48.5cm	414,000	北京匡时	2019-07-13
黄胄 于阗歌舞 立轴	40.5cm×59.5cm	195,500	中国嘉德	2019-06-02
黄胄 运粮图 镜心	69cm×69cm	2,415,000	北京保利	2019-06-04
黄胄 运粮图 立轴	70cm×49cm	575,000	中贸圣佳	2019-06-07
黄胄 运粮图 立轴	73cm×46cm	230,000	北京保利	2019-08-24
黄胄 运水图 立轴	45cm×66cm	230,000	北京保利	2019-08-24
黄胄 张君秋 四季平安 立轴	132cm×66cm	728,000	天津国拍	2019-04-21
黄胄 郑文慧 水仙 立轴	67cm×45cm	184,000	中贸圣佳	2019-06-07
黄胄 钟馗 镜片	34cm×44cm	105,800	广东崇正	2019-05-23

拍品名称	物品尺寸	成交价RMB	拍卖公司	拍卖日期
黄胄 竹林仕女 立轴	96cm×59cm	1,380,000	北京保利	2019-06-04
黄胄 竹子 立轴	130cm×67cm	694,400	天津国拍	2019-04-21
黄宗元 草书《送友人归山歌》立轴	203.2cm×46.6cm	117,563	香港苏富比	2019-04-01
慧芝 渔家乐 屏风	73cm×134cm	161,000	南京经典	2019-07-19
霍春阳 2005年作 花鸟四屏 镜心	137cm×34cm×4	264,500	北京荣宝	2019-06-13
霍春阳 2005年作 唐人诗意图 镜心	136cm×68cm	149,500	北京荣宝	2019-04-28
霍春阳 2017年作 花鸟四条屏 镜心	136.5cm×34cm×4	506,000	北京荣宝	2019-12-01
霍春阳 2018年作 身与物化册 册页	18cm×28cm×12	667,000	北京保利	2019-11-20
霍春阳 2019年作 玉堂富贵 镜心	137cm×69.5cm	184,000	北京荣宝	2019-06-13
霍春阳 花卉 八屏 镜心	135cm×35cm×8	759,000	北京翰海	2019-03-29
霍春阳 花卉 镜心	68cm×136cm	140,000	天津国拍	2019-04-21
霍春阳 竹石 立轴	100cm×55cm	123,200	天津国拍	2019-04-21
霍中端 2018年作 书法《苏轼念奴娇·赤壁怀古》镜心	178cm×96cm	112,700	北京翰海	2019-03-29
籍忠亮 2018年作 茗香意 镜心	69cm×136cm	287,500	北京翰海	2019-03-29
籍忠亮 2019年作 逸闲 镜心	34cm×70cm	115,000	北京翰海	2019-10-12
籍忠亮 禅茶君子图 镜心	69cm×69cm	172,500	北京翰海	2019-03-29
纪怀昌 2018年作 隶书八言联 镜心	180cm×48cm	207,000	北京翰海	2019-03-29
纪怀昌 2019年作 沁园春·雪 镜心	68cm×136cm	230,000	北京翰海	2019-10-12
纪丽 2018年作 翠谷听泉 镜心	138cm×69cm	115,000	北京翰海	2019-03-29
纪贞 仿明边景昭花鸟卷 手卷	画心 27cm×275cm；题跋 30cm×20cm	207,000	中贸圣佳	2019-06-07
季今啬 1922年作 为杨无恙作湖山无恙图卷 手卷	引首 69.5cm×16.5cm；画心 134cm×16cm；题跋 489.5cm×16cm	402,500	西泠印社	2019-07-06
嘉庆（款）1819年作 楷书五言诗 横幅	61cm×147cm	517,500	中国嘉德	2019-10-17
贾传友 七子图 镜心	174cm×53cm	138,000	北京保利	2019-06-22
贾广健 2001年作 荷塘花香 镜心	68cm×136cm	115,000	北京荣宝	2019-04-28
贾广健 2006年作 花鸟四屏 镜心	138cm×34cm×4	253,000	北京荣宝	2019-06-13
贾广健 2008年作 宋人诗意图 镜心	68cm×136cm	112,700	北京荣宝	2019-10-12
贾广健 2014年作 荷花鸳鸯 软片	68cm×137cm	115,000	湖南逸典	2019-05-18
贾广健 富贵图 镜心	42cm×45cm	218,500	中国嘉德	2019-06-04
贾广健 荷塘幽韻 镜心	138cm×69cm	195,500	北京荣宝	2019-06-13
贾景德 书法（五件）镜心	尺寸不一	1,322,500	北京银座	2019-06-05
贾平凹 2012年作 行书四屏 镜心	139cm×34cm×4	115,000	北京荣宝	2019-06-13
贾又福 1978年作 江城 立轴	62.5cm×51cm	121,068	中国嘉德	2019-03-30
贾又福 1978年作 江南小景 立轴	73.5cm×48cm	115,000	北京诚轩	2019-06-01
贾又福 1990年作 秋山苍茫图	63cm×59cm	171,513	中国嘉德	2019-03-30
贾又福 1992年作 霞光图 镜心	36.5cm×35.5cm	483,000	北京荣宝	2019-12-01
贾又福 彩云牧趣图 镜心	69cm×139cm	2,530,000	北京荣宝	2019-04-28
贾又福 朝晖图 镜心	59cm×67cm	920,000	北京保利	2019-06-03
贾又福 大岳梦魂 镜框	86cm×20.5cm	346,637	华艺国际	2019-05-27
贾又福 高山流水 镜心	49.5cm×35cm	345,000	北京荣宝	2019-12-01
贾又福 高山云起图 立轴	48cm×71cm	133,369	纽约佳士得	2019-09-10
贾又福 高原黄土千里香 镜心	39cm×131cm	690,000	中国嘉德	2019-03-23
贾又福 牧牛图 镜心	34cm×34.5cm	253,000	中国嘉德	2019-06-04
贾又福 牧趣图	96cm×155cm	920,000	北京翰海	2019-06-15
贾又福 诗之韵 镜心	34cm×36cm	253,000	中国嘉德	2019-03-23
贾又福 苏东坡诗意图 镜心	35cm×75cm	621,000	北京荣宝	2019-06-13
贾又福 溪山牧趣图 立轴	92cm×53cm	177,825	纽约佳士得	2019-09-10

拍品名称	物品尺寸	成交价RMB	拍卖公司	拍卖日期
贾又福 写古人意 镜框	40cm×50cm	230,000	北京荣宝	2019-06-13
贾又福 月下村庄 立轴	67.5cm×66.5cm	121,068	中国嘉德	2019-03-30
贾又福 月夜澄怀图 镜框	64cm×130.5cm	517,500	北京荣宝	2019-04-28
贾又福 最爱雨后夕照山	100cm×60cm	513,725	中国嘉德	2019-10-07
贾桢 书法 立轴	152cm×71cm	149,500	北京翰海	2019-03-29
贾臻 祥山泉情图 镜心	140cm×68cm	184,000	北京翰海	2019-03-29
江寒汀 1940年作 梅竹双清 立轴	87.5cm×34.5cm	207,000	上海工美	2019-06-09
江寒汀 1947年作 花卉鸟虫册十二开册	各19.2cm×25.1cm(12)	448,875	香港苏富比	2019-04-02
江寒汀 1948年作 春禽图 立轴	87cm×45cm	213,750	香港苏富比	2019-04-02
江寒汀 1948年作 桃花翠鸟 镜心	77cm×34cm	149,500	中国嘉德	2019-10-15
江寒汀 1953年作 花鸟图 镜心	100cm×49cm	181,602	中国嘉德	2019-03-30
江寒汀 八哥迎春图 镜片	94cm×38.5cm	253,000	上海嘉禾	2019-09-06
江寒汀 白蕉 紫藤翠羽 节录《后汉书》成扇	18.5cm×50cm	195,500	北京诚轩	2019-06-01
江寒汀 等 1942年作 1947年作 桃花小鸟 册页（十开选六）	37cm×24cm×10	115,000	朵云轩	2019-06-22
江寒汀 丁辅之 1945年作 百喜迎春 甲骨文 成扇	18.2cm×46cm	476,175	香港苏富比	2019-10-07
江寒汀 荷塘翡翠 立轴	92.5cm×41cm	249,425	香港苏富比	2019-10-07
江寒汀 花鸟八开册 册页	25cm×32cm×8	540,500	北京保利	2019-06-04
江寒汀 江上新秋图 立轴	118cm×46cm	97,750	中国嘉德	2019-10-15
江寒汀 孔小瑜 竹雀 云龙 成扇	18.5cm×47cm	97,750	广东崇正	2019-11-28
江寒汀 陆抑非 明王踏古石 凤凰栖梧桐 成扇	18.2cm×50cm	276,000	中国嘉德	2019-06-02
江寒汀 松影鸡鸣 立轴	127.5cm×53.5cm	287,500	朵云轩	2019-06-22
江寒汀 唐云 1944年作；1945年作 花鸟 蛙趣 成扇	19cm×49cm	172,500	广东崇正	2019-11-28
江寒汀 吴朴 1955年作 凌霄虫趣 节临武梁祠汉画题榜 成扇	18.7cm×50cm	103,500	北京诚轩	2019-06-01
江寒汀 竹柏翔禽 镜心	116cm×55.5cm	195,500	中国嘉德	2019-06-02
江宏伟 2008年作 花鸟四屏 镜心	93.5cm×29.8cm×4	690,000	北京荣宝	2019-06-13
江宏伟 2013年作 池塘四景 镜心	直径31cm×4；31cm×31cm×4	264,500	中国嘉德	2019-10-16
江宏伟 2017年作 桃花雀鸭 镜框	66.5cm×33.8cm	216,000	佳士得	2019-05-27
江宏伟 春塘图 镜心	43cm×130cm	230,000	北京荣宝	2019-06-13
江宏伟 观莲集 册页	直径31cm×4	212,750	北京荣宝	2019-12-01
江苹 1990年作 苏武牧羊 镜心	18cm×53cm	115,000	北京保利	2019-11-20
江苹 桐荫书屋 镜心	44cm×44cm	103,500	北京保利	2019-11-20
江云祥 和合二圣 镜心	136cm×46cm	138,000	北京荣宝	2019-06-13
江兆申 1982年作 临江清会 镜框	69.5cm×136cm	120,888	罗芙奥	2019-06-01
江兆申 1984年作 四季山水 镜框	92.5cm×47cm（每件）	420,480	罗芙奥	2019-06-01
江兆申 1988年作 四季山水 镜框	67.5cm×34.5cm（每件）	345,000	罗芙奥	2019-11-30
江兆申 1992年作 罨山图	174cm×93cm	607,200	罗芙奥	2019-11-30
江兆申 1995年作 行书五言联	175cm×47cm（每件）	99,360	罗芙奥	2019-11-30
姜宝林 1988年作 畲乡一瞥 镜心	84cm×68cm	402,500	中国嘉德	2019-06-04
姜宝林 无题 镜心	68.5cm×114.5cm	368,000	中国嘉德	2019-11-19
姜殿昌 2019年作 荷塘鱼蝶 镜心	69cm×138cm	115,000	北京翰海	2019-10-12
姜国华 2018年作 啄木鸟 镜心	69cm×69cm	97,750	北京翰海	2019-10-12
姜宏光 欢乐颂 镜心	150cm×83cm	115,000	北京荣宝	2019-12-01

拍品名称	物品尺寸	成交价RMB	拍卖公司	拍卖日期
姜宏光 天堂小鸟 镜心	150cm×83cm	115,000	北京荣宝	2019-06-13
姜萌 心经 镜片	34cm×285cm	203,500	保信利诚	2019-02-07
姜庆远 2016年作 猛气横生 立轴	170cm×90cm	115,000	北京翰海	2019-03-29
姜亚君 2018年作 金玉满堂 镜心	1800cm×97cm	172,500	北京翰海	2019-03-29
姜燕海 君子图 镜心	68cm×68cm	253,000	北京翰海	2019-03-29
姜永安 2019年作 王重阳与全贞七子图 镜心	124cm×250cm	1,150,000	北京荣宝	2019-06-13
蒋百里 1936年作 行书 镜片	136cm×22cm	299,000	上海工美	2019-06-09
蒋方震 章草 立轴	169cm×20cm	164,680	富得拍卖	2019-11-24
蒋风白 1965年作 禽憩图 镜片	93cm×44cm	437,000	西泠印社	2019-09-21
蒋梦麟 行书七言诗 立轴	84cm×32.5cm	138,000	北京保利	2019-12-01
蒋勋 百合花 镜心	92cm×91cm	322,000	中贸圣佳	2019-06-07
蒋兆和 1937年作 车夫 镜心	99cm×60cm	4,370,000	北京保利	2019-06-04
蒋兆和 1938年作 关颂韬像 立轴	86cm×49cm	3,220,000	北京荣宝	2019-06-13
蒋兆和 1940年作 邵芳画像 镜片	54.5cm×32cm	1,437,500	上海嘉禾	2019-09-06
蒋兆和 1948年作 未来之空中保垒 镜片	99cm×53cm	2,875,000	西泠印社	2019-07-06
蒋兆和 1953年作 拄文明棍的老者 立轴	129.5cm×67.0cm	253,000	中国嘉德	2019-11-18
蒋兆和 1956年作 黄荣昌同志像 镜框	54.5cm×41cm	216,000	佳士得	2019-05-28
蒋兆和 1956年作 志愿军战士 镜框	50cm×37cm	230,000	北京华辰	2019-07-14
蒋兆和 1960年作 东风到处果儿红 立轴	99cm×53cm	460,000	北京翰海	2019-06-14
蒋兆和 1961年作 学习毛主席著作 镜心	110cm×79cm	3,335,000	北京保利	2019-12-02
蒋兆和 1972年作 人物 立轴	102cm×34cm	163,300	北京翰海	2019-03-29
蒋兆和 1979年作 灵石白鸽 立轴	78cm×45cm	805,000	华艺国际	2019-08-10
蒋兆和 1979年作 织毛衣 镜片	68.5cm×35cm	943,000	西泠印社	2019-07-06
蒋兆和 1981年作 和平鸽 镜心	63cm×37cm	138,000	北京保利	2019-12-01
蒋兆和 1981年作 羲之爱鹅 立轴	133cm×66.5cm	2,300,000	北京荣宝	2019-12-01
蒋兆和 1982年作 晋玄晏先生造像 镜框	65.5cm×47.5cm	432,000	佳士得	2019-05-28
蒋兆和 1983年作 和平气象园满春 立轴	65cm×56cm	460,000	北京荣宝	2019-10-12
蒋兆和 1983年作 太白独酌 立轴	诗堂：20cm×64cm；画心：54cm×63.5cm	340,125	香港苏富比	2019-10-07
蒋兆和 飞马 镜心	20.5cm×17cm	207,000	中贸圣佳	2019-06-07
蒋兆和 给爷爷读报 镜心	96cm×83.5cm	6,325,000	北京荣宝	2019-12-01
蒋兆和 萧琼 1963年作 昂首观大地 行书毛主席词 成扇	20.5cm×49cm	391,000	北京保利	2019-12-01
蒋兆和 萧琼 1980年作 白鸽图 立轴	55.5cm×48cm	138,000	西泠印社	2019-07-06
蒋兆和 小孩与小鸡 立轴	76cm×47.5cm	1,742,565	华艺国际	2019-11-24
蒋兆和 婴戏图 立轴	59cm×44cm	1,115,500	中贸圣佳	2019-11-30
蒋中正 楷书“弘扬国粹”镜心	24.5cm×16.5cm	218,500	中国嘉德	2019-11-17
蒋中正 楷书七言联 立轴	162.5cm×35cm×2	552,000	广东崇正	2019-05-23
蒋中正 书法 镜片	56cm×110cm	115,000	湖南逸典	2019-05-18
金城 1909年作 临石谷师生山水合卷 手卷	引首：46cm×128cm；画心：46cm×718cm；后跋：46cm×173cm	1,587,250	香港苏富比	2019-10-07
金城 1911年作 拟王时敏幽山隐居图 镜心	128cm×47cm	115,000	中国嘉德	2019-06-03

2019书画拍卖成交汇总

(成交价RMB：10万元以上)

拍品名称	物品尺寸	成交价RMB	拍卖公司	拍卖日期
金城 1911年作 松鹰图 立轴	248cm×60cm	138,000	北京保利	2019-06-04
金城 1912年作 临王石谷仿卢鸿草堂图 立轴	123cm×58.3cm	2,030,625	香港苏富比	2019-04-02
金城 1916年作 苍崖倚天 立轴	261.5cm×40cm	402,500	北京诚轩	2019-11-16
金城 1922年作 壬戌岁朝图 立轴	114cm×52cm	1,412,460	北京匡时	2019-04-02
金城 1923年作 秋林萧寺 镜心	31.5cm×36.5cm	138,000	北京诚轩	2019-11-16
金城 1924年作 北窗夜雪 立轴	103.5cm×39.5cm	115,000	北京翰海	2019-06-14
金城 1924年作 溪山图 立轴	148cm×64.5cm	287,500	北京匡时	2019-07-13
金城 1924年作 小姑山 立轴	99.5cm×48.5cm	241,500	北京诚轩	2019-11-16
金城 1925年作 鸟语花香 立轴	65.5cm×33.2cm	172,500	北京诚轩	2019-06-01
金城 1925年作 松云晓帆 立轴	104cm×51cm	212,750	北京匡时	2019-07-13
金城 1925年作 桃花飞禽图 立轴	131cm×63cm	368,000	北京荣宝	2019-12-01
金城 1926年作 山居读书图 立轴	116.8cm×49cm	448,875	香港苏富比	2019-04-02
金城 1926年作 松鼠 立轴	91.5cm×33.5cm	287,500	北京翰海	2019-06-14
金城 陈半丁 1908年作 桐阴却暑图 立轴	139.5cm×40.5cm	483,000	北京银座	2019-06-05
金城 管念慈 等 1907年作 1908年作 仿古山水合卷 十段合装成手卷	各：26.6cm×69cm×10	1,360,500	香港苏富比	2019-10-07
金城 甲子十二月既望（1925年作 断崖古寺 立轴	108.5cm×24cm	149,500	北京诚轩	2019-06-01
金城 林纾 梁鼎芬 圆光（四帧）镜心	直径22cm×4	110,979	保利香港	2019-04-01
金城 临赵之谦花卉六条屏 立轴	134cm×28cm×6	713,000	中贸圣佳	2019-11-30
金城 蔷薇 镜心	19cm×55.5cm	115,000	中贸圣佳	2019-06-07
金城 田步蟾 等 1907年作 松荫古寺 镜心	133cm×66cm	126,500	北京保利	2019-11-20
金城 苕溪秋泛 卷	33cm×340cm	115,000	北京翰海	2019-06-14
金城 夭桃狸奴 立轴	158cm×40.8cm	192,375	香港苏富比	2019-04-02
金陵政要 1942至43年作 致高岛菊次郎书法册 廿二开册	29.8cm×36.3cm (22)	2,244,375	香港苏富比	2019-04-02
金梅生 大团结 镜芯	75.5cm×53cm	299,000	中鸿信	2019-07-16
金西厓 林纾 沈卫 金西厓刻竹制扇骨、林纾绘扇面 成扇	20cm×49cm	1,109,790	北京匡时	2019-04-02
金晓海 2018年作 雍容华贵 镜心	33cm×78cm	299,000	北京翰海	2019-03-29
金晓海 2019年作 九畹遗韵 镜心	72cm×138cm	1,150,000	北京翰海	2019-10-12
金阳 2018年作 清风满荷 镜心	46cm×96cm	103,500	北京保利	2019-06-03
金肇芳 让下一代健康快乐的成长起来 镜片	47cm×71cm	172,500	西泠印社	2019-07-07
京华名家 1939年作 书画格景扇 成扇	22.2cm×61cm	566,875	香港苏富比	2019-10-07
京华三家 1951年作 富贵长春 成扇	23.3cm×66.2cm	320,625	香港苏富比	2019-04-02
京津十二家 1947年作 祝寿合册 十二开册	各 32.5cm×32.5cm (12)	5,279,625	香港苏富比	2019-04-02
经亨颐 隶书五言 对联	109.5cm×28.5cm×2	132,250	上海工美	2019-06-09
井上有一 1951年作 陶潜诗咏贤士 镜框	38.5cm×39.9cm	161,000	上海明轩	2019-04-28
井上有一 1960年作 彻	145.3cm×174.5cm	363,204	保利香港	2019-03-31
井上有一 1963年作 莲	120.3cm×171.5cm	302,670	保利香港	2019-03-31
井上有一 1965年作 蓬门为君初开 镜框	47.5cm×74cm	161,000	上海明轩	2019-04-28
井上有一 1966年作 尽	125cm×200cm	342,483	中国嘉德	2019-10-07
井上有一 1966年作 梦 立轴	267cm×154.5cm（整体）202cm×145cm（作品）	587,813	香港苏富比	2019-04-01

拍品名称	物品尺寸	成交价RMB	拍卖公司	拍卖日期
井上有一 1967年作 三十辐	46.5cm×61cm	161,000	上海明轩	2019-04-28
井上有一 1968年作 间	146cm×243.5cm	481,617	中国嘉德	2019-10-07
井上有一 1969年作 南山	93cm×125cm	368,000	中国嘉德	2019-06-03
井上有一 1970年作 花	45.3cm×65cm	117,563	香港苏富比	2019-04-01
井上有一 1971年作 塔	106cm×164cm	235,457	中国嘉德	2019-10-07
井上有一 1972年作 脱落身心	127cm×56cm	374,591	中国嘉德	2019-10-07
井上有一 1972年作 质素	79cm×125.6cm	449,509	中国嘉德	2019-10-07
井上有一 1972年作 和	48.5cm×70.5cm	136,050	香港苏富比	2019-10-07
井上有一 1972年作 素 镜框	78cm×78cm	161,000	上海明轩	2019-04-28
井上有一 1975年作 暂	90cm×101.5cm	267,565	中国嘉德	2019-10-07
井上有一 1977年作 圆 镜框	66cm×86.5cm	149,500	上海明轩	2019-04-28
井上有一 1980年作 幻	107.5cm×174.5cm	242,136	保利香港	2019-03-31
井上有一 1981年作 鹰	107cm×137cm	267,565	中国嘉德	2019-10-07
井上有一 1982年作 戒 镜框	55.5cm×64.5cm	207,000	上海明轩	2019-04-28
井上有一 1982年作 舟	153cm×138.8cm	226,750	香港苏富比	2019-10-07
井上有一 爱 镜心	91cm×121cm	483,000	荣宝斋（南京）	2019-07-21
井上有一 花 镜心	123cm×182.7cm	517,500	荣宝斋（南京）	2019-07-21
井上有一 林	120cm×126.5cm	322,000	中国嘉德	2019-11-16
井上有一 宁 镜心	123.5cm×166.5cm	517,500	荣宝斋（南京）	2019-07-21
井上有一 贫 镜心	120cm×96cm	517,500	荣宝斋（南京）	2019-07-21
井上有一 深 镜心	122cm×166cm	517,500	荣宝斋（南京）	2019-07-21
井上有一 泰 镜框	91cm×122cm	460,000	上海明轩	2019-04-28
井上有一 鹰 镜心	136cm×94cm	575,000	荣宝斋（南京）	2019-07-21
井上有一 圆 镜心	126cm×144cm	552,000	荣宝斋（南京）	2019-07-21
酒井抱一 葵花麻雀图	142cm×48cm	318,868	纽约佳士得	2019-03-21
菊川英山 花魁道中图	80cm×30cm	167,825	纽约佳士得	2019-03-21
康宁 1999年作 和鸣栖庭树 镜心	62cm×123cm	230,000	北京荣宝	2019-12-01
康宁 2005年作 鹤舞 镜心	96cm×242cm	172,500	北京荣宝	2019-12-01
康宁 2005年作 花鸟四屏 镜心	137cm×34.5cm×4	230,000	北京荣宝	2019-12-01
康宁 2005年作 洛浦神仙 镜心	84cm×154cm	345,000	北京荣宝	2019-12-01
康宁 2005年作 玉羽凌霞 镜心	102cm×137cm	103,500	北京荣宝	2019-12-01
康宁 2006年作 白鹭秋寒图 镜心	144cm×367cm	322,000	北京荣宝	2019-12-01
康宁 2006年作 杜甫诗意图 镜心	168cm×144cm	195,500	北京荣宝	2019-12-01
康生 草书自以为非 立轴	136.5cm×66.5cm	598,000	西泠印社	2019-07-06
康生 草书《黔之驴》立轴	64cm×37cm	1,610,000	中国嘉德	2019-06-04
康生 草书白居易《琵琶行》、自作诗、行草书章碣《七绝诗》镜心	尺寸不一	575,000	北京保利	2019-06-04
康生 草书毛主席词《采桑子·重阳》立轴	87.5cm×22.5cm	1,265,000	中国嘉德	2019-06-04
康生 草书五言联句 立轴	130cm×40cm	345,000	中国嘉德	2019-06-02
康生 行草书摘抄 镜心	26cm×19cm×2	115,000	北京保利	2019-06-04
康生 行草摘抄《原子弹赋》、《祖国核爆成功颂》并朱批 镜心	37cm×26cm	115,000	北京保利	2019-06-04
康生 隶书《采桑子·重阳》镜心	151cm×42cm	920,000	北京保利	2019-12-01
康生 悠然自得图 镜片	60cm×18cm	460,000	广东崇正	2019-05-23
康生 章草“读书虽劳不疲”横额 镜心	17cm×88cm	805,000	中贸圣佳	2019-11-30
康生 章草毛主席诗句 立轴	98.5cm×29.5cm	1,518,000	广东崇正	2019-05-23

拍品名称	物品尺寸	成交价RMB	拍卖公司	拍卖日期
康生 章草自作词 立轴	51cm×12cm	345,000	广东崇正	2019-11-28
康生 长抱清芬卷 手卷	引首 15.5cm×42cm; 画① 15.5cm×48cm; 画② 15.5cm×51.5cm; 跋 15.5cm×80cm	1,150,000	广东崇正	2019-11-28
康生 篆书"百花齐放"镜心	14.5cm×17.5cm	149,500	北京保利	2019-12-01
康生 篆书"克己"立轴	64cm×31cm	632,500	中国嘉德	2019-06-04
康师尧 1978年作 身饱霜雪春来天地 镜片	120cm×243.5cm	1,955,000	广东崇正	2019-05-23
康师尧 1978年作 迎春花 镜心	179cm×80cm	230,000	北京银座	2019-06-05
康师尧 1983年作 井岗山 立轴	96cm×89cm	103,500	广东崇正	2019-05-23
康师尧 1983年作 韶山 立轴	95cm×89cm	115,000	广东崇正	2019-05-23
康师尧 1983年作 延安 立轴	95cm×89cm	97,750	广东崇正	2019-05-23
康师尧 1983年作 遵义 立轴	96cm×89cm	126,500	广东崇正	2019-05-23
康同璧 松下幽兰图 立轴	171.5cm×51cm	126,500	西泠印社	2019-07-07
康有为"寿为朋"横额 镜心	33cm×93cm	138,000	中贸圣佳	2019-06-07
康有为 1899年作 行书自作诗 镜心	181cm×94cm	322,000	北京匡时	2019-07-13
康有为 1911年作 行书《念奴娇·赤壁怀古》镜心	25.5cm×26cm	195,500	中国嘉德	2019-06-03
康有为 1913年作 行书自作诗 手卷	29.5cm×202cm	287,500	华艺国际	2019-08-11
康有为 1914年作 博施济众 横披	49.5cm×185cm	264,500	北京匡时	2019-07-13
康有为 1914年作 行书梦窗词 扇面一对 镜框	各 11.2cm×43.3cm (2)	128,250	香港苏富比	2019-04-02
康有为 1915年作 行书元好问诗 镜心	17.5cm×40.5cm	184,000	中国嘉德	2019-11-18
康有为 1916年作 行书五言联 镜芯	116.5cm×26cm×2	368,000	中鸿信	2019-07-17
康有为 1918年作 行书五言联 立轴	150.5cm×39cm×2	218,500	北京银座	2019-06-05
康有为 1918年作 行书赠友人诗卷 手卷	150cm×18.5cm	155,250	西泠印社	2019-07-07
康有为 1919年作 行书 西湖诗 立轴	143cm×37cm	172,500	西泠印社	2019-09-21
康有为 1919年作 行书西湖诗 立轴	143cm×37.5cm	253,000	西泠印社	2019-07-07
康有为 1920年作 行书"扁舟明雨"镜芯	31cm×92cm	97,750	中鸿信	2019-07-17
康有为 1921年作 行书樱花赋 手卷	21.5cm×325cm	178,250	上海驰翰	2019-06-21
康有为 1921年作 行书自作诗 镜心	143.5cm×77cm	920,000	中国嘉德	2019-11-18
康有为 1923年作 行书 七言诗 立轴	187cm×123cm	287,500	西泠印社	2019-07-06
康有为 1923年作 行书七言诗 立轴	72cm×46.5cm	345,000	中国嘉德	2019-06-02
康有为 对联 立轴	170cm×30cm×2	575,000	华艺国际	2019-08-11
康有为 对联 立轴	146.5cm×35cm×2	149,500	华艺国际	2019-08-11
康有为 行书 碑亭 镜片	100.5cm×48.5cm	207,000	西泠印社	2019-07-06
康有为 行书 立轴	144cm×38cm	97,750	北京荣宝	2019-04-28
康有为 行书 立轴	104.5cm×54.5cm	201,600	上海联合	2019-06-16
康有为 行书 五言联	174.5cm×44.7cm	115,000	中国嘉德	2019-06-03
康有为 行书 五言联 对联	163.5cm×38.5cm×2	287,500	西泠印社	2019-07-06
康有为 行书 五言联 对联	140cm×35.5cm×2	517,500	西泠印社	2019-07-06
康有为 行书 辛弃疾词句 立轴	237cm×58.5cm	1,092,500	西泠印社	2019-07-06
康有为 行书 中天悬明月 镜片	166.5cm×42cm	632,500	西泠印社	2019-07-06
康有为 行书 自作诗 立轴	98.5cm×29cm	161,000	西泠印社	2019-04-13
康有为 行书"花源九重"镜芯	39cm×133cm	149,500	中鸿信	2019-07-17
康有为 行书"金膏水碧"镜心	15cm×121cm	195,500	上海匡时	2019-06-21
康有为 行书"旧时月色"镜心	30.5cm×122cm	97,750	中国嘉德	2019-06-02
康有为 行书"克明俊德"镜心	37.5cm×142cm	149,500	北京匡时	2019-07-13

拍品名称	物品尺寸	成交价RMB	拍卖公司	拍卖日期
康有为 行书"山水清晖"横批	45cm×124cm	241,500	中鸿信	2019-07-16
康有为 行书"题刘海粟画册"镜片	37.5cm×33.5cm	368,000	上海工美	2019-11-10
康有为 行书"文锦斋"镜心	33.5cm×94cm	230,000	北京银座	2019-06-05
康有为 行书《焦氏易林》节录 立轴	106cm×50cm	230,000	北京荣宝	2019-06-13
康有为 行书《易林》句 立轴	168cm×42cm	322,000	中贸圣佳	2019-11-30
康有为 行书《游古吹台诗》八条屏	224cm×62cm×8	437,000	中国嘉德	2019-10-15
康有为 行书《游华山诗》立轴	147cm×78cm×2	267,565	中国嘉德	2019-10-08
康有为 行书八言联 立轴	170.5cm×36.5cm×2	151,335	北京匡时	2019-04-02
康有为 行书对联（两幅）立轴	202cm×46.5cm×2	134,250	佳士得	2019-11-26
康有为 行书古文句 立轴	107cm×50.5cm	138,000	西泠印社	2019-07-07
康有为 行书杭州高庄记游诗 立轴	178cm×47cm	641,250	香港苏富比	2019-04-01
康有为 行书横披 镜心	32cm×129.5cm	552,000	上海明轩	2019-04-28
康有为 行书六言联 立轴	145.5cm×38.5cm×2	690,000	北京银座	2019-06-05
康有为 行书龙门对 立轴	361cm×69.5cm×2	575,000	中贸圣佳	2019-06-07
康有为 行书录《春秋繁露》句 镜芯	49cm×32cm	126,500	中鸿信	2019-07-17
康有为 行书七言联 立轴	178cm×41cm×2	207,000	北京匡时	2019-07-13
康有为 行书七言联 立轴	145cm×37cm×2	126,500	中国嘉德	2019-06-03
康有为 行书七言联 立轴	163cm×40cm×2	713,000	北京荣宝	2019-06-13
康有为 行书七言联 立轴	179.5cm×43.5cm×2	172,500	中国嘉德	2019-11-17
康有为 行书七言诗 镜心	47cm×176.5cm	437,000	北京匡时	2019-07-13
康有为 行书七言诗 立轴	142.5cm×77cm	437,000	北京银座	2019-06-05
康有为 行书诗句 立轴	172cm×85cm	201,780	保利香港	2019-04-01
康有为 行书四屏 镜芯	149cm×38cm×4	345,000	中鸿信	2019-07-17
康有为 行书四言联 立轴	122cm×36cm×2	149,500	北京匡时	2019-07-13
康有为 行书四言诗 立轴	100cm×39.5cm	253,000	中国嘉德	2019-06-02
康有为 行书宋词句 立轴	172cm×85cm	184,000	中国嘉德	2019-11-17
康有为 行书宋人词句 立轴	98cm×48.5cm	299,000	中国嘉德	2019-06-04
康有为 行书五言联 对联	160cm×42cm×2	287,500	中国嘉德	2019-03-24
康有为 行书五言联 对联	125cm×40cm×2	97,750	中国嘉德	2019-06-24
康有为 行书五言联 对联	148.5cm×40cm×2	345,000	北京保利	2019-12-03
康有为 行书五言联 对联	140cm×37cm×2	138,000	北京保利	2019-12-03
康有为 行书五言联 镜心	133cm×33cm×2	230,000	中国嘉德	2019-11-17
康有为 行书五言联 立轴	132.5cm×37cm×2	161,000	北京匡时	2019-07-13
康有为 行书五言联 立轴	133cm×32.5cm×2	103,500	中贸圣佳	2019-11-30
康有为 行书五言联 立轴	166cm×38cm×2	356,500	中贸圣佳	2019-11-30
康有为 行书五言联 立轴	171.5cm×44cm×2	437,000	广东崇正	2019-05-23
康有为 行书五言联 立轴	134.5cm×32.5cm×2	115,000	中鸿信	2019-07-17
康有为 行书五言联 立轴	139cm×39.5cm×2	402,500	中国嘉德	2019-11-17
康有为 行书五言联 立轴	170cm×43cm×2	299,000	中国嘉德	2019-11-18
康有为 行书五言联 立轴	168cm×43cm×2	241,500	中国嘉德	2019-11-18
康有为 行书五言联 立轴	171cm×42cm×2	230,000	北京保利	2019-11-20
康有为 行书五言联 立轴	145cm×38cm×2	471,500	北京保利	2019-12-01
康有为 行书张炎句 立轴	129cm×63cm	322,000	北京保利	2019-06-04
康有为 行书中堂 立轴	133cm×65cm	310,500	中鸿信	2019-07-17
康有为 隶书四言联 镜心	228cm×72cm×2	920,000	北京保利	2019-08-24
康有为 梦窗词句 立轴	110cm×48cm	134,400	上海联合	2019-06-16
康有为 书法 立轴	133cm×64cm	103,500	北京翰海	2019-03-29
康有为 书法 立轴	115cm×31cm	101,200	北京荣宝	2019-04-28
康有为 书法对联（两幅）镜片	227.5cm×73cm×2	237,600	佳士得	2019-05-20
康有为 书法五言联 立轴	149cm×39cm×2	115,000	荣宝斋（桂林）	2019-08-18
康有为 元遗山诗一首 镜心	17cm×40cm	161,000	中贸圣佳	2019-06-07
抗战宣传画（一组七张）	尺寸不一	115,000	中鸿信	2019-07-15
柯璜 草书 立轴	78cm×40cm	97,750	上海嘉禾	2019-09-07
柯璜 花卉四屏 镜心	118cm×26cm×4	241,500	北京保利	2019-06-22

拍品名称	物品尺寸	成交价RMB	拍卖公司	拍卖日期
柯璜 紫藤 立轴	133cm×54cm	149,500	荣宝斋（桂林）	2019-08-18
柯良 2019年作 傲雪 镜心	69cm×136cm	184,000	北京荣宝	2019-06-13
柯良 2019年作 傲雪图 镜心	69cm×170cm	230,000	北京荣宝	2019-12-01
柯良 2019年作 紫气东来 镜心	68cm×68cm	115,000	北京荣宝	2019-06-13
柯良 2019年作 紫气东来 镜心	69cm×68.5cm	115,000	北京荣宝	2019-12-01
空海法师 草书卷 手卷	33cm×168cm	299,000	中国嘉德	2019-03-25
空海法师 等 书法 册页	20.5cm×13.5cm×6	598,000	中鸿信	2019-07-16
孔小瑜 1932年作 金石同寿 立轴	147cm×79cm	287,500	上海嘉禾	2019-09-07
孔小瑜 1941年作 大地皆春 镜心	152.5cm×81.5cm	207,000	中国嘉德	2019-06-03
孔小瑜 1948年作 花果清供图 立轴	149cm×81cm	417,401	保利香港	2019-10-06
孔小瑜 陈摩 高峻 李润 等 扇面（二十三帧）扇面	尺寸不一	282,492	中国嘉德	2019-03-30
孔兴诏 行书《西苑启事》立轴	160.5cm×50cm	207,000	广东崇正	2019-05-23
寇克让 2018年作 草书丁仙之诗 镜心	48cm×179cm	425,500	北京保利	2019-11-20
寇克让 2019年作 草书《送紫阳僧归庐岳旧寺》镜心	138cm×69cm	460,000	北京保利	2019-11-20
寇克让 2019年作 草书《庭梅》镜心	34cm×138cm	207,000	北京保利	2019-11-20
寇克让 2019年作 草书杜荀鹤《小松》镜心	69cm×70cm	207,000	北京保利	2019-11-20
寇克让 郎士元《春日陪两省诸公宴张舍人宅》镜心	136cm×68cm	345,000	中贸圣佳	2019-11-30
赖少其 1977年作 漆书朱德诗二首 立轴	108cm×38.5cm	471,500	广东崇正	2019-11-28
赖少其 1978年作 梅花对联一堂 镜框、立轴	对联 68cm×16cm×2；梅花 68cm×40cm	345,000	华艺国际	2019-08-11
赖少其 1979年作 行书五言联 镜心	96.5cm×18.5cm×2	138,000	北京荣宝	2019-10-12
赖少其 1980年作 黄岳瀑流图 立轴	70.2cm×40cm	736,938	香港苏富比	2019-10-07
赖少其 1980年作 云山叠障 镜片	67.5cm×116cm	713,000	广东崇正	2019-11-28
赖少其 1982年作 黄山散花坞 立轴	67cm×40.5cm	305,856	华艺国际	2019-05-27
赖少其 1984年作 黄山烟云 镜框	42cm×59cm	368,000	华艺国际	2019-08-11
赖少其 1984年作 山水 立轴	68cm×44.5cm	287,500	中国嘉德	2019-11-17
赖少其 1985年作 行书《桂离宫》立轴	138cm×34cm	97,750	广东崇正	2019-05-23
赖少其 1985年作 行书《相见欢》镜片	34cm×186cm	115,000	广东崇正	2019-11-28
赖少其 1985年作 行书自作词 横批	40.5cm×150.5cm	138,000	中国嘉德	2019-06-02
赖少其 1985年作 山高日觉短 立轴	92cm×40cm	368,000	华艺国际	2019-08-11
赖少其 1985年作 铁打江山血铸成 立轴	86cm×50cm	782,000	广东崇正	2019-05-23
赖少其 1986年作 竹里馆 立轴	77.5cm×47cm	345,000	中国嘉德	2019-06-02
赖少其 1987年作 黄山 立轴	101.6cm×52cm	118,800	佳士得	2019-05-28
赖少其 1987年作 黄山绿海 镜框	51.5cm×72cm	517,500	华艺国际	2019-08-11
赖少其 1987年作 隶书八言联 立轴	151cm×27cm×2	115,000	广东崇正	2019-05-23
赖少其 1988年作 赤松林 立轴	68cm×69cm	345,000	广东崇正	2019-11-28
赖少其 1988年作 黄山新晴 立轴	69cm×68.5cm	345,000	广东崇正	2019-05-23
赖少其 1988年作 水明楼 镜片	54.5cm×64.5cm	120,750	广东崇正	2019-11-27
赖少其 1990年作 秀山雨润 立轴	67cm×68cm	322,000	广东崇正	2019-05-23
赖少其 1992年作 独钓寒江 镜框	80cm×52cm	690,000	华艺国际	2019-08-10
赖少其 黄山云峰图 隶书讲信修睦（二帧）镜片	67cm×55cm；81.5cm×18cm	368,000	西泠印社	2019-07-06
赖少其 黄山云迷 镜片	83cm×37.5cm	437,000	广东崇正	2019-03-03
赖少其 览书崇寿 镜框	40cm×117cm	109,250	华艺国际	2019-08-10
赖少其 廖静文 1993年作 隶书五言联、行书题词一则 镜芯	97cm×18.5cm×2	115,000	中鸿信	2019-07-17
赖少其 千山万水 镜心	26.5cm×80cm	138,000	荣宝斋（桂林）	2019-08-18
赖少其 如意画廊 镜框	41cm×151.5cm	138,000	华艺国际	2019-08-11
蓝健康 金丝猴 镜片	120cm×80cm	1,059,300	保信利诚	2019-02-07
蓝健康 山灵 镜片	84cm×240cm	1,854,600	保信利诚	2019-02-07
蓝健康 岳阳楼 镜片	70cm×180cm	124,300	保信利诚	2019-02-07
蓝山 2018年作 清香 镜心	45cm×68cm	172,500	北京翰海	2019-03-29
蓝荫鼎 1962年作 静舍听瀑	69cm×44.5cm	170,063	香港苏富比	2019-10-06
郎承文 牡丹情 镜心	101cm×101cm	184,000	中国嘉德	2019-06-04
郎承文 崖风过谷 镜心	203.5cm×139cm	437,000	中国嘉德	2019-11-19
郎森 2019年作 石林晨音 镜心	138cm×68cm	448,500	北京翰海	2019-10-12
郎森 硃机如实年年笑 镜心	137cm×68cm	414,000	北京翰海	2019-03-29
老赫 对一种植物的第一次抽象 镜心	270cm×160cm	138,000	中国嘉德	2019-10-16
老舍 1942年作 行书自作诗 立轴	53cm×20cm	207,000	北京荣宝	2019-06-13
老舍 1961年作 楷书 七言诗 扇页	53.5cm×18cm	126,500	西泠印社	2019-09-22
老舍 1965年作 行书 镜片	63cm×26cm	212,750	上海嘉禾	2019-09-07
老舍 行书 镜片	50cm×24cm	212,750	广东崇正	2019-11-27
老舍 行书《内蒙摄影展诗》团扇	24cm×20cm	109,250	中国嘉德	2019-11-18
老舍 楷书自作诗 镜心	70.5cm×31cm	161,000	中贸圣佳	2019-06-07
老舍 吴湖帆 跋清王兰坡文石图 立轴	135cm×47cm	218,500	中鸿信	2019-07-17
乐樵隐 猛虎图 镜芯	画心 169cm×89.5cm；诗堂 26cm×89.5cm	5,175,000	中鸿信	2019-07-17
雷德祖 1979年-1982年作 斯巴达克思 连环画原稿（全）画心	15cm×23cm×738	1,840,000	西泠印社	2019-07-07
雷峰塔经 手卷	6.5cm×154.5cm	155,250	上海工美	2019-06-09
雷正民 2005年作 奇境观泉图 镜心	68cm×68cm	322,000	北京翰海	2019-03-29
雷正民 2007年作 漓江云 镜心	68cm×138cm	598,000	北京翰海	2019-03-29
雷正民 2007年作 山水 镜心	68cm×138cm	575,000	北京翰海	2019-03-29
雷正民 2007年作 长城 镜心	68cm×138cm	575,000	北京翰海	2019-03-29
雷正民 2015年作 菩萨造像 镜心	68cm×68cm	356,500	北京翰海	2019-03-29
冷军 2011年作 三人行必有吾师 镜心	69cm×136cm	253,000	中国嘉德	2019-06-04
黎大墨 2018年作 行体榜书 镜心	68cm×136cm	379,500	北京翰海	2019-03-29
黎氏秋 1987年作 少女与鲜花	32cm×24cm	151,200	佳士得	2019-05-26
黎雄才 1946年作 山水 册页（三开）	27.5cm×30cm×3	460,000	华艺国际	2019-08-11
黎雄才 1948年作 高士闲吟图 镜片	86.5cm×27cm	230,000	西泠印社	2019-07-06
黎雄才 1948年作 雪中双艳 立轴	112cm×40cm	690,000	广东崇正	2019-05-23
黎雄才 1954年作 农家一景 镜框	34.7cm×46.5cm	396,813	香港苏富比	2019-10-07
黎雄才 1955年作 长江帆影 镜片	25cm×31cm	143,750	广东崇正	2019-11-28
黎雄才 1956年作 山旅图 立轴	79cm×28cm	460,000	华艺国际	2019-08-11
黎雄才 1956年作 舟行长江 镜框	36.7cm×40.3cm	430,825	香港苏富比	2019-10-07
黎雄才 1957年作 送客松 立轴	101cm×44cm	460,000	华艺国际	2019-08-11
黎雄才 1961年作 黄山天门坎图 立轴	131.5cm×46.5cm	1,380,000	西泠印社	2019-07-06

拍品名称	物品尺寸	成交价RMB	拍卖公司	拍卖日期
黎雄才 1962年作 桐木岭 镜框	31.5cm×41.5cm	680,250	香港苏富比	2019-10-07
黎雄才 1964年作 毛主席词意图 镜片	164.5cm×95cm	4,140,000	广东崇正	2019-05-23
黎雄才 1964年作 壮志凌云 立轴	131cm×35.5cm	160,539	保利香港	2019-10-06
黎雄才 1966年作 黄山天都峰 立轴	138cm×68cm	1,092,500	广东崇正	2019-05-23
黎雄才 1971年作 秋山图 立轴	92cm×38cm	138,000	上海匡时	2019-06-21
黎雄才 1972年作 峨眉远眺 立轴	48.5cm×59cm	483,000	广东崇正	2019-05-23
黎雄才 1972年作 行旅图 镜心	91cm×45cm	322,000	中国嘉德	2019-11-17
黎雄才 1974年作 墨笔山水册 册页（共四十四页）	画心 38.5cm×27cm×36; 题跋 94.5cm×57.5cm×3; 57.5cm×47cm×5	2,875,000	西泠印社	2019-07-06
黎雄才 1974年作 岁朝图 镜心	66cm×33cm	402,500	中国嘉德	2019-11-17
黎雄才 1976年作 岁朝图 镜心	48cm×79cm	310,500	中国嘉德	2019-11-17
黎雄才 1977年作 黄山采药图 镜心	58cm×35cm	483,000	中国嘉德	2019-11-17
黎雄才 1977年作 松瀑飞鸟 立轴	72.5cm×42cm	253,000	广东崇正	2019-05-23
黎雄才 1977年作 乌江渡口 镜片	109cm×49cm	862,500	广东崇正	2019-05-23
黎雄才 1978年作 夔门天下雄 镜心	65cm×33cm	322,000	北京荣宝	2019-06-13
黎雄才 1978年作 松岭策马 镜片	65.5cm×33cm	747,500	广东崇正	2019-11-27
黎雄才 1978年作 松岭策骑 镜片	38cm×52cm	276,000	广东崇正	2019-05-23
黎雄才 1979年作 龙门古渡 立轴	79cm×49cm	529,000	中国嘉德	2019-06-03
黎雄才 1980年作 黄山天门坎 立轴	69cm×38cm	437,000	广东崇正	2019-05-23
黎雄才 1980年作 松瀑图 立轴	83cm×48.5cm	458,784	华艺国际	2019-05-27
黎雄才 1980年作 岁朝图 镜心	68.5cm×34.5cm	184,000	中国嘉德	2019-11-17
黎雄才 1981年作 寻崖觅瀑泉 立轴	133cm×66.5cm	1,207,500	广东崇正	2019-11-28
黎雄才 1982年作 深山游猿图 立轴	68cm×46cm	218,500	广东崇正	2019-05-23
黎雄才 1982年作 松谷猿啼 立轴	97cm×45cm	207,000	中国嘉德	2019-10-15
黎雄才 1982年作 松林策马 镜片	82.5cm×51cm	425,500	广东崇正	2019-11-27
黎雄才 1982年作 松瀑图 镜片	82cm×152.5cm	2,645,000	广东崇正	2019-11-28
黎雄才 1982年作 松山瀑布图 镜片	178cm×95.5cm	1,955,000	西泠印社	2019-07-06
黎雄才 1982年作 松崖飞瀑 镜心	68cm×33cm	172,500	北京荣宝	2019-12-01
黎雄才 1982年作 松猿图 镜框	41.5cm×48cm	230,000	华艺国际	2019-08-11
黎雄才 1983年作 行云流水 书法 成扇	16cm×48cm	138,000	华艺国际	2019-08-11
黎雄才 1983年作 密林涌泉 立轴	177.5cm×94cm	1,265,000	中国嘉德	2019-11-17
黎雄才 1983年作 唐人诗意图 立轴	136cm×68.5cm	920,000	广东崇正	2019-11-28
黎雄才 1984年作 松石图 镜心	65cm×101cm	117,729	中国嘉德	2019-10-08
黎雄才 1984年作 万壑响松风 镜片	68cm×126cm	1,150,000	广东崇正	2019-05-23
黎雄才 1985年作 山行所见 立轴	81cm×50.8cm	280,800	佳士得	2019-05-28
黎雄才 1985年作 松岩峭壁 镜心	37.5cm×54cm	171,513	保利香港	2019-04-01
黎雄才 1985年作 峡江扬帆图 镜芯	136cm×68.5cm	115,000	中鸿信	2019-07-16
黎雄才 1986年作 嘉陵江行图 镜片	137cm×69cm	1,380,000	西泠印社	2019-07-06
黎雄才 1986年作 山溪清夏 镜心	42.5cm×66cm	171,513	保利香港	2019-04-01
黎雄才 1986年作 松瀑鸣泉 镜片	68.5cm×34cm	276,000	广东崇正	2019-05-23
黎雄才 1987年作 春山图 立轴	91cm×42.5cm	151,335	北京匡时	2019-04-02
黎雄才 1988年作 风正一帆悬 镜片	137cm×68cm	1,955,000	广东崇正	2019-05-23
黎雄才 1988年作 抚仙湖所见 立轴	136.5cm×69cm	920,000	中国嘉德	2019-11-18
黎雄才 1988年作 松瀑流泉 草书七言诗 镜心	34cm×45cm; 29cm×57cm	126,500	中国嘉德	2019-10-15
黎雄才 1988年作 岁寒图 镜心	135cm×67cm	828,000	中国嘉德	2019-11-17
黎雄才 1988年作 唐人诗意图 镜心	68cm×116cm	97,750	中国嘉德	2019-10-16
黎雄才 1988年作 雨后山更青 立轴	148cm×81cm	977,500	广东崇正	2019-05-23
黎雄才 1989年作 鸾凤和鸣 镜框	68.5cm×45cm	345,000	华艺国际	2019-08-11
黎雄才 1989年作 秋菊图 镜心	134cm×67cm	437,000	中国嘉德	2019-11-17
黎雄才 1990年作 风帆出峡 镜框	139cm×69cm	1,667,500	华艺国际	2019-08-11
黎雄才 1990年作 空谷幽兰 镜片	84cm×50.5cm	138,000	广东崇正	2019-11-27
黎雄才 1990年作 林海雪原 镜心	66.5cm×91cm	292,581	北京匡时	2019-04-02
黎雄才 1991年作 山水书法册 镜框（八开）	28cm×42cm×8	310,500	上海嘉禾	2019-09-07
黎雄才 1991年作 探山图 立轴	62.5cm×36cm	149,500	广东崇正	2019-11-28
黎雄才 1992年作 冰天跃马图 镜片	48cm×73cm	184,000	广东崇正	2019-11-27
黎雄才 1992年作 林间小鸟 镜框	135cm×69cm	460,000	华艺国际	2019-08-11
黎雄才 1992年作 松 镜片	43cm×68cm	112,700	广东崇正	2019-05-23
黎雄才 1993年作 劲松 镜心	68cm×136cm	449,509	保利香港	2019-10-06
黎雄才 比翼松涧 立轴		1,510,425	纽约苏富比	2019-03-22
黎雄才 苍松浑涧 镜心	40cm×54cm	287,500	北京荣宝	2019-12-01
黎雄才 春江舟渡 镜片	36.5cm×47cm	172,500	广东崇正	2019-03-03
黎雄才 行书 镜心	55cm×233cm	115,000	荣宝斋（桂林）	2019-08-18
黎雄才 红梅兰石图 立轴	103cm×52cm	138,000	中贸圣佳	2019-11-30
黎雄才 划着小船去战斗 镜片	42cm×47cm	138,000	广东崇正	2019-05-23
黎雄才 赖少其 程十发 诸乐三 等 翰墨因缘册 册页（八开）	40cm×52cm×8	230,000	上海匡时	2019-06-21
黎雄才 漓江所见 立轴		419,563	纽约苏富比	2019-03-22
黎雄才 卢振寰 1961年作 江水行舟图 立轴	106.5cm×34cm	172,500	西泠印社	2019-04-13
黎雄才 绿树含春雨 镜框	69cm×138.5cm	1,840,000	华艺国际	2019-08-11
黎雄才 梅竹双清 镜片	45cm×68cm	112,700	广东崇正	2019-03-03
黎雄才 潘喆 1949年作 烟寺晚钟 行书 成扇	18cm×49.5cm	138,000	广东崇正	2019-11-28
黎雄才 祁连山行图 立轴	82.5cm×50cm	345,000	广东崇正	2019-11-28
黎雄才 秋林策骑图 镜片	48.5cm×68cm	218,500	广东崇正	2019-03-03
黎雄才 山行图 立轴	69cm×43cm	149,500	广东崇正	2019-03-03
黎雄才 双骑观瀑图 立轴	108cm×47cm	1,265,000	华艺国际	2019-08-11
黎雄才 松峰策马图 镜片	68cm×41.5cm	184,000	广东崇正	2019-05-23
黎雄才 松瀑图 立轴	68cm×28cm	207,000	湖南逸典	2019-05-18
黎雄才 松山飞瀑图 立轴	67.5cm×40cm	109,250	西泠印社	2019-09-22
黎雄才 松山图 镜心	33.8cm×38cm	195,500	荣宝斋（桂林）	2019-08-18
黎雄才 松山跃马图 立轴	34.5cm×43.5cm	172,500	广东崇正	2019-11-28
黎雄才 西兰道上 镜框	29.6cm×39.3cm	430,825	香港苏富比	2019-10-07
黎雄才 昔年小景 立轴	67.5cm×43cm	460,000	北京银座	2019-06-05
黎雄才 迎客松 立轴	49cm×65cm	264,500	华艺国际	2019-08-11
黎雄才 云海听松 镜心	34.5cm×43cm	126,500	中国嘉德	2019-06-03
黎雄才 云萦湖山 册页	35cm×52cm×5; 34cm×46cm×2; 36cm×52cm; 35cm×44cm; 34cm×45cm; 33.5cm×45cm; 34.5cm×46.5cm	1,207,500	北京荣宝	2019-12-01
黎元洪 楷书 在变则通 画心	135cm×39cm	126,500	西泠印社	2019-07-07
黎元洪 楷书七言联 对联	163.5cm×40cm×2	287,500	西泠印社	2019-07-07
黎越常 2013年作 松壑泉声 镜心	140cm×70cm	184,000	北京翰海	2019-03-29
黎越常 2018年作 云山古松	104cm×52cm	126,500	北京翰海	2019-06-15
黎柱成 2005年作 斑斓秋色 镜心	176cm×93cm	172,500	中国嘉德	2019-10-16
李百战 2016年作 溪山待客图 镜心	68cm×68cm	161,000	北京翰海	2019-10-12
李百战 2018年作 梨园春早 镜心	69cm×136cm	345,000	北京翰海	2019-03-29
李宝瑞 纵横五岳任捭阖 镜心	74cm×100cm	172,500	北京保利	2019-06-22
李兵 2018年作 登高能观海 镜心	68cm×68cm	920,000	北京翰海	2019-10-12

拍品名称	物品尺寸	成交价RMB	拍卖公司	拍卖日期
李兵 2018年作 追光逐影天地间 镜心	69cm×138cm	1,472,000	北京翰海	2019-03-29
李成印 2019年作 将进酒 镜心	70cm×280cm	172,500	北京翰海	2019-10-12
李呈修 2018年作 春山图 镜心	42cm×122cm	126,500	北京荣宝	2019-04-28
李承孝 2019年作 书法	68cm×68cm	126,500	北京翰海	2019-06-15
李大钊 行书七言联 镜心	146cm×38.5cm×2	230,000	北京荣宝	2019-04-28
李德庄 2014年作 生命之泉 纸本	180cm×96cm	341,640	罗芙奥	2019-06-01
李棣棠 2018年作 李棣棠书画集（十八幅）	45cm×32cm×18	98,900	北京翰海	2019-03-29
李冬 2016年作 搏浪图 镜心	68cm×137cm	103,500	北京翰海	2019-03-29
李铎 1982年作 行书感言 镜心	68cm×244cm	138,000	北京荣宝	2019-12-01
李铎 2006年作 行书毛主席词《沁园春·雪》镜心	123cm×401cm	414,000	北京荣宝	2019-04-28
李铎 2006年作 行书四屏 镜心	167cm×38cm×4	368,000	北京荣宝	2019-06-13
李铎 2010年作 行书七律《重访延安》镜心	121.5cm×432cm	460,000	北京荣宝	2019-12-01
李铎 2017年作 行书“百福骈臻”镜心	52cm×230cm	138,000	北京荣宝	2019-04-28
李铎 行书“寿” 镜心	170.5cm×91cm	97,750	中国嘉德	2019-06-02
李铎 行书毛主席词《咏梅》镜框	52cm×192.5cm	97,750	北京荣宝	2019-10-12
李凤公 1926年作 探春图 立轴	129cm×52.5cm	345,000	华艺国际	2019-08-11
李凤公 1933年作 题壁图 立轴	109cm×39cm	230,000	华艺国际	2019-08-11
李凤公 1954年作 富贵寿考 立轴	108cm×54.5cm	101,200	华艺国际	2019-08-11
李凤公 观音图 立轴	110cm×45cm	138,000	中贸圣佳	2019-06-07
李冠德 2019年作 山村烟雨 镜心	138cm×69cm	143,750	北京保利	2019-11-20
李冠德 黄河古渡 镜心	138cm×69cm	138,000	北京保利	2019-11-20
李冠德 西出阳关无故人 镜心	138cm×69cm	147,200	北京保利	2019-11-20
李海剑 2018年作 行书七言诗一首 镜心	90cm×45cm	345,000	北京荣宝	2019-06-13
李行简 2003年作 秋收图 镜心	95cm×179cm	138,000	北京荣宝	2019-04-28
李斛 1940年代 穿棉袍的女孩	83cm×58.5cm	632,500	中国嘉德	2019-11-16
李斛 1946年作 织	41.4cm×31.5cm	253,000	中国嘉德	2019-06-03
李斛 1961年作 草原宝山	37cm×56cm	172,500	中国嘉德	2019-06-03
李华弌 1999年作 野演 镜框	65.7cm×128cm	1,728,000	佳士得	2019-05-27
李华弌 2006年作 浮山 镜框	136.5cm×67.5cm	1,790,000	佳士得	2019-11-25
李华弌 飞瀑洄泓 立轴	180cm×88cm	1,819,442	保利香港	2019-10-06
李华弌 无疆 立轴	68.5cm×116.8cm	151,200	佳士得	2019-05-27
李济深 楷书录陈湘先生诗 立轴	65cm×23cm	172,500	中鸿信	2019-07-17
李津 2014年作 如果你不在身边寂寞无限 闻钟声烦恼轻（两幅）镜框	38cm×44cm×2	172,800	佳士得	2019-05-27
李津 秋月 镜心	35cm×137cm	333,500	中国嘉德	2019-11-19
李津 盛宴 镜心	138cm×70cm	264,500	中国嘉德	2019-10-16
李劲堃 2008年作 秋游行吟图 镜心	23.5cm×345cm	230,000	北京荣宝	2019-12-01
李劲堃 2008年作 秋岳如火 雨游峨眉 镜心	149cm×16.5cm×2	120,750	北京荣宝	2019-12-01
李劲堃 2010年作 初雪 镜片	137cm×32cm	149,500	广东崇正	2019-05-23
李劲堃 2011年作 山水四屏 镜心	174cm×21cm×4	322,000	北京荣宝	2019-06-13
李劲堃 2012年作 雪山征途远 镜心	172cm×96cm	345,000	北京荣宝	2019-12-01
李劲堃 2014年作 峨嵋初春 手卷	32cm×205cm	270,250	华艺国际	2019-08-11
李劲堃 2014年作 雪山行 手卷	32cm×205cm	270,250	华艺国际	2019-08-11
李劲堃 大漠之暮 镜片	144cm×182cm	713,000	广东崇正	2019-05-23
李劲堃 红荷 镜片	120cm×105cm	184,000	广东崇正	2019-11-28
李劲堃 晒佛图 手卷	引首 31cm×106cm； 画心 31cm×354cm	517,500	广东崇正	2019-03-03
李净弘 2017年作 山水 镜心	33cm×33cm	195,500	北京翰海	2019-03-29
李可柒 书法 立轴	87cm×33cm	560,000	天津国拍	2019-04-21
李可染 1946年作 江城朝雾 镜心	56.6cm×45.5cm	4,600,000	北京保利	2019-12-02
李可染 1946年作 石涛诗意 镜心	69.5cm×45.5cm	690,000	中国嘉德	2019-11-17
李可染 1948年作 行舟图 立轴	67cm×42cm	172,500	中国嘉德	2019-06-03
李可染 1954年作 人字瀑 镜心	53.5cm×40.2cm	2,300,000	北京诚轩	2019-11-16
李可染 1954年作 乡村写生 镜框	28cm×41cm	1,897,500	华艺国际	2019-08-10
李可染 1957年作 乐山大佛 镜心	53cm×37.5cm	2,300,000	北京匡时	2019-07-13
李可染 1961年作 看山图 立轴	45cm×36cm	805,000	广东崇正	2019-11-28
李可染 1963年作 漓江 立轴	84cm×49cm	6,210,000	北京保利	2019-06-04
李可染 1964年作 百万雄师过大江 立轴 镜框	96.2cm×60.3cm	17,215,200	佳士得	2019-05-28
李可染 1964年作 万水千山图 镜心	97cm×143cm	207,000,000	北京保利	2019-12-02
李可染 1966年作 书法 镜框	136.5cm×33.5cm	690,000	华艺国际	2019-08-10
李可染 1966年作 书法 镜框	102cm×33.5cm	690,000	华艺国际	2019-08-10
李可染 1972年作 漓江天下景 立轴	145cm×160.6cm	86,250,000	北京荣宝	2019-12-01
李可染 1972年作 书法-毛泽东《水调歌头·重上井冈山》镜框	95.5cm×34cm	864,000	佳士得	2019-05-28
李可染 1972年作 雨中漓江 立轴	94.2cm×57cm	9,660,000	广东崇正	2019-11-28
李可染 1974年作 行书毛主席词 镜框	125cm×41cm	1,058,000	北京保利	2019-12-01
李可染 1975年作 行书毛主席语 镜框	84cm×38cm	632,500	北京荣宝	2019-12-01
李可染 1975年作 隶书毛主席最新指示 镜片	41.5cm×153cm	2,070,000	广东崇正	2019-05-23
李可染 1976年作 行书主席诗词 立轴	67.5cm×35cm	172,500	中国嘉德	2019-11-17
李可染 1976年作 井冈山 镜心	177.0cm×127.5cm	138,000,000	中国嘉德	2019-11-18
李可染 1977年作 千岩竞秀万壑争流 立轴	69cm×46.5cm	4,439,000	北京银座	2019-06-05
李可染 1979年作 不老松 立轴	69.5cm×46.5cm	2,904,275	佳士得	2019-11-26
李可染 1979年作 行书李白诗 镜心	137cm×69.5cm	747,500	中国嘉德	2019-11-17
李可染 1979年作 柳溪归牧图 立轴	67cm×45cm	1,610,000	北京荣宝	2019-06-13
李可染 1979年作 牧牛图 镜心		1,265,000	北京匡时	2019-07-13
李可染 1979年作 清漓渔歌 立轴	70cm×49cm	6,440,000	上海匡时	2019-06-21
李可染 1979年作 秋林薄暮 镜框	68.5cm×47.2cm	5,383,045	香港苏富比	2019-10-07
李可染 1979年作 秋趣图 立轴	68.5cm×46cm	3,220,000	广东崇正	2019-05-23
李可染 1979年作 霜叶红于二月花 镜框	68cm×45.5cm	2,160,000	佳士得	2019-05-28
李可染 1980年作 杏花春雨江南 立轴	68cm×46cm	862,500	中鸿信	2019-07-16
李可染 1981年作 春塘竞渡图 镜心	68cm×47cm	805,000	北京保利	2019-12-02
李可染 1982年作 浓荫放牧 立轴	68cm×45cm	1,552,500	中国嘉德	2019-11-18
李可染 1982年作 榕荫归牧 立轴	116cm×67.5cm	5,232,500	上海明轩	2019-04-28
李可染 1983年作 春雨江南 镜心	68.5cm×46cm	4,370,000	北京诚轩	2019-06-01
李可染 1983年作 行书“山川乡国情”立轴	66cm×40cm	276,000	北京保利	2019-06-04
李可染 1983年作 铁骨红梅笑迎天下春 镜心	69cm×50cm	690,000	北京保利	2019-12-02
李可染 1983年作 喜迎春图 立轴	59.5cm×46cm	1,380,000	北京保利	2019-06-04
李可染 1984年作 行书“画龙”镜心	69cm×46.5cm	253,000	中国嘉德	2019-06-02
李可染 1984年作 雪牧图 立轴	68cm×46cm	1,092,500	上海匡时	2019-06-21
李可染 1985年作 春江归舟图 镜片	89cm×55.5cm	5,750,000	广东崇正	2019-05-23
李可染 1985年作 绿天庵醉僧书蕉图 镜心	105cm×57.5cm	4,370,000	中国嘉德	2019-06-02

拍品名称	物品尺寸	成交价RMB	拍卖公司	拍卖日期
李可染 1985年作 牧牛图 立轴	40.5cm×45.5cm	524,628	中国嘉德	2019-03-30
李可染 1985年作 山雨归牧图 立轴	68cm×47cm	862,500	北京保利	2019-06-04
李可染 1986年作 苍岩耸翠图 镜心	82.6cm×51.6cm	16,675,000	北京保利	2019-12-02
李可染 1986年作 行书"澄怀观道"镜心	68cm×38cm	345,000	北京保利	2019-06-04
李可染 1986年作 书法 镜框	94cm×47cm	517,500	华艺国际	2019-08-10
李可染 1987年作 春在枝头 镜心	45cm×64cm	1,012,000	中国嘉德	2019-06-03
李可染 1987年作 春在枝头已十分 立轴	31cm×32.5cm	322,000	北京保利	2019-06-04
李可染 1987年作 冬牧图 镜心	68cm×46cm	1,690,500	北京荣宝	2019-10-12
李可染 1987年作 高岩飞瀑图 镜片	128.5cm×67.5cm	55,430,000	广东崇正	2019-05-23
李可染 1987年作 行书 镜片	68.5cm×45cm	138,000	上海嘉禾	2019-09-07
李可染 1987年作 行书"澹泊明志"镜心	38cm×54cm	184,000	北京保利	2019-12-02
李可染 1987年作 行书"晚香"镜心	32cm×62cm	230,000	中国嘉德	2019-11-17
李可染 1987年作 行书"智者无涯"立轴	68.5cm×44.0cm	862,500	中国嘉德	2019-11-18
李可染 1987年作 行书四言联 镜心	96cm×26cm×2	1,207,500	北京保利	2019-06-04
李可染 1987年作 隶书"天道酬勤"镜心	65cm×34cm	1,058,000	中国嘉德	2019-06-02
李可染 1987年作 牛 立轴	27.7cm×40cm；诗堂 27.7cm×40cm	345,000	中国嘉德	2019-06-02
李可染 1987年作 三牛图 镜框	64.5cm×96cm	1,283,034	邦瀚斯	2019-04-03
李可染 1987年作 书法 镜框	55cm×26cm	207,000	华艺国际	2019-08-10
李可染 1988年作 行书"传统今朝"镜心	61cm×37cm	552,000	北京保利	2019-12-02
李可染 1988年作 行书"墨缘"立轴	68cm×39cm	115,000	中国嘉德	2019-03-24
李可染 1988年作 行书"艺海宝藏"镜心	79cm×48cm	701,500	北京保利	2019-12-02
李可染 1988年作 江山胜境图 镜心	91cm×52cm	17,825,000	北京华辰	2019-07-14
李可染 1988年作 牛耕图 镜心	33cm×88cm	747,500	北京荣宝	2019-06-13
李可染 1988年作 钟馗 镜框	绘画 36.5cm×36cm；诗堂22cm×40cm	1,610,000	华艺国际	2019-08-10
李可染 1988年作 撞牛图 镜心	46cm×59.5cm	920,000	上海匡时	2019-06-21
李可染 1989年作 俯首甘为孺子牛 镜心	26.5cm×38cm	138,000	北京荣宝	2019-12-01
李可染 1989年作 行书五言联 立轴	各 139.5cm×33cm (2)	801,563	香港苏富比	2019-04-02
李可染 1989年作 乱山丛中百丈泉 镜心	69cm×45cm	5,980,000	北京保利	2019-06-04
李可染 1989年作 元气淋漓障犹湿 镜心	92cm×54.9cm	6,957,500	北京保利	2019-06-04
李可染 北海公园濠濮涧 镜心	38.5cm×50.5cm	2,300,000	中国嘉德	2019-11-18
李可染 布袋和尚 镜心	88cm×50cm	1,046,500	荣宝斋（桂林）	2019-08-18
李可染 陈大羽 书画（二帧）册页	33cm×43cm×2	598,000	南京经典	2019-07-19
李可染 春牛图 立轴	67cm×45cm	816,500	中贸圣佳	2019-06-07
李可染 春塘渡牛图 立轴	68cm×45.5cm	920,000	中贸圣佳	2019-06-07
李可染 春雨江南 立轴	68cm×45cm	5,980,000	北京诚轩	2019-11-16
李可染 春在枝头 镜片	69.5cm×45cm	920,000	广东崇正	2019-05-23
李可染 春在枝头 镜心	70cm×48cm	805,000	荣宝斋（南京）	2019-07-21
李可染 砥平 峡江春景图 隶书临《张公方碑》成扇	18.5cm×51cm	690,000	中贸圣佳	2019-06-07
李可染 冬牧 立轴	69cm×46cm	2,070,000	北京诚轩	2019-06-01
李可染 革命摇篮井冈山 立轴	121.5cm×70.5cm	40,659,850	华艺国际	2019-11-24
李可染 观瀑图 立轴	67.5cm×43cm	2,185,000	中鸿信	2019-07-16
李可染 归牧 立轴	88cm×48.2cm	1,068,750	香港苏富比	2019-04-02
李可染 归牧图 镜框	69.5cm×46cm	447,500	佳士得	2019-11-26
李可染 归牧图 镜心	70cm×45.5cm	756,675	中国嘉德	2019-03-30
李可染 归牧图 镜心	60cm×39cm	805,000	北京保利	2019-06-05
李可染 归牧图 镜心	63cm×39cm	1,380,000	南京经典	2019-07-19
李可染 归牧图 镜心	70cm×45.5cm	1,472,000	北京荣宝	2019-12-01
李可染 归牧图 立轴	69cm×45cm	805,000	荣宝斋（南京）	2019-07-21
李可染 桂林春雨 镜心	46cm×55cm	1,495,000	中国嘉德	2019-11-17
李可染 行书"湖边书屋"横额 镜心	34cm×101cm	212,750	中贸圣佳	2019-08-16
李可染 行书"画廊"镜心	34cm×55.5cm	230,000	中国嘉德	2019-06-02
李可染 行书"黄山天下奇"镜心	39cm×12cm	230,000	中国嘉德	2019-06-02
李可染 行书"江南第一山"镜心	16cm×69.5cm	105,800	中国嘉德	2019-11-17
李可染 行书"金铁烟云"镜框	47cm×47.8cm	106,875	香港苏富比	2019-04-02
李可染 行书"酒中仙"镜心	66cm×30cm	598,000	中国嘉德	2019-06-02
李可染 行书"乐石斋"镜片	27.5cm×72cm	230,000	广东崇正	2019-05-23
李可染 行书"美术家画廊"镜心	13cm×37.5cm	322,000	中国嘉德	2019-06-02
李可染 行书"盆艺集粹"镜心	69cm×32cm	172,500	中贸圣佳	2019-08-16
李可染 行书"王羲之故里"镜心	67.5cm×24cm	138,000	中国嘉德	2019-06-02
李可染 行书"忠义堂"镜心	23.5cm×66.5cm	230,000	中国嘉德	2019-06-02
李可染 行书李白诗"早发白帝城"镜心	61cm×45cm	112,700	中贸圣佳	2019-08-16
李可染 行书四言联 镜心	91cm×27.5cm×2	345,000	中贸圣佳	2019-11-30
李可染 行书五言联 镜心	117cm×34cm×2	218,500	中国嘉德	2019-11-17
李可染 行舟图 立轴	67cm×42cm	253,000	中贸圣佳	2019-11-30
李可染 横云岭外一两家 镜心	69cm×46cm	1,955,000	荣宝斋（桂林）	2019-08-18
李可染 黄海烟云 镜心	69cm×54cm	3,220,000	北京保利	2019-12-02
李可染 黄山清凉台 镜心	46.0cm×34.0cm	2,415,000	中国嘉德	2019-11-18
李可染 江城朝雾 立轴	69.2cm×45.7cm	2,267,500	香港苏富比	2019-10-07
李可染 看山图 镜心	68cm×32cm	214,052	保利香港	2019-10-06
李可染 林散之 春湖渡牛图 立轴	画41cm×46cm；书28cm×44cm	552,000	南京经典	2019-07-19
李可染 灵隐寺茶座 镜心	44cm×34cm	2,645,000	北京荣宝	2019-12-01
李可染 牧歌 镜心	34cm×49cm	322,000	北京翰海	2019-06-14
李可染 牧牛童 镜框	35cm×50cm	552,000	华艺国际	2019-08-10
李可染 牧牛图 镜心	69cm×50cm	1,380,000	中贸圣佳	2019-06-07
李可染 牧牛图 镜心	68cm×35.5cm	1,265,000	中贸圣佳	2019-06-07
李可染 牧牛图 镜心	68cm×44.5cm	2,645,000	中国嘉德	2019-06-02
李可染 牧牛图 镜心	100cm×34cm	713,000	北京保利	2019-08-24
李可染 牧牛图 镜心	68cm×50cm	207,000	中国嘉德	2019-10-15
李可染 牧牛图 镜心	68.5cm×45cm	897,000	中国嘉德	2019-11-17
李可染 牧牛图 镜心	67cm×35cm	1,150,000	中国嘉德	2019-11-17
李可染 牧牛图 立轴	52.5cm×38cm	230,000	北京匡时	2019-07-13
李可染 牧牛图 立轴	67.5cm×45.5cm	345,000	中国嘉德	2019-11-18

拍品名称	物品尺寸	成交价RMB	拍卖公司	拍卖日期
李可染 牧牛图 立轴	69cm×46cm	333,500	广东崇正	2019-11-28
李可染 牧牛图稿 镜心	43cm×20cm	138,000	中国嘉德	2019-10-15
李可染 牧韵图 立轴	68.5cm×49cm	1,322,500	北京荣宝	2019-12-01
李可染 暮韵图 镜心	69cm×45cm	632,500	北京保利	2019-06-04
李可染 暮韵图 镜心	81cm×49.5cm	943,000	中国嘉德	2019-11-17
李可染 暮韵图 立轴	68.5cm×44.7cm	1,610,000	北京诚轩	2019-06-01
李可染 暮韵图 立轴	77cm×47.5cm	805,000	广东崇正	2019-11-28
李可染 浅塘渡牛图 镜心	44cm×31cm	471,500	荣宝斋（桂林）	2019-08-18
李可染 浅塘闲话 立轴	68cm×45cm	535,130	中国嘉德	2019-10-08
李可染 桥亭听泉图 镜框	68cm×46cm	5,635,000	北京荣宝	2019-04-28
李可染 青山密林 镜心	68.5cm×46cm	7,935,000	北京保利	2019-12-02
李可染 清游图 立轴	59.5cm×37.5cm	591,322	华艺国际	2019-05-27
李可染 秋风 镜心	40cm×45.5cm	322,000	北京荣宝	2019-06-13
李可染 秋趣 立轴	38.5cm×37.5cm	644,000	中国嘉德	2019-06-02
李可染 秋趣图 镜心	32cm×44cm	172,500	中贸圣佳	2019-08-16
李可染 秋艳图 立轴	70cm×47cm	1,150,000	北京荣宝	2019-06-13
李可染 人物 立轴	68cm×46cm	108,100	朵云轩	2019-10-19
李可染 山水 书法双挖 镜框	42cm×33cm	690,000	北京保利	2019-08-24
李可染 仕女 立轴	48.5cm×38.5cm	483,000	中国嘉德	2019-06-02
李可染 书法 镜框	44cm×127.5cm	460,000	华艺国际	2019-08-10
李可染 蜀山春雨 立轴	70cm×45cm	2,300,000	北京保利	2019-12-02
李可染 蜀中小景 镜心	66cm×45cm	5,175,000	北京荣宝	2019-12-01
李可染 四牛图 横披	59cm×95cm	713,000	朵云轩	2019-06-22
李可染 听阮图 镜心	37.5cm×41.5cm	460,000	中国嘉德	2019-11-17
李可染 苇塘牧牛图 立轴	84cm×48cm	598,000	中国嘉德	2019-11-17
李可染 五牛图稿 镜心	69cm×136cm	1,058,000	中国嘉德	2019-10-15
李可染 西湖城隍山 镜框	45.2cm×40.7cm	4,047,840	佳士得	2019-05-28
李可染 休憩图 镜框	41cm×36cm	230,000	北京保利	2019-08-24
李可染 雪山图 镜心	49cm×69cm	345,000	中国嘉德	2019-10-15
李可染 寻梅图 镜片	93cm×27.5cm	920,000	广东崇正	2019-11-28
李可染 颐和园小景 镜心	52cm×44.5cm	1,725,000	北京保利	2019-06-04
李可染 浴牛图稿 镜心	44cm×29cm	345,000	中国嘉德	2019-10-15
李可染 振寰阁 镜框	30cm×84cm	322,000	华艺国际	2019-08-10
李可染 钟馗 镜心	33cm×23cm	253,000	中贸圣佳	2019-08-16
李可染 钟馗 立轴	110cm×106cm	3,680,000	北京诚轩	2019-11-16
李苦禅 1928年作 白香山诗意 立轴	173cm×45cm	218,500	北京翰海	2019-06-14
李苦禅 1931年作 秋后 立轴	139cm×34cm	278,268	中国嘉德	2019-10-08
李苦禅 1936年作 荷塘清趣 立轴	178cm×96cm	1,840,000	北京保利	2019-06-04
李苦禅 1936年作 湖边景致 立轴	134cm×68cm	161,424	中国嘉德	2019-03-30
李苦禅 1936年作 墨荷图 立轴	163cm×68cm	327,750	北京保利	2019-06-22
李苦禅 1939年作 竹石双禽 立轴	85.5cm×46.5cm	181,602	中国嘉德	2019-03-30
李苦禅 1942年作 寒梅晓月 立轴	128.5cm×34.5cm	107,026	中国嘉德	2019-10-08
李苦禅 1951年作 墨竹 立轴	136cm×68.5cm	575,000	北京荣宝	2019-12-01
李苦禅 1961年作 公鸡 镜心	141cm×55cm	632,500	中国嘉德	2019-06-02
李苦禅 1961年作 墨荷图 立轴	85cm×47cm	115,000	中国嘉德	2019-06-24
李苦禅 1962年作 兰石八哥 立轴	69cm×69cm	414,000	北京荣宝	2019-06-13
李苦禅 1962年作 门外野风开白莲 镜心	136cm×67cm	690,000	北京荣宝	2019-12-01
李苦禅 1962年作 墨荷 镜心	138cm×68cm	368,000	北京保利	2019-06-22
李苦禅 1962年作 雨后 镜心	140cm×70cm	1,380,000	中国嘉德	2019-11-17
李苦禅 1962年作 竹雀 立轴	68cm×33.5cm	322,000	广东崇正	2019-05-23
李苦禅 1963年作 企待鱼儿来 立轴	125cm×66cm	207,000	北京荣宝	2019-04-28
李苦禅 1964年作 荷塘鹭鸶 立轴	150cm×84cm	322,000	中鸿信	2019-07-16
李苦禅 1966年作 鹰石图 镜心	94cm×34cm	138,000	北京翰海	2019-06-14

拍品名称	物品尺寸	成交价RMB	拍卖公司	拍卖日期
李苦禅 1974年作 高瞻远瞩 立轴	88cm×77cm	517,500	北京保利	2019-12-02
李苦禅 1976年作 高瞻远瞩 立轴	136cm×66cm	483,000	北京保利	2019-12-02
李苦禅 1976年作 使我酒兴生江山 立轴	69cm×46cm	299,000	北京荣宝	2019-10-12
李苦禅 1976年作 竹雀图 镜心	105cm×40cm	506,000	中国嘉德	2019-06-04
李苦禅 1977年作 双鹰图 立轴	159cm×87cm	1,380,000	北京保利	2019-06-04
李苦禅 1978年作 绿雨 立轴	68cm×45cm	253,000	中国嘉德	2019-03-23
李苦禅 1979年作 秋味图 立轴	69.5cm×46.5cm	356,832	华艺国际	2019-05-27
李苦禅 1979年作 英视瞬瞬待时发 立轴	136cm×68cm	690,000	中鸿信	2019-07-16
李苦禅 1979年作 噪晨光 立轴	69cm×46cm	230,000	北京荣宝	2019-04-28
李苦禅 1980年作 八哥白梅 镜心	69cm×34cm	138,000	北京荣宝	2019-04-28
李苦禅 1980年作 秋味 立轴	68cm×46cm	109,250	广东崇正	2019-05-23
李苦禅 1980年作 雄鹰 镜框	104cm×56cm	437,000	华艺国际	2019-08-10
李苦禅 1980年作 英视 立轴	67.5cm×40.5cm	115,000	广东崇正	2019-11-28
李苦禅 1981年作 芭蕉鹭鸶 镜心	70cm×46cm	385,250	北京荣宝	2019-04-28
李苦禅 1981年作 行书七言联 立轴	232cm×51cm×2	97,750	广东崇正	2019-05-23
李苦禅 1982年作 松鹰图 镜心	142cm×81cm	1,495,000	北京保利	2019-12-02
李苦禅 1983年作 远瞩 镜心	70.5cm×44.8cm	195,500	北京诚轩	2019-11-16
李苦禅 芭蕉三蟹 立轴	76cm×41.5cm	425,500	广东崇正	2019-05-23
李苦禅 芭蕉水禽 镜心	83cm×51cm	160,539	中国嘉德	2019-10-08
李苦禅 白菜双蟹 镜心	44.8cm×49cm	128,431	中国嘉德	2019-10-08
李苦禅 白项乌 镜心	44.5cm×50cm	128,431	中国嘉德	2019-10-08
李苦禅 菜根香 立轴	102.5cm×39.5cm	310,500	荣宝斋（南京）	2019-07-21
李苦禅 苍蕉鹭鸶 镜心	66.5cm×121cm	402,500	北京匡时	2019-07-13
李苦禅 苍鹰 镜心	68.5cm×34.5cm	161,000	中国嘉德	2019-11-17
李苦禅 草书"郑板桥联" 镜心	137cm×69cm	172,500	荣宝斋（南京）	2019-07-21
李苦禅 仿八大笔意图 立轴	152cm×83cm	322,000	广东崇正	2019-05-23
李苦禅 高瞻远瞩 镜心	92cm×48cm	287,500	北京保利	2019-06-22
李苦禅 荷花 镜心	93.5cm×43cm	149,500	中贸圣佳	2019-11-30
李苦禅 荷塘翠鸟 镜心	69.5cm×137cm	897,000	北京荣宝	2019-04-28
李苦禅 荷塘雅趣 镜心	48cm×53cm	126,500	中国嘉德	2019-03-23
李苦禅 花卉蔬果卷 手卷	48cm×354cm	345,000	广东崇正	2019-05-23
李苦禅 蕉禽图 镜心	141.5cm×39cm	115,000	中国嘉德	2019-06-03
李苦禅 蕉荫鸬鹚 立轴	96cm×44cm	100,890	中国嘉德	2019-03-30
李苦禅 教子图 镜心	68.5cm×45.5cm	107,026	中国嘉德	2019-10-08
李苦禅 菊石禽鸟 镜片	77cm×43.5cm	299,000	广东崇正	2019-05-23
李苦禅 兰花八哥 镜片	67.5cm×45cm	368,000	广东崇正	2019-05-23
李苦禅 敛羽图 镜心	96cm×50cm	494,500	荣宝斋（南京）	2019-07-21
李苦禅 梅花 镜心	45.5cm×50.5cm	160,539	中国嘉德	2019-10-08
李苦禅 梅花鹌鹑 镜心	72cm×40cm	115,000	北京荣宝	2019-10-12
李苦禅 耆英图 立轴	67.5cm×67cm	379,500	西泠印社	2019-07-06
李苦禅 启功 花鸟、行书对题册 册页	27.5cm×38cm×12	230,000	中鸿信	2019-07-16
李苦禅 清白传家 立轴	86.5cm×47cm	195,500	北京翰海	2019-06-14
李苦禅 清味 镜心	52.5cm×178cm	322,000	荣宝斋（南京）	2019-07-21
李苦禅 秋葵八哥 立轴	138cm×68cm	632,500	中贸圣佳	2019-08-16
李苦禅 秋色秋味图 镜框	69cm×34.5cm	129,600	佳士得	2019-05-28
李苦禅 山花禽趣图 立轴	89.5cm×47cm	345,000	西泠印社	2019-07-06
李苦禅 双栖图 立轴	88cm×47cm	414,000	北京荣宝	2019-04-28
李苦禅 霜林寒鸦图 立轴	177.5cm×92cm	1,265,000	保利厦门	2019-08-04

拍品名称	物品尺寸	成交价RMB	拍卖公司	拍卖日期
李苦禅 水草鹭鸶 立轴	94cm×35cm	172,500	中国嘉德	2019-06-03
李苦禅 松树八哥 镜心	144cm×79cm	437,000	北京翰海	2019-06-14
李苦禅 松鹰图 立轴	71cm×49.4cm	170,063	香港苏富比	2019-10-07
李苦禅 天峰立足 立轴	67cm×45cm	172,500	北京保利	2019-06-04
李苦禅 王雪涛 1979年作 香远益清 立轴	138cm×34.7cm	517,500	中国嘉德	2019-06-02
李苦禅 雄鹰 镜心	141cm×71cm	1,058,000	中国嘉德	2019-11-17
李苦禅 雄鹰图 立轴	135cm×69cm	138,000	北京华辰	2019-07-14
李苦禅 鹰 镜心	77cm×33cm	230,000	荣宝斋（南京）	2019-07-21
李苦禅 有余图 镜心	21.5cm×29.5cm	126,500	荣宝斋（南京）	2019-07-21
李苦禅 鱼鹰 镜心	49.5cm×54cm	149,500	北京荣宝	2019-04-28
李苦禅 园蔬雅趣图 镜片	96.5cm×45cm	207,000	西泠印社	2019-04-13
李苦禅 远瞻山河壮 镜片	141cm×358cm	896,000	上海联合	2019-12-01
李苦禅 远瞩 立轴	101cm×50.5cm	172,500	北京翰海	2019-06-14
李苦禅 植菊图 立轴	80cm×36cm	103,500	北京保利	2019-06-04
李苦禅 竹石八哥 立轴	145cm×46cm	230,000	荣宝斋（南京）	2019-07-21
李苦寒 2019年作 精气神 镜心	97cm×88cm	1,035,000	北京翰海	2019-10-12
李昆 2019年作 关中金秋 镜心	150cm×370cm	2,300,000	北京保利	2019-12-02
李昆 2019年作 关中瑞雪 镜心	150cm×370cm	2,070,000	北京保利	2019-12-02
李老十 1989年作 荷塘风雪 镜框	136cm×87.5cm	977,500	北京荣宝	2019-04-28
李老十 1991年作 寒塘秋尽图 镜心	110cm×49cm	345,000	北京荣宝	2019-06-13
李老十 1992年作 草书《老子二十五章》镜心	37cm×56cm	115,000	北京荣宝	2019-12-01
李老十 1992年作 亦幻亦真图 镜心	画心 36.5cm×39.5cm；诗塘 25cm×39.5cm	172,500	北京荣宝	2019-06-13
李老十 1993年作 如何是好 镜心	82cm×44cm	161,000	北京荣宝	2019-06-13
李老十 2001年作 秋荷游鸭 镜心	34cm×135cm	161,000	北京荣宝	2019-06-13
李老十 草书《元人小令》镜心	134cm×79cm	402,500	北京荣宝	2019-12-01
李老十 荷塘 镜心	34cm×137cm	460,000	北京荣宝	2019-12-01
李老十 济公颠放图 镜心	画 53.5cm×51cm；题23.2cm×51cm	138,000	中国嘉德	2019-11-19
李老十 觅诗图 镜心	141cm×58cm	575,000	北京荣宝	2019-12-01
李老十 搔背图 镜心	135.5cm×66cm	322,000	北京荣宝	2019-12-01
李老十 双影 镜心	95cm×89cm	218,500	北京荣宝	2019-06-13
李老十 雾隐霜蓬 镜心	95cm×89cm	253,000	北京荣宝	2019-12-01
李老十 一花一叶一莲蓬 镜心	57cm×67cm	115,000	北京荣宝	2019-10-12
李鸣鸣 2019年作 红樱桃 镜心	136cm×68cm	115,000	北京翰海	2019-10-12
李鸣泉 2010年作 遥远的额尔古纳 镜片	68cm×136cm	184,000	湖南逸典	2019-05-18
李清华 牡丹 镜框	97cm×94cm	253,000	华艺国际	2019-08-11
李秋君 花卉 成扇	17cm×52cm×2	138,000	湖南逸典	2019-05-18
李秋君 游行 镜心	47.5cm×77.5cm	132,250	中贸圣佳	2019-08-16
李仁伟 2016年作 川西民居大院 镜心	95cm×177cm	115,000	北京翰海	2019-03-29
李瑞卿 2019年作 富贵图 镜心	203cm×55cm	230,000	北京翰海	2019-10-12
李瑞鑫 2019年作 吉庆有馀 镜心	68cm×136cm	103,500	北京翰海	2019-10-12
李盛铎 楷书八言联 立轴	342cm×66cm×2	264,500	广东崇正	2019-11-28
李石曾 李林书屋图卷	720cm×28cm	207,000	西泠印社	2019-07-07
李世杰 2019年作 小楷《论语》手卷	35cm×2020cm	115,000	北京荣宝	2019-06-13
李世南 2004年作 群仙雅集图 镜片	32cm×180cm	105,800	广东崇正	2019-05-23
李世南 人物册页（十二开）镜心	43.5cm×32cm×14	172,500	中贸圣佳	2019-06-07
李树宝 2014年作 紫气东来 镜心	66.5cm×137cm	161,000	北京匡时	2019-07-13
李树成 2013年作 祥和如意 镜心	138cm×69cm	103,500	北京翰海	2019-10-12
李树旺 春光无限 镜片	98cm×180cm	198,000	保信利诚	2019-02-07
李素华 苹果树下之梦境系列NO.67	70cm×70cm	119,900	保信利诚	2019-02-07
李铁夫 1950年作 行书七言联 镜片	129cm×33.5cm×2	172,500	广东崇正	2019-11-28
李铁夫 对联 镜框	132cm×33cm×2	224,250	华艺国际	2019-08-11
李旺 2019年作 空纳万境 镜心	60cm×178cm	195,500	北京翰海	2019-10-12
李文成 2017年作 书法《寿》立轴	128cm×65cm	115,000	北京翰海	2019-03-29
李文成 行书《佛寿》立轴	130cm×67cm	115,000	北京翰海	2019-03-29
李翔 1996年作 天地有正气 镜心	137cm×68cm	920,000	北京翰海	2019-10-12
李翔 2014年作 鹭伴读书图 镜心	70cm×138cm	184,000	北京荣宝	2019-06-13
李小超 关中古道 镜心	116cm×64.5cm×3	345,000	北京保利	2019-12-02
李晓华 2018年作 草书《卜算子·咏梅》立轴	133cm×63cm	1,495,000	北京保利	2019-06-03
李孝萱 2006年作 树下高仕 镜心	138cm×23cm×4	207,000	北京荣宝	2019-04-28
李孝萱 2011年作 动物四屏 镜心	139cm×23cm×4	207,000	北京荣宝	2019-06-13
李笑天 听蝉 镜心	68cm×46cm	161,000	北京保利	2019-11-20
李笑天 雅阁 镜心	68cm×46cm	149,500	北京保利	2019-11-20
李秀峰 2018年作 白银点点伴春归 镜心	68cm×68cm	115,000	北京翰海	2019-03-29
李秀峰 2019年作 翔 镜心	42cm×69cm	115,000	北京翰海	2019-10-12
李虚白 2014年作 清游山水 镜框	178cm×95.5cm	162,000	佳士得	2019-05-27
李虚白 2018年作 晴雪幽壑 镜框	53cm×233.5cm	97,200	佳士得	2019-05-27
李雅鑫 2019年作 事事吉祥 镜心	136cm×68cm	115,000	北京翰海	2019-10-12
李研山 曲江池馆图 手卷		3,945,825	香港苏富比	2019-04-02
李彦君 1995年作 书法《般若波罗蜜心经》镜心	188cm×500cm	1,150,000	北京荣宝	2019-12-01
李洋 2016年作 惠安中学生 镜心	68cm×135cm	230,000	北京翰海	2019-03-29
李一 1979年作 行书《燕然山铭》镜心	178cm×95cm	184,000	北京保利	2019-06-03
李义弘 1981年作 赤壁泛舟 立轴	135.5cm×69cm	144,540	罗芙奥	2019-06-01
李义弘 1986年作 山中古城 镜框	85cm×92cm	105,120	罗芙奥	2019-06-01
李义弘 1987年作 曲水流觞	142cm×373cm	367,920	罗芙奥	2019-06-01
李英保 2017年作 雪中红梅	27cm×48cm	172,500	北京翰海	2019-06-15
李元佳 1958年作 无题	80cm×110cm	147,388	香港苏富比	2019-10-06
李元佳 1960年代作 无题	25cm×274.7cm	226,750	香港苏富比	2019-10-06
李元佳 1963年作 无题	8cm×37.5cm	101,531	香港苏富比	2019-04-01
李允生 2019年作 心中清泉 镜心	138cm×68cm	115,000	北京翰海	2019-10-12
李赞集 2018年作 繁荣昌盛 立轴	138cm×70cm	368,000	北京翰海	2019-03-29
李赞集 2018年作 行书《朱熹·春日》立轴	138cm×70cm	241,500	北京翰海	2019-03-29
李璋 2018年 草本系列	120cm×120cm	149,500	中贸圣佳	2019-06-07
李长白 风动绿荷香满楼 镜心	131cm×66cm	287,500	中贸圣佳	2019-06-07
李振明 2018年作 蕨得光明 镜心	107cm×68cm	109,250	中国嘉德	2019-10-16
李震坚 裸女 镜片	69cm×104.8cm	345,000	西泠印社	2019-07-07
李蒸蒸 2004年作 山鬼 镜心	68cm×68cm	109,250	北京荣宝	2019-06-13
李蒸蒸 九州会师 镜心	124cm×248cm	2,875,000	中国嘉德	2019-11-19
李宗颢 等 苻山亭书画合璧卷并宋宝晋斋三十二夫容砚山图卷 手卷	①33cm×132cm；②引首 26cm×238cm 题跋 36cm×1654cm	805,000	中贸圣佳	2019-06-07

(成交价RMB：10万元以上)

拍品名称	物品尺寸	成交价RMB	拍卖公司	拍卖日期
梁邦楚 1979年 霜叶红于二月花 镜芯	95.5cm×177.5cm	287,500	中鸿信	2019-07-16
梁邦楚 1986年 花鸟 镜芯	77.5cm×96.5cm	103,500	中鸿信	2019-07-16
梁宝民 2015年作 玉堂双寿 镜心	68.5cm×126.5cm	207,000	北京银座	2019-06-05
梁宝民 2018年作 世外乡 镜心	48cm×101cm	115,000	北京保利	2019-06-03
梁桂才 2019年作 清溪浣女图 镜心	136cm×68cm	115,000	北京翰海	2019-10-12
梁和生 风水书法：福	59.5cm×44.5cm	920,000	北京保利	2019-11-22
梁崎 花鸟 立轴	94cm×40cm	112,000	天津国拍	2019-04-21
梁崎 花鸟 立轴	135cm×67cm	190,400	天津国拍	2019-04-21
梁启超 1904年作 楷书十言联 立轴	240.5cm×38cm×2	747,500	中国嘉德	2019-11-18
梁启超 1912年作 楷书七言诗 横披	26cm×72cm	207,000	北京匡时	2019-07-13
梁启超 1914年作 行书姜夔诗五首 四屏	63.5cm×28.5cm×4	402,500	西泠印社	2019-07-07
梁启超 1914年作 行书宋诗四屏 镜心	83.5cm×41.5cm	414,000	中国嘉德	2019-06-03
梁启超 1917年作 楷书十一言联 立轴	139cm×27cm×2	171,242	中国嘉德	2019-10-08
梁启超 1923年作 行书临圣教序 手卷	27.5cm×283cm	2,070,000	中国嘉德	2019-11-17
梁启超 1924年作 行书七言诗 立轴	102cm×49.5cm	221,958	北京匡时	2019-04-02
梁启超 1925年作 楷书张惠言《水调歌头》镜心（扇面）	17cm×50cm	161,000	北京匡时	2019-07-13
梁启超 1925年作 隶书八言联 立轴	180.5cm×47.0cm	230,000	中国嘉德	2019-11-18
梁启超 1926年作 新会妙品集 册页	31.7cm×26.4cm×12	160,539	中国嘉德	2019-10-08
梁启超 1927年作 行书七言联 立轴	129cm×29.5cm×2	345,000	中国嘉德	2019-11-17
梁启超 1927年作 节录《北魏元昭墓志》（四幅）镜框	46.5cm×15.5cm×4	129,600	佳士得	2019-05-28
梁启超 1928年作 楷书《张黑女墓志》镜心	148cm×39.5cm	138,000	北京匡时	2019-07-13
梁启超 行楷七言联（两幅）立轴	每幅 165.5cm×39cm	167,813	佳士得	2019-11-18
梁启超 行书 立轴	130cm×57cm	172,500	北京荣宝	2019-04-28
梁启超 行书 四条屏	125cm×30cm×4	253,000	中国嘉德	2019-03-25
梁启超 行书 苏轼《六月二十七日望湖楼醉书五绝》其一	139cm×34cm	207,000	中国嘉德	2019-11-18
梁启超 行书 陶渊明文句 镜片	83.5cm×51cm	184,000	西泠印社	2019-04-13
梁启超 行书七言联 镜心	130cm×30cm×2	517,500	北京保利	2019-06-04
梁启超 行书辛稼轩词 扇面	17.5cm×52.7cm	115,000	中国嘉德	2019-06-04
梁启超 何香凝 行书《霞外诗》、墨梅图 成扇	18cm×48cm	172,500	上海匡时	2019-06-21
梁启超楷书"题刘海粟画册"镜片	31.5cm×31cm	770,500	上海工美	2019-11-10
梁启超 楷书集韩愈句 镜框	各：133.5cm×32.1cm×2	362,800	香港苏富比	2019-10-07
梁启超 楷书陆九渊致朱熹札 成扇	17.5cm×47cm	184,000	北京匡时	2019-07-13
梁启超 隶书六言联 立轴	135.5cm×32.5cm×2	690,000	北京银座	2019-06-05
梁启超 王国维 陈曾寿 罗惇□ 书法四屏 立轴	125.5cm×31cm×4	149,500	中鸿信	2019-07-17
梁启超 王国维 陈曾寿 罗复堪 1924年、1946年作 楷书章草 四条屏	126cm×31cm×4	230,000	中国嘉德	2019-03-24
梁启超 魏碑十五言联 对屏	126cm×30cm×2	218,500	中国嘉德	2019-03-23
梁铨 1992年 中国册页三之十一 欢乐的日子	43cm×34cm	172,500	中国嘉德	2019-06-03
梁铨 2010–2011年 无题	120cm×90cm	149,500	中国嘉德	2019-06-03
梁实秋 1973年作 行书蝶恋花 立轴	66cm×34cm	138,000	中国嘉德	2019-11-18
梁实秋 1980年作 行书七言律诗 立轴	64.5cm×29cm	115,000	广东崇正	2019-05-23
梁实秋 1984年作 行书元曲一首 镜片	59.5cm×26cm	253,000	西泠印社	2019-07-07
梁实秋 行书 七言联	68.5cm×21.5cm	414,000	中国嘉德	2019-06-03
梁实秋 红梅图 镜芯	102cm×34cm	109,250	中鸿信	2019-07-17
梁漱溟 1947年作 行书东坡词 立轴	128.3cm×21cm	340,125	香港苏富比	2019-10-07
梁漱溟 1948年作 行书 立轴	105cm×26cm	172,500	北京翰海	2019-06-14
梁漱溟 1987年作 行书法源题词 立轴	37cm×38.3cm	97,750	中国嘉德	2019-06-03
梁漱溟 行书题词 镜心	26cm×65cm	207,000	北京保利	2019-12-01
梁伟彬 2018年作 九如图 镜心	97cm×178cm	310,500	北京翰海	2019-03-29
梁文尧 2017年作 秋硕图 镜心	138cm×68cm	517,500	北京保利	2019-06-03
梁文尧 2018年作 田园风 镜心	138cm×68cm	552,000	北京保利	2019-06-03
廖文潭 书法对联 幽谷观瀑	60cm×101cm	322,000	北京翰海	2019-06-15
林邦德 2019年作 行草唐诗 镜心	68cm×136cm	124,200	北京翰海	2019-10-12
林凡 2018年作 梅石图 镜心	46cm×214cm	184,000	湖南逸典	2019-05-18
林丰俗 1996年作 南海之滨 镜片	95cm×178cm	517,500	广东崇正	2019-05-23
林丰俗 1998年作 平田耕春 镜片	46cm×68cm	126,500	广东崇正	2019-05-23
林丰俗 1998年作 长堤春晓 镜片	45cm×68cm	126,500	广东崇正	2019-05-23
林丰俗 2000年作 春江水暖 镜片	69.5cm×137cm	126,500	广东崇正	2019-05-23
林丰俗 2001年作 荔枝 镜片	69.5cm×138cm	207,000	广东崇正	2019-05-23
林丰俗 2003年作 湖山清远 镜片	69.5cm×138cm	598,000	广东崇正	2019-05-23
林丰俗 2003年作 溪山秋霁 镜片	69.5cm×138cm	632,500	广东崇正	2019-05-23
林风眠 1925年作 仕女 立轴	89cm×46cm	230,000	北京荣宝	2019-04-28
林风眠 1937年 山居读书图	111.6cm×54.6cm	1,817,000	北京诚轩	2019-06-02
林风眠 1940年代 临山而居	67cm×67cm	2,875,000	中国嘉德	2019-06-03
林风眠 1943年作 梦境西湖 镜心	18cm×50.5cm	126,500	北京保利	2019-12-01
林风眠 1944年作 菊花小鸡 镜框	61cm×41cm	324,000	佳士得	2019-05-28
林风眠 1945年作 京剧仕女 镜框	34.5cm×34cm	1,070,496	华艺国际	2019-05-27
林风眠 1946年作 密林幽壑 立轴	134cm×49.5cm	1,725,000	中国嘉德	2019-11-18
林风眠 1947年作 蓝衣仕女	69.5cm×66.5cm	1,712,416	中国嘉德	2019-10-07
林风眠 1947年作 斜卧仕女	67.5cm×68cm	2,219,580	中国嘉德	2019-03-30
林风眠 1947年作 宇宙锋	68.5cm×65.2cm	10,409,625	香港苏富比	2019-03-31
林风眠 1950年作 苇塘芦雁 镜心	66.0cm×67.0cm	690,000	中国嘉德	2019-11-18
林风眠 1955年作 红衣仕女	68.5cm×67.5cm	1,284,312	保利香港	2019-10-06
林风眠 1956年作 柠檬与瓶花	67.5cm×67cm	1,605,390	中国嘉德	2019-10-07
林风眠 1960年代作 吹笛仕女	33cm×33cm	671,250	佳士得	2019-11-24
林风眠 1960年代作 古琴仕女	34cm×33.8cm	839,063	佳士得	2019-11-24
林风眠 1960年代作 浪	66.3cm×67.8cm	2,494,250	香港苏富比	2019-10-06
林风眠 1960年代作 柳树景色	67cm×66cm	1,944,000	佳士得	2019-05-26
林风眠 1960年代作 鸬鹚	35cm×35cm	324,000	佳士得	2019-05-26
林风眠 1960年代作 秋山	66.5cm×69.5cm	2,461,250	佳士得	2019-11-23
林风眠 1960年作 窗前鱼缸与瓶花	68cm×68cm	1,513,350	中国嘉德	2019-03-30
林风眠 1963年作 山居秋色	67.5cm×68.4cm	1,513,350	保利香港	2019-03-31
林风眠 1964年作 抚琴仕女图 立轴	89cm×46.5cm	168,000	上海联合	2019-12-01
林风眠 1964年作 仕女与莲花	67.5cm×63cm	3,218,400	佳士得	2019-05-26
林风眠 1967年作 奔马图 立轴	31cm×48cm	115,000	北京翰海	2019-03-29
林风眠 1970年代作 荷花	46cm×69cm	2,461,250	佳士得	2019-11-23
林风眠 1970年代作 秋	68cm×69.3cm	4,730,005	香港苏富比	2019-10-06
林风眠 1977年作 柳荫私语 镜心	34cm×32.5cm	203,349	中国嘉德	2019-10-08
林风眠 1977年作 裸女	41.6cm×51.4cm	3,628,000	香港苏富比	2019-10-06
林风眠 1977年作 苗家女	35.3cm×34.9cm	1,814,000	香港苏富比	2019-10-06
林风眠 1977年作 早春图 镜框	47cm×69cm	1,322,500	朵云轩	2019-06-22
林风眠 1980年代作 静物	69.5cm×69cm	5,383,045	香港苏富比	2019-10-06
林风眠 1980年代作 细语	34.2cm×34cm	1,473,875	香港苏富比	2019-10-06
林风眠 1980年作 海景	35cm×35cm	566,875	香港苏富比	2019-10-06
林风眠 1982年作 静物	69.9cm×69.7cm	5,600,725	香港苏富比	2019-10-06
林风眠 1989年作 瓶中花 镜心	68cm×68cm	5,635,000	上海匡时	2019-06-21
林风眠 霸王别姬 镜框	68cm×68cm	3,795,000	华艺国际	2019-08-11
林风眠 白荷塘 镜框	64.5cm×63.5cm	2,160,000	佳士得	2019-05-28
林风眠 白蛇传 镜心	67.3cm×67.3cm	4,025,000	北京保利	2019-06-04
林风眠 百叶窗瓶花 镜心	65cm×67cm	1,840,000	北京保利	2019-06-04

拍品名称	物品尺寸	成交价RMB	拍卖公司	拍卖日期
林风眠 宝莲灯	68.4cm×68.9cm	3,420,000	香港苏富比	2019-04-01
林风眠 宝莲灯 镜心	69cm×66cm	4,140,000	中国嘉德	2019-11-18
林风眠 宝莲灯 镜心	69cm×64cm	7,935,000	北京保利	2019-12-02
林风眠 伯乐相马 镜框	75cm×75cm	2,992,500	邦瀚斯	2019-04-03
林风眠 泊舟图 镜心	66cm×66cm	1,207,500	荣宝斋（南京）	2019-07-21
林风眠 泊舟图 镜心	66.5cm×67cm	805,000	北京荣宝	2019-12-01
林风眠 捕鱼图	32.5cm×33.5cm	253,000	中国嘉德	2019-06-03
林风眠 持莲仕女 镜框	65.3cm×65.3cm	2,904,275	佳士得	2019-11-26
林风眠 春柳飞鹭图 镜心	53cm×67cm	1,380,000	北京保利	2019-12-02
林风眠 春色缤纷图 镜片	33.5cm×33.5cm	402,500	西泠印社	2019-07-06
林风眠 春枝合鸣 镜芯	35cm×47cm	759,000	中鸿信	2019-07-16
林风眠 丁香	67.5cm×67cm	972,000	佳士得	2019-05-26
林风眠 冬景	54cm×65.2cm	510,188	香港苏富比	2019-10-06
林风眠 豆蔻 镜心	34cm×33cm	345,000	中国嘉德	2019-11-18
林风眠 断桥残雪 镜心	65.5cm×66.5cm	1,322,500	上海匡时	2019-06-21
林风眠 繁花群鸟 镜心	69cm×138.5cm	8,970,000	北京保利	2019-12-02
林风眠 飞鹜 镜框	67.5cm×67cm	2,947,750	香港苏富比	2019-10-07
林风眠 抚琴仕女 镜心	41cm×51cm	535,130	中国嘉德	2019-10-08
林风眠 抚琴幽思 立轴	86cm×46cm	322,000	中贸圣佳	2019-08-16
林风眠 傅抱石 徐悲鸿 等 季其芳医师书画纪念册 册页	28cm×39.5cm×20	2,070,000	北京荣宝	2019-06-13
林风眠 归途 镜心	32cm×45cm	460,000	荣宝斋（南京）	2019-07-21
林风眠 海 镜框	66.5cm×67.7cm	6,818,625	香港苏富比	2019-04-02
林风眠 海边渔船 镜心	66cm×69cm	713,000	中国嘉德	2019-11-17
林风眠 荷塘	67cm×68.5cm	3,335,000	广东崇正	2019-11-28
林风眠 荷塘 镜框	65.5cm×65.3cm	2,904,275	佳士得	2019-11-26
林风眠 荷塘夜色 镜心	31.5cm×31.5cm	1,035,000	北京保利	2019-12-01
林风眠 荷塘月色	68cm×68cm	4,370,000	西泠印社	2019-07-07
林风眠 红花绿芒 镜框	68cm×67.5cm	3,218,400	佳士得	2019-05-28
林风眠 红叶群鸟图 镜片	56cm×59cm	207,000	泰和嘉成	2019-11-30
林风眠 湖堤春柳 镜框	65cm×64cm	575,000	朵云轩	2019-06-22
林风眠 花团锦簇 镜心	66cm×63cm	1,725,000	北京保利	2019-06-04
林风眠 花荫仕女 镜心	69cm×67cm	3,680,000	中国嘉德	2019-11-18
林风眠 家 镜心	65.0cm×67.5cm	690,000	中国嘉德	2019-11-18
林风眠 嘉陵江边 镜心	70cm×65.0cm	747,500	中国嘉德	2019-11-18
林风眠江寒汀来楚生唐云山水花鸟镜片（四开）	21.8cm×27.8cm×4	422,440	华艺国际	2019-11-24
林风眠 金秋 镜心	67cm×68cm	5,520,000	北京匡时	2019-07-13
林风眠 蓝衣仕女	68cm×67.8cm	2,118,690	中国嘉德	2019-03-30
林风眠 梨花小鸟 镜框	68cm×68cm	1,897,500	华艺国际	2019-08-11
林风眠 林中路 镜心	67.0cm×67.0cm	1,840,000	中国嘉德	2019-11-18
林风眠 柳桥烟雨 镜框	66cm×66cm	864,000	佳士得	2019-05-28
林风眠 柳荫双禽 镜心	46cm×69cm	1,035,000	中国嘉德	2019-11-17
林风眠 芦塘夜色 镜片	46cm×42cm	402,500	广东崇正	2019-11-28
林风眠 鸬鹚 镜心	45cm×45cm	632,500	北京保利	2019-12-02
林风眠 鹭鸶图 镜心	67cm×67cm	1,012,000	上海匡时	2019-06-21
林风眠 裸女 镜心	45.0cm×68.5cm	598,000	中国嘉德	2019-11-18
林风眠 裸女 镜心	31.5cm×35.5cm	575,000	中国嘉德	2019-11-18
林风眠 裸女 镜心	34.5cm×22.5cm	253,000	中国嘉德	2019-11-18
林风眠 猫头鹰 镜框	34.5cm×21.8cm	748,125	香港苏富比	2019-04-02
林风眠 猫头鹰 镜框	24cm×23cm	345,000	朵云轩	2019-06-22
林风眠 美人图 立轴	51.5cm×35cm	299,000	西泠印社	2019-04-13
林风眠 暮归图 镜片	69cm×68.5cm	1,495,000	西泠印社	2019-07-07
林风眠 暮林归雁 镜框	66.6cm×66cm	1,710,000	香港苏富比	2019-04-02
林风眠 弄花仕女 镜框	66cm×65.7cm	2,685,000	佳士得	2019-11-26
林风眠 琵琶少女 镜心	68cm×68cm	2,300,000	北京保利	2019-06-04
林风眠 琵琶少女 镜心	35cm×35cm	897,000	北京保利	2019-12-02
林风眠 凭窗 镜框	67.5cm×67.5cm	1,814,000	香港苏富比	2019-10-07
林风眠 瓶花 镜心	66cm×66cm	8,280,000	北京保利	2019-12-02
林风眠 瓶花仕女 镜片	60cm×46cm	920,000	保利厦门	2019-01-06
林风眠 千里马 镜心	34cm×34cm	483,000	北京保利	2019-12-01
林风眠 青衣仕女 镜心	35cm×35cm	345,000	上海匡时	2019-06-21
林风眠 清芳	68cm×68cm	2,030,625	香港苏富比	2019-03-31
林风眠 秋	66.5cm×68.5cm	2,300,000	西泠印社	2019-07-07
林风眠 秋 镜心	65cm×66cm	1,725,000	北京保利	2019-12-02
林风眠 秋风琴韵 镜框	67.5cm×68.3cm	1,923,750	香港苏富比	2019-04-02
林风眠 秋景 镜框	68cm×65.5cm	4,669,920	佳士得	2019-05-28
林风眠 秋景 镜片	68.5cm×68cm	195,558	富得拍卖	2019-11-24
林风眠 秋景 镜心	64cm×64cm	1,380,000	北京保利	2019-12-02
林风眠 秋林佳兴 镜心	67cm×67cm	1,513,350	北京匡时	2019-04-02
林风眠 秋林暮色 镜框	68cm×68cm	1,725,000	上海明轩	2019-04-28
林风眠 秋林山水 镜心	66cm×67.5cm	2,530,000	中国嘉德	2019-06-02
林风眠 秋叶小鸟 镜框	31cm×39.5cm	391,563	佳士得	2019-11-26
林风眠 群鸟 镜心	66cm×46cm	3,105,000	中国嘉德	2019-06-04
林风眠 山村秋色 镜心	67cm×65cm	1,150,000	北京保利	2019-12-02
林风眠 仕女 镜框	35cm×35cm	401,318	华艺国际	2019-11-24
林风眠 仕女 镜心	66cm×68cm	252,225	中国嘉德	2019-03-30
林风眠 仕女图 镜片	直径31.5cm	172,500	西泠印社	2019-07-06
林风眠 仕女图 镜片	直径31.5cm	172,500	西泠印社	2019-07-06
林风眠 束薪暮归图 立轴	95cm×58.5cm	2,817,500	西泠印社	2019-07-06
林风眠 双鹭 镜框	67.5cm×67cm	918,000	佳士得	2019-05-28
林风眠 双鹭 镜心	32cm×45cm	529,000	荣宝斋（南京）	2019-07-21
林风眠 双美图 镜心	66cm×65.5cm	252,225	中国嘉德	2019-03-30
林风眠 双鸟 镜框	58cm×31cm	162,000	佳士得	2019-05-28
林风眠 松 镜心	67cm×67cm	1,380,000	保利厦门	2019-01-06
林风眠 松 镜心	32.5cm×32.5cm	230,000	保利厦门	2019-08-04
林风眠 松间 镜框	70.5cm×70.5cm	3,206,250	香港苏富比	2019-04-02
林风眠 戏剧人物	33.7cm×21.5cm	279,688	佳士得	2019-11-24
林风眠 戏剧人物 镜心	35.0cm×22.5cm	195,500	中国嘉德	2019-11-18
林风眠 戏曲人物 镜框	33.5cm×21.5cm	223,750	佳士得	2019-11-26
林风眠 乡间秋色 镜心	66.5cm×66cm	2,530,000	荣宝斋（南京）	2019-07-21
林风眠 向日葵与静物 镜心	68cm×68cm	5,405,000	北京保利	2019-12-02
林风眠 小池秋色	65cm×63cm	2,070,000	中国嘉德	2019-11-16
林风眠 斜倚裸女 镜框	33.8cm×33.8cm	908,438	香港苏富比	2019-04-02
林风眠 雅曲朱弦	68cm×69.5cm	4,025,000	中国嘉德	2019-11-16
林风眠 野渡	31cm×31cm	540,500	西泠印社	2019-07-07
林风眠 野渡无人 镜心	31cm×31cm	230,000	北京保利	2019-11-20
林风眠 倚花理鬓图 镜心	67cm×67cm	4,427,500	北京保利	2019-12-02
林风眠 渔村小景 镜心	33cm×33cm	345,000	北京保利	2019-12-01
林风眠 渔妇 镜心	33.5cm×34cm	230,000	中国嘉德	2019-11-17
林风眠 渔港 立轴	31cm×38cm	162,000	佳士得	2019-05-28
林风眠 渔港归帆 镜框	66.7cm×66.7cm	1,496,250	香港苏富比	2019-04-02
林风眠 渔舟 镜框	30.8cm×36.8cm	453,500	香港苏富比	2019-10-07
林风眠 渔舟 镜心	67cm×67.5cm	517,500	中国嘉德	2019-11-18
林风眠 约1940-1950年代作 绿衣仕女	66cm×67cm	1,678,125	佳士得	2019-11-24

(成交价RMB：10万元以上)

拍品名称	物品尺寸	成交价RMB	拍卖公司	拍卖日期
林风眠 约1960年代作 湖畔	66.6cm×66.4cm	1,454,375	佳士得	2019-11-24
林风眠 约1970年作 万菊竞香	68.5cm×68.1cm	3,206,250	香港苏富比	2019-03-31
林风眠 紫藤 镜框	67.2cm×66cm	8,870,625	香港苏富比	2019-04-02
林风眠 作于1940年代玉兰小鸟 镜心	129cm×41cm	252,225	中国嘉德	2019-03-30
林海钟 2015年作 芦汀雪意 手卷	22cm×137cm	268,500	佳士得	2019-11-25
林海钟 2019年作 湖山清夏图 镜心	71.5cm×289cm	1,552,500	中国嘉德	2019-06-04
林海钟 国清寺图 镜心	68.5cm×135cm	805,000	中国嘉德	2019-11-19
林湖奎 2017年作 秋色 镜框	68cm×139cm	183,600	佳士得	2019-05-28
林徽因 吕碧城 1927年作 楷书节临《破邪论》、仿古山水 成扇	20cm×53cm	172,500	上海匡时	2019-06-21
林进成 2018年作 九天色秀 镜心	138cm×69cm	149,500	北京翰海	2019-03-29
林蓝 勃发系列 镜心	147cm×34cm×4	161,000	北京荣宝	2019-12-01
林民恩 2019年作 仁者寿 镜心	238cm×126cm	138,000	北京翰海	2019-10-12
林容生 井冈山黄洋界 镜心	137cm×69cm	126,500	北京荣宝	2019-06-13
林容生 山水四屏 镜心	138cm×35cm×4	230,000	北京荣宝	2019-06-13
林容生 心情如山 镜心	102cm×342cm	322,000	北京荣宝	2019-12-01
林瑞毅 2015年作 怪石飞泉图 镜片	172cm×115cm	138,000	西泠印社	2019-07-07
林散之 1962年作 草书自作诗《卖书四首》镜心	25cm×54cm	230,000	北京荣宝	2019-06-13
林散之 1966年作 草书《忆秦娥·娄山关》立轴	111cm×33.5cm	253,000	中国嘉德	2019-11-17
林散之 1972年作 草书七律四首 镜心	32.5cm×134cm	322,848	保利香港	2019-04-01
林散之 1973年作 草书 唐·杜牧七言绝句《山行》立轴	137.5cm×34.5cm	172,500	北京荣宝	2019-12-01
林散之 1973年作 草书王昌龄芙蓉楼《送辛渐》立轴	97cm×32cm	207,000	北京荣宝	2019-06-13
林散之 1973年作 草书王昌龄诗 镜心	94cm×35cm	161,000	北京保利	2019-06-04
林散之 1974年作 草书 镜心	28cm×129cm	379,500	朵云轩	2019-06-22
林散之 1974年作 草书毛主席诗 立轴	131cm×34cm	207,000	上海匡时	2019-06-21
林散之 1974年作 草书太湖纪游杂诗 镜心	35cm×138cm	437,000	中国嘉德	2019-11-17
林散之 1974年作 黄山松云 立轴	63.5cm×33cm	161,000	北京保利	2019-06-04
林散之 1974年作 时代精神册 册页	45cm×123cm	195,500	北京保利	2019-06-04
林散之 1975年作 草书 立轴	118cm×40.5cm	172,500	广东崇正	2019-05-23
林散之 1975年作 草书毛主席词句 镜心	97cm×34cm	437,000	中国嘉德	2019-06-04
林散之 1975年作 草书七言诗 镜心	145cm×35cm	230,000	北京保利	2019-06-04
林散之 1975年作 草书王安石诗 立轴	95cm×34cm	172,500	北京保利	2019-06-04
林散之 1976年作 草书《清平乐·会昌》立轴	122cm×41cm	483,000	北京保利	2019-12-01
林散之 1976年作 黄山胜境 立轴	96cm×34cm	494,500	北京荣宝	2019-12-01
林散之 1976年作 书法双幅对（两幅）立轴	133cm×32.7cm×2	109,086	纽约佳士得	2019-03-19
林散之 1976年作 真境悟空灵 立轴	75cm×40cm	874,000	北京荣宝	2019-06-13
林散之 1977年作 草书 唐·李白七言绝句《下江陵》立轴	112.5cm×33cm	172,500	北京荣宝	2019-12-01
林散之 1977年作 草书“风华正茂”镜心	70cm×28.5cm	178,250	北京荣宝	2019-12-01
林散之 1977年作 草书《八十自述》卷 手卷	28.5cm×259cm	322,000	中鸿信	2019-07-17

拍品名称	物品尺寸	成交价RMB	拍卖公司	拍卖日期
林散之 1977年作 草书八十自述二首 镜心	20cm×68cm	161,000	北京保利	2019-06-04
林散之 1977年作 草书七言诗 镜框	32.5cm×176cm	460,000	华艺国际	2019-08-10
林散之 1977年作 草书四言联 镜心	66cm×17cm×2	207,000	北京荣宝	2019-06-13
林散之 1977年作 太湖纪游 扇面	37cm×58.5cm	138,000	北京保利	2019-06-04
林散之 1977年作 太湖青山 扇面	19.5cm×59cm	184,000	北京荣宝	2019-12-01
林散之 1978年作 草书《枫桥夜泊》立轴	94cm×228cm	1,322,500	北京荣宝	2019-06-13
林散之 1978年作、1982年作 山水中堂 立轴	138cm×32cm; 130cm×31cm×2	782,000	北京保利	2019-06-04
林散之 1979年作 草书 唐·王之涣五言绝句《登鹳雀楼》立轴	83cm×37cm	184,000	北京荣宝	2019-12-01
林散之 1979年作 草书杜牧诗《山行》立轴	96.5cm×34cm	264,500	北京荣宝	2019-06-13
林散之 1979年作 草书孟浩然诗 立轴	96cm×35cm	172,500	北京保利	2019-06-04
林散之 1980年作 草书 唐·杜牧七言绝句《山行》立轴	94.5cm×34.5cm	218,500	北京荣宝	2019-12-01
林散之 1980年作 草书 唐·李白七言绝句《下江陵》立轴	101.5cm×34cm	172,500	北京荣宝	2019-12-01
林散之 1980年作 草书 自作诗《七夕》立轴	95.5cm×34cm	126,500	北京荣宝	2019-12-01
林散之 1980年作 草书杜牧《山行》立轴	94.5cm×33.5cm	264,500	北京荣宝	2019-06-13
林散之 1980年作 草书录杜牧《山行》立轴	94.5cm×34cm	195,500	中鸿信	2019-07-17
林散之 1980年作 草书唐·王健七言绝句《十五夜望月寄杜郎中》立轴	96cm×32cm	230,000	北京荣宝	2019-12-01
林散之 1980年作 草书题画诗 立轴	97cm×33cm	230,000	北京荣宝	2019-12-01
林散之 1981年作 草书 唐·刘长卿五言绝句《送方外上人》立轴	86cm×30.5cm	230,000	北京荣宝	2019-12-01
林散之 1981年作 草书杜牧诗 立轴	93.5cm×28cm	101,675	中国嘉德	2019-10-08
林散之 1981年作 草书李商隐诗 镜心	97cm×34.5cm	149,500	北京保利	2019-12-02
林散之 1983年作 草书杜牧诗 立轴	102cm×32cm	161,000	北京保利	2019-06-04
林散之 1984年作 草书自作诗《万里我归来》立轴	95cm×27.5cm	218,500	北京荣宝	2019-06-13
林散之 1985年作 草书“乐园”镜心	33.5cm×73cm	207,000	北京荣宝	2019-06-13
林散之 1987年作 草书李益诗一首 立轴	128cm×34cm	230,000	中鸿信	2019-07-17
林散之 1987年作 草书七言诗 镜心	47cm×178cm	632,500	北京荣宝	2019-12-01
林散之 1987年作 行书“艺观”镜心	32cm×68cm	115,000	北京荣宝	2019-12-01
林散之 草书 立轴	94cm×66cm	184,000	北京荣宝	2019-04-28
林散之 草书 立轴	96cm×35cm	138,000	上海工美	2019-06-09
林散之 草书 立轴	103.5cm×33.5cm	115,000	朵云轩	2019-06-22
林散之 草书 立轴	138cm×34cm	195,500	中国嘉德	2019-06-24
林散之 草书 五言诗 立轴	97cm×33cm	126,500	西泠印社	2019-07-06
林散之 草书 鲁迅·七言绝句《无题·雨花台边埋断戟》镜心	122cm×29cm	161,000	北京荣宝	2019-12-01
林散之 草书 毛泽东五言词句 立轴	91.5cm×30.5cm	517,500	北京荣宝	2019-12-01
林散之 草书 毛主席《十六字令三首》之一 立轴	69cm×31cm	172,500	北京荣宝	2019-12-01

拍品名称	物品尺寸	成交价RMB	拍卖公司	拍卖日期
林散之 草书 毛主席诗词《卜算子·咏梅》立轴	103.5cm×33.5cm	230,000	北京荣宝	2019-12-01
林散之 草书 宋·陆游七言绝句《剑门道中遇微雨》立轴	96cm×36cm	172,500	北京荣宝	2019-12-01
林散之 草书 唐·杜牧七言绝句《江南春》镜心	51cm×100cm	201,250	北京荣宝	2019-12-01
林散之 草书 唐·杜牧七言绝句《山行》立轴	95cm×35cm	184,000	北京荣宝	2019-12-01
林散之 草书 唐·李贺《南园十三首》之八 镜心	103cm×34cm	195,500	北京荣宝	2019-12-01
林散之 草书 唐·刘禹锡七言绝句《秋词二首》其一 立轴	107.5cm×33cm	172,500	北京荣宝	2019-12-01
林散之 草书 "李白横江词" 立轴	178cm×47cm	184,000	中鸿信	2019-07-16
林散之 草书《卜算子·咏梅》立轴	177cm×94cm	920,000	北京保利	2019-12-01
林散之 草书《客岁》立轴	68cm×25cm	138,000	北京荣宝	2019-06-13
林散之 草书《七夕》诗 镜心	95cm×34cm	97,750	中贸圣佳	2019-11-30
林散之 草书《太湖东山纪游》立轴	135cm×65cm	586,500	北京荣宝	2019-12-01
林散之 草书《唐许瑶论怀素草书》立轴	93.5cm×34.5cm	230,000	中鸿信	2019-07-17
林散之 草书《夜思》立轴	68cm×25cm	115,000	北京荣宝	2019-06-13
林散之 草书《自作诗》立轴	108.5cm×35cm	287,500	荣宝斋（南京）	2019-07-21
林散之 草书杜牧《山行》立轴	137.5cm×38.5cm	149,500	荣宝斋（南京）	2019-07-21
林散之 草书杜牧《山行》立轴	95cm×36.5cm	195,500	中国嘉德	2019-11-17
林散之 草书杜牧诗 立轴	101.5cm×34.5cm	161,000	中贸圣佳	2019-06-07
林散之 草书杜牧诗 立轴	95cm×35cm	161,000	北京保利	2019-06-04
林散之 草书龚自珍《已亥杂诗》立轴	67.5cm×29cm	195,500	北京荣宝	2019-06-13
林散之 草书李白诗 镜心	97cm×35cm	310,500	中国嘉德	2019-06-04
林散之 草书李白诗 立轴	103cm×33cm	115,000	广东崇正	2019-11-28
林散之 草书李白诗《下江陵》镜心	101cm×33cm	184,000	荣宝斋（南京）	2019-07-21
林散之 草书李洞《山居喜友人见访》立轴	107cm×33.5cm	207,000	荣宝斋（南京）	2019-07-21
林散之 草书刘禹锡《秋词》立轴	97cm×35cm	230,000	北京荣宝	2019-06-13
林散之 草书刘禹锡《秋词》立轴	70cm×46cm	138,000	北京荣宝	2019-06-13
林散之 草书刘禹锡诗 镜片	133cm×41.5cm	138,000	上海嘉禾	2019-09-07
林散之 草书鲁迅《赠画师》立轴	111cm×34cm	287,500	荣宝斋（南京）	2019-07-21
林散之 草书鲁迅诗 立轴	96cm×28.5cm	207,000	北京保利	2019-06-04
林散之 草书录毛泽东《清平乐·会昌》卷 手卷	21cm×138cm	109,250	中鸿信	2019-07-16
林散之 草书啰唝曲 立轴	94cm×33cm	103,500	中国嘉德	2019-11-17
林散之 草书毛泽东《卜算子·咏梅》立轴	108.5cm×32cm	241,500	荣宝斋（南京）	2019-07-21
林散之 草书毛泽东《卜算子·咏梅》立轴	144.5cm×48.5cm	667,000	荣宝斋（南京）	2019-07-21
林散之 草书毛泽东《清平乐·会昌》立轴	104cm×68cm	287,500	荣宝斋（南京）	2019-07-21
林散之 草书毛主席词 立轴	136.5cm×34cm	184,000	中贸圣佳	2019-06-07
林散之 草书毛主席词 立轴	136.5cm×33.5cm	126,500	广东崇正	2019-11-28
林散之 草书毛主席诗 手卷	26cm×152cm	184,000	北京保利	2019-06-22

拍品名称	物品尺寸	成交价RMB	拍卖公司	拍卖日期
林散之 草书七言诗 镜心	99cm×35cm	160,539	中国嘉德	2019-10-08
林散之 草书七言诗 立轴	98.5cm×34cm	115,000	北京匡时	2019-07-13
林散之 草书七言诗 立轴	135cm×32.5cm	149,500	中国嘉德	2019-06-03
林散之 草书七言诗 立轴	95cm×28cm	138,000	北京保利	2019-06-04
林散之 草书王安石《北坡杏花》镜心	106cm×34cm	287,500	荣宝斋（南京）	2019-07-21
林散之 草书王昌龄《芙蓉楼送辛渐》立轴	100cm×33cm	253,000	北京荣宝	2019-06-13
林散之 草书王昌龄诗 立轴	134cm×31cm	138,000	中国嘉德	2019-11-17
林散之 草书王之涣《登鹳雀楼》镜心	67cm×30.5cm	97,750	荣宝斋（南京）	2019-07-21
林散之 草书王之焕《登黄鹳雀楼》镜心	66cm×29cm	149,500	北京荣宝	2019-06-13
林散之 草书五言联 镜心	96cm×30cm×2	230,000	上海匡时	2019-06-21
林散之 草书五言联 立轴	96.5cm×25.5cm×2	149,500	中贸圣佳	2019-11-30
林散之 草书五言联 立轴	100.5cm×34cm×2	333,500	荣宝斋（南京）	2019-07-21
林散之 草书许瑶《题怀素上人草书》立轴	105cm×34cm	299,000	荣宝斋（南京）	2019-07-21
林散之 草书咏梅词 立轴	122cm×40cm	230,000	中国嘉德	2019-11-17
林散之 草书张继《枫桥夜泊》镜心	97cm×30cm	207,000	北京荣宝	2019-06-13
林散之 草书自作《寄曼叟》镜心	35.5cm×96.5cm	189,750	荣宝斋（南京）	2019-07-21
林散之 草书自作诗 镜心	48cm×177cm	736,000	北京保利	2019-12-01
林散之 草书自作诗 立轴	134.5cm×65cm	517,500	北京保利	2019-06-04
林散之 草书自作诗《论书》立轴	96cm×35cm	138,000	北京荣宝	2019-06-13
林散之 草书自作诗《我是江南一画人》一首 立轴	134cm×32cm	253,000	北京荣宝	2019-06-13
林散之 草书自作诗《辛苦》立轴	36cm×20cm	103,500	北京荣宝	2019-06-13
林散之 曾几 三衢道中 立轴	95cm×29cm	189,750	南京经典	2019-07-19
林散之 杜甫 秋兴八首之一 镜心	21cm×134cm	172,500	南京经典	2019-07-19
林散之 杜牧 山行 立轴	97cm×35cm	132,250	南京经典	2019-07-19
林散之 杜牧 山行 立轴	96cm×30cm	109,250	南京经典	2019-07-19
林散之 行草七言诗 镜心	97cm×47cm	115,000	北京保利	2019-06-04
林散之 行楷《卜算子·咏梅》镜心	180cm×48cm	667,000	北京保利	2019-06-04
林散之 行书 "风华正茂" 镜心	26.5cm×54cm	230,000	中国嘉德	2019-11-17
林散之 行书 "锲而不舍" 镜心	36cm×84cm	115,000	荣宝斋（南京）	2019-07-21
林散之 行书 "长寿" 镜心	32.5cm×61.5cm	126,500	中国嘉德	2019-11-17
林散之 行书七言诗 立轴	108cm×33cm	115,000	华艺国际	2019-08-10
林散之 华茂图 镜心	73cm×27.5cm	333,500	南京经典	2019-07-19
林散之 黄山烟云 镜心	34cm×24.5cm	163,300	南京经典	2019-07-19
林散之 黄山云海 立轴	96cm×34cm	379,500	南京经典	2019-07-19
林散之 荆溪烟水 立轴	68cm×34cm	483,000	南京经典	2019-07-19
林散之 李白 峨眉山月歌 立轴	92cm×33cm	132,250	南京经典	2019-07-19
林散之 李白 望天门山 立轴	107cm×34cm	132,250	南京经典	2019-07-19
林散之 临米芾群玉堂帖 手卷	24cm×750cm	2,185,000	南京经典	2019-07-19
林散之 龙湾一角 镜心	89cm×31.5cm	437,000	中贸圣佳	2019-06-07
林散之 卢纶 塞下曲 镜心	60cm×32cm	161,000	南京经典	2019-07-19
林散之 陆游 剑门道中遇微雨 镜心	136cm×34cm	172,500	南京经典	2019-07-19
林散之 毛泽东 卜算子·咏梅 立轴	114cm×33cm	253,000	南京经典	2019-07-19
林散之 毛泽东 清平乐·会昌 镜心	24.5cm×69cm	128,800	南京经典	2019-07-19
林散之 毛泽东 清平乐·会昌 立轴	132cm×69cm	897,000	南京经典	2019-07-19

拍品名称	物品尺寸	成交价RMB	拍卖公司	拍卖日期
林散之 毛泽东 清平乐·会昌 立轴	136cm×35cm	212,750	南京经典	2019-07-19
林散之 毛泽东 清平乐·六盘山 立轴	128cm×32cm	304,750	南京经典	2019-07-19
林散之 启功 沙孟海 行草书《蝶恋花·答李淑一》（三帧）镜心	林散之 138cm×37cm；启功 34cm×134cm；沙孟海 68cm×137cm	1,265,000	北京保利	2019-12-01
林散之 秋思 横披	44cm×68cm	897,000	广东崇正	2019-05-23
林散之 书法 镜心	28cm×96cm	195,500	北京翰海	2019-03-29
林散之 书法 镜心	100cm×34cm	218,500	南京经典	2019-07-19
林散之 书联 立轴	145cm×25cm×2	345,000	南京经典	2019-07-19
林散之 王之涣 登鹳雀楼 立轴	83.5cm×37.5cm	143,750	南京经典	2019-07-19
林散之 学然后知不足 镜心	24cm×137cm	207,000	南京经典	2019-07-19
林散之 张继 枫桥夜泊 立轴	100cm×36cm	172,500	南京经典	2019-07-19
林散之 自作诗 镜心	137cm×34cm	218,500	南京经典	2019-07-19
林纾 程宗伊 张启后 宋育德 曹兴初 山水小景 书法（四幅）立轴	16cm×23cm×8	167,813	佳士得	2019-11-26
林纾 西溪泛舟 立轴	112cm×48.5cm	97,750	保利厦门	2019-08-04
林损 为唐祖培作七言诗 立轴	131.5cm×32cm	172,500	西泠印社	2019-07-07
林宪溗 草书 立轴	350cm×96cm	115,000	北京翰海	2019-06-14
林墉《满江红》词意 镜心	147cm×325cm	805,000	中贸圣佳	2019-11-30
林墉 1976年作 大智若愚 立轴	138cm×69cm	131,157	中国嘉德	2019-03-30
林墉 1978年作 巴基斯坦少女 镜片	69cm×46cm	115,000	广东崇正	2019-11-28
林墉 1978年作 鸟语 镜片	69cm×69cm	115,000	广东崇正	2019-11-27
林墉 1979年作 霜叶红于二月花 镜心	133cm×69cm	149,500	中国嘉德	2019-03-23
林墉 1981年作 日融融 镜片	132.5cm×69cm	172,500	广东崇正	2019-11-28
林墉 1981年作 相依为命 镜心	68cm×69cm	221,958	北京匡时	2019-04-02
林墉 1982年作 依春 镜心	130.5cm×66.5cm	218,500	中国嘉德	2019-11-19
林墉 1983年作 荷花 立轴	140cm×69cm	115,000	北京荣宝	2019-04-28
林墉 1984年作 和平少女 镜片	68cm×68cm	230,000	广东崇正	2019-11-28
林墉 1984年作 九天玄女 立轴	137cm×69cm	575,000	华艺国际	2019-08-11
林墉 1984年作 听笛图 镜框	68cm×67.5cm	172,500	华艺国际	2019-08-11
林墉 1985年作 山鬼图 立轴	100.5cm×55.5cm	460,000	广东崇正	2019-11-27
林墉 1987年作 南国五月 立轴	98cm×51cm	115,000	北京保利	2019-06-22
林墉 1987年作 品茗图 镜心	137cm×69cm	414,000	北京荣宝	2019-06-13
林墉 1988年作 板桥诗意图 立轴	137cm×68cm	143,750	北京保利	2019-06-22
林墉 1988年作 春雨 镜片	69cm×69cm	138,000	广东崇正	2019-05-23
林墉 1988年作 王阳明诗意 立轴	133cm×68.5cm	112,377	保利香港	2019-10-06
林墉 1990年作 裸女 镜心	68cm×134cm	181,602	保利香港	2019-04-01
林墉 1992年作 鸟语清音 镜片	67cm×67cm	138,000	广东崇正	2019-05-23
林墉 1993年作 过节啦 立轴	132cm×63cm	862,500	北京荣宝	2019-06-13
林墉 1993年作 荷花少女 镜心	137cm×69cm	460,000	北京荣宝	2019-12-01
林墉 1995年作 拈花少女图 镜片	134cm×67cm	828,000	西泠印社	2019-07-06
林墉 1996年作 夏日图 镜心	66cm×137cm	97,750	北京荣宝	2019-06-13
林墉 1997年作 红烛红颜 镜框	137cm×69cm	460,000	华艺国际	2019-08-11
林墉 1998年作 富贵红颜 镜片	68.5cm×137cm	287,500	广东崇正	2019-05-23
林墉 2000年作 人物四屏 镜心	137cm×23cm×4	253,000	北京荣宝	2019-06-13
林墉 2007年作 少女与麻雀 镜框	63.5cm×69cm	138,000	华艺国际	2019-08-11
林墉 70-80年代作 泥泞等 插图原稿（七十三帧）	尺寸不一	345,000	西泠印社	2019-07-07
林墉 故人笑比林中叶 镜片	135cm×67.8cm	115,000	广东崇正	2019-03-03
林墉 红柿少女 镜片	37cm×51.5cm	112,700	广东崇正	2019-03-03

拍品名称	物品尺寸	成交价RMB	拍卖公司	拍卖日期
林墉 牡丹少女 镜片	37cm×51.5cm	97,750	广东崇正	2019-03-03
林墉 赏花仕女 镜框	69cm×46cm	103,500	华艺国际	2019-08-11
林墉 少女 镜心	97cm×180cm	97,750	中国嘉德	2019-11-19
林墉 苏华 梅花仕女 镜片	136cm×70cm	115,000	广东崇正	2019-03-03
林墉 汤小铭 王玉珏 伍启中 1988年作 清风图 镜片	144cm×369cm	126,500	广东崇正	2019-05-23
林墉 再画印度 镜心	137cm×69cm	230,000	北京荣宝	2019-12-01
林墉 重彩少女 镜框	137cm×70cm	207,000	华艺国际	2019-08-11
林墉 竹影仕女 镜片	135cm×68cm	287,500	广东崇正	2019-03-03
林语堂 1968年作 行书画论 立轴	69cm×36.5cm	128,431	中国嘉德	2019-10-08
林语堂 行书八言联 立轴	151cm×36cm×2	230,000	中贸圣佳	2019-06-07
林语堂 行书东坡词 镜框	95.7cm×65.8cm	427,500	香港苏富比	2019-04-02
林源 老渔翁图轴	197cm×80.5cm；画心 132.5cm×53.5cm	5,980,000	中国嘉德	2019-06-03
林长民 1925年作 行书“静观妙觉室”横披	23cm×62cm	241,500	北京匡时	2019-07-13
林子平 水果摊	76cm×143cm	117,563	香港苏富比	2019-04-01
刘宝纯 1982年作 泰山南天门 立轴	98.5cm×56.5cm	97,750	广东崇正	2019-05-23
刘弼男 2015年作 松山飞瀑 镜心	196cm×98cm	98,900	北京翰海	2019-03-29
刘波 无上清凉 四条屏	145cm×25cm×4	276,000	中国嘉德	2019-10-16
刘伯熙 山茶双禽 镜心	138cm×69cm	184,000	北京保利	2019-11-20
刘昌潮 1980年作 红梅图 镜片	97cm×181cm	172,500	广东崇正	2019-05-23
刘昌潮 1983年作 花果四屏 立轴	101.5cm×34.5cm×4	189,750	广东崇正	2019-11-28
刘昌潮 1983年作 花卉 四屏	101cm×33cm×4	115,000	中国嘉德	2019-03-23
刘大为 2007年作 人物四屏 镜心	136cm×34cm×4	1,012,000	北京荣宝	2019-06-13
刘大为 2013年作 踏花归去马蹄香 镜心	70cm×137cm	138,000	中国嘉德	2019-03-23
刘丹 2014年作 小英石 镜框	142.7cm×367.1cm	4,566,240	佳士得	2019-05-27
刘丹 归园 镜框	21cm×76.7cm	920,000	中贸圣佳	2019-06-07
刘旦宅 1977年作 十二诗人图 手卷	27cm×366cm	184,000	北京翰海	2019-10-12
刘旦宅 1979年作 风尘三侠 立轴	133.5cm×68.5cm	402,500	中国嘉德	2019-11-18
刘旦宅 1979年作 玉兰双寿图 立轴	89cm×48cm	172,500	西泠印社	2019-07-07
刘旦宅 1979年作 竹林七贤 镜心	159cm×153cm	2,415,000	北京保利	2019-06-04
刘旦宅 1980年作 红绶祥瑞 镜片	94cm×46.5cm	402,500	上海嘉禾	2019-09-06
刘旦宅 1980年作 箜篌引 镜心	67cm×45cm	126,500	北京保利	2019-11-20
刘旦宅 1980年作 簪花图 立轴	91cm×43.5cm	115,000	上海嘉禾	2019-04-16
刘旦宅 1982年作 柳毅传书 立轴	138cm×70cm	759,000	北京保利	2019-12-02
刘旦宅 1984年作 风尘三侠 镜心	70cm×138cm	230,000	上海匡时	2019-06-21
刘旦宅 1984年作 双玉情款 立轴	57cm×34.5cm	437,000	中国嘉德	2019-11-17
刘旦宅 1984年作 玉兰仕女 立轴	68.5cm×42.5cm	312,759	北京匡时	2019-04-02
刘旦宅 1984年作 竹荫戏犬 立轴	68.5cm×43cm	138,000	上海嘉禾	2019-09-07
刘旦宅 1986年作 母子虎 立轴	69cm×46cm	195,500	中国嘉德	2019-11-17
刘旦宅 1986年作 山鬼图 立轴	79cm×56cm	172,500	上海匡时	2019-06-21
刘旦宅 1987年作 虎溪三笑 立轴	180cm×96cm	575,000	上海工美	2019-06-09
刘旦宅 1987年作 麻姑献寿 立轴	137.5cm×69.0cm	2,070,000	中国嘉德	2019-11-18
刘旦宅 1987年作 梅花仕女 立轴	85cm×51cm	161,000	中国嘉德	2019-10-15
刘旦宅 1994年作 飞黄腾达 横披	69cm×138cm	368,000	中国嘉德	2019-11-17
刘旦宅 1997年作 莲藕鸳鸯 立轴	69cm×100cm	517,500	中国嘉德	2019-11-17
刘旦宅 红楼人物 立轴	134.5cm×33cm	299,000	中国嘉德	2019-06-02
刘旦宅 唐人诗意图 立轴	68.5cm×45cm	253,000	上海驰翰	2019-06-21
刘恩军 2019年作 春去春又回 镜心	179cm×97cm	138,000	北京翰海	2019-10-12
刘二刚 笑林广记百开图 镜心	31.5cm×23.5cm×100	460,000	中国嘉德	2019-06-04
刘钢 2018年作 静中楼阁 镜心	85cm×60cm	109,250	北京翰海	2019-03-29
刘钢 2018年作 楼阁细雨 镜心	137cm×69cm	230,000	北京翰海	2019-03-29

拍品名称	物品尺寸	成交价RMB	拍卖公司	拍卖日期
刘钢 2018年作 楼阁宜佳客 镜心	69cm×134cm	207,000	北京翰海	2019-03-29
刘钢 2018年作 秋天如镜空 楼阁尽玲珑 镜心	68cm×68cm	97,750	北京翰海	2019-03-29
刘钢 2018年作 秋天如镜空 楼阁照金银 镜心	69cm×69cm	109,250	北京翰海	2019-03-29
刘钢 2018年作 山水 四屏 镜心	136cm×34cm×4	437,000	北京翰海	2019-03-29
刘广 2001年作 双兔 镜心	110cm×65cm	517,500	北京保利	2019-12-02
刘广 2002年作 陇上羊归图 镜心	121cm×66cm	667,000	北京保利	2019-12-02
刘广 2002年作 山水含清晖 镜心	75cm×38.5cm×2	172,500	北京保利	2019-06-03
刘广 2003年作 花卉草虫 镜心	直径39.5cm×4	195,500	北京保利	2019-06-03
刘广 2003年作 鲁山行 镜心	120cm×65cm	483,000	北京保利	2019-06-03
刘广 2004年作 江山烟波 镜心	68cm×33.5cm×2	138,000	北京保利	2019-06-03
刘广 2004年作 五牛图 镜心	80cm×120cm	793,500	北京保利	2019-12-02
刘广 2004年作 玉叶金华 镜心	134cm×65cm	552,000	北京保利	2019-12-02
刘广 2008年作 烟雨空蒙 镜心	131cm×66cm	414,000	北京保利	2019-12-02
刘广 2009年作 扁舟观瀑图 镜心	130cm×65.5cm	563,500	北京保利	2019-06-03
刘广 2009年作 物华春意 镜心	48cm×179cm	540,500	北京保利	2019-06-03
刘广 2009年作 溪山雅集图 镜心	70cm×135cm	368,000	北京保利	2019-12-02
刘广 2010年作 柿叶满庭红颗秋 镜心	80cm×68cm	172,500	北京保利	2019-12-02
刘广 2011年作 春山清韵 镜心	75cm×150cm	805,000	北京保利	2019-12-02
刘广 2011年作 山水有清晖 镜心	67cm×133.5cm	483,000	北京保利	2019-06-03
刘广 2011年作 松阁听泉 镜心	90cm×260cm	2,185,000	北京保利	2019-12-02
刘广 2011年作 溪山鱼乐图 镜心	66cm×128cm	529,000	北京保利	2019-06-03
刘广 2012年作 江山春晓 镜心	66cm×128cm	563,500	北京保利	2019-06-03
刘广 2012年作 江山迎春 镜心	92cm×171cm	1,288,000	北京保利	2019-06-03
刘广 2012年作 庐山烟云 镜心	67cm×130cm	517,500	北京保利	2019-12-02
刘广 2012年作 曲水流畅 镜心	67cm×133.5cm	529,000	北京保利	2019-06-03
刘广 2012年作 泰山春晖 镜心	65cm×132cm	575,000	北京保利	2019-12-02
刘广 2012年作 溪林雅兴 镜心	67cm×133.5cm	552,000	北京保利	2019-06-03
刘广 2012年作 溪山盛夏 镜心	70cm×135cm	379,500	北京保利	2019-12-02
刘广 2012年作 溪山烟云 镜心	70cm×135cm	437,000	北京保利	2019-12-02
刘广 2012年作 溪山清夏 镜心	131cm×66cm	642,156	保利香港	2019-10-06
刘广 2013年作 杜甫诗意图 镜心	131cm×66cm	782,000	北京保利	2019-12-02
刘广 2013年作 黄山奇峰 镜心	69.5cm×134cm	586,500	北京保利	2019-06-03
刘广 2013年作 题西林壁诗意 镜心	67cm×133.5cm	552,000	北京保利	2019-06-03
刘广 2013年作 溪山居静图 镜心	67cm×133.5cm	517,500	北京保利	2019-06-03
刘广 2013年作 长风破浪 镜心	69cm×67.5cm	172,500	北京保利	2019-12-02
刘广 2014年作 华山图 镜心	300cm×109cm	2,530,000	北京保利	2019-06-03
刘广 2014年作 溪山雅集 镜心	70cm×135cm	402,500	北京保利	2019-12-02
刘广 2014年作 长白天池 镜心	131cm×257cm	2,990,000	北京保利	2019-12-02
刘广 2015年作 蜂猴图 镜心	184cm×98cm	1,380,000	北京保利	2019-06-03
刘广 2015年作 山居秋意 镜心	140cm×352cm	7,475,000	北京保利	2019-12-02
刘广 2018年作 秋叶红艳美人魂 镜心	165cm×74cm	828,000	北京保利	2019-12-02
刘广 2018年作 香色如意 镜心	80cm×60cm	299,000	北京保利	2019-12-02
刘广 2019年作 华山云海图 镜心	160cm×410cm	9,844,000	北京保利	2019-06-03
刘广 2019年作 华叶初开浅澹红 镜心	149cm×78cm	747,500	北京保利	2019-12-02
刘广 2019年作 梅兰竹菊四屏 镜心	170cm×40cm×4	1,035,000	北京保利	2019-12-02
刘国松 1961年作 湖滨 镜框	30.5cm×47.5cm	212,563	佳士得	2019-11-25
刘国松 1962年作 秋林 镜框	30.5cm×106.2cm	324,000	佳士得	2019-05-27
刘国松 1964年作 承露	80.5cm×56cm	337,260	罗芙奥	2019-06-02
刘国松 1964年作 雾之带 镜框	56.5cm×84.8cm	671,250	佳士得	2019-11-25

拍品名称	物品尺寸	成交价RMB	拍卖公司	拍卖日期
刘国松 1965年作 寒林雪霁 水墨 设色 纸本	60cm×92cm	480,938	佳士得	2019-03-29
刘国松 1967年作 抽象 镜框	57.5cm×91cm	950,938	佳士得	2019-11-25
刘国松 1967年作 寒林雪霁	60cm×92cm	460,000	北京翰海	2019-06-15
刘国松 1967年作 无题	46cm×46cm	97,200	佳士得	2019-05-26
刘国松 1967年作 云海 镜框	53.3cm×86cm	540,000	佳士得	2019-05-27
刘国松 1968年作 1969年作 山外山 寒月何许（两件一组）	23cm×28cm（左）；42cm×22.5cm（右）	170,820	罗芙奥	2019-06-02
刘国松 1970年作 地球何许之九十五	154cm×76cm	998,640	罗芙奥	2019-06-02
刘国松 1970年作 无题	122.5cm×65.7cm	839,063	佳士得	2019-11-24
刘国松 1972年作 冰山 镜框	45cm×88.2cm	396,813	香港苏富比	2019-10-07
刘国松 1982年作 泉映朝霞	47cm×46.2cm	158,725	香港苏富比	2019-10-06
刘国松 1984年作 上升的月光 立轴	89cm×59cm	770,587	保利香港	2019-10-06
刘国松 1988年作 黄山 镜框	61.3cm×88.2cm	510,188	香港苏富比	2019-10-07
刘国松 1995年作 小三峡纪游	120cm×54cm	749,182	中国嘉德	2019-10-07
刘国松 2000年作 西藏组曲－喜马拉雅的忧怨 镜框	58cm×90.5cm	702,000	佳士得	2019-05-27
刘国松 2004年作 四季系列 山水（四幅）镜心	30cm×14.5cm×4	166,469	北京匡时	2019-04-02
刘国松 2008年作 上升的月亮	188cm×45.5cm	958,455	中国嘉德	2019-03-30
刘国松 2010年作 星宿海之一：天上黄河系列 镜框	85cm×183cm	972,000	佳士得	2019-05-27
刘国松 2013年作 世界屋脊系列之五 镜框	94.2cm×158.2cm	1,566,250	佳士得	2019-11-25
刘国松 2014年作 蓝月亮	78cm×59cm	690,000	中贸圣佳	2019-06-07
刘国松 2014年作 山中一明镜（西藏组曲221）	186cm×94cm	2,429,030	华艺国际	2019-11-24
刘海粟 1925年作 寒梅篝灯 立轴	诗堂32cm×46cm；画心87cm×46cm	1,412,460	中国嘉德	2019-03-30
刘海粟 1927年作 江南春色 镜心	36cm×47cm	149,500	中国嘉德	2019-03-23
刘海粟 1933年作 寒林图 立轴	136.4cm×67.5cm	161,424	中国嘉德	2019-03-30
刘海粟 1936年作 白羽 立轴	123cm×56cm	252,225	中国嘉德	2019-03-30
刘海粟 1941年作 山水 立轴	68cm×69cm	115,000	中国嘉德	2019-11-17
刘海粟 1960年作 秋滩息影 立轴	133cm×66.6cm	460,000	北京保利	2019-12-02
刘海粟 1966年作 行书毛主席诗 立轴	106.5cm×69cm	105,800	广东崇正	2019-05-23
刘海粟 1966年作 墨牡丹 镜框	136.5cm×47cm	342,534	邦瀚斯	2019-04-03
刘海粟 1966年作 芍药图 立轴	128.5cm×41cm	172,500	西泠印社	2019-07-07
刘海粟 1966年作 万古长青 镜框	139cm×69.5cm	802,097	邦瀚斯	2019-04-03
刘海粟 1971年作 荷花 镜框	151cm×79.5cm	162,000	佳士得	2019-05-28
刘海粟 1971年作 五老峰泼彩图 立轴	画136.3cm×67.5cm；诗堂30.5cm×67.3cm	7,015,000	中国嘉德	2019-11-18
刘海粟 1972年作 墨荷 立轴	137.3cm×68.5cm	1,012,000	中国嘉德	2019-11-18
刘海粟 1972年作 墨葡萄 横披	68cm×138cm	609,500	上海嘉禾	2019-09-06
刘海粟 1972年作 虬梅古香 立轴	110.0cm×69.2cm	1,150,000	中国嘉德	2019-11-18
刘海粟 1976年作 行书“福寿”镜片	102cm×68cm	195,500	上海工美	2019-11-10

拍品名称	物品尺寸	成交价RMB	拍卖公司	拍卖日期
刘海粟 1976年作 临石涛山水卷 手卷	引首 ①26cm×65.5cm; 引首 ②34cm×100.5cm; 画34.2cm×250cm; 跋34.2cm×248cm	5,175,000	中国嘉德	2019-11-18
刘海粟 1977年作 草书 横批	49.5cm×128.5cm	109,250	朵云轩	2019-06-22
刘海粟 1979年作 古松 镜片	122cm×277.5cm	2,013,750	佳士得	2019-11-26
刘海粟 1979年作 熊猫图 立轴	138cm×68cm	126,500	中国嘉德	2019-06-24
刘海粟 1980年作 行书 镜片	134cm×68cm	101,200	上海嘉禾	2019-09-07
刘海粟 1981年作 黄山奇峰 镜框	76.5cm×154cm	321,159	邦瀚斯	2019-04-03
刘海粟 1981年作 黄山松云 镜框	148cm×81.4cm	259,200	佳士得	2019-05-28
刘海粟 1981年作 泼彩黄山 镜框	81cm×150cm	1,006,875	佳士得	2019-11-26
刘海粟 1981年作、1982年作、1983年作 书画合璧册 册页（二十开）	33cm×45cm×20	1,267,320	华艺国际	2019-11-24
刘海粟 1982年作 天都峰 镜心	98cm×67cm	230,000	北京荣宝	2019-04-28
刘海粟 1982年作 云海接天 镜框	69.5cm×137.5cm	506,928	华艺国际	2019-11-24
刘海粟 1983年作 黄山奇峰 镜框	69.5cm×137.5cm	718,148	华艺国际	2019-11-24
刘海粟 1983年作 黄山旭日 镜心	70cm×161cm	230,000	北京翰海	2019-03-29
刘海粟 1983年作 松鹰 立轴	137cm×68cm	1,035,000	广东崇正	2019-05-23
刘海粟 1983年作 子孙繁锦 镜心	127cm×61cm	321,078	中国嘉德	2019-10-08
刘海粟 1984年作 红松 镜框	70cm×137cm	506,928	华艺国际	2019-11-24
刘海粟 1984年作 黄山 立轴	136.5cm×69cm	427,500	香港苏富比	2019-04-02
刘海粟 1985年作 黄果树瀑布 镜片	135cm×68.5cm	322,000	上海工美	2019-11-10
刘海粟 1985年作 牡丹 立轴	137cm×71cm	417,401	保利香港	2019-10-06
刘海粟 1985年作 艳斗汉宫春 镜心	144cm×256cm	230,000	北京翰海	2019-10-12
刘海粟 1985年作 雨后黄山 镜框	69.5cm×137cm	612,538	华艺国际	2019-11-24
刘海粟 1987年作 黄山万壑 镜框	69cm×138cm	259,200	佳士得	2019-05-28
刘海粟 1987年作 牡丹 镜框	134cm×68cm	506,928	华艺国际	2019-11-24
刘海粟 1987年作 迎春图 镜框	69.5cm×138cm	369,635	华艺国际	2019-11-24
刘海粟 1988-1989年作 黄山图	143.5cm×365cm	1,708,200	罗芙奥	2019-06-02
刘海粟 1988年作 红梅 立轴	136cm×68.5cm	264,025	华艺国际	2019-11-24
刘海粟 1988年作 红梅迎春 镜片	68cm×138cm	402,500	上海嘉禾	2019-09-06
刘海粟 1989年作 牡丹 镜框	90cm×44cm	142,574	华艺国际	2019-11-24
刘海粟 到韬光去 镜片	33.5cm×43.2cm	414,000	上海工美	2019-11-10
刘海粟 邓恺君 1940年作 荷花双凫 立轴	画心 139cm×70cm; 诗塘 26.5cm×70cm	109,250	北京银座	2019-06-05
刘海粟 二龟听法图 镜片	32.7cm×43.5cm	253,000	上海工美	2019-11-10
刘海粟 芳荫乔木图 镜片	33.2cm×44cm	195,500	上海工美	2019-11-10
刘海粟 峰峭松荫 镜框	68.5cm×39.5cm	299,784	邦瀚斯	2019-04-03
刘海粟 福 镜心	65cm×65cm	138,000	北京保利	2019-06-04
刘海粟 行书 立轴	96cm×55cm	115,000	中国嘉德	2019-06-03
刘海粟 行书“怀海堂” 镜片	69cm×139cm	103,500	上海工美	2019-11-10
刘海粟 行书“寿” 镜片	138cm×69cm	103,500	上海工美	2019-11-10
刘海粟 行书毛主席词 立轴	108.5cm×69.5cm	112,700	广东崇正	2019-05-23
刘海粟 行书五言联（一对）立轴镜框	137cm×34cm×2	102,066	邦瀚斯	2019-04-03
刘海粟 行书五言联 镜框	140cm×34.5cm×2	107,409	邦瀚斯	2019-04-03
刘海粟 荷花 镜片	130.5cm×67cm	322,000	上海工美	2019-11-10
刘海粟 荷花鸳鸯 镜心	145cm×71cm	897,000	中贸圣佳	2019-11-30
刘海粟 黄山云海观乎奇绝 镜心	116.5cm×261.5cm	2,242,500	保利厦门	2019-08-04
刘海粟 林处士故居图 镜片	33cm×46cm	304,750	上海工美	2019-11-10
刘海粟 梅花雪 镜心	47.3cm×75cm	345,000	中国嘉德	2019-11-17
刘海粟 墨牡丹 立轴	115cm×56cm	230,000	保利厦门	2019-08-04
刘海粟 女生写生图 镜片	32.8cm×47cm	816,500	上海工美	2019-11-10
刘海粟 潘素 张伯驹 1979年作 松石图 立轴	134.5cm×69cm	161,000	中鸿信	2019-07-16
刘海粟 普陀寺帆图 镜片	31.4cm×43.5cm	379,500	上海工美	2019-11-10
刘海粟 气霁刚风御九秋 镜心	95cm×82cm	552,000	中贸圣佳	2019-08-16
刘海粟 山水 镜心	89.5cm×49.5cm	403,560	中国嘉德	2019-03-30
刘海粟 松石图 镜心	137cm×70cm	207,000	保利厦门	2019-08-04
刘海粟 松云飞瀑 镜片	93.5cm×43.5cm	155,250	上海工美	2019-11-10
刘海粟 铁骨红梅 镜心	85cm×157cm	448,500	中贸圣佳	2019-11-30
刘海粟 吴茀之 松鹰图 立轴	140cm×69cm	287,500	中贸圣佳	2019-08-16
刘海粟 吴山夕照图 镜片	32.8cm×42.7cm	241,500	上海工美	2019-11-10
刘海粟 西泠印社图 镜片	34cm×44.5cm	897,000	上海工美	2019-11-10
刘海粟 写生图 镜片	33.5cm×43cm	149,500	上海工美	2019-11-10
刘海粟 烟水图 镜片	33.5cm×44.2cm	322,000	上海工美	2019-11-10
刘海粟 一天园图 镜片	33.8cm×44cm	345,000	上海工美	2019-11-10
刘海粟 依样 镜框	149.5cm×40.5cm	534,909	邦瀚斯	2019-04-03
刘海粟 英雄图 立轴	99cm×97cm	184,000	中鸿信	2019-07-16
刘海粟 张石佺 西溪草堂、节录苏帖 成扇	18cm×50cm	132,250	北京匡时	2019-07-13
刘瀚擎 知音 镜心	50cm×50cm	115,000	北京保利	2019-06-03
刘弘奇 万山红遍 镜片	70cm×180cm	201,300	保信利诚	2019-02-07
刘季平 隶书节录《春夜宴桃李园序》镜芯	26.3cm×24.5cm	126,500	中鸿信	2019-07-17
刘继卣 1973年作 郑成功收复台湾 镜心	59.5cm×117.5cm	2,185,000	中国嘉德	2019-11-18
刘继卣 1977年作 白龙驹 立轴	137cm×69cm	126,500	中国嘉德	2019-11-17
刘继卣 1978年作 大吉图 立轴	68cm×45.5cm	322,000	广东崇正	2019-11-28
刘继卣 1979年作 虎 镜心	134.5cm×67cm	161,000	中国嘉德	2019-11-18
刘继卣 1979年作 羊 立轴	68.5cm×45.5cm	161,000	广东崇正	2019-05-23
刘继卣 1980年作 双兔 横披	46cm×68cm	149,500	中国嘉德	2019-06-02
刘继卣 1981年作 笔墨集锦册 册页（十开）	69cm×49.5cm×10	690,000	中国嘉德	2019-11-17
刘继卣 1982年作 持刷少女 立轴	134.5cm×68.5cm	897,000	中国嘉德	2019-11-17
刘继卣 1982年作 牧羊少女 立轴	138cm×68cm	552,000	中国嘉德	2019-11-17
刘继卣 苍茫群岭天风劲 立轴	137.5cm×68cm	149,500	中国嘉德	2019-06-02
刘继卣 草深当有雄风在 镜心	83cm×148cm	149,500	中国嘉德	2019-06-02
刘继卣 虎 镜心	136cm×67cm	690,000	北京保利	2019-06-04
刘继卣 少女与兔 立轴	136cm×68.5cm	460,000	北京银座	2019-06-05
刘继卣 双吉 镜片	94cm×178.5cm	310,500	上海嘉禾	2019-09-07
刘继卣 雄鹰 立轴	134cm×68cm	207,000	中贸圣佳	2019-08-16
刘静云 2019年作 游春图	68cm×526cm	460,000	北京翰海	2019-06-15
刘巨德 2018年作 荔枝 镜框	46cm×69cm	207,000	北京荣宝	2019-12-01
刘巨德 乡愁草 镜心	70cm×139cm	552,000	中国嘉德	2019-10-16
刘奎龄 1927年作 益寿延年 立轴	182cm×39cm	368,000	中国嘉德	2019-10-15
刘奎龄 1930年作 五福双美 立轴	165cm×64cm	2,990,000	北京保利	2019-06-04
刘奎龄 1936年作 五贵图 成扇	18cm×56cm	149,500	北京翰海	2019-03-29
刘奎龄 1937年作 动物十二屏 立轴	172cm×46cm×12	8,970,000	中国嘉德	2019-06-02
刘奎龄 1939年作 三羊开泰 立轴	155cm×87cm	460,000	华艺国际	2019-08-10
刘奎龄 1943年作 嬉鸽图 立轴	102cm×46cm	1,265,000	北京匡时	2019-07-13
刘奎龄 富吉图 立轴	106cm×26cm	131,157	保利香港	2019-04-01
刘奎龄 花鸟四条屏 立轴	147cm×36cm×4	1,702,000	荣宝斋（桂林）	2019-08-18
刘奎龄 花荫追暑 立轴		510,188	香港苏富比	2019-10-07
刘奎龄 蕉荫双犬 立轴	103cm×35cm	862,500	中国嘉德	2019-03-23
刘奎龄 金鱼 镜片	30cm×40.5cm	105,800	上海驰翰	2019-06-21

拍品名称	物品尺寸	成交价RMB	拍卖公司	拍卖日期
刘奎龄 猫趣图 立轴	73cm×37cm	138,000	北京翰海	2019-10-12
刘崑岭 2018年作 松壑泉声 立轴	138cm×69cm	109,250	北京翰海	2019-03-29
刘昤 荷花 立轴	178cm×102cm	293,250	中鸿信	2019-07-17
刘凌沧 1980年作 李白吟诗图 镜框	131cm×66cm	230,000	华艺国际	2019-08-10
刘凌沧 长江天险 立轴	104cm×48cm	212,800	天津国拍	2019-04-21
刘鲁生 1976年作 碧海银花 镜片	83cm×221cm	264,500	广东崇正	2019-05-23
刘庆和 清凉 镜心	139cm×70cm	115,000	北京荣宝	2019-06-13
刘泉义 2018年作 花季 镜心	92cm×84cm	322,000	北京翰海	2019-03-29
刘汝阳 2001年作 云冈石窟	88cm×95cm	109,250	北京翰海	2019-06-15
刘汝阳 2018年作 杜甫诗意图 镜心	95cm×88.5cm	126,500	北京保利	2019-06-22
刘万鸣 杂画册页 册页	37cm×26cm×2; 26.5cm×15.5cm×12	253,000	北京荣宝	2019-06-13
刘文西 1983年作 陕北姑娘 立轴	68cm×46cm	195,500	中国嘉德	2019-06-03
刘文西 1986年作 老子图 镜心	136cm×68cm	356,500	北京荣宝	2019-04-28
刘文西 1987年作 老汉抽烟图 立轴	132cm×68cm	920,000	北京保利	2019-12-02
刘文西 1992年作 小金花 镜心	69cm×46cm	368,000	北京荣宝	2019-04-28
刘文西 1992年作 新疆老人 立轴	68cm×45cm	218,500	中国嘉德	2019-06-04
刘文西 1992年作 昭君出塞图 镜心	137cm×69cm	138,000	北京保利	2019-12-02
刘文西 1994年作 葫芦麻雀 镜芯	139cm×69cm	103,500	中鸿信	2019-07-16
刘文西 1998年作 陕北红色革命圣地 镜心	128cm×122cm	276,000	中国嘉德	2019-06-04
刘文西 2004年作 黄土地的老人 镜心	70.5cm×69cm	172,500	中国嘉德	2019-06-04
刘文西 2007年作 黄土地的老人 镜心	71cm×69cm	195,500	北京荣宝	2019-06-13
刘文西 黄土地的老人 镜心	138cm×68.5cm	287,500	荣宝斋（南京）	2019-07-21
刘文西 黄土地老人 镜心	72cm×138cm	218,500	荣宝斋（南京）	2019-07-21
刘文西 陕北姑娘 镜心	45cm×34cm	184,000	中贸圣佳	2019-06-07
刘文西 陕北汉子 立轴	148cm×119cm	345,000	北京翰海	2019-10-12
刘文西 陕北小姑娘 镜心	69cm×46cm	667,000	中贸圣佳	2019-06-07
刘文西 唐代舞 镜心	84.5cm×52.5cm	138,000	荣宝斋（南京）	2019-07-21
刘筱静 禅悦图 镜心	138cm×70cm	115,000	北京保利	2019-12-02
刘筱静 秋水无声 镜心	138cm×70cm	126,500	北京保利	2019-12-02
刘兴忠 花卉 四屏 镜心	136cm×34cm×4	529,000	北京翰海	2019-03-29
刘学思 2018年作 烟江春晓	69cm×138cm	276,000	北京翰海	2019-06-15
刘学思 2019年作 壑谷鸣泉	68cm×68cm	184,000	北京翰海	2019-06-15
刘延风 2019年作 紫玉报春 镜心	46cm×69cm	109,250	北京翰海	2019-10-12
刘瑶 仿梅花道人笔意 立轴	176cm×45cm	149,500	中鸿信	2019-07-16
刘墉1799年作行书诗册册页（十开）	23cm×13.5cm×10	241,500	广东崇正	2019-05-22
刘墉 1799年作 杂临诸体册 册页	24cm×14cm×34	212,750	北京匡时	2019-07-13
刘墉 光绪1878年作 行书七言联 立轴	125cm×29.5cm×2	241,500	中国嘉德	2019-11-19
刘墉 行楷联句 立轴	125cm×57.5cm	172,500	中贸圣佳	2019-06-07
刘墉 行书"东皋草堂" 横批	45cm×143.5cm	437,000	中国嘉德	2019-06-04
刘墉 行书黄山谷诗四首 横披	22.7cm×172.5cm	138,000	中国嘉德	2019-11-19
刘墉 行书节录《李缋碑》 立轴	113.5cm×48cm	587,813	香港苏富比	2019-04-01
刘墉 行书节录王宠《送钱太常元抑祠祭显陵》立轴	128.7cm×37cm	113,375	香港苏富比	2019-10-06
刘墉 行书七言 对联	113.5cm×24.5cm×2	138,000	朵云轩	2019-06-22
刘墉 行书七言联 镜心	124cm×27.5cm×2	287,500	中国嘉德	2019-11-19
刘墉 行书七言联 立轴	126cm×30cm×2	230,000	中贸圣佳	2019-11-30
刘墉 行书七言联 立轴	148cm×32.5cm×2	195,500	保利厦门	2019-08-04

拍品名称	物品尺寸	成交价RMB	拍卖公司	拍卖日期
刘墉 行书雪江归棹诗 立轴	106.5cm×39cm	253,000	中国嘉德	2019-11-19
刘墉 行书杂记 册（二十三开）（选八开）	尺寸不一	204,075	香港苏富比	2019-10-06
刘墉 楷书唐律百首 册(二十开)		125,869	纽约苏富比	2019-03-22
刘墉 清 行书 手卷	34cm×300cm	201,375	佳士得	2019-11-25
刘墉 书清乾隆《御题洞天深处》册页	长5cm	173,340	邦瀚斯	2019-05-28
刘墉 书法 立轴	148cm×70cm	155,250	北京翰海	2019-03-29
刘玉国 松麓−39系列1.2.3	60cm×90cm×3	184,000	北京翰海	2019-06-15
刘云 山水清音系列之九 镜片	124cm×123cm	109,250	湖南逸典	2019-05-18
刘昭 荷塘 立轴	178cm×102cm	207,000	中国嘉德	2019-03-24
刘振夏 1979年作 四郎 立轴	95cm×58cm	345,000	中国嘉德	2019-06-04
刘振夏 红健小像 立轴	79.8cm×52cm	430,825	香港苏富比	2019-10-07
刘振夏 梅儿 镜框	96cm×59cm	694,688	香港苏富比	2019-04-02
刘振夏 时代新知 立轴	131cm×67.5cm	575,000	中国嘉德	2019-11-19
刘正成 2019年作 行书草自作诗一首 镜心	233cm×52.5cm	115,000	北京荣宝	2019-10-12
刘正成 行草《自书已亥归里口占草书轴》镜心	233cm×52.5cm	112,700	北京荣宝	2019-12-01
刘知白 月黑夜明 镜心	136cm×68cm	97,750	中国嘉德	2019-10-16
刘中 2019年作 望长城 镜心	69cm×138cm	598,000	北京荣宝	2019-06-13
刘子建 2012年作 诡丽 镜心	70cm×139cm	97,750	中国嘉德	2019-10-16
刘子久 山水花卉册 册页（二十一开）	33cm×48cm×21	115,000	中贸圣佳	2019-11-30
柳华荣 荷花 镜心	100cm×50cm	184,000	北京翰海	2019-03-29
柳亚子 1942年作 行书七言诗 立轴	108.5cm×33.5cm	126,500	中国嘉德	2019-06-02
柳子谷 1979年作 竹园新生 立轴	92cm×34cm	126,500	广东崇正	2019-05-23
柳子谷 1980年作 雨霁图 镜心	102cm×33cm	138,000	北京荣宝	2019-04-28
龙启瑞 楷书横轴	84.5cm×125cm	105,800	中国嘉德	2019-06-03
龙瑞 1983年作 天际密云 镜心	137cm×70cm	138,000	北京荣宝	2019-12-01
龙瑞 1983年作 雨后妙峰山 立轴	139cm×70cm	126,500	北京荣宝	2019-06-13
龙瑞 2007年作 山水四屏 镜心	136cm×34cm×4	368,000	北京荣宝	2019-06-13
龙瑞 2015年作 黄叶金秋友朋来 镜心	136cm×68cm	264,500	北京荣宝	2019-10-12
娄可成 2019年作 国色天香 镜心	68cm×137cm	287,500	北京翰海	2019-10-12
娄师白 春色 镜片	68cm×137.5cm	161,000	上海嘉禾	2019-09-07
娄师白 大吉利 镜框	137cm×70cm	103,500	北京荣宝	2019-06-13
娄师白 得财图 立轴	101cm×56cm	138,000	北京保利	2019-08-24
娄师白 荷花 镜心	139cm×52cm	115,000	中贸圣佳	2019-06-07
娄师白 漓江帆影 立轴	133cm×66cm	189,750	北京荣宝	2019-04-28
娄师白 漓江帆影 立轴	134cm×66cm	161,000	中国嘉德	2019-10-15
娄师白 秋菊鸽子 立轴	108cm×47cm	105,800	中国嘉德	2019-10-15
卢沉 1994年作 春晴图 镜心	69cm×68.5cm	97,750	北京诚轩	2019-11-16
卢承豪 2019年作 中华珍宝 镜心	136cm×68cm	184,000	北京翰海	2019-10-12
卢甫圣 天台山记图 镜心	99cm×112cm	667,000	上海匡时	2019-06-21
卢辉 2019年作 万年青	118cm×150cm	120,000	佳士得（上海）	2019-09-21
卢坤峰 花鸟图卷 手卷	引首 33.5cm×87.5cm; 本幅 33.5cm×277cm	276,000	中国嘉德	2019-06-02
卢思 2019年作《星月荷塘》	141cm×206cm	552,000	北京翰海	2019-10-12
卢禹舜 2003年作 忆写唐人诗意 镜心	136cm×68cm	517,500	北京荣宝	2019-12-01
卢禹舜 2008年作 山水四屏 镜心	137cm×34cm×4	517,500	北京荣宝	2019-06-13

拍品名称	物品尺寸	成交价RMB	拍卖公司	拍卖日期
卢禹舜 2009年作 佳人诗意图 镜心	34cm×138cm	253,000	北京荣宝	2019-12-01
卢禹舜 江城如画 镜心	69cm×139cm	172,500	北京荣宝	2019-06-13
卢子枢 1938年作 西樵胜景 立轴四屏	33.5cm×54cm×4	138,000	华艺国际	2019-08-11
鲁双喜 2010年作 现在启示录 镜心	105cm×65cm×3cm	632,500	北京翰海	2019-10-12
鲁双喜 花鸟 镜心	42cm×68cm	345,000	北京翰海	2019-03-29
鲁迅 行书"南无阿弥陀" 镜芯	21.5cm×72cm	598,000	中鸿信	2019-07-17
鲁迅 行书佛偈 立轴	24cm×20.2cm	1,380,000	中国嘉德	2019-06-03
鲁迅 行书自作诗 立轴	130cm×20.5cm	287,500	中鸿信	2019-07-17
陆春涛 2016年作 纯风静水芬芳故 镜框	105cm×55cm	129,600	佳士得	2019-05-27
陆鸿年 慈爱的撒玛利亚人 立轴	129.0cm×66.8cm	126,500	中国嘉德	2019-11-18
陆鸿年 圣母子 镜心	101.5cm×53.5cm	126,500	中国嘉德	2019-11-18
陆恢 1879年作 仿古山水花卉册 册页（十二开）	各: 26.6cm×37.5cm×12	226,750	香港苏富比	2019-10-07
陆恢 1904年作 花果册 十开册	各17cm×23.2cm (10)	106,875	香港苏富比	2019-04-02
陆恢 1905年作 博古花卉 镜框	40.2cm×253.3cm	249,425	香港苏富比	2019-10-07
陆恢 1912年作 鞟庐寄意山水册 十开册	画心: 各 17.1cm×27.8cm (10)扉页、题跋: 各 17.1cm×27.8cm (2)	587,813	香港苏富比	2019-04-02
陆恢 1914年作 江乡春暖 立轴	140cm×63cm	143,750	北京保利	2019-12-02
陆维钊 1972年作 岁寒图 立轴	111cm×42cm	276,000	西泠印社	2019-07-06
陆小曼 1952年作 春江楼台 镜片	151cm×82cm	253,000	上海嘉禾	2019-09-07
陆小曼 张敬文 秋江晚渡、节临《十七帖》成扇	19cm×50cm	230,000	北京匡时	2019-07-13
陆俨少 1941年作 风雨江河图 立轴	91cm×33cm	977,500	上海嘉禾	2019-09-06
陆俨少 1942年作 苍翠远寺 立轴	105cm×36cm	1,380,000	北京保利	2019-12-02
陆俨少 1945年作 林峦对坐图 立轴	65cm×30cm	862,500	西泠印社	2019-07-06
陆俨少 1947年作 空山烟翠 镜片	93cm×32.5cm	1,035,000	北京荣宝	2019-12-01
陆俨少 1955年作 最高的奖赏 连环画原稿（全）	封面 14.8cm×18cm; 15.8cm×21.5cm×54	494,500	西泠印社	2019-07-07
陆俨少 1963年作 山水册 镜心（十四开）	28.5cm×35cm×14	17,250,000	中国嘉德	2019-06-02
陆俨少 1964年作 巴船出峡图 镜心	49.5cm×105cm	2,118,690	中国嘉德	2019-03-30
陆俨少 1964年作 龙蟠一道入云端 镜心	138cm×68cm	3,680,000	北京保利	2019-12-02
陆俨少 1965年作 白岳风光 镜框	24cm×33cm	322,000	上海嘉禾	2019-09-06
陆俨少 1965年作 毛泽东〈娄山关〉词意图 扇面 镜框	19cm×52cm	793,625	香港苏富比	2019-10-07
陆俨少 1975年作 山阴夜雪 立轴	48cm×35cm	115,000	北京保利	2019-06-04
陆俨少 1975年作 书画合璧卷 手卷	画心: 15.5cm×138.5cm; 书: 15.5cm×120.8cm	2,267,500	香港苏富比	2019-10-07
陆俨少 1976年作 秋山夜读图 手卷	画心 53.5cm×21.5cm; 引首 99cm×22cm; 题跋330cm×22cm	241,500	西泠印社	2019-07-06
陆俨少 1977年作 海防前哨 立轴	77cm×42cm	3,450,000	中国嘉德	2019-11-18
陆俨少 1977年作 黄山胜景 镜片	17cm×136.5cm	517,500	朵云轩	2019-06-22
陆俨少 1977年作 梅香册 镜心（十二开）	30cm×32cm×12	2,875,000	中国嘉德	2019-06-02
陆俨少 1977年作 水墨云山 立轴	68.5cm×31cm	207,000	广东崇正	2019-11-28
陆俨少 1977年作 永康方岩 镜心	90cm×48cm	1,150,000	北京保利	2019-06-04
陆俨少 1978年作 翠壁青林 镜片	96cm×44cm	1,322,500	广东崇正	2019-05-23
陆俨少 1978年作 黄山云烟 立轴	69cm×45cm	517,500	北京荣宝	2019-12-01
陆俨少 1978年作 井冈山 镜心	68.5cm×33.5cm	598,000	中国嘉德	2019-06-03
陆俨少 1978年作 井冈山黄洋界 立轴	69.4cm×69.6cm	2,185,000	北京匡时	2019-07-13
陆俨少 1978年作 墨荷 镜片	45.5cm×34.5cm	126,500	广东崇正	2019-05-23
陆俨少 1978年作 峡江行舟 立轴	102.0cm×54.5cm	3,105,000	中国嘉德	2019-06-02
陆俨少 1978年作 云山耸翠 镜片	33cm×44cm	172,500	广东崇正	2019-05-23
陆俨少 1979年作 白云深处 立轴	82cm×50cm	460,000	北京荣宝	2019-04-28
陆俨少 1979年作 荒江钓艇 立轴	98cm×45cm	1,150,000	北京荣宝	2019-12-01
陆俨少 1979年作 黄山松云 立轴	诗堂 20cm×33cm; 画心78cm×31.5cm	494,500	上海嘉禾	2019-09-06
陆俨少 1979年作 李白诗意图 立轴	102cm×51cm	1,380,000	广东崇正	2019-11-28
陆俨少 1979年作 梅石图 立轴	66cm×44cm	161,000	上海匡时	2019-06-21
陆俨少 1979年作 四川大匡山 镜心	77.3cm×47.5cm	563,500	北京诚轩	2019-06-01
陆俨少 1979年作 为陆一飞作峡江图卷 手卷	引首 82.5cm×31.5cm; 画心 179cm×31.5cm; 题跋 45cm×31.5cm	5,520,000	西泠印社	2019-07-06
陆俨少 1979年作 雁荡泉鸣 立轴	69.2cm×44.8cm	342,000	香港苏富比	2019-04-02
陆俨少 1980年作 崇岩云树 立轴	96.5cm×44.5cm	747,500	中国嘉德	2019-11-17
陆俨少 1980年作 福建林区 镜片	68cm×137.5cm	4,025,000	广东崇正	2019-05-23
陆俨少 1980年作 黄山松云图 立轴	96cm×59.5cm	920,000	中国嘉德	2019-11-17
陆俨少 1980年作 急流放筏 镜心	29cm×45cm	161,000	中国嘉德	2019-06-24
陆俨少 1980年作 李白诗意 立轴	96cm×59cm	747,500	北京保利	2019-12-02
陆俨少 1980年作 梅花傲雪 镜框	79.5cm×29.5cm	276,000	上海嘉禾	2019-09-06
陆俨少 1980年作 梅石图 立轴	120cm×67cm	460,000	上海匡时	2019-06-21
陆俨少 1980年作 梅石图 立轴	67.5cm×44.5cm	276,000	上海嘉禾	2019-09-06
陆俨少 1980年作 千峰晚晖 立轴	68cm×45cm	690,000	广东崇正	2019-05-23
陆俨少 1980年作 巫峡秋涛 镜片	84cm×38cm	299,000	上海嘉禾	2019-09-06
陆俨少 1980年作 巫峡云涛 立轴	96cm×45cm	1,247,125	香港苏富比	2019-10-07
陆俨少 1981年作 行书苏轼诗 立轴	133.5cm×67.5cm	276,000	上海嘉禾	2019-09-06
陆俨少 1981年作 黄山排云亭 镜心	68cm×139cm	4,140,000	北京保利	2019-12-02
陆俨少 1981年作 黄山松云 镜框	29cm×42cm	287,500	朵云轩	2019-06-22
陆俨少 1981年作 西塞山前白鹭飞 立轴	65cm×34cm	100,890	中国嘉德	2019-03-30
陆俨少 1981年作 崖南揽胜 镜心	95cm×43.3cm	713,000	北京诚轩	2019-06-01
陆俨少 1982年作 行书 立轴	135cm×60cm	138,000	华艺国际	2019-08-10
陆俨少 1982年作 横云岭外图 立轴	88cm×47cm	1,150,000	华艺国际	2019-08-10
陆俨少 1982年作 黄山松云 镜心	96cm×46cm	483,000	北京匡时	2019-07-13
陆俨少 1982年作 柳塘夕阳 立轴	68cm×46cm	518,400	佳士得	2019-05-28
陆俨少 1982年作 四明山色图 立轴	90cm×48.5cm	1,840,000	北京荣宝	2019-12-01
陆俨少 1982年作 云山图 立轴	66cm×44cm	477,250	北京荣宝	2019-12-01
陆俨少 1982年作 云山幽居 镜框	56.5cm×67cm	230,000	北京荣宝	2019-04-28
陆俨少 1982年作 云水奇观 立轴	诗堂 20.5cm×88cm; 画112cm×88cm	2,932,500	广东崇正	2019-11-28
陆俨少 1983年作 观瀑图 镜芯	43.5cm×67.5cm	437,000	中鸿信	2019-07-16

拍品名称	物品尺寸	成交价RMB	拍卖公司	拍卖日期
陆俨少 1983年作 行书 自作诗六首 立轴	94cm×56cm	368,000	西泠印社	2019-07-06
陆俨少 1983年作 咫尺愁风雨 镜心	135.5cm×67.3cm	2,012,500	北京诚轩	2019-11-16
陆俨少 1984年作 江山胜览 镜心	22cm×179cm	437,000	北京保利	2019-12-01
陆俨少 1984年作 江山胜览图 镜心	22cm×180cm	345,000	中国嘉德	2019-06-03
陆俨少 1984年作 拟杜陵诗意 立轴	69cm×46cm	322,000	广东崇正	2019-11-28
陆俨少 1984年作 千里平波 手卷	引首 29cm×101cm； 画心 29cm×229cm； 尾跋 29cm×31.5cm	3,450,000	北京荣宝	2019-12-01
陆俨少 1984年作 溪径幽林·云山图 镜片	44.5cm×23.5cm×2	345,000	上海嘉禾	2019-04-16
陆俨少 1984年作 峡江行旅图 镜框	96cm×180cm	7,820,000	北京荣宝	2019-12-01
陆俨少 1984年作 源远流长图 立轴	94cm×43.5cm	598,000	西泠印社	2019-07-06
陆俨少 1985年作 洞庭明月 立轴	75cm×40cm	460,000	华艺国际	2019-08-10
陆俨少 1985年作 行书 立轴	130cm×62cm	115,000	北京荣宝	2019-04-28
陆俨少 1985年作 行书李白诗 镜心	96cm×45cm	115,000	中国嘉德	2019-06-04
陆俨少 1985年作 林峦村居 立轴	58cm×33cm	207,000	上海嘉禾	2019-09-06
陆俨少 1985年作 梅石图 立轴	诗堂 21cm×54cm；画心40cm×54cm	172,500	上海嘉禾	2019-09-06
陆俨少 1985年作 三清图 镜片	89.5cm×48.5cm	287,500	华艺国际	2019-08-10
陆俨少 1985年作 山川秋霁图 册页（共十三页）	33.5cm×22cm×13	3,450,000	西泠印社	2019-07-06
陆俨少 1985年作 雁荡山 镜心	89cm×47cm	1,380,000	北京保利	2019-12-02
陆俨少 1985年作 夜阑梅香 扇面	21cm×70cm	195,500	北京保利	2019-12-01
陆俨少 1985年作 主家荫洞 立轴	79cm×48cm	1,610,000	北京保利	2019-06-04
陆俨少 1986年作 唐人诗意图 镜片	45cm×96cm	1,035,000	朵云轩	2019-06-22
陆俨少 1986年作 溪山话旧 镜心	48cm×178cm	3,680,000	北京保利	2019-12-02
陆俨少 1986年作 云水山房图 镜片	59cm×40cm	322,000	西泠印社	2019-07-07
陆俨少 1987年作 冷香图 立轴	67cm×46cm	97,750	朵云轩	2019-06-22
陆俨少 1987年作 游山图 立轴	68.5cm×45cm	414,000	西泠印社	2019-07-06
陆俨少 1988年作 李贺诗意山水册 镜心（十二开）	45.5cm×34.0cm×12	3,220,000	中国嘉德	2019-11-18
陆俨少 1989年作 谭心图 镜片	45cm×60.5cm	345,000	广东崇正	2019-05-23
陆俨少 1989年作 云山幽居 镜心	68cm×45cm	345,000	中国嘉德	2019-11-17
陆俨少 1990年作 青城山色 镜心	137.5cm×69cm	3,450,000	北京荣宝	2019-06-13
陆俨少 1990年作 烟波胜景 立轴	68.5cm×39cm	402,500	上海嘉禾	2019-09-06
陆俨少 1990年作 云山得意 立轴	画心 108cm×68cm； 诗堂33cm×69cm	977,500	北京保利	2019-06-22
陆俨少 1991年作 行书"晨曦朵云"镜心	45.5cm×124cm	97,750	上海匡时	2019-06-21
陆俨少 1992年作 春夏秋冬 四屏 立轴	47cm×22cm×4	103,500	北京保利	2019-12-02
陆俨少 1992年作 秋山行吟 立轴	34.5cm×50cm	115,000	朵云轩	2019-06-22
陆俨少 白云深处 立轴	83cm×50cm	690,000	荣宝斋（南京）	2019-07-21
陆俨少 陈大羽 宋文治 等 1978年-1981年作 "春长在"册 册页	24cm×32cm×28	207,000	北京保利	2019-11-20

拍品名称	物品尺寸	成交价RMB	拍卖公司	拍卖日期
陆俨少 程十发 等 1986年作 艺苑集珍册 册页（九开）	31.5cm×45.5cm×9	207,000	朵云轩	2019-06-22
陆俨少 春夏秋冬 四屏 镜心	字 32.7cm×33cm×4； 画 32.5cm×33.2cm×4	5,175,000	上海匡时	2019-06-21
陆俨少 东风第一枝 立轴	诗堂 28.5cm×43.5cm； 本幅 33.5cm×43.5cm	368,000	北京匡时	2019-07-13
陆俨少 独钓船头 立轴	75cm×40.5cm	195,500	中国嘉德	2019-11-17
陆俨少 泛舟观云图 立轴	83.5cm×37.5cm	345,000	荣宝斋（南京）	2019-07-21
陆俨少 泛舟图 镜片	68cm×33.5cm	97,750	西泠印社	2019-07-07
陆俨少 烽火角水闸图 镜框	33.5cm×46.5cm	514,625	富得拍卖	2019-11-24
陆俨少 行书 镜片	34.5cm×67.5cm	103,500	上海嘉禾	2019-09-06
陆俨少 行书"诗礼传家" 立轴	91cm×37.8cm	102,038	香港苏富比	2019-10-07
陆俨少 行书李白诗 镜片	87cm×50cm	253,000	上海嘉禾	2019-09-06
陆俨少 行书毛主席诗 镜心	70cm×37cm	105,800	中贸圣佳	2019-11-30
陆俨少 行书七言联 镜片	140cm×33.5cm×2	241,500	广东崇正	2019-05-23
陆俨少 行书七言联 镜心	135.5cm×34cm×2	172,500	北京保利	2019-12-02
陆俨少 行书七言联 立轴	137cm×33cm×2	172,500	北京保利	2019-12-02
陆俨少 行书十一言联 立轴	179cm×43.5cm×2	632,500	中贸圣佳	2019-06-07
陆俨少 荒江渔艇图 立轴	画心 62cm×42.5cm； 诗堂 62cm×15.5cm	425,500	西泠印社	2019-07-06
陆俨少 黄山松云 镜心	69cm×31.5cm	1,092,500	中贸圣佳	2019-11-30
陆俨少 黄山松云 立轴	68cm×46cm	345,000	上海匡时	2019-06-21
陆俨少 激流奋进 立轴	25cm×22cm	138,000	广东崇正	2019-11-28
陆俨少 江山萧寺 镜心	69cm×34cm	322,000	中贸圣佳	2019-11-30
陆俨少 井冈山八面哨子口 立轴	121cm×59.5cm	3,105,000	中贸圣佳	2019-06-07
陆俨少 枯木奇石图 镜心	27cm×55.5cm	218,500	中贸圣佳	2019-08-16
陆俨少 雷州青年运河 镜心	27cm×33.5cm	230,000	中贸圣佳	2019-06-07
陆俨少 丽人行 立轴	66cm×33cm	828,000	中贸圣佳	2019-11-30
陆俨少 丽人行 立轴	68cm×33cm	1,035,000	华艺国际	2019-08-10
陆俨少 庐山姊妹峰 镜心	179cm×96cm	9,200,000	中贸圣佳	2019-06-07
陆俨少 毛主席词意山水合卷 手卷	引首 17cm×82cm； 本幅 17cm×82cm×2； 题跋 17cm×82cm； 17.5cm×83cm	4,082,500	中贸圣佳	2019-11-30
陆俨少 启功 等 书画合璧卷 手卷	引首 34cm×89cm；画34cm×82cm；尾跋34cm×137cm	230,000	北京保利	2019-12-01
陆俨少 青城晓霭 镜心	24.5cm×32.5cm	460,000	北京匡时	2019-07-13
陆俨少 秋江帆影 立轴	34cm×34cm	172,500	北京荣宝	2019-04-28
陆俨少 秋江放棹图 立轴	67cm×46cm	690,000	北京保利	2019-06-04
陆俨少 秋堂话旧 立轴	37cm×46cm	483,000	北京荣宝	2019-12-01
陆俨少 泉石之奇 行书七言联 立轴	画心 136cm×68cm； 书法 138.5cm×27cm×2	3,450,000	北京荣宝	2019-12-01
陆俨少 山川草芦 镜心	22cm×96cm	214,052	中国嘉德	2019-10-08

2019书画拍卖成交汇总

（成交价RMB：10万元以上）

拍品名称	物品尺寸	成交价RMB	拍卖公司	拍卖日期
陆俨少 山水（四帧）镜心	24cm×33cm×4	897,000	中贸圣佳	2019-11-30
陆俨少 山水·梅花图双挖 立轴	34cm×35cm; 37cm×37cm	126,500	北京保利	2019-06-04
陆俨少 松云草庐图 立轴	41cm×34cm	132,250	北京翰海	2019-03-29
陆俨少 宋文治 董寿平 山水（三帧）镜心	33cm×48cm×3	287,500	南京经典	2019-07-19
陆俨少 太湖帆影 扇片连框	14cm×48cm	690,000	朵云轩	2019-06-22
陆俨少 唐人诗意图册页（八对开）	21cm×28cm×8	503,475	纽约佳士得	2019-03-19
陆俨少 唐宋诗意图册 册页（十开）	23cm×33cm×10	5,347,500	上海匡时	2019-06-21
陆俨少 唐云 谢稚柳 等《海上集册》册页（十二开）	画心 33cm×33.5cm×12; 应野平题册首 44cm×82cm	1,035,000	上海嘉禾	2019-09-06
陆俨少 无声之诗册 册页（八开）	34cm×34cm×8	2,415,000	中贸圣佳	2019-11-30
陆俨少 溪口待渡图 立轴	68.5cm×35cm	632,500	荣宝斋（南京）	2019-07-21
陆俨少 溪山清远图 手卷	画心 19cm×139cm; 引首19cm×85cm	1,495,000	华艺国际	2019-08-10
陆俨少 溪山幽居 镜心	9cm×69cm	414,000	北京荣宝	2019-12-01
陆俨少 峡江险水 镜心	44cm×70cm	1,437,500	上海匡时	2019-06-21
陆俨少 峡江云水 镜心	45cm×33.5cm	552,000	中贸圣佳	2019-11-30
陆俨少 峡门烟云 立轴	82.5cm×50cm	1,127,000	中贸圣佳	2019-11-30
陆俨少 销夏图 镜心	30cm×68cm	299,000	中贸圣佳	2019-11-30
陆俨少 雁荡泉石图 镜心	68cm×59cm	563,500	北京保利	2019-06-22
陆俨少 黟县春田 立轴	99.5cm×34cm	3,680,000	上海嘉禾	2019-09-06
陆俨少 应野平 朱屺瞻 王个簃 1987年作 春满园 镜片	68cm×137cm	172,500	广东崇正	2019-05-23
陆俨少 云山书屋 立轴	75cm×42cm	483,000	南京经典	2019-07-19
陆抑非 1939年作 十二喜 扇面	18.5cm×50.5cm	207,000	中国嘉德	2019-11-18
陆抑非 1941年作 花光云影 行书恽寿平《记秋山图始末》成扇	18.5cm×50.5cm	276,000	中国嘉德	2019-06-02
陆抑非 1941年作 花鸟 四屏	46.5cm×29.5cm×4	552,000	西泠印社	2019-07-06
陆抑非 1943年作 孔雀牡丹 立轴	193.5cm×60cm	1,725,000	北京荣宝	2019-12-01
陆抑非 1947年作 花鸟猫蝶 立轴	111.5cm×41cm	218,500	中国嘉德	2019-06-03
陆抑非 1949年作 松鼠葡萄 镜框	104.5cm×51.5cm	230,000	华艺国际	2019-08-10
陆抑非 1951年作 海棠珍禽·行书七言诗 成扇	17.5cm×50cm	138,000	中国嘉德	2019-06-03
陆抑非 1972年作 一树妖娆图 立轴	68.5cm×34cm	218,500	西泠印社	2019-07-06
陆抑非 1978年作 映日荷花图 镜片	83cm×36.5cm	161,000	西泠印社	2019-07-06
陆抑非 1983年作 美人蕉 镜心	109.5cm×34cm	138,000	中国嘉德	2019-06-02
陆抑非 1989年作 海棠狸猫图 横披	68cm×136cm	575,000	广东崇正	2019-05-23
陆抑非 高振霄 1941年作 梅竹羽禽 行书节录《执扇赋》成扇	19.5cm×51cm	97,750	北京保利	2019-12-01
陆抑非 红梅栖禽图 立轴	104cm×50.5cm	333,500	北京银座	2019-06-05
陆抑非 花蝶图 画心	80.5cm×36cm	253,000	西泠印社	2019-07-06
陆抑非 江寒汀 萱花蛱蝶 桐竹幽禽 成扇	19cm×47.5cm	126,500	北京诚轩	2019-06-01
陆抑非 梅花鹦鹉 立轴	104cm×50cm	437,000	北京荣宝	2019-12-01
陆抑非 牡丹图 团扇	直径25cm	368,000	华艺国际	2019-08-10
陆抑非 潘志云 沈景乾 美人对镜图·草书兰花诗 成扇	49.5cm×17.5cm	195,500	西泠印社	2019-07-07
陆抑非 钱崇威 1947年作 凌霄栖禽 七言诗七首 成扇	19cm×51cm	109,250	北京诚轩	2019-11-16
陆抑非 秋趣图 立轴	103cm×34cm	207,000	中国嘉德	2019-11-17
陆抑非 沈景乾 江中听琴图·行书题画诗 成扇	19cm×50cm	253,000	中国嘉德	2019-06-02
陆抑非 赵叔孺 1944年作 蝶恋花 行书 成扇		230,000	上海工美	2019-06-09
陆仲洞 释迦三尊图 立轴	103.5cm×48cm	5,750,000	北京荣宝	2019-12-01
路豫坤 2019年作 绿水青山天蓝蓝 镜心	138cm×69cm	103,500	北京翰海	2019-10-12
罗复堪 草书梅尧臣诗、黄道周札 横披	18cm×145cm×2	172,500	北京匡时	2019-07-13
罗寒蕾 红狐 镜心	104cm×65cm	287,500	中国嘉德	2019-06-04
罗健罡 2019年作 创新 镜心	138cm×69cm	115,000	北京翰海	2019-10-12
罗翔 2017年作 风香暖意 镜心	96cm×45cm	207,000	北京荣宝	2019-06-13
罗永久 2018年作 禅语 镜心	138cm×69cm	115,000	北京翰海	2019-03-29
罗振玉 1923年作 篆书“松月夜窗虚”镜框	33cm×134.5cm	448,875	香港苏富比	2019-04-02
罗振玉 1929年作 隶书节临《西狭颂》手卷	引首 29cm×59.5cm 书法 33cm×262cm; 跋33cm×236cm	517,500	上海明轩	2019-04-28
罗振玉 1931年作 篆书八言联 立轴	138.5cm×25cm×2	115,000	中国嘉德	2019-11-17
罗振玉 1932年作 篆书“千花山馆”镜心	27.5cm×98cm	195,500	北京匡时	2019-07-13
罗振玉 1936年作 篆书论语全篇（四册七十四开）	37.5cm×53cm×74	3,220,000	上海嘉禾	2019-09-06
罗振玉 金文八言联 立轴	131cm×22cm×2	95,846	保利香港	2019-04-01
罗振玉 王震 王云 张志潭 书画扇屏风（六挖）纸本 屏风	54cm×19cm×2; 51.5cm×18cm×2; 53cm×17.5cm; 54.5cm×18cm	97,750	西泠印社	2019-04-13
罗振玉 小楷 录苏东坡绝句	125cm×23.5cm	460,000	中国嘉德	2019-11-18
罗振玉 赵叔孺 金文 骏马图 成扇	20cm×56cm	207,000	中贸圣佳	2019-06-07
罗振玉 篆书八言联 立轴	133cm×30cm×2	97,750	上海匡时	2019-06-21
罗振玉 篆书八言联 立轴	132cm×21cm×2	161,000	北京荣宝	2019-10-12
罗振玉 篆书五言联 立轴	125.5cm×29.5cm×2	103,500	北京翰海	2019-06-14
罗振玉 篆书新莽铜嘉量四屏 立轴	65cm×32cm×4	149,500	中国嘉德	2019-06-04
罗正纬 手稿及毛氏书法（二帧）镜芯	21.5cm×11.5cm	184,000	中鸿信	2019-07-17
雒三桂 2019年作 李白诗	50cm×50cm	115,000	北京翰海	2019-06-15
吕布 2018年作 谁怜越女颜如玉 镜心	131cm×59cm	138,000	北京翰海	2019-03-29
吕凤子 1926年作 松下高士 立轴	130cm×40.5cm	241,500	上海嘉禾	2019-09-07
吕凤子 1931年作 松石图 立轴	101cm×36cm	143,750	中国嘉德	2019-03-25
吕凤子 1934年作 花开见佛 镜芯	69cm×34cm	402,500	中鸿信	2019-07-16
吕凤子 1946年作 说法图 立轴	108cm×54cm	481,617	中国嘉德	2019-10-08
吕凤子 罗汉图 立轴	77cm×46.5cm	253,000	上海匡时	2019-06-21
吕凤子 洛神图 立轴	132.5cm×33.5cm	287,500	中贸圣佳	2019-06-07
吕凤子 南来雁 镜心	130cm×35cm	241,500	南京经典	2019-07-19
吕凤子 仕女 立轴	80.5cm×36cm	138,000	中贸圣佳	2019-06-07
吕凤子 仕女图 立轴	67cm×35cm	126,500	南京经典	2019-07-19
吕凤子 树石 立轴	81cm×36cm	184,000	中贸圣佳	2019-06-07
吕凤子 松树 镜心	98cm×40.5cm	287,500	南京经典	2019-07-19
吕凤子 松树灵芝 立轴	145cm×80cm	345,000	中贸圣佳	2019-06-07
吕凤子 松荫高士图 立轴	111cm×54.5cm	138,000	南京经典	2019-07-19
吕凤子 执杖罗汉 立轴	81cm×38cm	195,500	南京经典	2019-07-19
吕娟 秋山飞瀑 镜心	76cm×53cm	115,000	北京保利	2019-12-02

拍品名称	物品尺寸	成交价RMB	拍卖公司	拍卖日期
吕娟 樱花 镜框	97cm×49cm	115,000	北京荣宝	2019-12-01
吕娟 紫藤 镜心	68cm×68cm	115,000	北京保利	2019-12-02
吕齐 吴元绍 王桢 姚弘绪 等 清初名人贺寿诗翰册（十开）册页	尺寸不一	230,000	中贸圣佳	2019-06-07
吕寿琨 1962年作 抽象 镜框	46.5cm×37.5cm	123,063	佳士得	2019-11-25
吕寿琨 1963年作 居 镜框	93.5cm×37cm	324,000	佳士得	2019-05-27
吕寿琨 1969年作 寻禅 镜框	137.6cm×68.6cm	425,125	佳士得	2019-11-25
吕寿琨 1970年作 不染 镜框	180cm×97cm	895,000	佳士得	2019-11-25
吕寿琨 1970年作 禅 镜框	121cm×60.5cm	702,000	佳士得	2019-05-27
吕寿琨 1974年作 禅画 镜心	96cm×180cm	428,104	中国嘉德	2019-10-08
马公愚 1964年作 行书七言联 对联	137cm×33.5cm×2	103,500	西泠印社	2019-07-07
马公愚 伊立勋 赵叔孺 邓散木 书法四屏 镜心	109cm×48cm×4	109,250	中国嘉德	2019-06-03
马海方 2004年作 秋声秋韵图 镜心	123.5cm×246cm	109,250	北京荣宝	2019-06-13
马衡 篆书"文章渊府" 镜心	28.5cm×103cm	115,000	北京匡时	2019-07-13
马晋 1928年作 八骏图 立轴	101cm×50.5cm	132,250	北京诚轩	2019-11-16
马晋 1931年作 双骏 镜心	29cm×67cm	149,500	北京保利	2019-12-02
马晋 1941年作 双犬 金文临古 成扇	19.5cm×55cm	138,000	中国嘉德	2019-06-02
马晋 1944年作 八骏图 镜心	120cm×50cm	203,349	中国嘉德	2019-10-08
马晋 1947年作 秋郊双骏 立轴	103cm×32.5cm	195,500	北京翰海	2019-06-14
马晋 1948年作 双骏图 立轴	91cm×32cm	195,500	北京荣宝	2019-06-13
马晋 春风立马 立轴	119cm×61.5cm	172,500	北京翰海	2019-06-14
马晋 李云庆 1930年作 狩猎图 自作诗二十八首 成扇	20cm×58.5cm	201,250	北京诚轩	2019-06-01
马晋 刘春霖 三马图·行书 成扇	19cm×55cm	138,000	北京保利	2019-06-04
马晋 三阳开泰 立轴	101.4cm×46.8cm	108,000	佳士得	2019-05-28
马晋 沈枢 八骏图 楷书《过秦论》成扇	19.4cm×54cm	218,500	中国嘉德	2019-06-02
马晋 双骏图 立轴	93.5cm×33cm	126,500	北京银座	2019-06-05
马晋 双犬图 立轴	93cm×33cm	207,000	中国嘉德	2019-03-23
马晋 汪溶 1936年作 骏马·行书诗三首 成扇	19cm×49.5cm×2	115,000	北京银座	2019-06-05
马晋 王雪涛 赵叔孺 春牛图·行书《甘露帖》成扇	18.5cm×48cm	171,513	中国嘉德	2019-03-30
马晋 仙猿献寿 立轴	98.5cm×39cm	506,000	北京翰海	2019-06-14
马晋 张海若 八骏图 四体书法 成扇	19cm×54cm	195,500	中国嘉德	2019-06-02
马麟 踏歌图 立轴	24cm×37cm	161,000	中鸿信	2019-07-17
马培童 焦墨情 镜心	138cm×69cm	184,000	北京翰海	2019-03-29
马培童 中华圣龙 镜心	138cm×69cm	149,500	北京翰海	2019-03-29
马骀 湖庄清夏册 册页（十开）	34cm×37.5cm×10	207,000	朵云轩	2019-06-22
马小刚 2019年作 静听松风 镜心	70cm×68cm	138,000	北京保利	2019-06-03
马小涓 1996年作；1998年作 琵琶行 册页（十六开）	44.5cm×33cm×16	368,000	朵云轩	2019-06-22
马小涓 幽谷清泉册 册页（十二开）	43.5cm×32cm×12	207,000	朵云轩	2019-06-22
马欣乐 2013年作 三马图 镜片	69cm×67.6cm	234,955	纽约佳士得	2019-03-19
马一浮 1947年作 隶书六言联 立轴	171cm×35.5cm×2	402,500	中国嘉德	2019-11-17
马一浮 1962年作 篆书"爱吾庐"镜心	32.5cm×89cm	155,250	上海匡时	2019-06-21
马一浮 行书 八言联 对联	131cm×22cm×2	230,000	西泠印社	2019-07-06
马一浮 行书 节录黄庭坚《赠送张叔和》	130cm×32.5cm	287,500	中国嘉德	2019-06-03
马一浮 行书 镜片	130.5cm×65cm	287,500	朵云轩	2019-06-22
马一浮 行书 七言联 画心	173cm×32cm×2	333,500	西泠印社	2019-07-06
马一浮 行书 四屏镜心	130cm×31cm×4	575,000	北京匡时	2019-07-13

拍品名称	物品尺寸	成交价RMB	拍卖公司	拍卖日期
马一浮 行书 四屏立轴	132cm×33.5cm×4	408,250	北京匡时	2019-07-13
马一浮 行书八言联 立轴	125cm×21cm×2	115,000	北京荣宝	2019-04-28
马一浮 行书东坡诗 立轴	129.7cm×33.3cm	170,063	香港苏富比	2019-10-07
马一浮 行书毛主席词《清平乐·六盘山》镜心	145.5cm×40cm	333,500	中国嘉德	2019-06-04
马一浮 行书五言联 立轴	136cm×37cm×2	171,513	保利香港	2019-04-01
马一浮 行书杂诗 镜心	35.5cm×252cm	425,500	北京匡时	2019-07-13
马一浮 黄伯度 书法（二帧）立轴/镜片	马 118cm×48cm； 黄74cm×34cm	138,000	广东崇正	2019-11-28
马一浮 节录《急就篇》镜心	129cm×34cm	126,500	北京诚轩	2019-11-16
马一浮 为黄洁作书匾 针肓起废 镜片	101.5cm×27cm	172,500	西泠印社	2019-07-06
马一浮 篆书"守小朴" 镜心	24cm×89cm	218,500	北京保利	2019-12-03
毛国伦 1989年作 达摩图卷 手卷	15cm×178cm	218,500	中国嘉德	2019-10-15
毛国伦 採药黄山下 行书五言联 镜芯	画芯 54cm×87.5cm； 对联 99.5cm×22.5cm×2	207,000	中鸿信	2019-07-16
毛国伦 铁血英雄路 镜芯	136cm×68cm	149,500	中鸿信	2019-07-16
茆帆 2019年作 四体书法（四帧）镜片	102cm×34.5cm×4	195,500	上海嘉禾	2019-09-07
茅盾 1972年作 行书七言诗 行书西江月 镜心	26cm×15cm； 29cm×19cm	828,000	北京保利	2019-12-01
茅盾 1975年作 行书七言诗 立轴	67cm×34cm	299,000	华艺国际	2019-08-10
茅盾 1976年作 行书七言诗 镜心	83cm×19.5cm	448,500	北京荣宝	2019-04-28
茅盾 1977年作 行书节录吴恩裕《曹雪芹逸事》镜芯	66.5cm×34.5cm	172,500	中鸿信	2019-07-17
茅盾 1981年作 行书贺寿诗 镜心	23.5cm×33cm	109,250	中国嘉德	2019-11-18
梅兰芳 1928年作 枇杷 立轴	131.5cm×31cm	105,800	北京翰海	2019-06-14
梅兰芳 1956年作 富贵平安图 立轴	画心： 82cm×42cm； 诗堂： 25.5cm×42cm	321,159	邦瀚斯	2019-04-03
梅兰芳 海棠蝈蝈 立轴	43cm×31cm	230,000	中贸圣佳	2019-06-07
梅兰芳 花卉蝴蝶四屏 镜框	扇面 4.5cm×13cm×4； 团扇直径 11.5cm×8	105,610	华艺国际	2019-11-24
梅兰芳 王瑶卿 尚小云 程砚秋 荀慧生 1938年作 清供图 立轴	94.5cm×45.5cm	109,250	中鸿信	2019-07-17
梅兰芳 杨小楼 啄松图、篆书心经 成扇	20cm×54cm	552,000	北京匡时	2019-07-13
梅忠恕 年轻女子造型	21cm×19cm	203,063	香港苏富比	2019-04-01
梅忠恕 写作	23cm×23cm	277,875	香港苏富比	2019-04-01
孟刚 2019年作 观音中堂	136cm×68cm； 136cm×34cm×2	563,500	北京翰海	2019-10-12
孟令芳 2008年作 草书《王维·山居秋暝诗》镜心	68cm×137cm	195,500	北京翰海	2019-10-12
孟宪琪 2014年作 秋曲 镜心	50cm×50cm	97,750	北京翰海	2019-10-12
苗小龙 2019年作 龙 镜心	178cm×143cm	747,500	北京翰海	2019-10-12
苗再新 2008年作 人物四屏 镜心	136cm×34cm×4	138,000	北京荣宝	2019-06-13
苗再新 2013年作 天朗气新 镜心	68cm×138cm	126,500	北京荣宝	2019-04-28
民国书画名家 扇面集粹	尺寸不一	460,212	保利香港	2019-10-06
名家合集册"艺苑珍赏"（一册九开）	27.5cm×38.5cm×9	155,250	中鸿信	2019-07-15

拍品名称	物品尺寸	成交价RMB	拍卖公司	拍卖日期
缪嘉惠 花鸟 立轴	诗堂：20.5cm×29.5cm；本幅：42cm×29.5cm	184,000	中贸圣佳	2019-08-16
缪嘉慧 花鸟册（八开）册页	22cm×25.5cm×8	437,000	中贸圣佳	2019-06-07
莫言 2011年作 行书四屏 镜心	137cm×35cm×4	345,000	北京荣宝	2019-06-13
莫言 书法 心无挂碍 镜心	34.5cm×138cm	126,500	北京荣宝	2019-06-13
慕凌飞 1982年作 青绿山水 立轴	116cm×55cm	115,000	北京保利	2019-06-04
慕凌飞 虎 立轴	96cm×44cm	184,800	天津国拍	2019-04-21
慕凌飞 天女散花 立轴	103.5cm×47cm	207,000	广东崇正	2019-05-23
奈良美智 1997年作 无题（狗跟骨）	22.5cm×15cm	192,375	香港苏富比	2019-04-01
南海岩 2005年作 暖日绮霞 镜心	83cm×56.5cm	195,500	北京荣宝	2019-12-01
南海岩 2008年作 牡丹迎春 镜心	97cm×180cm	126,500	北京荣宝	2019-12-01
南海岩 2008年作 寿桃蝴蝶 镜心	182cm×97cm	115,000	北京荣宝	2019-06-13
南海岩 2009年作 李白诗意 镜心	103cm×102cm	97,750	北京荣宝	2019-12-01
南海岩 2018年作 美丽家园 镜心	138cm×69cm	1,897,500	北京翰海	2019-03-29
南海岩 2018年作 雪域呈祥 镜心	106cm×83cm；106cm×34cm×2	1,725,000	北京荣宝	2019-06-13
南海岩 2019年作 爱恋故乡 镜心	114cm×83cm	1,955,000	北京翰海	2019-10-12
南海岩 2019年作 真爱永存 镜心	68.5cm×137cm	1,610,000	中国嘉德	2019-06-04
南海岩 藏女 镜心	103cm×69cm	230,000	北京荣宝	2019-04-28
南海岩 大爱无言 镜心	113.5cm×83.3cm	1,667,500	中国嘉德	2019-11-19
南海岩 金秋神韵 镜框	68cm×68cm	460,000	北京荣宝	2019-12-01
南海岩 母子图 镜心	68cm×68cm	109,250	北京荣宝	2019-04-28
南海岩 人物 镜心	65cm×66cm	109,250	北京荣宝	2019-04-28
南怀瑾 行书七言联 镜心	66cm×35.5cm	184,000	北京保利	2019-12-01
南溪 2015年作 财富女神	120cm×80cm	168,976	华艺国际	2019-11-24
南溪 2015年作 国际货币	70cm×70cm	137,293	华艺国际	2019-11-24
南溪 2015年作 金钱	71cm×70cm	137,293	华艺国际	2019-11-24
鸟文斋荣之 樱花美人图	93cm×35cm	109,086	纽约佳士得	2019-03-21
聂荣臻 萧克 王平 吕正操 等 1992年作 书法（十帧）立轴	尺寸不一	115,000	上海嘉禾	2019-04-16
宁超武 行书《金陵杂述诗》八屏 镜芯	131cm×32.5cm×8	184,000	中鸿信	2019-07-17
牛朝 2013年作 碧渚共水澄	68cm×33.6cm	108,000	佳士得（上海）	2019-09-21
牛朝 2013年作 人幽石含烟	68cm×33.6cm	108,000	佳士得（上海）	2019-09-21
欧豪年 1978年作 四景山水 镜框	94cm×29cm×4	402,500	华艺国际	2019-08-11
欧豪年 台静农 1987年作 花卉图四屏 镜框	33cm×44cm；34cm×44cm	121,440	罗芙奥	2019-11-30
欧豪年；朱慕兰 1986年作 山君图 镜框	58.5cm×94.5cm	157,680	罗芙奥	2019-06-01
欧阳小林 2019年作 黄岳奇峰 镜心	74cm×68cm	172,500	北京保利	2019-06-03
欧阳小林 2019年作 钟馗像 镜心	73.5cm×49cm	115,000	北京保利	2019-12-02
欧阳中石 1988年作 行书 立轴	137cm×69cm	138,000	华艺国际	2019-08-10
欧阳中石 行书 镜心	137cm×69cm	105,800	中国嘉德	2019-03-23
欧阳中石 行书 镜心	136cm×68.5cm	264,500	中国嘉德	2019-06-02
欧阳中石 行书《登泰山》镜心	93cm×179cm	224,250	北京荣宝	2019-12-01
欧阳中石 行书十八言联 镜心	173cm×47cm×2	287,500	北京保利	2019-06-22
欧阳中石 行书四屏 镜心	137cm×34cm×4	713,000	北京荣宝	2019-06-13
欧阳中石 行书五言诗 镜心	34cm×100cm	109,250	北京荣宝	2019-10-12
欧阳中石 书法 镜芯	144cm×287cm	989,000	中鸿信	2019-07-16
欧阳中石 松寿 镜心	96cm×43cm	253,000	北京荣宝	2019-04-28

拍品名称	物品尺寸	成交价RMB	拍卖公司	拍卖日期
潘伯鹰 1959年作 楷书 临褚书房玄龄碑 手卷	画心 587cm×28cm；	253,000	西泠印社	2019-07-07
潘伯鹰 行书十六言联 立轴	232cm×25.5cm×2	138,000	北京荣宝	2019-12-01
潘公寿 柳如是小像 立轴	114.5cm×49cm	138,000	中鸿信	2019-07-17
潘公寿 山中吟咏图 立轴	222cm×105cm	172,500	中鸿信	2019-07-17
潘龢 赵浩公 卢观海 罗艮斋 卢镇寰 黄般若 1924年作 小五岳图 立轴	94.5cm×36.8cm	162,000	佳士得	2019-05-28
潘建业 2018年作 秀丽河山	121cm×244cm	345,000	北京翰海	2019-06-15
潘絜兹 1989年作 李白诗意图 镜芯	73cm×65.5cm	115,000	中鸿信	2019-07-16
潘絜兹 采莲女 镜心	28.5cm×24.5cm	103,500	中国嘉德	2019-11-18
潘静淑 1935年作 蔬果图册页（十开）	21.5cm×30.8cm×10	575,000	华艺国际	2019-08-10
潘静淑 花卉（二帧）册页	29cm×37cm×2	379,500	中鸿信	2019-07-16
潘素 漓江风景 镜心	113cm×64cm	460,000	北京保利	2019-06-04
潘素 吴山初雪 镜心	87cm×43.5cm	115,000	中贸圣佳	2019-11-30
潘素 吴山初雪 立轴	66.5cm×32cm	333,500	中国嘉德	2019-06-02
潘素 溪山访友 镜框	28.5cm×51cm	374,597	邦瀚斯	2019-04-03
潘天寿（款）墨荷 立轴	119cm×41cm	701,500	北京保利	2019-06-22
潘天寿（款）禽石图 镜心	141cm×39cm	172,500	北京保利	2019-06-22
潘天寿 1923年作 石兰 立轴	135.7cm×40cm	517,500	中国嘉德	2019-06-02
潘天寿 1928年作 绯袍 立轴	134.5cm×32cm	138,000	中鸿信	2019-07-16
潘天寿 1928年作 佳禽图 立轴	85cm×47.5cm	2,300,000	西泠印社	2019-07-06
潘天寿 1928年作 水仙丛菊 立轴	136.5cm×44cm	575,000	中国嘉德	2019-06-03
潘天寿 1933年作 春竹 立轴	99.2cm×40cm	1,733,184	华艺国际	2019-05-27
潘天寿 1939年作 竹石鸟禽图 立轴	142cm×39.2cm	2,112,200	华艺国际	2019-11-24
潘天寿 1941年作 行书自作诗 镜框	144cm×37cm	747,500	上海明轩	2019-04-28
潘天寿 1944年作 松荫观瀑 立轴	99cm×62cm	26,220,000	北京保利	2019-06-04
潘天寿 1945年作 鱼鹰图 镜心	63cm×51cm	3,680,000	中国嘉德	2019-11-18
潘天寿 1948年作 一支红绽紫芭蕉 立轴	68.5cm×42.5cm	920,000	中国嘉德	2019-06-02
潘天寿 1949年作 西湖竹影 扇面 镜心	17.8cm×51.2cm	310,500	北京诚轩	2019-11-16
潘天寿 1951年作 行书《题兰石图》立轴	172cm×32cm	1,380,000	北京保利	2019-06-04
潘天寿 1954年作 蓬勃益然 立轴	132.0cm×55.0cm	15,525,000	中国嘉德	2019-11-18
潘天寿 1954年作 栖禽图 立轴	76cm×30.5cm	1,495,000	西泠印社	2019-07-06
潘天寿 1954年作 石背幽禽 立轴	76cm×30cm	1,702,000	北京保利	2019-12-01
潘天寿 1955年作 行书七言诗 立轴	108cm×38cm	575,000	中国嘉德	2019-06-03
潘天寿 1958年作 初晴 镜心	140.5cm×364.0cm	205,850,000	中国嘉德	2019-11-18
潘天寿 1958年作 水仙灵石图 镜心	27cm×33cm	862,500	上海匡时	2019-06-21
潘天寿 1960年作 行书毛主席词《十六字令》立轴	131cm×35.5cm	1,265,000	中国嘉德	2019-06-04
潘天寿 1960年作 指墨秋花 立轴	70cm×41.5cm	7,475,000	中国嘉德	2019-06-02
潘天寿 1961年作 仿八大山人笔意 立轴	76cm×34cm	1,552,500	中鸿信	2019-07-16
潘天寿 1962年作 兰竹 立轴	102cm×35cm	310,500	北京翰海	2019-03-29
潘天寿 1962年作 墨鸭 立轴	93.0cm×47.0cm	2,070,000	中国嘉德	2019-11-18
潘天寿 1962年作 夏兰初放一枝花 立轴	75cm×41cm	8,510,000	中国嘉德	2019-06-02
潘天寿 1962年作 新雏 成扇	18cm×52cm	1,495,000	中鸿信	2019-07-16
潘天寿 1962年作 稚鸡图 镜心		218,500	北京翰海	2019-03-29
潘天寿 1963年作 行书《孟子》章句 镜心	154.5cm×40.5cm	454,005	中国嘉德	2019-03-30
潘天寿 1964年作 杜少陵诗意 立轴	57.0cm×49.0cm	3,910,000	中国嘉德	2019-11-18
潘天寿 1964年作 行书七言联 立轴	125cm×28cm×2	1,667,500	中国嘉德	2019-06-02
潘天寿 1964年作 墨蛙诗画卷 镜心	25.5cm×146cm	2,300,000	中国嘉德	2019-06-02

拍品名称	物品尺寸	成交价RMB	拍卖公司	拍卖日期
潘天寿 1964年作 秋蟹图 立轴	44cm×34cm	805,000	西泠印社	2019-07-06
潘天寿 1964年作 野渡无人舟自横 立轴	44.5cm×40.5cm	1,012,000	中国嘉德	2019-06-02
潘天寿 1965年作 海榴世所稀 立轴	107cm×42cm	5,175,000	上海明轩	2019-04-28
潘天寿 1965年作 江山如此多娇 立轴	61.0cm×41.0cm	6,900,000	中国嘉德	2019-11-18
潘天寿 1965年作 美人蕉 立轴	68.2cm×39cm	2,012,500	中国嘉德	2019-06-02
潘天寿 1965年作 映日荷花图 镜片	43cm×36.5cm	920,000	西泠印社	2019-07-06
潘天寿 芭蕉猫戏图 立轴	95cm×45cm	402,500	北京华辰	2019-07-14
潘天寿 菜花墨蝶图 立轴	56.5cm×43.5cm	690,000	北京保利	2019-12-01
潘天寿 行书两帧 镜心		414,000	中贸圣佳	2019-06-07
潘天寿 湖石栖禽 立轴	61cm×34cm	8,625,000	中国嘉德	2019-06-02
潘天寿 江寒汀 贺天健 等 笔歌墨舞册 册页（二十四开）	16.5cm×23.5cm×24	322,000	北京诚轩	2019-11-16
潘天寿 金文七言句 立轴	149cm×34cm	414,000	中贸圣佳	2019-06-07
潘天寿 劲松 镜心	128cm×65.5cm	428,104	中国嘉德	2019-10-08
潘天寿 巨石灵蟾图 镜心	98cm×60cm	5,635,000	北京保利	2019-12-02
潘天寿 满湖新放碧桃花 立轴	诗堂：24cm×41cm；画心：61cm×41cm	3,450,000	中贸圣佳	2019-11-30
潘天寿 墨兰 立轴	78cm×36cm	575,000	中贸圣佳	2019-11-30
潘天寿 墨猫 立轴	137cm×45.3cm	1,342,500	佳士得	2019-11-26
潘天寿 拟八大笔意 立轴	67cm×34cm	1,380,000	北京匡时	2019-07-13
潘天寿 鸟石图 镜框	81.5cm×41cm	2,685,000	佳士得	2019-11-26
潘天寿 秋趣 镜片	18.5cm×53cm	287,500	广东崇正	2019-11-28
潘天寿 山茶梅花 立轴	58.0cm×47.0cm	4,830,000	中国嘉德	2019-11-18
潘天寿 唐云 陆抑非 程十发 梅花（四帧）册页	48.5cm×34.5cm×4	690,000	保利厦门	2019-01-06
潘天寿 江声远 陈大羽 行书七言诗·写意山水·印章（二轴）立轴	134.5cm×32.5cm；104cm×34cm；印章3cm×1.5cm×3cm；1.5cm×1.5cm×4cm	345,000	西泠印社	2019-07-06
潘天寿 午睡 立轴	92cm×77.5cm	29,325,000	中国嘉德	2019-06-02
潘天寿 小窗清暑图 立轴	79.5cm×49cm	11,500,000	中贸圣佳	2019-11-30
潘天寿 岩下游鱼图 立轴	60cm×48cm	7,015,000	广东崇正	2019-05-23
潘天寿 雁荡纪游诗卷 手卷	引首17.5cm×70.5cm；书法17.5cm×268cm；跋17.5cm×197cm	2,530,000	中国嘉德	2019-11-18
潘天寿 雁荡山花图 立轴	66cm×51.5cm	5,750,000	北京保利	2019-12-02
潘天寿 指墨红荷 立轴	132cm×50cm	19,550,000	华艺国际	2019-08-10
潘天寿 周昌谷 吴茀之 陆抑非 诸乐三 韦江凡 尹瘦石 等 1961-1962年作 "美意延年"册 册页	21cm×30cm×11	575,000	北京保利	2019-11-20
潘天寿 竹篱憩禽 立轴	97.0cm×56.0cm	3,220,000	中国嘉德	2019-11-18
潘文良 东南岁隐图 镜片	180cm×80cm	689,700	保信利诚	2019-02-07
潘业新 书法 镜心	68cm×136cm	112,700	北京翰海	2019-03-29
潘玉良 1956年作 裸女及面具	49cm×64.5cm	10,268,640	佳士得	2019-05-25
潘玉良 女人体 镜片	15.5cm×12cm	345,000	西泠印社	2019-07-07
潘玉良 约1940至1945年作 坐姿裸女	100cm×70cm	9,960,750	中国嘉德	2019-03-30
潘振镛 1902年作 十二月花神图 立轴十二屏	130cm×64cm×12	805,000	上海嘉禾	2019-09-06
庞荣年 2018年作 秦岭瑞雪	69cm×45cm	299,000	北京翰海	2019-06-15
庞先健 等 2006年作 画说全聚德 连环画原稿（全）画心	15.2cm×21cm×480	230,000	西泠印社	2019-07-07

拍品名称	物品尺寸	成交价RMB	拍卖公司	拍卖日期
彭醇士 1953年作 仙壶九老图 立轴	28cm×57.3cm	117,478	纽约佳士得	2019-03-19
彭醇士 1953年作 云气连嶂图 镜框	53cm×85cm	118,097	邦瀚斯	2019-04-03
彭醇士 1962年作 十四苍士图 立轴	118cm×56cm	282,492	中国嘉德	2019-03-30
彭醇士 青绿山水 镜框	76cm×37.5cm	216,000	佳士得	2019-05-20
彭醇士 云山飞瀑	59cm×31.5cm	149,500	中国嘉德	2019-06-03
彭剑 2015年作 窥中 镜框	79cm×112cm	205,200	佳士得	2019-05-27
彭康隆 2013年作 芳踪之五 镜心	79cm×147cm	201,780	北京匡时	2019-04-02
彭连熙 1985年作 临韩熙载夜宴图 手卷	30.5cm×363cm	287,500	西泠印社	2019-07-07
彭薇 2005年作 福寿如意	160cm×250cm	908,010	保利香港	2019-03-31
彭先诚 1988年作 胡人牧马图 镜心	90cm×96cm	120,750	中国嘉德	2019-06-03
彭先诚 1988年作 丝路管弦图 镜心	33.5cm×132.5cm	230,000	北京荣宝	2019-12-01
彭先诚 1989年作 丽人行 镜框	98cm×55cm	161,000	北京荣宝	2019-12-01
彭先诚 1990年作 琵琶行诗意图 镜心	136cm×34cm	253,000	北京荣宝	2019-06-13
彭先诚 1990年作 晓妆图 镜心	33.5cm×137cm	126,500	中国嘉德	2019-06-04
彭先诚 1992年作 春游图 立轴	97.5cm×53.5cm	195,500	北京荣宝	2019-10-12
彭先诚 1994年作 马球图 立轴	130cm×34cm	96,323	保利香港	2019-10-06
彭先诚 1998年作 牧马图 镜心	99cm×137cm	264,500	北京荣宝	2019-06-13
彭先诚 2000年作 马球图 镜心	39cm×122cm	138,000	北京荣宝	2019-04-28
彭先诚 2004年作 马球图 镜心	136cm×68cm	253,000	北京荣宝	2019-06-13
彭先诚 2013年作 雪原归牧图 镜片	137cm×34.5cm	230,000	西泠印社	2019-07-07
彭先诚 2017年作 紫薇佳人 镜心	68cm×40cm	126,500	北京荣宝	2019-06-13
彭先诚 丽人行 镜心	34cm×136cm	218,500	北京荣宝	2019-06-13
彭友善 1993年作 老虎 镜芯	127.5cm×69cm	115,000	中鸿信	2019-07-16
彭友善 威震四海 横批	67cm×135cm	103,500	中鸿信	2019-07-16
蒲华 1869年作 千岩竞秀 立轴	178cm×92cm	115,000	朵云轩	2019-06-22
蒲华 1874年作 芝仙祝寿图 立轴	134cm×43cm	103,500	北京荣宝	2019-04-28
蒲华 1880年作 四时花卉 四屏 立轴	174cm×45cm×4	805,000	上海嘉禾	2019-09-07
蒲华 1882年作 竹石 四屏 立轴	148.5cm×39cm×4	460,000	上海嘉禾	2019-09-07
蒲华 1890年作 山水四屏 立轴	178cm×46cm×4	230,000	北京保利	2019-12-02
蒲华 1895年作 行书五言联 立轴	132cm×32cm×2	105,800	北京匡时	2019-07-13
蒲华 1897年作 莲花峰 立轴	181cm×92.5cm	287,500	广东崇正	2019-11-28
蒲华 1897年作 山里人家 立轴	181cm×93cm	138,000	中国嘉德	2019-03-24
蒲华 1897年作 霜落云影图 立轴	146.5cm×41cm	117,729	中国嘉德	2019-10-08
蒲华 1901年作 行书五言联 立轴	143cm×37.5cm×2	230,000	中国嘉德	2019-11-17
蒲华 1901年作 雪后谈诗图 立轴	137.5cm×67cm	195,500	中国嘉德	2019-06-04
蒲华 1901年作 有斐君子 立轴	146.5cm×37cm	109,250	上海嘉禾	2019-09-07
蒲华 1903年作 凌波仙子图 立轴	73.5cm×25.5cm	115,000	西泠印社	2019-07-07
蒲华 1903年作 西湖秋兴图 镜框	34.2cm×134cm	249,425	香港苏富比	2019-10-07
蒲华 1904年作 枫叶霜菊 立轴	133cm×31cm	195,500	上海嘉禾	2019-09-07
蒲华 1906年作 朱竹四屏 立轴	151cm×40cm×4	575,000	中国嘉德	2019-11-17
蒲华 1907年作 富贵长寿 立轴	146cm×77cm	310,500	朵云轩	2019-06-22
蒲华 1907年作 行书八言联 对联	130.5cm×23.5cm×2	172,500	上海嘉禾	2019-09-07
蒲华 1908年作 百龄富贵 立轴	130.8cm×67.2cm	149,625	香港苏富比	2019-04-02
蒲华 1909年作 夜雨归舟图 立轴	125.5cm×44.5cm	138,000	西泠印社	2019-07-07
蒲华 1910年作 行书 七言联 对联	137cm×33cm×2	97,750	西泠印社	2019-07-07
蒲华 草书 节录画禅室随笔 镜片	171.5cm×47cm	109,250	西泠印社	2019-07-07
蒲华 海上卖药图 镜片	23.5cm×32.5cm×2	138,000	上海嘉禾	2019-09-07
蒲华 临吴仲圭笔意 立轴	147cm×39cm	138,000	上海嘉禾	2019-09-07
蒲华 梅竹图 立轴	103.5cm×47cm	161,000	西泠印社	2019-07-07
蒲华 拟黄子久笔意 立轴	146.5cm×68cm	368,000	上海嘉禾	2019-09-07
蒲华 平安迪吉 立轴	133cm×31.5cm	195,500	上海嘉禾	2019-09-07
蒲华 杞鞠延年 立轴	130.5cm×30cm	109,250	上海嘉禾	2019-09-07
蒲华 清香播兰蕙 立轴	149cm×40cm	253,000	上海嘉禾	2019-09-07
蒲华 秋香图·行书 成扇	19.5cm×54cm	97,750	上海嘉禾	2019-09-07

拍品名称	物品尺寸	成交价RMB	拍卖公司	拍卖日期
蒲华 山水 立轴	147cm×79cm	402,500	北京保利	2019-08-24
蒲华 山水册页 册页（十二开）	28cm×40cm×12	805,000	中贸圣佳	2019-11-30
蒲华 山水花果册 册页（五开）	23cm×25.5cm×5	437,000	上海嘉禾	2019-09-07
蒲华 仙源春晓 立轴	143.5cm×38.5cm	207,000	上海嘉禾	2019-09-07
蒲华 小景六帧（六帧）画心	34.5cm×26.5cm×6	230,000	西泠印社	2019-07-07
蒲华 徐鄂 观泉图 隶书 成扇	17.5cm×51.5cm	109,250	上海嘉禾	2019-09-07
蒲华 杨柳词客 立轴	104cm×50cm	184,000	中国嘉德	2019-11-17
蒲华 竹石四屏 立轴	130cm×32cm×4	460,000	中贸圣佳	2019-06-07
蒲华 竹石图 立轴	149.5cm×41cm	97,750	西泠印社	2019-07-07
蒲华 竹石图 立轴	209.5cm×56.5cm	126,500	上海嘉禾	2019-09-07
溥侗 程砚秋 梅兰芳 等 1951年作 桃李双燕 立轴	106.5cm×56.5cm	112,700	中国嘉德	2019-06-03
溥伒 1917年作 仿宋人小景 立轴	73cm×28cm	264,500	北京翰海	2019-06-14
溥伒 1919年作 高山流水 立轴	90.2cm×43.5cm	138,938	香港苏富比	2019-04-02
溥伒 1930年作 宝米斋图卷 手卷	引首 31cm×115cm；画心 33cm×260.5cm；题跋 34.5cm×606cm	2,990,000	上海嘉禾	2019-09-06
溥伒 1944年作 兰石图 镜心	71.5cm×30.5cm	143,750	北京翰海	2019-06-14
溥伒 宝米斋图卷 手卷	引首 31cm×115cm；本幅 33cm×261cm；题跋 33cm×604cm	3,105,000	中贸圣佳	2019-06-07
溥伒 宝熙 双骏图 楷书七言诗 成扇		109,250	中国嘉德	2019-06-24
溥伒 封侯图 立轴	113.5cm×28cm	126,500	北京翰海	2019-06-14
溥伒 冯恕 八骏图 四体书法隔景 成扇	18cm×51cm	267,565	中国嘉德	2019-10-08
溥伒 冯煦 秋山幽居 自作诗 成扇	19cm×54cm	333,500	北京诚轩	2019-06-01
溥伒 关和镛 叶昀 溥佺 陈宝琛 1932年作 南山高士·行书《劝学》成扇	19.5cm×49cm	101,675	中国嘉德	2019-10-08
溥伒 行书并秋山萧寺图 成扇	30cm×83cm	230,000	中贸圣佳	2019-06-07
溥伒 惠均 等四家 1929年作 松泉远韵 立轴	67cm×38.5cm	184,000	北京翰海	2019-06-14
溥伒 溥儒 斜阳荷笠图·行书论画 成扇	20cm×49cm	128,431	中国嘉德	2019-10-08
溥伒 晴翠拥亭 立轴	139cm×36cm	115,000	北京翰海	2019-06-14
溥伒 赵叔孺 1931年作 鞍马寻春 行书节临《灵隐大川济禅师塔铭》成扇	20cm×53cm	287,500	北京保利	2019-12-01
溥靖秋 1936年作 百蝶图卷 手卷	引首 43cm×130cm；画芯 43cm×639cm	138,000	中鸿信	2019-07-17
溥佺 八骏图 立轴	98cm×52cm	575,000	北京保利	2019-06-04
溥佺 二郎山 镜心	95cm×175cm	109,250	中国嘉德	2019-10-15
溥佺 启功 惠均 叶昀 高士图 镜心	18cm×54cm	207,000	中贸圣佳	2019-08-16
溥佺 启功 神驹·行书鲁迅诗 成扇	19cm×53cm	241,500	北京保利	2019-06-04
溥佺 霜林神骏 立轴	97.5cm×55cm	345,000	北京银座	2019-06-05
溥佺 王禔 1940年作 木栖双禽·书法百寿 成扇	19cm×49cm	121,068	保利香港	2019-04-01
溥佺 张启后 双珍图·楷书陆游诗 成扇	53cm×18.5cm	149,500	西泠印社	2019-07-07
溥儒 1924年作 秋望图 立轴	73cm×27cm	667,000	北京保利	2019-12-01

拍品名称	物品尺寸	成交价RMB	拍卖公司	拍卖日期
溥儒 1929年作 临宋人山水 成扇	17.3cm×47.6cm	170,063	香港苏富比	2019-10-07
溥儒 1930年作 小石潭记 立轴	23.5cm×51cm	1,265,000	上海明轩	2019-04-28
溥儒 1930年作 写经图卷 手卷	30.3cm×163cm	2,817,500	北京诚轩	2019-11-16
溥儒 1931年作 寒猿江叶 行书宋琬诗 成扇	20cm×53cm	793,500	北京保利	2019-12-01
溥儒 1931年作 执扇仕女图 立轴	78.5cm×21.5cm	402,500	华艺国际	2019-08-10
溥儒 1932年作 北宗矩矱册 册页（十二开）	16cm×7.5cm×12	805,000	北京诚轩	2019-11-16
溥儒 1932年作 鱼乐图 立轴	79cm×37cm	230,000	华艺国际	2019-08-10
溥儒 1933年作 独行观瀑 镜心	64cm×27.5cm	115,000	北京翰海	2019-06-14
溥儒 1933年作 龟寿千年册 镜心（十二开）	20.0cm×14.0cm×12	5,060,000	中国嘉德	2019-11-18
溥儒 1933年作 疏林高士 立轴	51cm×28cm	97,750	中国嘉德	2019-11-17
溥儒 1934年作 行书〈送苍虬侍郎出关〉镜框	31.7cm×125.5cm	136,050	香港苏富比	2019-10-07
溥儒 1934年作 行书八言联 立轴	130cm×19.5cm×2	342,483	中国嘉德	2019-10-08
溥儒 1934年作 江南二月儿童戏 立轴	126.5cm×59.5cm	1,955,000	北京诚轩	2019-06-01
溥儒 1934年作 秋景山水册 册页（八开）	15.5cm×7cm×8	943,000	中国嘉德	2019-06-02
溥儒 1935年作 行书〈落叶诗〉四首 手卷	画心：27cm×204cm；引首：27.5cm×65cm	294,775	香港苏富比	2019-10-07
溥儒 1936年作 观画图 手卷	画 32cm×82cm；引首 32cm×99cm；题跋 32cm×132cm	6,095,000	北京保利	2019-12-01
溥儒 1936年作 松下听瀑 团扇面 镜框	35cm×36.5cm	623,563	香港苏富比	2019-10-07
溥儒 1936年作 幽兰蛱蝶 行书词 成扇	13.2cm×35cm	961,875	香港苏富比	2019-04-02
溥儒 1938年作 佛祖圣像图 立轴	125cm×49.5cm	2,875,000	北京保利	2019-12-02
溥儒 1938年作 松阴钟馗 立轴	45cm×28cm	448,500	北京诚轩	2019-11-16
溥儒 1938年作 夏山高隐图 立轴	85cm×28.5cm	287,500	北京匡时	2019-07-13
溥儒 1940年作 日暮归舟 立轴	101.3cm×32.3cm	134,250	佳士得	2019-11-26
溥儒 1941年作 草书 四屏立轴	172cm×45cm	345,000	北京翰海	2019-10-12
溥儒 1941年作 静听松风 立轴	132cm×48cm	172,500	中国嘉德	2019-11-18
溥儒 1941年作 楷书八言联 对联	136cm×34cm×2	207,000	上海嘉禾	2019-09-07
溥儒 1942年作 行书寒玉堂词 册 镜框（十二开）	各：27.5cm×17cm×12	907,000	香港苏富比	2019-10-07
溥儒 1942年作 辟邪迎福 镜框	86.3cm×39.8cm	140,400	佳士得	2019-05-28
溥儒 1942年作 少陵诗意 立轴	108.5cm×32.5cm	98,464	中国嘉德	2019-10-08
溥儒 1943年作 观音大士 立轴	110cm×56cm	172,500	中鸿信	2019-07-16
溥儒 1943年作 书画合璧扇 成扇	18.3cm×49.5cm	230,000	北京诚轩	2019-06-01
溥儒 1944年作 楷书七言联 镜框	62.8cm×11.3cm×2	203,904	华艺国际	2019-05-27
溥儒 1945年作 秋江泛舟图 镜片	13.75cm×109cm	142,260	纽约佳士得	2019-09-10
溥儒 1945年作 四时山水 镜心	99.0cm×49.0cm×4	5,520,000	中国嘉德	2019-11-18
溥儒 1946年作 碧峰清晖 镜片	7.3cm×116.5cm	251,738	纽约佳士得	2019-03-19
溥儒 1946年作 行书七言联（两幅）立轴	133cm×32cm×2	108,000	佳士得	2019-05-28
溥儒 1946年作 松风高吟 立轴	64cm×32cm	270,250	华艺国际	2019-08-10
溥儒 1947年作 洞庭秋水图 立轴	100cm×34cm	713,000	北京保利	2019-06-04
溥儒 1947年作 风雪归庄 立轴	125.5cm×32.5cm	172,500	北京荣宝	2019-06-13
溥儒 1947年作 挂帆图 立轴	99cm×33cm	282,492	北京匡时	2019-04-02

拍品名称	物品尺寸	成交价RMB	拍卖公司	拍卖日期
溥儒 1947年作 仕女 立轴	101cm×35cm	133,369	纽约佳士得	2019-09-10
溥儒 1947年作 水阁清谈 镜框	132cm×47.5cm	469,875	佳士得	2019-11-26
溥儒 1948年作 楷书七言联 立轴	107cm×28cm×2	172,500	北京保利	2019-06-04
溥儒 1948年作 秋日峦壑 立轴	95cm×33cm	252,225	中国嘉德	2019-03-30
溥儒 1948年作 驯马图 镜芯	55cm×32.5cm	184,000	中鸿信	2019-07-16
溥儒 1949年作 行书回文诗 镜框	68cm×40cm	108,000	佳士得	2019-05-28
溥儒 1949年作 楷书七言联 镜框	43.5cm×6cm×2	128,784	邦瀚斯	2019-04-03
溥儒 1949年作 临安山色 立轴	106cm×28cm	747,500	北京保利	2019-12-01
溥儒 1949年作 临燕文贵秋山萧寺 手卷	引首 11.3cm×87.5cm；画心 11.3cm×224.5cm	1,725,000	华艺国际	2019-08-10
溥儒 1949年作 婴儿夏戏图 镜心	26cm×18cm	575,000	中国嘉德	2019-06-02
溥儒 1950年作 芭蕉仕女 行书七言联 立轴	书法 103cm×17cm×2；画90cm×28cm	402,500	北京保利	2019-12-01
溥儒 1950年作 行书七言联（两幅）立轴	76cm×15cm×2	194,400	佳士得	2019-05-28
溥儒 1950年作 楷书《心经》（二十帧）册页	22cm×13cm×20	310,500	北京匡时	2019-07-13
溥儒 1950年作 松龄芝瑞 镜框	20cm×51cm	575,000	北京荣宝	2019-12-01
溥儒 1951年作 焚香诵经 立轴	53cm×27cm	454,005	中国嘉德	2019-03-30
溥儒 1951年作 秋山行旅 镜框	87cm×28cm	333,500	北京荣宝	2019-12-01
溥儒 1952年作 缕烟剪雾 镜心	引首 6cm×15cm；画心8cm×76cm	1,605,390	保利香港	2019-10-06
溥儒 1952年作 松涧回云、行书五言诗 成扇	18cm×48cm	201,250	北京匡时	2019-07-13
溥儒 1952年作 晚归 镜心	52.5cm×26.5cm	321,078	保利香港	2019-10-06
溥儒 1952年作　峻阁松风 镜心	26.5cm×23.5cm	1,605,390	保利香港	2019-10-06
溥儒 1953年作 方正学像 立轴	57cm×28.5cm	736,938	香港苏富比	2019-10-07
溥儒 1953年作 关山风雪 镜心	60cm×28cm	207,000	北京保利	2019-12-01
溥儒 1953年作 楷书 佛说阿弥陀经 立轴	101.5cm×41.5cm	575,000	西泠印社	2019-07-06
溥儒 1953年作 鲤鱼跃龙门 镜片	60cm×27.9cm	125,869	纽约佳士得	2019-03-19
溥儒 1953年作 熊 镜心	20.5cm×14.5cm	186,647	北京匡时	2019-04-02
溥儒 1954年作 行书致徐复观 立轴	92.5cm×26.5cm	207,000	中国嘉德	2019-06-03
溥儒 1954年作 四季山水坤扇（一组四柄）成扇	13.7cm×40cm×4	3,910,000	北京诚轩	2019-11-16
溥儒 1954年作 松寿图 镜框	18m×28m60m×28m	210,240	罗芙奥	2019-06-01
溥儒 1954年作 无量寿佛像 立轴	63cm×30cm	172,500	北京荣宝	2019-06-13
溥儒 1954年作 中山出游图 行书七言联 镜心	画61cm×31cm；书法 80cm×16cm×2	322,000	北京保利	2019-12-01
溥儒 1955年作 行书七言联 立轴	89.5cm×17cm×2	115,000	中国嘉德	2019-06-03
溥儒 1955年作 四季诗意（四幅）镜框	38.5cm×18cm×4	129,600	佳士得	2019-05-28
溥儒 1955年作 陶靖节像 镜框	93.5cm×41cm	2,778,750	香港苏富比	2019-04-02
溥儒 1956年作 古树紫骝 立轴	86cm×40cm	483,000	北京诚轩	2019-11-16
溥儒 1956年作 楷书七言联（两幅）镜框	55.5cm×9.2cm×2	259,200	佳士得	2019-05-28
溥儒 1956年作 立马 立轴	67cm×35cm	554,895	中国嘉德	2019-03-30
溥儒 1956年作 山水 册页（十二对开）	22.5cm×14.5cm×12	844,669	纽约佳士得	2019-09-10
溥儒 1956年作 松鹤延年 行书"驻鹤"镜心	画24cm×44cm；字34cm×69cm	805,000	北京保利	2019-12-01
溥儒 1956年作 松岩逸艇 镜心	79cm×28cm	575,000	北京保利	2019-06-05
溥儒 1957年作 秋山茂树 立轴	106.5cm×26.5cm	103,500	北京诚轩	2019-06-01
溥儒 1957年作 犨童闹学堂 镜框	90cm×36cm	648,000	佳士得	2019-05-28
溥儒 1957年作 卧龙松 镜心	77cm×29.5cm	264,500	中国嘉德	2019-11-18
溥儒 1957年作 一路连科图 镜心	97cm×43cm	109,250	中国嘉德	2019-06-24
溥儒 1959年作 朱子治家格言册 册页	24cm×14.5cm×44	126,500	中鸿信	2019-07-16
溥儒 1960年作 行书五言联 立轴	123.5cm×34cm×2	414,000	北京保利	2019-12-01
溥儒 1960年作 柳塘鸳鸯 镜心	85cm×39cm	402,500	北京保利	2019-06-04
溥儒 1960年作 骑石客孙图 镜框	30.7cm×81.5cm	587,388	纽约佳士得	2019-03-19
溥儒 1960年作 书窓清供 立轴	88.5cm×32.8cm	142,260	纽约佳士得	2019-09-10
溥儒 1961年作 观音大士 镜心	103cm×50.5cm	920,000	上海明轩	2019-04-28
溥儒 1961年作 行书回文诗 镜心	34.5cm×25.5cm	110,979	保利香港	2019-04-01
溥儒 1961年作 鹤寿松茂图 镜框	23.5cm×51cm	126,500	上海明轩	2019-04-28
溥儒 1961年作 墨竹 立轴	83cm×43cm	103,500	华艺国际	2019-08-10
溥儒 1961年作 水月观音 镜框	51cm×31cm	587,813	香港苏富比	2019-04-02
溥儒 1962年作 菜单 镜框	18.5cm×42.5cm	144,540	罗芙奥	2019-06-01
溥儒 1962年作 行书〈游大屿山〉诗 立轴	91.3cm×43.2cm	138,938	香港苏富比	2019-04-02
溥儒 1962年作 行书七言联 镜心	31cm×8cm×2	131,157	中国嘉德	2019-03-30
溥儒 1962年作 临王石谷层冈迭嶂图 镜框	31.5cm×118.5cm	216,000	佳士得	2019-05-28
溥儒 1962年作 瑞鹧鸪词意 镜心	30cm×56cm	897,000	北京保利	2019-06-04
溥儒 1962年作 松亭观瀑图 立轴	101cm×34.3cm	783,125	佳士得	2019-11-26
溥儒 1963年作 松鹤延年 立轴	88.6cm×27.9cm	234,955	纽约佳士得	2019-03-19
溥儒 八骏图（四帧）镜框	各：77cm×34.2cm×4	963,688	香港苏富比	2019-10-07
溥儒 白骨精化女送香斋 镜框	20cm×91cm	432,000	佳士得	2019-05-28
溥儒 白鹤青松 立轴	115cm×61cm	1,512,000	佳士得	2019-05-28
溥儒 百花贺寿 立轴	100cm×51cm	540,000	佳士得	2019-05-28
溥儒 百花图卷 手卷	25cm×790cm	5,175,000	北京匡时	2019-07-13
溥儒 百事如意 镜心	35.5cm×73cm	1,840,000	中国嘉德	2019-06-02
溥儒 扁舟泊涧 立轴	45cm×30cm	230,000	中贸圣佳	2019-11-30
溥儒 彩蝶图 册页	28.5cm×32.5cm×10	1,667,500	北京保利	2019-12-02
溥儒 苍藤古木 立轴	98cm×33cm	471,500	北京荣宝	2019-12-01
溥儒 草虫书法（四幅）镜框	27cm×7cm×4	324,000	佳士得	2019-05-28
溥儒 草堂艺菊图 立轴	83.5cm×40.5cm	3,795,000	中国嘉德	2019-06-02
溥儒 陈半丁 祁崑 秋猿图 立轴	110cm×49cm	460,000	北京保利	2019-06-04
溥儒 陈塘关 镜心	48cm×28.5cm	374,591	保利香港	2019-10-06
溥儒 丑角（二帧）镜心	60cm×28.5cm×2	299,673	保利香港	2019-10-06
溥儒 垂钓图 镜心	67cm×34cm	230,000	北京保利	2019-12-02
溥儒 春风吹处纸鸢高 镜心	44cm×22.5cm	103,500	中国嘉德	2019-11-17
溥儒 春色图 立轴	57cm×27cm	207,000	中贸圣佳	2019-06-07
溥儒 春山幽居 镜心	69.5cm×36.5cm	690,000	中国嘉德	2019-11-18
溥儒 春溪泛舟 立轴	94cm×45cm	690,000	中贸圣佳	2019-06-07
溥儒 翠峦松阁 成扇	18.5cm×45.5cm	170,063	香港苏富比	2019-10-07
溥儒 达摩渡江 立轴	66cm×27cm	230,000	上海匡时	2019-06-21
溥儒 大漠之舟 镜片	70cm×36.5cm	172,500	朵云轩	2019-06-22
溥儒 戴春风 携琴访友 楷书《花月吟》成扇	19cm×48cm	253,000	上海匡时	2019-06-21
溥儒 丹枫绝壁 立轴	84cm×26cm	172,500	北京匡时	2019-07-13
溥儒 丹枫绝壁 立轴	84cm×26cm	184,000	北京荣宝	2019-12-01
溥儒 道济禅师像 镜心	56.5cm×28cm	126,500	中国嘉德	2019-06-03

(成交价RMB：10万元以上)

拍品名称	物品尺寸	成交价RMB	拍卖公司	拍卖日期
溥儒 道济禅师像 立轴	56cm×28cm	322,000	北京保利	2019-06-04
溥儒 得柴归家 立轴	90cm×35cm	575,000	北京保利	2019-06-04
溥儒 叠嶂穹岩 手卷	画心 13.5cm×117cm；引首 13.5cm×43cm	575,000	上海匡时	2019-06-21
溥儒 董小宛卧榻图 立轴	89.5cm×38cm	943,000	西泠印社	2019-07-06
溥儒 独坐空翠 镜心	89cm×37cm	276,000	中国嘉德	2019-06-02
溥儒 访友图 镜心	23cm×26cm	287,500	中贸圣佳	2019-06-07
溥儒 放风筝 镜片	51cm×20cm	126,500	朵云轩	2019-06-22
溥儒 飞泉云影 立轴	130.5cm×51cm	128,431	中国嘉德	2019-10-08
溥儒 飞鸦投古木 镜框	32cm×41cm	132,538	华艺国际	2019-05-27
溥儒 芙蓉秋蝉 立轴	71cm×30.5cm	690,000	华艺国际	2019-08-10
溥儒 浮云远山图 镜片	69.5cm×10.5cm	460,000	西泠印社	2019-07-06
溥儒 浮云远岫 立轴	100.5cm×33cm	1,282,500	香港苏富比	2019-04-02
溥儒 高山松溪 镜心	82.5cm×36cm	96,323	保利香港	2019-10-06
溥儒 高士泛舟 镜心	58cm×27cm	138,000	北京保利	2019-12-02
溥儒 高仕泛舟 镜心	23.5cm×26cm	117,729	中国嘉德	2019-10-08
溥儒 庚子新岁鼠来宝 立轴	94cm×32cm	368,000	中国嘉德	2019-11-17
溥儒 孤卧泊舟 立轴	96.5cm×31cm	207,000	北京保利	2019-12-02
溥儒 古木骏马图并楷书五言联 立轴	画 87cm×42.5cm；书法 123cm×32cm×2	2,702,500	北京保利	2019-06-04
溥儒 古树秋风 立轴	58.5cm×27.5cm	105,120	罗芙奥	2019-06-01
溥儒 古松图 立轴	88cm×28cm	120,750	中贸圣佳	2019-08-16
溥儒 古院松石 立轴	88cm×34cm	172,500	北京荣宝	2019-06-13
溥儒 关河乱石都成梦 立轴	94cm×34cm	402,500	中国嘉德	2019-03-23
溥儒 观瀑清话 镜心	97.5cm×33cm	402,500	中国嘉德	2019-06-02
溥儒 归庄泊舟 镜心	18cm×51cm	103,500	中贸圣佳	2019-06-07
溥儒 寒峰带秋色 手卷	13.5cm×132.5cm	230,000	北京保利	2019-12-02
溥儒 寒涧策杖 立轴	97.5cm×46.5cm	141,246	中国嘉德	2019-03-30
溥儒 寒林渔笛 立轴	57.5cm×30cm	207,000	华艺国际	2019-08-10
溥儒 寒山行客图 镜片	24.5cm×15.5cm	218,500	西泠印社	2019-07-06
溥儒 寒山立马寻河道 镜框	94cm×31cm	387,418	华艺国际	2019-05-27
溥儒 寒塘野鸭 镜框	80cm×36cm	1,104,000	华艺国际	2019-08-10
溥儒 行旅图 立轴	99cm×33cm	172,500	上海驰翰	2019-06-21
溥儒 行书“如是观”镜心	31cm×84cm	172,500	上海匡时	2019-06-21
溥儒 行书“小留香馆”镜心	32cm×89.5cm	575,000	中国嘉德	2019-11-17
溥儒 行书八言联 立轴	169cm×43cm×2	230,000	中贸圣佳	2019-06-07
溥儒 行书九言联 镜片	310cm×52cm×2	759,000	广东崇正	2019-05-23
溥儒 行书-居之安 镜框	33cm×91cm	237,600	佳士得	2019-05-28
溥儒 行书七言绝句两首—《早秋》、《秋思》镜框	89cm×45.7cm	345,600	佳士得	2019-05-28
溥儒 行书七言联（两幅）镜框	87cm×19cm×2	594,000	佳士得	2019-05-28
溥儒 行书七言联 镜心	133cm×26cm×2	207,000	中国嘉德	2019-06-03
溥儒 行书七言联 镜心	66cm×11cm×2	171,242	保利香港	2019-10-06
溥儒 行书七言联 镜心	50cm×8cm×2	160,539	保利香港	2019-10-06
溥儒 行书七言联 镜心	61cm×10.5cm×2	128,431	保利香港	2019-10-06
溥儒 行书七言联 立轴	各69cm×12.8cm(2)	128,250	香港苏富比	2019-04-02
溥儒 行书七言联 立轴	129cm×33cm×2	218,500	北京银座	2019-06-05
溥儒 行书七言联 立轴	141cm×33.5cm×2	253,000	北京银座	2019-06-05
溥儒 行书七言联 立轴	136cm×32cm×2	172,500	中国嘉德	2019-06-03
溥儒 行书七言联 立轴	131cm×32cm×2	264,500	北京保利	2019-06-04
溥儒 行书七言联 立轴	58.5cm×9cm×2	230,000	华艺国际	2019-08-10
溥儒 行书七言联 立轴	97cm×22cm×2	287,500	北京保利	2019-12-01
溥儒 行书杂诗册 册页（十二开）	33cm×44cm×12	207,000	北京匡时	2019-07-13
溥儒 行书-驻鹤 横批	34cm×69cm	118,800	佳士得	2019-05-28
溥儒 合字七律联 镜框	38cm×7cm×2	107,409	邦瀚斯	2019-04-03
溥儒 荷花清趣 镜心	53cm×29cm	218,500	北京保利	2019-06-04
溥儒 荷花蜻蜓图 镜框	29.5cm×60cm	234,938	佳士得	2019-11-26
溥儒 狐仙 镜框	27.5cm×17.5cm	126,732	华艺国际	2019-11-24
溥儒 湖山垂钓图 立轴	99cm×40.5cm	989,000	西泠印社	2019-07-06
溥儒 湖山行舟图 镜片	65cm×30.5cm	149,500	西泠印社	2019-07-06
溥儒 蝴蝶 镜心	18cm×21.5cm	253,000	中国嘉德	2019-06-02
溥儒 回首青山半是云 立轴	98.5cm×32.5cm	460,000	北京银座	2019-06-05
溥儒 剑阁雪景 立轴	168cm×62cm	2,030,625	香港苏富比	2019-04-02
溥儒 涧水山馆 立轴	100cm×34cm	207,000	北京保利	2019-12-02
溥儒 江瀚 松下高士·行书七言诗 成扇	20cm×52cm	235,457	中国嘉德	2019-10-08
溥儒 江山平远入新秋 镜框	82cm×25cm	460,000	北京荣宝	2019-12-01
溥儒 江天楼阁图 镜心	132cm×65cm	402,500	上海匡时	2019-06-21
溥儒 江云飞素练·行书五言诗 成扇	19cm×46cm	96,323	中国嘉德	2019-10-08
溥儒 蕉荫仕女 立轴	117.5cm×34cm	218,500	北京荣宝	2019-12-01
溥儒 金刹珠光 立轴	94.5cm×28cm	128,431	保利香港	2019-10-06
溥儒 金梁 西山秋叶、金文录《何簋》成扇	19.5cm×51cm	218,500	北京匡时	2019-07-13
溥儒 金息侯 疏林茅屋图 金文 成扇	17.3cm×50.5cm	195,500	中国嘉德	2019-06-02
溥儒 净瓶观音 镜心	57cm×30cm	690,000	北京保利	2019-06-04
溥儒 菊花金鱼 镜框	93cm×43cm	594,000	佳士得	2019-05-28
溥儒 楷书《心经》（六帧）册页	31cm×24cm×6	299,000	北京匡时	2019-07-13
溥儒 楷书七言联 镜心	68cm×17.5cm×2	342,483	保利香港	2019-10-06
溥儒 楷书七言联 镜心	46.5cm×7cm×2	256,862	保利香港	2019-10-06
溥儒 楷书七言诗并蜂影幽叶 镜心	19cm×53.5cm×2	195,500	中贸圣佳	2019-06-07
溥儒 楷书四季应景联 立轴	61cm×12cm×4	1,725,000	华艺国际	2019-08-10
溥儒 楷书楹联册 册页（六开）	23.5cm×4.5cm×24	160,847	邦瀚斯	2019-04-03
溥儒 靠天吃饭 镜心	47cm×30.5cm	1,012,000	北京保利	2019-06-04
溥儒 空山雪霁 立轴	139cm×45cm	214,052	保利香港	2019-10-06
溥儒 控马图 立轴	43cm×32cm	517,500	中国嘉德	2019-11-17
溥儒 葵午鸡啼 镜心	89.2cm×28.2cm	207,000	北京保利	2019-06-04
溥儒 雷佩芝 观音坐像 镜心	56cm×30cm	345,000	北京保利	2019-12-01
溥儒 连峰咫尺 镜框	11.8cm×169cm	1,080,000	佳士得	2019-05-28
溥儒 梁鸿志 1932年作 松瀑山居图、小楷七言诗 成扇		184,000	中国嘉德	2019-10-16
溥儒 林壑暝色 立轴	116.8cm×50.4cm	294,775	香港苏富比	2019-10-07
溥儒 林泉策杖 立轴	95.5cm×32.5cm	161,000	上海嘉禾	2019-09-07
溥儒 临八大山人笔 立轴	51.8cm×26.7cm	167,825	纽约佳士得	2019-03-19
溥儒 临江台阁 镜框	44cm×43.5cm	540,000	佳士得	2019-05-28
溥儒 临马远松阴待月图 镜心	80cm×39cm	322,000	中贸圣佳	2019-11-30
溥儒 临王献之帖 镜框	28cm×194cm	172,800	佳士得	2019-05-28
溥儒 灵岩采药图 立轴	85.5cm×25.5cm	151,335	中国嘉德	2019-03-30
溥儒 柳溪清趣 立轴	43.2cm×10.8cm	391,000	北京诚轩	2019-06-01
溥儒 柳荫鸳鸯 镜心	91.5cm×37cm	517,500	北京匡时	2019-07-13
溥儒 龙驹图 立轴	88cm×28cm	230,000	中贸圣佳	2019-06-07
溥儒 楼阁图 镜心	直径32cm	138,000	北京匡时	2019-07-13
溥儒 楼台观鹤图 立轴	128.5cm×62cm	552,000	西泠印社	2019-07-06
溥儒 路寻人近 立轴	43.5cm×32cm	151,335	中国嘉德	2019-03-30
溥儒 马晋 1945年作 山间立马·行书七言句 成扇	18cm×50cm	161,424	保利香港	2019-04-01
溥儒 马戏漫画卷 手卷	14cm×119cm	1,265,000	北京保利	2019-12-01
溥儒 马一浮 海印诗意图、行书《秋野》成扇	18cm×46cm	149,500	北京匡时	2019-07-13

拍品名称	物品尺寸	成交价RMB	拍卖公司	拍卖日期
溥儒 墨梅 镜框	135cm×65cm	129,600	佳士得	2019-05-28
溥儒 潘龄皋 秋水清嶂 行书七言诗 成扇	19.5cm×52cm	138,000	上海匡时	2019-06-21
溥儒 潘龄皋 书画 成扇	19cm×50cm	230,000	北京荣宝	2019-04-28
溥儒 蓬岛仙境 立轴	100cm×32.5cm	310,500	北京匡时	2019-07-13
溥儒 平冈江村 镜片		134,260	纽约苏富比	2019-03-22
溥儒 溥僡 长松摇日影·楷书庾信诗 成扇	18.5cm×45cm	181,944	中国嘉德	2019-10-08
溥儒 溥伒 1941年作 秋林高士 立轴	77cm×33.5cm	172,500	上海嘉禾	2019-09-07
溥儒 溥伒 1942年作 牧归·四体书法（二帧）扇面镜心	18.2cm×52cm×2	97,750	北京诚轩	2019-06-01
溥儒 溥伒 等 骏马图 行书《玉蝴蝶词》成扇	19.5cm×48cm	109,250	北京荣宝	2019-12-01
溥儒 溥伒 秋林古亭 成扇	18cm×50cm	97,750	北京匡时	2019-07-13
溥儒 溥伒 秋溪渔父图 立轴	99cm×32cm	253,000	北京翰海	2019-06-14
溥儒 溥佐 楷书 仿赵孟頫人马图 成扇	20cm×53cm	230,000	中贸圣佳	2019-06-07
溥儒 七仙女洗澡 镜心	26.5cm×69cm	321,078	保利香港	2019-10-06
溥儒 祁崑 草书节录《千字文》秋山问道 成扇	37cm×97cm	736,000	中国嘉德	2019-06-02
溥儒 千手千眼观音 立轴	110cm×51cm	540,000	佳士得	2019-05-28
溥儒 牵马图 镜心	60cm×30cm	513,725	保利香港	2019-10-06
溥儒 钱崇威 策杖行吟图·行书前人句 成扇	18.5cm×50cm	128,431	中国嘉德	2019-10-08
溥儒 青溪泛舟 镜心	57.5cm×24cm	184,000	中国嘉德	2019-11-17
溥儒 清供图 立轴	91cm×41cm	172,500	中贸圣佳	2019-06-07
溥儒 清溪归擢 镜心	21cm×42cm	172,500	中贸圣佳	2019-06-07
溥儒 清溪幽居 镜框		143,341	伦敦佳士得	2019-05-14
溥儒 清影 镜心	59cm×28cm	345,000	北京保利	2019-06-22
溥儒 秋光松影图 立轴	132cm×33cm	112,700	中国嘉德	2019-10-15
溥儒 秋荷池水 镜框	28cm×60cm	235,750	华艺国际	2019-08-10
溥儒 秋江垂钓 立轴	100cm×32cm	171,242	保利香港	2019-10-06
溥儒 秋江孤舟 立轴		587,388	纽约苏富比	2019-03-22
溥儒 秋江晚风 手卷	13.5cm×207cm	333,500	上海嘉禾	2019-09-07
溥儒 秋江无尽图卷 手卷	引首10cm×46cm；画心9cm×315cm；题跋14cm×40cm	2,300,000	中贸圣佳	2019-06-07
溥儒 秋江远浦 立轴	76cm×34.5cm	96,323	中国嘉德	2019-10-08
溥儒 秋菊虫趣 立轴	29cm×55.5cm	115,000	北京诚轩	2019-06-01
溥儒 秋山泛舟·行书五言诗 团扇	直径25cm	554,895	保利香港	2019-04-01
溥儒 秋山论道图 镜心	98cm×32cm	195,500	中国嘉德	2019-10-15
溥儒 秋山图 立轴	121cm×30cm	138,000	中贸圣佳	2019-08-16
溥儒 秋山萧寺 立轴	103cm×32.5cm	184,000	上海匡时	2019-06-21
溥儒 秋山斜照 横批	39.5cm×124.5cm	201,780	中国嘉德	2019-03-30
溥儒 秋岩松影 镜框	66cm×27.6cm	160,313	香港苏富比	2019-04-02
溥儒 秋斋读书图 镜心	119cm×42cm	621,000	北京保利	2019-06-04
溥儒 群仙祝寿 镜框	44.3cm×59.5cm	1,620,000	佳士得	2019-05-28
溥儒 群蟹图 立轴	118cm×36cm	920,000	北京荣宝	2019-06-13
溥儒 山馆鸣秋图 立轴	32cm×53.5cm	195,500	上海驰翰	2019-06-21
溥儒 山径闻钟 立轴	100cm×48cm	192,375	香港苏富比	2019-04-02
溥儒 山居幽赏 立轴	105cm×32.5cm	402,500	北京银座	2019-06-05
溥儒 山水 镜框	93cm×33cm	131,400	罗芙奥	2019-06-01
溥儒 山水 立轴	131cm×55cm	402,500	荣宝斋（桂林）	2019-08-18

拍品名称	物品尺寸	成交价RMB	拍卖公司	拍卖日期
溥儒 山水人物 四条屏	98cm×30cm×4	230,000	中国嘉德	2019-03-24
溥儒 山亭闲话 镜心	58cm×29cm	126,500	中贸圣佳	2019-08-16
溥儒 山中一夜雨 立轴	92cm×39.5cm	161,000	中国嘉德	2019-06-03
溥儒 山中坐读 立轴	102.5cm×31.3cm	280,800	佳士得	2019-05-28
溥儒 邵循悫 1929年作 秋山坐夜 成扇	18cm×49cm	252,225	北京匡时	2019-04-02
溥儒 邵章 邢端 吴光宇 张伯英 王雪涛 罗复堪 汪溶 八家格景 成扇	18.3cm×50cm	253,000	中国嘉德	2019-06-02
溥儒 沈尹默 云净秋风 成扇	18cm×46cm	161,424	北京匡时	2019-04-02
溥儒 十二生肖脸谱 册页（1两开）	7cm×10cm×12	322,000	北京翰海	2019-03-29
溥儒 仕女图 立轴	83.5cm×32.5cm	138,000	西泠印社	2019-07-06
溥儒 书法 镜框	93cm×29cm	109,250	华艺国际	2019-08-10
溥儒 书法对联（两幅）立轴	132cm×33.5cm×2	212,563	佳士得	2019-11-26
溥儒 书法艺林 镜心	34cm×67cm	143,750	北京银座	2019-06-05
溥儒 蔬果图 立轴	49.5cm×24cm	294,775	香港苏富比	2019-10-07
溥儒 双竿比玉 镜框	29.5cm×60cm	123,063	佳士得	2019-11-26
溥儒 双骏图 镜心	35.5cm×57cm	517,500	上海匡时	2019-06-21
溥儒 双骏图 镜心	82cm×40cm	1,380,000	北京保利	2019-12-01
溥儒 双松 镜心	101cm×40cm	151,335	中国嘉德	2019-03-30
溥儒 双松图 镜片	57cm×33cm	112,000	上海联合	2019-06-16
溥儒 双松图 镜心	78cm×36.5cm	121,068	北京匡时	2019-04-02
溥儒 水崖独松 镜框		125,869	纽约苏富比	2019-03-22
溥儒 思君令人老 镜框	25cm×15cm	594,000	佳士得	2019-05-28
溥儒 四时景色 四帧 镜框	各55.7cm×10.4cm	748,125	香港苏富比	2019-04-02
溥儒 松鹤永寿 立轴	55cm×30.5cm	287,500	华艺国际	2019-08-10
溥儒 松林策杖 立轴	98.5cm×33cm	149,500	中国嘉德	2019-11-17
溥儒 松林峰峦图卷 手卷	32cm×94.5cm	299,000	中贸圣佳	2019-08-16
溥儒 松山高士 立轴	99.5cm×46cm	105,800	华艺国际	2019-08-10
溥儒 松山亭阁 镜框	59.5cm×28cm	207,000	北京保利	2019-12-02
溥儒 松山望海 镜片	27.5cm×88cm	126,500	上海驰翰	2019-06-21
溥儒 松溪钓矶图 立轴	95.5cm×33cm	184,000	西泠印社	2019-07-06
溥儒 松溪高士 镜心	100cm×32cm	218,500	北京保利	2019-06-22
溥儒 松下泛舟 镜心	21.5cm×17.5cm	117,729	保利香港	2019-10-06
溥儒 松下高士图 立轴	131cm×55cm	115,000	中国嘉德	2019-03-24
溥儒 松下楼阁 立轴	97cm×32.5cm	128,431	中国嘉德	2019-10-08
溥儒 松崖高士图 镜片	133cm×31.5cm	218,500	西泠印社	2019-07-06
溥儒 松崖诗思 镜心	120cm×30cm	191,691	中国嘉德	2019-03-30
溥儒 宋育德 1937年作 望山垂钓 行书张之洞诗 成扇	18cm×51cm	368,000	北京保利	2019-12-01
溥儒 苏武牧羊 立轴	59.5cm×33cm	207,000	北京银座	2019-06-05
溥儒素馨墨韵册册页（八开十六页）	21.5cm×21.5cm×16	554,895	中国嘉德	2019-03-30
溥儒 岁朝清供 镜心	73cm×35cm	449,509	保利香港	2019-10-06
溥儒 孙智敏 1949年作 山水人物、楷书 屏风	30cm×10.5cm×8	112,700	中鸿信	2019-07-16
溥儒 踏鳳仙人 镜框	94.5cm×33cm	920,000	北京荣宝	2019-06-13
溥儒 台静农 李灵伽 李灵伽画大千台静农题大千诗、行书五言联 镜框 对联框	61.5cm×11.5cm×2；61.5cm×38cm	115,000	上海驰翰	2019-06-21
溥儒 唐人诗意图、行书七言诗 成扇	18.5cm×49cm	287,500	北京匡时	2019-07-13
溥儒 桃花鸣禽 立轴	68.5cm×35cm	253,000	中贸圣佳	2019-11-30
溥儒 听雨图 镜心	64cm×26cm	103,500	北京保利	2019-06-04
溥儒 通景松树（四幅）立轴	120cm×70cm×4	2,160,000	佳士得	2019-05-28
溥儒 晚香 立轴	69cm×28cm	115,000	中国嘉德	2019-11-18
溥儒 汪慎生 风荷翠鸟 镜框	31.5cm×73.5cm	117,563	香港苏富比	2019-04-02

拍品名称	物品尺寸	成交价RMB	拍卖公司	拍卖日期
溥儒 文衡山诗意图 镜心	71cm×33cm	264,500	中贸圣佳	2019-06-07
溥儒 无量寿佛 立轴	74.5cm×25.5cm	1,403,000	北京银座	2019-06-05
溥儒 吴镜汀 桥边绿水斜 扇面	18cm×53cm	115,000	北京荣宝	2019-10-12
溥儒 五花骢 镜心	32cm×19.5cm	230,000	北京保利	2019-12-01
溥儒 西方求经图 镜心	13.5cm×29cm	437,000	北京荣宝	2019-12-01
溥儒 西阁烟波 立轴	128.2cm×32cm	160,313	香港苏富比	2019-04-02
溥儒 西山雪霁（三段）卷	9.5cm×50.5cm×3	172,500	北京翰海	2019-06-14
溥儒 溪桥归牧 立轴	67cm×26.5cm	115,000	上海匡时	2019-06-21
溥儒 溪山闲步图 立轴	87cm×23.5cm	253,000	华艺国际	2019-08-10
溥儒 夏孙桐 1939年作 牧牛图 行书成扇		161,000	上海工美	2019-11-10
溥儒 闲居归舟 镜框	65.5cm×28.4cm	142,651	纽约佳士得	2019-03-19
溥儒 萧逊 陈半丁 等 待隐图 手卷	画心 30cm×725cm；引首30cm×85cm	2,568,624	保利香港	2019-10-06
溥儒 小楷《朱子治家格言》横披	20.5cm×65cm	333,500	北京匡时	2019-07-13
溥儒 携友观云图 立轴	98.5cm×33.5cm	575,000	中国嘉德	2019-11-18
溥儒 雄鸡唱晓 镜片	32.5cm×71cm	400,106	纽约佳士得	2019-09-10
溥儒 徐世章 楼观倚涧·行书宋人诗 成扇	19cm×46cm	171,242	中国嘉德	2019-10-08
溥儒 悬岩古木 镜片	55.8cm×25.3cm	160,043	纽约佳士得	2019-09-10
溥儒 雪景图 立轴	120cm×28.5cm	299,000	西泠印社	2019-07-06
溥儒 烟云供养册 十开册 镜框	各31.5cm×40cm (10)	8,357,625	香港苏富比	2019-04-02
溥儒 岩壑重峰 立轴	103cm×24cm	345,000	中国嘉德	2019-06-03
溥儒 野径通幽壑 立轴	60.5cm×28cm	115,000	上海嘉禾	2019-04-16
溥儒 野塘疎柳 立轴	58.5cm×28cm	311,194	纽约佳士得	2019-09-10
溥儒 一棍打出穷鬼去 镜框	11.5cm×15.5cm	138,000	华艺国际	2019-08-10
溥儒 依水人家 镜片	29.8cm×56.7cm	160,043	纽约佳士得	2019-09-10
溥儒 倚杖吟诗 立轴	100cm×32cm	166,750	北京保利	2019-06-22
溥儒 婴戏对屏 镜心	26.5cm×14cm×2	97,750	中国嘉德	2019-06-03
溥儒 幽兰 镜框	29.5cm×60cm	145,438	佳士得	2019-11-26
溥儒 于右任 行书七言句、草书七言联 立轴	溥 77.5cm×30cm；于 88.5cm×15.5cm×2	149,500	中国嘉德	2019-11-17
溥儒 渔村人家 镜心	33cm×56.5cm	121,068	北京匡时	2019-04-02
溥儒 渔棹晚归 镜框	76cm×31cm	241,500	华艺国际	2019-08-10
溥儒 鸳鸯 镜心	27cm×12cm	109,250	中贸圣佳	2019-06-07
溥儒 猿戏图 镜心	13cm×46cm	110,979	中国嘉德	2019-03-30
溥儒 猿戏图 立轴	67cm×26cm	437,000	华艺国际	2019-08-10
溥儒 云山初霁 立轴	56cm×18.5cm	253,000	朵云轩	2019-06-22
溥儒 云岫憩禽 镜心	58.5cm×14cm	171,242	中国嘉德	2019-10-08
溥儒 澐山画意	125cm×50cm	414,000	罗芙奥	2019-11-30
溥儒 张大千 1951年作 沧浪亭图 柳荫独坐 镜心	直径28cm；26.5cm×23cm	713,000	北京保利	2019-12-01
溥儒 张大千 林间高士 镜心	92cm×55cm	805,000	中贸圣佳	2019-06-07
溥儒 张大千 芦荻泛舟图 镜框	92cm×55cm	1,035,000	华艺国际	2019-08-10
溥儒 张志韦 松阴高士·四体书法 成扇	19cm×50cm	214,052	中国嘉德	2019-10-08
溥儒 芝兰图 镜框	28.5cm×57cm	108,000	佳士得	2019-05-28
溥儒 钟馗降福 立轴	85cm×39cm	648,000	佳士得	2019-05-28
溥儒 钟馗上朝图 立轴	118.2cm×33.5cm	793,625	香港苏富比	2019-10-07
溥儒 钟馗图 镜片	60cm×28.5cm	143,750	朵云轩	2019-06-22
溥儒 众林济济沃寒绿 镜心	26cm×58cm	138,000	北京保利	2019-06-05

拍品名称	物品尺寸	成交价RMB	拍卖公司	拍卖日期
溥儒 朱汝珍 松阴三兔·左思《咏史》二首（二帧）扇面镜心	18.8cm×52cm×2	97,750	北京诚轩	2019-06-01
溥儒 竹石图 镜心	21cm×16cm	128,431	保利香港	2019-10-06
溥儒 自藏墨趣册 册页	7cm×11cm×7	575,000	北京保利	2019-12-02
溥儒 自作诗《法隆寺》立轴	114.8cm×76.8cm	460,000	北京诚轩	2019-06-01
溥松窗 怡马图 立轴	160cm×81cm	253,000	北京荣宝	2019-04-28
溥僩 1947年作 骏马图（四帧）镜心	31cm×59cm×4	207,000	中国嘉德	2019-10-15
溥僩 溥儒 杏林春暖 楷书七言诗 成扇	19.3cm×54cm	195,500	中国嘉德	2019-06-02
溥僩 吴琴木 1931年作；1932年作 红叶小鸟 雨过松山 成扇	18.5cm×50.5cm	138,000	朵云轩	2019-06-22
溥僩 百骏图卷 手卷	45.3cm×230.5cm	828,000	北京诚轩	2019-11-16
溥僩 松鹰 立轴	137cm×71cm	920,000	北京保利	2019-06-04
溥僩 竹报平安 立轴	105cm×36cm	117,729	中国嘉德	2019-10-08
溥心畬 1933年作 无边华盦对雪图 立轴	51.2cm×27.5cm	287,500	北京诚轩	2019-11-16
溥心畬 1941年作 瓜熟蛱蝶舞 立轴	74.3cm×39cm	172,500	北京诚轩	2019-11-16
溥心畬 1949年作 赵昌秋塘图意 立轴	106.5cm×38.5cm	165,600	罗芙奥	2019-11-30
溥心畬 1958年作 自作诗《太平山观伐木者》立轴	92.5cm×30cm	138,000	北京诚轩	2019-11-16
溥心畬 蔬果图 镜框	27.5cm×56cm	104,880	罗芙奥	2019-11-30
溥心畬 松涧听泉 立轴	106cm×35.5cm	172,500	北京诚轩	2019-11-16
溥毓琛 1920年作 花开大吉 横披	50.5cm×81.5cm	109,250	北京银座	2019-06-05
溥佐 1941年作 松溪饮马图 立轴	125cm×63.5cm	437,000	中鸿信	2019-07-16
溥佐 1942年作 游骑图 镜心	94.5cm×32.5cm	97,750	中国嘉德	2019-06-03
溥佐 1982年作 群骏图 镜心	82cm×173cm	1,495,000	中国嘉德	2019-10-15
溥佐 1983年作 神骏（四帧）圆光	直径44cm×4	172,500	北京保利	2019-06-04
溥佐 大宛名驹 镜心	65cm×43cm	115,000	中贸圣佳	2019-06-07
溥佐 花卉 立轴	135cm×67cm	134,400	天津国拍	2019-04-21
溥佐 临溪双骏 镜心	67cm×45cm×26	161,000	北京保利	2019-06-05
溥佐 溥伒 1938年作 驯马图 行书诗三首 成扇		126,500	中国嘉德	2019-10-15
溥佐 溥伒 骏马图 书法 成扇	23cm×65cm	172,500	华艺国际	2019-08-10
溥佐 溥伒 牧马图 行书 成扇	20cm×54cm	218,500	朵云轩	2019-06-22
溥佐 溥僩 溥伒 溥佺 1941年、1944年作 四溥隔景扇 成扇	17.3cm×51.5cm	172,500	中国嘉德	2019-06-02
溥佐 山涧清音 镜心	97cm×54cm	143,750	中贸圣佳	2019-06-07
溥佐 双骏图 立轴	101cm×50cm	115,000	中贸圣佳	2019-06-07
溥佐 双骏图 立轴	97cm×33cm	103,500	中国嘉德	2019-10-15
溥佐 松荫骏马 立轴	127cm×64cm	161,000	荣宝斋（南京）	2019-07-21
溥佐 松荫骏马 立轴	131cm×66cm	299,673	保利香港	2019-10-06
溥佐 孙其峰 1965年作 锦上添花 镜心	48cm×63cm	161,000	中国嘉德	2019-03-23
溥佐 溪畔双骏 立轴	98cm×32cm	136,050	香港苏富比	2019-10-07
齐白石（传）读书 镜框	34.3cm×25.4cm	151,151	纽约佳士得	2019-09-10
齐白石（传）牡丹 镜框	33cm×45cm	195,608	纽约佳士得	2019-09-10
齐白石 1920年作 冬瓜天牛 镜心	13.5cm×19cm	552,000	北京荣宝	2019-06-13
齐白石 1921年作 红梅图 立轴	168cm×42cm	1,897,500	中国嘉德	2019-06-24
齐白石 1921年作 紫藤 立轴	101cm×33.5cm	786,942	中国嘉德	2019-03-30
齐白石 1922年作 梅花 镜心	30cm×25.5cm	161,000	中国嘉德	2019-06-02
齐白石 1922年作 枇杷 立轴	132cm×32cm	690,000	北京保利	2019-06-04
齐白石 1922年作 葡萄 立轴	132cm×33cm	449,509	中国嘉德	2019-10-08

拍品名称	物品尺寸	成交价RMB	拍卖公司	拍卖日期
齐白石 1923年作 紫藤 立轴	167.5cm×43cm	4,830,000	北京保利	2019-12-02
齐白石 1924年作 富贵耄耋 立轴	126.5cm×35cm	5,577,500	北京保利	2019-12-02
齐白石 1924年作 墨荷 镜片	43.5cm×27.5cm	207,000	广东崇正	2019-05-23
齐白石 1924年作 双蟹 立轴	诗堂 16.5cm×28.5cm; 画心 33.4cm×8.5cm	139,134	中国嘉德	2019-10-08
齐白石 1924年作 紫藤蜜蜂 立轴	104cm×33cm	805,000	北京荣宝	2019-06-13
齐白石 1925年作 篆书 立轴	132cm×31cm	1,863,000	上海明轩	2019-04-28
齐白石 1925年作 棕树雏鸡 镜心	133cm×33cm	1,610,000	北京保利	2019-12-02
齐白石 1928年作 多利双喜 立轴	133cm×46.3cm	1,667,500	北京诚轩	2019-11-16
齐白石 1929年作 白梅 镜心	138cm×34.5cm	667,000	北京银座	2019-06-05
齐白石 1929年作 紫藤花 立轴	177cm×46cm	2,127,500	北京匡时	2019-07-13
齐白石 1930年作 群虾畅游 立轴	99cm×33.8cm	855,000	香港苏富比	2019-04-02
齐白石 1931年作 赪桐 屏轴	129cm×31.5cm	621,000	朵云轩	2019-06-22
齐白石 1932年作 好风相送 立轴	151cm×42cm	5,577,500	上海匡时	2019-06-21
齐白石 1932年作 杞菊延年 立轴	129cm×33cm	460,000	中国嘉德	2019-06-24
齐白石 1932年作 写剧图 立轴	68.6cm×45.5cm	10,810,000	北京保利	2019-12-02
齐白石 1933年作 群虾 立轴	100cm×33.5cm	782,000	中国嘉德	2019-11-18
齐白石 1933年作 钟馗接福 立轴	92cm×55.5cm	6,555,000	北京荣宝	2019-12-01
齐白石 1934年作 荷花鸳鸯 立轴	134.5cm×34.5cm	1,109,790	中国嘉德	2019-03-30
齐白石 1934年作 小鸡出笼 立轴	101cm×35cm	2,415,000	北京华辰	2019-07-14
齐白石 1935年作 扁豆芋叶 镜芯	134cm×30cm	333,500	中鸿信	2019-07-16
齐白石 1936年作 白衣大士 立轴	89.5cm×33.5cm	18,400,000	北京荣宝	2019-06-13
齐白石 1936年作 工笔花虫册 册页（八开）	34cm×34cm×8	32,200,000	北京保利	2019-12-02
齐白石 1936年作 菊花雏鸡 镜框	65.5cm×33.8cm	810,000	佳士得	2019-05-28
齐白石 1936年作 梅蝶 扇面	20cm×53.5cm	437,000	中国嘉德	2019-11-18
齐白石 1936年作 杨柳板桥 立轴	126.7cm×34cm	1,141,862	华艺国际	2019-05-27
齐白石 1937年作 池塘清趣 立轴	69cm×34cm	402,500	北京匡时	2019-07-13
齐白石 1937年作 东坡赏砚 立轴	68cm×34cm	2,242,500	北京荣宝	2019-06-13
齐白石 1937年作 东坡玩砚图 立轴	68cm×34cm	2,070,000	北京保利	2019-11-20
齐白石 1937年作 寿桃 立轴	137cm×34cm	3,565,000	上海明轩	2019-04-28
齐白石 1937年作 双喜坚固 立轴	137cm×34cm	2,817,500	北京保利	2019-06-04
齐白石 1937年作 喜上眉梢 立轴	165cm×43cm	6,900,000	北京保利	2019-06-04
齐白石 1938年作 双寿 镜心	100cm×33cm	3,450,000	北京保利	2019-06-04
齐白石 1938年作 水族图 立轴	137.5cm×34cm	1,380,000	北京荣宝	2019-06-13
齐白石 1939年作 红荷鸳鸯 镜心	136.5cm×62cm	3,103,754	中国嘉德	2019-10-08
齐白石 1940年作 雏鸡蚱蜢 镜心	19cm×53cm	267,565	中国嘉德	2019-10-08
齐白石 1940年作 秋趣 镜心	18cm×51cm	230,000	北京荣宝	2019-12-01
齐白石 1940年作 群虾图 立轴	80.5cm×33.5cm	605,340	中国嘉德	2019-03-30
齐白石 1940年作 松鼠葡萄 立轴	151cm×41cm	4,600,000	北京荣宝	2019-12-01
齐白石 1941年作 黛玉葬花 立轴	93.0cm×33.5cm	7,475,000	中国嘉德	2019-11-18
齐白石 1941年作 挖耳图 立轴	154cm×52cm	5,750,000	北京保利	2019-12-02
齐白石 1941年作 英雄梅石图 立轴	181cm×47.5cm	17,940,000	北京华辰	2019-07-14
齐白石 1942年作 高寿 立轴	102cm×33.5cm	2,300,000	中国嘉德	2019-11-18
齐白石 1942年作 蜻蜓玉簪花 镜心	17.5cm×51.0cm	368,000	中国嘉德	2019-11-18
齐白石 1943年作 南瓜蚂蚱 立轴	67cm×33cm	632,500	北京保利	2019-06-04
齐白石 1943年作 寿桃 立轴	136cm×60.5cm	8,855,000	北京保利	2019-12-02
齐白石 1943年作 献寿图 镜心	85cm×37.5cm	2,824,920	北京匡时	2019-04-02
齐白石 1943年作 游虾 镜心	63.7cm×25cm	690,000	中国嘉德	2019-06-03
齐白石 1944年作 菊花蜻蜓 镜片	101.5cm×33cm	828,000	朵云轩	2019-06-22
齐白石 1944年作 牡丹 立轴	103.5cm×34cm	1,725,000	华艺国际	2019-08-10
齐白石 1944年作 玉堂富贵 立轴	137cm×68cm	16,675,000	华艺国际	2019-08-10
齐白石 1945年作 百事清白图 立轴	96cm×36.5cm	1,012,000	西泠印社	2019-07-06
齐白石 1945年作 贝叶草虫 立轴	103.8cm×34.2cm	9,410,125	香港苏富比	2019-10-07
齐白石 1945年作 喜在眉间 立轴	98.5cm×34.5cm	345,000	广东崇正	2019-05-23
齐白石 1945年作 中秋清饮图 立轴	136cm×33.5cm	3,772,224	华艺国际	2019-05-27
齐白石 1946年作 大富贵亦寿考 立轴	138cm×48cm	6,900,000	北京保利	2019-12-02
齐白石 1946年作 富贵有家风 镜心	30cm×28cm	1,265,000	北京保利	2019-12-02
齐白石 1946年作 葫芦螳螂 立轴	100cm×34cm	1,150,000	北京荣宝	2019-12-01
齐白石 1946年作 麻雀牵牛花 立轴	102cm×34cm	1,322,500	中国嘉德	2019-11-17
齐白石 1946年作 水族图 立轴	96.5cm×34cm	1,035,000	上海匡时	2019-06-21
齐白石 1946年作 松鹰图 立轴	136cm×64cm	7,820,000	北京荣宝	2019-06-13
齐白石 1946年作 桃花鳜鱼 立轴	139cm×52cm	1,897,500	北京翰海	2019-06-14
齐白石 1946年作 游虾 立轴	138cm×40.5cm	345,000	北京翰海	2019-06-14
齐白石 1946年作 游虾图 镜芯	114.5cm×33.5cm	402,500	中鸿信	2019-07-16
齐白石 1946年作 篆书“永寿堂”镜芯	32cm×97cm	483,000	中鸿信	2019-07-16
齐白石 1947年作 荔枝 立轴	22.5cm×33cm	966,000	北京荣宝	2019-06-13
齐白石 1947年作 墨蟹图 镜心	102.5cm×34cm	747,500	上海匡时	2019-06-21
齐白石 1947年作 螃蟹 立轴	102.5cm×36cm	253,000	中国嘉德	2019-11-17
齐白石 1947年作 螃蟹图 立轴	103cm×36cm	379,500	北京匡时	2019-07-13
齐白石 1947年作 一生清白 立轴	103cm×34cm	3,680,000	北京保利	2019-12-02
齐白石 1948年作 雏鸡图 立轴	95cm×35cm	552,000	中国嘉德	2019-10-15
齐白石 1948年作 大富贵亦寿考 立轴	130.5cm×47cm	6,325,000	北京匡时	2019-07-13
齐白石 1948年作 墨虾图 立轴	99cm×34cm	632,500	北京保利	2019-12-02
齐白石 1948年作 葡萄 立轴	103cm×35cm	374,597	邦瀚斯	2019-04-03
齐白石 1948年作 牵牛花 立轴	102.5cm×33.5cm	1,610,000	北京银座	2019-06-05
齐白石 1948年作 牵牛花 立轴	103cm×34cm	552,000	中鸿信	2019-07-16
齐白石 1948年作 群虾 立轴	104.7cm×34.7cm	1,230,625	佳士得	2019-11-26
齐白石 1948年作 天下同乐 立轴	103.5cm×34.8cm	1,782,500	北京荣宝	2019-12-01
齐白石 1948年作 虾蟹图 镜心	104cm×34cm	782,000	中国嘉德	2019-11-17
齐白石 1948年作 篆书六言联 镜心	175.5cm×47.5cm×2	6,210,000	中国嘉德	2019-06-02
齐白石 1948年作 篆书四言联 立轴	107.5cm×33.5cm×2	1,150,000	北京保利	2019-06-04
齐白石 1948年作 篆书唐人七绝 立轴	100.5cm×40.5cm	1,265,000	中国嘉德	2019-11-17
齐白石 1949年作 福并岁朝来 立轴	97cm×34cm	5,865,000	北京保利	2019-12-02
齐白石 1949年作 墨虾 立轴	101.8cm×33.5cm	793,625	香港苏富比	2019-10-07
齐白石 1950年作 大匠根苗 立轴	76cm×30.5cm	1,725,000	北京匡时	2019-07-13
齐白石 1950年作 十全十美 册页（十开）	28cm×37.5cm×10	15,295,000	北京保利	2019-12-01
齐白石 1951年作 雏鸡图 镜心	177cm×47.5cm	1,715,130	北京匡时	2019-04-02
齐白石 1951年作 红梅报春 立轴	101cm×35cm	1,265,000	北京荣宝	2019-06-13
齐白石 1951年作 教子图 立轴	102.5cm×33.8cm	3,206,250	香港苏富比	2019-04-02
齐白石 1951年作 螃蟹 成扇	22.5cm×69cm	1,932,000	中鸿信	2019-07-16
齐白石 1951年作 枇杷双寿 镜心	108cm×35.5cm	6,440,000	北京保利	2019-06-04
齐白石 1951年作 向日葵 立轴	138cm×35cm	7,820,000	北京保利	2019-06-04
齐白石 1952年作 墨虾 镜框	100.3cm×33.8cm	810,000	佳士得	2019-05-28
齐白石 1952年作 牡丹 镜片	104cm×34cm	2,967,000	广东崇正	2019-11-28
齐白石 1952年作 枇杷荔枝 立轴	101cm×34cm	1,552,500	北京保利	2019-12-02
齐白石 1952年作 游虾图 立轴	95cm×36cm	2,012,500	北京荣宝	2019-12-01
齐白石 1953年作 为张拙之书诗二首 镜心	34cm×23.5cm	1,012,000	北京荣宝	2019-06-13
齐白石 1953年作 一帆风顺图 立轴	102cm×39.5cm	11,040,000	西泠印社	2019-07-06
齐白石 1954年作 墨虾图 立轴	68cm×34.5cm	920,000	北京保利	2019-12-01

拍品名称	物品尺寸	成交价RMB	拍卖公司	拍卖日期
齐白石 八哥邀茶 镜框	画心 33.8cm×33.8cm 诗堂 32cm×32.5cm	694,688	香港苏富比	2019-04-02
齐白石 白菜草虫 镜心	31.5cm×32cm	172,500	中国嘉德	2019-11-17
齐白石 白菜草虫 立轴	96.5cm×34cm	345,000	中鸿信	2019-07-16
齐白石 白菜螳螂 立轴	27cm×32cm	476,175	香港苏富比	2019-10-07
齐白石 白梅 立轴	135.5cm×54.5cm	2,932,500	华艺国际	2019-08-10
齐白石 柏寿 立轴	104.8cm×34.5cm	6,210,000	中国嘉德	2019-11-18
齐白石 柏屋图 立轴	229.0cm×34.0cm	4,370,000	中国嘉德	2019-11-18
齐白石 报到富贵平安 镜心	102cm×34cm	2,530,000	北京保利	2019-12-02
齐白石 贝叶草虫 扇面	18cm×50.5cm	2,760,000	北京保利	2019-12-02
齐白石 贝叶工虫 成扇	19.3cm×53.0cm	2,415,000	中国嘉德	2019-11-18
齐白石 陈半丁 1945年作 鼠子恋葡萄 立轴	101cm×34.2cm	598,000	北京诚轩	2019-11-16
齐白石 乘风破浪 镜心	101cm×46cm	3,450,000	北京保利	2019-12-02
齐白石 持蟹咏菊图 镜框	91.5cm×45cm	3,105,000	上海明轩	2019-04-28
齐白石 雏鸡图 镜框	102cm×33cm	1,265,000	朵云轩	2019-06-22
齐白石 雏鸡图 镜片	99.5cm×34cm	943,000	西泠印社	2019-09-22
齐白石 雏鸡图 镜心	68cm×33cm	575,000	北京保利	2019-12-01
齐白石 雏鸡图 立轴	103cm×34.5cm	3,047,500	中国嘉德	2019-11-17
齐白石 春风香草 立轴	112.5cm×46.5cm	1,261,125	中国嘉德	2019-03-30
齐白石 丛菊 立轴	99cm×33.5cm	736,000	中国嘉德	2019-06-03
齐白石 大富贵图 立轴	135cm×33cm	3,450,000	北京保利	2019-06-04
齐白石 大富贵图 立轴	99.5cm×33cm	3,335,000	西泠印社	2019-07-06
齐白石 大利图 镜框	64cm×30.5cm	448,500	上海嘉禾	2019-09-07
齐白石 大利图 镜心	18cm×51cm	353,115	北京匡时	2019-04-02
齐白石 大利图 立轴	134cm×30cm	230,000	中国嘉德	2019-10-15
齐白石 大寿 立轴	72cm×33cm	690,000	北京保利	2019-06-22
齐白石 大寿可期 镜心	100.5cm×34cm	2,242,500	中贸圣佳	2019-06-07
齐白石 岱庙图 立轴	113.5cm×48cm	35,650,000	中国嘉德	2019-06-02
齐白石 得财图 立轴	88.5cm×47cm	5,577,500	北京保利	2019-12-02
齐白石 蝶恋花 镜心	67.5cm×33cm	524,628	中国嘉德	2019-03-30
齐白石 东篱秋菊 立轴	36.5cm×40cm	312,759	北京匡时	2019-04-02
齐白石 动物 册页	33cm×36cm×8	920,000	北京保利	2019-08-24
齐白石 豆夹草虫 立轴	125cm×30cm	230,000	中鸿信	2019-07-16
齐白石 豆荚蟋蟀 镜框		587,388	纽约苏富比	2019-03-22
齐白石 读书出富贵 扇面 镜框	18.5cm×51cm	259,200	佳士得	2019-05-28
齐白石 多寿 成扇	19cm×50cm	454,005	北京匡时	2019-04-02
齐白石 多寿 镜框	101cm×35cm	839,063	佳士得	2019-11-26
齐白石 多寿 镜心	103cm×34cm	6,670,000	北京荣宝	2019-12-01
齐白石 多子多寿 立轴	103cm×34cm	1,150,000	北京荣宝	2019-04-28
齐白石 二月春风花不如 镜框	67cm×34cm	3,450,000	北京荣宝	2019-12-01
齐白石 丰年稻香 镜心	67cm×33.5cm	920,000	北京保利	2019-12-01
齐白石 枫藤幽居 立轴	138cm×37.5cm	21,850,000	华艺国际	2019-08-10
齐白石 凤仙花 立轴	101cm×34cm	345,000	中国嘉德	2019-06-03
齐白石 伏虎图 立轴	146cm×39cm	2,127,500	广东崇正	2019-11-27
齐白石 福禄满堂 立轴	100cm×34cm	920,000	广东崇正	2019-05-23
齐白石 傅增湘 楷书张之洞词并红菊图 镜心	27cm×20.5cm×2	345,000	中贸圣佳	2019-08-16
齐白石 富贵双寿 镜心	73cm×34cm	2,415,000	荣宝斋（桂林）	2019-08-18
齐白石 富贵长寿图 镜片	106.5cm×34.5cm	2,185,000	西泠印社	2019-07-06
齐白石 古木归鸦 镜心	66cm×34.5cm	1,265,000	南京经典	2019-07-19
齐白石 瓜瓞绵绵 镜心	133cm×30cm	747,500	北京保利	2019-06-04
齐白石 瓜香池畔 立轴	163.5cm×42.5cm	4,140,000	北京保利	2019-06-04
齐白石 冠上加冠 立轴	175cm×41cm	4,600,000	北京保利	2019-12-02
齐白石 归梦看池鱼 立轴	103cm×33.5cm	727,777	中国嘉德	2019-10-08
齐白石 贵而且寿 镜心	100cm×34cm	2,300,000	北京银座	2019-06-05
齐白石 贵而且寿 镜心	100cm×34cm	1,840,000	北京荣宝	2019-12-01
齐白石 海棠·行书放翁诗 成扇	18.5cm×49cm	805,000	北京保利	2019-06-04
齐白石 行书 镜心	17cm×52cm	161,000	北京荣宝	2019-04-28
齐白石 行书七言联 镜心	138.5cm×31.3cm×2	1,610,000	中国嘉德	2019-11-18
齐白石 和平鸽 镜片	22.5cm×38cm	287,500	广东崇正	2019-11-28
齐白石 荷花 镜框		419,563	纽约苏富比	2019-03-22
齐白石 荷花 镜框	136.5cm×60.5cm	1,543,675	伦敦佳士得	2019-05-14
齐白石 荷花 立轴	149cm×40cm	690,000	北京荣宝	2019-04-28
齐白石 荷花蜻蜓 立轴	34cm×100cm	1,058,000	北京保利	2019-06-04
齐白石 荷花蜻蜓 立轴	101cm×35cm	977,500	中国嘉德	2019-10-15
齐白石 荷塘清趣图 立轴	96.5cm×34cm	2,012,500	西泠印社	2019-07-06
齐白石 红荷 镜框	34cm×34.3cm	486,000	佳士得	2019-05-28
齐白石 红荷 镜心	101cm×33.5cm	667,000	上海匡时	2019-06-21
齐白石 红蓼花 镜心	19cm×53cm	517,500	中贸圣佳	2019-06-07
齐白石 红梅 镜心	71cm×35cm	552,000	北京翰海	2019-06-14
齐白石 红梅 立轴	40cm×58cm	1,380,000	中贸圣佳	2019-11-30
齐白石 红梅 立轴	102cm×33cm	862,500	北京荣宝	2019-06-13
齐白石 红梅图 镜心	34cm×34cm	207,000	中国嘉德	2019-06-24
齐白石 红杏蝶雀图 镜芯	28cm×65cm	287,500	中鸿信	2019-07-16
齐白石 葫芦瓢虫 镜心	18cm×50cm	575,000	中贸圣佳	2019-06-07
齐白石 蝴蝶兰 立轴	134.5cm×34cm	1,955,000	北京保利	2019-12-02
齐白石 花果 四屏镜心	65.3cm×32.3cm×4	7,245,000	中国嘉德	2019-11-18
齐白石 花卉（四帧）镜心	约19cm×52cm×4	552,000	中国嘉德	2019-11-17
齐白石 花卉四屏 镜心	106cm×35.3cm×4	3,450,000	中国嘉德	2019-06-02
齐白石 花开富贵图 立轴	115cm×46.5cm	920,000	西泠印社	2019-07-06
齐白石 花蔬动物 四屏镜心	65.5cm×32.5cm×4	4,082,500	北京翰海	2019-06-14
齐白石 黄金硕果 镜框	69cm×35cm	920,000	华艺国际	2019-08-10
齐白石 鸡冠花 立轴	137cm×33cm	103,040	上海联合	2019-12-01
齐白石 佳味图 立轴	116.5cm×44cm	1,679,000	北京银座	2019-06-05
齐白石 家雀啄剥 镜片		335,650	纽约苏富比	2019-03-22
齐白石 蕉荫双蛙 立轴	67.5cm×33.5cm	345,000	北京保利	2019-06-04
齐白石 九秋图 横披	65.0cm×175.0cm	26,450,000	中国嘉德	2019-11-18
齐白石 九如图 镜心	68cm×34.5cm	862,500	中国嘉德	2019-11-17
齐白石 九如图 立轴	55.5cm×29cm	437,000	保利厦门	2019-01-06
齐白石 九鱼图 立轴	67cm×33.6cm	374,063	香港苏富比	2019-04-02
齐白石 旧游所见 立轴		335,650	纽约苏富比	2019-03-22
齐白石 居高声自远 镜心	137cm×35cm	2,990,000	北京保利	2019-12-02
齐白石 菊花 立轴	99cm×33cm	1,667,500	中国嘉德	2019-03-23
齐白石 菊花 立轴	137cm×35cm	1,150,000	北京保利	2019-06-04
齐白石 菊花 立轴	67.5cm×33.2cm	598,000	中国嘉德	2019-11-18
齐白石 菊盛桃腴 立轴	104cm×34.5cm	1,090,750	伦敦佳士得	2019-11-05
齐白石 兰花 镜片	44.5cm×34.5cm	460,000	广东崇正	2019-11-27
齐白石 兰花 镜心	18cm×51cm	110,979	中国嘉德	2019-03-30
齐白石 老鼠 立轴	80cm×40cm	805,000	荣宝斋（南京）	2019-07-21
齐白石 篱边秋色·篆书六言诗 成扇	30cm×88cm	8,050,000	中国嘉德	2019-06-02
齐白石 灵猴献寿图 立轴	73.5cm×33cm	4,140,000	西泠印社	2019-07-06
齐白石 芦老蟹肥 立轴	102.5cm×34cm	920,000	北京诚轩	2019-06-01
齐白石 芦苇螃蟹 立轴	135cm×33cm	920,000	中国嘉德	2019-11-18
齐白石 麻栗图 立轴	131cm×34cm	3,026,700	北京匡时	2019-04-02
齐白石 马公愚 红荷蜻蜓 书法 成扇	18cm×46cm	690,000	华艺国际	2019-08-10
齐白石 麦穗老鼠 立轴	80.5cm×33.5cm	1,062,813	佳士得	2019-11-26

拍品名称	物品尺寸	成交价RMB	拍卖公司	拍卖日期
齐白石 耄耋图 镜片	49cm×23cm	1,092,500	广东崇正	2019-11-27
齐白石 梅兰芳牵牛花、竹石图 成扇	18.5cm×49cm	575,000	北京匡时	2019-07-13
齐白石 墨梅图（一幅）	115.5cm×31.5cm	230,000	中鸿信	2019-07-15
齐白石 墨虾 立轴	102.5cm×34cm	2,070,000	中国嘉德	2019-06-02
齐白石 牡丹 镜心	69.5cm×33cm	11,270,000	中国嘉德	2019-06-02
齐白石 牡丹 扇面	52cm×18.5cm	368,000	北京保利	2019-06-04
齐白石 南瓜 镜心	18cm×51cm	172,500	北京保利	2019-12-02
齐白石 南瓜草虫 立轴	34cm×62cm	322,000	中国嘉德	2019-10-15
齐白石 南瓜图 立轴	27cm×40cm	805,000	中国嘉德	2019-06-24
齐白石 拈花微笑 立轴	74.3cm×37.3cm	1,620,000	佳士得	2019-05-28
齐白石 农家风味 镜心	19cm×54cm	517,500	中贸圣佳	2019-06-07
齐白石 潘受 水族世界 题齐白石水族图诗 立轴	103cm×33cm×2	1,495,000	北京保利	2019-06-04
齐白石 螃蟹青蛙（一对）镜框		839,125	纽约苏富比	2019-03-22
齐白石 螃蟹水草 立轴	108.5cm×33cm	552,000	中贸圣佳	2019-08-16
齐白石 枇杷 镜心	178cm×48cm	115,000	北京翰海	2019-06-14
齐白石 枇杷草虫 镜芯	16.5cm×24cm	471,500	中鸿信	2019-07-16
齐白石 平安图 立轴	93cm×37cm	1,035,000	荣宝斋（南京）	2019-07-21
齐白石 葡萄 镜片	70.4cm×34.5cm	230,000	广东崇正	2019-05-23
齐白石 葡萄 镜心	101cm×33cm	1,265,000	中贸圣佳	2019-11-30
齐白石 葡萄草虫 立轴	99cm×33.5cm	406,699	中国嘉德	2019-10-08
齐白石 葡萄蚱蜢 立轴	103cm×34.4cm	345,000	北京诚轩	2019-11-16
齐白石 葡萄知了 立轴	126cm×41.5cm	287,500	北京翰海	2019-06-14
齐白石 溥儒 1942年作 海棠螳螂 行书五言诗 成扇	19.5cm×54cm	598,000	中国嘉德	2019-06-02
齐白石 溥儒 秋叶蚱蜢・自作诗二首 扇面镜心	18.5cm×51.5cm	862,500	北京诚轩	2019-06-01
齐白石 齐良迟 玉兰蜜蜂 镜心	97cm×35cm	107,026	中国嘉德	2019-10-08
齐白石 牵牛草虫 镜心	19cm×55cm	667,000	中贸圣佳	2019-06-07
齐白石 牵牛花 镜框		713,256	纽约苏富比	2019-03-22
齐白石 牵牛花 镜心	68.0cm×32.5cm	690,000	中国嘉德	2019-11-18
齐白石 牵牛花 镜心	102cm×33cm	920,000	北京保利	2019-12-02
齐白石 牵牛花 立轴	68cm×35cm	748,659	邦瀚斯	2019-04-03
齐白石 牵牛花 立轴	97cm×33.5cm	403,560	中国嘉德	2019-03-30
齐白石 牵牛花 立轴	133cm×33cm	302,670	中国嘉德	2019-03-30
齐白石 牵牛花 立轴	96.5cm×36cm	1,207,500	荣宝斋（南京）	2019-07-21
齐白石 牵牛花 立轴	69.5cm×33.5cm	598,000	中国嘉德	2019-11-18
齐白石 牵牛花 立轴	96cm×34cm	494,500	北京荣宝	2019-12-01
齐白石 牵牛花 立轴	139cm×33cm	103,040	上海联合	2019-12-01
齐白石牵牛花蜜蜂 行书放翁诗 镜心	尺寸不一	267,565	中国嘉德	2019-10-08
齐白石 牵牛蜜蜂 镜心	18cm×51cm	322,000	北京荣宝	2019-12-01
齐白石 牵牛蜻蜓 扇面 镜框	各：17.4cm×51.7cm×2	272,100	香港苏富比	2019-10-07
齐白石 牵牛螳螂 立轴	101cm×33.8cm	629,344	纽约苏富比	2019-03-22
齐白石 青蛙蝌蚪 立轴	67.5cm×34cm	138,000	中国嘉德	2019-06-02
齐白石 清白到头 立轴	100cm×26cm	862,500	北京保利	2019-12-02
齐白石 清白延年 立轴	142cm×40cm	1,265,000	北京保利	2019-06-22
齐白石 蜻蜓花卉 立轴	68cm×33.5cm	322,000	上海嘉禾	2019-09-07
齐白石 蜻蜓菊花 立轴	102cm×33cm	230,000	中国嘉德	2019-11-18
齐白石 蜻蜓牵牛 镜心	98cm×33cm	1,380,000	中贸圣佳	2019-11-30
齐白石 秋虫图 扇面	18cm×49cm	172,500	中鸿信	2019-07-16
齐白石 秋实草虫 镜芯	16.5cm×24cm	471,500	中鸿信	2019-07-16
齐白石 秋水共长天一色 立轴	105.0cm×49.5cm	9,775,000	中国嘉德	2019-11-18

拍品名称	物品尺寸	成交价RMB	拍卖公司	拍卖日期
齐白石 瞿奉南 桃花蜻蜓 立轴	67cm×28.5cm	267,722	邦瀚斯	2019-04-03
齐白石 群雏 立轴	66.5cm×33cm	690,000	中国嘉德	2019-11-17
齐白石 群鸡戏虫图 立轴	65cm×34cm	448,500	中鸿信	2019-07-16
齐白石 群吉图 立轴	96cm×34.5cm	552,000	北京华辰	2019-07-14
齐白石 群虾 立轴	98cm×39.5cm	756,675	中国嘉德	2019-03-30
齐白石 群虾图 镜心	113cm×34.5cm	575,000	上海匡时	2019-06-21
齐白石 群虾图 立轴	103cm×35cm	406,659	邦瀚斯	2019-04-03
齐白石 群虾图 立轴	104cm×34cm	1,667,500	中贸圣佳	2019-06-07
齐白石 群虾图 立轴	99.5cm×34cm	1,207,500	广东崇正	2019-05-23
齐白石 群虾图 立轴	69cm×35cm	632,500	中国嘉德	2019-10-15
齐白石 群虾图 立轴	31cm×36cm	517,500	中国嘉德	2019-10-15
齐白石 群蟹 镜心	102cm×34cm	977,500	北京保利	2019-12-02
齐白石 群蟹 立轴	104.5cm×34.4cm	534,375	香港苏富比	2019-04-02
齐白石 群蟹图 立轴	128cm×37cm	1,667,500	北京保利	2019-12-02
齐白石 人长岁天长年 立轴	98cm×34cm×2	17,250,000	中国嘉德	2019-06-02
齐白石 三多图 立轴	70cm×32.2cm	6,842,500	北京银座	2019-06-05
齐白石 三色菊 立轴	93cm×35cm	1,035,000	中贸圣佳	2019-06-07
齐白石 三色梅 镜心	18.5cm×50cm	345,000	中贸圣佳	2019-06-07
齐白石 山茶花 立轴	102cm×34cm	862,500	中贸圣佳	2019-06-07
齐白石 山居图 镜心	28cm×18cm	667,000	上海明轩	2019-04-28
齐白石 山居图 立轴	33cm×46cm	230,000	中国嘉德	2019-03-24
齐白石 山水 镜心	21.5cm×14.5cm	556,535	中国嘉德	2019-10-08
齐白石 尚小云 邵章 花卉蝴蝶・行书五言诗 竹影婆娑 行书顾炎武诗 成扇	齐 19.5cm×51cm；尚18.5cm×50cm	138,000	中国嘉德	2019-11-18
齐白石 邵逸轩 1933年作 萧寺图、行书七言诗 成扇	21cm×62cm	805,000	北京匡时	2019-07-13
齐白石 沈尹默 1936年作 虾 行书宋人诗 成扇	18.5cm×51cm	287,500	中国嘉德	2019-11-18
齐白石 沈尹默 延年 行书五言诗 成扇	17.3cm×50.5cm	253,000	中国嘉德	2019-06-02
齐白石 盛树人 菊花雏鸡 行书七言诗 成扇	18.7cm×49cm	414,000	中国嘉德	2019-06-02
齐白石 石上鸡冠 镜心	179cm×47cm	2,070,000	北京荣宝	2019-06-13
齐白石 事事安然 镜心	51cm×23cm	632,500	北京保利	2019-06-04
齐白石 事事太平 立轴	99.5cm×33.5cm	4,140,000	北京荣宝	2019-04-28
齐白石 守梅 葡萄图 拟恽南田花卉 成扇	18cm×47cm	161,000	中贸圣佳	2019-11-30
齐白石 寿酒 镜心	101.5cm×34cm	2,070,000	中国嘉德	2019-11-18
齐白石 寿酒图 立轴	69.5cm×27.5cm	4,025,000	西泠印社	2019-07-06
齐白石 寿石工 1925年作 瓜瓜连连 行书书论 成扇	18cm×45cm	598,000	北京保利	2019-12-01
齐白石 寿石水仙 立轴	100cm×34cm	2,185,000	广东崇正	2019-11-28
齐白石 寿石喜鹊 立轴	48cm×35cm	690,000	中国嘉德	2019-11-18
齐白石 书法 镜框	34cm×45cm	246,125	佳士得	2019-11-18
齐白石 双蝶雁来红 镜心	98cm×28.5cm	1,513,350	保利香港	2019-04-01
齐白石 双喜 镜心	164.5cm×48cm	2,645,000	北京保利	2019-12-02
齐白石 水墨（四帧）镜心	29.5cm×40.5cm×4	1,070,260	中国嘉德	2019-10-08
齐白石 水族 四屏立轴	54cm×21cm×4	3,220,000	北京保利	2019-12-02
齐白石 水族图 镜框	34cm×41cm	428,034	邦瀚斯	2019-04-03
齐白石 水族图 镜片	102cm×34cm	1,495,000	北京荣宝	2019-06-13
齐白石 水族图 镜心	41cm×46cm	287,500	北京保利	2019-06-04
齐白石 水族图 镜心	34cm×41cm	529,000	荣宝斋（南京）	2019-07-21
齐白石 水族图 立轴	136cm×68cm	3,329,370	中国嘉德	2019-03-30

(成交价RMB：10万元以上)

拍品名称	物品尺寸	成交价RMB	拍卖公司	拍卖日期
齐白石 水族图 立轴	100.5cm×33.5cm	1,495,000	中国嘉德	2019-06-02
齐白石 水族图 立轴	53cm×37cm	517,500	中国嘉德	2019-11-17
齐白石 丝瓜 立轴	20.5cm×55cm	161,000	中贸圣佳	2019-08-16
齐白石 四季山水四屏 立轴	122cm×36cm×4	36,800,000	中鸿信	2019-07-16
齐白石 四时花鸟 立轴	133cm×31cm×4	6,670,000	北京荣宝	2019-12-01
齐白石 松梅喜鹊 立轴	305cm×71cm	28,520,000	北京保利	2019-12-02
齐白石 松石俱寿 立轴	91cm×33cm	807,120	保利香港	2019-04-01
齐白石 松树喜鸟 立轴	90cm×40.8cm	839,500	北京诚轩	2019-06-01
齐白石 松鹰图 立轴	103cm×34cm	3,657,000	上海匡时	2019-06-21
齐白石 松鹰图 立轴	135cm×33cm	2,817,500	华艺国际	2019-08-10
齐白石 宋君方 1930年作 萱花草虫 镜框	94cm×34cm	172,500	华艺国际	2019-08-10
齐白石 笋畔竹鸡 镜框	画心:33.8cm×33.8cm 诗堂:32cm×32.5cm	1,282,500	香港苏富比	2019-04-02
齐白石 堂下物 镜心	70cm×36.0cm	1,092,500	中国嘉德	2019-11-18
齐白石 桃花双喜图 镜芯	137cm×33cm	253,000	中鸿信	2019-07-16
齐白石 藤花蜜蜂 镜心	27cm×33.5cm	287,500	中国嘉德	2019-11-17
齐白石 天垂紫雪香 立轴	133cm×33cm	586,500	上海驰翰	2019-06-21
齐白石 天牛老少年 立轴	84cm×67.5cm	897,000	北京保利	2019-06-04
齐白石 偷桃图 立轴	117.5cm×47.5cm	11,040,000	中国嘉德	2019-06-02
齐白石 蛙趣 镜心	68cm×33.6cm	2,990,000	北京保利	2019-06-04
齐白石 汪诒书 松溪雅居 行书七言诗 成扇	19.5cm×56cm	299,000	中国嘉德	2019-06-02
齐白石 王曾思 1938年作 菜根香 行书诗 扇面	18cm×50cm	207,000	中国嘉德	2019-11-18
齐白石 王福厂 蓼花蚱蜢 篆书《曾伯克父》铭文 成扇	19.5cm×53cm	345,000	中国嘉德	2019-11-18
齐白石 王福厂 玉米蚱蜢 书法 成扇	18cm×46cm	805,000	华艺国际	2019-08-10
齐白石 王雪涛 寿石工 1941年作 春风牡丹 行书 成扇	18cm×51cm	264,500	朵云轩	2019-06-22
齐白石 王雪涛 汪溶 清平图 立轴	61cm×30cm	517,500	中贸圣佳	2019-06-07
齐白石 无量寿佛·三笋 镜心	27cm×18cm×2	1,380,000	北京保利	2019-06-04
齐白石 五虾 立轴	68.9cm×34.8cm	545,431	纽约苏富比	2019-03-22
齐白石 五子登科大吉利 立轴	110cm×62.5cm	6,325,000	北京保利	2019-06-04
齐白石 昔日故园 成扇	19cm×53cm	598,000	中国嘉德	2019-06-02
齐白石 蟋蟀白菜 镜芯	31.5cm×32cm	230,000	中鸿信	2019-07-16
齐白石 喜上梅梢 立轴	136.0cm×39.0cm	2,300,000	中国嘉德	2019-11-18
齐白石 虾 镜框	27.1cm×33.8cm	427,500	香港苏富比	2019-04-02
齐白石 虾 立轴	69cm×33cm	690,000	广东崇正	2019-11-28
齐白石 虾蟹图 镜心	34cm×34cm	184,000	中国嘉德	2019-06-24
齐白石 虾蟹图 立轴	（钤于签）102.8cm×34cm	1,710,000	香港苏富比	2019-04-02
齐白石 萧龙友 1940年作 福禄鸳鸯·行书佳偶故实 成扇	18.0cm×50.0cm	943,000	中国嘉德	2019-11-18
齐白石 萧愻 祁崑 清味、游山、观云(三帧) 立轴	直径31cm×3	575,000	北京荣宝	2019-06-13
齐白石 小蝌蚪找妈妈 镜芯	16.5cm×27cm	138,000	中鸿信	2019-07-16
齐白石 琇昆 清白论交 行书节录《集王圣教序》成扇	20cm×55.5cm	345,000	中国嘉德	2019-06-03
齐白石 徐邦达 葫芦蚱蜢 书法（两幅）镜框	27.2cm×34cm; 20cm×34cm	324,000	佳士得	2019-05-28
齐白石 徐悲鸿 1947年作 磐石双寿 立轴	102cm×38.5cm	1,265,000	中国嘉德	2019-11-18
齐白石 烟帆海潮 立轴	132.5cm×62.5cm	6,900,000	北京保利	2019-06-04
齐白石 延年 扇面 立轴	12.8cm×38.1cm	427,500	香港苏富比	2019-04-02
齐白石 延年寿酒图 立轴	66.5cm×33cm	690,000	西泠印社	2019-07-06
齐白石 延年益寿 立轴	137.0cm×33.4cm	3,450,000	中国嘉德	2019-11-18
齐白石 雁来红 立轴	102.5cm×34cm	287,500	中国嘉德	2019-11-17
齐白石 扬帆竞渡图 立轴	29cm×33cm	586,673	富得拍卖	2019-11-24
齐白石 杨秀珍 题 画 大利图 镜心	58cm×27.5cm	218,500	北京银座	2019-06-05
齐白石 姚华 王云 1929年作 棕树双鸡 立轴	137.7cm×34.3cm	443,562	华艺国际	2019-11-24
齐白石 夜饮图 镜心	91.5cm×25cm	3,450,000	北京匡时	2019-07-13
齐白石 夜饮图 镜心	91.5cm×25cm	1,725,000	北京保利	2019-12-02
齐白石 英雄独立 立轴	138cm×58cm	13,800,000	北京保利	2019-06-04
齐白石 游虾 镜心	99cm×34cm	1,035,000	中贸圣佳	2019-11-30
齐白石 游虾 镜心	35cm×69.5cm	920,000	中国嘉德	2019-11-17
齐白石 游虾 立轴	136cm×34cm	1,782,500	华艺国际	2019-08-10
齐白石 游虾图 立轴	82cm×25cm	253,000	北京翰海	2019-10-12
齐白石 游鱼 立轴	69.6cm×34.3cm	320,625	香港苏富比	2019-04-02
齐白石 鱼乐图 镜片	14.5cm×24.5cm	345,000	广东崇正	2019-11-28
齐白石 鱼虾负剑 立轴	136.5cm×32.8cm	793,625	香港苏富比	2019-10-07
齐白石 雨后山烟 镜心	133cm×31cm	6,900,000	北京保利	2019-11-20
齐白石 玉兰 立轴	129cm×39.5cm	201,780	中国嘉德	2019-03-30
齐白石 玉米螳螂 立轴	27cm×33cm	356,832	华艺国际	2019-05-27
齐白石 玉米蚱蜢 立轴	66.5cm×31cm	552,000	华艺国际	2019-08-10
齐白石 芋叶青蛙 立轴	133.2cm×33cm	641,250	香港苏富比	2019-04-02
齐白石 芋叶双蛙 镜框	123.5cm×33.3cm	1,360,500	香港苏富比	2019-10-07
齐白石 鸢尾蜜蜂 立轴	71cm×35cm	2,070,000	北京荣宝	2019-06-13
齐白石 园中雅集 册页	尺寸不一	25,300,000	北京荣宝	2019-12-01
齐白石 袁希濂 1948年作 菊花 草书临王羲之帖 成扇	18cm×51cm	109,250	中国嘉德	2019-11-18
齐白石 月桂双兔 镜心	91cm×34cm	3,335,000	北京保利	2019-06-04
齐白石 月明人静 镜心	44cm×30cm	1,150,000	中贸圣佳	2019-11-30
齐白石 云山帆影图 镜心	136cm×33.5cm	4,140,000	北京匡时	2019-07-13
齐白石 云山帆影图 立轴	136cm×33.5cm	3,450,000	中贸圣佳	2019-11-30
齐白石 张伯英 1942年作 书画 成扇	18cm×47cm	253,000	北京荣宝	2019-04-28
齐白石 张伯英 花卉双蝶 书法 成扇	24cm×63.5cm	2,957,080	华艺国际	2019-11-24
齐白石 张鼎铭 大好秋光·草书临《服食帖》成扇	23.0cm×68.0cm	1,380,000	中国嘉德	2019-11-18
齐白石 章棂 1945年作 群虾图 草书 成扇		218,500	中国嘉德	2019-06-24
齐白石 章棂 喜上眉梢 草书 成扇	18cm×47cm	632,500	北京保利	2019-12-02
齐白石 长年 立轴	135cm×35cm	1,840,000	北京保利	2019-12-02
齐白石 长松蜻蜓 立轴	174cm×41cm	2,875,000	上海明轩	2019-04-28
齐白石 致胡宝珠墨笔花虫册 镜心（十二页）	19.5cm×24cm×12	5,750,000	中国嘉德	2019-06-02
齐白石 中秋清饮 立轴	136cm×33cm	3,910,000	北京保利	2019-12-02
齐白石 朱葆慈 1939年作 海棠蝴蝶 野藤明珠 成扇	18cm×49cm	471,500	北京保利	2019-12-01
齐白石 竹报平安 立轴	140.5cm×35.5cm	2,990,000	北京银座	2019-06-05
齐白石 竹报平安 立轴	140.5cm×35.5cm	4,600,000	荣宝斋（南京）	2019-07-21
齐白石 竹雀图 立轴	134cm×33cm	862,500	北京保利	2019-06-04
齐白石 煮茶图 镜心	137cm×33.5cm	4,255,000	中国嘉德	2019-06-02
齐白石 篆书“南无阿弥陀佛”立轴	72cm×13cm	3,047,500	上海明轩	2019-04-28
齐白石 篆书“年高身健不肯作神仙”立轴	139cm×29cm	460,000	中鸿信	2019-07-17

拍品名称	物品尺寸	成交价RMB	拍卖公司	拍卖日期
齐白石 篆书"寿园"镜心	31cm×65cm	345,000	保利厦门	2019-08-04
齐白石 篆书"为仁者寿"横批镜心	32cm×129cm	4,025,000	中贸圣佳	2019-06-07
齐白石 篆书"周旧邦"镜片	68cm×136.8cm	2,070,000	广东崇正	2019-05-23
齐白石 篆书"周旧邦"镜片	68cm×137cm	1,610,000	上海嘉禾	2019-09-06
齐白石 篆书五言联 立轴	143.0cm×38.5cm×2	3,680,000	中国嘉德	2019-11-18
齐白石 卓君庸 扇面双挖 立轴	61cm×19.5cm	345,000	北京保利	2019-06-04
齐白石 紫绶蜜蜂 镜心	101.5cm×33.5cm	402,500	中国嘉德	2019-11-17
齐白石 紫藤 镜心	33.0cm×52.0cm	253,000	中国嘉德	2019-11-18
齐白石 紫藤蜜蜂 镜框	27cm×33.2cm	154,368	伦敦佳士得	2019-05-14
齐白石 紫藤蜜蜂 镜心	100cm×34cm	1,380,000	中国嘉德	2019-11-18
齐白石 紫藤蜜蜂 立轴	直径51cm	920,000	北京银座	2019-06-05
齐白石 紫藤蜜蜂 立轴	137.5cm×34.5cm	1,725,000	中国嘉德	2019-06-02
齐白石 紫藤双蜂 立轴	18cm×53cm	218,500	北京荣宝	2019-04-28
齐驸 齐思玉 吴超 等 十全十美（二）镜心	33.5cm×33.5cm×10	230,000	北京匡时	2019-07-13
齐良已 教子图 立轴	102cm×47cm	172,500	北京翰海	2019-06-14
齐良芷 2006年作 长寿图 四条屏	136cm×50cm×4	126,500	中国嘉德	2019-03-24
祁恩进 2014年作 有声林泉	150cm×33cm×13	1,150,000	中贸圣佳	2019-06-07
祁昆 1935年作 潇湘八景 成扇	17.5cm×48.3cm	320,625	香港苏富比	2019-04-02
祁昆 秋江帆影 镜框	41.8cm×29.7cm	96,369	香港苏富比	2019-10-07
祁崑 1935年作 高峰梵宇图 立轴	66cm×31cm	149,500	中国嘉德	2019-03-23
祁崑 寿石工 秋声图、小楷七言诗 成扇		103,500	中国嘉德	2019-10-16
祁璐 2012年作 妙象001 镜心	68cm×68cm	253,000	北京翰海	2019-10-12
祁璐 2012年作 诗象201201 镜心	46cm×54cm	138,000	北京翰海	2019-10-12
祁璐 2019年作 兰韵凝香 镜心	69cm×69cm	253,000	北京翰海	2019-10-12
祁璐 2019年作 诗象·翱翔 镜心	60cm×60cm	184,000	北京翰海	2019-10-12
祁璐 2019年作 诗象·蝶之恋 镜心	67cm×65cm	230,000	北京翰海	2019-10-12
祁璐 2019年作 诗象·祥瑞 镜心	102cm×50cm	287,500	北京翰海	2019-10-12
祁璐 2019年作 炫彩系列·懿馨 镜心	81cm×65cm	287,500	北京翰海	2019-10-12
祁璐 2019年作 炫彩系列·幽馨 镜心	57cm×56cm	172,500	北京翰海	2019-10-12
祁璐 诗象·归来	直径49cm	172,500	北京翰海	2019-06-15
祁璐 诗象·思念 镜心	66cm×66cm	276,000	北京保利	2019-06-03
启功 1930年作 层峦叠嶂 立轴	114cm×29cm	368,000	广东崇正	2019-05-23
启功 1938年作 米家云山图 镜心	128cm×58.6cm	5,750,000	北京荣宝	2019-12-01
启功 1941年作 梅花道人法 镜心	52cm×31cm	230,000	北京荣宝	2019-12-01
启功 1942年作 秋林策杖 成扇	18cm×48cm	287,500	北京翰海	2019-06-14
启功 1944年作 临董其昌山水 立轴	88cm×39cm	1,610,000	北京荣宝	2019-12-01
启功 1944年作 深山隐居图 立轴	96cm×35cm	299,000	中国嘉德	2019-06-24
启功 1946年作 拟大痴道人笔 立轴	134cm×68cm	3,220,000	北京荣宝	2019-06-13
启功 1946年作 秋江梧道 立轴	85.5cm×28cm	166,750	上海嘉禾	2019-09-07
启功 1946年作 秋山人在画中行 镜片	136cm×68cm	2,127,500	上海嘉禾	2019-09-06
启功 1947年作 仿梅壑法·行书 镜心	18.5cm×49cm	207,000	北京荣宝	2019-12-01
启功 1948年作 行书 镜心	102cm×34.5cm	126,500	北京荣宝	2019-12-01
启功 1950年作 春山图·行书 成扇	17.5cm×46cm	402,500	北京荣宝	2019-06-13
启功 1951年作 草书临十七帖 扇面	18.3cm×50cm	172,500	中国嘉德	2019-11-18
启功 1971年作 行书毛主席诗 立轴	119.5cm×45.5cm	241,500	中国嘉德	2019-06-02
启功 1973年作 行书自作诗三首 镜心	92.5cm×40.5cm	943,000	北京银座	2019-06-05
启功 1974年作 草书节临《自叙帖》手卷	34cm×240cm	1,552,500	北京荣宝	2019-06-13
启功 1975年作 草书毛主席诗一首 镜心	130cm×61cm	805,000	北京荣宝	2019-12-01

拍品名称	物品尺寸	成交价RMB	拍卖公司	拍卖日期
启功 1977年作 行书李白诗一首 镜心	97cm×31.5cm	287,500	北京荣宝	2019-06-13
启功 1977年作 行书五言诗 立轴	79cm×42cm	115,000	北京保利	2019-06-04
启功 1977年作 小楷《沁园春》镜心	23cm×35cm	287,500	中国嘉德	2019-03-23
启功 1978年作 行书李白诗 立轴	138cm×34.5cm	287,500	北京荣宝	2019-12-01
启功 1978年作 行书卢纶诗一首 立轴	102cm×33cm	230,000	北京荣宝	2019-06-13
启功 1978年作 行书七言诗 立轴	67cm×32cm	155,250	北京荣宝	2019-12-01
启功 1979年作 行书苏轼诗一首 镜心	138cm×34cm	540,500	北京荣宝	2019-06-13
启功 1979年作 行书温庭筠诗 立轴	69cm×32cm	138,000	北京保利	2019-11-20
启功 1979年作 行书叶剑英《八十抒怀》镜心	137cm×68cm	483,000	北京荣宝	2019-12-01
启功 1979年作 墨竹 镜框	67cm×28cm	230,000	北京荣宝	2019-04-28
启功 1980年作 行书李白诗一首 立轴	100cm×32.5cm	253,000	北京荣宝	2019-12-01
启功 1980年作 行书七言诗 镜心	65cm×125.5cm	897,000	中国嘉德	2019-06-02
启功 1980年作 行书苏东坡句 立轴	102cm×32.5cm	253,000	北京荣宝	2019-12-01
启功 1981年作 行书观汉碑 立轴	66cm×39cm	287,500	北京荣宝	2019-06-13
启功 1981年作 行书七言诗 立轴	100cm×33.5cm	287,500	北京保利	2019-12-02
启功 1981年作 行书自作诗 立轴	68.5cm×45.5cm	299,000	广东崇正	2019-11-27
启功 1982年作 行书《论书绝句百首之八十三》立轴	134.5cm×32cm	1,207,500	北京荣宝	2019-12-01
启功 1982年作 行书李白古风三首 镜片	49.5cm×65cm	224,250	广东崇正	2019-05-23
启功 1982年作 行书自作诗 立轴	96cm×31cm	195,500	上海嘉禾	2019-09-07
启功 1982年作 墨荷清韵 镜片	70cm×132.5cm	287,500	上海嘉禾	2019-09-07
启功 1982年作 书法 立轴	82.8cm×59.4cm	118,800	佳士得	2019-05-28
启功 1982年作 朱竹 镜框	40.5cm×59.7cm	566,875	香港苏富比	2019-10-07
启功 1982年作 竹石图 立轴	56cm×47cm	241,500	上海嘉禾	2019-09-07
启功 1983年作 行书 镜心	69cm×34cm	172,500	北京荣宝	2019-12-01
启功 1983年作 行书 立轴	68cm×34cm	97,750	上海嘉禾	2019-04-16
启功 1983年作 行书《论词》一首 立轴	133.5cm×32.5cm	115,000	北京匡时	2019-07-13
启功 1983年作 行书《论书杂诗》手卷	35cm×290cm	184,000	北京翰海	2019-03-29
启功 1983年作 行书陈毅诗 镜心	96cm×33cm	230,000	北京荣宝	2019-12-01
启功 1983年作 行书七言诗 立轴	136cm×67cm	126,500	中国嘉德	2019-06-24
启功 1983年作 行书七言诗 立轴	136cm×65.5cm	701,500	北京保利	2019-12-01
启功 1983年作 行书苏轼诗一首 立轴	100cm×33cm	287,500	北京荣宝	2019-06-13
启功 1983年作 行书香江杂诗 扇面	19cm×50cm	128,431	中国嘉德	2019-10-08
启功 1983年作 行书元人词 镜心	134cm×32cm	345,000	北京荣宝	2019-06-13
启功 1983年作 行书自作诗 立轴	135cm×33cm	172,500	上海嘉禾	2019-09-07
启功 1983年作 行书自作诗 立轴	103cm×32cm	97,750	上海嘉禾	2019-09-07
启功 1983年作 葡萄 立轴	109cm×50cm	805,000	中鸿信	2019-07-16
启功 1983年作 书法 镜心	68cm×45cm	97,750	湖南逸典	2019-05-18
启功 1984年作 行书 立轴	130cm×53cm	160,539	中国嘉德	2019-10-08
启功 1984年作 行书"吃茶去"立轴	80cm×42cm	132,250	中鸿信	2019-07-17
启功 1984年作 行书"听香"镜心	67cm×32cm	425,500	北京荣宝	2019-12-01
启功 1984年作 行书杜甫诗一首 立轴	129cm×31cm	184,000	北京荣宝	2019-06-13
启功 1984年作 行书论书绝句一首 立轴	66cm×35cm	299,000	北京荣宝	2019-12-01
启功 1984年作 行书题画诗一首 立轴	94.5cm×41cm	989,000	北京荣宝	2019-06-13
启功 1985年作 行书"春华秋实"镜心	68.5cm×27cm	224,250	北京荣宝	2019-12-01
启功 1985年作 行书七言诗 镜心	68cm×45.5cm	138,000	北京荣宝	2019-04-28
启功 1985年作 行书七言诗一首 立轴	96cm×42cm	287,500	北京荣宝	2019-12-01
启功 1985年作 行书唐人诗 立轴	133cm×31cm	287,500	北京荣宝	2019-06-13

拍品名称	物品尺寸	成交价RMB	拍卖公司	拍卖日期
启功 1985年作 行书唐人诗一首 镜框	97cm×31cm	322,000	北京荣宝	2019-06-13
启功 1985年作 行书自作诗 立轴	100.5cm×34cm	402,500	广东崇正	2019-05-23
启功 1985年作 行书自作诗 立轴	96cm×47cm	126,500	上海嘉禾	2019-09-07
启功 1985年作 书法 四屏 镜心	133cm×10cm×4	184,000	北京翰海	2019-03-29
启功 1986年作 行书杜甫诗 镜片	120.5cm×37cm	322,000	上海嘉禾	2019-09-07
启功 1986年作 行书陆放翁句 镜心	68.5cm×45cm	218,500	中国嘉德	2019-06-03
启功 1986年作 行书七言句 镜片	70cm×46.5cm	276,000	上海嘉禾	2019-09-07
启功 1986年作 行书七言诗 镜心	68cm×44cm	276,000	北京荣宝	2019-06-13
启功 1986年作 行书七言诗 立轴	69cm×44.5cm	115,000	北京荣宝	2019-04-28
启功 1986年作 行书唐人诗一首 立轴	97cm×32cm	322,000	北京荣宝	2019-12-01
启功 1986年作 行书王昌龄《送李五》镜心	96cm×32cm	143,750	北京匡时	2019-07-13
启功 1986年作 行书韦应物诗一首 立轴	66cm×43.5cm	333,500	北京荣宝	2019-06-13
启功 1986年作 行书自作诗 立轴	67cm×44cm	126,500	北京银座	2019-06-05
启功 1986年作 书法陆平原《演连珠》立轴	133.8cm×32.7cm	425,125	佳士得	2019-11-26
启功 1986年作 竹石图 立轴	89.5cm×94cm	299,000	中鸿信	2019-07-16
启功 1987年作 杜甫诗 立轴	135cm×33.9cm	207,000	北京诚轩	2019-11-16
启功 1987年作 高节清芬 镜心	69cm×101cm	1,897,500	北京荣宝	2019-06-13
启功 1987年作 行书"和气阜财"七言联 对联	129cm×29cm×2	897,000	上海嘉禾	2019-09-06
启功 1987年作 行书"寿" 镜心	64cm×40.5cm	345,000	北京荣宝	2019-12-01
启功1987年作行书节录《诗品》镜心	88cm×258cm	920,000	北京保利	2019-06-04
启功 1987年作 行书七言联 镜框	128cm×30cm×2	182,222	邦瀚斯	2019-04-03
启功 1987年作 行书七言诗一首 立轴	128.5cm×62cm	598,000	北京荣宝	2019-06-13
启功 1987年作 行书题画诗一首 立轴	95cm×48cm	253,000	北京荣宝	2019-12-01
启功 1987年作 行书五言诗一首 立轴	101.5cm×33cm	276,000	北京荣宝	2019-12-01
启功 1987年作 行书自作诗一首 镜心	129cm×63.5cm	897,000	北京荣宝	2019-06-13
启功 1987年作 自作诗 立轴	137cm×67.5cm	471,500	北京诚轩	2019-11-16
启功 1988年作 行书"行成于思"镜心	38cm×78cm	264,500	北京匡时	2019-07-13
启功 1988年作 行书杜甫诗 立轴	140.5cm×69.5cm	874,000	北京银座	2019-06-05
启功 1988年作 行书杜甫诗 立轴	136cm×68cm	230,000	上海匡时	2019-06-21
启功 1988年作 行书七言诗 镜片	38.5cm×137cm	310,500	上海嘉禾	2019-09-07
启功 1988年作 行书七言诗一首 立轴	66.5cm×45cm	230,000	北京荣宝	2019-12-01
启功 1988年作 行书五言诗一首 立轴	66.5cm×43.5cm	218,500	北京荣宝	2019-12-01
启功 1988年作 葡萄 镜框	42.5cm×171.5cm	425,125	佳士得	2019-11-26
启功 1989年作 行书 镜片	94cm×52cm	195,500	上海嘉禾	2019-09-07
启功 1989年作 行书杜甫诗一首 立轴	132cm×65cm	1,058,000	北京荣宝	2019-06-13
启功 1989年作 行书杜甫诗一首 立轴	99cm×53cm	287,500	北京荣宝	2019-12-01
启功 1989年作 行书录苏轼句 立轴	66cm×34cm	115,000	北京保利	2019-06-04
启功 1989年作 行书题画一首 镜心	82cm×48cm	230,000	北京保利	2019-12-02
启功 1989年作 行书五言联 对联	131cm×31cm×2	437,000	上海嘉禾	2019-09-07
启功 1989年作 行书自作诗一首 立轴	66.5cm×41cm	184,000	北京荣宝	2019-06-13
启功 1989年作 朱竹寿石 立轴	64.5cm×83cm	920,000	北京荣宝	2019-06-13
启功 1989年作 竹石图 立轴	诗堂 47.5cm×67.5cm；画心 49cm×69.5cm	517,500	上海嘉禾	2019-09-07
启功 1990年作 行书"定慧" 立轴	99.5cm×33.5cm	552,000	中国嘉德	2019-11-17
启功 1990年作 行书"明园" 镜心	55cm×122cm	368,000	北京荣宝	2019-06-13
启功 1990年作 行书"松柏长春"镜心	43cm×62cm	575,000	北京荣宝	2019-06-13
启功 1990年作 行书论书绝句 立轴	135cm×32cm	425,500	北京荣宝	2019-06-13
启功 1990年作 行书宋诗《夜雪》镜心	69.5cm×43.5cm	253,000	中国嘉德	2019-06-03
启功 1990年作 松石长春 立轴	91cm×42cm	1,610,000	北京荣宝	2019-06-13
启功 1990年作 朱竹寿石图 立轴	100cm×47cm	437,000	中鸿信	2019-07-16
启功 1991年作 行书白居易诗一首 立轴	66cm×42.5cm	253,000	北京荣宝	2019-06-13
启功 1991年作 行书自作诗一首 镜心	34.5cm×118cm	345,000	北京荣宝	2019-12-01
启功 1991年作 书法对联 镜片	127cm×29cm×2	322,000	湖南逸典	2019-05-18
启功 1992年作 行书"戬穀" 立轴	94cm×40.3cm	805,000	中国嘉德	2019-11-17
启功 1992年作 行书唐人诗一首 镜心	69cm×45cm	287,500	北京荣宝	2019-06-13
启功 1992年作 教泽流芬 镜片	40.5cm×63.5cm	575,000	广东崇正	2019-11-27
启功 1992年作 湘江玉一枝 立轴	67.5cm×45cm	310,500	北京荣宝	2019-06-13
启功 1993年作 行书七言诗 镜心	66cm×42cm	287,500	北京荣宝	2019-06-13
启功 1994年作 行书 七言诗 立轴	68.5cm×44.5cm	241,500	西泠印社	2019-07-06
启功 1994年作 行书"财运亨通"镜心	33cm×115cm	1,265,000	北京保利	2019-06-04
启功 1994年作 行书题画诗 立轴	49cm×68cm	253,000	北京荣宝	2019-12-01
启功 1994年作 行书五言诗一首 镜心	68.5cm×45cm	253,000	北京荣宝	2019-06-13
启功 1994年作 书法—积庆堂 镜框	36.3cm×65.3cm	302,400	佳士得	2019-05-28
启功 1995年作 行书"茶" 立轴	65cm×43cm	460,000	北京保利	2019-11-20
启功 1996年作 行书"寿比南山"镜心	131cm×66cm	1,495,000	北京荣宝	2019-06-13
启功 1996年作 竹天浮云翠 立轴	95cm×43cm	95,094	佳士得	2019-11-26
启功1997年作行书"业精于勤"镜心	36cm×25cm	149,500	北京荣宝	2019-12-01
启功 1997年作 行书七言联 镜心	129cm×30cm×2	805,000	北京荣宝	2019-06-13
启功 1998年作 行书"博学文雅"镜片	69cm×40.5cm	253,000	上海嘉禾	2019-09-07
启功 1998年作 行书《题丛碧堂张伯驹先生鉴藏捐献法书名昼纪念册》镜心	135cm×64cm	586,500	北京荣宝	2019-12-01
启功 1998年作 行书陆游诗 立轴	99cm×34.5cm	747,500	北京荣宝	2019-12-01
启功 1998年作 行书自作诗 立轴	102cm×34cm	552,000	北京荣宝	2019-06-13
启功 1998年作 行书自作诗一首 镜心	51.5cm×52cm	172,500	北京荣宝	2019-12-01
启功 1998年作 自作诗一首 镜心	53cm×99cm	977,500	北京荣宝	2019-12-01
启功 1999年作 行书"万佛楼" 镜心	27cm×72cm	345,000	北京荣宝	2019-06-13
启功 草书岑参诗 立轴	66cm×44cm	230,000	中国嘉德	2019-11-17
启功 草书节临阁帖 立轴	96.5cm×31.5cm	345,000	中国嘉德	2019-11-17
启功 草书节临怀素自叙帖 镜心	33cm×127cm	189,750	中国嘉德	2019-03-23
启功 草书李白诗 镜心	46cm×65cm	402,500	中贸圣佳	2019-11-30
启功 草书七言联 镜心	137.5cm×69cm	172,500	荣宝斋（南京）	2019-07-21
启功 丛兰湖石·草书临阁帖 成扇	19.5cm×53cm	552,000	中国嘉德	2019-11-18
启功 富春江畔 立轴	99cm×45cm	207,000	上海嘉禾	2019-09-07
启功 龚元凯 仿黄公望山水 楷书"六一诗话" 成扇	17.5cm×50cm	115,000	中贸圣佳	2019-11-30
启功 孤山隐居 镜心	40cm×53cm	345,000	北京保利	2019-12-02
启功 关良 饶宗颐 等 书画册 册页（十三开）	34cm×48cm×13	402,500	广东崇正	2019-05-23
启功 行草书临帖四屏 立轴	127cm×32cm×4	4,945,000	北京保利	2019-12-01
启功 行书"涉世无如本色难"	120.5cm×30cm	253,000	中国嘉德	2019-11-18
启功 行书 镜片	69cm×45cm	218,500	广东崇正	2019-03-03
启功 行书 镜心	98cm×33cm	120,750	北京荣宝	2019-12-01
启功 行书 李东阳《与赵梦麟诸人游甘露寺》	61cm×39.8cm	598,000	中国嘉德	2019-06-03

拍品名称	物品尺寸	成交价RMB	拍卖公司	拍卖日期
启功 行书 立轴	134cm×32cm	322,848	中国嘉德	2019-03-30
启功 行书 七言联 对联	126cm×30cm×2	161,000	西泠印社	2019-07-06
启功 行书 唐伯虎七言诗	46cm×69cm	402,500	中国嘉德	2019-11-18
启功 行书“鬓微苍又何妨”立轴	67cm×33cm	287,500	北京银座	2019-06-05
启功 行书“春风绕树头”镜框	39.5cm×30.5cm	230,000	北京荣宝	2019-04-28
启功 行书“德建名立”镜心	70cm×46cm	207,000	北京荣宝	2019-12-01
启功 行书“二十四诗品”立轴	68cm×45cm	172,500	荣宝斋（南京）	2019-07-21
启功 行书“发”镜片	67cm×65cm	276,000	北京保利	2019-08-24
启功 行书“福在眼前”镜心	38cm×52cm	138,000	北京荣宝	2019-06-13
启功 行书“画中游”镜心	34.5cm×75cm	253,000	北京荣宝	2019-12-01
启功 行书“皇家楼 立轴	52.5cm×29.5cm	207,000	中鸿信	2019-07-17
启功 行书“惠风和畅”立轴	68cm×42cm	287,500	荣宝斋（南京）	2019-07-21
启功 行书“吉祥如意”镜片	85cm×44cm	310,500	上海嘉禾	2019-09-07
启功 行书“佳想安善”镜心	27cm×118cm	805,000	北京保利	2019-06-04
启功 行书“澧兰”镜心	35.5cm×79.5cm	201,250	荣宝斋（南京）	2019-07-21
启功 行书“论词旧书”镜心	104.5cm×35cm	414,000	北京荣宝	2019-06-13
启功 行书“世无难事”立轴	97cm×37cm	218,500	北京保利	2019-08-24
启功 行书“松龄鹤寿”镜心	35cm×138cm	138,000	北京匡时	2019-07-13
启功 行书“雅梦轩”镜心	44cm×69cm	281,750	北京荣宝	2019-12-01
启功 行书“欲聋洞”镜心	36cm×68.5cm	172,500	北京荣宝	2019-06-13
启功 行书“元阁”镜心	27cm×71cm	161,000	北京保利	2019-06-22
启功 行书“振兴中华”镜心	70cm×178.5cm	828,000	北京荣宝	2019-12-01
启功 行书〈红棉斋〉镜框	30cm×83cm	171,000	香港苏富比	2019-04-02
启功 行书《登飞来峰》立轴	82cm×47.5cm	230,000	北京银座	2019-06-05
启功 行书《登鹳雀楼》诗 镜心	23cm×30cm	101,675	中国嘉德	2019-10-08
启功 行书《毛主席和郭沫若诗》立轴	177cm×93cm	1,035,000	荣宝斋（南京）	2019-07-21
启功 行书《木兰颂》	135cm×68.5cm	207,000	中鸿信	2019-07-16
启功 行书《器物铭》一首 立轴	104cm×33.5cm	97,750	北京荣宝	2019-10-12
启功 行书《自作诗》立轴	130.5cm×53cm	862,500	荣宝斋（南京）	2019-07-21
启功 行书并斜照栖鸦图 成扇	19cm×51.5cm	276,000	中贸圣佳	2019-06-07
启功 行书杜甫《复愁十二首》之一 镜心	68cm×45cm	201,250	荣宝斋（南京）	2019-07-21
启功 行书杜牧诗一首 立轴	102cm×34cm	471,500	北京荣宝	2019-06-13
启功 行书杜诗一首 立轴	119cm×33.5cm	103,500	北京匡时	2019-07-13
启功 行书韩退之《花源》立轴	67cm×43cm	218,500	北京荣宝	2019-10-12
启功 行书何绍基诗一首 立轴	137cm×33cm	322,000	北京荣宝	2019-06-13
启功 行书节录《论书绝句一百首》镜框	30cm×43cm	129,600	佳士得	2019-05-20
启功 行书刘禹锡诗一首 立轴	100cm×52cm	575,000	北京荣宝	2019-06-13
启功 行书六言联 镜心	102cm×25cm×2	552,000	北京荣宝	2019-06-13
启功 行书陆游诗一首 镜心	68cm×45cm	253,000	北京荣宝	2019-12-01
启功 行书录岑参诗 镜芯	68cm×45cm	391,000	中鸿信	2019-07-16
启功 行书录李白《早发白帝城》立轴	68cm×34cm	161,000	中鸿信	2019-07-16
启功 行书论书绝句一首 立轴	93cm×30cm	264,500	北京荣宝	2019-06-13
启功 行书毛主席词、鲁迅诗 镜心	28.5cm×100cm	1,150,000	中贸圣佳	2019-11-30
启功 行书七言联 对联	137.5cm×34.5cm×2	437,000	上海嘉禾	2019-09-07
启功 行书七言联 对联	129.5cm×31cm×2	138,000	上海嘉禾	2019-09-07
启功 行书七言联 对联	130cm×31cm×2	552,000	上海嘉禾	2019-09-07
启功 行书七言联 对联	134cm×30cm×2	517,500	中国嘉德	2019-11-18

拍品名称	物品尺寸	成交价RMB	拍卖公司	拍卖日期
启功 行书七言联 立轴	126.5cm×30cm×2	230,000	上海匡时	2019-06-21
启功 行书七言联 立轴	133cm×32cm×2	126,500	中鸿信	2019-07-17
启功 行书七言联 立轴	136.5cm×34.3cm×2	368,000	中国嘉德	2019-11-17
启功 行书七言联 立轴	132cm×31.5cm×2	632,500	北京荣宝	2019-12-01
启功 行书七言诗 镜心	28cm×32cm	302,670	中国嘉德	2019-03-30
启功 行书七言诗 立轴	110cm×32cm	172,500	北京匡时	2019-07-13
启功 行书七言诗 立轴	98cm×32cm	264,500	北京荣宝	2019-06-13
启功 行书七言诗 立轴	80cm×38cm	138,000	北京荣宝	2019-10-12
启功 行书七言诗 立轴	134cm×33cm	172,500	中国嘉德	2019-10-15
启功 行书七言诗 立轴	109cm×32cm	172,500	北京荣宝	2019-12-01
启功 行书七言诗一首 立轴	65cm×38cm	287,500	北京荣宝	2019-12-01
启功 行书诗文 立轴	101.5cm×34cm	155,250	保利厦门	2019-01-06
启功 行书四言联 对联	74cm×27.5cm×2	322,000	上海嘉禾	2019-09-07
启功 行书四言联 对联	106cm×27.5cm×2	195,500	上海嘉禾	2019-09-07
启功 行书宋人句 立轴	68cm×43.5cm	184,000	中贸圣佳	2019-11-30
启功 行书苏轼诗一首 立轴	99.5cm×34cm	195,500	北京荣宝	2019-12-01
启功 行书唐诗三首 镜心	15cm×105cm	414,000	北京荣宝	2019-06-13
启功 行书王安石《南浦》立轴	99.5cm×33.5cm	483,000	荣宝斋（南京）	2019-07-21
启功 行书王齐叟诗一首 立轴	134cm×32cm	828,000	北京荣宝	2019-06-13
启功 行书韦应物诗一首 镜心	136cm×34cm	322,000	北京荣宝	2019-06-13
启功 行书吴骏公句 镜心	93cm×30cm	322,000	北京荣宝	2019-06-13
启功 行书五绝一首 镜心	书法67cm×45cm；信札26cm×18.5cm	379,500	中贸圣佳	2019-11-30
启功 行书五言联 立轴	各136.8cm×33.4cm (2)	801,563	香港苏富比	2019-04-02
启功 行书五言诗 立轴	97.5cm×33cm	184,000	北京荣宝	2019-12-01
启功 行书五言诗 立轴	100cm×34cm	184,000	北京荣宝	2019-12-01
启功 行书张旭《桃花溪》镜心	97.5cm×46.5cm	201,250	荣宝斋（南京）	2019-07-21
启功 行书自作《南行杂诗》立轴	96cm×42cm	322,000	荣宝斋（南京）	2019-07-21
启功 行书自作诗 镜心	66cm×33cm	195,500	北京保利	2019-06-04
启功 行书自作诗 立轴	64.5cm×63cm	690,000	广东崇正	2019-05-23
启功 行书自作诗 立轴	139cm×70cm	805,000	上海匡时	2019-06-21
启功 行书自作诗二首 镜心	68cm×131cm	368,000	北京保利	2019-06-04
启功 行书自作诗二首 镜心	68cm×131cm	575,000	北京荣宝	2019-12-01
启功 行书自作诗五首 镜心	193cm×385cm	4,772,500	北京保利	2019-12-01
启功 行书自作诗一首 镜心	66cm×44cm	402,500	北京荣宝	2019-06-13
启功 行书祖咏《终南望余雪》镜心	67cm×44cm	241,500	荣宝斋（南京）	2019-07-21
启功 红梅 镜心	24cm×27cm	184,000	荣宝斋（南京）	2019-07-21
启功 红竹	74cm×41.5cm	690,000	中国嘉德	2019-06-03
启功 鸿义馆 镜框	34cm×82cm	218,500	华艺国际	2019-08-10
启功 湖山清兴图	104cm×33cm	483,000	中国嘉德	2019-11-18
启功 楷书“士义美术馆”镜心	32cm×132cm	483,000	中贸圣佳	2019-11-30
启功 楷书“文明”镜心	34cm×69cm	195,500	中国嘉德	2019-11-17
启功 兰石 镜心	25cm×27cm	172,500	荣宝斋（南京）	2019-07-21
启功 兰竹图 镜心	68.5cm×45.5cm	299,000	中国嘉德	2019-06-02
启功 兰竹图 镜心	17cm×49cm	207,000	荣宝斋（南京）	2019-07-21

(成交价RMB：10万元以上)

拍品名称	物品尺寸	成交价RMB	拍卖公司	拍卖日期
启功 李石逸 1946年作 青绿山水 楷书 成扇	18cm×50cm	437,000	上海嘉禾	2019-09-07
启功 临董其昌山水 镜心	100cm×32cm	1,725,000	北京荣宝	2019-12-01
启功 弥陁 镜框	27.6cm×49.8cm	317,450	香港苏富比	2019-10-07
启功 墨竹·行书七言诗 成扇	50cm×17.5cm	264,500	西泠印社	2019-07-07
启功 拟王蒙山水 立轴	126.5cm×43.5cm	862,500	中贸圣佳	2019-11-30
启功 欧阳中石 沈鹏 行隶书“清石斋”（三帧）镜心	尺寸不一	736,000	北京保利	2019-12-01
启功 溥伒 溥佺 等 集锦册 册页（七开）	31.5cm×39cm×7	287,500	北京匡时	2019-07-13
启功 青山白云图 立轴	132.5cm×32.5cm	920,000	中贸圣佳	2019-11-30
启功 秋兴策杖图 镜心	122cm×62cm	2,530,000	中国嘉德	2019-06-03
启功 荣鸿钧 行书“可口可乐”，“发达橙汁” 镜心	27cm×24cm×2	115,000	上海匡时	2019-06-21
启功 商承祚 容庚 行书七言诗 金文王维诗 金文题词 镜心	78cm×53.5cm；93cm×47cm；57.5cm×29cm	267,950	北京保利	2019-06-04
启功 商承祚 容庚 赠渭扬书法（三帧）镜心	78cm×53cm；93cm×47cm；58cm×29cm	368,000	北京荣宝	2019-12-01
启功 书法 立轴	136cm×66cm	952,000	天津国拍	2019-04-21
启功 书法 立轴	42cm×39cm	126,500	荣宝斋（桂林）	2019-08-18
启功 书法 立轴	106cm×33.5cm	179,000	佳士得	2019-11-18
启功 松风琴韵	25cm×16.5cm	402,500	中国嘉德	2019-11-18
启功 桃花迎春 成扇	19.4cm×54cm	575,000	北京诚轩	2019-11-16
启功 停车坐爱枫林晚	68cm×33cm	149,500	北京翰海	2019-06-15
启功 闲舟图 立轴	118cm×30.5cm	345,000	北京荣宝	2019-10-12
启功 小楷 镜心	24cm×45cm	172,500	中国嘉德	2019-06-24
启功 谢稚柳 徐邦达 等 1991年作 书画册页 镜心（八开）	42cm×59.5cm×8	460,000	北京荣宝	2019-12-01
启功 叶昀 溥佐 春郊牧马 立轴	101cm×33cm	267,565	中国嘉德	2019-10-08
启功 以介眉寿 山静日长 镜心	18cm×26.5cm×2	437,000	北京荣宝	2019-06-13
启功 幽居图 立轴	69cm×38cm	103,500	荣宝斋（南京）	2019-07-21
启功 右丞诗意图 镜心	120cm×49cm	747,500	北京荣宝	2019-06-13
启功 云牵楚思横渔艇 立轴	132cm×38.8cm	322,000	北京诚轩	2019-11-16
启功 云山图 行书 镜心	17.5cm×49cm×2	402,500	荣宝斋（南京）	2019-07-21
启功 周怀民 周元亮 吴镜汀 1942年作 草堂春意图 立轴	108cm×39cm	172,500	中国嘉德	2019-10-15
启功 周肇祥 何海霞 吴镜汀 等 书画格景扇 成扇	17.5cm×50cm	322,000	北京匡时	2019-07-13
启功 朱竹 镜心	24.5cm×27cm	184,000	荣宝斋（南京）	2019-07-21
钱行健 荷塘清趣、月影寒梅 手卷	34cm×378cm×2	103,500	上海匡时	2019-06-21
钱穆 1964年作 行书朱熹诗 镜心	66.5cm×32.5cm	97,750	中国嘉德	2019-11-18
钱穆 行书录《简齐诗》镜心	71cm×41cm	149,500	中贸圣佳	2019-06-07
钱穆 行书五言律诗 立轴	68cm×40cm	120,750	北京保利	2019-11-20
钱穆 楷书孔子语 立轴	105cm×20.5cm	207,000	西泠印社	2019-07-07
钱南园 人马图 立轴	136cm×68cm	460,000	荣宝斋（桂林）	2019-08-18
钱瘦铁 1929年作 陶渊明诗意图 立轴	145.5cm×33cm	172,500	上海嘉禾	2019-09-07
钱瘦铁 妙吉祥尊者 镜心	123cm×58cm	230,000	中贸圣佳	2019-11-30
钱瘦铁 山中幽隐图 镜心	135cm×35cm	172,500	中贸圣佳	2019-11-30
钱叔卿 怪石图 立轴	89cm×31cm	97,750	西泠印社	2019-07-06

拍品名称	物品尺寸	成交价RMB	拍卖公司	拍卖日期
钱松嵒 山水 镜心	173cm×94cm	1,265,000	中贸圣佳	2019-11-30
钱松嵒 珠江春晓 立轴	73cm×48cm	632,500	北京保利	2019-06-04
钱松嵒 1935年作 溪山清话 立轴	118.5cm×32.5cm	149,500	中国嘉德	2019-11-18
钱松嵒 1940年作 空江帆影 镜片	130.5cm×64cm	327,750	上海嘉禾	2019-09-07
钱松嵒 1942年作 春波渔乐图 立轴	91cm×38cm	141,246	中国嘉德	2019-03-30
钱松嵒 1942年作 善卷洞 镜心	108cm×45cm	322,000	北京荣宝	2019-12-01
钱松嵒 1944年作 深山飞瀑 立轴	133cm×67cm	920,000	朵云轩	2019-06-22
钱松嵒 1945年作 岁朝清供 立轴	128.5cm×66cm	345,000	中鸿信	2019-07-16
钱松嵒 1945年作 越大夫归隐图 立轴	134cm×68cm	1,380,000	上海匡时	2019-06-21
钱松嵒 1946年作 升平祝泰图 镜片	132cm×65.5cm	1,035,000	广东崇正	2019-11-28
钱松嵒 1947年作 山居图 成扇	18cm×46cm	138,000	北京荣宝	2019-04-28
钱松嵒 1954年作 画好祖国河山 镜框	47.5cm×68cm	1,725,000	华艺国际	2019-08-10
钱松嵒 1957年作 春游 镜心	52cm×73cm	1,150,000	中国嘉德	2019-06-02
钱松嵒 1960年作 渔舟唱晚 立轴	63cm×47cm	1,552,500	北京荣宝	2019-12-01
钱松嵒 1962年作 海晏 立轴	100cm×67cm	2,012,500	广东崇正	2019-05-23
钱松嵒 1962年作 欢歌声起退潮时 立轴	69cm×49cm	356,500	北京荣宝	2019-06-13
钱松嵒 1964年作 延安凤凰山 镜框	44.5cm×50cm	920,000	华艺国际	2019-08-10
钱松嵒 1964年作 阅江楼 立轴	53.5cm×37.5cm	353,115	中国嘉德	2019-03-30
钱松嵒 1964年作 阅江楼 立轴	53.5cm×37cm	517,500	北京荣宝	2019-12-01
钱松嵒 1970年作 延安颂 镜心	46cm×61cm	1,840,000	中国嘉德	2019-06-02
钱松嵒 1971年作 黄洋界 立轴	83cm×51cm	3,174,500	香港苏富比	2019-10-07
钱松嵒 1972年作 太湖之晨 立轴	47cm×36.5cm	448,875	香港苏富比	2019-04-02
钱松嵒 1974年作 延安 镜心	46cm×31.5cm	977,500	中国嘉德	2019-06-02
钱松嵒 1977年作 梅园新村 立轴	115cm×68cm	920,000	华艺国际	2019-08-10
钱松嵒 1979年作 晋北新城 镜心	55cm×35cm	414,000	北京荣宝	2019-12-01
钱松嵒 1980年作 榕溪棹歌 立轴	68.5cm×45.5cm	575,000	北京荣宝	2019-12-01
钱松嵒 1980年作 长江一角图 立轴	画心51cm×34cm；诗堂34cm×24cm	207,000	西泠印社	2019-07-06
钱松嵒 1982年作 隶书“爱宝园” 镜芯	41cm×96.5cm	552,000	中鸿信	2019-07-16
钱松嵒 1982年作 乔松春旭 立轴	68cm×44cm	471,500	北京诚轩	2019-06-01
钱松嵒 1983年作 钟山风雨 镜框	47.5cm×34cm	460,000	北京荣宝	2019-12-01
钱松嵒 1984年作 登燕子矶 镜框	67cm×44cm	230,000	朵云轩	2019-06-22
钱松嵒 北海之春 立轴	41cm×52.5cm	302,670	中国嘉德	2019-03-30
钱松嵒 避暑山庄 镜心	66cm×43.5cm	517,500	中国嘉德	2019-11-17
钱松嵒 崇岩藏云图 立轴	147cm×80cm	1,150,000	北京保利	2019-08-24
钱松嵒 春风渔歌 镜心	45.5cm×41.5cm	575,000	中国嘉德	2019-06-02
钱松嵒 大好河山 立轴	64.0cm×40.5cm	1,012,000	中国嘉德	2019-11-18
钱松嵒 古塞驼铃 立轴	67.5cm×84cm	862,500	南京经典	2019-07-19
钱松嵒 国山图 镜心	66cm×103cm	1,667,500	上海匡时	2019-06-21
钱松嵒 果熟稻香 镜心	46cm×69.5cm	1,495,000	中国嘉德	2019-11-18
钱松嵒 海水天风万里春 立轴	68cm×40.5cm	292,581	中国嘉德	2019-03-30
钱松嵒 湖山胜概 立轴	95cm×43cm	667,000	南京经典	2019-07-19
钱松嵒 江山胜概 镜心	33cm×42.5cm	270,250	北京荣宝	2019-04-28
钱松嵒 江崖帆影 立轴	44cm×33cm	143,750	北京诚轩	2019-06-01
钱松嵒 晋北新城图 镜片	55.5cm×35.5cm	345,000	西泠印社	2019-07-06
钱松嵒 九龙山下厂如林 立轴	46.5cm×37.5cm	402,500	荣宝斋（南京）	2019-07-21
钱松嵒 莲塘清暑 立轴	117cm×47.5cm	353,115	中国嘉德	2019-03-30
钱松嵒 梅花欢喜漫天雪 立轴	51cm×42cm	287,500	南京经典	2019-07-19
钱松嵒 南湖积翠 立轴	56cm×29.5cm	172,500	广东崇正	2019-05-23
钱松嵒 农村新天地 镜心	90.0cm×54.0cm	4,600,000	中国嘉德	2019-11-18

拍品名称	物品尺寸	成交价RMB	拍卖公司	拍卖日期
钱松嵒 清姿傲霜 镜心	44cm×34cm	115,000	北京保利	2019-06-04
钱松嵒 三湾 镜心	79.3cm×110cm	2,990,000	中国嘉德	2019-11-18
钱松嵒 山高水长 立轴	96cm×44cm	667,000	中国嘉德	2019-06-02
钱松嵒 瘦西湖 立轴	67cm×44cm	655,500	南京经典	2019-07-19
钱松嵒 蜀江图 立轴	64cm×44cm	322,000	中贸圣佳	2019-06-07
钱松嵒 太湖胜境图 镜片	48cm×35cm	460,000	西泠印社	2019-07-06
钱松嵒 太平石舫 立轴	64cm×34cm	517,500	华艺国际	2019-08-10
钱松嵒 泰岱劲松 立轴	本幅 33.3cm×67.3cm； 诗堂 42.3cm×67.3cm	460,000	中国嘉德	2019-11-17
钱松嵒 泰山顶上一青松 立轴	124cm×72cm	460,000	北京保利	2019-12-02
钱松嵒 泰山松石图 立轴	123cm×73cm	575,000	中贸圣佳	2019-06-07
钱松嵒 桐阴秋兴 立轴	100cm×22cm	141,246	中国嘉德	2019-03-30
钱松嵒 桐院清暑 立轴	89cm×46.5cm	517,500	荣宝斋（南京）	2019-07-21
钱松嵒 魏紫熙 等 南京长江大桥 立轴	68cm×137cm	403,560	保利香港	2019-04-01
钱松嵒 溪山佳丽忆江南 镜心	66cm×44cm	506,000	上海匡时	2019-06-21
钱松嵒 溪山烟雨 立轴	67cm×45.5cm	552,000	荣宝斋（南京）	2019-07-21
钱松嵒 亚明 魏紫熙 宋文治 1974年作 虎踞龙盘今胜昔 立轴	96cm×178cm	138,000	北京翰海	2019-03-29
钱松嵒 延安颂 镜芯	44cm×55cm	782,000	中鸿信	2019-07-16
钱松嵒 燕子矶 立轴	54cm×34.5cm	110,979	保利香港	2019-04-01
钱松嵒 鱼米太湖 立轴	54cm×39cm	368,000	上海匡时	2019-06-21
钱松嵒 渔岸 镜片	32.5cm×49cm	126,500	上海嘉禾	2019-09-07
钱松嵒 云海松涛图 镜片	51cm×82.5cm	483,000	西泠印社	2019-07-06
钱松嵒 云岭隐居图 立轴	102.5cm×32.5cm	207,000	西泠印社	2019-07-06
钱松嵒 枣园曙光 镜心	88.5cm×159.5cm	2,300,000	中国嘉德	2019-11-18
钱松嵒 柱杖观山图 立轴	99cm×35cm	184,000	中贸圣佳	2019-11-30
钱松嵒 紫霞艳雪 镜片	35.5cm×44cm	103,500	上海嘉禾	2019-09-07
钱玄同 平妖堂 镜片	29cm×90cm	149,500	华艺国际	2019-08-10
钱振煌 行书 四屏立轴	151cm×40.5cm×4	103,500	北京匡时	2019-07-13
乔崇修 隶书十六言联 立轴	200cm×29cm×2	403,560	中国嘉德	2019-03-30
秦古柳 孙葆羲 走兽通景 六屏 立轴	174cm×260cm	241,500	南京经典	2019-07-19
秦理斌 2019年作 行书《王十朋题湖边庄》镜心	141cm×70cm	172,500	北京翰海	2019-10-12
秦孝仪 2001年作 篆书七言联	122cm×28.5cm（每件）	104,880	罗芙奥	2019-11-30
秦永龙 君子成人之美	69cm×34cm	161,000	北京翰海	2019-06-15
秦仲文 1963年作 行书七言联 对联	166cm×42cm×2	172,500	中国嘉德	2019-03-23
秦仲文 陆和九 周元亮 等 七家锦绣卷 手卷	引首 13cm×82cm； 本幅 13cm×66cm×7	172,500	北京匡时	2019-07-13
仇德树 裂变 镜心	160cm×80cm	402,500	北京保利	2019-06-03
仇德树 裂变 镜心	160cm×80cm	402,500	北京保利	2019-06-03
瞿秋白 行书联语一则 镜芯	25.8cm×24.3cm	195,500	中鸿信	2019-07-17
饶宗颐 1979年作 吉庆眉寿图、行书五言联 镜心	画179cm×96cm； 对联 178.5cm×48cm×2	747,500	中国嘉德	2019-06-03
饶宗颐 1979年作 青天歌论书长卷 手卷	27cm×905cm	1,320,125	华艺国际	2019-11-24
饶宗颐 1985年作 布袋僧 立轴	138cm×34cm	145,438	佳士得	2019-11-26
饶宗颐 1986年作 隶书五言联 立轴	108cm×22cm×2	207,000	北京保利	2019-12-01
饶宗颐 1986年作 雨中剪刀峯 立轴	138cm×34cm	391,563	佳士得	2019-11-26

拍品名称	物品尺寸	成交价RMB	拍卖公司	拍卖日期
饶宗颐 1989年作 隶书“凯庐”横披	跋 32cm×62.5cm； 32cm×103.5cm	115,000	广东崇正	2019-11-28
饶宗颐 1991年作 行书七言联 镜心	126cm×30.5cm×2	97,750	中国嘉德	2019-11-17
饶宗颐 1995年作 高士行吟 立轴	139cm×34cm	237,600	佳士得	2019-05-28
饶宗颐 1996年作 华山卷 手卷片	26cm×467.5cm	172,500	朵云轩	2019-06-22
饶宗颐 1997年作 渔浦昧晴 手卷	引首 33.5cm×91cm； 绘画 33.5cm×250cm； 后跋 33.5cm×257cm	2,817,500	华艺国际	2019-08-11
饶宗颐 1998年作 露冷莲房坠粉红、篆书七言联 镜心	181cm×53cm； 181cm×49cm×2	264,500	北京荣宝	2019-06-13
饶宗颐 1999年作 翠盖红妆亦可人 立轴	138cm×34cm	138,000	北京荣宝	2019-04-28
饶宗颐 2000年作 行书七言联 立轴	137cm×30cm×2	161,000	广东崇正	2019-05-23
饶宗颐 2004年作 行书五言联 镜片	135cm×34cm×2	184,000	广东崇正	2019-05-23
饶宗颐 2006年作 行书七言联 镜心	135cm×34cm×2	218,500	北京荣宝	2019-06-13
饶宗颐 2008年作 对联 立轴	137cm×34cm×2	103,500	华艺国际	2019-08-11
饶宗颐 2008年作 行书四屏 镜心	136cm×34cm×4	575,000	北京荣宝	2019-06-13
饶宗颐 2013年作 书法	33cm×136cm	155,250	北京翰海	2019-06-15
饶宗颐 2013年作 篆书“阿弥陀佛”镜心	34cm×138cm	161,000	北京荣宝	2019-12-01
饶宗颐 2013年作 行书“高山流水”镜心	35cm×138cm	101,675	保利香港	2019-10-06
饶宗颐 福 镜框	65cm×65cm	115,000	华艺国际	2019-08-11
饶宗颐 行书“观自在”镜片	35cm×137cm	138,000	广东崇正	2019-03-03
饶宗颐 行书“青天歌”诗句 立轴	131cm×32cm	97,750	荣宝斋（南京）	2019-07-21
饶宗颐 行书七言节句 立轴	130cm×31cm	97,750	北京荣宝	2019-12-01
饶宗颐 楷书五言联 立轴	233cm×52cm×2	690,000	广东崇正	2019-05-23
任宝涛 2019年作 曲礼四句 镜心	138cm×34cm	103,500	北京翰海	2019-10-12
任惠中 2005年作 行在光明磊落大道上 镜心	179cm×96.5cm	195,500	北京荣宝	2019-06-13
任惠中 水墨人物 镜心	179cm×96.5cm	126,500	北京荣宝	2019-06-13
任鉴易 2014年作 寿 立轴	136cm×65cm	138,000	北京翰海	2019-10-12
任赛 山居图 镜心	68.5cm×136.5cm	138,000	北京荣宝	2019-06-13
任重 2009年作 洗砚图 镜心	66cm×34cm	184,000	北京荣宝	2019-12-01
任重 2010年作 西园雅集图 镜心	96cm×418cm	9,545,000	北京保利	2019-12-02
任重 2011年作 观世音菩萨造像 镜心	131.5cm×65.5cm	839,500	上海匡时	2019-06-21
任重 2012年作 坡翁吟松 卡纸	直径33.5cm	115,000	北京荣宝	2019-12-01
任重 2013年作 抚琴为奇松 镜框	73cm×68cm	402,500	北京荣宝	2019-04-28
任重 2013年作 赏竹图 镜心	137cm×35cm	517,500	北京荣宝	2019-06-13
任重 2013年作 松下垂钓图 镜心	91cm×40cm	345,000	北京荣宝	2019-10-12
任重 2013年作 煮茶图 立轴	74cm×50cm	161,000	上海嘉禾	2019-09-07
任重 2014年作 坐茂树以终日 镜心	67cm×33cm	184,000	北京荣宝	2019-12-01
任重 2018年作 秋水春云图	68.5cm×35cm	253,000	北京翰海	2019-06-15
任重 2019年作 白云香一枝 镜心	33cm×44cm	126,500	中国嘉德	2019-11-19
任重 2019年作 梅竹傲雪 镜心	32cm×92cm	828,000	中国嘉德	2019-06-04
任重 2019年作 松溪闲棹图	59cm×59cm	632,500	北京翰海	2019-06-15
任重 2019年作 雪竹图 镜心	35cm×41cm	230,000	中国嘉德	2019-11-19
任重 东篱嗅菊图 立轴	102cm×48cm	1,380,000	保利厦门	2019-01-06
任重 仿李公麟维摩演教图 镜心	302cm×46cm	1,587,000	中贸圣佳	2019-11-30
任重 高士小憩图 立轴	50cm×48.5cm	345,000	保利厦门	2019-01-06
任重 嵇叔夜服散图 立轴	51cm×48cm	345,000	保利厦门	2019-01-06

拍品名称	物品尺寸	成交价RMB	拍卖公司	拍卖日期
任重 蕉庭秋赋图 立轴	66.5cm×47.5cm	690,000	保利厦门	2019-01-06
任重 雪鸠红叶 镜心	92.5cm×52cm	667,000	保利厦门	2019-01-06
任重 雁行图 镜心	66cm×47cm	402,500	北京保利	2019-08-24
容庚 钟鼎文 立轴	95cm×59cm	115,000	华艺国际	2019-08-11
容铁 2019年作 晨曦图 镜心	138cm×69.5cm	253,000	北京保利	2019-06-03
容铁 2019年作 在水一方 镜心	70cm×136cm	322,000	北京保利	2019-12-02
三毛 签名本三册 图书	尺寸不一	241,500	中贸圣佳	2019-06-07
三毛 蔷薇 镜心	25cm×105cm	1,840,000	中贸圣佳	2019-06-07
沙二海 2011年作 行书册页（十开）	44cm×64cm×10	115,000	北京翰海	2019-03-29
沙二海 2012年作 书法 镜心	59cm×175cm	115,000	北京翰海	2019-03-29
沙二海 2013年作 书法《丁敬诗一首》镜心	142cm×361cm	230,000	北京翰海	2019-03-29
沙二海 2013年作 书法《司空图诗品一则》镜心	67cm×135cm	115,000	北京翰海	2019-03-29
沙二海 2013年作 书法《中国梦》镜心	142cm×361cm	115,000	北京翰海	2019-03-29
沙二海 2018年作《兰亭序》八屏 镜心	42cm×176cm×8	230,000	北京翰海	2019-03-29
沙孟海 1947年作 草书 五言联 对联	66.5cm×16cm×2	149,500	西泠印社	2019-07-06
沙孟海 1973年作 行书毛主席诗 立轴	148cm×33.5cm	391,000	上海工美	2019-06-09
沙孟海 1983年作 行书《兰亭序》句 镜心	99cm×35cm	575,000	中国嘉德	2019-06-04
沙孟海 1986年作 草书五言联 立轴	136cm×34cm×2	402,500	北京保利	2019-12-01
沙孟海 1987年作 行书章太炎篆书墨迹前言 手卷	画心 31cm×30cm；引首34cm×101cm	138,000	北京保利	2019-06-04
沙孟海 1990年作 草书五言联 镜心	246cm×63cm×2	1,058,000	北京保利	2019-06-04
沙孟海 1990年作 行书 司空图诗品句 立轴	67cm×31cm	97,750	西泠印社	2019-04-13
沙孟海 1990年作 行书《断桥西人家》诗 镜心	93cm×178cm	586,500	北京保利	2019-12-01
沙孟海 草书 鲁迅诗 立轴	96cm×41cm	138,000	西泠印社	2019-07-06
沙孟海 草书 毛主席诗 立轴	68.5cm×31.5cm	207,000	西泠印社	2019-04-13
沙孟海 草书 毛主席诗 立轴	68.5cm×31.5cm	195,500	西泠印社	2019-07-06
沙孟海 草书《杜少陵诗》镜心	179cm×97cm	207,000	北京翰海	2019-10-12
沙孟海 草书《龟虽寿》立轴	69cm×34cm	103,500	北京保利	2019-06-04
沙孟海 行草毛主席诗 立轴	97cm×31.5cm	161,000	北京保利	2019-06-04
沙孟海 行草书白居易诗 立轴	131cm×40cm	126,500	北京保利	2019-06-04
沙孟海 行书 古文句 镜片	75.5cm×35.5cm	97,750	西泠印社	2019-09-22
沙孟海 行书 花港观鱼诗 立轴	102cm×33cm	115,000	西泠印社	2019-07-06
沙孟海 行书 节录古文 立轴	103cm×31.5cm	126,500	西泠印社	2019-09-21
沙孟海 行书 节录书谱 立轴	53cm×35cm	368,000	西泠印社	2019-07-06
沙孟海 行书 立轴	133.5cm×47cm	115,000	北京荣宝	2019-04-28
沙孟海 行书 立轴	144cm×39cm	276,000	上海嘉禾	2019-09-07
沙孟海 行书 七言联（二帧）画心	136cm×29cm×2	299,000	西泠印社	2019-07-06
沙孟海 行书 七言诗句 立轴	97cm×40.5cm	149,500	西泠印社	2019-07-06
沙孟海 行书“翰墨千秋”镜心	137cm×48cm	540,500	北京保利	2019-12-01
沙孟海 行书《望岳》诗 镜心	36.5cm×95cm	230,000	北京保利	2019-12-01
沙孟海 行书白居易诗 镜心	35cm×114cm	460,000	中国嘉德	2019-06-04
沙孟海 行书二十四诗品“雄浑”立轴	102cm×33cm	299,000	广东崇正	2019-11-28
沙孟海 行书兰亭后序 镜心	47cm×131cm	126,500	北京保利	2019-06-04
沙孟海 行书兰亭序 手卷	画心 34.5cm×75cm；引首 34cm×101cm	184,000	北京保利	2019-06-04
沙孟海 行书毛主席词 立轴	127cm×62cm	195,500	上海嘉禾	2019-09-07
沙孟海 行书毛主席词 立轴	138.5cm×66.5cm	184,000	中国嘉德	2019-11-17
沙孟海 行书毛主席词《清平乐·六盘山》镜心	105.5cm×34.5cm	310,500	中国嘉德	2019-06-04
沙孟海 行书毛主席诗 立轴	233cm×52.5cm	207,000	北京保利	2019-06-04
沙孟海 行书毛主席十六字令 立轴	137cm×63cm	264,500	中国嘉德	2019-10-15
沙孟海 行书诗 立轴	101cm×41cm	379,500	上海工美	2019-06-09
沙孟海 行书五言联 立轴	133cm×32cm×2	345,000	北京荣宝	2019-04-28
沙孟海 行书五言诗 立轴	139.0cm×38.5cm	126,500	中国嘉德	2019-11-18
沙孟海 吴祖光 书法二帧 立轴·镜片	114.5cm×48cm；67cm×34cm	97,750	西泠印社	2019-07-06
沙佐 王福厂 仕女·隶书 金文（三帧）扇面	19cm×52cm×3	138,000	中国嘉德	2019-06-03
山水、花卉 四开扇面		704,865	纽约苏富比	2019-03-23
上海美术电影制片厂《黑猫警长》动画线稿及赛璐璐片（三十八帧）	赛璐璐片 23cm×26.3cm×29；线稿 18.5cm×20.5cm×11	230,000	西泠印社	2019-07-07
尚涛 2013年作 花卉四屏 镜片	137cm×34cm×4	149,500	华艺国际	2019-08-11
尚涛 和韵 镜片	181cm×96cm	230,000	华艺国际	2019-08-11
尚涛 花卉四屏 镜心	137cm×34cm×4	138,000	北京荣宝	2019-06-13
邵一萍 猫蝶图卷 手卷	27cm×630cm；王超尘题跋 27cm×92cm；莫立唐题跋 27cm×132cm	115,000	湖南逸典	2019-05-18
邵宇 郭沫若 画题含笑报春晖 立轴	141cm×71cm	759,000	中贸圣佳	2019-11-30
邵元冲 陈融 黄右昌 行书书法（三帧）立轴	89cm×30cm；125cm×31cm；126.5cm×59cm	138,000	西泠印社	2019-07-07
申福星 2018年作 更加郁郁葱葱 镜心	49.5cm×100cm	115,000	北京翰海	2019-10-12
申万胜 书法 镜心	137cm×68cm	207,000	北京翰海	2019-10-12
申万胜 书法 镜心	68cm×137cm	207,000	北京翰海	2019-10-12
沈宾 墨竹 立轴	218cm×98cm	345,000	中贸圣佳	2019-06-07
沈曾植 1911年作 草书 七言诗 立轴	129.5cm×32cm	368,000	西泠印社	2019-07-07
沈曾植 1920年作 为卞薇阁观察题《卞中丞夜镫课读图》立轴	31cm×51cm	299,000	北京保利	2019-12-03
沈曾植 1921年作 行书柳宗元诗 立轴	130cm×32cm	218,500	北京保利	2019-12-03
沈曾植 1922年作 草书 杜甫诗 立轴	134cm×31cm	253,000	西泠印社	2019-07-07
沈曾植 宝熙 行书七言诗 小楷五言诗 成扇		184,000	中国嘉德	2019-06-24
沈曾植 行书 对屏立轴	129cm×30cm×2	138,000	北京匡时	2019-07-13
沈曾植 行书 七言联 对联	148cm×39cm×2	253,000	西泠印社	2019-07-06
沈曾植 行书 七言联 对联	139.5cm×34.5cm×2	299,000	西泠印社	2019-07-07
沈曾植 行书《龙龛手鉴诗》横披	29cm×80cm	218,500	北京匡时	2019-07-13
沈曾植 行书八言联 立轴	172cm×36cm×2	172,500	北京匡时	2019-07-13
沈曾植 行书八言联 立轴	168.5cm×28.5cm×2	264,500	中国嘉德	2019-11-18
沈曾植 行书八言联 立轴	171.5cm×36cm×2	322,000	中国嘉德	2019-11-18
沈曾植 行书词一首 扇面	18cm×53cm	105,800	中国嘉德	2019-10-15
沈曾植 行书格言杂语 立轴	145cm×39.5cm	241,500	中国嘉德	2019-06-03
沈曾植 行书古文 镜心	19cm×54.5cm	103,500	北京匡时	2019-07-13
沈曾植 行书节录唐诗 立轴	146cm×40cm	207,000	北京保利	2019-12-03

拍品名称	物品尺寸	成交价RMB	拍卖公司	拍卖日期
沈曾植 行书七言联 对联	131cm×31cm×2	529,000	上海嘉禾	2019-09-07
沈曾植 行书七言联 对联	112cm×20cm×2	414,000	北京保利	2019-12-03
沈曾植 行书七言联 立轴	143cm×40.5cm×2	460,000	中国嘉德	2019-11-17
沈曾植 行书七言联 立轴	128cm×30.3cm×2	230,000	中国嘉德	2019-11-18
沈曾植 行书七言诗 立轴	145.5cm×40cm	172,500	中国嘉德	2019-06-04
沈曾植 行书四屏 立轴	145cm×40.5cm×4	632,102	华艺国际	2019-05-27
沈曾植 节录枚乘《七发》立轴	170cm×37.5cm×4	1,322,500	北京银座	2019-06-05
沈曾植 楷书 临爨宝子碑 立轴	122cm×30.5cm	115,000	西泠印社	2019-07-07
沈曾植 楷书八言联 立轴	170cm×36cm×2	207,000	北京保利	2019-12-01
沈曾植 诗文杂稿 手卷	尺寸不一	2,070,000	北京匡时	2019-07-13
沈曾植 书观瓷青描金经记	33cm×34cm	115,000	北京荣宝	2019-06-13
沈曾植 许荣勋 壬戌（1922年作 行书 访友图 成扇	19.5cm×50cm	172,500	朵云轩	2019-06-22
沈从文 1962年作 致李心田自作《资生篇》诗三首 画心	101cm×25.5cm	149,500	西泠印社	2019-07-07
沈从文 1976年作 致张充和草书罄林诗草 立轴	103cm×22cm	667,000	西泠印社	2019-07-07
沈从文 1982年作 草书诗卷 手卷	38cm×432cm	690,000	中国嘉德	2019-10-15
沈从文 行书古诗两首 立轴	135cm×29.6cm	170,063	香港苏富比	2019-10-07
沈从文 行书手稿 镜心	19cm×262cm	230,000	北京荣宝	2019-04-28
沈从文 行书咏史 镜片	104cm×25.5cm	207,000	广东崇正	2019-11-28
沈从文 行书自作诗 镜心	24cm×55cm	184,000	上海匡时	2019-06-21
沈从文毛主席诗词册页（十二开）	尺寸不一	230,000	北京荣宝	2019-04-28
沈从文 唐人杂诗 镜心	34cm×105cm	138,000	中贸圣佳	2019-11-30
沈从文 章草 手卷	37cm×431.5cm	920,000	广东崇正	2019-05-23
沈福馨 2018年作 碧路泉声 镜心	68cm×138cm	310,500	北京翰海	2019-03-29
沈福馨 2018年作 赤水记忆 镜心	97cm×178cm	517,500	北京翰海	2019-03-29
沈福馨 2018年作 清涧 镜心	68cm×138cm	402,500	北京翰海	2019-03-29
沈福馨 2018年作 秋林润雨 镜心	97cm×178cm	552,000	北京翰海	2019-03-29
沈福馨 2018年作 昨夜西风过山崖 镜心	68cm×138cm	345,000	北京翰海	2019-03-29
沈福馨 2019年作 古庙春晴 镜心	68cm×138cm	345,000	北京翰海	2019-03-29
沈光成 2017年作 山谷春意 镜心	137cm×69cm	126,500	北京保利	2019-06-03
沈明权 2019年作 家家都在画屏中 镜片	130cm×52cm	109,250	上海嘉禾	2019-09-07
沈鹏 1981年作 草书论书诗句 立轴	136cm×34.5cm	97,750	北京荣宝	2019-06-13
沈鹏 1983年作 草书 镜心	137cm×57cm×2	310,500	北京荣宝	2019-04-28
沈鹏 1992年作 草书七言诗 镜心	37cm×141cm	120,750	北京荣宝	2019-12-01
沈鹏 2000年作 行草白居易《续座右铭》镜心	136cm×68cm	149,500	北京荣宝	2019-06-13
沈鹏 2001年作 草书程颢诗一首 立轴	72cm×70cm	149,500	北京荣宝	2019-12-01
沈鹏 2004年作 书法 软片	68cm×136cm	115,000	湖南逸典	2019-05-18
沈鹏 2006年作 草书四屏 镜心	137cm×34cm×4	977,500	北京荣宝	2019-06-13
沈鹏 2007年作 草书七言诗 镜心	63cm×104.5cm	184,000	北京荣宝	2019-12-01
沈鹏 2010年作行书《国庆夜》镜心	137cm×34cm	166,750	北京荣宝	2019-06-13
沈鹏 2015年作 草书祖咏《望蓟门》镜心	137cm×68cm	310,500	北京荣宝	2019-12-01
沈鹏 2015年作 行书庄子《大宗师》镜心	34cm×98cm	166,750	北京荣宝	2019-04-28
沈鹏 草书七言联 立轴	136cm×31cm×2	161,000	上海匡时	2019-06-21
沈鹏 草书五言诗 立轴	134.5cm×32.5cm	103,500	北京荣宝	2019-12-01
沈鹏 草书自作诗 镜心	152cm×83.5cm	149,500	上海匡时	2019-06-21
沈鹏 行书李频《渡汉江》镜心	68cm×46cm	97,750	北京荣宝	2019-04-28

拍品名称	物品尺寸	成交价RMB	拍卖公司	拍卖日期
沈勤 2015年 村	130cm×28cm	184,000	中国嘉德	2019-06-03
沈勤 2017年作 仿宋山水	37cm×173cm	138,000	中贸圣佳	2019-06-07
沈勤 蓝 镜心	137cm×34cm	126,500	中国嘉德	2019-11-19
沈勤 山水 镜心	136.5cm×28cm	126,500	中国嘉德	2019-11-19
沈勤 山水四屏 镜心	136cm×35cm×4	299,000	北京荣宝	2019-06-13
沈勤 余晖 镜心	30cm×174cm	115,000	北京荣宝	2019-06-13
沈韶 众仙图 立轴	149cm×96cm	97,750	北京保利	2019-06-03
沈香吟 九州仰月 镜心	68cm×272cm	3,105,000	北京保利	2019-12-02
沈耀初 1986年作 荷塘 立轴	134cm×45cm	120,000	上海驰翰	2019-02-23
沈耀初 1986年作 双鲤图 立轴	104cm×48cm	100,000	上海驰翰	2019-02-23
沈耀初 1987年作 秋趣 立轴	137cm×46cm	120,000	上海驰翰	2019-02-23
沈耀初 1988年作 蕉荫双鹅 立轴	135cm×68cm	190,000	上海驰翰	2019-02-23
沈逸千 1932年作 天马行空 立轴	105cm×40cm	97,750	北京银座	2019-06-05
沈尹默 1938年作 行书杜诗画鹘行 立轴	95.5cm×31cm	115,000	中国嘉德	2019-06-03
沈尹默 1943年作 行书自作诗十六首 镜心	25.5cm×75.5cm	172,500	中国嘉德	2019-11-17
沈尹默 1944年作 楷书集宋词二十五言联 立轴	157cm×14cm×2	920,000	北京保利	2019-06-04
沈尹默 1945年作 行书自作诗 镜心	27cm×145cm	460,000	北京保利	2019-06-04
沈尹默 1948年作 行书《双井茶》立轴	94cm×32cm	126,500	上海嘉禾	2019-09-07
沈尹默 1948年作 行书李白诗 立轴	125cm×31cm	115,000	中国嘉德	2019-06-03
沈尹默 1949年作 行书 镜片	88cm×38cm	97,750	朵云轩	2019-06-22
沈尹默 1956年作 行书欧阳修跋茶录 立轴	115.5cm×60.5cm	207,000	中国嘉德	2019-11-18
沈尹默 1960年作 行草七言联 立轴	130cm×65.5cm	195,500	北京保利	2019-12-03
沈尹默 1961年作 幽兰图 立轴	126.5cm×15cm	230,000	上海嘉禾	2019-09-07
沈尹默 1962年作 行书毛主席词《沁园春·雪》镜心	97.5cm×33.5cm	379,500	中国嘉德	2019-06-04
沈尹默 1962年作 行书毛主席诗《长征》镜心	99.5cm×34.5cm	230,000	中国嘉德	2019-06-04
沈尹默 1962年作 行书苏子瞻诗 镜心	77.5cm×32cm	115,000	北京荣宝	2019-12-01
沈尹默 1964年作 行书 杜甫题画山水图歌 立轴	100.5cm×32.5cm	155,250	西泠印社	2019-07-06
沈尹默 1965年作 行书 横幅镜心	22cm×99cm	161,000	北京翰海	2019-06-14
沈尹默 1966年作 行草毛泽东词七首 镜心	125cm×250cm	15,755,000	北京保利	2019-12-03
沈尹默 1966年作 行书一九六六年夏日诗稿 镜心	31cm×540cm	1,150,000	北京保利	2019-06-04
沈尹默 1985年作 行书毛主席词 镜心	93cm×177cm	1,035,000	北京匡时	2019-07-13
沈尹默 春蚕词 册页	26cm×32cm×11	690,000	北京保利	2019-12-03
沈尹默 行草自作词 镜心	32cm×74cm	184,000	北京保利	2019-12-03
沈尹默 行书（四幅）屏轴	105.5cm×16cm×4	230,000	朵云轩	2019-06-22
沈尹默 行书 横幅镜心	21cm×86cm	161,000	北京翰海	2019-06-14
沈尹默 行书“炉烟盂水悟玄机”横披	28cm×114cm	356,500	北京匡时	2019-07-13
沈尹默 行书“只把春来报”镜心	32.5cm×130cm	101,200	北京匡时	2019-07-13
沈尹默 行书《东坡居士诗》立轴	151cm×40cm	184,000	北京翰海	2019-03-29
沈尹默 行书《对月小酌》立轴	121cm×34cm	103,500	北京保利	2019-12-03
沈尹默 行书《归田录》镜心	28cm×120cm	529,000	上海匡时	2019-06-21
沈尹默 行书《江畔独步寻花》立轴	128cm×20cm	230,000	泰和嘉成	2019-11-30
沈尹默 行书《评书药石论》镜心	17.5cm×48.5cm	207,000	中贸圣佳	2019-06-07

2019书画拍卖成交汇总

（成交价RMB：10万元以上）

拍品名称	物品尺寸	成交价RMB	拍卖公司	拍卖日期
沈尹默行书《新婚别》、《无家别》、《石壕吏》、《新安吏》立轴	54cm×28cm×4	402,500	北京保利	2019-12-03
沈尹默 行书杜甫诗 立轴	95cm×19.5cm	506,000	中国嘉德	2019-06-04
沈尹默 行书后赤壁赋 立轴	90cm×46cm	195,500	北京保利	2019-12-03
沈尹默 行书黄山谷诗 立轴	110.5cm×30cm	207,000	泰和嘉成	2019-11-30
沈尹默 行书黄庭坚诗 立轴	90cm×30cm	264,500	北京保利	2019-12-01
沈尹默 行书简斋诗 立轴	142cm×32cm	155,250	中国嘉德	2019-06-03
沈尹默 行书节录宋词 立轴	155cm×36cm	224,250	上海匡时	2019-06-21
沈尹默 行书林和靖诗二首 立轴	91cm×21.3cm	215,413	香港苏富比	2019-10-07
沈尹默 行书七言 对联	136cm×21cm×2	241,500	朵云轩	2019-06-22
沈尹默 行书七言联 立轴	144cm×26cm×2	184,000	北京保利	2019-06-04
沈尹默 行书七言联 立轴	131cm×24.5cm×2	201,250	上海匡时	2019-06-21
沈尹默 行书七言诗 镜心	75cm×103cm	287,500	中贸圣佳	2019-08-16
沈尹默 行书七言诗 立轴	98cm×18cm	149,500	华艺国际	2019-08-10
沈尹默 行书秦观诗 立轴	92cm×34cm	115,000	北京保利	2019-12-02
沈尹默 行书石湖诗 立轴	101cm×39cm	100,890	中国嘉德	2019-03-30
沈尹默 行书苏轼诗 镜心	133cm×32cm×4	667,000	北京保利	2019-06-04
沈尹默 行书题画诗 镜心	19cm×51.5cm	230,000	北京银座	2019-06-05
沈尹默 行书王维诗 立轴	63cm×30cm	1,035,000	北京保利	2019-12-03
沈尹默 行书五言联 立轴	164cm×38.5cm×2	218,500	上海匡时	2019-06-21
沈尹默 行书五言诗 镜心	92.5cm×34.0cm	126,500	中国嘉德	2019-11-18
沈尹默 行书辛弃疾《摸鱼儿》镜心	67cm×36cm	115,000	北京荣宝	2019-04-28
沈尹默 行书自作诗 镜框	131cm×68cm	172,500	北京保利	2019-12-03
沈尹默 行书自作诗 立轴	91cm×25cm	103,500	中贸圣佳	2019-11-30
沈尹默 行书自作诗 立轴	120cm×44cm	195,500	北京保利	2019-12-03
沈尹默 行书自作诗词合卷 手卷	诗堂： 29.7cm×65.7cm; 纸一： 30.6cm×361cm; 纸二： 28.6cm×231cm; 跋：30.8cm×88.1cm	3,174,500	香港苏富比	2019-10-07
沈尹默 黄庭坚诗 镜心	80cm×32cm	143,750	南京经典	2019-07-19
沈尹默 楷书八言联 立轴	各140cm×31.6cm (2)	128,250	香港苏富比	2019-04-02
沈尹默 楷书八言联 立轴	166cm×27.5cm×2	322,000	北京匡时	2019-07-13
沈尹默 楷书七言联 镜心	129cm×21cm×2	172,500	北京匡时	2019-07-13
沈尹默 楷书七言联 立轴	178cm×47cm×2	253,000	北京保利	2019-12-01
沈尹默 楷书五言联 镜心	91.5cm×30.8cm×2	115,000	北京诚轩	2019-11-16
沈尹默 临帖 册页	34cm×18cm×22	3,450,000	北京保利	2019-12-03
沈尹默 毛泽东词《蝶恋花》立轴	108cm×52cm	207,000	北京保利	2019-12-03
沈尹默 墨竹图 立轴	92cm×27.5cm	115,000	西泠印社	2019-07-06
沈尹默 溥儒 山水书法成扇 成扇	18.5cm×49cm	103,500	泰和嘉成	2019-11-30
沈尹默宋诗四首四屏（四帧）镜心	36cm×17cm×4	241,500	北京诚轩	2019-11-16
沈尹默 王安石诗五首 立轴	98.5cm×33cm	120,750	北京诚轩	2019-06-01
沈尹默 徐绶臣 文会图、节临《书谱》成扇	18cm×48cm	241,500	北京匡时	2019-07-13
沈尹默 章士钊 吴蕴瑞 书画图册 镜心	33cm×19cm×2	97,750	荣宝斋（南京）	2019-07-21
沈子丞 1963年作 仕女图（四件）立轴	55cm×23.5cm×4	112,700	朵云轩	2019-06-22
盛寿永 2016年作 桃园胜境	118cm×60cm	287,500	中贸圣佳	2019-06-07
师恩钊 2019年作 云蒙幽处 镜心	136cm×69cm	368,000	北京翰海	2019-10-12
石夫 崇山峻岭 镜心	68cm×68cm	112,700	北京翰海	2019-03-29
石虎 2001年作 春梦 镜心	124cm×92cm	184,000	上海匡时	2019-06-21

拍品名称	物品尺寸	成交价RMB	拍卖公司	拍卖日期
石虎 霓邀图 镜心	66cm×47cm	207,000	中国嘉德	2019-11-19
石虎 羽子图 镜心	86cm×58cm	299,000	中国嘉德	2019-06-04
石虎 重彩人物 立轴	137cm×68cm	184,000	荣宝斋（南京）	2019-07-21
石景瑞 山水清音 镜心	70cm×139cm	103,500	北京荣宝	2019-06-13
石开 2001年作 江弘叔诗二首 立轴	136cm×34.5cm×5	126,500	北京荣宝	2019-06-13
石开 2007年作 行书四屏 镜心	137cm×34cm×4	161,000	北京荣宝	2019-06-13
石开 2018年作 梅花诗卷 镜心	17.5cm×367cm	195,500	中国嘉德	2019-06-04
石鲁 1954年作 移山 立轴	117cm×87cm	42,550,000	北京保利	2019-12-02
石鲁 1959年作 春忙图 镜心	75cm×93cm	7,820,000	北京荣宝	2019-12-01
石鲁 1962年作 牧牛图 立轴	198cm×52cm	9,200,000	北京保利	2019-06-04
石鲁 1963年作 瓜瓞绵绵 镜心	68cm×45cm	690,000	北京保利	2019-06-04
石鲁 1963年作 三喜图 镜芯	68cm×47cm	3,335,000	中鸿信	2019-07-16
石鲁 1971年作 荷花诗画 镜心	144cm×21cm	171,242	中国嘉德	2019-10-08
石鲁 1972年作 花卉（四帧）镜芯	56cm×47cm×4	2,415,000	中鸿信	2019-07-16
石鲁 1972年作 双吉图 镜片	49cm×37.5cm; 题跋 15cm×37.5cm	230,000	广东崇正	2019-11-28
石鲁 1972年作 自然为趣 镜框	48cm×137cm	214,284	邦瀚斯	2019-04-03
石鲁 1976年作 朱兰 镜心	70cm×138cm	3,833,820	中国嘉德	2019-03-30
石鲁 埃及写生 镜心	38cm×30.5cm	2,070,000	上海匡时	2019-06-21
石鲁 采桑图 镜心	65cm×50cm	2,070,000	中国嘉德	2019-06-02
石鲁 春郊行旅 立轴	80cm×54cm	554,895	中国嘉德	2019-03-30
石鲁 行书 立轴	131cm×47.5cm	161,000	上海明轩	2019-04-28
石鲁 行书《题西林壁》立轴	123cm×55cm	943,000	北京保利	2019-06-04
石鲁 何海霞 陕北小景 立轴	68cm×52cm	1,380,000	北京保利	2019-12-02
石鲁 荷塘 镜心	85cm×60cm	1,380,000	北京保利	2019-06-04
石鲁 红荷、行书 立轴	书 49cm×42.5cm; 画52cm×42.5cm	517,500	广东崇正	2019-11-28
石鲁 华山下棋亭 立轴	89.5cm×48cm	1,840,000	广东崇正	2019-05-23
石鲁 华岳雄风 镜心	诗堂 28cm×76cm；画心148.5cm×76cm	12,650,000	北京保利	2019-06-04
石鲁 牡丹 立轴	93cm×33cm	324,000	佳士得	2019-05-28
石鲁 秋林放牧 镜心	100cm×69.5cm	5,520,000	北京匡时	2019-07-13
石鲁 群山幽谷 立轴	81cm×70cm	1,035,000	北京荣宝	2019-06-13
石鲁 山城披霞 镜心	78cm×69cm	2,472,500	北京保利	2019-06-04
石鲁 山路 立轴	80cm×50cm	2,300,000	北京荣宝	2019-06-13
石鲁 疎荷 立轴	87cm×26.5cm	1,230,799	中国嘉德	2019-10-08
石鲁 寻伴图 镜心	41cm×37.5cm	149,836	中国嘉德	2019-10-08
石鲁 幽兰 镜心	40cm×41cm	230,000	上海匡时	2019-06-21
石鲁 杂题写生 镜框	印度人物姿态： 16.3cm×11.6cm 小姑娘： 16.1cm×12.3cm 山寨： 16.3cm×12.3cm 牛拉磨： 16.4cm×12.4cm	299,250	香港苏富比	2019-04-02
石鲁 竹篱生秋草 镜心	68cm×67cm	201,780	中国嘉德	2019-03-30
石鲁 自古华山一条路 镜心	142cm×69cm	8,740,000	中国嘉德	2019-11-18
石鲁 走春图 镜框	41cm×38cm	448,875	香港苏富比	2019-04-02
石齐 1980年作 少女 镜心	91cm×60cm	253,000	北京荣宝	2019-04-28
石齐 1981年作 牧歌图 镜心	69.5cm×48cm	126,500	北京荣宝	2019-06-13
石齐 1985年作 穆桂英挂帅 镜心	66cm×66cm	115,000	北京保利	2019-06-04

拍品名称	物品尺寸	成交价RMB	拍卖公司	拍卖日期
石齐 1991年作 天空只有一道彩虹 镜心	83cm×76cm	402,500	北京荣宝	2019-06-13
石齐 1998年作 白蛇传 镜框	84cm×76cm	690,000	北京荣宝	2019-12-01
石齐 2015年作 吕布戏貂蝉 镜心	70cm×50cm	322,000	北京保利	2019-06-03
石齐 二仙图 镜心	67cm×46cm	109,250	北京荣宝	2019-04-28
石齐 荷丝绕腕 镜心	96.5cm×90cm	1,725,000	中国嘉德	2019-11-19
石齐 梦 镜心	68cm×68cm	322,000	北京荣宝	2019-04-28
石齐 女娲补天 镜心	88cm×95cm	575,000	北京荣宝	2019-04-28
石齐 秋水如梦 镜心	68cm×68cm	115,000	中国嘉德	2019-06-24
石齐 人物 镜心	84cm×76cm	253,000	北京荣宝	2019-04-28
石齐 伺鸡少女 立轴	69cm×58cm	195,500	北京荣宝	2019-06-13
石齐 伺鸡图 镜心	68cm×67cm	253,000	北京荣宝	2019-04-28
石齐 天使 镜心	124cm×124cm	3,162,500	北京翰海	2019-03-29
石齐 万物生辉煌 镜心	69cm×138cm	862,500	北京荣宝	2019-06-13
石齐 舞 镜心	68cm×68cm	230,000	北京保利	2019-06-03
石齐 乡韵图 镜心	138cm×68cm	575,000	北京荣宝	2019-04-28
石齐 一帆风顺 镜框	67cm×67cm	253,000	北京荣宝	2019-12-01
石齐 熠熠生辉 镜心	123cm×123cm	3,220,000	北京荣宝	2019-06-13
石齐 悠悠八闽水 镜心	137cm×67.5cm	345,000	中国嘉德	2019-06-04
石齐 昭君出塞图 镜心	138cm×68cm	690,000	北京荣宝	2019-04-28
石齐 朱裙少女 立轴	85.3cm×53.5cm	109,250	北京诚轩	2019-11-16
石齐 醉花阴 镜心	82cm×73.5cm	253,000	北京保利	2019-06-03
石渠 挑灯闲看牡丹亭 立轴	104.5cm×39cm	115,000	保利厦门	2019-08-04
石谿 1663年作 扶杖入山图 立轴	109cm×30cm	207,000	中鸿信	2019-07-17
史国良 1979年作 多福 立轴	82cm×50cm	287,500	中国嘉德	2019-03-23
史国良 1979年作 养猪少女 立轴	82.5cm×50.5cm	230,000	广东崇正	2019-11-28
史国良 1988年作 故土难忘 镜心	67cm×67cm	109,250	北京荣宝	2019-10-12
史国良 1989年作 蒲松龄先生小像 镜心	130cm×66cm	310,500	北京荣宝	2019-06-13
史国良 1989年作 秋声 立轴	95cm×39cm	115,000	北京保利	2019-06-03
史国良 1995年作 九福拱门 镜框	74cm×16cm	149,500	北京荣宝	2019-12-01
史国良 1997年作 喂猪图 镜心	68.4cm×67.3cm	241,500	北京荣宝	2019-12-01
史国良 1999年作 天山之舞 镜框	137cm×69cm	1,127,000	北京荣宝	2019-04-28
史国良 2000年作 秋风乍起 镜心	68cm×68cm	253,000	北京荣宝	2019-12-01
史国良 2001年作 天山脚下幸福歌 镜片	34cm×136cm	552,000	上海嘉禾	2019-09-06
史国良 2001年作 天山之舞 镜心	136cm×68.5cm	690,000	北京荣宝	2019-12-01
史国良 2002年作 天山之舞 立轴	96cm×54.5cm	506,000	中国嘉德	2019-06-04
史国良 2002年作 再跳天山舞 镜心	70cm×70cm	287,500	北京荣宝	2019-12-01
史国良 2004年作 拾穗图 镜心	35cm×67cm	218,500	北京荣宝	2019-06-13
史国良 2005年作 高原情 镜心	69cm×139cm	690,000	上海匡时	2019-06-21
史国良 2005年作 母子情深 镜心	68cm×68cm	310,500	北京保利	2019-12-02
史国良 2005年作 人物四条屏 镜框	137cm×37cm×4	1,150,000	北京荣宝	2019-04-28
史国良 2010年作 阿娜尔罕 镜片	85cm×34cm	552,000	北京荣宝	2019-04-28
史国良 拜佛路上 镜心	96.5cm×89cm	690,000	中贸圣佳	2019-06-07
史国良 板桥小像 镜片	68.5cm×68.5cm	103,500	朵云轩	2019-06-22
史国良 草原小景 镜心	52cm×50cm	402,500	北京荣宝	2019-06-13
史国良 春江水暖鸭先知 镜心	63cm×41cm	184,000	北京荣宝	2019-06-13
史国良 金秋图 镜心	35.5cm×138cm	460,000	中国嘉德	2019-11-19
史国良 喀什早晨 镜心	138cm×69cm	828,000	北京荣宝	2019-12-01
史国良 母子情深 镜框	69.5cm×16cm	149,500	北京荣宝	2019-12-01
史国良 母子情深 镜心	138cm×69cm	632,500	北京荣宝	2019-12-01
史国良 牧猪图四屏 镜框	34.5cm×12cm×4	575,000	北京荣宝	2019-06-13
史国良 暮归图 镜心	138cm×69cm	805,000	北京荣宝	2019-12-01
史国良 青春脚步 镜心	138cm×69cm	805,000	北京荣宝	2019-12-01
史国良 人物四屏 镜心	103cm×35cm×4	2,070,000	北京荣宝	2019-06-13
史国良 上学图 镜框	11.5cm×9cm×4	897,000	北京荣宝	2019-12-01
史国良 少女 镜心	52cm×46cm	218,500	中国嘉德	2019-06-04
史国良 少女牧鹅 镜框	35cm×45cm	115,000	北京荣宝	2019-12-01
史国良 饲鹅图 镜心	63.5cm×40.5cm	172,500	中国嘉德	2019-11-19
史国良 天山之舞 镜心	69cm×138cm	920,000	中贸圣佳	2019-06-07
史国良 天山之舞 立轴	136cm×66cm	655,500	中国嘉德	2019-11-19
史国良 新春 镜心	69cm×139cm	920,000	中贸圣佳	2019-06-07
史国良 新疆舞 镜心	68cm×68cm	264,500	北京荣宝	2019-10-12
史国良 扎西德勒 镜心	48cm×178cm	862,500	北京荣宝	2019-12-01
市川其融 四季图	32.1cm×113cm	151,043	纽约佳士得	2019-03-21
释隆一 观沧海 镜片	97cm×240cm	1,735,800	保信利诚	2019-02-07
释印光 书法 镜框	38cm×92cm	253,000	华艺国际	2019-08-10
书画六条屏	尺寸不一	115,000	中国嘉德	2019-06-03
舒同 1982年作 草书五言联 立轴	86.7cm×25.5cm×2	161,000	中国嘉德	2019-11-17
舒同 1983年作 行书古战策三十六计（三十七幅选四）镜片	136cm×34cm×37	632,500	上海嘉禾	2019-09-07
舒同 1984年作 书法对联 镜心	360cm×48cm×2	460,000	北京荣宝	2019-04-28
舒同 行书“鹏程万里”立轴	136.5cm×69cm	195,500	广东崇正	2019-05-23
舒同 行书“学海无涯”立轴	95.5cm×46cm	126,500	北京银座	2019-06-05
舒同 行书李白诗 镜心	136cm×68cm×2	425,500	中国嘉德	2019-06-02
舒同 行书毛主席词 立轴	137cm×33cm×4	172,500	北京匡时	2019-07-13
舒同 行书毛主席词 立轴	137cm×69cm	402,500	中国嘉德	2019-06-04
舒同 行书四言联 立轴	142cm×38.5cm×2	253,000	中国嘉德	2019-11-17
舒同 行书五言联 镜心	70cm×23cm×2	207,000	中贸圣佳	2019-11-30
舒同 行书五言联 镜心	136cm×34cm×2	207,000	中国嘉德	2019-06-02
舒同 行书五言联 镜心	138cm×35cm×2	310,500	中国嘉德	2019-06-04
舒同 行书五言联 立轴	129cm×32cm×2	115,000	北京荣宝	2019-12-01
舒同 行书五言诗 镜心	131.5cm×67cm	115,000	中贸圣佳	2019-11-30
舒同 毛主席《咏梅》词 立轴	135cm×67cm	218,500	北京荣宝	2019-06-13
舒同 武中奇 书法（两帧）立轴	武135.5cm×62cm；舒130.5cm×64.5cm	287,500	中国嘉德	2019-06-03
水松石山房，萨塞克斯2010·铜炉	78cm×70cm	107,026	中国嘉德	2019-10-07
水松石山房主人 2010年作 向石园致敬	79.5cm×216cm	115,000	中贸圣佳	2019-06-07
松风画会三家 调马图 立轴	101cm×33.3cm	317,450	香港苏富比	2019-10-07
宋伯军 2018年作 篆书八言联 镜心	68cm×136cm	103,500	北京翰海	2019-03-29
宋伯军 2019年作 宋·苏东坡词《赤壁怀古》镜心	180cm×96cm	345,000	北京翰海	2019-10-12
宋伯军 篆书《张继·枫桥夜泊》镜心	68cm×136cm	126,500	北京翰海	2019-03-29
宋涤 1993年作 黄山 镜心	69cm×68cm	115,000	北京荣宝	2019-10-12
宋涤 2009年作 漓江 镜心	67cm×68cm	132,250	北京荣宝	2019-10-12
宋涤 黄山胜境 镜心	96cm×179cm	460,000	北京荣宝	2019-10-12
宋慧莹 2015年作 千里同风 立轴	68cm×68cm	103,500	北京保利	2019-06-03
宋美龄 1946年作 岁朝图 立轴	63.5cm×47.5cm	172,500	广东崇正	2019-05-23
宋美龄 山亭秋爽 镜心	56cm×39cm	1,322,500	中国嘉德	2019-11-18
宋省予 花鸟四屏 镜片	136cm×34cm×4	132,250	保利厦门	2019-01-06
宋唯源 山水 立轴	132.5cm×67cm	167,813	佳士得	2019-11-26
宋文治 1954年作 拟黄鹤山樵笔意 立轴	81cm×41.5cm	920,000	上海嘉禾	2019-09-06
宋文治 1963年作 尚湖新貌 立轴	69cm×46cm	655,500	上海嘉禾	2019-09-06
宋文治 1972年作 峡江景色 镜片	52.5cm×38.5cm	253,000	上海嘉禾	2019-09-06
宋文治 1973年作 太湖春色 镜片	92.5cm×134.5cm	1,932,000	上海嘉禾	2019-09-06
宋文治 1975年作 庐山飞瀑图 镜心	107.6cm×57.5cm	333,500	中国嘉德	2019-06-03

拍品名称	物品尺寸	成交价RMB	拍卖公司	拍卖日期
宋文治 1975年作 瞿塘晓色 立轴	62cm×36cm	207,000	湖南逸典	2019-05-18
宋文治 1976年作 黄山松云 镜心	79cm×33cm	139,134	中国嘉德	2019-10-08
宋文治 1976年作 黄山云 镜片	26.5cm×38cm	287,500	上海嘉禾	2019-09-06
宋文治 1976年作 峡江清晓 镜心	79cm×32cm	149,836	中国嘉德	2019-10-08
宋文治 1977年作 华山雄姿 立轴	130.5cm×67.8cm	1,058,000	中国嘉德	2019-11-18
宋文治 1977年作 蜀江之晨 镜心	67cm×41cm	218,500	中国嘉德	2019-06-04
宋文治 1977年作 烟雨江南 立轴	50.5cm×45cm	276,000	上海嘉禾	2019-09-06
宋文治 1978年作 白云奔泉 立轴	82cm×38cm	230,000	华艺国际	2019-08-10
宋文治 1978年作 黄山晴晓 镜片	92cm×214cm	3,795,000	上海嘉禾	2019-09-06
宋文治 1978年作 黄山晴晓 立轴	88.5cm×33cm	276,000	上海嘉禾	2019-09-06
宋文治 1978年作轻舟已过万重山立轴	65.5cm×43cm	128,431	中国嘉德	2019-10-08
宋文治 1978年作 瞿塘峡壮观图 立轴	93cm×48.5cm	380,375	佳士得	2019-11-26
宋文治 1979年作 洞庭帆影 立轴	69.5cm×46.8cm	277,875	香港苏富比	2019-04-02
宋文治 1979年作 黄山晴岚 立轴	69.5cm×44cm	97,750	中国嘉德	2019-11-17
宋文治 1979年作 庐山飞泉 立轴	96cm×44cm	632,500	上海嘉禾	2019-09-06
宋文治 1979年作 太湖之滨 镜片	66cm×44cm	126,500	广东崇正	2019-11-27
宋文治 1980年作 黄山松云 镜片	45cm×67cm	218,500	上海嘉禾	2019-09-06
宋文治 1980年作 黄山云 立轴	67cm×49cm	117,729	中国嘉德	2019-10-08
宋文治 1981年作 嘉陵帆影 立轴	45.5cm×68.5cm	131,157	中国嘉德	2019-03-30
宋文治 1981年作 江南春晓 立轴	直径38cm	149,500	上海嘉禾	2019-09-06
宋文治 1981年作 匡庐涧泉图 立轴	72cm×43cm	184,000	上海嘉禾	2019-09-06
宋文治 1981年作 蜀江晓泊 镜片	69cm×69.5cm	149,500	广东崇正	2019-11-28
宋文治 1981年作 蜀江云 立轴	67.5cm×45cm	126,500	中国嘉德	2019-11-17
宋文治 1981年作 峡江云起图 立轴	67cm×45cm	218,500	上海嘉禾	2019-09-06
宋文治 1982年作 洞庭清晓 立轴	47.5cm×69cm	172,500	广东崇正	2019-11-28
宋文治 1982年作 黄山松云图 立轴	88cm×47cm	391,000	北京荣宝	2019-06-13
宋文治 1982年作 江陵帆影 立轴	67.5cm×45cm	115,000	上海嘉禾	2019-09-07
宋文治 1983年作轻舟已过万重山镜片	135cm×370cm	4,025,000	上海嘉禾	2019-09-06
宋文治 1983年作 鱼乐图 镜片	68.5cm×45.5cm	97,750	上海嘉禾	2019-09-06
宋文治 1984年作 庐山 立轴	68cm×45cm	97,804	纽约佳士得	2019-09-10
宋文治 1984年作 太湖帆影 立轴	76cm×41cm	109,250	中国嘉德	2019-11-17
宋文治 1985年作 嘉陵山色 立轴	74.5cm×53cm	160,539	中国嘉德	2019-10-08
宋文治 1985年作 庐山飞瀑 立轴	67.5cm×45.5cm	109,250	中国嘉德	2019-11-17
宋文治 1986年作 "蜀江云"卷 手卷	引首 27.5cm×69.5cm；画心 28cm×530cm；题跋一 28cm×22cm；题跋二 27.5cm×33cm	4,025,000	上海嘉禾	2019-09-06
宋文治 1986年作 蜀江云 立轴	62.5cm×94.5cm	143,750	朵云轩	2019-06-22
宋文治 1987年作 黄山松云 镜片	45cm×68.5cm	172,500	广东崇正	2019-11-28
宋文治 1989年作 坚松长春 镜心	68cm×136cm	126,500	北京荣宝	2019-12-01
宋文治 1990年作 烟雨太湖 镜片	54cm×57cm	112,700	上海嘉禾	2019-09-06
宋文治 1990年作 长春图 立轴	40cm×55cm	103,500	上海嘉禾	2019-09-06
宋文治 1991年作 深山藏古寺 镜心	38cm×53cm	149,500	北京荣宝	2019-06-13
宋文治 1995年作 峡江晓行 镜心	79cm×52cm	322,000	中国嘉德	2019-11-17
宋文治 1997年作 华岳云起图 镜片	34.5cm×49cm	322,000	上海嘉禾	2019-09-06
宋文治 1997年作 嘉陵江 镜片	70cm×45cm	207,000	广东崇正	2019-11-28
宋文治 苍松幽谷 镜框	37cm×44cm	667,000	北京荣宝	2019-12-01
宋文治 春风又绿江南岸 镜片	49cm×70cm	230,000	上海嘉禾	2019-09-06
宋文治 黄山云 立轴	69cm×34cm	172,500	荣宝斋（南京）	2019-07-21
宋文治 黄山云起图 镜框	40cm×59.5cm	410,400	佳士得	2019-05-28
宋文治 江南三月 立轴	76.5cm×40cm	655,500	上海嘉禾	2019-09-06
宋文治 江南三月春意浓 立轴	67cm×48cm	161,000	中国嘉德	2019-11-17

拍品名称	物品尺寸	成交价RMB	拍卖公司	拍卖日期
宋文治 江南小景 镜心	38cm×45cm	172,500	南京经典	2019-07-19
宋文治 陆俨少 1957年作 溪山帆影 行书 成扇	18.5cm×49cm	189,750	上海嘉禾	2019-09-06
宋文治 南国风光 镜片	34.5cm×49cm	391,000	上海嘉禾	2019-09-06
宋文治 轻舟已过万重山 镜框	68.8cm×44cm	124,713	香港苏富比	2019-10-07
宋文治 秋色嘉陵江 立轴	66cm×43.5cm	322,000	中国嘉德	2019-11-17
宋文治 蜀江晓发 立轴	88cm×48cm	253,000	中国嘉德	2019-11-17
宋文治 蜀江晓发图 立轴	85cm×47cm	115,000	荣宝斋（南京）	2019-07-21
宋文治 蜀山云 立轴	126.5cm×31.5cm	402,500	上海嘉禾	2019-09-06
宋文治 蜀水秋色 镜心	34cm×49.5cm	207,000	荣宝斋（南京）	2019-07-21
宋文治 太湖帆影 镜心	68cm×34cm	184,000	中国嘉德	2019-10-15
宋文治 西海壮观并行书五言联 立轴/对联	画 46cm×69cm；对联 126cm×31cm×2	517,500	上海嘉禾	2019-09-06
宋文治 溪山清远 镜心	43cm×61cm	120,750	荣宝斋（南京）	2019-07-21
宋文治 峡江图 镜心	67cm×42.5cm	178,250	南京经典	2019-07-19
宋文治 新安江上 镜心	45.5cm×67.5cm	128,431	中国嘉德	2019-10-08
宋文治 亚明 魏紫熙 江南春 镜心	直径38cm×4	690,000	北京荣宝	2019-04-28
宋文治 亚明 魏紫熙 于希宁 四君子图 立轴	130cm×67cm	402,500	荣宝斋（南京）	2019-07-21
宋文治 云鹤松泉图 立轴	69cm×46cm	96,323	中国嘉德	2019-10-08
宋文治 云山飞流图 成扇	20cm×62.5cm	149,500	南京经典	2019-07-19
宋彦军 秋水伊人 镜心	69.5cm×68cm	943,000	中国嘉德	2019-06-04
宋雨桂 2000年作 天香 镜框	136cm×34cm	253,000	北京保利	2019-12-02
宋雨桂 2005年作 清江侠影 手卷	45cm×236cm	747,500	北京荣宝	2019-12-01
宋玉麟 1993年作 云中山居图卷 手卷	引首 32.5cm×133.5cm；本幅 32.5cm×130.5cm	97,750	中国嘉德	2019-06-02
宋玉麟 春夏秋冬 镜心	27cm×48cm×4	172,500	荣宝斋（南京）	2019-07-21
宋玉麟 山水 四屏 镜心	30cm×40cm×4	126,500	南京经典	2019-07-19
苏百钧 孔雀 镜片	175.5cm×109.5cm	299,000	广东崇正	2019-11-28
苏继海 2018年作 彩荷 镜心	138cm×68cm	552,000	北京翰海	2019-03-29
苏继海 风姿 镜心	138cm×69cm	212,750	北京保利	2019-11-20
苏曼殊 黄遵宪 白香山诗意、行书五言诗 成扇	17cm×45cm	126,500	北京匡时	2019-07-13
苏曼殊 秋山归游 立轴	187cm×54cm	126,500	保利厦门	2019-01-06
苏曼殊 为调筝人写柳 立轴	82cm×30cm	331,781	中国嘉德	2019-10-08
苏锐 戏2018 镜心	112cm×72cm	138,000	中国嘉德	2019-03-23
苏望秦 2006年作 北国风光 镜心	125cm×247cm	149,500	北京荣宝	2019-10-12
苏笑柏 2011年 裹绿-2	220cm×180cm	1,150,000	中国嘉德	2019-06-03
苏元兆 2018年作 书法《苏轼念奴娇・赤壁怀古》镜心	137cm×34cm	138,000	北京翰海	2019-03-29
孙伯翔 2007年作 花卉四屏 镜心	76cm×46cm×4	138,000	北京荣宝	2019-06-13
孙伯翔 行书四屏 镜心	136cm×34cm×4	276,000	北京荣宝	2019-06-13
孙承泽 临定武兰亭 立轴	112cm×48.5cm	149,500	中贸圣佳	2019-06-07
孙浩 2017年作 晨曦 镜框	97cm×90cm	302,400	佳士得	2019-05-27
孙浩 2018年作 在一起 镜框	123cm×150cm	201,375	佳士得	2019-11-25
孙浩群2018年作芦塘白鹭醉金秋镜心	138cm×68cm	115,000	北京翰海	2019-03-29
孙家勤 1964年作 婴戏图 镜心	40cm×101.5cm	141,246	中国嘉德	2019-03-30
孙家勤 荷花 镜心	98cm×52.5cm	282,492	中国嘉德	2019-03-30

拍品名称	物品尺寸	成交价RMB	拍卖公司	拍卖日期
孙俊厚 2017年作 行草书《陶渊明·饮酒诗》镜心	136cm×68cm	115,000	北京翰海	2019-03-29
孙其峰 1980年作 竹石水仙 立轴	130cm×66.5cm	322,000	北京荣宝	2019-12-01
孙其峰 1981年作 雅戏春雪 立轴	68cm×55cm	184,000	广东崇正	2019-05-23
孙其峰 1985年作 戴胜 镜心	69cm×47cm	184,000	北京荣宝	2019-04-28
孙其峰 1987年作 四季花鸟（四帧）四屏镜心	66.5cm×42.5cm×4	287,500	北京诚轩	2019-11-16
孙其峰 1992年作 春江水暖 镜心	69cm×46cm	253,000	北京荣宝	2019-04-28
孙其峰 1992年作 双栖图 镜心	67.5cm×46cm	126,500	北京荣宝	2019-04-28
孙其峰 1996年作 生肖猪 镜心	68cm×46cm	230,000	北京荣宝	2019-06-13
孙其峰 1999年作 双喜登枝 镜框	69.5cm×45.5cm	149,500	北京荣宝	2019-10-12
孙其峰 2003年作 归园春色 镜框	46cm×69cm	138,000	北京荣宝	2019-06-13
孙其峰 2003年作 喜鹊登枝 立轴	138cm×69cm	195,500	北京荣宝	2019-10-12
孙其峰 2006年作 案头清供 镜心	84cm×75cm	115,000	北京荣宝	2019-04-28
孙其峰 2006年作 戴胜图 镜心	69cm×46cm	161,000	北京荣宝	2019-04-28
孙其峰 2007年作 花鸟四屏 镜心	136cm×34cm×4	1,035,000	北京荣宝	2019-06-13
孙其峰 2009年作 隶书四屏 镜心	137cm×35cm×4	368,000	北京荣宝	2019-06-13
孙其峰 红叶小鸟 镜心	70cm×46cm	115,000	中国嘉德	2019-03-23
孙其峰 花鸟 立轴	66cm×44cm	192,640	天津国拍	2019-04-21
孙其峰 花鸟 立轴	68cm×68cm	179,200	天津国拍	2019-04-21
孙其峰 花鸟稿写生一组 镜心	尺寸不一	230,000	中贸圣佳	2019-06-07
孙其峰 马晋 娄师白 周元亮 叶浅予 王雪涛 溥佺 吴镜汀 等1959年、1961年、1962年、1965年作 国画集锦册 册页	23cm×30cm×18	460,000	中国嘉德	2019-03-23
孙其峰 梅竹禽鸟 立轴	69cm×46cm	126,500	北京荣宝	2019-04-28
孙其峰 墨竹 立轴	66cm×66cm	140,000	天津国拍	2019-04-21
孙其峰 凝视 立轴	89cm×48cm	172,500	荣宝斋（南京）	2019-07-21
孙其峰 书法 镜心	66cm×66cm	123,200	天津国拍	2019-04-21
孙其峰 望春图 镜心	68.5cm×44.5cm	126,500	中国嘉德	2019-06-04
孙其峰 雅戏春雪 立轴	132cm×66cm	310,500	广东崇正	2019-05-23
孙其峰 玉兰麻雀 镜心	43cm×54cm×2	172,500	中国嘉德	2019-03-23
孙其峰 鸳鸯 镜心	88.5cm×49cm	195,500	北京荣宝	2019-04-28
孙文 “博爱” 横额 镜心	41cm×105cm	460,000	中贸圣佳	2019-06-07
孙文 “辅车相依” 题辞手卷 手卷	引首38cm×110cm；本幅38cm×135cm	253,000	中贸圣佳	2019-11-30
孙文 榜书 “依水” 镜心	36.5cm×116.5cm	517,500	上海明轩	2019-04-28
孙文 行书 横批	31.5cm×128cm	134,400	上海联合	2019-06-16
孙文 行书 “博爱” 镜心	30cm×58cm	149,500	中国嘉德	2019-03-24
孙文 行书 “博爱” 镜心	36cm×105.5cm	287,500	中国嘉德	2019-11-18
孙文 行书 “博爱” 镜心	38cm×74.5cm	253,000	中国嘉德	2019-11-18
孙文 行书 “博爱” 镜心	30cm×62cm	943,000	北京保利	2019-12-01
孙文 行书 “博爱” 立轴	124.5cm×42.5cm	253,000	中鸿信	2019-07-17
孙文 行书 “博爱” 横批 镜心	40.5cm×93cm	109,250	中贸圣佳	2019-08-16
孙文 行书 “寿”（一幅）	60.5cm×32cm	149,500	中鸿信	2019-07-15
孙文 行书 “天下为公” 立轴	145.5cm×46cm	402,500	中鸿信	2019-07-17
孙文 黄兴 行书对屏 立轴	110cm×51cm×2	345,000	中鸿信	2019-07-17
孙晓云 2007年作 行书四屏 镜心	130cm×33cm×4	207,000	北京荣宝	2019-06-13
孙晓云 行书 镜心	33cm×232cm	172,500	中贸圣佳	2019-06-07
孙晓云 行书 镜心	70cm×138cm	103,500	北京荣宝	2019-04-28
孙晓云 苏东坡词二首 横批	34cm×137.5cm	138,000	南京经典	2019-07-19
孙晓云 苏轼 望湖楼醉书 镜心	69cm×137cm	149,500	南京经典	2019-07-19
孙旭明 2019年作 书法 镜心	68cm×136cm	115,000	北京翰海	2019-10-12
孙祐 吟诗图 立轴	95.5cm×40.3cm	552,000	中国嘉德	2019-06-04

拍品名称	物品尺寸	成交价RMB	拍卖公司	拍卖日期
孙玉田 2019年作 书法	136cm×68cm	230,000	北京翰海	2019-06-15
孙云生 1989年作 泼彩荷花 镜心	89cm×180cm	302,670	中国嘉德	2019-03-30
孙云生 冷香和露 镜心	56.5cm×114.3cm	302,670	北京匡时	2019-04-02
孙中山 行书箴言 立轴	100.5cm×50cm	161,000	中贸圣佳	2019-08-16
孙宗慰 1942年作 对舞	76cm×40cm	218,500	中国嘉德	2019-06-03
孙宗慰 1943年 藏女双人舞	66cm×33.5cm	103,500	中国嘉德	2019-11-16
孙宗慰 1944年作 塞上一景	50cm×40cm	126,500	中国嘉德	2019-06-03
孙宗慰 1948年作 灯红酒绿-街头打粥 设色纸本	150cm×162cm×2	3,910,000	中国嘉德	2019-06-03
孙宗慰 抚唐人壁画 镜心	58.5cm×34.5cm	126,500	中国嘉德	2019-06-03
台静农 1979年作 石交图 镜框	48cm×27cm	213,750	香港苏富比	2019-04-02
台静农 行书七言联 临弘一法师书法	88cm×16cm（每件）	121,440	罗芙奥	2019-11-30
台静农 黄君璧 四季山水 镜心	诗堂33cm×33cm×4；画心55cm×33cm×4	221,958	保利香港	2019-04-01
太虚 行书 “礼佛” 镜片	34.5cm×103cm	109,250	保利厦门	2019-01-06
太虚 行书七言句 立轴	89.5cm×41cm	345,000	中国嘉德	2019-06-02
太虚大师 行书五言句 立轴	105cm×33cm	195,500	北京荣宝	2019-06-13
泰祥洲 2012年作 西山 手卷	41.2cm×302.7cm	503,438	佳士得	2019-11-25
泰祥洲 2014年作 玉衡	207cm×120cm	456,000	佳士得（上海）	2019-09-21
谈月色 1939年作 棟花图 立轴	画心69.5cm×33cm；题跋33.5cm×32cm×2	161,000	西泠印社	2019-07-06
谈月色 1948年作 春日探梅图 立轴	88cm×40cm	161,000	南京经典	2019-07-19
谈月色 仿顾莼、汤贻汾 墨梅 四屏 立轴	144cm×38cm×4	483,000	中贸圣佳	2019-08-16
谈月色 楷书长联 立轴	173cm×16cm×2	115,000	保利厦门	2019-08-04
谭钧 2015年作 自然收藏战争之五 立轴	100cm×92cm	172,500	北京翰海	2019-03-29
谭延闿 1927年作 楷书十一言联 立轴	各 367cm×49.2cm (2)	1,389,375	香港苏富比	2019-04-02
谭延闿 行书八言联 立轴	各：248cm×40.2cm×2	430,825	香港苏富比	2019-10-07
谭延闿 行书七言联 立轴	193cm×39cm×2	115,000	北京匡时	2019-07-13
谭延闿 行书七言联 立轴	173cm×44.5cm×2	189,750	北京匡时	2019-07-13
谭泽闿 书联 立轴	213cm×53cm×2	97,750	南京经典	2019-07-19
谭泽闿 谭延闿 行书五言诗、楷书阳明先生语 成扇	23cm×66cm	109,250	北京匡时	2019-07-13
谭钟岳 长江万里图 手卷	引首21cm×73cm；本幅21.5cm×497cm；后纸21.5cm×68.5cm	126,500	中国嘉德	2019-11-17
汤涤 祁崑 胡佩衡 邵逸轩 汪溶 于非闇 等1932年作 山水花鸟 十二条屏	27cm×6cm×12	138,000	中国嘉德	2019-06-24
汤金钊 楷书八言联 立轴	350cm×61.5cm×2	253,000	中贸圣佳	2019-06-07
汤哲明 2018年作 四时风光 镜框	各 33.5cm×33.5cm (4)	406,125	香港苏富比	2019-04-02
汤哲明 2019年作 李白诗意图 镜心	69cm×44cm	138,000	上海匡时	2019-06-21
汤哲明 2019年作 明皇幸蜀图 镜框	99cm×62cm	396,813	香港苏富比	2019-10-07
汤哲明 2019年作 拟宋人小品（四帧）镜片	直径22cm；直径26cm；直径24cm×2	230,000	上海嘉禾	2019-09-06

拍品名称	物品尺寸	成交价RMB	拍卖公司	拍卖日期
唐必林2018年作早春云雾山水间镜心	180cm×80cm	287,500	北京翰海	2019-03-29
唐秉耕 2019年作 鸣春图 镜心	136cm×68cm	207,000	北京保利	2019-12-02
唐秉耕 2019年作 双鹤图 镜心	136cm×68cm	218,500	北京保利	2019-12-02
唐秉耕 萧静怡 2010年作 香韵清绝 镜心	137cm×33cm×2	172,500	北京保利	2019-06-03
唐家伟 2010年作 灵山 镜框	179.2cm×96.8cm	108,000	佳士得	2019-05-27
唐克正 2018年作 象形文字 镜心	136cm×68cm	112,700	北京翰海	2019-03-29
唐一文 年年称心事事如意 镜片	68cm×68cm	255,200	保信利诚	2019-02-07
唐一文 问春何在 镜片	68cm×138cm	303,600	保信利诚	2019-02-07
唐勇力 2003年作 深庭晚秋游园图 手卷	34cm×274cm	517,500	北京荣宝	2019-12-01
唐勇力 2013年作 丽人行 镜心	48cm×100cm	437,000	北京荣宝	2019-04-28
唐勇力 轻风清韵图 镜心	68cm×34cm	138,000	北京荣宝	2019-12-01
唐勇力 人物十二册 镜心	34cm×34cm×12	172,500	北京荣宝	2019-12-01
唐勇力 赏春图 镜心	82cm×54cm	667,000	北京荣宝	2019-12-01
唐云 1941年作 春塘野鹭 立轴	131.5cm×34cm	172,500	中国嘉德	2019-11-17
唐云 1941年作 大利图 镜心	113.5cm×48.5cm	195,500	中国嘉德	2019-06-03
唐云 1942年作 蜀葵钟馗 立轴	77cm×34.5cm	253,000	北京诚轩	2019-06-01
唐云 1942年作 映日荷花别样红 立轴	149cm×38cm	218,500	上海嘉禾	2019-04-16
唐云 1943年作 荷塘 立轴	92cm×27cm	146,291	中国嘉德	2019-03-30
唐云 1944年作 花鸟山水册 八开册	各23.5cm×32cm (8)	513,000	香港苏富比	2019-04-02
唐云 1944年作 柳树翡翠 立轴	99cm×32cm	147,388	香港苏富比	2019-10-07
唐云 1944年作 山水花鸟杂册 册 镜框（十开）	各：23.5cm×32cm×10	793,625	香港苏富比	2019-10-07
唐云 1947年作 清供图 行书 成扇	18cm×52cm	149,500	广东崇正	2019-11-28
唐云 1948年作 阳羡风光 立轴	118cm×59cm	345,000	上海匡时	2019-06-21
唐云 1953年作 翠竹小鸟图 立轴	100cm×49.5cm	218,500	西泠印社	2019-07-06
唐云 1958年作 荷花 兰竹 成扇		184,000	上海工美	2019-06-09
唐云 1963年作 八哥 立轴	119cm×55.5cm	181,602	中国嘉德	2019-03-30
唐云 1965年作 枇杷麻雀 立轴	136.5cm×68cm	460,000	北京荣宝	2019-12-01
唐云 1972年作 墨趣册 册页	28cm×39.5cm×10	139,134	保利香港	2019-10-06
唐云 1973年作 群鸡图 行书 成扇	18cm×49cm	115,000	广东崇正	2019-11-28
唐云 1973年作 向日葵 镜心	112.5cm×58cm	322,000	中国嘉德	2019-11-18
唐云 1974年作 西湖秋色 镜片	48.5cm×68.5cm	276,000	朵云轩	2019-06-22
唐云 1974年作 竹雀图 立轴	149cm×79cm	575,000	中鸿信	2019-07-16
唐云 1975年作 墨竹卷 手卷	引首：16.8cm×44.2cm画心：17cm×139cm题跋：17cm×147cm	128,250	香港苏富比	2019-04-02
唐云 1976年作 大吉图 镜片	67cm×42.5cm	149,500	朵云轩	2019-06-22
唐云 1978年作 荷花 立轴	99.5cm×49.5cm	161,000	北京翰海	2019-06-14
唐云 1980年作 寿桃万年青 立轴	101.5cm×61cm	529,000	朵云轩	2019-06-22
唐云 1981年作 富春山水图 立轴	95cm×44.5cm	115,000	西泠印社	2019-07-06
唐云 1982年作 王摩诘诗意图 横披	95cm×177.5cm	690,000	上海嘉禾	2019-09-06
唐云 1983年作 松龄鹤寿 镜片	94.5cm×176.5cm	690,000	朵云轩	2019-06-22
唐云 1984年作 赤鲤呈祥 镜片	137cm×68cm	575,000	上海嘉禾	2019-09-06
唐云 1985年作 荷塘清趣 镜心	95cm×178.5cm	425,500	北京荣宝	2019-12-01
唐云 1988年作 枇杷雏戏 立轴	95cm×44cm	230,000	上海嘉禾	2019-09-06
唐云 斑鸠篁竹图 立轴	103cm×51.5cm	115,000	西泠印社	2019-07-06
唐云 楚江秋艳图 镜心	137cm×69cm	287,500	北京保利	2019-12-02
唐云 邓散木 1953年作 和平颂 行书节录《东方红》成扇	18.2cm×49.5cm	448,500	北京保利	2019-12-01
唐云 邓散木 秦伯未 画 题 龟寿图 龟语 成扇	18.6cm×51.5cm	103,500	北京诚轩	2019-11-16
唐云 荷塘游鱼 镜片	95.5cm×44cm	264,500	北京保利	2019-12-02
唐云 荷塘鱼趣 · 行书七言联 立轴/镜片	画心135cm×67cm；对联111.5cm×22.5cm×2	207,000	上海嘉禾	2019-09-06
唐云 花鸟册 册页（十二开）	24cm×36cm×12	333,500	中国嘉德	2019-11-17
唐云 黄炎培 红荷翠鸟 行书 成扇	18cm×51cm	149,500	广东崇正	2019-11-28
唐云 金鱼 镜心	98.5cm×53cm	149,500	荣宝斋（南京）	2019-07-21
唐云 菊石雄鹰 镜片	180cm×96cm	575,000	上海嘉禾	2019-09-06
唐云 琳池鱼嬉 镜框	45.5cm×68.5cm	129,600	佳士得	2019-05-28
唐云 庞国钧 1941年作；1965年作 荷塘翠鸟 楷书 成扇	18cm×49cm	97,750	广东崇正	2019-11-28
唐云 钱瘦铁 白蕉 等 1945年作 水村图 立轴	105cm×32.5cm	103,500	上海匡时	2019-06-21
唐云 山川纪游册 册页（十二开）	46cm×34.5cm×24	2,300,000	中国嘉德	2019-06-02
唐云 山水（四幅）立轴	44cm×34cm×4	212,800	上海联合	2019-06-16
唐云 霜枝鸲鸽 立轴	173cm×47.5cm	160,313	香港苏富比	2019-04-02
唐云 松龄鹤寿之图 镜心	177.5cm×94.5cm	632,500	北京保利	2019-12-02
唐云 松鼠葡萄 镜框	116.5cm×51.8cm	326,246	华艺国际	2019-05-27
唐云 岁朝图 立轴	123cm×60cm	207,000	南京经典	2019-07-19
唐云 桃花临水浴鸳鸯并行书七言联 镜片	画心136cm×68cm；对联137.5cm×25.5cm×2	920,000	上海嘉禾	2019-09-06
唐云 王福厂 池趣 篆书 成扇	18cm×50cm	149,500	广东崇正	2019-11-28
唐云 王福厂 江山平远、节临毛公鼎 成扇	18cm×48cm	138,000	北京匡时	2019-07-13
唐云 午瑞图 立轴	130.5cm×47.5cm	126,500	北京翰海	2019-06-14
唐云 叶恭绰 1947年作 山间高士 行书 成扇	19cm×51cm	97,750	广东崇正	2019-11-28
唐云 依样葫芦 立轴	102cm×33cm	100,890	中国嘉德	2019-03-30
唐云 朱屺瞻 等 1938年作 集锦册 册页（十八开选八）	25cm×32cm×18	172,500	朵云轩	2019-06-22
唐云 竹雀图 立轴	117cm×52cm	109,250	上海嘉禾	2019-09-06
唐蕴玉 布谷鸣晴 立轴		134,260	纽约苏富比	2019-03-22
陶博吾 古柏图 立轴	137cm×60cm	402,500	中鸿信	2019-07-16
陶博吾 秋山钓艇 镜芯	59cm×41.5cm	287,500	中鸿信	2019-07-16
陶博吾 石鼓文五言联 镜芯	135cm×34cm×2	126,500	中鸿信	2019-07-16
陶博吾 松竹寒梅 立轴	107cm×51.5cm	368,000	中鸿信	2019-07-16
陶行知 行书“清风明月无人管”横披	32.5cm×127.5cm	103,500	中国嘉德	2019-06-03
陶行知 楷书五言联 立轴	129cm×31cm×2	483,000	中国嘉德	2019-11-17
陶冷月 1918年作 重瓣桃花 镜框	30cm×21cm	340,125	香港苏富比	2019-10-07
陶冷月 1936年作 南岳春消息 立轴	84cm×40cm	97,750	北京保利	2019-06-04
陶冷月 1940年作 春波丽影 镜心	23.5cm×61.5cm	483,000	北京翰海	2019-06-14
陶冷月 1941年作 清风明月 镜心	44cm×24cm	483,000	北京翰海	2019-06-14
陶冷月 1941年作 万斛流泉 镜心	65.5cm×25.5cm	282,492	北京匡时	2019-04-02
陶冷月 1944年作 暗香疏影 镜框	画：13.5cm×132.8cm；跋：13.5cm×26cm	793,625	香港苏富比	2019-10-07
陶冷月 1944年作 寒亭飞瀑 立轴	101.5cm×33.5cm	368,000	朵云轩	2019-06-22
陶冷月 1944年作 绿藻朱鳞 楷书诗 成扇	18.5cm×45cm	160,313	香港苏富比	2019-04-02
陶冷月 1946年作 梅竹双清 四屏立轴	各：67.6cm×34.4cm×4	476,175	香港苏富比	2019-10-07

拍品名称	物品尺寸	成交价RMB	拍卖公司	拍卖日期
陶冷月 1948年作 桃源夜月 立轴	132.5cm×67.5cm	4,485,000	中国嘉德	2019-06-02
陶冷月 1964年作 绿梅 镜心	18cm×50cm	103,500	中国嘉德	2019-11-17
陶冷月 1967年作 飞泉无尽 成扇	18cm×48cm	115,000	北京翰海	2019-06-14
陶冷月 1976年作 桃园春色图 镜心	39cm×68cm	333,500	上海匡时	2019-06-21
陶冷月 1979年作 月明鸥翔 立轴	33cm×48.5cm	161,424	中国嘉德	2019-03-30
陶冷月 1980年作 放翁诗意 立轴	66cm×42.5cm	345,000	朵云轩	2019-06-22
陶冷月 1980年作 雪夜归舟 镜框	66cm×42.5cm	483,000	上海嘉禾	2019-09-06
陶冷月 把酒问月 镜片	26.5cm×66cm	437,000	上海嘉禾	2019-09-06
陶冷月 白梅图 镜片	69cm×35cm	138,000	朵云轩	2019-06-22
陶冷月 川江四景（四帧）镜框	各：23cm×33cm×4	680,250	香港苏富比	2019-10-07
陶冷月 春江花月夜 立轴	96cm×44cm	287,500	上海匡时	2019-06-21
陶冷月 春江月色 立轴	89.5cm×45.5cm	322,000	广东崇正	2019-05-23
陶冷月 飞瀑图 立轴	83cm×31.5cm	108,000	佳士得	2019-05-28
陶冷月 梅香幽坐 镜心	33cm×86cm	1,265,000	上海明轩	2019-04-28
陶冷月 梅崖泛舟 立轴		629,344	纽约苏富比	2019-03-22
陶冷月 明月寒松 立轴	62.3cm×32.8cm	252,225	中国嘉德	2019-03-30
陶冷月 青青翠竹 立轴	79.5cm×19cm	178,250	朵云轩	2019-06-22
陶冷月 晴烟泉瀑图 立轴	60.5cm×27.5cm	230,000	西泠印社	2019-07-07
陶冷月 山居观瀑图 立轴	85.5cm×27.5cm	184,000	西泠印社	2019-07-07
陶冷月 山水 立轴	53cm×30cm	149,500	朵云轩	2019-10-19
陶冷月 商衍鎏 夜月松涛 行书七言诗 成扇	18cm×50cm	402,500	北京保利	2019-12-02
陶冷月 松风云瀑 立轴	36cm×15.5cm	172,500	朵云轩	2019-06-22
陶冷月 吴湖帆 万壑千岩锁翠烟 行书节录《吴郡图经续记》成扇	18.2cm×51cm	253,000	中国嘉德	2019-06-02
陶冷月 应野平 谢之光 陆俨少 等 山水花鸟册（共九页）册页	25.5cm×18cm×9	345,000	西泠印社	2019-07-06
陶冷月 诸宗元 江天一色 行书 成扇	18.5cm×50.5cm	115,000	上海嘉禾	2019-09-07
陶一清 1984年作 坞里人家云遮山 立轴	129cm×65cm	97,750	北京保利	2019-06-04
陶一清 蔡家崖北坡 镜心	69cm×137.5cm	322,000	中国嘉德	2019-06-03
陶一清 春江花夜月 镜心	69cm×137cm	368,000	中国嘉德	2019-06-03
陶一清 烟江秋意 镜心	96cm×179cm	230,000	中贸圣佳	2019-08-16
陶一清 烟雨峰峦 镜芯	83cm×167cm	161,000	中鸿信	2019-07-16
陶一清 早秋 立轴	68.5cm×46cm	115,000	北京翰海	2019-06-14
藤田嗣治 1924年作 YOUKI肖像	40cm×27.5cm	575,000	北京保利	2019-11-20
田安定 2012年作 苏轼游赤壁 立轴	134cm×34cm	122,400	北京翰海	2019-10-12
田安定 2012年作 篆书《毛泽东词》立轴	136cm×67cm	163,200	北京翰海	2019-10-12
田伯平 2018年作 楷书《毛泽东词》镜心	68cm×268cm	345,000	北京翰海	2019-03-29
田汉 草书 自作诗 画心	66.5cm×28cm	253,000	西泠印社	2019-07-07
田黎明 1995年作 空气 镜心	69cm×58cm	322,000	北京荣宝	2019-06-13
田黎明 1995年作 空气 镜心	68.5cm×58cm	161,000	北京荣宝	2019-12-01
田黎明 村姑 镜框	68cm×49cm	253,000	北京荣宝	2019-12-01
田黎明 都市阳光 镜框	103cm×68cm	1,610,000	北京荣宝	2019-12-01
田黎明 高士 立轴	183cm×48cm	322,000	中贸圣佳	2019-06-07
田黎明 河塘村姑 镜框	34cm×70cm	195,500	北京荣宝	2019-12-01
田黎明 近泉者清 镜心	68cm×140cm	805,000	上海匡时	2019-06-21
田黎明 近泉者清 镜心	67.5cm×140cm	632,500	北京荣宝	2019-12-01
田黎明 静静的河 镜心	138cm×69cm	483,000	北京荣宝	2019-12-01
田黎明 千里嘉陵江水色 镜框	138cm×33.5cm	230,000	北京荣宝	2019-12-01
田黎明 清风徐来 镜心	49cm×70cm	218,500	北京荣宝	2019-06-13
田黎明 清风徐来 镜心	49cm×70cm	195,500	北京荣宝	2019-12-01
田黎明 山石图 镜心	46cm×69cm	115,000	北京荣宝	2019-12-01

拍品名称	物品尺寸	成交价RMB	拍卖公司	拍卖日期
田黎明 少女 镜心	72.5cm×46cm	207,000	中国嘉德	2019-06-04
田黎明 童年 镜心	70cm×48cm	195,500	中国嘉德	2019-10-16
田黎明 微风溪水秋山处 镜心	67.5cm×139.5cm	207,000	中贸圣佳	2019-06-07
田黎明 五月河 镜心	46cm×69cm	230,000	北京荣宝	2019-12-01
田黎明 乡村的记意 镜心	69cm×164cm	1,380,000	北京荣宝	2019-12-01
田黎明 阳光浴场 镜心	68.5cm×111.5cm	460,000	中国嘉德	2019-11-19
田黎明 远山村姑 镜心	69cm×63.5cm	207,000	北京荣宝	2019-06-13
田其斌 万壑树声满、天崖秋气高 镜片	67cm×138cm	860,200	保信利诚	2019-02-07
田其斌 雨后青山清 镜片	67cm×138cm	958,100	保信利诚	2019-02-07
田世光 1941年作 翠羽荷风 镜框	96.5cm×37cm	285,466	华艺国际	2019-05-27
田世光 1947年作 拟徽宗浴鸽图 立轴	109cm×55cm	425,500	中鸿信	2019-07-16
田世光 1973年作 春光图 立轴	95cm×74cm	517,500	西泠印社	2019-07-06
田世光 1978年作 桃花绶带 立轴	92cm×57cm	506,000	北京银座	2019-06-05
田世光 1980年作 平安富贵 镜心	109cm×54cm	110,979	保利香港	2019-04-01
田世光 1981年作 争春图 镜心	96cm×50.5cm	368,000	中国嘉德	2019-06-02
田世光 1981年作 争春图 镜心	93cm×50cm	138,000	中国嘉德	2019-06-24
田世光 1983年作 松鹰图 立轴	135cm×67cm	460,000	广东崇正	2019-11-28
田世光 1987年作 红叶双雀 镜心	115cm×53cm	402,500	中国嘉德	2019-11-17
田世光 1987年作 花鸟（四帧）镜心	43cm×58cm×4	101,200	中国嘉德	2019-03-23
田世光 白猿 镜心	67cm×132cm	184,000	中国嘉德	2019-11-18
田世光 白猿 立轴	134cm×67cm	575,000	中国嘉德	2019-11-17
田世光 白猿图 镜片	127cm×67cm	621,000	朵云轩	2019-06-22
田世光 报春图 立轴	80cm×49cm	115,000	中贸圣佳	2019-11-30
田世光 报春图 立轴	80cm×48cm	97,750	中国嘉德	2019-03-23
田世光 彩蝶花卉四屏 镜片	84cm×27cm×4	690,000	广东崇正	2019-05-23
田世光 春光 立轴	89cm×58cm	184,000	中鸿信	2019-07-16
田世光 芙蓉花鸟 立轴	100cm×33cm	460,000	中贸圣佳	2019-11-30
田世光 抚育图 镜心	132cm×66cm	506,000	中国嘉德	2019-06-02
田世光 荷花翠鸟 立轴	130cm×33.5cm	184,000	中鸿信	2019-07-16
田世光 荷塘双鸭 镜片		503,475	纽约苏富比	2019-03-22
田世光 红叶双禽 镜心	132cm×67cm	690,000	北京保利	2019-12-02
田世光 红叶喜鹊 镜心	99cm×51.5cm	575,000	中国嘉德	2019-11-17
田世光 红叶仙猿 镜心	137cm×69cm	460,000	北京保利	2019-06-04
田世光 红叶珍禽 立轴	94cm×58cm	212,750	中国嘉德	2019-10-15
田世光 猴 立轴	96.5cm×33.5cm	406,125	香港苏富比	2019-04-02
田世光 花卉蜻蜓 立轴	99cm×32.5cm	106,281	佳士得	2019-11-26
田世光 花鸟 镜心	66cm×50cm	138,000	北京保利	2019-08-24
田世光 花鸟 立轴	128cm×65cm	145,600	天津国拍	2019-04-21
田世光 花鸟四屏 立轴	137cm×34cm×4	1,150,000	华艺国际	2019-08-10
田世光 花团锦簇 镜心	100cm×52cm	345,000	中贸圣佳	2019-11-30
田世光 梅花白鹭 镜心	98cm×51cm	598,000	中国嘉德	2019-10-15
田世光 梅竹山雀 立轴	80cm×48cm	126,500	北京荣宝	2019-06-13
田世光 摹宋徽宗古梅山禽 立轴	173.5cm×83cm	2,300,000	中贸圣佳	2019-11-30
田世光 摹宋人花鸟 四屏镜心	86.5cm×28cm×4	1,127,000	中贸圣佳	2019-08-16
田世光 秋叶双雀 镜心	133cm×67.5cm	805,000	北京保利	2019-06-04
田世光 瑞猴迎新 镜心	133cm×67cm	690,000	北京保利	2019-12-02
田世光 山茶绶带 立轴	26.4cm×32cm	97,750	北京诚轩	2019-06-01
田世光 沈曾迈 1944年作 国色天香 篆书 孙璇诗 成扇	19cm×50cm	253,000	北京保利	2019-12-01
田世光 双清 镜心	26cm×34cm	149,500	荣宝斋（南京）	2019-07-21
田世光 霜叶红于二月花 镜心	98cm×50.5cm	460,000	中国嘉德	2019-11-17
田世光 太平鸟 镜心	135cm×68cm	529,000	中国嘉德	2019-06-24
田世光 喜报丰秋 镜心	135cm×68cm	713,000	中国嘉德	2019-06-24
田世光 喜报丰秋 立轴	129cm×67cm	402,500	中贸圣佳	2019-11-30

2019书画拍卖成交汇总

(成交价RMB：10万元以上)

拍品名称	物品尺寸	成交价RMB	拍卖公司	拍卖日期
田世光 喜报丰秋 立轴	129cm×67.5cm	402,500	北京翰海	2019-06-14
田世光 喜上眉梢 镜心	138cm×68.5cm	552,000	中国嘉德	2019-11-17
田世光 夏纯 绶带捕蝶 牡丹 镜心、立轴	田99cm×34.5cm；夏64.5cm×29cm	184,000	中国嘉德	2019-11-17
田世光 谢天民 1941年作 庭园阴浓夏日长 扇面 镜框	各17.9cm×51.9cm (2)	128,250	香港苏富比	2019-04-02
田世光 雄鸡图 镜心	64cm×65cm	256,862	保利香港	2019-10-06
田世光 远瞩图 镜心	66.5cm×66.5cm	214,052	保利香港	2019-10-06
田世光 紫藤蛱蝶图 镜心	80cm×50cm；诗堂2.5cm×49.5cm	322,000	荣宝斋（南京）	2019-07-21
童春云 荷花 镜心	178cm×94cm	115,000	北京翰海	2019-03-29
童大年 1949年作 篆书七言联 立轴	144cm×39.5cm×2	109,250	中国嘉德	2019-11-17
童素文 荷花鸳鸯图 立轴	156cm×93cm	977,500	北京荣宝	2019-06-13
童中焘 1981年作 云山人家图 立轴	91cm×51.5cm	184,000	西泠印社	2019-04-13
童中焘 佛香小雪 镜心	70cm×42.5cm	632,500	上海匡时	2019-06-21
童中焘 南湖图 镜心	70cm×42.5cm	1,092,500	上海匡时	2019-06-21
万籁鸣 1984年作 圣猴放马图 镜片	95cm×359cm	483,000	上海嘉禾	2019-09-07
万元民 2018年作 黄山写意 镜心	68cm×68cm	98,900	北京翰海	2019-03-29
汪采白 1936年作 山水 花卉小品（八帧）四条屏	21cm×32cm×8	149,500	中国嘉德	2019-10-15
汪曾祺 王世襄 墨竹 立轴	115cm×32cm	115,000	北京保利	2019-06-05
汪观清 1990年作 苏轼赤壁游 镜片	122.5cm×203cm	172,500	朵云轩	2019-06-22
汪国真2012年作只作清香不作声镜心	35cm×139cm	575,000	北京翰海	2019-10-12
汪海华 2017年作 东海鳌山 镜心	32cm×134.5cm	126,500	北京保利	2019-06-03
汪家芳 山水 横披	69cm×238cm	126,500	朵云轩	2019-04-14
汪精卫 1937年作 双照楼词 册页（六开）	30cm×41.5cm×6	918,000	佳士得	2019-05-28
汪精卫 双照楼诗《夜起》镜框	120cm×35.5cm	540,000	佳士得	2019-05-28
汪亚尘 1945年作 羡鱼（四幅）镜片	100.5cm×41.5cm×4	143,750	朵云轩	2019-06-22
汪亚尘 江风独立 立轴	134cm×68cm	109,250	上海匡时	2019-06-21
汪亚尘 鱼跃于渊册 册页（十四开）	30cm×41cm×14	138,000	中贸圣佳	2019-11-30
汪伊虹 2007年作 人物四屏 镜心	136cm×34cm×4	97,750	北京荣宝	2019-06-13
汪意丰 2018年作 陌上花开 镜框	68cm×138cm	299,000	北京荣宝	2019-06-13
汪意丰 2019年作 丰收 镜框	68cm×46cm	103,500	北京荣宝	2019-06-13
汪意丰 2019年作 岁月静好 镜心	50cm×160cm	253,000	北京荣宝	2019-12-01
汪意丰 大道必简 镜心	50cm×100cm	149,500	中贸圣佳	2019-11-30
汪意丰 儿童 镜心	75.5cm×49cm	103,500	中贸圣佳	2019-11-30
汪应铨 行书五言联 对联	105cm×25cm×2	115,000	中国嘉德	2019-03-25
汪兆铭 齐燮元 行书（二帧）镜片	131cm×33cm；130.5cm×32.5cm	109,250	西泠印社	2019-07-07
王伯敏 1990年作 泛舟图 立轴	102.5cm×59.5cm	115,000	西泠印社	2019-07-07
王步 民国 瓜果图 镜心	高61.5cm；宽15cm	97,750	北京荣宝	2019-12-01
王步 民国 菊花图 镜心	高59cm；宽13cm	109,250	北京荣宝	2019-12-01
王步 民国 秋菊图 镜心	高138cm；宽14cm	184,000	北京荣宝	2019-12-01
王步 民国 紫藤花图 镜心	高93.5cm；宽20cm	97,750	北京荣宝	2019-12-01
王成喜 1986年作 红梅 镜心	122.5cm×245.5cm	345,000	北京荣宝	2019-12-01
王成喜 1989年作 春 立轴	138cm×53cm	109,250	北京荣宝	2019-04-28
王承枫 顾嘉蘅 松风涧泉 节录苏轼《书吴道子画后》成扇	22cm×63cm	299,000	北京诚轩	2019-06-01
王春生 2018年作 梦 镜心	66cm×65cm	230,000	北京翰海	2019-10-12
王大为 2018年作 长城雄姿 镜心	98cm×180cm	563,500	北京翰海	2019-03-29
王大为2019年作 人间仙境张家界镜心	101cm×246cm	253,000	北京保利	2019-11-20
王大为 2019年作 中国雄风 镜心	124cm×248cm	322,000	北京保利	2019-11-20
王大为 万山红遍 镜心	180cm×96cm	230,000	北京保利	2019-11-20
王大为 万山红遍四屏 镜心	97cm×45cm×4	230,000	北京保利	2019-11-20
王大为 峡江图 镜心	96cm×179cm	241,500	北京保利	2019-06-22
王东方 2018年作 红艳映春 镜心	138cm×68cm	184,000	北京翰海	2019-10-12
王东方 2018年作 桃花春又开 镜心	67cm×137cm	184,000	北京翰海	2019-10-12
王冬龄 2017年作 乱书·凌波不过横塘路 镜框	83.5cm×76.5cm	172,800	佳士得	2019-05-27
王冬龄 行书四屏 镜心	136cm×34cm×4	97,750	北京荣宝	2019-06-13
王飞飞 春夏秋冬 镜心	69cm×34cm×4	138,000	荣宝斋（南京）	2019-07-21
王福庵 1948年作 隶书五言诗 立轴	128cm×64cm	161,000	中国嘉德	2019-10-15
王福厂 1929年作 篆书对屏 立轴	130cm×32.5cm×2	138,000	中国嘉德	2019-06-03
王福厂 1940年作 "美意延年" 镜心	30cm×104cm	97,750	北京保利	2019-11-20
王福厂 1941年作临篆书隶书三则镜心	19.5cm×92.5cm	115,000	中国嘉德	2019-06-03
王福厂 1941年作 篆书十二联 镜心	142cm×18.5cm×2	149,500	中国嘉德	2019-06-03
王福厂 1944年作 篆书唐诗四屏 镜心	99cm×20cm×4	97,750	中国嘉德	2019-06-03
王福厂 1945年作 篆书七言联 立轴	各：146cm×33cm×2	124,713	香港苏富比	2019-10-07
王福厂 1947年作 隶书四屏 镜心	76.5cm×30.5cm×4	241,500	北京银座	2019-06-05
王福厂 1947年作 隶书唐宋诗四屏 立轴	130cm×33cm×4	345,000	北京保利	2019-12-01
王福厂 1947年作 篆书百寿文 镜框	31.7cm×37cm	320,625	香港苏富比	2019-04-02
王福厂 1947年作 篆书四屏 立轴	95cm×21cm×4	149,500	广东崇正	2019-11-28
王福厂 1948年作 隶书七言联 立轴	130cm×21.5cm×2	126,500	北京匡时	2019-07-13
王福厂 1948年作 隶书四屏 镜心	97cm×36cm×4	149,500	中国嘉德	2019-06-03
王福厂 1949年作 隶书对幅 镜心	唐太宗34cm×42cm；崔子玉31.5cm×38.5cm	115,000	中国嘉德	2019-06-03
王福厂 1949年作 隶书七言联 镜心	140cm×34.5cm×2	166,750	北京银座	2019-06-05
王福厂 1949年作 隶书十言联 镜心	129.5cm×21.5cm×2	207,000	中国嘉德	2019-06-03
王福厂 1949年作 隶书唐诗四屏 镜心	89.5cm×16.5cm×4	195,500	中国嘉德	2019-06-03
王福厂 1949年作 隶书朱子格言 镜心	142cm×77.5cm	368,000	中国嘉德	2019-06-03
王福厂 1950年作 隶书七言联 镜心	133.5cm×19.5cm×2	172,500	中国嘉德	2019-06-03
王福厂 陈达 临毛公厝鼎文 拟赵伯驹山水 成扇	18.5cm×51cm	161,000	中贸圣佳	2019-06-07
王福厂 隶书八言联 立轴	130cm×21cm×2	195,500	中贸圣佳	2019-06-07
王福厂 书法（三帧）扇面	19cm×51cm×3	103,500	中国嘉德	2019-06-03
王福厂 吴湖帆 吴徵 赵云壑 吴桐 樊浩霖 等 清高宗御赐纪昀浮筠砚拓片并诸家绘浮筠砚斋图册 册页	33.5cm×41cm×10	2,070,000	中贸圣佳	2019-06-07
王福厂 玄默敦牂（壬午，1942年 隶书十言联 镜心	129cm×19.5cm×2	149,500	中国嘉德	2019-06-03
王福厂 篆书、隶书四屏 镜心	79.5cm×36.5cm×4	132,250	中国嘉德	2019-06-03
王福厂 篆书十言联 立轴	134.5cm×22cm×2	161,000	北京银座	2019-06-05
王福林（甫霖）2019年作 酣醉春风 镜心	96cm×46cm	149,500	北京翰海	2019-10-12
王个簃 1933年作 秋色图（四幅）立轴	130cm×30cm×4	138,000	朵云轩	2019-06-22
王国平 2016年作 异色之1447	184cm×142cm	172,500	中贸圣佳	2019-06-07
王国维 1923年作 行书节录〈道德经〉镜框	32.5cm×133cm	2,992,500	香港苏富比	2019-04-02
王弘力 墨趣簇锦（十一页）册页	31.5cm×46cm×11	172,500	西泠印社	2019-07-07
王宏月 2019年作 大自在 镜心	49cm×185cm	552,000	北京保利	2019-06-03

拍品名称	物品尺寸	成交价RMB	拍卖公司	拍卖日期
王洪军 2018年作 梅花篆书《仁义礼智信》镜心	138cm×68cm	103,500	北京翰海	2019-03-29
王洪涛 善养浩气 镜片	125cm×245cm	1,080,200	保信利诚	2019-02-07
王洪涛 源远流长 镜片	138cm×70cm	482,900	保信利诚	2019-02-07
王晖 2019年作 桃花白头 镜心	138cm×69cm	105,800	北京保利	2019-11-20
王己千 1945年作 早春晴霭 镜心	65cm×43cm	171,242	中国嘉德	2019-10-08
王己千 1973年作 山水 立轴	60cm×89cm	259,200	佳士得	2019-05-27
王己千 1973年作 雪景寒林 镜心	56.7cm×72.5cm	115,000	中国嘉德	2019-11-18
王己千 1991年作 盘石 镜框	66cm×66cm	162,000	佳士得	2019-05-27
王己千 2001年作 奇石 镜框	138.3cm×73cm	129,600	佳士得	2019-05-27
王己千 己酉（1969年作 幽壑高岩图 立轴	47.5cm×63cm	139,134	中国嘉德	2019-10-08
王己千 山水 镜框	57.3cm×88.5cm	184,608	纽约佳士得	2019-03-19
王季迁 1973年作 峡江图 镜框	62cm×77cm	106,695	纽约佳士得	2019-09-10
王季迁 1977年作 风竹 立轴	88.5cm×36.5cm	132,538	华艺国际	2019-05-27
王季迁 1989年作 山水 镜框	34cm×133.5cm	172,500	华艺国际	2019-08-10
王季迁 1999年作 书法〈心经〉立轴三屏	138cm×69.5cm×3	163,123	华艺国际	2019-05-27
王季迁 翠竹图 立轴	105.5cm×42cm	112,700	北京银座	2019-06-05
王季迁 山水 镜框	57.3cm×88.5cm	268,520	纽约佳士得	2019-03-19
王季迁 藻振兰房 立轴	48cm×30cm	158,026	华艺国际	2019-05-27
王季迁 张大千 竹石图 镜心	138cm×68cm	161,000	中贸圣佳	2019-06-07
王济远 1948年作 鸳鸯春水图 立轴	67.5cm×32cm	97,750	北京银座	2019-06-05
王建源 2019年作 行书云林高士诗 镜心	69cm×67cm	115,000	北京保利	2019-06-22
王金才 2018年作 马到成功 镜心	69cm×70cm	241,500	北京翰海	2019-03-29
王遽常 章草"濒湖轩"镜心、立轴	书49cm×89cm；画47cm×33cm	120,750	北京保利	2019-12-02
王阔海 2003年作 爱之韵 镜心	20cm×60cm	138,000	北京翰海	2019-10-12
王兰若 1981年作 四君子 立轴	99cm×32cm×4	115,000	华艺国际	2019-08-11
王兰若 1986年作 报春 立轴	136cm×68cm	115,000	广东崇正	2019-05-23
王立成 2019年作 牡丹蓝青鸟 镜心	138cm×51cm	230,000	北京保利	2019-12-02
王立新 春风初沐 镜片	138cm×68cm	425,480	保信利诚	2019-02-07
王立新 一习暖风带春来 镜片	240cm×145cm	1,741,300	保信利诚	2019-02-07
王连笙 2019年作 疏林幽居图 镜心	136cm×68cm	402,500	北京翰海	2019-10-12
王炼烽 2018年作 观泉 镜心	79cm×165cm	115,000	北京翰海	2019-03-29
王良虎 2018年作 草书《上善若水》镜心	138cm×34cm	112,700	北京翰海	2019-03-29
王良虎 书法 立轴	177cm×94cm；176cm×44cm×2	230,000	北京保利	2019-08-24
王妙如 刘春霖 齐白石 工笔花卉册页 仿白石花鸟册 册页（八开）（十二开选九）	26cm×31cm×8；23.5cm×31.5cm×12	138,000	上海嘉禾	2019-09-07
王明明 1941年作 竹林七贤 镜心	68cm×137cm	437,000	中国嘉德	2019-11-19
王明明 1978年作 人物四条屏 镜心	43cm×33cm×4	207,000	北京荣宝	2019-04-28
王明明 1979年作 庭院仕女 镜心	33cm×44cm×4	230,000	北京荣宝	2019-12-01
王明明 1982年作 采药图 立轴	94.5cm×58cm	97,750	北京荣宝	2019-06-13
王明明 1983年作 达摩面壁 立轴	67cm×68cm	172,500	北京荣宝	2019-06-13
王明明 1983年作 梅雪争春 镜框	94cm×58cm	138,000	北京荣宝	2019-04-28
王明明 1984年作 芭蕉叶上独题诗 镜心	140cm×69.5cm	201,250	北京荣宝	2019-10-12
王明明 1984年作 点睛破壁图 镜心	152cm×83cm	287,500	北京荣宝	2019-04-28
王明明 1985年作 板桥先生小像 镜心	66cm×138cm	253,000	北京荣宝	2019-10-12
王明明 1985年作 春晓 立轴	66cm×45cm	97,750	北京保利	2019-06-04
王明明 1985年作 杜甫 立轴	137cm×68cm	345,000	北京荣宝	2019-06-13
王明明 1985年作 观荷图 镜心	125cm×63cm	166,750	北京荣宝	2019-10-12

拍品名称	物品尺寸	成交价RMB	拍卖公司	拍卖日期
王明明 1986年作 节日 立轴	67cm×65cm	471,500	北京荣宝	2019-06-13
王明明 1986年作 香梦沉酣 镜心	68cm×135cm	402,500	北京荣宝	2019-04-28
王明明 1988年作 苗乡 立轴	68cm×68cm	161,000	北京荣宝	2019-06-13
王明明 1988年作 苗乡三月 立轴	67cm×68cm	97,750	中国嘉德	2019-03-23
王明明 1988年作 暮春晴野 立轴	67cm×66cm	149,500	北京荣宝	2019-04-28
王明明 1990年作 东坡先生晚春情话图 镜心	68cm×137cm	195,500	中国嘉德	2019-10-16
王明明 1990年作 东坡先生晚春情话图 镜心	68cm×137cm	287,500	北京荣宝	2019-12-01
王明明 1990年作 唐人诗意四条屏 镜心	66cm×32cm×4	506,000	北京荣宝	2019-04-28
王明明 1991年作 溪山雅集图 镜心	142cm×372cm	5,175,000	北京荣宝	2019-06-13
王明明 1992年作 金秋时节	121cm×242cm	2,760,000	北京翰海	2019-06-15
王明明 1999年作 采莲图 镜心	68cm×45cm	172,500	北京荣宝	2019-06-13
王明明 1999年作 林泉兴会图 镜心	69cm×138cm	460,000	北京荣宝	2019-12-01
王明明 2000年作 酒醉春酣图 镜心	45cm×68cm	184,000	北京荣宝	2019-12-01
王明明 2002年作 曹雪芹西山黄叶村闲居图 镜心	68cm×137cm	483,000	北京荣宝	2019-12-01
王明明 2002年作 幽情逸韵集 册页	33.5cm×46.5cm×20	1,667,500	北京保利	2019-06-03
王明明 2003年作 曹雪芹金秋著书图 镜心	96cm×178cm	1,610,000	北京荣宝	2019-06-13
王明明 2003年作 古意人物（四帧）镜心	67cm×16cm×4	368,000	中国嘉德	2019-06-04
王明明 2004年作 杜牧诗意图 镜心	68cm×138cm	460,000	北京荣宝	2019-06-13
王明明 2004年作 西园雅集图 镜心	96.5cm×180cm	1,265,000	北京荣宝	2019-12-01
王明明 2004年作 溪山与会图 镜框	48cm×136cm	437,000	北京荣宝	2019-12-01
王明明 2005年作 报春图 镜心	82cm×145.5cm	437,000	北京荣宝	2019-12-01
王明明 2005年作 绿水悠楼 镜心	68cm×137cm	805,000	北京荣宝	2019-12-01
王明明 2005年作、2014年作 陶潜赏菊图、书法五言联 镜心	62cm×106cm；63cm×14cm×2	465,750	北京荣宝	2019-06-13
王明明 2006年作 乡情 镜心	100cm×46cm	299,000	中国嘉德	2019-06-04
王明明 2009年作 东坡先生承天夜游图 镜心	69cm×138cm	517,500	北京荣宝	2019-12-01
王明明 2016年作 丰乐踏歌集 册页	27cm×84cm×16	5,044,500	中国嘉德	2019-03-30
王明明 晨露 镜心	68cm×69cm	138,000	北京荣宝	2019-06-13
王明明 二月雪 立轴	68cm×68cm	184,000	中国嘉德	2019-03-23
王明明 冯远 等 2012年作 云蒸霞蔚 镜心	123cm×245cm	195,500	北京荣宝	2019-06-13
王明明 加拿大之秋 镜心	44cm×138.5cm	414,000	北京荣宝	2019-06-13
王明明 芦汀会友图 镜心	63cm×68cm	126,500	北京荣宝	2019-10-12
王明明 牧羊图 镜心	78cm×48.5cm	109,250	北京荣宝	2019-06-13
王明明 赏梅图 立轴	67cm×68cm	166,750	北京荣宝	2019-06-13
王明明 松下问童子 镜心	69cm×69cm	109,250	荣宝斋（南京）	2019-07-21
王明明 唐人诗意图 镜心	66cm×138.5cm	253,000	北京荣宝	2019-10-12
王明泽 2017年作 汉江清凉处 镜心	98cm×89cm	402,500	北京翰海	2019-10-12
王能艺 1979年作 黄山天都峰 立轴	178cm×97cm	483,000	北京翰海	2019-03-29
王平 金玉满堂 镜心	68cm×137cm	149,500	北京保利	2019-06-22
王其钧 山水 镜片	136cm×68cm	880,000	保信利诚	2019-02-07
王其钧 乌镇印象	32cm×71cm	264,000	保信利诚	2019-02-07
王清州 2016年作 总领群芳	180cm×180cm	552,000	中贸圣佳	2019-06-07
王庆雪 大喜日子 镜片	96cm×89cm	231,000	保信利诚	2019-02-07
王蘧常 1982年作 行书毛主席词 立轴	72cm×49cm	253,000	华艺国际	2019-08-10
王蘧常 行书八言联 立轴	174cm×41cm×2	138,000	广东崇正	2019-05-23
王蘧常 行书五言联 立轴	134cm×32cm×2	402,500	北京荣宝	2019-06-13
王蘧常 章草 立轴	96cm×44cm	103,500	荣宝斋（南京）	2019-07-21

2019书画拍卖成交汇总

(成交价RMB：10万元以上)

拍品名称	物品尺寸	成交价RMB	拍卖公司	拍卖日期
王蘧常 章草四言联 镜心	130cm×34cm×2	368,000	北京保利	2019-06-04
王蘧常 章草四言联 立轴	86cm×17cm×2	333,500	北京保利	2019-12-01
王仁华 2016年作 古灯今照 镜心	136cm×72cm	448,500	中国嘉德	2019-11-19
王仁沛 严修 赵元礼 等 含英咀华书画册（三十页）册页	尺寸不一（册页尺寸39.5cm×31cm）	483,000	西泠印社	2019-07-06
王山源 秋山飞瀑 镜片	110cm×240cm	157,300	保信利诚	2019-02-07
王世襄1989年作 行书"仁者寿" 镜心	55cm×109cm	138,000	中国嘉德	2019-03-23
王世襄 1998年作 行书七言联 立轴	136cm×31cm×2	253,000	上海明轩	2019-04-28
王世永 兰亭秋色图 镜心	70cm×51cm	115,000	北京翰海	2019-03-29
王寿彭 行书七言联 立轴	131cm×32cm×2	97,750	中国嘉德	2019-11-18
王叔晖 1938年作 庭院仕女图 镜框	99cm×40cm	632,500	北京荣宝	2019-06-13
王叔晖 1948年作 乌丝闲眺 成扇	18cm×47cm	97,750	北京匡时	2019-07-13
王叔晖 红楼梦 人物故事图（四帧）镜片	43.5cm×29cm; 47cm×32cm; 38cm×26cm; 37.5cm×26cm	207,000	西泠印社	2019-07-07
王树忱 曲建方 等 80年代作 水浒 连环画原稿（全）	尺寸不一	97,750	西泠印社	2019-07-07
王顺祥 桃园流水图 立轴	51cm×180cm	115,000	北京翰海	2019-03-29
王肃达 牛郎织女册页（十六开）	26.5cm×34cm×16	207,000	中贸圣佳	2019-11-30
王愫 1742年作 江天雪霁 立轴	85.5cm×44.5cm	105,800	朵云轩	2019-06-22
王涛 2007年、2017年作 春牧、行书八言联 一堂	138cm×69cm; 135cm×21cm×2	138,000	中国嘉德	2019-06-24
王涛 2010年作 春雨 镜心	91cm×69cm	368,000	北京翰海	2019-03-29
王涛 人物四屏 镜心	116cm×26cm×4	138,000	北京荣宝	2019-06-13
王禔 隶书七言联 立轴	127cm×24.5cm×2	141,246	保利香港	2019-04-01
王天胜 2002年作 维吾尔姑娘 镜心	158cm×81.5cm	230,000	北京荣宝	2019-06-13
王同愈 1926年作 行书节录古文 屏轴	247cm×60cm	143,750	上海驰翰	2019-06-21
王文甫 2012年作 兰亭序 镜心	138cm×69cm	115,000	北京翰海	2019-10-12
王无党 书王铎诗册	28.5cm×22cm×7cm	1,265,000	北京荣宝	2019-06-13
王无邪 1991年作 河梦十二 镜框	83.5cm×57.9cm	183,600	佳士得	2019-05-27
王无邪 2005年作 大江之十 镜框	69.5cm×68.5cm	111,875	佳士得	2019-11-25
王西京 2007年作 人物四屏 镜心	136cm×35cm×4	287,500	北京荣宝	2019-06-13
王西京 2009年作 八仙乐游图 镜心	95.5cm×240cm	862,500	北京保利	2019-12-02
王西京 2012年作 南海普济图 镜心	183cm×91cm	138,000	北京荣宝	2019-12-01
王先谦 行书七言联 对联	132.5cm×30cm×2	207,000	西泠印社	2019-07-07
王献坤 2017年作 行书《毛主席诗》镜心	69cm×137cm	172,500	北京翰海	2019-03-29
王小古 1980年作 娇容三变 立轴	136cm×60cm	356,500	广东崇正	2019-05-23
王小古 梅花抒怀 立轴	93cm×45cm	132,250	广东崇正	2019-05-23
王晓卉 2018年作 花卉 镜心	178cm×96cm	552,000	北京翰海	2019-03-29
王晓卉 2018年作 花鸟 镜心	178cm×96cm	552,000	北京翰海	2019-03-29
王孝诚 2018年作 杏花春雨江南 镜心	138cm×69cm	109,250	北京翰海	2019-10-12
王孝诚 香雪 立轴	138cm×69cm	109,250	北京翰海	2019-03-29
王心竟 泊舟图 立轴	128cm×65.5cm	287,500	保利厦门	2019-08-04
王信聪 2018年作 东昇图 镜心	95cm×176cm	552,000	北京翰海	2019-03-29
王信聪 2018年作 湖山之秋 镜心	68cm×138cm	276,000	北京翰海	2019-03-29
王信聪 2018年作 蜀山云起 镜心	68cm×138cm	287,500	北京翰海	2019-03-29
王学仲 行书四屏 镜心	136cm×34cm×4	161,000	北京荣宝	2019-06-13
王学仲 山水 立轴	95cm×40cm	106,400	天津国拍	2019-04-21
王雪涛 1934年作 九安图 立轴	168cm×55cm	2,070,000	北京荣宝	2019-06-13
王雪涛 1937年作 大吉图 立轴	133cm×32cm	149,500	中国嘉德	2019-06-24
王雪涛 1938年作 鸣春图 立轴	98cm×34cm	218,500	北京翰海	2019-06-14
王雪涛 1939年作 池塘清趣 立轴	123cm×52cm	1,058,000	中国嘉德	2019-06-02
王雪涛 1940年作 八哥祝寿 立轴	142.5cm×39cm	920,000	北京银座	2019-06-05

拍品名称	物品尺寸	成交价RMB	拍卖公司	拍卖日期
王雪涛 1940年作 湖石花蝶 立轴	66cm×33cm	146,291	中国嘉德	2019-03-30
王雪涛 1940年作 秋趣 立轴	101cm×73.5cm	131,157	中国嘉德	2019-03-30
王雪涛 1940年作 长寿 立轴	96.5cm×29.5cm	195,500	中鸿信	2019-07-16
王雪涛 1941年作 松寿绵延 立轴	167.5cm×33cm	161,000	北京银座	2019-06-05
王雪涛 1942年作 秋光潋滟图 镜心	102.5cm×33cm	356,500	北京荣宝	2019-12-01
王雪涛 1942年作 梧桐松鼠图 立轴	97cm×33cm	138,000	中国嘉德	2019-10-15
王雪涛 1943年作 福寿万年 立轴	103cm×31.8cm	126,500	北京诚轩	2019-06-01
王雪涛 1944年作 繁花似锦 立轴	117cm×51cm	460,000	北京荣宝	2019-06-13
王雪涛 1944年作 芙蓉翠鸟 镜心	40cm×54cm	109,250	北京保利	2019-12-02
王雪涛 1944年作 花蝶图 立轴	100cm×33cm	207,000	北京翰海	2019-06-14
王雪涛 1945年作 案头清供 立轴	60.5cm×33.5cm	253,000	北京翰海	2019-06-14
王雪涛 1945年作 报喜图 立轴	134cm×66cm	885,500	北京荣宝	2019-04-28
王雪涛 1945年作 花气袭人卷 手卷	33.5cm×267cm	379,500	北京诚轩	2019-11-16
王雪涛 1945年作 临王武花卉卷 手卷	34cm×268.5cm	302,670	中国嘉德	2019-03-30
王雪涛 1945年作 山家清供 镜心	30cm×46cm	138,000	北京保利	2019-12-02
王雪涛 1945年作 园趣 立轴	88cm×34cm	287,500	北京荣宝	2019-12-01
王雪涛 1948年作 八珍图 行书荆公诗二首 成扇	11.8cm×36.5cm	161,000	北京荣宝	2019-12-01
王雪涛 1948年作 大富贵亦寿考 立轴	91.5cm×42.5cm	230,000	中国嘉德	2019-11-17
王雪涛 1948年作 教子图 立轴	135cm×68.5cm	747,500	上海匡时	2019-06-21
王雪涛 1948年作 菊蟹图 立轴	102.5cm×34cm	253,000	北京保利	2019-06-04
王雪涛 1948年作 双吉图 立轴	84cm×34cm	333,500	中国嘉德	2019-10-15
王雪涛 1954年作 双吉图 立轴	106cm×51cm	448,500	西泠印社	2019-07-06
王雪涛 1955年作 紫藤双鸡图 立轴	97cm×50cm	299,000	北京保利	2019-12-02
王雪涛 1963年作 九秋图 镜心	29cm×126cm	759,000	北京荣宝	2019-12-01
王雪涛 1978年作 春桃长寿 立轴	69cm×46cm	333,500	北京诚轩	2019-11-16
王雪涛 1978年作 牡丹蝴蝶 立轴	179.5cm×90cm	2,242,500	北京荣宝	2019-12-01
王雪涛 1978年作 双秀图 镜心	69cm×45cm	207,000	中国嘉德	2019-11-17
王雪涛 1978年作 喜上眉梢 镜心	68cm×45cm	287,500	中国嘉德	2019-11-17
王雪涛 1979年作 八哥蜜蜂 镜心	68cm×32.5cm	253,000	中国嘉德	2019-06-02
王雪涛 1979年作 如意蝴蝶 立轴	69cm×39cm	287,500	北京荣宝	2019-12-01
王雪涛 1979年作 扬艳 立轴	96cm×59cm	345,000	中国嘉德	2019-10-15
王雪涛 1979年作 益寿图 镜心	134cm×69cm	1,495,000	北京荣宝	2019-12-01
王雪涛 1979年作 紫藤八哥 镜心	97cm×67cm	368,000	北京荣宝	2019-12-01
王雪涛 1980年作 大吉图 镜心	68cm×44.5cm	368,000	北京荣宝	2019-12-01
王雪涛 1981年作 斗鸡 立轴	93.5cm×61.5cm	632,500	中国嘉德	2019-11-17
王雪涛 1981年作 松石双寿 立轴	94.5cm×57.5cm	460,000	中国嘉德	2019-11-17
王雪涛 1981年作 松鼠葡萄 立轴	89cm×38cm	483,000	北京荣宝	2019-12-01
王雪涛 八哥捕蜂图 立轴	90cm×47cm	299,000	中贸圣佳	2019-06-07
王雪涛 白头富贵 立轴	65cm×32cm	322,000	北京荣宝	2019-12-01
王雪涛 百转千回 镜心	129cm×67cm	805,000	北京荣宝	2019-12-01
王雪涛 菜根香 立轴	45cm×45cm	253,000	广东崇正	2019-05-23
王雪涛 苍鹰乌桕图 立轴	97cm×50cm	1,000,500	北京荣宝	2019-12-01
王雪涛 曹克家 红蓼双猫 立轴	65.8cm×33.1cm	138,938	香港苏富比	2019-04-02
王雪涛 曹克家 寿客 立轴	65.5cm×33cm	172,500	北京银座	2019-06-05
王雪涛 茶花水仙 立轴	68cm×34cm	184,000	北京荣宝	2019-12-01
王雪涛 迟园秋夕册 镜心	33cm×33cm×12	2,990,000	北京荣宝	2019-12-01
王雪涛 迟园秋兴 成扇	19cm×51cm	184,000	北京保利	2019-12-01
王雪涛 春色十分 立轴	79cm×44cm	184,000	北京荣宝	2019-04-28
王雪涛 春长好 立轴	82cm×47cm	356,500	北京荣宝	2019-12-01
王雪涛 大吉图 立轴	68.3cm×34cm	205,200	佳士得	2019-05-28
王雪涛 大吉图 立轴	77cm×50.5cm	253,000	西泠印社	2019-07-06
王雪涛 蝶恋花 镜心	27.5cm×33cm	115,000	北京翰海	2019-06-14
王雪涛 蝶恋花 立轴	136cm×64.5cm	402,500	北京保利	2019-12-02
王雪涛 东风浓艳 立轴	88cm×46.5cm	345,000	上海匡时	2019-06-21

拍品名称	物品尺寸	成交价RMB	拍卖公司	拍卖日期
王雪涛 东篱一角 立轴	103cm×34cm	115,000	中国嘉德	2019-06-24
王雪涛 飞雪迎春 立轴	89cm×47cm	184,000	中国嘉德	2019-03-24
王雪涛 芙蓉翠鸟 立轴	67cm×34cm	368,000	北京荣宝	2019-12-01
王雪涛 芙蓉鸳鸯 立轴	100.5cm×33.5cm	172,500	北京保利	2019-06-04
王雪涛 富贵大吉 镜心	136cm×69cm	1,092,500	北京保利	2019-06-04
王雪涛 富贵吉祥 八屏立轴	142cm×45.5cm×8	21,850,000	北京荣宝	2019-12-01
王雪涛 富贵牡丹 立轴	68.5cm×46cm	345,000	中鸿信	2019-07-16
王雪涛 富贵神仙 立轴	89cm×31.5cm	253,000	北京荣宝	2019-12-01
王雪涛 荷花翠鸟 镜心	93.5cm×57.5cm	230,000	中国嘉德	2019-11-17
王雪涛 荷花翠鸟 立轴	95cm×33cm	195,500	北京翰海	2019-06-14
王雪涛 荷花翠鸟 立轴	67.5cm×45cm	402,500	北京荣宝	2019-12-01
王雪涛 荷花蜻蜓 立轴	99cm×33cm	172,500	中贸圣佳	2019-11-30
王雪涛 荷花蜻蜓 立轴	66cm×42.5cm	126,500	北京荣宝	2019-12-01
王雪涛 荷花鸳鸯 镜框	77cm×45cm	287,500	华艺国际	2019-08-10
王雪涛 荷趣 镜心	40.5cm×75.5cm	149,500	北京荣宝	2019-12-01
王雪涛 荷塘清趣 镜心	91cm×36cm	115,000	中国嘉德	2019-10-15
王雪涛 荷塘清趣 立轴	68.5cm×45.5cm	402,500	北京荣宝	2019-12-01
王雪涛 荷塘鸳鸯 立轴	66cm×31cm	138,000	中国嘉德	2019-11-17
王雪涛 荷雨带香鸣 镜心	46.5cm×88.5cm	195,500	北京匡时	2019-07-13
王雪涛 红艳 立轴	67cm×33.5cm	713,000	北京荣宝	2019-12-01
王雪涛 花虫册 册页（十开）	18cm×20.5cm×10	345,000	中国嘉德	2019-06-02
王雪涛 花蝶图 镜片	68cm×45.5cm	414,000	朵云轩	2019-06-22
王雪涛 花蝶图 立轴	100cm×34cm	126,500	中国嘉德	2019-10-15
王雪涛 花卉草虫 立轴	64cm×32cm	171,513	中国嘉德	2019-03-30
王雪涛 花卉册 册页（七开）	23.5cm×35.5cm×7	109,250	中贸圣佳	2019-11-30
王雪涛 花卉工虫 立轴	105cm×35.5cm	117,729	中国嘉德	2019-10-08
王雪涛 花卉精品册 册页	直径31cm×4；21.5cm×21.5cm×8	1,817,000	北京荣宝	2019-12-01
王雪涛 花卉四屏 镜心	23cm×13cm×4	402,500	荣宝斋（南京）	2019-07-21
王雪涛 花鸟 立轴	130cm×44cm	230,000	北京翰海	2019-06-14
王雪涛 花鸟对屏 立轴	42.5cm×22.5cm×2	126,500	中鸿信	2019-07-16
王雪涛 黄鹂石榴 立轴	67cm×33cm	165,890	中国嘉德	2019-10-08
王雪涛 锦鸡 镜心	92cm×70cm	172,500	北京翰海	2019-06-14
王雪涛 蓼花双鸭 立轴	33cm×34cm	218,500	北京荣宝	2019-12-01
王雪涛 凌霄八哥 立轴	34cm×34cm	195,500	北京荣宝	2019-12-01
王雪涛 凌霄得志 镜心	102cm×33cm	287,500	中国嘉德	2019-10-15
王雪涛 刘俊琦 1944年作 草虫花卉 小楷七言诗 成扇		230,000	中国嘉德	2019-06-24
王雪涛 梅蝶 镜心	33.5cm×72cm	207,000	中国嘉德	2019-11-18
王雪涛 梅花 立轴	67.5cm×45.5cm	172,500	北京匡时	2019-07-13
王雪涛 梅花八哥 镜心	66.5cm×44cm	112,700	北京荣宝	2019-04-28
王雪涛 梅花双蝶 立轴	68cm×41cm	161,000	北京荣宝	2019-10-12
王雪涛 牡丹 立轴	69cm×45cm	172,500	中贸圣佳	2019-11-30
王雪涛 牡丹 立轴	34cm×34cm	115,000	中国嘉德	2019-06-02
王雪涛 牡丹 立轴	68cm×41cm	667,000	北京荣宝	2019-12-01
王雪涛 牡丹蜂蝶 立轴	96cm×54.5cm	747,500	中国嘉德	2019-11-18
王雪涛 牡丹富贵 立轴	100cm×55cm	1,207,500	北京荣宝	2019-12-01
王雪涛 牡丹蝴蝶 立轴	68cm×50cm	252,225	中国嘉德	2019-03-30
王雪涛 牡丹蝴蝶 立轴	100cm×33.5cm	460,000	北京荣宝	2019-12-01
王雪涛 牡丹蝴蝶 立轴	69cm×46.5cm	575,000	北京保利	2019-12-02
王雪涛 牡丹蛱蝶 镜片	65.5cm×33cm	172,500	朵云轩	2019-06-22
王雪涛 拟王三泉法 立轴	102cm×33cm	287,500	北京荣宝	2019-12-01
王雪涛 潘龄皋 等 书画合璧 扇面	17.5cm×50cm	112,700	中国嘉德	2019-06-02
王雪涛 葡萄 立轴	42.5cm×22cm	115,000	北京荣宝	2019-12-01

拍品名称	物品尺寸	成交价RMB	拍卖公司	拍卖日期
王雪涛 葡萄八哥 立轴	68.5cm×33cm	287,500	北京银座	2019-06-05
王雪涛 溥儒 马晋 于非闇 陈半丁 吴光宇 1938年作 镜心	29cm×40cm×6	414,000	中国嘉德	2019-06-24
王雪涛 牵牛双喜 立轴	68.5cm×45cm	333,500	北京荣宝	2019-12-01
王雪涛 清供 立轴	83cm×51cm	310,500	中国嘉德	2019-06-02
王雪涛 清供 立轴	68cm×44.5cm	287,500	中国嘉德	2019-06-03
王雪涛 清供图 镜心	66cm×35cm	161,000	北京保利	2019-06-04
王雪涛 清趣 镜框	33cm×47cm×4	299,000	北京荣宝	2019-12-01
王雪涛 秋景 镜心	66cm×35cm	161,000	中国嘉德	2019-11-18
王雪涛 秋趣 镜心	36cm×41cm	138,000	北京荣宝	2019-10-12
王雪涛 秋趣 立轴	67cm×33cm	345,000	北京翰海	2019-06-14
王雪涛 秋趣 立轴	84.5cm×29cm	276,000	中鸿信	2019-07-16
王雪涛 秋味图 立轴	67cm×33cm	230,000	中国嘉德	2019-03-23
王雪涛 秋夕不寐 立轴	24cm×46cm	172,500	北京保利	2019-06-04
王雪涛 秋艳 立轴	19cm×53cm	109,250	北京荣宝	2019-12-01
王雪涛 生趣 立轴	89cm×30cm	253,000	荣宝斋（南京）	2019-07-21
王雪涛 事事如意 镜心	96cm×43cm	345,000	中国嘉德	2019-10-15
王雪涛 蔬果香 镜心	30cm×46cm	138,000	北京保利	2019-12-02
王雪涛 双喜图 镜心	69cm×34cm	253,000	北京荣宝	2019-04-28
王雪涛 松鹤 立轴	133cm×66cm	1,380,000	北京荣宝	2019-12-01
王雪涛 岁朝清供 立轴	104cm×33cm	483,000	北京荣宝	2019-12-01
王雪涛 隼击图 立轴	101cm×33cm	115,000	中国嘉德	2019-11-18
王雪涛 桃花鳜鱼 立轴	82cm×34cm	161,000	中国嘉德	2019-06-02
王雪涛 天香图 镜片	68cm×37.5cm	161,000	西泠印社	2019-07-06
王雪涛 铁线莲 立轴	79cm×43.5cm	253,000	北京匡时	2019-07-13
王雪涛 汪溶 花鸟合璧册 册页（十二开）	29cm×34cm×12	437,000	中贸圣佳	2019-11-30
王雪涛 汪溶 长年大吉 立轴	128.5cm×53cm	276,000	北京翰海	2019-06-14
王雪涛 汪慎生 吴镜汀 1939年作 桂花双兔 镜芯	94.5cm×36cm	138,000	中鸿信	2019-07-16
王雪涛 王一公 蝶恋花 自作集唐诗 成扇	18.5cm×51cm	138,000	北京诚轩	2019-11-16
王雪涛 吴镜汀 汪溶 花鸟 镜芯	118cm×39.5cm	195,500	中鸿信	2019-07-16
王雪涛 喜上梅梢 立轴	65cm×33cm	138,000	中国嘉德	2019-03-24
王雪涛 夏荷图 立轴	76.5cm×47.5cm	172,500	西泠印社	2019-07-06
王雪涛 仙寿大吉图 立轴	135cm×33.5cm	437,000	北京荣宝	2019-12-01
王雪涛 萧典铨 1939年作 幽禽图、小楷《酒德颂》成扇	17.5cm×47cm	184,000	北京匡时	2019-07-13
王雪涛 杏花粉蝶 立轴	36cm×46cm	184,000	中国嘉德	2019-11-17
王雪涛 徐操 等 1943年作 日暮倚修竹 立轴	108.3cm×32.7cm	109,250	北京诚轩	2019-06-01
王雪涛 雪梅 镜心	69cm×41cm	310,500	荣宝斋（南京）	2019-07-21
王雪涛 雪禽图 镜片	75.5cm×42.5cm	109,250	上海嘉禾	2019-09-07
王雪涛 幽香 立轴	79.5cm×43cm	402,500	北京荣宝	2019-12-01
王雪涛 鱼乐图 立轴	69cm×44cm	253,000	中国嘉德	2019-06-24
王雪涛 玉兰锦鸡 立轴	85cm×52.5cm	425,125	佳士得	2019-11-26
王雪涛 月季公鸡 镜心	114cm×61cm	747,500	北京保利	2019-06-04
王雪涛 月季马蜂 立轴	63.5cm×33cm	149,500	北京翰海	2019-06-14
王雪涛 长春 立轴	58cm×46cm	299,000	广东崇正	2019-05-23
王雪涛 折枝春供 镜框		201,390	纽约苏富比	2019-03-22
王雪涛 紫绶金章 立轴	93cm×38.5cm	195,500	北京翰海	2019-06-14
王雪涛 紫藤蜜蜂 镜心	38cm×69cm	126,500	中国嘉德	2019-10-15
王雪涛 紫藤游鱼 镜片		251,738	纽约苏富比	2019-03-22

拍品名称	物品尺寸	成交价RMB	拍卖公司	拍卖日期
王砚农 2018年作 远离颠倒梦想	100cm×50cm	138,000	北京翰海	2019-06-15
王一亭 1926年作 无量寿佛 书法 立轴	137cm×48cm; 150cm×33cm×2	460,000	北京保利	2019-12-02
王一亭 1936年作 百事如意 立轴	89cm×47cm	143,750	北京保利	2019-06-05
王一亭 观音图 立轴	146cm×40cm	207,000	北京保利	2019-08-24
王一亭 行书"题刘海粟画册"镜片	38.5cm×32.5cm	126,500	上海工美	2019-11-10
王镛 2001年作 青山隐居图 镜心	69cm×137cm	345,000	北京保利	2019-12-02
王镛 2005年作 行书诗三首 镜心	50.5cm×132cm	172,500	北京荣宝	2019-12-01
王镛 2005年作 疏树秋山图 镜心	126cm×69cm	483,000	北京荣宝	2019-06-13
王镛 2006年作 茅屋参差绿树低 镜框	136.5cm×67cm	402,500	北京荣宝	2019-12-01
王镛 2006年作 山养秋气重 镜心	65cm×66cm	178,250	北京荣宝	2019-12-01
王镛 2008年作 长卷唐诗十三首 镜心	37.5cm×261cm	333,500	北京荣宝	2019-04-28
王镛 2009年作 山水四屏 镜心	101cm×34cm×4	920,000	北京荣宝	2019-06-13
王镛 2017年作 书法《岳阳楼记》镜心	33cm×201cm	310,500	北京荣宝	2019-06-13
王镛 2019年作 读施补华《岘佣说诗》遣兴 镜心	29.5cm×100cm	149,500	北京荣宝	2019-06-13
王镛 草书四屏 镜心	131cm×33cm×4	414,000	北京荣宝	2019-06-13
王镛行书《波若波罗蜜多心经》镜心	33cm×131cm	299,000	北京荣宝	2019-12-01
王镛行书宋曹《书法约言》一则镜心	131cm×64cm	110,400	北京荣宝	2019-12-01
王镛 秋山图 镜心	68cm×138cm	322,000	北京荣宝	2019-04-28
王永刚 2018年作 金玉满堂 镜心	85cm×69cm	115,000	北京翰海	2019-03-29
王有政 2013年作 高原人家 镜心	124cm×247cm	230,000	北京荣宝	2019-12-01
王有政 2013年作 亲情 镜心	96.5cm×179cm	172,500	北京荣宝	2019-10-12
王玉山 高山仰止 镜心	69cm×177cm	105,800	北京保利	2019-11-20
王堉 为华公弼作松间读易图卷 手卷	引首 87.5cm×37cm; 画心 63.5cm×37cm; 题跋731cm×42cm	575,000	西泠印社	2019-07-06
王岳 听雨图 镜框	68cm×67cm	207,000	朵云轩	2019-04-15
王震 1913年作 插了梅花便过年 立轴	90.8cm×48cm	160,539	中国嘉德	2019-10-08
王震 1913年作 临瀑静修 立轴	111.7cm×42.3cm	143,750	北京诚轩	2019-06-01
王震 1914年作 摹顾曾寿杂画册 册页（十二开）	29cm×31.2cm×12	782,000	北京诚轩	2019-06-01
王震 1914年作 一苇渡江 立轴	130.5cm×39.3cm	126,500	北京诚轩	2019-06-01
王震 1915年作 溪山静坐 立轴	178cm×92cm	172,500	中国嘉德	2019-06-03
王震 1917年作 春意图 立轴	137cm×46cm	172,500	朵云轩	2019-06-22
王震 1918年作 无量寿佛 镜心	132cm×66cm	97,750	北京荣宝	2019-04-28
王震 1920年作 山茶花 立轴	157cm×40cm	115,000	北京翰海	2019-06-14
王震 1920年作 钟馗夜行 立轴	147.5cm×46.5cm	115,000	北京诚轩	2019-06-01
王震 1921年作 松鹤延年 立轴	148.5cm×79.5cm	97,750	上海嘉禾	2019-09-07
王震1922年作古意册册页（十二开）	33cm×47.9cm×12	632,500	北京诚轩	2019-06-01
王震 1922年作 寿三千年 立轴	132.5cm×40.4cm	184,000	北京诚轩	2019-06-01
王震 1922年作 钟馗拜观音 立轴	137.5cm×50cm	322,000	中国嘉德	2019-11-17
王震 1923年作 花卉 四屏 立轴	135cm×67cm×4	333,500	上海嘉禾	2019-09-07
王震 1923年作 苏武牧羊 立轴	108.5cm×33.5cm	104,885	中国嘉德	2019-10-08
王震 1923年作 桃花源 立轴	137cm×68.5cm	552,000	北京诚轩	2019-06-01
王震 1924年作 富贵鼎盛 立轴	138cm×68.5cm	287,500	上海嘉禾	2019-09-06
王震 1924年作 钟馗 立轴	103cm×54cm	117,729	中国嘉德	2019-10-08
王震 1925年作 达摩渡江图 立轴	28cm×35cm	126,500	中国嘉德	2019-06-02
王震 1925年作 达摩像 立轴	177cm×95cm	368,000	中国嘉德	2019-03-23
王震 1925年作 魁星点斗 立轴	135.5cm×34cm	270,250	北京诚轩	2019-06-01
王震 1925年作 梅鹤伴侣 立轴	134.8cm×56cm	249,425	香港苏富比	2019-10-07
王震 1927年作 多福多寿图 立轴	136cm×46.5cm	230,000	华艺国际	2019-08-10
王震 1928年作 松阁静坐 立轴	131.5cm×67cm	285,466	华艺国际	2019-05-27
王震 1929年作 富贵白头 立轴	136cm×49.5cm	205,200	佳士得	2019-05-28
王震 1929年作 无量寿佛 立轴	112.5cm×56.7cm	126,500	中国嘉德	2019-06-02
王震 1930年作 白鹭荷香图 立轴	177cm×93cm	101,200	西泠印社	2019-04-13
王震 1931年作 虚斋鉴古图 立轴	38.5cm×34cm	184,000	中国嘉德	2019-06-02
王震 1934年作 无量寿佛 立轴	134cm×65cm	138,000	北京银座	2019-06-05
王震 1940年作 献寿图 立轴	151.5cm×82cm	345,000	中鸿信	2019-07-16
王震 节录《道德经》册 册页（十开）	24.3cm×36.3cm×10	115,000	北京诚轩	2019-06-01
王震 梅妻鹤子 立轴	118cm×44cm	115,000	中贸圣佳	2019-06-07
王震 南无观世音像 立轴	100cm×46cm	356,500	保利厦门	2019-08-04
王震 吴昌硕 画、题 1916年作 水野元直像 镜心	34.5cm×104.8cm	333,500	北京诚轩	2019-06-01
王震 吴昌硕 画、题 1917年作 红衣达摩 立轴	113.5cm×33.5cm	356,500	北京诚轩	2019-06-01
王震 吴昌硕 画、题 1920年作 蹁跹老衲参禅偈 立轴	150.5cm×43cm	149,500	北京诚轩	2019-06-01
王震 吴昌硕 画、题 1921年作 策杖数归鸦 立轴	150.6cm×41.6cm	218,500	北京诚轩	2019-06-01
王震 吴昌硕 画、题 传灯 立轴	116cm×34cm	299,000	北京诚轩	2019-06-01
王震 吴昌硕 画、题清蔬伴吟趣 立轴	137.5cm×33.7cm	253,000	北京诚轩	2019-06-01
王震 夜游赤壁 镜框	136cm×66.5cm	126,500	保利厦门	2019-08-04
王震 于右任 画、题 1923年作 携履云游 立轴	147cm×40.2cm	293,250	北京诚轩	2019-06-01
王震 篆书"君子若钟"镜芯	41cm×136.5cm	97,750	中鸿信	2019-07-16
王禔 1917年作 各体篆书 四屏	143.5cm×37cm×4	184,000	西泠印社	2019-07-06
王志 2019年作 观音心经 镜心	90cm×61cm	632,500	北京翰海	2019-10-12
王铸九 春晓 立轴	136cm×69cm	126,500	泰和嘉成	2019-11-30
王子武 1977年作 柳条双喜图 镜心	69.5cm×35cm	158,700	北京荣宝	2019-12-01
王子武 1978年作 春禽柳枝图 镜片	68cm×45cm	322,000	西泠印社	2019-07-06
王子武 1979年作 立马 镜心	148cm×81cm	727,777	中国嘉德	2019-10-08
王子武 1980年作 双鹤 镜心	137cm×68.5cm	805,000	北京匡时	2019-07-13
王子武 1981年作 曹雪芹像 镜心	103cm×103cm	1,012,000	北京保利	2019-06-04
王子武 1981年作 虎 镜心	148cm×81cm	1,150,000	北京匡时	2019-07-13
王子武 1981年作 群鸡 镜心	69cm×46cm	172,500	北京保利	2019-12-02
王子武 1982年作 母子图 镜片	69cm×46cm	166,750	广东崇正	2019-05-23
王子武 1984年作 鹤寿 立轴	96.2cm×58.5cm	251,738	纽约佳士得	2019-03-19
王子武 1984年作 梅花母鸡 立轴	68cm×48cm	231,173	纽约佳士得	2019-09-10
王子武 1984年作 凝雪 立轴	67cm×44.5cm	207,000	中国嘉德	2019-11-17
王子武 1984年作 鹊声新竹识新晴 立轴	68.5cm×45.5cm	166,750	广东崇正	2019-05-23
王子武 1985年作 仕女 镜片	82cm×50cm	373,433	纽约佳士得	2019-09-10
王子武 1986年作 钟馗 立轴	136.2cm×68.3cm	2,517,375	纽约佳士得	2019-03-19
王子武 奔马 镜心	151cm×83.5cm	517,500	中贸圣佳	2019-11-30
王子武 曹雪芹像 立轴	136cm×69cm	1,644,881	纽约佳士得	2019-09-10
王子武 春色永年 镜片	69cm×137.5cm	1,725,000	广东崇正	2019-11-28
王子武 丹顶鹤 立轴	69cm×46cm	138,000	上海匡时	2019-06-21
王子武 杜甫诗意 立轴	65cm×47cm	230,000	北京荣宝	2019-06-13
王子武 行书五言联 镜片	134cm×33cm×2	132,250	广东崇正	2019-11-28
王子武 荷塘小鸟 立轴	69cm×45cm	97,750	中贸圣佳	2019-08-16
王子武 红花瓢虫 立轴	68cm×33cm	138,000	北京荣宝	2019-06-13
王子武 牡丹 镜片	92cm×33.5cm	149,500	广东崇正	2019-11-28
王子武 牡丹富贵图 镜心	100.5cm×34.5cm	373,750	北京荣宝	2019-06-13
王子武 女子像	59cm×46.5cm	253,000	北京荣宝	2019-12-01
王子武 人物 镜心	91cm×45cm	218,500	中贸圣佳	2019-06-07
王子武 蛙趣图 立轴	89.5cm×34.5cm	253,000	北京荣宝	2019-06-13

拍品名称	物品尺寸	成交价RMB	拍卖公司	拍卖日期
王子武 蛙戏图 镜心	69cm×47cm	149,500	中贸圣佳	2019-06-07
王子武 喜鹊 镜片	67cm×45cm	184,000	上海嘉禾	2019-09-07
王子武 长春 镜片	96cm×53cm	287,500	广东崇正	2019-11-28
韦江凡 陈大章 1996年作 天涯芳草 镜心	93cm×176cm	115,000	北京保利	2019-11-20
尾形光琳 三鹿图	79cm×47cm	587,388	纽约佳士得	2019-03-21
尉晓榕 2001年作 牧阵图 立轴	138cm×34cm	115,000	广东崇正	2019-05-23
魏道武 心若菩提 镜片	120cm×120cm	171,600	保信利诚	2019-02-07
魏贺君 霞光照山林 镜框	84cm×63cm	345,000	荣宝斋（南京）	2019-05-21
魏葵 2019年作 花阴棕马 镜心	136cm×69cm	207,000	北京保利	2019-06-03
魏良 2017年作 书法	68cm×136cm	115,000	北京翰海	2019-06-15
魏启后 1994年作 花鸟四条屏 镜心	92cm×34cm×4	276,000	北京荣宝	2019-04-28
魏启后 2006年作 行书四屏 镜心	99cm×53cm×4	109,250	北京荣宝	2019-06-13
魏瀛洲 1954年作 打渔杀家 镜片	73cm×49cm	172,500	西泠印社	2019-07-07
魏紫熙 1963年作 桔树经霜分外红 立轴	69cm×46cm	322,000	华艺国际	2019-08-10
魏紫熙 1975年作 黄山秋色 镜心	66.5cm×43.5cm	149,500	北京诚轩	2019-06-01
魏紫熙 1976年作 李白诗意图 立轴	69cm×45cm	264,500	北京荣宝	2019-12-01
魏紫熙 1979年作 凤城山色 镜心	68cm×138cm	713,000	北京荣宝	2019-12-01
魏紫熙 1979年作 松云飞瀑图 立轴	67cm×45cm	115,000	上海嘉禾	2019-09-07
魏紫熙 1981年作 黄山秋色图 镜片	139cm×69.5cm	483,000	西泠印社	2019-07-06
魏紫熙 1986年作 松谷鸣泉 立轴	68.2cm×45.2cm	145,438	佳士得	2019-11-18
魏紫熙 1987年作 山亭云飞 镜心	67cm×46cm	97,750	北京保利	2019-06-04
魏紫熙 1989年作 云山松风 镜框	68cm×68cm	118,800	佳士得	2019-05-28
魏紫熙 擦枪战士 镜心	45cm×34cm	126,500	南京经典	2019-07-19
魏紫熙 春雪 镜心框	35.5cm×25.5cm	299,000	中贸圣佳	2019-08-16
魏紫熙 海军 镜心	45cm×34cm	126,500	南京经典	2019-07-19
魏紫熙 黄山气象站 立轴	69cm×45cm	103,500	荣宝斋（南京）	2019-07-21
魏紫熙 卡拉奇小景 镜心	54cm×70cm	184,000	荣宝斋（南京）	2019-07-21
魏紫熙 太行清音 镜心	59.5cm×96.5cm	575,000	荣宝斋（南京）	2019-07-21
魏紫熙 五好战士 镜心	45cm×34cm	126,500	南京经典	2019-07-19
魏紫熙 峡江山居图 镜心	44cm×68cm	126,500	南京经典	2019-07-19
魏紫熙 雪山夕照 镜心	64cm×132cm	299,000	荣宝斋（南京）	2019-07-21
魏紫熙 宜兴林场 镜心	43.5cm×66.5cm	345,000	中国嘉德	2019-11-18
温永琛 1982年作 群儿戏鸢图 镜片	120cm×246cm	167,825	纽约佳士得	2019-03-19
温永琛 张韶石 蛱蝶图 立轴	141.5cm×73.5cm	108,000	佳士得	2019-05-20
文怀沙 书法四屏 镜心	123cm×34cm×4	230,000	北京荣宝	2019-06-13
文蔚 2018年作 荣曜秋菊——古才女（二帧）镜心	70cm×33cm×2	322,000	北京保利	2019-12-02
文蔚 2019年作 荆山松风 镜心	34cm×137.5cm	345,000	北京保利	2019-06-03
文蔚 文林女史（二帧）立轴	90cm×34.5cm×2	517,500	北京荣宝	2019-06-13
闻一多 陆澹盦 金文中堂、隶书七言联 立轴	对联130cm×26c；中堂68cm×33cm	402,500	中贸圣佳	2019-06-07
翁绶祺 翁瑞午 清奇古怪四屏 立轴	105cm×50cm×4	605,340	保利香港	2019-04-01
吴昌硕（传）厓鞠 立轴	74cm×36.5cm	125,869	纽约佳士得	2019-03-21
吴昌硕 1883年作 篆书十言联 对联	135cm×22cm×2	161,000	西泠印社	2019-07-06
吴昌硕 1887年作 节临石鼓文 立轴	130cm×31.5cm	322,000	北京荣宝	2019-06-13
吴昌硕 1890年作 石鼓文七言联 立轴	134cm×31cm×2	322,000	北京荣宝	2019-12-01
吴昌硕 1890年作 幽兰柚实 立轴	122cm×46.5cm	1,725,000	北京保利	2019-06-04
吴昌硕 1890年作 篆书四条屏 立轴	150cm×36cm×4	575,000	北京荣宝	2019-12-01
吴昌硕 1891年作 清姿逸态 立轴四屏	各50.8cm×36.6cm(4)	908,438	香港苏富比	2019-04-02
吴昌硕 1891年作 匋尊秋葵 立轴	91.5cm×27.5cm	437,000	北京保利	2019-12-02
吴昌硕 1892年作 袁安卧雪图 横披	33.5cm×135cm	2,127,500	北京银座	2019-06-05
吴昌硕 1894年作 书画双挖 立轴	24.6cm×24.6cm×2	195,500	中国嘉德	2019-11-17
吴昌硕 1895年作 春意 立轴	150cm×40cm	506,000	上海嘉禾	2019-09-06
吴昌硕 1895年作 乾坤清气 立轴	132cm×38.5cm	241,500	中国嘉德	2019-11-17
吴昌硕 1895年作 篆书"信天居"镜心	33.5cm×119cm	575,000	北京保利	2019-06-04
吴昌硕 1897年作 和平是福 镜心	118cm×39cm	460,000	北京保利	2019-06-05
吴昌硕 1898年作 兰石图 镜心	40cm×166cm	506,000	北京保利	2019-06-04
吴昌硕 1899年作 白菜 镜心	67.5cm×18.5cm	195,500	中国嘉德	2019-11-18
吴昌硕 1900年作 锦上添花图 镜心	126cm×62cm	862,500	中国嘉德	2019-10-15
吴昌硕 1900年作 菊花 镜心	134cm×50cm	1,207,500	中国嘉德	2019-06-02
吴昌硕 1900年作 幽兰高致图 立轴	96.5cm×84cm	690,000	西泠印社	2019-07-06
吴昌硕 1900年作 篆书 七言联 对联	162cm×28cm×2	287,500	西泠印社	2019-04-13
吴昌硕 1900年作 篆书七言联 立轴	163cm×34cm×2	192,647	中国嘉德	2019-10-08
吴昌硕 1902年作 兰花图 扇页	51cm×17.5cm	172,500	西泠印社	2019-07-07
吴昌硕 1902年作 兰花图 扇页	51cm×17.5cm	149,500	西泠印社	2019-09-21
吴昌硕 1902年作 折梅煮茶图 镜片	39cm×30cm	161,000	西泠印社	2019-07-06
吴昌硕 1902年作 竹氛碧衣搽 立轴	144cm×68cm	483,000	北京诚轩	2019-11-16
吴昌硕 1902年作 竹石图 立轴	143.5cm×78cm	644,000	西泠印社	2019-04-13
吴昌硕 1903年作 红菊 立轴	148cm×40cm	483,000	中国嘉德	2019-06-03
吴昌硕 1903年作 红梅 扇片	17.5cm×52cm	276,000	朵云轩	2019-06-22
吴昌硕 1903年作 石鼓文七言联 立轴	136.5cm×29.5cm×2	230,000	中国嘉德	2019-06-03
吴昌硕 1904年作 和气生春图 立轴	119cm×48cm	1,380,000	北京保利	2019-12-02
吴昌硕 1904年作 葫芦 立轴	129cm×47.5cm	353,115	中国嘉德	2019-03-30
吴昌硕 1905年作 荷趣 立轴	172cm×93cm	1,380,000	北京保利	2019-06-04
吴昌硕 1905年作 花卉清供册 册页（十二开）	画42cm×42cm×12；题41.5cm×41.5cm	25,300,000	中国嘉德	2019-11-18
吴昌硕 1906年作 侍茗赏菊图 立轴	95cm×38cm	793,625	香港苏富比	2019-10-07
吴昌硕 1906年作 紫气东来 立轴	123cm×54cm	920,000	上海嘉禾	2019-09-06
吴昌硕 1907年作 德斋诗人小影 立轴	125cm×46cm	1,150,000	朵云轩	2019-06-22
吴昌硕 1908年作 芙蕖秋光 立轴	132cm×57.5cm	287,500	北京诚轩	2019-11-16
吴昌硕 1908年作 石鼓文七言联 立轴	134.5cm×32.5cm×2	126,500	中国嘉德	2019-06-03
吴昌硕 1909年作 篱菊图 立轴	132cm×39cm	287,500	北京银座	2019-06-05
吴昌硕 1909年作 浥露天香 立轴	149cm×80.5cm	2,530,000	北京银座	2019-06-05
吴昌硕 1910年作 老干寒梅 镜框	88.7cm×46cm	226,750	香港苏富比	2019-10-07
吴昌硕 1910年作 为郑文焯作盆草秋菊图 镜片	123cm×42cm	1,150,000	西泠印社	2019-07-06
吴昌硕 1911年作 牡丹寿石图 立轴	115.5cm×30.5cm	483,000	北京银座	2019-06-05
吴昌硕 1911年作 秋篱菊石 立轴	178.9cm×94.3cm	1,603,125	香港苏富比	2019-04-02
吴昌硕 1911年作 石鼓文六言联 立轴	134cm×31.3cm×2	483,000	北京荣宝	2019-12-01
吴昌硕 1911年作 天竺图 立轴	172.5cm×95cm	2,932,500	朵云轩	2019-06-22
吴昌硕 1912年作 富贵神仙 立轴	136cm×68.5cm	3,220,000	北京保利	2019-06-04
吴昌硕 1912年作 节临石鼓文 立轴	130.5cm×53.5cm	747,500	北京荣宝	2019-12-01
吴昌硕 1912年作 美意延年图 立轴	148cm×80cm	1,897,500	西泠印社	2019-04-13
吴昌硕 1912年作 墨竹 立轴	135cm×33.5cm	575,000	西泠印社	2019-07-06
吴昌硕 1912年作 竹石图 立轴	150cm×45cm	437,000	北京保利	2019-06-04
吴昌硕 1913年作 旧时月色 立轴	139cm×38cm	460,000	北京保利	2019-12-02
吴昌硕 1913年作 秋菊 立轴	151cm×46cm	287,500	北京荣宝	2019-04-28
吴昌硕 1913年作 石鼓七言联 立轴	129cm×31cm×2	563,500	北京诚轩	2019-06-01
吴昌硕 1913年作 溪山清隐图 立轴	140.5cm×52.5cm	1,150,000	上海明轩	2019-04-28
吴昌硕 1913年作 依样 立轴	138cm×34cm	1,012,000	中国嘉德	2019-11-17

(成交价RMB：10万元以上)

拍品名称	物品尺寸	成交价RMB	拍卖公司	拍卖日期
吴昌硕 1913年作 篆书 七言联 对联	132cm×32.5cm×2	322,000	西泠印社	2019-07-06
吴昌硕1913年作篆书“逍遥游”立轴	117cm×31.5cm	345,000	中鸿信	2019-07-16
吴昌硕 1913年作 篆书七言联（两幅）立轴	133.5cm×31cm×2	345,600	佳士得	2019-05-28
吴昌硕 1914年作 富贵神仙 立轴	127.5cm×42cm	322,000	中鸿信	2019-07-16
吴昌硕 1914年作 梅花 立轴	136cm×44cm	977,500	广东崇正	2019-05-23
吴昌硕 1914年作 梅花 立轴	93.5cm×41.5cm	598,000	广东崇正	2019-11-27
吴昌硕 1914年作 清供图 立轴	83cm×37cm	230,000	北京翰海	2019-03-29
吴昌硕 1914年作 松梅双清 立轴	132cm×33cm×2	1,552,500	北京保利	2019-06-04
吴昌硕 1914年作 天竹如花图 立轴	135cm×45cm	793,500	北京保利	2019-12-02
吴昌硕 1914年作 听松看山图 立轴	137.0cm×41.0cm	1,092,500	中国嘉德	2019-11-18
吴昌硕 1915年作 富贵永固 立轴	152cm×41cm	460,000	广东崇正	2019-05-23
吴昌硕 1915年作 葫芦 立轴	138.5cm×67.5cm	4,945,000	中国嘉德	2019-06-02
吴昌硕 1915年作 花卉湖石 立轴	135cm×66.5cm	171,242	中国嘉德	2019-10-08
吴昌硕 1915年作 节临石鼓文 立轴	100.5cm×64cm	230,000	北京荣宝	2019-12-01
吴昌硕 1915年作 节临石鼓文 立轴	136cm×53cm	460,000	北京保利	2019-12-01
吴昌硕 1915年作 金秋盛菊 立轴	130cm×66cm	2,300,000	北京匡时	2019-07-13
吴昌硕 1915年作 菊石图 立轴	141cm×40.5cm	713,000	西泠印社	2019-07-06
吴昌硕 1915年作 梅石竹图 立轴	132.5cm×34.5cm	552,000	北京银座	2019-06-05
吴昌硕 1915年作 美意延年 立轴	126cm×44cm	1,955,000	上海嘉禾	2019-09-06
吴昌硕 1915年作 牡丹水仙 立轴	138cm×40cm	129,600	佳士得	2019-05-28
吴昌硕 1915年作擎间风雨生苍翠立轴	137cm×33cm	230,000	北京荣宝	2019-04-28
吴昌硕 1915年作 石鼓文六言联 立轴	149cm×40cm×2	690,000	中国嘉德	2019-11-17
吴昌硕 1915年作 石鼓文七言联 立轴	129cm×25.5cm×2	345,000	中国嘉德	2019-06-03
吴昌硕 1915年作 石鼓文七言联 立轴	169.5cm×41.5cm×2	97,750	中国嘉德	2019-11-17
吴昌硕 1915年作 石鼓文书法对联（两幅）立轴	118cm×21.2cm×2	453,600	佳士得	2019-05-28
吴昌硕 1915年作 书法一雪庐 镜框	36.5cm×123cm	378,000	佳士得	2019-05-28
吴昌硕 1915年作 水仙 立轴	134.5cm×34cm	437,000	中国嘉德	2019-11-18
吴昌硕 1915年作 松梅灵石 立轴	153cm×72cm	1,035,000	中鸿信	2019-07-16
吴昌硕 1915年作 岁寒竹石 立轴	152.5cm×43cm	299,673	保利香港	2019-10-06
吴昌硕 1915年作 铁网珊瑚 镜心	132.5cm×66cm	713,000	中国嘉德	2019-11-17
吴昌硕 1915年作 篆书 临石鼓文 立轴	146.5cm×38.5cm	299,000	西泠印社	2019-07-07
吴昌硕 1915年作 篆书“怀德唯明”镜芯	34cm×139cm	1,840,000	中鸿信	2019-07-16
吴昌硕 1915年作 篆书七言联 对联	161.5cm×30cm×2	425,500	上海嘉禾	2019-09-06
吴昌硕 1915年作 篆书十一言联 对联	144.5cm×31cm×2	920,000	上海嘉禾	2019-09-06
吴昌硕 1916年作 贵寿无极 立轴	137cm×34.5cm	149,500	中国嘉德	2019-06-03
吴昌硕 1916年作 行书王一亭自寿诗 立轴	29cm×28cm	253,000	北京保利	2019-12-01
吴昌硕 1916年作 花卉四屏 立轴	126cm×40.6cm×4	9,890,000	北京荣宝	2019-06-13
吴昌硕 1916年作 兰石图 立轴	136cm×48cm	805,000	北京匡时	2019-07-13
吴昌硕 1916年作 柳阴泛舟图 立轴	73.5cm×35.5cm	2,748,500	北京银座	2019-06-05
吴昌硕 1916年作 墨莲图 立轴	135.5cm×35.5cm	345,000	北京荣宝	2019-12-01
吴昌硕 1916年作 墨梅 立轴	140.5cm×35cm	201,780	中国嘉德	2019-03-30
吴昌硕 1916年作 墨梅图 立轴	130cm×32cm	230,000	西泠印社	2019-07-07
吴昌硕 1916年作 天香国色 立轴	179cm×53cm	3,450,000	中国嘉德	2019-06-03
吴昌硕 1916年作 朱竹 镜框	113.3cm×33.9cm	374,063	香港苏富比	2019-04-02
吴昌硕 1916年作 篆书 立轴	116.5cm×49.5cm	632,500	朵云轩	2019-06-22
吴昌硕 1917年作 竹林七贤图 立轴	128.5cm×42.5cm	2,012,500	上海明轩	2019-04-28
吴昌硕 1917年作 富贵花开 立轴	152cm×82cm	7,475,000	北京保利	2019-06-04
吴昌硕 1917年作 九秋风露图 立轴	135cm×68cm	1,380,000	中鸿信	2019-07-16
吴昌硕 1917年作 冷艳图 立轴	132cm×41.5cm	1,380,000	华艺国际	2019-08-10
吴昌硕 1917年作 柳燕图 立轴	140cm×39cm	95,846	北京匡时	2019-04-02
吴昌硕 1917年作 石鼓文中堂 立轴	145cm×76cm	1,092,500	北京荣宝	2019-12-01
吴昌硕 1917年作 水仙图 立轴	137cm×34cm	862,500	北京荣宝	2019-12-01
吴昌硕 1917年作 天竺 立轴	134cm×42cm	1,265,000	北京荣宝	2019-12-01
吴昌硕 1917年作 嫣红映锦 镜心	135.5cm×33cm×4	5,980,000	北京荣宝	2019-12-01
吴昌硕 1917年作 篆书 七言诗 立轴	140.5cm×35.5cm	828,000	西泠印社	2019-07-06
吴昌硕 1917年作 篆书八言联 对联	172cm×31.5cm×2	1,092,500	上海嘉禾	2019-09-06
吴昌硕 1917年作 篆书八言联 立轴	148cm×35cm×2	414,000	中国嘉德	2019-06-03
吴昌硕 1917年作 篆书七言联 对联	131cm×31cm×2	690,000	上海嘉禾	2019-09-07
吴昌硕 1917年作 篆书五言 对联	116.5cm×26cm×2	310,500	朵云轩	2019-06-22
吴昌硕 1918年作 赤城霞气 镜片	138cm×32cm	483,000	上海嘉禾	2019-09-06
吴昌硕 1918年作 古墨生春 立轴	144cm×41.5cm	1,380,000	上海嘉禾	2019-09-06
吴昌硕 1918年作 国色天香 立轴	136cm×26cm	172,500	中国嘉德	2019-10-16
吴昌硕 1918年作 行书书法 立轴	149cm×40.4cm	237,600	佳士得	2019-05-28
吴昌硕 1918年作 隶书六言 对联	138.5cm×34.5cm×2	1,725,000	朵云轩	2019-06-22
吴昌硕 1918年作 梅石图 立轴	151.5cm×40.4cm	702,000	佳士得	2019-05-28
吴昌硕 1918年作 秋菊图 立轴	136cm×33cm	138,000	北京保利	2019-06-04
吴昌硕 1918年作 珊瑚珠 立轴	133cm×41.5cm	230,000	中国嘉德	2019-11-18
吴昌硕 1918年作 石鼓文 立轴	116.5cm×42cm	402,500	朵云轩	2019-06-22
吴昌硕 1918年作 石鼓文《车工·吾车篇 汧殹篇》（四幅）镜框	138.5cm×40cm×4	1,944,000	佳士得	2019-05-28
吴昌硕 1918年作 松色不肯秋 立轴	136.5cm×40cm	920,000	上海嘉禾	2019-09-06
吴昌硕 1918年作 岁寒三友三屏 立轴	136cm×41cm×3	1,667,500	北京保利	2019-06-04
吴昌硕 1918年作 竹石图 立轴	139.3cm×68.5cm	3,220,000	北京保利	2019-06-04
吴昌硕 1918年作 篆书 四条屏	133cm×32cm×4	230,000	中国嘉德	2019-03-24
吴昌硕 1918年作 篆书五言联 立轴	117cm×21cm×2	402,500	北京保利	2019-12-02
吴昌硕 1919、1922年作 吴门谪居诗画卷手卷	画: 28.5cm×55.5cm书: 24.5cm×47.5cm	1,603,125	香港苏富比	2019-04-02
吴昌硕 1919年作 春江独钓图 镜芯	86cm×180.5cm	3,795,000	中鸿信	2019-07-16
吴昌硕 1919年作 富贵花开图 立轴	134cm×34cm	862,500	上海匡时	2019-06-21
吴昌硕 1919年作 富贵牡丹 立轴	72.5cm×35.5cm	816,500	上海嘉禾	2019-09-06
吴昌硕 1919年作 荷趣 立轴	109.5cm×47cm	345,000	中鸿信	2019-07-16
吴昌硕 1919年作 看山图 立轴	137.5cm×58.5cm	805,000	西泠印社	2019-07-06
吴昌硕 1919年作 梅花湖石 立轴	137.5cm×34cm	403,560	中国嘉德	2019-03-30
吴昌硕 1919年作 松旭寿图 立轴	148cm×63cm	2,300,000	北京保利	2019-12-02
吴昌硕 1919年作 竹如意斋 镜心	35cm×134cm	2,300,000	上海明轩	2019-04-28
吴昌硕1919年作篆书“乐贤庐”镜心	34.3cm×135.6cm	747,500	北京荣宝	2019-06-13
吴昌硕 1919年作 篆书八言联 镜框	205cm×44cm×2	2,070,000	华艺国际	2019-08-10
吴昌硕 1919年作 紫藤图 立轴	153cm×45cm	690,000	西泠印社	2019-07-06
吴昌硕 1920年作 春江小景 立轴	132cm×33cm	353,115	北京匡时	2019-04-02
吴昌硕 1920年作 福禄图 立轴	93.5cm×43cm	103,500	上海嘉禾	2019-04-16
吴昌硕 1920年作 行书 半淞园诗 立轴	131.5cm×33.5cm	402,500	西泠印社	2019-07-07
吴昌硕 1920年作 花卉对屏 立轴	146cm×41cm×2	1,380,000	北京保利	2019-12-02
吴昌硕 1920年作 芦雁图 立轴	134cm×38.5cm	667,000	西泠印社	2019-09-21
吴昌硕 1920年作 钟进士图 镜片	132.5cm×40.5cm	862,500	西泠印社	2019-07-07
吴昌硕 1920年作 自作诗《和是空先生即席句》立轴	148.3cm×40.2cm	391,000	北京诚轩	2019-06-01
吴昌硕 1921年作 东篱佳色 立轴	138cm×53cm	690,000	北京诚轩	2019-11-16
吴昌硕 1921年作 古木幽岩 立轴	136.0cm×66.0cm	1,955,000	中国嘉德	2019-11-18
吴昌硕 1921年作 行书七言联 立轴	125cm×22cm×2	805,000	北京荣宝	2019-04-28
吴昌硕 1921年作 碣石幽兰 立轴	138cm×34cm	368,000	中国嘉德	2019-06-24
吴昌硕 1921年作 菊石图 镜心	108cm×45cm	1,495,000	北京保利	2019-12-02
吴昌硕 1921年作 老少兼固 立轴	137cm×33.5cm	230,000	北京保利	2019-06-04
吴昌硕1921年作隶书“坎盦”横披镜框	34cm×135cm	1,610,000	上海嘉禾	2019-09-06

拍品名称	物品尺寸	成交价RMB	拍卖公司	拍卖日期
吴昌硕 1921年作 美意延年 立轴	120cm×46cm	805,000	中国嘉德	2019-06-03
吴昌硕 1921年作 秋菊 立轴	119cm×50.5cm	828,000	北京荣宝	2019-12-01
吴昌硕 1921年作 虬龙 立轴	150.5cm×40.5cm	345,000	中国嘉德	2019-11-17
吴昌硕 1921年作 石鼓文书法 六折屏风	144cm×39.3cm×6	1,566,250	佳士得	2019-11-26
吴昌硕 1921年作 松色不肯秋 立轴	130cm×33cm	103,500	北京保利	2019-06-04
吴昌硕 1921年作 题画菊诗 镜心	129cm×32cm	460,000	北京保利	2019-06-05
吴昌硕 1921年作 篆书 节临石鼓文 镜片	143.5cm×38cm	437,000	西泠印社	2019-07-06
吴昌硕 1921年作 自作诗《涉趣海隅书酒家》扇面镜心	18.5cm×52.5cm	103,500	北京诚轩	2019-06-01
吴昌硕 1922年作 行书 立轴	179cm×47cm	230,000	北京荣宝	2019-04-28
吴昌硕 1922年作 花卉 立轴	126cm×62cm	109,250	北京翰海	2019-06-14
吴昌硕 1922年作 斓斑秋色 立轴	133cm×67cm	1,150,000	北京保利	2019-06-04
吴昌硕 1922年作 卢橘夏熟 立轴	106.4cm×32.7cm	476,175	香港苏富比	2019-10-07
吴昌硕 1922年作 露气 立轴	132cm×33cm	276,000	广东崇正	2019-11-28
吴昌硕 1922年作 美意延年 立轴	119cm×48cm	1,840,000	北京保利	2019-12-02
吴昌硕1922年作 云想衣裳花想容 立轴	157cm×41cm	2,817,500	北京荣宝	2019-12-01
吴昌硕 1923年作 行书录重游泮宫诗 立轴	128cm×39cm	345,000	中鸿信	2019-07-16
吴昌硕 1923年作 行书自作诗 成扇	18cm×50cm	402,500	北京保利	2019-12-01
吴昌硕 1923年作 岁朝清供 立轴	94cm×43cm	1,495,000	北京保利	2019-06-04
吴昌硕 1923年作 篆书 临石鼓文 立轴	131cm×30cm	322,000	西泠印社	2019-07-07
吴昌硕 1923年作 篆书 临石鼓文 立轴	131cm×30cm	322,000	西泠印社	2019-09-22
吴昌硕 1923年作 篆书"康乐"镜心	33.5cm×101.5cm	460,000	北京保利	2019-06-04
吴昌硕 1923年作 篆书八言联 对联	198cm×40cm×2	97,750	中国嘉德	2019-10-16
吴昌硕 1924年作 村居图 立轴	44.5cm×30.5cm	391,000	西泠印社	2019-07-06
吴昌硕 1924年作 胭红满枝 行书诗 成扇	19cm×46cm	1,282,500	香港苏富比	2019-04-02
吴昌硕 1924年作 珠光露气图 立轴	143cm×34.5cm	517,500	西泠印社	2019-07-06
吴昌硕 1925年作 行书跋顾沄临董其昌山水 镜心	36.5cm×95cm	172,500	北京保利	2019-12-01
吴昌硕 1925年作 集石鼓文五言联 立轴	158.5cm×42cm×2	1,150,000	北京保利	2019-12-01
吴昌硕 1925年作 菊石图 立轴	138cm×34cm	747,500	中国嘉德	2019-11-17
吴昌硕 1926年作 富贵博古图 镜心	24cm×67cm	564,984	北京匡时	2019-04-02
吴昌硕 1926年作 富贵神仙 立轴	145.5cm×41cm	1,380,000	北京诚轩	2019-06-01
吴昌硕1926年作行书"月浸楼"镜芯	27cm×98cm	172,500	中鸿信	2019-07-17
吴昌硕 1926年作 行书自作诗 立轴	116cm×49cm	862,500	中国嘉德	2019-06-04
吴昌硕 1926年作 集石鼓文七言联 立轴	132cm×32cm×2	839,500	北京保利	2019-12-01
吴昌硕 1926年作 竹石图 立轴	126cm×51cm	575,000	北京保利	2019-12-02
吴昌硕 1926年作 篆书强自取柱 镜片	140cm×37.5cm	1,092,500	西泠印社	2019-07-06
吴昌硕 1926年作 篆书"小留香馆"镜心	33.3cm×136.5cm	2,760,000	中国嘉德	2019-11-17
吴昌硕 1927年作 赤城霞 立轴	140cm×37cm	747,500	上海嘉禾	2019-09-06
吴昌硕白石招饮六三园遇大风雨镜心	23.5cm×30.5cm	184,000	中国嘉德	2019-11-18
吴昌硕 笔底明珠 立轴	134.5cm×33.3cm	598,000	北京诚轩	2019-06-01
吴昌硕 春风奉出红盘盂 节临石鼓文 镜芯	画 10.5cm×39cm; 书法 13cm×42.5cm	747,500	中鸿信	2019-07-16
吴昌硕 春风楼 镜心	30cm×140cm	230,000	北京荣宝	2019-04-28
吴昌硕 大富贵图 立轴	87cm×47.5cm	575,000	西泠印社	2019-07-06

拍品名称	物品尺寸	成交价RMB	拍卖公司	拍卖日期
吴昌硕 等 花卉 扇片	18cm×52cm	356,500	朵云轩	2019-04-14
吴昌硕 端阳清供 立轴	132cm×53cm	1,127,000	中贸圣佳	2019-06-07
吴昌硕 多体书七言联 立轴	144cm×19.5cm×2	1,265,000	北京保利	2019-12-02
吴昌硕 缶师三绝卷 手卷	引首23cm×85cm; 画23cm×139.5cm; 字18cm×263.5cm; 印19cm×213cm	6,900,000	中国嘉德	2019-06-02
吴昌硕 富贵寿石 立轴	150cm×40cm	402,500	上海嘉禾	2019-04-16
吴昌硕 庚戌（1910年作 富贵牡丹图 镜芯	32.5cm×34cm	253,000	中鸿信	2019-07-16
吴昌硕 庚戌（1910年作 黄花菖蒲 镜片	79.5cm×96.5cm	2,070,000	朵云轩	2019-06-22
吴昌硕 古柯水仙图 立轴	137cm×34cm	920,000	中贸圣佳	2019-06-07
吴昌硕 国色天香 立轴	133cm×34cm	207,000	北京保利	2019-08-24
吴昌硕 寒雪碧玉图 立轴	131cm×33.5cm	1,150,000	南京经典	2019-07-19
吴昌硕 行书 立轴	133cm×31.5cm	322,000	中贸圣佳	2019-06-07
吴昌硕 行书七言联 画心	116cm×33.5cm×2	437,000	西泠印社	2019-07-06
吴昌硕 行书题画诗 扇页	53cm×18cm	195,500	西泠印社	2019-04-13
吴昌硕 行书 致其子吴涵信札一通 镜片	15.5cm×15cm; 24cm×12.5cm×2	112,700	西泠印社	2019-04-13
吴昌硕 行书七言诗 立轴	91.3cm×48cm	322,000	中国嘉德	2019-06-02
吴昌硕 行书诗稿 镜心	15cm×77cm	115,000	中国嘉德	2019-03-24
吴昌硕 荷花图 立轴	116cm×40cm	667,000	上海匡时	2019-06-21
吴昌硕 荷花图 立轴	96cm×35cm	494,500	西泠印社	2019-07-06
吴昌硕 荷花图 立轴	92cm×40cm	253,000	西泠印社	2019-07-07
吴昌硕 荷花图·行书五言诗（二帧）镜片	54.5cm×19cm×2	115,000	西泠印社	2019-07-07
吴昌硕 葫芦 镜框	44.5cm×61cm	108,000	佳士得	2019-05-20
吴昌硕 葫芦 立轴	180cm×47cm	221,958	保利香港	2019-04-01
吴昌硕 花卉 立轴	136cm×47cm	195,500	荣宝斋（桂林）	2019-08-18
吴昌硕 花卉 立轴	128cm×56cm	977,500	朵云轩	2019-10-19
吴昌硕 节录石鼓文 六屏	167.5cm×45.5cm×6	623,563	香港苏富比	2019-10-06
吴昌硕 菊花图 镜心	134cm×52.5cm	2,070,000	北京保利	2019-12-02
吴昌硕 菊石图 立轴	116cm×52cm	529,000	西泠印社	2019-07-06
吴昌硕 菊石图 立轴	88cm×38cm	149,500	中国嘉德	2019-10-15
吴昌硕 兰石图	137cm×34cm	218,500	中国嘉德	2019-10-17
吴昌硕 隶书 五言联 镜片	74.5cm×15cm×2	322,000	西泠印社	2019-07-06
吴昌硕 临旗鼎铭文 立轴	244cm×60.5cm	2,645,000	北京保利	2019-12-02
吴昌硕 临石鼓文 立轴	132.5cm×33.5cm	287,500	中贸圣佳	2019-08-16
吴昌硕 录立雪閒题壁诗 立轴	165cm×48cm	1,127,000	华艺国际	2019-08-10
吴昌硕 梅花 立轴	83cm×20cm	101,675	中国嘉德	2019-10-08
吴昌硕 梅石图 立轴	109.8cm×39cm	194,400	佳士得	2019-05-28
吴昌硕 墨荷 立轴	132cm×65.5cm	667,000	中贸圣佳	2019-06-07
吴昌硕 墨荷 立轴	132cm×66cm	897,000	上海嘉禾	2019-09-07
吴昌硕 墨梅 立轴	143.5cm×38.5cm	345,000	上海嘉禾	2019-09-06
吴昌硕 墨竹图 立轴	132cm×33.5cm	115,000	上海驰翰	2019-06-21
吴昌硕 倪田 王震 1914年作 天中端午 立轴	138.5cm×68cm	166,750	上海嘉禾	2019-09-07
吴昌硕 拟让翁花卉 立轴	122cm×30cm	192,647	中国嘉德	2019-10-08
吴昌硕 潘祖荫 叶昌炽 陆润庠 姚孟起 等 1884年作 吴石渠述怀诗题咏卷 手卷	103cm×20.5cm 507cm×20.5cm 194cm×20.5cm	414,000	西泠印社	2019-07-06

拍品名称	物品尺寸	成交价RMB	拍卖公司	拍卖日期
吴昌硕 枇杷 立轴	166cm×47cm	414,000	北京荣宝	2019-04-28
吴昌硕 葡萄 立轴	115.5cm×31cm	184,000	荣宝斋（桂林）	2019-08-18
吴昌硕 乾坤清气 立轴	151cm×55.5cm	203,349	中国嘉德	2019-10-08
吴昌硕 墙根菊花可酤酒 立轴	23cm×33cm	109,250	北京保利	2019-06-04
吴昌硕 秋菊 镜框	145.5cm×38cm	943,000	华艺国际	2019-08-10
吴昌硕 泉水灵芝图 立轴	140cm×33cm	402,500	北京银座	2019-06-05
吴昌硕 三友图 横批	31cm×133cm	322,000	中贸圣佳	2019-06-07
吴昌硕 山茶花 立轴	34.5cm×42cm	138,000	中贸圣佳	2019-11-30
吴昌硕 山居图 镜心	25cm×33cm	195,500	北京保利	2019-06-04
吴昌硕 芍药图 立轴	132cm×67cm	807,120	中国嘉德	2019-03-30
吴昌硕 石鼓文七言句 镜心	132cm×32cm	115,000	北京保利	2019-06-05
吴昌硕 石鼓文七言联 立轴	135cm×31.5cm×2	115,000	北京保利	2019-06-04
吴昌硕 寿石友诗 立轴	30cm×30cm	235,750	中贸圣佳	2019-06-07
吴昌硕 书法 对联	135cm×34cm×2	138,000	朵云轩	2019-10-19
吴昌硕 水仙 立轴	27.5cm×39.5cm	295,661	华艺国际	2019-05-27
吴昌硕 岁寒三友图 立轴	152.5cm×84.5cm	345,000	保利厦门	2019-01-06
吴昌硕 天竺水仙 立轴	152cm×41cm	437,000	北京翰海	2019-03-29
吴昌硕 汪声远 楼辛壶 何煜 1923年作 山水花卉四屏 立轴	132cm×66cm×4	1,725,000	北京保利	2019-06-04
吴昌硕 王震 程璋 何煜 赵云壑 吴徵 1926年作 岁朝清供 立轴	174cm×93cm	138,000	中国嘉德	2019-10-16
吴昌硕 王震 雏菊幽芳 节临《石鼓文》成扇	18.7cm×56cm	184,000	北京诚轩	2019-06-01
吴昌硕 王震 冯超然 等 山水花果双挖四屏 立轴	32.5cm×14cm×4	230,000	中国嘉德	2019-06-02
吴昌硕 无量寿佛 镜框	136.5cm×68cm	214,284	邦瀚斯	2019-04-03
吴昌硕 吴榖祥 临石鼓文书法 仿王鉴山水 成扇	18cm×49cm	103,500	中贸圣佳	2019-06-07
吴昌硕 仙根蟠实 立轴	136cm×86cm	575,000	北京翰海	2019-10-12
吴昌硕 咬得菜根香 立轴	143cm×34cm	1,667,500	荣宝斋（南京）	2019-07-21
吴昌硕 益者三友 立轴	136cm×67cm	103,500	荣宝斋（桂林）	2019-08-18
吴昌硕 幽兰 扇面		117,478	纽约苏富比	2019-03-22
吴昌硕 争艳 立轴	137cm×33cm	138,000	北京保利	2019-06-04
吴昌硕 朱孝臧 1924年作 铁网珊瑚、楷书陶公诗 成扇	18cm×50cm	402,500	北京匡时	2019-07-13
吴昌硕 朱祖谋 1924年作 秋菊 行书 成扇	18cm×48cm	425,500	上海嘉禾	2019-09-06
吴昌硕 竹石幽兰 立轴	137cm×67cm	1,380,000	中贸圣佳	2019-06-07
吴昌硕 竹素风流 镜心	27.5cm×52cm	230,000	北京荣宝	2019-06-13
吴昌硕 篆书 七言联 对联	137cm×29cm×2	253,000	西泠印社	2019-07-06
吴昌硕 篆书 韴盦 镜片	62cm×32.5cm	517,500	西泠印社	2019-07-06
吴昌硕 篆书八言联 立轴	131cm×28cm×2	402,500	中国嘉德	2019-06-03
吴昌硕 篆书临《琅邪石刻》立轴	135.5cm×25cm	621,000	中国嘉德	2019-06-04
吴昌硕 篆书七言联 立轴	131cm×30.5cm×2	402,500	中贸圣佳	2019-11-30
吴昌硕 篆书七言联 立轴	150.5cm×38.5cm×2	161,424	中国嘉德	2019-03-30
吴昌硕 篆书七言联 立轴	131cm×30cm×2	333,500	北京荣宝	2019-06-13
吴昌硕 篆书七言联 立轴	135cm×27cm×2	139,134	中国嘉德	2019-10-08
吴昌硕 紫藤图 立轴	147cm×40cm	322,000	北京保利	2019-08-24
吴超 2019年作 篆书 立轴	136cm×66cm	138,000	上海嘉禾	2019-09-07
吴大羽 1980年代 无题-368	25.5cm×18cm	172,500	北京匡时	2019-07-13
吴东魁 2019年作 龙行天下 镜心	直径42cm×4	345,000	北京翰海	2019-10-12
吴弗之 1946年作 江南春消息 镜片	139.5cm×34cm	149,500	西泠印社	2019-07-06

拍品名称	物品尺寸	成交价RMB	拍卖公司	拍卖日期
吴茀之 1961年作 玉兰花 镜心	95.5cm×44.5cm	126,500	中国嘉德	2019-06-04
吴茀之 1972年作 秋光烂漫图 立轴	70cm×46.5cm	230,000	西泠印社	2019-07-06
吴冠中 1972年作 桂林山村 镜框	52.5cm×52.5cm	3,741,159	邦瀚斯	2019-04-03
吴冠中 1978年作 江南春柳 镜心	68cm×55.5cm	2,118,690	保利香港	2019-04-01
吴冠中 1978年作 江南春柳 立轴	54.5cm×49.5cm	1,059,345	保利香港	2019-04-01
吴冠中 1978年作 桑园 镜心	69cm×83cm	17,250,000	北京保利	2019-06-04
吴冠中 1978年作 武夷山村 立轴	68cm×92.3cm	4,370,000	北京保利	2019-06-04
吴冠中 1978年作 玉龙山下丽江城 镜框	38cm×53.5cm	2,650,752	华艺国际	2019-05-27
吴冠中 1979年作 丽江庭院 镜框	44cm×47.5cm	2,565,000	香港苏富比	2019-04-02
吴冠中 1980年作 鲁迅家乡 镜框	45.5cm×48.5cm	920,000	华艺国际	2019-08-10
吴冠中 1980年作 鲁迅住过的皇甫庄 镜框	30.5cm×57.5cm	862,500	北京荣宝	2019-06-13
吴冠中 1980年作 水乡人家 镜框	34cm×34cm	402,500	北京荣宝	2019-12-01
吴冠中 1981年作 新疆白桦林 镜框	105.2cm×102cm	16,976,025	香港苏富比	2019-04-02
吴冠中 1982年作 欢腾之夜 镜框	102cm×105cm	28,750,464	华艺国际	2019-05-27
吴冠中 1983年作 日照群峰 镜框	96cm×179cm	44,229,855	香港苏富比	2019-10-07
吴冠中 1983年作 山川松柏	68cm×138cm	11,500,000	北京翰海	2019-06-15
吴冠中 1983年作 雪山与杜鹃 镜框	136.5cm×67cm	9,991,296	华艺国际	2019-05-27
吴冠中 1984年作 菩萨 镜框	27.8cm×23cm	1,325,376	华艺国际	2019-05-27
吴冠中 1984年作 水乡人家 立轴	45.5cm×48cm	920,000	北京荣宝	2019-06-13
吴冠中 1985年作 江安江边 镜心	36cm×50cm	575,000	北京荣宝	2019-06-13
吴冠中 1985年作 周庄老墙 镜框	29.4cm×23.1cm	2,494,250	香港苏富比	2019-10-07
吴冠中 1986年作 鼓浪屿 镜框	27cm×37cm	410,400	佳士得	2019-05-28
吴冠中 1986年作 江南水乡 镜框	68cm×78.5cm	2,650,752	华艺国际	2019-05-27
吴冠中 1986年作 松 镜心	32.8cm×45.3cm	690,000	北京诚轩	2019-06-01
吴冠中 1986年作 松林 镜心	39.5cm×59.5cm	632,500	北京荣宝	2019-10-12
吴冠中 1986年作 宅院 镜框	42.5cm×46.5cm	2,070,000	北京荣宝	2019-06-13
吴冠中 1987年作 奔流 镜心	161cm×95.5cm	10,290,780	保利香港	2019-04-01
吴冠中 1987年作 观鱼图 镜框	68cm×68cm	1,944,000	佳士得	2019-05-28
吴冠中 1987年作 榕树与海	95.5cm×112.5cm	6,053,400	保利香港	2019-03-31
吴冠中 1987年作 山水 镜心	90cm×69cm	1,150,000	上海明轩	2019-04-28
吴冠中 1987年作 山水 镜心	68cm×136.5cm	2,472,500	中国嘉德	2019-06-04
吴冠中 1987年作 水乡 镜框	44.2cm×54cm	3,218,400	佳士得	2019-05-28
吴冠中 1988年作 白桦林居 镜心	70cm×69.5cm	2,415,000	上海明轩	2019-04-28
吴冠中 1988年作 华山日出 立轴	138cm×68cm	5,750,000	北京荣宝	2019-06-13
吴冠中 1988年作 老来慕奔流 镜框	66cm×81cm	3,656,075	佳士得	2019-11-26
吴冠中 1988年作 泼墨漓江 镜心	65cm×130cm	5,290,000	北京保利	2019-12-02
吴冠中 1988年作 天山脚下 镜框	80cm×95cm	7,015,000	北京荣宝	2019-06-13
吴冠中 1988年作 鱼海 镜心	49cm×61cm	2,530,000	北京保利	2019-06-04
吴冠中 1988年作 玉龙松	93cm×68.5cm	5,750,000	北京保利	2019-06-04
吴冠中 1989年作 江南风景 镜框	76cm×52cm	1,404,000	佳士得	2019-05-28
吴冠中 1989年作 江南人家 镜芯	53cm×45.5cm	368,000	中鸿信	2019-07-16
吴冠中 1989年作 江南水乡 镜框	53cm×61.5cm	648,000	佳士得	2019-05-28
吴冠中 1989年作 美利坚大峡谷 镜框	123.3cm×170cm	40,458,475	佳士得	2019-11-26
吴冠中 1989年作 小鸟天堂 镜片	45cm×70cm	4,600,000	北京荣宝	2019-06-13
吴冠中 1990年作 观音 镜片	86cm×68cm	5,865,000	北京荣宝	2019-06-13
吴冠中 1990年作 尖沙咀 镜框	88.5cm×67.5cm	4,944,875	佳士得	2019-11-26
吴冠中 1990年作 江南抹尽旧画图 镜框	66cm×44cm	2,645,000	北京荣宝	2019-06-13
吴冠中 1990年作 老虎 镜心	68.0cm×137.0cm	6,670,000	中国嘉德	2019-11-18
吴冠中 1990年作 香港 镜框	48cm×34cm	920,000	北京荣宝	2019-06-13
吴冠中 1990年作 月下玉龙山 镜框	47.5cm×68.5cm	2,530,000	北京荣宝	2019-06-13
吴冠中 1992年作 缠绵 镜心	68cm×136.5cm	8,172,090	保利香港	2019-04-01
吴冠中 1993年作 江南人家 镜框	43.3cm×52.3cm	2,040,750	香港苏富比	2019-10-07
吴冠中 1993年作 墙上秋色 镜框	44.3cm×48.2cm	3,206,250	香港苏富比	2019-04-02

拍品名称	物品尺寸	成交价RMB	拍卖公司	拍卖日期
吴冠中 1997年作 漫道大宅院 镜片	45cm×48cm	690,000	广东崇正	2019–05–23
吴冠中 1999年作 涅槃	20cm×70cm	690,000	西泠印社	2019–07–07
吴冠中 2000年 纵横	40cm×48cm	575,000	中国嘉德	2019–11–16
吴冠中 2001年作 流泉 镜片	49cm×45cm	575,000	上海嘉禾	2019–09–06
吴冠中 2005年作 春色 镜片	68.5cm×64.5cm	1,150,000	北京荣宝	2019–06–13
吴冠中 2006年作 似花 镜心	44.3cm×47.7cm	2,415,000	中国嘉德	2019–06–03
吴冠中 2007年作 黑色殖民 镜心	70cm×95cm	3,450,000	北京荣宝	2019–06–13
吴冠中 80年代作 山河新颜 立轴	67.5cm×93cm	4,025,000	北京保利	2019–12–02
吴冠中 80年代作 月下玉龙山 镜心	95.5cm×177.5cm	14,950,000	北京保利	2019–12–02
吴冠中 巴蜀山水 镜心	67cm×131cm	4,370,000	北京保利	2019–06–04
吴冠中 村庄 立轴	34cm×33.5cm	706,230	中国嘉德	2019–03–30
吴冠中 达活泉 镜框	46.5cm×49cm	690,000	北京荣宝	2019–06–13
吴冠中 观鱼图 立轴	66cm×66cm	1,955,000	北京荣宝	2019–06–13
吴冠中 贵阳花溪 镜心	69cm×45.5cm	1,150,000	北京荣宝	2019–06–13
吴冠中 荷塘群鹅图 镜心	34cm×46cm	1,265,000	北京保利	2019–06–04
吴冠中 花港观鱼 镜框	67cm×68cm	3,335,000	北京荣宝	2019–06–13
吴冠中 花港观鱼 镜心	74cm×66cm	3,105,000	北京荣宝	2019–06–13
吴冠中 黄山人字瀑 立轴	60.5cm×75.5cm	1,926,468	中国嘉德	2019–10–08
吴冠中 荟萃 镜心	59cm×96.5cm	2,990,000	北京华辰	2019–07–14
吴冠中 家园 镜框	31.8cm×52.9cm	1,927,375	香港苏富比	2019–10–07
吴冠中 江南春 镜心	47.5cm×55cm	3,220,000	北京荣宝	2019–06–13
吴冠中 江南故乡 镜框	53.5cm×67.5cm	1,944,000	佳士得	2019–05–28
吴冠中 江南人家 镜心	65cm×130cm	7,130,000	北京保利	2019–12–02
吴冠中 江南水乡 镜框	36.2cm×36.6cm	1,710,000	香港苏富比	2019–04–02
吴冠中 江南游春 镜心	65cm×73.2cm	1,782,500	中国嘉德	2019–11–17
吴冠中 龙翔风翥 镜框	68.5cm×135.5cm	6,545,175	纽约佳士得	2019–03–20
吴冠中 弥勒佛 镜心	81cm×149cm	17,710,000	北京荣宝	2019–06–13
吴冠中 墙 镜框	67cm×137cm	9,954,325	香港苏富比	2019–10–07
吴冠中 青衣江 立轴	41cm×65cm	1,008,900	中国嘉德	2019–03–30
吴冠中 人家 立轴	46.8cm×53cm	1,133,750	香港苏富比	2019–10–07
吴冠中 山村一景 镜框	91.5cm×68.5cm	2,573,125	佳士得	2019–11–26
吴冠中 山泉 镜心	30cm×51cm	1,380,000	北京荣宝	2019–06–13
吴冠中 山泉 镜心	30cm×51cm	575,000	北京保利	2019–11–20
吴冠中 狮子林 镜框	48.5cm×68.5cm	3,450,000	北京荣宝	2019–06–13
吴冠中 狮子林 镜心	144cm×297cm	143,750,000	中国嘉德	2019–06–02
吴冠中 双燕 镜框	68.8cm×137.5cm	35,965,271	香港苏富比	2019–10–07
吴冠中 松山日出 立轴	68cm×52cm	805,000	北京保利	2019–06–22
吴冠中 苏州园林 立轴	47.5cm×44.5cm	345,000	北京荣宝	2019–06–13
吴冠中 庭园 镜心	45cm×63cm	963,234	中国嘉德	2019–10–08
吴冠中 苇塘人家 立轴	66.5cm×71.5cm	2,415,000	北京荣宝	2019–06–13
吴冠中 吴作人 谢稚柳 等 各尽其妙 手卷	引首 48cm×91cm；画心48cm×481.5cm	2,242,500	华艺国际	2019–08–10
吴冠中 溪岸人家 镜框	51cm×40cm	3,870,875	佳士得	2019–11–26
吴冠中 写生册 册页	24cm×40cm×70	3,220,000	中鸿信	2019–07–16
吴冠中 杏花春雨江南 镜心	45cm×45cm	115,000	北京保利	2019–06–04
吴冠中 旭日东升 镜片	68cm×137.5cm	2,875,000	朵云轩	2019–06–22
吴冠中 旋律 镜框	67.5cm×137cm	2,376,000	佳士得	2019–05–28
吴冠中 燕语 镜心	69cm×74cm	3,565,000	北京保利	2019–12–02
吴冠中 渔港 镜心	137cm×68cm	920,000	北京保利	2019–12–02
吴冠中 约1920年代 江南柳堤人家 镜框	29cm×47.5cm	2,548,800	华艺国际	2019–05–27
吴冠中 韵 镜片	84cm×151cm	2,817,500	上海嘉禾	2019–09–06
吴冠中 长城 镜框	46cm×34cm	782,000	北京荣宝	2019–06–13
吴冠中 重庆山城 镜框	34cm×46.5cm	747,500	北京荣宝	2019–06–13

拍品名称	物品尺寸	成交价RMB	拍卖公司	拍卖日期
吴光宇 1940年作 桐荫仕女 镜心	100cm×32cm	112,700	中国嘉德	2019–06–25
吴国亭 山隅沁翠 镜心	68.5cm×69.5cm	385,000	荣宝斋（南京）	2019–07–21
吴国亭 野塘鹭影 镜心	68.5cm×69cm	385,000	荣宝斋（南京）	2019–07–21
吴灏 1959年作 临张穆七十龙媒图 手卷	前跋 25.5cm×79cm；画25cm×1063cm； 后跋 25.5cm×200cm	552,000	广东崇正	2019–05–23
吴灏 1982年作 临董其昌秋山图 立轴	140cm×58cm	172,500	广东崇正	2019–11–28
吴灏 清湘逸兴册 册页（九开）	30cm×25.5cm×9	97,750	广东崇正	2019–05–23
吴衡画、吴宝骥刻 山水图成扇	长34cm	101,200	华艺国际	2019–08–10
吴湖帆 1925年作 湖山清秋图·书法镜片（扇面双挖）	49cm×18.5cm×2	172,500	西泠印社	2019–07–07
吴湖帆 1925年作 篆书八言 对联	133cm×21.5cm×2	97,750	上海工美	2019–06–09
吴湖帆 1926年作 仿董思翁笔意 立轴	104.5cm×54cm	552,000	上海嘉禾	2019–09–07
吴湖帆 1926年作 湖山清逸图 立轴	104cm×50cm	322,000	西泠印社	2019–07–06
吴湖帆 1927年作 仿北苑夏山图 立轴	147cm×80cm	4,035,600	北京匡时	2019–04–02
吴湖帆 1927年作 寒江草舍 手卷	画心 26cm×92cm；引首26cm×89cm； 题跋26cm×38cm	1,610,000	北京保利	2019–06–04
吴湖帆 1928年作 竹石图 立轴	70cm×36.5cm	115,000	上海工美	2019–06–09
吴湖帆 1929年作 山居图·行书陆游诗 成扇	48cm×18.5cm	161,000	西泠印社	2019–07–07
吴湖帆 1929年作 月波楼图卷 手卷	题跋 27cm×183cm； 引首 27cm×89.5cm； 画芯27cm×92cm	4,427,500	中鸿信	2019–07–16
吴湖帆 1930年作 峰峦雨意图 立轴	106cm×48cm	253,000	西泠印社	2019–09–21
吴湖帆 1930年作 思悲阁谈词图 手卷	引首 28cm×29cm；画心28cm×40cm； 题跋28cm×76cm	504,450	保利香港	2019–04–01
吴湖帆 1931年作 江天帆影 镜心	107cm×46cm	218,500	北京匡时	2019–07–13
吴湖帆 1931年作 临王蓬心山水 立轴	105cm×52cm	1,068,750	香港苏富比	2019–04–02
吴湖帆 1932年作 草树峰峦 立轴	71cm×36.5cm	368,000	上海嘉禾	2019–09–06
吴湖帆 1932年作 春江钓艇 立轴	71cm×37cm	258,750	北京银座	2019–06–05
吴湖帆 1932年作 秋林飞瀑 立轴	127.5cm×32cm	172,500	北京翰海	2019–06–14
吴湖帆 1932年作 双松叠翠图 立轴	132cm×66.5cm	1,380,000	上海匡时	2019–06–21
吴湖帆 1933年作 行书七言联 镜框	133cm×20cm×2	150,159	邦瀚斯	2019–04–03
吴湖帆 1933年作 江山胜览图 立轴	108.5cm×39cm	172,500	中鸿信	2019–07–16
吴湖帆 1933年作 万松迭翠 镜框	149cm×44.5cm	1,372,930	华艺国际	2019–11–24
吴湖帆 1934年作 山水临古 立轴	104cm×26cm	406,699	中国嘉德	2019–10–08
吴湖帆 1934年作 篆书十二言联 立轴	137cm×24cm×2	402,500	北京保利	2019–12–01
吴湖帆 1935年作 潇湘风雨 镜心	95cm×38cm	230,000	北京保利	2019–12–02
吴湖帆 1937年作 翠羽舞风 镜片	34.5cm×65.5cm	575,000	上海工美	2019–06–09
吴湖帆 1937年作 秋山易读图 立轴	101cm×32cm	1,150,000	北京保利	2019–12–02
吴湖帆 1938年作 雨中花 手卷	画 30.5cm×46cm； 跋30.5cm×368cm	4,485,000	中国嘉德	2019–11–18

拍品名称	物品尺寸	成交价RMB	拍卖公司	拍卖日期
吴湖帆 1939年作 拟各家山水册 册页（八开）	24.5cm×29cm×8	1,322,500	北京保利	2019-12-02
吴湖帆 1939年作 秋溪策仗图 镜片	画心 49.5cm×24.5cm；题跋 24.5cm×12cm×2	391,000	西泠印社	2019-07-06
吴湖帆 1940年作 仿王石谷《江山无尽图》手卷	引首 32cm×102cm；画心32cm×400cm	3,220,000	华艺国际	2019-08-10
吴湖帆 1942年作 书画合璧扇 成扇	18.8cm×51cm	287,500	北京诚轩	2019-11-16
吴湖帆 1943年作 行书书法 立轴	134.5cm×68cm	134,250	佳士得	2019-11-26
吴湖帆 1943年作 临风直上 立轴	67cm×49.5cm	460,000	广东崇正	2019-11-28
吴湖帆 1944年作 行书十三言联 立轴	164cm×26cm×2	828,000	北京保利	2019-12-02
吴湖帆 1945年作 行书十一言联 镜心	96cm×16.5cm×2	138,000	上海匡时	2019-06-21
吴湖帆 1945年作 一品大夫 成扇	19cm×51.5cm	149,500	北京保利	2019-12-01
吴湖帆 1946年作 仿郑禧山水 立轴	73cm×34.5cm	503,475	纽约佳士得	2019-03-19
吴湖帆 1946年作 行书七言联 对联	143cm×31.5cm×2	138,000	上海嘉禾	2019-09-07
吴湖帆 1946年作 拟黄大痴笔意图 立轴	81cm×32cm	644,000	上海嘉禾	2019-09-06
吴湖帆 1947年作 古木丛篁 立轴	68cm×38cm	138,000	中国嘉德	2019-11-17
吴湖帆 1947年作 金文七言联 立轴	138cm×21cm×2	437,000	北京保利	2019-12-01
吴湖帆 1947年作 清风 立轴	94.5cm×52.6cm	908,500	上海工美	2019-11-10
吴湖帆 1947年作 秋山萧寺图 立轴	70cm×35.2cm	1,035,000	北京保利	2019-12-02
吴湖帆 1948年作 行书南田诗 镜心	45cm×109cm	287,500	中国嘉德	2019-06-02
吴湖帆 1948年作 秋岭横云 立轴	129.5cm×60cm	25,875,000	中国嘉德	2019-06-02
吴湖帆 1948年作 月下清影 镜心	47cm×68cm	103,500	上海明轩	2019-04-28
吴湖帆 1948年作 竹石图 镜框	90cm×29.9cm	299,250	香港苏富比	2019-04-02
吴湖帆 1949年作 宝带垂虹 立轴	111.5cm×52.5cm	6,325,000	上海明轩	2019-04-28
吴湖帆 1949年作 兰石 立轴	87cm×38.5cm	131,157	中国嘉德	2019-03-30
吴湖帆 1950年作 红荷蜻蜓并行书 成扇		460,000	上海工美	2019-06-09
吴湖帆 1950年作 隶书七言联 立轴	各：131cm×29.5cm×2	510,188	香港苏富比	2019-10-07
吴湖帆 1951年作 幽谷云峰 镜心	62cm×30.5cm	524,628	中国嘉德	2019-03-30
吴湖帆 1952年作 墨竹 立轴	64cm×26cm	161,000	上海工美	2019-06-09
吴湖帆 1953年作 并蒂莲 行书〈题赵管合璧卷子〉镜框	画：26.8cm×31.5cm；书：26.8cm×30.7cm	1,077,063	香港苏富比	2019-10-07
吴湖帆 1954年作 草花精神 行书词 成扇	11.5cm×32cm	623,563	香港苏富比	2019-10-07
吴湖帆 1955年作 菖兰 行书七绝 成扇	18.2cm×48cm	362,800	香港苏富比	2019-10-07
吴湖帆 1955年作 浮峦暖翠图 行书倦寻芳词 成扇	19cm×50cm	805,000	北京保利	2019-12-01
吴湖帆 1956年作 墨竹 成扇	18.5cm×45cm	138,938	香港苏富比	2019-04-02
吴湖帆 1958年作 溪山秋晓图 镜框	23.5cm×98cm	18,400,000	华艺国际	2019-08-10
吴湖帆 1959年作 六和塔俯瞰钱塘江大桥 镜框	50cm×84.5cm	5,060,000	华艺国际	2019-08-10
吴湖帆 1960年作 秋山晴霭·周邦彦《浣溪沙》立轴	18.7cm×52cm×2	667,000	北京诚轩	2019-11-16
吴湖帆 1961年作 荷塘清韵 镜片	50cm×113cm	897,000	上海嘉禾	2019-09-06
吴湖帆 1963年作 书法 立轴	137cm×67cm	414,000	华艺国际	2019-08-10
吴湖帆 草书八言联 立轴	145cm×33cm×2	517,500	北京保利	2019-12-01
吴湖帆 草书七言联 镜框	141cm×30.5cm×2	1,955,000	华艺国际	2019-08-10
吴湖帆 曾熙 1930年作 秋山图 行书 扇面		161,000	上海工美	2019-11-10
吴湖帆 陈半丁 书画 成扇	18.5cm×53cm×2	172,500	南京经典	2019-07-19
吴湖帆 陈巨来 1952年作 暗香感旧图 成扇	18.8cm×46cm	907,000	香港苏富比	2019-10-07
吴湖帆 翠竹清风 立轴	93cm×53cm	897,000	中贸圣佳	2019-06-07
吴湖帆 仿董香光山村清霁 立轴	59cm×31cm	552,000	中贸圣佳	2019-11-30
吴湖帆 仿方从义山水 镜心	13cm×74cm	425,500	中贸圣佳	2019-06-07
吴湖帆 仿古山水 花卉 镜框	23cm×31cm×4	460,000	华艺国际	2019-08-10
吴湖帆 高树晴峦 立轴	83.5cm×43.5cm	759,000	上海工美	2019-06-09
吴湖帆 古木垂阴 立轴	75cm×28cm	230,000	上海匡时	2019-06-21
吴湖帆 行书 九言联 对联	124.5cm×21cm×2	172,500	西泠印社	2019-07-06
吴湖帆 行书 七言联 对联	131cm×32cm×2	184,000	西泠印社	2019-04-13
吴湖帆 行书八言联（一对）立轴		503,475	纽约苏富比	2019-03-22
吴湖帆 行书八言联 镜心	140cm×25cm×2	149,500	中贸圣佳	2019-11-30
吴湖帆 行书八言联 立轴	144cm×33.5cm×2	242,136	保利香港	2019-04-01
吴湖帆 行书并春雨凝梢 成扇	18.5cm×50cm	195,500	中贸圣佳	2019-06-07
吴湖帆 行书节录高启《赠金华隐者》		503,475	纽约苏富比	2019-03-22
吴湖帆 行书九言联 立轴	124.5cm×21.5cm×2	110,979	保利香港	2019-04-01
吴湖帆 行书七言联 镜心	132cm×33cm×2	103,500	中贸圣佳	2019-06-07
吴湖帆 行书七言联 镜芯	129cm×30.5cm×2	287,500	中鸿信	2019-07-16
吴湖帆 行书七言联 立轴	129cm×25cm×2	207,000	中贸圣佳	2019-06-07
吴湖帆 行书七言联 立轴	各：129.5cm×30.2cm×2	204,075	香港苏富比	2019-10-07
吴湖帆 行书七言联 立轴	131cm×27.3cm×2	132,250	北京诚轩	2019-11-16
吴湖帆 行书七言联 立轴	133cm×32.5cm×2	172,500	中国嘉德	2019-06-03
吴湖帆 行书七言联 立轴	130cm×32cm×2	138,000	北京保利	2019-06-05
吴湖帆 行书七言联 立轴	131cm×25cm×2	126,500	中鸿信	2019-07-16
吴湖帆 行书七言联 立轴	141cm×31cm×2	115,000	中鸿信	2019-07-17
吴湖帆 行书七言联 立轴	146cm×35cm×2	322,000	华艺国际	2019-08-10
吴湖帆 行书七言联 立轴	136cm×23.5cm×2	126,500	中国嘉德	2019-11-17
吴湖帆 行书七言联 立轴	130cm×32cm×2	230,000	北京保利	2019-12-02
吴湖帆 行书十言联 镜心	107cm×21cm×2	345,000	中贸圣佳	2019-06-07
吴湖帆 行书十一言联 立轴	142.5cm×27cm×2	368,000	中国嘉德	2019-06-02
吴湖帆 黄葆戉 1938年作 萝窗红荷 隶书汉镜铭文 成扇	19cm×48cm	230,000	北京保利	2019-12-01
吴湖帆 楷书七言联 立轴	128cm×20cm×2	517,500	北京保利	2019-12-01
吴湖帆 枯木怪石图 镜心	34cm×68cm	644,000	中贸圣佳	2019-06-07
吴湖帆 隶书七言联 立轴	104cm×22cm×2	690,000	北京保利	2019-12-01
吴湖帆 临董其昌山水 立轴	65cm×28.5cm	115,000	中贸圣佳	2019-06-07
吴湖帆 临沈周《海涌峰》图 立轴	60cm×34cm	287,500	中贸圣佳	2019-06-07
吴湖帆 临王时敏仿黄公望山水 横批		352,433	纽约苏富比	2019-03-22
吴湖帆 陆抑非 1944年作 行书林和靖诗·太液芙蓉 成扇	19cm×51cm×2	143,750	北京银座	2019-06-05
吴湖帆 冒广生 杨云康 1955年作 汀洲归棹图 行书 刻竹 成扇		575,000	上海工美	2019-06-09
吴湖帆 拟邵弥观瀑图 立轴	136.5cm×31cm	230,000	中鸿信	2019-07-16
吴湖帆 潘静淑 1936年作 天中小景 立轴	76cm×37cm	4,255,000	上海明轩	2019-04-28
吴湖帆 潘静淑 等 书画扇（二把）成扇	51cm×19cm；50cm×17.5cm	126,500	西泠印社	2019-07-07
吴湖帆 庞国钧 1945年作 萱石踯躅 行书临《兰亭序》成扇	18.8cm×50cm	299,000	北京保利	2019-12-01

拍品名称	物品尺寸	成交价RMB	拍卖公司	拍卖日期
吴湖帆 蒲塘真趣 立轴	102cm×23cm	115,000	中贸圣佳	2019-08-16
吴湖帆 沈尹默 荷花图 行书自作词 成扇	50.5cm×18.5cm	690,000	西泠印社	2019-07-06
吴湖帆 书画双挖 镜框	24cm×33cm×2	402,500	北京保利	2019-08-24
吴湖帆 数峰横翠是江南 镜框	画心 11cm×16.5cm；诗堂 11cm×16.5cm	322,000	华艺国际	2019-08-10
吴湖帆 王福厂 1944年作 翠竹 篆书书法 成扇	19cm×46cm	108,000	佳士得	2019-05-28
吴湖帆 吴待秋 1940年作、1941年作 春山瑞松 山庭松雪 成扇	18.5cm×45cm	235,750	华艺国际	2019-08-10
吴湖帆 吴琴木 1951年作 数青草堂读画图（二帧）镜框	吴湖帆 26.5cm×33cm；吴琴木 27.5cm×32.5cm	3,450,000	华艺国际	2019-08-10
吴湖帆 吴徵 书法·山水（二轴四挖）立轴	30.5cm×22cm×4	138,000	西泠印社	2019-07-07
吴湖帆 武钟临 1928年作 雾锁重峦图 篆书 成扇		138,000	中国嘉德	2019-06-24
吴湖帆 叶恭绰 1952年作 坐看云起 行书 立轴双挖	25cm×19.5cm×2	230,000	朵云轩	2019-06-22
吴湖帆 叶恭绰 绿筠秀石·行书七言诗 成扇	18cm×50cm	141,246	中国嘉德	2019-03-30
吴湖帆 俞子才 1953年作 红梅 黄山松云图 扇片（二开）		322,000	上海工美	2019-06-09
吴湖帆 长江万里图 立轴	132cm×64cm	141,246	中国嘉德	2019-03-30
吴湖帆 赵冷月 红荷绿波、行书李益诗 成扇	18cm×49cm	230,000	北京匡时	2019-07-13
吴湖帆 赵叔孺 1930年作 行书 柳塘清趣 成扇	18cm×50cm	149,500	朵云轩	2019-06-22
吴湖帆 致魏文伯六言联 立轴	176.5cm×47cm×2	345,000	中国嘉德	2019-06-02
吴湖帆 智德 1945年作 竹窝图 行书 成扇	16.5cm×47cm	207,000	华艺国际	2019-08-10
吴湖帆 周炼霞 1945年作 竹窝图 立轴	119cm×38cm	207,000	北京保利	2019-06-04
吴湖帆 周炼霞 1954年作 荷花鸳鸯 扇面	19cm×52cm	1,035,000	华艺国际	2019-08-10
吴湖帆 篆书七言联 对联	135cm×28.5cm×2	126,500	西泠印社	2019-09-21
吴湖帆 篆书七言联 立轴	99cm×22cm×2	128,431	中国嘉德	2019-10-08
吴欢 2019年作 马 镜心	136cm×68cm	1,265,000	北京保利	2019-12-02
吴欢 2019年作 三宝图 镜心	138cm×69cm	2,070,000	北京保利	2019-12-02
吴镜汀 1928年作 秋溪访友 成扇	20cm×54cm	172,500	北京翰海	2019-06-14
吴镜汀 1961年作 卦山风景 立轴	134cm×67.5cm	160,539	中国嘉德	2019-10-08
吴镜汀 秋渡图 镜心	133cm×65cm	172,500	中贸圣佳	2019-11-30
吴镜汀 山水 册页（十二开）	31.5cm×40cm×20	178,250	中贸圣佳	2019-11-30
吴孔庭 五禄图 镜片	200cm×100cm	220,000	保信利诚	2019-02-07
吴礼庭 仿王渊花鸟卷 手卷	画心 48cm×787cm；题跋48cm×38cm	230,000	北京保利	2019-06-03
吴梅 1923年作 行书八言联 镜心	204cm×45cm×2	172,500	中国嘉德	2019-11-17
吴鸣 相敬如宾 镜心	35cm×35cm	97,750	中贸圣佳	2019-06-07
吴讷 题七十二孔弟子像 手卷	画心 32cm×1580cm；题跋32cm×77cm	1,150,000	北京保利	2019-06-03

拍品名称	物品尺寸	成交价RMB	拍卖公司	拍卖日期
吴佩孚 望岳图 立轴	95cm×38.5cm	138,000	中贸圣佳	2019-11-30
吴琪 竹荫仕女 镜心	16.5cm×50cm	138,000	中贸圣佳	2019-06-07
吴琴木 1930年作 秋山红树 立轴	136.5cm×67.5cm	218,500	上海嘉禾	2019-09-06
吴琴木 1934年作 除夕祭诗图卷 手卷	25cm×104cm	368,000	朵云轩	2019-06-22
吴琴木 1940年作 溪山云霭图 立轴	84.5cm×34.5cm	108,100	西泠印社	2019-04-13
吴琴木 1942年作　拟石溪笔意 立轴	135cm×68.5cm	101,675	保利香港	2019-10-06
吴琴木 柳岸泛舟图 立轴	132cm×63cm	103,500	华艺国际	2019-08-10
吴琴木 秋山行旅图 立轴	106cm×52cm	123,080	中国嘉德	2019-10-08
吴琴木 云壑松阴 立轴	142cm×78cm	517,500	朵云轩	2019-06-22
吴青霞 1940年作 渔家乐 镜框	32cm×134cm	139,472	邦瀚斯	2019-04-03
吴青霞 1963年作 鱼乐图 立轴	90cm×32cm	97,750	上海匡时	2019-06-21
吴青霞 1977年作 飞腾万里 镜心	79cm×252cm	207,000	中国嘉德	2019-06-24
吴青霞 1993年作 秋山行旅图、紫藤双禽图 成扇	18.5cm×52cm	149,500	中鸿信	2019-07-16
吴青霞 嫦娥奔月 立轴	88cm×47cm	126,500	广东崇正	2019-05-23
吴青霞 陈布雷 鸟禽图、行书五言诗 成扇	18cm×48cm	97,750	北京匡时	2019-07-13
吴青霞 仿古山水（十二帧）册页	38cm×25cm×12	1,265,000	北京荣宝	2019-04-28
吴青霞 芦雁图 立轴	160cm×127cm	460,000	中贸圣佳	2019-08-16
吴青霞 赏梅仕女 立轴	138.5cm×67cm	138,000	中贸圣佳	2019-06-07
吴青霞 周炼霞 碧梧秋思图·书法 成扇	52cm×18.5cm	115,000	西泠印社	2019-07-07
吴山明 画眉图 立轴	69cm×56.5cm	132,250	西泠印社	2019-07-06
吴山明 弥勒佛 镜框	68cm×44cm	345,000	北京保利	2019-08-24
吴思欧 1940年作 临花蝶册 册页（十二开）	22cm×28cm×12	230,000	华艺国际	2019-08-10
吴泰 2007年作 荷塘 镜片	104cm×179cm	126,500	广东崇正	2019-11-28
吴泰 2011年作 山水四屏 镜心	104cm×50cm×4	115,000	北京荣宝	2019-06-13
吴团良 王立新 马到成功 镜片	68cm×68cm	755,700	保信利诚	2019-02-07
吴锡如2018年作行书《金刚经》手卷	35.5cm×950cm	172,500	北京荣宝	2019-06-13
吴延风 2018年作 沧桑·有约	193cm×150cm	230,000	北京翰海	2019-06-15
吴一峰 1990年作 峨眉胜概图 镜心	94cm×296cm	287,500	中国嘉德	2019-03-23
吴郁生 赵叔孺楷书传记萱花图成扇	18cm×48cm	172,500	中贸圣佳	2019-06-07
吴悦石 2019年作 待击长空九万里 镜心	138.5cm×69cm	1,035,000	北京荣宝	2019-06-13
吴徵 1918年作 山水人物杂册（共十五页）册页	画心 30.5cm×25.5cm×12；题端 30.5cm×25.5cm；题跋 30.5cm×25.5cm×2	310,500	西泠印社	2019-07-07
吴徵 1946年作 寒窗观雪 立轴	105.5cm×48cm	178,250	朵云轩	2019-06-22
吴徵 己酉（1909年作 山水 四条屏	97cm×40cm×4	103,500	中国嘉德	2019-10-15
吴稚晖 1946年作 篆书六言联 对联	136.5cm×30.5cm×2	126,500	西泠印社	2019-07-07
吴作人 1960年作 任重致远 镜心	104.5cm×63cm	632,500	北京荣宝	2019-12-01
吴作人 1961年作 牧驼图 立轴	89cm×46cm	287,500	上海匡时	2019-06-21
吴作人 1961年作 熊猫 立轴	65cm×35cm	138,000	北京荣宝	2019-12-01
吴作人 1961年作 远瞩图 立轴	140cm×69cm	632,500	西泠印社	2019-07-06
吴作人 1964年作 玄鸮 立轴	50.5cm×35.5cm	276,000	广东崇正	2019-05-23
吴作人 1964年作 篆书“风展红旗如画”立轴	100.3cm×47.5cm	230,000	中国嘉德	2019-11-17
吴作人 1966年作 芙蓉国里尽朝晖书画对屏（二帧）立轴	68cm×27.5cm×2	138,000	北京诚轩	2019-11-16
吴作人 1975年作 熊猫 镜心	69cm×45cm	310,500	中国嘉德	2019-06-02
吴作人 1976年作 金鱼 镜心	51cm×37cm	161,000	中国嘉德	2019-06-02

2019书画拍卖成交汇总

(成交价RMB：10万元以上)

拍品名称	物品尺寸	成交价RMB	拍卖公司	拍卖日期
吴作人 1977年作 漠上 立轴	68cm×45cm	149,500	中鸿信	2019-07-16
吴作人 1977年作 长空 立轴	69.5cm×52cm	138,000	北京翰海	2019-06-14
吴作人 1978年作 金鱼 立轴	63.5cm×34cm	155,250	北京荣宝	2019-10-12
吴作人 1978年作 骆驼 镜心	86cm×47cm	184,000	北京银座	2019-06-05
吴作人 1979年作 低昂 镜框	69.2cm×45.5cm	295,661	华艺国际	2019-05-27
吴作人 1979年作 牧驼图 立轴	130cm×64cm	460,000	广东崇正	2019-11-28
吴作人 1979年作 祁连山下 立轴	78cm×44cm	184,000	北京翰海	2019-03-29
吴作人 1980年作 熊猫 镜片	35cm×38cm	126,500	广东崇正	2019-05-23
吴作人 1980年作 熊猫 立轴	138cm×68cm	149,500	北京保利	2019-06-04
吴作人 1980年作 鱼乐图 立轴	83.5cm×45.5cm	149,500	广东崇正	2019-05-23
吴作人 1983年作 戈壁防沙林 镜片	41cm×59.5cm	172,500	广东崇正	2019-11-27
吴作人 1983年作 九如图 镜片	48cm×176cm	207,000	广东崇正	2019-11-28
吴作人 1986年作 戈壁行 立轴	102cm×53cm	984,639	中国嘉德	2019-10-08
吴作人 1988年作 千里走轻骑 镜框	45.2cm×58.5cm	430,825	香港苏富比	2019-10-07
吴作人 1990年作 藏獒 镜片	诗堂 20.5cm×45cm; 画68cm×45cm	517,500	广东崇正	2019-11-28
吴作人 邓林 双牛图·红梅图（二帧）镜片	45cm×34cm; 92cm×33.5cm	207,000	西泠印社	2019-07-06
吴作人 金鱼 镜心	49cm×41cm	115,000	荣宝斋（南京）	2019-07-21
吴作人 黎雄才（1945年作 绘画二帧 合卷手卷	吴29cm×32.5cm; 黎29cm×32.5cm; 跋29cm×68cm	115,000	广东崇正	2019-05-23
吴作人 骆驼 立轴	63cm×47cm	120,750	荣宝斋（南京）	2019-07-21
吴作人 漠上行 镜框		176,216	纽约苏富比	2019-03-23
吴作人 双鱼图 镜心	31.5cm×42.5cm	109,250	北京翰海	2019-06-14
吴作人 幸福院 镜片	27.5cm×31cm	230,000	广东崇正	2019-11-28
吴作人 熊猫 镜心	72cm×42cm	172,500	中贸圣佳	2019-11-30
吴作人 熊猫 立轴	60cm×48cm	667,000	广东崇正	2019-05-23
吴作人 栩栩如生册 册页（六开）	37cm×54cm×6	287,500	广东崇正	2019-11-28
伍霖生 尚君砺 魏紫熙 钟山新貌 镜心	104cm×82cm	230,000	中贸圣佳	2019-08-16
武中奇 行书毛主席词 镜心	370cm×129cm	345,000	中贸圣佳	2019-06-07
席德进 1974年作 山水 镜框	55.5cm×75.7cm	284,520	纽约佳士得	2019-09-10
席德进 1980年作 黄树与牛	68.5cm×44cm	126,144	罗芙奥	2019-06-02
席德进 1980至1981年作 醉趣	69cm×137cm	161,424	中国嘉德	2019-03-30
夏承焘 行书十三言联 立轴	129cm×21cm×2	414,000	中国嘉德	2019-06-04
夏敬观 吴湖帆 楷书杨万里诗 仿沈周山水 成扇	19cm×51cm	207,000	中贸圣佳	2019-06-07
夏林杰2016年作江南古镇诗韵足镜心	70cm×50cm	172,500	北京翰海	2019-10-12
夏伊乔 1956年作 长江大桥工地 镜片	47cm×133cm	109,250	上海工美	2019-11-10
夏伊乔 朝元仙仗图 手卷	引首 44cm×107.5cm；画心44cm×660cm; 尾跋44cm×28cm	529,000	上海工美	2019-11-10
肖加鸿 2017年作 又羡青华 镜心	95cm×90cm	172,500	北京翰海	2019-10-12
肖加鸿 2017年作 烛光 镜心	125cm×96cm	287,500	北京翰海	2019-10-12
肖旭 2009年 烟云	123cm×244cm	368,000	中国嘉德	2019-06-03
肖旭 踏雾而来 镜框	82.7cm×177cm	223,750	佳士得	2019-11-25
萧晖荣 2019年作 君子图 镜框	58cm×48cm	201,375	佳士得	2019-11-26
萧俊贤 吴湖帆 红梅·行书五言诗 成扇	20cm×60cm	149,500	中国嘉德	2019-06-02
萧朗 花鸟 镜心	67cm×135cm	143,360	天津国拍	2019-04-21

拍品名称	物品尺寸	成交价RMB	拍卖公司	拍卖日期
萧朗 花鸟 立轴	130cm×66cm	134,400	天津国拍	2019-04-21
萧朗 花鸟 立轴	132cm×66cm	123,200	天津国拍	2019-04-21
萧朗 牡丹花卉 镜心	68cm×47cm	96,320	天津国拍	2019-04-21
萧勤 1962年作 无题	100cm×80cm	171,000	香港苏富比	2019-04-01
萧淑芳 1978年作 齐放 立轴	90.5cm×30.5cm	126,500	广东崇正	2019-11-28
萧淑芳 报春 镜心	64cm×52.5cm	138,000	中国嘉德	2019-06-03
萧淑芳 镜泊野秀 镜心	72cm×40.5cm	253,000	中国嘉德	2019-11-18
萧淑芳 瑞雪 镜心	46.5cm×35cm	149,500	中国嘉德	2019-06-03
萧淑芳 玩具厂女工 镜心	62cm×53.5cm	402,500	中国嘉德	2019-11-18
萧淑芳 延边果园 镜片	27.5cm×33cm	103,500	广东崇正	2019-11-28
萧淑芳 郁金香 立轴	65cm×33cm	97,750	中贸圣佳	2019-06-07
萧退闇 吴湖帆 篆书杨万里诗 竹石图 成扇	18.5cm×50cm	109,250	中贸圣佳	2019-06-07
萧娴 行书“龙吟”立轴	123cm×66cm	155,250	广东崇正	2019-05-23
萧娴 隶书四言联 立轴	133cm×32cm×2	103,500	广东崇正	2019-05-23
萧娴 书联 立轴	171cm×45cm×2	166,750	南京经典	2019-07-19
萧娴 书联 立轴	177cm×46cm×2	115,000	南京经典	2019-07-19
萧逊 1937年作 秋山图 立轴	138.4cm×45.7cm	230,000	北京匡时	2019-07-13
萧愻 1929年作 蓬莱探胜 立轴	177cm×62cm	340,125	香港苏富比	2019-10-07
萧愻 1943年作 深山读书图 镜心	146cm×88cm	517,500	中国嘉德	2019-10-15
萧愻 策杖独步 立轴	133cm×65cm	115,000	中贸圣佳	2019-11-30
萧愻 罗复堪 1929年作 白云山庄图 章草急就章 成扇		115,000	中国嘉德	2019-06-24
萧愻 罗复堪 1938年作 青山红树图、小楷 成扇		103,500	中国嘉德	2019-10-16
萧愻 郑孝胥 秋山萧寺、楷书《述书赋》成扇	19cm×52cm	112,700	北京匡时	2019-07-13
谢冰毅 2004年作 长风吹取三山去 镜心	124cm×246cm	138,000	北京保利	2019-12-02
谢冰毅 山水四屏 镜心	136cm×35cm×4	174,800	北京荣宝	2019-06-13
谢麟 2019年作 泉幽松风清 镜心	137cm×69cm	230,000	北京翰海	2019-10-12
谢无量 1941年作 行书五言诗 立轴	133cm×32cm	97,750	中国嘉德	2019-10-15
谢无量 1948年作 行书七律诗 立轴	110.5cm×49cm	172,500	广东崇正	2019-11-28
谢无量 行书 节录古文 立轴	123cm×25.5cm	172,500	西泠印社	2019-07-06
谢无量 行书 七言诗 立轴	141.5cm×38cm	149,500	西泠印社	2019-07-06
谢无量 行书 五言诗	105cm×35.5cm	105,800	中国嘉德	2019-11-18
谢无量 行书李煜词 镜心	132cm×64.5cm	437,000	北京保利	2019-12-01
谢无量 行书马一浮诗 立轴	133cm×32cm	161,000	上海匡时	2019-06-21
谢无量 行书七言绝句 立轴	130cm×32cm	172,500	广东崇正	2019-05-23
谢无量 行书七言联 立轴	134cm×33cm×2	172,500	北京保利	2019-06-04
谢无量 行书七言联 立轴	106cm×24cm×2	218,500	北京保利	2019-06-22
谢无量 行书七言联 立轴	128cm×31cm×2	310,500	中鸿信	2019-07-17
谢无量 行书七言诗 立轴	98cm×33.5cm	149,500	北京匡时	2019-07-13
谢无量 行书七言书房联 镜芯	26cm×6cm×2	109,250	中鸿信	2019-07-17
谢无量 行书寿颂句 立轴	127cm×63cm	322,000	荣宝斋（南京）	2019-07-21
谢无量 钱牧斋诗 立轴	131cm×32cm	172,500	泰和嘉成	2019-11-30
谢玉岑 临四体书屏 立轴	144cm×39cm×4	138,000	中贸圣佳	2019-08-16
谢月眉 谭泽闿 月季白羽 王闿运《拟古》成扇	18cm×50cm	230,000	北京诚轩	2019-06-01
谢之光 马万里 殷梓湘 孙味齑 等 1933年作 名人墨妙册（共十八页）册页	28cm×19.5cm×18	109,250	西泠印社	2019-07-06
谢稚柳 1943年作 海园生机 手卷	24cm×169cm	460,000	北京荣宝	2019-04-28
谢稚柳 1944年作 红叶珍禽图 镜片	71.5cm×44.5cm	1,667,500	上海嘉禾	2019-09-06

拍品名称	物品尺寸	成交价RMB	拍卖公司	拍卖日期
谢稚柳 1944年作 埜塘消暑图 立轴	158cm×81cm	5,175,000	上海国时	2019-06-21
谢稚柳 1944年作 野塘消暑 立轴	159cm×81cm	4,370,000	北京保利	2019-12-02
谢稚柳 1945年作 修竹仕女 立轴	118cm×50cm	2,990,000	中国嘉德	2019-06-02
谢稚柳 1946年作 荷塘鹡鸰图 立轴	87cm×58cm	1,092,500	中国嘉德	2019-06-02
谢稚柳 1946年作 雪江归棹 立轴	画心98cm×53cm；诗堂34.5cm×44cm	1,966,500	上海工美	2019-06-09
谢稚柳 1947年作 霜叶白头 成扇	14.1cm×39cm	1,068,750	香港苏富比	2019-04-02
谢稚柳 1947年作 松山云涌图 扇页	69cm×24cm	598,000	西泠印社	2019-07-07
谢稚柳1948年作仿黄鹤山樵笔意立轴	89cm×48cm	1,725,000	上海工美	2019-06-09
谢稚柳 1948年作 芙蓉蝴蝶 立轴	字26.5cm×36cm；画78cm×33cm	322,848	中国嘉德	2019-03-30
谢稚柳 1949年作 仿李迪绿羽绶带 镜框	104cm×47cm	3,322,080	佳士得	2019-05-28
谢稚柳 1949年作 高阁飞瀑 立轴	85.3cm×32.8cm	1,620,000	佳士得	2019-05-28
谢稚柳 1949年作 山茶八哥 立轴	96cm×36.5cm	1,690,500	上海嘉禾	2019-09-06
谢稚柳 1953年作 春溪泛棹 手卷	28cm×108cm	920,000	北京华辰	2019-07-14
谢稚柳 1953年作 溪山清晓 镜心	59.5cm×33cm	517,500	北京银座	2019-06-05
谢稚柳 1954年作 秋江闲棹 成扇	18.3cm×46.2cm	406,125	香港苏富比	2019-04-02
谢稚柳 1955年作 荷花鹡鸰 立轴	77cm×57cm	1,265,000	华艺国际	2019-08-10
谢稚柳 1956年作 竹石幽兰图 行书 成扇		241,500	上海明轩	2019-04-28
谢稚柳 1957年作 墨石榴 镜心	101cm×34cm	322,000	中国嘉德	2019-10-15
谢稚柳 1959年作 四清图 立轴	64.5cm×38cm	218,500	中鸿信	2019-07-16
谢稚柳 1961年作 碧竹翠鸟 镜心	94cm×70cm	172,500	中国嘉德	2019-03-24
谢稚柳 1962年作 李长吉诗意图 镜心	148.5cm×83cm	4,600,000	上海明轩	2019-04-28
谢稚柳 1964年作 溪山舟渡 立轴	57cm×33cm	345,000	华艺国际	2019-08-10
谢稚柳 1971年作 溪山闲居图 手卷	引首16.2cm×44cm；画16.2cm×112.5cm；跋16.2cm×34.5cm	103,500	中国嘉德	2019-11-18
谢稚柳 1973年作 墨彩纷华 册页	21cm×33cm×12	4,025,000	北京荣宝	2019-12-01
谢稚柳 1976年作 寒玉灵芬 立轴	136.5cm×68cm	437,000	中鸿信	2019-07-16
谢稚柳 1977年作 行书李长吉诗·竹石图 手卷	27.6cm×367.5cm	483,000	上海嘉禾	2019-09-06
谢稚柳 1977年作 绿梅 立轴	76cm×32.5cm	201,250	广东崇正	2019-05-23
谢稚柳 1977年作 青山飞瀑图 镜片	68.5cm×46cm	287,500	西泠印社	2019-07-07
谢稚柳 1977年作 水殿风凉卷 手卷	首41cm×90cm；画41cm×130cm；题41cm×63cm	943,000	北京保利	2019-12-01
谢稚柳 1978年作 春山茅亭 扇面	18.5cm×51cm	138,000	中国嘉德	2019-06-02
谢稚柳 1978年作 芙蓉花 立轴	65cm×43cm	230,000	中国嘉德	2019-06-04
谢稚柳 1978年作 古树朝晖 立轴	88cm×47cm	230,000	华艺国际	2019-08-10
谢稚柳 1978年作 行书叶剑英诗 立轴	86.5cm×48.5cm	149,500	中国嘉德	2019-06-04
谢稚柳 1978年作 虬松图 镜片	375cm×169cm	18,400,000	西泠印社	2019-07-06
谢稚柳 1978年作 水仙 立轴	45cm×28cm	103,500	中鸿信	2019-07-16
谢稚柳 1979年作 白梅 立轴	90cm×48cm	101,675	中国嘉德	2019-10-08
谢稚柳 1979年作 碧荷图 立轴	76.5cm×48.5cm	287,500	西泠印社	2019-07-06
谢稚柳 1979年作 荷花 立轴	90cm×48cm	172,500	广东崇正	2019-05-23
谢稚柳 1979年作 荷净纳凉时 立轴	89.5cm×48cm	713,000	上海嘉禾	2019-09-06
谢稚柳 1979年作 荷塘清暑 立轴	137cm×67.5cm	2,194,033	中国嘉德	2019-10-08
谢稚柳 1979年作 林冈烟雨图 镜片	25cm×4.5cm	103,500	西泠印社	2019-07-07
谢稚柳 1979年作 山水花卉册 册页（十开）	34.3cm×34cm×12	1,702,000	北京保利	2019-06-04

拍品名称	物品尺寸	成交价RMB	拍卖公司	拍卖日期
谢稚柳 1979年作 雪景寒林 立轴	96cm×58.7cm	620,751	中国嘉德	2019-10-08
谢稚柳 1979年作 竹岭飞泉 立轴	88cm×47cm	690,000	上海嘉禾	2019-09-06
谢稚柳 1980年作 岭上白云图 立轴	89cm×48cm	221,958	中国嘉德	2019-03-30
谢稚柳 1980年作 岭上白云图 立轴	89cm×48cm	471,500	北京荣宝	2019-12-01
谢稚柳 1980年作 落墨牡丹 立轴	69cm×45cm	126,113	中国嘉德	2019-03-30
谢稚柳 1980年作 落墨牡丹 立轴	68cm×45cm	132,250	上海嘉禾	2019-09-06
谢稚柳 1981年作 山居图 镜芯	69cm×46cm	184,000	中鸿信	2019-07-16
谢稚柳 1981年作 雪山寒林 立轴	78.8cm×51cm	128,250	香港苏富比	2019-04-02
谢稚柳 1982年作 山色春生 镜芯	44cm×33.5cm	172,500	朵云轩	2019-06-22
谢稚柳 1983年作 芙蓉 草书七绝（一对）镜框	各：55.6cm×63cm×2	272,100	香港苏富比	2019-10-07
谢稚柳 1984年作 梅石双清 立轴	135cm×66cm	977,500	北京保利	2019-06-04
谢稚柳 1985年作 青山飞瀑 立轴	89.5cm×48cm	345,000	上海嘉禾	2019-09-06
谢稚柳 1985年作 一帆风顺 立轴	89.5cm×48cm	517,500	北京银座	2019-06-05
谢稚柳 1986年作 松山飞瀑 镜片	89.5cm×48cm	230,000	上海嘉禾	2019-09-06
谢稚柳 1987年作 秋山红树 立轴	179cm×97cm	2,300,000	北京诚轩	2019-06-01
谢稚柳 1988年作 山水清音 镜心	139cm×68cm	1,955,000	北京保利	2019-06-04
谢稚柳 1989年作 比翼双飞 镜片	68cm×45cm	310,500	上海嘉禾	2019-09-06
谢稚柳 1989年作 清江碧嶂 立轴	132cm×66.5cm	554,895	中国嘉德	2019-03-30
谢稚柳 1991年作 青山飞瀑 镜片	48cm×180cm	1,897,500	朵云轩	2019-06-22
谢稚柳 1994年作 树色滩声 立轴	75cm×59.3cm	437,000	北京诚轩	2019-06-01
谢稚柳 白描仕女 立轴	102cm×38cm	115,000	北京荣宝	2019-04-28
谢稚柳 陈佩秋 1985年作 竹禽图 立轴	164.0cm×81.5cm×4	22,425,000	中国嘉德	2019-11-18
谢稚柳 春风蛱蝶图 手卷	23.5cm×168.5cm	322,000	荣宝斋（南京）	2019-07-21
谢稚柳 春山晴岚 镜芯	17cm×68cm	97,750	中鸿信	2019-07-16
谢稚柳 春山图 镜片	33cm×28.5cm	149,500	上海嘉禾	2019-09-07
谢稚柳 春山图 立轴	93cm×45cm	230,000	广东崇正	2019-05-23
谢稚柳 翠盖临风 镜心	150cm×106cm	1,513,350	中国嘉德	2019-03-30
谢稚柳 丹霞山色 镜心	99.5cm×42.5cm	2,242,500	北京诚轩	2019-06-01
谢稚柳 芙蓉 镜心	34cm×131cm	195,500	中贸圣佳	2019-08-16
谢稚柳 芙蓉 镜心	59cm×45cm	253,000	中国嘉德	2019-06-02
谢稚柳 高唐神女图 镜芯	126cm×58.5cm	2,817,500	中鸿信	2019-07-16
谢稚柳 庚戌（1970年作 松木繁花（四件）立轴	34cm×45.5cm×4	345,000	朵云轩	2019-06-22
谢稚柳 观音大士造像 立轴	65cm×38cm	1,610,000	中鸿信	2019-07-16
谢稚柳 行书毛主席词 立轴	95.5cm×44cm	126,500	上海工美	2019-06-09
谢稚柳 行书 七言诗 扇页	69cm×23.5cm	253,000	西泠印社	2019-07-07
谢稚柳 行书七言联 立轴	129cm×32cm×2	103,500	华艺国际	2019-08-10
谢稚柳 红叶小鸟 立轴	66cm×32cm	155,250	中鸿信	2019-07-16
谢稚柳 江干垂柳 镜框	109cm×77.5cm	534,375	香港苏富比	2019-04-02
谢稚柳 蒋维崧 1948年作 枯树青竹寒禽立 隶书《阳泉使者舍熏炉铭》成扇	18.5cm×48cm	632,500	中国嘉德	2019-06-02
谢稚柳 绝谷茅亭图 镜心	96cm×58cm	460,000	中贸圣佳	2019-06-07
谢稚柳 临陈老莲春秋图 立轴	129cm×49cm	920,000	北京保利	2019-08-24
谢稚柳 刘九庵 杨仁恺 书画（三轴）立轴	115cm×52cm；114.5cm×51.5cm；151cm×78cm	253,000	西泠印社	2019-07-06
谢稚柳 墨石芙蓉 立轴	68cm×46cm	345,000	中贸圣佳	2019-11-30
谢稚柳 墨竹 立轴	93cm×58cm	345,000	中国嘉德	2019-06-02
谢稚柳 牡丹 立轴		218,173	纽约苏富比	2019-03-22
谢稚柳 潘伯鹰 1939年作 新枝蝴蝶 行书五言诗 成扇	18.5cm×50cm	287,500	北京保利	2019-12-01

拍品名称	物品尺寸	成交价RMB	拍卖公司	拍卖日期
谢稚柳 潘伯鹰 1953年作 谢画潘书扇成扇	18cm×49cm	552,000	中国嘉德	2019-06-02
谢稚柳 晴岚暖翠 立轴	46cm×34cm	132,250	华艺国际	2019-08-10
谢稚柳 山居图 镜心	100cm×50cm	368,000	北京保利	2019-06-04
谢稚柳 山水 横披	28cm×76cm	345,000	朵云轩	2019-10-19
谢稚柳 山水团扇 册页	20.5cm×21.5cm	115,000	北京荣宝	2019-04-28
谢稚柳 山幽清远 镜芯	44cm×33.5cm	172,500	朵云轩	2019-06-22
谢稚柳 石榴小鸟 镜片		419,563	纽约苏富比	2019-03-22
谢稚柳 水墨花鸟 四屏立轴	72cm×51cm×4	1,782,500	中贸圣佳	2019-11-30
谢稚柳 唐云 吴青霞 竹石图 成扇	19cm×55cm	253,000	北京匡时	2019-07-13
谢稚柳 唐云 张珩 等 1963年作 梅竹寿石图 立轴	89cm×46cm	138,000	广东崇正	2019-11-28
谢稚柳 顽石清竹 立轴	71cm×40.5cm	126,500	中国嘉德	2019-06-02
谢稚柳 夏山烟景 立轴	110cm×44.2cm	268,500	佳士得	2019-11-26
谢稚柳 修竹拒霜 镜心	88.5cm×47cm	552,000	中贸圣佳	2019-11-30
谢稚柳 雪景寒林 立轴	诗堂：21cm×57cm；画心：95.5cm×57cm	540,500	中贸圣佳	2019-11-30
谢稚柳 雪山图 镜片	画心 77cm×43.5cm；诗堂 32.5cm×43.5cm	1,357,000	上海嘉禾	2019-09-06
谢稚柳 亚明 徐子鹤 松下高士 立轴	137cm×68cm	287,500	南京经典	2019-07-19
谢稚柳 有凤来仪 立轴	111cm×38.5cm	287,500	中鸿信	2019-07-16
谢稚柳 张大千 1935年作 春桃图 行书 成扇		437,000	上海明轩	2019-04-28
谢稚柳 重岭飞泉 镜心	87cm×54cm	345,000	北京保利	2019-06-04
谢稚柳 灼灼其华 镜心	33cm×36cm	230,000	北京保利	2019-12-01
辛希孟 2018年作 陋室铭 镜心	68cm×213cm	667,000	北京翰海	2019-10-12
星云 2019年作 书法 四屏镜心	136cm×34cm×4	253,000	北京翰海	2019-10-12
星云 行书"厚道"镜芯	89.5cm×41cm	103,500	中鸿信	2019-07-17
熊红钢 2012年作 秋山论道图 画心	136cm×69.5cm	333,500	西泠印社	2019-07-07
熊红钢 2018年作 瑞雪图 镜心	139cm×68cm	494,500	北京翰海	2019-03-29
熊红钢 2019年作 春溪渔乐图 镜心	123cm×123cm	1,840,000	中国嘉德	2019-06-04
熊红钢 2019年作 寒林雪胜 镜心	68cm×136cm	460,000	北京保利	2019-06-03
熊红钢 2019年作 江雪渔人 镜心	180cm×48cm	575,000	北京翰海	2019-10-12
熊红钢 2019年作 秋江渔舍 镜心	67cm×132cm	460,000	北京保利	2019-12-02
熊红钢 湖山清旷 镜心	96cm×178cm	437,000	中贸圣佳	2019-06-07
熊十力 行书五言联 立轴	113cm×37cm×2	402,500	中贸圣佳	2019-06-07
熊希龄 1929年作 游汤山公园有感 镜心	25.5cm×63cm	97,750	北京匡时	2019-07-13
熊希龄 行书七言联 立轴	146cm×39cm×2	253,000	中国嘉德	2019-11-17
胥力浦 2019年作 青山绿水神龟湖 镜心	138cm×69cm	103,500	北京翰海	2019-10-12
虚云 行书"礼佛"镜片	35cm×93cm	138,000	广东崇正	2019-05-23
虚云 行书"与佛有缘"镜片	30cm×127cm	155,250	广东崇正	2019-05-23
虚云法师 1953年作 行书七言 对联	76.5cm×12cm×2	241,500	朵云轩	2019-06-22
徐邦达 1930年作 数青草堂读画图 立轴	61cm×30.2cm	126,500	北京诚轩	2019-06-01
徐邦达 1934年作 临唐寅东方朔偷桃 镜框	147cm×54cm	575,000	华艺国际	2019-08-10
徐邦达 1936年作 唐贤诗意 立轴	绘画 49cm×29cm；题跋15cm×29cm	509,760	华艺国际	2019-05-27
徐邦达 1940年作 松溪泛舟图 立轴	80cm×33.5cm	207,000	北京翰海	2019-06-14
徐邦达 1947年作 山川浑厚图 立轴	88cm×44cm	230,000	北京保利	2019-12-02
徐邦达 1948年作 松壑清秋 镜片	129.5cm×61cm	552,000	上海嘉禾	2019-09-06

拍品名称	物品尺寸	成交价RMB	拍卖公司	拍卖日期
徐邦达 五月江深草阁寒 行书宋词 成扇	18.5cm×50cm	97,750	中国嘉德	2019-06-02
徐悲鸿 1927年作 双喜 立轴	112cm×34cm	943,000	北京荣宝	2019-04-28
徐悲鸿 1930年作 扶馀国主 立轴	81.6cm×50cm	22,425,000	北京保利	2019-06-04
徐悲鸿 1932年作 行书五言联 立轴	各 143.3cm×36cm (2)	748,125	香港苏富比	2019-04-02
徐悲鸿 1932年作 庐山泉石 镜心	111cm×108cm	9,775,000	北京保利	2019-12-02
徐悲鸿 1934年作 奔马 镜心	76cm×129cm	7,820,000	中国嘉德	2019-06-02
徐悲鸿 1934年作 郊原三骏 镜框	110cm×107.5cm	8,321,725	香港苏富比	2019-10-07
徐悲鸿 1934年作 立马 立轴	110cm×54cm	1,872,955	中国嘉德	2019-10-08
徐悲鸿 1934年作 虬松喜鹊图 立轴	80.5cm×48cm	1,092,500	上海嘉禾	2019-09-06
徐悲鸿 1934年作 硕果累累 立轴	110cm×37cm	1,380,000	广东崇正	2019-05-23
徐悲鸿 1934年作 喜鹊登枝 立轴	107cm×26.5cm	345,000	上海匡时	2019-06-21
徐悲鸿 1934年作 喜上枝头 镜框	103cm×27.7cm	594,000	佳士得	2019-05-28
徐悲鸿 1934年作 迎风 镜心	111.5cm×55.5cm	1,872,955	中国嘉德	2019-10-08
徐悲鸿 1935年作 行书"致舒新城自作诗四首"立轴	41cm×135cm	805,000	中鸿信	2019-07-16
徐悲鸿 1935年作 行书五言联 立轴	142cm×29.5cm×2	690,000	中国嘉德	2019-11-17
徐悲鸿 1935年作 立马 立轴	108cm×52.5cm	1,210,680	中国嘉德	2019-03-30
徐悲鸿 1935年作 柳荫骏马 立轴	91.8cm×33.5cm	345,000	中国嘉德	2019-11-17
徐悲鸿 1935年作 柳荫立马 立轴	91cm×33cm	460,000	北京保利	2019-06-22
徐悲鸿 1935年作 墨竹 镜心	36cm×100cm	230,000	北京荣宝	2019-06-13
徐悲鸿 1936年作 古柏骏马 立轴	132cm×38cm	2,070,000	北京保利	2019-06-04
徐悲鸿 1936年作 行书四言联 立轴	129cm×33cm×2	2,990,000	北京保利	2019-12-02
徐悲鸿 1936年作 立马 立轴	画130cm×78cm；书法32cm×78cm	7,475,000	北京保利	2019-06-04
徐悲鸿 1936年作 柳鹊图 立轴	103.5cm×35.5cm	423,738	中国嘉德	2019-03-30
徐悲鸿 1936年作 柳鹊图 立轴	103cm×35cm	632,500	西泠印社	2019-09-21
徐悲鸿 1936年作 三吉图 立轴	76cm×50cm	5,548,950	保利香港	2019-04-01
徐悲鸿 1936年作 松石图 立轴	107.5cm×38.0cm	667,000	中国嘉德	2019-11-18
徐悲鸿 1936年作 竹报平安 立轴	144.3cm×39cm	1,282,500	香港苏富比	2019-04-02
徐悲鸿 1937年作 放牧 镜框	130.6cm×77cm	14,307,925	香港苏富比	2019-10-07
徐悲鸿 1937年作 柳荫喜鹊 立轴	79cm×29.5cm	897,000	中国嘉德	2019-11-17
徐悲鸿 1937年作 马 立轴	130cm×77cm	3,220,000	广东崇正	2019-11-28
徐悲鸿 1937年作 匹马长嘶图 镜框	109cm×62cm	1,247,125	香港苏富比	2019-10-07
徐悲鸿 1938年作 芭蕉小鸟 立轴	102cm×32.5cm	428,104	中国嘉德	2019-10-08
徐悲鸿 1938年作 侧目 镜框	92cm×89cm	2,237,500	佳士得	2019-11-26
徐悲鸿 1938年作 大吉图 立轴	94.5cm×50cm	4,140,000	上海明轩	2019-04-28
徐悲鸿 1938年作 行书 镜框	100cm×31.8cm	122,342	华艺国际	2019-05-27
徐悲鸿 1938年作 行书五言联 立轴	142.5cm×33.5cm×2	1,035,000	华艺国际	2019-08-10
徐悲鸿 1938年作 猫石图 立轴	101cm×39cm	1,667,500	北京保利	2019-06-04
徐悲鸿 1938年作 日暮倚修竹 立轴	109.7cm×42.6cm	7,233,325	香港苏富比	2019-10-07
徐悲鸿 1938年作 四季有喜 镜心	139cm×54cm	7,590,000	上海匡时	2019-06-21
徐悲鸿 1938年作 雄狮侧目 立轴	113.7cm×110cm	33,350,000	北京保利	2019-12-02
徐悲鸿 1939年作 报喜图 镜心	31cm×50cm	667,000	中国嘉德	2019-06-24
徐悲鸿 1939年作 大吉图 立轴	100cm×49.5cm	534,909	邦瀚斯	2019-04-03
徐悲鸿 1940年作 九方皋 立轴	画心：49.5cm×36cm；诗堂：27.5cm×36cm	1,657,097	邦瀚斯	2019-04-03
徐悲鸿 1940年作 立马图 镜心	83cm×50cm	2,070,000	北京保利	2019-06-04
徐悲鸿 1940年作 暖春 镜心	109.5cm×35cm	5,692,500	北京保利	2019-06-04
徐悲鸿 1940年作 修篁十丈 镜框	111cm×54.5cm	2,040,750	香港苏富比	2019-10-07
徐悲鸿 1941年作 芭蕉螳螂 立轴	95cm×51.3cm	3,058,560	华艺国际	2019-05-27
徐悲鸿 1941年作 柏树仕女 立轴	152cm×77.5cm	7,590,000	北京匡时	2019-07-13

拍品名称	物品尺寸	成交价RMB	拍卖公司	拍卖日期
徐悲鸿 1941年作 侧身长顾求其羣 立轴	129.3cm×68cm	4,253,625	香港苏富比	2019-04-02
徐悲鸿 1941年作 耽耽虎视 立轴	112cm×35.5cm	2,472,500	北京诚轩	2019-11-16
徐悲鸿 1941年作 双吉图 镜框	103cm×33cm	2,052,000	佳士得	2019-05-28
徐悲鸿 1941年作 四喜图 镜框	76.5cm×36cm	2,237,500	佳士得	2019-11-26
徐悲鸿 1941年作 推毂图 立轴	104cm×66.1cm	5,792,625	香港苏富比	2019-04-02
徐悲鸿 1941年作 猪圆玉润 镜框	40cm×49cm	598,000	华艺国际	2019-08-10
徐悲鸿 1941年作 竹报平安 立轴	102cm×51cm	5,635,000	北京保利	2019-06-04
徐悲鸿 1942年作 奔马 立轴	60.5cm×42.5cm	1,109,790	中国嘉德	2019-03-30
徐悲鸿 1942年作 大吉图 镜心	69.0cm×33.0cm	690,000	中国嘉德	2019-11-18
徐悲鸿 1942年作 行书五言联 镜心	138cm×33cm	483,000	中国嘉德	2019-11-17
徐悲鸿 1942年作 立马 立轴	136.5cm×69cm	5,199,552	华艺国际	2019-05-27
徐悲鸿 1942年作 立马图 立轴	110cm×40cm	641,784	邦瀚斯	2019-04-03
徐悲鸿 1942年作 柳鹊图 立轴	68cm×33.5cm	211,869	中国嘉德	2019-03-30
徐悲鸿 1942年作 猫石图 镜框	64.5cm×33.5cm	391,563	佳士得	2019-11-26
徐悲鸿 1942年作 猫戏图 立轴	61cm×25cm	897,000	西泠印社	2019-07-06
徐悲鸿 1942年作 秋风立马图 立轴	84cm×43cm	3,220,000	北京保利	2019-06-04
徐悲鸿 1942年作 双吉 镜框	78.5cm×42.2cm	2,565,000	香港苏富比	2019-04-02
徐悲鸿 1942年作 英雄图 扇面	19cm×52cm	287,500	中鸿信	2019-07-16
徐悲鸿 1943年作 猫趣 镜框	90.5cm×44cm	437,000	上海嘉禾	2019-09-07
徐悲鸿 1943年作 猫石图 立轴	60.5cm×48.5cm	1,495,000	中国嘉德	2019-11-18
徐悲鸿 1943年作 雄狮 立轴	105cm×60cm	20,125,000	北京保利	2019-06-04
徐悲鸿 1944年作 奔马图 立轴	63cm×50cm	3,105,000	上海匡时	2019-06-21
徐悲鸿 1944年作 独立苍茫 立轴	100cm×61.5cm	3,450,000	上海匡时	2019-06-21
徐悲鸿 1944年作 寒山拾得图 镜心	100cm×58cm	6,900,000	北京荣宝	2019-06-13
徐悲鸿 1944年作 行书节句 立轴	109cm×32cm	805,000	北京荣宝	2019-06-13
徐悲鸿 1944年作 五花散作云满身 镜心	69cm×51cm	4,140,000	北京保利	2019-12-02
徐悲鸿 1945年作 奔马 镜框	75.8cm×40.5cm	783,125	佳士得	2019-11-26
徐悲鸿 1945年作 奔马 立轴	77.8cm×43.5cm	2,530,000	中国嘉德	2019-11-17
徐悲鸿 1946年作 平安大吉 立轴	107cm×39cm	3,910,000	上海匡时	2019-06-21
徐悲鸿 1946年作 喜鹊 立轴	80x34cm	1,035,000	北京保利	2019-12-01
徐悲鸿 1947年作 双骏图 立轴	111.5cm×72cm	8,050,000	北京匡时	2019-07-13
徐悲鸿 1947年作 天马 镜心	106cm×52.5cm	6,440,000	上海明轩	2019-04-28
徐悲鸿 1947年作 喜上眉梢 立轴	101cm×50cm	3,680,000	北京保利	2019-12-02
徐悲鸿 1948年作 猫石图 镜心	24.5cm×48cm	379,500	北京保利	2019-06-04
徐悲鸿 1948年作 山深云密 立轴	78.5cm×27cm	920,000	广东崇正	2019-05-23
徐悲鸿 1948年作 双猫图 镜框	37cm×46.4cm	950,490	华艺国际	2019-11-24
徐悲鸿 1948年作 竹报平安 镜心	132cm×59cm	4,082,500	北京保利	2019-12-02
徐悲鸿 1949年作 立马 立轴	82.0cm×40.2cm	1,437,500	中国嘉德	2019-11-18
徐悲鸿 奔马 镜片		2,517,375	纽约苏富比	2019-03-22
徐悲鸿 奔马 镜心	23.5cm×30.5cm	667,000	北京银座	2019-06-05
徐悲鸿 奔马 镜心	78.8cm×47.5cm	2,070,000	北京保利	2019-12-02
徐悲鸿 奔马图 镜框	112cm×109cm	1,870,847	邦瀚斯	2019-04-03
徐悲鸿 奔马图 镜片	85cm×49cm	1,955,000	北京保利	2019-08-24
徐悲鸿 陈树人 岁寒三友 镜心	111cm×39cm	1,058,000	中贸圣佳	2019-08-16
徐悲鸿 此去天涯 镜芯	29.5cm×44.5cm	920,000	中鸿信	2019-07-16
徐悲鸿 大吉图 立轴	76cm×45cm	2,012,500	荣宝斋（南京）	2019-07-21
徐悲鸿 傅抱石 谢稚柳 等 1943年作 1948年作 文治光华册 册（六开）	各：16.5cm×19.8cm×6	2,947,750	香港苏富比	2019-10-07
徐悲鸿 行书四言联 立轴	129cm×30cm×2	460,000	广东崇正	2019-11-28
徐悲鸿 红叶喜鹊 立轴	48.5cm×31cm	1,109,790	中国嘉德	2019-03-30
徐悲鸿 江南春色 立轴	81cm×48cm	920,000	中贸圣佳	2019-08-16
徐悲鸿 立马 立轴	109cm×58cm	3,795,000	华艺国际	2019-08-10
徐悲鸿 立马图 立轴	106cm×57cm	3,795,000	中贸圣佳	2019-06-07

拍品名称	物品尺寸	成交价RMB	拍卖公司	拍卖日期
徐悲鸿 柳雀图 镜框	68.7cm×29cm	783,125	佳士得	2019-11-26
徐悲鸿 落花人独立 立轴	100cm×38cm	13,685,000	中贸圣佳	2019-11-30
徐悲鸿 猫 立轴	108cm×35.5cm	954,500	荣宝斋（南京）	2019-07-21
徐悲鸿 梅竹双清 立轴	137cm×66cm	2,070,000	北京保利	2019-12-02
徐悲鸿 廿六年（1937年作 春风见喜 立轴	88.5cm×47cm	552,000	北京诚轩	2019-11-16
徐悲鸿 芃髯 1936年作；1957年作 野猪 书法 成扇	19.5cm×54cm	237,600	佳士得	2019-05-28
徐悲鸿 枇杷 立轴	110.5cm×27.2cm	864,000	佳士得	2019-05-28
徐悲鸿 平安大吉 镜心	83cm×33.5cm	1,322,500	中贸圣佳	2019-11-30
徐悲鸿 平安大吉 立轴	107cm×39cm	3,450,000	北京保利	2019-12-02
徐悲鸿 寿桃图 立轴	110cm×32cm	920,000	中贸圣佳	2019-06-07
徐悲鸿 双吉 立轴	81.5cm×49.5cm	667,000	中国嘉德	2019-06-02
徐悲鸿 双松苍翠图 立轴	136cm×67cm	2,415,000	北京保利	2019-06-04
徐悲鸿 松鹰 立轴	54cm×30.5cm	920,000	荣宝斋（南京）	2019-07-21
徐悲鸿 桃寿图 镜框	38cm×48.5cm	2,185,000	上海嘉禾	2019-09-06
徐悲鸿 吴敬恒 奔马 金文《虢季子白盘》铭文 成扇	18.2cm×47.7cm	251,738	纽约苏富比	2019-03-22
徐悲鸿 张书旂 苍松鸣雀 镜框	106cm×36cm	494,500	上海嘉禾	2019-09-07
徐悲鸿 枝头报喜图 立轴	67.5cm×33cm	411,700	富得拍卖	2019-11-24
徐北汀 1973年作 黄河之水变清流 镜心	179cm×96cm	253,000	北京银座	2019-06-05
徐北汀 漓江清远 镜心	103cm×352cm	120,750	中贸圣佳	2019-11-30
徐冰 2008年作 文字写生：木石水图 镜框	58cm×343cm	1,836,000	佳士得	2019-05-27
徐冰 LONG LIFE	74cm×46.8cm	138,000	西泠印社	2019-07-07
徐伯清 临朝元仙杖图（吴湖帆题）手卷	吴湖帆引首 66cm×152cm；画 66cm×890cm	287,500	广东崇正	2019-05-23
徐操 1922年作 高欢归晋阳图 手卷	46cm×202.5cm	2,300,000	北京荣宝	2019-12-01
徐操 1937年作 仕女图 立轴	98.5cm×33cm	105,800	北京荣宝	2019-04-28
徐操 1940年作 风尘侠侣 立轴	120cm×45cm	920,000	北京保利	2019-06-04
徐操 芭蕉仕女 立轴	99cm×32cm	235,750	北京荣宝	2019-12-01
徐操 白描仕女 手卷	33cm×815cm	281,750	北京荣宝	2019-06-13
徐操 陈云诰 1943年作 隆中三顾 楷书五言诗 立轴	直径24.5cm×2	149,500	北京荣宝	2019-12-01
徐操 康成诗婢图 立轴	104.5cm×41cm	117,729	中国嘉德	2019-10-08
徐操 龙王朝阙图 立轴	166.0cm×83.0cm	1,610,000	中国嘉德	2019-11-18
徐操 神仙富贵图 镜片	106.5cm×45.5cm	287,500	西泠印社	2019-07-06
徐操 十六应真图卷 手卷	27.6cm×277cm	132,250	北京诚轩	2019-11-16
徐操 仕女 立轴	107cm×44cm	184,000	广东崇正	2019-11-28
徐操 松下高士 立轴	121cm×44cm	121,068	北京匡时	2019-04-02
徐操 桐荫仕女 立轴	99cm×32.5cm	149,500	北京翰海	2019-06-14
徐操 文圣武王二屏 立轴	94.5cm×37cm×2	149,500	华艺国际	2019-08-10
徐操 吴镜汀 1941年作 人物四屏 镜框	93cm×34cm×4	402,500	华艺国际	2019-08-10
徐操 辛巳（1941年作 倦绣图 立轴	100.5cm×33cm	115,000	中鸿信	2019-07-16
徐操 徐宗浩 真妃上马图 节录五代宫词 成扇	19.8cm×52.5cm	253,000	北京诚轩	2019-11-16
徐操 袁盎却坐图 立轴	145.5cm×76cm	4,025,000	中贸圣佳	2019-11-30
徐大量 轻轻的北风 镜片	136cm×68cm	220,000	保信利诚	2019-02-07
徐大量 一天秋色冷晴湾，无数峰峦远近间 镜片	136cm×68cm	198,000	保信利诚	2019-02-07
徐德伦 书法《毛泽东·咏蛙》镜心	136cm×68cm	115,000	北京翰海	2019-03-29
徐恩家 太行人家 镜片	160cm×180cm	365,200	保信利诚	2019-02-07

拍品名称	物品尺寸	成交价RMB	拍卖公司	拍卖日期
徐范 璇玑图卷 手卷	29cm×17cm；29cm×226cm	414,000	中国嘉德	2019-03-25
徐复观 溥儒 旧藏绘 仙山楼阁图	74.5cm×31.5cm	437,000	中国嘉德	2019-11-18
徐宏毅 2019年作 元代张养浩诗 镜心	174cm×60cm	299,000	北京翰海	2019-10-12
徐宏毅 新时代 新生活 镜心	68cm×68cm	149,500	北京翰海	2019-03-29
徐华翎 2005年作 香 镜心	159cm×99cm	253,000	中国嘉德	2019-11-19
徐华翎 香 镜心	103cm×83cm	322,000	中国嘉德	2019-06-04
徐建明 2010年作 洞庭清秋 手卷	35cm×204cm	138,000	上海嘉禾	2019-09-07
徐九龙 2019年作 富贵吉祥图 镜心	137cm×68cm	184,000	北京保利	2019-06-03
徐乐乐 1999年作 泛舟图 镜心	67cm×34cm	103,500	北京荣宝	2019-04-28
徐乐乐 2000年作 曲绝碧天高 镜心	46cm×69cm	230,000	北京荣宝	2019-04-28
徐乐乐 2000年作 曲绝碧天高 镜心	46cm×70cm	287,500	北京荣宝	2019-06-13
徐乐乐 2005年作 叱石成羊图 镜心	46cm×70cm	192,647	中国嘉德	2019-10-08
徐乐乐 2005年作 归去来兮图 镜心	45cm×68cm	264,500	上海匡时	2019-06-21
徐乐乐2009年作小红低唱我吹箫镜框	70cm×35cm	167,813	佳士得	2019-11-25
徐乐乐 2014年作 绿杨疏处 镜心	98cm×45.5cm	115,000	中国嘉德	2019-11-19
徐乐乐 冰清玉润 镜心	46cm×33cm	103,500	荣宝斋（南京）	2019-07-21
徐乐乐 乘槎探河图 立轴	90cm×27.5cm	115,000	南京经典	2019-07-19
徐乐乐 莲屏图 立轴	画 73cm×27.5cm；书33cm×27.5cm	391,000	南京经典	2019-07-19
徐乐乐 柳溪泛舟图 镜心	69cm×34cm	172,500	中贸圣佳	2019-06-07
徐乐乐 琴韵清思 镜心	35cm×37cm	112,700	南京经典	2019-07-19
徐乐乐 秋庭婴戏图 镜心	35cm×70cm	724,500	南京经典	2019-07-19
徐乐乐 仕女图 镜心	45cm×34cm	115,000	中贸圣佳	2019-06-07
徐乐乐 松溪观流 镜心	35cm×137.5cm	1,058,000	南京经典	2019-07-19
徐乐乐 纨扇图 立轴	49.5cm×33.5cm	161,000	南京经典	2019-07-19
徐乐乐 无声图 成扇	11cm×19cm×2	126,500	南京经典	2019-07-19
徐乐乐 携琴图 镜心	70cm×46cm	460,000	南京经典	2019-07-19
徐乐乐 演乐图 镜心	35cm×137.5cm	1,035,000	南京经典	2019-07-19
徐乐乐 游园图手卷 手卷	本幅 27cm×182cm；27cm×109cm	1,092,500	中贸圣佳	2019-06-07
徐累 1997年作 沉没的青花 镜框	78cm×56cm	950,938	佳士得	2019-11-25
徐累 2000年 虚词一石	63cm×45cm	460,000	中贸圣佳	2019-06-07
徐里 2018年作 红云春雨 镜框	138cm×70cm	747,500	北京荣宝	2019-12-01
徐里 此岸彼岸 镜心	110cm×68.5cm	575,000	北京荣宝	2019-06-13
徐玫 红荔天牛 镜片	24.5cm×34.5cm	425,500	上海工美	2019-06-09
徐生翁 行书 七言联 对联	148cm×37.5cm×2	310,500	西泠印社	2019-07-07
徐世昌 "杏花春雨楼" 横额 镜心	52cm×214cm	172,500	中贸圣佳	2019-06-07
徐世昌 1908年作 松寿图 立轴	129.5cm×64cm	103,500	中鸿信	2019-07-17
徐世昌 1916年作 行书七言诗手卷	39cm×648cm	368,000	中国嘉德	2019-11-17
徐世昌 1916年作 书法 手卷	29.5cm×510.9cm	218,150	伦敦佳士得	2019-11-05
徐世昌 1918年作 节临《阁帖》镜心	36cm×345cm	345,000	北京匡时	2019-07-13
徐世昌 1919年作 田园风味 镜心	29cm×126cm	207,000	中国嘉德	2019-06-03
徐世昌 1921年作 临十七贴 手卷	本幅 32cm×381cm；引首32cm×99cm	109,250	北京荣宝	2019-06-13
徐世昌 1925年作 临王羲之草书《十七帖》手卷	28.5cm×483cm	253,000	北京荣宝	2019-06-13
徐世昌 1926年作 花卉 立轴	131cm×52.5cm	333,500	北京翰海	2019-06-14
徐世昌 1927年作 金桂月圆 立轴	150cm×66cm	379,500	中国嘉德	2019-06-03
徐世昌 草书 立轴	179cm×34.5cm	97,750	北京翰海	2019-06-14
徐世昌 草书七言联 镜心	97cm×22.5cm×2	103,500	北京匡时	2019-07-13

拍品名称	物品尺寸	成交价RMB	拍卖公司	拍卖日期
徐世昌 草书千字文 册页	29cm×40cm×11	126,500	北京银座	2019-06-05
徐世昌 行书七言联 立轴	164cm×37cm×2	172,500	中鸿信	2019-07-17
徐世昌 行书七言联 立轴	238cm×48cm×2	402,500	中国嘉德	2019-11-17
徐世昌 行书五言联 立轴	143cm×37.5cm×2	115,000	中国嘉德	2019-06-03
徐世昌 行书五言联 立轴	231cm×54cm×2	368,000	中国嘉德	2019-11-17
徐世昌 行书张竟辰诗 立轴	237cm×57cm	138,000	中国嘉德	2019-10-15
徐世昌 江山真气 立轴	83cm×54cm	103,500	中贸圣佳	2019-11-30
徐世昌 菊花芭蕉 立轴	167cm×41cm	184,000	北京翰海	2019-06-14
徐庶之 1986年作 天山风情 镜心	137.5cm×68.5cm	103,500	北京诚轩	2019-11-16
徐天进 2019年作 散氏盘铭文书法 立轴镜框 六条屏	245.3cm×53cm×6	240,000	佳士得（上海）	2019-09-21
徐伟 行书	34cm×136cm	109,250	北京翰海	2019-06-15
徐砚 人物故事 镜心（十六开）	29cm×42cm×16	138,000	北京保利	2019-06-04
徐燕孙 郭则沄 1943年作 双美图 行书论研一则 成扇		195,500	中国嘉德	2019-06-24
徐燕孙 仕女 镜片	100cm×33cm	103,500	朵云轩	2019-04-14
徐义生 1989年作 霜天素岫图 手卷	31.5cm×58.5cm；31.5cm×179cm	98,900	上海驰翰	2019-06-21
徐镇锁 2016年作 杨慎词《临江仙》立轴	200cm×70cm	112,700	北京翰海	2019-03-29
徐志摩 行书致郝太夫人寿词 镜芯	28.5cm×39.5cm	230,000	中鸿信	2019-07-17
徐忠迪 东山再起	143cm×59cm	517,500	北京翰海	2019-03-29
许麟庐 1978年作 高瞻远瞩 立轴	130cm×65cm	138,000	北京翰海	2019-03-29
许麟庐 高瞻远瞩 立轴	144cm×78cm	218,500	中国嘉德	2019-06-04
许麟庐 荷塘 立轴	137cm×68cm	253,000	荣宝斋（桂林）	2019-08-18
许麟庐 玉兰老少年 横披	68cm×136cm	109,250	广东崇正	2019-05-23
许钦松 2005年作 溪林之霞 镜框	68.5cm×139cm	126,500	华艺国际	2019-08-11
许钦松 2006年作 晴岭晓烟 镜片	69cm×138cm	115,000	广东崇正	2019-11-28
许钦松 2006年作 天山初雪 镜片	68cm×138cm	115,000	广东崇正	2019-11-28
许钦松 2006年作 溪岩春晴 镜心	97cm×181cm	690,000	北京荣宝	2019-12-01
许钦松 2007年作 山水四屏 镜心	137cm×34cm×4	460,000	北京荣宝	2019-06-13
许士骐 贝聿瑨 苍松鹤寿 立轴	82cm×48cm	425,125	佳士得	2019-11-18
许湘 1753年作 仿烫画清供图 立轴	123.5cm×54.5cm	161,000	北京翰海	2019-06-14
许莹 2016年作 人物 镜心	68cm×138cm	138,000	北京翰海	2019-03-29
许莹 2016年作 人物 镜心	138cm×68cm	276,000	北京翰海	2019-03-29
许昭 1923年作 黄山胜概册 十二开册	各21.3cm×25.6cm (12)	138,938	香港苏富比	2019-04-02
许徵白 1932年作 采莲图 立轴	31.5cm×23.5cm	141,246	中国嘉德	2019-03-30
宣统（款）1922年作 瑞龄仙寿图 立轴	131cm×62cm	126,500	中国嘉德	2019-10-17
薛亮 1994年作 山水人物小品（六帧）册页	26cm×27cm×3；23cm×27cm×2；27cm×28cm	253,000	中国嘉德	2019-10-16
薛亮 1996年作 万物有声 镜心	33cm×33cm×10；34cm×34cm×2	253,000	中国嘉德	2019-10-16
薛亮 2001年作 月朦胧 镜心	68cm×85cm	126,500	北京荣宝	2019-04-28
薛亮 2007年作 并蒂花开 立轴	67.5cm×47cm	109,250	北京荣宝	2019-04-28
薛亮 2014年作 春潮图 镜框	49.5cm×49.5cm	259,200	佳士得	2019-05-27
薛亮 静夜图 镜心	68cm×68cm	345,000	南京经典	2019-07-19
薛亮 月落霜满天 镜心	66cm×66cm	195,500	中贸圣佳	2019-11-30
薛岳 1996年作 行书节录《诫子书》立轴	67cm×32.5cm	155,250	中鸿信	2019-07-17
雪舟 寒山拾得 立轴	123.5cm×53cm	103,500	荣宝斋（桂林）	2019-08-18

拍品名称	物品尺寸	成交价RMB	拍卖公司	拍卖日期
亚明 1961年作 泰州万头猪场 镜心	37.7cm×52.5cm	109,250	中国嘉德	2019-06-03
亚明 1977年作 源远水长 立轴	138cm×68cm	161,000	中国嘉德	2019-06-02
亚明 1978年作 湘夫人 立轴	152cm×82cm	299,000	中国嘉德	2019-06-03
亚明 1980年作 衡阳雁去无留意 镜心	93cm×187cm	207,000	北京保利	2019-12-02
亚明 1981年作 春江好景图 立轴	106.5cm×41cm	184,000	西泠印社	2019-07-06
亚明 1981年作 江南可采莲 立轴	67cm×44.5cm	109,250	中国嘉德	2019-11-17
亚明 1981年作 杏花春雨 立轴	60cm×48cm	115,000	北京保利	2019-06-04
亚明 1982年作 秋山行吟图 镜片	65.5cm×44cm	101,200	西泠印社	2019-07-06
亚明 1982年作 山河新貌 镜片	62cm×96cm	195,500	上海嘉禾	2019-09-07
亚明 1992年作 一望大江开 镜片	136.5cm×67cm	115,000	西泠印社	2019-07-06
亚明 春风又绿江南岸 镜心	68cm×91cm	138,000	荣宝斋（南京）	2019-07-21
亚明 衡阳雁去 立轴	67cm×136cm	103,500	南京经典	2019-07-19
亚明 虎溪图 立轴	139cm×68cm	172,500	南京经典	2019-07-19
亚明 集云册 册页	31cm×41.5cm×12	253,000	荣宝斋（南京）	2019-07-21
亚明 人物山水（五帧）镜心	36.5cm×47.5cm×5	235,457	中国嘉德	2019-10-08
亚明 长江万里颂 手卷	引首22cm×90cm；画心22cm×810cm	1,092,500	广东崇正	2019-05-23
严谨 行书 立轴	207cm×51cm	105,800	荣宝斋（桂林）	2019-08-18
严汝璘 溪山楼阁图 立轴	98.5cm×52.5cm	414,000	中国嘉德	2019-06-04
严省 行书诗句 立轴	213cm×51cm	126,113	保利香港	2019-04-01
严水龙 "佛"一微书 镜心	69.5cm×46cm	322,000	保利厦门	2019-01-06
严水龙 金刚般若波罗蜜经 镜心	20.5cm×74.5cm	1,150,000	保利厦门	2019-01-06
言恭达 2007年作 草书四屏 镜心	137cm×34cm×4	97,750	北京荣宝	2019-06-13
阎锡山 行书"中乃治事之极"镜心	88cm×30cm	207,000	北京银座	2019-06-05
阎锡山 行书东坡诗 立轴	147.5cm×41cm	299,000	中国嘉德	2019-11-18
阎锡山 行书格言 镜心	80cm×32cm	356,500	北京银座	2019-06-05
阎锡山 行书龙门对 立轴	138cm×34.5cm×2	287,500	上海匡时	2019-06-21
阎锡山 行书十言联 立轴	136cm×28.5cm×2	218,500	中国嘉德	2019-11-17
阎锡山 行书题词 镜芯	80cm×29cm	97,750	中鸿信	2019-07-17
阎锡山 书法 镜心	50.5cm×22.5cm	126,500	北京银座	2019-06-05
颜伯龙 1936年作 红叶珍禽 立轴	95.5cm×30.5cm	149,836	中国嘉德	2019-10-08
颜伯龙 1940年作 梅花春鸟图 镜心	100.5cm×34cm	115,000	北京翰海	2019-06-14
颜伯龙 1940年作 雪松山雉 立轴	124cm×67cm	230,000	中国嘉德	2019-11-17
颜伯龙 1941年作 虎啸图 立轴	132cm×66cm	655,500	北京翰海	2019-06-14
颜伯龙 1942年作 双寿图 立轴	101.5cm×32cm	310,500	北京翰海	2019-06-14
颜伯龙 1944年作 花鸟六条屏 镜芯	136cm×34cm×6	586,500	中鸿信	2019-07-16
颜伯龙 1944年作 花鸟走兽四屏 镜心	102cm×34cm×4	437,000	中国嘉德	2019-11-17
颜伯龙 1944年作 松鹤图 立轴	131cm×57cm	345,000	北京翰海	2019-06-14
颜伯龙 1945年作 百鸟齐鸣 镜心	188cm×85cm	667,000	北京翰海	2019-06-14
颜伯龙 1945年作 花石鸣禽 立轴	67.5cm×32.5cm	121,068	中国嘉德	2019-03-30
颜伯龙 1945年作 松寿图 镜心	96cm×33cm	207,000	北京翰海	2019-06-14
颜伯龙 1946年作 群鸟躁春来 立轴	98.5cm×33cm	1,380,000	北京荣宝	2019-12-01
颜伯龙 1948年作 柏寿图 立轴	102cm×34cm	115,000	中国嘉德	2019-11-18
颜伯龙 梅梢五雀 镜框		109,086	纽约苏富比	2019-03-22
颜伯龙 拟古 三屏镜心	100cm×33cm×3	207,000	中贸圣佳	2019-11-30
颜伯龙 拟元人花鸟 成扇	18cm×48cm	126,500	北京匡时	2019-07-13
颜伯龙 寿鑈 1938／1939年作 雪松寒禽 书法 成扇	19cm×54cm	95,094	佳士得	2019-11-26
颜伯龙 四时花鸟 镜心	33cm×67cm×4	345,000	中贸圣佳	2019-11-30
颜伯龙 周元亮 1942年作 花鸟 成扇	18.5cm×49cm	97,750	北京翰海	2019-06-14

拍品名称	物品尺寸	成交价RMB	拍卖公司	拍卖日期
颜伯龙 竹雀 成扇	18.5cm×50cm	103,500	北京匡时	2019-07-13
颜世清 1919年作 山水图册 册页（十六开）	28cm×19cm×16	132,250	南京经典	2019-07-19
颜文梁 三十一年（1942年作 柳塘春色 立轴	18.3cm×51.8cm	103,500	北京诚轩	2019-11-16
颜文梁 杨亦农 1943年作 秋水晴旷、杂书六则 成扇	18cm×46cm	161,000	北京匡时	2019-07-13
晏济元 1935年作 仕女图 立轴	81cm×39cm	126,500	中国嘉德	2019-10-15
晏济元 执扇仕女 镜片	121cm×48.5cm	345,000	广东崇正	2019-11-28
杨宝杰 吉寿图	136cm×68cm	172,500	北京翰海	2019-06-15
杨德衡 2003年作 双鹤图 镜心	69cm×45cm	115,000	北京保利	2019-06-03
杨德衡 2012年作 荷荫双侣 立轴	68cm×68cm	138,000	北京保利	2019-12-02
杨度 隶书五言联 对联	173cm×45cm×2	253,000	中国嘉德	2019-10-15
杨度 隶书五言联 立轴	164cm×40.5cm×2	713,000	中国嘉德	2019-11-17
杨佴旻 2018年作 有花的街上	69cm×114.5cm	2,300,000	北京翰海	2019-06-15
杨佴旻 2019年作 远方	46cm×68cm	1,092,500	北京翰海	2019-06-15
杨复 等 白云洞读书图并诸家题 手卷	引首25cm×63.5cm；画25cm×67.5cm；跋25cm×800cm	253,000	中国嘉德	2019-06-04
杨翰儒 2018年作 书法《自强不息》镜心	68cm×68cm	563,500	北京翰海	2019-03-29
杨吉兵 2019年作 对联 镜心	178cm×48cm×2	115,000	北京翰海	2019-10-12
杨继林 2017年作 梅迎腊 立轴	131cm×65cm	115,000	北京翰海	2019-03-29
杨建臣 2017年作 秋之声 成扇	18cm×50cm	207,000	北京翰海	2019-03-29
杨金瑞 山水四屏 镜片	179cm×48cm×4	345,000	荣宝斋（南京）	2019-05-21
杨力舟 人物四屏 镜心	138cm×34cm×4	109,250	北京荣宝	2019-06-13
杨立奇 心中莲花一路芬芳 镜心	69cm×149cm	310,500	南京经典	2019-07-19
杨立奇 悠然自得 镜心	45.5cm×162.5cm	103,500	南京经典	2019-07-19
杨明义 2019年作 春暖人间 镜心	68cm×136cm	322,000	北京保利	2019-06-04
杨明义 山水四屏 镜心	136cm×35cm×4	356,500	北京荣宝	2019-06-13
杨明义 水乡盛会 立轴	138cm×79cm	805,000	中贸圣佳	2019-06-07
杨善深 1941年作 芙蓉花卉对屏 镜心	102cm×29cm×2	110,979	保利香港	2019-04-01
杨善深 1950年作 石榴蜜蜂 镜框	35cm×88cm	230,000	华艺国际	2019-08-11
杨善深 1971年作 白鸡 立轴	92cm×46cm	216,000	佳士得	2019-05-28
杨善深 1972年作 松鹤延年 镜框	116cm×160cm	1,580,256	华艺国际	2019-05-27
杨善深 1974年作 丰年 立轴	91cm×92cm	161,424	保利香港	2019-04-01
杨善深 1974年作 富泰 立轴	91cm×92cm	241,500	华艺国际	2019-08-11
杨善深 1974年作 秋山行旅图 镜框	29.8cm×87cm	106,281	佳士得	2019-11-26
杨善深 1974年作 群仙祝寿图 立轴	119cm×46cm	181,602	北京匡时	2019-04-02
杨善深 1975年作 留得残荷听雨声 立轴	102.8cm×28cm	346,637	华艺国际	2019-05-27
杨善深 1982年作 伍子胥 立轴	92cm×33cm	172,500	广东崇正	2019-05-23
杨善深 1982年作 薛涛历事 立轴	68cm×35cm	156,380	北京匡时	2019-04-02
杨善深 1984年作 裸女 镜片	24cm×33.5cm	172,500	广东崇正	2019-05-23
杨善深 1989年作 十二生肖 立轴	38cm×53.5cm×12	3,220,000	华艺国际	2019-08-11
杨善深 1989年作 玉楼人醉图 镜心	54cm×75cm	115,000	中国嘉德	2019-06-24
杨善深 1991年作 咏松诗三首·行书七言联 立轴	230cm×52.5cm；242cm×45cm×2	120,750	北京银座	2019-06-05
杨善深 1993年作 新春吉祥图 立轴	136cm×34cm	115,000	西泠印社	2019-09-21
杨善深 1995年作 无家不成家 立轴	137cm×34cm	160,539	保利香港	2019-10-06
杨善深 2000年作 鱼水两相欢 立轴	104cm×37cm	275,270	华艺国际	2019-05-27
杨善深 芭蕉麻雀 立轴	68cm×35cm	115,000	华艺国际	2019-08-11

(成交价RMB：10万元以上)

拍品名称	物品尺寸	成交价RMB	拍卖公司	拍卖日期
杨善深 春水纤鳞 立轴	71cm×25.1cm	136,050	香港苏富比	2019-10-07
杨善深 翠山烟岚 立轴	90cm×70cm	509,760	华艺国际	2019-05-27
杨善深 芙蓉 立轴	118cm×29cm	383,382	中国嘉德	2019-03-30
杨善深 荷香清幽 立轴	120.3cm×56.8cm	218,173	纽约佳士得	2019-03-19
杨善深 阖家欢 立轴	102cm×59cm	126,500	北京保利	2019-08-24
杨善深 了哥蚱蜢 镜框	95.5cm×34cm	129,600	佳士得	2019-05-28
杨善深 猫 镜心	69cm×34.5cm	126,113	北京匡时	2019-04-02
杨善深 骑驴访友图 立轴	137.5cm×67.5cm	168,000	上海联合	2019-06-16
杨善深 青山寻隐 镜片	37cm×69cm	97,750	广东崇正	2019-03-03
杨善深 双鸡 镜片	33cm×67cm	172,500	广东崇正	2019-03-03
杨善深 夜月泛舟 立轴	98cm×30.2cm	414,000	北京荣宝	2019-12-01
杨善深 鱼水相欢 镜心	30cm×46.5cm	171,513	保利香港	2019-04-01
杨石朗 1989年作 群峰争秀 镜芯	98cm×66.5cm	126,500	中鸿信	2019-07-16
杨石朗 常青 立轴	149cm×71cm	138,000	中鸿信	2019-07-16
杨石朗 黄山雄姿 镜框	177cm×273cm	448,500	上海嘉禾	2019-09-06
杨石朗 云绕山溪 镜芯	82cm×48cm	172,500	中鸿信	2019-07-16
杨守敬 1904年作 博古图 立轴	96.5cm×44cm	109,250	西泠印社	2019-07-06
杨守正 书法 镜心	89cm×48cm	149,500	北京翰海	2019-03-29
杨守正 书法《精气神》镜心	66cm×130cm	126,500	北京翰海	2019-03-29
杨涛 陶渊明桃花源记 手卷	引首 33.5cm×101cm；字33.5cm×546cm	287,500	中国嘉德	2019-11-19
杨夏林 1978年作 三花峰 立轴	98.3cm×66.5cm	97,750	中国嘉德	2019-11-17
杨新亮（言奇）2018年作 岁月 镜心	68cm×68cm	138,000	北京翰海	2019-03-29
杨新亮（言奇）2018年作 悟道 镜心	138cm×69cm	184,000	北京翰海	2019-03-29
杨新亮（言奇）2018年作 涌泉通三江 镜心	138cm×69cm	437,000	北京翰海	2019-03-29
杨延文 1987年作 雨里鸡鸣 立轴	81cm×82cm	106,695	纽约佳士得	2019-09-10
杨延文 1991年作 晚霞 镜心	68cm×136cm	115,000	北京荣宝	2019-04-28
杨延文 1992年作 风习柳依 镜心	95cm×178cm	230,000	北京荣宝	2019-04-28
杨延文 2011年作 人物四屏 镜心	102cm×34cm×4	207,000	北京荣宝	2019-06-13
杨应选 仕女四屏 镜心	161cm×41cm×4	287,500	荣宝斋（桂林）	2019-08-18
杨雍建 草书七言诗 扇页	50cm×16.5cm	97,750	西泠印社	2019-04-14
杨之光 1978年作 延边长鼓舞 立轴	80cm×52cm	138,000	北京荣宝	2019-10-12
杨之光 1981年作 草原情歌 镜片	46cm×69cm	120,750	广东崇正	2019-05-23
杨之光 1981年作 少女独舞图 立轴	68.5cm×46.5cm	253,000	西泠印社	2019-07-06
杨之光 1983年作 唐弢小像 镜心	68cm×45cm	230,000	北京保利	2019-12-01
杨之光 1990年作 夏威夷海滨 镜框	66cm×49cm	115,000	华艺国际	2019-08-11
杨之光 1991年作 天鹅湖 镜片	46cm×68.5cm	115,000	广东崇正	2019-11-28
杨之光 1992年作 印度舞 镜心	47cm×34.5cm	97,750	北京荣宝	2019-06-13
杨之光 1994年作 母亲 镜心	68.5cm×68.5cm	115,000	中国嘉德	2019-11-19
杨之光 2001年作 裸女 镜框	53cm×67.5cm	345,000	华艺国际	2019-08-11
杨之光 2001年作 唐舞 镜片	138cm×69cm	402,500	广东崇正	2019-11-28
杨之光 2002年作 仙蒂里拉 镜心	85cm×60cm	253,000	中国嘉德	2019-06-04
杨之光 2002年作 长醉图 镜心	69cm×138cm	172,500	中国嘉德	2019-03-23
杨之光 2008年作 舞蹈人物四屏 镜心	105cm×33cm×4	1,104,000	北京荣宝	2019-06-13
杨之光 2010年作 红日照征途	103cm×90cm	632,500	北京翰海	2019-06-15
杨之光 2011年作 行书四屏 镜心	137cm×36cm×4	115,000	北京荣宝	2019-06-13
杨之光 草原情歌 镜框	46cm×64cm	138,000	华艺国际	2019-08-11
杨之光 佛门弟子像 镜片	136.5cm×68cm	1,840,000	西泠印社	2019-07-06
杨之光 华佗采药图 镜心	90cm×68.5cm	107,026	保利香港	2019-10-06
杨之光 孔雀舞 镜框	68cm×135cm	1,265,000	华艺国际	2019-08-11
杨之光 孔雀舞 立轴	68cm×46cm	109,250	广东崇正	2019-05-23
杨之光 兰花册 册页（十开）	43cm×65cm×10	575,000	华艺国际	2019-08-11

拍品名称	物品尺寸	成交价RMB	拍卖公司	拍卖日期
杨之光 罗米欧与朱丽叶 镜心	138cm×68.5cm	713,000	上海匡时	2019-06-21
杨之光 尼泊尔索尔带舞 镜片	71.5cm×50.5cm	115,000	广东崇正	2019-03-03
杨之光 女人体 镜心	74cm×41.5cm	253,000	北京荣宝	2019-06-13
杨之光 鸥洋 鲁迅在广州 立轴	131cm×70cm	253,000	上海匡时	2019-06-21
杨之光 鸥洋 永远进击 立轴	157cm×94cm	1,955,000	广东崇正	2019-11-28
杨之光 威尼斯贡多拉 镜框	68.8cm×69cm	249,425	香港苏富比	2019-10-07
杨之光 舞蹈人物 立轴	68.5cm×69cm	115,000	广东崇正	2019-05-23
杨之光 瑶家长鼓舞 立轴	98.0cm×79.0cm	230,000	中国嘉德	2019-11-19
杨之光 长鼓独舞图 立轴	83cm×51cm	299,000	西泠印社	2019-07-06
杨忠 柳暗花明 立轴	208cm×99.5cm	207,000	北京匡时	2019-07-13
杨忠 通景山水十屏 立轴	174cm×48cm×10	920,000	北京荣宝	2019-06-13
姚奠中 行书四屏 镜心	137cm×34cm×4	161,000	北京荣宝	2019-06-13
姚华 1919年作 佛像心经 立轴	120cm×32cm	203,349	保利香港	2019-10-06
姚华 1920年作 家在万山中 立轴	178cm×20cm	138,000	北京保利	2019-06-04
姚华 1921年作 反书六一词·溪山放鹤 成扇	18cm×45cm	107,026	中国嘉德	2019-10-08
姚华 1921年作 意禊图卷 手卷	36cm×93cm	195,500	中国嘉德	2019-06-25
姚华 劝经图 镜心	135cm×50cm	207,000	中贸圣佳	2019-11-30
姚华 双勾吴据书法 横批	31.5cm×127.5cm	105,800	中贸圣佳	2019-11-30
姚华 小山招隐·小楷简斋诗 成扇	19.5cm×48.5cm	139,134	中国嘉德	2019-10-08
姚天顺 2018年作 红梅傲雪 镜心	138cm×69cm	115,000	北京翰海	2019-10-12
姚宗文 行书七言句 立轴	133cm×58cm	138,000	北京荣宝	2019-06-13
叶阿林 2012年作 丽谷雨后图 镜片	95cm×50cm	322,000	西泠印社	2019-09-21
叶阿林 2012年作 闲钓观歌图 镜片	97cm×50cm	345,000	西泠印社	2019-09-21
叶凤毛 行书 册页（六开）	24cm×17cm×6	126,500	朵云轩	2019-06-22
叶凤毛 行书七言诗 立轴	129cm×58cm	287,500	北京荣宝	2019-06-13
叶恭绰 行书七言联 立轴	163cm×41.5cm×2	101,200	中国嘉德	2019-06-03
叶鸿平 无题 镜心	101cm×48cm	322,000	中国嘉德	2019-11-19
叶开枝 2017年作 书法 立轴	138cm×69cm	115,000	北京翰海	2019-03-29
叶丽美 2013年作 凌波春知处 镜心	68cm×68cm	184,000	北京翰海	2019-10-12
叶丽美 2018年作 又约春风 镜心	68cm×68cm	207,000	北京翰海	2019-03-29
叶曼叔 垂纶占旺 立轴	78cm×28cm	138,000	保利厦门	2019-01-06
叶浅予 1940年左右“战时重庆”漫画（十四帧）设色纸本	20.5cm×28.5cm×14	1,782,500	中国嘉德	2019-06-03
叶浅予 1945年作 印度舞 立轴	67cm×43.5cm	187,296	保利香港	2019-10-06
叶浅予 1961年作 藏族舞蹈 立轴	69cm×45.5cm	149,500	中国嘉德	2019-06-04
叶浅予 1964年作 顶碗舞 立轴	69cm×46cm	115,000	广东崇正	2019-05-23
叶浅予 1964年作 延边鼓声 立轴	135cm×67.5cm	201,250	上海嘉禾	2019-09-06
叶浅予 1977年作 藏舞 立轴	67cm×45cm	115,000	北京保利	2019-06-04
叶浅予 1978年作 乌兰牧骑 镜片	68cm×42.5cm	115,000	广东崇正	2019-11-27
叶浅予 1978年作 献花图 立轴	70cm×47cm	115,000	广东崇正	2019-05-23
叶浅予 1989年作 巴安弦子之舞 镜心	95cm×180cm	2,242,500	北京保利	2019-12-02
叶浅予 1995年作 诗情画意千岛湖 册页（十二开）	45.5cm×33.5cm×12	138,000	中国嘉德	2019-11-17
叶浅予 呼和浩特晚会 立轴	67.5cm×45cm	172,500	中贸圣佳	2019-11-30
叶浅予 傈僳之舞 立轴	31.5cm×30.5cm	115,000	中国嘉德	2019-11-17
叶浅予 唐宫乐舞 镜心	151cm×83cm	1,150,000	北京荣宝	2019-12-01
叶浅予 王雪涛 1935年作 牡丹兰花 镜心	85cm×51.5cm	97,750	中国嘉德	2019-06-02
叶浅予 舞蹈人物 立轴	132cm×66cm	460,000	北京保利	2019-08-24
叶浅予 新疆姑娘 镜心	68cm×46cm	115,000	荣宝斋（南京）	2019-07-21
叶圣陶 1965年作 篆书菩萨蛮词 横披	24.3cm×65.5cm	115,000	中国嘉德	2019-06-03
叶圣陶 篆书七言联 立轴	146cm×37cm×2	299,000	中贸圣佳	2019-11-30
叶毓中 苏武牧羊 镜心	69.5cm×69cm	517,500	北京保利	2019-06-03

拍品名称	物品尺寸	成交价RMB	拍卖公司	拍卖日期
叶毓中 迎春图 镜心	70cm×68.5cm	517,500	北京保利	2019-06-03
叶昀 酒中四友 镜心	49.5cm×25.5cm×4	149,500	中贸圣佳	2019-11-30
佚名 溪山文会图 镜框	150cm×98cm	172,500	北京荣宝	2019-12-01
佚名 禹王治水图 手卷	39cm×232cm	172,500	北京荣宝	2019-12-01
殷梓湘 1979年作 春江牧马 立轴	136.5cm×68.0cm	109,250	中国嘉德	2019-11-18
尹瘦石 伫马太行 镜心	118cm×107cm	828,000	北京荣宝	2019-10-12
印光 行书《华严经偈》镜心	65cm×28cm	115,000	中贸圣佳	2019-06-07
印光 楷书"圆超五浊"镜心	32.5cm×67cm	195,500	荣宝斋（南京）	2019-07-21
印光 楷书八言联 立轴	170.5cm×38cm×2	690,000	中贸圣佳	2019-06-07
应野平 1976年作 锦绣山河 镜心	71cm×181cm	178,250	北京匡时	2019-07-13
应野平 1976年作 井冈山新貌 手卷	画心23cm×216cm；引首23cm×84cm；题跋23cm×88cm	241,500	北京保利	2019-06-04
应野平 1979年作 黄山图（王个簃、唐云、徐子鹤、程十发题跋）手卷	画心13cm×137cm；引首王个簃13cm×82.5cm；后跋应野平13cm×71cm；唐云13cm×69cm；徐子鹤13cm×54cm；程十发13cm×39cm	218,500	广东崇正	2019-05-23
应野平 1979年作 黄岳松云 镜心	96cm×52cm	195,500	中国嘉德	2019-06-04
应野平 花果册 册页（十二开）	46cm×34.5cm×12	195,500	中国嘉德	2019-11-17
应野平 山水册 册页（十二页）	46cm×34.6cm×12	460,000	中国嘉德	2019-11-17
尤萃 柏鹿图 立轴	181.5cm×101cm	218,500	中国嘉德	2019-06-04
尤山 2018年作 雪韵 镜心	138cm×68cm	402,500	北京翰海	2019-03-29
尤淑悌 2010年作 新绿江南 立轴	68cm×69cm	112,700	北京翰海	2019-03-29
尤小云 1941年作 桃花源图 镜心	34cm×133cm	112,700	中国嘉德	2019-03-23
于非闇 1931年作 秋声赋 成扇	18cm×46cm	201,780	北京匡时	2019-04-02
于非闇 1934年作 秋趣 立轴	134cm×33cm	230,000	中国嘉德	2019-11-17
于非闇 1936年作 芙蓉鱼乐 立轴	121cm×47cm	171,242	中国嘉德	2019-10-08
于非闇 1936年作 四喜图 立轴	131cm×34cm	3,450,000	北京保利	2019-06-04
于非闇 1937年作 水仙拳石 镜框	71cm×40.2cm	1,258,688	纽约佳士得	2019-03-20
于非闇 1937年作 水仙拳石 镜框	71cm×40.2cm	629,344	纽约佳士得	2019-03-21
于非闇 1938年作 红竹鹦鹉 镜框	19cm×50.5cm	172,500	北京荣宝	2019-12-01
于非闇 1938年作 宜春有喜 立轴	103cm×46.5cm	1,495,000	上海明轩	2019-04-28
于非闇 1938年作 竹子小鸟 镜芯	78.5cm×40cm	149,500	中鸿信	2019-07-16
于非闇 1940年作 白荷蜻蜓 立轴	99.2cm×33.7cm	623,563	香港苏富比	2019-10-07
于非闇 1940年作 松寿 立轴	90cm×46.5cm	287,500	中国嘉德	2019-11-18
于非闇 1940年作 小鸟 扇面	18.3cm×50cm	368,000	北京保利	2019-12-02
于非闇 1942年作 临《照夜白》《五马图》合卷 手卷	引首28cm×85cm；画1、28cm×43.5cm；2、28cm×214cm；跋1、28cm×48.5cm；2、28cm×49cm	5,750,000	中国嘉德	2019-06-02
于非闇 1942年作 傚徐熙花鸟 楷书〈幽兰赋〉成扇	45cm×18.5cm	641,250	香港苏富比	2019-04-02
于非闇 1943年作 行书"集贤阁"镜心	34cm×63cm	103,500	北京银座	2019-06-05
于非闇 1943年作 荷花小鸟 立轴	99cm×33cm	786,942	中国嘉德	2019-03-30
于非闇 1944年作 鸳鸯 立轴	63cm×33cm	345,000	北京荣宝	2019-04-28

拍品名称	物品尺寸	成交价RMB	拍卖公司	拍卖日期
于非闇 1944年作 朱竹白头 行书五言诗 成扇	19.3cm×54cm	736,000	中国嘉德	2019-06-02
于非闇 1945年作 富贵蝶来 立轴	99cm×51cm	805,000	广东崇正	2019-05-23
于非闇 1945年作 海棠伯劳 立轴	96cm×34cm	1,587,250	香港苏富比	2019-10-07
于非闇 1945年作 萝卜蝈蝈 行书节录《自叙帖》镜心	19.5cm×55cm×2	161,000	北京保利	2019-12-01
于非闇 1945年作 牡丹蛱蝶 立轴	73cm×37cm	517,500	上海嘉禾	2019-09-07
于非闇 1945年作 时乐鸟图 镜框	129cm×61.8cm	5,279,625	香港苏富比	2019-04-02
于非闇 1946年作 海棠草虫 立轴	100cm×34cm	3,507,500	北京诚轩	2019-06-01
于非闇 1947年作宝珠茶伴山雀鸣立轴	95.3cm×47.2cm	2,070,000	北京诚轩	2019-06-01
于非闇 1947年作 墨竹小鸟 立轴	81.8cm×40.7cm	566,875	香港苏富比	2019-10-07
于非闇 1947年作 辛夷游蜂 立轴	82.3cm×33.8cm	801,563	香港苏富比	2019-04-02
于非闇 1948年作 蝶恋花 立轴	102.5cm×47.5cm	667,000	上海嘉禾	2019-09-07
于非闇 1948年作 梨花双雀 立轴	81.5cm×32cm	212,750	上海嘉禾	2019-09-07
于非闇 1948年作 秋蝉、草书 成扇	18cm×46cm	172,500	广东崇正	2019-05-23
于非闇 1951年作 玉兰鹦哥图 立轴	90.0cm×51.5cm	3,220,000	中国嘉德	2019-11-18
于非闇 1957年作 荷花蜻蜓 立轴	91cm×55.5cm	2,702,500	华艺国际	2019-08-10
于非闇 曹克家 耄耋图 立轴	101cm×33cm	368,000	中国嘉德	2019-06-02
于非闇 茶花小鸟 镜心	直径26cm	149,500	北京匡时	2019-07-13
于非闇 陈云诰 1941年作 荷花 书法 成扇	18cm×46cm	230,000	华艺国际	2019-08-10
于非闇 等 花间虫趣图·行书古文（二帧）扇页	52cm×17cm；51.5cm×16.5cm	207,000	西泠印社	2019-07-07
于非闇 蝶恋花 镜心	84.5cm×43cm	201,780	保利香港	2019-04-01
于非闇 仿陈洪绶花鸟 楷书宋人绝句 成扇	18cm×50cm	241,500	中贸圣佳	2019-11-30
于非闇 傅增湘 翠鸟石榴图·楷书五言诗 成扇	53cm×19.5cm	747,500	西泠印社	2019-07-07
于非闇 富贵加封 镜框	31.7cm×45.3cm	1,133,750	香港苏富比	2019-10-07
于非闇 歌颂和平·草书 成扇	14.5cm×40cm	747,500	北京保利	2019-06-04
于非闇 寒梅清音 镜心	18cm×49cm	189,750	中贸圣佳	2019-06-07
于非闇 行书七言联 立轴	131cm×21cm×2	126,500	中国嘉德	2019-11-17
于非闇 荷花蜻蜓 镜心	136cm×45cm	1,322,500	中贸圣佳	2019-11-30
于非闇 红荔鸣蝉图 镜心	19cm×55cm	276,000	中贸圣佳	2019-11-30
于非闇 红叶小鸟 成扇	16cm×49cm	191,691	北京匡时	2019-04-02
于非闇 胡家红牡丹 镜心	84cm×49cm	4,772,500	中贸圣佳	2019-08-16
于非闇 胡絜青 幽兰蜜蜂 立轴	64.5cm×46.1cm	106,875	香港苏富比	2019-04-02
于非闇 己卯腊月廿一日（1940年作 水仙凤蝶 立轴	99.5cm×31.7cm	805,000	北京诚轩	2019-06-01
于非闇 金柑双禽 立轴	85cm×53cm	2,300,000	北京保利	2019-06-04
于非闇 楷书并花鸟 成扇	18cm×50cm	184,000	中贸圣佳	2019-06-07
于非闇 兰花蝴蝶 镜心	直径26cm	161,000	北京匡时	2019-07-13
于非闇 林思进 蔷薇雀 自作词二首 成扇	18cm×50cm	1,012,000	北京诚轩	2019-11-16
于非闇 孟锡珏 红叶伯劳 苏轼《迁居临皋亭》成扇	20cm×54.5cm	126,500	北京诚轩	2019-06-01
于非闇 牡丹 镜心	63cm×35cm	345,000	中贸圣佳	2019-11-30
于非闇 牡丹蝴蝶 立轴	109cm×42cm	552,000	中鸿信	2019-07-16
于非闇 潘受 红叶小鸟、行书自作诗 镜心	19cm×52.5cm×2	172,500	中国嘉德	2019-06-02
于非闇 商衍鎏 1956年作 赤果图·行书七言诗 成扇	18.5cm×47.5cm×2	138,000	北京银座	2019-06-05
于非闇 双喜 立轴	100cm×55cm	2,530,000	北京保利	2019-06-04
于非闇 孙智敏 1942年作 海棠翠鸟、小楷 成扇		97,750	中国嘉德	2019-10-16

拍品名称	物品尺寸	成交价RMB	拍卖公司	拍卖日期
于非闇 喜上眉梢 立轴	68cm×25.5cm	287,500	北京银座	2019-06-05
于非闇 写生画稿册 册页（八开）	46cm×33cm×8	368,000	中贸圣佳	2019-11-30
于非闇 邢端 果熟来禽 杂钞 成扇	19.7cm×53.5cm	368,000	北京诚轩	2019-11-16
于非闇 簪花蝴蝶 立轴	67cm×37.5cm	253,000	北京荣宝	2019-12-01
于非闇 张伯英 海棠正熟 行书节临淳化帖 成扇	19.5cm×51cm	644,000	北京保利	2019-12-01
于非闇 张书云 1944年作 海棠一笑 行书唐寅六绝句 成扇	19.5cm×53.5cm	908,500	北京保利	2019-12-01
于水 金陵十二钗 镜心	35cm×137cm	109,250	南京经典	2019-07-19
于希宁 1964年作 春风图 立轴	82cm×50.5cm	356,500	广东崇正	2019-05-23
于希宁 1976年作 黄金甲 立轴	132.5cm×67cm	402,500	广东崇正	2019-05-23
于希宁 1977年作 白芍药 镜片	35cm×139.5cm	414,000	广东崇正	2019-05-23
于希宁 1977年作 红梅 立轴	130cm×66.5cm	632,500	广东崇正	2019-05-23
于希宁 1977年作 梅花卷 手卷	引首 49.5cm×131.5cm; 画心49.5cm×303cm	1,840,000	广东崇正	2019-05-23
于希宁 1978年作 秋艳 立轴	68.5cm×46cm	207,000	广东崇正	2019-05-23
于希宁 1979年作 梅 立轴	82.5cm×50.5cm	112,700	中国嘉德	2019-06-03
于希宁 1979年作 铁骨寒香 立轴	96cm×53.5cm	207,000	广东崇正	2019-05-23
于希宁 1982年作 凌霄花 镜片	77cm×73.5cm	483,000	广东崇正	2019-05-23
于希宁 1995年作 太湖春意 镜片	133.5cm×68cm	345,000	广东崇正	2019-05-23
于希宁 白梅 镜心	46cm×59cm	161,000	荣宝斋（南京）	2019-07-21
于希宁 瓜瓞绵绵 镜心	97cm×61cm	310,500	荣宝斋（南京）	2019-07-21
于希宁 行书 梅花（两帧）镜片	68cm×46cm×2	105,800	广东崇正	2019-11-28
于希宁 红梅 镜心	136.5cm×68cm	138,000	北京荣宝	2019-04-28
于希宁 红梅 立轴	84cm×51cm	218,500	北京翰海	2019-03-29
于希宁 花果行书双挖四屏 立轴	画 26cm×27cm×4; 字 25.5cm×32.7cm×4	115,000	中国嘉德	2019-06-02
于希宁 花卉四屏 立轴	33.5cm×45.5cm×4	112,377	中国嘉德	2019-10-08
于希宁 涧谷幽篁图 镜片	95cm×119cm	943,000	广东崇正	2019-05-23
于希宁 梅花（二帧）镜心 立轴	69cm×45cm; 67cm×52.5cm	172,500	上海匡时	2019-06-21
于希宁 墨梅 立轴	67.5cm×46cm	109,250	北京荣宝	2019-10-12
于希宁 墨梅图 镜心	64cm×43cm	109,250	北京翰海	2019-03-29
于希宁 墨梅图 镜心	137cm×68cm	414,000	荣宝斋（南京）	2019-07-21
于希宁 咏梅词意 镜心	92cm×172cm	115,000	中国嘉德	2019-11-18
于希宁 竹节海棠 立轴	134.5cm×64cm	402,500	广东崇正	2019-05-23
于右任 "石涛道济传" 镜心	40cm×132cm×2	2,070,000	中贸圣佳	2019-06-07
于右任 1917年作 行书《姜如农和陶停云》四屏 立轴	152.5cm×41cm×4	1,150,000	中国嘉德	2019-06-03
于右任 1918年作 行书《一剪梅·思家之作》镜心	130cm×30.2cm	345,000	中国嘉德	2019-06-03
于右任 1923年作 行书王渔洋论诗绝句 镜心	149.2cm×47.2cm	460,000	中国嘉德	2019-06-03
于右任 1924年作 行书《藏书纪事诗》镜心	162.3cm×37.8cm	552,000	中国嘉德	2019-06-03
于右任 1929年作 行书倪云林诗 镜心	132.4cm×32.9cm	943,000	中国嘉德	2019-06-03
于右任 1930年作 行书李梦阳诗二首 镜心	121cm×32.8cm	1,725,000	中国嘉德	2019-06-03
于右任 1946年作 草书《中吕醉高歌》四屏 立轴	63cm×15cm×4	483,000	中国嘉德	2019-06-03
于右任 1947年作 行书龙门联 镜框	各 322cm×68cm (2)	406,125	香港苏富比	2019-04-02
于右任 1948年作 草书六言联 立轴	147cm×38cm×2	524,628	中国嘉德	2019-03-30
于右任 1948年作 草书五言联 对联	136.5cm×33.3cm×2	109,250	中国嘉德	2019-06-03
于右任 1948年作 草书五言联 立轴	141cm×34cm×2	272,403	中国嘉德	2019-03-30
于右任 1948年作 草书正气歌册 册页	32cm×42cm×10	207,000	中国嘉德	2019-10-15
于右任 1948年作 草书自作《天山杂诗》立轴	135cm×65cm	287,500	北京保利	2019-06-04
于右任 1949年作 草书《民治学校园记事诗二十首》册页（二十七开）	30cm×32.5cm×27	5,347,500	上海匡时	2019-06-21
于右任 1949年作 草书八言联 镜框	各 130cm×30.8cm (2)	374,063	香港苏富比	2019-04-02
于右任 1949年作 草书苏轼诗 四屏 立轴	141cm×35cm×4	1,035,000	北京保利	2019-12-02
于右任 1949年作 行书五言诗 镜框	112cm×39cm	172,500	华艺国际	2019-08-10
于右任 1950年作 草书八言联 对联	131.3cm×31.5cm×2	517,500	中国嘉德	2019-06-03
于右任 1950年作 草书八言联 立轴	各: 146cm×26cm×2	136,050	香港苏富比	2019-10-07
于右任 1950年作 草书八言联 立轴	133cm×31.3cm×2	253,000	中国嘉德	2019-11-17
于右任 1950年作 草书七言联 立轴	131.5cm×32.5cm×2	345,000	北京诚轩	2019-06-01
于右任 1951年作 草书孙中山语 立轴	149cm×37.3cm	126,500	中国嘉德	2019-06-03
于右任 1955年作 草书自作诗 立轴	132.5cm×46.5cm	276,000	中国嘉德	2019-06-03
于右任 1956年作草书十言龙门对立轴	148cm×37cm×2	115,000	北京保利	2019-06-04
于右任 1956年作 草书四条屏 四条屏	136cm×34cm×4	172,500	中国嘉德	2019-06-24
于右任 1956年作 草书自作诗《山中过夏》立轴	132cm×64cm	885,500	北京荣宝	2019-12-01
于右任 1956年作 草书 "基隆海滩小坐" 立轴	137cm×33cm×4	107,026	保利香港	2019-10-06
于右任 1958年作 行书九言联 对联	92.5cm×14cm×2	690,000	中国嘉德	2019-06-03
于右任 1959年作 草书龙门对 立轴	150cm×38cm×2	126,500	北京匡时	2019-07-13
于右任 1960年作 草书《百字令题标准草书》立轴	50cm×36cm	218,500	中国嘉德	2019-06-03
于右任 1961年作 草书顾炎武语 立轴	181.5cm×45cm	207,000	北京保利	2019-06-04
于右任 1961年作 草书陶渊明《游斜川》序 镜心	34cm×131.5cm	414,000	中国嘉德	2019-06-03
于右任 1961年作 草书岳飞《满江红》镜心	34cm×125cm	322,000	中国嘉德	2019-06-03
于右任 1963年作 行书 镜片	101cm×34cm	126,500	广东崇正	2019-05-23
于右任 1964年作 草书自作诗 立轴	69.5cm×34cm	115,000	中国嘉德	2019-06-03
于右任 1964年作 行书五言联 对联	105cm×20cm×2	207,000	中国嘉德	2019-06-03
于右任 碑体五言联 立轴	171cm×36.2cm×2	402,500	北京诚轩	2019-11-16
于右任 草书 镜框	68.5cm×34cm	224,250	朵云轩	2019-06-22
于右任 草书 镜心	75cm×34cm	115,000	北京翰海	2019-06-14
于右任 草书 立轴	104cm×41cm	213,900	朵云轩	2019-06-22
于右任 草书 王维诗 立轴	109.5cm×32.5cm	115,000	西泠印社	2019-07-06
于右任 草书 "浩然正气" 横披	31.5cm×85cm	253,000	中国嘉德	2019-06-03
于右任 草书 "建国精神" 横披	67cm×133.7cm	103,500	中国嘉德	2019-06-03
于右任 草书 "猛将清九陔" 镜心	38.5cm×142.5cm	115,000	北京匡时	2019-07-13
于右任 草书 "明月清风" 立轴	66cm×33.5cm	517,500	中国嘉德	2019-06-03
于右任 草书 "南无观世音菩萨" 镜心	20.5cm×94cm	276,000	上海明轩	2019-04-28
于右任 草书 "题湖边庄" 镜心	71cm×31.5cm	115,000	荣宝斋（南京）	2019-07-21

拍品名称	物品尺寸	成交价RMB	拍卖公司	拍卖日期
于右任 草书《登岳阳楼》诗 立轴	134cm×32cm×4	368,000	北京保利	2019-06-04
于右任 草书《古柏行》镜心	67cm×33cm×4	414,000	中贸圣佳	2019-06-07
于右任 草书《古柏行》镜心	178cm×47.5cm×4	747,500	北京保利	2019-06-04
于右任 草书《礼运大同篇》四屏 立轴	149cm×38cm×4	1,058,000	中国嘉德	2019-06-03
于右任 草书《廉颇蔺相如传》四屏 镜心	95cm×42.5cm×4	310,500	北京匡时	2019-07-13
于右任 草书《柳梢青·洛阳吊古》立轴	138cm×33.5cm	97,750	北京保利	2019-06-04
于右任 草书《论书》镜心	131.8cm×32.2cm	103,500	中国嘉德	2019-06-03
于右任 草书《满江红》立轴	128cm×31.3cm×4	302,670	中国嘉德	2019-03-30
于右任 草书《孟子》句 立轴	131.5cm×31.5cm	103,500	中贸圣佳	2019-11-30
于右任 草书《心经》句 立轴	122cm×50cm	172,500	北京保利	2019-06-04
于右任 草书《饮酒》诗 镜心	134cm×46cm	172,500	北京保利	2019-06-04
于右任 草书《游山西村》诗 立轴	145cm×48cm	195,500	北京保利	2019-06-04
于右任 草书《杂诗之一》镜心	100.5cm×24.2cm	230,000	中国嘉德	2019-06-03
于右任 草书《正气歌》四屏 镜心	132cm×33cm×4	1,610,000	中国嘉德	2019-06-03
于右任 草书《中吕·醉高歌》四屏 立轴	132cm×34cm×4	1,472,000	中贸圣佳	2019-11-30
于右任 草书《中吕醉高歌》镜心	134cm×33cm	149,500	中国嘉德	2019-06-03
于右任 草书《中吕醉高歌》册 册页（七开十二页）	36cm×26cm×12	230,000	中国嘉德	2019-06-03
于右任 草书《中庸》镜心	128cm×44.5cm	109,250	中国嘉德	2019-11-17
于右任 草书八言联（两幅）立轴	138.5cm×25cm×2	134,250	佳士得	2019-11-26
于右任 草书八言联 对联	125cm×24cm×2	195,500	中国嘉德	2019-03-24
于右任 草书八言联 对联	138cm×33cm×2	172,500	中国嘉德	2019-06-03
于右任 草书八言联 对联	145cm×37.4cm×2	115,000	中国嘉德	2019-06-03
于右任 草书八言联 对联	145.5cm×38cm×2	172,500	中国嘉德	2019-06-03
于右任 草书八言联 对联	131cm×32.2cm×2	322,000	中国嘉德	2019-06-03
于右任 草书八言联 对联	152cm×33cm×2	161,000	中国嘉德	2019-06-03
于右任 草书八言联 对联	134.5cm×21.5cm×2	149,500	中国嘉德	2019-06-03
于右任 草书八言联 镜心	145cm×31.5cm×2	181,944	保利香港	2019-10-06
于右任 草书八言联 立轴	151cm×38cm×2	96,323	保利香港	2019-10-06
于右任 草书八言联 立轴	139cm×34cm×2	161,000	北京保利	2019-12-02
于右任 草书白居易《销暑》立轴	123cm×34cm	103,500	中国嘉德	2019-06-03
于右任 草书百字令 镜心	35.8cm×25.8cm	103,500	中贸圣佳	2019-06-07
于右任 草书杜甫《后出塞》镜心	136.8cm×33.6cm	172,500	中国嘉德	2019-06-03
于右任 草书杜甫《望牛头寺》镜心	122.2cm×28.7cm	103,500	中国嘉德	2019-06-03
于右任 草书杜甫诗 立轴	180cm×46cm	287,500	中贸圣佳	2019-06-07
于右任 草书高适《渔父歌》镜心	38.6cm×145cm	368,000	中国嘉德	2019-06-03
于右任 草书格言 立轴	126.6cm×60.2cm	195,500	中国嘉德	2019-06-03
于右任 草书格言句（二帧）镜片	73cm×23.5cm；71.5cm×19.5cm	103,500	西泠印社	2019-07-07
于右任 草书古诗四首 立轴	83cm×38cm	149,500	中国嘉德	2019-06-03
于右任 草书顾炎武诗 立轴	138cm×34.5cm	109,250	中国嘉德	2019-06-03
于右任 草书横渠四句之一 镜心	123.5cm×33cm	230,000	中国嘉德	2019-06-03
于右任 草书黄山谷《溪上吟序》立轴	139cm×33.8cm	149,500	中国嘉德	2019-06-03
于右任 草书节录《廉颇蔺相如列传》四屏 镜心	80cm×34cm×4	448,500	北京保利	2019-12-02
于右任 草书节录《太史公书》镜心	125cm×42cm	138,000	北京保利	2019-06-04
于右任 草书节录《中庸》立轴	135cm×44.5cm	149,500	中国嘉德	2019-06-03
于右任 草书节录古文 镜片	132cm×32.5cm	97,750	西泠印社	2019-07-07
于右任 草书节录中庸 立轴	118.5cm×41.5cm	138,000	西泠印社	2019-07-07
于右任 草书康德黎语 立轴	150cm×82cm	540,500	北京保利	2019-06-04
于右任 草书六言联 对联	68.5cm×17cm×2	109,250	中国嘉德	2019-06-03
于右任 草书陆放翁《书事》立轴	148cm×46cm	161,000	中国嘉德	2019-06-03
于右任 草书陆游《初冬杂题》立轴	130.5cm×45.5cm	138,000	中国嘉德	2019-06-03
于右任 草书孟浩然《过故人庄》镜心	139cm×68cm	414,000	中国嘉德	2019-06-03
于右任 草书裴若讷诗 立轴	147cm×39cm	207,000	北京保利	2019-06-04
于右任 草书七言 对联	132cm×32cm×2	178,250	朵云轩	2019-06-22
于右任 草书七言联	133cm×33.5cm（每件）	104,880	罗芙奥	2019-11-30
于右任 草书七言联 对联	88cm×16.5cm×2	138,000	中国嘉德	2019-06-03
于右任 草书七言联 对联	135cm×32.5cm×2	230,000	中国嘉德	2019-06-03
于右任 草书七言联 对联	137.5cm×32cm×2	207,000	中国嘉德	2019-06-03
于右任 草书七言联 对联	134cm×33.5cm×2	105,800	中国嘉德	2019-06-03
于右任 草书七言联 对联	147.5cm×38cm×2	115,000	中国嘉德	2019-06-03
于右任 草书七言联 对联	99cm×15.5cm×2	253,000	中国嘉德	2019-06-03
于右任 草书七言联 对联	133cm×34cm×2	105,800	中国嘉德	2019-06-03
于右任 草书七言联 对联	135cm×34cm×2	103,500	中国嘉德	2019-06-03
于右任 草书七言联 对联	131.5cm×32cm×2	161,000	中国嘉德	2019-06-03
于右任 草书七言联 对联	133cm×34cm×2	97,750	中国嘉德	2019-06-03
于右任 草书七言联 对联	145cm×33cm×2	253,000	中国嘉德	2019-06-03
于右任 草书七言联 对联	147.5cm×35cm×2	218,500	上海嘉禾	2019-09-07
于右任 草书七言联 对联	145cm×32cm×2	253,000	中国嘉德	2019-10-15
于右任 草书七言联 镜心	131cm×32cm×2	207,000	中贸圣佳	2019-06-07
于右任 草书七言联 立轴	129.5cm×32.5cm×2	253,000	中贸圣佳	2019-11-30
于右任 草书七言诗 镜心	34cm×134cm	207,000	中国嘉德	2019-03-23
于右任 草书七言诗 镜心	27cm×75cm	103,500	北京保利	2019-12-02
于右任 草书七言诗 立轴	152cm×40cm	345,000	北京保利	2019-06-04
于右任 草书诗二首 立轴	97cm×33.5cm	115,000	中国嘉德	2019-06-03
于右任 草书诗二首 立轴	133.3cm×33cm	149,500	中国嘉德	2019-06-03
于右任 草书诗三首 草书五言联 屏风	135cm×31cm×4；135cm×30cm×2	828,000	中国嘉德	2019-10-15
于右任 草书诗文 镜片	142.5cm×37cm	115,000	保利厦门	2019-01-06
于右任 草书苏轼《送穆越州》立轴	146.5cm×39cm	103,500	中国嘉德	2019-06-03
于右任 草书孙中山语 镜心	68cm×44cm	97,750	中国嘉德	2019-06-03
于右任 草书王维诗四屏 镜心	75cm×40cm×4	402,500	北京保利	2019-06-04
于右任 草书王阳明诗一首 立轴	144cm×80.5cm	287,500	北京荣宝	2019-06-13
于右任 草书五言 对联片	140cm×36cm×2	218,500	朵云轩	2019-04-15
于右任 草书五言联（一对）立轴		167,825	纽约苏富比	2019-03-22
于右任 草书五言联（一对）未裱		251,738	纽约苏富比	2019-03-22
于右任 草书五言联 对联	137.4cm×33.2cm×2	115,000	中国嘉德	2019-06-03
于右任 草书五言联 对联	145.2cm×40cm×2	287,500	中国嘉德	2019-06-03
于右任 草书五言联 对联	132.2cm×33.5cm×2	299,000	中国嘉德	2019-06-03
于右任 草书五言联 对联	118.3cm×28.3cm×2	172,500	中国嘉德	2019-06-03
于右任 草书五言联 对联	133.2cm×33.4cm×2	138,000	中国嘉德	2019-06-03
于右任 草书五言联 对联	137.5cm×33cm×2	172,500	中国嘉德	2019-06-03
于右任 草书五言联 对联	152cm×39cm×2	161,000	中国嘉德	2019-06-03
于右任 草书五言联 对联	76cm×21.5cm×2	172,500	中国嘉德	2019-06-03
于右任 草书五言联 对联	89cm×23.5cm×2	109,250	中国嘉德	2019-06-03
于右任 草书五言联 对联	98.5cm×32cm×2	207,000	中国嘉德	2019-06-03
于右任 草书五言联 对联	134cm×33cm×2	149,500	中国嘉德	2019-06-03
于右任 草书五言联 对联	66cm×19cm×2	138,000	中国嘉德	2019-06-03
于右任 草书五言联 对联	138cm×33.5cm×2	230,000	中国嘉德	2019-06-03
于右任 草书五言联 对联	135.5cm×33.5cm×2	184,000	中国嘉德	2019-06-03
于右任 草书五言联 对联	51cm×13cm×2	184,000	中国嘉德	2019-06-03
于右任 草书五言联 对联	89cm×21cm×2	172,500	中国嘉德	2019-06-03
于右任 草书五言联 对联	66cm×16cm×2	115,000	中国嘉德	2019-06-03

拍品名称	物品尺寸	成交价RMB	拍卖公司	拍卖日期
于右任 草书五言联 对联	137cm×35.5cm×2	207,000	上海嘉禾	2019-09-07
于右任 草书五言联 对联	150cm×41cm×2	264,500	上海嘉禾	2019-09-07
于右任 草书五言联 对联	114cm×33cm×2	161,000	中国嘉德	2019-10-15
于右任 草书五言联 对联	151.5cm×37cm×2	322,000	中国嘉德	2019-06-03
于右任 草书五言联 镜框	126cm×33cm×2	155,250	华艺国际	2019-08-10
于右任 草书五言联 镜心	136cm×33.5cm×2	172,500	北京匡时	2019-07-13
于右任 草书五言联 镜心	174cm×48cm×2	253,000	北京保利	2019-06-04
于右任 草书五言联 镜心	67cm×34cm×2	126,500	北京保利	2019-06-04
于右任 草书五言联 镜心	91cm×23cm×2	97,750	北京保利	2019-06-04
于右任 草书五言联 镜心	90.5cm×17.5cm×2	184,000	保利厦门	2019-08-04
于右任 草书五言联 立轴	134cm×31cm×2	299,000	中贸圣佳	2019-06-07
于右任 草书五言联 立轴	145cm×39cm×2	218,500	中贸圣佳	2019-06-07
于右任 草书五言联 立轴	72cm×19cm×2	138,000	中贸圣佳	2019-11-30
于右任 草书五言联 立轴	144.5cm×37.5cm×2	171,513	上海嘉德	2019-03-30
于右任 草书五言联 立轴	135cm×32cm×2	218,500	北京保利	2019-06-04
于右任 草书五言联 立轴	132cm×33cm×2	115,000	北京保利	2019-06-04
于右任 草书五言联 立轴	207cm×43.5cm×2	287,500	中国嘉德	2019-11-18
于右任 草书五言联 立轴	149cm×39cm×2	218,500	中国嘉德	2019-11-18
于右任 草书五言联 立轴	132.5cm×32cm×2	103,500	北京保利	2019-12-02
于右任 草书五言诗 立轴	177cm×54cm	126,500	中国嘉德	2019-10-16
于右任 草书杂记 镜心	121.6cm×31cm	138,000	中国嘉德	2019-06-03
于右任 草书张载“西铭”镜心	28cm×141cm	839,500	中贸圣佳	2019-06-07
于右任 草书自作归省诗 镜心	130cm×31cm	161,000	中国嘉德	2019-06-03
于右任 草书自作诗 立轴	106cm×43.5cm	230,000	中国嘉德	2019-06-03
于右任 草书自作诗 立轴	137cm×34cm	138,000	中国嘉德	2019-06-03
于右任 草书自作诗 立轴	134.5cm×67.5cm	207,000	中国嘉德	2019-06-03
于右任 翠亨村纪事诗一首 立轴	131cm×32cm	299,000	北京银座	2019-06-05
于右任 行书 立轴	142cm×38cm	172,500	朵云轩	2019-06-22
于右任 行书 五言联 对联	144cm×39cm×2	805,000	西泠印社	2019-07-07
于右任 行书“海天艺苑”镜心	64.5cm×18.5cm	126,500	北京匡时	2019-07-13
于右任 行书“海天艺苑”镜心	64cm×18cm	120,750	中贸圣佳	2019-11-30
于右任 行书“海月庵”镜心	50.2cm×145cm	230,000	中国嘉德	2019-06-03
于右任 行书“祭如在”横披	31.5cm×92.5cm	207,000	中国嘉德	2019-06-03
于右任 行书“听风轩”镜心	43cm×76cm	115,000	北京匡时	2019-07-13
于右任 行书“为万世开太平”镜心	66.5cm×33.0cm	103,500	中国嘉德	2019-11-18
于右任 行书“为万世开太平”镜心	66.5cm×33.0cm	97,750	中国嘉德	2019-11-18
于右任 行书“心经”四屏 镜片	80.5cm×26cm×4	138,000	广东崇正	2019-05-23
于右任 行书“长春园”镜心	26.5cm×82cm	126,500	北京匡时	2019-07-13
于右任 行书〈莲塘驿〉立轴	94.5cm×37cm	101,952	华艺国际	2019-05-27
于右任 行书《翠亨村纪事诗》镜心	33cm×135cm	632,500	中国嘉德	2019-06-03
于右任 行书《横贯公路颂》镜心	110cm×272cm	828,000	中贸圣佳	2019-06-07
于右任 行书《山谷诗》立轴	133.5cm×32.5cm	276,000	中鸿信	2019-07-17
于右任 行书《士礼居祭书诗》立轴	107.7cm×31.3cm	276,000	中国嘉德	2019-06-03
于右任 行书《双井院前小立》立轴	136.6cm×43.5cm	368,000	中国嘉德	2019-06-03
于右任 行书《中吕醉高歌》立轴	181cm×46.5cm	138,000	中国嘉德	2019-11-18
于右任 行书《总理遗训》镜心	157cm×39cm	368,000	中国嘉德	2019-06-03
于右任 行书八言联 对联	140.5cm×40cm×2	207,000	中国嘉德	2019-06-03
于右任 行书八言联 镜框	311cm×52cm×2	983,784	邦瀚斯	2019-04-03
于右任 行书陈元孝《东湖曲》镜心	143cm×76.6cm	460,000	中国嘉德	2019-06-03
于右任 行书储光羲诗 镜心	129cm×32cm	575,000	中国嘉德	2019-06-03
于右任 行书党怀英《题渔村诗话图》镜心	120cm×16cm	552,000	中国嘉德	2019-06-03
于右任 行书杜甫诗 立轴	147cm×40cm	701,500	中贸圣佳	2019-08-16
于右任 行书韩愈《石鼓歌》镜心	126cm×50.1cm	345,000	中国嘉德	2019-06-03
于右任 行书黄庭坚诗 立轴	108cm×31.3cm	218,500	中国嘉德	2019-06-03

拍品名称	物品尺寸	成交价RMB	拍卖公司	拍卖日期
于右任 行书纪映钟诗 立轴	141cm×17.5cm	402,500	中贸圣佳	2019-11-30
于右任 行书节录《藏书记事诗》立轴	141cm×35cm	391,000	中国嘉德	2019-06-03
于右任 行书李良年《论文诗》镜心	129cm×32.5cm	747,500	中国嘉德	2019-06-03
于右任 行书李群玉诗 镜心	170.6cm×30.6cm	402,500	中国嘉德	2019-06-03
于右任 行书李商隐《樱桃答》镜心	172cm×46cm	218,500	中国嘉德	2019-06-03
于右任 行书林逋诗 镜心	168cm×83cm	977,500	中贸圣佳	2019-11-30
于右任 行书林逋诗 立轴	28cm×141cm	230,000	中贸圣佳	2019-06-07
于右任 行书六言联 立轴	249.5cm×60cm×2	1,437,500	中国嘉德	2019-11-17
于右任 行书龙门对 立轴	150cm×33cm	230,000	中贸圣佳	2019-06-07
于右任 行书勉励青年语 镜框	13cm×19.2cm	226,750	香港苏富比	2019-10-07
于右任 行书倪瓒诗 镜心	131.5cm×60.5cm	517,500	中国嘉德	2019-06-03
于右任 行书七言 对联	95cm×21cm×2	172,500	朵云轩	2019-06-22
于右任 行书七言联 对联	133cm×22cm×2	402,500	中国嘉德	2019-06-03
于右任 行书七言联 对联	143.9cm×39.2cm×2	322,000	中国嘉德	2019-06-03
于右任 行书七言联 对联	147.5cm×38.8cm×2	287,500	中国嘉德	2019-06-03
于右任 行书七言联 对联	137cm×33cm×2	253,000	中国嘉德	2019-06-03
于右任 行书七言联 镜心	145.5cm×39cm×2	287,500	中贸圣佳	2019-11-30
于右任 行书七言联 镜心	166cm×46cm×2	287,500	北京保利	2019-06-05
于右任 行书七言联 立轴	各 145.1cm×38.3cm	213,750	香港苏富比	2019-04-02
于右任 行书七言联 立轴	各: 136.6cm×33cm	113,375	香港苏富比	2019-10-07
于右任 行书七言联 立轴	161.5cm×42.5cm×2	262,314	中国嘉德	2019-03-30
于右任 行书七言联 立轴	135cm×32.5cm×2	191,691	中国嘉德	2019-03-30
于右任 行书七言联 立轴	182cm×47.5cm×2	517,500	广东崇正	2019-05-23
于右任 行书七言联 立轴	146cm×39cm×2	207,000	上海匡时	2019-06-21
于右任 行书七言联 立轴	163cm×28cm×2	517,500	北京保利	2019-06-22
于右任 行书七言联 立轴	136cm×33cm×2	138,000	北京保利	2019-08-24
于右任 行书七言诗 镜框	131cm×64cm	230,000	华艺国际	2019-08-10
于右任 行书七言诗 镜心	148.5cm×54cm	103,500	北京匡时	2019-07-13
于右任 行书七言诗 立轴	139cm×38cm	632,500	中贸圣佳	2019-11-30
于右任 行书丘逢甲诗 立轴	130cm×32cm	149,500	广东崇正	2019-03-03
于右任 行书苏轼诗 镜心	134cm×33cm	345,000	中国嘉德	2019-06-03
于右任 行书孙雪居《题画菊》诗镜心	131.8cm×32cm	287,500	中国嘉德	2019-06-03
于右任 行书陶潜“移居”诗 立轴	130cm×65cm	667,000	中贸圣佳	2019-11-30
于右任 行书王安石诗 立轴	129.5cm×72.5cm	460,000	中贸圣佳	2019-11-30
于右任 行书王维《桃源行》镜心	107cm×38cm	195,500	中国嘉德	2019-06-03
于右任 行书吴宓诗 镜心	73cm×26cm×4	287,500	北京保利	2019-06-04
于右任 行书五言联 对联	204cm×44cm×2	1,150,000	中国嘉德	2019-06-03
于右任 行书五言联 对联	169cm×43.5cm×2	598,000	中国嘉德	2019-06-03
于右任 行书五言联 对联	129cm×32.6cm×2	862,500	中国嘉德	2019-06-03
于右任 行书五言联 对联	143.2cm×36.8cm×2	218,500	中国嘉德	2019-06-03
于右任 行书五言联 对联	167cm×41.5cm×2	253,000	中国嘉德	2019-06-03
于右任 行书五言联 对联	128.5cm×32.3cm×2	218,500	中国嘉德	2019-06-03
于右任 行书五言联 对联	133.3cm×32.9cm×2	368,000	中国嘉德	2019-06-03
于右任 行书五言联 对联	135cm×33cm×2	253,000	中国嘉德	2019-06-03
于右任 行书五言联 对联	136cm×32.6cm×2	161,000	中国嘉德	2019-06-03
于右任 行书五言联 对联	145cm×39.8cm×2	184,000	中国嘉德	2019-06-03
于右任 行书五言联 对联	143.5cm×36cm×2	105,800	中国嘉德	2019-06-03
于右任 行书五言联 对联	161.5cm×36cm×2	195,500	中国嘉德	2019-06-03
于右任 行书五言联 对联	136cm×35cm×2	115,000	中国嘉德	2019-06-03
于右任 行书五言联 对联	176.5cm×45.8cm×2	391,000	中国嘉德	2019-06-03
于右任 行书五言联 对联	172.5cm×43.5cm×2	264,500	中国嘉德	2019-06-03
于右任 行书五言联 对联	113cm×31cm×2	172,500	中国嘉德	2019-06-03
于右任 行书五言联 对联	134cm×32cm×2	103,500	中国嘉德	2019-06-03

拍品名称	物品尺寸	成交价RMB	拍卖公司	拍卖日期
于右任 行书五言联 对联	68cm×18cm×2	115,000	中国嘉德	2019-06-03
于右任 行书五言联 对联	107cm×30cm×2	138,000	中国嘉德	2019-06-03
于右任 行书五言联 对联	169cm×37cm×2	207,000	西泠印社	2019-07-07
于右任 行书五言联 对联	172cm×45.5cm×2	149,500	上海嘉禾	2019-09-07
于右任 行书五言联 镜片	141cm×36cm×2	437,000	西泠印社	2019-07-07
于右任 行书五言联 镜心	128cm×31cm×2	644,000	中贸圣佳	2019-11-30
于右任 行书五言联 镜心	174cm×44cm×2	1,138,500	中贸圣佳	2019-11-30
于右任 行书五言联 镜心	200.5cm×42.5cm×2	1,702,000	上海明轩	2019-04-28
于右任 行书五言联 立轴	152cm×31cm×2	201,780	北京匡时	2019-04-02
于右任 行书五言联 立轴	146cm×39cm×2	402,500	北京匡时	2019-07-13
于右任 行书五言联 立轴	167cm×36cm×2	1,207,500	北京匡时	2019-07-13
于右任 行书五言联 立轴	170cm×40cm×2	402,500	中贸圣佳	2019-11-30
于右任 行书五言联 立轴	145cm×38cm×2	333,500	中贸圣佳	2019-11-30
于右任 行书五言联 立轴	146cm×37cm×2	1,035,000	中贸圣佳	2019-11-30
于右任 行书五言联 立轴	144cm×35cm×2	575,000	中贸圣佳	2019-11-30
于右任 行书五言联 立轴	143cm×37cm×2	747,500	中贸圣佳	2019-11-30
于右任 行书五言联 立轴	158cm×41cm×2	1,035,000	中贸圣佳	2019-11-30
于右任 行书五言联 立轴	148cm×40cm×2	989,000	中贸圣佳	2019-11-30
于右任 行书五言联 立轴	147cm×39cm×2	1,495,000	中贸圣佳	2019-11-30
于右任 行书五言联 立轴	131cm×33cm×2	1,092,500	中贸圣佳	2019-11-30
于右任 行书五言联 立轴	143cm×35cm×2	690,000	中贸圣佳	2019-11-30
于右任 行书五言联 立轴	138cm×38cm×2	747,500	中贸圣佳	2019-11-30
于右任 行书五言联 立轴	132cm×33cm×2	437,000	中贸圣佳	2019-11-30
于右任 行书五言联 立轴	128cm×31cm×2	368,000	中贸圣佳	2019-11-30
于右任 行书五言联 立轴	146cm×40cm×2	747,500	中贸圣佳	2019-11-30
于右任 行书五言联 立轴	238cm×55cm×2	1,840,000	中贸圣佳	2019-11-30
于右任 行书五言联 立轴	169cm×46cm×2	276,000	广东崇正	2019-05-23
于右任 行书五言联 立轴	177cm×42.5cm×2	345,000	中国嘉德	2019-06-03
于右任 行书五言联 立轴	130cm×32cm×2	195,500	北京保利	2019-06-04
于右任 行书五言联 立轴	172cm×44.5cm×2	517,500	上海匡时	2019-06-21
于右任 行书五言联 立轴	213cm×52cm×2	207,000	中鸿信	2019-07-17
于右任 行书五言联 立轴	131cm×31cm×2	103,500	中鸿信	2019-07-17
于右任 行书五言联 立轴	166cm×45cm×2	230,000	华艺国际	2019-08-10
于右任 行书五言联 立轴	172.5cm×41.5cm×2	287,500	中国嘉德	2019-11-17
于右任 行书五言联 立轴	149.5cm×37.5cm×2	253,000	中国嘉德	2019-11-17
于右任 行书五言联 立轴	132cm×32cm×2	120,750	北京保利	2019-11-20
于右任 行书五言联 立轴	146cm×39cm×2	793,500	北京荣宝	2019-12-01
于右任 行书五言联 立轴	167cm×41cm×2	253,000	北京保利	2019-12-01
于右任 行书五言联 立轴	127cm×31cm×2	126,500	北京保利	2019-12-02
于右任行书阳明先生与戚秀夫书立轴	132.5cm×32.5cm	115,000	中国嘉德	2019-06-03
于右任 行书云林诗 镜心	126cm×64.7cm	862,500	中国嘉德	2019-06-03
于右任 行书张羽诗 镜心	126cm×32.5cm	460,000	中国嘉德	2019-06-03
于右任 行书周密诗 镜心	128cm×31cm	218,500	中国嘉德	2019-06-03
于右任 行书自写曲 扇面二帧 立轴	各18cm×51cm(2)	181,688	香港苏富比	2019-04-02
于右任 行书自作诗数首 立轴	135cm×33cm	805,000	中贸圣佳	2019-11-30
于右任 黄庭坚《牧童》立轴	104.5cm×34.5cm	97,750	北京诚轩	2019-11-16
于右任 江山清远 立轴	31.8cm×94.5cm	322,000	北京诚轩	2019-06-01
于右任 节录《中庸》立轴	138cm×46.3cm	138,000	北京诚轩	2019-11-16
于右任 九华堂 镜片	68cm×35cm	230,000	北京保利	2019-08-24
于右任 居正 书法（二件）立轴	尺寸不一	230,000	朵云轩	2019-06-22
于右任 楷书八言联 立轴	205.5cm×38cm×2	897,000	中国嘉德	2019-06-02
于右任 楷书五言 对联	172cm×46cm×2	575,000	朵云轩	2019-06-22
于右任 楷书五言联 立轴	145cm×38.5cm×2	552,000	中贸圣佳	2019-06-07
于右任 楷书五言联 立轴	146cm×38cm×2	402,500	中国嘉德	2019-11-18
于右任陆游诗二首四屏（四帧）镜心	132cm×32cm×4	253,000	北京诚轩	2019-11-16

拍品名称	物品尺寸	成交价RMB	拍卖公司	拍卖日期
于右任 慕凌飞 等 书画（一帧）（三帧）画心·镜片	98cm×36cm; 127cm×32cm; 133cm×33.5cm; 155cm×39.5cm	195,500	西泠印社	2019-04-13
于右任 溥儒 贾景德 张道藩 陈含光 等 周母姜太夫人寿庆诗书画册 册页	28cm×40cm×28	161,000	中鸿信	2019-07-17
于右任 阙汉骞 草书常建诗·草书五言联 立轴·对联	134cm×33cm; 150.5cm×40.5cm×2	195,500	西泠印社	2019-07-07
于右任 书法 对联	143cm×39cm×2	112,700	朵云轩	2019-10-19
于右任 书法 镜片	101cm×48.5cm	134,260	纽约佳士得	2019-03-19
于右任 书法—长风破浪 横批	41.5cm×150.5cm	172,800	佳士得	2019-05-28
于右任 书法八言联（两幅）立轴	166.5cm×35.7cm×2	172,800	佳士得	2019-05-28
于右任 书法对联	150cm×41cm×2	322,000	北京保利	2019-06-05
于右任 书法七言诗 立轴	142cm×39cm	116,024	保利香港	2019-04-01
于右任 书法五言联（两幅）立轴	249.2cm×52.1cm×2	1,944,000	佳士得	2019-05-28
于右任 汤芗铭 俞诚伯 行书五言联 楷书八言联 楷书八言联 立轴	汤 201.5cm×43cm×2; 于 203.5cm×47cm×2; 俞203cm×44cm×2	115,000	中国嘉德	2019-11-18
于右任 王济远 行书郑协诗·冬心诗意	18.5cm×50cm	126,500	中国嘉德	2019-06-03
于右任 魏碑五言联 立轴	148.5cm×38.5cm×2	437,000	广东崇正	2019-11-28
于右任 吴澄《勉学首尾吟》立轴	95cm×34.5cm	126,500	北京诚轩	2019-06-01
于右任 徐锡源 魏章坦 楷草书 立轴	于右任 135cm×67cm 徐锡源 127.5cm×32.5cm 魏章坦 99cm×37cm	172,500	北京翰海	2019-06-14
于右任 自作诗《基隆道中》四屏立轴	132cm×32cm×4	1,380,000	北京诚轩	2019-06-01
于志学 2007年作 山水四屏 镜心	138cm×34cm×4	207,000	北京荣宝	2019-06-13
于志学 十二生肖 镜框	33cm×33cm×13	101,200	北京荣宝	2019-06-13
余承尧 1974年作 溪山悠居	119cm×59.5cm	183,960	罗芙奥	2019-06-02
余承尧 九曲溪山 镜框	119.5cm×44.5cm	303,600	罗芙奥	2019-11-30
余光中 藕神祠诗稿 镜心	20cm×66cm	126,500	南京经典	2019-07-19
余绍宋 1935年作 湖上怀梦图 手卷	引首 20cm×81.5cm; 画心20cm×103.5	302,670	保利香港	2019-04-01
余绍宋 于右任 松隐图、楷书七言诗成扇	22cm×63cm	517,500	北京匡时	2019-07-13
俞涤凡 陈独秀 元章题石、节临《书谱》成扇	18cm×48cm	126,500	北京匡时	2019-07-13
俞鸿钧 于右任 楷书“著手成春”横额 行书“俊华楼”横额 镜心	35cm×140cm; 44cm×101cm	414,000	中贸圣佳	2019-11-30
俞剑华 1953年作 黄山始信峰 立轴	137cm×68cm	172,500	广东崇正	2019-05-23
俞梦彦 2018年作 人物四屏琴棋书画镜心	137cm×34cm×4	253,000	北京翰海	2019-10-12
俞明 1926年作 贵妃出浴图 镜心	97cm×27cm	218,500	中国嘉德	2019-06-24
俞明 1931年作 赤壁泛舟 立轴	85.5cm×46.6cm	195,500	北京诚轩	2019-06-01
俞明 红袍高士 立轴	122cm×33.5cm	170,063	香港苏富比	2019-10-07
俞明 晓妆图 立轴	115cm×52cm	131,157	北京匡时	2019-04-02
俞平伯 1979年作 书法 横批	43cm×83.3cm	156,625	佳士得	2019-11-18

拍品名称	物品尺寸	成交价RMB	拍卖公司	拍卖日期
俞平伯 楷书〈咏红楼梦〉词 立轴	120.5cm×25.5cm	226,750	香港苏富比	2019-10-07
俞致贞 1979年作 春辉 立轴	161cm×81cm	402,500	广东崇正	2019-11-28
俞致贞 1981年作 和气致祥 镜片	174cm×92.5cm	402,500	上海嘉禾	2019-09-07
俞致贞 大吉图 镜片	83cm×82cm	322,000	上海嘉禾	2019-09-07
俞致贞 花卉 横幅	64cm×90cm	112,000	天津国拍	2019-04-21
俞致贞 竹蝶图 立轴	109cm×54cm	138,000	中贸圣佳	2019-06-07
俞子才 1980年作 泉声云气 镜片	94cm×157cm	138,000	上海嘉禾	2019-09-07
郁达夫 1931年作 行书七言联 立轴	159.5cm×34.5cm×2	333,500	中国嘉德	2019-11-17
郁达夫 行书《洛中访袁拾遗不遇》镜芯	27cm×24cm	149,500	中鸿信	2019-07-17
郁达夫 行书七言句 春山行旅 成扇	19cm×51cm	322,000	中贸圣佳	2019-06-07
郁达夫 行书七言诗 立轴	67cm×33.5cm	299,000	中鸿信	2019-07-17
郁文华 牡丹竞艳 立轴	131cm×65cm	115,000	上海敬华	2019-04-13
喻慧 太湖石鹦鹉 镜心	93cm×57cm	126,500	南京经典	2019-07-19
喻继高 1994年作 荷花鸳鸯 镜心	130cm×68.5cm	333,500	上海匡时	2019-06-21
喻继高 2002年作 和平丽春 镜心	67cm×128cm	230,000	北京荣宝	2019-06-13
喻仲林 1966年作 孔雀 镜框	72cm×142cm	386,400	罗芙奥	2019-11-30
喻仲林 1980年作 牡丹蓝雀 镜框	91.5cm×71cm	121,440	罗芙奥	2019-11-30
袁崇焕 行书 立轴	151cm×39cm	529,000	上海明轩	2019-04-28
袁辉 2019年作 人物	33cm×138cm	103,500	北京翰海	2019-06-15
袁季新 2019年作 宋辛弃疾古诗词《永遇乐京口北固亭怀古》镜心	138cm×69cm	115,000	北京翰海	2019-10-12
袁季新 书法《李白终南别业诗》立轴	137cm×70cm	103,500	北京翰海	2019-03-29
袁家保 2019年作 云山千里图 镜心	56cm×132cm	184,000	北京荣宝	2019-12-01
袁克文 1927年作 墨梅图 镜心	54.5cm×28cm	115,000	中国嘉德	2019-11-17
袁克文 1929年作 榜书 镜心	129.5cm×59cm	1,035,000	上海明轩	2019-04-28
袁克文 第二 镜框	101.5cm×37cm	374,597	邦瀚斯	2019-04-03
袁克文 行书七言联 立轴	131.5cm×31cm×2	207,000	广东崇正	2019-05-23
袁克文 行书诗册 册页	26.5cm×15.5cm	126,500	中鸿信	2019-07-17
袁克文 行书五言联 对联 镜心	174.5cm×43cm×2	356,500	上海明轩	2019-04-28
袁克文 行书五言联 镜心	181cm×42cm×2	460,000	中国嘉德	2019-11-17
袁克文 行书五言联 立轴	147cm×39.5cm×2	494,500	北京诚轩	2019-11-16
袁克文 书法 手卷	17cm×317cm	115,000	朵云轩	2019-10-19
袁克文 为汪大铁作五言联 对联	147cm×38.5cm×2	575,000	西泠印社	2019-07-07
袁克文 荀慧生 1925年作 双松插云书法 成扇	15cm×47cm	207,000	中国嘉德	2019-11-17
袁克文 篆书五言联 立轴	146cm×37cm×2	345,000	中国嘉德	2019-11-17
袁励准 溥儒 楷书书法 秋山吟诗 成扇	18cm×48cm	97,750	中贸圣佳	2019-11-30
袁励准 云山竞秀图卷 手卷	引首24cm×59cm；画心24cm×46.5cm×2；题跋28.5cm×242cm	782,000	上海嘉禾	2019-09-07
袁励准 篆书"知足长乐"	65cm×20.5cm	109,250	中国嘉德	2019-06-03
袁培基 1918年作 山水 四屏 立轴	画心34.5cm×54cm×4；诗堂22.5cm×54cm×4	115,000	上海嘉禾	2019-04-16
袁世凯 1907年作 隶书七言联 立轴	123.5cm×31.5cm×2	101,675	中国嘉德	2019-10-08
袁松年 1942年作 松阴听泉 立轴	152cm×80cm	126,500	北京诚轩	2019-11-16
袁松年 1943年作 晓风吹送鹭鸶舟 立轴	145cm×78cm	103,500	中国嘉德	2019-11-17
袁松年 1944年作 渔舟晓发 镜框	29.5cm×81cm	109,250	华艺国际	2019-08-11
袁松年 1947年作 虎丘探胜图 镜框	139cm×67cm	149,500	华艺国际	2019-08-11
袁松年 1952年作 黄山观瀑 立轴	137.7cm×67.2cm	171,000	香港苏富比	2019-04-02
袁松年 东北春天的早晨 立轴	136cm×68.3cm	690,000	中鸿信	2019-07-16
袁武 1993年作 孔子暮年 镜心	66.8cm×138cm	161,000	北京荣宝	2019-10-12
袁武 1999年作 大象无形 镜心	95.5cm×85cm	172,500	北京荣宝	2019-06-13
袁武 2008年作 人物四屏 镜心	137cm×34cm×4	425,500	北京荣宝	2019-06-13
袁武 2013年作 羲之爱鹅图 镜心	61cm×152cm	109,250	北京荣宝	2019-10-12
袁武 老子出关图 镜心	178cm×75cm	322,000	北京荣宝	2019-06-13
袁武 绿荫图 镜心	68.5cm×137.5cm	132,250	北京荣宝	2019-06-13
袁熙坤 2017年作 八骏图	45cm×69cm	1,552,500	北京翰海	2019-06-15
袁晓岑 1995年作 锦绣长春图 镜心	134cm×64cm	184,000	北京保利	2019-06-22
圆霖法师 观音大士 立轴	77cm×29cm	230,000	南京经典	2019-07-19
圆霖法师 黄宾虹像 镜心	30cm×19cm	161,000	南京经典	2019-07-19
圆霖法师 皆大欢喜 镜心	135cm×68cm	105,800	南京经典	2019-07-19
圆霖法师 南无阿弥陀佛 立轴	137cm×68cm	166,750	南京经典	2019-07-19
圆霖法师 南无观世音菩萨 镜心	102cm×68cm	264,500	南京经典	2019-07-19
圆霖法师 秋山远寺 镜心	136cm×68cm	184,000	南京经典	2019-07-19
圆霖法师 山水人物图册 册页（二十二开）	尺寸不一	253,000	南京经典	2019-07-19
圆霖法师 山水书法卷 手卷	12cm×210cm	166,750	南京经典	2019-07-19
圆霖法师 四大名山 镜心	50cm×21cm×4	207,000	南京经典	2019-07-19
圆霖法师 四大名山 镜心	103cm×35cm×4	253,000	南京经典	2019-07-19
圆霖法师 西方三圣 镜心	68cm×45cm；96cm×15cm×2	143,750	南京经典	2019-07-19
圆瑛 行书七言联 镜片	135.5cm×34cm×2	207,000	保利厦门	2019-01-06
圆瑛 戒嗔 镜片	33.5cm×77cm	97,750	保利厦门	2019-01-06
圆瑛 无逸 镜片	37.5cm×98.5cm	97,750	保利厦门	2019-01-06
圆瑛法师 行书十五言联 立轴	137cm×16cm×2	195,500	北京荣宝	2019-06-13
月照 2009年作 观音 镜心	107cm×40cm	310,500	北京翰海	2019-10-12
月照 2010年作 和谐世界 镜心	34cm×45cm	253,000	北京翰海	2019-10-12
云生华 2018年作 行书《兰亭序》镜心	180cm×48cm	138,000	北京翰海	2019-03-29
云生华 2018年作 书法《陋室铭》镜心	135cm×70cm	143,750	北京翰海	2019-03-29
杂家 书画合册 册（十八对开）	各：9cm×12.5cm×18	192,738	香港苏富比	2019-10-07
载瀛 1928年作 长风神骏图 立轴	94.5cm×53cm	253,000	北京翰海	2019-06-14
詹亦然 2018年作 正是硕果丰收时 镜心	138cm×69cm	172,500	北京翰海	2019-03-29
张安治 1942年作 流民图"笔落惊风雨"书法 水墨纸本	123.5cm×65.5cm；171cm×45.3cm	368,000	中国嘉德	2019-06-03
张安治 赶猪图 镜心	79cm×94cm	701,500	荣宝斋（桂林）	2019-08-18
张安治 青城银杏 镜心	108cm×109cm	460,000	中贸圣佳	2019-11-30
张伯驹 1978年作 行书"六州歌头"镜片	29cm×40cm	218,500	上海工美	2019-11-10
张伯驹 1979年作 行书"临江仙"镜片	36cm×68cm	218,500	上海工美	2019-11-10
张伯驹 1979年作 行书"调寄临江仙"镜片	35cm×69cm	172,500	上海工美	2019-06-09
张伯驹 1979年作 行书七言 对联片	89.5cm×25cm×2	356,500	上海工美	2019-06-09
张伯驹 行书"水调歌头"镜片	25.5cm×34cm	115,000	上海工美	2019-11-10
张伯驹 行书《小秦王》立轴	69cm×32cm	126,500	中贸圣佳	2019-06-07
张伯驹 行书满江红 立轴	62.5cm×28cm	632,500	中国嘉德	2019-11-17
张伯驹 行书七言联 立轴	67.5cm×14cm×2	178,250	北京银座	2019-06-05
张伯驹 行书七言联 立轴	100cm×22cm×2	253,000	北京荣宝	2019-06-13
张伯驹 行书七言联 立轴	70cm×13.5cm×2	218,500	上海匡时	2019-06-21
张伯驹 行书松人风 立轴	67.5cm×39.5cm	287,500	中国嘉德	2019-11-17
张伯驹 兰花 立轴	27cm×55.5cm	345,000	上海明轩	2019-04-28
张伯驹 兰花 立轴	82cm×30cm	172,500	华艺国际	2019-08-10

拍品名称	物品尺寸	成交价RMB	拍卖公司	拍卖日期
张伯驹 潘素 等 爱莲图 镜心	86.5cm×42cm	575,000	中国嘉德	2019-11-17
张伯驹 潘素 梅石图 立轴	66cm×33cm	126,500	广东崇正	2019-05-23
张伯驹 三友图 立轴	136.5cm×46cm	149,500	中鸿信	2019-07-16
张伯驹 书法 立轴	89.5cm×39cm	161,000	华艺国际	2019-08-10
张伯绍 2019年作 行书五言联 镜心	136cm×33cm×2	184,000	北京保利	2019-11-20
张伯英 1929年作 行书 横幅 镜心	31cm×132cm	241,500	北京翰海	2019-06-14
张伯英 1936年作 行书 立轴	130cm×62cm	178,250	北京翰海	2019-06-14
张伯英 1937年作 楷书匾额 横幅 镜心	40cm×119cm	345,000	北京翰海	2019-06-14
张伯英 1941年作 楷书《墨赞》镜心	37.5cm×255cm	207,000	北京匡时	2019-07-13
张伯英 1942年作 楷书"宝素轩"镜心	46.5cm×114cm	322,000	北京匡时	2019-07-13
张伯英 1942年作 楷书"楚相书屋"镜心	61cm×127cm	230,000	北京匡时	2019-07-13
张伯英 1944年作 行书 苏轼诗 立轴	130.5cm×32cm	161,000	西泠印社	2019-09-22
张伯英 行书七言联 镜芯	97.5cm×20.8cm×2	161,000	中鸿信	2019-07-17
张伯英 楷书七言联 立轴	131cm×32cm×2	161,000	北京荣宝	2019-06-13
张伯英 柳宗元诗 立轴	172cm×35cm	287,500	南京经典	2019-07-19
张伯英 书法对联 镜片	130cm×30cm×2	149,500	北京保利	2019-08-24
张督 楷书"格言联璧·处事"立轴	143cm×69cm	110,979	保利香港	2019-04-01
张朝墉 吴煦 江朝宗 齐白石 富贵寿考 镜心	113cm×62cm	920,000	中贸圣佳	2019-06-07
张充和 1999年作 楷书《秋日戏孙》《桃花鱼》诗书集 镜心	书法 37.5cm×40cm；诗书集 28cm×22cm	374,591	中国嘉德	2019-10-08
张聪玉 2018年作 花鸟四条屏 镜心	136cm×34cm×4	230,000	北京翰海	2019-10-12
张大千 1926年作 仕女 立轴	92cm×34cm	920,000	广东崇正	2019-11-28
张大千 1928年作 黄山扰龙松 立轴	137.5cm×68.5cm	5,097,600	华艺国际	2019-05-27
张大千 1930年作 金刚山虎头崖 立轴	174.3cm×57.3cm	2,242,944	华艺国际	2019-05-27
张大千 1931年作 花卉四屏 立轴	146cm×39cm×4	1,621,500	北京银座	2019-06-05
张大千 1931年作 黄山白龙潭、行书七言诗 立轴	18cm×51cm×2	184,000	中国嘉德	2019-10-16
张大千 1931年作 青丘旧游 立轴	87.5cm×34.5cm	402,500	上海嘉禾	2019-09-07
张大千 1931年作 仕女 立轴	114cm×44.5cm	115,000	中国嘉德	2019-06-03
张大千 1933年作 仿石涛水仙秀竹图 镜心	62.2cm×35.8cm	172,500	北京保利	2019-12-02
张大千 1933年作 墨牡丹 镜框	30.5cm×38cm	216,000	佳士得	2019-05-28
张大千 1933年作 松荫策杖图 立轴	131.5cm×54.5cm	1,035,000	西泠印社	2019-04-13
张大千 1933年作 天女散花图 镜框	123cm×65cm	4,407,875	佳士得	2019-11-26
张大千 1933年作 相晤图 扇面	19cm×52cm	178,250	华艺国际	2019-08-10
张大千 1933年作 元人诗意山水 立轴	95.5cm×41cm	805,000	西泠印社	2019-07-06
张大千 1933年作 愿在竹而为扇 镜心	104cm×40cm	402,500	北京保利	2019-11-20
张大千 1933年作 泽畔行吟 立轴	83.7cm×37cm	230,000	中国嘉德	2019-06-03
张大千 1934年作 达摩面壁 镜心	97cm×41cm	345,000	北京保利	2019-06-04
张大千 1934年作 登太平山 镜框	95.6cm×33.8cm	1,923,750	香港苏富比	2019-04-02
张大千 1934年作 仿二石山水、楷书五言诗 成扇	20cm×52cm	483,000	北京匡时	2019-07-13
张大千 1934年作 仿王晋卿笔意 立轴	89.5cm×28.5cm	1,380,000	上海嘉禾	2019-09-06
张大千 1934年作 红衣仕女 镜心	94.5cm×49.5cm	6,325,000	北京保利	2019-06-04
张大千 1934年作 华山金锁关 镜心	94.5cm×36.5cm	1,127,000	北京翰海	2019-06-14
张大千 1934年作 隶书七言联 立轴	145.5cm×26.5cm×2	126,500	中国嘉德	2019-11-17
张大千 1934年作 仕女图 立轴	136cm×58cm	287,500	中国嘉德	2019-03-23
张大千 1934年作 巫峡清秋 立轴	60cm×39.5cm	517,500	中国嘉德	2019-06-02
张大千 1934年作 游梅卢图 镜心	26.5cm×40cm	192,647	保利香港	2019-10-06
张大千 1934年作 云峰高士图 立轴	96cm×40.5cm	414,000	西泠印社	2019-07-06
张大千 1935年作 芭蕉仕女 镜片	130.5cm×31.7cm	230,000	广东崇正	2019-11-28
张大千 1935年作 登高图 立轴	136cm×46.5cm	552,000	中鸿信	2019-07-16
张大千 1935年作 杜甫诗意图卷 手卷	画心45cm×603cm；引首45cm×116cm	10,350,000	北京保利	2019-06-04
张大千 1935年作 红叶双栖 立轴	111cm×32cm	2,012,500	北京保利	2019-12-02
张大千 1935年作 黄山莲花峰 镜心	152.5cm×38.5cm	322,000	中国嘉德	2019-11-17
张大千 1935年作 携琴访友图 立轴	190cm×40cm	460,000	中鸿信	2019-07-16
张大千 1936年作 黄山始信峰 立轴	90cm×44cm	805,000	华艺国际	2019-08-10
张大千 1936年作 拟大涤子艺菊图 镜心	184cm×72cm	5,137,248	保利香港	2019-10-06
张大千 1936年作 听松图 立轴	132cm×45cm	302,670	中国嘉德	2019-03-30
张大千 1936年作 巫山峡影 镜心	77cm×33cm	552,000	中国嘉德	2019-03-23
张大千 1936年作 游云山图 书法对联（两幅）镜框；立轴	130cm×70cm；134cm×33.5cm	1,188,000	佳士得	2019-05-28
张大千 1937年作 青山悬瀑图 立轴	100cm×44.5cm	276,000	北京翰海	2019-06-14
张大千 1937年作 水阁消夏 立轴	136.3cm×67.7cm	1,175,625	香港苏富比	2019-04-02
张大千 1938年作 观瀑图 镜片	93.5cm×43cm	805,000	广东崇正	2019-11-28
张大千 1938年作 君子慕竹 镜框	110cm×37cm	1,062,813	佳士得	2019-11-26
张大千 1938年作 临流高士 镜心	81cm×40.5cm	212,750	北京翰海	2019-06-14
张大千 1938年作 蜀道秋云图 镜心	92cm×46cm	2,760,000	北京保利	2019-06-04
张大千 1938年作 万寿胜景 立轴	134cm×60cm	1,725,000	北京保利	2019-11-20
张大千 1939年作 仿渐江上人小景 立轴	61cm×30.5cm	460,000	华艺国际	2019-08-10
张大千 1939年作 楷杖访友 立轴	61cm×30.5cm	805,000	上海明轩	2019-04-28
张大千 1939年作 灵猿戏涧 镜心	147.5cm×50cm	6,900,000	北京保利	2019-06-04
张大千 1940年作 峨眉金顶 镜心	104cm×50cm	3,220,000	中国嘉德	2019-06-02
张大千 1940年作 仿石涛山居图 镜心	132cm×67cm	3,220,000	北京保利	2019-11-20
张大千 1940年作 华岩顶 立轴	132cm×65.5cm	1,284,312	中国嘉德	2019-10-08
张大千 1940年作 苏长公行吟图 立轴	153cm×41cm	908,500	上海工美	2019-06-09
张大千 1940年作 太平景象 立轴	125cm×54.5cm	23,234,200	华艺国际	2019-11-24
张大千 1940年作 左思娇女图 立轴	136cm×47cm	2,702,500	广东崇正	2019-11-28
张大千 1941年作 扶杖访友图 立轴	83cm×41cm	1,700,625	香港苏富比	2019-10-07
张大千 1941年作 临王蒙清溪载鹤图 镜框	107.5cm×39.5cm	302,400	佳士得	2019-05-28
张大千 1941年作 秋水清音图 立轴	127cm×42cm	1,403,000	上海匡时	2019-06-21
张大千 1942年作 白描观音 立轴	167cm×69cm	19,370,880	华艺国际	2019-05-27
张大千 1942年作 猫趣图 立轴	75cm×45cm	287,500	北京荣宝	2019-06-13
张大千 1942年作 秋林童趣 镜心	143cm×39cm	321,078	中国嘉德	2019-10-08
张大千 1943年作 番女醉舞 镜心	79cm×36cm	5,002,500	北京保利	2019-06-22
张大千 1943年作 高士抚松图 立轴	92cm×43.5cm	428,034	邦瀚斯	2019-04-03
张大千 1944年作 出处图 立轴	113.5cm×62cm×2	5,290,000	北京银座	2019-06-05
张大千 1944年作 敦煌壁画 镜心	170cm×182cm	828,000	北京翰海	2019-03-29
张大千 1944年作 敦煌仕女像 立轴	82.5cm×44cm	1,380,000	北京保利	2019-12-02
张大千 1944年作 荷花 镜片	109cm×63cm	1,380,000	广东崇正	2019-11-28
张大千 1944年作 红竹报平安 立轴	102cm×48cm	2,300,000	华艺国际	2019-08-10
张大千 1944年作 秋山策杖图 扇面	18cm×49cm	172,500	中国嘉德	2019-10-15
张大千 1944年作 纨扇仕女图 立轴	107cm×51cm	2,875,000	上海匡时	2019-06-21
张大千 1944年作 围棋赌墅 立轴	114cm×55.5cm	6,785,000	北京银座	2019-06-05
张大千 1944年作 巫峡清秋·行书七言诗 成扇	18.5cm×48cm×2	644,000	北京银座	2019-06-05
张大千 1944年作 寻山访友 镜框	88.5cm×38.3cm）	545,431	纽约佳士得	2019-03-19
张大千 1944年作 婴戏图、行书双挖 立轴	18cm×53cm×2	138,000	中鸿信	2019-07-16
张大千 1945年作 泛舟图 立轴	98cm×53cm	827,298	中国嘉德	2019-03-30
张大千 1945年作 昆明三清阁 立轴	114cm×56cm	1,955,000	北京保利	2019-06-04

拍品名称	物品尺寸	成交价RMB	拍卖公司	拍卖日期
张大千 1945年作 拈花仕女 立轴	83.5cm×31cm	253,000	中鸿信	2019-07-16
张大千 1945年作 乔木芳晖图 立轴	80cm×41cm	3,220,000	华艺国际	2019-08-10
张大千 1945年作 蜀江帆影 扇面	18cm×50cm	287,500	中国嘉德	2019-10-15
张大千 1946年作 赤壁怀古 立轴	116.5cm×67cm	5,405,000	广东崇正	2019-05-23
张大千 1946年作 春愁 立轴	92.0cm×47.5cm	9,890,000	中国嘉德	2019-11-18
张大千 1946年作 寒香满地 立轴	164cm×41cm	1,035,000	华艺国际	2019-08-10
张大千 1946年作 黄山胜景 镜片	125.5cm×64cm	201,250	上海嘉禾	2019-09-07
张大千 1946年作 梅竹双清图 镜心	104.5cm×41cm	1,437,500	北京荣宝	2019-06-13
张大千 1946年作 秋塘觅句图 立轴	95cm×45cm	494,500	西泠印社	2019-07-07
张大千 1946年作 纨扇仕女 立轴	113.4cm×48.4cm	3,736,800	佳士得	2019-05-28
张大千 1946年作 潇湘水云 镜框	115.2cm×61cm	6,100,425	香港苏富比	2019-04-02
张大千 1946年作 潇湘图 立轴	98cm×47cm	1,380,000	北京保利	2019-12-02
张大千 1947年作 白云堂图 手卷	引首（一）28.5cm×96cm；（二）28.5cm×81cm；画心28cm×167cm；后跋28cm×263cm	33,695,050	中国嘉德	2019-10-08
张大千 1947年作 登山临水 立轴	97.5cm×37cm	321,078	中国嘉德	2019-10-08
张大千 1947年作 仿顾恺之醉舞图 镜心	125cm×60cm	42,550,000	北京保利	2019-06-04
张大千 1947年作 仿石涛华阳仙馆 立轴	167cm×63cm	6,957,500	北京保利	2019-11-20
张大千 1947年作 关塞秋风 立轴	120.5cm×40cm	1,782,500	上海匡时	2019-06-21
张大千 1947年作 归渔图 立轴	103.2cm×53.3cm	1,133,750	香港苏富比	2019-10-07
张大千 1947年作 行书九言联 立轴	169cm×23cm×2	517,500	北京保利	2019-06-04
张大千 1947年作 行书十言联 立轴	159cm×36.5cm×2	598,000	北京保利	2019-12-01
张大千 1947年作 虎 立轴	62cm×33cm	1,092,500	北京荣宝	2019-06-13
张大千 1947年作 花卉 镜心	73cm×35cm	126,500	北京翰海	2019-03-29
张大千 1947年作 齐眉 立轴	81cm×36.5cm	103,500	中鸿信	2019-07-16
张大千 1947年作 晚晴图 立轴	112cm×49cm	1,012,000	北京华辰	2019-07-14
张大千 1947年作 云山渔隐 立轴	107cm×50cm	5,750,000	北京保利	2019-06-04
张大千 1947年作 致黄君璧“才子英雄”行书联 立轴	201.5cm×26.5cm×2	8,063,230	中国嘉德	2019-10-08
张大千 1948年作 白茶花 镜框	89.8cm×44.9cm	8,660,020	华艺国际	2019-11-24
张大千 1948年作 翠盖风裳 立轴	166.5cm×84.5cm	8,321,725	香港苏富比	2019-10-07
张大千 1948年作 芙蓉花 立轴	86cm×42.5cm	4,203,783	纽约佳士得	2019-09-10
张大千 1948年作 行书六言联 立轴	129cm×31cm×2	207,000	北京保利	2019-06-04
张大千 1948年作 后赤壁赋 镜心	128cm×43cm	218,500	北京翰海	2019-03-29
张大千 1948年作 临石溪山水 立轴	100cm×51cm	483,000	中鸿信	2019-07-16
张大千 1948年作 墨荷 镜心	92cm×76cm	460,000	北京荣宝	2019-12-01
张大千 1948年作 秋江渔隐图 镜框	101.5cm×50.5cm	2,242,500	华艺国际	2019-08-10
张大千 1948年作 溪畔行吟图 立轴	85cm×38.5cm	437,000	西泠印社	2019-04-13
张大千 1949年作 花卉集锦 册页（十二开）	27cm×48cm×12	3,220,000	华艺国际	2019-08-10
张大千 1949年作 匡庐图·行书自作词 成扇	28.0cm×82.0cm	7,475,000	中国嘉德	2019-11-18
张大千 1949年作 墨梅 立轴	26cm×30.5cm	97,750	上海嘉禾	2019-09-07
张大千 1949年作 唐人仕女图 镜框	112cm×48cm	12,650,000	华艺国际	2019-08-10
张大千 1949年作 绚丽 镜心	85cm×41.5cm	264,500	北京荣宝	2019-12-01
张大千 1949年作 执扇仕女 镜框	113.4cm×42.8cm	5,792,625	香港苏富比	2019-04-02
张大千 1950年作 碧荷 立轴	140cm×69cm	15,802,560	华艺国际	2019-05-27
张大千 1950年作 粉荷 镜框	24cm×63cm	1,118,750	佳士得	2019-11-26
张大千 1950年作 寂乡舞 镜框	100cm×53.8cm	12,974,625	香港苏富比	2019-04-02
张大千 1950年作 老树清猿 立轴	131.5cm×60.6cm	13,282,425	香港苏富比	2019-04-02
张大千 1950年作 清溪钓艇图 立轴	132cm×50cm	4,253,625	香港苏富比	2019-04-02

拍品名称	物品尺寸	成交价RMB	拍卖公司	拍卖日期
张大千 1950年作 秋海棠 立轴	95.5cm×39.5cm	1,175,625	香港苏富比	2019-04-02
张大千 1950年作 天竺女郎 立轴	80cm×38.6cm	2,992,500	香港苏富比	2019-04-02
张大千 1950年作 杖经图 镜心	87cm×50cm	4,370,000	北京匡时	2019-07-13
张大千 1951年作为“陈怡”造像 镜心	106.5cm×39cm	642,156	保利香港	2019-10-06
张大千 1951年作 溪山深秀 镜片	92cm×48.2cm	4,830,000	上海嘉禾	2019-09-06
张大千 1951年作　清荷 镜心	22.5cm×17cm	909,721	保利香港	2019-10-06
张大千 1951年作　山厨清供 立轴	91.5cm×40cm	428,104	保利香港	2019-10-06
张大千 1952年作 高士图 镜片	30.5cm×34cm	437,000	广东崇正	2019-05-23
张大千 1952年作 黄山松云 镜框	40.5cm×180cm	14,307,925	香港苏富比	2019-10-07
张大千 1952年作 蕉荫消夏图 镜心	150cm×49cm	1,610,000	北京保利	2019-12-02
张大千 1952年作 南岳松云 镜框	27.3cm×24.2cm	410,400	佳士得	2019-05-28
张大千 1952年作 松茸 立轴	93.5cm×41cm	1,322,500	中国嘉德	2019-06-02
张大千 1952年作 西府海棠 立轴	71cm×39cm	1,437,500	中国嘉德	2019-06-02
张大千 1952年作 幽篁仕女图 镜片	79cm×39cm	4,025,000	西泠印社	2019-07-06
张大千 1952年作 折枝桃花 扇面	18cm×51cm	109,250	中国嘉德	2019-06-24
张大千 1953年作 归渔图 立轴	91.5cm×48cm	1,725,000	北京保利	2019-06-05
张大千 1953年作 惊才绝艳 镜框	135.2cm×57.5cm	83,600,640	华艺国际	2019-05-27
张大千 1953年作 纨扇仕女 镜心	84cm×45cm	2,438,000	北京保利	2019-12-02
张大千 1953年作　泛舟图 镜心	26.5cm×24cm	3,210,780	保利香港	2019-10-06
张大千 1955年作 山水 镜心	82cm×36cm	552,000	北京翰海	2019-03-29
张大千 1956年作 秋海棠 立轴	100cm×33.5cm	345,000	中国嘉德	2019-11-18
张大千 1956年作 秋水闲钓 镜框	44.3cm×36.7cm	1,814,000	香港苏富比	2019-10-07
张大千 1956年作 水仙 镜框	42cm×34.5cm	345,600	佳士得	2019-05-28
张大千 1957年作 荷花 镜框	31cm×15cm	230,000	北京荣宝	2019-06-13
张大千 1958年作 荷 镜框	36.2cm×42.2cm	694,688	香港苏富比	2019-04-02
张大千 1958年作 荷花 立轴	131cm×67cm	2,070,000	中国嘉德	2019-06-02
张大千 1958年作 玉殿清荷图 立轴	192cm×101cm	7,646,400	华艺国际	2019-05-27
张大千 1959年作行书“足清游”镜心	29.5cm×61cm	235,457	保利香港	2019-10-06
张大千 1959年作 荷花 镜心	106cm×66cm	857,565	中国嘉德	2019-03-30
张大千 1959年作 金神羽猎图 镜框	82cm×52.5cm	3,168,300	华艺国际	2019-11-24
张大千 1959年作 柳荫高士 镜心	36cm×48cm	368,000	北京保利	2019-12-01
张大千 1959年作 竹鸟小品 纸板镜框	36cm×48cm	284,520	纽约佳士得	2019-09-10
张大千 1960年作 白荷 镜心	87cm×51cm	406,699	中国嘉德	2019-10-08
张大千 1960年作 策杖寻幽并行书七言联 立轴	画 141cm×69cm；字 136cm×34cm×2	7,590,000	北京保利	2019-12-02
张大千 1960年作 翠屏曲涧 立轴	118cm×65cm	2,990,000	北京诚轩	2019-11-16
张大千 1960年作 秋中寻仙 镜框	105.5cm×49.5cm	2,446,848	华艺国际	2019-05-27
张大千 1960年作 竹笋图 立轴	133.4cm×68.3cm	1,742,565	华艺国际	2019-11-24
张大千 1961年作泛舟团扇扇面 镜框	直径25.5cm	280,800	佳士得	2019-05-28
张大千 1961年作接天莲叶无穷碧 镜框	68cm×134.5cm	4,689,792	华艺国际	2019-05-27
张大千 1961年作 秋居图 镜框	89cm×48.5cm	5,607,360	华艺国际	2019-05-27
张大千 1962年作 八德池图 立轴	158.5cm×84.5cm	2,745,860	华艺国际	2019-11-24
张大千 1962年作 黄山奇松通景 立轴	207cm×148.5cm×2	57,500,000	北京保利	2019-06-04
张大千 1963年作 桂林龙隐岩 立轴	180cm×95.7cm	15,525,000	北京保利	2019-12-02
张大千 1963年作 行书题画诗 镜心	47.5cm×27cm	181,602	中国嘉德	2019-03-30
张大千 1963年作 荷花 立轴	134cm×68cm	1,311,570	中国嘉德	2019-03-30
张大千 1963年作 秋山秋水 立轴	126cm×66cm	2,150,500	华艺国际	2019-08-10
张大千 1963年作 幽涧寒泉 镜心	98cm×63cm	1,150,000	中国嘉德	2019-11-17
张大千 1963年作 云山雾岭图 行书七言联 镜心对联	131cm×70cm；135cm×33cm×2	1,265,000	中国嘉德	2019-10-15
张大千 1964年作 静听泉声图 立轴	96.4cm×44cm	961,875	香港苏富比	2019-04-02
张大千 1965年作 芭蕉高士 立轴	83cm×47.5cm	1,566,250	佳士得	2019-11-26
张大千 1965年作 菜根香 立轴	100cm×33cm	322,000	中国嘉德	2019-11-17

拍品名称	物品尺寸	成交价RMB	拍卖公司	拍卖日期
张大千 1965年作 策杖访友 镜心	94.5cm×43cm	1,210,680	中国嘉德	2019-03-30
张大千 1965年作 松下高士 镜框	95cm×43.5cm	918,000	佳士得	2019-05-28
张大千 1965年作 骤雨图 立轴	97cm×62cm	2,300,000	北京诚轩	2019-11-16
张大千 1966年作 荷花 立轴	89cm×58.5cm	1,150,000	朵云轩	2019-06-22
张大千 1966年作 红树青山 镜框	51.8cm×39.7cm	4,294,645	香港苏富比	2019-10-07
张大千 1966年作 江山帆影 立轴	92cm×62cm	4,140,000	北京保利	2019-12-02
张大千 1966年作 墨荷 镜框	94.5cm×174.7cm	3,870,875	佳士得	2019-11-26
张大千 1966年作 松下高士图 镜框	58.5cm×44.5cm	540,000	佳士得	2019-05-28
张大千 1966年作　牡丹 镜心	89cm×39.5cm	374,591	保利香港	2019-10-06
张大千 1967年作 仿石涛笔意 立轴	99cm×45.5cm	2,300,000	北京荣宝	2019-06-13
张大千 1967年作 行书“追云庐”镜心	28.2cm×85cm	345,000	中国嘉德	2019-11-17
张大千 1967年作 秋壑松泉 镜框	86cm×147cm	15,396,325	香港苏富比	2019-10-07
张大千 1967年作 幽谷山居图 镜片	58cm×34cm	448,500	西泠印社	2019-04-13
张大千 1968年作 蔬果 四幅 镜框	各 36cm×42.2cm	4,458,825	香港苏富比	2019-04-02
张大千 1968年作 远山含翠 镜心	47.5cm×92.5cm	3,220,000	上海匡时	2019-06-21
张大千 1969年作 菊花 镜心	69cm×28cm	121,068	保利香港	2019-04-01
张大千 1969年作 秋山扁舟 镜心	68cm×111cm	2,530,000	北京保利	2019-12-02
张大千 1969年作 苏花公路 立轴	135cm×68.5cm	2,745,860	华艺国际	2019-11-24
张大千 1969年作 伊吾闾瑞雪图 镜框	101cm×196cm	139,078,575	香港苏富比	2019-04-02
张大千 1970年作 春山暮雪 镜心	70cm×163cm	23,000,000	北京保利	2019-12-02
张大千 1970年作 秋日山居 镜片	58.4cm×43.2cm	4,531,275	纽约佳士得	2019-03-19
张大千 1971年作 行书八言联 立轴	132cm×20.5cm×2	437,000	华艺国际	2019-08-10
张大千 1971年作 行书曲礼语 镜心	34.0cm×136.0cm	552,000	中国嘉德	2019-11-18
张大千 1971年作 利市三倍 镜框	60cm×45cm	1,587,250	香港苏富比	2019-10-07
张大千 1972年作 行书七言联 镜心	132cm×33.5cm×2	276,000	中国嘉德	2019-11-17
张大千 1972年作 积翠鸣泉 镜心	44cm×51cm	2,357,500	北京保利	2019-12-01
张大千 1972年作 书画合璧 镜框	66.5cm×33cm×2	1,380,000	北京荣宝	2019-12-01
张大千 1972年作 坐忘册 册页	44cm×52cm×10	23,575,000	北京保利	2019-12-02
张大千 1973年作 芙蓉出水 镜框	69.5cm×136cm	1,836,000	佳士得	2019-05-28
张大千 1973年作 行书匾额“荡月斋”镜芯	36cm×80cm	126,500	中鸿信	2019-07-17
张大千 1973年作 行书七言联（两幅）镜框	134cm×32.5cm×2	453,600	佳士得	2019-05-28
张大千 1973年作 湖山归棹 立轴	45cm×52.2cm	1,068,750	香港苏富比	2019-04-02
张大千 1973年作 空山古寺 镜框	34cm×51cm	2,268,000	佳士得	2019-05-28
张大千 1973年作 云水放钓 立轴	113cm×51cm	1,265,000	中国嘉德	2019-03-23
张大千 1974年作 冰肌摇翠图 立轴	180cm×31cm	1,725,000	广东崇正	2019-05-23
张大千 1975年作 八德园一角 · 行书七言诗 成扇	19.5cm×55cm	437,000	中国嘉德	2019-06-02
张大千 1975年作 牡丹 镜框	86.2cm×45.5cm	1,404,000	佳士得	2019-05-28
张大千 1975年作 泼墨山水 镜心	64cm×126cm	3,450,000	北京保利	2019-06-04
张大千 1975年作 书法一雄斋 镜框	35.5cm×89.5cm	268,500	佳士得	2019-11-26
张大千 1975年作 夏荷图 行书 成扇	15.5cm×45cm	310,500	朵云轩	2019-06-22
张大千 1975年作　山岚初晴 镜心	54cm×96cm	8,071,200	保利香港	2019-04-01
张大千 1976年作 富昌大吉 镜心	106cm×44cm	2,070,000	北京保利	2019-11-20
张大千 1976年作 菡萏幽姿 立轴	48cm×68.8cm	517,500	北京诚轩	2019-06-01
张大千 1976年作 行书八言联 立轴	各：181cm×44cm×2	1,360,500	香港苏富比	2019-10-07
张大千 1976年作 四时花卉 镜框	68.7cm×135.4cm	6,144,925	香港苏富比	2019-10-07
张大千 1977年作 多寿图 镜框	89cm×45cm	1,035,000	华艺国际	2019-08-10
张大千 1977年作 行书七言联 立轴	138cm×33.5cm×2	310,500	中国嘉德	2019-11-17
张大千 1977年作 行吟节杖 镜芯	90.5cm×48cm	322,000	中鸿信	2019-07-16
张大千 1977年作 荷花 立轴	69.5cm×43.5cm	632,500	北京银座	2019-06-05
张大千 1977年作 山茶花 镜心	95cm×57.5cm	943,000	北京荣宝	2019-12-01
张大千 1978年作《雅歌》之《沈香》篇 镜心	29cm×33cm	575,000	北京保利	2019-12-01
张大千 1978年作 春梅 镜框	53.5cm×95.2cm	702,000	佳士得	2019-05-28
张大千 1978年作 荷花世界、行书七言诗 成扇	18.5cm×50cm	115,000	北京匡时	2019-07-13
张大千 1978年作 耦藕图 镜片	60.5cm×29cm	207,000	西泠印社	2019-09-21
张大千 1978年作 山厨清供 镜心	34.5cm×70cm	345,000	中国嘉德	2019-11-17
张大千 1978年作 书法对联（两幅）立轴	136.5cm×33.7cm×2	293,694	纽约佳士得	2019-03-19
张大千 1978年作 疏池芙蕖 镜心	51cm×83.5cm	2,254,000	北京银座	2019-06-05
张大千 1979年作 春云晓霭 镜心	68cm×136cm	10,350,000	中国嘉德	2019-06-02
张大千 1979年作 海棠花 镜框	44cm×51.5cm	540,000	佳士得	2019-05-28
张大千 1979年作 行书“居之安”镜心	35cm×90cm	138,000	北京保利	2019-06-04
张大千 1979年作 泼彩山水图 立轴	85cm×37cm	1,265,000	西泠印社	2019-07-07
张大千 1979年作 清远逸香 镜心	28cm×42.5cm	207,000	中国嘉德	2019-11-17
张大千 1979年作 蔬果图 镜心	28cm×42.5cm	287,500	中国嘉德	2019-11-17
张大千 1979年作 望山图 镜心	28cm×42.5cm	253,000	中国嘉德	2019-11-17
张大千 1979年作 一枝独秀图 镜片	30cm×25cm	195,500	西泠印社	2019-07-06
张大千 1979年作 渔人钓归	18.5cm×36.5cm	216,000	佳士得	2019-05-28
张大千 1979年作 云海群峰 立轴	68.8cm×136.5cm	11,500,000	北京保利	2019-06-04
张大千 1980年作 海棠娇香 镜心	42cm×63cm	1,391,338	中国嘉德	2019-10-08
张大千 1980年作 行书“慕斋”横披	31cm×67cm	176,593	中国嘉德	2019-10-08
张大千 1980年作 行书六言联 立轴	132cm×34cm×2	345,000	北京诚轩	2019-06-01
张大千 1980年作 红荷 镜片	68cm×138.5cm	1,610,000	上海嘉禾	2019-09-07
张大千 1980年作 六君子 镜框	54cm×104.5cm	1,188,000	佳士得	2019-05-28
张大千 1980年作 牧牛图 镜框	45cm×91cm	1,150,000	华艺国际	2019-08-10
张大千 1980年作 桐荫高仕 镜芯	51cm×100cm	632,500	中鸿信	2019-07-16
张大千 1980年作 萧疏红叶艳于花 镜框	55cm×90cm	839,063	佳士得	2019-11-26
张大千 1980年作 萱寿图 镜框	54cm×75cm	1,150,000	华艺国际	2019-08-10
张大千 1980年作 朱衣翠裳 镜框	69cm×135.1cm	3,740,625	香港苏富比	2019-04-02
张大千 1980年作、1982年作 松下高士图 行书五言联 镜心对联	136cm×64cm；130cm×33cm×2	2,530,000	中国嘉德	2019-10-15
张大千 1981年作 泼墨云山 镜心	75cm×179.5cm	8,480,450	中国嘉德	2019-10-08
张大千 1981年作 杏花 立轴	103.5cm×37cm	1,172,448	华艺国际	2019-05-27
张大千 1982年作 黄山百步云梯 镜心	102.3cm×33.8cm	1,926,468	中国嘉德	2019-10-08
张大千 1982年作 江山万里图 镜框	53cm×113cm	2,548,800	华艺国际	2019-05-27
张大千 1982年作 空山无人水流花开 镜心	33.5cm×70cm	2,461,598	中国嘉德	2019-10-08
张大千 1982年作 灵岩山色图 镜心	65cm×149cm	17,825,000	中国嘉德	2019-06-02
张大千 1982年作 牡丹 镜心	56.5cm×51cm	138,000	北京匡时	2019-07-13
张大千 1982年作 嵩寿图 镜心	97.5cm×53cm	645,696	保利香港	2019-04-01
张大千 1982年作 芝兰高韵图 镜片	66.5cm×34cm	540,500	西泠印社	2019-07-06
张大千 阿坚塔佛窟一角 立轴	46cm×31cm	460,000	中贸圣佳	2019-11-30
张大千 爱痕湖一隅 镜框	31.5cm×60.3cm	8,870,625	香港苏富比	2019-04-02
张大千 芭蕉高士 立轴	112cm×64.5cm	1,817,000	北京银座	2019-06-05
张大千 白荷 镜心	35.0cm×68.5cm	632,500	中国嘉德	2019-11-18
张大千 百合 镜心	84cm×45cm	632,500	中贸圣佳	2019-06-07
张大千 宝熙 1936年作 黄山始信峰 楷书黄山谷《送友归舒城》成扇	18.4cm×50.5cm	1,265,000	中国嘉德	2019-06-02
张大千 泊舟图 立轴	105cm×40cm	417,401	中国嘉德	2019-10-08
张大千 策杖访友 镜心	109cm×45.5cm	460,000	荣宝斋（南京）	2019-07-21
张大千 曾克端 1951年作 柳荫放棹 楷书自作诗 成扇	18cm×47cm	368,000	北京保利	2019-12-01
张大千 禅石 立轴	123cm×41cm	943,000	北京荣宝	2019-04-28

拍品名称	物品尺寸	成交价RMB	拍卖公司	拍卖日期
张大千 朝鲜松 立轴	130cm×38cm	191,691	中国嘉德	2019-03-30
张大千 陈曾则 1930年作 秋堂雅集 成扇	18cm×47cm	151,335	北京匡时	2019-04-02
张大千 持花少女 立轴	97cm×41cm	1,932,000	荣宝斋（桂林）	2019-08-18
张大千 抽象山水 镜框		1,426,513	纽约苏富比	2019-03-22
张大千 出水芙蓉 镜框		545,431	纽约苏富比	2019-03-22
张大千 春山望江图 立轴	68.5cm×34.5cm	690,000	西泠印社	2019-07-06
张大千 春长好 镜心	109cm×52cm	1,035,000	中国嘉德	2019-11-18
张大千 翠岭飞瀑 镜框	45.5cm×52cm	5,499,360	佳士得	2019-05-28
张大千 登高图 立轴	91cm×33cm	460,000	中贸圣佳	2019-11-30
张大千 登山临水 镜心	96.5cm×48.5cm	2,760,000	中贸圣佳	2019-06-07
张大千 仿八大花鸟 镜芯	137.5cm×34cm	1,840,000	中鸿信	2019-07-16
张大千 仿石涛 吴镇山水花卉（四帧）镜心	24cm×54cm×4	517,500	中贸圣佳	2019-11-30
张大千 仿石涛山水 立轴	368cm×147cm	690,000	中国嘉德	2019-11-18
张大千 仿宋没骨山水 立轴	54cm×36.5cm	1,150,000	广东崇正	2019-11-27
张大千 仿唐寅沧浪歌图 立轴	136.5cm×67cm	895,000	佳士得	2019-11-26
张大千 仿吴小仙仕女图 立轴	119cm×51cm	1,955,000	北京银座	2019-06-05
张大千 放犊自婆娑 镜框	22cm×26cm	333,500	华艺国际	2019-08-10
张大千 飞仙阁 镜心	46cm×38.5cm	2,300,000	中国嘉德	2019-11-18
张大千 高士行吟 立轴	79cm×30.5cm	282,492	中国嘉德	2019-03-30
张大千 高士行吟 立轴	110cm×40cm	322,000	中国嘉德	2019-06-02
张大千 高士图 镜心	90cm×45cm	575,000	中国嘉德	2019-10-16
张大千 高士图 立轴	104cm×40cm	195,500	中贸圣佳	2019-08-16
张大千 高仕图 镜心	66cm×32.5cm	414,000	荣宝斋（南京）	2019-07-21
张大千 庚戌（1970年作 行书九言联 镜心	135cm×33.5cm×2	701,500	中国嘉德	2019-06-02
张大千 观山图 立轴	85.5cm×40.5cm	494,361	北京匡时	2019-04-02
张大千 观世音菩萨 立轴	110.5cm×60cm	2,300,000	中鸿信	2019-07-16
张大千 归帆图 立轴	121cm×35cm	322,848	中国嘉德	2019-03-30
张大千 海棠妙处仕女图 立轴	89cm×25cm	138,000	北京荣宝	2019-10-12
张大千 行书“福寿”镜心	31cm×99cm	181,602	保利香港	2019-04-01
张大千 行书“克己夏礼”镜心	33cm×66.5cm	192,647	中国嘉德	2019-10-08
张大千 行书“斜阳楼”（一幅）	30cm×64cm	97,750	中鸿信	2019-07-15
张大千 行书八言联 立轴	133cm×21cm×2	322,000	中贸圣佳	2019-06-07
张大千 行书浣溪沙 立轴	79.5cm×38cm	184,000	中国嘉德	2019-06-02
张大千 行书九言联 立轴	138cm×22cm×2	667,000	上海明轩	2019-04-28
张大千 行书七言联 镜心	143cm×38.5cm	149,500	中国嘉德	2019-11-18
张大千 行书七言联 立轴	130.5cm×21cm×2	161,000	中贸圣佳	2019-06-07
张大千 行书书房联 镜心	67cm×15.5cm×2	281,750	北京银座	2019-06-05
张大千 行书宴会菜单 镜心	22cm×35cm	253,000	中国嘉德	2019-06-02
张大千 行书元人句并秋水春云 成扇	19cm×51cm	207,000	中贸圣佳	2019-06-07
张大千 荷花 镜心	46cm×69cm	483,000	中贸圣佳	2019-06-07
张大千 荷花 纸板镜片	45.2cm×37.8cm	400,106	纽约佳士得	2019-09-10
张大千 荷塘雅趣 立轴	153cm×38cm	161,000	中国嘉德	2019-06-24
张大千 红梅 镜框	28.7cm×39.5cm	320,625	香港苏富比	2019-04-02
张大千 红梅报春 镜心	69cm×136cm	230,000	北京荣宝	2019-04-28
张大千 红梅图 立轴	132cm×32cm	460,000	华艺国际	2019-08-10
张大千 湖庄图 手卷	29cm×175cm	287,500	北京保利	2019-08-24
张大千 花果山水小品（四帧）四条屏	38cm×52cm×4	437,000	中国嘉德	2019-10-15
张大千 花卉 镜框	26.7cm×23.5cm	167,825	纽约佳士得	2019-03-19
张大千 花卉 镜框	23.3cm×26.5cm	140,400	佳士得	2019-05-28

拍品名称	物品尺寸	成交价RMB	拍卖公司	拍卖日期
张大千 花鸟 立轴	108cm×40cm	897,000	朵云轩	2019-10-19
张大千 华山仙掌峰 镜心	100cm×39.5cm	276,000	中贸圣佳	2019-11-30
张大千 黄君璧 1944年作 柳荫仕女 镜心	75.5cm×28.0cm	517,500	中国嘉德	2019-11-18
张大千 黄君璧 1977年作 白云清溪图 镜芯	83.5cm×43.5cm	920,000	中鸿信	2019-07-16
张大千 黄君璧 1977年作 芝仙祝寿图 镜片	84cm×54cm	621,000	西泠印社	2019-07-06
张大千 黄起凤 黄山九龙潭 立轴	134cm×33cm	460,000	华艺国际	2019-08-10
张大千 黄山 立轴	77cm×29cm	402,500	广东崇正	2019-11-28
张大千 黄山清凉台 立轴	89cm×51cm	403,560	中国嘉德	2019-03-30
张大千 黄山松云 镜心	60cm×31.5cm	160,539	中国嘉德	2019-10-08
张大千 黄植 秋水春云 成扇	19cm×50cm	345,000	北京匡时	2019-07-13
张大千 减笔仕女 立轴	104cm×27.5cm	230,000	北京匡时	2019-07-13
张大千 简经纶 高士·草书五言诗 成扇	18.5cm×49cm	299,673	中国嘉德	2019-10-08
张大千 菊花 镜框	23.3cm×26.5cm	108,000	佳士得	2019-05-28
张大千 绝巘幽居 纸板镜框	24.3cm×27.3cm	1,790,000	佳士得	2019-11-26
张大千 空山长松 屏轴	80cm×34cm	138,000	朵云轩	2019-06-22
张大千 兰竹蝴蝶 镜心	28cm×41.5cm	126,500	北京保利	2019-12-01
张大千 李秋君 1933年作 金笺清流高士·工笔花卉 成扇	17.6cm×50cm	575,000	北京保利	2019-06-05
张大千 李秋君 青山琵语图 镜片	121cm×39cm	920,000	北京保利	2019-08-24
张大千 临石涛对屏 镜框	40cm×28cm×2	322,000	北京荣宝	2019-06-13
张大千 临溪高仕 立轴	132cm×33cm	460,000	北京荣宝	2019-04-28
张大千 菱角花 镜片	40.5cm×49.5cm	295,708	华艺国际	2019-11-24
张大千 柳下高士图 立轴	126cm×48cm	287,500	中贸圣佳	2019-06-07
张大千 柳荫高仕 立轴	103cm×31cm	524,628	保利香港	2019-04-01
张大千 猫石图 立轴	75cm×45cm	195,500	中贸圣佳	2019-08-16
张大千 猫戏图 镜片	28cm×21cm	115,000	上海嘉禾	2019-09-07
张大千 梅 镜心	9cm×36.9cm	110,979	中国嘉德	2019-03-30
张大千 梅竹双清 立轴	94cm×43cm	201,250	上海嘉禾	2019-09-07
张大千 媚水荷花 镜芯	33.5cm×48.5cm	345,000	中鸿信	2019-07-16
张大千 墨兰 立轴	84.5cm×33.3cm	299,000	中国嘉德	2019-06-02
张大千 牧童 立轴	100cm×44cm	1,380,000	中国嘉德	2019-06-02
张大千 拟八大山人墨荷 立轴	173.5cm×56.4cm	1,020,375	香港苏富比	2019-10-07
张大千 拟青湘垂钓图 立轴	92.5cm×32cm	862,500	中国嘉德	2019-11-18
张大千 拟石涛山水 立轴	102cm×45cm	252,225	中国嘉德	2019-03-30
张大千 蟠桃园 镜心	68cm×136cm	230,000	北京荣宝	2019-04-28
张大千 瓶花清供 镜心	60cm×32cm	402,500	中贸圣佳	2019-06-07
张大千 溥忻 仿宋人花鸟 行书香山诗三首 成扇	19.5cm×54cm	460,000	中国嘉德	2019-06-02
张大千 溥儒 1946年作 松崖高逸 镜框	94cm×43.3cm	1,814,000	香港苏富比	2019-10-07
张大千 溥儒 1951年作 松溪策杖 镜心	95cm×50cm	402,500	北京保利	2019-11-20
张大千 溥儒 1951年作 花蝶图 镜心	22.5cm×17cm	802,695	保利香港	2019-10-06
张大千 溥儒 仿吴山涛山水 立轴	118cm×54.5cm	333,500	上海工美	2019-06-09
张大千 溥儒 佛窟一角·古木空山 立轴	46cm×31cm; 44.5cm×30cm	667,000	北京银座	2019-06-05
张大千 溥儒 归舟图 立轴	56cm×18.5cm	97,750	西泠印社	2019-07-07
张大千 溥儒 海棠蛱蝶 镜心	43cm×35.5cm	402,500	中贸圣佳	2019-08-16
张大千 溥儒 红荷 朱竹 成扇	13cm×41cm	216,000	佳士得	2019-05-28

拍品名称	物品尺寸	成交价RMB	拍卖公司	拍卖日期
张大千 溥儒 山水花卉 镜心	24cm×27cm×2；张大千直径25.5cm×2；溥儒直径22cm×2	667,000	北京保利	2019-12-01
张大千 溥儒 沈尹默 山禽夜啼 行书李白诗 成扇	18.5cm×51cm	598,000	北京保利	2019-12-01
张大千 溥儒 周炼霞 吴青霞 等 苔岑集 册页	11cm×14.5cm×24	877,613	保利香港	2019-10-06
张大千 齐白石 1945年作 松山观瀑图·印章 立轴·印章	绘画 81.5cm×40cm；印章 1.6cm×1.6cm×3.3cm	805,000	西泠印社	2019-07-06
张大千 气象万千册 册页（十开）	24cm×30cm×10	2,070,000	北京保利	2019-12-01
张大千 秋菊 立轴		461,519	纽约苏富比	2019-03-22
张大千 秋林觅句 立轴	106cm×52cm	1,311,570	中国嘉德	2019-03-30
张大千 秋林人醉图 镜框	130cm×49cm	5,290,000	北京荣宝	2019-12-01
张大千 日本仕女并牡丹图 成扇	11.5cm×36cm	287,500	中贸圣佳	2019-06-07
张大千 日本天桥立一景 镜心	89cm×58cm	2,415,000	中贸圣佳	2019-06-07
张大千 山居图	193cm×101cm	30,475,000	北京保利	2019-06-04
张大千 山水 成扇	18cm×50cm	115,000	北京荣宝	2019-04-28
张大千 赏松图 立轴	138cm×49cm	690,000	中贸圣佳	2019-11-30
张大千 芍药 镜心	140cm×74cm	920,000	北京荣宝	2019-04-28
张大千 芍药图 镜心	39.5cm×66.5cm	287,500	上海匡时	2019-06-21
张大千 深林帆影 镜框	31cm×40.5cm	1,118,750	佳士得	2019-11-26
张大千 沈尹默 1948年作 春江独酌·行书杨万里诗 成扇	18cm×48cm×2	678,500	北京银座	2019-06-05
张大千 沈尹默 1949年作 松阴高士 成扇	17cm×40cm	748,125	香港苏富比	2019-04-02
张大千 事事如意 立轴	134cm×33.5cm	253,000	广东崇正	2019-11-28
张大千 手绘鲍参菜单 镜心	15cm×75.5cm	149,500	中贸圣佳	2019-06-07
张大千 书画扇面（六帧）册页	尺寸不一	1,150,000	上海匡时	2019-06-21
张大千 丝意绵绵 镜心	68cm×34.5cm	920,000	中贸圣佳	2019-06-07
张大千 松溪高晤图 镜片	130cm×33cm	552,000	西泠印社	2019-07-06
张大千 松下高士 镜心	115cm×33cm	241,500	中国嘉德	2019-06-03
张大千 松下高士图 镜心	32cm×40cm	368,000	北京保利	2019-12-01
张大千 松荫纳凉图·临瘗鹤铭 成扇	52cm×18cm	437,000	西泠印社	2019-07-07
张大千 松云织翠 镜框	32cm×44.5cm	230,000	上海嘉禾	2019-09-07
张大千 岁朝清供 立轴	100cm×46cm	207,000	中贸圣佳	2019-06-07
张大千 探身高崖 镜片		125,869	纽约苏富比	2019-03-22
张大千 唐人观画图 立轴	32.5cm×251cm	230,000	保利厦门	2019-08-04
张大千 桃梢双侣 立轴	122cm×64.5cm	1,978,000	华艺国际	2019-08-10
张大千 汪溶 菡萏荷香 行书自作词 成扇	19.5cm×54cm	517,500	中国嘉德	2019-06-02
张大千 王旦旦 三友图 立轴	90cm×50cm	207,000	中国嘉德	2019-03-24
张大千 吴湖帆 于非闇 蜻蜓鸟竹镜框	90cm×36.3cm	432,000	佳士得	2019-05-28
张大千 吴华源 通泉幽壑 竹石双清 成扇	23cm×68cm	690,000	北京保利	2019-12-01
张大千 溪山晓霭 镜心	53cm×74cm	3,335,000	北京保利	2019-12-01
张大千 谢稚柳 1981年作 古木竹石 镜框	99cm×54.5cm	259,200	佳士得	2019-05-28
张大千 叶恭绰 高士图 成扇	19cm×50cm	598,000	北京保利	2019-12-02
张大千 一苇渡江 立轴	143cm×41cm	287,500	中贸圣佳	2019-11-30
张大千 倚风采莲 立轴	131cm×66cm	287,500	北京保利	2019-12-02
张大千 倚杖赏花 镜心	30.5cm×42cm	115,000	保利厦门	2019-08-04
张大千 忆江南 镜心	107cm×48cm	920,000	中贸圣佳	2019-06-07
张大千 迎帆图 成扇	19cm×50cm	207,000	中贸圣佳	2019-06-07
张大千 咏柳 镜框	121cm×38cm	268,500	佳士得	2019-11-26
张大千 幽兰 立轴		293,694	纽约苏富比	2019-03-22
张大千 幽鸣图 立轴	57.5cm×66cm	425,500	上海嘉禾	2019-09-07
张大千 幽竹高仕图 镜芯	91cm×35cm	230,000	中鸿信	2019-07-16
张大千 于右任 梅兰竹与张大千自画像 镜框	46.5cm×172cm	486,000	佳士得	2019-05-28
张大千 渔人钓归 立轴	60.5cm×30cm	437,000	朵云轩	2019-06-22
张大千 云峰 镜心	53.2cm×75cm	3,026,700	北京匡时	2019-04-02
张大千 云雨高城 扇轴		419,563	纽约苏富比	2019-03-22
张大千 张善孖 1936年作 虎 立轴	129cm×65cm	437,000	中国嘉德	2019-06-03
张大千 张善孖 虎图四屏 立轴	123.5cm×32.5cm×4	504,450	中国嘉德	2019-03-30
张大千 张善孖 黄山纪游卷 手卷	画心 27cm×134.5cm	4,945,000	中贸圣佳	2019-06-07
张大千 张善孖 松虎图 立轴	100cm×48cm	805,000	北京荣宝	2019-04-28
张大千 长生殿 立轴	113cm×62cm	31,625,000	北京保利	2019-06-04
张大千 郑孝胥 空山隐居、节录《法书要录》成扇	18cm×48cm	172,500	北京匡时	2019-07-13
张大千 郑沅 墨梅、临华山碑 成扇	19cm×55cm	343,026	北京匡时	2019-04-02
张大千 竹崖游鱼 镜心	72.0cm×36.0cm	195,500	中国嘉德	2019-11-18
张大千 子猷赏竹图 镜心	40cm×26cm	356,500	北京银座	2019-06-05
张大千 紫茄图 镜片	40.5cm×49.5cm	390,757	华艺国际	2019-11-24
张大千；溥儒 芍药 镜框	68cm×34cm	840,960	罗芙奥	2019-06-01
张大壮 1954年作 眉寿天香 成扇	13cm×40cm	195,500	北京保利	2019-12-01
张大壮 1954年作 虾 立轴	45.5cm×31.5cm	172,500	朵云轩	2019-06-22
张大壮 白蕉 火凤迎春 随笔 成扇	18cm×49cm	241,500	北京诚轩	2019-06-01
张大壮 花枝绶带图 镜片	68cm×44cm	109,250	西泠印社	2019-07-06
张大壮 沈尹默 花卉孔雀 行书自作诗 成扇	19cm×52cm	287,500	北京保利	2019-12-01
张道兴 2007年作 人物四屏 镜心	137cm×35cm×4	103,500	北京荣宝	2019-06-13
张仃 1960年代初 谛听	69cm×47cm	287,500	中国嘉德	2019-11-16
张仃 1976年 孙悟空跳出老君炉——捂不住了	44.5cm×34cm	172,500	中国嘉德	2019-11-16
张仃 1977年作 小放牛 镜心	50cm×48cm	115,000	北京荣宝	2019-10-12
张仃 1981年作 雪乡	59.2cm×47.8cm	287,500	北京荣宝	2019-04-28
张仃 1983年作 奇秀西南 立轴	47cm×179cm	368,000	北京荣宝	2019-06-13
张仃 1983年作 十渡北沟小村 镜心	50.5cm×42cm	230,000	北京荣宝	2019-10-12
张仃 1986年作 杏坛 镜心	139cm×69.5cm	1,518,000	北京荣宝	2019-06-13
张仃 1986年作 雁荡山折瀑 镜心	46.5cm×38.5cm	143,750	北京荣宝	2019-10-12
张仃 1991年作 过了山梁外婆家 镜心	67.5cm×67.5cm	172,500	北京荣宝	2019-04-28
张仃 1993年作 白云山 镜片	70cm×70cm	345,000	广东崇正	2019-11-28
张仃 1994年作 羊圈山村 镜心	68cm×138cm	1,380,000	北京荣宝	2019-06-13
张仃 1995年作 石林 镜心	84cm×76cm	690,000	北京荣宝	2019-06-13
张仃 1996年作 黄山云雪 镜心	137.3cm×69.2cm	460,000	北京诚轩	2019-11-16
张仃 1997年作 蜀山峥嵘 镜心	69cm×69cm	402,500	北京保利	2019-06-04
张仃 2001年作 水村石壁 镜心	68.5cm×44cm	345,000	北京保利	2019-06-04
张仃 2002年作 岭南荒村 镜片	68cm×68cm	287,500	广东崇正	2019-11-28
张仃 2002年作 塞外早霜 镜心	68cm×45cm	345,000	北京荣宝	2019-06-13
张仃 2003年作 篆书李白《宿清溪主人》镜心	68.6cm×104.1cm	690,000	北京荣宝	2019-06-13
张仃 山水 镜心	48cm×45cm	184,000	荣宝斋（桂林）	2019-08-18
张尔宾 2004年作 青山绿水云当户	70cm×139cm	402,500	北京翰海	2019-06-15

拍品名称	物品尺寸	成交价RMB	拍卖公司	拍卖日期
张伏山 1982年作 龙吟虎啸 立轴	137cm×68cm	218,500	广东崇正	2019-05-23
张公者 2019年作 篆书自作诗《紫砂壶铭文》镜心	173cm×97cm	97,750	北京匡时	2019-07-13
张光奎 2008年作 大福富贵 镜心	131cm×65cm	115,000	北京翰海	2019-10-12
张广 1986年作 群牛图卷 手卷		126,500	中国嘉德	2019-06-02
张国洪 2017年作 风枝奏笙篁 立轴	160cm×80cm	115,000	北京翰海	2019-03-29
张国华 草书《怀素藏真帖》镜心	137cm×68cm	105,800	北京翰海	2019-03-29
张国绅 草书律诗二首 手卷	27cm×160.3cm	213,750	香港苏富比	2019-04-01
张海 2005年作 隶书四屏 镜心	138cm×34cm×4	287,500	北京荣宝	2019-06-13
张海 2007年作 隶书《杜甫·春夜喜雨诗》镜心	68cm×137cm	598,000	北京翰海	2019-10-12
张海 2013年作 书法《念奴娇赤壁怀古》镜心	138cm×68cm	552,000	北京翰海	2019-03-29
张海 2017年作《厚德载物》镜心	178cm×48cm	460,000	北京翰海	2019-03-29
张汉杰 雪竹图 立轴	115cm×52.5cm	632,500	中鸿信	2019-07-17
张根水 弹琴展卷纳春和 镜心	21cm×70cm	230,000	中贸圣佳	2019-06-07
张惠臣 2018年作 楷书七言联 立轴	136cm×32cm×2	207,000	北京翰海	2019-03-29
张家林 2018年作 春至高山映朝辉 立轴	136cm×68cm	115,000	北京翰海	2019-03-29
张謇 1915年作 草书《阁帖》镜心	45.5cm×353cm	207,000	北京匡时	2019-07-13
张謇 1916年作 行书五言联 立轴	139cm×33cm×2	172,500	北京荣宝	2019-06-13
张见 少女 镜心	50cm×37.5cm	207,000	中国嘉德	2019-06-04
张金友 山水 镜心	145cm×365cm	552,000	北京翰海	2019-03-29
张进 新秋 镜心	123cm×245cm	402,500	中国嘉德	2019-11-19
张进 玉米地 镜心	143cm×363cm	1,035,000	中国嘉德	2019-06-04
张晋 1974年作 洞庭丰收 立轴	179cm×96cm	402,500	中鸿信	2019-07-16
张静江 徐镛 孟浩然诗疏影寒香 成扇	19cm×52cm	115,000	北京诚轩	2019-06-01
张俊喜 2012年作 桦林深处 镜心	53cm×79cm	230,000	北京翰海	2019-10-12
张克龢 1948年作 南山松翠 行书《青霞馆论画》成扇	18.3cm×49cm	172,500	中国嘉德	2019-06-02
张坤仪 1944年作 振领 立轴	84.3cm×47cm	160,313	香港苏富比	2019-04-02
张乐平 1960年作 社会主义好 镜片	27.5cm×35cm	149,500	西泠印社	2019-07-07
张丽 春苑鸣禽 镜心	93cm×85cm	184,000	北京保利	2019-11-20
张林东 2018年作 江山如此多娇 镜心	122cm×244cm	115,000	北京翰海	2019-03-29
张录成 天马图 镜框	97cm×180cm	1,901,875	佳士得	2019-11-25
张洺贯 2017年作 研山铭 镜心	26cm×26cm×15	172,500	北京保利	2019-06-03
张槃 1846年作 花鸟 四屏 立轴	167.5cm×54cm×4	207,000	上海嘉禾	2019-09-07
张槃 陈三立 张之万 王懿荣 书画合璧（二开四帧）扇面	25.5cm×25.5cm×4	109,250	中国嘉德	2019-06-04
张朋 1978年作 双鸭戏水 立轴	68.5cm×34cm	218,500	广东崇正	2019-05-23
张朋 1978年作 长寿 立轴	93cm×42cm	172,500	北京荣宝	2019-04-28
张朋 1980年作 猕猴献寿 立轴	67cm×44cm	425,500	广东崇正	2019-05-23
张其凤 2019年作 草书 手卷	50cm×1080cm	207,000	上海嘉禾	2019-09-07
张峭 峭壁劲榕	245cm×121cm	138,000	保利厦门	2019-08-04
张人杰 行书五言联 立轴	168cm×42cm×2	322,000	中国嘉德	2019-11-17
张人杰 行书五言联 立轴	131cm×30.5cm	149,500	中国嘉德	2019-11-18
张榕山 1991年作 高士图 镜心	130cm×59cm	230,000	北京保利	2019-12-02
张榕山 1992年作 观瀑图 镜心	144cm×70cm	299,000	北京保利	2019-12-02
张善孖 1921年作 虎啸 立轴	148.5cm×82cm	102,600	佳士得	2019-05-28
张善孖 1924年作 伏虎罗汉 镜心	118cm×41cm	138,000	中国嘉德	2019-11-17
张善孖 1928年作 伏虎罗汉 立轴	133cm×63cm	437,000	上海匡时	2019-06-21
张善孖 1929年作 虎啸图 立轴	123cm×57cm	575,000	北京荣宝	2019-06-13
张善孖 1929年作 渥洼赭白 立轴	136cm×61cm	690,000	广东崇正	2019-11-28
张善孖 1931年作 黄山观音岩 立轴	127cm×50cm	302,670	中国嘉德	2019-03-30
张善孖 1931年作 长啸图 镜心	124cm×65cm	138,000	中国嘉德	2019-03-23
张善孖 1933年作 虎啸图 立轴	130cm×64cm	138,000	西泠印社	2019-07-07
张善孖 1934年作 柳荫逸马 立轴	120cm×53cm	333,500	广东崇正	2019-11-28
张善孖 1934年作 仁风披丹冈 立轴	133.8cm×53.8cm	391,000	北京诚轩	2019-06-01
张善孖 1934年作 羲之观鹅 立轴	125.8cm×48.5cm	207,000	北京诚轩	2019-11-16
张善孖 1935年作 穿林啸月 行书成扇	17.5cm×48cm	109,250	广东崇正	2019-11-28
张善孖 1935年作 待月听松涛 立轴	108.5cm×39.5cm	189,750	北京诚轩	2019-06-01
张善孖 1939 年作 合家全庆 镜框	100cm×90cm	1,496,250	香港苏富比	2019-04-02
张善孖 1940年作 白描十虎图 镜框	30.8cm×98.6cm	427,500	香港苏富比	2019-04-02
张善孖 虎图（八帧）立轴	25cm×29cm×8	460,000	华艺国际	2019-08-10
张善孖 阆苑山君 立轴	108cm×29cm	368,000	上海嘉禾	2019-09-06
张善孖 牧马图 立轴	93cm×41cm	161,000	中国嘉德	2019-10-15
张善孖 山君 立轴	151cm×39.5cm	195,500	中国嘉德	2019-06-02
张善孖 舔犊图 立轴	148cm×39cm	97,750	中贸圣佳	2019-08-16
张善孖 五福一门 立轴	172cm×36cm	112,700	中鸿信	2019-07-16
张善孖 幽涧雄风 立轴	123cm×50cm	172,500	北京荣宝	2019-04-28
张石园 1952年作 月下读书图 镜片	34.5cm×113cm	138,000	朵云轩	2019-06-22
张石园 王福厂 松下清斋图并篆书录东都赋 成扇		310,500	上海工美	2019-11-10
张仕森 2019年作 青山幽居 镜心	180cm×69cm	575,000	北京翰海	2019-10-12
张书旂 1939年作 孔雀 镜心	146cm×79cm	383,382	中国嘉德	2019-03-30
张书旂 1939年作 三公图 立轴	127cm×47.5cm	172,500	北京翰海	2019-06-14
张书旂 1940年作 春桃奏吉 立轴	127.5cm×63.5cm	264,500	上海嘉禾	2019-09-07
张书旂 1941年作 喜上梅梢 立轴	66.5cm×53.5cm	110,979	保利香港	2019-04-01
张书旂 1943年作 桃花双鸽 镜心	52.5cm×66.0cm	172,500	中国嘉德	2019-11-18
张书旂 1949年作 春桃群鸽 立轴	129cm×67cm	403,560	中国嘉德	2019-03-30
张书旂 瓜阴清趣 立轴	106cm×29.3cm	149,500	北京诚轩	2019-06-01
张书旂 1945年作 牡丹 镜框	35.5cm×56cm	102,066	邦瀚斯	2019-04-03
张叔言 2019年作 范仲淹名言 镜心	136cm×68cm	126,500	北京翰海	2019-10-12
张顺培《兰亭序》节选 镜心	138cm×68cm	172,500	北京翰海	2019-10-12
张廷禄 2009年作 春山隐居图 镜心	68cm×69cm	126,500	北京翰海	2019-03-29
张廷禄 2009年作 秋云渔家图 镜心	68cm×69cm	149,500	北京翰海	2019-03-29
张锡龙 2019年作 群芳之首 镜心	69cm×69cm	138,000	北京翰海	2019-10-12
张祥伟 2018年作 荷塘春色 镜心	100cm×50cm	103,500	北京翰海	2019-03-29
张馨月 2019年作 吉祥天地 镜心	136cm×70cm	184,000	北京翰海	2019-10-12
张秀萍 三阳开泰 镜片	65cm×130cm	198,000	保信利诚	2019-02-07
张彦 1987年作 永丰舰事件 立轴	123cm×187cm	103,500	湖南逸典	2019-05-18
张译丹 锁梦寒 镜心	70cm×49cm	149,500	北京翰海	2019-03-29
张跃华 2016年作 江山走吉祥	9.2cm×32cm	345,000	北京保利	2019-06-03
张肇达 当代水墨 镜心	52cm×232cm	540,500	北京翰海	2019-10-12
张正宇 毛主席词意画 镜心	69cm×91cm	138,000	北京匡时	2019-07-13
张志民 2019年作 山间高仕 镜心	130cm×34.5cm	109,250	北京荣宝	2019-12-01
张治中 精灵宝贝 镜心	79cm×96cm	138,000	北京保利	2019-06-22
张子和 花卉六条屏	175cm×45.5cm×6	115,000	中国嘉德	2019-06-03
张宗祥 1932 年作 行书 四屏镜心	145.5cm×38cm×4	253,000	北京匡时	2019-07-13
张宗祥 1962年作 行书毛主席词《采桑子·重阳》镜心	148cm×74cm	161,000	中国嘉德	2019-06-04
张宗祥 1964年作 草书 毛主席诗词卷 手卷	408cm×33.5cm	460,000	西泠印社	2019-07-06
张祖翼 郑孝胥 杨逸 等 1915 年作 篆隶九条屏 镜心	138cm×26.5cm×9	195,500	中国嘉德	2019-06-04
张作霖 行书"慎于言"镜芯	26cm×81cm	149,500	中鸿信	2019-07-17
张作霖 行书"正正之旗"立轴	127cm×34cm	230,000	中贸圣佳	2019-11-30
章炳麟 1930年作 篆书 立轴	147.5cm×39cm	97,750	上海嘉禾	2019-09-07
章炳麟 隶书《咏史》立轴	132cm×65cm	287,500	北京匡时	2019-07-13

拍品名称	物品尺寸	成交价RMB	拍卖公司	拍卖日期
章炳麟 郑孝胥 喻长霖 刘未林 书法（四帧）四屏镜片	142cm×37cm×4	161,000	西泠印社	2019-04-13
章炳麟 篆书 雪龛 镜片	71.5cm×31cm	276,000	西泠印社	2019-07-07
章炳麟 篆书七言 对联	130cm×25cm×2	172,500	上海工美	2019-06-09
章炳麟 篆书七言联 立轴	153.5cm×36cm×2	207,000	中国嘉德	2019-11-17
章炳麟 篆书五言联 立轴	177cm×45cm×2	207,000	广东崇正	2019-05-23
章士钊 1952年作 行书《奉和生日北海宴客》镜心	32.5cm×132cm	149,500	中国嘉德	2019-06-03
章士钊 1964年作 行书香港杂诗 镜片	75.5cm×39cm	97,750	西泠印社	2019-07-07
章新农 2018年作 劲节 立轴	136cm×68cm	115,000	北京翰海	2019-03-29
丈雪 草书 立轴	175.5cm×47.5cm	989,000	北京翰海	2019-06-14
赵春秋 2014年作 前村访梅园 镜心	69cm×138cm	322,000	北京翰海	2019-03-29
赵春秋 2018年作 雪夜行舟月正明 镜心	136cm×68cm	345,000	北京翰海	2019-10-12
赵春翔 1991年作 内外湛明	180cm×97cm	504,450	中国嘉德	2019-03-30
赵建成 2000年作 清韵图	96cm×180cm	632,500	北京翰海	2019-06-15
赵建成 2007年作 凝视 镜心	136cm×68cm	448,500	北京荣宝	2019-12-01
赵建成 2008年作 大千像 镜心	170cm×75cm	287,500	北京荣宝	2019-12-01
赵建成 2008年作 人物四屏 镜心	138cm×41cm×4	862,500	北京荣宝	2019-06-13
赵冷月 1992年作 行书 镜片	137.5cm×69.5cm	241,500	朵云轩	2019-06-22
赵冷月 隶书东坡诗 镜心	179cm×97cm	230,000	北京匡时	2019-07-13
赵冷月 隶书十言联 镜心	178cm×23.5cm×2	138,000	北京匡时	2019-07-13
赵朴初 1965年作 行书《依样葫芦·克里姆林宫招魂》镜心	22.5cm×94cm	276,000	北京匡时	2019-07-13
赵朴初 1972年作 行书百字令 镜心	28cm×78cm	391,000	中国嘉德	2019-11-17
赵朴初 1973年作 行书咏梅诗 立轴	70cm×35cm	172,500	中鸿信	2019-07-17
赵朴初 1974年作 诗中画 册页（二十四开）	21.5cm×30cm×24	1,840,000	北京荣宝	2019-06-13
赵朴初 1976年作 行书七言诗 镜心	66cm×134cm	690,000	北京荣宝	2019-12-01
赵朴初 1976年作 行书自作词 手卷	32cm×317cm	1,207,500	北京保利	2019-12-01
赵朴初 1977年作 草书毛主席选集发行喜赋 镜心	78.5cm×34cm	121,068	保利香港	2019-04-01
赵朴初 1977年作 行书《千秋岁词》镜心	69cm×47cm	471,500	中国嘉德	2019-06-02
赵朴初 1977年作 行书七言诗 镜心	27.5cm×80cm	115,000	北京荣宝	2019-04-28
赵朴初 1978年作 行书录旧作 镜芯	35cm×127.5cm	138,000	中鸿信	2019-07-17
赵朴初 1979年作 行书 镜框	61cm×30.5cm	138,000	朵云轩	2019-06-22
赵朴初 1979年作 行书 庆祝远擊战胜利词 立轴	67.5cm×33.5cm	253,000	西泠印社	2019-07-06
赵朴初 1979年作 行书七言诗 镜框	68cm×22cm	276,000	华艺国际	2019-08-10
赵朴初 1979年作 行书题词 镜芯	61cm×134cm	184,000	中鸿信	2019-07-17
赵朴初 1980年作 行书“调寄鹧鸪天”镜芯	76cm×32cm	189,750	中鸿信	2019-07-16
赵朴初 1980年作 行书七言联 立轴	133cm×32cm×2	805,000	北京保利	2019-06-04
赵朴初 1984年作 行书十二言联 镜心	68cm×17cm×2	368,000	北京保利	2019-06-04
赵朴初 1986年作 行书“弥陀”镜芯	42cm×31cm	103,500	中鸿信	2019-07-17
赵朴初 1986年作 行书《临江仙》立轴	65.5cm×31.5cm	138,000	上海匡时	2019-06-21
赵朴初 1986年作 行书毛主席诗《西江月·井冈山》立轴	93cm×31cm	230,000	中鸿信	2019-07-16
赵朴初 1987年作 楷书“转”镜心	59cm×39cm	115,000	北京保利	2019-06-22
赵朴初 1988年作 行书七言诗 立轴	68.5cm×33.5cm	149,500	中国嘉德	2019-11-18
赵朴初 1992年作 行书七言诗 立轴	119cm×46.5cm	128,431	中国嘉德	2019-10-08
赵朴初 1999年作 行书五言联 镜框	67.5cm×21.5cm×2	356,500	北京荣宝	2019-04-28
赵朴初 光明堂 镜心	38cm×99cm	184,000	北京保利	2019-08-24
赵朴初 行书 题栖霞寺十九言联	175cm×27cm	667,000	中国嘉德	2019-06-03
赵朴初 行书 五言联	53cm×17cm	126,500	中国嘉德	2019-11-18
赵朴初 行书“笔底千花”镜片	58.5cm×34.5cm	104,650	广东崇正	2019-03-03
赵朴初 行书“大智慧”镜框	42.5cm×23.5cm	138,000	保利厦门	2019-01-06
赵朴初 行书“无尽藏”立轴	43cm×83cm	115,000	上海匡时	2019-06-21
赵朴初 行书《韩非子诗》立轴	68cm×55cm	149,500	中贸圣佳	2019-06-07
赵朴初 行书《梦扬州》词 立轴	68cm×33cm	207,000	北京保利	2019-12-02
赵朴初 行书华严经 立轴	68cm×19.5cm	138,000	广东崇正	2019-05-23
赵朴初 行书七言诗 立轴	68cm×34cm	172,500	华艺国际	2019-08-10
赵朴初 行书赠日本书道代表团 镜片	赵 59.5cm×48cm；信 27cm×17cm	103,500	广东崇正	2019-11-28
赵朴初 行书自作诗 立轴	55.5cm×23cm	181,602	中国嘉德	2019-03-30
赵朴初 楷书五言联 对联	31cm×8cm×2	212,750	中国嘉德	2019-03-23
赵朴初 茗山 楷书 禅语二则	67cm×33cm；65cm×34cm	322,000	中国嘉德	2019-06-03
赵朴初 书法 立轴	66cm×29cm	126,500	北京保利	2019-08-24
赵朴初 书法“藏龙阁”横披	22cm×43cm×2	138,000	北京华辰	2019-07-14
赵朴初 叶圣陶 行书七言诗 楷书蝶恋花 镜心	28cm×19cm；26cm×19cm	517,500	北京保利	2019-12-01
赵普 2008年作 汉画像石拓片·对联 立轴	对联100cm×33cm；拓片50cm×66cm	207,000	北京保利	2019-06-03
赵少昂 1927年作 芙蓉小鸟 立轴	95.2cm×42.1cm	448,589	华艺国际	2019-05-27
赵少昂 1932年作 松鼠葡萄 立轴	110cm×47cm	272,403	北京匡时	2019-04-02
赵少昂 1934年作 花蝶纷飞 立轴	132.5cm×40cm	302,670	北京匡时	2019-04-02
赵少昂 1934年作 秋叶蓝鹟 立轴	126cm×39.5cm	103,500	北京诚轩	2019-11-16
赵少昂 1935年作 春妮 镜心	145cm×41cm	282,492	北京匡时	2019-04-02
赵少昂 1938年作 节节高 立轴	106cm×34.5cm	189,750	华艺国际	2019-08-11
赵少昂 1939年作 松花月影图 横披	105.5cm×437.5cm	5,290,000	中国嘉德	2019-11-18
赵少昂 1939年作 鱼乐图 立轴	101cm×37.5cm	460,000	华艺国际	2019-08-11
赵少昂 1940年作 金果草虫 镜框	114cm×46cm	287,500	华艺国际	2019-08-11
赵少昂 1941年作 春桃木兰 镜框	32cm×103cm	317,450	香港苏富比	2019-10-07
赵少昂 1942年作 霞山飞鹭图 立轴	92.5cm×37cm	483,000	北京荣宝	2019-06-13
赵少昂 1944年作 春光旖旎 镜框	101.5cm×40cm	232,342	华艺国际	2019-11-24
赵少昂 1944年作 心迹喜双清 镜框	102cm×37cm	203,904	华艺国际	2019-05-27
赵少昂 1945年作 花卉 镜框	105cm×59cm	285,466	华艺国际	2019-05-27
赵少昂 1947年作 荷花蜉蝣 镜框	30cm×42.3cm	183,600	佳士得	2019-05-28
赵少昂 1948年作 蜜蜂姜花图 立轴	104cm×29.5cm	221,958	保利香港	2019-04-01
赵少昂 1949年作 富贵甜蜜 镜框	29cm×36.6cm	138,938	香港苏富比	2019-04-02
赵少昂 1950年作 长城暮雪 镜心	104cm×41cm	230,000	北京保利	2019-12-02
赵少昂 1952年作 残荷蜻蜓 立轴	102cm×45cm	232,047	保利香港	2019-04-01
赵少昂 1953年作 峡江行舟 立轴	105cm×49cm	552,000	华艺国际	2019-08-11
赵少昂 1955年作 双牛 镜框	93cm×173.5cm	4,224,400	华艺国际	2019-11-24
赵少昂 1957年作 幽禽 立轴	101cm×32.5cm	139,134	中国嘉德	2019-10-08
赵少昂 1960年作 竹影蜂飞 行书七绝 团扇	24.7cm×24.7cm	213,750	香港苏富比	2019-04-02
赵少昂 1960年作 竹影螳螂 行书秋声诗 团扇	24.3cm×24.5cm	192,738	香港苏富比	2019-10-07
赵少昂 1961年作 木棉小鸟 镜心	56.5cm×119cm	282,492	中国嘉德	2019-03-30
赵少昂 1967年作 叶根香 立轴	95cm×32.5cm	151,335	保利香港	2019-04-01
赵少昂 1968年作 花卉蜜蜂 镜片	92.6cm×48cm	195,608	纽约佳士得	2019-09-10
赵少昂 1969年作 蟠桃长寿 镜框	94cm×40.5cm	118,800	佳士得	2019-05-28
赵少昂 1971年作 春到梢头 镜框	65.5cm×185cm	469,875	佳士得	2019-11-26

拍品名称	物品尺寸	成交价RMB	拍卖公司	拍卖日期
赵少昂 1971年作 竹林翠鸟 镜心	53cm×116.5cm	276,000	中国嘉德	2019-11-17
赵少昂 1975年作 红叶螳螂 镜心	61cm×35.5cm	117,729	中国嘉德	2019-10-08
赵少昂 1978年作 秋叶双鸟 镜框	47cm×96cm	259,200	佳士得	2019-05-28
赵少昂 1979年作 秋蝉 镜框	39.5cm×84cm	161,000	华艺国际	2019-08-11
赵少昂 1979年作 四季生趣（四幅）镜框	30cm×36cm×4	486,000	佳士得	2019-05-28
赵少昂 1981年作 暮色群峰 镜框	96cm×47cm	453,600	佳士得	2019-05-28
赵少昂 1981年作 人间第一香 镜框	96cm×47cm	172,800	佳士得	2019-05-28
赵少昂 1982年作 白鹭 镜心	97cm×42.5cm	443,916	北京匡时	2019-04-02
赵少昂 1982年作 阔浦秋山 镜框	96cm×47cm	648,000	佳士得	2019-05-28
赵少昂 1982年作 人间第一香 镜框	66.5cm×135cm	302,400	佳士得	2019-05-28
赵少昂 1983年作 清波鱼戏 镜框	96.5cm×36cm	611,712	华艺国际	2019-05-27
赵少昂 1984年作 竹雀图 镜框	46.5cm×96.5cm	115,000	华艺国际	2019-08-11
赵少昂 1985年作 鱼乐图 镜片	55cm×96cm	460,000	广东崇正	2019-11-28
赵少昂 1986年作 高节双寿 立轴	84cm×53cm	138,000	广东崇正	2019-11-28
赵少昂 1987年作 菡萏蜻蜓 立轴	84.5cm×47cm	126,500	北京诚轩	2019-06-01
赵少昂 1987年作 麻雀 横批	47cm×97cm	282,492	中国嘉德	2019-03-30
赵少昂 1989年作 松蝉图 镜框	98.3cm×33.4cm	96,188	香港苏富比	2019-04-02
赵少昂 1989年作　蔬果图・行书五言联 镜心	对联 101cm×22cm×2；画 97cm×46cm	181,944	保利香港	2019-10-06
赵少昂 1990年作 葡萄小鸟 镜心	97cm×46cm	172,500	北京保利	2019-06-04
赵少昂 白孔雀红柿图 立轴	175cm×81cm	6,950,880	佳士得	2019-05-28
赵少昂 春满人间 镜框	83.5cm×29.5cm	167,813	佳士得	2019-11-26
赵少昂 翠竹白鹤 镜片	92cm×29cm	97,750	广东崇正	2019-03-03
赵少昂 翠竹螳螂 行书七绝 团扇	24.7cm×24.7cm	235,125	香港苏富比	2019-04-02
赵少昂 陆俨少 唐云 等 山水花鸟草虫 册页（十一开）	31.4cm×43cm×11	118,800	佳士得	2019-05-28
赵少昂 鸟虫（六帧）镜心	尺寸不一cm×6	117,729	中国嘉德	2019-10-08
赵少昂 秋林红叶 镜心	107cm×38cm	101,200	中国嘉德	2019-06-24
赵少昂 绶带石榴 镜框	90cm×29.8cm	145,438	佳士得	2019-11-26
赵少昂 双寿 镜片	84cm×39.5cm	322,000	广东崇正	2019-05-23
赵少昂 天寒有鹤守梅花 立轴	133.5cm×63cm	299,000	中国嘉德	2019-06-02
赵少昂 温永琛 芦苇草虫 镜心	49cm×81cm	184,000	荣宝斋（桂林）	2019-08-18
赵少昂 杨善深 1947年作 玫瑰小鸟 立轴	106cm×36cm	107,026	中国嘉德	2019-10-08
赵少昂 杨善深 1949年作 东篱秋色；枝头鸟语 扇面两帧 立轴	各 18.3cm×52.5cm(3)	106,875	香港苏富比	2019-04-02
赵士遵（传）鹤山亲舍图 立轴	画 116.5cm×165.5cm；裱边一 10.5cm×165.5cm；裱边二 10.5cm×165.5cm	1,955,000	中国嘉德	2019-06-04
赵叔孺 1925年作 凤头鹦 立轴	105cm×52.5cm	161,424	中国嘉德	2019-03-30
赵叔孺 1928年作 凌霄花并隶书 成扇		299,000	上海工美	2019-06-09
赵叔孺 1930年作 篆书七言 对联	133cm×26.5cm×2	105,800	上海工美	2019-06-09
赵叔孺 1932年作 骏马图 立轴	112cm×55cm	97,750	朵云轩	2019-06-22
赵叔孺 1933年作 寿带红果 玉米草虫 成扇		126,500	上海工美	2019-06-09
赵叔孺 1940年作 葡萄草虫 立轴	109cm×54.3cm	138,000	北京诚轩	2019-11-16
赵叔孺 1944年作 骏马 镜心	30cm×60cm	97,750	北京荣宝	2019-04-28
赵叔孺 扶桑花并行书 成扇		112,700	上海工美	2019-06-09
赵望云 1939年作 渭北小景 立轴	64.5cm×32.5cm	126,500	中鸿信	2019-07-16
赵望云 1942年作 蕉荫独行 立轴	100cm×34cm	184,000	北京保利	2019-06-04

拍品名称	物品尺寸	成交价RMB	拍卖公司	拍卖日期
赵望云 1945年作 游山观瀑 立轴	118.5cm×43cm	1,210,680	中国嘉德	2019-03-30
赵望云 1946年作 蜀山图 立轴	116cm×40cm	287,500	北京保利	2019-06-04
赵望云 1949年作 天山牧歌 镜芯	94cm×32.5cm	391,000	中鸿信	2019-07-16
赵望云 1962年作 山行图 立轴	93cm×55cm	402,500	中国嘉德	2019-06-03
赵望云 1966年作 矿山即景 立轴	67cm×49cm	126,500	北京翰海	2019-06-14
赵望云 1976年作 松下行旅 镜心	32cm×44.5cm	103,500	北京保利	2019-06-04
赵望云 行旅图 立轴	75.5cm×34cm	115,000	中贸圣佳	2019-08-16
赵望云 何海霞 深山运粮 立轴	68cm×34cm	230,000	北京保利	2019-06-04
赵望云 居庸关外 立轴	105.5cm×84cm	839,500	中贸圣佳	2019-11-30
赵望云 洛神 镜心	64cm×31cm	1,955,000	中贸圣佳	2019-11-30
赵望云 文姬归汉图 立轴	91.5cm×46.5cm	368,000	中贸圣佳	2019-11-30
赵望云 西北山水 镜心	76cm×33cm	207,000	中贸圣佳	2019-06-07
赵无极 1954年作 无题	26.7cm×21cm	134,250	佳士得	2019-11-24
赵无极 1972年作 结构	28.5cm×38cm	644,000	北京保利	2019-06-04
赵无极 1981年作 山水	65cm×66cm	713,000	广东崇正	2019-11-28
赵无极 1984年作 无题	103cm×103cm	961,875	香港苏富比	2019-04-01
赵无极 1986年作 无题	68cm×69cm	559,375	佳士得	2019-11-24
赵无极 1992年作 无题 镜框	67cm×67cm	460,000	上海明轩	2019-04-28
赵无极 1992年作 无题 立轴	28.9cm×30.5cm	167,813	佳士得	2019-11-24
赵无极 墨本山水 镜心	31cm×23cm	149,500	北京保利	2019-12-02
赵鑫 2018年作 禅问 敦煌系列 观音画心	140cm×70cm	253,000	西泠印社	2019-07-07
赵阳 2018年作 苍穹峰峦	97cm×180cm	805,000	北京翰海	2019-06-15
赵阳 2018年作 书法《中国梦》镜心	95cm×178cm	230,000	北京翰海	2019-03-29
赵永夫 梅园赏雪 镜片	100cm×130cm	207,000	荣宝斋（南京）	2019-05-21
赵永夫 四大美女 镜片	97cm×45cm×4	176,000	保信利诚	2019-02-07
赵玉凤 2010年作 期待	30cm×30cm	115,000	北京翰海	2019-03-29
赵元年 绿水青山无限风光 镜片	68cm×68cm	138,600	保信利诚	2019-02-07
赵元年 秋山淡淡云烟轻 镜片	68cm×136cm	401,500	保信利诚	2019-02-07
赵云壑 1931年作 佳果盈盘 立轴	151cm×81.5cm	178,250	北京诚轩	2019-06-01
赵云壑 1931年作 寿意连绵 立轴	152cm×81.5cm	138,000	中国嘉德	2019-11-17
赵云壑 红梅 立轴	151cm×82cm	115,000	北京荣宝	2019-04-28
赵云壑 寿桃 立轴	136cm×68cm	138,000	北京翰海	2019-06-14
赵蕴玉 谢无量 休憩图、行书东坡诗 成扇	18cm×46cm	189,750	北京匡时	2019-07-13
郑百重 翠岭横云 镜心	87cm×63cm	230,000	北京保利	2019-06-03
郑百重 仿名山 镜心	68cm×45cm	172,500	北京保利	2019-12-02
郑百重 秋林 镜心	152cm×83cm	126,500	中贸圣佳	2019-11-30
郑百重 溪声山色 怡然自乐 镜心	93cm×165.5cm	184,000	保利厦门	2019-08-04
郑百重 重重无尽 镜心	69cm×137.5cm	126,500	保利厦门	2019-08-04
郑百重 走向香格里拉 镜心	66.5cm×179.5cm	115,000	北京保利	2019-12-02
郑传彪 2018年作 书法《杜甫・春夜喜雨》镜心	134cm×67cm	103,500	北京翰海	2019-03-29
郑瑰玺 2016年作 祥瑞之景 镜心	68cm×136cm	161,000	北京翰海	2019-03-29
郑加兴 2018年作 书法《李白诗・黄鹤楼送孟浩然之广陵》镜心	137cm×69cm	115,000	北京翰海	2019-03-29
郑景元 2018年作 书法《鸿福天赐》镜心	136cm×67cm	113,850	北京翰海	2019-03-29
郑力 烟江叠嶂 镜心	34cm×138.5cm	345,000	上海匡时	2019-06-21
郑利平 花卉 镜心	90.5cm×31cm	100,890	北京匡时	2019-04-02
郑慕康 1934年作 琴瑟和谐 立轴	画心：33.2cm×38.2cm 诗堂：33.2cm×38.2cm	181,688	香港苏富比	2019-04-02
郑慕康 1958年作 儿童游戏 立轴	85cm×41cm	368,000	中国嘉德	2019-11-17
郑慕康 教子图 立轴	100cm×47.5cm	184,000	中贸圣佳	2019-06-07

拍品名称	物品尺寸	成交价RMB	拍卖公司	拍卖日期
郑慕康 沈尹默 1949年作 风尘三侠 行书 成扇	20cm×56cm	149,500	广东崇正	2019-11-28
郑慕康 仕女四景 成扇	18cm×50cm	402,500	中贸圣佳	2019-06-07
郑慕康 王福厂 画 题 四季年华仕女（四帧）四屏 立轴	67.2cm×17cm×4	155,250	北京诚轩	2019-06-01
郑慕康 竹炉烹茶图 立轴	102.0cm×46.0cm	109,250	中国嘉德	2019-11-18
郑乃珖 1978年作 大吉图 镜片	94cm×43cm	97,750	广东崇正	2019-11-27
郑乃珖 1978年作 清幽 立轴	128cm×33cm	126,500	中国嘉德	2019-06-02
郑乃珖 1985年作 秋江帆影 镜心	64cm×132cm	98,900	中国嘉德	2019-03-23
郑乃珖 1986年作 满堂朝气 立轴	本幅 136.5cm×68cm；诗堂 18.3cm×68cm	184,000	中国嘉德	2019-11-17
郑乃珖 1986年作 一击长空九万里 立轴	136cm×68cm	115,000	广东崇正	2019-05-23
郑乃珖 1987年作 雄鹰图 镜心	135.5cm×66.5cm	218,500	上海匡时	2019-06-21
郑乃珖 1993年作 有余图 立轴	136.5cm×68.5cm	97,750	上海匡时	2019-06-21
郑乃珖 荷塘清趣 镜心	诗堂 23.5cm×67cm；画心 133cm×67cm	203,349	保利香港	2019-10-06
郑乃珖 弘一 达摩图并赞 立轴	88cm×29.5cm	1,127,000	中国嘉德	2019-06-02
郑乃珖 启功 雪后横枝 镜片	70cm×135.5cm	483,000	保利厦门	2019-08-04
郑午昌 1929年作 五百本画梅精舍图 手卷	23cm×100cm	165,890	保利香港	2019-10-06
郑午昌 1931年作 柳燕归暮 立轴	40cm×31.2cm	95,094	佳士得	2019-11-26
郑午昌 1934年作 翠嶂飞瀑 立轴	105cm×52.1cm	235,125	香港苏富比	2019-04-02
郑午昌 1934年作 梅花册 册页（八开）	23cm×16.5cm×8	437,000	中国嘉德	2019-06-03
郑午昌 1939年作 梦窗词意山水册 册 镜框（十二开）	各：36cm×29cm×12	14,852,125	香港苏富比	2019-10-07
郑午昌 1941年作 泛舟图 立轴	113cm×45.5cm	253,000	华艺国际	2019-08-10
郑午昌 1941年作 四景山水（四幅）镜框	68cm×21cm×4	268,500	佳士得	2019-11-26
郑午昌 1942年作 四明春霁 成扇	17.8cm×47.4cm	128,250	香港苏富比	2019-04-02
郑午昌 1942年作 松溪夜静 镜片	105cm×52.5cm	184,000	广东崇正	2019-11-28
郑午昌 1943年作 溪山寻幽 立轴	101.5cm×50.5cm	402,500	上海嘉禾	2019-09-07
郑午昌 1944年作 水村山郭酒旗风 立轴	67.4cm×33.3cm	253,000	北京诚轩	2019-11-16
郑午昌 1944年作 松鹤长春 行书诗 成扇	18.5cm×48.6cm	113,375	香港苏富比	2019-10-07
郑午昌 1944年作 云影岚光 立轴	151cm×38cm	345,000	北京保利	2019-11-20
郑午昌 1945年作 九秋图 立轴	135.5cm×66.5cm	115,000	上海嘉禾	2019-09-07
郑午昌 1945年作 一帆风顺 立轴	80cm×35cm	149,500	上海匡时	2019-06-21
郑午昌 1946年作 危崖飞瀑 立轴	105cm×51.5cm	276,000	中国嘉德	2019-11-17
郑午昌 1949年作 春溪垂钓图 镜片	97cm×48.5cm	322,000	西泠印社	2019-07-06
郑午昌 1950年作 双松平远图 立轴	151cm×79.5cm	221,958	中国嘉德	2019-03-30
郑午昌 1950年作 双松平远图 立轴	151cm×78.5cm	437,000	北京荣宝	2019-12-01
郑午昌 春江钓艇 立轴	102.5cm×46.5cm	529,000	北京诚轩	2019-11-16
郑孝胥 1907年作 行书 四条屏	178cm×46cm×4	230,000	中国嘉德	2019-03-24
郑孝胥 1921年作 行书（四幅）屏轴	147cm×40cm×4	126,500	朵云轩	2019-06-22
郑孝胥 1921年作 为叶恭绰作书四屏 四屏	142cm×38cm×4	218,500	西泠印社	2019-07-07
郑孝胥 1925年作 行书八言联 立轴	240cm×56.5cm×2	816,500	北京保利	2019-12-01
郑孝胥 1925年作 双面书法扇 成扇	23.3cm×69cm	138,000	北京诚轩	2019-06-01

拍品名称	物品尺寸	成交价RMB	拍卖公司	拍卖日期
郑孝胥 1934年作 行书七言联 对联	128cm×31.5cm×2	103,500	西泠印社	2019-07-07
郑孝胥 1936年作 楷书《松江秋泛赋》手卷	20.5cm×330cm	333,500	北京匡时	2019-07-13
郑孝胥 1937年作 行书“韬精养潜”镜心	31cm×126.5cm	103,500	中国嘉德	2019-06-03
郑孝胥 草书欧阳修《试笔》五则 手卷	19cm×176cm	264,500	北京匡时	2019-07-13
郑孝胥 行书 陆游诗 四屏	86cm×42cm×4	155,250	西泠印社	2019-09-21
郑孝胥 行书“藏画室”镜芯	34.5cm×88cm	230,000	中鸿信	2019-07-17
郑孝胥 行书“取德树声”镜芯	25cm×94cm	161,000	中鸿信	2019-07-17
郑孝胥 行书《正气集》镜心	26.5cm×30.5cm×2	103,500	中国嘉德	2019-06-03
郑孝胥 行书八言联 立轴	171cm×43cm×2	161,000	北京荣宝	2019-06-13
郑孝胥 行书集元好问诗 立轴	147cm×38.5cm×4	115,000	中贸圣佳	2019-11-30
郑孝胥 行书书论 立轴	144.5cm×40cm	138,000	中国嘉德	2019-06-03
郑孝胥 行书文论对屏 镜心	147cm×38cm×2	149,836	保利香港	2019-10-06
郑孝胥 楷书“範漪榭”横披	42cm×131cm	379,500	北京匡时	2019-07-13
郑孝胥 楷书八言联 立轴	164cm×31.5cm×2	103,500	北京匡时	2019-07-13
郑孝胥 楷书七言联 立轴	141cm×33cm×2	138,000	西泠印社	2019-07-07
郑孝胥 隶书 横幅 镜心	31.5cm×68cm	115,000	北京翰海	2019-06-14
郑孝胥 隶书《王纯碑》卷	27cm×437.5cm	414,000	北京翰海	2019-06-14
郑孝胥 临“石门颂”四屏立轴	173cm×47cm×4	460,000	中贸圣佳	2019-08-16
郑孝胥 张謇 楷书《文心雕龙》、行书《世说》成扇	20cm×55cm	115,000	北京匡时	2019-07-13
支力 秋荷狂意 镜片	诗堂 22.5cm×95.5cm；画心 179cm×95.5cm	117,300	上海嘉禾	2019-09-07
钟泗宾 1959年作 羊群环绕甘榜	84.5cm×43.5cm	237,600	佳士得	2019-05-26
钟泗宾 1962年作 无题	15.5cm×23.5cm×6	102,600	佳士得	2019-05-26
钟泗滨 1952年作 峇里女子	76cm×68.5cm	179,000	佳士得	2019-11-24
钟增亚 1988年作 棋迷 镜片	68cm×136cm	103,500	湖南逸典	2019-05-18
钟增亚 2000年作 牛市 镜心	69cm×137cm	115,000	湖南逸典	2019-05-18
钟增亚 颜家龙 1996年作、2002年作 大师齐白石 题跋 镜片	88cm×85cm；69cm×69cm	161,000	湖南逸典	2019-05-18
周沧米 1964年作 在阳光下 镜心	134cm×77cm	184,000	北京荣宝	2019-10-12
周昌谷 琴趣 立轴	画 46cm×34.5cm；字33cm×33.5cm	138,000	中国嘉德	2019-11-18
周昌谷 四羊嬉春图 立轴	97cm×55.5cm	218,500	西泠印社	2019-07-06
周春芽 1997年作 瓶花	148cm×118.5cm	4,370,000	上海明轩	2019-04-28
周春芽 2013年作 桃花	26cm×38cm	513,000	香港苏富比	2019-04-01
周河河 相见松下小溪畔 立轴	136cm×69cm	322,000	荣宝斋（南京）	2019-07-21
周怀民 1954年作 太湖疗养院 片连框	52cm×89cm	126,500	上海工美	2019-06-09
周怀民 1957年作 刘家峡口 镜心	170cm×88.5cm	149,500	北京荣宝	2019-06-13
周怀民 1958年作 祁连山色 镜心	99cm×346cm	345,000	北京荣宝	2019-06-13
周怀民 1960年作 六盘山之秋 镜心	150cm×83cm	161,000	北京荣宝	2019-06-13
周怀民 1960年作 山区新貌 镜心	202cm×96cm	195,500	北京荣宝	2019-06-13
周怀民 1960年作 山水 镜心	104cm×68.5cm	161,000	北京荣宝	2019-06-13
周怀民 1960年作 西北风光 镜心	178cm×95.5cm	172,500	北京荣宝	2019-06-13
周怀民 1967年作 南口早春 镜心	119cm×200cm	287,500	北京荣宝	2019-06-13
周怀民 1970年作 风雨送春归 镜心	142cm×82cm	126,500	北京荣宝	2019-06-13
周怀民 1972年作 花果满山村 镜心	77cm×140cm	155,250	北京荣宝	2019-06-13
周怀民 1973年作 革命圣地延安 镜心	69cm×137cm	230,000	北京荣宝	2019-06-13
周怀民 1973年作 虎峪山区春意浓 镜心	78cm×133cm	109,250	北京荣宝	2019-06-13
周怀民 1974年作 疑是银河落九天 镜心	82cm×151cm	195,500	北京荣宝	2019-06-13

2019书画拍卖成交汇总

(成交价RMB：10万元以上)

拍品名称	物品尺寸	成交价RMB	拍卖公司	拍卖日期
周怀民 1980年作 黄山云海 镜心	104cm×203cm	184,000	北京荣宝	2019-12-01
周怀民 1981年作 稻香鱼肥 镜心	94.5cm×59cm	115,000	北京诚轩	2019-11-16
周怀民 1983年作 漫山红雾 镜心	179cm×96cm	161,000	北京荣宝	2019-06-13
周怀民 1984年作 太湖芦荡 立轴	125.5cm×65cm	109,250	北京诚轩	2019-11-16
周怀民 1991年作 万山葱翠 镜心	136cm×68cm	97,750	北京荣宝	2019-06-13
周怀民 惠山春晓 镜心	143cm×79cm	115,000	北京荣宝	2019-06-13
周怀民 六盘山上长征路 镜心	165cm×97.5cm	184,000	北京荣宝	2019-12-01
周怀民 晴峦暖翠 镜心	187cm×75.5cm	138,000	北京荣宝	2019-06-13
周怀民 山回翠溪图 立轴	98cm×89cm	132,250	北京保利	2019-08-24
周怀民 山月船歌 立轴	113cm×49cm	103,500	上海嘉禾	2019-09-07
周怀民 石壁无云 立轴	92.5cm×32cm	126,500	上海嘉禾	2019-09-07
周怀民 太湖春晓 镜心	145cm×80cm	97,750	北京荣宝	2019-12-01
周怀民 溪山图 镜心	172cm×93.5cm	126,500	北京荣宝	2019-12-01
周怀民 支援山区 镜心	145cm×80cm	115,000	北京荣宝	2019-06-13
周慧珺 2003年作 行书 镜片	96cm×178cm	138,000	朵云轩	2019-06-22
周慧珺 2005年作 行书词一首 镜心	62cm×244cm	172,500	中国嘉德	2019-10-16
周慧珺 2006年作 行书四屏 镜心	137cm×34cm×4	235,750	北京荣宝	2019-06-13
周京新 室内 镜心	176cm×96cm	161,000	北京荣宝	2019-06-13
周绿云 无题 镜框	136.5cm×67.5cm	134,250	佳士得	2019-11-25
周绿云 无题 立轴	179cm×96.2cm	302,400	佳士得	2019-05-27
周名德 此山中之八 镜心	72cm×135cm	126,500	中国嘉德	2019-03-23
周培春《北京皇家仪仗与民间婚俗图》	35cm×51cm	115,000	泰和嘉成	2019-11-30
周韶华 1991年作 大风歌 立轴	180.5cm×96.5cm	184,000	中国嘉德	2019-11-19
周韶华 1994年作 火洲图 镜心	66.5cm×96cm	299,000	中国嘉德	2019-11-19
周韶华 1999年作 古道悠悠 镜心	89cm×96cm	138,000	北京荣宝	2019-12-01
周韶华 2006年作 风雪天山 镜心	68cm×137cm	126,500	中国嘉德	2019-03-23
周韶华 大漠夕阳图 镜心	135cm×67cm	138,000	中国嘉德	2019-10-16
周韶华 凤鸟载情 镜心	96.5cm×90.5cm	2,185,000	北京保利	2019-11-20
周韶华 空山闻鸟鸣 镜心	68.3cm×137cm	1,380,000	北京保利	2019-06-22
周韶华 秋之辉煌 镜心	63cm×126cm	207,000	中国嘉德	2019-10-16
周思聪 1972年作 迎宾去 镜心	45.5cm×32cm	471,500	中国嘉德	2019-11-19
周思聪 1976年作 读书图 镜片	34.5cm×46cm	115,000	广东崇正	2019-05-23
周思聪 1978年作 荷塘雨中 立轴	63cm×42cm	109,250	中国嘉德	2019-06-24
周思聪 1978年作 枇杷少女 镜框	49cm×49cm	212,750	北京荣宝	2019-04-28
周思聪 1979年作 版纳即景 立轴	65cm×45cm	172,500	北京保利	2019-06-04
周思聪 1979年作 村童 立轴	64cm×44cm	172,500	北京保利	2019-06-04
周思聪 1979年作 读书图 镜心	60cm×48cm	172,500	中国嘉德	2019-06-04
周思聪 1979年作 果熟图 立轴	65cm×45.5cm	115,000	中鸿信	2019-07-16
周思聪 1979年作 汲水图 立轴	60cm×44cm	149,500	北京保利	2019-06-04
周思聪 1979年作 闽南五月 立轴	63cm×45cm	138,000	北京保利	2019-06-04
周思聪 1980年作 汲泉图 镜心	68cm×46cm	115,000	中国嘉德	2019-11-18
周思聪 1980年作 秋趣图 镜心	67cm×44cm	97,750	北京匡时	2019-07-13
周思聪 1980年作 少女与梨 镜心	68cm×46.5cm	115,000	中国嘉德	2019-11-18
周思聪 1981年作 傣族少女 镜片	71cm×51cm	115,000	上海嘉禾	2019-09-07
周思聪 1982年作 一湖烟雨半湖花 镜心	69cm×68.5cm	632,500	北京银座	2019-06-05
周思聪 1983年作 高原春迟 立轴	95.5cm×59cm	517,500	北京保利	2019-06-03
周思聪 1983年作 汲水图 镜心	67cm×43.5cm	149,500	中国嘉德	2019-06-04
周思聪 1983年作 水乡回忆 镜心	69.5cm×123.5cm	1,265,000	北京银座	2019-06-05
周思聪 1984年作 新疆少女 镜片	68cm×48.8cm	195,500	西泠印社	2019-07-07
周思聪 1985年作 傣家少女 立轴	68cm×45cm	149,500	中鸿信	2019-07-16
周思聪 1985年作 洗净铅华 镜框	68.5cm×137cm	1,725,000	北京保利	2019-12-02
周思聪 儿戏图 镜片	65cm×65cm	253,000	湖南逸典	2019-05-18
周思聪 高原春迟 立轴	65cm×69cm	149,500	中国嘉德	2019-11-19

拍品名称	物品尺寸	成交价RMB	拍卖公司	拍卖日期
周思聪 广阔天地 镜心	69cm×46cm	172,500	北京保利	2019-06-04
周思聪 果子熟了 镜心	42.5cm×64.5cm	368,000	北京保利	2019-06-04
周思聪 荷花 镜心	59cm×41.5cm	287,500	中国嘉德	2019-11-19
周思聪 荷塘雾影 镜心	52cm×77cm	264,500	中国嘉德	2019-10-15
周思聪 汲水图 镜心	68cm×46cm	138,000	北京荣宝	2019-10-12
周思聪 娄师白 康师尧 等 求其友声册（二十一开）册页	27cm×36cm×12	322,000	中贸圣佳	2019-06-07
周思聪 落木萧萧 镜框	66.4cm×66.8cm	213,750	香港苏富比	2019-04-02
周思聪 母子图 镜心	64cm×64cm	644,000	中国嘉德	2019-06-24
周思聪 清荷 镜心	48cm×47.5cm	139,134	中国嘉德	2019-10-08
周思聪 绕线 镜心	37cm×54cm	322,000	北京保利	2019-06-04
周思聪 人物（四帧）镜芯	20.5cm×26cm×4	120,750	中鸿信	2019-07-16
周思聪 少女图 画心	67.5cm×44cm	552,000	西泠印社	2019-07-06
周思聪 彝女 镜心	67cm×42cm	115,000	北京保利	2019-06-03
周思聪 雨荷 镜心	69cm×46cm	161,000	荣宝斋（南京）	2019-07-21
周午生 2008年作 春景喧和图 镜心	141cm×358cm	287,500	北京荣宝	2019-06-13
周锡珽 2015年作 雪山 立轴	196cm×86cm	212,563	佳士得	2019-11-26
周显 八高僧 手卷	28.5cm×821cm	115,000	保利厦门	2019-01-06
周显 雪山楼阁图 镜心	203cm×118cm	460,000	保利厦门	2019-08-04
周修镇 鸿运当头 镜片	68cm×136cm	255,200	保信利诚	2019-02-07
周修镇 牡丹 四条屏 镜片	138cm×34cm×4	193,600	保信利诚	2019-02-07
周雪 梦游（祈）镜框	79cm×69.5cm	97,200	佳士得	2019-05-27
周彦生 1983年作 国色天香 立轴	129cm×66cm	224,250	广东崇正	2019-05-23
周彦生 2016年作 岭南春晴 镜片	195cm×505cm	57,500,000	华艺国际	2019-08-11
周彦生 翠竹小鸟 立轴	131cm×65cm	138,000	北京匡时	2019-07-13
周义发 2018年作 长城系列作品 登高望远 镜心	93cm×93cm	170,200	北京翰海	2019-03-29
周义发 楷书《心经》镜心	136cm×32cm	115,000	北京翰海	2019-03-29
周艺文 泼彩荷花 镜芯	69cm×69cm	166,750	中鸿信	2019-07-16
周艺文 山水 镜心	92cm×85cm	345,000	北京保利	2019-08-24
周艺文 诗与远方	98cm×57cm	115,000	北京翰海	2019-06-15
周艺文 诗与远方 镜心	58cm×137cm	322,000	北京保利	2019-06-03
周元亮 春到黄山 镜心	112cm×70cm	207,000	中国嘉德	2019-03-24
周元亮 暮霭春烟 镜心	127cm×67cm	149,500	北京保利	2019-06-05
周元亮 王雪涛 吴熙曾 徐操 1943年作 东山丝竹图 镜片	95.5cm×39cm	184,000	西泠印社	2019-07-06
周之江 2018年作 草书（四幅）屏风	195.5cm×52cm×4	517,500	朵云轩	2019-06-22
周之江 2019年作 四君子（四幅）镜框	96cm×22cm×4	230,000	朵云轩	2019-06-22
周之江 2019年作 四君子（四幅）扇框	20cm×58cm×4	207,000	朵云轩	2019-06-22
周作人 行书自写〈往昔. 东郭门〉诗 立轴	69cm×22cm	158,725	香港苏富比	2019-10-07
朱爱珍 2017年作 书法 镜心	52cm×78cm	241,500	北京翰海	2019-03-29
朱德群 1992年作 无题	35cm×46.5cm	246,125	佳士得	2019-11-24
朱德群 1996年作 灵光再现	69cm×68cm	690,000	华艺国际	2019-08-10
朱德群 1998年作 抽象水墨	68cm×68.5cm	321,078	保利香港	2019-10-06
朱方蔼 韩江录别图卷 手卷		287,500	中贸圣佳	2019-06-07
朱复戡 1985年作 牡丹 草书 成扇	17cm×55cm	115,000	广东崇正	2019-05-23
朱尽晖 非一日 镜心	180cm×96cm	126,500	北京保利	2019-06-03
朱良材 1928年作 爵晋一品 立轴	135cm×66.5cm	109,250	朵云轩	2019-06-22
朱梅邨 1946年作 青绿山水 镜心	133cm×63cm	207,000	北京翰海	2019-06-14
朱梅邨 百子图 立轴	99.5cm×41.5cm	126,500	上海嘉禾	2019-09-07
朱梅邨 采莲图 成扇	18.5cm×48cm	218,500	北京翰海	2019-06-14

拍品名称	物品尺寸	成交价RMB	拍卖公司	拍卖日期
朱梅邨 春山图 立轴	135cm×67cm	184,000	荣宝斋（桂林）	2019-08-18
朱梅邨 仿仇英仕女图 镜心	76cm×29.5cm	138,000	中国嘉德	2019-11-17
朱梅邨 观瀑图 立轴	110cm×62cm	184,000	荣宝斋（桂林）	2019-08-18
朱梅邨 仕女图 镜框	直径30cm	138,000	华艺国际	2019-08-10
朱梅邨 吴湖帆 1940年作 坐听风吟 隶书节临《晋刘韬碣》成扇	19.5cm×52cm	655,500	北京保利	2019-12-01
朱梅邨 吴湖帆 1947年作 烟滩翻波 行书 成扇		126,500	上海明轩	2019-04-28
朱屺瞻 1955年作 故宫皇极门 镜心	79cm×46cm	138,000	上海匡时	2019-06-21
朱屺瞻 1963年作 江崖帆影 立轴	135.5cm×68.5cm	313,250	佳士得	2019-11-26
朱屺瞻 1964-1971年作 山水写生册 镜心（八开）	画 38cm×44cm×8；题 34cm×45cm	2,990,000	中国嘉德	2019-11-18
朱屺瞻 1964年作 古城会议旧址 立轴	75cm×69.5cm	345,000	中国嘉德	2019-11-17
朱屺瞻 1964年作 蔗境 立轴	168cm×81.5cm	310,500	中国嘉德	2019-11-17
朱屺瞻 1965年作 山山无荒土 立轴	135cm×68cm	690,000	北京保利	2019-06-04
朱屺瞻 1973年作 山水 镜框	45cm×33.6cm	158,725	香港苏富比	2019-10-07
朱屺瞻 1974年作 墨荷 镜心	138cm×66cm	109,250	北京保利	2019-06-04
朱屺瞻 1978年作 青松 镜心	69.5cm×45.5cm	149,500	中国嘉德	2019-06-04
朱屺瞻 1979年作 湖石水仙 立轴	84.5cm×72.5cm	172,500	中国嘉德	2019-06-04
朱屺瞻 1983年作 枇杷盆栽 立轴	93.3cm×57.8cm	162,000	佳士得	2019-05-28
朱屺瞻 1985年作 根基富贵 镜框	69cm×138cm	437,000	上海嘉禾	2019-09-06
朱屺瞻 1985年作 千山藏晓云 镜框	68cm×68cm	172,800	佳士得	2019-05-28
朱屺瞻 1985年作 渔邨 立轴	68cm×68.5cm	111,875	佳士得	2019-11-26
朱屺瞻 1986年作 翠盖亭亭 镜框	82.5cm×143cm	201,375	佳士得	2019-11-26
朱屺瞻 1987年作 晨曦 镜心	61cm×84cm	171,513	中国嘉德	2019-03-30
朱屺瞻 1987年作 雨后青山 立轴	89cm×47.5cm	183,514	华艺国际	2019-05-27
朱屺瞻 1988年作 江南春景 立轴	68.5cm×69cm	184,000	中国嘉德	2019-06-03
朱屺瞻 1988年作 牡丹 镜片	88.5cm×47cm	149,500	上海嘉禾	2019-09-06
朱屺瞻 1989年作 古寺钟声 镜框	68cm×136.5cm	575,000	华艺国际	2019-08-10
朱屺瞻 1989年作 江山如画 手卷	46.5cm×311cm	138,000	上海嘉禾	2019-09-06
朱屺瞻 1991年作 碧水轻帆 镜心	68.5cm×68.5cm	101,200	北京诚轩	2019-06-01
朱屺瞻 行书六言联 立轴	175cm×47.5cm×2	97,750	中国嘉德	2019-11-17
朱屺瞻 花果 四屏立轴	97cm×44.5cm×4	402,500	中贸圣佳	2019-11-30
朱屺瞻 花卉 四屏 立轴	96cm×60cm×4	402,500	上海嘉禾	2019-09-06
朱屺瞻 花卉果品册册页（十二开）	34cm×45cm×12	460,000	中国嘉德	2019-11-17
朱屺瞻 花卉四屏 立轴	90cm×60cm×4	287,500	北京保利	2019-12-02
朱屺瞻 枇杷 镜框	40cm×77cm	97,200	佳士得	2019-05-20
朱屺瞻 青山帆影 立轴	107cm×68cm	437,000	上海匡时	2019-06-21
朱屺瞻 山居习静 立轴	96cm×60cm	115,000	中贸圣佳	2019-11-30
朱屺瞻 山水 立轴	68cm×51cm	138,000	北京保利	2019-08-24
朱屺瞻 应野平 陆俨少 1963年作 湖岸盛景图 镜片	136cm×68cm	287,500	西泠印社	2019-07-06
朱屺瞻 朱梅邨 等 1952年作；1964年作 盆山图咏（节选）（一册）册页	16cm×19.5cm×15	345,000	朵云轩	2019-06-22
朱松发 2018年作 闻震悟道	138cm×68cm	126,500	中贸圣佳	2019-06-07
朱松发 岁月静中忘 镜心	138cm×69cm	483,000	中国嘉德	2019-11-19
朱新建 1992年 江湖图	34cm×137.2cm	161,000	北京诚轩	2019-06-02
朱新建 1994年作 暗香疏影·梅花扇面	18.5cm×54cm×2	97,750	中国嘉德	2019-11-19
朱新建 花鸟四条屏 镜心	137cm×35cm×4	414,000	中国嘉德	2019-06-04
朱新建 金玉满堂 镜心	137cm×35cm	172,500	中国嘉德	2019-06-04
朱新建 年年有余 镜心	68.5cm×68.5cm	126,500	中国嘉德	2019-11-19
朱新建 年年有鱼 镜心	97cm×44.5cm	97,750	中国嘉德	2019-11-19
朱新建 三余图 立轴	99.5cm×34cm	216,200	北京荣宝	2019-12-01

拍品名称	物品尺寸	成交价RMB	拍卖公司	拍卖日期
朱新建 仕女花鸟 镜心	52cm×54cm	230,000	北京荣宝	2019-12-01
朱新建 停车枫林 立轴	69.5cm×49cm	212,750	北京荣宝	2019-12-01
朱新建 一切万法皆从心生 镜心	68.5cm×68.5cm	115,000	中国嘉德	2019-11-19
朱新建 煮茶扫雪 镜心	69.5cm×137.5cm	161,000	中国嘉德	2019-11-19
朱曜奎 2017年作 姹紫嫣红 镜心	68cm×68cm	575,000	北京翰海	2019-10-12
朱曜奎 2017年作 湖光山色 镜心	46cm×69cm	552,000	北京翰海	2019-10-12
朱曜奎 2017年作 江南水乡 镜心	68cm×68cm	575,000	北京翰海	2019-10-12
朱曜奎 2017年作 沁园春·雪 镜心	68cm×138cm	483,000	北京翰海	2019-10-12
朱曜奎 2017年作 山水清渺渺 镜心	50cm×100cm	575,000	北京翰海	2019-10-12
朱曜奎 2017年作 山水渔歌图 镜心	68cm×68cm	552,000	北京翰海	2019-10-12
朱曜奎 2017年作 忆江南 镜心	68cm×68cm	632,500	北京翰海	2019-10-12
朱曜奎 2017年作 渔舟共晚 镜心	68cm×68cm	552,000	北京翰海	2019-10-12
朱曜奎 2017年作 云树半晴阴 镜心	68cm×68cm	517,500	北京翰海	2019-10-12
朱曜奎 晨曲	60cm×80cm	5,800,000	开禧国际	2019/8/31
朱曜奎 春韵	50cm×65cm	6,320,000	开禧国际	2019/8/31
朱曜奎 富水长流	73cm×115cm	9,200,000	开禧国际	2019/8/31
朱曜奎 赶集人	60cm×80cm	4,370,000	开禧国际	2019/8/31
朱曜奎 归隐生活 镜心	68cm×68cm	1,035,000	未来四方	2019-06-05
朱曜奎 怀念 镜心	50cm×100cm	690,000	未来四方	2019-06-05
朱曜奎 江南春色	60cm×120cm	5,520,000	开禧国际	2019/8/31
朱曜奎 静 镜心	50cm×100cm	1,380,000	未来四方	2019-06-05
朱曜奎 芦苇荡漾	60cm×80cm	2,530,000	开禧国际	2019/8/31
朱曜奎 山与湖 镜心	68cm×45cm	345,000	未来四方	2019-06-05
朱曜奎 湿地 镜心	50cm×100cm	805,000	未来四方	2019-06-05
朱曜奎 收获 镜心	68cm×68cm	805,000	未来四方	2019-06-05
朱曜奎 夕阳下的湿地	60cm×80cm	1,380,000	开禧国际	2019/8/31
朱曜奎 悬泉飞瀑	60cm×80cm	6,670,000	开禧国际	2019/8/31
朱曜奎 扬帆致远	60cm×80cm	6,320,000	开禧国际	2019/8/31
朱曜奎 游离的日子 镜心	68cm×68cm	805,000	未来四方	2019-06-05
朱曜奎 远方 镜心	68cm×68cm	575,000	未来四方	2019-06-05
朱振南 1996年作 普植长松 立轴	136cm×69cm	363,204	保利香港	2019-04-01
朱振南 2014年作　白色世界 镜心	120cm×120cm	385,294	保利香港	2019-10-06
朱振南 2018年作 天地长生 镜心	68cm×68cm	302,670	保利香港	2019-04-01
朱振南 节老子六十三章 立轴	180cm×80cm	282,492	保利香港	2019-04-01
朱振南 山高不碍云 镜心	69cm×69cm	299,673	保利香港	2019-10-06
朱执信 行书八言联 立轴	176cm×43cm×2	143,750	广东崇正	2019-05-23
朱执信 行书节录《西京杂记》四屏 立轴	176cm×43cm×4	207,000	广东崇正	2019-05-23
诸乐三 1972年作 红山茶图 立轴	83.5cm×40.5cm	166,750	西泠印社	2019-07-06
竺摩 一九六六年作 南无无量寿佛 立轴	149.5cm×56.5cm	96,722	邦瀚斯	2019-04-03
祝大年 1980年代作 茶花	85.5cm×61cm	253,000	中国嘉德	2019-06-03
祝林恩 2004年作 雨后的京城街景图 镜心	96cm×181cm	2,300,000	北京荣宝	2019-06-13
祝铮鸣 2014年作 空行	130cm×60cm	230,000	华艺国际	2019-08-10
庄喆 1965年作 侧卧如山	75.7cm×112.5cm	100,890	中国嘉德	2019-03-30
庄志深 2018年作 山水 四条屏 镜心	69cm×33cm×4	115,000	北京翰海	2019-10-12
宗其香 1961年 谐趣园荷塘	31.5cm×44cm	115,000	中国嘉德	2019-11-16
宗其香 1980年作 邕江竞渡	49cm×90.5cm	230,000	北京匡时	2019-07-13
宗其香 1989年作 古陶罐	51cm×36cm	97,750	中国嘉德	2019-11-16
宗其香 重庆夜景	69cm×56cm	195,500	北京翰海	2019-06-15
宗其香 重庆夜景 镜心	35cm×45.5cm	161,000	中国嘉德	2019-06-03
邹传安 1985年作 工笔“花鸟” 镜框	67cm×44cm	345,000	湖南国拍	2019-09-28
邹良材 1974年作 毛主席和井冈山人民在一起 镜心	146.5cm×135.5cm	97,750	北京荣宝	2019-10-12

拍品名称	物品尺寸	成交价RMB	拍卖公司	拍卖日期
邹鲁 1932年作 临乙瑛碑 立轴	138cm×66cm	115,000	华艺国际	2019-08-11
年代不详				
佚名 把酒言欢 立轴	29cm×35cm	132,250	上海驰翰	2019-06-21
佚名 百花图卷 手卷	32cm×894cm	517,500	中国嘉德	2019-03-25
佚名 蚕织图册 册页	22cm×23cm×24	632,500	中国嘉德	2019-03-24
佚名 大方便佛报恩经 册页	23.5cm×10.3cm×22	1,058,000	中国嘉德	2019-06-04
佚名 大禹治水图 镜心	183cm×72cm	287,500	中国嘉德	2019-06-25
佚名 仿宋山水人物图卷 手卷	29.5cm×578.3cm	149,625	香港苏富比	2019-04-01
佚名 佛像 镜心	157cm×308cm	264,500	北京翰海	2019-03-29
佚名 芙蓉锦鸡 镜框	23.8cm×26.2cm	2,039,040	华艺国际	2019-05-27
佚名 宫苑图 手卷	39cm×319cm	195,500	中国嘉德	2019-06-25
佚名 荷塘白鹭 立轴	153cm×77cm	138,000	中贸圣佳	2019-06-07
佚名 猴戏图 片连框	26cm×31.5cm	172,500	上海工美	2019-06-09
佚名 花鸟 镜心	82cm×36cm	109,250	北京翰海	2019-03-29
佚名 挟纩呈图册 册页（十六开）	19cm×26cm×16	253,000	中国嘉德	2019-06-04
佚名 江南春 手卷	引首 6cm×16.5cm; 画 6.3cm×42.5cm; 跋 8.3cm×28cm	322,000	中国嘉德	2019-06-04
佚名 九老图 手卷	绘画 24cm×245cm; 后跋 24cm×112cm	6,219,072	华艺国际	2019-05-27
佚名 枯树孤鹤 立轴	130cm×32cm	345,000	中国嘉德	2019-06-04
佚名 柳塘白鹭图 立轴	188.5cm×107.5cm	747,500	上海明轩	2019-04-28
佚名 柳溪童子牧牛图 立轴	205cm×138cm	310,500	中国嘉德	2019-03-24
佚名 龙池竞标图卷 手卷	31cm×466cm	172,500	中国嘉德	2019-06-25
佚名 茅屋讲经图 立轴	120cm×57cm	356,500	中国嘉德	2019-06-25
佚名 梅竹山禽 镜框	20cm×23cm	112,700	荣宝斋（南京）	2019-05-21
佚名 明代地图 扇面	16cm×51cm	207,000	中国嘉德	2019-06-25
佚名 人马图 立轴	86cm×52cm	529,000	中国嘉德	2019-06-04
佚名 山水 镜心	162cm×95cm	1,725,000	北京荣宝	2019-06-13
佚名 深山读书图 立轴	168.5cm×52.5cm	575,000	中国嘉德	2019-06-04
佚名 狩猎图 镜心	24.4cm×27.4cm	131,157	中国嘉德	2019-03-30
佚名 双鹤图 立轴	165.5cm×93.5cm	101,200	西泠印社	2019-04-14
佚名 双姝图 镜心	46cm×39cm	149,500	中国嘉德	2019-03-24
佚名 饲鹤图 立轴	116.5cm×53.5cm	172,500	北京翰海	2019-06-14
佚名 松下高士图 扇页	30cm×24.5cm	132,250	西泠印社	2019-04-14
佚名 宋人婴戏图 镜心	23cm×25cm	368,000	北京荣宝	2019-06-13
佚名 亭台仕女纨扇 镜心	26cm×19cm	126,500	中贸圣佳	2019-06-07
佚名 桐荫仕女图 立轴	116cm×50cm	287,500	中贸圣佳	2019-06-07
佚名 万历皇帝出巡图 手卷	44.2cm×373cm	2,522,250	保利香港	2019-04-01
佚名 望海楼图 镜心	44cm×139cm	103,500	中国嘉德	2019-06-25
佚名 夏山清话 立轴	183cm×96cm	353,115	北京匡时	2019-04-02
佚名 相马图 镜心	37cm×128cm	138,000	中国嘉德	2019-03-24
佚名 消夏图 立轴	152.5cm×68cm	241,500	中国嘉德	2019-06-04
佚名 雁汀凫浮 镜心	149cm×97cm	172,500	中国嘉德	2019-03-24
佚名 婴戏图 立轴	112cm×85cm	115,000	中国嘉德	2019-06-25
佚名 婴戏图 圆光	直径25cm	253,000	中国嘉德	2019-03-24
佚名 渔父图 立轴	71cm×36cm	126,500	中国嘉德	2019-03-25
佚名 虞美人 镜框	29cm×32cm	356,832	华艺国际	2019-05-27
佚名 玉堂富贵 立轴	181cm×117cm	115,000	中国嘉德	2019-03-24
佚名（前传屈鼎）落霞孤鹜图 团扇 镜心	25.2cm×26.5cm	4,253,625	香港苏富比	2019-04-01
佚名《向无限忠于毛主席革命路线的好干部门合同志学习》宣传画原稿（一张）	74cm×99cm	172,500	中鸿信	2019-07-15

拍品名称	物品尺寸	成交价RMB	拍卖公司	拍卖日期
佚名 鹌鹑 立轴	31cm×39cm	322,000	中鸿信	2019-07-17
佚名 暗香 册页	15.5cm×11.5cm×8	107,026	保利香港	2019-10-06
佚名 白描罗汉 立轴	136.5cm×38cm	192,647	中国嘉德	2019-10-08
佚名 春山出游图 立轴	184cm×100cm	115,000	中贸圣佳	2019-08-16
佚名 春塘禽乐图 立轴	120cm×58.5cm	184,000	西泠印社	2019-07-06
佚名 佛像 镜心	150cm×77cm	172,500	北京保利	2019-08-24
佚名 福禄寿三星 镜片	173cm×96.5cm	138,000	上海嘉禾	2019-09-07
佚名 宫苑图 立轴	45cm×50cm	1,380,000	中鸿信	2019-07-17
佚名 姑苏繁荣图 镜心	50cm×329cm	437,000	中国嘉德	2019-10-17
佚名 关公像 立轴	192.5cm×88cm	161,000	上海嘉禾	2019-09-07
佚名 关山行旅图 镜芯	98.5cm×41.5cm	460,000	中鸿信	2019-07-17
佚名 观音 镜片	26cm×22cm	402,500	北京保利	2019-08-24
佚名 观音 立轴	185cm×96cm	195,500	中国嘉德	2019-10-17
佚名 寒林枯木图 立轴	173cm×89cm	632,500	中鸿信	2019-07-17
佚名 行书《心经》镜片	23.5cm×75cm	201,250	上海嘉禾	2019-09-07
佚名 荷塘双禽图 镜芯	131cm×88cm	350,750	中鸿信	2019-07-17
佚名 花蝶图 册（十二开）	29.5cm×25cm×12	396,813	香港苏富比	2019-10-06
佚名 花蝶图 镜芯	23cm×20cm	379,500	中鸿信	2019-07-17
佚名 花鸟 立轴	92.7cm×51.5cm	805,000	中鸿信	2019-07-17
佚名 货郎 框	77cm×72.5cm	172,500	中贸圣佳	2019-08-16
佚名 江山无尽图 镜心	29cm×325cm	149,500	中国嘉德	2019-10-17
佚名 教子图 立轴	57cm×50.5cm	112,377	保利香港	2019-10-06
佚名 林泉文会图 立轴	175cm×93cm	294,775	香港苏富比	2019-10-06
佚名 柳岸春风 立轴	158cm×54.5cm	690,000	保利厦门	2019-08-04
佚名 落花游鱼图 镜芯	23.5cm×31.5cm	437,000	中鸿信	2019-07-17
佚名 岷山晴雪 立轴	139.5cm×77cm	287,500	中鸿信	2019-07-17
佚名 牧牛图 立轴	96cm×55cm	345,000	保利厦门	2019-08-04
佚名 乾坤一担图 立轴	161.5cm×98.4cm	201,250	中鸿信	2019-07-17
佚名 清净慧菩萨 镜芯	144cm×76cm	166,750	中鸿信	2019-07-16
佚名 秋林雅集图 立轴	130.5cm×64cm	212,750	中鸿信	2019-07-17
佚名 人马图 镜芯	63.5cm×137.5cm	615,250	中鸿信	2019-07-17
佚名 三元望月 镜心	直径29cm	138,000	荣宝斋（桂林）	2019-08-18
佚名 山水 镜芯	30.5cm×29.5cm	105,800	中鸿信	2019-07-17
佚名 山水 立轴	106.5cm×47cm	437,000	中鸿信	2019-07-17
佚名 山庄春色图 镜心	45cm×138cm	207,000	中国嘉德	2019-10-17
佚名 双清图 圆光	25cm×27cm	264,500	中国嘉德	2019-10-17
佚名 水月观音 立轴	124cm×48.8cm	2,267,500	香港苏富比	2019-10-06
佚名 松下高士 镜心	22cm×23.5cm	247,250	中鸿信	2019-07-17
佚名 松猿图 镜芯	33.5cm×30cm	97,750	中鸿信	2019-07-17
佚名 文姬归汉图 手卷	58cm×593cm	333,500	中国嘉德	2019-10-17
佚名 文殊菩萨像 立轴	162cm×89cm	103,500	中鸿信	2019-07-16
佚名 溪岸归渔图 立轴	直径26cm	138,000	中鸿信	2019-07-17
佚名 溪山初雪图 立轴	25.5cm×22cm	115,000	中鸿信	2019-07-17
佚名 夏日垂柳 立轴	57cm×50.5cm	107,026	保利香港	2019-10-06
佚名 仙山楼阁图 镜心	203cm×95cm	103,500	中国嘉德	2019-10-17
佚名 献寿图 立轴	207cm×128cm	97,750	中国嘉德	2019-10-17
佚名 香山九老图 手卷	24.5cm×216cm	97,750	中鸿信	2019-07-17
佚名 雪柳翎毛图 镜芯	117cm×66cm	920,000	中鸿信	2019-07-17
佚名 婴戏图 立轴	112cm×85cm	195,500	中鸿信	2019-07-17
佚名 玉兔临秋风 立轴	115cm×66cm	414,000	荣宝斋（桂林）	2019-08-18
佚名 竹林品茗图 镜芯	23cm×65cm	132,250	中鸿信	2019-07-17
佚名 竹林七贤 立轴	156cm×49cm	115,000	荣宝斋（桂林）	2019-08-18
佚名 白菜青蛙 镜心	125cm×33cm	132,250	北京保利	2019-11-20
佚名 出游图 手卷	画心 36cm×519cm	402,500	北京保利	2019-12-03
佚名 春山访友 立轴	151.5cm×86.5cm	782,000	中国嘉德	2019-11-19

拍品名称	物品尺寸	成交价RMB	拍卖公司	拍卖日期
佚名 道仙图册 册页（十六开）	48.5cm×40cm×16	920,000	中贸圣佳	2019-11-30
佚名 抚琴图 立轴	159cm×95.5cm	230,000	中国嘉德	2019-11-19
佚名 揭钵图 手卷	画39.5cm×504cm; 跋39.5cm×33cm	253,000	中国嘉德	2019-11-19
佚名 锦禽秀枝图 镜心	189.5cm×101cm	483,000	中国嘉德	2019-11-19
佚名 人物图册 册页（十六开）	32cm×32.3cm×16	713,000	中国嘉德	2019-11-19
佚名 十六应真图 手卷	24cm×268cm	310,500	中贸圣佳	2019-11-30
佚名 石勒听讲图 手卷	引首25cm×107cm；画27.5cm×87.5cm; 跋24.5cm×153.5cm	13,800,000	中国嘉德	2019-11-19
佚名 释迦三尊十六菩萨神像 立轴	95cm×40cm	115,000	北京保利	2019-12-03
佚名 送震甫之任滇藩 手卷	画27cm×136.5cm; 跋27cm×262cm	2,300,000	中国嘉德	2019-11-19
佚名 于右任 画 题 松鹤图 立轴	174cm×93cm	460,000	中贸圣佳	2019-11-30
佚名 元人罗汉图 立轴	76cm×38.5cm	1,840,000	中国嘉德	2019-11-19
素描				
阿尔贝托·贾科梅蒂 男子肖像	34cm×21cm	92,000	北京荣宝	2019-06-13
阿梅代奥·莫迪利亚尼 女子头像	22cm×17cm	172,500	北京荣宝	2019-06-13
埃德加·德加 芭蕾舞人物	28.5cm×20cm	172,500	北京荣宝	2019-06-13
埃米尔·奥东·弗里茨 肖像画	52cm×38.5cm	172,500	北京保利	2019-06-05
爱德华·蒙克 1892年作 呐喊	23cm×18cm	172,500	北京荣宝	2019-06-13
奥古斯特·罗丹 人体研究	29.9cm×21cm	138,000	北京荣宝	2019-06-13
奥古斯特·罗丹 人物素描	22.5cm×20cm	92,000	北京保利	2019-11-20
巴勃罗·毕加索 1954年作 坐着的女人	36.5cm×26cm	287,500	北京荣宝	2019-06-13
巴布罗·毕加索 1937年10月23日作于巴黎 女人头像（玛丽·特雷斯）	42.9cm×29cm	5,077,962	纽约佳士得	2019-11-11
曹晓阳 2019年作 二十四节气之春分	直径120cm	805,000	广东崇正	2019-05-23
曹晓阳 2019年作 二十四节气之春山烟雨	148.5cm×23cm×3	632,500	广东崇正	2019-11-28
常书鸿 敦煌写生之二	34cm×29cm	517,500	中国嘉德	2019-06-03
常书鸿 敦煌写生之三	36cm×28.5cm	517,500	中国嘉德	2019-06-03
常书鸿 敦煌写生之一	34cm×29cm	517,500	中国嘉德	2019-06-03
常书鸿 约1943年 敦煌写生之八	39cm×28cm	402,500	中国嘉德	2019-11-16
常书鸿 约1943年 敦煌写生之二	36cm×32cm	172,500	中国嘉德	2019-11-16
常书鸿 约1943年 敦煌写生之六	40.5cm×40cm	207,000	中国嘉德	2019-11-16
常书鸿 约1943年 敦煌写生之七	39.5cm×32.5cm	402,500	中国嘉德	2019-11-16
常书鸿 约1943年 敦煌写生之三	39cm×34cm	207,000	中国嘉德	2019-11-16
常书鸿 约1943年 敦煌写生之四	39cm×30cm	207,000	中国嘉德	2019-11-16
常书鸿 约1943年 敦煌写生之五	39.5cm×29cm	207,000	中国嘉德	2019-11-16
常书鸿 约1943年 敦煌写生之一	36.5cm×31cm	172,500	中国嘉德	2019-11-16
常玉 1920～1930年代作 侧身裸女	45cm×28cm	144,540	罗芙奥	2019-06-01
常玉 1920～1930年代作 抽象裸女	41x28cm	110,376	罗芙奥	2019-06-01
常玉 1920～1930年代作 穿着衬衫的女士	45cm×28cm	157,680	罗芙奥	2019-06-01
常玉 1920～1930年代作 戴珍珠项链的女士	45cm×28cm	249,660	罗芙奥	2019-06-01
常玉 1920～1930年代作 戴珍珠项链的女士	45cm×28cm	131,400	罗芙奥	2019-06-01
常玉 1920～1930年代作 凳上的素描者	45.5cm×28.3cm	144,540	罗芙奥	2019-06-01
常玉 1920～1930年代作 裸女坐姿	45cm×28cm	223,380	罗芙奥	2019-06-01
常玉 1920～1930年代作 凝视的女子	28cm×23cm	110,376	罗芙奥	2019-06-01
常玉 1920～1930年代作 女子侧影	45cm×28cm	109,500	罗芙奥	2019-06-01
常玉 1920～1930年代作 抬腿裸女	30cm×20cm	97,455	罗芙奥	2019-06-01

拍品名称	物品尺寸	成交价RMB	拍卖公司	拍卖日期
常玉 1920～1930年代作 卧姿裸女	28cm×45cm	210,240	罗芙奥	2019-06-01
常玉 1920～1930年代作 阅读中的卷发女子	49cm×31cm	157,680	罗芙奥	2019-06-01
常玉 1920～1930年代作 站姿裸女	45cm×28cm	126,144	罗芙奥	2019-06-01
常玉 1920～1930年代作 站姿裸女	49cm×30cm	110,595	罗芙奥	2019-06-01
常玉 1920～1930年代作 坐姿裸男	27cm×21cm	99,864	罗芙奥	2019-06-01
常玉 1920～1930年代作 坐姿裸女	28cm×45cm	120,888	罗芙奥	2019-06-01
常玉 1920–1930年 裸女	50cm×33.3cm	197,100	罗芙奥	2019-06-02
常玉 1920–1930年 人物	44cm×27cm	153,300	罗芙奥	2019-06-02
常玉 1920–1930年 人物	45.5cm×28cm	144,540	罗芙奥	2019-06-02
常玉 1920–1930年 慵懒的裸女	28.5cm×22cm	142,350	罗芙奥	2019-06-02
常玉 1920年代末至1930年代初 戴珠宝的女子	45.5cm×28.4cm	207,000	北京诚轩	2019-06-02
常玉 1920年代末至1930年代初 俯身裸女	44.8cm×28cm	230,000	北京诚轩	2019-06-02
常玉 侧身坐姿裸女	44.1cm×28.3cm	138,000	保利厦门	2019-01-06
常玉 读书的仕女	44cm×27.5cm	287,500	上海明轩	2019-04-28
常玉 立姿裸女背影	44.5cm×28.5cm	253,000	保利厦门	2019-01-06
常玉 裸女	45cm×28cm	410,400	佳士得	2019-05-26
常玉 裸女	49.5cm×30cm	181,688	香港苏富比	2019-04-01
常玉 裸女背影	44.5cm×28cm	172,500	保利厦门	2019-01-06
常玉 斜躺裸女	20cm×28.5cm	253,000	保利厦门	2019-01-06
常玉 约1920–1930年代 读书女子	45cm×28cm	369,635	华艺国际	2019-11-24
常玉 阅读的女人	44cm×27.5cm	287,500	上海明轩	2019-04-28
常玉 站立裸女	43cm×23.5cm	162,000	佳士得	2019-05-26
常玉 站姿裸女	44.5cm×28cm	503,438	佳士得	2019-11-24
常玉 站姿裸女 铅笔 炭笔 纸本	46cm×25cm	160,313	佳士得	2019-03-29
常玉 坐姿裸女	45cm×28.5cm	374,063	香港苏富比	2019-04-01
常玉 坐姿裸女	41cm×27cm	276,000	保利厦门	2019-01-06
常玉 坐姿裸女与手	28cm×41cm	138,000	保利厦门	2019-01-06
丁雄泉 1987年作 双美	75.5cm×107cm	92,000	保利厦门	2019-01-06
弗朗西斯 纽顿 苏扎 1962年作 无题	43.2cm×27.9cm	142,260	纽约佳士得	2019-09-18
符罗飞 1950年代 1954年 搓混泥土；防洪抢险（一组二件）	38cm×58cm×2	92,000	中国嘉德	2019-11-16
符罗飞 1954年 开工去；风雨无阻（一组二件）	38cm×58cm; 39cm×55cm	92,000	中国嘉德	2019-11-16
符罗飞 1954年作 田间	56cm×39cm	598,000	中国嘉德	2019-06-03
符罗飞 1958年作 造船厂支援炼钢锅炉出厂	55cm×78cm	92,000	中国嘉德	2019-06-03
哈维尔·卡勒加 2017年作 Venga Venga	140cm×95cm	469,875	佳士得	2019-11-24
何家英 1995年作 素描人物 镜心	29cm×21cm	115,000	北京荣宝	2019-12-01
亨利·马蒂斯 女子肖像	27cm×18.5cm	138,000	北京荣宝	2019-06-13
卡罗勒斯·杜兰 素描《文艺复兴时期的肖像》	58cm×45cm	138,000	北京保利	2019-06-05
卡米耶·毕沙罗 丹尼尔·海利和他的妻子/一个农家女孩	17cm×12cm	97,750	北京保利	2019-11-20
卡米耶·毕沙罗 牧羊女/锄地的修士	12.5cm×21cm	97,750	北京保利	2019-11-20
克劳德·莫奈 男子素描	19.5cm×27.5cm	172,500	北京荣宝	2019-06-13
李桦 1959年 古老的黄河	30.5cm×42cm	322,000	中国嘉德	2019-11-16
刘海粟 1915年作 为《大共和画报》作插画（三帧）钢笔画	32cm×25cm×3	287,500	北京银座	2019-06-05
刘世群 故乡月（一幅）	173cm×130cm	115,000	中鸿信	2019-07-15
刘炜 1988年作 自画像	32cm×25cm	230,000	广东崇正	2019-11-28

拍品名称	物品尺寸	成交价RMB	拍卖公司	拍卖日期
梅忠恕 1942年作 Ngo Manh Duc画像	19cm×12.5cm	106,281	佳士得	2019-11-24
梅忠恕 蓝色发带女子坐像	63.5cm×48cm	448,875	香港苏富比	2019-04-01
奈良美智 1989年作 无题	29cm×21cm	322,848	中国嘉德	2019-03-30
奈良美智 1996年作 未知（Q）	20.5cm×14.6cm	282,492	保利香港	2019-03-31
奈良美智 2003年作 无题	21.3cm×30.5cm	484,272	保利香港	2019-03-31
奈良美智 2011-2012年作 雕塑习作	51.7cm×35.7cm	559,375	佳士得	2019-11-24
尼古拉·费欣 弗兰克·沃尔特肖像	38cm×30cm	287,500	北京荣宝	2019-06-13
欧仁·德拉克罗瓦 马的速写	15cm×14cm	253,000	北京荣宝	2019-06-13
潘玉良 斜躺裸女	26.9cm×36.5cm	207,000	保利厦门	2019-01-06
庞熏琴 40年代作 白描人物	40cm×60cm	299,000	北京翰海	2019-06-15
乔治·康多 2007年作 裸女	59.5cm×45.5cm	566,875	香港苏富比	2019-10-07
秦文美创作组 1970年代《幸福渠》创作底稿（一组五件）	172cm×123cm; 35cm×26cm×2; 122cm×78cm; 240cm×172cm	805,000	中国嘉德	2019-11-16
萨尔瓦多·达利 拟人化的橱柜	36cm×55cm	138,000	北京荣宝	2019-06-13
萨尔瓦多·达利 十字架受难	23.5cm×18cm	115,000	北京保利	2019-11-20
孙宗慰 敦煌·普贤菩萨白描	188.5cm×114cm	437,000	北京翰海	2019-06-15
孙宗慰 敦煌·文殊菩萨白描	198cm×114cm	425,500	北京翰海	2019-06-15
藤田嗣治 1927年作 妮莉·高斯玛莉肖像	42cm×36.5cm	317,450	香港苏富比	2019-10-06
藤田嗣治 1933年作 墨西哥少年	50cm×33.5cm	454,005	中国嘉德	2019-03-30
藤田嗣治 1940年作 猫	24.2cm×27.2cm	623,563	香港苏富比	2019-10-06
藤田嗣治 1951年作 拿着面包和牛奶瓶的孩童	36.5cm×28.5cm	317,450	香港苏富比	2019-10-06
藤田嗣治 1952年作 母亲的连衣裙	65cm×50cm	476,175	香港苏富比	2019-10-06
藤田嗣治 1952年作 坐姿裸女	65.5cm×50.1cm	170,063	香港苏富比	2019-10-06
藤田嗣治 1954年作 站姿裸女	65cm×31cm	322,000	保利厦门	2019-01-06
藤田嗣治 1955年作 流浪的孩童	50.2cm×51cm	249,425	香港苏富比	2019-10-06
藤田嗣治 1957年作 洋娃娃女孩	34.5cm×26.5cm	170,063	香港苏富比	2019-10-06
藤田嗣治 1959年作 帆船	42cm×30.5cm	181,400	香港苏富比	2019-10-06
藤田嗣治 侧卧的犬	30.5cm×40.5cm	249,425	香港苏富比	2019-10-06
藤田嗣治 德国女孩	58by33cm	158,725	香港苏富比	2019-10-06
藤田嗣治 女孩与牛奶瓶	65cm×34.5cm	204,075	香港苏富比	2019-10-06
藤田嗣治 女子侧像	27cm×24cm	249,660	罗芙奥	2019-06-02
藤田嗣治 无题（持叉子的小女孩）	21cm×15cm	151,151	纽约佳士得	2019-09-18
藤田嗣治 小厨师	63.5cm×39cm	170,063	香港苏富比	2019-10-06
藤田嗣治 小厨师	21.5cm×14.5cm	90,700	香港苏富比	2019-10-06
王式廓 1950年代《血衣》素描绘稿（一组九件）	尺寸不一	5,520,000	中国嘉德	2019-11-16
威廉·德·库宁 人物速写	20cm×12.5cm	115,000	北京荣宝	2019-06-13
吴冠中 1979年作 大巴山中桃李正开	46.5cm×103.5cm	4,640,940	保利香港	2019-04-01
吴冠中 1981年作 春消息 镜心	29cm×48.5cm	552,000	北京荣宝	2019-06-13
吴冠中 1983年作 拙政园 镜框	29cm×39cm	287,500	北京荣宝	2019-06-13
吴冠中 1986年作 窑洞山村之二	32cm×41cm	230,000	保利厦门	2019-01-06
吴冠中 1989年作 艾菲尔铁塔 镜框	43cm×31cm	368,000	北京荣宝	2019-06-13
吴冠中 1989年作 巴黎蒙马特 镜框	40.7cm×31cm	2,351,250	香港苏富比	2019-04-02
吴冠中 1990年作 北国风光 镜框	28cm×36cm	402,500	北京荣宝	2019-06-13
吴冠中 1990年作 得云茶楼 镜框	53.5cm×47cm	4,253,625	香港苏富比	2019-04-02
吴冠中 青城山 镜框	29cm×19cm	287,500	北京荣宝	2019-06-13
吴作人 1939年作 自画像 速写人物（一组二件）	29.5cm×25cm; 10.5cm×23.5cm	345,000	中国嘉德	2019-06-03
席德进 1966年作 郑愁予画像	62.3cm×47cm	246,125	佳士得	2019-11-24
夏尔·弗朗索瓦·多比尼 风景炭笔画《原野》	48cm×31cm	138,000	北京保利	2019-12-04

拍品名称	物品尺寸	成交价RMB	拍卖公司	拍卖日期
珍妮·萨维尔《无题》	75.9cm×56.5cm	2,182,250	伦敦苏富比	2019-03-05
周春芽 1988年作 人像	115cm×82.8cm	168,000	佳士得（上海）	2019-09-21
版画				
KAWS 2006年作 无题	50.5cm×50.5cm	151,335	保利香港	2019-03-31
KAWS 2011年作 KAWSBOB：For the Aldrich 丝网 版画	50.5cm×50.5cm	171,000	佳士得	2019-03-29
KAWS 2013年作 Ups and Downs（一组十件）丝网 彩色版画 Saunders Waterford高白纸	89cm×58.3cm×10	855,000	佳士得	2019-03-29
KAWS 2013年作 上上下下	87.8cm×57.4cm	110,979	保利香港	2019-03-31
KAWS 2015 年作 NO REPLY（一组十件）	88.9cm×58.4cm×10; 原装硬盒 93cm×62cm	864,000	佳士得（上海）	2019-09-21
KAWS 2016年作 Piranhas When You' re Sleeping 丝网 版画	152.4cm×116.8cm	342,000	佳士得	2019-03-29
KAWS〈布莱恩. 唐纳利〉2015年作 你应该知道我知道 版画 P.P 5/9	94.5cm×81.3cm	179,400	罗芙奥	2019-12-01
KAWS〈布莱恩. 唐纳利〉2015年作 平稳状；舒服的事；无人的家(三件一组) 丝网版画 126/250	74cm×85cm；91.5cm×76.5cm；91.5cm×74cm	607,200	罗芙奥	2019-12-01
KAWS〈布莱恩·唐纳利〉1999年 超模一号	71cm×53cm	110,376	罗芙奥	2019-06-02
KAWS〈布莱恩·唐纳利〉2015年 你应该知道我知道	94.5cm×81.3cm	157,680	罗芙奥	2019-06-02
KAWS〈布莱恩·唐纳利〉2017年 The News（十件一组）	直径60.5cm（每件）	893,520	罗芙奥	2019-06-02
埃里希·赫克尔 1909年作 两个休憩的女子	画 32.5cm×37.5cm; 纸本 46cm×61.1cm	3,878,106	纽约佳士得	2019-11-11
安迪·沃荷《金宝汤罐头I》	每幅：88.9cm×58.4cm	6,834,807	伦敦苏富比	2019-03-05
安迪·渥荷 玛丽莲梦露	92cm×91.5cm	160,539	中国嘉德	2019-10-07
巴布罗·毕加索 (100)1930至1937年作 沃那版画集	50.2cm×38.1cm	34,388,730	纽约佳士得	2019-11-11
百衲本二十四史	20cm×13cm	437,000	泰和嘉成	2019-11-30
毕加索 1964年作 快乐小丑嘉年华	65cm×50cm	103,500	广东崇正	2019-11-28
毕加索 1965年作 快乐小丑嘉年华	64cm×52cm	115,000	广东崇正	2019-11-28
草间弥生 1983年作 帽子 丝网 版画	45cm×52.5cm; 55.5cm×64.3cm	213,750	佳士得	2019-03-29
草间弥生 1984年作 帽子	image: 31.2cm×40.7cm; sheet: 43cm×56.5cm	123,063	佳士得	2019-11-24
草间弥生 1985年作 花（2）	image: 45.2cm×52.6cm; sheet: 53.3cm×61.3cm	151,200	佳士得	2019-05-21
草间弥生 1986年作 西瓜	image：46cm×53.5cm; sheet：54cm×61.5cm	223,750	佳士得	2019-11-24
草间弥生 1989年作 蝴蝶少女	40cm×55cm	92,000	广东崇正	2019-05-23
草间弥生 1989年作 深海	image：45.5cm×53cm; sheet：53.5cm×61cm	246,125	佳士得	2019-11-24
草间弥生 1991年作 南瓜	image：21cm×16cm; sheet：28cm×59cm	201,375	佳士得	2019-11-24

拍品名称	物品尺寸	成交价RMB	拍卖公司	拍卖日期
草间弥生 1993年作 花 BH 丝网版画 46/90	84cm×71cm	179,400	罗芙奥	2019-12-01
草间弥生 1993年作 南瓜的午睡	53cm×65cm	207,000	广东崇正	2019-05-23
草间弥生 1994年作 红色南瓜	image：45.5cm×52.5cm；sheet：55cm×63.5cm	425,125	佳士得	2019-11-24
草间弥生 1995年作 自画像 丝网版画 56/75	53.5cm×38cm	110,400	罗芙奥	2019-12-01
草间弥生 1996年作 南瓜（GT）丝网 版画	29.8cm×22.8cm；40cm×32.5cm	235,125	佳士得	2019-03-29
草间弥生 1997年作 茜云	画心 51.4cm×36.2cm；画纸 65.5cm×50cm	140,400	佳士得	2019-05-26
草间弥生 1999年作 南瓜G	47cm×59cm	161,000	广东崇正	2019-05-23
草间弥生 2004年作 南瓜YB-A	画心 23.7cm×28.5cm；画纸 33cm×38.5cm	259,200	佳士得	2019-05-26
草间弥生 2004年作 跳舞南瓜（YBL）丝网 版画	39.5cm×56.3cm；50cm×60.5cm	406,125	佳士得	2019-03-29
草间弥生 2004年作 无限的网（YOR）	43cm×35cm	96,323	保利香港	2019-10-06
草间弥生 2004年作 无限之网（YOR）	画心 43cm×35cm；画纸55cm×45cm	108,000	佳士得	2019-05-26
草间弥生 2005年作 花 A	画心 51cm×61cm；画纸 60.3cm×71.5cm	172,800	佳士得	2019-05-26
草间弥生 2006年作 女子像	76cm×56cm	96,323	中国嘉德	2019-10-07
草间弥生 2011年作 女孩AAA	53cm×65cm	100,890	保利香港	2019-03-31
草间弥生 2012年作 艾丽斯梦游仙境—路易威登版画集 (一组三件) 版画书 74/111 (内含一件版画，一件照片，一本书)	尺寸不一	179,400	罗芙奥	2019-12-01
草间弥生 2012年作 灵魂之求索	61cm×72.5cm	110,979	保利香港	2019-03-31
常玉 1930 年作 陶潜诗集 蚀刻版画 215/290	15cm×9.2cm（版画）33cm×25.5cm×1cm（诗集）	138,000	罗芙奥	2019-12-01
陈佩秋 版画 高山流水 镜片	35cm×98cm	98,900	上海雅藏	2019-11-10
陈佩秋 版画 君子美贤 镜片	66cm×87cm	115,000	上海雅藏	2019-11-10
陈佩秋 版画 竹报平安 镜片	35cm×98cm	98,900	上海雅藏	2019-11-10
陈佩秋 君子美贤（版画）镜框	66cm×87cm	92,000	北京荣宝	2019-06-13
陈琦 2011年作 编年史NO.1	238cm×120cm	92,000	中贸圣佳	2019-11-30
陈琦 2016年作 稚羽	115cm×85cm	184,000	华艺国际	2019-08-10
陈庭诗 1970年作 窥 第三号	91.3cm×181.6cm	378,000	佳士得	2019-05-26
村上隆 2005年作 樱桃 丝网 版画	60cm×60cm	96,188	佳士得	2019-03-29
村上隆 2019年作 We Came to the Field of Flowers through Anywhere Door；Anywhere Door（Dokodemo Door）in the Field of Flowers；Doraemon in the Field of Flowers；Mr.Fujiko F.Fujio and Doraemon Are in the Field of Flowers；及 Doraemon's Daily Life（共五件）	48.5cm×48.5cm；48.5cm×48.5cm；58cm×51cm；58cm×51cm；58cm×51cm	179,000	佳士得	2019-11-24
达米恩．赫斯特 2009年作 诗篇：戴维的祈祷 丝网 彩色版画 萨默塞特Tub纸张	92.5cm×92.5cm；108.3cm×107cm	117,563	佳士得	2019-03-29
方力钧 1999年 1999.5.1	488cm×122cm×6	920,000	中国嘉德	2019-06-03
弗兰西斯．培根 1981年印 埃斯库罗斯之奥瑞斯提亚（三幅）	图整体 40cm×94.7cm；纸 53.8cm×104cm	96,000	佳士得（上海）	2019-09-21
弗朗西斯·培根 1981年作 三联画 1974-77（一组三件）	38.5cm×29.5cm×3	246,160	中国嘉德	2019-10-07
弗朗西斯·培根 1983年作 三联作	图像：67cm×50cm；纸张：90cm×63cm	226,750	香港苏富比	2019-10-07
古元 1983年作 松花湖	33.5cm×46cm	126,500	华艺国际	2019-08-10
韩斌 老屋（版画）	78cm×52cm	149,500	北京翰海	2019-03-29
赫尔曼《平定西域战图》铜版画	26.5cm×42.7cm	149,500	中贸圣佳	2019-06-07
吉原治良 白发一雄 元永定正 村上三郎 吉田稔郎 嶋本昭三 吉原通雄 具体美术的七个人（一套七张）	27.2cm×37.0cm；36.5cm×25.7cm；38.5cm×27.0cm；26.7cm×38.2cm；27.0cm×37.2cm；36.3cm×25.5cm；36.5cm×26.0cm	460,000	广东崇正	2019-05-23
贾科梅蒂 1969年 无尽的巴黎（一百五十幅）	42cm×32cm×150	368,000	中国嘉德	2019-11-16
凯绥.珂勒惠支 母亲	27.5cm×22cm	92,000	北京荣宝	2019-06-13
凯绥.珂勒惠支 农民战争系列之五《反抗》	50cm×58cm	115,000	北京荣宝	2019-06-13
李桦 1933年作 诗人、恋人 纸本	18.5cm×16.5cm	92,000	中国嘉德	2019-06-03
李桦 1947年作 怒潮·组画 纸本	19.5cm×27.3cm×4	310,500	中国嘉德	2019-06-03
李桦 1958年作 百花齐放	尺寸不一	230,000	西泠印社	2019-07-07
李桦 80-90年代作 藏书票一组	尺寸不一	92,000	西泠印社	2019-07-07
李桦 赖少麒 潘业 梅长业 唐英伟 张影 刘宪 林檎 胡其藻 陈仲纲 刘憬辉 麦迅悟 1935年作《现代版画-木刻手印集》第四集 装帧成册		207,000	中国嘉德	2019-06-03
李桦 木刻水印原稿 镜心（四十九开）	38cm×26.5cm×49	5,520,000	北京荣宝	2019-10-12
李山 1995年作 毛主席（红）（无图）	106cm×135cm	226,750	香港苏富比	2019-10-06
力群 毛主席、朱总司令、关向应、续范亭等原版木刻版画	尺寸不一	184,000	中鸿信	2019-07-15
力群刻《毛主席肖像》木刻版画原印木板（一件）	37.5cm×26cm	575,000	中鸿信	2019-07-15
林飞龙 1969-1971年作 报喜（一组共七件）	49cm×65.5cm×7	102,000	佳士得（上海）	2019-09-21
林寿宇 1965年作 兴趣；关系 I（共两件）	42.5cm×56cm×2	268,500	佳士得	2019-11-24
林寿宇 1971年作 5月系列（5月1日；5月2日；5月3日；及5月4日）（共四件）拼贴 丝网版画 纸本 PVC透明塑料片	50.8cm×50.8cm×4	320,625	佳士得	2019-03-29
林寿宇 1971年作 五月一日；五月二日；五月三日；及五月四日	50.8cm×50.8cm×4	216,000	佳士得	2019-05-26
林寿宇 1971年作 五月一日；五月二日；五月三日；及五月四日	50.5cm×50.5cm×4	201,375	佳士得	2019-11-24
林寿宇 1971年作 五月一日；五月二日；五月三日；及五月四日	51cm×51cm	262,314	保利香港	2019-03-31
刘岘 1935年作 罪与罚图	9cm×10cm×125	920,000	广东崇正	2019-05-23
刘野 2004年作 温柔的杀我	57cm×73.5cm	120,000	佳士得（上海）	2019-09-21
刘野 2010年作 LEAVE ME IN THE DARK	90cm×100cm	207,000	北京保利	2019-12-03
六角彩子 2017年作 早生进行曲（一套四张）	59.8cm×44.7cm	230,000	广东崇正	2019-05-23
陆放 1979年作 断桥残雪	42cm×53cm	230,000	西泠印社	2019-07-07
奈良美智 1999 年作 In the Floating World	29.5cm×41.5cm×16	1,512,000	佳士得	2019-05-26
奈良美智 2001年 箱子中的女孩	30.5cm×30.5cm	126,144	罗芙奥	2019-06-02

拍品名称	物品尺寸	成交价RMB	拍卖公司	拍卖日期
奈良美智 2008年作 宇宙女孩(睁眼/闭眼)(两件一组) 版画 限量500件	68cm×48cm (每件)	104,880	罗芙奥	2019-12-01
奈良美智 2008年作 宇宙女孩：打开眼睛/闭上眼睛（一套共两件）	72cm×51.9cm×2	133,369	纽约佳士得	2019-09-18
奈良美智 2008年作 宇宙女孩：打开眼睛/闭上眼睛	each：72cm×51.9cm	102,600	佳士得	2019-05-21
奈良美智 2010年作 After the Acid Rain（Night Version）	55.5cm×44.5cm	378,000	佳士得	2019-05-21
奈良美智 2010年作 我的小宝藏	42.2cm×29.7cm	168,000	佳士得(上海)	2019-09-21
奈良美智 2014年作 Balance Girl 木刻 版画	76.2cm×52cm	587,813	佳士得	2019-03-29
奈良美智 2015年作 梦乡	41.9cm×29.2cm	192,647	中国嘉德	2019-10-07
奈良美智 2016年作 言语不代表一切 木刻版画 8/25	35.5cm×35.5cm	386,400	罗芙奥	2019-12-01
尚·米榭·巴斯基亚 2016年作 灵活	148cm×110.5cm	383,382	保利香港	2019-03-31
尚·米榭·巴斯基亚 2017年作 奥林匹克	56cm×76.5cm	121,068	保利香港	2019-03-31
尚·米榭·巴斯基亚 2017年作 自由	56.4cm×76.2cm	151,335	保利香港	2019-03-31
史图特文 2004年作 沃荷甘草玛丽莲·梦露	40.7cm×32cm	2,137,500	香港苏富比	2019-04-01
仕女婴戏	43cm×41cm	132,250	泰和嘉成	2019-11-30
宋赵佶摹唐张萱虢国夫人游春图	53cm×145cm	132,250	泰和嘉成	2019-11-30
沃渣 1937年作 抗战总动员 纸本	20cm×27.5cm	92,000	中国嘉德	2019-06-03
吴冠中 1992年作 张家界	69cm×139cm	92,000	华艺国际	2019-08-10
吴冠中 2002年作 鹤舞	66cm×133cm	184,000	广东崇正	2019-05-23
吴冠中 母韵 镜心	95cm×188cm	115,000	北京荣宝	2019-06-13
吴冠中 鹦鹉、秋趣（一组两件）	68.5cm×68.5cm; 44.5cm×48.5cm	110,979	中国嘉德	2019-03-30
西夏乾道元年《现在贤劫千佛名经》版画	25cm×23cm	115,000	北京荣宝	2019-12-01
新年画选集	尺寸不一	207,000	泰和嘉成	2019-11-30
新年画选集	20cm×29cm; 29cm×20cm	92,000	泰和嘉成	2019-11-30
新年画选集·荣宝斋新中国版画选	尺寸不一	184,000	泰和嘉成	2019-11-30
徐冰 1989年作 析世鉴	175cm×97cm	171,513	保利香港	2019-03-31
徐冰 1991年 天书（析世鉴）	37cm×27cm	345,000	中国嘉德	2019-06-03
徐冰 约 1987-1991 年作 天书（一套共四本）木版 版画书册	45.5×40cm; 49×33.6×9.5cm	374,063	佳士得	2019-03-29
颜仲《中外名人作家肖像》版画（一组三十一张）	尺寸不一	109,250	中鸿信	2019-07-15
佚名 姑苏版 赶牛图	24.6cm×23.3cm	115,000	中贸圣佳	2019-06-07
佚名 姑苏版 菊花牡丹图	33.2cm×25.6cm	310,500	中贸圣佳	2019-06-07
佚名 姑苏版 腊转春回	32cm×25.2 cm	316,250	中贸圣佳	2019-06-07
佚名 姑苏版 莲花图	28cm×25.5cm	258,750	中贸圣佳	2019-06-07
佚名 姑苏版 石榴图	33.3cm×24.7cm	276,000	中贸圣佳	2019-06-07
佚名 姑苏版 喜上眉梢图	32cm×25.2cm	230,000	中贸圣佳	2019-06-07
佚名 姑苏版 扬眉得意	32cm×25cm	316,250	中贸圣佳	2019-06-07
佚名 清 金陵刻经处佛教版画十二种		368,000	北京荣宝	2019-06-13
佚名 圆明园西洋楼铜版画（二十张）	60cm×95cm×20	172,500	北京保利	2019-06-04

拍品名称	物品尺寸	成交价RMB	拍卖公司	拍卖日期
圆明园西洋楼铜版画（二十幅）	画心 51.5cm×88cm; 60cm×95.5cm	92,000	北京保利	2019-06-04
簪花仕女图	51cm×188cm	166,750	泰和嘉成	2019-11-30
张择端 北宋 清明上河图 手卷	517cm×25cm	345,000	北京荣宝	2019-12-01
赵无极 1951年作 威尼斯 蚀刻 版画	26cm×23.3cm; 37.6cm×34.2cm	128,250	佳士得	2019-03-29
赵无极 1972 年 比萨诗章（八件一组）	32.3cm×26.3cm; 31.5cm×25.2cm; 32.5cm×26.3cm×2; 40.3cm×25cm×2; 40.5cm×25.3cm×2	157,680	罗芙奥	2019-06-02
赵无极 1972年作 池塘（一组八件）	41cm×31.5cm×8	92,000	中国嘉德	2019-06-03
赵无极 1976年作 图像和诗意的荣耀(十五件一组) 石版画 118/330	49.5cm×70cm (每件)	234,600	罗芙奥	2019-12-01
赵无极 1976年作 图像和诗意的荣耀（一组十五件）	40cm×67cm×15	402,500	中国嘉德	2019-06-03
赵无极 胡安·米罗 维克多·瓦塞雷利 汉斯·贝尔曼 柯奈·纪尧姆·贝韦洛 卡雷尔·阿佩尔 等 1976年 向诺贝尔致敬（三十七幅）	57cm×76cm×37	862,500	中国嘉德	2019-11-16
赵无极 约 2007 年作 无题	版画36cm×51cm; 外盒 45.5cm×60cm×4cm	108,000	佳士得（上海）	2019-09-21
朱德群 2008年 墨之风暴（版画书）（九件一组）	41cm×30.5cm; 41cm×30cm; 41cm×29cm; 41.5cm×29.5cm; 40cm×60cm; 40.5cm×29cm; 44.8cm×69.7cm; 45cm×35cm; 45cm×34.8cm	94,608	罗芙奥	2019-06-02
水粉水彩				
"徐悲鸿恩师、法国著名画家"阿尔伯特·贝纳尔（Albert Besnard）水彩画《莫里哀戏剧人物》，附证书	47cm×34cm	184,000	北京保利	2019-06-05
Luong Xuan Nhi 帆船	24.5cm×33.5cm	124,713	香港苏富比	2019-10-06
Luong Xuan Nhi 歇息女子	50cm×35.5cm	748,125	香港苏富比	2019-04-01
MR. 2010年作 无题	34cm×25cm	181,400	香港苏富比	2019-10-07
Ngo Van Hoa 梳头的少女坐像	55cm×40cm	160,313	香港苏富比	2019-04-01
Nguyen Hoang Hoanh 约一九七〇年代作 母与子	81.5cm×58cm	90,700	香港苏富比	2019-10-06
Nguyen Nam Son 湖上的宝塔	65.5cm×50cm	90,700	香港苏富比	2019-10-06
Nguyen Nam Son 顺化风景	50cm×64cm	170,063	香港苏富比	2019-10-06
Nguyen Van Ty 花园中的女子	74cm×54cm	748,125	香港苏富比	2019-04-01
PRASONG LUEMUANG 分心	122cm×183cm	727,188	佳士得	2019-11-24
Tran Dac 村乡的市场	64cm×138cm	90,700	香港苏富比	2019-10-06
埃德加·德加 芭蕾舞者	46cm×30cm	460,000	北京荣宝	2019-06-13
埃贡·席勒 1910年作《俯卧的女孩》	31.2cm×45.3cm	13,748,175	伦敦苏富比	2019-02-26
埃贡·席勒 1914年作 人体素描	28cm×24.5cm	115,000	北京荣宝	2019-06-13
艾利·斯密特 1972年作 乡村风景	51.5cm×45cm	190,188	佳士得	2019-11-24
奥古斯特·罗丹 坐着的女人	27cm×21cm	138,000	北京保利	2019-11-20
巴布罗·毕加索《休憩的法翁》（无图）	47.6cm×56.2cm	18,418,190	伦敦苏富比	2019-02-26
巴布罗·毕加索 1904年作 圣母与花环	63cm×48.1cm	20,676,090	纽约佳士得	2019-11-11

拍品名称	物品尺寸	成交价RMB	拍卖公司	拍卖日期
白发一雄 1964年作 作品	26.5cm×37cm	108,000	佳士得	2019-05-26
保罗·高更 1880年作 巴黎郊景	22.6cm×34.7cm	1,175,625	香港苏富比	2019-04-01
保罗·高更 约1894年作 忧闷的女孩	19cm×17.7cm	3,021,066	纽约佳士得	2019-11-11
保罗·塞尚 圣维克多山	26.5cm×31cm	322,000	北京荣宝	2019-06-13
保罗·西涅克 港口风景	18cm×28.5cm	138,000	北京荣宝	2019-06-13
贝尔纳·布菲 1955年 女子肖像	65cm×50cm	218,500	中国嘉德	2019-11-16
贝尔特·莫里索 1875年作 坐在草丛上的女人和孩子	16cm×21cm	368,000	北京荣宝	2019-06-13
彼埃·蒙德里安 红黄蓝	20.5cm×19.5cm	138,000	北京荣宝	2019-06-13
彼得·多伊格 2000年作 回声湖	55.8cm×76cm	4,811,861	伦敦佳士得	2019-03-06
草间弥生 1952年作 心	32cm×31cm	694,688	香港苏富比	2019-04-01
草间弥生 1977年作 田野的尽头	65.4cm×51cm	503,438	佳士得	2019-11-24
草间弥生 1979年作 蝶	27.1cm×24.1cm	226,750	香港苏富比	2019-10-07
常书鸿 1946年 敦煌风景	23.5cm×47cm	460,000	中国嘉德	2019-11-16
常玉 1920/30年代作 红洋装女士	61cm×50cm	598,000	中国嘉德	2019-06-03
常玉 1920–1930年代作 鱼纹罐花	27.5cm×22.5cm	1,210,680	保利香港	2019-03-31
常玉 1920年作 1930年作 披红围巾的女士	46cm×20cm	1,496,250	香港苏富比	2019-04-01
常玉 约1920–1930年代作 人物	30cm×22cm	632,500	华艺国际	2019-08-10
常玉 约1920–1930年代作 人物	29cm×22cm	632,500	华艺国际	2019-08-10
常玉 坐姿女像	30cm×22cm	828,000	西泠印社	2019-07-07
陈文图 约1940年作 裁缝	65.5cm×41.5cm	235,125	香港苏富比	2019-04-01
戴维·霍克尼 1968年作 圣塔莫尼卡	31cm×40.9cm	4,497,617	伦敦佳士得	2019-03-06
戴泽 1973年作 九嶷山	19cm×27cm	92,000	北京翰海	2019-06-15
丁雄泉 多彩的猫 水彩 纸本	68cm×107.5cm	235,125	佳士得	2019-03-29
费尔南·雷杰 1913年作 形式的对比	51cm×64cm	12,534,210	纽约佳士得	2019-11-11
费尔南·雷杰 1921年春作 午餐	26cm×36cm	3,706,698	纽约佳士得	2019-11-11
符罗飞 1950年代作 港口码头	58cm×76cm	322,000	中国嘉德	2019-06-03
符罗飞 1964年作 广州氮肥厂扩建增产	46cm×69cm	782,000	中国嘉德	2019-06-03
古元 1960年作 晒辣椒	29cm×38cm	115,000	中国嘉德	2019-06-03
古元 1964年 雪后夕阳	27cm×39cm	92,000	中国嘉德	2019-11-16
古元 1977年作 赣江木排	49cm×39cm	138,000	北京匡时	2019-07-13
古元 1977年作 井冈山茨坪	38cm×46.5cm	138,000	中国嘉德	2019-06-03
古元 1979年 春花烂漫	37cm×53cm	105,800	中国嘉德	2019-11-16
古元 1980年代 牧	30cm×40cm	115,000	北京匡时	2019-07-13
古元 1980年代 千岛湖	30.5cm×42cm	115,000	中国嘉德	2019-11-16
古元 1980年代作 景岗杜鹃红	30.3cm×34.9cm	149,500	华艺国际	2019-08-10
顾德新 1995年作 无题（共四件）水墨 纸本；水墨 纸本；水彩 纸本；及水彩 纸本	19.3cm×22.7cm; 19.6cm×23cm; 24cm×24.7cm; 21.5cm×28.5cm	90,844	佳士得	2019-03-29
关良 1932年作 云海图	53.5cm×38cm	195,500	西泠印社	2019-07-07
关良 1940年代作 石家沟 水彩	28cm×37.5cm	264,500	北京诚轩	2019-11-17
关良 1940年作 高炉工厂	26cm×38cm	320,625	香港苏富比	2019-04-01
关良 终南山秋景	54cm×38cm	230,000	西泠印社	2019-07-07
哈维尔. 卡勒加 2017年作；2017年作 01980、眼睛先生 (两件一组)	10.5cm×10.5cm（01980）(左)；19cm×13cm (眼睛先生)(右)	115,920	罗芙奥	2019-12-01
汉斯·哈同 1961年作 无题	33cm×24.8cm	149,625	香港苏富比	2019-04-01
亨利·马蒂斯 金鱼	37cm×30.5cm	575,000	北京荣宝	2019-06-13
亨利·马蒂斯 金鱼缸	35.8cm×28cm	172,500	北京保利	2019-11-20
亨利·摩尔 1941年作 三个睡着的避难者	34.2cm×48.2cm	7,391,970	纽约佳士得	2019-11-11

拍品名称	物品尺寸	成交价RMB	拍卖公司	拍卖日期
黄铁山 2019年作 韶山 镜框	77cm×140cm	195,500	湖南逸典	2019-05-18
金昌烈 1975年作 无题（水珠）	58.5cm×71.8cm	100,688	佳士得	2019-11-24
金昌烈 1981年作 无题（水珠）	48.5cm×64cm	134,250	佳士得	2019-11-24
金焕基 约1950年代作 无题	46.2cm×30.5cm	648,000	佳士得	2019-05-26
金梅生 1951年作 小二黑结婚 连环画原稿（十二帧）	17.5cm×17cm×12	195,500	西泠印社	2019-07-07
金梅生 徐寄萍 50年代作 爱祖国 爱和平	75.5cm×53cm	138,000	西泠印社	2019-07-07
卡密尔·毕沙罗 1882年作 蓬图瓦兹的集市	80.7cm×65cm	12,962,730	纽约佳士得	2019-11-11
凯斯·凡·东根 情侣	61.5cm×45cm	172,500	北京荣宝	2019-06-13
凯斯·哈林 1980–1985年 地铁涂鸦	105cm×72cm	289,080	罗芙奥	2019-06-02
勒迈耶 妮·帕洛	47.5cm×62cm	136,050	香港苏富比	2019-10-06
雷尼·马格利特 约1958年作 水滴	35cm×26.8cm	8,320,430	纽约佳士得	2019-11-11
黎谱 1934年作 坐姿少女	73.5cm×47cm	1,454,375	佳士得	2019-11-24
黎谱 1946年作 遗世独立	49.5cm×49cm	1,342,500	佳士得	2019-11-24
黎谱 黄色的薄纱	34.5cm×20cm	963,688	香港苏富比	2019-10-06
黎谱 裸体	20cm×20cm	215,413	香港苏富比	2019-10-06
黎谱 母子	45cm×37cm	249,425	香港苏富比	2019-10-06
黎谱 少女肖像	24.5cm×22cm	396,813	香港苏富比	2019-10-06
黎谱 约1940年作 金鱼	52cm×69.5cm	1,901,875	佳士得	2019-11-24
黎谱 约1945年作 染工	41.5cm×32cm	1,901,875	佳士得	2019-11-24
黎谱 约一九三〇年代作 阳台上的母与孩	34cm×23cm	340,125	香港苏富比	2019-10-06
黎谱 阅读	31cm×39.5cm	510,188	香港苏富比	2019-10-06
黎氏秋 1970年作 牡丹	35.5cm×27cm	537,000	佳士得	2019-11-24
黎氏秋 1980年作 Anh Tran女士画像	65.5cm×54.5cm	895,000	佳士得	2019-11-24
黎氏秋 约1938年作 推心置腹	41.5cm×33cm	2,237,500	佳士得	2019-11-24
黎氏秋 约1970年作 花园的少女	38cm×29.5cm	378,000	佳士得	2019-05-26
黎氏秋 约1970年作 爬行比赛	34cm×42cm	345,600	佳士得	2019-05-26
李超士 贤妻良母 蕙质兰心 色粉	47.5cm×37.5cm	109,250	北京银座	2019-06-05
李斛 1972年作 三峡夜航	87cm×68cm	1,748,000	北京翰海	2019-06-15
李铁夫 1934年作 虾	18cm×26cm	126,500	北京匡时	2019-07-13
李禹焕 2006年作 无题	37.5cm×56.5cm	313,250	佳士得	2019-11-24
廖新学 1940年代作 立鹰	54cm×81cm	92,000	中国嘉德	2019-06-03
林寿宇 1958年作 构图，蓝与黑 水粉 纸本	63cm×47cm	320,625	佳士得	2019-03-29
林寿宇 1958年作 深红湖水与黑色夏日 水粉 纸本	63cm×47.5cm	342,000	佳士得	2019-03-29
刘炜 1990年代作 艳妇图	66cm×25cm; 66cm×24.5cm; 66cm×25cm; 66cm×21.5cm	290,875	佳士得	2019-11-24
刘炜 2005年作 风景	27.5cm×23.5cm	92,000	西泠印社	2019-07-07
刘炜 2006年作 无题	27.9cm×24cm	158,725	香港苏富比	2019-10-07
刘炜 无题	24cm×31.5cm	340,125	香港苏富比	2019-10-07
刘野 1997年作 无题	41cm×60cm	294,775	香港苏富比	2019-10-07
刘野 2004年 Who Ⅲ	55cm×45.5cm	322,000	中国嘉德	2019-06-03
刘野 2005年作 节日	67cm×101.5cm	667,000	上海明轩	2019-04-28
刘野 2014年 无题–蓝	158cm×245cm	4,830,000	中国嘉德	2019-06-03
刘野 2014年作 米菲和蒙德里安	76cm×111.5cm	783,125	佳士得	2019-11-24
卢齐欧·封塔纳 1963年作 空间概念，等待	65cm×54cm	21,237,510	伦敦苏富比	2019-07-03

2019书画拍卖成交汇总

(成交价RMB：10万元以上)

拍品名称	物品尺寸	成交价RMB	拍卖公司	拍卖日期
鲁道夫·邦尼 两峇里男子	73cm×73cm	453,500	香港苏富比	2019-10-06
马克·夏加尔 村庄	28.5cm×21cm	483,000	北京荣宝	2019-06-13
马克·夏加尔 约1975年作 棕色西装的画家	65cm×45.5cm	3,174,500	香港苏富比	2019-10-05
梅忠恕 1943年作 二女子	54cm×45cm	1,790,000	佳士得	2019-11-24
梅忠恕 1956年作 阅读	17cm×23cm	246,125	佳士得	2019-11-24
梅忠恕 1968年作 战争	65.5cm×47cm	872,625	佳士得	2019-11-24
梅忠恕 1970年作 愁绪	27.5cm×15cm	192,000	佳士得（上海）	2019-09-21
梅忠恕 1970年作 裸女	47cm×70cm	3,548,675	佳士得	2019-11-24
梅忠恕 1971年作 孩童（自画像）	15cm×5cm	100,890	保利香港	2019-03-31
梅忠恕 1971年作 孩童洗浴	54.5cm×46cm	2,040,750	香港苏富比	2019-10-06
梅忠恕 1971年作 玫瑰花	24.5cm×10.5cm	425,125	佳士得	2019-11-24
梅忠恕 1971年作 母爱	35.5cm×19cm	693,625	佳士得	2019-11-24
梅忠恕 1971年作 睡梦	17.5cm×21cm	167,813	佳士得	2019-11-24
梅忠恕 1971年作 小诗人	24.5cm×10.5cm	223,750	佳士得	2019-11-24
梅忠恕 1972年作 玉石珠链	26.7cm×14.7cm	240,000	佳士得（上海）	2019-09-21
梅忠恕 1973年作 两位女学生 水墨水粉 绢本	17.1cm×17.1cm	203,063	佳士得	2019-03-29
梅忠恕 1976年作 盛夏	25cm×10cm	201,780	保利香港	2019-03-31
梅忠恕 持扇的女子	56cm×58cm	1,282,500	香港苏富比	2019-04-01
梅忠恕 祷告	46.5cm×29.5cm	340,125	香港苏富比	2019-10-06
梅忠恕 女子与琵琶	40cm×28.5cm	534,375	香港苏富比	2019-04-01
梅忠恕 下午茶	46.5cm×28cm	801,563	香港苏富比	2019-03-31
尼古拉斯·帕蒂 2016年作 彩岩	220cm×100cm	7,844,675	佳士得	2019-11-23
鸥洋 1969年作 撸起袖子加油干	61cm×155cm	115,000	华艺国际	2019-08-10
乔治·马修 1954年作 无题	48cm×63cm	335,625	佳士得	2019-11-24
让·艾添·利奥塔 身穿土耳其服饰 在浴场里指挥仆人的女子	703cm×563毫米	26,513,910	伦敦苏富比	2019-07-03
阮康 约1934-1935年作 舞者	63cm×46cm	662,625	香港苏富比	2019-04-01
阮康 越南稻田	37cm×52cm	181,688	香港苏富比	2019-04-01
阮潘正 1936年作 稻田中的女子	56cm×37cm	1,901,875	佳士得	2019-11-24
阮潘正 稻农	52cm×72cm	908,438	香港苏富比	2019-03-31
萨尔瓦多·达利 约1937年作 偏执家私的诞生	63.7cm×48.4cm	7,820,490	纽约佳士得	2019-11-11
山姆·弗朗西斯 1959年作 无题	68cm×51cm	600,888	香港苏富比	2019-10-07
手冢治虫 1976年作 众星云集	15cm×19.2cm	615,313	佳士得	2019-11-23
手冢治虫 1981 年作 1. 森林大帝 2. 小飞侠阿童木 3. 怪医秦博士 4. 火之鸟 5. 蓝宝石王子	1.34cm×24cm 2.27.3cm×24.2cm 3.27.3cm×24.2cm 画心：19.5cm×19.5cm 画纸：35.5cm×35.5cm 5.28.5cm×38.5cm	335,625	佳士得	2019-11-23
手冢治虫 1981年作 阿童木与火之鸟	12cm×17cm	447,500	佳士得	2019-11-24
谭华牧 1940年代 堤岸（双面画）	24cm×17.5cm	92,000	北京匡时	2019-07-13
谭华牧 街景	19cm×26cm	218,500	中国嘉德	2019-06-03
藤田嗣治 1918年作 1918年冬	40.3cm×32.6cm	2,990,000	北京保利	2019-12-03
藤田嗣治 1928年作 黄鞋裸女 水墨水彩 水粉 纸本	45cm×63.5cm	1,603,125	佳士得	2019-03-29
藤田嗣治 1930年作 蓝眼睛少女	27cm×19.2cm	294,775	香港苏富比	2019-10-06
藤田嗣治 1931年作 情侣	54cm×39cm	345,000	中国嘉德	2019-06-03
藤田嗣治 1932年作 藤田漫画	24.1cm×27cm	267,565	中国嘉德	2019-10-07
藤田嗣治 1939年作 少女肖像	27cm×24cm	430,825	香港苏富比	2019-10-06
藤田嗣治 1951年作 山景	10.2cm×17.2cm	215,413	香港苏富比	2019-10-06
藤田嗣治 1965年作 无题（男人）	54.2cm×40.7cm	133,369	纽约佳士得	2019-09-18
藤田嗣治 金丝雀	25cm×32cm	828,000	上海明轩	2019-04-28

拍品名称	物品尺寸	成交价RMB	拍卖公司	拍卖日期
藤子·F·不二雄 多啦A梦；及多啦A梦	26cm×19cm； 25.5cm×18cm； 23cm×26.5cm； 24cm×27cm	95,094	佳士得	2019-11-24
托茵·奥依·奥杜托拉 复叶	纸张： 127.6cm×191.8cm	4,141,974	伦敦苏富比	2019-07-03
瓦西里·康丁斯基 1941年作《无题》	22cm×50.6cm	6,206,319	伦敦苏富比	2019-02-26
瓦西里·康丁斯基 1931年作 和解	33cm×49cm	1,814,000	香港苏富比	2019-10-05
王攀元 1996年作 乡野 水彩 纸本	39cm×53.5cm	179,400	罗芙奥	2019-12-01
王攀元 归巢(倦鸟) 水彩 纸本	53cm×38cm	138,000	罗芙奥	2019-12-01
王攀元 归途	55cm×79.5cm	106,281	佳士得	2019-11-24
王攀元 沐 水彩 纸本	36.5cm×38.2cm	151,800	罗芙奥	2019-12-01
王肇民 1980年作 上海黄浦公园	53cm×38cm	632,500	广东崇正	2019-11-28
王肇民 1984年作 苹果花瓶	38cm×53cm	552,000	广东崇正	2019-11-28
韦恩·第伯 1970年作 果冻蛋糕卷	19.4cm×25.4cm	2,013,750	佳士得	2019-11-23
吴冠中 1957年作 江南小镇	28cm×37cm	1,265,000	西泠印社	2019-07-07
吴冠中 1961年作 人民民主进藏区	30.1cm×40.6cm	1,380,000	北京保利	2019-12-03
吴冠中 1976年作 景山白皮松	50.4cm×39cm	5,499,360	佳士得	2019-05-25
吴冠中 1980年作 江岸	39cm×54cm	3,333,875	佳士得	2019-11-23
吴冠中 水彩 英国酒店 书法“周末”镜框	画 22cm×13.5cm； 书法 13.5cm×34cm	115,000	北京荣宝	2019-06-13
五木田智央 2015年作 虚荣仨	194cm×259cm	3,740,625	香港苏富比	2019-04-01
伍必端 你们还要留在国统区坚持工作 水粉	35cm×27.5cm	97,750	北京银座	2019-06-05
武高谈 1945年作 恋人	35cm×27.5cm	313,250	佳士得	2019-11-24
武高谈 1961年作 骑士与马	50cm×65.5cm	190,188	佳士得	2019-11-24
武高谈 穿薄纱少女肖像	23.5cm×18cm	181,688	香港苏富比	2019-04-01
席德进 1963年 曼哈顿街景	38cm×56cm	144,540	罗芙奥	2019-06-02
席德进 1966年作 基隆风景 水彩 纸本	40cm×49cm	104,880	罗芙奥	2019-12-01
席德进 1979年作 武陵农场 水彩 纸本	57cm×76.5cm	193,200	罗芙奥	2019-12-01
席德进 1981年作 秀水陈益源大厝	64cm×100cm	1,016,747	中国嘉德	2019-10-07
席德进 风景 镜片	66cm×110cm	132,250	广东小雅斋	2019-11-12
夏俊娜 2002年作 生命之泉-1	53.7cm×39cm	97,750	北京保利	2019-12-03
萧如松 1985年作 窗边意象（窗边）	99.5cm×72cm	1,177,286	保利香港	2019-10-06
萧如松 约1970年代作 丘	100cm×72cm	1,118,750	佳士得	2019-11-24
雅丽克丝·艾美 1930年作《圣母领报》	45cm×53cm	149,625	香港苏富比	2019-04-01
颜文樑 湖光山色之二	28cm×41cm	460,000	中国嘉德	2019-06-03
颜文樑 湖光山色之一	28cm×41cm	598,000	中国嘉德	2019-06-03
佚名 1969年作 “为伟大领袖毛主席争光”宣传画	93.5cm×63cm	103,500	西泠印社	2019-07-07
于振立 60-70年代作 我们热爱毛主席	73.5cm×140cm	218,500	西泠印社	2019-07-07
张碧梧 精忠报国岳飞传全图	68cm×47cm	172,500	西泠印社	2019-07-07
张仃 中国人民政治协商会议会徽设计稿（二幅）水粉	35.5cm×51.5cm×2	517,500	北京银座	2019-06-05
张光宇 1956年 惠风和畅	18cm×28cm	138,000	中国嘉德	2019-11-16
张光宇 1956年 万木葱茏	18cm×28cm	115,000	中国嘉德	2019-11-16
张荔英 NALLA TAN医师肖像	59.5cm×43cm	396,813	香港苏富比	2019-10-06
张晓刚 1999年作 女青年	33cm×34.5cm	282,492	中国嘉德	2019-03-30
张晓刚 2012年作 男孩	32cm×45.5cm	345,000	北京匡时	2019-07-13

拍品名称	物品尺寸	成交价RMB	拍卖公司	拍卖日期
赵无极 1952年作 御风而行	32.5cm×50cm	632,500	中国嘉德	2019-06-03
赵无极 1960年作 无题	56.9cm×40.7cm	2,070,000	中贸圣佳	2019-06-07
赵无极 1961年作 无题	76cm×57cm	2,907,360	佳士得	2019-05-26
赵无极 1975年作 无题	76cm×57cm	1,404,000	佳士得	2019-05-26
赵无极 1975年作 无题	37.8cm×26.5cm	559,375	佳士得	2019-11-24
赵无极 1982年作 无题	23.7cm×21cm	420,000	佳士得(上海)	2019-09-21
赵无极 1991年作 无题	35cm×45.5cm	727,188	佳士得	2019-11-24
赵无极 1994年作 无题 水彩 纸本	35cm×56.5cm	2,565,000	佳士得	2019-03-29
曾景文 约1969年作 中央公园巡游	56cm×76.4cm	96,188	香港苏富比	2019-04-01
中村萌 2016年 萌芽	51.5cm×36.5cm	99,864	罗芙奥	2019-06-02
周令钊 一片丹心为人民 水粉		195,500	北京银座	2019-06-05
朱德群 1961年作 1961 No.92	35.7cm×54.3cm	282,492	中国嘉德	2019-03-30
朱德群 1964年作 第193号构图	36cm×51.5cm	374,063	香港苏富比	2019-04-01
朱德群 1965年作 构图-1965 水粉 纸本	48.8cm×64cm	1,496,250	佳士得	2019-03-29
朱德群 1980年作 无题	34cm×54cm	594,000	佳士得	2019-05-26
朱德群 1980年作 无题	31cm×48.5cm	402,500	西泠印社	2019-07-07
朱德群 1990年作 构图 水粉 纸本	74.5cm×55cm	801,563	佳士得	2019-03-29
宗其香 1983年作 贝江放木	48cm×90cm	115,000	华艺国际	2019-08-10
油画				
《但丁·阿利吉耶里半身像(1265-1321年)》	画面：21.6cm×15.3cm	513,900	纽约苏富比	2019-01-30
《圣殇》	27.5cm×21.8cm	685,200	纽约苏富比	2019-01-30
《西班牙国王腓力二世肖像》	177.5cm×96cm	3,391,740	纽约苏富比	2019-01-30
《耶稣降生》	36cm×15.7cm	1,370,400	纽约苏富比	2019-01-30
A.R.彭克 1982年作 空间系列1号	146cm×114cm	770,587	中国嘉德	2019-10-07
A.R.彭克 1991年作 这一年 ‘89-Standart	120cm×100cm	504,450	中国嘉德	2019-03-30
ANDRES BARRIOQUINTO 2010年作 巨擘	121cm×152cm	212,563	佳士得	2019-11-24
CEET FOUAD 2003年作 朋克不死之二	180.5cm×70.5cm	139,134	中国嘉德	2019-10-07
CEET FOUAD 2019年作 Art Walk	200cm×150cm	96,323	中国嘉德	2019-10-07
DAMRONG WONG-UPARAJ 1990年作 尼帕棕榈叶屋顶	85cm×85cm	194,400	佳士得	2019-05-26
DO QUANG EM 1972年作 少女与油灯	99cm×78.5cm	190,188	佳士得	2019-11-24
Fadjar Sidik 嘉鲁达	116.5cm×99cm	136,050	香港苏富比	2019-10-06
Haji Widayat PASAR KECIL DI BAWAH POHON FLAMBOYAN	70cm×100cm	147,388	香港苏富比	2019-10-06
Haji Widayat 森林保护	100cm×178.5cm	396,813	香港苏富比	2019-10-06
JOSÉ JOHN SANTOS III 2005年作 玩偶匣	92cm×61cm	594,000	佳士得	2019-05-26
KAWS 1999年作 无题	41cm×40.7cm	503,438	佳士得	2019-11-24
KAWS 1999年作 无题	41cm×41cm	503,438	佳士得	2019-11-24
KAWS 1999年作 无题 压克力 画布	41cm×41cm	908,438	佳士得	2019-03-29
KAWS 1999年作 无题 压克力 画布	40cm×40cm	801,563	佳士得	2019-03-29
KAWS 2003年作 KIMPSONS系列	101.6cm×101.6cm	6,305,625	香港苏富比	2019-04-01
KAWS 2003年作 KIMPSONS系列	101.6cm×101.6cm	5,074,425	香港苏富比	2019-04-01
KAWS 2003年作 无题(KIMPSONS#3)	101.6cm×101.6cm	17,591,625	香港苏富比	2019-04-01
KAWS 2003年作 无题(KIMPSONS)	101.6cm×101.6cm	18,104,625	香港苏富比	2019-04-01
KAWS 2005年作 KIMPSONS 系列(两件作品)	每幅：20.3cm×20.3cm	2,565,000	香港苏富比	2019-04-01
KAWS 2005年作 KIMPSONS系列	20.3cm×20.3cm	2,137,500	香港苏富比	2019-04-01
KAWS 2005年作 KIMPSONS系列	20.3cm×20.3cm	1,816,875	香港苏富比	2019-04-01
KAWS 2005年作 KIMPSONS系列	20.3cm×20.3cm	1,603,125	香港苏富比	2019-04-01
KAWS 2005年作 KIMPSONS系列(五件作品)	每幅：20.3cm×20.3cm	2,778,750	香港苏富比	2019-04-01
KAWS 2005年作 KIMPSONS系列(五件作品)	每幅：20.3cm×20.3cm	3,740,625	香港苏富比	2019-04-01
KAWS 2005年作 KIMPSONS系列(五件作品)	每幅：20.3cm×20.3cm	3,206,250	香港苏富比	2019-04-01
KAWS 2005年作 KIMPSONS系列(五件作品)	每幅：20.3cm×20.3cm	2,992,500	香港苏富比	2019-04-01
KAWS 2005年作 KIMPSONS系列(五件作品)	每幅：20.3cm×20.3cm	2,992,500	香港苏富比	2019-04-01
KAWS 2005年作 KIMPSONS系列(五件作品)	每幅：20.3cm×20.3cm	2,137,500	香港苏富比	2019-04-01
KAWS 2005年作 KIMPSONS系列(五件作品)	每幅：20.3cm×20.3cm	2,992,500	香港苏富比	2019-04-01
KAWS 2005年作 THE KAWS ALBUM	101.6cm×101.6cm	99,150,930	香港苏富比	2019-04-01
KAWS 2009年作 扭曲真相	183cm×183cm	4,078,625	伦敦佳士得	2019-03-06
Kaws 2010年 关键的审判	61cm×61cm	2,990,000	中国嘉德	2019-11-16
KAWS 2014年作 全副武装	223.2cm×503cm	20,844,000	佳士得	2019-05-25
KAWS 2016年 VANQUISHED	243.8cm×243.8cm	6,018,875	佳士得	2019-11-23
KAWS 2018年作 METICULOUS	188cm×152.4cm	4,407,875	佳士得	2019-11-23
KAWS〈布莱恩. 唐纳利〉2012年作 T.N.O.N.-Z 压克力 画布	213.5cm×30.5cm	2,484,000	罗芙奥	2019-12-01
Louis-Jules Dumoulin 约1890年作 下楼梯的日本女子	65cm×50cm	106,875	香港苏富比	2019-04-01
Luong Xuan Nhi 田园	60cm×71.5cm	272,100	香港苏富比	2019-10-06
MADSAKI 2017年作 牙刷	245cm×180cm	2,237,500	佳士得	2019-11-23
Mauro ‘Malang’ Santos 裸体	102cm×76.5cm	374,063	香港苏富比	2019-04-01
MICHAEL LAU 2019年作 包装改变：三行米高	左：152cm×122cm；中：198cm×122cm；右：183cm×152cm；整体：198cm×396cm	783,125	佳士得	2019-11-23
MR. 2012年作 Exercising My Telekinetic Powers	130.5cm×97cm	1,901,875	佳士得	2019-11-23
Nena Saguil 无题	86cm×117cm	249,425	香港苏富比	2019-10-06
Nguyen Huyen 雨中从田园归	61cm×50cm	181,400	香港苏富比	2019-10-06
Nguyen Nam Son 1922年作 静物	40.5cm×52cm	748,125	香港苏富比	2019-04-01
Nguyen Nam Son 1943年作 山日暮	65cm×80cm	406,125	香港苏富比	2019-04-01
ob 2011年作 手镯里的星球	184cm×184cm	204,984	罗芙奥	2019-06-01
ob 2011年作 我看得见	162cm×130.5cm	126,960	罗芙奥	2019-12-01
PRATUANG EMJAROEN 1990年作 田野中的幸福	75cm×90cm	194,400	佳士得	2019-05-26
Romulo Olazo 置换系列II，NO. 115，B-XVII	152.5cm×213.5cm	544,200	香港苏富比	2019-10-06
SOMPOT UPA-IN 1962年作 无题	90cm×64cm	123,063	佳士得	2019-11-24
SOMPOT UPA-IN 约1970年作 无题	90cm×64cm	172,800	佳士得	2019-05-26
U LUN GYWE 1976年作 缅甸色彩之光谱	71cm×43.5cm	290,875	佳士得	2019-11-24
U LUN GYWE 2003年作 裸女	61cm×46cm	118,800	佳士得	2019-05-26
U LUN GYWE 2003年作 市集	68.5cm×68.5cm	100,688	佳士得	2019-11-24
U Lun Gywe 海岸	75.5cm×107cm	90,844	香港苏富比	2019-04-01
U Lun Gywe 跳舞的女士	61cm×46cm	96,369	香港苏富比	2019-10-06

拍品名称	物品尺寸	成交价RMB	拍卖公司	拍卖日期
U NGWE GAING 港口景色	39.5cm×49.5cm	205,200	佳士得	2019-05-26
U Ngwe Gaing 缅甸南部海滩，大魏	46cm×61cm	117,563	香港苏富比	2019-04-01
U Ngwe Gaing 缅甸水果	65.5cm×91cm	249,425	香港苏富比	2019-10-06
U Ngwe Gaing 雪德宫大金塔	61cm×51cm	277,875	香港苏富比	2019-04-01
U SAN WIN 1946年作 静物	45cm×35.5cm	162,000	佳士得	2019-05-26
U SAN WIN 1977年作 村庄	49cm×53.5cm	194,400	佳士得	2019-05-26
U San Win 阿难陀寺	40cm×50cm	340,125	香港苏富比	2019-10-06
U San Win 通往曼德勒	30cm×43cm	192,375	香港苏富比	2019-04-01
U San Win 雪德宫大金塔	32.5cm×48cm	106,875	香港苏富比	2019-04-01
Wols 1946年1月至1947年5月作 绿色与红黑线条	100.4cm×81.3cm	39,803,403	伦敦苏富比	2019-07-03
阿道夫·戈特列布 摇摆	182.9cm×228.6cm	12,343,240	纽约苏富比	2019-05-16
阿尔伯特·尔莱恩《泳者》	275.6cm×475.8cm	20,033,055	伦敦苏富比	2019-03-05
阿尔伯特·尔莱恩 1982年作《无题》	60cm×60cm	5,368,335	伦敦苏富比	2019-03-05
阿尔伯特·尔莱恩 两手空空的自画像	200cm×144cm	52,323,860	伦敦苏富比	2019-07-03
阿尔伯特·尔莱恩 卧室	280cm×300cm	7,518,870	伦敦苏富比	2019-07-03
阿尔伯特·尔莱恩 无题	180.3cm×150.1cm	15,961,110	伦敦苏富比	2019-07-03
阿尔伯特·尔莱恩 长笛与铃	280.7cm×200cm	18,040,120	纽约苏富比	2019-05-16
阿尔伯托·贾柯梅蒂 1959年作《女子肖像（安妮特）》（无图）	73cm×60cm	28,412,895	伦敦苏富比	2019-02-26
阿尔伯托·贾克梅蒂 1953至1954年作 迪亚哥肖像	46cm×33cm	11,677,170	纽约佳士得	2019-11-11
阿尔弗雷德·巴斯蒂昂 油画《静谧》	53cm×37cm	264,500	北京保利	2019-12-04
阿尔泰米西娅·真蒂莱斯基《依肋内照顾圣塞巴斯蒂安》	101cm×127.5cm	4,213,980	纽约苏富比	2019-01-30
阿凡迪 1964年作 驭手	99cm×143.5cm	1,118,750	佳士得	2019-11-23
阿凡迪 1965年作 峇里岛舞者	132cm×78.5cm	1,790,000	佳士得	2019-11-23
阿凡迪 1965年作 自画像	126cm×100cm	1,296,000	佳士得	2019-05-25
阿凡迪 1966年作 裸体	98cm×130cm	1,296,000	佳士得	2019-05-25
阿凡迪 1970年作 野猪	99cm×139cm	783,125	佳士得	2019-11-24
阿凡迪 1975年作 黎弓舞者	96cm×130cm	1,080,000	佳士得	2019-05-26
阿凡迪 ARI (AFFANDI, RAKA AND IWAN)	130cm×150cm	4,076,965	香港苏富比	2019-10-05
阿凡迪 PERAHU KUSAMBA	114.5cm×140cm	587,813	香港苏富比	2019-04-01
阿凡迪 巴隆	100.5cm×160cm	2,565,000	香港苏富比	2019-03-31
阿凡迪 船	117.5cm×147cm	680,250	香港苏富比	2019-10-06
阿凡迪 稻草人	99cm×179.5cm	961,875	香港苏富比	2019-04-01
阿凡迪 斗狗	108cm×138cm	748,125	香港苏富比	2019-04-01
阿凡迪 峇里典礼	97cm×131cm	907,000	香港苏富比	2019-10-06
阿凡迪 猎鸭者	163cm×121cm	641,250	香港苏富比	2019-04-01
阿凡迪 市集景象	72.5cm×98cm	587,813	香港苏富比	2019-04-01
阿凡迪 渔船	91.5cm×117cm	680,250	香港苏富比	2019-10-06
阿凡迪 自画像	127.5cm×96.5cm	1,710,000	香港苏富比	2019-03-31
阿古斯·特里延托·BR 镜像	150cm×200cm	147,388	香港苏富比	2019-10-06
阿古斯·特里延托·BR 时光旅人	160cm×220cm	128,250	香港苏富比	2019-04-01
阿里桑德罗·迪·马里亚诺·菲利佩皮－或称波提且利及其画室 窗前的圣母圣婴坐像	76.9cm×49.1cm	2,198,500	伦敦苏富比	2019-07-03
阿历克斯·卡茨 1986年作 珍妮弗和马蒂厄	244cm×122cm	5,040,000	佳士得(上海)	2019-09-21
阿利桑德欧·阿洛里《旷野中的圣杰罗姆》	22.5cm×16.5cm	1,627,350	纽约苏富比	2019-01-30
阿列克谢·冯·贾伦斯基 神秘面容	28cm×22.5cm	92,000	北京荣宝	2019-06-13
阿列克榭·冯·雅佛林斯基 1913年作于慕尼黑 希腊女子	53.3cm×49.5cm	8,249,010	纽约佳士得	2019-11-11
阿鲁斯 2018年作 气息	30cm×40cm	166,750	北京翰海	2019-03-29
阿莫索罗 1927年作 戴帽子的男人	32.5cm×41cm	335,625	佳士得	2019-11-24
阿莫索罗 1927年作 山景	32cm×40cm	358,000	佳士得	2019-11-24
阿莫索罗 1930年作 收成	38cm×55cm	1,188,000	佳士得	2019-05-26
阿莫索罗 1937年作 裸女	46cm×35.5cm	447,500	佳士得	2019-11-24
阿莫索罗 1949年作 收获时节	45.5cm×61cm	734,400	佳士得	2019-05-26
阿莫索罗 1951年作 持水果的少女	50cm×40cm	648,000	佳士得	2019-05-26
阿莫索罗 1951年作 溪边沐浴	54.5cm×45cm	486,000	佳士得	2019-05-26
阿莫索罗 1954年作 水果小贩	71.5cm×97cm	1,296,000	佳士得	2019-05-26
阿莫索罗 1956年作 工人小憩	66cm×50.5cm	615,313	佳士得	2019-11-24
阿莫索罗 1957年作 海滩船只	40cm×61cm	432,000	佳士得	2019-05-26
阿莫索罗 1958年作 海边	55cm×76cm	727,188	佳士得	2019-11-24
阿莫索罗 1958年作 回家	55.5cm×76cm	727,188	佳士得	2019-11-24
阿莫索罗 1960年作 捣米	76.5cm×61cm	453,600	佳士得	2019-05-26
阿莫索罗 持篮女子与水果	43cm×33cm	2,030,625	香港苏富比	2019-04-01
阿莫索罗 浣衣女子	36.5cm×47cm	510,188	香港苏富比	2019-10-06
阿莫索罗 日落下的渔船	25cm×40.5cm	171,000	香港苏富比	2019-04-01
阿莫索罗 山景	38cm×51cm	430,825	香港苏富比	2019-10-06
阿莫索罗 在田中	22cm×30cm	171,000	香港苏富比	2019-04-01
阿纳尼第三画师，1230年代中期 圣母圣婴与两名天使	58cm×46.5cm	6,463,590	伦敦苏富比	2019-07-03
阿瑞·史密特 峇里的红色庙宇	89cm×69cm	1,603,125	香港苏富比	2019-04-01
阿瑞·史密特 圣树（满天夕阳红霞）	105cm×71cm	736,938	香港苏富比	2019-10-06
阿瑞·史密特 树列与门	42cm×52cm	113,375	香港苏富比	2019-10-06
埃德·鲁沙 我尝试忘记	182.9cm×243.8cm	55,863,334	纽约苏富比	2019-05-16
埃尔南·巴斯 2006年作 无题 L #496	30.5cm×22.9cm	96,000	佳士得(上海)	2019-09-21
埃尔南多·鲁伊斯·奥坎普 抽象	50cm×40cm	566,875	香港苏富比	2019-10-06
埃尔南多·鲁伊斯·奥坎普 麦当娜与孩子	46cm×35cm	566,875	香港苏富比	2019-10-06
埃尔南多·鲁伊斯·奥坎普 无题	37cm×107cm	340,125	香港苏富比	2019-10-06
埃贡·席勒 1912年作《的里雅斯特渔船》	70cm×70cm	93,197,787	伦敦苏富比	2019-02-26
艾德里安·格尼 2009年作 收藏家4	200.3cm×240cm	23,142,761	伦敦佳士得	2019-03-06
艾迪. 马丁内斯 2012年作 无题	91.4cm×121.7cm	2,349,375	佳士得	2019-11-24
艾迪. 马丁内斯 2017年作 小情书 #1（山姆的商务笔记）	182.9cm×152.4cm	2,796,875	佳士得	2019-11-24
艾迪·玛汀尼兹 2013年作 BEGINNER MIND 6	91.4cm×121.9cm	1,077,063	香港苏富比	2019-10-07
艾蒂安·阿道夫·皮奥特 年轻女子肖像	46cm×38cm	184,000	北京荣宝	2019-06-13
艾弗瑞·辛格 2011年作 基克拉迪面具	91.4cm×91.4cm	1,309,350	伦敦佳士得	2019-03-06
艾格妮斯·马丁 无题#12	182.9cm×182.9cm	38,868,998	纽约苏富比	2019-05-16
艾敬 2017年 I Love Color #40	90cm×90cm	943,000	中国嘉德	2019-06-03
艾利·斯密特 1976年作 稻田	126.5cm×126.5cm	3,114,720	佳士得	2019-05-26
艾利·斯密特 1986年作 午后沐浴	52.5cm×59cm	134,250	佳士得	2019-11-24
艾利·斯密特 1987年作 干草垛	52cm×70cm	302,400	佳士得	2019-05-26
艾利·斯密特 1996年作 雨后的达朗寺庙	45cm×47.5cm	179,000	佳士得	2019-11-24

拍品名称	物品尺寸	成交价RMB	拍卖公司	拍卖日期
艾利·斯密特 2000年作 午澡	70cm×68cm	140,400	佳士得	2019-05-26
艾利·斯密特 婆罗浮屠景色	60cm×48cm	201,375	佳士得	2019-11-24
艾瑞克·帕克 2013年作 Hob Nob	left: 193.3cm×30.5cm; right: 198.4cm×30.7cm; overall: 198.4cm×61.2cm	839,063	佳士得	2019-11-24
艾瑞克·帕克 2016年作 崭新之吻	115.5cm×127.2cm	727,188	佳士得	2019-11-23
艾萨克·伊斯瑞奥斯 约1915～1916年作 乔德加娜王子肖像	220cm×110cm	3,736,800	佳士得	2019-05-25
艾萨克·伊斯瑞奥斯 约一九二二年作 巴达维亚（荷属东印度群岛）桥上的少女	64cm×80cm	510,188	香港苏富比	2019-10-06
艾萨克·伊斯瑞奥斯 爪哇王子	80cm×53.5cm	510,188	香港苏富比	2019-10-06
艾轩 1986年作 她走了，没说什么	53cm×65.5cm	1,133,750	香港苏富比	2019-10-05
艾轩 2003年作 藏女	63cm×63cm	1,610,000	广东崇正	2019-05-23
艾中信 1952年 画室	46cm×58.5cm	805,000	中国嘉德	2019-11-16
艾中信 1992年作 岷江秋（都江堰）	53cm×90.5cm	214,052	中国嘉德	2019-10-07
艾珠·克里丝汀 工人	170cm×200cm	2,947,750	香港苏富比	2019-10-05
安布罗焦·洛兰采蒂《施洗者圣约翰》	直径9.9cm	3,145,068	纽约苏富比	2019-01-30
安德烈·布拉吉利 2009年作 广袤的卡玛尔格	114.2cm×162.5cm	1,077,063	香港苏富比	2019-10-06
安德烈·德兰 约1904至1905年作 河岸	38.4cm×46cm	33,674,530	纽约佳士得	2019-11-11
安德烈·布拉吉利 夜玫瑰	80.9cm×60cm	249,425	香港苏富比	2019-10-06
安德烈·布拉吉利 2014年作 涌浪骑手	130cm×162cm	1,175,625	香港苏富比	2019-04-01
安德烈克·布拉吉利 2013年作 骑行	200cm×250.8cm	1,440,000	佳士得(上海)	2019-09-21
安迪·沃荷 美国印第安人（罗素·米恩斯）	214cm×177.8cm	42,731,347	纽约苏富比	2019-05-16
安东·迪芬巴赫 1857年作 母亲迎接新娘	78cm×90cm	402,500	北京保利	2019-11-20
安东尼·凡·戴克爵士《少年男子侧面像习作》	41.9cm×29.8cm	770,850	纽约苏富比	2019-01-30
安东尼奥·布兰柯 排练	76cm×61cm	340,125	香港苏富比	2019-10-06
安东尼奥·布兰柯 无题	52cm×50.5cm	510,188	香港苏富比	2019-10-06
安东尼奥·布兰科 布兰科画室的角落	51.5cm×41cm	702,000	佳士得	2019-05-26
安东尼奥·布兰科 牧牛	57.5cm×50.5cm	162,000	佳士得	2019-05-26
安东尼奥·约利《拿坡里：朝西北方望基艾亚滨海路之景观》；《帕埃斯图姆：神殿之谷景观》一组两幅	各幅：75cm×125cm	3,720,636	纽约苏富比	2019-01-30
安东尼奥·约利 罗马，望向圣天使城堡，远眺圣伯多禄大殿	88.1cm×124.4cm	49,819,769	伦敦苏富比	2019-07-03
安东尼奥·约利 威尼斯，从圣马可湾东望海关大楼与圣乔治马焦雷教堂	96.5cm×144cm	8,134,450	伦敦苏富比	2019-07-03
安格莉卡·考夫曼，R.A.《三人肖像，应为乔治娜·史宾赛女爵（后称德文郡公爵夫人）、亨丽埃塔·史宾赛女爵与奥尔索普子爵乔治》	113.6cm×144.8cm	6,269,580	纽约苏富比	2019-01-30
安杰洛·阿斯蒂 戴花的年轻女子	79cm×63cm	172,500	北京荣宝	2019-06-13
安立可·卡斯代拉尼 1985年作 白色雕面	100cm×100cm	1,710,000	香港苏富比	2019-03-31
安妮·卡比格丁 2019年作 女性的条件	129.5cm×152cm	1,230,625	佳士得	2019-11-24

拍品名称	物品尺寸	成交价RMB	拍卖公司	拍卖日期
安萨诺·迪·彼得罗·迪·蒙乔－或称萨诺·迪·彼得罗 圣多纳图斯驯龙	21.8cm×36cm	14,905,830	伦敦苏富比	2019-07-03
安塞姆·基弗 1981年作 莱茵的黄金	189.9cm×170.5cm	4,288,121	伦敦佳士得	2019-03-06
安塞姆·基弗 2009年 新月沃土	475cm×950cm	27,600,000	中国嘉德	2019-06-03
安桐·黄 俩舍里舞者	98cm×80cm	102,038	香港苏富比	2019-10-06
安桐·黄 无题	101cm×101cm	448,875	香港苏富比	2019-04-01
奥斯卡·施莱默 1923年作《餐桌聚会》	64cm×102cm	22,651,755	伦敦苏富比	2019-02-26
奥托·威廉·爱德华·埃德曼 年轻女子肖像	39cm×32cm	115,000	北京荣宝	2019-06-13
巴布罗·毕加索《三浴女》（无图）	33cm×41cm	9,558,255	伦敦苏富比	2019-02-26
巴布罗·毕加索 1927年作 墙上的吉他	27.1cm×35.2cm	8,677,530	纽约佳士得	2019-11-11
巴布罗·毕加索 1944年7月14-23日作《玻璃杯与水罐》（无图）	33cm×41cm	17,938,095	伦敦苏富比	2019-02-26
巴布罗·毕加索 1948年12月29日至1949年1月1日作 扶手椅上的女子（弗朗索瓦丝）	100.3cm×81.3cm	95,185,005	纽约佳士得	2019-11-11
巴布罗·毕加索 1968年10月12日作 男子半身像	130cm×80.9cm	66,813,410	纽约佳士得	2019-11-11
巴布罗·毕加索 1969年4月6日作 坐着的裸女	130.3cm×89cm	40,063,049	纽约佳士得	2019-11-11
巴克利·L·亨德里克斯 1975年作 YOCKS	183.2cm×106.7cm	25,364,680	纽约苏富比	2019-05-16
巴托罗米奥·帕塞罗蒂《三十八岁的朱利奥·弗兰基尼肖像》	102.1cm×79.4cm	5,858,460	纽约苏富比	2019-01-30
巴托罗米奥·苏阿尔迪－或称布拉曼蒂诺《圣母与圣婴》	36.5cm×28cm	3,391,740	纽约苏富比	2019-01-30
巴托洛梅·埃斯特万·牟利罗《圣殇》	33cm×35cm	2,733,948	纽约苏富比	2019-01-30
白发一雄 1962年作 无题	45.5cm×53cm	5,292,000	佳士得	2019-05-25
白发一雄 1965年作 无题	32cm×41cm	1,454,375	佳士得	2019-11-24
白发一雄 1974年作 不动护摩供	97.2cm×130.4cm	7,844,675	佳士得	2019-11-23
白发一雄 1975年作 作品	27.5cm×24.5cm	303,600	罗芙奥	2019-12-01
白发一雄 1986年作 兰丸	91cm×73cm	2,181,563	佳士得	2019-11-23
白发一雄 1991年作 炼丹	131cm×194cm	14,051,040	罗芙奥	2019-06-01
白发一雄 约1970年作 黄凤	22.3cm×27.5cm	535,130	保利香港	2019-10-06
白发一雄 约1980年作 无题	15cm×10cm	342,000	香港苏富比	2019-04-01
白发一雄 约1990年作 阿利帝母神	73cm×90.5cm	1,282,500	香港苏富比	2019-04-01
保罗·高更 1885年作 迪耶普附近的马场II	73.7cm×59.4cm	5,677,890	纽约佳士得	2019-11-11
贝尔纳. 毕费 1956年作 巴黎万神殿	97cm×130cm	3,864,000	罗芙奥	2019-12-01
贝尔纳. 毕费 1988年作 蔓绿绒静物	130cm×89cm	2,049,840	罗芙奥	2019-06-01
贝尔纳. 卡多兰 1971年作 瓷瓶中的花束	92cm×60cm	469,200	罗芙奥	2019-12-01
贝尔纳. 夏洛瓦 2015年作 绮琪	41cm×33.5cm	115,920	罗芙奥	2019-12-01
贝尔纳·布菲 1968年作 小丑	115.5cm×81.5cm	6,305,625	香港苏富比	2019-03-31
贝尔纳·布菲 1996年作 小丑与咖啡杯	100.4cm×73.3cm	4,560,000	佳士得(上海)	2019-09-21
贝尔纳·布菲 1954年作 有鱼的静物	195cm×98cm	1,712,416	中国嘉德	2019-10-07
贝尔纳·布菲 1958年作 斗牛士	130.1cm×97.3cm	5,491,885	香港苏富比	2019-10-05
贝尔纳多·贝洛拓 皮尔纳，市集广场景观	46.7cm×78.4cm	4,458,558	伦敦苏富比	2019-07-03
贝尔纳多·斯特罗齐《圣母圣婴与幼年施洗者圣约翰》	112.9cm×86.7cm	2,141,250	纽约苏富比	2019-01-30

拍品名称	物品尺寸	成交价RMB	拍卖公司	拍卖日期
贝家骧 花卉系列之二 镜框	75cm×75cm	552,000	上海拍卖	2019-07-07
贝家骧 小聚 镜框	33cm×45.5cm	230,000	上海拍卖	2019-07-07
贝纳·维尼 钢条与肢体语言的记忆	约：200-250cm×200-250cm	1,015,313	香港苏富比	2019-04-01
贝诺佐·戈佐利 耶稣降生	78cm×56cm	24,403,350	伦敦苏富比	2019-07-03
倍珍（陈倍）优雅的顺化姑娘（三联幅）	119.5cm×238.5cm	105,120	罗芙奥	2019-06-01
比亚焦·迪·戈罗·盖齐《圣母与圣婴》	94cm×53.3cm	3,391,740	纽约苏富比	2019-01-30
彼埃·奥古斯特·雷诺阿 约1888年作 年轻女子头像	33cm×24.3cm	10,391,610	纽约佳士得	2019-11-11
彼得·德·霍赫《室内奏乐的雅士》	89.5cm×107.5cm	3,391,740	纽约苏富比	2019-01-30
彼得·哈利 2011年作 红色横向监狱	99.5cm×132.2cm	447,500	佳士得	2019-11-24
彼得·克拉斯《静物：壁台上的柠檬及橄榄、白镴碟子、球形大酒杯与威尼斯式酒杯》	44.5cm×61cm	17,369,820	纽约苏富比	2019-01-30
彼得·巴尔滕施－或称库斯托迪斯 撒旦种稗	116.9cm×163.5cm	71,855,774	伦敦苏富比	2019-07-03
彼得·保罗·鲁本斯爵士 身穿盔甲的年轻男子头像	50.8cm×41.5cm	3,930,918	伦敦苏富比	2019-07-03
彼得罗·诺韦利－或称蒙雷阿莱塞《普罗米修斯创造人类》	208cm×163cm	3,227,292	纽约苏富比	2019-01-30
博特·莫克塔 两女子	137.5cm×44.5cm	299,250	香港苏富比	2019-04-01
卜镝 2012年作 寒潭	200cm×200cm	333,500	北京保利	2019-12-03
卜镝 2014年 花园	200cm×200cm	552,000	中国嘉德	2019-11-16
卜镝 2016年 2016-6	200cm×200cm	253,000	中国嘉德	2019-06-03
布莱恩·宇兴 手机与红裙少女（拿着手机的红裙少女）	122cm×92cm	1,247,125	香港苏富比	2019-10-06
布里奇特·莱利 2003年作 浅黄色	117.4cm×274.4cm	9,839,765	伦敦佳士得	2019-03-06
布丽奇·莱利 亮色	156.2cm×133.5cm	9,418,374	伦敦苏富比	2019-07-03
蔡国强 1987年作 关羽、关平与周仓	45.5cm×38cm	302,670	中国嘉德	2019-03-30
蔡昊坤 往事	30cm×40cm	115,000	北京荣宝	2019-12-01
蔡磊 2017年作 模棱 170310	180cm×113cm×18cm	218,500	北京保利	2019-06-04
蔡明智 1976年作 神庙街（新加坡牛车水）	63cm×50cm	140,400	佳士得	2019-05-26
曹辉 2013年作 逆光下的百合	73cm×60cm	207,000	西泠印社	2019-07-07
曹力 1994年 田园合奏	60cm×73cm	322,000	中国嘉德	2019-06-03
曹力 2004年 没睡醒的小鸟	60cm×50cm	126,500	中国嘉德	2019-06-03
曹小冬 1986年作 无人地带一号	83cm×126cm	1,725,000	北京保利	2019-06-04
草间弥生 1959年 无限的网	53.5cm×45.5cm	5,750,000	中国嘉德	2019-11-16
草间弥生 1959年作 无尽的网#4	143.5cm×108.6cm	53,380,215	香港苏富比	2019-04-01
草间弥生 1975年作 失眠夜河里	39.5cm×54.5cm	607,200	罗芙奥	2019-12-01
草间弥生 1981年作 咖啡杯	53cm×45.5cm	3,119,075	佳士得	2019-11-24
草间弥生 1981年作 帽子压克力 画布	45.5cm×53cm	3,184,875	佳士得	2019-03-29
草间弥生 1981年作 南瓜	41cm×31.8cm	2,700,000	佳士得	2019-05-26
草间弥生 1985年作 红色圆点	91cm×72.7cm	2,461,250	佳士得	2019-11-24
草间弥生 1988年作 Stars Fell on Earth	38cm×45.5cm	918,000	佳士得	2019-05-26
草间弥生 1988年作 怀抱希望 压克力 画布	41cm×31.8cm	2,484,000	罗芙奥	2019-12-01
草间弥生 1988年作 无限水玉（永劫的回归）	31.8cm×41cm	2,351,250	香港苏富比	2019-04-01
草间弥生 1988年作 雨之二	53cm×45.5cm	2,421,360	中国嘉德	2019-03-30
草间弥生 1989年作 无限网	31.8cm×41cm	1,068,750	香港苏富比	2019-04-01
草间弥生 1990年 南瓜	14cm×18cm	1,495,000	中国嘉德	2019-11-16
草间弥生 1990年作 波纹	45.5cm×38cm	756,000	佳士得	2019-05-26
草间弥生 1990年作 黄色南瓜	50cm×30cm	977,500	广东崇正	2019-05-23
草间弥生 1990年作 南瓜	22.7cm×15.8cm	1,782,500	保利厦门	2019-01-06
草间弥生 1990年作 新绿 压克力 画布	22.7cm×15.8cm	662,400	罗芙奥	2019-12-01
草间弥生 1991年作 咖啡杯 压克力 画布	22.5cm×15.7cm	1,175,625	佳士得	2019-03-29
草间弥生 1991年作 南瓜	53cm×65.2cm	8,166,875	佳士得	2019-11-23
草间弥生 1991年作 南瓜 压克力 画布	18cm×14cm	1,603,125	佳士得	2019-03-29
草间弥生 1991年作 南瓜（OOSS）	22.7cm×15.8cm	1,404,000	佳士得	2019-05-26
草间弥生 1992年作 无限之网	22.7cm×15.8cm	1,012,000	保利厦门	2019-01-06
草间弥生 1993年作 宇宙	162cm×130cm	11,512,800	佳士得	2019-05-25
草间弥生 1995年作 夕映傍照的海 压克力 画布	130.3cm×89.4cm	11,923,200	罗芙奥	2019-12-01
草间弥生 1996年作 南瓜	30cm×50cm	977,500	广东崇正	2019-05-23
草间弥生 1998年作 南瓜（T.B.H）	38cm×45.5cm	6,328,800	佳士得	2019-05-25
草间弥生 1998年作 网 19 压克力 画布	53cm×65.2cm	2,760,000	罗芙奥	2019-12-01
草间弥生 1999年作 无线之网（XAZ）	75.6cm×90.8cm	6,785,000	保利厦门	2019-01-06
草间弥生 2003年作 南瓜	27.3cm×22cm	2,992,500	香港苏富比	2019-04-01
草间弥生 2005年作 LOVE－FOREVER 压克力 玻璃纤维 布垫	44cm×38cm×38cm	1,175,625	佳士得	2019-03-29
草间弥生 2006年作 无限之网（TWHOQ）	每幅 194cm×130.3cm；总尺寸 194cm×390.9cm	23,954,400	佳士得	2019-05-25
草间弥生 2008年作 无限之网（OQPZO）	100cm×100cm	3,736,800	佳士得	2019-05-26
草间弥生 2008年作 无限之网（OQRWHN）	194cm×194cm	9,777,875	佳士得	2019-11-23
草间弥生 2010年作 南瓜（TWPOT）	130cm×162.5cm	46,563,300	香港苏富比	2019-04-01
草间弥生 2010年作 无限网（MTTI）	130.3cm×130.3cm	4,458,825	香港苏富比	2019-04-01
草间弥生 2010年作 自画像（OPXTO）	145.5cm×112cm	7,844,675	佳士得	2019-11-23
查柴·普伊皮亚 1994-1996年作 星夜	130cm×105cm	727,188	佳士得	2019-11-24
常陵 2015年作 五花肉系列-肉山水-花山绣球 油彩 画布	145.5cm×112cm	132,480	罗芙奥	2019-12-01
常书鸿 1983年作 静物	45.5cm×52.7cm	437,000	北京匡时	2019-07-13
常书鸿 1985年作 天堂人间	91.5cm×72.8cm	403,560	中国嘉德	2019-03-30
常玉 1920-1930年代作 拿着画板的女人 彩墨 纸本	53cm×32cm	993,600	罗芙奥	2019-12-01
常玉 1930年代作 中国花布上的粉红裸女	45.2cm×81.2cm	45,262,928	香港苏富比	2019-10-05
常玉 1930至40年代作 盆花	92cm×60.3cm	39,581,027	香港苏富比	2019-10-05
常玉 1931年 白瓶粉红菊	100cm×70.5cm	55,200,000	中国嘉德	2019-11-16
常玉 1950年代作 红桌上的瓶菊 油彩 纤维板	62cm×92cm	67,564,800	罗芙奥	2019-12-01
常玉 1950年代作 五裸女	120cm×172cm	272,066,575	佳士得	2019-11-23
常玉 1965年作 曲腿裸女	122.5cm×135cm	179,562,418	香港苏富比	2019-10-05
常玉 粉底白瓶花	34.5cm×24cm	12,843,120	保利香港	2019-10-06

拍品名称	物品尺寸	成交价RMB	拍卖公司	拍卖日期
常玉 卧姿裸女 水墨 纸本	25.6cm×43cm	331,200	罗芙奥	2019-12-01
常玉 约1950年代作 聚瑞盈香	64cm×53cm	77,050,000	北京保利	2019-12-03
陈承卫 2017年作 盆景-9	59.5cm×89.5cm	107,026	保利香港	2019-10-06
陈澄波 1934年作 太湖	38cm×45.5cm	2,233,800	罗芙奥	2019-06-02
陈丹青 1977年作 吾师·师母	55cm×60cm	4,600,000	华艺国际	2019-08-10
陈丹青 1985年 西藏女孩	30.5cm×41cm	1,012,000	中国嘉德	2019-11-16
陈丹青 1986年作 一对年轻的牧羊人	100cm×74.5cm	9,293,680	华艺国际	2019-11-24
陈丹青 1999年作 景物	51cm×61cm	897,000	北京保利	2019-06-04
陈飞 2008年 今夜突然下起小雪——致可爱的老汉史崔特（三联作）	180cm×140cm×3	2,185,000	中国嘉德	2019-06-03
陈飞 2010年 杀人者·美国精神病人	34cm×29cm	92,000	北京诚轩	2019-06-02
陈飞 2010年作 “乒”！	110cm×150cm	671,250	佳士得	2019-11-24
陈飞 2012年作 你自己去看	直径：240cm	1,389,375	香港苏富比	2019-04-01
陈福善 1969年作 橙色条纹怪	50cm×74cm	140,400	佳士得	2019-05-26
陈福善 1986；及1986年作 都市生活（两件作品）	23.2cm×31cm	91,800	佳士得	2019-05-21
陈福善 1988年作 派对	46cm×61.5cm	149,836	中国嘉德	2019-10-07
陈建伟 2015年作 救世主	120cm×160cm；120cm×320cm	432,000	佳士得	2019-05-25
陈建中 1980至1981年作 构图第14号	80cm×80cm	117,729	中国嘉德	2019-10-07
陈钧德 1978年作 富春江芦茨村景	70cm×80cm	282,492	中国嘉德	2019-03-30
陈钧德 1982年作 渔舟唱晚	74cm×93.5cm	256,862	中国嘉德	2019-10-07
陈钧德 1984年作 桂林山水	116cm×166cm	2,070,000	北京保利	2019-06-04
陈钧德 1991年作 天目深秋	70cm×79.5cm	322,848	中国嘉德	2019-03-30
陈钧德 1994年作 充满诗意的路	74cm×60.5cm	235,457	中国嘉德	2019-10-07
陈钧德 1997年 青岛蒋介石公馆别墅	80cm×70cm	299,000	中国嘉德	2019-06-03
陈钧德 2001年作 春日	100cm×100cm	460,000	北京保利	2019-06-04
陈钧德 2001年作 女人体	90cm×70cm	287,500	北京翰海	2019-06-15
陈钧德 2002年 江南沙溪水镇	70cm×90cm	253,000	中国嘉德	2019-06-03
陈钧德 2005年 阳春白日暖幽径	70cm×80cm	253,000	中国嘉德	2019-11-16
陈钧德 2005年作 桂林风光	69cm×78.5cm	230,000	北京匡时	2019-07-13
陈钧德 2008年作 清阳澄夏	60.9cm×72.7cm	340,125	香港苏富比	2019-10-06
陈钧德 2013年作 海德堡细雨	69.5cm×89cm	517,500	西泠印社	2019-07-07
陈俊穆 2015年 一画一如来	150cm×130cm	1,265,000	中国嘉德	2019-11-16
陈可 2006年 高级生活	215cm×215cm	805,000	中国嘉德	2019-11-16
陈可 2006年作 敏感的神经	160cm×160cm	605,340	保利香港	2019-03-31
陈可 2008年作 流星－奇鸟行状录	200cm×200cm	120,000	佳士得(上海)	2019-09-21
陈可 2009年作 流星 最后只好躺下来	150cm×150cm	108,000	佳士得	2019-05-26
陈可 2014年作 颐和园	99.8cm×129.1cm	805,500	佳士得	2019-11-24
陈亮浩 2018年 夜色	120.5cm×160cm	172,500	中国嘉德	2019-11-16
陈平禄 庙宇的花园之景	65cm×100cm	587,813	香港苏富比	2019-04-01
陈蜀 2017年作 风景系列之八	60cm×80cm	98,900	北京翰海	2019-03-29
陈树中 2003-2004年作 辽阔的野草滩	183cm×260cm	195,500	北京匡时	2019-07-13
陈树中 2007年 野草滩，猪年气象	148cm×118cm	287,500	中国嘉德	2019-06-03
陈树中 2010年 野草滩物语之三十三	120cm×140cm	172,500	中国嘉德	2019-06-03
陈思源 2018年 眷顾之五	197cm×155cm	345,000	中国嘉德	2019-11-16
陈滔 2017年作 古长城	90cm×128cm	575,000	北京翰海	2019-10-12
陈文波 2015年作 入口	200cm×300cm	230,000	北京保利	2019-06-04
陈文骥 2006年作 一切	直径180cm	1,725,000	北京保利	2019-06-04

拍品名称	物品尺寸	成交价RMB	拍卖公司	拍卖日期
陈文谨 1937年作 越南女孩	65cm×52.5cm	972,000	佳士得	2019-05-26
陈文希 海边的船	68cm×85cm	648,000	佳士得	2019-05-26
陈文希 鹭	129cm×34.5cm	226,750	香港苏富比	2019-10-06
陈文希 年画	80cm×100cm	1,473,875	香港苏富比	2019-10-05
陈文希 猿图	69.5cm×45.5cm	249,425	香港苏富比	2019-10-06
陈逸飞 1980年代作 无题	86.5cm×66.7cm	1,133,750	香港苏富比	2019-10-06
陈逸飞 1983年作 凯瑟琳·菲尔德肖像	123cm×123cm	641,250	香港苏富比	2019-04-01
陈逸飞 1983年作 苏州运河	76cm×106cm	3,450,000	西泠印社	2019-07-07
陈逸飞 1986年作 日落苏州	86.4cm×107cm	2,160,000	佳士得	2019-05-26
陈逸飞 1996年 绿绿的草原	200cm×250cm	14,950,000	中国嘉德	2019-06-03
陈逸飞 女肖像	105.5cm×74.5cm	368,000	西泠印社	2019-07-07
陈逸飞 午后威尼斯 镜框	49cm×69cm	1,265,000	上海嘉禾	2019-09-06
陈逸飞 渔家 镜芯	34cm×51cm	207,000	中鸿信	2019-07-16
陈逸飞 约1983作 玛斯达·菲尔德肖像	46.3cm×46.3cm	235,125	香港苏富比	2019-04-01
陈彧君 2009年作 亚洲地境6平方米No.20091218	200cm×300cm	264,500	北京保利	2019-06-04
陈彧君 2010年作 临时家庭－礼堂No.1	200cm×300cm	240,000	佳士得（上海）	2019-09-21
陈昭宏 1972年作 双子A	92cm×127cm	267,565	保利香港	2019-10-06
陈昭宏 2011年作 沙滩169	60cm×76cm	128,431	保利香港	2019-10-06
程丛林 1991年作 秋原	81.5cm×61.5cm	230,000	北京翰海	2019-06-15
程丛林 1992年作 初冬	53.5cm×69.5cm	287,500	西泠印社	2019-07-07
程竹 2018年 公共偶像——80后·铭记未来	129.5cm×95.5cm	575,000	中国嘉德	2019-11-16
慈向群 春雪	60cm×45cm	230,000	北京翰海	2019-03-29
崔洁 2014年作 网吧	150cm×110cm	246,125	佳士得	2019-11-24
崔洁 2015年作 GROUND INVADING FIGURE 35号	100cm×150cm	203,063	香港苏富比	2019-04-01
崔开玺 2007年作 白丁香花	61cm×73cm	92,000	北京华辰	2019-07-14
崔明永 1975年作 等式 75-R	73cm×91cm	237,600	佳士得	2019-05-26
崔小冬 2012年作 茶园春色	160cm×110cm	1,322,500	中贸圣佳	2019-06-07
村上隆 1998年作 Antology	65cm×50cm	1,062,813	佳士得	2019-11-24
大庭大介 2008年作 UROBOROS（Spectrum）	180cm×180cm	106,281	佳士得	2019-11-24
戴娜·舒茨 2004年作 土木规划	289.6cm×426.7cm	16,412,440	纽约苏富比	2019-05-16
戴维·霍克尼《西莉亚II》	65cm×45.7cm	4,844,595	伦敦苏富比	2019-03-05
戴维·霍克尼 1969年作 亨利. 格尔德札勒与克里斯托弗·斯科特	214cm×305cm	328,745,051	伦敦佳士得	2019-03-06
戴维·霍克尼 洞穴怎么样	92.1cm×122.3cm	11,739,990	伦敦苏富比	2019-07-03
戴维·萨利 1998年作 更大的挂物架	244cm×335cm	4,497,617	伦敦佳士得	2019-03-06
戴泽 2001年作 紫罗兰	40cm×50cm	184,000	北京翰海	2019-06-15
丹尼尔雷·克莱斯比《天使报喜》	47.3cm×62cm	3,556,188	纽约苏富比	2019-01-30
单凡 2015年作 缓慢之作彩色竹子	200cm×200cm	437,000	华艺国际	2019-08-10
嶋本昭三 2003年作 爆瓶	120cm×80cm	254,880	华艺国际	2019-05-27
嶋本昭三 2003年作 爆瓶	120cm×70cm	188,611	华艺国际	2019-05-27
嶋本昭三 2006~2007年作 丝路 31	80cm×117cm	525,600	罗芙奥	2019-06-01
嶋本昭三 2008年作 Magi 905 压克力 玻璃 画布	130cm×160cm	694,688	佳士得	2019-03-29
嶋本昭三 2008年作 PROOF OF PEACE AU 33	96cm×106cm	320,625	香港苏富比	2019-04-01
德国南部画派，应在乌姆，十六世纪初 建筑师莫里茨·恩辛格肖像	37.5cm×25cm	3,930,918	伦敦苏富比	2019-07-03

拍品名称	物品尺寸	成交价RMB	拍卖公司	拍卖日期
邓箭今 1997年作 遥远的歌声	120cm×99cm	172,500	广东崇正	2019-05-23
刁德谦 2010年作 放开：投降和哀掉	61cm×132.5cm	192,375	香港苏富比	2019-04-01
刁德谦 2018 年作 未组装的柏林椅 1	92cm×122cm	226,750	香港苏富比	2019-10-06
迭戈·罗迪盖斯·德·席尔瓦·维拉斯盖兹 身穿黑衣的奥林匹娅·麦道基尼·潘菲利半身像（1591－1657年）	77.4cm×61cm	2,858,050	伦敦苏富比	2019-07-03
丁品 邢展 1976年作 又是迎春 镜芯	95cm×168cm	402,500	中鸿信	2019-07-16
丁设 2017年 105 20170530 2015	90cm×120cm	92,000	中国嘉德	2019-11-16
丁天缺 1980年作 窗前遇见一	85cm×64cm	1,380,000	北京保利	2019-12-03
丁天缺 1998年作 窗前遇见二	93cm×73cm	920,000	北京保利	2019-12-03
丁雄泉 1963年作 克丽奥佩托拉（埃及艳后）与摄影师	58.5cm×71cm	167,813	佳士得	2019-11-24
丁雄泉 1966至68年作 灿烂骄阳	145cm×178.5cm	963,688	香港苏富比	2019-10-06
丁雄泉 1967-1970年作 秋天的花	129cm×155.5cm	2,268,000	佳士得	2019-05-26
丁雄泉 1967年作 美好的一天	140cm×193cm	1,230,625	佳士得	2019-11-23
丁雄泉 1971年作 柠檬树	141cm×188cm	810,000	佳士得	2019-05-26
丁雄泉 1971年作 人生如春	113.6cm×148.8cm	374,063	香港苏富比	2019-04-01
丁雄泉 1971年作 阳光雨露	141cm×187cm	1,140,000	佳士得（上海）	2019-09-21
丁雄泉 1973年作 爱我，爱我	153cm×213cm	839,063	佳士得	2019-11-24
丁雄泉 1973年作 玫瑰出墙	212cm×243.5cm	1,095,000	罗芙奥	2019-06-02
丁雄泉 1973年作 亲我 亲我 压克力纸本	56cm×76cm	248,400	罗芙奥	2019-12-01
丁雄泉 1974年作 亲我亲我	55.5cm×75cm	235,457	中国嘉德	2019-10-07
丁雄泉 1974年作 桃红柳绿	101.5cm×153cm	727,188	佳士得	2019-11-24
丁雄泉 1974年作 吻我，吻我	56.6cm×75.8cm	171,000	香港苏富比	2019-04-01
丁雄泉 1974年作 一吻一吻	56.5cm×75.5cm	252,225	中国嘉德	2019-03-30
丁雄泉 1975年作 很高兴见到你	76.2cm×112cm	850,313	香港苏富比	2019-10-06
丁雄泉 1976年作 慵懒的午后	71.5cm×101.5cm	800,213	纽约佳士得	2019-09-18
丁雄泉 1978年作 花园中的猫	59cm×90.4cm	151,335	保利香港	2019-03-31
丁雄泉 1980年作 花扇裸女	97.5cm×181.5cm	402,500	北京翰海	2019-06-15
丁雄泉 1980年作 思春	101cm×151.5cm	1,070,260	中国嘉德	2019-10-07
丁雄泉 1985年作 我 寂寞	35cm×45.7cm	231,173	纽约佳士得	2019-09-18
丁雄泉 1985年作 我爱花朵	52.5cm×60.5cm	420,480	罗芙奥	2019-06-02
丁雄泉 1986年作 躲猫猫	101cm×126.5cm	857,565	中国嘉德	2019-03-30
丁雄泉 1986年作 很热的一天 压克力 画布	60cm×80cm	480,938	佳士得	2019-03-29
丁雄泉 1986年作 女人与蓝色的猫	40cm×50cm	170,820	罗芙奥	2019-06-02
丁雄泉 1986年作 我爱粉红猫 压克力 画布	50cm×76.5cm	662,400	罗芙奥	2019-12-01
丁雄泉 1986年作 想你	40.6cm×50.8 cm	310,500	保利厦门	2019-08-04
丁雄泉 1990年代作 蓝色女士，紫色女士 压克力 纸本	48cm×60cm	99,360	罗芙奥	2019-12-01
丁雄泉 1990年作 同眠共枕	55cm×70.5cm	121,068	中国嘉德	2019-03-30
丁雄泉 1991年作 桂林山水	127.5cm×198cm	287,500	西泠印社	2019-07-07
丁雄泉 3美图	96.5cm×177.3cm	510,188	香港苏富比	2019-10-06
丁雄泉 持花双美	46cm×64cm	115,632	罗芙奥	2019-06-02
丁雄泉 跟我跳舞	47.5cm×33cm	129,600	佳士得	2019-05-21
丁雄泉 害羞女孩	88.5cm×95.5cm	246,125	佳士得	2019-11-24
丁雄泉 黄金雨下的维纳斯	145cm×212cm	513,000	香港苏富比	2019-04-01
丁雄泉 丽人行	181cm×97cm	345,000	中国嘉德	2019-06-03
丁雄泉 龙虾盛宴	97cm×90cm	324,000	佳士得	2019-05-26
丁雄泉 美人与果篮	87cm×95cm	299,673	中国嘉德	2019-10-07
丁雄泉 三美图	178cm×97cm	367,920	罗芙奥	2019-06-02
丁雄泉 三仕女图	177cm×96cm	106,875	香港苏富比	2019-04-01

拍品名称	物品尺寸	成交价RMB	拍卖公司	拍卖日期
丁雄泉 无题 水墨 压克力 纸本裱于画布	63.5cm×96.5cm	106,875	佳士得	2019-03-29
丁雄泉 约1990年代作 三美歌舞图	179cm×96cm	403,560	中国嘉德	2019-03-30
丁衍庸 1960年代作 鸿虎 IV	40cm×29.5cm	1,819,442	中国嘉德	2019-10-07
丁衍庸 1964年作 甲骨文字/兰（双面画）	42cm×29cm	1,311,570	中国嘉德	2019-03-30
丁衍庸 1965年作 鱼与鼎/中国古代图纹（双面画）	42.8cm×42.8cm	1,109,790	中国嘉德	2019-03-30
丁衍庸 1968年作 玉米与螃蟹	35cm×46cm	1,979,981	中国嘉德	2019-10-07
丁衍庸 1969年 橘色仕女	91cm×60.5cm	6,095,000	中国嘉德	2019-11-16
丁衍庸 1970年代 恋人	60cm×45.5cm	3,220,000	中国嘉德	2019-06-03
丁乙 1996年 十字96-38	140cm×160cm	1,265,000	中国嘉德	2019-06-03
丁乙 2004年作 十示	135cm×200cm	1,782,500	西泠印社	2019-07-07
丁乙 2015年 十示 2015-25	90cm×60cm	483,000	中国嘉德	2019-06-03
董小蕙 2009年作 黑椅子 油彩 画布	100cm×80cm	262,200	罗芙奥	2019-12-01
董小蕙 2013年作 清逸—水仙花	80cm×64.5cm	110,979	中国嘉德	2019-03-30
董小蕙 2013年作 圣母—粉茶	80cm×65cm	252,225	中国嘉德	2019-03-30
董小蕙 2014年作 春闲—红茶花	99.5cm×79.5cm	203,349	中国嘉德	2019-10-07
董小蕙 2014年作 静日—蝴蝶兰	80cm×100cm	181,944	保利香港	2019-10-06
董小蕙 2016年作 闲日—粉茶	80cm×100cm	385,294	中国嘉德	2019-10-07
杜泳樵 1993年作 风景	79.5cm×63.5cm	97,750	北京翰海	2019-06-15
渡部满 2018年作 奈绪子在鲁索的森林内沐浴	162cm×194cm	216,000	佳士得	2019-05-26
段建伟 1994年作 唐白瓷瓶	55cm×46cm	92,000	西泠印社	2019-07-07
段建宇 2007年作 早安 第10号	170cm×110cm	648,000	佳士得	2019-05-26
段建宇 2008年3月作 姐姐14号（双联作）	整体： 182.2cm×434cm	3,420,000	香港苏富比	2019-04-01
段建宇 2010年作 万水千山都是情第1号	179.5cm×249cm	2,376,000	佳士得	2019-05-25
段建宇 2011年作 一双绣花鞋 — 姐姐妹妹都不错 No.2（一组两件）	181cm×217cm； 24cm×16cm	1,210,680	中国嘉德	2019-03-30
段建宇 2011年作 艺术女神刚刚醒来2	181cm×217cm	1,495,000	北京保利	2019-12-03
段正渠 2005年作 大地景观	79cm×60cm	92,000	朵云轩	2019-06-23
恩斯特·路德维格·基尔希纳 1915年作 骑兵	115.8cm×115.8cm	30,103,530	纽约佳士得	2019-11-11
恩斯特·路德维希·基希纳 1906年作《沙发上的少女》	49cm×68.8cm	33,543,801	伦敦苏富比	2019-02-26
儿岛善三郎 1930年作 镜	97cm×130.5cm	626,400	佳士得	2019-05-26
范光厚 约1950-1960年作 金玉满堂	各： 100cm×65cm 整体： 100cm×195cm	1,247,125	香港苏富比	2019-10-06
方济各·克劳迪斯·卡里克斯 分离	100.5cm×77cm	345,000	北京荣宝	2019-06-13
方谨顺 辛劳的果实	80.5cm×61.5cm	102,600	佳士得	2019-05-26
方君璧 1920年代末 安纳西湖	40cm×32cm	345,000	中国嘉德	2019-11-16
方君璧 1944年作 篮中繁花 油画	37.5cm×45.5cm	287,500	北京诚轩	2019-11-17
方君璧 1963年作 红牡丹	63.5cm×68.5cm	2,300,000	上海明轩	2019-04-28
方力钧 1998年至2003年作 游泳小组时的老栗	163cm×130cm	4,253,625	香港苏富比	2019-04-01
方力钧 1998年作 1998.1	300cm×200cm	3,401,250	香港苏富比	2019-10-06
方力钧 2001年作 2001.1.5	180cm×250cm	1,700,625	香港苏富比	2019-10-06
方力钧 2002 年作 2002.1.10	399.5cm×175.5cm×4	10,350,000	北京保利	2019-06-04
方力钧 2009年作 作品112	181cm×250cm	1,267,320	华艺国际	2019-11-24
方力钧 2010年作 2010	270cm×120cm	1,265,000	保利厦门	2019-01-06
方力钧 2011-2012年作 2011-2012	270cm×120cm	4,945,000	北京翰海	2019-06-15
房奇 2016年作 NO.KLYP1608	200cm×300cm	402,500	北京保利	2019-12-03

拍品名称	物品尺寸	成交价RMB	拍卖公司	拍卖日期
菲利普·加斯顿《灯》	81.2cm×91.4cm	14,752,010	伦敦苏富比	2019-03-05
菲利普·加斯顿 红色天空	208.3cm×268cm	49,683,576	纽约苏富比	2019-05-16
菲利普·加斯顿 户外	182.9cm×200.7cm	13,157,080	纽约苏富比	2019-05-16
菲利普·加斯顿 腿、地毯、地板	203.2cm×254cm	47,366,166	纽约苏富比	2019-05-16
费德·加利齐亚 玻璃高脚果盘、蜜桃、茉莉花、榅桲与蚱蜢	30.5cm×43.2cm	16,547,580	纽约苏富比	2019-01-30
费德·加利齐亚，农西奥·加利齐亚《雅各布布·梅诺奇奥与玛格丽塔·坎迪亚尼双人肖像，绘以正义女神与明智女神装饰错视画框》	椭圆形肖像画：10cm×8cm；画板：25.5cm×31.3cm	1,284,750	纽约苏富比	2019-01-30
费德列可·阿奎拉·艾库阿兹 1967年作 纽约	48.5cm×76cm	129,600	佳士得	2019-05-26
费尔南多·波特罗 1982 年作 晴	43.2cm×25.4cm×29.2cm	2,461,250	佳士得	2019-11-23
费尔南多·波特罗 2011年作 玩纸牌的人	71cm×92cm	4,255,200	佳士得	2019-05-25
费南度·波特罗 2008年作 女士与花瓶	162cm×152cm	4,947,685	香港苏富比	2019-10-07
费南度·索维尔 1965年作 与伦勃朗对话	100cm×100cm	1,230,625	佳士得	2019-11-24
费南度·索维尔 1972–79年作 垂直和赭石的研究	38cm×46cm	290,875	佳士得	2019-11-24
费以复 1959年作 农家	88.7cm×127cm	216,000	佳士得	2019-05-26
冯法祀 1995年作 潭柘寺帝王树	73cm×60cm	92,000	北京匡时	2019-07-13
冯法祀 2002年作 阅江揽胜	160cm×120cm	345,000	中国嘉德	2019-06-03
冯放 2013年作 立春	122cm×170cm	230,000	北京保利	2019-06-04
冯国栋 2002年作 最后的晚餐 1	90cm×122cm	575,000	北京保利	2019-06-04
冯骁鸣 2015年作 构图20–01–15	195cm×130cm	1,360,500	香港苏富比	2019-10-07
冯钟睿 1999年作 99-37 压克力画布	90cm×72cm	203,063	佳士得	2019-03-29
冯钟睿 2008年作 绘画 08–12	92cm×106.8cm	235,457	保利香港	2019-10-06
冯钟睿 九九之九	118cm×81cm	128,250	香港苏富比	2019-04-01
俸正杰 2000年作 东张西望	190cm×190cm	115,000	北京保利	2019-12-03
弗兰克·奥尔巴赫 1985年作 朱莉娅头像	66.4cm×66.4cm	12,343,240	纽约苏富比	2019-05-16
弗朗契斯克·瓜尔迪《布伦塔运河上的多洛港景观》	44cm×32cm	1,713,000	纽约苏富比	2019-01-30
弗朗契斯克·瓜尔迪 威尼斯，大运河与小圣西门教堂景观	65.3cm×79.5cm	6,991,230	伦敦苏富比	2019-07-03
弗朗切斯科·博内里 – 或称切科·德·卡拉瓦乔《嘲弄基督》	52.5cm×65.5cm	856,500	纽约苏富比	2019-01-30
弗朗西斯 纽顿 苏扎 1991年作 海滨	38.1cm×57.2cm	133,369	纽约佳士得	2019-09-18
弗朗西斯·培根 1952年作 头像习作	66cm×56cm	341,677,160	纽约苏富比	2019-05-16
弗朗西斯·培根 肖像习作	198.1cm×148cm	98,349,173	纽约苏富比	2019-05-16
弗朗西斯·培根 自画像	35.5cm×30.5cm	145,476,064	伦敦苏富比	2019-07-03
弗朗西斯科·巴雷拉《冬之比喻：宰猪、风干肉、鱼、家禽、肉馅饼、陶瓷器皿与火盆》	101.6cm×154.9cm	599,550	纽约苏富比	2019-01-30
弗朗西斯科·何塞·德·戈雅·卢西恩特斯《女演员丽塔·卢纳肖像》	42.6cm×34.1cm	8,325,180	纽约苏富比	2019-01-30
弗朗兹·奈德 16-17世纪 猴子和水果	85cm×113cm	368,000	北京保利	2019-11-20
弗雷德里克·苏拉克洛瓦 闺房里的女士	40cm×24.5cm	207,000	北京保利	2019-11-20
弗雷德里克·苏拉克洛瓦 互相凝视	87cm×61cm	552,000	北京保利	2019-11-20
傅磊 2019年作 一只恶犬	120cm×100cm	552,000	北京翰海	2019-10-12
傅庆豊 1990–1991年作 小火车 油彩 画布	116cm×89cm	138,000	罗芙奥	2019-12-01
傅庆豊 1991年作 两个稻草人	195cm×130cm	280,800	佳士得	2019-05-21
傅庆豊 1993年作 生机	116cm×89cm	126,144	罗芙奥	2019-06-02
高行健 1995年作 内视	96cm×86.5cm	90,700	香港苏富比	2019-10-06
高松次郎 1968年作 阴影	70.8cm×60cm×7.6cm	1,710,000	香港苏富比	2019-04-01
高伟刚 2013年作 恶习20130801	150cm×200cm	100,688	佳士得	2019-11-24
高野绫 2013年作 千年螺旋的秘密：田代太田	160cm×132cm	540,000	佳士得	2019-05-26
高瑀 2005年作 文化精子	190cm×190cm	356,500	北京保利	2019-12-03
高瑀 2009年 银河小英雄（三联画）	300cm×200cm×3	920,000	中国嘉德	2019-06-03
哥特哈特·库尔 读牌者	69cm×45cm	460,000	北京荣宝	2019-06-13
格哈德·里希特《抽象画》	180cm×180cm	60,388,095	伦敦苏富比	2019-03-05
格哈德·里希特《黑马羚》	40cm×50.1cm	10,038,350	伦敦苏富比	2019-03-05
格哈德·里希特《影子》	55.2cm×50.5cm	6,415,815	伦敦苏富比	2019-03-05
格哈德·里希特 树丛	72.2cm×102.1cm	10,157,070	伦敦苏富比	2019-07-03
格哈德·里希特 月球表面I	200.5cm×130.4cm	32,689,240	纽约苏富比	2019-05-16
格哈德·里希特 云	99.6cm×80cm	6,991,230	伦敦苏富比	2019-07-03
格伦·布朗《衰老的青春》	122cm×156cm	10,605,735	伦敦苏富比	2019-03-05
耿建翌 1993年作 永放光芒—炼钢工人	93.5cm×113cm	230,000	中贸圣佳	2019-11-30
宫立龙 2008年作 飞跃	190cm×240cm	920,000	中贸圣佳	2019-06-07
宫立龙 2013年作 向前、向前、向前	120cm×120cm	322,000	中贸圣佳	2019-11-30
宫崎骏 龙猫（共五件）	23cm×35cm×5	223,750	佳士得	2019-11-24
宫崎骏 魔女宅急便（共三件）	23cm×35cm×3	134,250	佳士得	2019-11-24
古那弯 1955年作 三女子	80cm×98cm	1,118,750	佳士得	2019-11-23
古那弯 1972年作 抚育水牛	72cm×104cm	1,728,000	佳士得	2019-05-26
古那弯 1976年作 找跳蚤	100cm×154.5cm	1,678,125	佳士得	2019-11-24
古斯塔夫·卡耶博特 约1888年作 小热讷维耶的塞纳–马恩省河畔	60.3cm×73.3cm	25,818,330	纽约佳士得	2019-11-11
谷文达 2000年作 丝绸之路1号	整体：341cm×190cm	192,738	香港苏富比	2019-10-06
顾福生 1960年作 小憩	100cm×65cm	282,492	中国嘉德	2019-03-30
顾福生 1964年作 堕	127cm×102cm	113,375	香港苏富比	2019-10-06
顾福生 1998年作 美的经验（花与舞）	125cm×100cm	221,958	中国嘉德	2019-03-30
顾黎明 2011年 母子夺魁——紫色版	162cm×114cm	1,380,000	中国嘉德	2019-06-03
关良 1940年代 双岳揽胜轻舟过	53cm×38cm	3,565,000	中国嘉德	2019-06-03
关良 1948年作 构图	54.6cm×64.3cm	8,357,625	香港苏富比	2019-03-31
关良 1950年代 广州造船厂	40cm×52cm	2,645,000	中国嘉德	2019-11-16
关良 1950年代作 杭州灵隐寺	40.1cm×32.4cm	1,700,625	香港苏富比	2019-10-05
关良 1950年作 褒城石门洞	79.5cm×58cm	8,562,825	香港苏富比	2019-03-31
关良 1950年作 颐和园	50.1cm×72.6cm	2,040,750	香港苏富比	2019-10-05
关良 1953年作 学生下乡访问农户 镜框	64cm×83cm	1,610,000	上海嘉禾	2019-09-07
关良 1957年 春（卑尔根风景）	24cm×33cm	1,495,000	北京诚轩	2019-06-02
关良 1957年作 树和桥	24.2cm×33cm	850,313	香港苏富比	2019-10-05
关良 1960年代作 海港晨曲	32.8cm×45cm	1,035,000	保利厦门	2019-01-06
关良 1960年作 德国风景	48.5cm×60cm	1,150,000	北京翰海	2019-06-15
关良 1960年作 养猪人家	32.2cm×39.2cm	1,496,250	香港苏富比	2019-03-31
关良 1973年作 植树	35.7cm×60.2cm	2,267,500	香港苏富比	2019-10-05
关良 白蛇传	95.5cm×178cm	4,730,005	香港苏富比	2019-10-05
关良 德国都市	33cm×24cm	535,130	中国嘉德	2019-10-08
关良 德国乡村	24.2cm×33cm	535,130	中国嘉德	2019-10-08

拍品名称	物品尺寸	成交价RMB	拍卖公司	拍卖日期
关良 房子与树	24cm×32cm	963,234	中国嘉德	2019-10-07
关良 放鸭图	26cm×28cm	321,078	中国嘉德	2019-10-08
关良 花果篮瓶	28cm×33cm	1,603,125	香港苏富比	2019-03-31
关良 迈森主教座堂	50cm×40.5cm	1,012,000	西泠印社	2019-07-07
关良 牧牛图	131cm×66cm	1,020,375	香港苏富比	2019-10-05
关良 评雪辨踪	31cm×34.5cm	1,016,747	保利香港	2019-10-06
关良 史塔尔桑教堂	54cm×67cm	4,830,000	西泠印社	2019-07-07
关良 戏曲人物二 油画	24.5cm×19cm	218,500	北京银座	2019-06-05
关良 戏曲人物一 油画	31cm×20.5cm	207,000	北京银座	2019-06-05
郭北平 粉衣女孩	100cm×80cm	690,000	北京荣宝	2019-12-01
郭润文 1995年 花季	91cm×72cm	782,000	中国嘉德	2019-06-03
郭润文 2010年 冰酒	80cm×50.5cm	345,000	中国嘉德	2019-06-03
郭润文 2011年作 小婷婷	80cm×50cm	575,000	保利厦门	2019-08-04
郭绍纲 恽圻苍 1972年作 毛主席带领我们在大风大浪中前进	163cm×329cm	11,500,000	北京保利	2019-06-04
郭维国 2008年作 紫红色身躯的拥抱	186cm×135cm	144,540	罗芙奥	2019-06-02
郭维国2011年作富贵平安图油彩画布	200x118cm	151,800	罗芙奥	2019-12-01
郭伟2000年作室内：蚊子与飞蛾17号	199cm×179.5cm	107,706	香港苏富比	2019-10-06
哈洛德. 安卡特 2017年作 无题	129.7cm×103cm	2,700,000	佳士得	2019-05-25
哈维尔. 卡勒加2017年作我在粉红里	27.5cm×30cm	248,400	罗芙奥	2019-12-01
海伦·弗兰肯塔勒 纽芬兰岛	133.4cm×279.4cm	18,447,040	纽约苏富比	2019-05-16
韩湘宁 1972年作 华盛顿艾森豪威尔办公大楼	137cm×229cm	121,068	中国嘉德	2019-03-30
汉·斯尼奥 巴利市场景象	119cm×90cm	317,450	香港苏富比	2019-10-06
汉迪威曼·苏普塔拉 TUTUR KARENA, NELAN	195cm×150cm	1,927,375	香港苏富比	2019-10-05
汉斯·哈同 1971年作 T 1971-E47	50.2cm×64.7cm	623,563	香港苏富比	2019-10-06
郝元峰 城之光NO.3	150cm×170cm	172,500	北京荣宝	2019-12-01
何多苓 1996年作 无题	100cm×81cm	5,175,000	北京保利	2019-06-04
何多苓 2003年 方兰21岁	180cm×130cm	1,610,000	中国嘉德	2019-06-03
何多苓 2011年作 玫瑰系列	80cm×60cm	213,750	香港苏富比	2019-04-01
何多苓 2017年作 俄罗斯森林（黄金时代）普希金·自由	200cm×150cm	5,851,620	保利香港	2019-03-31
何凤莲 2014年作 花儿	179.5cm×66cm	256,500	香港苏富比	2019-04-01
何红舟 1993年作 乡场	181cm×161cm	667,000	西泠印社	2019-07-07
何红舟 乡情	162cm×63.5cm	115,000	西泠印社	2019-07-07
何孔德 天山夕照 镜框	75cm×57cm	192,100	上海品得	2019-06-19
何孔德 长征路上 镜芯	60.5cm×91cm	115,000	中鸿信	2019-07-16
荷兰 威廉·弗雷德里克·韦德纳《古典花卉静物》布面油画（一对）	左图高72cm；宽54cm；右图高78cm；宽66cm	747,500	保利厦门	2019-08-04
荷西·荷雅 1960年作 无题	40.5cm×56cm	335,625	佳士得	2019-11-24
荷西·荷雅 1960年作 无题	57cm×72cm	335,625	佳士得	2019-11-24
荷西·荷雅 1960年作 执着橙色	53.5cm×69cm	313,250	佳士得	2019-11-24
荷西·荷雅 1961年作 无题	51cm×68cm	486,000	佳士得	2019-05-26
贺慕群 2002-2004年 水果系列31	110cm×185cm	3,105,000	中国嘉德	2019-11-16
赫尔文·安德森 2006年作 Foska, Foska	120cm×200cm	4,707,113	伦敦佳士得	2019-03-06
赫楠·巴斯 2011年作 A Flaming Creature（or, the sound of music）压克力 丝网版画 麻布	183cm×152.5cm	1,015,313	佳士得	2019-03-29
亨德拉·古拿温 海边	88cm×147cm	3,206,250	香港苏富比	2019-04-01
亨德拉·古拿温 海滩边的女子与小孩	139cm×194.5cm	9,383,625	香港苏富比	2019-03-31
亨德拉·古拿温 面具舞者	145.5cm×71cm	641,250	香港苏富比	2019-04-01
亨德拉·古拿温 烹煮蜗牛	89cm×148.5cm	1,814,000	香港苏富比	2019-10-06
亨德拉·古拿温 市集中的女子	170cm×115cm	1,282,500	香港苏富比	2019-04-01
亨德拉·古拿温 渔民	135cm×200cm	2,778,750	香港苏富比	2019-04-01
亨德里克·雅各布布斯·杜贝尔斯《黄昏平静海面上的船舶，前景见数人聚集岸上》	52cm×48cm	1,199,100	纽约苏富比	2019-01-30
亨利·马蒂斯 1919年作于尼斯 银莲花与黑色镜子	67.9cm×53.8cm	37,631,198	纽约佳士得	2019-11-11
亨利·美治 约1950-40年作 顺化郊区风景	60.5cm×73cm	101,531	香港苏富比	2019-04-01
亨利·泰勒 2004年作 克里斯	78.7cm×74.9cm	1,418,463	伦敦佳士得	2019-03-06
亨利·约瑟夫·哈比格尼 风景	57.5cm×48.5cm	172,500	北京保利	2019-11-20
洪救国 犬系列	30.5cm×35.5cm	113,375	香港苏富比	2019-10-06
洪救国 西瓜	45.5cm×61cm	147,388	香港苏富比	2019-10-06
洪凌 2000年 淡雾梨花	120cm×189.5cm	690,000	中国嘉德	2019-06-03
洪凌 2004年作 穹雪之三	250cm×150cm	756,675	保利香港	2019-03-31
洪凌 2005年作 茂谷秋声	60cm×72cm	138,000	广东崇正	2019-11-28
洪凌 2009年作 夏日	40cm×50cm	115,000	广东崇正	2019-11-28
洪凌 2010年作 寒眼 油彩 画布	185cm×215cm	1,932,000	罗芙奥	2019-12-01
侯业 2015年作 春	60cm×90cm	115,000	北京翰海	2019-10-12
胡安·米罗 1916至1917年冬及1929年作于巴塞罗那〈宣传报〉与瓶花	73cm×60cm	10,391,610	纽约佳士得	2019-11-11
胡安·米罗 1927年作 绘画（太阳）	38.3cm×46.2cm	9,963,090	纽约佳士得	2019-11-11
胡安·帕布罗·萨利纳斯 庆祝场景	23.3cm×40cm	138,000	北京保利	2019-11-20
胡赤骏 2011年作 大漠	80cm×100cm	149,500	北京翰海	2019-10-12
胡塞佩·德·里贝拉－或称洛·斯帕尼奥莱托《莎乐美与施洗者圣约翰的人头》	104.8cm×139.7cm	4,213,980	纽约苏富比	2019-01-30
胡塞佩·德·里贝拉－或称洛·斯帕尼奥莱托 少女与铃鼓（五感之听觉）	59.5cm×45.5cm	2,198,500	伦敦苏富比	2019-07-03
胡善馀 1959年作 工地早晨 油画	54cm×80.5cm	805,000	北京银座	2019-06-05
胡善馀 1970年代末作 花港观鱼	49.5cm×60.5cm	299,673	保利香港	2019-10-06
胡善馀 1978年作 秋景	40cm×52cm	161,000	西泠印社	2019-07-07
胡善馀 1980年代末作 水蜜桃	38cm×45.5cm	139,134	保利香港	2019-10-06
胡善馀 1980年代作 着黄卫衣的姑娘	71.5cm×58.5cm	667,000	中国嘉德	2019-06-03
胡善馀 煤山俯视	36.5cm×59.5cm	191,691	中国嘉德	2019-03-30
华西里·康定斯基 1930年2月作 箭头与圆圈	80.4cm×110.5cm	24,104,250	纽约佳士得	2019-11-11
黄丹龙 1965年作 墙上的形式	99.5cm×79cm	246,125	佳士得	2019-11-24
黄佳 2017年 2017-2018	120cm×80cm	115,000	中国嘉德	2019-06-03
黄建南 2015年作 金山上的阳光	70cm×105cm	8,071,200	北京匡时	2019-04-02
黄建南 2016年作 超时空	73cm×89cm	12,106,800	北京匡时	2019-04-02
黄建南 2016年作 大地密码系列之十	70cm×70cm	7,264,080	北京匡时	2019-04-02
黄建南 2016年作 格调	48cm×48cm	3,220,000	北京翰海	2019-03-29
黄建南 2016年作 疆域春色	82cm×50cm	1,725,000	北京翰海	2019-03-29
黄建南 2016年作 神韵	160cm×160cm	25,222,500	北京匡时	2019-04-02
黄建南 2018年作 花好月圆系列之十二	48cm×48cm	908,010	北京匡时	2019-04-02
黄建南 2018年作 孕育系列之二	70cm×70cm	2,017,800	北京匡时	2019-04-02
黄建南 2019年作 梦境系列之六	48cm×48cm	1,513,350	北京匡时	2019-04-02
黄迁杰 2019年作 古城老鞋匠	120cm×120cm	172,500	北京翰海	2019-10-12
黄锐 1979年作 黑板前的女孩	48cm×39cm	287,500	华艺国际	2019-08-10

拍品名称	物品尺寸	成交价RMB	拍卖公司	拍卖日期
黄文佑 2015年作 华侨旗帜陈嘉庚	172cm×120cm	172,500	北京翰海	2019-10-12
黄显之 1958年 运矿缆车	32.5cm×40.8cm	172,500	北京诚轩	2019-06-02
黄显之 1961年 南京三叉河	54cm×64.5cm	2,070,000	中国嘉德	2019-11-16
黄宇兴 2003年作 迷楼	124cm×240cm	230,000	北京匡时	2019-07-13
黄宇兴 2005年 坏朋友	208.5cm×370.5cm	598,000	中国嘉德	2019-06-03
黄宇兴 2006年 我的家	220cm×290cm	172,500	中国嘉德	2019-11-16
黄宇兴 2014年作 河流|气泡（共两件）	125cm×200cm; 20cm×20cm	783,125	佳士得	2019-11-24
黄宇兴 2015-2016年作 沉浮	208cm×258cm; 208cm×516cm	1,944,000	佳士得	2019-05-25
黄宇兴 2015年作 宝藏	170cm×275cm	1,389,375	香港苏富比	2019-04-01
黄宇兴 2015年作 河流	190cm×250cm	756,675	中国嘉德	2019-03-30
黄宇兴 2016年作 博物馆	99cm×150.3cm; 11cm×11cm	600,000	佳士得（上海）	2019-09-21
黄宇兴 2016年作 夜渡三潭	120cm×180cm	759,000	北京保利	2019-06-04
黄宇兴 2017年作 幼树	200cm×320cm	2,070,000	北京保利	2019-12-03
霍德弗里德·斯哈尔肯《树林里妆成女神黛安娜的少女肖像，仙女与狗在旁》	52.7cm×44.1cm	2,483,850	纽约苏富比	2019-01-30
霍刚 1966年作 无题	80cm×100cm	362,800	香港苏富比	2019-10-06
霍刚 1968年作 无题	100cm×80cm	299,250	香港苏富比	2019-04-01
霍刚 1969-1970年作 无题	50cm×50cm	118,800	佳士得	2019-05-26
霍刚 1970年作 无题	80cm×100cm	226,750	香港苏富比	2019-10-06
霍刚 1971年作 无题	70cm×60cm	160,313	香港苏富比	2019-04-01
霍刚 1974年作 无题 74	80cm×70cm	427,500	香港苏富比	2019-04-01
霍刚 1974至76年作 无题	80cm×80cm	158,725	香港苏富比	2019-10-06
霍刚 1978年作 无题	50cm×40cm	91,800	佳士得	2019-05-26
霍华德·霍奇金 1995~1996年作 米尔扎的房间	47.5cm×52.1cm	2,182,250	伦敦佳士得	2019-03-06
吉格·克鲁斯 平衡	106cm×146cm	277,875	香港苏富比	2019-04-01
吉格·克鲁斯 无题	122cm×122cm	203,063	香港苏富比	2019-04-01
吉格·克鲁斯 无题	122cm×91.5cm	136,050	香港苏富比	2019-10-06
吉洛拉姆·马佐拉·贝杜里《绅士肖像》	82.3cm×66.2cm	1,541,700	纽约苏富比	2019-01-30
季大纯 2005年作 手包	149cm×200cm	437,000	北京翰海	2019-06-15
季大纯 2009年 万宝鹿	200cm×150cm	920,000	中国嘉德	2019-06-03
加斯帕·德·克雷耶 骑马的西班牙枢机主教费迪南德亲王（1610－1641年）	271cm×211cm	5,408,310	伦敦苏富比	2019-07-03
加藤泉 2000-2001年作 沉默	162cm×130.5cm	427,500	香港苏富比	2019-04-01
加藤泉 2004年作 无题 油彩 画布	72.7cm×60.6cm	193,200	罗芙奥	2019-12-01
加藤泉 2009年作 无题	194cm×130cm	908,438	香港苏富比	2019-04-01
加藤泉 2009年作 无题	65.2cm×50cm	299,673	保利香港	2019-10-06
贾蔼力 2006年作 无名日（三联作）	300cm×500cm	9,775,000	中贸圣佳	2019-11-30
贾蔼力 2007年作 疯景	267cm×200cm	15,660,000	佳士得	2019-05-25
贾蔼力 2008 年作 多莉！多莉！	84cm×58.5cm×3cm	403,560	保利香港	2019-03-31
贾涤非 2004年作 玉米图（两联作）	148cm×276cm	345,000	中贸圣佳	2019-11-30
贾科姆·切鲁蒂－或称皮托卡托《挤牛奶的母子，远眺一群农民与动物》	122.9cm×90.4cm	2,055,600	纽约苏富比	2019-01-30
贾许·史密斯 2013年作 无题	122cm×91.5cm	907,000	香港苏富比	2019-10-07
菅木志雄 1993 年作 边缘配置	70cm×77.5cm×5.5cm	192,647	中国嘉德	2019-10-07
简多米尼克·帕波洛《身穿毛领大衣的蓄须男子头像》	61cm×50cm	3,227,292	纽约苏富比	2019-01-30
江丰 穗初齐	100cm×80cm	115,000	北京荣宝	2019-12-01

拍品名称	物品尺寸	成交价RMB	拍卖公司	拍卖日期
姜国芳 极光梵境 镜框	86cm×106cm	1,092,500	北京荣宝	2019-12-01
姜国芳 晚霞 镜框	95cm×152cm	1,552,500	北京荣宝	2019-12-01
姜亨九 2007年作 沃荷	193.9cm×259.1cm	216,000	佳士得	2019-05-26
姜建忠 西班牙男孩	110cm×140cm	402,500	中贸圣佳	2019-06-07
蒋兆和 蔡廷锴像 镜芯	54cm×77cm	920,000	中鸿信	2019-07-17
杰哈德·李希特 1986年作 抽象画作	82.2cm×66.7cm	16,696,800	佳士得	2019-05-25
杰哈德·李希特 1987年作 A B，塔	140cm×100cm	27,332,681	伦敦佳士得	2019-03-06
杰哈德·李希特 1996年作 富士	37.4cm×29.2cm	3,840,000	佳士得（上海）	2019-09-21
杰拉丁·哈维尔 2013年作 精灵王的牢笼	183cm×244cm	447,500	佳士得	2019-11-24
今井俊满 1960-1961年作 无题	60cm×81cm	246,125	佳士得	2019-11-24
今井俊满 1963年作 太阳	73cm×92cm	136,050	香港苏富比	2019-10-07
今井俊满 1966年作 无题	45cm×55cm	324,000	佳士得	2019-05-26
今井俊满 1974年作 花	73cm×91cm	221,958	中国嘉德	2019-03-30
金焕基 1956年作 我住的地方	59cm×92cm	5,279,625	香港苏富比	2019-04-01
金焕基 1971年作 05-IV-71 #200（宇宙）	每联：254cm×127cm；整体：254cm×254cm	91,249,725	佳士得	2019-11-23
金田 2006年 空间-美术馆印象	130cm×194cm	253,000	中国嘉德	2019-11-16
金一德 1959年作 炉前入党	88cm×140cm	230,000	北京保利	2019-06-04
靳尚谊 1983年 双人体	102cm×110cm	63,250,000	中国嘉德	2019-11-16
鞠婷 2016年 +-121615	223cm×183cm	161,000	中国嘉德	2019-06-03
卡彼·布莱梅 1984年作 德国男子	200cm×120cm	917,568	华艺国际	2019-05-27
卡雷尔·凡·德·普吕《木台旁手持拐杖与眼镜的男子半身像》	56.4cm×42.8cm	2,980,620	纽约苏富比	2019-01-30
卡洛·马拉蒂，卡雷尔·凡·福赫拉勒－或称卡洛·代·菲奥里（或迪斯特尔布卢姆）《妆成花神佛洛拉的少女肖像》	128.2cm×100.7cm	685,200	纽约苏富比	2019-01-30
卡米耶·毕沙罗 约1872年作《坐在园中的让娜·毕沙罗（米奈特），蓬图瓦》	73cm×60cm	14,795,655	伦敦苏富比	2019-02-26
卡米耶·柯罗 阿夫雷的池塘	45.8cm×61.3cm	805,000	北京保利	2019-11-20
卡密尔·毕沙罗 1892年作 莱当奥克塔夫·米尔博的花园及鸡舍	73.3cm×92cm	73,298,346	纽约佳士得	2019-11-11
卡密尔·毕沙罗 1901年作于巴黎雨天下午的新桥，系列一	81.2cm×65.4cm	46,547,985	纽约佳士得	2019-11-11
卡塔琳娜·格罗斯 2013年作 无题	200cm×130cm	1,020,000	佳士得（上海）	2019-09-21
卡塔琳娜·格罗斯 2014~2015年作 无题	240cm×388cm	2,400,475	伦敦佳士得	2019-03-06
凯斯·凡·东根 巴黎多芬港	89cm×69cm	287,500	北京保利	2019-11-20
康海涛 2008年 山坡下的房子	107cm×77cm	184,000	中国嘉德	2019-06-03
康拉德·格罗布 1886年作 祖父给新生儿的礼物	90cm×120cm	345,000	北京保利	2019-11-20
康纳兄弟 2019年作 I CAN RESIST EVERYTHING EXCEPT TEMPTATION	185cm×115cm	317,450	香港苏富比	2019-10-07
康斯坦·特罗扬 午后的森林	71cm×57cm	253,000	北京保利	2019-11-20
康勇峰 2014年作 风景碎片NO53 画框	120cm×100cm	253,000	湖南逸典	2019-05-18
康勇峰 2016年作 风景碎片NO63 画框	100cm×100cm	172,500	湖南逸典	2019-05-18
康勇峰 2016年作 风景碎片NO64 画框	100cm×100cm	149,500	湖南逸典	2019-05-18
康勇峰 2017年作 蓝光 镜框	108cm×78cm×3	241,500	湖南逸典	2019-05-18
柯奈尔 1991年作 明亮和煦的季节	80cm×80cm	303,600	罗芙奥	2019-12-01
克尔顿 1981年作 花卉	59.5cm×50.5cm	108,000	佳士得	2019-05-26

2019书画拍卖成交汇总

(成交价RMB：10万元以上)

拍品名称	物品尺寸	成交价RMB	拍卖公司	拍卖日期
克尔顿 1982年作 影子木偶	100.5cm×150.5cm	4,255,200	佳士得	2019-05-25
克尔顿 1984年作 卖气球	94cm×64.5cm	839,063	佳士得	2019-11-24
克劳德·莫奈 1884年作 杰弗斯的火车	60.1cm×81.2cm	24,961,290	纽约佳士得	2019-11-11
克劳德·莫奈 1912年作 艺术家在吉维尼的家	73.5cm×73.5cm	40,709,400	纽约佳士得	2019-11-11
克劳德·莫奈 1924年至1925年作于吉维尼 鸢尾花	99.5cm×87.5cm	21,426,000	纽约佳士得	2019-11-11
克劳德·莫内 1908年作《总督宫》	81cm×93cm	240,344,286	伦敦苏富比	2019-02-26
克劳德·约瑟夫·维尔内《黄昏下的地中海港，前景见一名渔民，左见岩岸上漫步的一对情侣》	39cm×54.9cm	4,378,428	纽约苏富比	2019-01-30
克里·詹姆斯·马歇尔 小浪漫	133.3cm×161cm	16,412,440	纽约苏富比	2019-05-16
克里斯托弗·坎贝尔 维多利亚（2018-2）	130cm×185cm	333,500	华艺国际	2019-08-10
克丽丝汀·嫒珠 2008年作 巴拉巴之光 第五号	170cm×135cm	864,000	佳士得	2019-05-26
肯尼斯·诺兰 1960年作 蓝	153.7cm×150.5cm	23,737,000	纽约苏富比	2019-05-16
孔令楠 2014年作 海滩之一	200cm×400cm	158,415	华艺国际	2019-11-24
拉登·谢里夫·布斯塔曼·萨尔1872年作 迪恩高原的景色	46cm×75.5cm	1,728,000	佳士得	2019-05-26
拉菲伊·加尼 与龙跳舞	209cm×183cm.	136,050	香港苏富比	2019-10-06
拉蒙·皮科特·索勒 裸女	81cm×62cm	115,000	北京保利	2019-11-20
莱昂·弗朗索瓦·科莫尔 躺着的女子	40.5cm×50.5cm	172,500	北京荣宝	2019-06-13
赖凤美 1960年作 船只	80cm×64.5cm	140,400	佳士得	2019-05-26
赖圣予 杨晓钢 午后的阳光	120cm×150cm	460,000	北京荣宝	2019-12-01
老安博休斯·博斯哈特《静物：大理石台上玻璃扁酒瓶内的花卉、优红蛱蝶与蜥蜴》	23.8cm×18.4cm	20,658,780	纽约苏富比	2019-01-30
老希利斯·佩特斯《河口景致：堡垒前的划艇与小帆船》	117cm×200cm	428,250	纽约苏富比	2019-01-30
老亚伯拉罕·杨森斯《耶稣荆冠像》	35.5cm×28.9cm	2,398,200	纽约苏富比	2019-01-30
老杨·布吕赫尔《林景与过河的农民》	18.4cm×25.9cm	3,802,860	纽约苏富比	2019-01-30
老杨·布吕赫尔，亨德里克·凡·巴兰《佩琉斯与忒提斯的婚礼》	47cm×66cm	5,118,444	纽约苏富比	2019-01-30
勒迈耶 编织女子	100cm×120cm	8,402,400	佳士得	2019-05-25
勒迈耶 节日	90.5cm×120.5cm	8,357,625	香港苏富比	2019-03-31
勒迈耶 峇里编织女子	100.5cm×121cm	6,233,675	佳士得	2019-11-23
勒迈耶 凉棚下的女子	90cm×110.5cm	9,954,325	香港苏富比	2019-10-05
勒迈耶 女子纺纱	73cm×88cm	3,840,480	佳士得	2019-05-25
勒迈耶 伞下二女子	75cm×90.5cm	7,844,625	香港苏富比	2019-03-31
勒迈耶 威尼斯宫	101.5cm×121cm	559,375	佳士得	2019-11-24
勒迈耶 在花园里聊天	100cm×120.5cm	4,403,485	香港苏富比	2019-10-05
勒迈耶 中国画	76cm×91cm	8,870,625	香港苏富比	2019-03-31
雷内·阿维格多 抱猫的女孩	68.5cm×59cm	207,000	北京荣宝	2019-06-13
雷尼·马格利特 1957年作 九月十六日	162cm×130.2cm	139,768,940	纽约佳士得	2019-11-11
雷尼·马格利特 1959年2月作 安息日	50cm×60.7cm	70,866,495	纽约佳士得	2019-11-11
雷双 2008年 荷之波	80cm×100cm	172,500	中国嘉德	2019-06-03
雷双 2018年 太阳的步履之三	80cm×100cm	172,500	中国嘉德	2019-11-16
冷军 1995年 世纪风景之三	105cm×199.5cm	43,700,000	中国嘉德	2019-06-03
冷军 2000年 突变—有刺的剪刀之一	31cm×25cm	747,500	中国嘉德	2019-11-16
冷军 2003年作 石榴	35cm×30cm	1,059,345	保利香港	2019-03-31
冷军 2011年 肖像之相——小姜	120cm×60cm	70,150,000	中国嘉德	2019-11-16
冷军 2014年 雨香	61cm×80.5cm	1,035,000	中国嘉德	2019-11-16
冷军 2018年 艺术生费德丽卡	70cm×50cm	1,725,000	中国嘉德	2019-06-03
黎谱 1931年作 裸女	90.5cm×180.5cm	9,439,200	佳士得	2019-05-26
黎谱 1956年作 老桃树	140cm×70cm	2,885,625	香港苏富比	2019-04-01
黎谱 采花	114.5cm×146.5cm	748,125	香港苏富比	2019-04-01
黎谱 春天	81cm×100cm	510,188	香港苏富比	2019-10-06
黎谱 翠雀花	97.5cm×130.5cm	641,250	香港苏富比	2019-04-01
黎谱 大约1950年代作 野花	91.5cm×65cm	355,650	纽约佳士得	2019-09-18
黎谱 大约1970年代作 无题（花）	46cm×33cm	213,390	纽约佳士得	2019-09-18
黎谱 红色郁金香	92cm×60cm	204,075	香港苏富比	2019-10-06
黎谱 花卉	100cm×73cm	362,800	香港苏富比	2019-10-06
黎谱 花园中	86.5cm×69.5cm	448,875	香港苏富比	2019-04-01
黎谱 花园中的女子	90cm×116.5cm	406,125	香港苏富比	2019-04-01
黎谱 黄色郁金香	89cm×119cm	294,775	香港苏富比	2019-10-06
黎谱 静物与花卉	46.5cm×33.5cm	106,875	香港苏富比	2019-04-01
黎谱 母与两孩童	81cm×116.5cm	453,500	香港苏富比	2019-10-06
黎谱 沐浴	97.5cm×130cm	534,375	香港苏富比	2019-04-01
黎谱 蜀葵与大丽花	46cm×26.5cm	213,750	香港苏富比	2019-04-01
黎谱 温情	46cm×38cm	215,413	香港苏富比	2019-10-06
黎谱 罂粟华	92cm×65.5cm	342,000	香港苏富比	2019-04-01
黎谱 园中女子 油彩 画布	60cm×73cm	235,125	佳士得	2019-03-29
黎谱 约1950年作 踏青	46cm×27.5cm	134,250	佳士得	2019-11-24
黎谱 约1955年作 思念	39.5cm×25.6cm	151,200	佳士得	2019-05-21
黎谱 约1956年作 沐浴者	68cm×45.5cm	963,688	香港苏富比	2019-10-06
黎谱 约1957年作 静物	45.5cm×27cm	702,925	香港苏富比	2019-10-06
黎谱 约1960年作 静物	81cm×54cm	736,938	香港苏富比	2019-10-06
黎谱 约1966年作 (担架杠) 花卉	81cm×100.5cm	396,813	香港苏富比	2019-10-06
黎谱 约1972年作 春天	131cm×97cm	1,006,875	佳士得	2019-11-24
黎谱 约1972年作 构图	114.5cm×146.5cm	864,000	佳士得	2019-05-26
黎谱 约1972年作 少女与花卉	62cm×47cm	313,250	佳士得	2019-11-24
黎谱 约1975年作 花园里的淑女	115cm×147cm	810,000	佳士得	2019-05-26
黎谱 约1975年作 阅读	130cm×89.5cm	702,000	佳士得	2019-05-26
黎谱 在田园里喂哺	98cm×131cm	855,000	香港苏富比	2019-04-01
黎氏秋 1962年作 翁弗勒尔 海港	40.5cm×33cm	290,875	佳士得	2019-11-24
黎氏秋 1964年作 冬季花园	65cm×92cm	447,500	佳士得	2019-11-24
李·克拉斯纳 眼睛是最初始的圆	235.5cm×487.3cm	79,037,428	纽约苏富比	2019-05-16
李昌龙 2016年 景观、景观（24联作）	100cm×80cm×24	149,500	中国嘉德	2019-06-03
李春焕 2016年作 山之气息	162cm×112cm	1,265,000	北京保利	2019-06-04
李德方 帆	76.5cm×127cm	138,000	北京荣宝	2019-12-01
李贵君 2004年作 姊妹	85.5cm×125cm	481,617	中国嘉德	2019-10-07
李贵君 2012年作 虔诚之心	120cm×80cm	1,610,000	中贸圣佳	2019-06-07
李贵男 2001年作 人物	170cm×70cm	862,500	北京翰海	2019-10-12
李贵男 2007年作 旗手三	180cm×100cm	690,000	北京翰海	2019-03-29
李华弌 2014年作 北斗之虚	168cm×184.5cm	5,383,045	香港苏富比	2019-10-05
李磊 2010年作 海上花73号	150cm×100cm	249,425	香港苏富比	2019-10-06
李梁 清溯 镜框	120cm×150cm	280,000	广东小雅斋	2019-11-12
李曼峰 1960年代作 双鸽	102.5cm×51cm	214,052	中国嘉德	2019-10-07
李曼峰 冰上的荷兰女孩	92.5cm×34cm	1,587,250	香港苏富比	2019-10-06
李曼峰 鸽子	122cm×244cm	10,922,625	香港苏富比	2019-03-31
李曼峰 金鱼	100cm×101cm	671,250	佳士得	2019-11-24
李曼峰 峇里民采	81.5cm×182cm	24,773,625	香港苏富比	2019-03-31
李曼峰 罗惹小贩	90cm×122cm	2,494,250	香港苏富比	2019-10-05
李曼峰 男人，男孩与小公鸡	101.5cm×60.5cm	748,125	香港苏富比	2019-04-01
李曼峰 沙爹小贩	95cm×38.5cm	885,600	佳士得	2019-05-26

拍品名称	物品尺寸	成交价RMB	拍卖公司	拍卖日期
李强 2017年作 玉兰2017 No.5	140cm×120cm	267,565	中国嘉德	2019-10-07
李青 2005年 英雄归（两图有八处不同）（双联作）	170cm×130cm×2	287,500	中国嘉德	2019-11-16
李青 2006年作 老虎机（两图有十一处不同）	170cm×129.5cm	246,125	佳士得	2019-11-24
李青萍 1989年作 私语	51.5cm×52.5cm	345,000	西泠印社	2019-07-07
李青萍 1990年作 红枫·秋鹿	79cm×38cm	2,070,000	广东崇正	2019-11-28
李青萍 1997年作 探索	49cm×73cm	2,645,000	广东崇正	2019-05-23
李如 2017年作 夕阳下的老北京	60cm×80cm	139,150	北京翰海	2019-03-29
李瑞年 1977年作 莲	75cm×80cm	1,092,500	北京保利	2019-12-03
李瑞年 1978年 什刹海冬天	81cm×65cm	3,852,500	中国嘉德	2019-11-16
李山 1982年作 混沌（天地）II	111cm×86.3cm	140,400	佳士得	2019-05-26
李山 1995年作 黄色双面毛泽东	40.1cm×42cm	131,157	保利香港	2019-03-31
李山 1995年作 毛主席	105cm×150.7cm	324,000	佳士得	2019-05-26
李山 1995年作 生命系列4号	62.5cm×109.5cm	102,038	香港苏富比	2019-10-07
李圣子 1958年作 无题	54.5cm×73cm	780,000	佳士得（上海）	2019-09-21
李圣子 1958年作 无题	81cm×100cm	648,000	佳士得	2019-05-26
李圣子 1960年作 无题	100cm×81cm	1,620,000	佳士得	2019-05-25
李圣子 1962年作 这将会实现	60cm×81cm	648,000	佳士得	2019-05-26
李圣子 1963年作 1963年10月15日的月亮	50.3cm×65cm	554,895	中国嘉德	2019-03-30
李圣子 1966年作 Nous Retournerons pour un Rameau	55cm×46cm	447,500	佳士得	2019-11-24
李树基 1979年作 队长应考	182cm×241cm	920,000	北京保利	2019-06-04
李爽 1985年作 回归入境	146cm×114cm	552,000	北京匡时	2019-07-13
李爽 2006年作 好景良辰	130cm×160cm	100,890	北京匡时	2019-04-02
李铁夫 1940年代 静物	63.5cm×97cm	3,680,000	中国嘉德	2019-06-03
李铁夫 1940年代 静物	62cm×75cm	690,000	北京匡时	2019-07-13
李铁夫 静物	61cm×79cm	207,000	朵云轩	2019-06-23
李文涛 2012年作 我的空间	185cm×115cm	460,000	中贸圣佳	2019-06-07
李希特 1978年作 抽象画432-4	60.5cm×64.3cm	4,035,600	中国嘉德	2019-03-30
李晓刚 2014年作 白沙滩	116.7cm×116.7cm	552,000	中贸圣佳	2019-06-07
李学 2018年作 圣山	60cm×120cm	460,000	北京翰海	2019-03-29
李禹焕 1978年作 从点NO.780125	60.6cm×72.7cm	1,389,375	香港苏富比	2019-04-01
李元佳 1960年作 无题	19cm×84cm	448,875	香港苏富比	2019-04-01
李元佳 约1960年代作 1-1=1	23.7cm×23.7cm	160,539	中国嘉德	2019-10-07
李仲生 作品005号	36cm×26cm	170,063	香港苏富比	2019-10-06
李仲生 作品129号	36cm×26cm	970,063	香港苏富比	2019-10-06
李卓 庄严的怅惘	130cm×220cm	149,500	北京荣宝	2019-12-01
李宗津 1964年作 晚霞	26cm×38cm	253,000	广东崇正	2019-11-28
丽奈特·伊亚登·博亚基耶无言感激	200cm×130.2cm	4,611,760	纽约苏富比	2019-05-16
利昂·吉恩·巴兹莱·佩罗特 1901年作 窗边的少女	55cm×46.5cm	161,000	北京荣宝	2019-06-13
连建兴 2001年作 隐舞情歌	97cm×145.5cm	210,240	罗芙奥	2019-06-02
梁廷玮 2019年作 乱	120cm×300cm	115,000	北京保利	2019-12-03
梁伟 2006年作 无题	230cm×180cm	401,318	华艺国际	2019-11-24
梁锡鸿 1935年作 富士山	33cm×45cm	437,000	北京匡时	2019-07-13
梁远苇 2005年作 生活的五十个片段	14.2cm×12.5cm（每张）	113,375	香港苏富比	2019-10-07
梁远苇 2007年作 生活的片断	140cm×120cm	972,000	佳士得	2019-05-26
梁远苇 2013年作 无题 2013.17	250cm×200cm	4,462,560	佳士得	2019-05-25
廖国核 2009年 熊猫	110cm×198cm	172,500	中国嘉德	2019-06-03
廖国核 2011年 奶牛舔破车	185cm×219cm	184,000	中国嘉德	2019-11-16
廖继春 1960年作 春秋阁 油彩 画布	31.5cm×41.5cm	358,800	罗芙奥	2019-12-01
廖继春 1968年作 野柳风景	32cm×41cm	630,720	罗芙奥	2019-06-02
廖伟成 2019年作 风格味道	76cm×72.5cm	149,500	北京翰海	2019-06-15
廖新学 1948年作 苹果	22cm×27cm	115,000	中国嘉德	2019-06-03
林风眠 1960年代作 戏剧系列：关羽义释曹操	56.8cm×41.7cm	5,810,400	佳士得	2019-05-25
林风眠 1960年代作 戏剧系列：宇宙锋	56.8cm×41.7cm	9,231,840	佳士得	2019-05-25
林风眠 1977年作 西湖 彩墨	66cm×66cm	4,255,000	北京诚轩	2019-11-17
林风眠 1980年代初期 山间小景 彩墨	34.7cm×34.7cm	264,500	北京诚轩	2019-11-17
林风眠 1980年代作 人体	69.6cm×70.2cm	5,056,525	香港苏富比	2019-10-05
林风眠 荷塘	67.8cm×136.3cm	10,389,685	香港苏富比	2019-10-05
林风眠 裸女 油画	27.5cm×29.5cm	943,000	北京银座	2019-06-05
林茂 2018年作 谷中	40cm×60cm	460,000	北京保利	2019-06-04
林寿宇 1957年作 纸上作品	52.1cm×63.8cm	322,848	保利香港	2019-03-31
林寿宇 1958年作 15-7-58	122cm×215cm	6,053,400	保利香港	2019-03-31
林寿宇 1958年作 无题	45.7cm×35.5cm	449,509	保利香港	2019-10-06
林寿宇 1958年作 无题	40.5cm×31cm	321,078	保利香港	2019-10-06
林寿宇 1958年作 无题 油彩 纸本	76cm×56cm	277,875	佳士得	2019-03-29
林寿宇 1964年作 示意素描	56cm×71cm	252,225	保利香港	2019-03-31
林寿宇 1968-1969年作 三三	101cm×112cm	4,035,600	保利香港	2019-03-31
林寿宇 1970年作 致Katya	63.8cm×63.5cm	1,916,910	保利香港	2019-03-31
林寿宇 1974年作 格温芙琳	127.5cm×127.3cm	4,512,325	香港苏富比	2019-10-05
林宪茂 2018年作 鲤漾系列 2018	112.5cm×87cm	184,000	华艺国际	2019-08-10
林志彬 2019年作 诸事大吉（两幅）	70cm×50cm×2	101,200	华艺国际	2019-08-10
林子平 船	65cm×84cm	205,200	佳士得	2019-05-26
凌健 2007年作 北京天空	180cm×150cm	295,708	华艺国际	2019-11-24
刘狄洪 耕作归来 湘西	60cm×50cm	563,500	北京翰海	2019-03-29
刘国夫 2013年作 弥漫 I	130cm×180cm	694,688	香港苏富比	2019-04-01
刘国松2013年作星宿海日出彩墨纸本	97.5cm×72.4cm	662,400	罗芙奥	2019-12-01
刘海粟 1926年作 苏州河畔	19cm×26cm	333,500	广东崇正	2019-05-23
刘海粟 1936年作 巨峰飞霞	54.5cm×73cm	2,070,000	西泠印社	2019-07-07
刘玖通 2010年作 曦撒紫金	160cm×100cm	207,000	广东崇正	2019-11-28
刘玖通 2011年作 峰色如蓝	140cm×85cm	161,000	广东崇正	2019-11-28
刘抗 1983年作 象鼻山，桂林市	84cm×103.5cm	216,000	佳士得	2019-05-26
刘抗 风景	54.5cm×45cm	362,800	香港苏富比	2019-10-06
刘抗 中国湖	70cm×53cm	160,313	香港苏富比	2019-04-01
刘明 1993年作 星期三系列B	175cm×175cm	172,500	中贸圣佳	2019-06-07
刘仁杰 2014年作 游移NO.8	190cm×150cm	897,000	中贸圣佳	2019-06-07
刘仁庆 2017年作 帕米尔母女	100cm×80cm	115,000	北京翰海	2019-03-29
刘仁庆 2017年作 土族巧女	100cm×80cm	92,000	北京翰海	2019-03-29
刘世群 毛主席在党代会上 镜芯	134cm×200cm	172,500	中鸿信	2019-07-16
刘炜 1991年 革命家庭	100cm×100cm	17,020,000	中国嘉德	2019-11-16
刘炜 1996年作 游泳之二	100.6cm×100.6cm	2,834,375	香港苏富比	2019-10-07
刘炜 1999-2001年 无题	200cm×150cm	7,245,000	中国嘉德	2019-06-03
刘炜 1999年作 禁止抽烟系列	120cm×70cm	1,284,312	保利香港	2019-10-06
刘炜 1999年作 无题	82cm×80cm	2,760,000	北京保利	2019-06-04
刘炜 2001年作 不要脸	120cm×100cm	1,296,000	佳士得	2019-05-26
刘炜 2001年作 我是谁?	200cm×150cm	1,473,875	香港苏富比	2019-10-06
刘炜 2002年 风景	150cm×150cm	2,645,000	中国嘉德	2019-06-03
刘炜 2006年 静物－流淌的风景	87cm×97cm	2,070,000	中国嘉德	2019-11-16
刘炜 2007年 猪肉	150cm×100cm	2,070,000	中国嘉德	2019-06-03
刘韡 2006年作 紫气 III 第四号	每幅：300cm×190cm；整体：300cm×380cm	2,461,250	佳士得	2019-11-23
刘韡 2010年作 紫气S	220cm×400cm	3,450,000	北京保利	2019-06-04
刘小东 1988年 休息	138cm×120cm	11,270,000	中国嘉德	2019-06-03

拍品名称	物品尺寸	成交价RMB	拍卖公司	拍卖日期
刘小东 1996年作 电脑领袖	230cm×180cm	46,000,000	北京保利	2019-06-04
刘小东 1996年作 睡 之二	32cm×38cm	483,000	北京匡时	2019-07-13
刘小东 1996年作 睡眠与失眠系列第14号 油彩 画布	33cm×38cm	192,375	佳士得	2019-03-29
刘小东 1996年作 睡眠与失眠系列第1号 油彩 画布	33cm×38cm	224,438	佳士得	2019-03-29
刘小东 1999年作 一片旷野	200cm×200cm	2,267,500	香港苏富比	2019-10-07
刘小东 2001年作 没办法之十七 No.17	148cm×130cm	402,500	中贸圣佳	2019-08-16
刘小东 2002年作 没办法之三十三	173cm×142cm	2,990,000	北京保利	2019-06-04
刘小东 2009年作 孙子	100cm×90cm	648,000	佳士得	2019-05-26
刘小东 2011年作 蓝寿桃	200cm×200cm	3,450,000	北京保利	2019-06-04
刘小东 2011年作 乱七八糟 2	33cm×38cm	480,938	香港苏富比	2019-04-01
刘彦 1986年作 在者之歌no.1	60cm×73cm	161,000	中贸圣佳	2019-06-07
刘彦 1993年作 月光下的操场	65cm×81cm	92,000	中贸圣佳	2019-11-30
刘野 1991年 马拉之死	45cm×45cm	5,520,000	中国嘉德	2019-06-03
刘野 1994年作 无题	200cm×171cm	17,953,700	华艺国际	2019-11-24
刘野 1994年作 小海军	23cm×30cm	575,000	北京保利	2019-12-03
刘野 1995年作 失去平衡	65cm×65cm	19,954,000	中国嘉德	2019-10-07
刘野 1997年作 白日梦	22cm×29cm	6,328,800	佳士得	2019-05-26
刘野 1998～2009年作 战舰的肖像	60cm×360cm	17,215,200	佳士得	2019-05-25
刘野 1998年作 方格子的构图2号	24.3cm×24cm	1,513,350	保利香港	2019-03-31
刘野 2000年作 合唱团	38cm×45cm	10,100,075	佳士得	2019-11-24
刘野 2001年作 爱是浪漫的	150cm×150cm	8,049,825	香港苏富比	2019-04-01
刘野 2001至2002年作 烟	178cm×356.5cm	47,329,074	香港苏富比	2019-10-06
刘野 2002年作 蓝	100cm×80cm	15,684,875	佳士得	2019-11-23
刘野 2003年作 红2号	195cm×195cm	21,054,875	佳士得	2019-11-23
刘野 2003年作 蒙德里安、迪克布鲁纳和我	120cm×80cm	10,580,000	北京保利	2019-06-04
刘野 2004年 美人鱼	220cm×180cm	26,220,000	中国嘉德	2019-11-16
刘野 2006年作 BOOGIE WOOGIE，小女孩在纽约	210cm×210cm	19,643,625	香港苏富比	2019-04-01
刘野 2006年作 国际蓝	210.5cm×210cm×2	23,545,720	保利香港	2019-10-06
刘野 2007年作 M的肖像	60cm×45cm	8,395,000	北京保利	2019-12-03
刘野 2007年作 竹子和树的构图	300cm×220cm	16,770,825	香港苏富比	2019-04-01
刘野 2009年作 Leave Me in the Dark（S）	80cm×60cm	18,369,875	佳士得	2019-11-23
刘野 2010年作 画家与模特儿	80cm×100cm	8,920,800	佳士得	2019-05-25
刘溢 2000年作 老顽固	122cm×93cm	345,000	北京保利	2019-06-04
刘影钊 苹果	122cm×122cm	184,000	中国嘉德	2019-11-16
刘自鸣 1952年作 坐女人体	65cm×50cm	368,000	北京匡时	2019-07-13
六角彩子 2006年作 无题	91cm×91cm	783,125	佳士得	2019-11-24
六角彩子 2007年作 无题	91cm×91cm	1,062,813	佳士得	2019-11-24
六角彩子 2007年作 无题	140cm×100cm	736,938	香港苏富比	2019-10-07
六角彩子 2008年作 穿红裙的女孩	130.3cm×162cm	1,026,000	佳士得	2019-05-26
六角彩子 2008年作 小花宝贝	70cm×30cm	157,680	罗芙奥	2019-06-02
六角彩子 2014年作 红洋装女孩 压克力 纸板	79cm×67.5cm	262,200	罗芙奥	2019-12-01
六角彩子 2015年作 无题	120.5cm×190.3cm	908,010	保利香港	2019-03-31
六角彩子 2016年作 无题压克力 画布	65cm×175cm	1,104,000	罗芙奥	2019-12-01
六角彩子 2017年作 无题压克力 画布	120.5cm×190.5cm	1,324,800	罗芙奥	2019-12-01
龙力游 2005年 等待成长的季节	65cm×80cm	218,500	中国嘉德	2019-06-03
娄申义 2010年 我在这里	200cm×150cm	92,000	中国嘉德	2019-06-03
卢卡·卡莱瓦里斯 威尼斯，从圣马可小广场眺望海关大楼	47.8cm×68cm	1,429,025	伦敦苏富比	2019-07-03

拍品名称	物品尺寸	成交价RMB	拍卖公司	拍卖日期
卢齐欧·封塔纳 1960年作 空间概念	100cm×80.9cm	8,216,171	伦敦佳士得	2019-03-06
卢斯里 庙宇场景	100cm×129.5cm	96,188	香港苏富比	2019-04-01
卢西安·弗洛伊德 1956年作《男孩头像》	18cm×18cm	50,445,764	伦敦苏富比	2019-03-05
鲁道夫·斯丁格尔 无题	210.8cm×170.2cm	11,212,350	伦敦苏富比	2019-07-03
陆鹤龄《会战前夕》布面油画（一幅）	147cm×173cm	207,000	中鸿信	2019-07-15
陆云华 2017–2018年 后园系列NO：2018.5（双联作）	91cm×91cm×2	690,000	中国嘉德	2019-11-16
路易斯·玛丽·德·施莱弗 1889年作 女画家	41cm×33.5cm	172,500	北京荣宝	2019-06-13
罗伯特·科司考特 花园一隅	222.3cm×191.8cm	4,774,528	纽约苏富比	2019-05-16
罗伯特·赖曼 无题#32	19.1cm×19.4cm	9,101,790	伦敦苏富比	2019-07-03
罗伯特·赖曼 系列#30（白色）	30.5cm×30.5cm	5,425,600	纽约苏富比	2019-05-16
罗伯特·马瑟韦尔 1976–79年作 挽歌，习作NO. XIII	61cm×121.9cm	19,667,800	纽约苏富比	2019-05-16
罗伯特·马瑟韦尔 西班牙共和国挽歌NO. 134	244.5cm×305.4cm	69,767,790	纽约苏富比	2019-05-16
罗德尔·塔帕雅 狂欢节	244cm×183cm	294,775	香港苏富比	2019-10-06
罗尔纯 1970年代作 南方稻谷垛场	53.5cm×29cm	160,539	中国嘉德	2019-10-07
罗尔纯 1980年 北疆之晨	60cm×92.5cm	483,000	中国嘉德	2019-11-16
罗尔纯 1984年作 望	191cm×180cm	4,540,050	保利香港	2019-03-31
罗尔纯 1988、1986年作 泊舟 及小镇一角（共两件）	38cm×48.5cm; 38.4cm×48.7cm	342,483	保利香港	2019-10-06
罗尔纯 1988年作 薄暮	107cm×135cm	759,000	上海明轩	2019-04-28
罗尔纯 1990年作 村口	61cm×73cm	302,670	保利香港	2019-03-31
罗尔纯 1991年作 夏日的宁静	38cm×54cm	191,691	保利香港	2019-03-31
罗尔纯 1991年作 仲夏之梦	42.5cm×44cm	128,431	保利香港	2019-10-06
罗尔纯 1992年作 敦煌的起点	50cm×60.5cm	242,136	保利香港	2019-03-31
罗尔纯 1992年作 小船拱桥人家	50cm×60.5cm	191,691	保利香港	2019-03-31
罗尔纯 1993年作 水乡 及小村（共两件）	49.3cm×60cm; 38cm×46.2cm	256,862	保利香港	2019-10-06
罗尔纯 1994至1995年作 榕树	60.5cm×72.8cm	362,800	香港苏富比	2019-10-06
罗尔纯 1995年作 有凤纹花瓶的瓶花	61cm×67.5cm	747,500	北京诚轩	2019-06-02
罗尔纯 1996年作 巴黎大皇宫（塞纳河畔风景）	61cm×72.5cm	252,225	中国嘉德	2019-03-30
罗尔纯 1996年作 黄色的花 油画	60.5cm×72.5cm	575,000	北京诚轩	2019-11-17
罗尔纯 1998年作 瓶花	72cm×61cm	207,000	华艺国际	2019-08-10
罗尔纯 1998年作 西藏拉萨河 油画	43.5cm×65cm	402,500	北京诚轩	2019-11-17
罗尔纯 2001年作 山路	110.2cm×89.7cm	312,000	佳士得（上海）	2019-09-21
罗尔纯 2006年 公路桥	98.5cm×118.5cm	920,000	北京诚轩	2019-06-02
罗尔纯 2006年作 乡村小教堂	125cm×135cm	963,234	保利香港	2019-10-06
罗尔纯 2012年作 西关小村镇	60cm×80cm	402,500	中国嘉德	2019-06-03
罗尔纯 2014年作 归	60cm×70cm	414,000	北京匡时	2019-07-13
罗尔纯 秋日 油画	60.5cm×72.5cm	218,500	北京诚轩	2019-11-17
罗尔纯 山间小路	100cm×80cm	552,000	北京翰海	2019-06-15
罗尔纯 舍营风景	57cm×70cm	253,000	上海明轩	2019-04-28
罗尔纯 乡村	52cm×40cm	94,300	广东崇正	2019-05-23
罗工柳 延安之春	50cm×69cm	161,000	广东崇正	2019-05-23
罗兰·史特拉瑟 客里女子与水果	75cm×55cm	106,875	香港苏富比	2019-04-01
罗米奥·塔贝纳 1956年作 屋宇错落	50.5cm×76cm	97,200	佳士得	2019-05-26
罗穆尔多·罗格泰利 女孩肖像	88cm×58cm	4,458,825	香港苏富比	2019-03-31
罗讷德·温杜拿 超级超人	152.5cm×183cm	4,730,005	香港苏富比	2019-10-05
罗讷德·温杜拿 轰	182.5cm×152cm	2,137,500	香港苏富比	2019-03-31

拍品名称	物品尺寸	成交价RMB	拍卖公司	拍卖日期
罗讷德·温杜拿 太空中一	153cm×122.5cm	623,563	香港苏富比	2019-10-06
罗讷德·温杜拿 无题（熊）	40cm×30cm	213,750	香港苏富比	2019-04-01
罗讷德·文图拉 2012年作 人文动画 (1)	213cm×153cm	1,678,125	佳士得	2019-11-23
罗讷德·文图拉 2013年作 虚空与牢笼（无题）	213.5cm×152cm	2,052,000	佳士得	2019-05-25
罗荃木 2011年 养蜂人	210cm×130cm	207,000	中国嘉德	2019-06-03
罗荃木 2011年作 养蜂	210cm×130cm	97,200	佳士得	2019-05-26
罗荃木 舟	50cm×100cm	172,500	北京翰海	2019-06-15
罗展鹏 2011年作 白面者一了解 油彩 画布	72.5cm×91cm	99,360	罗芙奥	2019-12-01
罗中立 1982年 春	41cm×31m	345,000	中国嘉德	2019-06-03
罗中立 1983年作 冬麦	79cm×94cm	805,000	北京荣宝	2019-12-01
罗中立 1984年作 豹与洛女	43.5cm×47cm	345,000	广东崇正	2019-11-28
罗中立 1984年作 磨	61cm×47cm	420,480	罗芙奥	2019-06-02
罗中立 1989年作 凉山彝人	80cm×65cm	1,150,000	西泠印社	2019-07-07
罗中立 1991年 故乡温情	64cm×81cm	920,000	中国嘉德	2019-11-16
罗中立 1991年作 母亲教我一支歌	96cm×120cm	2,070,000	中贸圣佳	2019-11-30
罗中立 1991年作牛和小孩油彩画布	65cm×80cm	1,794,000	罗芙奥	2019-12-01
罗中立 1991年作 晚归	95cm×120cm	2,070,000	中贸圣佳	2019-11-30
罗中立 1991年作 夜磨	101cm×125cm	2,070,000	北京保利	2019-12-03
罗中立 1996年作 爬楼梯的人 油彩画布	101.5cm×77.5cm	3,036,000	罗芙奥	2019-12-01
罗中立 2002年作 梳妆的农妇	100cm×80cm	782,000	北京翰海	2019-06-15
罗中立 2004年作 夜渡	100cm×80cm	2,070,000	北京华辰	2019-07-14
罗中立 等待	54.2cm×39.2cm	151,335	保利香港	2019-03-31
罗中立 欧洲印象	39cm×54cm	172,500	保利厦门	2019-01-06
吕建军 1998年作 我的花	100cm×100cm	230,000	北京保利	2019-12-03
吕克·图伊曼斯 凡尔赛宫	126.4cm×198.1cm	6,463,590	伦敦苏富比	2019-07-03
吕荣琛 2013年作 苏醒	130cm×194cm	139,134	中国嘉德	2019-10-07
吕山川 2014年 晒大佛	200cm×250cm	977,500	中国嘉德	2019-11-16
吕斯百 1948年作 冬日街景	40.5cm×50.5cm	299,000	西泠印社	2019-07-07
吕斯百 峻岭	46.5cm×36.5cm	230,000	中国嘉德	2019-06-03
吕斯百 扬子江上	20cm×29.3cm	92,000	北京诚轩	2019-06-02
吕松 2015年 作为亚当·波洛的一天	120cm×150cm	126,500	中国嘉德	2019-06-03
马德升 2010年作 爱	162cm×130cm	402,500	华艺国际	2019-08-10
马蒂亚斯·斯图梅尔 撒拉带夏甲会见亚伯拉罕	113cm×169cm	1,429,025	伦敦苏富比	2019-07-03
马丁·基彭伯格 1984年作 DER LETZTE BEFEHL IM MUSEUM FÜR UNNÖTIGE KRIEGSFORSCHUNG（THE LAST COMMAND AT THE MUSEUM OF UNNECESSARY WAR RESEARCH）	159.7cm×133.7cm	4,025,000	北京保利	2019-12-03
马丁·基彭伯格 1991年作 UNTITLED（FROM THE SERIES KRIEG BÖSE/WAR WICKED）	250.2cm×300cm	11,500,000	北京保利	2019-12-03
马东民 2018年作 温度	直径 150cm	2,300,000	北京保利	2019-06-04
马东民 2019年作 蓝马	150cm×120cm	2,530,000	北京匡时	2019-07-13
马刚 2018年作 创立共产主义通讯委员会	150cm×200cm	1,725,000	北京保利	2019-12-03
马精虎 2019年 精灵之二	55cm×40cm	94,300	中国嘉德	2019-06-03
马精虎 天天向上	100cm×60cm	195,500	北京荣宝	2019-12-01
马轲 2006年作 光	200cm×150cm	368,000	西泠印社	2019-07-07
马可鲁 1983年作 理性之光二	71cm×123.2cm	437,000	北京保利	2019-06-04
马克 2017年作 初见	50cm×40cm	92,000	北京翰海	2019-06-15

拍品名称	物品尺寸	成交价RMB	拍卖公司	拍卖日期
马克·格罗亚恩 2004年作 色面NO. 1	147.6cm×122.6cm	22,923,160	纽约苏富比	2019-05-16
马克·奎恩 2009年作 冰层	169cm×255cm	866,592	华艺国际	2019-05-27
马克·罗斯科 1969年作 无题（红色上的红）	98.4cm×63.5cm	55,863,334	纽约苏富比	2019-05-16
马克·罗斯科 1969年作 无题（蓝色上的红与酒红）	121.9cm×102.9cm	71,312,730	纽约苏富比	2019-05-16
马克·罗斯科 无题	175.3cm×127.3cm	339,745,986	纽约苏富比	2019-05-16
马克·夏加尔 1929年作《玫瑰花瓶》（无图）	52.5cm×67.6cm	15,843,135	伦敦苏富比	2019-02-26
马克·夏加尔 1939至1940年作 自画像	80.8cm×65cm	13,819,770	纽约佳士得	2019-11-11
马克·夏加尔 1955至1956年作 骑兵或骑士	68.3cm×79.2cm	7,649,082	纽约佳士得	2019-11-11
马克·夏加尔 1959年作《新娘》或《恋人与花》（无图）	63cm×48cm	7,987,035	伦敦苏富比	2019-02-26
马克·夏加尔 1978至1980年作 果篮与恋人	54.3cm×73cm	5,400,000	佳士得（上海）	2019-09-21
马克·夏加尔 1982年作《节庆中的画家》（无图）	116cm×88.8cm	15,319,395	伦敦苏富比	2019-02-26
马克·格罗亚恩 2005年作 无题（黄白色蝴蝶）	170.2cm×127cm	22,721,625	香港苏富比	2019-04-01
马诺洛·华迪斯 1999年作 莉迪亚III	234.5cm×188.5cm	1,020,375	香港苏富比	2019-10-07
马树青 1997-1999作 形象研习	180cm×180cm×3	1,725,000	北京保利	2019-06-04
马修 1967年作 Argyropec	100cm×65cm	504,450	中国嘉德	2019-03-30
玛丽·罗兰珊 1930年 自画像	74cm×54.5cm	1,495,000	中国嘉德	2019-11-16
玛丽安·苏非里纳 独立街	80cm×135cm	106,875	香港苏富比	2019-04-01
玛丽娜·克鲁斯 红瓣纷飞	172cm×121.5cm	249,425	香港苏富比	2019-10-06
玛丽娜·克鲁斯 伊丽纱与劳拉10岁的时侯	各:153cm×122cm; 整体:153cm×244cm	406,125	香港苏富比	2019-04-01
玛丽-维克图瓦·勒芒耶《静物：篮子内的春季花卉》	59.6cm×49.5cm	1,027,800	纽约苏富比	2019-01-30
玛丽亚·艾莲娜·维埃拉·席尔瓦 1957年作 维埃拉海滩	67cm×107cm	5,126,105	伦敦佳士得	2019-03-06
玛莉娜·克鲁斯 2017年作 白领口花园	122cm×91.5cm	167,813	佳士得	2019-11-24
玛琳·杜马斯《玛德莲娜（暗彩）》	200cm×100cm	20,033,055	伦敦苏富比	2019-03-05
麦克斯·沃克哈特 1890年作 好消息	77cm×63cm	172,500	北京保利	2019-11-20
毛栗子 2018年作 大蓝	195cm×455cm	2,070,000	北京华辰	2019-07-14
毛旭辉 1987年 私人空间·自囚	95cm×102cm	1,725,000	中国嘉德	2019-06-03
毛旭辉 1987年作 母亲和儿子之二	50cm×70cm	517,500	北京匡时	2019-07-13
毛旭辉 1993年作 93家长三联 A	137cm×113cm×3	12,650,000	北京保利	2019-06-04
毛旭辉 1998年作 剪刀和圭山风景（又名：剪刀·赞美诗一号）	138cm×113cm	713,000	北京保利	2019-06-04
毛旭辉 2005年作 光荣家长的黄昏	200cm×250cm	184,000	北京保利	2019-12-03
毛旭辉 2009年 两把靠背椅	180cm×150cm	230,000	中国嘉德	2019-06-03
毛焰 1995年作 女子肖像	99cm×99cm	4,540,050	保利香港	2019-03-31
毛焰 1997年作 小山的侧面像	61cm×50cm	1,265,000	北京保利	2019-12-03
毛焰 2001年作 新生 NO.1	106.5cm×76cm	264,000	佳士得（上海）	2019-09-21
毛焰 2002年作 俯视的托马斯	110cm×75cm	655,500	中贸圣佳	2019-06-07
毛焰 2008年作 封面女郎	36cm×27cm	342,000	香港苏富比	2019-04-01
孟思特 2017年作 银河尘	150cm×170cm	92,000	中贸圣佳	2019-11-30
米凯利纳·沃捷《两个动物颅骨之间悬挂的花环与蜻蜓》	41.1cm×57.4cm	3,227,292	纽约苏富比	2019-01-30

拍品名称	物品尺寸	成交价RMB	拍卖公司	拍卖日期
米契尔·马里斯齐《威尼斯：从朱斯蒂尼亚宫望威尼斯海关大楼，朝圣乔治马焦雷教堂南望圣马可盆地》	62.4cm×98.4cm	3,391,740	纽约苏富比	2019-01-30
米契尔·马里斯齐 建筑随想：河景与哥德式神殿	49.8cm×74.5cm	1,758,800	伦敦苏富比	2019-07-03
米巧铭 2018年作 梦佛	150cm×150cm	12,282,000	北京翰海	2019-06-15
米斯尼亚迪 太阳风效应	250cm×175cm	1,587,250	香港苏富比	2019-10-05
米斯尼亚迪 我有一个球	300cm×200cm	1,816,875	香港苏富比	2019-03-31
莫达·阿宾 1970年作 站立裸女	114cm×78cm	162,000	佳士得	2019-05-26
莫达·阿宾 房屋	50cm×66cm	96,188	香港苏富比	2019-04-01
莫达·阿宾 在满月的光芒之下	79.5cm×115cm	272,100	香港苏富比	2019-10-06
莫大风 2018年 光影里的周庄	80cm×160cm	690,000	中国嘉德	2019-06-03
莫里斯．德．乌拉曼克 约1935-1938年作 璀璨绽放	65cm×50cm	1,104,000	罗芙奥	2019-12-01
莫莉·吉恩 英国皇家救生员	80cm×70cm	138,000	北京保利	2019-11-20
莫朴 1963年作 柳浪公园	35cm×55cm	195,500	西泠印社	2019-07-07
墨客 2012年作 above	44cm×30.5cm	1,127,000	北京翰海	2019-06-15
牟达器 2005年作 热量	180cm×220cm	172,500	中贸圣佳	2019-06-07
纳堤·尤塔瑞 2005年作 无题（理性与怪兽系列）	69.8cm×100.5cm	100,890	保利香港	2019-03-31
纳堤·尤塔瑞 黄种至上 第2	140cm×170cm	249,425	香港苏富比	2019-10-06
纳堤·尤塔瑞 最后的罗曼史	70cm×50cm	147,388	香港苏富比	2019-10-06
纳堤·尤塔瑞 2011年作 经济课	70.5cm×100.5cm	268,500	佳士得	2019-11-24
纳堤·尤塔瑞 2012年作 和解	160cm×140cm	1,188,000	佳士得	2019-05-25
纳西斯·迪亚兹·德拉潘 油画《林中劳作》	44cm×30cm	299,000	北京保利	2019-12-04
奈良美智 1991年作 狗	39cm×39cm	1,923,750	香港苏富比	2019-04-01
奈良美智 1992年作 猫王	80cm×80cm	2,824,920	中国嘉德	2019-03-30
奈良美智 1993年作 Dog with Coffin	60cm×60cm	2,628,000	罗芙奥	2019-06-02
奈良美智 1993年作 Rope Skipping	95cm×95cm	5,481,875	佳士得	2019-11-24
奈良美智 1993年作 碟子上的中国娃娃 压克力 画布	130cm×100cm	17,332,800	罗芙奥	2019-12-01
奈良美智 1993年作 海豚子	55cm×56cm	1,080,000	佳士得	2019-05-26
奈良美智 1994年作 音乐盒	55cm×55cm	3,210,780	保利香港	2019-10-06
奈良美智 1995年作 Dog in the Night	59.9cm×44.8cm	4,151,520	佳士得	2019-05-26
奈良美智 1995年作 FROM THE CRADLE TO A LIFE OF CRIME	53cm×65.2cm	3,420,000	香港苏富比	2019-04-01
奈良美智 1995年作 Q & A	67.9cm×54.6cm	7,365,600	佳士得	2019-05-26
奈良美智 1995年作 There is No Place Like Home	41cm×50cm	4,407,875	佳士得	2019-11-24
奈良美智 1999年作 Sleepless Night（Cat）	120cm×110cm	30,175,200	佳士得	2019-05-25
奈良美智 2001年作 CLEAR FOR LANDING	51.3cm×36cm	3,740,625	香港苏富比	2019-04-01
奈良美智 2008年作 Angry Blue Boy	198cm×193cm	16,221,875	佳士得	2019-11-23
奈良美智 2010年作 午夜吸血鬼	73cm×60.5cm	33,695,050	中国嘉德	2019-10-07
奈良美智 2011年作 HOME	135.3cm×123.3cm	12,031,200	佳士得	2019-05-25
奈良美智 2012年作 等不及夜幕降临	193.2cm×183.2cm	83,123,125	佳士得	2019-11-23
奈良美智 2014年作 告别秋天的女孩	227.5cm×182cm	22,721,625	香港苏富比	2019-04-01
奈良美智 杉戸洋 2004年作 住在盒子里	70cm×64.3cm	7,920,000	佳士得（上海）	2019-09-21
奈良美智 杉户洋 2004年作 Andromeda Galaxy Hights	55cm×50cm	4,358,880	佳士得	2019-05-26
南宽 1981年作 自省	211cm×452cm	3,379,520	华艺国际	2019-11-24
尼古拉·德·斯塔埃尔 1952年作 瓶子	92cm×72.4cm	39,448,533	伦敦佳士得	2019-03-06
尼古拉·德·斯塔埃尔 1952年作 足球员（王子公园）	57cm×77.2cm	25,237,721	伦敦佳士得	2019-03-06
尼古拉·德·斯塔埃尔 1955年作 在港口的船	73cm×99.7cm	21,047,801	伦敦佳士得	2019-03-06
尼曼·米斯尼亚迪 2007年作 新钞票	200cm×150cm	2,875,000	北京保利	2019-12-03
倪贻德 1940年 风景、芍药（双面画）	42cm×49cm(正面) 45cm×37cm(背面)	345,000	北京诚轩	2019-06-02
倪贻德 1950年代作 杭州动物园	64cm×55cm	862,500	中国嘉德	2019-06-03
倪贻德 1950年代作 杭州湖景	27.5cm×37cm	402,500	中国嘉德	2019-06-03
倪贻德 1956年作 建设中的长江大桥 油画	28cm×50cm	264,500	北京诚轩	2019-11-17
倪贻德 1962年 海滨	53cm×40cm	552,000	中国嘉德	2019-11-16
倪贻德 1962年 沈阳火车站	50cm×65cm	1,265,000	中国嘉德	2019-11-16
欧拉齐奥·简提列斯基《叛逆天使的堕落》	49.8cm×40.3cm	22,303,260	纽约苏富比	2019-01-30
欧内斯特·梅索尼埃 穿蓝色长袍的女人	11.5cm×8cm	172,500	北京荣宝	2019-06-13
欧世鸿 1961～1983年作 新加坡河	76cm×482cm	777,600	佳士得	2019-05-26
欧世鸿 无题(新加坡河景)	151cm×269.5cm	1,020,375	香港苏富比	2019-10-06
欧阳春 2005年 王猎鹿（双联作）	146cm×114.5cm×2	207,000	中国嘉德	2019-11-16
欧阳春 2007年 疯人院（双联画）	40cm×70cm×2	92,000	北京诚轩	2019-06-02
欧阳春 2014年 心碎No.1（三联作）	160cm×206cm	632,500	中国嘉德	2019-11-16
鸥洋 2004年作 天体遐想-春忆	88cm×110cm	517,500	北京翰海	2019-03-29
帕斯卡·达仰·布弗莱 油画《沿海景观》	29cm×22cm	149,500	北京保利	2019-06-05
帕斯塔 1998年作 It's Not As Hard As It Seems 油彩 画布	126.5cm×86cm	117,563	佳士得	2019-03-29
帕斯塔 1998年作 晴空万里	198.5cm×285cm	486,000	佳士得	2019-05-26
帕斯塔 2001年作 无尽的蓝调	258cm×186cm	313,250	佳士得	2019-11-24
帕西妲·阿巴德 痴迷	91.5cm×87.5cm	117,563	香港苏富比	2019-04-01
派若斯 沓里庙宇	64.5cm×95cm	158,725	香港苏富比	2019-10-06
潘德海 2007年作 劳动者系列—天安门	170.5cm×201cm	201,780	保利香港	2019-03-31
潘德海 2008年作 那些红色年代—桥	170cm×200cm	205,200	佳士得	2019-05-26
潘玉良 1944年作 青瓶红菊	46cm×55cm	3,420,000	香港苏富比	2019-03-31
潘玉良 法兰西女郎	30cm×22cm	253,000	广东崇正	2019-05-23
潘玉良 海边浴女	61cm×50cm	15,781,800	中国嘉德	2019-10-07
庞均 1996年作 姹紫嫣红	53.5cm×45.5cm	115,000	中国嘉德	2019-06-03
庞均 2010年作 甲天下	80cm×160cm	802,695	中国嘉德	2019-10-07
庞均 2016年作 此物最相思	90cm×71.7cm	221,958	中国嘉德	2019-03-30
庞均 2017年作 山水甲天下	72cm×90cm	242,136	中国嘉德	2019-03-30
庞均 2018年 早午餐	97cm×130cm	460,000	中国嘉德	2019-06-03
庞均 2018年作 水乡	97cm×130cm	686,052	中国嘉德	2019-03-30
庞均 2019年作 好市有鱼	96cm×129.5cm	449,509	中国嘉德	2019-10-07
庞均 2019年作 荷塘人家	95.7cm×129cm	481,617	中国嘉德	2019-10-07
庞茂琨 1989年作 天边的晚霞	100cm×100cm	437,000	北京保利	2019-12-03
庞茂琨 2011年作 女孩之一	160cm×120cm	1,495,000	广东崇正	2019-05-23
庞茂琨 2013年作 花季未了之十三	130cm×100cm	1,265,000	华艺国际	2019-08-10
龐均 1989年作 鹿港妈祖庙的香火	65cm×80cm	262,800	罗芙奥	2019-06-02
龐均 1989年作 兴坪烟雨	72cm×90cm	315,360	罗芙奥	2019-06-02
龐均 1994年作 梦黄宾虹NO. 3	130cm×582cm	5,818,405	香港苏富比	2019-10-05
龐均 2007年作 市集	73cm×60cm	313,250	佳士得	2019-11-24

拍品名称	物品尺寸	成交价RMB	拍卖公司	拍卖日期
龐均 2008年作 香港钟楼	73cm×60.5cm	140,400	佳士得	2019-05-26
龐均 2009年作 富贵家族 油彩 画布	91cm×72.7cm	276,000	罗芙奥	2019-12-01
龐均 2009年作 花	90cm×73cm	183,960	罗芙奥	2019-06-02
龐均 2009年作 竹林之春 油彩 画布	91cm×116.8cm	883,200	罗芙奥	2019-12-01
龐均 2011年作 春到甲天下	60.6cm×72.7cm	518,400	佳士得	2019-05-26
龐均 2011年作 太平洋	60.6cm×72.7cm	131,400	罗芙奥	2019-06-02
龐均 2018年作 池景	175cm×175cm	1,296,000	佳士得	2019-05-26
龐均 2018年作 柿子熟了	97cm×130cm	454,005	保利香港	2019-03-31
龐均 2018年作 庭院	97.3cm×130cm	449,509	保利香港	2019-10-06
龐均 2018年作 一江春水千帆过	200cm×750cm	5,279,625	香港苏富比	2019-03-31
龐均 2019年作 蝴蝶、蜜蜂及鲜花	96cm×128.8cm	447,500	佳士得	2019-11-24
彭常安 2015年作 春又来	80cm×60cm	2,185,000	北京保利	2019-06-04
彭常安 2016年作 早春泸州	150cm×100cm	2,415,000	北京保利	2019-12-03
彭靖能 2014年作 建造三合会	192cm×140cm	100,688	佳士得	2019-11-24
彭斯 2008年作 香草君	138cm×108cm	345,000	北京保利	2019-12-03
彭斯 2011年 瘦马踟蹰	140cm×240cm	345,000	中国嘉德	2019-11-16
彭斯 2016-2017年作 云主	138cm×118cm	402,500	中贸圣佳	2019-06-07
彭斯 无边的凝视	188cm×118cm	460,000	北京荣宝	2019-12-01
皮埃·波纳尔 1890年作 检阅或训练	23.6cm×32.8cm	6,963,450	纽约佳士得	2019-11-11
皮埃·波纳尔 1927年作 门厅	100.3cm×59.4cm	6,534,930	纽约佳士得	2019-11-11
皮耶·奥古斯特·雷诺阿 约1896年作 梳妆少女	57.2cm×47cm	17,591,625	香港苏富比	2019-03-31
皮耶·苏拉吉 1964年作 画作	73cm×100cm	8,478,041	伦敦佳士得	2019-03-06
皮耶·苏拉吉 1966年作 画作	162cm×130cm	15,810,401	伦敦佳士得	2019-03-06
平贺敬 1965年作 窗	130cm×96.5cm	671,250	佳士得	2019-11-23
平贺敬 1981年作 大矶长滩	130cm×162cm	313,250	佳士得	2019-11-24
平贺敬 1984年作 昨日庵·茶会－与景清氏	38.2cm×45.5cm	123,063	佳士得	2019-11-24
平贺敬 1998年作 窗 压克力 画布	162cm×130.3cm	427,500	佳士得	2019-03-29
朴栖甫 1973年作 描法 No.25-73	135cm×134cm	4,193,075	佳士得	2019-11-23
七户优 2006年作 日光狙击手	32cm×32cm	171,000	香港苏富比	2019-04-01
七户优 2009年作 邀请	112cm×145.5cm	514,625	佳士得	2019-11-24
前川强 1991年作 作品	72.5cm×60.5cm	128,431	中国嘉德	2019-10-07
钱德湘 2011年作 芭蕉叶	31cm×40cm	161,000	北京翰海	2019-10-12
强纳森．保罗 2016年作 棒棒糖系列—薄荷漩涡	60(长)cm×78(宽)cm×122(高)cm	165,600	罗芙奥	2019-12-01
乔丹·卡斯蒂尔 2015年作 帕特里克及奥马里	182.6cm×142.5cm	2,612,153	伦敦佳士得	2019-03-06
乔纳森·约 2006～2013年作 克莱尔的房间（格雷森．佩里）	127cm×102cm	1,091,125	伦敦佳士得	2019-03-06
乔纳斯·伍德 拼字迷	198.1cm×248.9cm	11,529,400	纽约苏富比	2019-05-16
乔斯·玛丽亚·贾丁内 划船	38cm×55.5cm	92,000	北京荣宝	2019-06-13
乔瓦尼·巴蒂斯塔·高里－或称巴西齐奥《圣路加》	88.6cm×74.3cm	2,980,620	纽约苏富比	2019-01-30
乔瓦尼·巴蒂斯塔·奇马－或称奇马·达·科内利亚诺《圣母与圣婴》	46.4cm×36.5cm	2,980,620	纽约苏富比	2019-01-30
乔瓦尼·桑德鲁奇 传来的消息	83cm×110cm	172,500	北京荣宝	2019-06-13
乔瓦尼·巴蒂斯塔·毕亚契达 圣德兰的狂喜	46cm×38cm	4,775,142	伦敦苏富比	2019-07-03
乔瓦尼·巴蒂斯塔·皮托尼 藏在吕科墨得斯女儿当中的阿基利斯	111cm×145.5cm	989,325	伦敦苏富比	2019-07-03
乔瓦尼·巴蒂斯塔·皮托尼 西庇阿的克制	111cm×145.5cm	3,077,900	伦敦苏富比	2019-07-03
乔希·斯博林 山姆．傅利曼 2018年作 J&S#1 第15/32部	36cm×123cm	111,875	佳士得	2019-11-24
乔希·斯博林 2017年作 梦境机器	162.5cm×162.5cm	783,125	佳士得	2019-11-23
乔治·康多 2000年10月作 无题 油彩 粘土板	17.7cm×12.6cm	748,125	佳士得	2019-03-29
乔治·康多 2000年作 无题 油彩 粘土板	17.6cm×12.6cm	748,125	佳士得	2019-03-29
乔治·马修 1958年作 蓝色抽象结构	81cm×130cm	1,489,200	罗芙奥	2019-06-01
乔治·布拉克 1909年作 卡里耶尔圣丹尼斯教堂	54.6cm×46.3cm	27,960,930	纽约佳士得	2019-11-11
乔治·康多 1984年作 戴珍珠项链的女子	63.1cm×37.7cm	554,895	中国嘉德	2019-03-30
乔治·康多 1993～1994年作 画家在格林威治村思考他无所不能的命运	25.4cm×20.3cm	816,000	佳士得（上海）	2019-09-21
乔治·康多 2004年作 汉普顿人	101.3cm×73.4cm	5,292,000	佳士得	2019-05-25
乔治·康多 2012年作 年轻的水手	102cm×81.5cm	10,409,625	香港苏富比	2019-04-01
乔治·康多 2016年作 无题	150cm×168cm	11,620,481	伦敦佳士得	2019-03-06
乔治·马修 1976年作 复炽之激情	97cm×162cm	3,206,250	香港苏富比	2019-03-31
乔治·马修 1987年作 弦歌	116cm×89cm	1,282,500	香港苏富比	2019-04-01
乔治·莫兰迪 1950年作 静物	35.7cm×45.2cm	6,534,930	纽约佳士得	2019-11-11
乔治·马修 1970年作 雷霆 II	92cm×73cm	657,575	香港苏富比	2019-10-06
乔治·马修 1970年作 雷霆 III	92cm×72.7cm	623,563	香港苏富比	2019-10-06
乔治·马修 1970年作 向格里尼致敬	194.8cm×97cm	1,587,250	香港苏富比	2019-10-06
乔治·马修 约1950年作 构图	68cm×193cm	2,154,125	香港苏富比	2019-10-05
秦琦 1999年 榜样的力量（双联画）	165cm×73cm×2	437,000	中国嘉德	2019-06-03
秦琦 2004年作 篮球	180.3cm×218cm	844,880	华艺国际	2019-11-24
秦琦 2006-2007作 漂亮的车头2	190cm×250cm	3,220,000	北京保利	2019-06-04
秦琦 2006年 疯子	150.5cm×100cm	112,700	中国嘉德	2019-06-03
秦琦 2006年 青椒	190cm×410cm	1,495,000	中国嘉德	2019-11-16
秦琦 2006年作 七只行走的松鹤（两联作）	190cm×500cm	690,000	中贸圣佳	2019-11-30
秦琦 2007年作 观音	150cm×400cm	345,000	中贸圣佳	2019-06-07
秦琦 2010年作 白帽子	160cm×200cm	194,400	佳士得	2019-05-26
秦琦 2011年作 天鹅	80cm×100cm	102,038	香港苏富比	2019-10-07
秦琦 2011年作 雨靴	100cm×100cm	207,000	北京保利	2019-06-04
秦琦 2014年作 白鹅	100cm×150cm	259,200	佳士得	2019-05-26
秦琦 2014年作 猴子	180cm×250cm	690,000	北京保利	2019-12-03
秦文清 2012年作 油画	200cm×280cm	2,070,000	北京保利	2019-12-03
琼·米切尔 1961年作 蓝色的密歇根	129.2cm×161.6cm	25,237,721	伦敦佳士得	2019-03-06
琼·米切尔 1991年作 菲莉丝之树	280cm×200cm	41,958,878	纽约苏富比	2019-05-16
仇晓飞 2003年作 放映	160cm×180cm	686,465	华艺国际	2019-11-24
仇晓飞 2015年作 零重力1号	200cm×300cm	1,923,750	香港苏富比	2019-04-01
丘亚才 1993年作 绅士	91cm×73cm	171,513	保利香港	2019-03-31
丘亚才 1996年作 赋闲	108cm×70cm	192,647	保利香港	2019-10-06
邱亚才 1993年作 文雅	130cm×97cm	367,920	罗芙奥	2019-06-02
邱亚才 太阳花	162cm×130cm	223,380	罗芙奥	2019-06-02
让·巴蒂斯·卡米耶·柯罗《意大利景致：罗马平原，左见干草堆，右见山上农庄》	18.4cm×34.3cm	728,025	纽约苏富比	2019-01-30
让·巴提斯特·卡米耶·柯罗 安德烈友人肖像	画心 40cm×31cm；画框 52.6cm×44.6cm	253,000	西泠印社	2019-07-07
让·奥诺雷·弗拉格纳尔 爱之泉	47cm×37.5cm	4,353,030	伦敦苏富比	2019-07-03
让-埃梅·圣-赛尔·吉里尔 尴尬的沉默	76cm×100cm	287,500	北京荣宝	2019-06-13
任惠 2017年 存在与时间3	150cm×150cm	103,500	中国嘉德	2019-11-16
任戬 1985年作 天地冥之—状物之神	100cm×120cm	667,000	中贸圣佳	2019-06-07

2019书画拍卖成交汇总

（成交价RMB：10万元以上）

拍品名称	物品尺寸	成交价RMB	拍卖公司	拍卖日期
任戬 1991年作 集邮	50cm×50cm×6	150,000	北京保利	2019-06-04
任鉴易 2019年作 万象更新	119cm×180cm	368,000	北京翰海	2019-10-12
任振宇 2007年作 毛2号	150cm×150cm	170,063	香港苏富比	2019-10-07
任重 2016年作 戢羽·栖遯	78cm×32cm	850,313	香港苏富比	2019-10-06
阮忠 1989年作 裸女	108cm×65cm	104,880	罗芙奥	2019-12-01
阮忠 1989年作 裸女侧影	80cm×80cm	94,608	罗芙奥	2019-06-01
阮忠 1990年作 坐姿女子	94cm×94.5cm	183,960	罗芙奥	2019-06-01
阮忠 1991年作 镜前淑女	100cm×100cm	167,813	佳士得	2019-11-24
阮忠 1992年作 蓝芽	95cm×95cm	140,400	佳士得	2019-05-26
阮忠 1999年作 母与子	149cm×149cm	172,800	佳士得	2019-05-26
阮忠 2007年作 夏夜	129cm×97.3cm	180,000	佳士得（上海）	2019-09-21
瑞铎·塔帕亚 2006年作 Ang Sabi-sabi	78cm×60cm	129,600	佳士得	2019-05-26
若兰多·（奥兰）·温杜拿 钢铁侠1: 8:50	152.5cm×122cm	170,063	香港苏富比	2019-10-06
若兰多·（奥兰）·温杜拿 美国队长	90cm×62cm	181,688	香港苏富比	2019-04-01
萨尔瓦多·达利 1932年作 塔上的骑士	18.2cm×13.9cm	18,962,010	纽约佳士得	2019-11-11
塞·汤伯利 1971年作 无题（分枝）	84.5cm×69.2cm	5,335,601	伦敦佳士得	2019-03-06
塞巴斯蒂亚诺·里奇 阿卡斯与卡利斯托	65.2cm×54cm	27,569,190	伦敦苏富比	2019-07-03
塞巴斯蒂亚诺·卢恰尼－或称塞巴斯蒂亚诺·德·皮翁博 身穿盔甲的男子肖像，据称为伊波利托·德·美第奇	47.5cm×36cm	41,806,676	伦敦苏富比	2019-07-03
塞西丽·布朗 1999年作 夜路	254cm×279cm	27,332,681	伦敦佳士得	2019-03-06
塞西丽·布朗 抹窗工人的自白	190.5cm×228.6cm	24,550,840	纽约苏富比	2019-05-16
赛义德·海德尔·拉扎 2007年作 明点—辐射	100cm×100cm	828,000	罗芙奥	2019-12-01
桑山忠明 1962年作 No.1	73.8cm×58.3cm	284,520	纽约佳士得	2019-09-18
桑山忠明 1989 年作 LEND	121.5cm×114cm×10.8cm	117,563	香港苏富比	2019-04-01
沙利纳·冯·海尔 星团	152.5cm×127cm	1,319,100	伦敦苏富比	2019-07-03
沙耆 1940年代 戴红头巾的少年	24.5cm×20cm	207,000	中国嘉德	2019-11-16
沙耆 1940年作 雏菊	47cm×37cm	460,000	中国嘉德	2019-06-03
沙耆 1940年作 瓶花	50.5cm×33.5cm	172,500	中国嘉德	2019-06-03
沙耆 1941年作 青松	41cm×33cm	287,500	中国嘉德	2019-06-03
沙耆 1942年 舞狮图	60.5cm×50.5cm	460,000	中国嘉德	2019-11-16
沙耆 1987年作 美女与老虎	50cm×75cm	1,817,000	北京匡时	2019-07-13
沙耆 1992年作 玫瑰花	42cm×32.5cm	172,500	西泠印社	2019-07-07
沙耆 瓶花	73cm×56cm	172,500	西泠印社	2019-07-07
沙夏·贾菲利 2004-2005年作 夜侍之舞	91cm×111.5cm	496,800	罗芙奥	2019-12-01
莎拉·休斯 2011年作 休息	122.5cm×142.5cm	1,303,813	香港苏富比	2019-10-07
山口长男 1959年5月作 一目（黄）	91cm×91cm	2,565,000	香港苏富比	2019-04-01
山口长男 1972年作 和	91cm×91cm	793,625	香港苏富比	2019-10-07
山口长男 1975年作 叠	91.3cm×90.8cm	694,688	香港苏富比	2019-04-01
山姆·弗朗西斯 1973年作 无题	56cm×75.5cm	623,563	香港苏富比	2019-10-07
山姆·弗朗西斯 1974年作 无题	179.7by349.8cm	2,351,250	香港苏富比	2019-04-01
山姆·弗朗西斯 1989年作 无题	199cm×381.6cm	3,401,250	香港苏富比	2019-10-07
山姆·弗朗西斯 1989年作 无题	305.5cm×213.5cm	3,206,250	香港苏富比	2019-04-01
山姆·弗朗西斯 1990年作 山下	97cm×65cm	513,000	香港苏富比	2019-04-01
山姆·弗朗西斯 1990年作 无题	152.7cm×122.2cm	1,700,625	香港苏富比	2019-10-07
山姆·弗朗西斯 1991年作 无题	75cm×54cm	1,175,625	香港苏富比	2019-04-01
山姆·吉列姆 1972年作 静止	91.1cm×192.4cm	4,288,121	伦敦佳士得	2019-03-06
商亚东 2014年作 憩	175cm×50cm	138,000	中贸圣佳	2019-06-07
上前智佑 1967年作 无题	54.5cm×46cm	623,563	香港苏富比	2019-10-07
尚. 杜菲 蓝色房间的花束	65cm×50cm	386,400	罗芙奥	2019-12-01
尚·杜布菲《行列，第一跳》	6.9cm×129.7cm	14,271,915	伦敦苏富比	2019-03-05
尚·杜布菲《红脸颊》	81cm×100cm	11,085,830	伦敦苏富比	2019-03-05
尚·杜布菲《碾碎鲜花的人》	99.5cm×76.8cm	13,748,175	伦敦苏富比	2019-03-05
尚·杜布菲《圣苏日镇风景》	88.8cm×115.9cm	17,938,095	伦敦苏富比	2019-03-05
尚·杜布菲 1956年6月作 周围的清晰	94.6cm×63.8cm	14,762,921	伦敦佳士得	2019-03-06
尚·米榭·巴斯基亚 1982年作 无题（头像）	76.2cm×55.9cm	27,806,200	纽约苏富比	2019-05-16
尚·史考利 2015年作 光之墙，菲斯	160cm×160cm	5,810,400	佳士得	2019-05-25
尚扬 1986年作 不断掰开的玉米	90cm×88cm	1,150,000	北京保利	2019-06-04
尚扬 1991年作 窑洞	52cm×64cm	483,000	西泠印社	2019-07-07
尚扬 1999年作 E地风景	49cm×83cm	1,265,000	中贸圣佳	2019-08-16
尚扬 2007年作 天书	38cm×58cm	322,000	西泠印社	2019-07-07
尚扬 2010年作 H地－13	29cm×53cm	345,000	保利厦门	2019-01-06
尚扬 2011年作 H地-19	28cm×51.5cm	460,000	西泠印社	2019-07-07
申玲 1996年作 爱情鸟	146cm×112cm	345,000	中国嘉德	2019-06-03
沈汉武 2018年作 渔港	122.3cm×91.4cm	345,600	佳士得	2019-05-26
沈汉武 无题	74.6cm×59.3cm	190,188	佳士得	2019-11-24
沈行工 春暖	71.5cm×89.5cm	138,000	荣宝斋（南京）	2019-07-21
沈娜 2002年作 蛋白质女孩	180cm×197cm	230,000	中贸圣佳	2019-06-07
沈文燮 2015年作 呈现	162cm×131cm	391,563	佳士得	2019-11-24
沈文燮 2017年作 呈现	131cm×162cm	345,600	佳士得	2019-05-26
施治·波利雅科夫 1966年作 抽象构图	73cm×60cm	793,625	香港苏富比	2019-10-06
石虎 莲子图	96.5cm×91.7cm	340,125	香港苏富比	2019-10-06
石建都 江南春色	150cm×80cm	172,500	北京荣宝	2019-12-01
石齐 2010年作 阿里山情	95.5cm×86cm	2,070,000	北京翰海	2019-06-15
石齐 2017年作 芳菲 镜心	80cm×60cm	632,500	北京保利	2019-06-03
石至莹 2014年 海NO.4	130cm×200cm	161,000	中国嘉德	2019-06-03
市霸奇奇 2013年作 市霸史奈克	153cm×157cm	303,600	罗芙奥	2019-12-01
舒群 1991年作 世界美术全集—中国卷2	110cm×100cm	437,000	中贸圣佳	2019-11-30
司徒乔 1939年作 缅甸写生	86cm×70.5cm	920,000	中国嘉德	2019-06-03
斯里哈迪·苏达索诺 1967年作 景观	130cm×205cm	1,512,000	佳士得	2019-05-25
斯里哈迪·苏达索诺 1986年作 地平线和稻田	132cm×98cm	702,000	佳士得	2019-05-26
斯里哈迪·苏达索诺 1986年作 两位舞者	135cm×100cm	648,000	佳士得	2019-05-26
斯里哈迪·苏达索诺 1992年作 黎弓舞的节奏	130cm×100cm	410,400	佳士得	2019-05-26
斯里哈迪·苏达索诺 BEDHOYO KETAWANG	70x53cm	203,063	香港苏富比	2019-04-01
斯里哈迪·苏达索诺 BEDOYO KETAWANG：和谐之美	100cm×135cm	544,200	香港苏富比	2019-10-06
斯里哈迪·苏达索诺 JANGER: GELORA REMAJA	145cm×180cm	534,375	香港苏富比	2019-04-01
斯里哈迪·苏达索诺 抽象风景	34cm×100cm	510,188	香港苏富比	2019-10-06
斯里哈迪·苏达索诺 精神对话	90cm×62cm	342,000	香港苏富比	2019-04-01
斯里哈迪·苏达索诺 婆罗浮屠	81cm×100cm	374,063	香港苏富比	2019-04-01
斯里哈迪·苏达索诺 三位舞者	138cm×96cm	342,000	香港苏富比	2019-04-01
松浦浩之 2004年作 逃脱 2	92cm×92cm	91,800	佳士得	2019-05-21

拍品名称	物品尺寸	成交价RMB	拍卖公司	拍卖日期
松浦浩之 2006年作 Maintenance	upper: 200cm×75cm; lower: 50cm×75cm; overall: 250cm×75cm	246,125	佳士得	2019-11-24
松浦浩之 2006年作 雪精灵	195cm×130cm	192,647	中国嘉德	2019-10-07
松浦浩之 2017年作 A Piece of Kronos	130cm×97cm	223,750	佳士得	2019-11-24
宋步云 1950年代 须弥春	56cm×46cm	1,150,000	中国嘉德	2019-11-16
宋琨 2002年 尊严——自画像	65cm×45.5cm	598,000	中国嘉德	2019-06-03
宋琨 2003年作 肖像系列之五	91cm×65cm	207,000	西泠印社	2019-07-07
宋琨 2005年作 他在窗外 油画	27cm×35cm	92,000	北京诚轩	2019-11-17
宋琨 2009年 刻骨铭心	90cm×125cm	287,500	中国嘉德	2019-11-16
宋琨 2009年作 巴别塔	45cm×60cm	207,000	北京匡时	2019-07-13
宋琨 2011年作 床上肉机	143cm×183.5cm	453,600	佳士得	2019-05-26
宋颖 2013年作 中国女孩	100cm×129.5cm	115,000	西泠印社	2019-07-07
宋永红 2005年作 河堤边的男女	81cm×100cm	172,500	北京保利	2019-06-04
苏加那·克尔顿 丰收	69cm×133.5cm	1,710,000	香港苏富比	2019-04-01
苏加那·克尔顿 花瓶	59.5cm×50cm	213,750	香港苏富比	2019-04-01
苏拉吉 2017年作 猴子吃面包时代	195cm×250cm	123,063	佳士得	2019-11-24
苏孟鸿 2010年作 红地鸟蝶图	259cm×193.8cm	151,200	佳士得	2019-05-26
苏纳尔约 1996年作 巴龙	145cm×145cm	172,800	佳士得	2019-05-26
苏天赐 1977年作 海南虹影	25cm×53cm	552,000	广东崇正	2019-05-23
苏天赐 1991年 秋渚	65cm×110cm	1,495,000	中国嘉德	2019-06-03
苏天赐 1991年作 江南四月	67.5cm×66.5cm	805,000	中国嘉德	2019-06-03
苏天赐 1993年作 冬日雪景	50cm×65cm	1,265,000	广东崇正	2019-11-28
苏天赐 1994年作 女人体	54cm×65cm	1,092,500	西泠印社	2019-07-07
苏天赐 1996年作 白百合 油画	73cm×50.5cm	1,610,000	北京诚轩	2019-11-17
苏天赐 1996年作 始见轮舟与沧海	97cm×130cm	1,955,000	西泠印社	2019-07-07
苏天赐 2005年 霜晨	75cm×100cm	1,380,000	中国嘉德	2019-11-16
苏天赐 海景写生 二	25cm×53cm	172,500	南京经典	2019-07-19
苏天赐 海景写生 一	25cm×53cm	172,500	南京经典	2019-07-19
苏天赐 绿意	53cm×53cm	920,000	北京翰海	2019-06-15
苏笑柏 2008年作 考工81	49.5cm×24cm	100,890	保利香港	2019-03-31
苏兹立·易卜拉欣冥想系列（红山）	153cm×152.5cm	113,375	香港苏富比	2019-10-06
苏佐佐诺 1969年作 Boekit si Goentang	55cm×70cm	727,188	佳士得	2019-11-24
苏佐佐诺 1979年作 传统面具舞	125cm×75cm	1,404,000	佳士得	2019-05-26
苏佐佐诺 1979年作 卡利古拉	70cm×85cm	1,188,000	佳士得	2019-05-26
苏佐佐诺 瓷瓶里的雏菊	80cm×80cm	406,125	香港苏富比	2019-04-01
孙良 1987年作 黑灯光	75cm×108cm	230,000	中贸圣佳	2019-08-16
孙逊 2014年作 时间公园－04	150cm×250cm	317,450	香港苏富比	2019-10-07
孙宗慰 1943年 嘉陵江上	43.7cm×53.5cm	322,000	北京诚轩	2019-06-02
塔代奥·加迪《圣安东尼》	62.2cm×34.3cm	14,080,860	纽约苏富比	2019-01-30
塔玛拉·德·蓝碧嘉 约1930年作 年轻女子	35cm×27cm	37,631,198	纽约佳士得	2019-11-11
谭行健 2018年 惜春	100cm×72.5cm	333,500	中国嘉德	2019-06-03
谭华牧 约1940年代末作 堤岸	32cm×42cm	575,000	中国嘉德	2019-06-03
谭平 2011年作 无题	160cm×200cm	1,035,000	北京保利	2019-12-03
谭平 2014年作 无题	200cm×300cm	1,725,000	北京保利	2019-06-04
汤马斯·罗伯茨 鲍尔斯考特庄园林景，见一对雄性黇鹿与一只雌鹿	112cm×153cm	22,292,790	伦敦苏富比	2019-07-03
汤姆·卫索曼 1965年作 伟大的美国裸体#79	167cm×180cm	13,795,425	香港苏富比	2019-04-01
唐伟民 2017年作 那个春天	90cm×60cm	172,500	中贸圣佳	2019-06-07
唐一文 2016年作 归牧黄昏	65.7cm×92cm	552,000	北京保利	2019-06-04

拍品名称	物品尺寸	成交价RMB	拍卖公司	拍卖日期
唐蕴玉 1930年作 瓶中桃花 油画	46cm×37cm	195,500	北京诚轩	2019-11-17
唐蕴玉 1934年作 韶华	53cm×44cm	287,500	中国嘉德	2019-06-03
唐蕴玉 白玉兰	45cm×34cm	138,000	北京诚轩	2019-06-02
唐蕴玉 约1940年作 花卉与布娃娃	55cm×40cm	207,000	西泠印社	2019-07-07
唐志冈 1993年作 女子肖像 油画	81.3cm×74.8cm	92,000	北京诚轩	2019-11-17
唐志冈 1999年作 儿童会议9号	162cm×130cm	362,800	香港苏富比	2019-10-06
堂本尚郎 1959年作 无题	49cm×149cm	194,400	佳士得	2019-05-26
堂本尚郎 1963年作 连续的溶解 1963-52	65cm×45cm	123,063	佳士得	2019-11-24
陶文杰 2018年作 小河边	60cm×80cm	97,750	西泠印社	2019-07-07
藤田嗣治 1917年作 海滩上的马车	33cm×41cm	453,600	佳士得	2019-05-26
藤田嗣治 1917年作 无题	22.5cm×19.5cm	510,188	香港苏富比	2019-10-06
藤田嗣治 1922年作 加斯顿·佩里耶肖像	95cm×76.5cmcm	3,628,000	香港苏富比	2019-10-06
藤田嗣治 1923年作 阿西娜和老虎	90cm×35cm	7,820,000	北京保利	2019-06-04
藤田嗣治 1925年作 女孩 油彩 画布	33.5cm×24.5cm	1,603,125	佳士得	2019-03-29
藤田嗣治 1926年作 少女与猫，吉塔肖像	72.8cm×60cm	18,104,625	香港苏富比	2019-03-31
藤田嗣治 1927年作 侧躺的少女	50cm×61cm	3,430,260	保利香港	2019-03-31
藤田嗣治 1929年作 少女与幼犬	73.3cm×100.5cm	15,396,325	香港苏富比	2019-10-05
藤田嗣治 1932年作 无题	54.8cm×45.4cm	4,462,560	佳士得	2019-05-26
藤田嗣治 1946年作 屋舍		453,500	香港苏富比	2019-10-06
藤田嗣治 1950年作 丁香花丛中的女人	21.8cm×26.7cm	2,494,250	香港苏富比	2019-10-06
藤田嗣治 1951年作 拉贝卡西亚	19cm×26cm	317,450	香港苏富比	2019-10-06
藤田嗣治 1952年作 马克西姆餐厅的私人晚宴	22.1cm×27.2cm	1,587,250	香港苏富比	2019-10-06
藤田嗣治 1955年作 女孩与红酒	46.4cm×27.2cm	7,844,625	香港苏富比	2019-03-31
藤田嗣治 1959年作 玫瑰少女	35.5cm×24.4cm	4,294,645	香港苏富比	2019-10-05
藤田嗣治 约1950年代末作 女孩与猫	41cm×24.5cm	4,600,000	北京保利	2019-06-04
藤田嗣治 约1950年代作 小女孩和鸟	27.5cm×22.5cm	3,910,000	北京保利	2019-12-03
藤田嗣治 约1960年代作 在画家房前的女孩和蝴蝶	33cm×21cm	2,300,000	北京保利	2019-06-04
田名网敬一 2006年作 金鱼乱舞	145.5cm×97cm	223,750	佳士得	2019-11-24
田名网敬一 2009年作 骷髅的筵席	145.5cm×97cm×2	594,000	佳士得	2019-05-26
田中敦子 1999年作 作品 压克力 漆 画布 裱于木板	22.7cm×15.9cm	587,813	佳士得	2019-03-29
田中敦子 约1965-1966年作 无题 压克力 画布	53cm×65.2cm	1,656,000	罗芙奥	2019-12-01
童雁汝南 2014至2015年作 三联画	41cm×33cm×3	828,000	西泠印社	2019-07-07
屠宏涛 2004年作 拱门与玩偶 油画	148.5cm×148.5cm	230,000	北京诚轩	2019-11-17
屠宏涛 2006年 观雾之二	80cm×100cm	207,000	中国嘉德	2019-06-03
屠宏涛 2006年 最后一幕	115cm×145cm	402,500	中国嘉德	2019-11-16
屠宏涛 2011年 东坡的一封信	180cm×280cm	1,667,500	中国嘉德	2019-11-16
屠宏涛 城市医生	150cm×208.5cm	368,000	中国嘉德	2019-06-03
托马斯·劳伦斯爵士 女子肖像	53cm×43cm	253,000	北京保利	2019-11-20
妥木斯 1983年作 初冬的早晨	80cm×100cm	302,670	中国嘉德	2019-03-30
妥木斯 1988年作 路上	50cm×60cm	136,050	香港苏富比	2019-10-06
妥木斯 1989年作 漫步而来	40.5cm×52.5cm	192,375	香港苏富比	2019-04-01
妥木斯 1994年 蒙古女人和马系列·秋日	65cm×91cm	483,000	中国嘉德	2019-11-16
妥木斯 2006年 稍息	80cm×117cm	483,000	中国嘉德	2019-06-03
妥木斯 2006年作 拎奶跨马	80cm×116cm	724,500	北京保利	2019-06-04
妥木斯 2014年作 夜幕	100cm×140cm	1,035,000	北京匡时	2019-07-13
妥木斯 2015-2017年作 系腰带的妇女	100cm×70cm	575,000	北京保利	2019-12-03

2019书画拍卖成交汇总

（成交价RMB：10万元以上）

拍品名称	物品尺寸	成交价RMB	拍卖公司	拍卖日期
瓦西里·康丁斯基 1928年2月作《深沉脉动》	100cm×76cm	53,192,780	伦敦苏富比	2019-02-26
万岭（京）2017年作 往事随风	122cm×56cm	138,000	中贸圣佳	2019-11-30
万岭（京）2019年作 追忆的森林——萤火虫系列	70cm×120cm	115,000	北京保利	2019-12-03
汪建伟 2015年作 TBC	200cm×147cm×3	3,220,000	北京保利	2019-06-04
汪亚尘 金玉满堂	31cm×41.5cm	575,000	中国嘉德	2019-06-03
汪亚尘 静物	52.5cm×34.5cm	253,000	西泠印社	2019-07-07
汪莺莺 2017年作 青铜少年	150cm×150cm	92,000	中贸圣佳	2019-11-30
王岱山 人物3	80cm×60cm	92,000	北京翰海	2019-06-15
王度 2004 年作 请进!	250cm×150cm×160cm	90,700	香港苏富比	2019-10-06
王光乐 2009年作 90906	280cm×180.3cm	2,623,140	保利香港	2019-03-31
王光乐 2012年作 水磨石 201207	180cm×150cm	3,218,400	佳士得	2019-05-25
王广义 1987年 红色理性—偶像的修正A	150cm×200cm	23,000,000	中国嘉德	2019-11-16
王广义 1989年作 被工业快干漆覆盖的名画 NO.11	150cm×120cm	2,040,750	香港苏富比	2019-10-07
王广义 1994年作 大批判-HINE XO	150cm×120cm	805,000	北京保利	2019-06-04
王广义 1995年作 红色背景的VISA	150cm×150cm	623,563	香港苏富比	2019-10-06
王广义 2002 年作 唯物主义者	200cm×88.5cm×98cm	249,425	香港苏富比	2019-10-06
王广义 2003年作 信仰（一组两件）	50cm×40cm×2	264,025	华艺国际	2019-11-24
王广义 2004年作 大批判系列——OMEGA	120cm×100cm	172,500	中贸圣佳	2019-11-30
王广义 2004年作 信仰的面孔	40cm×50cm	322,000	北京翰海	2019-06-15
王广义 2005年作 大批判——ARTCO	158.5cm×158.5cm	1,247,125	香港苏富比	2019-10-06
王广义 2005年作 大批判——马格里特	199.5cm×198.5cm	680,250	香港苏富比	2019-10-06
王广义 2006年作 大批判系列之迪斯尼	200cm×160cm	1,161,710	华艺国际	2019-11-24
王海洋 2012年作 无题	145cm×164cm	322,000	北京保利	2019-12-03
王宏峥 2014年作 尘-痕迹	130cm×180cm	1,725,000	北京翰海	2019-03-29
王怀庆 1994年作 空间	101cm×80cm	5,137,248	中国嘉德	2019-10-07
王济远 1949年作 自画像	91.5cm×76.3cm	306,269	华艺国际	2019-11-24
王家琪 1995年 追忆思源	50cm×37cm	218,500	中国嘉德	2019-06-03
王家琪 1997年 惆	85cm×67cm	115,000	中国嘉德	2019-11-16
王家增 2017年作 黑夜带来遗忘之三	95cm×155cm	172,500	中贸圣佳	2019-06-07
王劼音 1992年 热带树	53.5cm×73cm	195,500	中国嘉德	2019-11-16
王劼音 1993年 蓝色风景	71cm×53.5cm	230,000	中国嘉德	2019-11-16
王劼音 1996年作 祁连	61cm×73cm	215,413	香港苏富比	2019-10-06
王劼音 1997年作 静物	59cm×78.5cm	235,457	中国嘉德	2019-10-07
王劼音 1999年 史记（一）	60cm×80cm	218,500	中国嘉德	2019-06-03
王劼音 2001年作 诗意山居图	80cm×80cm	322,000	西泠印社	2019-07-07
王劼音 2005年作 花卉图谱 249	80cm×80cm	342,000	香港苏富比	2019-04-01
王劼音 2013年作 钟楼晨光	80cm×50cm	161,000	北京保利	2019-12-03
王劲松 1998年作 无题	71cm×80cm	158,415	华艺国际	2019-11-24
王晋 2005 年作 中国梦	157cm×210cm×20cm	147,388	香港苏富比	2019-10-06
王克举 2016年作 晴朗的燕山	65cm×80cm	172,500	北京华辰	2019-07-14
王克举 2017年 三王峪（四）	120cm×140cm	184,000	中国嘉德	2019-06-03
王堃 2018年作 深秋的正午	94cm×134cm	172,500	北京翰海	2019-10-12
王迈 1996-1997年作 国际平台 No.1	160cm×110cm	2,300,000	北京保利	2019-06-04
王攀元 1994年作 孤鹜	45.4cm×53cm	648,875	佳士得	2019-11-24
王攀元 落日 油彩 画布	53cm×45.5cm	1,186,800	罗芙奥	2019-12-01
王其钧 水天一色	47cm×47cm	230,000	北京翰海	2019-03-29
王清州 2016年作 般若意象	50cm×50cm	327,750	北京翰海	2019-10-12
王顼 2015年作 旧楼	150cm×180cm	138,000	中国嘉德	2019-06-03
王庆裕 1977年3月创作 硬骨头六连战红旗 镜芯	210cm×185cm	1,495,000	中鸿信	2019-07-16
王荣 2012年作 瓶花系列	60cm×50cm	402,500	北京翰海	2019-10-12
王荣 2018年作 春回江南系列	50cm×60cm	747,500	北京翰海	2019-10-12
王荣 春回江南	42cm×120cm	2,645,000	北京翰海	2019-03-29
王荣 春回江南系列	50cm×60cm	552,000	北京翰海	2019-03-29
王荣 梅须逊雪三分白	65cm×54cm	414,000	北京翰海	2019-03-29
王荣 瓶花	60cm×50cm	287,500	北京翰海	2019-03-29
王文彬 1980年作 激流之歌（奔流不息）	106cm×200cm	575,000	北京翰海	2019-06-15
王晓勃 寻找光亮NO.62	150cm×200cm	977,500	北京荣宝	2019-12-01
王兴伟 1995年作 兔子的证词	125.5cm×200cm	4,664,025	香港苏富比	2019-04-01
王兴伟 1996年 可怜的老汉密尔顿	222cm×177.5cm	21,850,000	中国嘉德	2019-06-03
王兴伟 2003年 第十七号	43.5cm×64.5cm	115,000	中国嘉德	2019-06-03
王兴伟 2003年作 足球场（四联屏）	211cm×94cm×5cm（单个）；211cm×306cm×5cm（四块瓦楞板交叠）	1,284,312	中国嘉德	2019-10-07
王兴伟 2007-2008年作 无题（小乞讨）	135.3cm×163.1cm	641,250	香港苏富比	2019-04-01
王兴伟 2007年作 无题（吊瓶）油彩 画布	135cm×135cm	801,563	佳士得	2019-03-29
王亚彬 2007年 巨灵芝	180cm×150cm	138,000	中国嘉德	2019-11-16
王亚彬 2008年 蝴蝶船	199.5cm×120cm	207,000	中国嘉德	2019-06-03
王亚彬 2012年作 鸟	120cm×100cm	299,000	北京翰海	2019-06-15
王岩 2005年作 海殇（三联作）	240cm×570cm	920,000	中贸圣佳	2019-11-30
王岩 2005年作 坠落的精灵NO.6	240cm×200cm	230,000	中贸圣佳	2019-11-30
王岩 2006年作 记忆的碎片NO.3	190cm×170cm	713,000	中贸圣佳	2019-06-07
王沂东 2003年作 天上人间	90cm×250cm	4,320,000	佳士得（上海）	2019-09-21
王沂东 2018年作 鸣雀图	55cm×38cm	3,680,000	北京保利	2019-06-04
王易罡 2017年作 抽象作品S153 油画	215cm×165cm	345,000	中贸圣佳	2019-06-07
王音 2002年 沙尘暴	177cm×299cm	667,000	中国嘉德	2019-06-03
王音 2010年作 生日2	230cm×180cm	1,923,750	香港苏富比	2019-04-01
王音 2011年作 藏女	80.5cm×110cm	460,000	北京匡时	2019-07-13
王玉平 2010年作 70后	200cm×220cm	655,785	中国嘉德	2019-03-30
王志祥 2007年4月作 广陵散	112cm×145cm	115,000	北京华辰	2019-07-14
王子骄 2017-2019年作 博弈	143cm×105cm	920,000	北京保利	2019-12-03
威廉·德库宁 1975年作 无题X	195.6cm×232.5cm	85,217,186	纽约苏富比	2019-05-16
威廉·休斯 水果静物	76.5cm×63.5cm	230,000	北京荣宝	2019-06-13
韦尔申 1994年作 屏风前的裸女	120cm×100cm	414,000	北京诚轩	2019-06-02
韦尔申 2003年作 守望	130cm×100cm	862,500	中贸圣佳	2019-11-30
韦尔申 2012年作 林中记事	100cm×90cm	713,000	中贸圣佳	2019-06-07
韦嘉 2004年作 母鸡也上树	200cm×160cm	223,750	佳士得	2019-11-24
韦嘉 2004年作 夜与昼－昼	199.8cm×159.9cm	280,800	佳士得	2019-05-26
韦嘉 2007年作 暴力美学Ⅱ	120cm×100cm	161,000	中国嘉德	2019-06-03
韦嘉 2008年 孩儿面IV	179.5cm×250cm	483,000	中国嘉德	2019-06-03
韦启美 2005年作 野菊	70cm×60cm	517,500	中国嘉德	2019-06-03
维克多·杜普雷 油画《河岸》	33cm×65.5cm	264,500	北京保利	2019-06-05
维克多·瓦沙雷利 约1987年作 小丑	232.3cm×160.5cm	1,210,680	保利香港	2019-03-31
伟恩·第伯 四部弹球机（习作）	28.3cm×30.8cm	24,550,840	纽约苏富比	2019-05-16

拍品名称	物品尺寸	成交价RMB	拍卖公司	拍卖日期
卫天霖 1932年作；1973年作 北京戒台寺	43cm×48cm	1,150,000	北京保利	2019-06-04
卫天霖 1973年作 金鱼	直径 19cm；高 11cm	103,500	北京保利	2019-12-03
魏东 2004年作 第一天	150cm×90cm	215,413	香港苏富比	2019-10-06
魏海彬 百里峡	60cm×90cm	169,884	新加坡罗杰	2019-11-28
文承根 1979年作 无题	91cm×116.7cm	149,625	香港苏富比	2019-04-01
翁惠标 2012年作 睿智果敢的总设计师 镜框	102cm×76cm	437,000	北京荣宝	2019-10-12
乌米・达赫兰 1993年作 船只	124cm×150cm	97,200	佳士得	2019-05-26
吴大羽 1932年作 女孩 镜框	92cm×79.5cm	4,140,000	上海嘉禾	2019-09-06
吴大羽 1970年作 缤纷	46.2cm×34cm	8,870,625	香港苏富比	2019-03-31
吴大羽 20世纪60年代 无题（共四幅）	19cm×13cm（最大）；14cm×10cm（最小）	517,500	北京华辰	2019-07-14
吴大羽 约1950年代作 采韵系列之罗浮梦晌	52.8cm×37cm	12,650,000	北京保利	2019-12-03
吴大羽 约1960年 草长莺飞二月天	53.5cm×38.5cm	6,325,000	中国嘉德	2019-11-16
吴大羽 约1960年作 春风拂清香	51.3cm×38.4cm	6,670,000	西泠印社	2019-07-07
吴大羽 约1980年 无题120	41cm×32.5cm	5,175,000	中国嘉德	2019-06-03
吴大羽 约1980年作 无题5	37cm×26cm	5,548,950	保利香港	2019-03-31
吴笛笛 不至于空无NO.1	200cm×140cm	690,000	北京荣宝	2019-12-01
吴峰 2018年作 事事如意	40cm×80cm	115,000	西泠印社	2019-07-07
吴冠中 1959年 鸡冠花	73cm×51cm	14,950,000	中国嘉德	2019-11-16
吴冠中 1959年作 人寿年丰	100cm×60.5cm	25,191,925	香港苏富比	2019-10-05
吴冠中 1962年作 朱碧琴肖像	72cm×54cm	12,650,000	北京保利	2019-12-03
吴冠中 1973年作 冬日水乡 镜芯	45cm×53.2cm	690,000	中鸿信	2019-07-16
吴冠中 1973年作 黄山竹林	61cm×46cm	27,600,000	华艺国际	2019-08-10
吴冠中 1974年作 滨湖乡镇	46cm×60cm	11,042,725	香港苏富比	2019-10-05
吴冠中 1974年作 高粱溪流	61cm×46cm	10,235,000	北京保利	2019-06-04
吴冠中 1974年作 荷花（一）	120.5cm×90.5cm	111,810,915	香港苏富比	2019-03-31
吴冠中 1974年作 荷塘	33.6cm×29.5cm	6,471,445	香港苏富比	2019-10-05
吴冠中 1975年作 黄山三岛	68cm×40.5cm	14,720,000	北京保利	2019-06-04
吴冠中 1975年作 竹林春笋	73.5cm×55cm	17,733,600	佳士得	2019-05-25
吴冠中 1976年作 龙须岛	46cm×61cm	6,670,000	西泠印社	2019-07-07
吴冠中 1976年作 渔港	46cm×61cm	22,425,000	北京保利	2019-06-04
吴冠中 1977-1996年作 桂林	42.5cm×44cm；42.5cm×88cm	20,178,000	保利香港	2019-03-31
吴冠中 1987年作 印度妇女	53.5cm×46cm	8,050,000	北京保利	2019-06-04
吴冠中 1989年作 巴黎蒙马特（五）	61cm×50.5cm	14,104,800	佳士得	2019-05-25
吴冠中 1989年作 凡尔赛一角	65cm×59cm	22,178,100	华艺国际	2019-11-24
吴冠中 1992年作 黑松	73.1cm×60.1cm	9,080,100	保利香港	2019-03-31
吴冠中 1996年作 北国春	93cm×60.4cm	21,695,625	香港苏富比	2019-03-31
吴冠中 1996年作 池塘人家（故乡）	61.4cm×46cm	9,080,100	保利香港	2019-03-31
吴冠中 1996年作 鲁迅故里	60.5cm×73.3cm	19,799,810	保利香港	2019-10-06
吴冠中 1996年作 苏州东山居士	35cm×40cm	4,830,000	朵云轩	2019-06-23
吴冠中 2000年作 春藤	画：39cm×48cm 书：53×44cm	1,133,750	香港苏富比	2019-10-06
吴冠中 2008年作 寂寞桥头	50cm×60cm	2,587,500	北京华辰	2019-07-14
吴松 2016至2017年作 蓝瓶	60.7cm×50.9cm	110,979	中国嘉德	2019-03-30
吴威 虚拟旅程	162cm×110cm	287,500	北京荣宝	2019-12-01
吴洋 2006年作 祭	120cm×120cm	92,000	中贸圣佳	2019-06-07
吴洋 2008年作 印象	120cm×120cm	92,000	中贸圣佳	2019-06-07
吴作人 1932年 提篮子的少女	74cm×54cm	8,280,000	中国嘉德	2019-06-03
吴作人 1950年作 春到渔港	29cm×39cm	368,000	广东崇正	2019-05-23
吴作人 1956年作 码头	27cm×40cm	402,500	西泠印社	2019-07-07
五木田智央 2008年作 不吉夸张人	194cm×259cm	1,620,000	佳士得	2019-05-25
五木田智央 2009年作 善良地想我	53cm×45.5cm	1,118,750	佳士得	2019-11-24
五木田智央 2011年作 花生供货商	65.2cm×53cm	201,375	佳士得	2019-11-24
五木田智央 2011年作 牙齿	33.3cm×53cm	156,625	佳士得	2019-11-24
五木田智央 2016年作 第二段叛逆期 压克力 水粉 纸本	50.5cm×39cm	374,063	佳士得	2019-03-29
伍龙威 2015年作 伊丽莎白・泰勒	182cm×146cm	115,632	罗芙奥	2019-06-01
武高谈 1946年作 花团锦簇	81cm×99.5cm	432,000	佳士得	2019-05-26
武高谈 1954年作 佛	61cm×40.5cm	358,000	佳士得	2019-11-24
武高谈 1964年作 梳妆	61.5cm×50cm	559,375	佳士得	2019-11-24
武高谈 1966年作 漫步	35cm×27.5cm	95,094	佳士得	2019-11-24
武高谈 1968年作 母与子	55cm×47cm	223,750	佳士得	2019-11-24
武高谈 1969年作 翡翠恋人	73.5cm×60.5cm	145,438	佳士得	2019-11-24
武高谈 1972年作 婚约	35cm×27cm	100,688	佳士得	2019-11-24
武高谈 1977年作 母爱	79cm×58cm	378,000	佳士得	2019-05-26
武高谈 1983年作 神	129cm×95.5cm	540,000	佳士得	2019-05-26
武高谈 采花的少女	33.5cm×24.5cm	102,038	香港苏富比	2019-10-06
武高谈 归	92.5cm×73.5cm	480,938	香港苏富比	2019-04-01
武高谈 母爱	55cm×38.5cm	299,250	香港苏富比	2019-04-01
武高谈 母爱	65cm×50.5cm	226,750	香港苏富比	2019-10-06
武高谈 神性	33cm×24cm	96,188	香港苏富比	2019-04-01
武高谈 田园诗	73cm×92cm	476,175	香港苏富比	2019-10-06
武高谈 约1978年作 情侣	65cm×54.5cm	259,200	佳士得	2019-05-26
武高谈 着红裙的少女	35.5cm×27cm	124,713	香港苏富比	2019-10-06
武高谈 着蓝裙的少女	41cm×27cm	101,531	香港苏富比	2019-04-01
武明中 2007年作 别碰！之二	100cm×80cm	92,000	北京保利	2019-12-03
西奥・迈尔 LAIAD与KANKEO摘芒果	100cm×75cm	362,800	香港苏富比	2019-10-06
西奥・迈尔 持罐于头顶的年轻峇里女子	70.5cm×60.5cm	192,375	香港苏富比	2019-04-01
西奥・梅耶 1949年作 峇里女孩	54cm×45.5cm	391,563	佳士得	2019-11-24
西奥・梅耶 1949年作 女子与供品	76cm×55cm	216,000	佳士得	2019-05-26
西蒙・伍埃 妆成圣母的年轻女子像习作	60.7cm×49.5cm	21,237,510	伦敦苏富比	2019-07-03
西蒙・伍埃《蓄须男子头像习作》	61.1cm×46cm	3,391,740	纽约苏富比	2019-01-30
西瑞・菲兹 2019年作 微风系列—织女星	210cm×170cm	607,200	罗芙奥	2019-12-01
夏俊娜 2002年作 喝咖啡的少女	71cm×82cm	241,500	北京匡时	2019-07-13
夏小万 1991年作 牧人	50cm×61cm	575,000	北京保利	2019-12-03
夏小万 1997年 水・肢体	140cm×300cm	977,500	中国嘉德	2019-11-16
夏星 一箭穿心	60cm×200cm	1,725,000	北京翰海	2019-06-15
夏阳 1968年作 客厅	96.5cm×96.5cm	423,738	中国嘉德	2019-03-30
夏阳 1981年作 爱迪生电工－纽约	95cm×133cm	420,480	罗芙奥	2019-06-02
夏阳 1982年作 咖啡厅	91cm×137cm	402,500	中国嘉德	2019-06-03
夏阳 1989年作 都市之鸟，之八	102cm×142.5cm	554,895	保利香港	2019-03-31
夏阳 1999年作 大碗岛的周日午后	96cm×130cm	396,813	香港苏富比	2019-10-06
肖峰 宋韧 1973-1974作 白求恩	135cm×157cm	4,600,000	北京保利	2019-06-04
萧勤 1959年作 绘画-Y	150cm×65cm	317,450	香港苏富比	2019-10-06
萧勤 1959年作 形而上 － BV	60cm×50cm	100,890	中国嘉德	2019-03-30
萧勤 1960年作 RH-65	80.3cm×100.4cm	242,136	保利香港	2019-03-31
萧勤 1962年作 无题	88cm×68cm	181,944	中国嘉德	2019-10-07
萧勤 1962年作 无题	90cm×70cm	140,400	佳士得	2019-05-26
萧勤 1963年作 无限 N° 2	100cm×120cm	378,000	佳士得	2019-05-26
萧勤 1963年作 宇宙之二	144.9cm×145.3cm	428,104	保利香港	2019-10-06

拍品名称	物品尺寸	成交价RMB	拍卖公司	拍卖日期
萧勤 1964年作 双太阳第2号	90cm×70cm	256,500	香港苏富比	2019-04-01
萧勤 1965年作 宇宙辐射	69cm×90cm	864,000	佳士得	2019-05-25
萧勤 1966年作 蓝色与红色的震动	86cm×147cm	950,938	佳士得	2019-11-23
萧勤 1966年作 内在之光	102cm×133cm	1,816,875	香港苏富比	2019-03-31
萧勤 1968年作 张力 VI	86.5cm×88.5cm	268,500	佳士得	2019-11-24
萧勤 1974年作 Rottura－6	70cm×80cm	144,540	罗芙奥	2019-06-02
萧勤 1975年作 和平+荣耀 压克力画布（双联作）	88cm×125cm	181,688	佳士得	2019-03-29
萧勤 1975年作 和平及静观－2	133cm×88cm	313,250	佳士得	2019-11-24
萧勤 1988-2010年作 大限A	65cm×93cm	145,438	佳士得	2019-11-24
萧勤 1991年作 度大限之八十九	52cm×101cm	167,813	佳士得	2019-11-24
萧勤 1992年作 度大限之一二四	100cm×130cm	594,000	佳士得	2019-05-26
萧勤 1998-2008年作 紫色花园	70cm×90cm	141,246	保利香港	2019-03-31
萧勤 1999年作 在永久花园的Samantha－6 压克力 画布	160cm×130cm	938,400	罗芙奥	2019-12-01
萧勤 2000年作 三昧地—23	160cm×130.4cm	1,020,375	香港苏富比	2019-10-05
萧勤 2003年作 宇宙之一	100cm×120.2cm	290,875	佳士得	2019-11-24
萧勤 2008年作 鸿之无限 压克力画布	110cm×250cm	1,104,000	罗芙奥	2019-12-01
萧勤 2011年作 走向永久的花园 压克力 画布	90cm×110cm	386,400	罗芙奥	2019-12-01
小彼得·布吕赫尔 冬日的捕鸟陷阱	38.6cm×56cm	51,823,042	伦敦苏富比	2019-07-03
谢楚余 2002年作 海魅	100cm×80cm	460,000	华艺国际	2019-08-10
谢尔盖·波利雅科夫 1952年作 抽象构成	116cm×89cm	3,633,120	佳士得	2019-05-25
谢尔盖·波利雅科夫 1953年作 抽象构成	64.5cm×54cm	2,640,000	佳士得（上海）	2019-09-21
谢景兰 1968至1970年作 无题	114cm×146cm	2,380,875	香港苏富比	2019-10-05
谢景兰 1974年作 遮掩的月	130cm×195cm	5,792,625	香港苏富比	2019-03-31
谢南星 1998年作 无题 No. 5	189cm×149cm	2,237,500	佳士得	2019-11-23
谢南星 1998年作 无题No.9	188cm×148.5cm	1,678,125	佳士得	2019-11-24
谢南星 2000年作 无题（墙）	220cm×380cm	3,218,400	佳士得	2019-05-25
谢南星 2002年作 无题 No. 1	150cm×358.5cm	4,944,875	佳士得	2019-11-23
谢南星 2012年 第一次意外	53cm×80cm	322,000	中国嘉德	2019-06-03
谢南星 2014年作 某人肖像	80cm×100cm	230,000	北京翰海	2019-06-15
谢南星 2015年作 明信片 树	220cm×150cm	855,000	香港苏富比	2019-04-01
谢玉谦 锡矿	60.5cm×91cm	171,000	香港苏富比	2019-04-01
辛朝殷 2018年作 霎那花·游花聚	100cm×80cm	138,000	北京翰海	2019-10-12
辛朝殷 2019年作 8019	140cm×120cm	172,500	北京翰海	2019-10-12
熊谷守一 1972年作 椿	15.8cm×22.7cm	1,188,000	佳士得	2019-05-25
熊宇 2009年 骑马的人	211cm×305cm	322,000	中国嘉德	2019-06-03
须田克太 1961年作 无题	52.5cm×74.5cm	129,600	佳士得	2019-05-26
徐悲鸿 陆运涛夫人像（小稿）亚麻布镜框	38.5cm×26.5cm	1,678,125	佳士得	2019-11-26
徐坚白 东山岛灯塔	32cm×67cm	322,000	广东崇正	2019-11-28
徐里 2007年作 香荷	60.5cm×90cm	287,500	北京翰海	2019-06-15
徐里 春早	88cm×118cm	2,990,000	北京荣宝	2019-12-01
徐里 醉崖 油画	119.5cm×60cm	2,760,000	北京荣宝	2019-06-13
徐明磊 2017年作 山楂与红石榴	100cm×100cm	92,000	北京翰海	2019-03-29
徐若涛 1993年作 床上的物质及其幻影	126cm×111cm	115,000	中贸圣佳	2019-06-07
徐坦 1987年作 三个渔民	170cm×165cm	2,127,500	北京匡时	2019-07-13
徐唯辛 2016年作 矿工	120cm×100cm	264,500	中贸圣佳	2019-06-07
徐小国 2016年作 织体／2	155cm×200cm	230,000	北京翰海	2019-06-15

拍品名称	物品尺寸	成交价RMB	拍卖公司	拍卖日期
徐震 2014年作 天下－2632JP1403	112cm×151cm×5cm	312,000	佳士得（上海）	2019-09-21
许成 1997年作 无题	170cm×140cm	92,000	中贸圣佳	2019-06-07
许大成 无题	105cm×84cm	230,000	广东崇正	2019-05-23
许汉超 1966年作 威基基假期	198.5cm×172cm	128,250	香港苏富比	2019-04-01
薛堃 铁色记忆	150cm×200cm	172,500	北京荣宝	2019-12-01
薛松 1995年作 断线的风筝	103cm×122cm	207,000	中贸圣佳	2019-06-07
雅各布布·罗布斯蒂－或称雅各布布·廷托雷托及其画室《吉罗拉莫·普留利总督肖像》	63.4cm×50cm	1,199,100	纽约苏富比	2019-01-30
雅各布布斯·弗雷 街景与交谈的路人	36.2cm×27.5cm	5,858,460	纽约苏富比	2019-01-30
雅各布布斯·弗雷 街景与两名行人	35.7cm×27.8cm	8,325,180	纽约苏富比	2019-01-30
雅尼斯·库奈里斯 1960年作 无题	60.5cm×80.5cm	4,707,113	伦敦佳士得	2019-03-06
亚伯拉罕·范·贝耶伦 水果静物	61cm×78.5cm	862,500	北京荣宝	2019-06-13
亚德里安·格尼《杜尚的葬礼I》	200cm×300cm	37,520,734	伦敦苏富比	2019-03-05
亚德里安·格尼 2009年作 蓝雨	240cm×190cm	8,562,825	香港苏富比	2019-04-01
亚德里安·严斯·凡·沃斯塔《教室内部》	22.4cm×18.9cm	3,556,188	纽约苏富比	2019-01-30
亚历克斯·伊斯雷尔 2013年作 天空背景	274.5cm×487.5cm	4,193,075	佳士得	2019-11-23
亚历山大·普雷沃斯特 中国扇子	81.5cm×61cm	230,000	北京荣宝	2019-06-13
亚美迪欧·莫迪利安尼 1915年作 阿特丽斯·哈斯丁坐像	74cm×49.8cm	34,388,730	纽约佳士得	2019-11-11
闫平 1994年作 我们再舞之一	140cm×120.5cm	524,628	保利香港	2019-03-31
闫平 1999年作 母与子——拿大顶	140cm×160cm	460,000	北京保利	2019-12-03
闫平 2002年作 休闲	54cm×73cm	138,000	北京匡时	2019-07-13
闫平 2018年作 开到荼蘼的春天	200cm×180cm	1,955,000	北京华辰	2019-07-14
闫平 五月天	60cm×50cm	253,000	北京荣宝	2019-12-01
严力 1979年作 我和我	83cm×57cm	299,000	北京保利	2019-06-04
严力 1981年作 爱	65cm×86cm	207,000	北京翰海	2019-06-15
严培明 1999年 Père YZT 肖像	200cm×200cm	736,000	中国嘉德	2019-06-03
颜磊 2011年作 彩轮	101cm×95cm	246,160	保利香港	2019-10-06
颜文梁 夕阳西下	29cm×34cm	195,500	西泠印社	2019-07-07
颜文梁 月下清辉	34cm×43cm	713,000	西泠印社	2019-07-07
颜文梁 月夜	25cm×31cm	287,500	西泠印社	2019-07-07
颜文梁 月夜雪景	24cm×33cm	1,115,500	西泠印社	2019-07-07
颜文樑 1973年作 雁来红	39cm×54cm	747,500	中国嘉德	2019-06-03
颜文樑 冬日暖阳	33cm×46cm	345,000	广东崇正	2019-05-23
颜文樑 风景 镜框	24cm×34cm	109,250	广东小雅斋	2019-11-12
颜文樑 绿意	35cm×45.5cm	437,000	中国嘉德	2019-06-03
杨·凡·德·卡佩勒 平静海面上的船舶，望数艘船只与人群，左见码头	62.2cm×83.2cm	32,992,380	纽约苏富比	2019-01-30
杨·桑德·凡·赫米森《救世基督得胜》	77cm×58.5cm	2,733,948	纽约苏富比	2019-01-30
杨飞云 2000年作 湖水	115.5cm×81cm	5,750,000	北京保利	2019-06-04
杨飞云 2010年作 唐韵	180cm×150cm	2,990,000	北京匡时	2019-07-13
杨化喜 2013年作 来了就是深圳人II	110cm×180cm	184,000	华艺国际	2019-08-10
杨黎明 2015年作 信仰	150cm×130cm	115,000	北京翰海	2019-06-15
杨茂源 2010年作 秋	98cm×122cm×4	115,000	北京翰海	2019-06-15
杨秋人 1957年作 冬晨	31cm×36.5cm	115,000	北京匡时	2019-07-13
杨三郎 春芽 油彩 画布	60.5cm×72.5cm	220,800	罗芙奥	2019-12-01
杨少斌 2000年作 NO. 18	265cm×179cm	170,063	香港苏富比	2019-10-07
杨识宏 2007年作 历史的回溯	170cm×221cm	735,840	罗芙奥	2019-06-02

拍品名称	物品尺寸	成交价RMB	拍卖公司	拍卖日期
杨识宏 2012年作 火种	194cm×130.5cm	1,015,313	香港苏富比	2019-04-01
杨识宏 2012年作 霞光 油彩 画布	198cm×152.5cm	331,200	罗芙奥	2019-12-01
杨识宏 2014年作 跃进	71.5cm×162cm	262,314	保利香港	2019-03-31
杨识宏 2017年作 布隆街系列之三	125cm×95cm	321,078	中国嘉德	2019-10-07
杨述 1988年作 旧梦	170cm×180cm	287,500	北京华辰	2019-07-14
杨子宽 2017年作 窗15	160cm×120cm	145,438	佳士得	2019-11-24
姚瑞中 2014年作 脑山水–漱玉图（临钱维城「云山深静卷」）	直径120cm	126,144	罗芙奥	2019-06-02
叶子奇 1991–1992年作 母亲节	66.1cm×30.6cm	160,539	保利香港	2019-10-06
叶子奇 2003–2013年作 对话莲雾 II	38cm×45.7cm	105,120	罗芙奥	2019-06-02
叶子奇 2012年作 成功大学	38.2cm×50.8cm	161,424	中国嘉德	2019-03-30
叶子奇 2017–2019年作 野姜花	127cm×86.5cm	946,080	罗芙奥	2019-06-02
叶子奇 2018–2019年作 福山部落·北台湾	71.3cm×107cm	454,005	保利香港	2019-03-31
叶子奇 2018至2019年作 台湾茉莉	50.8cm×50.8cm	252,225	中国嘉德	2019-03-30
叶子奇 2018至2019年作 烟雨·北回	30cm×45cm	128,431	中国嘉德	2019-10-07
伊夫·唐吉 1927年作 无题	116.3cm×81cm	12,534,210	纽约佳士得	2019-11-11
伊莉萨白·路易丝·维热·勒·布伦 穆罕默德·德维什汗执剑全身像	225.5cm×136cm	49,237,787	纽约苏富比	2019-01-30
伊莉萨白·路易丝·维热·勒·布伦《史宾赛·珀西瓦尔夫人半身像（原名简·威尔逊，1769–1844年）》	48cm×37.5cm	1,627,350	纽约苏富比	2019-01-30
伊莉萨白·佩顿 2002年作 理发（本与斯宾莎）	30.8cm×23.4cm	2,494,250	香港苏富比	2019-10-07
易卜拉欣·侯赛因 1967年作 无题	182cm×121cm	540,000	佳士得	2019-05-26
尹朝阳 2003年作 女孩	200cm×150cm	483,000	西泠印社	2019-07-07
尹朝阳 2005年作 王	150cm×130cm	226,750	香港苏富比	2019-10-07
尹朝阳 2007年作 图腾·红	250cm×250cm	230,000	西泠印社	2019-07-07
尹朝阳 2008年 白	200cm×250cm	667,000	中国嘉德	2019-06-03
尹亨根 1971年作 无题	33cm×53cm	513,000	香港苏富比	2019-04-01
尹亨根 1975年作 棕色蓝色	60.5cm×54.3cm	231,173	纽约佳士得	2019-09-18
尹亨根 1993年作 无题	19cm×27.4cm	115,586	纽约佳士得	2019-09-18
樱桃 2017年作 倾城系列·花开富贵 画框	60cm×80cm	115,000	湖南逸典	2019-05-18
樱桃子 约1990年代作 樱桃小丸子（共三件）	47cm×30cm；51cm×35cm；45.5cm×32.5cm	134,250	佳士得	2019-11-24
尤金·文森特·维达尔 1879年作 女子肖像	85cm×54cm	172,500	北京保利	2019-11-20
由金 2007年作 降生	200cm×280cm	556,535	中国嘉德	2019-10-07
由金 2015年作 不是那个故事	180cm×150cm	540,000	佳士得（上海）	2019-09-21
由金 2016年 无助的休眠	150cm×180cm	632,500	中国嘉德	2019-11-16
于贝尔·罗贝尔《洗劫古金字塔》	52.7cm×63.8cm	1,113,450	纽约苏富比	2019-01-30
于桂元 2009年作 亲人天使	200cm×150cm	575,000	北京翰海	2019-03-29
于瀛洲 2009年作 大提琴手	100cm×80cm	172,500	北京翰海	2019-10-12
于振立 2010年作 醒梦之八	120cm×120cm	782,000	中贸圣佳	2019-06-07
余本 1949年作 香港风景	41cm×52cm	207,000	中国嘉德	2019-06-03
余本 1949年作 小孩	30cm×40.5cm	112,700	中国嘉德	2019-06-03
余本 1949年作 祖国解放，百花盛开	40.8cm×50.5cm	181,944	保利香港	2019-10-06
余本 1964年作 竹林	41cm×51cm	162,000	佳士得	2019-05-26
余本 1976年作 修船码头	71cm×91cm	1,725,000	中国嘉德	2019-11-16
余本 向日葵	48cm×40.5cm	402,500	广东崇正	2019-11-28
余含兮 希望之光	200cm×300cm	1,207,500	北京荣宝	2019-12-01
余友涵 1990年 流动1990–1	131cm×131cm	7,130,000	中国嘉德	2019-06-03
喻红 2000年作 孩子的成长·花	96cm×76cm	345,000	北京匡时	2019-07-13
元永定正 1970–1971年作 作品，No	66.4cm×92cm	469,875	佳士得	2019-11-24
元永定正 1971年作 青绿	130.5cm×160.5cm	1,360,500	香港苏富比	2019-10-07
元永定正 1971年作 作品	52cm×64.5cm	270,000	佳士得	2019-05-26
元永定正 1986年作 九个形状椭圆	37.9cm×45.5cm	277,875	香港苏富比	2019-04-01
元永定正 1987年作 无题	59cm×59cm×55cm	160,539	中国嘉德	2019-10-07
袁浩 1964年作 农民	52cm×38cm	230,000	北京翰海	2019-10-12
袁浩 小女孩	52cm×38cm	230,000	北京翰海	2019-10-12
袁小楼 2018年作 广陵散	100cm×80cm	632,500	中国嘉德	2019-06-03
袁欣 奈良的小鹿	115cm×147cm	264,500	北京荣宝	2019-12-01
袁远 2010年作 公共浴池	213cm×180cm	972,000	佳士得	2019-05-25
袁远 2010年作 蓝调	250cm×185cm	1,068,750	香港苏富比	2019-04-01
袁远 2010年作 桑拿之三	150cm×63cm	221,958	中国嘉德	2019-03-30
袁佐 2019年 狂野和温柔的光（双联画）	260cm×230cm×2	575,000	中国嘉德	2019-11-16
顺化皇宫画室 安南皇帝赛会及保驾在顺化的南郊典礼途中，往向南郊坛	130cm×77cm	102,038	香港苏富比	2019-10-06
约阿希姆·安东尼斯·尔特瓦鲁《诸神之宴》	15.8cm×20.4cm	40,728,288	纽约苏富比	2019-01-30
约尔格·伊门道夫 1983年作 永恒的纪念品	80cm×85cm	235,125	香港苏富比	2019-04-01
约翰·考科特·霍斯利 嫉妒的眼神	76.2cm×62.8cm	552,000	北京保利	2019-11-20
约翰·柯林 托尔布鲁克	203.5cm×106.7cm	24,516,930	纽约苏富比	2019-05-16
约翰·康斯特勃，R.A.〈白马〉习作	61cm×50cm	2,748,125	伦敦苏富比	2019-07-03
约翰·利斯 抹大拉马里亚的试炼	98.8cm×125.8cm	1,483,988	伦敦苏富比	2019-07-03
约翰尼斯·巴塞洛缪·邓茨 1894年作 莱茵河风景	60cm×90cm	172,500	北京保利	2019-11-20
约瑟夫·埃布尔斯 1964年作 向方形致敬：去年	101.6cm×101.6cm	5,335,601	伦敦佳士得	2019-03-06
约瑟夫·恩桂波提 稻田中的劳作者	54.5cm×45.5cm	138,938	香港苏富比	2019-04-01
约瑟夫·恩桂波提 静物	73cm×92cm	680,250	香港苏富比	2019-10-06
约瑟夫·恩桂波提 三柠檬	60cm×73cm	534,375	香港苏富比	2019-04-01
约瑟夫·恩桂波提 乡下风景	97cm×151cm	680,250	香港苏富比	2019-10-06
约瑟夫·库曼 1881年作 年轻的美人	45cm×35cm	138,000	北京保利	2019-11-20
约瑟夫·兰维尔 1875年作 池塘边的女神	50cm×79cm	253,000	北京保利	2019-11-20
约瑟夫·马洛德·威廉·泰纳，R.A. 沃尔顿桥景观	87.5cm×118cm	6,674,646	伦敦苏富比	2019-07-03
约书亚·雷诺兹爵士 女子肖像	72cm×57.5cm	138,000	北京荣宝	2019-06-13
约斯·凡·克莱费（传）《哀悼基督》	65.2cm×44cm	1,027,800	纽约苏富比	2019-01-30
岳敏君 1993年作 风筝	181cm×248cm	6,689,125	香港苏富比	2019-10-06
岳敏君 2000年作 现代兵马俑–2（九件作品）	每件：182cm×73cm×55cm	2,380,875	香港苏富比	2019-10-06
岳敏君 2003年作 假山石–2	140cm×125cm	1,725,000	北京保利	2019-06-04
岳敏君 2003年作 无题	220cm×196cm	3,206,250	香港苏富比	2019-04-01
岳敏君 2005年作 帽子系列	140cm×170cm	1,836,000	佳士得	2019-05-26
臧坤坤 2014年 图景	155cm×230cm	253,000	中国嘉德	2019-11-16
詹姆斯·查尔斯·沃德 水果静物	40cm×50cm	115,000	北京保利	2019-11-20
詹尼古拉·迪·保罗 埋葬基督，圣母 抹大拉马里亚 尼苛德摩 传福音者圣约翰与其他圣人在旁	100cm×100cm	71,855,774	伦敦苏富比	2019-07-03
张博夫 2011年作 平衡木	210cm×170cm	103,500	中贸圣佳	2019-11-30

拍品名称	物品尺寸	成交价RMB	拍卖公司	拍卖日期
张恩利 2006年作 室内	150cm×150cm	920,000	北京保利	2019-06-04
张恩利 2009年作 彩灯树	229.5cm×199.5cm	1,035,000	中国嘉德	2019-06-03
张恩利 2009年作 水果盆	99.5cm×108.5cm	362,800	香港苏富比	2019-10-07
张恩利 2011年作 有花边的台灯	115cm×80cm	287,500	北京保利	2019-12-03
张恩利 2013年作 干掉的果实9号	47.3cm×47.3cm	256,500	香港苏富比	2019-04-01
张恩利 2013年作 火	200cm×180cm	1,265,000	北京保利	2019-06-04
张恩利 2013年作 秋天的树	250cm×200cm	1,342,500	佳士得	2019-11-24
张恩利 2015年作 捆绑	150cm×170cm	960,000	佳士得(上海)	2019-09-21
张鸿俊 2017年作 山水与熊猫	120cm×150cm	1,150,000	北京翰海	2019-06-15
张慧 2011年作 救生圈-2	182cm×227cm	1,267,320	华艺国际	2019-11-24
张凯 2008年 远方谜语	100cm×100cm	402,500	中国嘉德	2019-06-03
张凯 2012年作 你好我的记忆	80cm	353,115	保利香港	2019-03-31
张凯 2014年作 寻觅或遇见你	100cm×100cm	481,617	保利香港	2019-10-06
张郎郎 2014年作 难忘	111cm×150cm	506,000	中国嘉德	2019-06-03
张郎郎 2014年作 银色月光照耀	100cm×150cm	345,000	中国嘉德	2019-11-16
张郎郎 2015年作 动荡的青春	75cm×100cm	374,591	中国嘉德	2019-10-07
张郎郎 2017年作 向日葵	100cm×70cm	406,699	中国嘉德	2019-10-07
张郎郎 2018年作 我的鸽子	75cm×100.5cm	322,000	中国嘉德	2019-06-03
张利 1999年作 坐着的女人体	80cm×100cm	437,000	中贸圣佳	2019-06-07
张利 2007年作 小女孩	80cm×65cm	402,500	中贸圣佳	2019-06-07
张利 2012年作 祈	100cm×80cm	805,000	北京华辰	2019-07-14
张隆 2015年作 荒原 百花盛开	208cm×102cm	575,000	保利厦门	2019-01-06
张淑芬 2018年作 美人倚	90cm×250cm	2,778,750	香港苏富比	2019-03-31
张淑芬 2018年作 普贤菩萨	72.5cm×91cm	1,068,750	香港苏富比	2019-03-31
张淑芬 2018至2019年作 祝福 无题	a. 90.2cm×116.8cm b. 72.7cm×60.4cm	3,401,250	香港苏富比	2019-10-05
张淑芬 2019年作 观莲	85.5cm×94cm	623,563	香港苏富比	2019-10-06
张淑芬 2019年作 柿子树	140cm×80cm	1,700,625	香港苏富比	2019-10-06
张晓刚 1985年作 桃花山NO.17	28.7cm×28.4cm	862,500	北京华辰	2019-07-14
张晓刚 1987年作 遗梦集：头顶山羊的生灵	31cm×26.7cm	447,500	佳士得	2019-11-24
张晓刚 1988年作 荒原系列1号、2号、3号、4号（一组四件）	26cm×19.5cm×3；19.5cm×27cm	3,220,000	中国嘉德	2019-06-03
张晓刚 1989年作 生生息息・明天将要来临	99cm×79cm	9,080,100	保利香港	2019-03-31
张晓刚 1990年 重复的空间13号	128.5cm×99cm	6,670,000	中国嘉德	2019-06-03
张晓刚 1996年作 血缘系列	40cm×30cm	1,296,000	佳士得	2019-05-26
张晓刚 1997年作 同志系列：女人	40.5cm×30.5cm	1,342,500	佳士得	2019-11-24
张晓刚 1997年作 血缘系列：坐在木椅上的小孩2号	129cm×100cm	2,237,500	佳士得	2019-11-24
张晓刚 1998年作 大家庭16号（血缘系列）	200cm×250cm	29,545,525	香港苏富比	2019-10-06
张晓刚 1998年作 婴儿-黄色2号（血缘系列）	129.5cm×99.5cm	1,927,375	香港苏富比	2019-10-06
张晓刚 1999年作 血缘：大家庭	149.6cm×189.2cm	8,870,625	香港苏富比	2019-04-01
张晓刚 2000年作 血缘系列：大家庭 第10号	200cm×300cm	10,994,400	佳士得	2019-05-25
张晓刚 2003年作 失忆与记忆：男人	200cm×260cm	8,976,850	华艺国际	2019-11-24
张晓刚 2006年作 父女1号	200cm×260.5cm	5,056,525	香港苏富比	2019-10-06
张旭东 1995年作 海边	130cm×90cm	115,000	中贸圣佳	2019-06-07
张旭东 2017年作 北方的春天	100cm×150cm	92,000	中贸圣佳	2019-11-30
张一平 2019年作 乌苏里船歌——冬意	93cm×60cm	253,000	北京翰海	2019-10-12

拍品名称	物品尺寸	成交价RMB	拍卖公司	拍卖日期
张永胜 2013年作 光色42	100cm×100cm	402,500	北京保利	2019-06-04
张肇达 2012年作 注视者-03	180cm×180cm	2,070,000	中贸圣佳	2019-11-30
张肇达 2018年作 塔吉克母亲	80cm×100cm	575,000	中贸圣佳	2019-06-07
张志阳 2017年作 吉祥 乐土	84cm×110cm	92,000	北京翰海	2019-03-29
章剑 2001年 三粒葡萄	150cm×200cm	115,000	北京诚轩	2019-06-02
章毅 2015年作 无题	100cm×130cm	437,000	北京保利	2019-06-04
赵半狄 1990年 鹦鹉与扇子	200cm×175.5cm	13,800,000	中国嘉德	2019-06-03
赵半狄 2009年 无题	200cm×100cm	3,220,000	中国嘉德	2019-06-03
赵春翔 1976年作 阴阳	136.5cm×69.5cm	358,000	佳士得	2019-11-24
赵春翔 1980年作 美满家庭	45cm×45cm	299,673	中国嘉德	2019-10-07
赵春翔 1989年作 温馨	45cm×45cm	121,068	中国嘉德	2019-03-30
赵大钧 2012年作 作品201204	180cm×145cm	207,000	北京保利	2019-12-03
赵大钧 2012年作 作品54号 镜心	170cm×132cm	276,000	中贸圣佳	2019-06-07
赵大钧 作品1801	165cm×150cm	230,000	中贸圣佳	2019-11-30
赵刚 2015年作 鸟	80cm×120cm	230,000	北京翰海	2019-06-15
赵俊忠 2015年作 蓝	99cm×99cm	92,000	华艺国际	2019-08-10
赵梦歌 2015年作 生之悦之一	50cm×80cm	172,500	北京翰海	2019-06-15
赵平 2017年作 盼	165cm×113cm	402,500	北京翰海	2019-03-29
赵兽 1948年 土地上的争吵	51cm×66cm	1,150,000	中国嘉德	2019-11-16
赵兽 1990年作 太阳的影响	66cm×51cm	1,035,000	北京匡时	2019-07-13
赵兽 1991年作 今古文明	94cm×78cm	1,012,000	北京匡时	2019-07-13
赵兽 1991年作 战争与和平（三件一组）	47cm×56cm×3	1,437,500	北京匡时	2019-07-13
赵无极 1949年作 无题	27.2cm×21cm	1,790,000	佳士得	2019-11-24
赵无极 1950-1951年作 无题	46cm×55cm	5,481,875	佳士得	2019-11-24
赵无极 1950年作 23.05.50	33.5cm×46cm	4,766,625	香港苏富比	2019-04-01
赵无极 1951年作 24.09.51	45.5cm×54cm	7,365,600	佳士得	2019-05-26
赵无极 1951年作 无题	54cm×73cm	10,476,000	佳士得	2019-05-25
赵无极 1952年作 旧城重光	65.3cm×81.2cm	30,183,875	佳士得	2019-11-23
赵无极 1952年作 仰卧的裸女	54cm×81.4cm	16,178,400	佳士得	2019-05-25
赵无极 1954年作 山村	73cm×92cm	15,539,625	香港苏富比	2019-03-31
赵无极 1954年作 淹没的城市	59.5cm×73cm	28,457,125	香港苏富比	2019-10-05
赵无极 1956年作 银河—09. 11. 1956	162.2cm×114cm	56,400,000	佳士得(上海)	2019-09-21
赵无极 1958年作 无题	114.3cm×162.6cm	99,150,930	香港苏富比	2019-03-31
赵无极 1959-1969年 31.3.59/1.3.69	60cm×73cm	9,200,000	中国嘉德	2019-06-03
赵无极 1959年作 21.04.59	130cm×162cm	94,850,432	香港苏富比	2019-10-05
赵无极 1959年作 兰丸	160.7cm×111.8cm	78,044,000	佳士得	2019-11-23
赵无极 1960年作 01.09.60	81cm×65cm	28,750,000	北京保利	2019-06-04
赵无极 1960年作 11.03.60	73cm×100cm	13,586,400	佳士得	2019-05-25
赵无极 1960年作 17.12.60	160.5cm×130cm	50,458,680	香港苏富比	2019-03-31
赵无极 1961年作 19.01.61	113.6cm×161.9cm	67,987,890	香港苏富比	2019-03-31
赵无极 1961年作 2.6.1961	73cm×116cm	29,900,000	北京保利	2019-06-04
赵无极 1962年作 01.10.62	60cm×92cm	21,926,725	香港苏富比	2019-10-05
赵无极 1963年作 01.04.63	55cm×50cm	6,900,000	华艺国际	2019-08-10
赵无极 1964年作 21.04.64	80.5cm×130cm	23,954,400	佳士得	2019-05-25
赵无极 1965年作 15.02.65	97cm×195cm	87,464,790	香港苏富比	2019-03-31
赵无极 1966年作 17.01.66	146cm×114cm	85,147,200	佳士得	2019-05-25
赵无极 1968-1977年作 1. 12. 68（13. 2. 77）	162cm×114cm	64,333,440	罗芙奥	2019-06-02
赵无极 1970年作 27.03.70	130cm×195cm	43,505,950	佳士得	2019-11-23
赵无极 1973年作 24.01.73	96cm×106cm	15,781,800	中国嘉德	2019-10-07
赵无极 1974年作 不动护摩供	65cm×100.2cm	31,257,875	佳士得	2019-11-23
赵无极 1975年作 04.06.75	55cm×55cm	4,048,425	香港苏富比	2019-04-01
赵无极 1975年作 28.04.75	115.5cm×89cm	11,772,860	保利香港	2019-10-06

拍品名称	物品尺寸	成交价RMB	拍卖公司	拍卖日期
赵无极 1976年作 20.09.76	65.1cm×54cm	5,499,360	佳士得	2019-05-26
赵无极 1985年作 10.03.85	97cm×195cm	23,202,875	佳士得	2019-11-23
赵无极 1986年作 10.01.86	195cm×130cm	55,327,905	香港苏富比	2019-03-31
赵无极 1987~1988年作 三联作 1987-1988	每幅 200cm×162cm; 总尺寸 200cm×486cm	153,792,000	佳士得	2019-05-25
赵无极 1999年作 01.03.99	162cm×130cm	32,242,050	中国嘉德	2019-03-30
赵无极 2001年作 25.5.2001	146cm×114cm	10,371,840	罗芙奥	2019-06-02
赵无极 2003年作 3月-3.4.2003 油彩 画布	97cm×195cm	17,250,000	罗芙奥	2019-12-01
赵晓佳 1990年作 心灵之约	100cm×120cm	109,250	中贸圣佳	2019-11-30
赵晓佳 2013年作 倚墙的白领	200cm×150cm	138,000	中贸圣佳	2019-06-07
赵洋 2015年作 摔狮者	160cm×130cm	207,000	中国嘉德	2019-06-03
赵洋 2015年作 大雪	200cm×150cm	108,000	佳士得	2019-05-26
赵洋 2015年作 立冬	200cm×150cm	246,125	佳士得	2019-11-24
赵银鸥 2017年作 12.2017	170cm×100cm	92,000	中贸圣佳	2019-11-30
赵赵 2015年作 星空	180cm×150cm	205,200	佳士得	2019-05-26
赵赵 乒乓	每件 200cm×260cm; 整体 200cm×520cm	142,260	纽约佳士得	2019-09-18
曾传兴 2004年作 女子肖像	59cm×47.5cm	128,431	中国嘉德	2019-10-07
曾传兴 2009年作 黄昏天际：纸新娘系列之一	70cm×110cm	406,699	中国嘉德	2019-10-07
曾梵志 1989年 无题	90cm×110cm	5,750,000	中国嘉德	2019-06-03
曾梵志 1989年作 黄昏之一	80cm×100cm	13,800,000	北京保利	2019-06-04
曾梵志 1993年 第一种姿态	45cm×54.5cm	207,000	中国嘉德	2019-06-03
曾梵志 1993年作 粉色	60cm×50cm	460,000	西泠印社	2019-07-07
曾梵志 1993年作 精灵	100cm×70cm	1,926,468	中国嘉德	2019-10-07
曾梵志 1996年作 面具	198.7cm×149.4cm	20,325,600	佳士得	2019-05-25
曾梵志 1996年作 三年级一班系列	48cm×38cm	1,927,375	香港苏富比	2019-10-07
曾梵志 1997年作 面具系列16号	150cm×130cm	9,410,125	香港苏富比	2019-10-06
曾梵志 1998年作 面具系列	169cm×144.3cm	18,400,000	北京保利	2019-12-03
曾梵志 2001年作 无题（面具系列）	218.8cm×144cm	9,383,625	香港苏富比	2019-04-01
曾梵志 2005年作 风景	165.5cm×250.5cm	5,383,045	香港苏富比	2019-10-06
曾梵志 2006年 安迪·沃霍尔同志	200cm×200cm	5,980,000	中国嘉德	2019-11-16
曾梵志 2006年作 阿玛尼	80cm×80cm	1,068,750	香港苏富比	2019-04-01
曾梵志 2006年作 无题	200cm×200cm	8,357,625	香港苏富比	2019-04-01
曾梵志 2008年作 肖像 08-7-6	26.5cm×26.3cm	864,000	佳士得	2019-05-26
曾梵志 2009-2010年作 无题	140cm×90cm	1,944,000	佳士得	2019-05-26
珍妮·萨维尔《临界》	305.1cm×168.3cm	47,504,964	伦敦苏富比	2019-03-05
珍妮·萨维尔 肉体倒影	305.2cm×244.2cm	18,853,960	纽约苏富比	2019-05-16
珍妮·萨维尔 阴影头像	269.2cm×219.7cm	36,798,493	伦敦苏富比	2019-07-03
郑春龙 2013年作 苗女	160cm×80cm	287,500	北京翰海	2019-03-29
郑国谷 2014年作 紫外幻化 No.1	208.5cm×145.5cm	322,000	北京匡时	2019-07-13
郑木奎 1967年作 市集	65cm×101cm	111,875	佳士得	2019-11-24
郑木奎 1999年作 金色和谐	139cm×191cm	534,375	香港苏富比	2019-04-01
郑木奎 村庄水牛休息	117cm×87cm	158,725	香港苏富比	2019-10-06
郑木奎 水牛	96.5cm×124.5cm	272,100	香港苏富比	2019-10-06
郑相和 1981年作 无题 81-4-1	92cm×73cm	671,250	佳士得	2019-11-24
郑英胄 2018年作 遥远的村落	112cm×162cm	345,600	佳士得	2019-05-26
中村萌 2010年作 家(两件一组) 水泥 麻布 油彩 薄木片	51cm×31cm×92cm (每件)	552,000	罗芙奥	2019-12-01
中村萌 2017年作 生长 M	33.4cm×24.4cm	170,820	罗芙奥	2019-06-02
中西夏之 1987年作 日光中的白色楔子	73cm×91cm	335,625	佳士得	2019-11-24
中西夏之 1993年作 G/Z 5Z93-D	91cm×72.8cm	280,800	佳士得	2019-05-26
钟飙 2009年作 马德里	280cm×200cm×2 总体 280cm×400cm	114,000	佳士得(上海)	2019-09-21
钟泗宾 1953年作 砂拉越姐妹	75cm×59.5cm	1,512,000	佳士得	2019-05-25
钟泗宾 1963年作 蓝色风景	102cm×97cm	972,000	佳士得	2019-05-26
钟泗宾 1963年作 中式朱红色调	91.5cm×127cm	2,052,000	佳士得	2019-05-25
钟泗宾 1975年作 画室，1975年	90cm×120cm	1,006,875	佳士得	2019-11-23
钟泗宾 1976年作 砂拉越 生活方式	101.5cm×81.5cm	1,512,000	佳士得	2019-05-25
钟泗宾 1978年作 河边生活	101cm×70.5cm	432,000	佳士得	2019-05-26
钟泗宾 1978年作 姐妹	51.5cm×41cm	432,000	佳士得	2019-05-26
钟泗滨 1966年作 抽象	102cm×81cm	537,000	佳士得	2019-11-24
钟泗滨 1977年作 金色抽象	76cm×61cm	559,375	佳士得	2019-11-24
钟泗滨 1977年作 母与子 油彩 瓷板	29.5cm×29.5cm	320,625	佳士得	2019-03-29
钟泗滨 持花女子	75cm×59.5cm	170,063	香港苏富比	2019-10-06
钟泗滨 稻田	35cm×43cm	299,250	香港苏富比	2019-04-01
钟泗滨 进步	84cm×84cm	427,500	香港苏富比	2019-04-01
钟泗滨 葵花	61cm×43cm	566,875	香港苏富比	2019-10-06
钟泗滨 沙捞越	100.5cm×79.5cm	566,875	香港苏富比	2019-10-06
钟泗滨 长屋居民	86cm×122.5cm	1,814,000	香港苏富比	2019-10-05
冢本智也 2013年作 红、黄、蓝（森林）	91cm×117cm	212,563	佳士得	2019-11-24
冢本智也 2015年作；2016年作 作品 001；002；003；004；006；007；008；及011（共八件）压克力 纸本	尺寸不一	90,844	佳士得	2019-03-29
冢本智也 2018年作 旅程	162cm×130cm	864,000	佳士得	2019-05-26
冢本智也 2019年作 回-3	130.5cm×162cm	895,000	佳士得	2019-11-24
周碧初 秋意	37cm×55cm	172,500	广东崇正	2019-05-23
周碧初 山水	25.5cm×32.5cm×2	92,000	西泠印社	2019-07-07
周春芽 1982年作 余辉	109.5cm×80cm	4,370,000	中国嘉德	2019-06-03
周春芽 1986年作 西藏 油彩 画布	63.5cm×77cm	587,813	佳士得	2019-03-29
周春芽 1992年 裸女和石头	150cm×120cm	9,775,000	中国嘉德	2019-06-03
周春芽 1993年作 褐红色的花	100cm×80cm	3,153,600	罗芙奥	2019-06-02
周春芽 1993年作 石头系列—与石头联接的树	195cm×130cm	28,101,600	佳士得	2019-05-25
周春芽 1994年 石头系列——褐色风景	150cm×120cm	8,280,000	中国嘉德	2019-11-16
周春芽 1995年作 黑根	198.5cm×149cm	3,220,000	北京翰海	2019-06-15
周春芽 1995年作 红宝石	80cm×100cm	1,725,000	北京保利	2019-06-04
周春芽 1998年作 风中的百合	45cm×52cm	632,500	北京翰海	2019-06-15
周春芽 1998年作 绿狗	150cm×120.5cm	3,968,125	香港苏富比	2019-10-06
周春芽 1998年作 玫瑰	52.5cm×42.3cm	345,000	保利厦门	2019-01-06
周春芽 1998年作 站立的绿狗	150cm×120cm	1,839,600	罗芙奥	2019-06-02
周春芽 1999年作 红色山石	150cm×120cm	12,843,120	保利香港	2019-10-06
周春芽 1999年作 石头系列	100cm×80cm	2,219,580	中国嘉德	2019-03-30
周春芽 2000年作 百合	99cm×79cm	575,000	北京匡时	2019-07-13
周春芽 2006年作 桃花风景系列 2006—苏州桃花	200cm×250cm	9,382,770	保利香港	2019-03-31

拍品名称	物品尺寸	成交价RMB	拍卖公司	拍卖日期
周春芽 2006年作 通往龙泉山的小路	200cm×250cm	8,357,625	香港苏富比	2019-04-01
周春芽 2008年 聪明的朋友	200cm×249.5cm	3,450,000	中国嘉德	2019-06-03
周春芽 2011年作 桃花春色	200cm×250cm	6,900,000	北京保利	2019-12-03
周春芽 2011年作 盈盈含笑	149.3cm×200cm	3,736,800	佳士得	2019-05-25
周春芽 2015年作 太湖石与花	200cm×150cm	3,732,930	保利香港	2019-03-31
周春芽 2015年作 晚樱与桃花	200cm×400cm	11,270,000	保利厦门	2019-08-04
周春芽 2016年作 桃花风景系列	119.7cm×149.5cm	3,638,884	保利香港	2019-10-06
周春芽 母爱	53cm×36.5cm	322,000	广东崇正	2019-11-28
周丽萱 故乡风光	80cm×40cm	109,250	北京荣宝	2019-12-01
周鸣祥 2019年作 前方的激浪	90cm×130cm	115,000	北京翰海	2019-10-12
周廷旭 1946年作 佛蒙特州	30.5cm×40.5cm	161,000	中国嘉德	2019-06-03
周廷旭 湖	61cm×76.8cm	205,200	佳士得	2019-05-26
周廷旭 无题	100cm×127.3cm	313,250	佳士得	2019-11-24
周洋明 2015年作 无题	163cm×130cm	287,500	中贸圣佳	2019-11-30
周珠旺 2014年作 补天神石—七彩石（一组七件）	41cm×27.3cm×7	181,602	中国嘉德	2019-03-30
周珠旺 2019年作 石屿—等待	145.5cm×97cm	221,958	中国嘉德	2019-03-30
朱德群 1986年作 璀璨之光 油彩画布	65cm×92cm	2,484,000	罗芙奥	2019-12-01
朱德群 1960年作 第70号	130cm×65cm	8,703,875	佳士得	2019-11-23
朱德群 1961年作 第九十二号	73.5cm×73.5cm	3,870,875	佳士得	2019-11-23
朱德群 1966年作 第二二九号	130cm×195cm	33,173,280	佳士得	2019-05-25
朱德群 1967年作 第248号构图	120cm×60cm	9,083,605	香港苏富比	2019-10-05
朱德群 1968年作 Sans Titre	24cm×19cm	713,000	广东崇正	2019-11-28
朱德群 1968年作 第282号	97cm×130cm	10,189,890	保利香港	2019-03-31
朱德群 1968年作 第二七三号	65cm×62cm	3,218,400	佳士得	2019-05-25
朱德群 1970年作 无题	50.2cm×65cm	1,109,790	中国嘉德	2019-03-30
朱德群 1974年作 第570号构图	92cm×73cm	2,267,500	香港苏富比	2019-10-06
朱德群 1978年作 1978年2月10日	55cm×46cm	1,188,000	佳士得	2019-05-26
朱德群 1978年作 28539	65cm×49.8cm	1,020,375	香港苏富比	2019-10-06
朱德群 1979年作 28937	45.5cm×61cm	1,700,625	香港苏富比	2019-10-06
朱德群 1982年作 晴	每联：162cm×130cm;	26,961,875	佳士得	2019-11-23
朱德群 1983年作 一碧万顷	92cm×65cm	1,156,977	罗芙奥	2019-06-02
朱德群 1986年作 无题	56cm×76cm	2,947,750	香港苏富比	2019-10-06
朱德群 1987年作 地心深处	130cm×195cm	10,702,600	保利香港	2019-10-06
朱德群 1987年作 明亮的夜晚 镜框	59.5cm×73cm	1,725,000	上海明轩	2019-04-28
朱德群 1988年作 蓝色氛氲5	72.5cm×60.5cm	2,237,500	佳士得	2019-11-24
朱德群 1988年作 塘畔	81cm×65cm	2,671,875	香港苏富比	2019-04-01
朱德群 1989年作 深邃的和谐	65.5cm×92.5cm	3,333,875	佳士得	2019-11-24
朱德群 1989年作 曦蓝澄光	65.1cm×81.1cm	2,160,000	佳士得（上海）	2019-09-21
朱德群 1990年作 浮光掠影	65cm×81cm	2,587,500	中贸圣佳	2019-06-07
朱德群 1990年作 光束	130cm×97cm	4,407,875	佳士得	2019-11-24
朱德群 1993年作 稳	200cm×200cm	11,512,800	佳士得	2019-05-25
朱德群 1995-1996年作 至诚	64.8cm×81cm	2,592,000	佳士得	2019-05-26
朱德群 1995年作 34829	32.5cm×50cm	559,375	佳士得	2019-11-24
朱德群 1997年作 无题	35cm×45.5cm	360,000	佳士得（上海）	2019-09-21
朱德群 1997年作 喜悦	130cm×195cm	10,851,875	佳士得	2019-11-23
朱德群 2002年作 想象的翱翔	65cm×81cm	1,819,442	中国嘉德	2019-10-07
朱德群 2006年作 扩张	130cm×195cm	9,764,100	中国嘉德	2019-03-30
朱德群 2007年作 平静的山谷	81cm×100cm	3,228,480	保利香港	2019-03-31
朱莉·梅赫雷图 2006年作 墨景（深邃的光）	182.9cm×243.8cm	37,798,695	香港苏富比	2019-04-01

拍品名称	物品尺寸	成交价RMB	拍卖公司	拍卖日期
朱莉娅·拉马《约瑟为宦官解梦》；《以利法、比勒达与琐法安慰乔布》一组两幅	首幅：106.7cm×154.8cm; 次幅：107.7cm×154.7cm	3,391,740	纽约苏富比	2019-01-30
朱铭 1990年作 关公	73cm×83cm×216.4cm	8,321,725	香港苏富比	2019-10-05
朱乃正 1974年作 老书记和新队长	150cm×180cm	8,625,000	北京保利	2019-06-04
朱乃正 人体	54.5cm×77.5cm	345,000	北京华辰	2019-07-14
朱塞佩·吉迪 音乐课	52cm×36cm	115,000	北京荣宝	2019-06-13
朱塞佩·马格尼 马厩	45cm×57cm	92,000	北京荣宝	2019-06-13
朱为白 1981年作 秋	79cm×65cm	447,500	佳士得	2019-11-23
朱新建 美人图	100cm×80cm	276,000	北京翰海	2019-06-15
朱曜奎 1972年作 山水秋韵	120cm×60cm	3,220,000	北京匡时	2019-07-13
朱曜奎 2000年作 半洒云天	50cm×60cm	1,725,000	北京翰海	2019-03-29
朱曜奎 2000年作 波光粼粼	60cm×80cm	2,070,000	北京翰海	2019-03-29
朱曜奎 2001年作 芳草连天	60cm×80cm	1,725,000	北京翰海	2019-03-29
朱曜奎 2003年作 秋看山雪	50cm×60cm	1,725,000	北京翰海	2019-03-29
朱曜奎 2007年作 浪涛拍岸	50cm×60cm	1,610,000	北京翰海	2019-03-29
朱曜奎 2009年作 凝望	60cm×60cm	1,725,000	北京翰海	2019-03-29
朱曜奎 2009年作 起航	50cm×60cm	1,725,000	北京翰海	2019-03-29
朱曜奎 2010年作 千岩竞秀	60cm×80cm	2,070,000	北京翰海	2019-03-29
朱曜奎 2010年作 石破惊天	60cm×80cm	1,725,000	北京翰海	2019-03-29
朱曜奎 2012年作 静夜思	50cm×60cm	1,380,000	北京翰海	2019-03-29
朱曜奎 2013年作 冬雪暖阳	60cm×80cm	1,495,000	北京翰海	2019-03-29
朱曜奎 2013年作 九天	120cm×70cm	2,530,000	北京匡时	2019-07-13
朱曜奎 2013年作 秋水一色	50cm×60cm	1,610,000	北京翰海	2019-03-29
朱曜奎 2013年作 万道霞光	40cm×50cm	1,380,000	北京翰海	2019-03-29
朱曜奎 2014年作 苍茫云海	60cm×120cm	1,610,000	北京翰海	2019-03-29
朱曜奎 2015年作 归家的灯火	50cm×60cm	1,552,500	北京翰海	2019-03-29
朱曜奎 2017年作 冬日暖家	23cm×30cm	575,000	北京翰海	2019-10-12
朱曜奎 2017年作 江头渔家	60cm×80cm	1,380,000	北京翰海	2019-03-29
朱曜奎 2018年作 大红门	30cm×40cm	920,000	北京翰海	2019-03-29
朱曜奎 2018年作 黄河万里	50cm×60cm	1,495,000	北京翰海	2019-03-29
朱曜奎 2018年作 山水田园	50cm×120cm	3,335,000	北京翰海	2019-03-29
朱曜奎 2018年作 一池春水	50cm×60cm	1,725,000	北京翰海	2019-03-29
朱曜奎 光辉历程 镜框	60cm×50cm	3,450,000	未来四方	2019-06-05
朱曜奎 海景 镜框	50cm×60cm	4,025,000	未来四方	2019-06-05
朱曜奎 红日 镜框	30cm×100cm	2,530,000	未来四方	2019-06-05
朱曜奎 黄金季节 镜框	50cm×60cm	3,450,000	未来四方	2019-06-05
朱曜奎 浪漫小景 镜框	40cm×50cm	1,380,000	未来四方	2019-06-05
朱曜奎 漓江奇峰 镜框	100cm×50cm	4,830,000	未来四方	2019-06-05
朱曜奎 一股清流 镜框	60cm×50cm	2,530,000	未来四方	2019-06-05
朱曜奎 余晖 镜框	50cm×40cm	1,150,000	未来四方	2019-06-05
朱曜奎 长城雄风 镜框	100cm×200cm	10,350,000	未来四方	2019-06-05
朱沅芷 1920年代作 帽	20.8cm×13.8cm	353,115	中国嘉德	2019-03-30
朱沅芷 1926年作 故人重逢 油彩	44cm×34cm	862,500	北京银座	2019-06-05
朱沅芷 1926年作 双重自画像	28.5cm×42cm	1,296,000	佳士得	2019-05-25
朱沅芷 1926年作 小城风光	29.5cm×21.5cm	1,109,790	中国嘉德	2019-03-30
朱沅芷 1929年作 自爱	51cm×38cm	4,204,800	罗芙奥	2019-06-02
朱沅芷 1930年代 纽约之夜	50cm×61cm	1,725,000	中国嘉德	2019-06-03
朱沅芷 1932年作 田中奏折，日本帝国主义者之梦	121cm×102cm	8,357,625	香港苏富比	2019-03-31
朱沅芷 1947年作 自由之路	94cm×101.5cm	14,513,625	香港苏富比	2019-03-31
朱沅芷 亚当与夏娃	80.6cm×64.8cm	5,792,625	香港苏富比	2019-03-31
朱沅芷 约1939年作 舞群	92cm×73cm	3,565,000	中国嘉德	2019-11-16
祝锡琨 1988年作 也许事实并非如此	150cm×150cm×4	276,000	中贸圣佳	2019-06-07

拍品名称	物品尺寸	成交价RMB	拍卖公司	拍卖日期
庄哲 1979年作 作品 79-12	119.6cm×84cm	107,026	保利香港	2019-10-06
庄哲 1981年作 无题	100.5cm×127cm	201,780	保利香港	2019-03-31
庄喆 1965年作 感怀	75cm×112.5cm	128,431	中国嘉德	2019-10-07
庄喆 1969年作 醒春	85.4cm×124.7cm	170,063	香港苏富比	2019-10-06
庄喆 1977年作 风景 油彩 画布	86.5cm×86.5cm	104,880	罗芙奥	2019-12-01
庄喆 1983年作 迭韵	105.5cm×283.3cm	963,688	香港苏富比	2019-10-06
庄喆 1983年作 无题	152.5cm×304.2cm	1,175,625	香港苏富比	2019-04-01
庄喆 1984年作 抽象 I	105cm×143cm	315,360	罗芙奥	2019-06-02
庄喆 1987年作 风景 1987-第34号	245cm×198.8cm	727,188	佳士得	2019-11-24
庄喆 1991年作 岩 镜框	109cm×89.5cm	108,000	佳士得	2019-05-27
庄喆 1994年作 无题	132cm×160cm	594,000	佳士得	2019-05-26
庄喆 2006年作 觉醒的浪潮	167cm×167.5cm	374,591	中国嘉德	2019-10-07
宗其香 1955年作 北京市人民游泳场	55.5cm×76cm	632,500	中国嘉德	2019-06-03
佐藤淳弥 2014年作 午睡	60.5cm×60.5cm	246,125	佳士得	2019-11-24
雕　塑				
KAWS 2006年作（ORIGINALFAKE）同伴	38.2cm×16cm×13.2cm	1,816,875	香港苏富比	2019-04-01
KAWS 2007年作 四尺同伴（棕色）	128.2cm×57cm×35cm	1,133,750	香港苏富比	2019-10-07
KAWS 2007年作 同伴	35cm×57cm×128.2cm	931,500	北京保利	2019-12-03
KAWS 2007年作；2009年作 同伴（共两件）强化玻璃纤维塑料 雕塑	125cm×50cm×33cm×2	1,496,250	佳士得	2019-03-29
KAWS 2007年作；2009年作 同伴（黑色）（共两件）	125cm×50cm×33cm×2	1,512,000	佳士得	2019-05-25
KAWS 2007年作；2009年作 同伴（灰色）（共两件）	125cm×50cm×33cm×2	1,404,000	佳士得	2019-05-25
KAWS 2007年作；2009年作 同伴（棕色）（共两件）	高125cm×50cm×33cm×2	1,512,000	佳士得	2019-05-25
KAWS 2010年作 同伴（PASSING THROUGH）	120cm×71cm×65cm	4,561,425	香港苏富比	2019-04-01
KAWS 2011年作 同伴	275cm×125cm×65cm	228,000	佳士得（上海）	2019-09-21
KAWS 2018年作 看见	21.6cm×19cm×38cm	513,725	保利香港	2019-10-06
KAWS2018年作最后的日子	24.1cm×21.6cm×16.5cm	907,000	香港苏富比	2019-10-07
KAWS 空山基 2008年作 沒有未來的伴侶（銀鉻；及黑鉻）（共两件）	185cm×185cm×315cm	166,469	保利香港	2019-03-31
KAWS 空山基 2008年作 没有未来的伴侣（黑铬）	195cm×205cm×305cm	128,431	保利香港	2019-10-06
KAWS 空山基 2008年作 没有未来的伴侣（银铬）	195cm×205cm×305cm	117,729	保利香港	2019-10-06
Medicom Toy 2006年作 香奈儿1000%库柏力克熊	72cm×36cm×23cm	113,375	香港苏富比	2019-10-07
阿尔贝托·贾科梅蒂 行走的人	高41.5cm	172,500	北京荣宝	2019-06-13
阿尔贝托·贾科梅蒂 行走的人	9.5cm×22cm×37cm	115,000	北京保利	2019-11-20
阿尔伯托·贾克梅蒂 1962年构思，1965年铸造 安妮特半身像VIII	高58.5cm	22,390,170	纽约佳士得	2019-11-11
阿梅代奥·莫迪利亚尼 女子雕像	高58cm	322,000	北京荣宝	2019-06-13
埃德加·德加《奔腾骏马》	长46cm	26,317,935	伦敦苏富比	2019-02-26

拍品名称	物品尺寸	成交价RMB	拍卖公司	拍卖日期
埃德加·德加《舞者，阿拉伯姿，右腿抬起与左臂呈一直线》	高31.5cm	6,415,815	伦敦苏富比	2019-02-26
埃德加·德加 凝视右脚的舞者	高45.5cm	172,500	北京保利	2019-11-20
埃德加·德加 十四岁的小舞者	高35cm	138,000	北京荣宝	2019-06-13
埃米尔·博耶尔 祈祷	高68cm；底部尺寸19cm×19cm	115,000	西泠印社	2019-07-07
安东尼·葛姆雷 2010年作 2 x Splice	尺寸不一	7,365,600	佳士得	2019-05-25
奥古斯特. 罗丹 构思于1886~1890年；翻铸于1972年 宁芙仙子跪姿（别名人面狮身像变体）	15cm×14.1cm×13.9cm	120,888	罗芙奥	2019-06-01
奥古斯特. 罗丹 构思于1890 年；铸造于1998 年 沐浴的维纳斯	23cm×22cm×48cm	131,400	罗芙奥	2019-06-01
奥古斯特·罗丹《蹲坐女子，小模型》	高31.9cm	11,653,215	伦敦苏富比	2019-02-26
奥古斯特·罗丹《加莱义民：皮耶·德维桑》缩小版	高45.5cm	5,368,335	伦敦苏富比	2019-02-26
奥古斯特·罗丹 1886年构思，1910年铸造 吻，第一缩小版	高71.2cm	16,390,890	纽约佳士得	2019-11-11
奥古斯特·罗丹 1905年作 悲伤	高31cm	253,000	北京保利	2019-11-20
奥古斯特·罗丹 1998年作 阿黛尔胸像	长45cm；高11.7cm	115,000	北京保利	2019-11-20
奥古斯特·罗丹 右手	高32.5cm	345,000	北京荣宝	2019-06-13
奥古斯特·罗丹 1884-1895年构思，1998年翻铸 加莱市民—皮埃尔·维桑	19cm×22cm×45cm	151,800	罗芙奥	2019-12-01
奥古斯特·罗丹 1884年构思，1998年翻铸 永恒的春天	30cm×18cm×24cm	138,000	罗芙奥	2019-12-01
巴勃罗·毕加索 非洲人物	高34cm	115,000	北京保利	2019-11-20
巴勃罗·毕加索 面具浮雕	29cm×20cm	138,000	北京保利	2019-11-20
巴勃罗·毕加索 女人体	高33.5cm	138,000	北京荣宝	2019-06-13
巴勃罗·毕加索 女人头像	高32cm	172,500	北京荣宝	2019-06-13
巴布罗·毕加索 1932年构思，1955年铸造 公鸡	高65.5cm	41,684,283	纽约佳士得	2019-11-11
巴扎提·彼得罗 抚裙少女	高35cm；底部直径14cm	201,250	西泠印社	2019-07-07
班克斯 2018年作 气球女孩（白色）	148cm×19cm×542cm	96,323	保利香港	2019-10-06
班克斯 2018年作 气球女孩（黑色）	148cm×19cm×542cm	117,729	保利香港	2019-10-06
贝瑞·弗拉纳根 1989年作 尼金斯基野兔	整体 241cm×1155cm×83cm	12,667,961	伦敦佳士得	2019-03-06
博特·莫克塔家庭	92.5cm×46.5cm×37.5cm	1,473,875	香港苏富比	2019-10-05
布鲁诺·瓦尔波特 2013年 米莲娜	90cm×54cm×23cm	207,000	中国嘉德	2019-06-03
草间弥生 1988年 南瓜 2	15.5×14×15.5cm	315,360	罗芙奥	2019-06-02
草间弥生 1988年作；1993年作 帽子 铜雕 雕塑	12.4cm×26cm×24cm	128,250	佳士得	2019-03-29
草间弥生 1998年 南瓜	27×27×28cm	630,720	罗芙奥	2019-06-02
草间弥生2002年作南瓜	9cm×75cm×75cm×5	302,400	佳士得	2019-05-26
草间弥生2002年作南瓜（一组共五件）	95cm×93cm×8cm×5	262,314	保利香港	2019-03-31
草间弥生2002年作南瓜（一组共五件）	105cm×9cm×8cm×5	242,136	保利香港	2019-03-31
草间弥生2002年作南瓜（一组共五件）	73cm×73cm×88cm×5	242,136	保利香港	2019-03-31
草间弥生 2007年作 南瓜	110cm×120cm×120cm	12,549,600	佳士得	2019-05-25
草间弥生 2013年作 蝴蝶结高跟鞋（金）（一组共两件）	8cm×22cm×15cm×2	181,602	保利香港	2019-03-31
草间弥生 2013年作 蝴蝶结高跟鞋（银）（一组共两件）	8cm×22cm×15cm×2	141,246	保利香港	2019-03-31
陈金庆 2014年作 菩提系列之五	100cm×26cm×27cm	100,890	中国嘉德	2019-03-30

2019书画拍卖成交汇总

(成交价RMB：10万元以上)

拍品名称	物品尺寸	成交价RMB	拍卖公司	拍卖日期
陈连富 2015年作 雅觉	98cm×44.6cm	3,105,000	中贸圣佳	2019-06-07
村上隆 菲瑞·威廉斯 2008~2009年作 The Simple Things	78cm×110cm×101cm	19,443,875	佳士得	2019-11-23
狄米特·奇珀鲁斯 马	高56cm；长80cm；底部直径15cm	103,500	西泠印社	2019-07-07
菲利浦·伊其里 1990年作 寻觅爱情（男人与女人）	75cm×21cm×137cm	358,800	罗芙奥	2019-12-01
费尔南多·波特罗 2006年作 欧罗巴的掠夺	100cm×102cm×52cm	5,292,000	佳士得	2019-05-25
费尔南多·波特罗 2007年构思，共铸造6个版本 骑马女子	558cm×25cm×425cm	3,600,000	佳士得（上海）	2019-09-21
费南度·波特罗 约1980年代作 梦想	67cm×30cm×31cm	2,154,125	香港苏富比	2019-10-07
傅瑶 2018年 出逃记系列之守望者	94cm×65cm×57cm	253,000	中国嘉德	2019-06-03
亨利·马蒂斯 1929年于尼斯构思，1954年铸造 侧躺的裸女II	长46.5cm	5,677,890	纽约佳士得	2019-11-11
亨利·摩尔 一种形态	20.5cm×38cm×10	97,750	北京荣宝	2019-06-13
洪易 2009年 骨头狗	60cm×24cm×72cm	110,376	罗芙奥	2019-06-02
胡安·米罗 1974年作 人物	高190cm；宽152cm	22,390,170	纽约佳士得	2019-11-11
黄本蕊 2015年作 粉尼尼	65.5cm×28cm×35cm	139,134	中国嘉德	2019-10-07
黄本蕊 2015年作 粉尼尼	65.5cm×28cm×35cm	121,068	中国嘉德	2019-03-30
霍波洋 1988年作 初潮	90cm×30cm×20cm	184,000	中贸圣佳	2019-06-07
杰夫·昆斯 2015年作 坐着的芭蕾演员	45.7cm×43.2cm×24.8cm	299,250	香港苏富比	2019-04-01
杰夫·昆斯 2017年作 气球兔（红色）	14cm×20cm×29cm	110,979	保利香港	2019-03-31
卡洛·瓦内尔 思	高35cm；长70cm	103,500	西泠印社	2019-07-07
卡伍斯（布莱恩·唐纳利）2009年作 原装假货-同伴	125cm×50cm×33cm	950,490	华艺国际	2019-11-24
凯斯·哈林 1987年作 杂技演员	61cm×24cm×15cm	2,237,500	佳士得	2019-11-23
康斯坦丁·布朗库西 1924年作 波嘉尼小姐	高42cm	207,000	北京荣宝	2019-06-13
康斯坦丁·布朗库西 波嘉尼小姐	高40cm	138,000	北京保利	2019-11-20
莱兰和莲恩 约1991年作 鸽子灯	21cm×13.5cm×25.7cm	204,075	香港苏富比	2019-10-07
李象群 2013年 元四家之倪瓒	68cm×22cm×27cm	598,000	中国嘉德	2019-11-16
李小超 2014年作 盛夏	32cm×38cm×65cm	230,000	北京保利	2019-12-03
李真 2000年作 烟云供养	95cm×96cm×43cm	1,109,790	中国嘉德	2019-03-30
李真 2001年作 大士骑龙	248cm×163cm×196cm	10,149,330	中国嘉德	2019-10-07
李真 2001年作 天界山水	107cm×91cm×164cm	4,035,600	保利香港	2019-03-31
李真 2002年作 飞行乐土	100.5cm×137cm×72.5cm	4,255,200	佳士得	2019-05-25
李真 2002年作 云中一如来	49.2cm×35.2cm×21cm	566,875	香港苏富比	2019-10-07
李真 2003年作 清凉山 铜雕 1/8	41cm×31cm×72cm	717,600	罗芙奥	2019-12-01
李真 2004年作 天音	88cm×60cm×50cm	1,230,625	佳士得	2019-11-24
李真 2005年作 影沉寒水	51cm×48cm×38cm	780,000	佳士得（上海）	2019-09-21
李真 2006年作 供养	73cm×38.5cm×39cm	1,404,000	佳士得	2019-05-26
李真 2007年 西风佛来	32cm×23cm×64cm	499,320	罗芙奥	2019-06-02
李真 2007年作 御风游	55cm×76cm×44cm	564,984	中国嘉德	2019-03-30
李真 2008年作 菩提 铜雕 雕塑	68cm×45cm×37cm	833,625	佳士得	2019-03-29
李真 2010年 大罗金掌	77cm×39cm×95cm	1,839,600	罗芙奥	2019-06-02
李真 2010年作 大罗金掌	80cm×60cm×32cm	1,620,000	佳士得	2019-05-26
李真 2010年作 捻花	73cm×26.5cm×30cm	2,125,625	佳士得	2019-11-24
李真 2010年作 攀龙烛	139cm×48cm×33.5cm	1,337,825	中国嘉德	2019-10-07
李真 2010年作 天火 铜雕 7/8	54cm×41x124cm	1,048,800	罗芙奥	2019-12-01
李真 2010年作 追烛	145cm×59cm×65cm	1,311,570	保利香港	2019-03-31
李真 2013年作 烟花	34cm×39cm×116cm	2,140,520	保利香港	2019-10-06
丽贝卡·沃伦《招牌女郎III》	141cm×47cm×33cm	4,844,595	伦敦苏富比	2019-03-05

拍品名称	物品尺寸	成交价RMB	拍卖公司	拍卖日期
梁任宏 2019年作 转进论18AN1027	100cm×76cm×45cm	363,888	中国嘉德	2019-10-07
刘开渠 1951年作 雕像	46cm×35cm×53cm	1,725,000	北京保利	2019-12-03
刘开渠 1987年创作 蔡元培坐像	280cm×138cm×195cm	7,475,000	北京保利	2019-06-04
卢齐欧·封塔纳 1949年作 战士	107cm×47cm×40cm	10,343,865	伦敦苏富比	2019-03-05
露易丝·布尔乔亚 躯干，自塑像	74.9cm×49.5cm×34.9cm	15,843,135	伦敦苏富比	2019-03-05
露易丝·布尔乔亚 1947年构思，1982年铸造，1版6件，此作为第3件，另有1个AP版。倾听的人	203cm×50.8cm×30.5cm	17,016,390	伦敦苏富比	2019-07-03
马吕斯·让·安东尼恩·梅西格洛丽亚·维克斯	高80cm；底部直径11cm	253,000	西泠印社	2019-07-07
名和晃平 2012年作 PixCell：鹿第29号	132cm×77cm×60cm	3,119,075	佳士得	2019-11-23
奈良美智 2002年作 The Little Pilgrim（Night Walking）	26cm×18cm×16cm×2	648,000	佳士得	2019-05-26
奈良美智 2002年作 The Little Pilgrim（Night Walking）玻璃纤维 雕塑	26cm×18cm×16cm	748,125	佳士得	2019-03-29
奈良美智 2007年作 Sleepless Night（Sitting）	28cm×17cm×15cm	469,875	佳士得	2019-11-24
奈良美智 2007年作 失眠夜（坐着）	28cm×15cm×17cm	657,575	香港苏富比	2019-10-07
奈良美智 2007年作 失眠夜（坐着）	28cm×15cm×17cm	587,813	香港苏富比	2019-04-01
奈良美智 2012年作 Mori Girl	28.5cm×19cm×15cm 28.5cm×19cm×15cm	469,875	佳士得	2019-11-24
奈良美智 2012年作 森子	29cm×19cm×15cm	385,475	香港苏富比	2019-10-07
潘更迪 2018年作 仲夏之夜	29cm×29cm×41cm	92,000	华艺国际	2019-08-10
潘鹤 1980年作 开荒牛（附书法）	90cm×27cm×38cm	184,000	华艺国际	2019-08-10
潘鹤 1984年作 开荒牛	92cm×22cm×36cm	195,500	广东崇正	2019-05-23
潘鹤 2008年作 问苍茫大地谁主沉浮	25cm×23cm×64cm	92,000	广东崇正	2019-05-23
潘鹤 艰苦岁月	38cm×33cm×45cm	184,000	广东崇正	2019-05-23
潘鹤 珠海渔女	20cm×17cm×73cm	138,000	广东崇正	2019-11-28
皮埃尔-朱勒·梅内（Pierre-Jules Mêne）约1860年 法国巴黎铜制"赞赏"塑像	67cm×45cm	103,500	中国嘉德	2019-11-17
皮耶—伊夫．特墨 1976-1977年作 金牛创世纪	72cm×12cm×53cm	303,600	罗芙奥	2019-12-01
任哲 2016年作 神将	60cm×25cm×101cm 3cm×34cm×99cm	534,375	香港苏富比	2019-04-01
任哲 2017年作 雷	99cm×63cm×140cm	476,175	香港苏富比	2019-10-06
萨尔瓦多·达利 1977年构思，共8个铸版及4个艺术家试版 时间的轮廓	380cm×259cm×200cm	7,680,000	佳士得（上海）	2019-09-21
瑟薇小熊吉米	14cm×20cm×67cm	120,750	华艺国际	2019-08-10
舒群 2012年作 红色经典系列11号	255cm×200cm×3	3,105,000	中贸圣佳	2019-06-07
松浦浩之 2008年作 斑比四声道「红色闪电」	85cm×60cm×60cm	216,000	佳士得	2019-05-26
隋建国 1997年作 衣钵	240cm×160cm×130cm	1,380,000	北京保利	2019-06-04
隋建国 1998年作 衣纹研究——掷铁饼者	165cm×70cm×110cm	476,175	香港苏富比	2019-10-06
托尼·克拉格 2008年作 无题	342cm×100cm×90cm	6,422,976	华艺国际	2019-05-27
托尼·克拉格 2008年作 无题	96cm×55.5cm×55.5cm	1,320,000	佳士得（上海）	2019-09-21
王度 2006-2007年作 中国日报	250cm×130cm×156cm	667,000	北京保利	2019-06-04
王克平 扭曲的女子	40cm×25cm×42.5cm	171,513	保利香港	2019-03-31
王克平 无题 枫木 雕塑	36.8cm×36.2cm×15.2cm	128,250	佳士得	2019-03-29
王梁益 2018年作 寻	90cm×45cm×35cm	138,000	华艺国际	2019-08-10

拍品名称	物品尺寸	成交价RMB	拍卖公司	拍卖日期
翁贝特·薄丘尼 1913年构思，1972年铸造 空间中连续性的唯一形体	高117cm；长89cm	115,450,430	纽约佳士得	2019-11-11
武高谈 1956年作 两位少女铜像	35cm×16cm×12.5cm	425,125	佳士得	2019-11-24
武高谈 约1940～1945年作 跪着的女孩	29.5cm×28.5cm×31.5cm	1,944,000	佳士得	2019-05-26
向京 2007年 寂静中心	170cm×43cm×30cm	805,000	中国嘉德	2019-06-03
熊秉明 1956年作 鸽子	40cm×37cm×41.5cm	161,424	中国嘉德	2019-03-30
熊秉明 1961至1997年作 凹肚牛	24cm×50cm×21cm	454,005	中国嘉德	2019-03-30
徐道获 1966年作 高中制服	149.9cm×215.9cm×365.8cm	1,816,875	香港苏富比	2019-04-01
许东荣 2013年作 尊者	sculpture：高70cm×37cm×29cm；stand：高135cm×25cm×25cm	290,875	佳士得	2019-11-24
许东荣 2018年作 自在莲华	75cm×45cm×35cm	232,047	中国嘉德	2019-03-30
杨茂源 2009年作 面孔	37cm×18.5cm×20cm	92,000	北京翰海	2019-06-15
杨学军 水浸街	43cm×30cm×63cm	287,500	广东崇正	2019-11-28
杨英风 1973年作 东西门	59cm×59cm×36cm	124,713	香港苏富比	2019-10-06
伊格尔·米托拉吉 1988年作 阿斯克勒庇厄斯	27.5cm×14cm×4cm	96,323	保利香港	2019-10-06
佚名 唐 泥塑六牙白象首	80.8cm	748,125	香港苏富比	2019-04-02
于修远 2016年 闯入	74cm×114cm×29cm	172,500	中国嘉德	2019-11-16
约1870年 法国“特洛伊的海伦”青铜半身像	高78cm	195,500	中国嘉德	2019-11-17
展望 2001年作 假山石系列之二十九	131cm×70cm×211cm	2,745,860	华艺国际	2019-11-24
展望 2006年作 假山石	43cm×34cm×16.5cm	384,000	佳士得(上海)	2019-09-21
张洹 2001年作 和平1号	195cm×140cm×140cm	850,313	香港苏富比	2019-10-06
赵无极 2007年作 石碑 第四号	27.2cm×7.2cm×38.3cm	181,944	保利香港	2019-10-06
赵无极 2007年作 石碑 第一号（红色方块）	25.5cm×27cm×27.5cm	342,483	保利香港	2019-10-06
赵赵 2013年作 星座壹拾玖	150cm×120cm	167,813	佳士得	2019-11-24
郑国谷 1999-2008年 公元两千年再锈两千年No.11	尺寸不一	460,000	中国嘉德	2019-06-03
郑路 2008年作 问语心觉	97cm×78cm×67cm	299,673	中国嘉德	2019-10-07
郑路2017年作暗香	156cm×130cm×85cm	900,000	佳士得(上海)	2019-09-21
中村萌 2013年作 天梯 石塑黏土油彩	27.5cm×27cm×36cm	138,000	罗芙奥	2019-12-01
周春芽 2005年 绿狗	68cm×18cm×31.5cm	315,360	罗芙奥	2019-06-02
周春芽 2006年作 桃园三结义	72cm×48cm×71cm	690,000	西泠印社	2019-07-07
周春芽 2008年作 绿狗	107cm×95cm×41cm	374,138	香港苏富比	2019-10-07
周春芽 2008年作 绿狗	111cm×105cm×37cm	294,775	香港苏富比	2019-10-07
周巍 2009年作 嬉皮·1	65cm×80cm×70cm	97,750	华艺国际	2019-08-10
朱铭 1975年作 太极系列－单鞭下势	35cm×53cm×28cm	810,000	佳士得	2019-05-26
朱铭 1981年作 关公	46.3cm×30cm×27.8cm	299,673	中国嘉德	2019-10-07
朱铭 1983年 太极	48cm×54.5cm×48cm	1,380,000	中国嘉德	2019-11-16
朱铭 1986年作 太极系列	尺寸不一	313,250	佳士得	2019-11-24
朱铭 1986年作 太极系列－推手	42cm×58cm×23.4cm	1,296,000	佳士得	2019-05-26
朱铭 1988年作及1988年作 太极系列－对打	尺寸不一	4,944,875	佳士得	2019-11-23
朱铭 1990年作 十二生肖一猪	22cm×18cm×16cm	128,431	中国嘉德	2019-10-07
朱铭 1991年作 单鞭下势	59cm×108cm×57cm	2,522,250	中国嘉德	2019-03-30
朱铭 1991年作 太极拱门 铜雕 17/20	94cm×36cm×45cm	883,200	罗芙奥	2019-12-01
朱铭 1994年作 太极系列—对打（共两件）	32cm×16cm×25cm；25cm×18.5cm×30cm	554,895	保利香港	2019-03-31
朱铭 1994年作 太极系列—对打（一组两件）	尺寸不一	988,722	中国嘉德	2019-03-30
朱铭 1995年 太极系列－转身踢腿	52cm×38cm×65cm	420,480	罗芙奥	2019-06-02
朱铭 1995年 太极系列－对招	尺寸不一	578,160	罗芙奥	2019-06-02
朱铭 1995年作 太极系列	70cm×64cm×44cm	950,938	佳士得	2019-11-24
朱铭 1995年作 太极系列—单鞭下势	18.4cm×24.7cm×14.6cm	642,156	中国嘉德	2019-10-07
朱铭 1995年作 太极系列－踢腿 铜 2/20	49.2cm×32cm×52.6cm	441,600	罗芙奥	2019-12-01
朱铭 1995年作 太极系列—推手	35cm×20cm×20cm	278,268	中国嘉德	2019-10-07
朱铭 1996年作；及1996年作 太极系列—对打	尺寸不一	1,728,000	佳士得	2019-05-26
朱铭 1998年作 乡土系列—牧与牛	37cm×42cm×23cm	203,349	中国嘉德	2019-10-07
朱铭 1999年 龙	52.2cm×15.7cm×33.2cm	99,864	罗芙奥	2019-06-02
朱铭 2000年作 太极系列－单鞭下势	高41cm×59cm×30cm	1,566,250	佳士得	2019-11-24
朱铭 关公	31cm×31cm×91cm	1,380,000	保利厦门	2019-08-04
朱铭 关公	37cm×33.9cm×90.4cm	793,625	香港苏富比	2019-10-06
朱铭 太极系列－单鞭下势	18.2cm×28.5cm×14.4cm	102,600	佳士得	2019-05-21
朱铭 约1980年代至1991年作 太极系列—转身踢腿	61cm×65cm×47cm	984,639	中国嘉德	2019-10-07
朱铭 约1980年代作 太极系列	45cm×73cm×41.2cm	2,538,000	佳士得	2019-05-26
朱铭 约1985至1989年作 太极系列—单鞭下势	46.5cm×72.5cm×44.9cm	1,926,468	中国嘉德	2019-10-07
朱伟 2008年作 中国中国	尺寸不一	226,750	香港苏富比	2019-10-07
装　置				
白南准 1987年作 机械人家族系列：高科技宝宝	220cm×103cm×55cm	1,710,000	香港苏富比	2019-04-01
李杰 2013年作 Baby，You Can See That the Gazing Eye Won't Lie	尺寸不一	129,600	佳士得	2019-05-26
李青 2014年 邻窗·红色教堂	155.5cm×88cm×8cm	92,000	中国嘉德	2019-06-03
郑国谷 2006-2009年 猪脑控制电脑	100cm×100cm	126,500	中国嘉德	2019-11-16
摄　影				
1961年 细江英公 蔷薇刑	50.8cm×61cm	92,000	中贸圣佳	2019-06-07
2018年 荒木经惟 花幽	74cm×69cm；外框95cm×115cm	115,000	中贸圣佳	2019-06-07
苍鑫 1995年作 为无名山增高一米	99.5cm×151.8cm	158,026	华艺国际	2019-05-27
陈羚羊 1999-2000年作 十二花月	尺寸不一	111,875	佳士得	2019-11-24
韩磊 2006-2007年作 中国默片系列之6	21.5cm×58.5cm×3	92,000	北京匡时	2019-07-13
韩磊 2016年作 长生殿	90.5cm×49cm	115,000	北京匡时	2019-07-13
李秀恒 2019年作 北京故宫	100cm×200cm	223,750	佳士得	2019-11-24
李秀恒 2019年作 九龙图	70cm×90cm	100,688	佳士得	2019-11-24
刘韡 2004年作 风景（五张一组）	310cm×125.5cm（每张）；310cm×627.5cm（整张）	1,282,500	香港苏富比	2019-04-01
杉本博司 1978年作 山姆·艾瑞克剧院，宾夕法尼亚	42cm×54.5cm	151,335	保利香港	2019-03-31

2019书画拍卖成交汇总

(成交价RMB：10万元以上)

拍品名称	物品尺寸	成交价RMB	拍卖公司	拍卖日期
杉本博司 2003年作 苏必利尔湖	54.5cm×42cm	287,500	北京翰海	2019-06-15
王庆松 2001年 过去，现在，将来	66cm×100cm×2; 66cm×82cm	126,500	中国嘉德	2019-06-03
沃尔夫冈．提尔曼斯 2004年作 畅游者140	尺寸不一	1,566,250	佳士得	2019-11-24
辛迪·雪曼《无题，电影剧照#21》	尺寸不一	5,368,335	伦敦苏富比	2019-03-05
杨福东 2006年 黄小姐昨夜在M餐厅 10号	120cm×179.5cm	299,000	中国嘉德	2019-06-03
张洹 1997年 皮肤（一组二十件）	40.5cm×51cm×20	172,500	中国嘉德	2019-06-03
曾忆城 2018年作 拈花微笑	100cm×74cm×3; 101cm×75cm×3	178,416	华艺国际	2019-05-27
综合媒材				
Banksy 2011年作 This is a Pipe 颜料 古董框 再生金属	69cm×80cm×29cm; 87.6cm×99cm	3,184,875	佳士得	2019-03-29
CEET FOUAD 2017年作 小鸡家族	133cm×102cm	139,134	中国嘉德	2019-10-07
KAWS〈布莱恩．唐纳利〉x Dior 2019年作 BFF (绒毛玩具) (粉红、黑) (两件一组) 综合媒材 聚酯纤维毛绒 迪奥限量设计牛仔服及西装 214/500; 194/500	45.7cm (每件) 30.1cm×24.1 x55.4cm (原装盒) (每件)	276,000	罗芙奥	2019-12-01
MANJIT BAWA 约1990年代作 无题	58.1cm×76.2cm	97,804	纽约佳士得	2019-09-18
MARI KIM 2016年作 加布里埃 香奈尔	88.7cm×71cm	106,695	纽约佳士得	2019-09-18
阿方索·奥索里奥 1951年作 绿色女子	73.4cm×56cm	727,188	佳士得	2019-11-24
艾迪·马丁内斯 2008年作 桌子，桌布，桌子#2	186cm×244cm	1,920,000	佳士得(上海)	2019-09-21
艾格妮斯·马丁《无题#9》	152.7cm×152.7cm	24,222,975	伦敦苏富比	2019-03-05
艾林·迪维哈坦托·苏纳里奥 2015年作 第一系列	178cm×140cm	340,125	香港苏富比	2019-10-06
艾珠·克里丝汀 去往父亲家的旅途	90cm×100cm	320,625	香港苏富比	2019-04-01
安迪·沃荷 1986年作 金宝鸡汤面条盒子	50.8cm×50.8cm	1,680,000	佳士得(上海)	2019-09-21
安迪·沃霍尔 1985-86年作 SOMEBODY WANTS TO BUY YOUR APARTMENT BUILDING!	40.6cm×50.8cm	1,437,500	北京保利	2019-12-03
安迪·沃霍尔 1985年作 SOMEBODY WANTS TO BUY YOUR APARTMENT BUILDING!	40.6cm×50.8cm	1,437,500	北京保利	2019-12-03
安迪·沃霍尔 蓝色的米奇	29.5cm×20.5cm	115,000	北京荣宝	2019-06-13
安迪·沃霍尔 玛丽莲·梦露	21cm×21cm	103,500	北京保利	2019-11-20
安迪·沃霍尔 香蕉	29.5cm×20.5cm	92,000	北京荣宝	2019-06-13
安迪·沃霍尔 香奈儿NO.5	33cm×21cm	138,000	北京荣宝	2019-06-13
巴里·弗拉纳根 1997年作，1版8件，此作为第8件，另有2件AC版 左撇子鼓手	250.2cm×175.3cm×94cm	7,307,814	伦敦苏富比	2019-07-03
白南准 1995年作 莱特兄弟	173cm×403cm×56cm	3,218,400	佳士得	2019-05-25
班内蒂托·雷耶斯·卡布雷拉 无题	67.5cm×35cm	192,375	香港苏富比	2019-04-01
贝尔纳．毕费 1959年作 蝴蝶裸女一琪琪	50cm×65cm	236,520	罗芙奥	2019-06-01
贝尔纳·奥伯廷 1973年作 火焰圆相	90cm×90cm	160,313	香港苏富比	2019-04-01
贝尔纳·奥伯廷 1974年作 火绘	100cm×74cm	106,875	香港苏富比	2019-04-01
彼得．莱兹伯斯 2016年作 幸福系列 2016-15	93cm×73cm	170,820	罗芙奥	2019-06-01
彼得．莱兹伯斯 2017年作 天赋	200cm×200cm	604,440	罗芙奥	2019-06-01

拍品名称	物品尺寸	成交价RMB	拍卖公司	拍卖日期
草间弥生 1977年作 荷兰女士	65.1cm×51.1cm	374,063	香港苏富比	2019-04-01
草间弥生 1977年作 看日落的女生	54.5cm×42.5cm	587,813	香港苏富比	2019-04-01
草间弥生 1978年作 秋之青潭	27.2cm×24.2cm	287,500	保利厦门	2019-01-06
草间弥生 1979年作 蝶	24.2cm×27cm	128,250	香港苏富比	2019-04-01
草间弥生 1979年作 日本山脉	24.2cm×27.3cm	299,250	香港苏富比	2019-04-01
草间弥生 1991年作 自已消灭之南瓜	327cm×195cm×145cm	3,628,000	香港苏富比	2019-10-07
草间弥生 1992年作 创世记 综合媒材 雕塑	30cm×21cm×11cm	299,250	佳士得	2019-03-29
草间弥生 太平洋	46.4cm×35.6cm	23,737,000	纽约苏富比	2019-05-16
陈春木 2015年 草木诗经-02	191.5cm×150cm	172,500	中国嘉德	2019-11-16
陈箴 1998年作 无间断的声音	140cm×145cm×705cm	1,725,000	北京保利	2019-06-04
村上隆 2003年作 这是骷髅 Dokurobei 立轴	画心 40cm×40cm; 滚动条 129.9cm×51.8cm	373,433	纽约佳士得	2019-09-18
丁雄泉 1973年作 吻，吻	56cm×76cm	213,750	香港苏富比	2019-04-01
丁乙 1991年作 十示91-11	85cm×115cm	795,226	华艺国际	2019-05-27
法比恩·维迪尔 2008年作 39764 水墨 色素 漆 画布裱于木板（五联作）	137cm×212.7cm	513,000	佳士得	2019-03-29
古斯塔夫·克林姆特 站立的女人	30.5cm×21cm	115,000	北京荣宝	2019-06-13
管策 2015年作 花鸟-4	68cm×100cm	92,000	广东崇正	2019-05-23
哈维尔．卡勒加 2017年作 怎么样	112cm×76cm	207,000	罗芙奥	2019-12-01
亨利·泰勒 2004年作 G RELATED	161.9cm×153cm	5,074,425	香港苏富比	2019-04-01
黄丹龙 1960年作 无题	43.5cm×72cm	111,875	佳士得	2019-11-24
黄华兆 2017年作 草原·家园	113cm×150cm	690,000	北京保利	2019-12-03
吉格·克鲁斯 无题	各94cm×69cm; 整体 94cm×138cm	235,125	香港苏富比	2019-04-01
季大纯 2001年 联络图	109.5cm×109.5cm	230,000	北京诚轩	2019-06-02
季大纯 2007年作 出口 综合材料	110cm×110cm	178,250	北京诚轩	2019-11-17
加百利·巴雷多 2008年作 呼啸的套钟	190cm×150cm×12cm	138,938	香港苏富比	2019-04-01
杰克逊·波洛克 抽象研究	14cm×36cm	287,500	北京荣宝	2019-06-13
鹫见康夫 2008年作 无题	101.7cm×67.2cm	100,890	保利香港	2019-03-31
拉齐·肖 2011年作 AN ODE TO THE DISSOLVING SILK OF DUSK	83.3cm×110.6cm	2,875,000	北京保利	2019-12-03
勒迈耶 阳台边的妮·帕洛	61cm×46cm	111,875	佳士得	2019-11-24
冷广敏 2013年作 蜕变	150cm×120cm	126,732	华艺国际	2019-11-24
黎谱 1963年作 花卉与水果	141cm×70cm	1,188,000	佳士得	2019-05-26
黎谱 约1955年作 花 综合媒材 绢本裱于木板	59.5cm×27cm	106,875	佳士得	2019-03-29
黎谱 约1956年作 阿卢埃特的花	35cm×25cm	111,875	佳士得	2019-11-24
黎谱 约1956年作 缝纫	88cm×114.5cm	864,000	佳士得	2019-05-26
黎谱 约1956年作 瓶花	62.5cm×44.5cm	324,000	佳士得	2019-05-26
黎谱 约1956年作 瓶花	26.5cm×15cm	140,400	佳士得	2019-05-26
黎谱 约1956年作 罂粟花与枯叶	35.5cm×24cm	111,875	佳士得	2019-11-24
黎谱 约1958年作 沐浴者	24cm×35cm	216,000	佳士得	2019-05-26
黎谱 约1960年作 大丽花	64cm×90.5cm	469,875	佳士得	2019-11-24
黎谱 约1960年作 鲜花女子	71.5cm×48.5cm	518,400	佳士得	2019-05-26
李绫瑄 2013年作 似曾相识	105cm×105cm×8cm	908,438	香港苏富比	2019-03-31
李元佳 1964年作 无题	69.2cm×9.5cm	117,563	香港苏富比	2019-04-01
李元佳 1964年作 无题	69cm×9.5cm	113,375	香港苏富比	2019-10-06
梁铨 1991年作 松	58.5cm×43cm	230,000	广东崇正	2019-11-28
林寿宇 1967年作 绘画一九六七年二月	102cm×102cm	3,206,250	香港苏富比	2019-03-31
林寿宇 2008年作 纸上作品	39.6cm×55cm	262,314	保利香港	2019-03-31
林寿宇 2009年作 无题II	59cm×75cm	504,450	中国嘉德	2019-03-30
刘刚 2017年 80624071022（双联作）	200cm×110cm×2	437,000	中国嘉德	2019-11-16

拍品名称	物品尺寸	成交价RMB	拍卖公司	拍卖日期
刘国松 1967年作 雪清图	55.7cm×86cm	513,000	香港苏富比	2019-04-01
刘国松 1971年作 金星	90cm×90cm	641,250	香港苏富比	2019-04-01
刘国松 1991年作 喘息的火山	131cm×69cm	1,710,000	香港苏富比	2019-04-01
刘国松 1999年作 天籁	68.5cm×38.5cm	320,625	香港苏富比	2019-04-01
刘国松 2013年作 霎雨染新色	71.3cm×149cm	1,068,750	香港苏富比	2019-04-01
刘炜 2008年 风景	37.8cm×28cm	230,000	北京诚轩	2019-06-02
刘炜 2009年作 无题	75cm×94cm	747,500	北京保利	2019-12-03
刘炜 新长征路上的摇滚	30cm×27cm	207,000	保利厦门	2019-01-06
刘炜 约2015年作 无题	70.2cm×134.6cm	680,250	香港苏富比	2019-10-07
刘野 2003年作 气球女孩	24.5cm×20cm	322,000	保利厦门	2019-01-06
六角彩子 2006年作 AR-06-29 综合媒材 纸板	53cm×39cm	96,188	佳士得	2019-03-29
陆春涛 2013年作 风来吹绣漪	51cm×92cm	120,000	佳士得(上海)	2019-09-21
罗扬文 2017年作 光谱仪态-心轮系列#01	83.7cm×71.4cm×105cm	96,854	华艺国际	2019-05-27
罗扬文 2017年作 光谱仪态-心轮系列#03	83.7cm×71.4cm×105cm	96,854	华艺国际	2019-05-27
罗扬文 2017年作 光谱仪态-心轮系列#06	83.7cm×71.4cm×105cm	96,854	华艺国际	2019-05-27
马克·布拉福德 粉红划痕	152.4cm×121.9cm	20,481,640	纽约苏富比	2019-05-16
马克·夏加尔 1971年作 女人与山羊	28cm×25.5cm	172,500	北京荣宝	2019-06-13
马诺洛·华迪斯 2017年作 蓝白色背景肖像	190cm×152cm	3,740,625	香港苏富比	2019-04-01
名和晃平 2015年作 PixCell：羊第2号	69cm×49cm×47.5cm	864,000	佳士得	2019-05-26
娜温. 参森 2018年作 欢乐家庭—我们谈一下？	100cm×100cm	131,400	罗芙奥	2019-06-01
奈良美智 1988年作 JUICY FRUIT	27.8cm×23cm	311,194	纽约佳士得	2019-09-18
奈良美智 1996年作 笔记	21cm×22.5cm	345,000	北京匡时	2019-07-13
奈良美智 2008年作 无题	15.5cm×21.6cm	510,188	香港苏富比	2019-10-07
奈良美智 2009年作 然而并非一切（橘屋）	321cm×321cm×470.5cm	29,432,150	保利香港	2019-10-06
奈良美智 2009年作 然而并非一切（绿屋）	320cm×320cm×670cm	36,388,840	保利香港	2019-10-06
奈良美智 2012年作 森子 综合媒材 5/200	18cm×14.5cm×30cm	386,400	罗芙奥	2019-12-01
帕斯卡·马田·泰欧 2007年作 帕斯卡人偶，救生员	125cm×50cm×55cm	2,748,125	伦敦苏富比	2019-07-03
佩尔·柯克比 1965年作 无题	182.6cm×121.9cm	927,456	伦敦佳士得	2019-03-06
片冈球子 梅花	37.3cm×45.5cm	117,563	香港苏富比	2019-04-01
朴栖甫 2006年作 描法060214号	160cm×260cm	1,584,150	华艺国际	2019-11-24
乔治·布拉克 无题	45.5cm×33cm	92,000	北京荣宝	2019-06-13
乔治·康多《打击节奏》	203.2cm×193cm	12,700,695	伦敦苏富比	2019-03-05
乔治·康多《女子肖像》	177.8cm×165.1cm	10,605,735	伦敦苏富比	2019-03-05
邱世华 1990年代初 山	103.5cm×141cm	109,250	北京匡时	2019-07-13
邱志杰 2013年作 文森特的光晕	175cm×58cm	92,000	西泠印社	2019-07-07
全光荣 1997年作 集合 97-106	94cm×68cm	195,608	纽约佳士得	2019-09-18
全光荣 2006年作 聚合06-JU010	209.5cm×145cm	410,400	佳士得	2019-05-26
全光荣 2007年作 集合07-D114	163cm×131cm	353,115	中国嘉德	2019-03-30
让·米歇尔·巴斯奎特 无题	34cm×29cm	92,000	北京荣宝	2019-06-13
萨尔瓦多·达利 1954年作 加拉双像	51cm×76.8cm	748,125	香港苏富比	2019-04-01
尚·米榭·巴斯基亚《山之巅》	172.5cm×218.6cm	71,821,776	伦敦苏富比	2019-03-05
尚扬 2008年 董其昌计划-15	300cm×277cm	4,600,000	中国嘉德	2019-06-03
尚扬 2009年作 董其昌计划-23	300cm×272cm	5,520,000	北京翰海	2019-06-15
沈昌明 2019年作 波粒吟游5	180cm×90cm	117,729	中国嘉德	2019-10-07

拍品名称	物品尺寸	成交价RMB	拍卖公司	拍卖日期
石晋华 2019年作 走笔第一六九号：雪峰映月图	74cm×141.5cm；40cm×28cm	117,729	中国嘉德	2019-10-07
松谷武判 1994年作 书体 94-6-20	116cm×89cm	374,591	保利香港	2019-10-06
松山智一 2013年作 Swinging While I'm Singing	左 152.7cm×122.2cm；右 152.8cm×122.4cm；整体 152.8cm×244.6cm	142,260	纽约佳士得	2019-09-18
苏拉吉 2006年作 挤拥 综合媒材 画布	150cm×145cm	117,563	佳士得	2019-03-29
苏孟鸿 2010年作 郎世宁之三鸟图	195cm×259cm	111,875	佳士得	2019-11-24
堂本尚郎 1958年作 作品	50cm×150cm	213,750	香港苏富比	2019-04-01
藤田嗣治 1932年作 猫像	12cm×17.5cm	171,000	香港苏富比	2019-04-01
托茵·奥依·奥杜托拉《片面的历史》	101.6cm×76.2cm	2,182,250	伦敦苏富比	2019-03-05
王天德 2013年作 数码No 013-LBST011	206cm×61cm	207,000	西泠印社	2019-07-07
王天德 2015年作 清溢境	213.5cm×89.5cm	576,000	佳士得(上海)	2019-09-21
王天德 数码系列 综合材料	177cm×62cm	115,000	北京诚轩	2019-11-17
吴笛 2012年 独活草-1、独活草-2（一组二件）	95cm×65cm×2	161,000	中国嘉德	2019-06-03
五木田智央 2007年作 BLOODTHIRSTY CONE-NOSE	60.7cm×41cm	793,625	香港苏富比	2019-10-07
武高谈 1964年作 少女	41cm×33cm	190,188	佳士得	2019-11-24
洗脑先生（泰瑞. 库塔）2012年作 Smack !(美丽人生) 综合媒材 画布	91.5cm×61cm	331,200	罗芙奥	2019-12-01
徐震 2016年 没顶公司 男人到底要什么	140cm×220cm	322,000	中国嘉德	2019-06-03
亚旺·达米·阿麦德 EOC 崎岖黑暗	190cm×178cm	277,875	香港苏富比	2019-04-01
亚旺·达米·阿麦德 MARISTA "SISA SEMUSIM IV"	135cm×120cm	90,700	香港苏富比	2019-10-06
闫珩 2011年 黑屏·花火（双联作）	150cm×200cm×2	112,700	中国嘉德	2019-06-03
阎威 2018年作 境界	76cm×152cm	112,700	北京翰海	2019-03-29
杨锋 对话莫奈	97cm×150cm	172,500	北京荣宝	2019-12-01
杨心广 2014年 金色H—NO.3a	123cm×124cm×7cm	101,200	中国嘉德	2019-06-03
杨兴雅 君子自强	178cm×154cm	115,000	北京翰海	2019-03-29
伊莉萨白·佩顿 2003年作 皮埃尔呼唤母亲（皮埃尔与卡米尔）	22cm×15.2cm	362,800	香港苏富比	2019-10-07
约翰·柯林 2004年作 忏悔者习作	45.4cm×34.8cm	544,200	香港苏富比	2019-10-07
臧坤坤 2009年 室内III（双联作）	150cm×120cm×2	322,000	中国嘉德	2019-06-03
张泓 作品2019.1.18 镜框	40cm×41cm	92,000	上海拍卖	2019-07-07
张泓 作品2019.1.20 镜框	32cm×36cm	92,000	上海拍卖	2019-07-07
张泓 作品2019.1.21 镜框	32cm×36cm	92,000	上海拍卖	2019-07-07
钟泗宾 1957年作 嘉鲁达舞	74.5cm×60cm	1,230,625	佳士得	2019-11-23
钟泗宾 1974年作 设计	119cm×91.5cm	810,000	佳士得	2019-05-26
钟泗宾 1974年作 仕女坐像	91.5cm×66cm	280,800	佳士得	2019-05-26
钟泗滨 1969年作 两位少女	91cm×70cm	402,750	佳士得	2019-11-24
周名德 2018年作 九天·伍 水墨 矿物质颜料 日本屏风	34.5cm×169cm；47cm×182cm×1.5cm	106,875	佳士得	2019-03-29
周长江 1990年作 互补——天道与人道	360cm×180cm×240cm	172,500	北京保利	2019-06-04
朱为白 1997年作 剖视	50cm×60cm	149,625	香港苏富比	2019-04-01
庄喆 1967年作 重生	101.3cm×127cm	138,938	香港苏富比	2019-04-01
庄喆 1971年作 旭日	121cm×84.5cm	256,500	香港苏富比	2019-04-01

拍品名称	物品尺寸	成交价RMB	拍卖公司	拍卖日期
庄喆 1988年作 88-35	左: 133.8cm×179.2cm; 右: 133.5cm×179cm; 整体: 133.8cm×358.2cm	950,938	佳士得	2019-11-23
当代艺术				
1984年作 风之谷	72cm×51.4cm	963,688	香港苏富比	2019-10-07
BAPE BAPESTA FS-029 CHOMPERS（黑）	尺寸：9.5 US	90,844	香港苏富比	2019-04-01
BAPE x KAWS 2006年作 BAPESTA FS-029 KAWS CHOMPERS（I.白/蓝；II.白/绿）	每对尺寸：9 US	106,875	香港苏富比	2019-04-01
BAPE x KAWS 2006年作 BAPESTA FS-029 KAWS CHOMPERS（I.黄/绿；II.绿/黑）	每对尺寸：9 US	106,875	香港苏富比	2019-04-01
Futura 无题	217cm×96cm	309,938	香港苏富比	2019-04-01
Futura 无题（POINTMAN）	217cm×96cm	320,625	香港苏富比	2019-04-01
ICHWAN NOOR 2013年作 Beetle Sphere	180cm×180cm×180cm	540,000	佳士得	2019-05-26
INVADER 2015年作 HK_31	33.3cm×38.2cm	534,375	香港苏富比	2019-04-01
KAWS 2000年作 无题	41cm×40.5cm	961,875	香港苏富比	2019-04-01
KAWS 2001年作 无题（辛普森6）包装画作系列	画作: 41cm×41cm; 包装: 59cm×49.5cm×7.5cm	2,947,750	香港苏富比	2019-10-07
KAWS 2002年作 无题（阿童木）	47cm×32cm×11.5cm	2,671,875	香港苏富比	2019-04-01
KAWS 2002年作 无题（阿童木）	47cm×32cm×11.5cm	2,565,000	香港苏富比	2019-04-01
KAWS 2002年作 无题（阿童木）	47cm×32cm×11.5cm	2,565,000	香港苏富比	2019-04-01
KAWS 2002年作 无题（阿童木）	47cm×32cm×11.5cm	2,030,625	香港苏富比	2019-04-01
KAWS 2002年作 无题（阿童木）	47cm×32cm×11.5cm	1,710,000	香港苏富比	2019-04-01
KAWS 2004年作 无题（KIMPSONS #1）	274.5cm×244cm	52,494,439	香港苏富比	2019-10-06
KAWS 2005年作 KIMPSONS	30.2cm×30.2cm	1,360,500	香港苏富比	2019-10-07
KAWS 2005年作 KIMPSONS	30.2cm×30.2cm	1,020,375	香港苏富比	2019-10-07
Kaws 2006年作 南青山1000%限定版积木熊	高71.5cm	253,000	中贸圣佳	2019-11-30
KAWS 2009年作 排除	172.7cm×218.4cm	2,834,375	香港苏富比	2019-10-07
KAWS 2010年作 同伴	243.8cm×121.9cm×91.4cm	7,777,525	香港苏富比	2019-10-06
KAWS 2011年作 AFTER LIMBO	直径101cm	2,721,000	香港苏富比	2019-10-07
KAWS 2013年作 无题	直径150.5cm	4,185,805	香港苏富比	2019-10-07
KAWS 2013年作 无题	直径101cm	3,401,250	香港苏富比	2019-10-07
KAWS 2013年作 无题	152.4cm	1,710,000	香港苏富比	2019-04-01
KAWS 2014年作 责备游戏（一套十幅）	88.9cm×58.5cm（每张）	961,875	香港苏富比	2019-04-01
KAWS 2019年发行 Plush BFF×Dior（黑、粉）	高45.7cm×2；包装盒高55.4cm×30.1cm×24.1cm×2	144,000	佳士得(上海)	2019-09-21
KAWS KURF（热狗）	172.7cm×172.7cm	18,040,120	纽约苏富比	2019-05-16
Kaws x 空山基 2008年作 没有未来的同伴 (银铬) 金属 (银铬) 125/500	19.5cm×19.5cm×32cm	110,400	罗芙奥	2019-12-01
KAWS 费纳多·坎帕纳 阿贝托·坎帕纳 2018年作 KAWS黑椅	94cm×120cm×84cm	1,566,250	佳士得	2019-11-23
KAWS〈布莱恩·唐纳利〉2008年2007年2013年帝国风暴兵同伴黑武士同伴赏金猎人同伴（三件一组）	10.4cm×7.6cm×25.4cm1 2.7cm×7.6cm×25.4cm 12.7cm×8.8cm×26.6cm	115,632	罗芙奥	2019-06-02
KAWS〈布莱恩·唐纳利〉2009年同伴解剖（黑色）	31cm×54cm×128cm	499,320	罗芙奥	2019-06-02
MADSAKI 2017年作 多拉·玛尔之二	128cm×95.8cm	1,710,000	香港苏富比	2019-04-01
MR. 2008年作 街头角色扮演	112cm×194cm	3,174,500	香港苏富比	2019-10-07
Mr. 2010年作 在网球场上	21cm×29.6cm	138,938	香港苏富比	2019-04-01
PHAM VAN DON 下龙湾	40.5cm×60cm	172,800	佳士得	2019-05-26
Stash 2002年作 FOUR PACK	71cm×119.5cm	96,188	香港苏富比	2019-04-01
Stash 2002年作 I. STOPS RUST；II. VARATHANE；III. NEW RUSTO；IV. GREEN TOP（四件作品）	每幅: 61cm×61cm	90,844	香港苏富比	2019-04-01
STIK 2013年作 小朋友	250cm×280cm	374,063	香港苏富比	2019-04-01
阿尼什·卡普尔 2004年作 无题	直径：212.7cm；深：40cm	5,792,625	香港苏富比	2019-04-01
埃德·鲁沙 1973年作 我不忍观看	86.4cm×99.4cm	11,122,480	纽约苏富比	2019-05-16
埃德·鲁沙 1988年作 POINT BLANK	183.8cm×183.3cm	28,457,125	香港苏富比	2019-10-06
埃德·鲁沙 BONES IN MOTION	152.4cm×152.4cm	16,412,440	纽约苏富比	2019-05-16
艾迪·马丁内斯 2014年作 高空飞行的鸟	274.6cm×365.8cm	14,073,875	佳士得	2019-11-23
艾迪·玛汀尼兹 2012年作 隆隆声	152.9cm×213.6cm	4,730,005	香港苏富比	2019-10-06
艾林·迪维哈坦托·苏纳里奥 火山灰系列五号	173cm×146cm	256,500	香港苏富比	2019-04-01
安德烈·古斯基摄影于2007年于2013年冲印 迪拜世界一	图286.7cm×202.6cm 纸297.7cm×214.4cm 整本307.5cm×223.5cm	2,400,000	佳士得(上海)	2019-09-21
安迪·沃荷 1962年作《小型金宝汤罐头（意大利蔬菜浓汤）》	23cm×15cm	18,723,705	伦敦苏富比	2019-03-05
安迪·沃荷 1964年作 花（三幅作品）	每幅: 20.3cm×20.3cm	5,274,205	香港苏富比	2019-10-06
安迪·沃荷 1972年作 毛	91.5cm×91.5cm	256,500	香港苏富比	2019-04-01
安迪·沃荷 1981年作 KIMIKO	91cm×91cm	181,688	香港苏富比	2019-04-01
安迪·沃荷 1982年作 亚历山大大帝	100cm×99cm	513,000	香港苏富比	2019-04-01
安迪·沃荷 花	61cm×61cm	38,482,764	纽约苏富比	2019-05-16
安东尼·葛姆雷 2000年作 Domain VII	191cm×62cm×32cm	4,497,617	伦敦佳士得	2019-03-06
安东尼·葛姆雷 2006年作 领域LIII	雕塑: 189cm×66cm×35cm	2,992,500	香港苏富比	2019-04-01
安东尼·葛姆雷2008年作《站立的物质XII》	189cm×48cm×33cm	2,618,700	伦敦苏富比	2019-03-05
安尼施·卡普尔 2004年作 无题2004	150cm×150cm×255cm	2,803,680	佳士得	2019-05-25
安藤忠雄 2013年作 无题	20cm×120cm	235,125	香港苏富比	2019-04-01
奥斯汀·李 2014年作 捂脸	170.2cm×127cm	299,250	香港苏富比	2019-04-01
奥托·皮纳《白白白》	68.2cm×96.2cm	2,182,250	伦敦苏富比	2019-03-05
奥托·皮纳《无题》	67.6cm×95.5cm	1,636,688	伦敦苏富比	2019/3/5
巴布罗·毕加索 1972年8月6日作 站着的裸女与拿酒杯的男子	35.2cm×41.9cm	2,400,000	佳士得(上海)	2019-09-21
白发一雄 1991年作 月氏	160cm×130cm	12,131,125	香港苏富比	2019-10-06
班克斯 2001年作 AVON AND SOMERSET CONSTABULARY	76.3cm×76.5cm	2,565,000	香港苏富比	2019-04-01
班克斯 2001年作 KEEP IT REAL	25.5cm×20.2cm	2,778,750	香港苏富比	2019-04-01
班克斯 2002年作 KEEP IT REAL	47cm×35cm	2,834,375	香港苏富比	2019-10-07
班克斯 2003年作 微笑警察	200cm×79cm	3,333,875	佳士得	2019-11-23

拍品名称	物品尺寸	成交价RMB	拍卖公司	拍卖日期
班克斯 2004年作 HEAVY WEAPONRY（银色版）	30.5cm×40cm	1,133,750	香港苏富比	2019-10-07
班克斯 2004年作 RIOT COP	101cm×69.4cm	3,628,000	香港苏富比	2019-10-07
班克斯 2005年作 SEX，IF YOU WANT IT BADLY	49.7cm×68.7cm	566,875	香港苏富比	2019-10-07
布丽奇·莱利《正午》	209cm×182.9cm	15,843,135	伦敦苏富比	2019-03-05
蔡国强 2003年作 冬光轮；中央公园计划画稿	59cm×50cm	277,875	香港苏富比	2019-04-01
蔡国强 2003年作 原野	100cm×75cm×6	2,052,000	佳士得	2019-05-26
草间弥生 1978年作 穿过云海	27.3cm×24.3cm	396,813	香港苏富比	2019-10-07
草间弥生 1978年作 秋天的潮涌	27.5cm×24cm	690,000	北京翰海	2019-06-15
草间弥生 1978年作 洋梨	24.3cm×27.3cm	140,400	佳士得	2019-05-21
草间弥生 1978年作 在南湖	27.2cm×24.2cm	345,000	北京中汉	2019-12-02
草间弥生 1979年作 风吹过湖面	27.2cm×24.2cm	256,500	香港苏富比	2019-04-01
草间弥生 1979年作 南瓜	24.1cm×27.1cm	410,400	佳士得	2019-05-26
草间弥生 1980年作 光	66cm×51.5cm	632,500	保利厦门	2019-08-04
草间弥生 1980年作 湖	27.3cm×24.3cm	181,688	香港苏富比	2019-04-01
草间弥生 1981年作 鸟巢	65cm×51cm	641,250	香港苏富比	2019-04-01
草间弥生 1984年作 南瓜	6.5cm×6.8cm×7cm	448,875	香港苏富比	2019-04-01
草间弥生 1987年作 珍爱	45.5cm×38cm	1,725,000	保利厦门	2019-08-04
草间弥生 1988年 真夏的波	45.5cm×38cm	1,576,800	罗芙奥	2019-06-02
草间弥生 1988年作 云之霊座	53cm×45.5cm	1,247,125	香港苏富比	2019-10-07
草间弥生 1989年作 贝	画心 45.4cm×52.8cm；纸张 53.5cm×61cm	195,500	保利厦门	2019-08-04
草间弥生 1990年 南瓜	162cm×130.3cm	43,484,640	罗芙奥	2019-06-02
草间弥生 1990年 南瓜（2）	63cm×53cm	223,380	罗芙奥	2019-06-02
草间弥生 1990年作 南瓜	22.7cm×15.8cm	2,040,750	香港苏富比	2019-10-07
草间弥生 1990年作 扬子江	画心 45cm×53.5cm；纸张 54cm×62.8cm	184,000	保利厦门	2019-08-04
草间弥生 1991年 南瓜	17cm×25.2（直径）cm	4,204,800	罗芙奥	2019-06-02
草间弥生 1991年作 南瓜	72.7cm×91cm	25,191,925	香港苏富比	2019-10-06
草间弥生 1991年作 南瓜	61cm×72.8cm	11,042,725	香港苏富比	2019-10-07
草间弥生 1991年作 南瓜	14cm×18cm	2,154,125	香港苏富比	2019-10-07
草间弥生 1991年作 南瓜	6cm×9.5cm×9cm	793,625	香港苏富比	2019-10-07
草间弥生 1996年作 沉阳	50.1cm×32.1cm	362,800	香港苏富比	2019-10-07
草间弥生 1998年 南瓜 GSQ	30cm×30cm	131,400	罗芙奥	2019-06-02
草间弥生 1999年 无题（帽子）	7cm×7.5（直径）cm	420,480	罗芙奥	2019-06-02
草间弥生 1999年 无限的网（ZYA）	45cm×38.5cm	1,445,400	罗芙奥	2019-06-02
草间弥生 1999年 自画像	22.4cm×23.4cm×3.3cm	630,720	罗芙奥	2019-06-02
草间弥生 1999年作 柠檬茶（5）	画心 54cm×45cm；纸张70cm×59cm	276,000	保利厦门	2019-08-04
草间弥生 2000年 版画集永远的爱（十件一组）	65cm×50cm（每件）	1,103,760	罗芙奥	2019-06-02
草间弥生 2002年 南瓜（五件一组）	95cm×95cm×75cm（每件）	189,216	罗芙奥	2019-06-02
草间弥生 2002年南瓜（五件一组）	8cm×8cm×9cm（每件）	170,820	罗芙奥	2019-06-02
草间弥生 2002年作 花	画心 51.6cm×36.2cm；纸张75cm×55cm	172,500	保利厦门	2019-08-04
草间弥生 2003年作 昼下无限网 TWXA	24cm×32cm	566,875	香港苏富比	2019-10-07
草间弥生 2006年 南瓜—黑	122cm×100cm	788,400	罗芙奥	2019-06-02
草间弥生 2006年 南瓜—红	122cm×100cm	893,520	罗芙奥	2019-06-02
草间弥生 2006年 南瓜—黄	122cm×100cm	946,080	罗芙奥	2019-06-02
草间弥生 2006年 南瓜—蓝	122cm×100cm	840,960	罗芙奥	2019-06-02
草间弥生 2006年 南瓜—绿	122cm×100cm	840,960	罗芙奥	2019-06-02
草间弥生 2007年作 无题	纸本：53.5cm×38.5cm；图片：41cm×30cm	850,313	香港苏富比	2019-10-07
草间弥生 2011年作 到达宇宙，星点南瓜 彩绘	200cm×129.5cm×129.5cm	16,100,000	上海明轩	2019-04-28
草间弥生 2012年 南瓜 TWOTEOL	61.3cm×66.8cm	197,100	罗芙奥	2019-06-02
草间弥生 2012年 生命的喜悦	71cm×80cm	115,632	罗芙奥	2019-06-02
草间弥生 2013年作 我继续与南瓜相伴生活	180cm×180cm×30cm	7,742,025	香港苏富比	2019-04-01
查尔斯·盖恩斯 2019年作 数字与树：中央公园系列IV：树#6，卡迈克尔	199.1cm×151.4cm×14.6cm	3,221,450	纽约苏富比	2019-05-16
常玉 侧身坐姿裸女	44.1cm×28.3cm	138,000	北京中汉	2019-12-02
陈福善 1971年作 中国山水	76.2cm×43.8cm	97,200	佳士得	2019-05-26
陈文希 猿图	137.5cm×68.5cm	430,825	香港苏富比	2019-10-06
村上隆《双螺旋》	119.3cm×119.3cm	2,182,250	伦敦苏富比	2019-03-05
村上隆 2003年作 熊猫	雕像连行李箱 231cm×163cm×113cm 整体连底座 256cm×163cm×120cm	10,684,710	伦敦苏富比	2019-07-03
村上隆 2010～2011年作 Wow，Kaikai Kiki	整体：300cm×608cm	17,295,875	佳士得	2019-11-23
村上隆 2011年作 MPGMP	200cm×153cm	7,777,525	香港苏富比	2019-10-06
村上隆 2016年作 无题	141cm×120cm	1,175,625	香港苏富比	2019-04-01
村上隆 2017年作 无题	直径180cm	1,923,750	香港苏富比	2019-04-01
村上三郎 约1960年作 作品	183cm×139.3cm	2,671,875	香港苏富比	2019-04-01
达米恩·赫斯特 2007年作 为了上帝的爱	100.5cm×74.5cm	117,563	香港苏富比	2019-04-01
达米恩·赫斯特 2007年作 乙种北美黄连碱	254cm×294.6cm	6,305,625	香港苏富比	2019-04-01
戴维·霍克尼 1965年作《不同水体注入泳池，圣塔莫妮卡》	183.3cm×152.3cm	23,699,235	伦敦苏富比	2019-03-05
戴维·霍克尼 阶梯与影子	128.2cm×87.5cm	6,991,230	伦敦苏富比	2019-07-03
戴维·萨利 2001年作 冰流	188cm×101.5cm；188cm×218.5cm；188cm×320cm	1,404,000	佳士得	2019-05-25
嶋本昭三 2010年作 无题	228.3cm×200.5cm	998,640	罗芙奥	2019-06-01
刁德谦 2000年作 双龙	183cm×122cm；183cm×152cm；183cm×123cm；总尺寸 183cm×397cm	1,080,000	佳士得	2019-05-25
丁雄泉 1973年作 爱我 爱我	140cm×202cm	1,188,000	佳士得	2019-05-25
丁雄泉 1980年作 柔情蜜意	156cm×183.5cm	900,000	佳士得（上海）	2019-09-21
丁雄泉 1985年作 外面看似下着雨	153cm×186cm	810,000	佳士得	2019-05-26
丁雄泉 6美图	37cm×48.6cm	113,375	香港苏富比	2019-10-06
丁雄泉 大约1990年代作 无题（两位执扇女子）	63.7cm×84.3cm	133,369	纽约佳士得	2019-09-18
丁雄泉 仕女	64cm×99.5cm	345,600	佳士得	2019-05-26
丁乙 2008年作 十示2008-23	120cm×140cm	623,563	香港苏富比	2019-10-07

2019书画拍卖成交汇总

(成交价RMB：10万元以上)

拍品名称	物品尺寸	成交价RMB	拍卖公司	拍卖日期
范光厚 金鱼	50.5cm × 80.5cm	544,200	香港苏富比	2019-10-06
范光厚 漆木双门木柜	180cm × 125cm × 51cm	1,700,625	香港苏富比	2019-10-06
范光厚 约一九三五至一九四〇年作 风景中的宫殿	8cm × 48cm × 24.5cm	317,450	香港苏富比	2019-10-06
范厚 约1938年作 奇尼山水中的牧童	80cm × 151cm	3,218,400	佳士得	2019-05-25
菲利普. 德克罗扎 2010年作 流动性之一	213.5cm × 220cm	105,120	罗芙奥	2019-06-01
弗兰克·史蒂拉 1967年作 双重斜接迷宫	158.8cm × 316.9cm	29,433,880	纽约苏富比	2019-05-16
弗兰克·史蒂拉 金斯伯里区	44.5cm × 42.5cm	27,806,200	纽约苏富比	2019-05-16
高松次郎 1969年作 波浪 300R 393号	115cm × 8cm × 8cm	1,015,313	香港苏富比	2019/4/1
格奥尔格·巴塞利兹 1996年作 埃尔克，1965	400cm × 300cm	9,954,325	香港苏富比	2019-10-06
格哈德·里希特 2016年作 流动（P16）	100cm × 200cm	128,250	香港苏富比	2019-04-01
宫岛达男 1998年作 反回旋 第7号	120cm × 60cm × 55cm	151,200	佳士得	2019-05-26
顾坚 大闹天宫	120cm × 60cm	402,500	保利厦门	2019-08-04
关根伸夫 1970年作 空相－布与石	整体：242cm × 110cm × 15cm；画布：150cm × 110cm；石头：14cm × 26cm × 10cm	2,494,250	香港苏富比	2019-10-06
关根伸夫 1987年作 G100-12 四角	162.2cm × 130.5cm	215,413	香港苏富比	2019-10-07
哈维尔·卡勒加 2017年作 甘特男孩及前所未见（共两件）	14.6cm × 19.2cm；19cm × 14.5cm	128,431	保利香港	2019-10-06
郝量2008年作隔河一界（八幅一组）	整张；149cm × 124.2cm；	3,206,250	香港苏富比	2019-04-01
郝量 2011年作 林间记	234cm × 140cm	12,974,625	香港苏富比	2019-04-01
何翔宇 2014年作 口腔计划——我们所创造的一切都不是我们自己 16-2（十六张一组）	31cm × 41cm（每张）	158,725	香港苏富比	2019-10-07
赫苏斯·拉斐尔·索托 1976年作《白色曲线》	100cm × 100cm × 39.7cm	1,745,800	伦敦苏富比	2019-03-05
亨兹·麦克《无题》	91.3cm × 79.7cm	1,309,350	伦敦苏富比	2019-03-05
洪易 2010年 红色剪纸鸟	68cm × 39cm × 156cm	289,080	罗芙奥	2019-06-02
洪易 2010年作 福虎 钢板烤漆 (单一件)	168cm × 110cm × 137cm	441,600	罗芙奥	2019-12-01
洪易 2011年作 小招财猫 钢板烤漆 4/9	78cm × 30cm × 70cm	132,480	罗芙奥	2019-12-01
黄宇兴 2011年作 斗兽场	208cm × 336cm	1,360,500	香港苏富比	2019-10-06
霍华德·霍奇金《日复一日》	55cm × 63.5cm	6,520,563	伦敦苏富比	2019-03-05
吉尔伯特与乔治 BUGGER	整体：300cm × 250cm	6,991,230	伦敦苏富比	2019-07-03
加藤良造 2019年作 山水境	131.5cm × 163cm	118,800	佳士得	2019-05-26
贾蔼力 2018年作 星尘隐士（四张一组）	（i）150cm × 105cm；（ii）150cm × 128cm；（iii）86cm × 180cm；（iv）100cm × 150cm	192,375	香港苏富比	2019-04-01
贾秋玉 2018年作 独语	150cm × 110cm	103,500	中贸圣佳	2019-06-07
杰夫·昆斯《约瑟爹利》	44.5cm × 52.1cm × 43.1cm	7,463,295	伦敦苏富比	2019-03-05

拍品名称	物品尺寸	成交价RMB	拍卖公司	拍卖日期
杰夫·昆斯 1986年作，1版3件，此作为第1件，另有1个AP版。金宾威士忌J.B. TURNER火车	27.9cm × 43.2cm × 16.5cm	11,739,990	伦敦苏富比	2019-07-03
杰夫·昆斯 1995至1997年作 大象（蓝紫色）	381cm × 304.8cm × 18.1cm	22,923,160	纽约苏富比	2019-05-16
杰夫·昆斯 1997年作 无题（驴）	61.9cm × 46.5cm	277,875	香港苏富比	2019-04-01
杰夫·昆斯 2015年作 凝视球（梵谷的麦田群鸦）	116.8cm × 224.2cm × 37.5cm	8,321,725	香港苏富比	2019-10-06
杰夫·昆斯 花与鸟挂墙浮雕	182.9cm × 127cm × 68.6cm	16,224,930	伦敦苏富比	2019-07-03
杰克·惠滕 KAPPA GROUP II	193cm × 162.6cm	14,784,760	纽约苏富比	2019-05-16
今井俊满 1964年作 无题	79cm × 109cm	140,400	佳士得	2019-05-26
井上有一 1966年作 梦	194cm × 127cm	378,000	佳士得	2019-05-26
井上有一 1971年作 宁	122.8cm × 168.6cm	278,268	保利香港	2019-10-06
君特·弗格 无题	200cm × 240cm	4,141,974	伦敦苏富比	2019-07-03
卡尔·安德烈 1969年作 铅铅平原	183.5cm × 183.5cm × 1cm	18,040,120	纽约苏富比	2019-05-16
凯斯. 哈林 1980年代作 无题 压克力 油性笔 纸本	55cm × 71cm	552,000	罗芙奥	2019-12-01
凯斯·哈林 无题	134.5cm × 122cm	6,991,230	伦敦苏富比	2019-07-03
凯斯·哈林 1982年作 无题	23cm × 23cm	277,875	香港苏富比	2019-04-01
克里斯·奥菲利《非洲式爱与妒》	285.8cm × 212.8cm	7,987,035	伦敦苏富比	2019-03-05
克里斯托弗·坞尔 放弃或放纵	198.1cm × 152.4cm	25,986,270	伦敦苏富比	2019-07-03
克里斯托弗·坞尔 无题	274.3cm × 182.9cm	94,948,000	纽约苏富比	2019-05-16
克里斯托弗·坞尔 无题	198.1cm × 152.4cm	39,255,233	纽约苏富比	2019-05-16
克里斯托弗·坞尔 无题	243.8cm × 182.9cm	36,798,493	伦敦苏富比	2019-07-03
拉斐尔·芬尼斯 2018年 无限的圆之梦	直径120cm	517,500	中国嘉德	2019-06-03
拉美尔奇 1990年作 IKONOKLAST PENZERISM LETTER “V”	38.1cm × 50.8cm	408,150	香港苏富比	2019-10-07
拉士罗·摩荷里·纳基 1921年作《断片》	76cm × 48.5cm	4,320,855	伦敦苏富比	2019-02-26
拉希德·约翰逊 2019年作 无题－逃离拼贴	185.4cm × 246.4cm	7,867,120	纽约苏富比	2019-05-16
乐富禄 越南景色	各：141cm × 50cm 整体:141cm × 100cm	510,188	香港苏富比	2019-10-06
黎谱 沐浴后	23cm × 13.5cm	194,400	佳士得	2019-05-26
黎谱 约1938年作 海水浴	88cm × 56.5cm	3,425,760	佳士得	2019-05-26
黎谱 约1940年代作 莲花女子	26cm × 21cm	756,000	佳士得	2019-05-26
黎谱 约1940年作 少女	29cm × 21cm	648,000	佳士得	2019-05-26
黎谱 约1944年作 母与子	22cm × 13.5cm	259,200	佳士得	2019-05-26
黎氏秋 约1960年作 母与子	63cm × 49cm	1,404,000	佳士得	2019-05-26
李杰 2011年 POND'S－PORE WHITE	140.4cm × 106.5cm	192,738	香港苏富比	2019-10-07
李杰 2014年作 在水中畅泳	画作 47.5cm × 61.5cm；投影 147cm × 181.5cm	151,200	佳士得	2019-05-26
李绫瑄 2016年作 熔化 2	180cm × 151cm	540,000	佳士得	2019-05-26
李升泽 1963年作 无题	100.4cm × 100cm	907,000	香港苏富比	2019-10-07
李禹焕 1982年作 从风	161.9cm × 130cm	5,056,525	香港苏富比	2019-10-06
李禹焕 1993年作 无题	38cm × 45.5cm	320,625	香港苏富比	2019-04-01
李禹焕 2007年作 对话	291cm × 218cm	3,011,040	佳士得	2019-05-25
李元佳 无题	24.2cm × 24.2cm	102,038	香港苏富比	2019-10-06
理查德·普林斯 2016年作 无题（黑色内衣）	50.8cm × 40.8cm	476,175	香港苏富比	2019-10-07
理查德·普林斯 我不是琳达	142.7cm × 121.9cm	15,433,470	伦敦苏富比	2019-07-03

拍品名称	物品尺寸	成交价RMB	拍卖公司	拍卖日期
理查德德·普林斯 2007年作 无题（德库宁）	132.5cm×188.4cm	4,294,645	香港苏富比	2019-10-06
梁春尔 1940年作 渔夫和家人	67cm×110cm	4,047,840	佳士得	2019-05-26
林寿宇 1968-1969年作 方形 7 1968-1969	63.5cm×63.5cm	2,376,000	佳士得	2019-05-26
刘国松 1969年作 无题	74cm×74cm	453,600	佳士得	2019-05-26
刘炜 2004年作 西瓜	200cm×60cm	6,580,285	香港苏富比	2019-10-06
刘野 1996年作 蒙德里安与天使	24cm×24cm	4,730,005	香港苏富比	2019-10-07
刘野 1999年作 我是一个士兵（艺术家自画像）	60cm×40cm	10,172,005	香港苏富比	2019-10-06
刘野 2008年作 BLUND 1，2，3（三张作品）	30cm×25.4cm（每张）	3,968,125	香港苏富比	2019-10-07
柳濑嵩 约1988年作 面包超人签于柳濑嵩（两张作品）	i）9.7cm×9cm；ii）8.5cm×8.8cm	249,425	香港苏富比	2019-10-07
六角彩子 2008年作 无题	100cm×100cm	1,020,375	香港苏富比	2019-10-07
六角彩子 2008年作 无题	48cm×48cm	498,850	香港苏富比	2019-10-07
卢齐欧·封塔纳 1960年作 空间概念，等待	89.5cm×116.5cm	20,000,321	伦敦佳士得	2019-03-06
卢齐欧·封塔纳 1966年作 空间概念，等待	55.3cm×46.2cm	6,991,230	伦敦苏富比	2019-07-03
卢齐欧·封塔纳 1966年作 空间概念，等待	41cm×33cm	4,773,600	佳士得	2019-05-25
卢齐欧·封塔纳 1962年作《空间概念，纽约8》	62.5cm×62.5cm	23,175,495	伦敦苏富比	2019-03-05
卢齐欧·封塔纳 1964-65年作《空间概念，等待》	35.5cm×27.6cm	4,949,343	伦敦苏富比	2019-03-05
卢齐欧·封塔纳 1965年作 空间概念，等待	38cm×45cm	7,331,625	香港苏富比	2019-04-01
卢齐欧·封塔纳 1966年作《空间概念，等待》	81cm×65cm	25,270,455	伦敦苏富比	2019-03-05
卢齐欧·封塔纳 1968年作《空间概念》	60.3cm×73.7cm	3,901,863	伦敦苏富比	2019-03-05
鲁道夫·斯丁格尔 2012年作 无题	120cm×109.5cm	12,131,125	香港苏富比	2019-10-06
鲁道夫·斯丁格尔 2012年作 无题	60cm×60cm	8,152,425	香港苏富比	2019-04-01
露易丝·布尔乔亚 1993年构思 1994年铸造 歇斯底里之弧	83.8cm×101.6cm×81.3cm	38,096,529	纽约苏富比	2019-05-16
罗伯特·隆戈 2002年作 城市人系列；格雷琴	117cm×76cm	106,875	香港苏富比	2019-04-01
吕克·图伊曼斯 2012年作 你好！III	126.9cm×175.1cm	6,471,445	香港苏富比	2019-10-06
马丁·基本伯格《无题，灯（第九届卡塞尔文献展特别版）》	217cm×173cm×42cm	18,985,575	伦敦苏富比	2019/3/5
马克·格罗亚恩 2004年作 无题（迭绿的熏衣草色蝴蝶）	70.2cm×63.4cm	6,253,765	香港苏富比	2019-10-06
马克·格罗亚恩 2006年作 无题（中空的黑色及奶白色蝴蝶#633）	162.5cm×121.9cm	4,880,670	伦敦苏富比	2019-07-03
马克·格罗亚恩 无题（罂粟红及黄橙色蝴蝶50.94）	192.4cm×106cm	9,087,880	纽约苏富比	2019-05-16
梅忠恕 1938年作 沈睡	65cm×54.5cm	2,160,000	佳士得	2019-05-26
梅忠恕 1952年作 母与子	69cm×33cm	1,026,000	佳士得	2019-05-26
蒙奇·D·路飞手稿签于尾田荣一郎	20.2cm×24.3cm	90,700	香港苏富比	2019-10-07
莫里士·刘易斯 1962年作 第21号	203.3cm×43.8cm	6,674,646	伦敦苏富比	2019-07-03
纳提·尤塔瑞 2005年作 古老浪漫的最后描述	160.5cm×120cm	972,000	佳士得	2019-05-26
奈良美智 1988年作 娃娃	25cm×18cm	207,000	保利厦门	2019-08-04
奈良美智 1994年作 O.T	72cm×78cm	2,040,750	香港苏富比	2019-10-07
奈良美智 1996年作 Untitled	29.4cm×20.9cm	194,400	佳士得	2019-05-26
奈良美智 1997年作 孤独的贵宾犬只有贵宾犬…	29.7cm×21cm	237,600	佳士得	2019-05-26
奈良美智 1997年作 无题	29.5cm×21cm	481,617	保利香港	2019-10-06
奈良美智 1998年作 SLASH WITH A KNIFE	46cm×29.5cm	2,565,000	香港苏富比	2019-04-01
奈良美智 1999年作 Quiet, Quiet 漆强化玻璃纤维（单一件）	94.5cm×94.5cm×24.5cm	11,408,000	罗芙奥	2019-12-01
奈良美智 1999年作 夜猫	60cm×50cm	5,274,205	香港苏富比	2019-10-07
奈良美智 1999年作 致黑河内先生 油性笔 纸本	19cm×13cm	93,840	罗芙奥	2019-12-01
奈良美智 2000年作 背后藏刀	234cm×208cm	177,496,272	香港苏富比	2019-10-06
奈良美智 2000年作 女孩看着我	22.5cm×22.5cm	157,680	罗芙奥	2019-06-01
奈良美智 2007年作 看着你	91cm×73cm	33,899,125	香港苏富比	2019-10-06
奈良美智 2007年作 失眠夜（坐着）	15cm×16cm×30cm	517,500	北京中汉	2019-12-02
奈良美智 2007年作 无题	65cm×48cm	1,603,125	香港苏富比	2019-04-01
奈良美智 2009年作 Untitled	40cm×27cm	691,200	佳士得	2019-05-26
奈良美智 2010年作 WOW 计划沙滩巾 沙滩巾 限量1000件	153cm×177cm	165,600	罗芙奥	2019-12-01
奈良美智 2011年 迷你萌芽大使	15cm×10cm	289,080	罗芙奥	2019-06-02
奈良美智 2011年作 小狗收音机 x RIMOWA旅行箱 玻璃纤维；铝合金手提箱 137/200	43cm×22.5cm×29.5cm（收音机）53.5cm×27.5cm×42.5cm（旅行箱）	193,200	罗芙奥	2019-12-01
奈良美智2012年森子	18cm×14.5cm×30cm	420,480	罗芙奥	2019-06-02
奈良美智2012年作森子	29cm×19cm×15cm	406,125	香港苏富比	
奈良美智2012年作森子+小森子（两件一组）	18cm×14.5cm×30cm（森子）；9cm×9cm×14cm（小森子）	322,000	北京中汉	2019-12-02
奈良美智 2012年作 向后向前	42cm×29.5cm	184,000	保利厦门	2019-08-04
奈良美智 2014年作 Guitar	22.8cm×16.5cm	594,000	佳士得	2019-05-26
尼古拉·帕尔蒂 2015年作 肖像	170cm×150cm	5,165,365	香港苏富比	2019-10-06
彭靖能 2013年作 新陈代谢	129cm×86.5cm	129,600	佳士得	2019-05-26
彭薇 2003年作 锦绣系列	86cm×156.5cm	342,000	香港苏富比	2019-04-01
朴栖甫 1985年作 描法 NO. 90-85	162cm×130cm	3,628,000	香港苏富比	2019-10-06
朴栖甫 1988年作 无题	55.8cm×78.7cm	96,188	香港苏富比	2019-04-01
朴胜模 2013年作 幻 6469	230cm×217cm×20(深)cm	249,660	罗芙奥	2019-06-01
七戸优 2011年作 白雪公主	40cm×32cm	113,375	香港苏富比	2019-10-07
前川强 1977年作 无题	91cm×182cm	396,813	香港苏富比	2019-10-07
前川强 2012年作 无题 170314	65.5cm×53cm	92,000	保利厦门	2019-08-04
乔纳斯·伍德 2017年作 黄色插枝2	165.3cm×101.7cm	3,401,250	香港苏富比	2019-10-06
乔纳斯·伍德 2018年作 四大赛	47.6cm×32.9cm（每张）	448,875	香港苏富比	2019-04-01
乔治·巴塞利兹 1966年作 无题	60.8cm×42.7cm	2,182,250	伦敦佳士得	2019-03-06
乔治·康多 2013年作 蓝色肖像构图	153cm×105.4cm	2,803,680	佳士得	2019-05-25
乔治·马修 1990年作 紧密的溪流	81cm×100cm	449,509	保利香港	2019-10-06
让·普鲁维 1944年作 6 X 6 组合屋	314.5cm×600cm×600cm	3,968,125	香港苏富比	2019-10-06
热尼维·菲吉斯 2018年作 朋友	99.9cm×119.8cm	1,247,125	香港苏富比	2019-10-07
阮嘉治 1968年作 妇女	80cm×60cm	810,000	佳士得	2019-05-26
阮嘉治 约1970年代作 花园女子	135cm×95cm	345,600	佳士得	2019-05-26
阮潘正 1931年作 下围棋	64cm×88cm	3,011,040	佳士得	2019-05-26

2019书画拍卖成交汇总

（成交价RMB：10万元以上）

拍品名称	物品尺寸	成交价RMB	拍卖公司	拍卖日期
阮潘正 1933年作 少女与鹦鹉	82cm×49cm	3,011,040	佳士得	2019-05-25
阮思严 1974年作 古代舞蹈	80cm×95cm	183,600	佳士得	2019-05-26
山口长男 1982年作 点	20.4cm×45.4cm	306,113	香港苏富比	2019-10-07
尚・米榭・巴斯基亚《无题》	74.8cm×106.2cm	9,820,125	伦敦苏富比	2019-03-05
尚・米榭・巴斯基亚《无题》	75.2cm×106.4cm	8,772,645	伦敦苏富比	2019-03-05
尚・米榭・巴斯基亚 1983年作《预言家》	40.6cm×29.5cm	6,625,311	伦敦苏富比	2019-03-05
尚・米榭・巴斯基亚 2018年作 拳击手谋反	73cm×99.8cm	277,875	香港苏富比	2019-04-01
尚・斯卡里 2014年作 火红地平线	215.9cm×190.5cm	12,131,125	香港苏富比	2019-10-06
尚・斯卡里 2015年作《红蓝地平线》	215.9cm×190.5cm	7,253,799	伦敦苏富比	2019-03-05
手冢治虫 约1970年代作「飞行阿童木与火鸟」签于手冢治虫及两本古董漫画书	23cm×14cm；17.4cm×12.1cm；22.8cm×14.7cm	170,063	香港苏富比	2019-10-07
松谷武判 1970年作 繁殖70	116cm×89cm	1,077,063	香港苏富比	2019-10-07
松谷武判 1981年作 位置 – 七	116cm×89cm	540,000	佳士得	2019-05-26
松谷武判 1987年作 波动-87-12-8	33cm×24cm	259,200	佳士得	2019-05-26
松谷武判 1997年作 波动 97 – 5 – 16 胶水 石墨涂料 画布	41cm×33cm	262,200	罗芙奥	2019-12-01
松浦浩之 2009年作 斑比（红色闪电）	194cm×130.5cm	518,400	佳士得	2019-05-26
苏拉吉 2006-2007年作 亚齐与日惹	250cm×175cm	205,200	佳士得	2019-05-26
苏玉云 1932年作 幻灭	92.5cm×57cm	7,884,000	佳士得	2019-05-26
隋建国 2002年作 中国制造（两件作品）	i. 210cm×225cm×115cm；ii. 220cm×200cm×120cm	453,500	香港苏富比	2019-10-06
孙逊2008年作魔术师党（二十张一组）	最大；153.5cm×40cm；最小；26cm×18.5cm	171,000	香港苏富比	2019-04-01
孙逊 2014年作 语言或者经验之一	230cm×180cm	374,063	香港苏富比	2019-04-01
索菲普. 皮奇 无题	60cm×61cm	97,200	佳士得	2019-05-26
汤姆・卫索曼 伟大的美国裸体素描#21	152.7cm×121.6cm	6,199,770	伦敦苏富比	2019-07-03
唐纳德・贾德 1984年作 无题	25.3cm×177.7cm×25.3cm	9,101,790	伦敦苏富比	2019-07-03
唐纳德・贾德 1985年作 无题	29.9cm×149.9cm×29.9cm	4,616,850	伦敦苏富比	2019-07-03
藤田嗣治 1931年作 小猫休憩	22cm×30cm	486,000	佳士得	2019-05-26
藤田嗣治 约1930年作 咖啡桌	71cm×71cm×50cm	204,075	香港苏富比	2019-10-06
天野喜孝 高空飞翔 汽车漆 铝板	50cm×50cm×10(厚)cm	104,880	罗芙奥	2019-12-01
田中敦子 1992年作 无题	26.5cm×21.5cm	237,600	佳士得	2019-05-26
田中敦子 1999年作 99K	145.6cm×112cm	2,494,250	香港苏富比	2019-10-07
田中敦子 2001年作 作品（三件一组）	15cm×10cm（每件）	105,120	罗芙奥	2019-06-01
托马斯・舒特 伟大灵魂13号	250.8cm×158.1cm×88.9cm	35,779,119	纽约苏富比	2019-05-16
瓦格西・穆图 2003年作 THE ROYAL SLIPPER DIPPER，XX	83cm×52cm	136,050	香港苏富比	2019-10-07
王广义 2004年作 大批判系列；可口可乐	150cm×120cm	748,125	香港苏富比	2019-04-01
王济远 1960年作 菊花及荷花	226cm×55.5cm×3	594,000	佳士得	2019-05-26

拍品名称	物品尺寸	成交价RMB	拍卖公司	拍卖日期
王美清 2013年作 而我们像那些梦想的人（茧#3）	不含基座 44.8cm×62cm×38.5cm 含基座 44.8cm×38.5cm×72cm	162,000	佳士得	2019-05-26
王音 2006年作 无题	104cm×155cm	128,250	香港苏富比	2019-04-01
威廉 杰拉德 贺夫卡 1943年作 Ni Sibih	40.5cm×25cm	324,000	佳士得	2019-05-26
威廉・杰拉德・贺夫卡 1945年作 黎弓舞	36.5cm×19cm	270,000	佳士得	2019-05-26
韦德・盖顿 无题	213.4cm×175.3cm	3,209,810	伦敦苏富比	2019-07-03
沃尔夫冈・提尔曼斯 2012年作 畅游者207	影像 171cm×228cm；整体 181cm×238cm	1,964,025	伦敦佳士得	2019-03-06
吴大羽 无题II-527	14.8cm×10.4cm	181,400	香港苏富比	2019-10-06
吴大羽 无题II-566	14.8cm×10.1cm	147,388	香港苏富比	2019-10-06
五木田智央 2006年作 MRS. DRUNKO	161cm×130cm	1,122,188	香港苏富比	2019-04-01
五木田智央 2007年作 REACH OUT FOR ME	41cm×32cm	235,125	香港苏富比	2019-04-01
五木田智央 2008年作 Auris Externa	73cm×60.8cm	864,000	佳士得	2019-05-26
五木田智央 2009年作 固态幸存者	194cm×162cm	5,274,205	香港苏富比	2019-10-06
五木田智央 2015年作 DRUNK WOMAN	100cm×100cm	1,068,750	香港苏富比	2019-04-01
武高谈 1942年作 文官	145.5cm×71cm	1,620,000	佳士得	2019-05-26
西格马・波尔克 1989年作 无题	149.9cm×130.3cm	4,986,198	伦敦苏富比	2019-07-03
萧勤 1995至2019年作 心灵的体现—88	99cm×111cm	850,313	香港苏富比	2019-10-06
谢帕德・费尔雷 2008年作 权力与平等	105.5cm×74cm	396,813	香港苏富比	2019-10-07
徐冰 古为今用洋为中用，引自毛主席语录	95cm×68cm	345,000	中国嘉德	2019-11-16
徐累 1993年作 僻静	60.7cm×44.5cm	283,438	香港苏富比	2019-10-07
薛松 1998年作 书画系列—诗书画印	160cm×140cm	107,026	保利香港	2019-10-06
亚当・彭德尔顿 2015年作《黑色达达/纵柱（K）》	每部分：122cm×192.5cm；整体：244cm×192.5cm	1,745,800	伦敦苏富比	2019-03-05
亚历山大・法尔托 2012年作 广告牌6	185cm×140cm	147,388	香港苏富比	2019-10-07
亚历山大・考尔德 1956年作《蓝色上的黑、白、红》	42.9cm×42.5cm×15.2cm	3,854,750	香港苏富比	2019-10-06
亚历山大・考尔德 约1948年作 无题	46cm×90.1cm×5.7cm	16,412,440	纽约苏富比	2019-05-16
亚历山大・考尔德 约1951年作 红色弦月	167.6cm×49.5cm×43.2cm	16,412,440	纽约苏富比	2019-05-16
杨诘苍 1992年作 结构 III	175cm×125cm	106,875	香港苏富比	2019-04-01
杨诘苍 1994年作 千层墨	187cm×172cm	149,625	香港苏富比	2019-04-01
杨子宽 2014年作 我被治好了	90cm×75cm	91,800	佳士得	2019-05-26
伊莉萨白・佩顿 1999年作 1999年5月（柯丝蒂和罗伊在西大街15号拥吻）	42cm×35.8cm	6,471,445	香港苏富比	2019-10-06
余友涵 2007年作 毛	130cm×100cm	855,000	香港苏富比	2019-04-01
元永定正 1965年作 作品	27cm×24cm	140,400	佳士得	2019-05-26

拍品名称	物品尺寸	成交价RMB	拍卖公司	拍卖日期
元永定正 1979年作 红白黑	32cm×41cm	90,700	香港苏富比	2019-10-07
约翰·柯林 2004年作 忏悔者	107cm×86.6cm	15,940,525	香港苏富比	2019-10-06
约瑟夫·博伊斯 1983-85年作 火炉	雕像：51.5cm×40cm×39cm 基座：95cm×62cm×42cm	3,719,862	伦敦苏富比	2019-07-03
詹姆斯·李·拜厄斯 1987年作《首要问题》	161.5cm×27cm×27cm	2,182,250	伦敦苏富比	2019/3/15
张洹 2000年作 家谱（一组九幅）	每幅：219cm×173cm	1,587,250	香港苏富比	2019-10-06
张晓刚 2009年作 绿墙；餐室	150cm×200cm	855,000	香港苏富比	2019-04-01
赵赵 2013年作 星座 XIII	150cm×120cm	160,313	香港苏富比	2019-04-01
中村萌 2014-2018年作 限量公仔(八件一组) 宝丽石粉树脂 版次 86/100（马卡龙）; 13/130（圈圈）; 25/120（给我抱抱）; 52/100（等待）; 35/100（富士山）; 59/160（母子笋）;64/130（生长M）; 141/160（一等星）	尺寸不一	331,200	罗芙奥	2019-12-01
中村萌 2017年 无意识地	27cm×27cm×30cm	420,480	罗芙奥	2019-06-02
中西夏之 1986年作 l字型 86	82.2cm×32.0cm	129,600	佳士得	2019-05-26
周俊辉 2014年作 发达啰!	60cm×40cm	101,952	华艺国际	2019-05-27
朱利安·施纳贝尔 2008年作 无题（中国风）	274.3cm×243.8cm	1,512,000	佳士得	2019-05-25
朱莉·梅赫雷图 2005年作 拱廊	214cm×305.4cm	20,481,640	纽约苏富比	2019-05-16
朱为白 1986年作 突出	100.2cm×49.5cm×9cm	702,000	佳士得	2019-05-25
朱伟 1994年作 甜蜜的生活	175cm×132cm	113,375	香港苏富比	2019-10-07
朱伟 无题	128.8cm×131cm	117,563	香港苏富比	2019-04-01
谌协敦 2004-2005年作 无题	130.3cm×162.1cm	345,600	佳士得	2019-05-26
其他艺术形式				
1929年作、1904年作、1904年作 沙特皇室收藏巴勃罗·毕加索素描、水彩及私人相册	30.5cm×19.6cm; 7.1cm×5.7cm; 14.9cm×11.3cm; 尺寸不一	1,725,000	北京保利	2019-12-03
HOANG TICH CHU 1955年作 越南风景	lacquer on board: 86cm×65cm; pencil on paper: 24.5cm×19.5cm	615,313	佳士得	2019-11-24
Ichwan Noor 甲壳虫球体	直径180cm	534,375	香港苏富比	2019-04-01
INVADER 2012年作 Alias BXL-06	27.5cm×29.5cm	537,000	佳士得	2019-11-24
MADSAKI 2015年作 美国哥德式2	75cm×63cm	810,000	佳士得	2019-05-25
PINAREE SANPITAK 2014-2015年作 乳房器皿	183cm×183cm	167,813	佳士得	2019-11-24
Truong Van Thanh 金鱼	60cm×100cm	149,625	香港苏富比	2019-04-01
艾伯特·布里《木》	50.5cm×102.6cm	13,224,435	伦敦苏富比	2019-03-05
安德烈亚斯·古尔斯基《巴林II》	307.2cm×212.9cm	1,964,025	伦敦苏富比	2019-03-05
安藤忠雄 2018年作 复活	7.2cm×30.5cm×16cm	213,750	香港苏富比	2019-04-01
巴布罗·毕加索 1970年12月20日作 小丑头像	65.5cm×50.4cm	7,820,490	纽约佳士得	2019-11-11
白南准 1993年作 迷你乔治·麦西纳斯	91.4cm×35.5cm×43cm	641,250	香港苏富比	2019-04-01
保罗·克利 1937年作 东方花园	画 35.5cm×28cm; 底板 38.8cm×30.5cm	4,820,850	纽约佳士得	2019-11-11

拍品名称	物品尺寸	成交价RMB	拍卖公司	拍卖日期
蔡国强 1998年作 兵书（册页）	34.8cm×2070.6cm	2,070,000	北京保利	2019-06-04
蔡国强 2002年作 APEC景观焰火表演草图：欢乐颂	300cm×400cm	6,670,000	北京保利	2019-06-04
蔡磊 2015年作 模棱4号	210cm×130cm	172,500	中贸圣佳	2019-11-30
草间弥生 1980年作 生物	65.4cm×51.5cm	537,000	佳士得	2019-11-24
草间弥生 1984年作 果物	画心 45.4cm×53cm; 纸张 53.5cm×61cm	184,000	保利厦门	2019-01-06
草间弥生 1990年作 夏之花	画心 45.2cm×52.8cm; 纸张 53.5cm×61cm	172,500	保利厦门	2019-01-06
草间弥生 2015年 高跟鞋（金）	22cm×8cm×20cm（右脚） 22cm×8cm×16.5cm（左脚）	157,680	罗芙奥	2019-06-02
草间弥生 2015年 高跟鞋（银）	22cm×8cm×20cm（右脚） 22cm×8cm×16.5cm（左脚）	144,540	罗芙奥	2019-06-02
常书鸿 1959年作 印度风光	26.8cm×37.5cm	115,000	北京匡时	2019-07-13
翠西·艾敏《I THINK IT' S IN MY HEAD》	245cm×227cm	3,535,245	伦敦苏富比	2019-03-05
村上隆 2013年作 水母看世界	163.5cm×147cm×74.5cm	448,875	香港苏富比	2019-04-01
大卷伸嗣 2018年作 回响无限：根景/B	149cm×150cm×4.5cm	160,539	中国嘉德	2019-10-07
嶋本昭三 2010年作 无题 SHIM-46	90cm×90cm	425,125	佳士得	2019-11-24
范光厚 1939-1940年作 九鲤鱼在水中	各：180cm×49.5cm×4; 整体：180cm×198cm	5,895,225	香港苏富比	2019-03-31
范光厚 村庄之门	121.5cm×54cm	513,000	香港苏富比	2019-04-01
范光厚约1939-1940年作越南乡景中的水塘	46cm×23.5cm×8.5cm	171,000	香港苏富比	2019-04-01
佛兰兹·韦斯特 2004年作《川崎》	雕塑：103cm×133cm×66cm 整体：110cm×174cm×70cm	2,727,813	伦敦苏富比	2019-03-05
格伦·布朗 2005年作《生命空洞无物、毫无意义》	雕塑：85cm×71.5cm×45cm 展示箱：186.6cm×88cm×65.9cm	1,200,238	伦敦苏富比	2019-03-05
何翔宇2009-2010年作可乐计划（三幅作品）	27cm×35cm×23.5cm	534,375	香港苏富比	2019-04-01
何翔宇 2012年作 对不起	190cm×70by5cm	160,313	香港苏富比	2019-04-01
洪凌 2005年作《风景》《丝路风情之四》	49cm×59cm; 40cm×50cm	101,200	中贸圣佳	2019-11-30
洪凌 风景	82cm×102cm	253,000	中贸圣佳	2019-11-30
蒋志 2014年 情书 6	179.5cm×135cm	126,500	中国嘉德	2019-06-03
金沙 2017年作 烟斗系列	55.5cm×41cm	92,000	中贸圣佳	2019-11-30
金鱼	各：101cm×30cm×6 整体：101cm×180cm	160,313	香港苏富比	2019-04-01

2019书画拍卖成交汇总

(成交价RMB：10万元以上)

拍品名称	物品尺寸	成交价RMB	拍卖公司	拍卖日期
卡迪·诺兰 1989年作《无题》	122cm×305cm	3,901,863	伦敦苏富比	2019-03-05
李超士 1950年代 仙人球花开	67.5cm×44cm	2,702,500	中国嘉德	2019-06-03
梁慧圭 2011年作 多管闲事的小丑——碳酸锰	195cm×110cm×115cm	480,938	香港苏富比	2019-04-01
刘婷 暗蚀	200cm×118cm	195,500	中贸圣佳	2019-11-30
鲁道夫·邦尼 1922年作 持贡品的女子	207cm×61cm	290,875	佳士得	2019-11-24
路易·伊卡特 跳舞的女子	50cm×30cm	115,000	北京保利	2019-11-20
露易丝·布尔乔亚 1999年作《铭记》	布艺雕塑：43.2cm×49.5cm×30.5cm 玻璃展示箱：178.7cm×73.7cm×50.8cm	6,415,815	伦敦苏富比	2019-03-05
罗伯特·劳森伯格 2005年作 肯尼俱乐部	213cm×303cm	15,841,500	华艺国际	2019-11-24
罗伯特·潘 2014-2015年作 DI 1.875 AH	141cm×115.5cm×6cm	149,625	香港苏富比	2019-04-01
罗萨巴·卡雷拉 抱着鸽子的女子	56cm×46cm	92,000	北京保利	2019-11-20
罗萨巴·卡雷拉 洛可可风格女士像	45cm×37cm	92,000	北京保利	2019-11-20
罗伊·李奇登斯坦《薇琪！我-我以为我听到你的声音》	106.7cm×106.7cm	50,729,020	伦敦苏富比	2019-03-05
马丁·基本伯格《首先是双脚》	129.5cm×106.6cm×22.8cm	6,939,555	伦敦苏富比	2019-03-05
马克·夏加尔 女子与马	31cm×24cm	126,500	北京保利	2019-11-20
毛焰 2000年 无题	74cm×51cm	172,500	中国嘉德	2019-11-16
名和晃平 2009年作 绒毛水牛	86cm×59cm×74cm	340,125	香港苏富比	2019-10-07
奈良美智 1997年作 In the Barber 蜡笔 铅笔 纸本	29.7cm×21cm	587,813	佳士得	2019-03-29
奈良美智 1999至2002年作 无题（不许笑）（双面画）	21cm×15cm	513,725	中国嘉德	2019-10-07
奈良美智 2011年作 无题	7.6cm×15.2cm	408,150	香港苏富比	2019-10-07
奈良美智 2011年作 小狗收音机 X RIMOWA行李箱		128,250	香港苏富比	2019-04-01
欧阳春 2005年作 玫瑰园	250cm×180cm	230,000	中贸圣佳	2019-11-30
沙耆 1989年作 游春图	115.5cm×77cm	460,000	中贸圣佳	2019-11-30
尚扬 1991-1999年《E地风景-16》	61.5cm×122cm	2,300,000	中贸圣佳	2019-11-30
石晋华 2014至2019年作 走笔第一六七号	125.7cm×125.4cm；42cm×29.7cm	110,979	中国嘉德	2019-03-30
水松石山房主人 2010年作 致敬石园	79.5cm×143cm	103,500	中贸圣佳	2019-11-30
松谷武判 1997年作 三角形-97-7	35cm×27cm	167,813	佳士得	2019-11-24
苏天赐 1963年 江南秋熟	33cm×41cm	172,500	中国嘉德	2019-11-16
孙浩 2016年作 马	96cm×89cm	92,000	中贸圣佳	2019-11-30
孙逊 2006-2010年作 21克	100cm×140.2cm	181,400	香港苏富比	2019-10-07
索菲普·皮奇 2014年作 沙漠飞机一号	159cm×122cm×9cm	277,875	香港苏富比	2019-04-01
唐纳德·贾德 1985年作 无题（85-5 LEHNI AG）	30cm×90cm×30cm	2,992,500	香港苏富比	2019-04-01
田中敦子 1971年作 No.25	24.4cm×19.3cm	179,000	佳士得	2019-11-24
王国平 异色1678	180cm×130cm	172,500	中贸圣佳	2019-11-30
王家增 无名之地18	70cm×65cm	115,000	中贸圣佳	2019-11-30
王劼音 1994年作 行云	64.5cm×91cm	161,000	中贸圣佳	2019-11-30
王劼音 2012年作 花卉	217cm×76cm	529,000	中贸圣佳	2019-11-30
王利丰 2011年作《籍》系列-风竹	135cm×120cm	287,500	中贸圣佳	2019-11-30
王利丰 菩萨蛮	65cm×114cm	92,000	中贸圣佳	2019-11-30
吴大羽 约1980年 谱韵	15cm×10.5cm	138,000	中国嘉德	2019-11-16
吴大羽 约1980年作 无题II-511	14.7cm×10.2cm	171,000	香港苏富比	2019-04-01
吴大羽 约1980年作 无题II-532	14.7cm×10.2cm	160,313	香港苏富比	2019-04-01
吴大羽 约1980年作 无题II-602	14.7cm×10.2cm	160,313	香港苏富比	2019-04-01
吴冠中 1983年作 黄山晴日	39.5cm×28.2cm	877,613	中国嘉德	2019-10-07
吴冠中 1983年作 拙政园	29cm×39cm	172,500	中贸圣佳	2019-11-30
徐冰 方块字入门	39cm×736cm	460,000	中贸圣佳	2019-11-30
徐学杰 2013年作 遥远之地—青海湖2	120cm×200cm	103,500	中贸圣佳	2019-11-30
雅丽克丝·艾美 林中女子	150cm×200cm	1,015,313	香港苏富比	2019-04-01
雅丽克丝·艾美 约1930-40年作 安南山脉旁读书的女孩	46cm×70cm	213,750	香港苏富比	2019-04-01
杨飞云 2001年作 风景	40cm×50cm	230,000	中贸圣佳	2019-11-30
杨福东 2010年作 国际饭店10号	作品：180cm×120cm；画框：206.4cm×186.3cm×5.5cm	213,750	香港苏富比	2019-04-01
叶鸿平 瓶花	76cm×100cm	230,000	中贸圣佳	2019-11-30
叶子奇 2003年作 树 卵彩 油彩 亚麻布	25cm×30cm	126,960	罗芙奥	2019-12-01
叶子奇 2005-2007年作 山在花莲·雾在山间 卵彩 油彩 亚麻布	71cm×234cm	993,600	罗芙奥	2019-12-01
伊利亚·卡巴科夫《假日#1》	101.5cm×158cm	6,415,815	伦敦苏富比	2019-03-05
赵胥 山谷词意	100cm×176cm	253,000	中贸圣佳	2019-11-30
赵洋 2012年作 国王废墟	200cm×150cm	172,500	中贸圣佳	2019-11-30
赵一丁 黄土地之希望	244cm×122cm	1,150,000	中贸圣佳	2019-11-30
周春芽 2002年作 花	100cm×80cm	920,000	中贸圣佳	2019-11-30
周长江 2000年作 互补.2002.II	170cm×200cm	402,500	中贸圣佳	2019-11-30
周长江 2000年作 互补系列	65cm×90cm	115,000	中贸圣佳	2019-11-30
朱德群 2006年作 闪烁	81cm×98cm	3,220,000	中贸圣佳	2019-11-30
朱松发 此地有丛山峻岭	148cm×90cm	690,000	中贸圣佳	2019-11-30
朱为白 1996年作 网络 5	50cm×38cm	167,813	佳士得	2019-11-24
朱伟 2017年作 蟠桃系列	66.5cm×51cm	92,000	中贸圣佳	2019-11-30
朱曜奎 东方神 镜框	90cm×90cm	4,025,000	未来四方	2019-06-05
朱曜奎 黄山云海 镜框	120cm×60cm	3,220,000	未来四方	2019-06-05
朱曜奎 浅滩 镜框	90cm×90cm	2,530,000	未来四方	2019-06-05